Böhlau

Maria A. Wolf

EUGENISCHE VERNUNFT

Eingriffe in die reproduktive Kultur
durch die Medizin 1900–2000

Böhlau Verlag Wien · Köln · Weimar

Gedruckt mit der Unterstützung durch den
Fonds zur Förderung der wissenschaftlichen Forschung

Bibliografische Information Der Deutschen Bibliothek:
Die Deutsche Bibliothek verzeichnet diese Publikation in der Deutschen Nationalbibliografie;
detaillierte bibliografische Daten sind im Internet über http://dnb.ddb.de abrufbar.

ISBN 978-3-205-77761-8

Das Werk ist urheberrechtlich geschützt. Die dadurch begründeten Rechte, insbesondere die der Übersetzung, des Nachdruckes, der Entnahme von Abbildungen, der Funksendung, der Wiedergabe auf fotomechanischem oder ähnlichem Wege, der Wiedergabe im Internet und der Speicherung in Datenverarbeitungsanlagen, bleiben, auch bei nur auszugsweiser Verwertung, vorbehalten.

© 2008 by Böhlau Verlag Ges.m.b.H. und Co. KG, Wien · Köln · Weimar
http://www.boehlau.at
http://www.boehlau.de

Gedruckt auf umweltfreundlichem, chlor- und säurefrei gebleichtem Papier.

Druck: Prime Rate kft., Budapest

Inhalt

Einleitung 13

I. „ORGANISCHES KAPITAL" UND RATIONALISIERUNG DER GESELLSCHAFTLICHEN VERWENDUNG DES MENSCHEN
Wie die alte Eugenik auf dem Boden einer Medikalisierung der Sozialen Frage groß wird und der Geschlechter- und Generationenordnung einen neuen Sinn gibt, an deren Kreuzungspunkt die „wissenschaftliche Mutterschaft" des 20. Jahrhunderts konzipiert wird: 1900–1938 31

Bevölkerungsbewegung, Geburtenrückgang und staatliche Politik zur Neuorganisation der reproduktiven Kultur im Gebiet des heutigen Österreich in den Jahren 1900–1938. 32

Eugenisierung der Medizin in Österreich 45

1. „Qualität statt Quantität": Eugenisierung der reproduktiven Kultur in medizinischen Konzepten der Bevölkerungspolitik, Konstitutions- und Vererbungslehre, Sozialmedizin und Rassenhygiene. 58
    1.1 „Menschenökonomie": rationelle Verwendung und Einsatz des Menschen   59
    1.2 Bevölkerungspolitik: „Verwaltungskunst des organischen Kapitals" 80
    1.3 Der freie Lohnarbeiter und sein „organisches Kapital": Verlust des Väterlichen Erbes und Neuordnung der Geschlechter- und Generationenordnung durch eugenische Sinngebung. 92
    1.4 Geburt des „sozialen Körpers" aus dem Elend der kapitalistischen Ökonomie und Medizin als Politik und Sozialtechnik 101
    1.5 Konstitutions- und Vererbungslehre: Medikalisierung der Menschenökonomie. 104
    1.6 Soziale Hygiene des Lebenslaufes und der Aufstieg der „prophylaktischen Gesellschaft". 133
    1.7 Rassenhygiene und Eugenik: „Ausgleichende Pflege des Lebensstammes" 149

1.8 Wissenschaft und männliche Selbstbehauptung: Die Verarbeitung der Niederlage, den „Erbgang" beim Menschen naturwissenschaftlich nachweisen zu können, durch medizinische Eingriffe in die reproduktive Kultur 161

2. Wehrtauglichkeit und Gebärtauglichkeit: Eugenisierung der Geschlechterverhältnisse und Auslese legitimer Reproduzenten „organischen Kapitals" 165

2.1 Krieg und Erwerbsarbeit als Funktionsprüfung von Männlichkeit: „Reproduktionswert" der Männer. 166

2.2 Gebär- und Nährfähigkeit als Funktionsprüfung von Weiblichkeit: „Reproduktionswert" der Frauen 191

2.3 „Zuchtwahl" und „Gesundheitspaarung": Die „Sakralisierung" des Geschlechtsaktes auf Grundlage einer eugenisch begründeten Trennung Von Sexualität und Zeugung. 232

3. Erhaltung des gesund geborenen Nachwuchses als wichtigste Maßnahmen des Volksaufbaus: Eugenisierung der Generationenverhältnisse 244

3.1 Kampf gegen die Säuglingssterblichkeit und Ausbau der Kinderheilkunde . 252

3.2 Die „Eroberung der Mutterbrust" durch die Pädiatrie: Medikalisierung der Säuglingsernährung. 260

3.3 Der Arzt als besserer Vater: Säuglingsschutz und -fürsorge als pädiatrische Belagerung von Schwangerschaft, Wochenbett und früher Mutter-Kind-Beziehung 270

3.4 Wissenschaftliche Mutterschaft: Der Arzt als Erzieher der Mütter und Kinder 285

3.5 Erziehungskindheit: „Künstliche Auslese" als Voraussetzung einer erfolgreichen Kindererziehung und die soziale Organisation von Kindheit durch die Medizin 302

II BIOLOGISCHE WIEDERHERSTELLUNG DES DEUTSCHEN VOLKES UND DER NMENSCH ALS SACHWALTER SEINES ERBGUTES

Wie die alte Eugenik ihre Niederlage, den Erbgang wissenschaftlich nachweisen zu können in der Vernichtung von als „lebensunwertem Leben" diagnostizierten Menschen entsorgt und als Teil der nationalsozialistischen Gesundheitsführung Erziehungsprojekt bleibt: 1938–1945 317

1. **Aufstieg des männlichen deutschen Arztes zum „Gesundheitsführer der Nation": Politische Ermächtigung und Professionalisierung der Medizin** 323
   1.1 Von der Theorie zur Praxis: Die neue Medizin auf dem Weg in die Wirklichkeit 325
   1.2 Die Erhöhung des männlichen Arztes zum „Gesundheitsführer" des Volkes 330
   1.3 Erziehung der Ärzte zu „erb- und erziehungsbedingter Gemeinschaftsethik" 332
   1.4 Das männliche Prinzip in der Medizin 335
   1.5 „Probieren geht über studieren": Führung statt Forschung 337

2. **Entprivatisierung der Gesundheit, Verstaatlichung der Generationskraft der Geschlechter und der Aufstieg der prophylaktischen Gesellschaft: Eugenische Medizin als exekutive Gewalt eines nationalsozialistisch-männerstaatlichen Rassismus.** 343
   2.1 „Periodische Gesundenuntersuchung (p.GU)", „Gesundheitspaß", „Erbbiologische Bestandaufnahme" und motorisierte Mütter- und Gesundheitsberatung 348
   2.2 „Geschlechtergesundheitsführung": Eugenische und medizinische Disziplinierung der generativen Reproduktion 359
   Ehe als „biologische Zelleinheit" u. die Familie als „organisches Zentrum" des Nationalsozialismus 364
   „Reproduktionswert" des Mannes: „Kampfspiel" – „ernster Kampf" – „Arterhaltungskampf" 371
   „Reproduktionswert" der Frau: „Fruchtbarkeitsbereitschaft" und Arbeitseinsatz 382
   Angewandte Eugenik, männliche Reproduktionsinteressen und Gewalt gegen Frauen 412
   2.3 „Kindergesundheitsführung": Eugenische und medizinische Überprüfung des „Aufzuchtswertes" der Kinder 418
   „Positive Elektion" anstelle „eliminativer Selektion" und die „Grenzen der Erziehung" 420

3. **Das Vorrecht des „kommenden Geschlechts". Verhütung erbkranken Nachwuchses und der Aufstieg des Menschen zum Sachwalter seines „Erbgutes"** 436

3.1 Die wissenschaftliche Ungewissheit des „Erbganges" und die praktische Gewissheit der „Erbpflege"................ 438

3.2 Das Vorrecht der „kommenden Zeit" und die angewandte Eugenik („Erbpflege") als Individualisierungsinstrument 455

3.3 Vernichtung und Kinderraub: Die verschwiegene Wirklichkeit eugenischer Medizin.................. 461

4. Medizin als politische Interventionstechnik, wissenschaftlicher „Fortschritt" als Legitimationsressource und die Organisation männlicher Konkurrenz und Selbstbehauptung in der Wissenschaft ... 466

4.1 Männliche Nachwuchswissenschaftler als medizinische Elite und die Verführungskraft des „wissenschaftlichen Fortschritts" 470

4.2 Verführbare Wissenschaft – verführbare Politik: homosoziale Machtbündnisse................... 480

4.3 Die „Freiheit der Wissenschaft" und Verwissenschaftlichung als Übertragung männlich-akademischer Selektionsprozeduren auf gesellschaftliche Existenzweisen.............. 487

III DIE NEUE SACHLICHKEIT EINER EUGENISIERTEN REPRODUKTIONSMEDIZIN, DIE NORMALISIERUNG DER PROPHYLAKTISCHEN GESELLSCHAFT UND DER INDIVIDUALISIERTE MENSCH
Wie die alte Eugenik als Erziehungsprogramm weiterlebt und die neue Eugenik die Geburt von Menschen pränatal oder auf Zellstufe präventiv verhindert, deren Leben „nicht als mit dem Leben zu vereinbaren" gilt oder die als „sozial untragbar" betrachtet werden: 1945–2000 497

1. „Zu neuen Ufern lockt ein neuer Tag": Rückzug der Eugenik ins Labor als Ort des kommenden Ruhmes.................. 500

2. „... das Banner der Eugenik wieder hochzureißen und von Spuren geschehener Versudelung zu säubern" um das „Uebel der Erbkrankheit auf ethisch einwandfreie Weise" zu sanieren: Rehabilitierung der Eugenik............. 512

3. **Pränatale Pathologie als Niemandsland zwischen Geburtsmedizin und Pädiatrie: Die wissenschaftliche Suche nach den Missbildungsursachen und die „angewandte Humangenetik (Eugenik)" als Bestandteil prophylaktischer Eingriffe der Vorsorgemedizin im Dienste der Gesundheit der nächsten Generation** 518

    3.1 Erforschung exogener und endogener angeborener Missbildungsursachen durch Geburtsmedizin, Pädiatrie, Pathologie und Humangenetik 524

    3.2 Verhinderung der Geburt von Kindern mit angezeugten Missbildungen: Pränatale Diagnostik und Aufstieg der Medizinischen Genetik 541

    3.3 Genetische Familienberatung als Eckpfeiler der Präventivmedizin 547

4. **Herstellung physisch und psychisch gesunder Nachkommen durch eine eugenisch motivierte und legitimierte Gynäkologie, Geburtsmedizin, kooperierender Pädiatrie und Humangenetik als interdisziplinär Reproduktionsmedizin**................... 555

    4.1 Produktion der „hormonalen" Frau im Dienste der klinischen Zeugung ohne Frau: Steuerung der Ovulation, Zeugung im Labor und operative Herstellung der Schwangerschaft...................... 556

    4.2 Empfängnisverhütung im Körper der Frau: Familienplanung durch hormonelle Sterilisierung der Frau zur „Förderung des Wunschkindes" und „Beherrschung der Bevölkerungsexplosion" 583

    4.3 Schwangerenscreening und Fötometrie: Immunologische und sonographische Überwachung der Schwangeren, Vermessung und Prüfung der fötalen Entwicklung und Normalisierung des eugenisch legitimierten Schwangerschaftsabbruches................... 606

    4.4 Die Verbesserung des „Fetal outcome": Geburtsmedizin als elektrotechnisches und biochemisches Intensivüberwachsungssystem .. 643

    4.5 „Children's health, tomorrows wealth": Neugeborenenscreening, Früherkennungsuntersuchungen und Präventionsmaßnahmen und die Kreation neuer Fachrichtungen..................... 668

    4.6 Medizinisch angeleitete Erziehung als Instrument einer prophylaktischen Psychiatrie............................... 687

5. **Der „wissenschaftliche Fortschritt" als unausweichliches Schicksal, der leibliche Vater als Statist der Reproduktionsmedizin und die auf Dauer gestellte Simulation der sexuellen Initiation** 696

Resümee 709

„Hauptsache gesund": Die sanitäre Perspektive auf Menschen und
Gesellschaft 710
Sozialstaatliche Entprivatisierung der Reproduktion und die
Transformation des privaten in einen öffentlichen Patriarchalismus 717
Männliche Reproduktionszyklen
und Life-Sciences als Verselbständigung männlicher Selbstbehauptung 720
Menschliches Leben als sexuell übertragene Krankheit und
die eugenische Organisation von Kindheit 731
Die Reproduktion des Frauenkörpers als Material und Ressource und
die eugenische Organisation von Mutterschaft. 740
Wissenschaftsgesellschaft, Verwissenschaftlichung sozialer Sinngebung und
Eugenisierung als Erziehungsprojekt und Pädagogisierungsprozess 746
Ausblick 756

LITERATURVERZEICHNIS

Gedruckte Quellen der Jahrgänge 1900–2000 759
    Gedruckte Quellen 1900-1938 759
    Gedruckte Quellen 1938-1945 767
    Gedruckte Quellen 1946-2000 770

Sekundärliteratur 778
    Gedruckte Monographien, Sammelwerke und Aufsätze in Zeitschriften und
    Sammelwerken, ungedruckte Dissertationen und Diplomarbeiten 778

Periodika 816

Nachschlagewerke 817
    Lexika 817
    Onlinedatenbanken 817

Dokumentarfilme und Filme 818

„Was uns alle angeht (…) ist der Bezug
zwischen Erwachsenen und Kindern überhaupt,
oder noch allgemeiner und genauer gesprochen,
unsere Haltung zur Tatsache der Natalität:
daß wir alle durch Geburt in die Welt gekommen sind und
daß diese Welt sich ständig durch Geburt erneuert.
In der Erziehung entscheidet sich, ob wir die Welt genug lieben,
um die Verantwortung für sie zu übernehmen und gleichzeitig
vor dem Ruin zu retten, der ohne Erneuerung, ohne die Ankunft
von Neuen und Jungen, unaufhaltsam wäre
Und in der Erziehung entscheidet sich auch, ob
wir unsere Kinder genug lieben, um
sie weder aus unserer Welt auszustoßen und
sich selbst zu überlassen, noch ihnen ihre Chance,
etwas Neues, von uns nicht Erwartetes zu unternehmen,
aus der Hand zu schlagen, sondern
sie für ihre Aufgabe der Erneuerung einer
gemeinsamen Welt vorzubereiten."

Hannah Arendt, 2000 [1958]: 276

Einleitung

Was bedeutet es für den Menschen heute, lebendig zu sein? Wie viel und welche Natur des Menschen ist im Zeitalter der Biotechniken der Gesellschaft noch zumutbar, welche gilt noch als „gesellschaftsfähig"? Diese Fragen werden heute in einer neuen Weise virulent aufgrund eines Rationalisierungsprozesses, der im zwanzigsten Jahrhundert das gesellschaftliche Verhältnis zur Natur des Menschen grundlegend verändert hat und generative Reproduktion wie reproduktive Kultur nachhaltig einer eugenischen Vernunft unterstellt.

Unter dem Begriff der *generativen Reproduktion* werden in dieser Studie zwei Aspekte zusammengefasst: alle natürlichen Momente der an die Geschlechtlichkeit gebundenen generativen Potentiale und die gesellschaftliche Vermitteltheit dieser natürlichen Momente. Die generative Natur von Frauen und Männern ist insofern gesellschaftlich vermittelt, als dass generative Prozesse, die ihrerseits die materielle Grundlage der historischen Formen sozialer Beziehungen darstellen, einem sozialen Sinngebungsprozess unterstellt sind, der seinerseits ein historisch sich verändernder ist. Der Analyse der Transformation generativer Reproduktion und reproduktiver Kultur durch eugenische Eingriffe, die in der vorliegenden Untersuchung geleistet wird, ist damit die theoretische Annahme vorausgesetzt, dass Reproduktion und menschliches Bewusstsein der Reproduktion untrennbar verbunden sind. Der Terminus *reproduktive Kultur* verweist auf den kulturellen und gesellschaftlichen Umgang mit der reproduktiven Natur des Menschen und den darin historisch geschaffenen Beziehungen und Praktiken, die zur Hervorbringung und Herstellung einer Generationenfolge notwendig sind. Die reproduktive Kultur einer Gesellschaft wird im Kern durch eine gesellschaftliche Organisation von Geschlechter- und Generationenbeziehungen historisch hervorgebracht, mit der auf die Notwendigkeit der generativen Reproduktion von Gesellschaft geantwortet wird. Die reproduktive Kultur stellt damit auch eine historisch jeweils gegebene gesellschaftliche Antwort auf die existenzielle Herausforderung von Leben und Tod dar. Eine Antwort, mit welcher die Aufgabe menschlicher Gemeinschaften und Gesellschaften, den Tod auszugleichen und für Nachkommende zu sorgen, organisiert wird. Zentrale Spur, welche die vorliegende Studie durchzieht, ist damit das mit dem Generationenverhältnis untrennbar verbundene und der Herstellung einer Generationenfolge vorausgesetzte Geschlechterverhältnis, Gegenstand und die mit ihm verbundenen Eugenisierungsprozesse ist damit der des Geschlechts, das von der Tatsache der Natalität oder davon, „dass Menschen bis heute alle durch Geburt in die Welt kommen" (Arendt), nicht getrennt werden kann. Und die Art und Weise, wie Menschen durch Geburt in die Welt kommen, wird im letzten Jahrhundert von Grund auf umgestaltet.

Denn der Menschen gerät im Zuge der Modernisierung unter das Zeichen seiner rationellen Verwendung. Die technische Beherrschung der äußeren Natur und die Aneignung ihrer Ressourcen, die ab dem 18. Jahrhundert realisiert werden, werden im 20. Jahrhundert auf den Menschen selbst übertragen. Dabei rückt der Bereich der generativen Reproduktion und mit ihm die gegebene generative Potenz und produktive Differenz beider Geschlechter unter den Zugriff wissenschaftlicher Forschung und Entwicklung. Im Rahmen dieses Zugriffes steht die Eugenik paradigmatisch für den wissenschaftlichen Ehrgeiz, den gesellschaftlichen Fortschritt, der um 1900 u.a. als „Höherentwicklung der Menschheit" konzipiert wird, durch sozial- und biotechnische Eingriffe in die reproduktive Natur und Kultur zu sichern. Etymologisch setzt sich der Begriff Eugenik aus „eu-" und „gen" zusammen. Das griechische „*eu-*" umschließt die Bedeutung von „wohl", „gut" und „tüchtig", der Begriff *gen* verweist auf das, was die Entstehung von Leben betrifft und als erblich bedingt vermutet wird. Ziel der Eugenik war und ist es dementsprechend, generative Prozesse, die bislang der menschlichen Gestaltungsmacht entzogen sind, wie z. B. die Vererbung, durch wissenschaftliche Forschung und Entwicklung unter menschliche Verfügungsgewalt zu bekommen, die ihrerseits auf die Herstellung des „guten" und „tüchtigen" Menschen zielt. Dieses „Verbesserungs"-Projekt am Menschen kann im Laufe des zwanzigsten Jahrhunderts erfolgreich werden, weil die *eugenische Vernunft*, die aus umfangreichen Verwissenschaftlichungs- und Verstaatlichungsprozessen der generativen Reproduktion und reproduktiven Kultur hervorgebracht wird und hervorgegangen ist, Teil eines umfassenden Modernisierungsprozesses im Hinblick auf das gesellschaftliche Verhältnis zur menschlichen Natur darstellt und weil die Gesellschaftsfähigkeit der eugenischen Vernunft ein Effekt komplexer Wechselwirkungen ist. Die eugenische Vernunft kann sich nur – wie in der vorliegenden Studie nachgezeichnet wird – durch ihre unterschiedlichen Verbindung und Allianzen mit nachhaltigen Entwicklungen in Wissenschaft und Gesellschaft durchsetzen. Ihr Erfolg ist nicht erklärbar, wenn Eugenik als singuläres Phänomen untersucht wird. Diesbezüglich ist exemplarisch und vorwegnehmend hervorzuheben, dass die Eugenik dabei nicht nur jene klinischen Fächer als Mittel für die Erreichung eugenischer Ziele nutzt, welche die so genannte Reproduktionsmedizin[1] bilden, sondern diese haben auch

---

1 Reproduktionsmedizin stellt heute ein multidisziplinäres Unterfangen dar, an dem verschiedene medizinische Fächer konkurrierend zusammenarbeiten: Gynäkologie und Geburtsmedizin mit Zeugungsmedizin

ihrerseits zu eugenischen Argumenten gegriffen, um ihre Ziele zu legitimieren und ihre professionellen Interessen zu behaupten. Eugenik und Reproduktionsmedizin haben sich wechselseitig gestärkt und ihren Aufstieg befördert und sind bis heute untrennbar miteinander verbunden. Diese Allianzen begründen sich nicht zuletzt also darin, dass der medizinische Einsatz eben immer auch auf eigene Professionalisierungs- und Profilierungsbestrebungen von Wissenschaftsdisziplinen und Wissenschaftlern und den mit ihnen verbundenen Ökonomien zielt.

Die Eugenik beginnt sich im letzten Drittel des 19. Jahrhunderts als transdisziplinäre Wissenschaft zu formieren, entfaltet sich in den ersten Jahrzehnten des 20. Jahrhunderts als eine Sozialtechnologie, die sich auf biologische Vererbungslehre, darwinistisches Selektionsdenken und psychiatrische „Entartungslehre" stützt und deren Paradigma sich in einer Gefährdungs- und Präventionstheorie erschöpft. Gefährdet erscheint die Zukunft von Mensch und Gesellschaft einerseits aufgrund der natürlichen Herkunft des Menschen, womit sie der Gestaltungsmacht menschlicher Vernunft entzogen ist. Andererseits gehen die Eugeniker aber auch davon aus, dass die „Naturauslese", von der sie annehmen, dass sie das Überleben der „Tüchtigsten" gewährleistet, durch den gesellschaftlichen Fortschritt, den Aufbau der sozialen Wohlfahrt und den Ausbau der medizinischen Versorgung, aus dem Gleichgewicht gebracht wird. Daraus leiten sie eine die Gesellschaft gefährdende „Entartung" der Menschen ab und begründen diese Vermutung damit, dass mit Hilfe der Medizin und der sozialen Wohlfahrt auch „Untüchtige", „Minderwertige" und „Kranke" überleben würden. Diesem Problem will von Seiten der Eugenik durch eine medizinisch angeleitete Entkoppelung von Fortpflanzung und Sexualität und – darauf aufbauend – eine eugenisch reglementierte Zeugung präventiv begegnet werden. Die prognostizierte Gefährdung von Mensch und Gesellschaft soll also durch naturwissenschaftliche Eingriffe in die Natur der generativen Reproduktion und die reproduktive Kultur präventiv verhindert werden. Naturwissenschaftlicher Forschung und klinischer Praxis wird dabei ein hervorragender Stellenwert zugewiesen. Sie sollen im Stande sein, die „Möglichkeiten der künstlichen Auslese der Keimzellen zu entwickeln und das Ausjäten minderwertiger Keimzellen schon vor ihrer Vereinigung vorzunehmen", so 1904 der deutsche Arzt Alfred Ploetz (1860–1940), Rassenhygieniker und Begründer der „Deutschen Gesellschaft für Rassenhygiene" (Ploetz 1904 zit. in: Janssen-Jurreit 1989: 147). Mit der Entwicklung der naturwissenschaftlich-genetischen Eugenik verbindet Ploetz die Hoffnung, dass sie die Medizin befähigen werde, die „Ausmerzung von der Personenstufe auf die Zellstufe" abzuwälzen, denn „wenn keine

---

(IVF, ICSI, etc) und Pränatalmedizin, Perinatalmedizin, Pädiatrie mit Neonatologie, Embryologie und Humangenetik.

Schwachen mehr erzeugt werden, brauchen sie auch nicht mehr ausgemerzt werden" (ebd.). Die „künstliche Selektion" soll zukünftig – so die wissenschaftliche Vision – die „natürliche Selektion" ersetzen und die naturwissenschaftliche Auslese gesellschaftlich akzeptierter, also in der Regel „verhältnismäßiger" Menschen, ermöglichen. Im Rahmen dieser Bemühungen um eine eugenisch reglementierte Herstellung der Generationenfolge werden bis heute neue soziale Kategorien von Norm und Abweichung hervorgebracht. Die Eugenik verbindet dazu in einem Projekt des wissenschaftlichen „social engineerings" Vorstellungen von Gesundheit, Wohlbefinden, Lebensqualität und Fitness mit Urteilen hinsichtlich sozialer Akzeptiertheit. Sie stellt bis heute ein Projekt dar, das – im weitesten Sinne – die Herstellung „legitimer Nachkommen" zum Thema hat und – auf Basis einer medizinischen und eugenischen Neuordnung der generativen Reproduktion – Geschlechter- und Generationenverhältnisse naturwissenschaftlich organisiert.

Eine *naturwissenschaftlich-genetische Eugenik* will das „Erbmaterial" einer Person durch Ausschaltung schlechter oder zu Krankheiten führenden „Erbanlagen" verbessern, um potentiell zukünftiges Leid von „Erbkranken" oder Menschen mit „Gen-Defekten" wie deren Familien zu verhindern und den Kostenaufwand für die Betreuung lebenslang fürsorgebedürftiger Menschen einzudämmen. Eine *sozial-politische Eugenik* zielt auf die Reglementierung der Fortpflanzung im Dienste der Reduktion von Sozialausgaben und der Unterstützung des gesellschaftlichen Fortschrittes. Eine *positive Eugenik* will die Fortpflanzung „höherwertiger", „erbgesunder" oder „genetisch einwandfreier" Menschen fördern, eine *negative Eugenik* die Zeugung und/oder Geburt von „minderwertigen", „erbkranken" oder „gendefekten" Menschen verhindern. Die *alte Eugenik* (vgl. Reyer 1993), die in den ersten Jahrzehnten des zwanzigsten Jahrhunderts im Bereich der Medizin als „Fortpflanzungshygiene" praktiziert wird, erfährt durch den ökonomischen wie politischen Wandel und den naturwissenschaftlichen Fortschritt im Bereich der Biologie im Laufe des Jahrhunderts dermaßen an gesellschaftlichem Einfluss, dass die Reproduktionsgenetik als *neue Eugenik* (angewandte Eugenik) heute zu einem zentralen Bestandteil der rationalisierten und durchmodernisierten, reproduktiven Kultur aufsteigen kann, wie noch zu zeigen sein wird. Die „neue" oder „angewandte Eugenik" ist gegenwärtig zentraler Bestandteil der medizinischen Rationalisierung generativer Prozesse und stellt eine allgemeine Einflussgröße von Elternschaft und Kindheit dar. Kinder können heute nicht mehr „erwartet" werden als Neue und Fremde, sondern werden im Hinblick auf ihre Lebenschancen, je nach Abweichungen von einer biologischen und sozialen Norm, bewertet. Die Neuen Biotechniken der Zeugung und Selektion greifen dazu im Rahmen der Schwangerenvorsorge und humangenetischen Beratung durch künstliche Zeugung, durch Verhinderung der Zeugung, durch Selektion der Eltern, durch pränataldiagnostische Selektion von Embryonen wie Feten und eugenisch (im heutigen Sprachgebrauch embryopathisch) indiziertem Schwangerschaftsabbruch bis zum Geburtstermin[2], in den Prozess der generativen Reproduktion ein, um die Zeugung oder Geburt von Kindern mit „Gen-Defekten" oder „Missbildungen" zu verhindern. Die Verhinderung der Zeugung wird mittels hormoneller oder operativer Sterilisation realisiert. Für die Selektion der Eltern wird nach Gendefekten auf der Ebene der DNA von KinderwunschpartnerInnen und bei der pränataldiagnostischen Selektion der Embryonen wird nach Missbildungen mit Hilfe des Ultraschalls, biochemischer Tests, Chromosomenanalyse und DNA-Analyse gesucht. Künstliche Zeugung wird mittels Insemination oder In-Vitro-Fertilisation durchgeführt. Sie ist Voraussetzung für den Einsatz der Präimplantationsdiagnostik (PID), bei der ein in-vitro erzeugter Embryo nur dann in die Gebärmutter einer biologischen oder Leihmutter eingesetzt wird, wenn die Gen-Checks negativ waren. Die Präimplantationsdiagnostik ist in Österreich noch verboten.[3] Heute aber können GynäkologInnen schon auf Unterhalt geklagt werden, wenn sie schwangere Frauen im Rahmen der Mutter-Kind-Pass-Untersuchungen nicht ausreichend über eine mögliche Behinderung ihres erwarteten Kindes informieren. Diesbezüglich hat der Oberste Gerichtshof (OGH) in Österreich, im Juli 2006, ein richtungsweisendes Urteil (5 Ob 165/05h) gefällt: Ein/e GynäkologIn, der/die eine werdende Mutter nicht ausreichend über erkennbare Anzeichen einer drohenden Behinderung aufklärt, haftet demnach grundsätzlich für den gesamten Unterhaltsaufwand für das behinderte Kind (vgl. Ladstätter 2006).

Die Kennzeichnung dieser Entwicklung mit Begriffen der *alten und neuen Eugenik* darf aber nicht als Chronologie missverstanden werden. Beide unterscheiden sich – wie in dieser Studie nachgezeichnet wird – im Einsatz von sozial- und biotechnischen Mittel zur Erreichung eugenischer Zielsetzungen und beide sind historisch mit *völlig* unterschiedlichen gesellschaftlichen wie politischen Verhältnissen konfrontiert. Dennoch bleibt der erkenntnis- und handlungsleitende Zugriff der alten Eugenik auf die repro-

---

2   Nach Strafgesetzbuch § 97,1 (2) kann in Österreich ein Schwangerschaftsabbruch auf Grundlage einer „embryopathischen (Krankheiten den Embryo betreffend) Indikation nach dem 3. Schwangerschaftsmonat bis zur Geburt des Kindes durchgeführt werden. Diese Spätabtreibung bleibt dann straffrei, wenn „ernste Gefahr" besteht, dass der Embryo „geistig oder körperlich" schwer geschädigt sein wird.

3   Eine Mehrheit von ExpertInnen des Bioethikbeirates des österreichischen Bundeskanzlers hat sich im August 2004 für die Freigabe der PID ausgesprochen. Für diese Mehrheit käme eine PID auch dann in Frage, wenn die diagnostizierte Erkrankung prinzipiell „mit dem Leben vereinbar wäre", wie z.B. bestimmte Stoffwechselerkrankungen. Begründet wird dies damit, dass die PID den Schwangerschaftsabbruch bei einer so genannten „Schwangerschaft auf Probe" verhindern helfe, bei der Frauen nach einem positiven Befund der pränatalen Diagnostik (PD) ihre Schwangerschaft abbrechen lassen (vgl. http://science.orf.at/science/news/118797).

duktive Natur und Kultur auch für die neue Eugenik bestimmend: ein jeweiliger Stand vererbungsbiologischen Wissens soll mit Hilfe von Selektionstechniken zur Lösung sozialer Probleme beitragen.

Im Rahmen der sozial- und biotechnischen Eingriffe in die reproduktive Natur und Kultur werden die alten Techniken der Vererbungsforschung, z. B. Stammbaumanalysen, durch neue Techniken, z. B. Genanalysen, zwar erweitert, aber nicht abgelöst. Denn noch immer sind Stammbaumanalysen Bestandteil humangenetischer Beratung im Bereich der Pränataldiagnostik. Und bezogen auf das 20. Jahrhundert hat die Kontinuität des rhetorischen Einsatzes für die Durchsetzung einer eugenisch rationalisierten Fortpflanzung größere Erfolge zu verzeichnen (vgl. Samerski 2002) als der naturwissenschaftliche Erkenntnisfortschritt, der im Verhältnis zu den propagierten Forschungszielen relativ erfolglos bleibt. Denn trotz intensiver Forschungsbemühungen und Humanexperimenten im großen Stil stehen die realisierbaren Möglichkeiten weit hinter den „Erwartungen". Die humangenetischen Testverfahren zur Identifikation von „Normabweichungen" sind nachhaltig mit einer biologisch bedingten Unsicherheit der Diagnostik und mit erheblichen gesundheitsschädigenden und sozial problematischen Auswirkungen konfrontiert (vgl. Kollek 2000; Samerski 2002). Und die wissenschaftlichen Fachleute wissen das. So haben in einer deutschen Studie der Aussage „Personen mit einem hohen Risiko für schwere Fehlbildungen sollten keine Kinder bekommen, es sei denn, sie machen Gebrauch von der pränatalen Diagnose und dem selektiven Schwangerschaftsabbruch" 64,8% der befragten Schwangeren, 61,5% der erwerbstätigen Bevölkerung, aber nur 11,2% der Humangenetiker zugestimmt (Nippert 1997: 122). Die angeblich aufgeklärte Bevölkerung bewertet auch in Österreich die neuen reprogenetischen Techniken der medizinischen Schwangerenvorsorge als Instrument vernünftiger und rationaler mütterlicher Praxis. So findet hierzulande der Schwangerschaftsabbruch infolge eines positiven Testergebnisses bei der Pränataldiagnostik bei 20- bis 54-Jährigen eine Akzeptanz von 69,9%, wie eine Studie zum Konzeptionsverhalten und der Einstellung zum Schwangerschaftsabbruch 1997 gezeigt hat (Tazi-Preve et al. 1999: 73). Angesichts der Tatsache, dass heute nur ca. 5% aller wirklich schweren Behinderungen (ab einem Grad von 50%) biowissenschaftlich als vererbt beurteilt werden und davon lediglich 0,5% pränataldiagnostisch „entdeckt" werden können (vgl. Reprokult 2000: 130), erweist sich die allgemeine Aufgeklärtheit aber als (Selbst)Täuschung, welche den Versprechen der Zeugungs- und Selektionstechniken einen viel zu hohen Kredit einräumt. KritikerInnen verweisen angesichts dieser Zahlen auch darauf, dass das durch die Neuen Biotechniken der Zeugung und Selektion heute in Bewegung gehaltene „Schreckgespenst Behinderung" vielmehr auf die Herstellung einer gesellschaftlichen Akzeptanz von Technologien abzielt, die wesentlich wissenschaftlichen und marktwirtschaftlichen Interessen dienen.

Vor diesem Hintergrund richtet sich das *Erkenntnisinteresse dieser Arbeit* darauf, die Bedingungen der Möglichkeit für Entstehung und Durchsetzung der eugenischen Vernunft im Laufe des zwanzigsten Jahrhunderts nachzuzeichnen. Forschungsleitende Fragen dazu sind: Welche gesellschaftlichen Veränderungen befördern die Eugenisierung der Reproduktionswissenschaften, wie und wozu werden medizinische Eingriffe in generative Prozesse und die reproduktive Kultur eugenisch motiviert und legitimiert, welche Kontinuitäten und welchen Wandel haben diese Motivation und Legitimation im Verlauf des letzten Jahrhunderts erfahren, welchen sozialen Sinn erhält die generative Reproduktion auf Grund der eugenischen Eingriffe in die reproduktive Natur und Kultur durch die Medizin, welche Interessen welcher gesellschaftlichen Gruppen prägt das vorherrschende, kollektive Wissen über Generativität, in welches Verhältnis zum Reproduktionsbereich setzt sich eine eugenisch motivierte und/oder legitimierte Medizin als Wissenschaft, welche Werte und Kulturen artikulieren sich im eugenisch-medizinischen Eingriff in die Kultur und Natur der generativen Reproduktion, welches gesellschaftliche Verhältnis zur menschlichen Natur wird darin konzipiert, welche Geschlechter- und Generationenverhältnisse werden hervorgebracht oder tradiert bzw. verändert, wie und wozu wird Mutterschaft und Vaterschaft von Seiten einer eugenisierten klinischen Forschung und Praxis institutionalisiert, in welches Verhältnis werden Mütter und Väter, Mütter und Kinder so wie Väter und Kinder zueinander gesetzt, welche normativen Idealbilder von Familie, Elternschaft und Kindheit werden durch die eugenischen Eingriffe in generative Prozesse und in die gesellschaftliche Organisation der Reproduktion durch die Medizin hervorgebracht, welche Idealbilder von Mutterschaft, Vaterschaft und Kindheit werden in die Entwicklung von Biotechniken der Zeugung und Selektion selbst eingearbeitet und wie tragen diese Techniken ihrerseits dann wiederum zur Bildung der reproduktiven Kultur und der Umbildung tradierter reproduktiver Kulturen bei, wie wirken sie ihrerseits auf die Geschlechter- und Generationenverhältnisse zurück?

Die Studie folgt in der Beantwortung dieser Fragen dem Anspruch, die untersuchte Entwicklung nicht auf ein Prinzip oder eine universalistische Gesamtsicht zu reduzieren, sondern die Vielfalt von Anschlussstellen für eine Eugenisierung der reproduktiven Kultur und die eugenischen Effekte in ihrer Vielgestaltigkeit aufzuzeigen und transparent zu machen, wie die wechselseitigen Durchdringungsprozesse zustande kommen und wie darin die reproduktive Kultur von Grund auf umgestaltet wird. Die klinische Forschung, die dabei ins Zentrum der Analyse gestellt wird, ist selbstverständlich nicht der einzige wissenschaftliche Bereich, der einen eugenischen Diskurs führt, aber der „erfolgreichste".[4]

---

4 So sind für die Analyse des eugenischen Diskurses in der *Pädagogik* (Sozialpädagogik, Behindertenpäd-

Materiale Grundlage der Studie sind medizinische Fachartikel der „Wiener Klinischen Wochenschrift" (WKW)[5] der Jahrgänge 1900–2000, die in Österreich nach Zitationsanalysen führende Fachzeitschrift der Medizin. Zusätzlich wird das „Archiv für Frauenheilkunde und Eugenetik" (AFE), das von 1914 bis 1922 bei Kubitzsch in Würzburg erschienen ist, als Quellenmaterial für die ersten Jahrzehnte des letzten Jahrhunderts mit aufgenommen, weil namhafte österreichische Universitätsprofessoren der Medizin zu den ständigen Mitarbeitern des Archivs gehörten (vgl. Kap. I.2.2.).

Wissenschaftliche Fachzeitschriften stellen für diese Untersuchung ein geeignetes Quellenmaterial dar, weil in ihnen sowohl die historisch unterschiedlichen Grenzziehungen im Inneren des wissenschaftlichen Feldes wie die Versprechen nach Außen, an Menschen und Gesellschaft, verhandelt werden. Diese Auseinandersetzungen eröffnen die Möglichkeit, Motivation und Legitimation von eugenisch motivierten medizinischen Eingriffen in generative Prozesse, wie auch Standpunkt und Perspektive der Fächer zu erforschen. Wissenschaftliche Fachzeitschriften haben in der Regel die Funktion, sachnahe Kommunikation zu sichern, auszuwählen und bestimmte Themenbereiche auszugrenzen (vgl. Stichweh 1988: 64). Die Herausgeber und Gutachter werden daher auch als „Torwächter" der Wissenschaft identifiziert (Merton 1985: 169). Sie greifen auswählend, ordnend und steuernd in den wissenschaftlichen Diskurs ein und bestimmen die Richtung wissenschaftlicher Produktion mit.

Doch die Macht der Kontrolle und Disziplinierung von Gegenstandsauffassungen und Forschungsmethoden der Wissensproduktion durch einen Herausgeberkreis ist wiederum mit internen und externen Zwängen konfrontiert. Denn die Herausgeber sind daran interessiert, einen etablierten AutorInnenkreis und LeserInnen-/AbonenntInnenkreis zu erhalten und auszubauen. Wissenschaftliche Fachzeitschriften sind daher auch Indikatoren für die Reaktion wissenschaftlicher Disziplinen auf thematische Neuorientierungen und Umgewichtungen.

Die Herausgabe der Wiener Klinischen Wochenschrift wird bei der Publikation des ersten Heftes am 5. April 1888 mit dem Ziel begründet, „die heimische periodische

---

agogik) exemplarisch die Studien von Manfred Kappeler „Der schreckliche Traum vom vollkommenen Menschen. Rassenhygiene und Eugenik in der sozialen Arbeit" (2000), von Werner Brill „Pädagogik im Spannungsfeld von Eugenik und Euthanasie" (1994), von Jürgen Reyer „Alte Eugenik und Wohlfahrtspflege" (1991) und „Eugenik und Pädagogik" (2003) zu nennen. Über den eugenischen Diskurs in der *Alten Frauenbewegung* gibt Gerburg Treusch-Dieter in „Die Sexualdebatte in der ersten Frauenbewegung" (1993) Auskunft. Für den eugenischen Diskurs in der *Anthropologie* in Österreich ist die Studie von Brigitte Fuchs „Rasse – Volk – Geschlecht" (2003) aufschlussreich, für den eugenischen Diskurs in der österreichischen Sozialdemokratie die Studie von Doris Byer „Rassenhygiene und Wohlfahrtspflege" (1988).

5 Wiener Klinische Wochenschrift wird in der Folge mit WKW abgekürzt.

Publicistik auf dem Gebiete der practischen Medicin auf ein höheres wissenschaftliches Niveau und auf einen würdigeren Standpunkt zu erheben". Die Mitglieder der „medicinischen Facultät" haben „sich zur Herausgabe der Zeitschrift entschlossen" und begrüßen die „Resultate ernster wissenschaftlicher Arbeit [...] aus der engeren Heimat [...], dem Auslande und vor allem aus dem stammverwandten, unserem Herzen so nahe stehenden deutschen Reiche. Der Zweck des Blattes soll zunächst darin bestehen, dem practischen Arzte aus allen Zweigen der angewandten Medicin und ihrer theoretischen Nebenfächer das wichtigste Neue in conciser Form zur Kenntniss zu bringen", aber auch das „casuistische Material der Wiener Kranken-Anstalten" sowie auch „klinische Vorträge" aufzunehmen. Auch „Angelegenheiten, welche die Universität und den Unterricht, die Interessen des ärztlichen Standes und einzelner, demselben angehörigen Persönlichkeiten betreffen" sollen objektiv und in „einer der Facultät würdigen Form von berufener und sachkundiger Seite" besprochen werden (WKW 1988/1: Titelseite). Auch wenn die wissenschaftlichen Leitlinien dieses klinischen Journals im Laufe des letzten Jahrhunderts den gesellschaftlichen und politischen Transformationsprozessen entsprechend verändert werden, bleibt dieses erstgenannte Ziel – die Vermittlung der Erkenntnisse klinischer Forschung an die medizinische Praxis – richtungsweisend.

Fachzeitschriften vermögen also über diese Qualifizierung des internen, wissenschaftlichen Diskurses hinaus, wissenschaftliches Wissen an die Praktiker – in diesem Fall Spitals- und Hausärzte – zu bringen, welche dieses Wissen wiederum an Mütter, Väter und Kinder weitergeben. Denn auch das „Laienpublikum" und eine „breitere Öffentlichkeit" soll über wissenschaftliche Fachzeitschriften als „Verteilerorgan von Wissen" erreicht werden, was von den Autoren[6] auch immer wieder betont wird.

Hinsichtlich der Forschungsfrage nach Ursachen und Folgen eugenischer Eingriffe in generative Prozesse und reproduktive Kultur wird die „Wiener Klinische Wochenschrift" aus mehreren Gründen einer disziplinenbezogenen Fachzeitschrift für Eugenik und Humangenetik vorgezogen: Zum Ersten haben die unterschiedlichsten medizinischen Disziplinen zur Eugenisierung generativer Prozesse und der reproduktiven Kultur beigetragen. Daher wird eine medizinische Fachzeitschrift gewählt, in der Publikationen aller Fachrichtungen vertreten sind. Zum Zweiten zeigte sich in den Vorerhebungen, dass die Eugenik in den ersten Jahrzehnten eine Art transdisziplinäre Wissenschaft darstellt und dass sie sich im Verlauf des zwanzigsten Jahrhunderts nur auf Basis einer umfassenden Medikalisierung generativer Prozesse durchsetzen kann. Auch diese Entwicklung kann

---

6 In der vorliegenden Studie wird die weibliche und männliche Form dann angewandt, wenn die jeweilige Genusgruppe gemeint ist. Im überwiegenden Teil der Darstellung herrscht die männliche Form vor, da die recherchierten Quellen fast ausnahmslos von männlichen Wissenschaftlern verfasst wurden.

in ihrer Breite in einer allgemeinen klinischen Fachzeitschrift angemessener recherchiert werden, als in einem disziplinenbezogenen Journal.

Gegenstand der Studie sind nicht die Ereignisse, sondern das Reden bzw. Schreiben über sie. Es steht dabei der hegemoniale Diskurs jener medizinischen Fächer zur Diskussion, welche die Reproduktion wissenschaftlich gestalten und verwalten – Gynäkologie und Geburtsmedizin mit Zeugungs- und Selektionsmedizin (IVF, ICSI, etc) wie Pränatalmedizin, Perinatalmedizin, Pädiatrie mit Neonatologie, so wie Embryologie und Humangenetik. Zugleich werden aber auch die – auf die Reproduktion Bezug nehmenden – Aspekte der Publikationen jener medizinischen Fächer untersucht, welche Eugenik im Speziellen diskutieren: Psychiatrie, Sozialhygiene, Sozialmedizin, Erbbiologie, etc. Diese breit angelegte Recherche und Analyse wird der Studie vom Untersuchungsgegenstand selbst auferlegt, zumal die Eugenik, wie bereits angesprochen, bis in die 50er Jahre eine Art transdisziplinäre Wissenschaft darstellt, von der nicht klar ist, ob sie eine eigenständige Profession oder ein Fachgebiet der Medizin oder Teil eines Fachgebietes der Medizin werden wird.

Die Artikel wurden auf Grundlage einer Recherche nach Stichworten ausgewählt, die für den gesamten Bereich der generativen Reproduktion kennzeichnend sind. Diese Stichworte wurden im Laufe der Jahrgänge entsprechend dem sogenannten Stand des wissenschaftlichen Fortschrittes erweitert, bzw. erneuert. Es wurden alle publizierten Textsorten aufgenommen, d.h. Originalbeiträge, publizierte Antrittsvorlesungen, Tagungsberichte, Sitzungsberichte, Rezensionen, etc.[7] *Es wurde also nicht nach Autoren, sondern nach Inhalten recherchiert. Ziel ist nicht die Hervorhebung und Kritik bestimmter Akteure,* ist nicht der Nachweis, welche Ärzte und medizinischen Wissenschaftler die Medikalisierung und Eugenisierung der Reproduktion vorantreiben oder die Hauptkontrahenten einer Debatte sind. Die meisten der im eugenischen Diskurs zu Wort kommenden Mediziner sind nicht in erster Linie, sondern *auch* Eugeniker oder verwenden eugenische Argumente aus strategischen Interessen. Untersucht werden nicht die Werke einiger Solisten und vereinzelter Solistinnen, sondern das Konzert, das bis Ende des zwanzigsten Jahrhunderts ein männlich dominiertes geblieben ist.[8] Die *Konzent-*

---

7 Insgesamt werden 567 Texte in die Untersuchung aufgenommen. Davon sind 212 den Jahren 1900–38, 122 den Jahren 1938–45, 233 den Jahren 1945 bis 2000 zuzuordnen. Diese 567 Texte sind wiederum 343 Autoren zuzuordnen. 116 Autoren für die Jahre 1900–38; 75 Autoren für die Jahre 1938–45; 152 Autoren für die Jahre 1945 bis 2000.

8 Frauen werden in Österreich erst im WS 1900/1901 zum Medizinstudium zugelassen. Diese Zulassung wird vor allem damit begründet, dass sie besonders für die Frauen- und Kinderheilkunde geeignet wären, also genau jene medizinischen Fächer, die Gegenstand dieser Untersuchung sind. Aufgrund der späten Zulassung von Frauen zum Medizinstudium und den anhaltenden äußeren wie inneren Barrieren waren 1930 nur 7%,

ration auf das Zusammenwirken der diversen Stimmen wird damit begründet, dass dieses erst eine „Stimmung" erzeugte, deren Wirkungen im akademischen wie im breiteren öffentlichen Diskurs die identifizierbaren Einzelaussagen übersteigen und erst in ihrer Gesamtheit die reproduktive Kultur eugenisch „umstimmen". Eine „Stimmung", die sowohl Auswirkungen auf die Sinngebungsprozesse im Hinblick auf die reproduktive Kultur einer Gesellschaft zeitigt, wie auch Ausdruck gesellschaftlicher Verhältnisse und Befindlichkeiten ist und das Unbewusste einer Gesellschaft zum Schwingen bringt und ausdrückt. Diese aus den Publikationen hervortretende „Stimmung" ist Gegenstand der Untersuchung. *Von Interesse sind die Strukturen eines Denkens, welche ihre Zeit und die Menschen, die sie hervorgebracht haben, überdauern. Die Wirkung des eugenischen Diskurses will in dieser Studie nicht durch die Ordnung eines Referenzsystems von Namen unwirksam gemacht werden.*

Die für die Studie recherchierten gedruckten Quellen werden in einem im 20. Jahrhundert noch traditionell männlich dominierten sozialen Feld – der Wissenschaft – und mit singulären Ausnahmen durchgehend von männlichen Wissenschaftlern produziert. Insgesamt ist als gemeinsames Merkmal der Autoren also hervorzuheben, dass der überwiegende Anteil der Texte von habilitierten männlichen Fachvertretern verfasst wurde. Eine Ausnahme stellt die Zeit des Nationalsozialismus nur dahingehend dar, dass auch promovierte Mediziner publizieren konnten. Die Gründe dafür werden in den dazugehörigen Kapiteln erörtert. Ab den 80er Jahren etablieren sich so genannte „Teampublikationen", d.h., zunehmend werden immer kürzere wissenschaftliche Abhandlungen von meist drei bis zehn Autoren und nunmehr auch vereinzelten Autorinnen gemeinsam publiziert.[9] Für alle Autoren des Untersuchungszeitraumes aber gilt,

---

1954 nur 17%, 1973 nur 21%, 1983 nur 26% und 1994 nur 33% von allen Ärzten insgesamt Frauen. Unter den Fachärzten ist der Frauenanteil noch geringer. So sind 1994 nur 26% aller Fachärzte Frauen. Dabei sind in den 60er Jahren 53% der Anästhesisten Frauen, 48% der Pädiater und 33% der Neurologen/Psychiater. Ende der 90er Jahre favorisieren Frauen die Fächer Physikalische Medizin, Dermatologie, Mikrobiologisch-chemisches Labor, Augenheilkunde sowie Medizinisch-Chemisches Labor. Entgegen den Erwartungen ist der Bereich Gynäkologie und Geburtshilfe bis heute am geringsten mit Frauen besetzt (vgl. Bolognese-Leuchtenmüller 2000: 23f.). Darüber hinaus erhielten und erhalten Ärztinnen in einem durch und durch männlich dominierten Berufsfeld bis heute keine leitenden Positionen an Kliniken und Krankenhäusern. Die wenigen Medizinerinnen, die sich vor den 60er Jahren habilitieren, tun dies vorwiegend in nicht-klinischen Fächern und machen ihre weitere Karriere im Ausland (vgl. Horn et al. 2000).

9 Diese Praxis steht im Zusammenhang mit der Durchsetzung neuer Qualifikationsanforderungen und Evaluationsmaßnahmen: Wer eine medizinische Habilitation anstrebt, muss seither über Publikationen in Zeitschriften, die im Social Science Citation Index (SSCI) gelistet sind, eine gewisse Punkteanzahl erreichen. Die Nennung der Autoren erfolgt bei Teampublikationen im Bereich medizinischer Wissenschaft nicht alphabetisch. Die Auflistung der Namen ist zwar intern geregelt, ohne dass sich aber alle daran hielten. Der Erstgenannte ist der Hauptverantwortliche für die Planung, das Design und die Durchführung einer Studie.

dass ihre Erklärungen und Einstellungen als durch den Raum der Möglichkeiten festgelegt gelten, der für einen bestimmten historischen Zustand eines wissenschaftlichen Feldes charakteristisch ist, und dass die Zwänge, die für die wissenschaftlichen Produzenten, mit ihrer jeweiligen Position in der Wissenschaft verbunden sind, die Richtung dieser Erklärungen beeinflussen.

Die überragende Mehrheit der Autoren sind, wie bereits erwähnt, habilitierte männliche Fachvertreter, also Professoren oder Dozenten, d.h. Wissenschaftler, die im wissenschaftlichen Feld der Medizin als Autorität anerkannt werden, denen die Autorität verliehen ist, für das jeweilige Fach zu sprechen und die durch Fachzeitschriften sanktionierte Lehrmeinung des Faches herzustellen und zu vertreten. Das bedeutet, dass alle Aussagen dieser Studie über einen *hegemonialen* reproduktionsmedizinischen Diskurs und eine sich darin artikulierende Form „*hegemonialer Männlichkeit*" getätigt werden.[10] Hegemonie zeichnet sich dabei durch ihren erfolgreich erhobenen Anspruch auf Autorität aus. Denn die „wissenschaftlichen Felder" setzen sich aus allen Positionen, Beziehungen und Strategien zusammen, welche sich die Sprecher eines diskursiven Feldes voneinander in verschiedenem Ausmaß aneignen, um die Autorität zum Sprechen zu erlangen.

Das wissenschaftliche Feld zeigt sich damit als ein „Kampfplatz", an dem um Erkenntnis, aber ebenso um Anerkennung und Macht konkurriert wird. Auch die Produktion wissenschaftlichen Wissens im klinischen Feld, das zur Eugenisierung der reproduktiven Kultur führt, ist den Dynamiken und Bedingungen dieses sozialen Feldes unterworfen. Daher werden in dieser Studie wissenschaftliche Erkenntnisse als Wissensprodukte sozial verortet und die „sozialen Bedingungen der Produktion des Produzenten" objektiviert (Bourdieu 1993: 369). Für diese Objektivierungsarbeit wird auf gesellschafts- und wissenschaftskritische Theoriekonzepte zurückgegriffen.

Wenn in der vorliegenden Untersuchung Wissenschaft als männliche Institution beurteilt wird, ist damit nicht gemeint, dass Persönlichkeitsmerkmale von Männern darauf abfärben, sondern dass die Praktiken wissenschaftlicher Organisationen und Wissensproduktion, sich mit Bezug auf den Reproduktionsbereich strukturieren, d.h. über eine

---

Deshalb werden in der vorliegenden Untersuchung die Texte dem jeweiligen Fach dieses Erstgenannten zugeordnet.

10 Da die materiale Grundlage für die Analyse Fachartikel sind, welche die „herrschende" medizinische Lehrmeinung des medizinischen Establishments repräsentierten, wird nicht ausgeschlossen, dass es Ärzte und Ärztinnen gab, die anders dachten und handelten. Im Hinblick auf den hegemonialen Diskurs aber machte die Analyse auch deutlich, dass Kritik und Selbstkritik in den eigenen Reihen kaum erwünscht waren. AutorInnen, welche die „herrschende" Lehrmeinung in Frage stellten, werden nicht autorisiert, für das jeweilige Fach öffentlich zu sprechen.

Ordnung sozialer Praxis, in welcher die alltägliche Lebensgestaltung aller Menschen im Verhältnis zu einem Reproduktionsbereich, der leibliche Bedürfnisse beantwortet, in Geschlechterprozessen organisiert wird (vgl. Connell 2000: 95). Männlich dominierte Wissenschaften und Professionen treten dabei in ein spezifisches Verhältnis zu einem weiblich dominierten sozialen Handlungsfeld. Die Frage nach der Kolonialisierung proletarischer Lebenswelten durch bürgerliche Experten (vgl. Donzelot 1979) wird in dieser Studie also erweitert durch die Frage nach der Kolonialisierung weiblicher Lebenswelten durch bürgerlich-männliche Experten. Wenn Verwissenschaftlichung wissenschaftlich bestimmt werden kann, als das „machtgestützte, mit rechtlicher Sanktionsgewalt verbundene, Eingreifen von ‚Experten', denen modernen Gesellschaften auf Grund ihres Fachwissens Entscheidungsbefugnis bzw. gutachterliche Urteilskompetenz über andere zubilligen, manchmal sogar zuweisen" (Raphael 1996: 167), sind Verwissenschaftlichungsprozesse auch als Teilbestand im Konstruktionsvorgang gesellschaftlicher Wirklichkeit und sozialer Sinngebungsprozessen zu analysieren, in denen sich bürgerlich-männliche Dominanzansprüche durchgesetzt haben.

Die *Frage nach der Eugenisierung der reproduktiven Kultur ist also vor allem auch eine Frage nach Verwissenschaftlichungsprozessen.* Für deren Erforschung wird in dieser Untersuchung von einer funktionalen Differenzierung der Gesellschaft ausgegangen, wenn nach den impliziten und expliziten, wissenschaftsinternen, weltanschaulichen und sozialen Normen gefragt wird, welche Wissenschaftler in ihrer Praxis reproduzieren und produzieren. Normen, die im Zuge der Verwissenschaftlichung alltäglicher Sinnwelten in soziale Sinngebungsprozesse eingearbeitet werden. Ausgangspunkt ist also die Annahme, dass wesentliche Einflüsse von Wissenschaften auf Menschen und Gesellschaft in der Veränderung von Werten, Wahrnehmungs-, Denk- und Handlungsmustern, in der Produktion „sozialen Sinns" (vgl. Bourdieu 1997) liegt. Denn auch wenn der soziale Sinn auf Seiten der Einzelnen mit einer nahezu automatischen Sicherheit, dem Instinkt vergleichbar, funktioniert, ist er historisch erzeugt und an gesellschaftliche Strukturen gebunden.

Der Untersuchungszeitraum wird in der vorliegenden Studie in drei Zeitabschnitte geteilt. Leitlinien der Periodisierung des europäischen zwanzigsten Jahrhunderts sind Zäsuren, Kontinuitäten, Traditionen und Brüche, innerhalb derer Männer Geschichte gemacht haben: als Gesellschaftsgeschichte im „Schatten des Staates" – Erster Weltkrieg, Zusammenbruch der Monarchie, Erste Republik, NS-Herrschaft, Zweiter Weltkrieg, Zweite Republik (Hanisch 1994); oder als „Zeitalter der Extreme" – der Katastrophen von zwei Weltkriegen, des Zusammenbruchs der Wirtschaft, der NS-Herrschaft, aber auch des Goldenen Zeitalters mit sozialen und kulturellen Revolutionen (Hobsbawm 2000); oder als politische Geschichte der Konfrontationen der Werte und Ideologien und der Konflikte von Hegemonie und Nationalität, mit der wiederum Kriege, Massenvernichtung, Genozid, NS-Herrschaft in den Blick genommen werden (Diner 1999). Auch die vorliegende Studie folgt diesen Periodisierungen. Denn die eugenische Neuordnung der generativen Reproduktion ist wesentlich durch die politisch-sozialen Zäsuren des letzten Jahrhunderts mitbedingt. Wäre die vorliegende Arbeit nach dem so genannten „Stand des wissenschaftlichen ‚Fortschrittes'" gegliedert, ergäbe sich eine Periodisierung von 1900 bis 1954, von 1954 bis Mitte der 60er Jahre und dann bis 2000. Das Jahr 1954 gilt als Zeitpunkt, ab dem die Vererbungstheorie der Chromosomenlehre naturwissenschaftlich als anerkannt gilt und molekulare Genetik in Kooperation mit Gynäkologie und Pädiatrie die Neue Biotechniken der Selektion und Zeugung auf den Weg bringen.[11] Dennoch bleiben die politischen Eingriffe strukturbildend, wie in der Folge gezeigt werden kann.

Die vorliegende Studie unternimmt eine gegenwartsbezogene, problemorientierte und gesellschaftskritisch orientierte Analyse und Erklärung der eugenisch motivierten, medizinischen Eingriffe in die reproduktive Kultur. Anlass für diese Forschung sind nicht Probleme der Vergangenheit, sondern Fragen gegenwärtiger Sozial- und Biotechniken am Menschen in ihrer Gewordenheit in der Vergangenheit. Die Untersuchung versteht sich daher als historisch-soziologische Wissenschaftsforschung, die wissenschaftssoziologische und wissenssoziologische Aspekte unter einem sozialkritisch-feministischen Standpunkt verbindet. Wissenschaft wird damit als eine gesellschaftliche Tatsache untersucht, indem die tatsächliche Geschichte der Wissenschaft in ihrem Verhältnis zur Reproduktion der Gattung und damit zu den generativen und regenerativen Aspekten von Gesellschaftsbildung, in ihren Wissensbeständen erforscht wird.

Methodologisch sind neben dem Bezug auf Konzepte einer Kritischen Geschlechterforschung und eines gesellschaftstheoretischen Feminismus (u.a. Treusch-Dieter 1985 und 1990, O'Brian 1981 und 1997, Walby 1990, 1992 und 1997, Bell und Klein 1996, Connell 1996 und 1999, Bourdieu 2005, 1997a, 1997b, Becker-Schmidt und Knapp 1995 und 2001) so wie einer Kritischen Wissenschaftsforschung (u.a. Bourdieu 1998b und 1992, Fox-Keller 2001, 1998, 1996, 1993, 1989 und 1986, Harding 2004, 1994, 1990 und 1989, Hubbard 1999, 1989, 1985, List 1989, 1993 und 2001, Lorber 2002) die Konzepte einer „Historischen Soziologie" (Spohn 1992), wie sie seit Ende der 70er Jahre vor allem im

---

11 In der medizinhistorischen Forschung wird die Geschichte der menschlichen Vererbungswissenschaft in drei Phasen unterteilt: (1) die „klassische Eugenik", die ab der Mitte des 19. Jahrhunderts ausgearbeitet wird, endet demnach mit dem Zusammenbruch des Nationalsozialismus; (2) die Übergangsphase der „Medikalisierung der Humangenetik" wird in den 50er und 60er Jahren angesiedelt; (3) diese werde von der Durchsetzung des „molekulargenetischen Paradigmas" ab Mitte der 60er Jahre als dritte und bis heute andauernde Phase abgelöst (vgl. Kröner 1997: 23f.; Kevles 1993).

angloamerikanischen (Skocpol 1984) und französischen Raum (Bourdieu 1996) diskutiert werden beispielgebend. Nicht zuletzt auch Konzepte einer „theoriegeleiteten, narrativen Geschichtsschreibung in der Erziehungswissenschaft" (Lenzen 1993), deren Gegenstand Diskurse sind und bei der aufgrund der Tatsache, dass eine positivistische Historiographie nicht möglich ist, die notwendige Fiktionalität mit dem historischen Standpunkt des Autors zusammengebracht wird. Da Vergangenes weder in der Sozialgeschichte noch in der narrativen Geschichtsschreibung lückenlos historisch abgebildet werden kann, entsteht bei jeder Gesamtdarstellung, wie die narrative Geschichtsschreibung sie erstellt, immer ein Bedarf an Fiktionalität". Fiktionalität darf aber nicht mit Beliebigkeit verwechselt werden, da sie durch das „Wann" der Wahrnehmung bestimmt wird, und sich daher der „Autor narrativer Geschichtsschreibung der Historizität seines Standpunktes immer bewußt sein" muss (vgl. Lenzen 1993: 13). Dieter Lenzen hat sechs Merkmale dieses theoriegeleiteten, narrativen Ansatzes herausgearbeitet: 1) Der Ausgangspunkt der Historiographie liegt in der Gegenwart. 2) Die Analyse der Geschichte verfährt theoriegeleitet. 3) Die Darstellungsweise der theoriegeleiteten Analyse ist narrativ. 4) Der Gegenstand der Darstellung sind Theorien über edukative Prozesse sowie die sie generierenden Institutionen. 5) Die Textsorte der narrativen Historiographie hat einen fiktionalen Gehalt. 6) Der Standpunkt der historischen Analyse und der historischen Erzählung ist selbst historisch. (ebd.: 13 f.) Die „theoriegeleitete Narrativität" stellt einen vermittelnden Ansatz zwischen dem Gegensatz „theoriegeleiteter historischer Forschung" und „historischer Narration" dar. Im Gegensatz zur Diskursanalyse wird in diesem Verfahren das narrative Element bei der Darstellung integriert, damit die Historizität des Analysestandpunktes in den Blick kommt. Ziel ist es, Standards strukturalistischer Historiographie und narrativer Geschichtsschreibung zu verbinden, dass daraus historische Texte hervorgehen. Dieser historische Standpunkt ist an den Einsatz von Theorie gebunden, im vorliegenden Fall an die hier bereits angeführten Konzepte einer Kritischen Geschlechter- und Wissenschaftsforschung. Ein charakteristischer Bestandteil dieser Konzepte ist eine historische Perspektive auf Verhältnisse und Verhaltensweisen. Geschlechterverhältnisse werden darin als historisch gewordene und von Menschen gemachte soziale Tatsachen ausgearbeitet. Diese historische Gewordenheit kann wiederum nur aus einer historischen Perspektive – jener der Gegenwart – untersucht werden. So wie sich Geschichte in der Gegenwart zeigt, zeigt sich auch die Gegenwart in der Geschichte einer Vergangenheit, die untersucht wird. Denn Standpunkt und Interesse einer Forschung sind einer Gegenwart geschuldet, die ihrerseits eine historische ist.

Methodisch kommt zur Auswertung des Quellenmaterials ein theoriegeleitetes, interpretatives Verfahren zum Einsatz, bei der mittels inhaltlicher Strukturierung ein Querschnitt durch das recherchierte Material gelegt und das ausgewählte Material theoriegeleitet interpretiert wird. Damit werden soziale Sinngebungsprozesse als Produkte interpretativer Prozesse verstanden, deren Analyse wiederum ein interpretativer Prozess ist. Wenn Kulturordnungen in ihren kognitiven, normativen, symbolischen und mentalen Gehalten eine Wirkungsmächtigkeit unterstellt wird, kann mittels interpretativer Sozialforschung das Zusammenspiel von sozialstrukturellen, institutionellen und kulturellen Dimensionen interpretativ-konstellationsanalytisch erforscht werden.

Die Darstellung der Ergebnisse folgt dem Modus der kritischen Erzählung. Am hegemonialen Diskurs eugenisch motivierter und legitimierter medizinischer Eingriffe in die reproduktive Natur und Kultur wird eine androzentrische „Seinsbedingtheit des Denkens" (Mannheim) herausgearbeitet. Für die kommentierende Dokumentation kommen die Originaltexte möglichst umfangreich selbst zu Wort. Ergebnis ist eine „dichte Beschreibung" im Modus „kritischen Erzählens". Diese Darstellungsweise ist gegen die in den wissenschaftlichen Fachartikeln eingearbeitete, androzentrische Perspektive auf den Reproduktionsprozess und dessen normative Handlungsregeln gerichtet. Damit soll die in diesen Texten als Erfolgsgeschichte vorgestellte Entwicklung medizinischer Eingriffe in die reproduktive Kultur konterkariert werden. Im Kontext der möglichen Darstellungsformen ist die Erzählform der vorliegenden Studie im Feld zwischen Epos und Porträt angesiedelt. Die Erzählung zur Eugenisierung der reproduktiven Kultur nimmt Anleihen beim Epos, da sie in einem „gleichförmigen Duktus" eine endlose Geschichte erzählt, die durch zwei willkürlich gesetzte Jahreszahlen – 1900 und 2000 – lediglich abgebrochen wird. Und sie nimmt Anleihen beim Porträt, indem sie ein Sittenbild des wissenschaftlichen, männlich-akademischen Milieus und der darin durchgesetzten androzentrischen Vernunft am Beispiel der Eugenik und Reproduktionsmedizin des zwanzigsten Jahrhunderts zeichnet.

Die Erforschung eines dermaßen langen Untersuchungszeitraumes erhebt nicht den Anspruch, alle Zusammenhänge in den Blick zu bekommen. Sie lässt sich aber in dem Sinne von einer geschichtsphilosophischen Fragestellung anleiten, in dem sie einen großen historischen Zeitraum unter einer Problemstellung fokussiert und „von einem Macht habenden, nicht verfügbaren Ganzen, das nach wie vor über allen […] Differenzen lagert" (Kittsteiner 2000: 77), ausgeht. Das „Macht-Habende", nicht verfügbare Ganze, von dem hier für das zwanzigste Jahrhundert noch ausgegangen wird, ist die Tatsache der Natalität: dass Menschen bis heute alle durch Geburt in die Welt kommen und unsere Welt durch Geburt ständig erneuert wird. Diese Zumutung der Natalität und die ihr vorausgesetzte produktive Differenz der Geschlechter konfrontiert uns bis heute mit der Souveränität des Lebendigen.

Dank

Diese Schrift verdankt ihr Zustandekommen in erster Linie der Österreichischen Akademie der Wissenschaften (ÖAW), die mir durch ein APART-Stipendium (Austrian Program for Advanced Research and Technology) die finanzielle Grundlage geboten hat, mich ausschließlich der Forschungsarbeit zu widmen. Ihr und den mir nicht bekannten GutacherInnen des Projektantrages gilt ausnahmslos mein größter Dank! Besonders bedanken möchte ich mich dabei bei Lottelies Moser (Abteilung Preise und Stipendien der ÖAW) für die organisatorische Betreuung und Beleitung.

Das Stipendium habe ich für einen einjährigen Forschungsaufenthalt in Australien genutzt. Zu danken habe ich dafür der Soziologin und Biologin Renate Klein, die mich als Visiting Fellow an die School of Social Inquiry der Faculty of Arts an der Deakin University in Melbourne eingeladen hat. Sie und die Politikwissenschaftlerin Susan Hawthorne von der University of Melbourne waren mir sozial und intellektuell eine wertvolle Unterstützung. Meinem Forschungsaufenthalt verdanke ich die Erfahrung, dass das Leben auch das ist, was einem zustößt, wenn man gerade etwas plant. Eine Erfahrung die – ungeplanter Weise – für die vorliegende Arbeit einen nicht unerheblichen Wert hat.

Mehrere KollegInnen und FreundInnen haben mich während des Forschungsprozesses in unterschiedlicher Weise unterstützt. Mein ganz besonderer Dank gilt – schmerzlicher weise posthum – meiner ehemaligen Doktormutter, der Kultursoziologin und Gender-Theoretikerin Gerburg Treusch-Dieter (1939–2006) von der FU Berlin, die wusste, in welches Dickicht von Allianzen, Verbindungen, Verwicklungen und Verwirrungen eine wissenschafts- und wissenssoziologische Analyse der Wissenschaftsgeschichte der Eugenik im zwanzigsten Jahrhundert führt und die es verstanden hat, mir intellektuelle wie theoretische Radarhilfe zu bieten. Dank gebührt ebenso der Erziehungswissenschaftlerin Hedwig Ortmann von der Universität Bremen wie meinen Kolleginnen Michaela Ralser vom Institut für Erziehungswissenschaften und Waltraud Finster vom Institut für Soziologie der Universität Innsbruck, die mir in den Jahren der wissenschaftlichen Auseinandersetzung mit einem Forschungsgegenstand, der in einem mir eingangs nicht vorstellbaren Ausmaß psychisch belastend wurde, eine soziale, mentale und intellektuelle Unterstützung boten. Danken möchte ich auch dem Sozialpädagogen Manfred Kappeler von der TU Berlin für seine produktive Kritik und Unterstützung als einem der Gutachter meiner Habilitationsschrift, auf der das vorliegende Buch zu einem großen Teil beruht. Da er eine umfangreiche Studie zur „Rassenhygiene und Eugenik in der Sozialen Arbeit" selbst durchgeführt hat, bleiben mir seine Erfahrungen im Hinblick auf so etwas wie eine „Sekundärtraumatisierung" im Forschungsprozess ein nachhaltiger Trost. Für die begleitende wissenschaftliche Supervision meiner Forschungsarbeit und des Forschungsprozesses danke ich von ganzem Herzen der Supervisorin und Psychoanalytikerin Petra Riccabona. Zu danken habe ich noch einmal Michaela Ralser für die kritische Durchsicht des fertigen Manuskripts und für theoretische Auseinandersetzungen, auch der Kulturhistorikerin Anna Bergmann für die skeptische Lektüre einzelner Textteile, den Supervisions-KollegInnen Michael Harrer und Anita Schnell für die Unterstützung am Ende des Projekts, besonders auch Patricia Gerstgrasser, Barbara Hundegger und Esther Pircher für das gewissenhafte Lektorat, der Zeithistorikerin Maria Messner für die kritische Durchsicht des Manuskripts und Kürzungsvorschläge im Hinblick auf die Publikation.

Schließlich: Danken möchte ich meinem Partner Andreas Dworschak für seine Nachsicht in diesen Jahren, mich an unzähligen Tagen und Nächten am Schreibtisch zu lassen und die Auswirkungen einer belastenden Forschungsarbeit auf das tägliche Beziehungsleben zu ertragen.

Und last but not least meinem Sohn Moritz, dem es lieber gewesen wäre, ich hätte mich mit Harry Potter beschäftig, weil er diese Geschichte auf jeden Fall interessanter findet.

Gewidmet ist diese Arbeit meinen Eltern. Meiner Mutter dafür, dass sie es nicht lassen kann, aus mir etwas zu machen und meinem Vater dafür, mich zu lassen wie ich bin.

I.

ORGANISCHES KAPITAL UND RATIONALISIERUNG DER GESELLSCHAFTLICHEN VERWENDUNG DES MENSCHEN

Wie die alte Eugenik auf dem Boden einer Medikalisierung der Sozialen Frage groß wird und der Geschlechter- und Generationenordnung einen neuen Sinn gibt, an deren Kreuzungspunkt die „wissenschaftliche Mutterschaft" des 20. Jahrhunderts konzipiert wird: 1900 bis 1938

Die Eugenik war in den ersten Jahrzehnten des 20. Jahrhunderts Teil sozial- und gesundheitspolitischer Auseinandersetzungen, welche die krisenreichen Auswirkungen der sozioökonomischen Veränderungen auf Menschen und Gesellschaft zu lösen versuchten. Im Vergleich zu anderen europäischen Ländern führte der verzögerte ökonomische Wandel in Österreich erst relativ spät zu den sozial und gesundheitlich negativen Folgen. Mehr als drei Viertel aller Großbetriebe im Österreich des 20. Jahrhunderts wurden in gut drei Jahrzehnten um die Jahrhundertwende (1880 bis zum Ersten Weltkrieg) gegründet (vgl. Hanisch 1994: 183ff.). Die Großindustrie konzentrierte sich im Osten Österreichs – und damit auch die Zuwanderungen zu den Erwerbsplätzen der Industrie. Die Industrialisierung wiederum beeinflusste die Modernisierung der Landwirtschaft zur Produktion für den Markt. Die landwirtschaftliche Produktionssteigerung erforderte erhöhten Arbeitseinsatz. Zugleich aber wanderte die landwirtschaftliche Unterschicht in die Zentren der Industriearbeit ab. Städte wurden zum „landesinneren Neuland" für eine migrierende Landbevölkerung, die erwerbslos oder verarmt war und in den Metropolen Lebens-, Verdienst- und Aufstiegsmöglichkeiten suchte. So stieg beispielsweise die Einwohnerzahl Wiens zwischen 1869 und 1910 um das Vierfache (vgl. Ehmer 1996: 75) und erreichte im Jahr 1916 mit 2,2 Millionen Men-schen einen Höhepunkt. Noch 1923 wohnte und arbeitete mehr als die Hälfte der österreichischen Bevölkerung in Wien und Niederösterreich (Hanisch 1994: 47). Den in den Städten und Zentren der Industrie zusammenströmenden, meist besitzlosen Menschen mangelte es an den grundlegenden Dingen des täglichen Überlebens, vor allem Wohnung und Ernährung, und damit an der Grundlage für Versorgung und Pflege von Angehörigen. Sofern der Arbeitsmarkt die ZuwandererInnen nicht aufnehmen konnte, bildeten sich Massen von mittel- und obdachlosen Menschen. Aber auch die, welche eine Arbeit fanden, lebten in ärmlichen Verhältnissen und waren mehr oder weniger von der Fürsorge abhängig. Die desolaten

Wohn-, Ernährungs- und Versorgungsverhältnisse führten zu epidemischen Erkrankungen. Tuberkulose, Rachitis, Cholera und Typhus galten als „soziale Krankheiten" der unteren Schichten. Säuglinge und Kinder waren ständig vom Tod bedroht.

Das „soziale Elend", das Industrialisierung, Urbanisierung und Proletarisierung hervorbrachte, rief unterschiedliche Strategien zur Lösung der „sozialen Frage" – im Kern eine Frage nach der gesellschaftlichen Neuorganisation der „Reproduktion der Gattung" wie der „Reproduktion der Arbeitskraft" – auf den Plan. Auch die Wissenschaften, allen voran die Medizin, begannen Pläne Lösungsvorschläge zu entwickeln, die im Kern eine Medikalisierung der „sozialen Frage" beinhalten.

Dazu wird hier die demografische Situation und die Lage der Wissenschaften im Gebiet des heutigen Österreich in den ersten vier Jahrzehnten des letzten Jahrhunderts kurz skizziert, um daran anschließend am recherchierten Material zu zeigen, wie und wozu eugenische Rationalität ab 1900 von der Medizin in bevölkerungspolitische Konzepte eingearbeitet, in den Kontroversen im Bereich der Konstitutions- und Vererbungslehre verhandelt und letztlich im Bereich der Rassenhygiene etabliert wurde, in dem es 1938 zur ersten Instituts- und Lehrstuhlgründung – dem „Institut für Erb- und Rassenbiologie" an der Universität Innsbruck – und damit zu einer, wenn auch kurzen, wissenschaftlichen Institutionalisierung der Eugenik in Österreich kam.

Bevölkerungsbewegung, Geburtenrückgang und staatliche Politik zur Neuorganisation der reproduktiven Kultur im Gebiet des heutigen Österreich in den Jahren 1900 bis 1938

Der sozioökonomische Wandel – Industrialisierung und Urbanisierung – zeigt sich auch in der demographischen Entwicklung um die Jahrhundertwende. Damit vollzog sich in Österreich in den ersten Jahrzehnten des 20. Jahrhunderts der soziale Wandel von einer Gesellschaft, in der die Fertilität durch den Zugang zur Ehe kontrolliert wurde, zu einer Gesellschaft, in der die Anzahl der Kinder in und außerhalb einer Ehe durch Geburtenregelung begrenzt wurde. Bis zur Jahrhundertwende war ein kontinuierliches Bevölkerungswachstum festgestellt worden, obwohl die Gesamtfertilitätsrate[1] seit 1880 rückgängig gewesen war (Tazi-Preve 1999: 15). Das Wachstum lässt sich mit den be-

---

1 Mit dem Begriff der Gesamtfertilitätsrate wird in der Demographie die Anzahl der Kinder pro Frau erfasst. Diese Gesamtfertilitätsrate änderte sich zwischen 1880 und 2000 wie folgt: 1880 hatte eine Frau im Durchschnitt 4,3 Kinder, 1900: 4,09/1920: 3,03/1938: 1,55/1940: 2,75/1950: 2,2/1970: 2,82/1980: 1,60/2000: 1,34 (Tazi-Preve 1999: 15).

trächtlichen Zuwanderungen aus allen Gebieten der Monarchie nach Österreich (vor allem Wien) und der höheren Lebenserwartung der Erwachsenen seit der Jahrhundertwende erklären.[2] So lebten 1910 auf dem heutigen Gebiet von Österreich 6,6 Millionen Einwohner, davon 2,1 Millionen in Wien (ebd.: 11). Nach der Jahrhundertwende begannen die Geburtenzahlen zu sinken, anfangs langsam, dann aber merkbar.[3] Die Gesamtfertilitätsrate sank zwischen der Jahrhundertwende und 1928 von vier auf zwei Kinder pro Frau (ebd.: 14).

Die sinkende Geburtenrate löste in Österreich vor allem während des Ersten Weltkrieges eine geburtenpolitische Diskussion aus. Nach zeitgenössischen Erhebungen kamen im heutigen Gebiet Österreichs in den letzten Friedensjahren im Durchschnitt jährlich 250.000 Kinder zur Welt, 1918 waren es nur mehr 140.000 (vgl. Augeneder 1987: 153). Eine Ursache wird darin gesehen, dass die Berufstätigkeit von Frauen während des Ersten Weltkrieges stark gestiegen ist und auch die Hausarbeit arbeitsintensiver wurde, denn die Verknappung der Lebensmittel musste durch vermehrte Anstrengung in der Haushaltsführung ausgeglichen werden. Die langen Arbeitszeiten, zum Teil bis zu vierzehn Stunden, Unterernährung, Überanstrengung und Erschöpfung zeitigten ihre schädigenden Auswirkungen auf den Gesundheitszustand der Frauen. Dies führte u.a. zu einer steigenden Anzahl von Fehlgeburten. Das Ausbleiben der Menstruation – und damit eine vorübergehende Unfruchtbarkeit – entwickelte sich zu einer Massenerscheinung (ebd.: 151). Die sinkende Geburtenrate korrespondierte mit einer Zunahme der Müttersterblichkeit infolge von Fehlgeburten und der Säuglingssterblichkeit.

Die katastrophalen Auswirkungen des Ersten Weltkrieges und der Kriegswirtschaft auf die gesellschaftliche Ordnung, die Lebensbedingungen und das Leben der Menschen, die hohen Menschenverluste während des Krieges und infolge der „Spanischen Grippe"[4],

---

2 Die Lebenserwartung betrug für Männer bei Geburt in den Jahren 1868–71 im Durchschnitt 32,69 Jahre, bei Frauen 36,2; in den Jahren 1899–1902 bereits 40,63 Jahre, bei Frauen 43,37; und in den Jahren 1930–33 bereits 54,5 Jahren, bei Frauen 58,5 (vgl. Jahrbuch der Gesundheitsstatistik 2001: 54).

3 Demographische Bilanz 1910–1939 (Brückmüller 1983: 383)

	Geburten	Sterbefälle	Geburtenbilanz	Wanderungs-bilanz	Gesamtbewegung
1910–1923	137.000	147.000	–10.000	1.000	–9.000
1923–1934	119.000	95.000	24.000	–3.000	21.000
1934–1939	93.000	91.000	2.000	–3.000	–1.000

(Die Geburtenbilanz ergibt sich aus der Differenz von Geburten- und Sterbefällen, die Wanderungsbilanz aus der Differenz von Ab- und Zuwanderung.)

4 Die „Spanische Krankheit" gilt heute als die katastrophalste Infektionskrankheit des 20. Jahrhunderts. Sie brach im März 1919 in einem amerikanischen Militärcamp (Kansas) aus, wies dieselben Symptome wie die Grippe auf (der Grippevirus war noch nicht bekannt), war aber außerordentlich ansteckend. Sie verbreitete sich in zwei Wellen im Frühjahr und Herbst des Jahres 1918 über die gesamte Welt und forderte weltweit

unmittelbar nach Ende des Krieges in den Jahren 1918/1919[5], die Auflösung der Habsburger-Monarchie und die damit zusammenhängende Rückwanderung von Menschen aus den ehemaligen Kronländern verstärkten die Wahrnehmung des Geburtenrückganges als politisches Problem. Der tatsächliche Bevölkerungsrückgang um 2,7 % in den Jahren zwischen 1911 bis 1923 ist damit Effekt von Menschenverlusten während des Krieges, Abwanderung, Rückgang der Zuwanderung und einer sinkenden Geburtenziffer (ebd.). Dass es im 20. Jahrhundert längerfristig zu keinem Bevölkerungsrückgang kam, steht im Zusammenhang mit der steigenden Lebenserwartung.

Demgegenüber übertraf die Säuglingssterblichkeit (Tod innerhalb des ersten Lebensjahres) in Österreich die anderer europäischer Länder. Bereits im letzten Drittel des 19. Jahrhunderts war die Mortalitätsrate in skandinavischen Ländern, beispielsweise Norwegen, Schweden, Finnland, nur halb so hoch wie in Österreich (vgl. Köck 1988: 40). Diese Übersterblichkeit blieb in Österreich, z.B. im Vergleich zu Finnland, während des 20. Jahrhunderts unverändert.[6]

Im 19. Jahrhundert wurde frühes Sterben noch als Teil des menschlichen Schicksals betrachtet. Bis in die 70er Jahre dieser in Österreich noch vorindustriellen Zeit verstarben bis zu zwei Drittel aller lebendgeborenen Kinder innerhalb des ersten Lebensjahres. Noch 1886 überlebten auf dem Gebiet des heutigen Österreich im statistischen Durchschnitt nur drei von vier Neugeborenen (ebd.: 13). Ursachen waren größtenteils

---

ca. 27 Millionen Tote. Innerhalb weniger Monate starben mehr Menschen als in den vier Jahren der mittelalterlichen Pest. Auch der Erste Weltkrieg forderte mit ca. 10 Millionen Toten mehr als die Hälfte weniger Opfer als die Spanische Grippe (vgl. Kolata 2001). In den USA wurden 500.000, in Italien ebenso 500.000, in Großbritannien 112.000, in Frankreich 96.000 und in Deutschland 225.000 Tote geschätzt. Aufgrund des vermehrten Auftretens in Spanien – Schätzungen gehen von ca. 8 Millionen Grippe-Toten aus – wurde die Infektionskrankheit als „Spanische Grippe" bezeichnet. Entstehungsursachen werden heute in Impfversuchen vermutet oder auf eine eventuelle Vermischung eines Vogelgrippevirus mit einem menschlichen Grippevirus zurückgeführt (http://www.uni-protokolle.de/Lexikon/Spani-sche_Grippe.html).

5 Die geschwächte Bevölkerung wurde von der im Herbst 1918 ausgebrochenen Grippewelle erfasst. So starben allein in Wien in wenigen Wochen mehr als 3000 Menschen an der Spanischen Grippe. Am Höhepunkt der Grippewelle gab es täglich mehr als 200 Tote, die meisten von ihnen aus den Arbeiterbezirken Favoriten, Hernals, Ottakring (vgl. Augeneder 1987: 152).

6 Mit Ausnahme der 20er Jahre und der späten 30er Jahre, in denen sich der Abstand der Säuglingssterblichkeit zwischen Österreich und Finnland deutlich verringerte, blieb die relative Sterblichkeit der Säuglinge in der überwiegenden Mehrzahl der Jahre des 20. Jahrhunderts in Österreich um 50 % bis 90 % höher. In den späten 60er und frühen 70er Jahren war sie wieder doppelt so hoch wie in Finnland. Die hohe Säuglingssterblichkeit ging in Österreich erst ab Mitte der 70er Jahre zurück und steht in einem deutlichen Zusammenhang mit der Legalisierung des Schwangerschaftsabbruches durch die Fristenregelung (Das Gesetz wurde 1974 beschlossen und trat mit 1. Jänner 1975 in Kraft) und des steigenden sozialen Wohlstandes (vgl. Kap. III.4.).

epidemisch auftretende Infektionskrankheiten (in erster Linie Cholera und Typhus[7], aber auch Pocken und Diphtherie). Nach dem Rückgang der Infektionsepidemien, die weniger auf medizinisch-therapeutische Bekämpfung der Seuchenkrankheiten denn auf hygienische Verbesserung des Lebensstandards (Bau von Trinkwasserleitungs- und Kanalisationssystemen und Müllbeseitigung in den Städten) zurückzuführen ist, dominierten Geburtskomplikationen und Frühgeburtlichkeit („angeborene Lebensschwäche") die Todesursachen der Neugeborenen (ebd.: 16).[8] Vor der Jahrhundertwende zum 20. Jahrhundert war die Säuglingsmortalitätsrate in den westlichen Bundesländern am niedrigsten. Ab 1900 aber hatten die Neugeborenen in den Städten aufgrund der gestiegenen privaten und öffentlichen Hygiene größere Überlebenschancen.

Allgemein blieb die frühe Mortalität bei den unteren Bevölkerungsschichten hoch, da sie ganz wesentlich von der beruflichen und gesundheitlichen Situation der Schwangeren abhing. Und vor allem die Frauen waren von den sozioökonomischen Veränderungen doppelt und dreifach betroffen, weil sie als Lohnarbeiterinnen eines „Elf-Stunden-Tages", als Mütter und Hausfrauen einen hohen täglichen Arbeitsaufwand zu bewältigen hatten. Frauen der unteren Schichten – Arbeiterinnen, Dienstbotinnen, Heimarbeiterinnen und Tagelöhnerinnen – arbeiteten unter Bedingungen extremer Ausbeutung und waren von Löhnen abhängig, welche die Existenz der Familie nicht zu sichern vermochten. Die „Alleinverdienerfamilie" mit erwerbstätigem Ehemann und Vater, der Hausarbeit als Hausfrauenarbeit und der Erziehungsarbeit als Mütterarbeit, wie sie sich erst ab den 50er Jahren schichtübergreifend durchsetzte, wurde dennoch in dieser Zeit auf den Weg gebracht. Das bürgerliche Familienmodell wurde als moralische Waffe gegen das soziale Elend – eine Folgewirkung der Proletarisierung der unteren Schichten – eingesetzt, ohne aber die ökonomischen Bedingungen dafür zu schaffen. Die Kosten dieser Diskrepanz hatten die Frauen zu tragen (vgl. Kittler 1980: 15 ff.).[9]

---

7 Beide führen bei Säuglingen zu Brechdurchfall und sind durch kontaminiertes Trinkwasser verursacht (bei Typhus können die Erreger auch über die Milch aufgenommen werden).
8 Christian Köck berechnete, dass um 1900 ca. 45 % aller verstorbenen Säuglinge an Geburtskomplikationen so wie Frühgeburtlichkeit und ihren Folgen verstarben (um 1940 noch 37 %, Mitte der 70er Jahre noch 37 % und 1986 noch 30 %). Demgegenüber reduzierte sich der Anteil der verstorbenen Säuglinge, die infolge von Infektionskrankheiten verstarben, von 40 % um 1900 auf 7 % 1986. Auf angeborene Missbildungen wurden um 1900 nur 2 % der Todesursachen zurückgeführt, 1986 aber 26 % (vgl. Köck Tab. 2.1.: 16)
9 Auch waren die Haushalte in den ersten Jahrzehnten des letzten Jahrhunderts mit den heutigen nicht vergleichbar. Die Technisierung zentraler Bereiche des Haushaltes und der Hausarbeit – Nahrungsmittelzubereitung, Nahrungsmittelkonservierung, Reinigungsarbeiten und Wäschepflege – hat sich erst ab Mitte des 20. Jahrhunderts durchgesetzt (vgl. Duchêne 1994). Die Technisierung wiederum war abhängig von der Infrastruktur (Gas-, Wasser- und Elektroleitungen), die regional unterschiedliche verlief. Die Hausarbeit war hinsichtlich des Arbeitsaufwandes unvergleichlich aufwendiger als heute.

Österreich wies aufgrund der – im Vergleich zum westlichen Ausland – traditionell schlechteren Sozialleistungen um die Jahrhundertwende bis in die 20er Jahre eine hohe Erwerbsbeteiligung von Frauen und Müttern auf, welche ab Mitte der 20er und in den 30er Jahren nur aufgrund der schlechten Wirtschaftslage zurückging.[10] Bis zur Jahrhundertwende regelten gesetzliche Bestimmungen die Erwerbsarbeit schwangerer Frauen nur im Bereich der Industrie und des Gewerbes. Frauen mussten bis unmittelbar vor der Geburt in Fabriken und Werkstätten arbeiten. Seit 1885 galt ein vierwöchiges Beschäftigungsverbot für Wöchnerinnen nach der Geburt und eine Wöchnerinnenunterstützung von 60 % bis maximal 75 % des ortsüblichen Lohnes, die von der Krankenversicherung ausbezahlt wurde. Diese gewährte pflichtversicherten Arbeiterinnen auch einen freien geburtshilflichen Beistand. Doch diese Regelung betraf nur 11 % aller Arbeiterinnen.[11] Dienstbotinnen, Heimarbeiterinnen, Landarbeiterinnen und Tagelöhnerinnen – die überwiegende Mehrheit der lohnabhängigen Frauen – hatten keinen Wöchnerinnenschutz (vgl. Neyer 1997: 754f.). Sie mussten bis zur Geburt und unmittelbar nach der Geburt an Heimarbeitsplätzen, in Dienstgeberwohnungen oder auf dem Feld arbeiten.[12] Die Masse der arbeitenden Frauen war schlecht ernährt, der Lebensstandard niedrig, die Wohnverhältnisse katastrophal. Das heißt, dass Müttersterblichkeit und Neugeborenen- wie Säuglingsmortalität in unmittelbarem Zusammenhang mit der sozialen Lage der Frauen zu bringen sind.

Neugeborene und Säuglinge der unteren Schichten waren gegenüber Krankheitserregern exponierter. „Überbelegte, schlecht durchlüftete, kalte und nasse Wohnungen erhöhten das Risiko eines Säuglings, an Bronchitis, Lungenentzündung, Diphtherie, vor allem an Tuberkulose und an grippalen Infekten zu erkranken" (Köck 1988: 30). Auch hinsichtlich der Ernährung ging es den Kindern der Mittelschicht besser. Für Arbeitermütter fehlten gesetzliche Bestimmungen (Stillpausen), das machte es ihnen unmög-

---

10 So ergab bereits die Volkszählung von 1890, dass 61 % der verheirateten Frauen neben Haushalt und Familie einem Erwerb nachgingen (vgl. Berufsstatistik nach den Ergebnissen der Volkszählung vom 31.12.1890, H 1–2, Tab. V, zit. in: Lehner 1987: 26). Um 1900 waren ca. 41 % aller Berufstätigen in Österreich Frauen (in Deutschland waren es demgegenüber nur ca. 20 %). Zwischen 1890 und 1910 waren 74 % der berufstätigen Frauen in Land- und Forstwirtschaft tätig (vgl. Rigler 1976).
11 Diese mangelnde soziale Absicherung von Schwangeren und Wöchnerinnen steht in Zusammenhang mit einer allgemeinen schlechten sozialen Absicherung der Bevölkerung. So waren 1890 bei einer Gesamtpopulation Österreichs (das gesamte Gebiet der Monarchie) von 23,7 Millionen Einwohnern nur 1,5 Millionen krankenversichert und 1892 nur ca. 1,47 Millionen unfallversichert (vgl. Tálos 1981: 102).
12 Die sozialdemokratischen Forderungen nach einem Ausbau des Wöchnerinnenschutzes (auf alle lohnabhängigen Frauen, durch Herabsetzung der Arbeitszeit von Schwangeren auf sechs Stunden, durch Stillprämien, durch Lohnersatz auf die Dauer der Schutzfrist durch die Krankenkassen, Bezahlung von Müttern bis zum 6. Lebensjahr des Kindes, staatlich finanzierte Mutterschaftsversicherung) fanden im Reichsrat keine Zustimmung (vgl. Neyer 1999: 755).

lich, ihre Säuglinge länger als vier Wochen (gesetzliche Schutzfrist nach der Geburt) zu stillen. Schlecht ernährte Säuglinge hatten wiederum weniger Abwehrkräfte gegenüber Krankheitserregern.

Diese Verhältnisse betrafen die Mehrheit der Bevölkerung, denn die Mehrheit der EinwohnerInnen (bezogen auf das Gebiet des heutigen Österreich) war Teil der lohnabhängigen Unterschicht.[13] In Wien bildeten Lohnabhängige der verschiedensten Kategorien mindestens zwei Drittel der erwerbstätigen Bevölkerung (vgl. Ehmer 1996: 74ff.).[14] Gesundheit, Krankheit und Tod waren, je nach Klassenlage, ungleich verteilt.

Hinsichtlich der Gesundheitsfürsorge kam es in den ersten Jahrzehnten des 20. Jahrhunderts einerseits zur Neugründung von Spitälern, in denen Kranke behandelt und gepflegt wurden, andererseits etablierten sich zunehmend prophylaktische Maßnahmen, welche Erkrankungsrisiken reduzieren wollten und den Beginn einer Familien-, Gesundheits- und Bevölkerungspolitik darstellten. Die Adressaten dieser neuen Maßnahmen waren im Wesentlichen zwei Gruppen: einerseits Säuglinge, Kleinkinder, Schüler, Schwangere und Wöchnerinnen, deren Gesundheit als produktives Potenzial der industriellen Gesellschaft betrachtet wurde; eine zweite Gruppe bildeten jene Erkrankten, welche entweder unheilbar oder durch Ansteckung massenwirksam waren (Tuberkulose, Alkoholismus, Geschlechtskrankheiten, psychische Leiden, Körperbehinderungen).

13 Tabelle 11. Versuche der Übersicht über die soziale Schichtung in Österreich 1900–1982 (in Prozent)

	*1900	1934	1951	1970	1982
Oberschicht	0,8	1,7	ca.10	8	10
Mittelschicht	16,6	11,5	30	68	60
Unterschicht	82,6	86,8	60	24	30

* Graz

In: Hanisch 1994: 67 (Quellen zur Berechnung waren: Erich *Bodzenta* „Änderung der österreichischen Sozialstruktur in der Ersten und Zweiten Republik. Österreichs Sozialstrukturen in historischer Sicht" (Hg. von Erich *Zöllner*), Wien 1980: 166; Ernst Bruckmüller „Sozialgeschichte Österreichs", Wien 1985: 522; William H. Hubbard „Auf dem Weg zur Großstadt. Eine Sozialgeschichte der Stadt Graz 1850–1914", Wien 1984: 112.

14 Ehmer unterschied vier Schichten: „Das Besitzbürgertum und das Bildungsbürgertum als die beiden wesentlichen Elemente der sozialen Konfiguration des ‚Bürgertums'"; zum Zweiten den so genannten „alten Mittelstand", das sind selbständige Handwerker, Handels- und Gewerbetreibende; zum Dritten den so genannten „neuen Mittelstand", der aus Angestellten und Beamten bestand; zum Vierten die verschiedenen lohnabhängigen Gruppierungen, aus denen in der zweiten Hälfte des 19. Jahrhunderts allmählich eine Arbeiterklasse entstand: Lehrlinge und Gesellen im „alten Handwerk" und in der kapitalistisch veränderten kleingewerblichen Produktion, dann die Lohnarbeiter in vor- und nichtindustriellen Sektoren (z.B. Baugewerbe und Transportwesen), die industriellen Fabrikarbeiter und die häuslichen Bediensteten (vgl. Ehmer 1996: 73).

In Bezug auf die Nachkommen etablierte sich eine an volkswirtschaftlichen Aspekten orientierte Säuglings- und Kinderfürsorge entlang der Ansprüche „Erziehung" und „Prävention".[15] Diese „Investition in die Zukunft" beschränkte sich in den ersten Jahrzehnten, wie die Armenfürsorge, auf „offene Armenkinderpflege" (Zuteilung von Geld und Bedarfsgegenständen, Erziehungsbeiträge, Kost- und Waisengelder) oder die „geschlossene Findelpflege" (Anstaltsunterbringung). Die offene Fürsorge sollte die ordnungspolitische Funktion der Familie gewährleisten und keinesfalls dazu führen, dass arme Familien ihre Kinder an die Armenpflege abgaben. Die Waisenhäuser aber konnten nur eine Minderheit von Kindern aufnehmen und waren kostenintensiv. Die Verwaltung des Kinderelends führte kaum zu dessen Lösung (vgl. Feldbauer 1980).

Die prophylaktische Gesundheitsfürsorge etablierte sich als eine Mischung aus Sozialhygiene, Moral und Zwangssozialisation der Unterschichten. Sie stützte sich auf Ärzte, Krankenkassenfunktionäre und aufgeklärte FürsorgeexpertInnen (ebd.: 162).

In Zusammenhang mit der durch die Urbanisierung evozierten Verengung der Räume und Verdichtung der Nähe bedrohte das „Massenelend" zunehmend die Sicherheit der bereits ansässigen Stadtbevölkerung und wurde vom wohlsituierten Bürgertum als „Ansteckungsgefahr" wahrgenommen (vgl. de Swaan 1993: 134ff.). Krankheit avancierte zu einem politischen Problem, und politische Maßnahmen, die auf eine Herstellung von Ordnung und Reinlichkeit zielten, standen im Zusammenhang mit dem Paradigma der Infektionskrankheiten, das die hohen Erkrankungsraten mit der Unsauberkeit und Unmoral der unteren Schichten begründete. Mikrobiologische und moralische Erklärungen bildeten im Alltag also noch eine Einheit.[16]

Hinsichtlich der Prävention von Seuchen wurden von medizinischen Fachleuten weitreichende Modelle städtischer Hygiene entwickelt.[17] Dies brachte das Programm

---

15 So avancierte beispielsweise das „Waisenbureau" in Wien in den 1890er Jahren zu einer eigenen Magistratsabteilung, die sich mit der Auswahl von passenden Pflegefamilien zur Unterbringung von Kindern gegen Kostgeld befasste.

16 Auf Seiten der Fachleute dominierten zwei Erklärungsweisen: Die „Miasma"-Theoretiker vermuteten den Krankheitsherd im Schmutz, der giftige Dämpfe ausströme, die „Kontagonisten" siedelten die Krankheitserreger in lebenden Organismen an, welche bei Berührung übertragen würden. Mit dem Durchbruch der „Bakteriologie" in den letzten Jahrzehnten des 19. Jahrhunderts wurde eine innere Krankheitsursache angenommen.

17 „Wissenschaftliche Hygiene" wurde in der ersten Hälfte des 19. Jahrhunderts im deutschsprachigen Raum eine durch M. v. Pettenkofer (1818–1901) fundierte Bewegung, welche die Verbesserung der natürlichen Lebensumwelt des Menschen anstrebte und dazu die Einflüsse von Wasser, Luft und Boden sowie von Ernährung, Bekleidung und Wohnverhältnissen auf die menschliche Gesundheit untersuchte. Pettenkofers Hygienekonzept basierte auf der nationalökonomischen Beurteilung der Gesundheit der Bevölkerung als wirtschaftlichem Gut (vgl. Eckart 2000: 277). Um 1900 gab es in Österreich bereits drei Lehrstühle für das Fach Hygiene (Wien, Graz, Innsbruck), Ende der 80er Jahre des 19. Jahrhunderts in Deutschland bereits sechs Lehrstühle (München, Leipzig, Göttingen, Berlin, Gießen, Jena).

der Vorbeugung und damit die prophylaktische Gesellschaft auf den Weg, mit der vorerst *äußere* Ursachen als Krankheitserreger durch eine Verbesserung der hygienischen Lebensverhältnisse bekämpft wurden (vor allem Trinkwasser- und Abwasserversorgung). Mit dem Aufstieg der Bakteriologie Ende des 19. Jahrhunderts wurden dann *innere* Krankheitserreger angenommen, die individuell – durch Immunisierung – bekämpft werden sollten.[18] Die Bakteriologie entwickelte sich zu einer Leitwissenschaft des 20. Jahrhunderts und wurde als neue Grundwissenschaft auch rechtlich, durch Impfschutz- und Seuchengesetzgebungen, aufgenommen, welche die Präventiv- und Bekämpfungsmaßnahmen regeln.

Im Spannungsfeld von wissenschaftlicher Hygiene und Bakteriologie etablierte sich in den ersten Jahrzehnten des 20. Jahrhunderts die *„Soziale Hygiene"*, welche den hygienischen Aufgabenkreis auf jene Krankheiten erweitern wollte, die ursächlich mit den sozialen Lebensbedingungen der Bevölkerung, vor allem der des städtischen Proletariats, in Zusammenhang gebracht wurden.[19] Die Sozialhygiene wollte als eine Methode präventiver Medizin im Großen die durch die sozialökonomischen Veränderungen ver-

---

18 Die Bakteriologie ist die Wissenschaft von den kleinsten einzelligen Mikroorganismen, ihrer krankheitserregenden Potenz und den Möglichkeiten ihrer Bekämpfung. Begründet wurde sie durch den französischen Chemiker Louis Pasteuer (1822–1885) und dem Wollsteiner Landphysikus Robert Koch (1843–1910). Sie geht von einer inneren Krankheitsursache aus. „Die Erreger von Infektionskrankheiten müssen mikroskopisch nachweisbar und eindeutig identifizierbar sein, man muß sie isolieren und in Reinkultur züchten können, eine Überimpfung mit diesen Kulturen muß zu Krankheitszeichen führen, die mit denen der Grundkrankheit prinzipiell identisch sind, nach der Überimpfung muß es möglich sein, die Erreger im überimpften Organismus erneut nachzuweisen" (Eckard 2000: 283). Vor der Jahrhundertwende zum 20. Jahrhundert verzeichnete die Bakteriologie zunehmende Erfolge. 1873 wurde der Erreger der Lepra, 1979 die Gonokokken, 1880 die Typhussalmonellen, 1884 der Erreger des Wundstarrkrampfes entdeckt. Den Erregernachweisen folgten Immunisierungsversuche mit Toxinen. Weitergehend sollten die Infektionskrankheiten mit Gegengiften bekämpft werden, welche der Körper selbst im Rahmen der Abwehrreaktion produzierte. Diesbezüglich erhielt Emil von Behring 1901 den ersten an einen Arzt verliehenen Nobelpreis für die Entwicklung des Diphtherieserums, mit welchem an Diphtherie erkrankte Kinder geheilt wurden. Danach entwickelte er die erste dauerhaft wirksame Diphtherieschutzimpfung durch eine aktive Immunisierung und eine Tetanusprophylaxe. Die Serumsforschung um 1900 basierte zum Großteil auf Menschenexperimenten an Krankenhauspatienten – ohne deren Einwilligung. Vor allem die Experimente von Albert Neisser, dem Entdecker der Gonokokken, ernteten öffentliche Kritik. Er injizierte das Serum „syphilitischer Personen" nicht erkrankten Patientinnen, sie erkrankten an Syphilis, da durch dieses bakteriologische Experiment keine Immunität verliehen werden konnte (ebd.).
19 Der erste Lehrstuhl für „Soziale Hygiene" im deutschsprachigen Raum wurde 1909 in Österreich unter der Bezeichnung „Soziale Medizin" eingerichtet. Die Grundlagen der Sozialmedizin hatten bereits S. Neumann (1819–1908) und Rudolf Virchow (1821–1902) entwickelt. Führende Theoretiker im 20. Jahrhundert waren Alfred Grotjahn (1869–1931), Alfons Fischer (1873–1936) und Adolf Gottstein (1857–1902). Ihr Anteil an der ideologischen Vorbereitung rassenhygienischer Praxis unter der NS-Diktatur ist daher nicht zu vernachlässigen (Eckart 2000: 341).

ursachten gesundheitlichen Probleme des neuen Jahrhunderts lösen. Blütezeit der praktischen Sozialhygiene waren die 20er und frühen 30er Jahre. Quer durch alle politischen Lager öffnete sich die Sozialhygiene in dieser Zeit aber auch rassenhygienischem bzw. eugenischem Gedankengut.

Die Erste Republik (ab 1918) versuchte die Folgen der sozioökonomischen Veränderungen mit dem Ausbau von Sozialleistungen und der Medikalisierung der sozialen Frage zu lösen.

Die Sozialdemokraten standen erstmals in Regierungsverantwortung und nutzten die Macht, um möglichst viele ihrer Ziele durchzusetzen (vgl. Butterwegge 1991: 238ff.). Ihre große Einflussmöglichkeit in der ersten Phase (1918–1920) mündete in einer Reformflut (vgl. Tálos 1981: 143ff.), die keineswegs durch die ökonomischen Möglichkeiten bedingt war, sondern durch politische und gesellschaftliche Entscheidungen.

Die Sozialreformen der 20er Jahre haben im gesamten (also nicht nur jene der Kinderfürsorge) wesentlich zum Rückgang der Säuglingssterblichkeit beigetragen.[20] In der Zwischenkriegszeit halbierte sich diese von 15% auf 7%, d.h., rund drei Viertel des historischen Gesamtrückganges der Säuglingssterblichkeit in Österreich erfolgte bis Ende der 30er Jahre (vgl. Köck 1988: 32). Dies ist damit erklärbar, dass alle Faktoren, die bei besser gestellten sozialen Schichten bereits ab der Jahrhundertwende zum Rückgang der Säuglingssterblichkeit geführt hatten, nun auch sozial schlechter gestellten Schichten zugute kamen: bessere Wohnqualität und damit reduzierte Exponiertheit gegenüber Krankheitserregern, steigende private Hygiene, bessere Ernährung und Geburtenkontrolle.

Die Mutterschutzbestimmungen wurden auf einen Großteil der unselbständig erwerbstätigen Frauen ausgeweitet. Bereits 1917, gegen Ende des Ersten Weltkrieges, wurden das Beschäftigungsverbot nach der Geburt sowie die Wöchnerinnenunterstützung auf sechs Wochen ausgedehnt und Stillprämien bis zum Ablauf von zwölf Wochen wurden eingeführt. Diese Neuregelung stand im Zusammenhang mit der seit 1914 rapid gesunkenen Geburtenrate, der Zunahme von Früh- wie Fehlgeburten und der Säuglingssterblichkeit. Die bedeutendste Mutterschutzregelung der 20er Jahre war die Einführung der bis zu sechswöchigen „Mutterhilfe" im Jahr 1921 für versicherte Arbeiterinnen vor ihrer Entbindung und die Einbeziehung der Heimarbeiterinnen und Hausgehilfinnen in die gesetzliche Krankenversicherung. Die Mutterhilfe betrug die Höhe des Krankengeldes (vgl. Neyer 1997: 757).

Es waren also Verbesserung der Lebens- und Arbeitsbedingungen der unselbständig erwerbstätigen Bevölkerung und damit auch der Arbeiterinnen sowie Arbeitsschutz-

---

20 Zwischen 1871 und 1919 reduzierte sich die Säuglingssterblichkeit im Durchschnitt um 1,3% pro Jahr; zwischen 1920 und 1939 um 3,7% pro Jahr (vgl. Köck 1988: 32).

regelungen für werdende Mütter ausschlaggebend für die Verringerung der Säuglingsmortalität und nicht ein medizinischer Fortschritt. Denn die Medizin konnte Infektionskrankheiten weiterhin nicht behandeln. Auch der Rückgang der Müttersterblichkeit ist im Wesentlichen auf diese Verbesserung der sozialen Verhältnisse für die Mehrheitsbevölkerung zurückzuführen und nicht mit der Zunahme der Krankenhausgeburten zu begründen.[21] Denn es war die Industrialisierung, die im 19. Jahrhundert das Sterberisiko von 25- bis 40jährigen Frauen gegenüber jenem der Männer erhöht hatte. Die „Übersterblichkeit" der Frauen im fruchtbaren Alter wird in der historischen Forschung auf die Doppel- und Dreifachbelastung der verheirateten Frau – als Ehefrau, vielfache Gebärerin und mehrfache Mutter, Hausfrau, Mitarbeiterin im Gewerbe oder am Bauernhof oder als Arbeiterin in der Fabrik – zurückgeführt. Historisch betrachtet ist damit der Tod der Mutter im Wochenbett in der allgemein verbreiteten Meinung überbewertet. Vielmehr hätten Ehefrauen und Mütter, so der Medizinhistoriker Alfons Labisch und der Sozialhistoriker Arthur E. Imhof, bis ins späte 19. Jahrhundert hinein durch andauernde Arbeit ihre Lebenskraft vorschnell erschöpft, was die wesentliche Ursache der Müttersterblichkeit darstellte (vgl. Labisch 1998: 520; Imhof 1979: 487–510). Auch im 20. Jahrhundert korrelierte die Höhe der Müttersterblichkeit nachhaltig mit der sozialen Lage und den Krisenzeiten der beiden Weltkriege. Frauen starben bei der Geburt aufgrund ihres geschwächten Allgemeinzustandes infolge von Unterernährung und Überarbeitung.

Zur Durchführung sozialer Reformen zur sozialen Absicherung großer Bevölkerungsteile hat die Arbeiterbewegung den Staat adressiert. Er wurde von ihr mit der Aufgabe konfrontiert, die *Reproduktionsverhältnisse* der Massen zu sichern und zu verbessern. Der Staat erhielt dadurch eine bedeutende Aufwertung. Die daraus hervorgehende Sozialpolitik der Ersten Republik hatte unmittelbar und längerfristig eine außerordentliche Bedeutung, weil sie die sozialen Probleme der Mehrheitsbevölkerung durch staatliche Politik zu lösen und soziale Risiken zu vergesellschaften begann. Die staatliche Politik führte ein ökonomisches Kosten-Nutzen-Kalkül in die gesellschaftliche Organisation der Reproduktion ein, das auch dessen generativen Aspekt betraf. Diese Kalkulationsstrategie, die zur Durchökonomisierung der Reproduktionsverhältnisse und der reproduktiven Kultur führte, resultierte aus dem Zusammenwirken der sozialen Folgen der Industrialisierung, dem Staatsbildungsprozess der Ersten Republik und den Anfängen des Wohlfahrtsstaates in den 20er Jahren, den Kämpfen um soziale Gerechtigkeit auf Seiten der ArbeiterInnen und den politischen Spannungen zwischen Sozialdemokratie

---

21 Um 1900 war der Anteil an Krankenhausentbindungen marginal, Anfang der 50er Jahre wurde erst rund die Hälfte aller Kinder im Krankenhaus entbunden (vgl. Köck 1988: 37).

und Christlichsozialen. Lebensabschnitte und -lagen, die nicht über Erwerbsarbeit selbständig gesichert werden konnten – Kindheit sowie Mutterschaft und Alter, Krankheit und Invalidität – begann man als „soziale Fragen" wahrzunehmen.

Die staatlichen Maßnahmen, welche die gesellschaftliche Organisation der „Reproduktion der Gattung" als Herstellung einer Generationenfolge und der „Reproduktion der Arbeitskraft" als Herstellung der Arbeitsfähigkeit erneuern, veränderten das Generationenverhältnis dahingehend, dass es zunehmend durch die Institutionen des Sozialstaates vermitteltet wurde: Das Alter wurde als ein neuer Lebensabschnitt des nicht mehr erwerbstätigen Menschen durch die Einrichtung von Pensionssystemen konstituiert (vgl. Ehmer 1990: 40ff.), Kindheit als Lebensabschnitt, der durch den Ausschluss aus der Erwerbsarbeit sowie die Eingliederung in ein Bildungssystem gekennzeichnet war und durch die Einführung der Mitversicherung von nicht-erwerbsfähigen Familienmitgliedern in der Sozialversicherung ermöglicht wurde (vgl. Qvortrup 1987, 1993).

Wenn Kindheit als der Lebensabschnitt begriffen werden kann, in dem ein Mensch als Kind betrachtet wird, samt der dazugehörigen kulturellen, sozialen und ökonomischen Charakteristika (vgl. Honig 1999: 195), dann wird Kindheit im Kontext der neuen gesellschaftlich-sozialstaatlichen Organisation geschlechts- und generationsspezifischer Arbeitsteilung als „Soziallage einer Bevölkerungskategorie" und als „Altersphase im institutionalisierten Lebenslauf" wahrgenommen. Diese Wahrnehmung korrespondiert mit einem sozialpolitischen Konzept von Mutterschaft, die als Lebensphase konstituiert wird, in der die werdende Mutter vor und nach der Geburt im Dienste der Gesundheit ihrer Kinder vor den negativen Auswirkungen der Erwerbsarbeit geschützt werden muss und die für Pflege, Versorgung und Erziehung Rechte auf staatliche Sozialleistungen und privaten Unterhalt erhält. Ihre Verpflichtung auf das Kindeswohl bedingt ihre Rechte (vgl. ebd.: 194).

„Der sorgende Staat" (de Swaan 1993) beginnt Gesundheits-, Bildungs- und Fürsorgewesen durch die Einführung der Sozialversicherung zu kollektivieren und zugleich die Versorgungsarbeit der Mütter im Haushalt zu privatisieren. Die „Fürsorgliche Belagerung" (Frevert 1985: 420) der Arbeiterfamilie zielte auf deren hygienische Zivilisierung. Die Arbeiterinnen sollten als Mütter und Hausfrauen die „Pathologie der Arbeiterfamilie" (Alkoholismus und unsteter Lebenswandel der Männer, Säuglingsmorbidität und -mortalität, Verwahrlosung der Kinder, epidemische Erkrankungen, etc.) heilen. Die Vergesellschaftung sozialer Risiken konstituierte damit nicht nur Alter, Mutterschaft und Kindheit als Lebensabschnitte, sondern die Familienarbeit der Frauen als Reproduktion, welche von der Struktur der Arbeitsmärkte bestimmt wird.

Doch der Aufbau der sozialen Wohlfahrt fand mit Beginn der Weltwirtschaftskrise in den 30er Jahren ein jähes Ende. Die Wirtschaftskrise erreichte in Österreich zu Beginn der 30er Jahre ihren Höhepunkt. Die Folge von Arbeitslosigkeit und Sozialabbau waren soziale und gesundheitliche Krisen. Politisch erfuhren die bürgerlichen Parteien, vor allem die Christlichsozialen, eine Reduktion ihrer politischen Basis. Der Aufstieg des Austrofaschismus basiert damit auf ökonomisch bedingten, gesteigerten Anforderungen an den Staat und der gleichzeitigen Erosion des Bürgerblocks. Dieser versuchte seine Machtposition durch eine Einschränkung des Parlamentarismus und die Ausschaltung der Sozialdemokratie abzusichern (Tálos/Manoschek 1988: 37). Der österreichische Weg in die Diktatur wurde von der katholischen Kirche unterstützt, die daran interessiert war, ihre Privilegien in einem „christlichen Staat" durchzusetzen und in ihrem Kampf gegen die antireligiösen Kräfte der Sozialdemokratie erfolgreich zu werden. Die gesellschaftliche und ökonomische Krise wurde mit Hilfe religiöser Normen zu lösen versucht. Normen, die sich angeblicher „Naturgesetze" zur Durchsetzung eigener Interessen bedienten.

Vor allem die Einhaltung katholischer Sittennormen – Keuschheit, Ehe, Gebärzwang, Geschlechterrollen etc. – wurde in den Dienst der „Volksgesundheit" (vgl. Dressel 1991: 177) und der Geburtensteigerung gestellt. Mitte der 30er Jahre lag die Gesamtfertilitätsrate auf dem historisch einmaligen Tiefstand von 1,5 Kindern pro Frau (Tazi-Preve 1999: 14)[22]. Katholische Frauenorganisationen versuchten Frauen mittels Zeitungen, Zeitschriften, Vorträgen und Rundfunksendungen zur Erfüllung ihrer Mutterpflichten zu erziehen (vgl. Paul-Sajowitz 1987). Geburtenregelung, Schwangerschaftsabbruch, Alkoholismus und Unsittlichkeit, aber auch die Sozialdemokratie wurden von katholischer Seite, Politikern wie Ärzten als Feinde der „Volksgesundheit" pathologisiert, vor denen es die Sittlichen und Gesunden zu schützen gelte.[23]

Die austrofaschistische Sozialpolitik bezog eine sozialdarwinistsiche Position und propagierte „Qualität" anstelle von „Quantität" hinsichtlich der Zeugung und Geburt

---

22 Trotz des „Baby-Booms" nach dem Anschluss Österreichs an das nationalsozialistische Deutschland (Gesamtfertilitätsrate 1940: 2,54 Kinder pro Frau) und Ende der 50er/Anfang der 60er Jahre (Gesamtfertilitätsrate 1963: 2,82 Kinder pro Frau) blieb der Rückgang der Fertilität im 20. Jahrhundert grundlegend (Tazi-Preve 1999: 14).

23 Der Historiker Gerd Dressel charakterisiert den politischen und medizinischen Einsatz in den 30er Jahren zum Schutz der „Volksgesundheit" als „katholische Eugenik". Diese wurde im Wesentlichen als Erziehungsprogramm umgesetzt, da der Kirche eine Zustimmung zur „negativen Eugenik" – einer Vermeidung der Fortpflanzung von „Erbkranken" durch Eheverbote und Sterilisation zur Verhinderung der Zeugung und Geburt „minderwertiger" Nachkommen – aufgrund der päpstlichen Enzyklika „Casti connubi" nicht möglich war. Darin lehnte Papst Pius der XI. im Dezember 1930 für die christliche Ehe nicht nur jegliche Geburtenkontrolle, sondern auch die Berufstätigkeit von Müttern grundsätzlich ab (vgl. Dressel 1991: 178). Eine Trennung von Sexualität und Fortpflanzung musste also von der Amtskirche abgelehnt werden. Einer „positiven Eugenik", welche die Fortpflanzung „Erbgesunder" durch Geburtsprämien, Steuererleichterungen etc. fördern wollte, stand von kirchlicher Seite nichts entgegen.

von Kindern. Das „Mutterschutzwerk", eine Frauenorganisation der „Vaterländischen Front"[24], kritisierte die sozialpolitischen Errungenschaften des „Roten Wien", deren Leistungen „zum Teil einem Nachwuchs zugute kommen, der hemmungslos und verantwortungslos ins Leben gesetzt wurde [...] und nun dem Staat zur Last" falle (in Schöffmann 1988: 331). Arbeitslose und Familien, die keine Arbeitslosen- oder Notstandsunterstützung mehr erhielten, wurden ermahnt, „nicht im Vertrauen auf die öffentliche Fürsorge einfach minderwertigen Nachwuchs [...] in die Welt" zu setzen (Schöffmann 1988: 331). Die Mutterschutzregelungen der Ersten Republik wurden trotz der ökonomischen und sozialen Krise im Kern also aus sozialdarwinistisch-eugenischen Gründen nicht erweitert.

Die politischen Eingriffe in die gesellschaftliche Gestaltung der generativen Reproduktion wurden vom Frauenbild der autoritär-patriarchal-christlichsozialen politischen Führungsschicht dominiert, nach dem die katholische Hausfrau und Mutter selbstlos und untergeben für ihre Familie sorgt. Die „pflichtvergessenen Frauen" sollten wieder an ihren „gottgewollten" Platz gebracht werden. Mütterlichkeit wurde für das Überleben der Gesellschaft und ihr Mangel für die sozialen Missstände verantwortlich gemacht.

Zusammengefasst zeitigten die einschneidenden ökonomischen wie sozialen Veränderungen der Jahrhundertwende in den ersten Jahrzehnten des 20. Jahrhunderts prekäre Auswirkungen auf die Lebensbedingungen und damit Lebens- und Überlebenschancen von Menschen. Veränderungen, welche als soziale Frage die gesellschaftliche Neuorganisation der Reproduktion im allgemeinen Sinne – d.h. die Regelung jener Belange, die mit der Leiblichkeit menschlicher Existenz verbunden sind – erforderten.

Der noch junge Wohlfahrtsstaat der 20er Jahre versuchte die *Reproduktionsverhältnisse* durch staatliche Politik zu sichern und zu „verbessern" und soziale Risiken – Arbeitslosigkeit, Krankheit, Invalidität, Alter – mittels Einführung und Etablierung des Versicherungsprinzips zu vergesellschaften. Damit wurde das in die gesellschaftliche Organisation der Reproduktion eingeführte ökonomische Kosten-Nutzen-Kalkül zunehmend auch auf die generativen Aspekte der Reproduktion – Zeugung, Schwangerschaft, Geburt und Kindererziehung – übertragen. Zugleich delegierte er die Arbeit der generativen und regenerativen Reproduktion von Gesellschaft, die Herstellung einer Generationenfolge, die Versorgung und Verpflegung der nahen Angehörigen so wie die Sorge um Geburt und Tod an die Frauen, ohne dass diese daraus eine existenzsichernde

---

24 Die „Vaterländische Front" (VF) wurde am 20. Mai 1933 von Bundeskanzler Dr. Dollfuß als „überparteiliche" politische Organisation zur Zusammenfassung aller „regierungstreuen" Kräfte Österreichs geschaffen. Nach Ausschaltung des Nationalrates (März 1933) und dem Verbot der Sozialdemokratie (Februar 1934) war die VF alleiniger Träger der politischen Willensbildung und des Ständestaates.

Gegenleistung erhalten. Frauen, die gesellschaftlich notwendige Arbeit in ihren Familien verrichten bleiben entweder vom Ehemann (Mitversicherungsprinzip) oder vom Sozialstaat abhängig (vgl. Wolf 2007: 82–116).

Um die „Angemessenheit" der gesellschaftlichen Investition in das „Leben" der kommenden Generation beurteilen zu können, wurde von den „Sozialplanern" in den Fortschritt der „Wissenschaften vom Menschen", allen voran die Medizin, große Hoffnung gelegt. Und diese hat sich selbst angeboten, den ökonomischen Fortschritt durch eine Medikalisierung der sozialen Frage zu „humanisieren". Eugenische Rationalität ist inhärenter Bestandteil sowohl der Hoffnung auf den „wissenschaftlichen Fortschritt" der Medizin wie auch des Angebotes einer „Medikalisierung der sozialen Frage", wie in der Folge zu zeigen sein wird.

Eugenisierung der Medizin in Österreich

Eugenisches Denken etablierte sich im Bereich der Medizin in den unterschiedlichsten Bereichen klinischer Forschung und Praxis. Auch wenn es in Österreich bis zum Nationalsozialismus zu keiner Institutionalisierung im Wissenschaftsbetrieb – im Sinne der Einrichtung von Instituten, Lehrkanzeln und Fächern – kam, wurden eugenische Fragestellungen von Medizinern inner- wie außeruniversitär diskutiert.

Obwohl in Österreich traditionell jene Wissenschaften gefördert wurden (und werden), die technisch-praktisch anwendbaren Disziplinen oder den staatlichen Interessen einer notwendigen „Sicherung" der Bevölkerung dienten (vgl. Höflechner 1999: 149ff.) – also vor allem auch die Medizin –, wurden im Bereich der Eugenik und Rassenhygiene bis zum Anschluss Österreichs an Hitlerdeutschland keine eigenen wissenschaftlichen Einrichtungen geschaffen. Dies ist zum einen dadurch bedingt, dass infolge der Macht des Katholizismus in Österreich-Ungarn der Evolutionismus abgelehnt und nur verspätet und vereinzelt aufgenommen wurde, da er die christliche Anthropologie, nach der Gott den Menschen erschaffen hat, in Frage stellte. Noch in den 30er Jahren, in denen der Evolutionismus sich beispielsweise an den deutschen Universitäten in den Wissenschaften des Menschen längst durchgesetzt hatte und wo er durch die Machtergreifung der NSDAP 1933 bestärkt wurde, konnte er sich im Kontext des österreichischen christlich-autoritären Ständestaates der 30er Jahre nicht behaupten. Zum Zweiten ist die fehlende wissenschaftliche Institutionalisierung auf die allgemein schlechte finanzielle Ausstattung der Wissenschaft in Österreich zurückzuführen, die mit den langandauernden Sparmaßnahmen im Bereich Wissenschaft von Beginn des Ersten Weltkrieges bis zum Ende des Nationalsozialismus zusammenhängen. Diese die Wissenschaftspolitik auf eine „Verwaltung des Mangels" reduzierenden Verhältnisse dauerten mehr als fünfzig Jahre. Erst Mitte der 60er Jahre konnten die österreichischen Universitäten ungefähr den Stand von 1914 wieder erreichen (vgl. Höflechner 1999a: 104).

Die mangelhafte Wissenschaftsförderung beeinflusste die gesamte Entwicklung wissenschaftlicher Arbeit in Österreich. Die Berichte über die prekäre finanzielle und strukturelle Lage der österreichischen Wissenschaft lassen bereits vor dem Ersten Weltkrieg darauf schließen, dass äußerlich die Fassade gewahrt wurde, innerlich aber seit der Jahrhundertwende bereits ein Niedergang im Gange war (vgl. Felt 2000: 200). Kriegswirtschaft, Sanierungspolitik der 20er Jahre, Wirtschaftsdepression ab 1928 und die Finanzkatastrophe von 1931 bis 1934 reduzierten nicht nur die Forschungsförderung, sondern senkten auch die Zahl der Hochschullehrer in einem drastischen Ausmaß. So wurden beispielsweise in den Jahren 1934 bis 1936 die Zahl der Lehrkanzeln durch vorzeitige Pensionierung und Besetzungsstopp um 50 verringert, wichtige Lehrfächer waren nicht mehr in den Professorenkollegien vertreten (vgl. Arzt 1936: 1597). Führende Wissenschaftler emigrierten bereits in den 20er Jahren aufgrund der mangelnden Forschungsförderung ins Ausland – also vor den Emigrationswellen 1933/34 (Errichtung des autoritär-faschistischen Ständestaates durch die Christlichsoziale Partei) und 1938 (Anschluss an das „Dritte Reich"), welche politisch bedingt waren (vgl. Höflechner 1999: 199ff.).

Diese „Verwaltung des Mangels" im Bereich der Wissenschaften wurde von Seiten der Medizin heftig kritisiert (vgl. Arzt 1936: 1598ff.). Auch gab es keine mit Deutschlands „Kaiser Wilhelm-Gesellschaft zur Förderung der Wissenschaft" (KWG)[25] vergleichbaren Einrichtungen, deren Wissenschaftsfinanzierung vom Staat und der Industrie getragen worden wäre. Die KWG errichtete in Berlin 1927 das „Kaiser-Wilhelm-Institut für Anthropologie, menschliche Erblehre und Eugenik" (1927–1945).[26] Der erste deutsche Lehrstuhl für Rassenhygiene war aber bereits 1923 in München geschaffen worden.[27] Nach der Machtergreifung Hitlers kam es in Deutschland schon

---

25 Die Kaiser-Wilhelm-Gesellschaft (KWG) wurde 1911 zur Förderung der Wissenschaft gegründet. Ziel war es, neue Forschungsbereiche zu etablieren und an den Universitäten zu initiieren. Die KWG bildete die Dachgesellschaft der über ganz Deutschland verstreuten, neu gegründeten außeruniversitären Forschungsinstitute, die Kaiser-Wilhelm-Institute (KWI's).

26 Direktor des gesamten Institutes und zugleich Leiter der Abteilung Anthropologie war Eugen Fischer (1874–1967), der wesentlich zu der für die deutsche Eugenik typischen Verbindung zur Rassenanthropologie beigetragen hat. Nach seiner Pensionierung 1942 leitete Othmar von Verschuer das Institut. Dieser wurde 1951 Professor für Genetik in Münster, 1952 Vorsitzender der Deutschen Gesellschaft für Anthropologie und 1954 Dekan der Medizinischen Fakultät in Münster.

27 Der Lehrstuhl wurde mit Fritz Lenz besetzt, der gemeinsam mit Erwin Baur und Eugen Fischer im Jahre 1921 das zweibändige Werk „Grundriss der menschlichen Erblichkeitslehre und Rassenhygiene" veröffent-

in den 30er Jahren zu weiteren Institutionalisierungen, beispielsweise dem „Institut für Erbbiologie und Rassenhygiene" an der Uni Frankfurt/Main.[28]

In Österreich wurde das erste rassenbiologische Universitätsinstitut erst nach dem Anschluss an das Dritte Reich, also während der nationalsozialistischen Herrschaft eingerichtet: 1939 das „Institut für Erb- und Rassenbiologie" an der Universität Innsbruck (vgl. Amort 1999) unter der Leitung des Kriminalbiologen und Psychiatriedozenten Friedrich Stumpfl (1902–1994)[29] und ein ebensolches an der Universität Wien unter der Leitung des Rassenbiologen Lothar Löffler (1901–1983)[30] erst im Oktober 1942 (vgl. Saurer 1989).[31] Beide Institute wurden mit der Befreiung Österreichs im Jahr 1945 wieder aufgelöst.[32]

---

licht hatte, das bis 1941 in fünf Auflagen erschien und schnell zum Standardwerk der Rassenhygiene in Deutschland avancierte.

28 Othmar von Verschuer leitete das Institut von 1935–1942.

29 Friedrich Stumpfl wurde in Wien geboren, war Kriminalbiologe und arbeitete ab 1930 am Kaiser-Wilhelm-Institut für Psychiatrie bei Ernst Rüdin an der Universität München und habilitierte sich dort 1935. Er war Mitarbeiter beim „Bayerischen Landesverband für Wanderdienst", bei dem Nichtsesshafte selektiert wurden, und untersuchte die „Vagabunden" nach erbärztlichen Gesichtspunkten. Dazu publizierte er 1935 sein Hauptwerk „Erbanlage und Verbrechen" (Springer Verlag). Forschungsschwerpunkte waren Erbprognose und Typendiagnose „für Rassenhygienische Maßnahmen im Dienste der Lösung des Psychopathenproblems" (1936 an DFG, BA R 73/16089). Er trat 1939 der NSDAP bei und war ab da ao. Professor für Psychiatrie, Kriminologie und Erbcharakterkunde an der Universität Innsbruck und ab 1940 Vorstand des Instituts für Erb- und Rassenbiologie. Ab 1947 leitete er die Kinderpsychiatrische Beobachtungsstation am Institut für Vergleichende Erziehungswissenschaften an der Universität Salzburg, ab 1949 war er Gerichtspsychiater in Wien und ab 1956 wiederum ao. Professor in Innsbruck (vgl. Klee 2003: 613).

30 Lothar Löffler war bis zu seiner Berufung nach Wien Ordinarius und Leiter des Institutes für Erb- und Rassenbiologie an der Universität Königsberg. Er war seit 1932 Mitglied der NSDAP, der SA, NS-Ärzte- und Lehrerbund, seit 1934 Fachreferent für Rassenforschung der Notgemeinschaft der Deutschen Wissenschaft (DFG). In Wien arbeitete er mit dem Reichsausschuss zur wissenschaftlichen Erfassung von erb- und anlagebedingten schweren Leiden (Zentrale der Kindereuthanasie) zusammen. Ab April 1949 Sachverständiger für Vaterschaftsgutachten der Deutschen Gesellschaft für Anthropologie, ab 1952 im Niedersächsischen Landesgesundheitsrat und Vorsitzender der Niedersächsischen Landesarbeitsgemeinschaft für Jugend- und Eheberatung, ab 1954 Lehrauftrag für Sozialbiologie an der TU Hannover, ab 1957 im Arbeitskreis Strahlenbiologie der Deutschen Atomkommission. 1961 Bundesverdienstkreuz I. Klasse (vgl. Klee 2003: 376).

31 An der Universität Graz wurde die SS-ärztliche Akademie eingerichtet, die von Berlin nach Graz verlegt worden war und an der SS-Sanitätsoffiziere ausgebildet wurden (vgl. Fleck 1985: 38).

32 Mit Ausnahme der Auflösung der rassenhygienischen Institute an den Universitäten Innsbruck und Wien haben sich die österreichischen Universitäten der Vergangenheitsbewältigung aber beharrlich widersetzt. Die überwiegende Mehrheit der Professoren und Dozenten, die aufgrund von NSDAP-Mitgliedschaft bzw. aufgrund ihrer Berufung während der NS-Zeit mit der Befreiung Österreichs vom Nationalsozialismus suspendiert bzw. entlassen wurden, wurde nach ein bis einigen Jahren wieder eingestellt. Von den 1938 von den Nationalsozialisten vertriebenen Wissenschaftlern wurden mehrheitlich nur jene zurückgeholt, die katholisch-konservativ und arisch waren (vgl. Fleck 1985; Stadler 1987 und 1988; Lichtenberger-Fenz 1988; Hubenstorf 1989; Fleck 1993; Goller/Oberkofler 2003).

Im Gegensatz dazu wurden deutsche Institute und Lehrstühle für „Erbbiologie und Rassenhygiene" unmittelbar nach dem Zweiten Weltkrieg in Universitätsinstitute für Humangenetik umgewandelt. So wurde beispielsweise der Anthropologe und Rassenhygieniker Othmar von Verschuer (1896–1969) – ab 1935 Direktor des „Instituts für Erbbiologie und Rassenhygiene" der Universität Frankfurt, ab 1942 bis 1945 Direktor des „KWI für Anthropologie, menschliche Erblehre und Eugenik" in Berlin und zugleich Richter am „Erbgesundheitsgericht Berlin" sowie Gutachter für das „Reichssippenamt" – bereits 1951 Professor für Genetik und Leiter des Instituts für Humangenetik an der Universität Münster. Der Biologe und Rassenhygieniker Fritz Lenz (1887–1976) erhielt 1946 ein Extraordinariat für menschliche Erblehre in Göttingen und wurde dort 1949 Direktor des Instituts für menschliche Erblehre.

In Österreich wurde die Humangenetik als Teil der Medizinischen Biologie erst ab den 70er Jahren im wissenschaftlichen Feld institutionalisiert (vgl. Kap. III.1).

Fragen der Eugenik und Rassenpflege wurden in Österreich im wissenschaftlichen Kontext bis zum Nationalsozialismus also wesentlich im Bereich der Anthropologie behandelt. Forschungsschwerpunkt des Anthropologieordinarius der Universität Wien, Otto Reche (1879–1966)[33], war die Blutgruppenforschung, die er gegen die vergleichend-anatomischen Methoden der Anthropologie privilegierte, um zu den biologischen Ursachen des „Erbbildes" vorzudringen. Reche begründete 1926 auch die „Deutsche Gesellschaft für Blutgruppenforschung" und gab als Organ der Gesellschaft die „Zeitschrift für Rassenphysiologie"[34] heraus.

---

33 Reche wurde 1924 von Hamburg an die Universität Wien berufen, wo er von 1924–1927 Ordinarius für Anthropologie und Ethnologie war. Er war 1921 Mitbegründer des „Bundes völkischer Lehrer Deutschlands", 1925 Mitbegründer und 1927 Ehrenpräsident der „Wiener Gesellschaft für Rassenpflege", 1932 Begründer der Ortsgruppe Leipzig der „Deutschen Gesellschaft für Rassenhygiene", 1934 Vorsitzender der „Deutschen Gesellschaft für Rassenforschung", 1938 im Vorstand des „Reichsbundes für Biologie". Einer seiner Forschungsschwerpunkte war die Blutgruppenforschung. Er war Mitbegründer der „Deutschen Gesellschaft für Blutgruppenforschung" (1927), Dozent für Kriminalanthropologie am Kriminalistischen Institut der Polizeidirektion Wien. Von 1927 bis 1945 Ordinarius des „Instituts für Rassen- und Völkerkunde" der Universität Leipzig und Ausbilder so genannter „Eignungsprüfer" zur Eindeutschung polnischer Kinder; nach 1945 Emeritus (vgl. Klee 2001/2. Aufl.: 160ff.; Klee 2003: 483; Geisenhainer 2002). Er publizierte noch 1964 zusammen mit Anton Rolleder einen wissenschaftlichen Artikel „Zur Entstehungsgeschichte der ersten exakt wissenschaftlichen erbbiologisch-anthropologischen Vaterschaftsgutachten" in der Zeitschrift für Morphologie und Anthropologie/ ZSMA 55 (283–293). Anton Rolleder (1910–1976) war Anthropologe und 1938 Hilfsarzt an der Universitätsnervenklinik in Wien; 1942 Assistent am „Institut für gerichtliche Medizin und Kriminalistik" in Wien und ab 1943 NS-Dozentenführer. Er habilitierte sich 1943 zu „Handlungsfähigkeit bei frischen Schädelschüssen". Er wurde 1945 suspendiert, 1946 vom Volksgericht zu einem Jahr Haft verurteilt und war dann Nervenarzt und Gerichtsgutachter in Wien (vgl. Klee 2003: 506).

34 Die Zeitschrift für Rassenphysiologie erschien bei Lehmann in München von 1928–1943.

Reches „Anliegen", mittels Blutgruppen und Blutfaktoren auch „Arier" von „Juden" zu unterscheiden, stieß auf Seiten der österreichischen Anthropologie allerdings auf Ablehnung, da diese geisteswissenschaftlich fundiert war, d.h. davon ausging, dass „Rasse" geistig und weltanschaulich hervorgebracht werde, und deshalb die Naturalisierung eines „völkischen Rassismus" ablehnte (vgl. Fuchs: 280ff.). Aufgrund dieses Konfliktes musste Reche 1927 sogar seine Professur in Wien zurücklegen.

Doch wurde der Aufstieg der völkischen Rassenhygiene in Österreich dadurch nicht verhindert (ebd.: 267f.). Vielmehr wurde das „Anthropologisch-Ethnographische Wiener Universitätsinstitut" unter Josef Weninger (1886–1959)[35], dem Nachfolger Reches, zum Zentrum der rassenhygienischen Bestrebungen in Österreich, an dem auch die „Wiener Gesellschaft für Rassenpflege" ihren Sitz hatte.

Die von Reche eingeführten „anthropologisch-erbbiologischen" Untersuchungen bei Vaterschaftsprozessen wurden vom Obersten Gerichtshof in Österreich bereits 1931 anerkannt. Neben dem negativen Vaterschaftstest durch Blutgruppenvergleich wurde ein „positiver Vaterschaftsnachweis" eingesetzt. Dazu führten die Anthropologen eine „morphologische Ähnlichkeitsanalyse" zwischen den Merkmalen Kind, Mutter und mutmaßlichem Vater durch, bei welcher elf körperliche Merkmalsgruppen und über 100 Einzelmerkmale verglichen wurden (z.B. Muster der Papillarlinien der Fingerbeeren, Haarfarbe, Farbe der Regenbogenhaut, Form und Maße der Hirnkapsel und des Gesamtgesichtes, Merkmale der Augengegend, der Nase, des Mundes, der Ohrmuschel etc.). Dieses Verfahren kam ab 1938 für „Abstammungsgutachten" im Rahmen der Durchführung der Nürnberger Rassengesetze (1935) zum Einsatz.

Josef Weninger richtete den gesamten Forschungsbetrieb des Institutes in Zusammenarbeit mit der österreichischen Justiz auf die Entwicklung und Verbesserung von „Abstammungsgutachten" aus. Er erweiterte Reches Analysemerkmale um die Zähne sowie sechzig weitere Einzelmerkmale und richtete am Institut eine „erbbiologische Arbeitsgemeinschaft" ein, um einen lückenlosen positiven Vaterschaftsnachweis zu entwickeln.[36] Zusätzlich wurde eine „familienkundliche Erhebungsstelle" eingerichtet",

---

35 Weninger war Mitherausgeber der Zeitschrift *„Volk und Rasse"* und der *„Zeitschrift für Rassenkunde"*. Er leitete ab 1927 das Anthropologische Institut, war dort ab 1934 ordentlicher Professor, wurde 1938 wegen nichtarischer Ehefrau entlassen, erstellte zahlreiche „Rassengutachten" (ARGB 1939: 375) und publizierte in Justs *„Handbuch der Erbbiologie des Menschen"* (1940) den Beitrag „Die anthropologischen Methoden der menschlichen Erbforschung". Er leitete das Institut neuerlich von 1945–1957. Er war Mitglied der „Österreichischen Akademie der Wissenschaften" und Ehrenpräsident der *„Anthropologischen Gesellschaft"* sowie des *„Vereins für Volkskunde"* in Wien.

36 Mitarbeiter waren Weningers Schüler Karl Tuppa (sein Forschungsschwerpunkt war das Erscheinungsbild der Weichteile der Augengegend), Weningers Gattin, die promovierte Geographin Margarete Weninger (ihr Forschungsschwerpunkt waren die Papillarlinien der Hände, Finger und Füße), Weningers Assistent

welche alle Materialien archivierte, die im Zuge von Vaterschaftsgutachten anfielen. Zwischen 1932 und 1938 waren bereits mehr als 2500 Personen im Hinblick auf erbbiologische Abstammungsgutachten untersucht worden. Die dabei archivierten Materialien dienten der theoretischen und praktischen Vorbereitung einer völkischen „Entmischung" Österreichs (vgl. ebd.: 275–277).

Während des Nationalsozialismus wurden vom Personal des anthropologischen Universitätsinstituts im Dienste des „Reichssippenamtes" Gutachtertätigkeiten durchgeführt. Zugleich widersetzten sich die MitarbeiterInnen des Instituts für Anthropologie einer Umwandlung ihrer Lehrkanzel für Anthropologie an der Philosophischen Fakultät in eine Lehrkanzel für Erb- und Rassenbiologie an der Medizinischen Fakultät. Dadurch verzögerte sich die Schaffung des „Rassenbiologischen Instituts" bis 1942, dessen Einrichtung aber nicht mehr in Angriff genommen wurde, da bereits 1943 alle menschlichen und finanziellen Ressourcen in den Dienst der Kriegsführung gestellt wurden.

Aufgrund der engagierten Gutachtertätigkeit waren aber schon 1939 alle EinwohnerInnen Wiens „sippenkundlich" überprüft und als „Arier", „Juden" oder „Mischlinge" kartiert. Die „rassische" Erfassung wurde mit einer „eugenischen" Erfassung durch die Abteilung für „Volksgesundheit und Volkswohlfahrt" des „Hauptgesundheitsamtes der Gemeindeverwaltung für den Gau Wien" zusammengeführt. Die anthropologische „Rassenpflege" und die medizinische „Erbpflege" wurden während des Nationalsozialismus in Österreich an der für die Durchführung von „Erbbestandsaufnahmen" zur Überwachung der „Ehetauglichkeit" eingerichteten Stellen für „Erb- und Rassenpflege" verbunden.[37] Nach der Befreiung Österreichs vom Nationalsozialismus kam das erbbiologische Abstammungsgutachten wieder als „naturwissenschaftlich exakter Abstammungsnachweis" in Vaterschaftsprozessen zum Einsatz.

Anthropologen, welche 1945 aufgrund „politisch belasteter Tätigkeit" ihre Planstellen im öffentlichen Dienst zurücklegen mussten, nahmen ihre Arbeit als Sachverständige

---

Eberhard Geyer, ab 1932 Dozent für Physische Anthropologie, Weningers Assistent Robert Routil (Spezialist für Biometrik), der Psychologe Friedrich Stumpfl, der sich ehrenamtlich mit der Zwillingsforschung befasste, und der Mediziner Albert Harrasser (Spezialist für die Technik der anthropologischen Fotografie zur erbbiologischen Dokumentation von „Familien").

37 Leiter dieser Stelle mit über 70 Angestellten, welche die zentrale „Sippenregistratur" anlegten, waren der deutsche Mediziner Max Gundel und der Rassenhygieniker Hans Vellguth. Die Karteien dieser Registratur waren zwischen 1940 und 1945 die Basis für die Durchführung der Euthanasie, der in Österreich ca. 25.000 körperlich behinderte und als „geisteskrank" oder „erbkrank" eingestufte Menschen zum Opfer fielen. Von der Zwangssterilisation waren in der „Ostmark" zwischen 6.000 und 10.000 Opfer betroffen (im Gegensatz zum „Altreich", in dem die Sterilisation an 300.000 Personen, vor allem Frauen, vollzogen wurde). Die geringere Zahl hängt damit zusammen, dass das Gesetz zur „Verhütung erbkranken Nachwuchses" in Österreich 1940 zu einem Zeitpunkt in Kraft trat, als bereits mit der Euthanasie begonnen wurde (vgl. Fuchs 2003: 306).

in Vaterschaftssachen wieder auf (z.B. Josef Wastl, Karl Tuppa, Dora Maria Kahlich-Könner).

Rassenforschung und Erbbiologie blieben aber auch nach 1945 Forschungsschwerpunkte der anthropologischen Forschung in Wien. Wissenschaftstheoretische und -methodische Grundlagen wie zentrale Inhalte der „völkisch-rassischen" Theorie wurden nicht in Frage gestellt. 1966 wurde das anthropologische Institut, durch den damaligen Leiter Emil Breitinger, in ein „Institut für Humanbiologie" umbenannt und an die naturwissenschaftliche Fakultät angegliedert. Doch erst 1984 wurde die Geschichte der „Wiener Anthropologie" einer gründlichen Kritik unterzogen.[38]

Zusammengefasst lässt sich sagen, dass die Analyse der „Rassenmischung" und Abstammung in Österreich zum Arbeitsschwerpunkt der Anthropologie wurde, für deren Propagierung die „Wiener Gesellschaft für Rassenpflege" zuständig war.

Auch wissenschaftliche Gesellschaften, die sich mit eugenischen und rassenhygienischen Fragen befassten, wurden in Österreich wesentlich später als in Deutschland gegründet. So konstituierte sich die „Wiener Gesellschaft für Rassenpflege" im Jahr 1925 genau 20 Jahre, nachdem in Deutschland die „Gesellschaft für Rassenhygiene" (1905) gegründet worden war[39], von der sich 1925 der „Deutsche Bund für Volksaufartung und Erbkunde" abspaltete. Beiden gehörten vereinzelt auch österreichische Wissenschaftler an, die auf einen Lehrstuhl nach Deutschland berufen wurden.[40] Die deutsche Gesellschaft hatte zum Ziel, die eugenische und rassenhygienische Forschung zu fördern[41], die

---

38 Diese späte kritische Auseinandersetzung mit einem Teil österreichischer Wissenschaftsgeschichte zeigt sich auch darin, dass im Naturhistorischen Museum in Wien bis 1996 der sogenannte „Rassesaal" eine anthropologische Schausammlung von „Rassetypen" der Erde zeigte, die erst 1978 vom Kustos der Abteilung Johann Szilvássy eingerichtet worden war.

39 Rassenhygienische Gesellschaften wurden zuvor bereits in Linz 1923 („Oberösterreichische Gesellschaft für Rassenhygiene" unter dem Vorsitz des Internisten Dr. Richard Chiari) und in Graz 1923 („Grazer Gesellschaft für Rassenhygiene" unter dem Vorsitz des Dermatologieordinarius Dr. Rudolf Polland) gegründet. Der Linzer, Grazer und Wiener Verein gründeten den Verband der „Österreichischen Gesellschaft für Rassenhygiene", von dem aber lediglich eine Tagung im November 1927 in Linz bekannt wurde (vgl. Neugebauer: 2004: 4).

40 Mitglieder aus Österreich bei der Deutschen Gesellschaft für Rassenhygiene waren der Hygieneordinarius Max von Gruber (1853–1927), der ab 1902 den Lehrstuhl für Hygiene an der Universität in München innehatte (Julius Tandler und Ignaz Kaup waren Schüler von Max von Gruber), der Privatdozent (ab 1904) für Hygiene an der Technischen Hochschule in Wien Ignaz Kaup (1870–1944), der 1912 den Ruf auf den ersten deutschen Lehrstuhl für Soziale Hygiene erhielt und der 1918 kurzfristig Sektionschef im neu errichteten Ministerium für Volksgesundheit in Österreich war, der Anthropologe und Ethnologe Felix von Luschan (1854–1924) sowie der Ethnologe und Soziologe Richard Thurnwald (1869–1954).

41 Zu Beginn war die deutsche Gesellschaft ein Reform- und Bildungsverein und weniger eine wissenschaftliche Fachgemeinschaft. Man lebte nach den Idealen, die man propagierte, die Mitglieder waren erbbiologisch untersucht und registriert, es wurden keine Mitglieder geworben oder Öffentlichkeitsarbeiten

österreichische wollte der Pflege des Volkskörpers dienen. Entsprechend ihrer Zugehörigkeit zum völkisch-deutschnationalen Lager zielte diese Pflege vor allem auf eine Verhinderung der „Rassenmischung", von der eine Verschlechterung des Erbgutes befürchtet wurde.

Erster Vorsitzender der Wiener Gesellschaft war der deutsche Anthropologieordinarius Otto Reche, 1924 von Hamburg auf einen Lehrstuhl für Anthropologie an die Wiener Universität berufen, Vorstand des Anthropologisch-Ethnographischen Instituts der Universität Wien, das zur geisteswissenschaftlichen Fakultät gehörte.[42] Stellvertreter war der Hygieneordinarius der Universität Graz, Prof. Dr. Heinrich Reichel (1876–1943)[43], der auf Seiten der Medizin wohl zu den bedeutendsten österreichischen Rassenhygienikern der Zwischenkriegszeit gehörte.

Nachfolger Reches als Vorsitzender war ab 1927 bis zum Anschluss an Hitlerdeutschland Alois Scholz, pensionierter Offizier der k.u.k. Armee und Lehrer der Militärakademie Mödling in der Zwischenkriegszeit. Er orientierte die Gesellschaft bereits in den 30er Jahren „offen nationalsozialistisch und eindeutig rassistisch-antisemitisch" (Neugebauer 2004: 11).

Diese Wiener „akademisch-wissenschaftliche" Vereinigung blieb bis 1938 bestehen, hatte zu diesem Zeitpunkt mehr als 250 Mitglieder und war mit der NS-Bewegung verbunden. Unter den Gründungsmitgliedern waren zahlreiche Universitätsprofessoren und Dozenten. So auch der Nachfolger von Reche am Anthropologischen Institut, Josef Weninger (1886–1959) und der Anatom Eduard Pernkopf (1988–1955)[44], Dekan der Me-

---

durchgeführt. Erst als die Ziele dieser Gesellschaft 1909 in ihrem Publikationsorgan, dem „Archiv für Rassen- und Gesellschaftsbiologie" (ARGB) publiziert wurden, kamen neue Mitglieder dazu.

42 Reches Rede zur Gründungsversammlung stand unter dem Titel „Die Bedeutung der Rassenpflege für die Zukunft unseres Volkes". Reche erörterte die Problematik der „rassischen Mischung".

43 Heinrich Reichel wurde 1876 in Wels (OÖ) geboren, 1901 Promotion, 1910 Habilitation für Hygiene in Wien, 1914 ao. Professor in Wien, ab 1925 Leiter der Abteilung Sozialmedizin des Hygiene-Institutes der Universität Wien, ab 1933 Professor für Hygiene an der Universität in Graz. Reichel publizierte zahlreiche Artikel zu Eugenik und Rassenpflege in der „Wiener Klinischen Wochenschrift" (siehe Literaturverzeichnis in dieser Arbeit). Mit Hermann Muckermann publizierte er die Schrift „Grundlagen der Vererbungswissenschaft und Eugenik" (= Veröffentlichung der „Wiener Gesellschaft für Rassenpflege" Wien 1930). Vor seiner Berufung an die Universität Graz 1933 hielt er regelmäßig Vorlesungen über Soziale Hygiene mit dem Titel „Volksgesundheitslehre (Hygiene) für Juristen" und dem Untertitel „Socialhygiene". Ab 1923 war er Mitarbeiter im Volksgesundheitsamt des Bundesministeriums für Soziale Verwaltung. Während des Nationalsozialismus war er „Sachverständiger" für die Erstellung von „erbbiologischen Abstammungsgutachten". Reichel starb vor dem Zusammenbruch des Nationalsozialismus im Jahr 1943.

44 Eduard Pernkopf wurde 1988 in Rapottenstein/Niederösterreich geboren und starb im Jahre 1955 im Alter von 67 Jahren. Promotion 1912. Assistent am II. Anatomischen Institut der Universität Wien. Professor und Vorstand der Anatomie an der Universität Wien. 1921 Habilitation und 1928 Professor für Anatomie an der Universität Wien. Bereits 1933 NSDAP-Mitgliedschaft. Nach dem Anschluss 1938 Dekan der Medizi-

dizinischen Fakultät der Universität Wien nach dem Anschluss an Hitlerdeutschland und 1943 Rektor der Universität Wien. Mediziner und Anthropologen spielten in dieser Gesellschaft also eine tragende Rolle.

Doch die Frage der „Rassenpflege" im Sinne einer „Entmischung" und „Reinerhaltung" der Rassen, wie sie von Reche bei der Eröffnungssitzung im Festsaal der Universität Wien erörtert wurde (vgl. Neugebauer 2004: 6), fand in den wissenschaftlichen Diskurs der klinischen Medizin, wie er sich in der Wiener Klinischen Wochenschrift darstellt, keine Aufnahme. Dieser bezog sich im Wesentlichen auf die „Fortpflanzungshygiene", um – ganz im Sinne der Eugenik – den „Degenerationsprozess" zu stoppen und um – ganz im Sinne des Sozialdarwinismus – die sozialen Kosten der „Bevölkerung" zu reduzieren und die soziale Wohlfahrt des modernen Industriestaates zu rationalisieren.

Die Auseinandersetzungen zu Fragen der „Rassenmischung" und der „Rassenpflege" (= „Rassenentmischung" und „Reinerhaltung der Rasse") wurden demgegenüber in Österreich im Wesentlichen von der Anthropologie geleistet (vgl. Fuchs 2003: 261ff.).

In dieser Disziplin hatten sich im deutschsprachigen Raum hinsichtlich der Rassenhygiene zwei Richtungen etabliert: eine „volksgenealogische", welche die „Rassenmischungen" in der Bevölkerung analysierte; und eine „erbbiologische" Richtung, welche eugenische Ziele verfolgte.[45]

In Österreich setzte sich vorerst eine „volksgenealogische" durch. Diesbezüglich betrachtete es der Anthropologe Otto Reche als erste Pflicht des Staates, „rassische Gesundheit" durch die Sicherung „reiner Erbstämme" des „deutschen Volkes" zu erhalten. „Entmischung" und Verhinderung der „Mischung mit fremden Rassen" war Ziel einer von Seiten der Anthropologie forcierten Rassenpflege. Die in Österreich forcierte Methode der „völkischen Entmischung" wies eine Naturalisierung des „völkischen Rassismus" zurück und baute auf einem „kulturalistischen Rassismus" auf, welcher mit der Hegemonie des politischen Katholizismus in Österreich zusammenhing (Fuchs 2003: 205) und jede Form des Darwinismus ablehnte.

---

nischen Fakultät und 1943 Rektor der Universität Wien. Nach der Befreiung Österreichs vom Nationalsozialismus wurde er 1945 suspendiert und interniert bis 1948. Ab 1949 wurden ihm von der Universität wieder Räume für die Arbeit am Anatomie-Atlas, die er 1933 begonnen hatte, zur Verfügung gestellt, bei dem er nachweislich Präparate von hingerichteten NS-Opfern (politische Gefangene am Landesgericht Wien) für die Illustration verwendete.

45 Bekannte Rassenhygieniker wie z.B. Schallmeyer haben die volksgenealogische Rassenanthropologen als „Rasseschwärmer" und „Arierschwärmer" kritisiert und die „erbbiologische" Rassenhygiene als „Volkseugenik" davon abgegrenzt. Die Volkseugenik hatte demnach auch für alle Rassen Gültigkeit (vgl. Reyer 1991: 30ff.).

Die Wiener Schule der Ethnologie und Anthropologie war geisteswissenschaftlich fundiert und ging davon aus, dass der Mensch nicht unmittelbar vom Primatenaffen abstamme, sondern die menschliche Evolution von einem einheitlichen „Urmenschen" repräsentiert sei, aus dem sich die unterschiedlichen „Menschenrassen" entwickelt hätten (ebd.: 207). Diese völkische Form der Rassenhygiene bezeichnete Reche als „Rassenpflege", mit der er sich gegen die nur eugenischen Maßnahmen der Rassenhygiene abgrenzte.

Die eugenischen Maßnahmen aber wurden von der Medizin favorisiert, erforscht und angewandt.

Die völkisch-antisemitische Interpretation der Rassenhygiene konstituierte sich in Österreich bei den konservativ-deutschnationalen Vertretern der Anthropologie (vgl. Fuchs 2003), die eugenisch orientierte Rassenhygiene oder Fortpflanzungshygiene bei den sozialdemokratischen Vertretern der Medizin (vgl. Byer 1988), welche durch Sexualreform, Geburtenkontrolle und Sterilisation „minderwertiger" Menschen den ökonomischen Fortschritt sichern, den Lebensstandard und die „Volksgesundheit" heben wollten.

Da das Establishment der Universitätsmedizin – Professoren und Dozenten – in den ersten vier Jahrzehnten des 20. Jahrhunderts dem christlich-konservativen Lager zugeordnet werden kann, war ihr Einsatz für die Eugenik auf dem Gebiet der Fortpflanzung durch den christlich-katholischen Grundsatz von der „Unantastbarkeit" menschlichen Lebens begrenzt. Das dürfte zur Dominanz von Beiträgen sozialdemokratisch orientierter Mediziner zu euge-nischen Maßnahmen beigetragen haben. Diese entstammten größtenteils einem Bürgertum, welches „im Rahmen der Monarchie über ,Bildung' und deren staatliche Institutionen Chancen auf soziale Anerkennung hatte" (ebd.: 40), medizinische und juristische Wissenschaftsdisziplinen bevorzugte und daran interessiert war, seiner Klasse, dem „Bildungsbürgertum", staatliche Legitimierung zu verschaffen.

Die Ausarbeitung eugenischer Maßnahmen stand im staatlichen Interesse (Sozial- und Bevölkerungspolitik) und im Interesse der neuen Professionen nach staatlicher Legitimierung. Darüber hinaus aber waren die unteren Schichten die Hauptbetroffenen von sozialem Elend und dessen Auswirkungen auf Gesundheit und Krankheit der Erwachsenen wie der Kinder, was die sozialistischen Ärzte u.a. auch zu eugenischen Eingriffen in die generative Reproduktion motivierte.

Andere wissenschaftlich-politische Gesellschaften, in welchen u.a. *auch* eugenische Ziele in Medizin und Politik verhandelt wurden, war die „Österreichische Gesellschaft für Bevölkerungspolitik", die 1917 gegründet wurde und deren Maßnahmen auf die Verbesserung der Sozialpolitik und des Gesundheitszustandes der Bevölkerung zielte (vgl. Exner 2001: 93ff.).⁴⁶ Zehn Jahre später wurde die „Österreichische Gesellschaft für Volksgesundheit" gegründet, deren kontinuierlichste Mitglieder und Autoren ihres Publikationsorgans – der Anatomieordinarius und Wohlfahrtspolitiker Julius Tandler, der Hygieneordinarius und Rassenhygieniker Heinrich Reichel und der Polizeipräsident Johannes Schober – auch die Zusammenhänge von Medizin und Politik ausarbeiteten. Eine wissenschaftliche Gesellschaft, welche die verschiedenen naturwissenschaftlichen Fächer zusammenband, die sich mit Fragen der menschlichen Vererbungsforschung befassten, wurde mit der „Wiener Biologischen Gesellschaft" erst 1941 gegründet. Diese wurde im Wesentlichen von Vertretern der Anatomie, Physiologie, physiologischen Chemie, Pharmakologie und Neurologie aufgebaut, die Vertreter der Pathologie und Gerichtsmedizin, Anthropologie und Zoologie und des neugegründeten Institutes für Rassenbiologie wurden zur Mitarbeit aufgerufen. Ziel der Gesellschaft war es, den Zusammenhang dieser Fächer wiederherzustellen in einer Zeit, „in der der Totalitätsgedanke auch in der Biologie durchgedrungen ist" (Pernkopf 1942a: 2).

Die Gründung von Fachzeitschriften auf dem Gebiet der Eugenik und Rassenhygiene blieb in Österreich aus. Im Gegensatz dazu erschien in Deutschland bereits seit 1904 das „Archiv für Rassen- und Gesellschaftsbiologie" (ARGB) bei der Berliner Archiv-Gesellschaft mit dem Ziel, die „strenger wissenschaftlichen Arbeiten" zum Thema zu bündeln (Vorwort des Ersten Jahrgangs 1904).⁴⁷ Das deutsche „Archiv für Frauenheilkunde und Eugenetik" (AFE)⁴⁸ erschien bereits 1914 (bis 1922). Auch wenn österreichische Medi-

---

46 Die „Österreichische Gesellschaft für Bevölkerungspolitik" (ÖGBP) bestand von 1917 bis 1938. Ihr Publikationsorgan waren die „Mitteilungen der Österreichischen Gesellschaft für Bevölkerungspolitik (und Fürsorgewesen)", in denen lediglich die Referate und Diskussionen der jährlich stattfindenden Tagungen publiziert wurden. Die Gesellschaft war im Wesentlichen aus Wissenschaftlern, vor allem Medizinern und Juristen (Universitätsprofessoren, Dozenten, Gymnasiallehrern), Ministerialbeamten und Politikern zusammengesetzt. Sie besaß keinen internationalen Charakter, auch wenn sie zur 1915 gegründeten „Deutschen Gesellschaft für Bevölkerungspolitik" und zur 1917 gegründeten „Ungarischen Gesellschaft für Rassenhygiene und Bevölkerungspolitik" Verbindungen unterhielt. Ihre Schwerpunkte bezüglich der Verbesserung des Gesundheitszustandes der Bevölkerung konzentrierten sich auf die Säuglingssterblichkeit, die Prävention von Tuberkulose und Syphilis (vgl. Exner 2001: 93ff.).
47 Die Herausgeber (der Mediziner Ploetz, der Jurist Nordenholz und der Philosoph Plate) begründen die Auflage der Zeitschrift mit dem „Wachsen der biologischen Einsicht" in den letzten Jahrzehnten, die mittlerweile zu einer Unzahl an Publikationen geführt habe. Daran monierten sie, dass weniger grundlegende Arbeiten von Wissenschaftlern als solche von Laien veröffentlicht würden. Da diese Arbeiten angesichts ihres „pseudowissenschaftlichen Charakters" großen Einfluss ausüben würden, sei es an der Zeit, eine wissenschaftliche Fachzeitschrift mit der Sammlung wissenschaftlich strenger Abhandlungen zu beauftragen. Zu einem späteren Herausgeberkreis gehörten auch der Psychiater Ernst Rüdin (1874–1952) und einer der bekanntesten Protagonisten der deutschen Rassenhygiene, Fritz Lenz (1887–1976).
48 Herausgegeben von Max Hirsch (Berlin), erschienen bei Kubitzsch in Würzburg. Max Hirsch (1877–1948) war Frauenarzt, vertrat seit 1910 die eugenische Indikation beim Schwangerschaftsabbruch und publizierte

ziner und Soziologen ständige Mitarbeiter dieses Archivs[49] oder wie der Anthropologieordinarius der Universität Wien, Josef Weninger, Mitherausgeber zweier deutscher erbbiologischer und rassenhygienischer Fachzeitschriften waren („Volk und Rasse"[50] so wie „Zeitschrift für Rassenkunde"[51]), gab es in Österreich keine vergleichbaren Fachzeitschriften. Es kann aber davon ausgegangen werden, dass der „Anschluss" des „wissenschaftlichen Rassismus" schon vor 1938 stattgefunden hat. Österreichische Wissenschaftler publizierten auch im „Archiv für Rassen- und Gesellschaftsbiologie" (ARGB). Der eugenische Diskurs fand in Österreich im Wesentlichen Aufnahme im „Mitteilungsblatt der Österreichischen Gesellschaft für Bevölkerungspolitik" und in der „Volksgesundheit. Zeitschrift für Soziale Hygiene", die von 1927–1934 von der „Gesellschaft für Volksgesundheit" bei Urban & Schwarzenberger in Wien herausgegeben wurde.

Gegenüber diesen wissenschaftlichen Etablierungsschritten in Deutschland – Gründung von wissenschaftlichen Gesellschaften, Fachzeitschriften und Einrichtung von Lehrstühlen – blieb die Eugenik in Österreich in der medizinischen Wissenschaft bis 1939 also ein transdisziplinärer und multidisziplinärer Forschungs- und Lehrbereich. Eugenik wurde als Teil der medizinischen Ausbildung in verschiedenen Fächern – vor allem Hygiene, Anatomie, Inneren Medizin und Psychiatrie – gelehrt.

Vor diesem Hintergrund einer verspäteten Professionalisierung und Institutionalisierung der Eugenik an Österreichs Universitäten war es naheliegend, die Eugenisierung der Reproduktion durch die Medizin anhand der Publikationen in einer klinischen Fachzeitschrift zu untersuchen. Die dazu recherchierten, wissenschaftlichen Fachartikel in der „Wiener Klinischen Wochenschrift" zeigten, dass auch in der Gynäkologie und Geburtsmedizin wie der Kinderheilkunde eugenisches Denken forschungs- und (be)handlungsleitend war. Die Kliniker, deren Texte durch eine Stichwortrecherche erhoben wurden, waren nicht nur, aber auch Eugeniker, die im wissenschaftlichen Diskursfeld ihrer Zeit argumentierten und sich den eugenischen Perspektiven auf die Reproduktion entweder nicht entziehen konnten oder explizit widmeten.

---

unzählige Schriften zu diesem Thema. Er wurde 1923 Vorsitzender der „Ärztlichen Gesellschaft für Sexualwissenschaft und Konstitutionsforschung". Er erhielt 1933 aufgrund der Machtergreifung der Nationalsozialisten als Jude in Deutschland Praxisverbot und flüchtete 1938 nach England.

49 Prof. Tandler (Wien), Prof. Knauer (Graz), Doz. Kammerer (Wien) und der Soziologe Rudolf Goldscheid (Wien).

50 „Volk und Rasse" die „Illustrierte Vierteljahresschrift für deutsches Volkstum, Rassenkunde, Rassenpflege und Zeitschrift des Reichsausschusses für Volksgesundheitsdienst und der Deutschen Gesellschaft für Rassenhygiene" wurde bei Lehmann in München von 1926 bis 1944 herausgegeben. Weitere Mitherausgeber waren u.a. Fritz Lenz und Ernst Rüdin.

51 „Zeitschrift für Rassenkunde und seine Nachbargebiete" (1935–1937), als „Zeitschrift für Rassenkunde und die gesamte Forschung am Menschen" (1937–1944) fortgeführt und bei Enke in Stuttgart aufgelegt.

In der Folge möchte ich zeigen, wie eugenische Rationalität ab der Jahrhundertwende zum 20. Jahrhundert von der Medizin in bevölkerungspolitische Konzepte eingearbeitet, in den Kontroversen im Bereich der Konstitutions- und Vererbungslehre verhandelt und letztlich im Bereich der Rassenhygiene etabliert wurde, in dem es 1938 auch zur ersten Lehrstuhlgründung kam.

In den Kontroversen um Begriffsbestimmungen – „generative Ethik", „Fortpflanzungshygiene", „Rassenhygiene", „Eugenetik" etc. – und Zuständigkeitsfragen zeigte sich, dass der Eugenikbegriff über einen breiten Bedeutungshof verfügte. Alle Definitionsversuche entsprachen aber im Wesentlichen dem Programm, das Francis Galton unter dem Begriff „Eugenik" ausgearbeitet hatte.

Die Unschärfen und Grenzüberschreitungen ergaben sich daraus, dass alle diese Eingriffe in die Reproduktion durch die Medizin auf einem Denken beruhten – dem Evolutionismus und Biologismus des 19. Jahrhunderts – das sich in den (Natur-)Wissenschaften durchgesetzt hatte. Die Unschärfen ergaben sich aber auch aus den Machtstrategien, denen die Begriffe dienten.

Evolutionismus und Biologismus haben eine biologische Erklärung des Verhältnisses von Individuum und Gesellschaft grundgelegt, durch welche der Fortpflanzung eine zentrale Rolle im Prozess gesellschaftlicher Entwicklung, dem Evolutionismus entsprechend als „Höherentwicklung" gedacht, zugeschrieben wurde.

Medizin als eine Naturwissenschaft, die von sich aus die menschliche Natur in Kategorien unterteilt und Lehrfächern zuteilt, hat von daher bei der Beschreibung und Erklärung menschlicher Natur sowie ihres Zusammenhangs mit einer „gesellschaftlichen Natur" eine Schlüsselposition eingenommen.

Obwohl eugenisches Denken in den unterschiedlichsten wissenschaftlichen und gesellschaftspolitischen Bereichen vorhanden war und ist – Anthropologie, Pädagogik, Psychologie, Soziologie, Sozialversicherungswesen etc. –, hat es im 20. Jahrhundert neben der Pädagogik im Bereich der Medizin die größte Wirkmacht entwickelt.

1. „Qualität statt Quantität": Eugenisierung der reproduktiven Kultur in medizinischen Konzepten der Bevölkerungspolitik, Konstitutions- und Vererbungslehre, Sozialmedizin und Rassenhygiene

Die eugenische Rationalität, die sich in verschiedenen Forschungs- und Lehrbereichen der Medizin zur wissenschaftlichen Neuordnung der Reproduktion in den ersten Jahrzehnten des 20. Jahrhunderts etablierte, rekurrierte auf unterschiedliche wissenschaftliche Fächer. Eine grundlegende Bezugsdisziplin war die Gesellschaftswissenschaft, welche sowohl für die Medizin wie für Sozial- und Bevölkerungspolitik handlungsleitende Modelle zur „rationellen Verwendung" des Menschen in der modernen Gesellschaft ausarbeitete und dabei den Menschen als „organisches Kapital" des Staates hervorbrachte. Die Bevölkerungspolitik wurde, darauf Bezug nehmend, als „Verwaltungskunst des organischen Kapitals" und die Medizin als deren Vollzugsorgan bzw. exekutive Gewalt konzipiert. Konstitutions- und Vererbungslehre haben die Medikalisierung der Menschenökonomie durch Untersuchungen des menschlichen Erbganges angekurbelt und verstärkt. Trotz der Schwierigkeiten, den Erbgang beim Menschen wissenschaftlich nachzuweisen, privilegierten und propagierten sie prophylaktische Eingriffe in generative Prozesse und reproduktive Kultur. Die „Soziale Medizin" (Sozialhygiene) bestätigte diesen Einsatz durch ihr Engagement für eine Medikalisierung des menschlichen Lebenslaufes, Eugenik und Rassenhygiene durch ihr Engagement für eine Rationalisierung der Fortpflanzung und die wissenschaftliche Neuordnung der generativen Reproduktion des Lebens.

1.1 „Menschenökonomie": rationelle Verwendung und Einsatz des Menschen

> „Die Menschenökonomie ist somit
> die Lehre vom organischen Kapital, von jenem Teil
> des nationalen Besitzes also, den die Bevölkerung
> selber darstellt, von den organischen Produktivkräften,
> von dem wichtigsten Naturschatz, über den ein Land verfügt.
> Der Konsumtion der Menschen stellt sie gegenüber
> die Konsumtion an Menschen, untersucht den
> natürlichen Preis der Waren wie den der Menschen
> in ihrer qualifizierten und unqualifizierten Arbeitskraft
> und konfrontiert diesen mit deren natürlichen Preis
> in der Wirtschaft der Gegenwart."

Rudolf Goldscheid 1911: 488

Auch die Wissenschaften suchten Lösungsmodelle für die gesellschaftliche Organisation der Reproduktion auszuarbeiten. Die gesellschaftswissenschaftlichen Erörterungen des Problems von Seiten der österreichischen Soziologie der Jahrhundertwende standen unter dem Einfluss naturalistisch-positivistischer (vgl. Mikl-Horke 2002: 240f.) wie sozialistischer Denkweisen, die beide an Darwin anschlossen.

Beispielhaft für die positivistische Seite steht Ludwig Gumplowicz[52] (1838–1909). Der Doyen einer österreichischen Soziologie, der diese als eine nach Gesetzen forschende (Natur)Wissenschaft definierte, hat in seiner Arbeit „Der Rassenkampf. Soziologische Untersuchungen" (1883), auf Darwin Bezug nehmend, Geschichte als sozialen Naturprozess und gesellschaftliche Entwicklung als einen durch Auslese und Anpassung bestimmten Prozess ausgearbeitet (1909: 4). Auslese und Anpassung realisierten sich bei Gumplowicz aber erst auf der Ebene kriegerischer und kämpferischer Auseinanderset-

---

52 Gumplowicz war Soziologie und Rechtsgelehrter. Er wurde 1838 im jüdischen Ghetto in Krakau geboren und konvertierte zum Protestantismus, absolvierte das Studium der Rechte an den Universitäten Krakau und Wien, betrieb eine Advokatenpraxis in Lemberg und eine Gerichtspraxis in Wien. Von 1869 bis 1874 war er politischer Führer radikal-demokratischer polnischer Kreise und Herausgeber der Zeitschrift „Kraj" (Das Land). 1875 emigrierte er in Folge seines politischen Scheiterns nach Graz und wurde an der Grazer Universität 1876 Privatdozent für allgemeines Staatsrecht, 1882 außerordentlicher Professor für Allgemeines Staatsrecht und Verwaltungslehre und 1893 bis 1908 Ordentlicher Professor für Staatsrecht. 1909 verübte er, unheilbar an Zungenkrebs erkrankt, mit seiner Frau Franziska Goldmann, die 1907 erblindete, Selbstmord.

zung sozialer Gruppen um Herrschaft, nicht auf der Ebene generativer Reproduktion. In einer radikal antiindividualistischen Theorie wandte er sich gegen die Idee des Fortschritts in der Geschichte. In den wiederkehrenden Kämpfen sozialer Gruppen um die Herrschaft, die er als „Rassenkämpfe" kennzeichnete und als Theorie des naturgesetzlichen Kampfes zwischen sozialen Gruppen ausarbeitete, sah er die Fortschrittslosigkeit menschlicher Gesellschaften. Soziale Gleichheit war für Gumplowicz nur durch einen Verzicht auf Utopie erreichbar (vgl. Brix 1986: 21ff.).

Im völligen Gegensatz dazu waren die marxistischen Theoretiker in der Soziologie, die sich ebenfalls auf Darwin bezogen, überzeugt davon, dass die gesellschaftlichen Verhältnisse auch durch Eingriffe in generative Prozesse und reproduktive Kultur verändert werden können. Exemplarisch dafür steht das theoretische Konzept der „Menschenökonomie" des Wiener Soziologen Rudolf Goldscheid (1870–1931)[53], das er auf Basis sozialistischer Gesellschaftskritik im ersten Jahrzehnt des 20. Jahrhunderts ausarbeitete und das in Österreich für die Verbindung medizinischer mit sozialstaatlichen Eingriffen in generative Prozesse richtungsweisend wurde. In seiner umfangreichsten theoretischen Arbeit, in der er unter dem Titel „Höherentwicklung und Menschenökonomie" (1911) eine „Grundlegung der Sozialbiologie" (so der Untertitel) ausarbeitete, das Reproduktionsproblem aus marxistischer Perspektive theoretisierte und eine Kosten-Nutzen-Rechnung in die „Menschenproduktion" einführte (1911: 353–486), erhielt die „Modernisierung der Reproduktion" eine Schlüsselrolle bei der Sicherung des gesellschaftlichen Fortschritts. Die Verelendung der Mehrheitsbevölkerung infolge von Industrialisierung und kapitalistischer Ökonomie wurden von ihm als Verhinderung des ökonomischen Fortschrittes kritisiert. Er beurteilte die gesellschaftliche Organisation der Reproduktion, welche lediglich auf eine Erhöhung der Quantität zielte, erstmals als rückschrittlich und antimodern. Die „Menschenproduktion", die nach wie vor im „Kleinbetrieb, gleichsam hausindustriell" und als „unbezahlte Nebenbeschäftigung" von Frauen erfolge (vgl. Goldscheid 1911: 489), wollte er auf die Höhe der Zeit bringen, die Zeugung dem

---

53 Goldscheid Rudolf, Pseudonym Golm Rudolf, Soziologe, Philosoph und Dichter, wurde in Wien 1870 geboren und starb in Wien 1931. Er studierte zuerst Philosophie, dann Soziologie, in der er besonders die „Menschen-Ökonomie" ausarbeitete. Er war für die Umwandlung des Steuerstaates in einen selbst wirtschaftenden Staat. Er gründete 1907 gemeinsam mit Wilhelm Jerusalem, Michael Hainisch, Max Adler u.a. die „Soziologische Gesellschaft", in deren Ausschuss Rosa Mayreder als einzige Frau gewählt wurde, und war Mitglied der deutschen „Gesellschaft für Soziologie". Er war Gründungsmitglied der „Österreichischen Gesellschaft für Bevölkerungspolitik" und ständiges Mitglied des „Archivs für Frauenheilkunde und Eugenetik" (s.o.) Werke: (Golm, Rudolf): „Der alte Adam und die neue Eva. Ein Roman unserer Übergangszeit", Dresden, Leipzig u. Wien: E. Pierson 1895; „Höherentwicklung und Menschenökonomie. Grundlegung der Sozialbiologie", Leipzig: Klinkhardt 1911; „Frauenfrage und Menschenökonomie", Wien: Anzengruber 1913 [2. Aufl. 4.–6. Taus., Wien: Anzengruber 1914].

Fortschritt beim Erzeugen anpassen. Dazu hat er einen theoretisch durchdachten, perfekten Plan zur Veränderung, Rationalisierung und Ökonomisierung generativer Prozesse ausgearbeitet.

Seine Analyse beeinflusste die fortschrittlichen, sozialistischen Ärzte in Österreich, welche die Verbesserung der „Volksgesundheit" als Aufgabe der modernen Medizin propagierten, und die Sozialpolitik der Ersten Republik. Sein Konzept der „Menschenökonomie" war eine wissenschaftliche Antwort auf die Auswirkungen der ökonomischen, sozialen, kulturellen und politischen Veränderungen der Zeit, es theoretisierte die gesellschaftliche Organisation der generativen Reproduktion aus sozialistisch-darwinistischer Perspektive, wollte diese neuen Verhältnissen anpassen und den gesellschaftlichen Fortschritt durch eine Modernisierung der Reproduktion sichern. Geburtenrückgang und gesundheitsschädigende Industriearbeit sollten durch „Menschenökonomie" kompensiert werden, die nicht zuletzt die medikalisierte Auffassung der sozialen Frage beinhaltete.

In der Medizin wurde in den ersten Jahrzehnten des letzten Jahrhunderts von Seiten der Konstitutions- und Vererbungslehre, der sozialen Hygiene, der Rassenhygiene bzw. Eugenik, der Geburtsmedizin und Kinderheilkunde auf die Vorstellungen einer „Menschenökonomie" Bezug genommen, wie noch zu zeigen sein wird.

Es waren in den ersten Jahrzehnten des 20. Jahrhunderts also weniger die völkischen Argumente, auf denen eugenisches Denken die Medikalisierung der Reproduktion förderte, als die fortschrittlichen Argumente des Sozialismus, mit dessen Zielen einer „sozialen Gerechtigkeit" sich viele Ärzte verbündeten, um das soziale Elend des Proletariats zu überwinden. Dass sozialistische Ideale mit darwinistischen vereinbar waren, lag in erster Linie an der „Klassenkampftheorie" von Marx und Engels, in der sie das Entwicklungsgesetz menschlicher Gesellschaften ausarbeiteten (vgl. Kappeler 2000: 153): Darin hieß es, die aufstrebende Klasse, die an ihrer Emanzipation gehindert würde, werde Unterdrückung durch einen Sieg über die sie beherrschende Klasse überwinden. Und dieser Sieg werde nicht nur Verteilungsgerechtigkeit, sondern auch Gesundheit bringen. Diese Vision zeichnete der sozialistische Politiker Karl Kautsky[54] (1854–1938) in seiner Schrift „Vermehrung und Entwicklung in Natur und Gesellschaft" aus dem Jahr 1910:

---

54 Karl Kautsky war führender Theoretiker des Marxismus, sozialistischer Schriftsteller und Herausgeber der Werke von Karl Marx. Er zog 1875 nach Wien, 1880 nach Zürich und 1881 nach London, wo er Sekretär von Friedrich Engels war, und lebte ab 1920 wieder in Wien, von wo er 1938 vor den Nazis flüchten musste. Noch im selben Jahr starb er in Amsterdam.

„So wird der Sozialismus der Menschheit nicht nur reichliches materielles Wohlleben, nicht bloß Muße, sondern auch Gesundheit und Kraft bringen und die Krankheit als Massenerscheinung ausrotten. Ein neues Geschlecht wird entstehen, stark, schön und lebensfroh wie die Helden der griechischen Heroenzeit, wie die germanischen Recken der Völkerwanderung" (Kautsky Karl zit. in. Byer 1988: 35)[55].

Der Kampf zwischen Arbeiterklasse und der bürgerlichen Klasse, die den Kapitalismus hervorbrachte, wurde dabei als vorletzte Stufe eines unabwendbar fortschreitenden gesellschaftlichen Entwicklungsprozesses beurteilt. Die Arbeiterklasse führte in dieser Vorstellung den letzten Kampf in der Geschichte des Fortschrittes. Daher begrüßte der Marxismus auch die globale Entwicklung des Kapitalismus als notwendige Voraussetzung für eine sozialistische Weltrevolution. Dem „Kampf ums Dasein", als von Darwin ausgearbeitetem Motor der biologischen Evolution, entsprach der „Klassenkampf", als Motor der sozialen Evolution. Theoretisch liefen beide auf einen unumkehrbaren, linearen und ständigen Prozess des Fortschreitens auf eine „Vollkommenheit" zu. Für die Entwicklung einer sozialistischen Eugenik[56] war von großer Bedeutung, so Manfred Kappeler, der das eugenische Denken in sozialistischen Theorien und in der Arbeiterbewegung bis 1933 untersuchte (vgl. Kappeler 2000: 153–493), dass

„Darwin und Marx gleichermaßen von der *Unerbittlichkeit* des ‚Fortschritts als Entwicklung zur Vollkommenheit von Mensch und Gesellschaft' gegenüber allem ‚Schwachen/Untauglichen' in Natur und Gesellschaft ausgingen, in der sie eine *Notwendigkeit*, also ein unaufhaltsames Gesetz jeder in die Zukunft gerichteten Entwicklung sahen. Die Einteilung des Menschen (und Kulturen) in ‚wertvoll/brauchbar' und ‚minderwertig/unbrauchbar' ist eine Konsequenz des als Bewegung zur Vollkommenheit definierten Fortschritts" (Kappeler 2000: 168).

Die Darwinsche Vorstellung von Entwicklung als Fortschreiten vom „Niederen" zum „Höheren" konnte auf das gesellschaftliche Leben der Arbeiterschaft übertragen und als Entwicklung vom „Schlechten" zum „Besseren" vorgestellt werden. Sozialismus wie Darwinismus beurteilten „Entwicklung als Fortschritt zu immer höheren Stufen der Vollkommenheit", bei der im Feld des Biologischen wie Sozialen die „Tüchtigen" sich durchsetzen, die ihrerseits den Fortschritt sicherstellen würden. Wer sich diesen

---

[55] Doris Byer stellt fest, dass dieses Zitat kaum repräsentativ für die Analysen Kautskys als sozialistischem Gesellschaftstheoretiker sind, da er sich vorrangig mit anderen Fragen der Politik befasste. Doch zeige es, wie sehr das rassenhygienische Denken zu Beginn des Jahrhunderts verbreitet war.
[56] Bedeutende Vertreter einer sozialistischen Eugenik im deutschsprachigen Raum waren Karl Kautsky, Julius Tandler, Ludwig Woltmann, Oda Olberg, Alfred Grotjahn.

Entwicklungsgesetzen entgegenstellte oder sich der Entwicklung nicht anzupassen vermochte, über den musste und sollte die „fortschreitende Geschichte" ohne Zögern hinweggehen. Die Opferung der „Schwachen" ist in dieser Konzeption notwendiger Tribut für den Fortschritt. Härte und Unerbittlichkeit wurden somit nicht nur zu bürgerlichen, sondern vor allem zu sozialistischen Tugenden, weil Hilfe für die „Schwachen" als dysfunktionales Mit-Leiden überwunden werden soll.[57] Anteilnahme gehört allein den Trägern des „Fortschritts" (vgl. ebd.: 162ff.).

Die sozialistischen Wege und Ziele einer grundlegenden Veränderung und Verbesserung der gesellschaftlichen Verhältnisse und der Lebensbedingungen korrespondierten also mit den Zielen einer qualitativen Bevölkerungspolitik als Eugenik. Dementsprechend bestimmte auch Rudolf Goldscheid die von ihm ausgearbeitete „Sozialbiologie" als die „Voraussetzung der Volksgesundheit und Volkstüchtigkeit", mit welcher der „Soziologie ihre naturwissenschaftliche Begründung" gegeben werden könne (Goldscheid 1911: XIII). In seiner sozialbiologischen Theorie der „Menschenökonomie", bei der ihm „vor allem an terminologischer Asepsis" zur „Erforschung der Hauptprobleme des ganzen Evolutionismus" (ebd.: XV) gelegen war, wollte Goldscheid den „entwicklungsökonomischen Wert" des Menschen qualifizieren und belegen. Sein Ziel war es, nachzuweisen, „daß nicht die Verschärfung der Selektion, sondern *Menschenökonomie* das Mahnwort ist, das die Naturwissenschaft uns eindringlich zuruft" (ebd.: XVI).

Im Zentrum von Goldscheids Kritik stand eine (bildungs)bürgerliche „Eliteeugenik", mit der die gesellschaftliche Schichtung und damit auch das Elend der unteren Schichten als Ergebnis eines natürlichen Selektionsprozesses betrachtet wurde, welcher die natürliche Leistungsfähigkeit abbildete. Die Sozialgeschichte wurde darin in einer neuzeitlichen Bio-Logik als unabänderliche „Naturgeschichte" beurteilt. Aus dieser Naturauslegung der Klassenverhältnisse ging die bürgerliche Klasse als die „tüchtigere" hervor, die im „Kampf ums Dasein" den Sieg errungen hatte und ihre Vorherrschaft damit legitimiert war. Kritisiert wurden die wohlfahrtsstaatlichen Investitionen zur Lösung der sozialen Frage als „Kontraselektion", da sie die „Minderwertigen" bevorzuge.

---

57 Diese sozialistische Perspektive hat sich auch als Blick auf das Klientel von Sozialer Arbeit bis in die 70er Jahre erhalten. So versuchte Manfred Kappeler linke SozialpädagogInnen, die in Berlin-Kreuzberg ein „sozialistisches Jugendkollektiv" (Georg-von-Rauch-Haus) aufbauten, gegen den Vorwurf dogmatischer linker Gruppen zu verteidigen, dass es sich bei dem Klientel um eine perspektivlose Ansammlung von „Lumpenproletariern" handle, mit denen weder pädagogisch noch politisch was zu erreichen sei. Kappeler schreibt, er hätte damals aber noch nicht marxistische Kategorien in Frage gestellt, sondern nachzuweisen versucht, dass die Jugendlichen des „Rauch-Hauses" keine „Lumpenproletarier" seien, sondern zur „2. Kategorie des Pauperismus" gehörten, nämlich den Waisen- und Pauperkindern (Kappeler 2000: Anmerkung 134 auf Seite 302,).

Goldscheid warf diesen, von ihm als „Selektionisten" bezeichneten Politikern und Wissenschaftlern vor, „Quantitätsproduktion" als eigentliche „Qualitätsproduktion" zu interpretieren, da sie eine Geburtensteigerung nur deswegen forderten, um „das Leben" unter den vielen Menschen eine Auswahl treffen zu lassen. Demgegenüber wollte er nachweisen, dass die „Auslese, die das Leben vollziehe", kein reines Naturphänomen, sondern immer auch „Kulturauslese" darstellt. Angesichts der Kulturentwicklung bezweifelte er die autonome Treffsicherheit der Natur bei der Auslese und forderte, dass diese zukünftig mit Hilfe der Wissenschaft, und damit nach intellektuellen und objektiven Kriterien, geleistet werden sollte (ebd.: 459f.). Wie Marx über die „ökonomischen Bewegungsgesetze der modernen Gesellschaft" aufklärte, wollte Goldscheid über die „biologischen Bewegungsgesetze" in einer allgemeinen Lehre vom „organischen Kapital" und dem „organischen Mehrwert" im Speziellen aufklären, um zu zeigen, wie in die Herstellung der Generationenfolge eingegriffen werden soll, um eine „Höherentwicklung" von Menschen und Kultur zu erreichen. Laut ihm galt es,

„in großzügigen, auf Generationen hinaus vorberechneten Assanierungswerken das gesamte Menschenmaterial gleichsam frisch aufzuforsten. Und zwar sowohl physisch durch planbewußte Entwicklungsarbeit an Milieuverbesserung, aufs Optimum der organischen Funktion und auf erbliche Entlastung hin, wie auch geistig und moralisch durch intensive Qualifikation des Großhirns als Zentralregulator im inneren und äußeren, individuellen und sozialen Anpassungsprozeß. So beschaffene Aszendenzbetätigung, die sich aufbaut auf feinst ausgestalteter kollektiver Organisation, ist allein kulturell orientierte Eugenik im höchsten Sinne" (Goldscheid 1911: XXI).

Die „Menschenökonomie" sollte den Beweis erbringen, dass „das rücksichtslose Lebenwollen der Einen auf Kosten der Anderen (der Kapitalbesitzer auf Kosten der Lohnabhängigen, M.W.) das schwerste Entwicklungshemmnis" darstelle. Um den Kampf gegen die Verelendung des Proletariats zu gewinnen, arbeitete er die „Höherentwicklung" als klassenübergreifendes Interesse heraus: „Die Verflochtenheit der Schicksale aller Einzelnen und Gruppen untereinander wird eine immer innigere, das Netz der Beziehungen, das Alle mit Allen verbindet, ein immer reicheres" (ebd.: XXIII). Dieses mächtige Bild menschlicher Verbundenheit und wechselseitiger Angewiesenheit, welche Ungleichheitsverhältnisse zwischen Klassen und Geschlechtern nicht mehr rechtfertigte, stand hinter dem sozialistischen Engagement für den wissenschaftlichen Fortschritt, der den gesellschaftlichen Fortschritt humanisieren sollte. Die „organische Verelendung", welche der „schrankenlose Kapitalismus" hervorbrachte, wurde in Goldscheids Analysen zum Bezugspunkt, um die herrschende Klasse zu Kompromissen zu zwingen, da sie den ökonomischen Fortschritt verhindere. Im wahrsten Sinne des Wortes also eine „Körperpolitik". Dazu versuchte er theoretisch herauszuarbeiten, dass das „organische Kapital" für die moderne Gesellschaft ebenso bedeutend sei wie das industrielle und dass diese Tatsache notwendigerweise zum Sozialismus führen müsse (vgl. Goldscheid 1911: 426).

Um den von ihm als unumgänglichen Entwicklungsprozess betrachteten Fortschritt durch „Menschenökonomie" vernünftig zu gestalten, setzte Goldscheid zur Gänze auf den naturwissenschaftlichen Zugriff auf die Reproduktion. Er betrachtete die Bevölkerungsverhältnisse als das Ergebnis des Zusammenwirkens von Ökonomie, Natur und Wissenschaft. Seine Vorstellung einer sozialistischen Eugenik war verbunden mit dem Bild einer „reinen" Naturwissenschaft, deren Ergebnisse zwar einseitig funktionalisiert werden könnten, wie beispielsweise in der bürgerlichen „Eliteeugenik", nicht aber das von Darwin ausgearbeitete Paradigma des „biologischen Fortschritts". Die Naturwissenschaft sollte dazu beitragen, den unumkehrbaren Geburtenrückgang, „das anwachsende quantitative Minus in weitaus höherem Maße qualitativ zu kompensieren" (ebd.: 419). Goldscheid benutzte die sinkende Geburtenziffer als Motiv, um bei der „Nachwuchsproduktion" zukünftig eine „Qualitätsproduktion" zu fordern und den Staat für *„hohe Investitionen für die Menschenproduktion"* zu motivieren. Den Geburtenrückgang wertete er positiv, denn

> „der reifere Mensch hört auf, Freude an verwahrlosten Kindern zu haben. Die Qualifikation seiner Arbeitskraft setzt sich fort bis in seine Reproduktionsleistung hinein. Er kann nicht anders wollen, als auch hinsichtlich seines Nachwuchses Qualitätsproduktion zu treiben" (Goldscheid 1911: 418).

Auch in der sozialistischen Perspektive auf den Reproduktionsprozess wurde also das Paradigma des Erzeugens zu jenem des Zeugens, d. h., die Herstellung einer Generationenfolge und die Fertigung der „Ware Mensch" sollten nach Plan, wissenschaftlicher Rationalität und der von ihr zu entwickelnden „Biotechnik" erfolgen. Für Goldscheid waren planbewusste Entwicklungsarbeit zur Herstellung des „Qualitätsproduktes Mensch" zielführender als selektive Maßnahmen. In seiner Konzeption verstärkt die naturwissenschaftliche Vernunft eine ökonomische Rationalität, die beide dem Diktat eines Kapitalismus folgen, in dem der „Stärkere" sich durchsetzen wird. Er wollte den Staat überzeugen, dass Ausgaben für die Soziale Wohlfahrt die *„produktivste Investition in die Menschenökonomie"* darstellen, weil diese neben der Güterökonomie ebenso unentbehrlich sei wie die Landwirtschaft neben der Industrie (vgl. ebd.: 421). Polizeimaßregeln und Strafandrohungen, um die Fruchtbarkeitsprobleme der Gegenwart zu lösen – Goldscheid meint hier das Abtreibungsverbot – betrachtete er dagegen als wirkungslos und gefährlich. Denn diese „Einschüchterungspolitik" zerstöre „das Beste im Menschen, dasjenige, worauf eigentlich alle Erziehung und *namentlich alle Zucht und Auslese* in erster Linie hinarbeiten müßte" – nämlich die *Initiative*:

> „Nur dasjenige Volk wird sich dauernd im internationalen Machtkampf zu erhalten vermögen und rastlos und rapid vorwärts schreiten, das die größte Anzahl von Menschen mit lebendigster und unbeugsamer Initiative besitzt, in dem ein möglichst hoher Prozentsatz von Individuen lebt, die aus innerem Antrieb heraus sowohl auf die Verbesserung ihrer Lage wie auf die der sozialen Organisation im Kleinsten wie im Größten energisch hinarbeiten. Initiative, das ist die Wurzel aller schöpferischen Kraft, ihr zuvörderst haben wir es zu danken, dass das Menschengeschlecht zu jener Stellung in der Natur aufgestiegen ist, die es heute einnimmt" (Goldscheid 1911: 421).

Initiative, Aktivität und Streben nach „Höherem" zeichnete bei Goldscheid aber nicht nur den Menschen gegenüber dem Tier, sondern auch den „höherentwickelten" Menschen aus. Um diese „Qualitätsware Mensch" zu erreichen, empfahl er, das Volk nicht mehr nur als „Betriebskapital zur Erzeugung nationalen Reichtums" zu betrachten. Sein Konzept der Geburtenbeschränkung lag somit der malthusianischen oder neomalthusianischen Bevölkerungspolitik und ihrer Angst vor „Überbevölkerung" fern. Seine „Menschenökonomie" setzte auf eine eugenisch planvolle Beschränkung der Kinderzahl zur „Verbesserung der Art", verlangte einen ökonomischen Umgang mit dem vorhandenen „Menschenmaterial" und eine „Qualitätsproduktion hinsichtlich des Erzeugnisses Mensch" anstelle der „Auslese" (ebd.: 445). Diese Maßnahmen sollten den gesellschaftlichen Fortschritt gewährleisten. Die Geburtenziffer, die ein Volk notwendig habe, beurteilt er als Ausdruck „seiner jeweiligen Macht über die Natur" (ebd.: 446f.). Je mehr Macht über die Natur errungen werde, umso mehr könne die „Qualität" der Menschen die sinkende „Quantität" ausgleichen. Wissenschaft und Technik werden von ihm als die Mittel vorgestellt, diese Macht zu erringen. Goldscheid war der Meinung, dass der wissenschaftliche Fortschritt das 20. Jahrhundert zu einem *„Jahrhundert der Biotechnik"* machen werde (ebd.: 432). Den Rückgriff auf die Natur interpretierte er als „Abdankung menschlichen Könnens", gegen die er eine „aktive Epigenesis"[58] vorschlägt (ebd.: 466), um das „organische Problem" in den Griff zu bekommen. In der *„Erhaltung der Art und*

---

58 Als Epigenese gilt die Entwicklung eines Organismus durch aufeinanderfolgende Neubildung. Mit Hilfe von Biotechniken sollte diese Epigenese beim Menschen aktiv in Richtung seiner „Verbesserung" gestaltet werden.

Art der Erhaltung zusammen" drückte sich nach seiner Theorie, die jeweilige kulturelle Höhe einer Zeit und einer Generation aus. Obwohl er monierte, dass „natürliche Auslese" immer auch „Kulturauslese" sei, baut sein Modell der „Höherentwicklung" darauf, die menschliche Natur wissenschaftlich in den Griff zu bekommen.

> „Wie das 19. Jahrhundert das Jahrhundert der Technik war, so wird das 20. Jahrhundert das Jahrhundert der verinnerlichten Technik und damit der Organik und der Psychotechnik sein, war für jenes die Natur, so wird für dieses das Leben der Ausgangspunkt sein. Auf die Naturbeherrschung wird so die Lebensbeherrschung folgen" (Goldscheid 1913: 13).

Die Beherrschung des menschlichen Lebens und des lebendigen Menschen wird als eine Grundlage menschlicher „Höherentwicklung" konzipiert. Der Kampf gegen das soziale Elend wird als Kampf gegen die Natur des Menschen geführt.

Im Interesse der „Höherentwicklung" müssen nach Goldscheid aber auch die Arbeitsverhältnisse verändert werden, welche täglich neues „Selektionsmaterial" direkt produzieren würden. Die Bedingungen der Industriearbeit sollten dahingehend neu konzipiert werden, dass eine Kultur nicht die Tüchtigsten „ausmerze" und „unheilbar Geschädigte" sich fortpflanzten.

> „Erst wenn das Milieu künstlich so gestaltet worden ist, dass man mit gutem Recht annehmen kann, alle Mißartungen seien solche von innen heraus, ist man befugt, an den Auslesegedanken heranzutreten" (Goldscheid 1911: 439).

Goldscheid forderte die Krankheits- und Verelendungsursachen zu beseitigen, statt Kranken- und Siechenhäuser, Wohltätigkeitsinstitute und Fürsorgeeinrichtungen zu schaffen. Er wollte „Sozialpolitik" nicht zur „insuffizienten Flickarbeit" verurteilt sehen, sondern zum Fortschritt schaffenden Motor der „Menschenökonomie" erheben. Sozialpolitische Maßnahmen beurteilte er als Voraussetzungen für die „Qualitätsproduktion Mensch":

> „Alkoholbekämpfung schon von der Schule an, Unterweisung über die Erfordernisse der Gesunderhaltung des Körpers, organisatorische, sozialmedizinische, nicht bloß gesetzliche Maßnahmen gegen die Verbreitung der Prostitution und der Geschlechtskrankheiten, intensiver Arbeiterschutz, peinlichster Frauen- und Kinderschutz, gewissenhafte Menstruations-, Schwangerschafts- und Wochenbetthygiene, sozialväterliche Jugendfürsorge, Hebung des Kulturniveaus der Landbevölkerung, ausgebreitete städtische Wohnungsform, Sorge für ausreichende Ernährung und für genügend Schlaf – ein Moment von nicht zu überschätzen-

der Wichtigkeit – Propagierung von präventiver Auslese bei hereditär schwer Belasteten, bakteriell Infizierten, alkoholisch oder durch andere Gifte unheilbar Geschädigten, daneben energisch betriebene erbliche *Entlastung*, Verbesserung und Neuaufbau der gesamten Volksbildung und staatsbürgerlichen Erziehung, Umgestaltung des Militärdienstes in ein großes Institut *sozialer* Schulung und hygienischer Stärkung, das wären – schlagwortartig angedeutet – einige wenige der vielen unentbehrlichen Vorbedingungen des Übergangs zur Qualitätsproduktion hinsichtlich des Erzeugnisses Mensch" (Goldscheid 1911: 447f.).

Diesen sozialpolitischen Maßnahmen sind eugenische Eingriffe in die Reproduktion durch die Medizin inhärent. Goldscheid forderte in diesem Zusammenhang auch den Aufbau einer „Sozialen Medizin", um die Krankheitsursachen zu erkennen, an denen der „Volkskörper" leidet und die Voraussetzungen der „Volksgesundheit" und „Volkstüchtigkeit" wissenschaftlich zu erforschen. Er bediente sich hier des Begriffes der „Sozialen Medizin", den Ludwig Teleky, der erste in Österreich für dieses Fach habilitierte Kliniker, zur Abgrenzung von der „Sozialen Hygiene" 1909 definiert hatte (vgl. Kap. I.1.4) und deren Aufgabe es sein sollte, den Zusammenhang von Gesundheit und sozialer Lage nicht nur zu erforschen, sondern auch aktiv zu beeinflussen.

Goldscheid erwartete sich, dass aufgrund der Verbreitung der Sozialversicherung das Interesse des Staates an den Erkenntnissen der Wissenschaften zur Zusammensetzung und Entwicklung des „organischen Kapitals" notwendigerweise wachsen würde. Die Durchsetzung des Versicherungsprinzips werde, so Goldscheid, die humanitären Interessen durch ökonomische ersetzen und sein Konzept der „Menschenökonomie" bestätigen. Das Sozialversicherungssystem betrachtete er in erster Linie nicht als Schutzinstitution der Versicherten, sondern sie habe die Funktion einer „biotechnischen Sicherung der Gemeinschaft" (ebd.: 504).

„Reichsgesundheitsämter" wurden in Goldscheids Vision der „Menschenökonomie" zu „Rassetüchtigkeitsämtern", welche zukünftig die „Voraussetzung der Erhaltung und Steigerung der Volksgesundheit" sein sollten. Krankenkassen, Stellungsuntersuchungen, Medizinalstatistiken der Heere, Gesundheitsatteste bei der Eheschließung und schulärztliche Untersuchungen sollten das Datenmaterial erarbeiten, welches Staat und Gesellschaft „über den jeweiligen Zustand, in dem das Volk sich organisch befindet", informierten (ebd.: 449). Von diesen wissenschaftlichen und statistischen Arbeiten versprach sich Goldscheid die Aufklärung über die „wahren Entartungsfaktoren", die er selber darin sah, dass das alleinige Interesse, „*wirtschaftlichen Mehrwert zu schaffen,* [...] *die Bildung und Ansammlung von organischem Mehrwert unterbindet*" (ebd.: 451).

Die Medizinalstatistik spielte seit Beginn des 19. Jahrhunderts eine zunehmend bedeutendere Rolle für die Beziehung von Medizin, Politik und (National)Ökonomie.

Sie wurde als Methode eingesetzt, um Fürsorgemaßnahmen mit Hilfe von Gesundheits- und Bevölkerungsstatistiken zu evaluieren. Als eine Technik der gesellschaftlichen Selbstbeobachtung und -beschreibung hat sie aber nicht nur Phänomene in einer immer unübersichtlicher werdenden „Massengesellschaft" sichtbar gemacht, sondern auch die gesellschaftliche Wahrnehmung von Krankheiten geprägt (vgl. Nikolow 2001: 223ff.). Die Statistiker überblickten von ihren „Bureaus", die sie als „Observatorien der Gesellschaft" verstanden, die belebte Gesellschaft (ebd.: 226). Sie beschrieben die Krankheiten der verschiedenen Bevölkerungsgruppen, schufen einen systematischen Überblick und entwickelten Vorschläge für gesundheits- und sozialpolitische Strategien zur Verhinderung oder/und Verbesserung gesundheitsschädlicher Lebensbedingungen. Entsprechend den Wünschen und Zielen der Auftraggeber wurde die Bevölkerung in Kategorien unterteilt, in der Medizinalstatistik wurde der Einzelne als potentieller Krankheits- oder Todesfall zum öffentlichen Interesse. Sie lieferte Daten über den Altersaufbau der Bevölkerung, die berufliche Gliederung, Zahlen über Eheschließung und Geburten, Sterblichkeitszahlen nach Alter und Geschlecht oder Zivilstand, Todesursachenstatistiken etc. Erst durch eine solche statistische Erfassung und Darstellung der Bevölkerung konnte diese als biologisches und soziales Kollektiv wahrgenommen und reguliert werden.

Im ersten Drittel des 20. Jahrhunderts wurde die interdisziplinäre Zusammenarbeit von Statistik, Medizin, Politik und Ökonomie durch Ziele der Vererbungswissenschaft erweitert. Damit befasste sich die Medizinalstatistik auch auf Basis biologischer Definitionen aus der Vererbungslehre mit Prognosen und Strategien für präventive Eingriffe in die Generationenfolge. Der deutsche Medizinalstatistiker Friedrich Prinzing, der auch eine Studie über die Säuglingssterblichkeit in Österreich publizierte (vgl. Prinzing 1904: 948), empfahl bereits Anfang des 20. Jahrhunderts in seinem „Handbuch der medizinischen Statistik" (Jena 1906) das Zusammenwirken von Medizin, Biologie, Ökonomie mit dem Ziel, nicht nur die Bevölkerungszahl, sondern auch den „Wert der Bevölkerung" beurteilen zu können und gegebenenfalls eine drohende „Entartung" aufzuhalten. Die Medizinalstatistik spielt damit eine bedeutende Rolle für die Medikalisierung der generativen Reproduktion des Lebens im letzten Jahrhundert.

Auch Goldscheid wollte auf Basis dieses durch die Medizinalstatistik neu zu gewinnenden Datenmaterials die Kosten für das „Menschenmaterial", welche die Wirtschaft produziere, mit denjenigen Kosten aufrechnen, die entstünden, wenn man die „Menschenproduktionsbedingungen" von Anfang an einem ökonomischen Optimum angliche. Versicherungsleistungen wären dann, wenn die Arbeitsverhältnisse nicht verändert würden, zu den Betriebskosten der Ökonomie zu rechnen und nicht aus dem Wohlfahrtsfonds zu bezahlen. Bürokratisierungs- und Verwissenschaftlichungsprozesse werden hier also zusammengeführt und für die Entwicklung einer anwendungsbezogenen Sozialwissenschaft genutzt. Alle drei aber sollten im Dienst der gesellschaftlichen „Höherentwicklung" eine wissenschaftlich fundierte und staatlich kontrollierte „Menschenökonomie" in Kraft setzen.

So wie die soziale Frage nur durch eine Veränderung der sozialen Verhältnisse gelöst werden könnte – also nicht durch „Selektion", sondern „Menschenökonomie" –, war für Goldscheid auch die „Fruchtbarkeitsfrage", d.h. der Geburtenrückgang, nur in dieser Weise zu lösen. Er ging davon aus, dass „gewissenhafte Menschen" nicht mehr davon überzeugt werden könnten, möglichst viele Kinder zu zeugen, damit die „natürliche Auslese" genügend „Material" vorfände. „Zur Produktion von Auslesefutter im Kampf ums Dasein hingegen werden Menschen, die zum Bewußtsein ihrer Lage gekommen sind, keineswegs mehr zu haben sein" (Goldscheid 1911: 440).

Grundlagen dieser Entwicklungsarbeit waren für Goldscheid die Bildung und die Emanzipation von Frauen, um sie zum rationalen Einsatz ihrer reproduktiven Aufgaben zu befähigen. Allein vom Frauenwahlrecht versprach er sich einen Teilerfolg, da dies die Politik dazu zwingen werde, sich mehr um die Familien zu sorgen, und alle Parteien in eine Konkurrenz um Versprechungen für Familienschutz bringen würde. Er beurteilte *„die Befreiung der Frau aus dem Geschlechtsjoch"* als einen grundlegenden Faktor der „Höherentwicklung" und der Vervollkommnung der „Art der Erhaltung" (ebd.: 454). Der Mutterschutz galt ihm als deren wesentlichste Voraussetzung. Denn

„Überarbeitung, Unterernährung, Schlafmangel, überstürzte Wochenbetten verbunden mit zahlreichen Fehl- und Mißgeburten, mit hoher Säuglingssterblichkeit, die mit verursacht ist durch Zwang zu mangelhafter Brutpflege, Schwangerschaft und Niederkunft unter ungünstigen Verhältnisse, elende Wohnungszustände mit Überenge des Raums, schlechte Luft, unzureichendem Licht, Lebensbedingungen, die für alle Toxikationen und Infektionen den fruchtbarsten Nährboden schaffen, ungenügende Vorsorge gegen die Verbreitung der Alkoholpest und die Übertragung der Geschlechtskrankheiten – hierin liegen die wahren Wurzeln der Degeneration [...]" (Goldscheid 1911: 455).

Eine Gesellschaft, die an der Frau „Raubbau" betreibe, greife an „das Mark des organischen Kapitals" (Goldscheid 1913: 16). Diesbezüglich sei nämlich nicht die Kinderlosigkeit einer Minderheit von geistig arbeitenden Frauen das Problem, sondern die Masse der körperlich arbeitenden Frauen und damit der „gewissenlosen Vergiftung dieser Quellen der Volkserneuerung" (ebd.). Goldscheid beurteilte die Ausbeutung der „Frauenkraft" durch Industrie- und Hausarbeit als Wurzel aller „Degeneration", Frauenemanzipation und Frauenrechte aber, die Frauen vor ökonomischer Ausbeutung schützen, als Grundlage qualitativer „Menschenproduktion". Diese kritisierte er unter den gegebenen

Verhältnissen als rückständig und dem ökonomischen Fortschritt nicht entsprechend. Er verglich sie mit den Verhältnissen der Viehzucht, als diese noch nicht durch veterinärgesetzliche Bestimmungen geregelt war. Die wissenschaftliche Erforschung der „Menschenproduktion" war für ihn daher ein Gebot der Stunde. Er wollte den Missstand beseitigen, dass sich im Gegensatz zur Viehzucht bei der „Menschenproduktion" fast alle „geschlechtsreifen Individuen" ohne „planmäßige Fortpflanzungsauslese" fortpflanzen und alle „Produkte" aufgezogen werden.

> „Je nüchterner man alles bloß Vegetative im Menschen im Sinne eines guten Landwirtes betrachtet, je leidenschaftsloser man Menschenökonomie more organico, wie Agricultur etwa betreibt, um so mehr wirkt man im Geiste höchster seelischer Kultur, um so mehr ist man auf dem Wege, die unentbehrlichen Voraussetzungen zur höchsten seelischen Kultur zu schaffen. Nur der Mensch als bestgepflegtes Tier, als optimal erzeugtes organisches System gibt den geeigneten Boden für volle Ausgestaltung aller in ihm liegenden Anlagen ab" (Goldscheid 1911: 492).

Hinsichtlich der Reproduktion der Gattung setzte Goldscheid also die „Menschenökonomie" mit der Viehzucht gleich. Die veterinärmedizinische Qualitätskontrolle galt ihm als Vorbild für die Zusammenarbeit von Staat und Medizin. Entsprechend der veterinärmedizinischen Regelung der Viehzucht sollte die „humanmedizinische Regelung der Menschenzucht" diese „leidenschaftslose Menschenökonomie" ermöglichen. In der herrschenden Lage gefährde die „*Ueberspannung der Frauenpflichten*" die Rasse weit mehr als eine „*Erweiterung der Frauenrechte*". Mutterschaft ohne Beruf sei zu einem Luxus geworden, Mutterschaft und Beruf mit Arbeit überlastet. Demgegenüber sei aus der Landwirtschaft hinlänglich bekannt, dass der Landwirt

> „die Kuh nicht zugleich als Arbeitstier verwenden darf, wenn er den höchsten Milchertrag von ihr erzielen will. Und ebenso fällt es keinem Züchter ein, Stuten, die er zur Zucht verwendet, weiter Rennleistungen zuzumuten. Nur hinsichtlich des Menschen hat man sich noch nicht zu dieser nüchternen Auffassung der Dinge aufgeschwungen, hier schwelt man in ausschließlich ethischer oder politischer Behandlung all der Fragen, die gleichsam nur *more organico* angesehen, richtig beurteilt werden können" (Goldscheid 1913: 6).

Die Rechte und der Schutz der Frauen wurden also nicht um ihretwillen verlangt, sondern stehen ausnahmslos im Dienst der „Qualität" der Nachkommen. Die von Goldscheid geforderte Öffnung des Zuganges für Frauen zu allen Berufen und zur Erwerbsarbeit, die Regelung der Frauenerwerbsarbeit zum Schutz der Frauen vor Schaden an

Gesundheit und Leben, Versicherungsleistungen und öffentlicher Auf- und Ausbau der Kinderbetreuung sollten einen Bewusstwerdungsprozess in Gang setzen, der Frauen befähigt, ein „rationales Verhältnis zur Fortpflanzung" zu entwickeln. Die „Rationalisierung der Menschenproduktion" wird der Frau erst die „Emanzipation der Persönlichkeit vom Gattungsprozess" ermöglichen. Durch diese „Emanzipation vom Reproduktionsautomatismus" würden Frauen, nach Goldscheid, die „Menschenökonomie" schaffen, denn der Mensch höre damit auf, ein im „Überfluss gegebenes Gut" zu sein. Sobald die Frau zum Bewusstsein ihrer Lage gelange, dass sie nämlich im wichtigsten Bereich der wirtschaftlichen Produktion – nämlich der Menschenproduktion – arbeite, wenn sie sich als „*Menschenproduzentin*" erkenne, werde sie auch erkennen, dass sie die Kosten des „Menschenverbrauchs" und der „Menschenvergeudung" zu tragen habe. „Jedes ersparte Menschenleben setzt sich in baren Gewinn für die Frau um, sie ist deshalb die direkteste Nutznießerin der Menschenökonomie" (ebd.: 7). Die rationalisierte Fortpflanzung erst werde es ermöglichen, nicht bloß die „Quantität des Nachwuchses" als Basis der Existenz zu bilden, wie das bei tiefstehenden Arten üblich sei, sondern die „Qualität des Nachwuchses", wie das bei hochstehenden Arten der Fall sei. Daher liege einzig in der Emanzipation der Frauen die Möglichkeit, das quantitative Minus durch ein qualitatives Plus auszugleichen.

Ziel der geforderten Befreiung der Frau aus dem „Geschlechtsjoch" ist damit ein eugenisches: „*Menschenökonomie* muß […] auf *Schutz der organischen Reserven* ausgehen. Die größte organische Reserve, über die das ganze Menschengeschlecht jedoch noch verfügt, ist die *Frau*" (ebd.: 30). Und erst in der politisch mündigen Frau werde auch die Rassenökonomie die stärkste Vertreterin haben. Wenn eine Gesellschaft wolle, dass die Menschen sich nicht nur fort-, sondern *hinauf*pflanzten, werde dies am sichersten mit einer bewussten Frau erreicht, „einer Frau, die, auf der vollen Höhe der Zeit stehend, sich klar ist über ihre hohe Mission im gesellschaftlichen Entwicklungsdrang" (ebd.: 31). Der freie Zugang der Frauen zu allen Berufen und zur Erwerbsarbeit wird zugleich nur als „notwendiges Durchgangsstadium" beurteilt, d.h., ihre private Versorgungsarbeit als Mutter und Hausfrau wird im Konzept der Menschenökonomie nicht aufgegeben, sondern nur aufgeschoben:

> „Es wird gewiß eine große Leistung sein, wenn wir die Frau wieder dem Hause werden zurückgeben können – aber der Weg dahin führt über ihre politische und bürgerliche Gleichberechtigung" (Goldscheid 1913: 20).

Die Geschlechtszuständigkeiten werden nicht in Frage gestellt, sondern aufgrund eines notwendigen Durchgangsstadiums im Entwicklungsprozess kapitalistischer Ökonomie im Dienste des Schutzes des organischen Kapitals zurückgestellt. Der sozialistische Einsatz für die Befreiung der Frauen aus privater Bevormundung durch den Ehemann und für den freien Zugang zu allen Berufen bleibt ein patriarchaler. Die Produktivität von Frauen soll nunmehr eben nicht mehr vom privaten, sondern vom öffentlichen Patriarchalismus angeeignet werden, die Fortpflanzung nicht mehr individuellen, sondern gesellschaftlichen Interessen dienen. Dazu sollte ein „wissenschaftliches Management der Reproduktion" Zeugung und Geburt dem Naturprozess entreißen und eine durch die „Biotechniken" im Labor hergestellte „Natur" in der Natur wie in der Gesellschaft durchgesetzt werden.

Der daraus hervorzubringende „homo oeconomicus" war in den ihm unterstellten Merkmalen der Sachlichkeit, Zweckrationalität, Berechenbarkeit und des Effizienzdenkens ein hegemonial männliches Subjekt, was auf den maskulinen Subtext in Goldscheids Konzept der Frauenbefreiung verweist: eine Gesellschaft, in welcher der brüderliche Männerbund der Demokratie, der an die Stelle des alleinherrschenden Patriarchen der Monarchien trat, die unkontrollierten und unkontrollierbaren Massen unter Kontrolle bringen will. Ein Unterfangen, das hinsichtlich der Bevölkerungspolitik dazu aufruft, die private Vernunft an die öffentliche abzugeben, mit der dann rückwirkend die Kontrolle des aufrechtzuerhaltenden Privaten möglich sein soll.

Die Frauen sollten durch die „Rationalisierung der Fortpflanzung" die „Menschenökonomie" schaffen. Für die Rationalisierung der Fortpflanzung aber musste die Wissenschaft den Nachweis erarbeiten, „unter welchen Bedingungen der Mensch erzeugt wird, wie *die angeborene Beschaffenheit und die Lebensverhältnisse der Erzeuger auf die Produkte einwirken*" (Goldscheid 1911: 491f.). Auf Basis dieser Erkenntnisse wollte Goldscheid ein scharfes Bild von der „Aufzucht der Produkte" entwerfen. Wesentlicher Teil der „Menschenökonomie" ist damit die Verbindung von Erziehung und Bildung mit wissenschaftlich geregelten und kontrollierten „Fortpflanzungspraktiken". Biotechniken, Erziehungs- und Bildungstechniken galten als Basistechniken der „Menschenökonomie".

Somit ist auch Schulpolitik für Goldscheid ein Teil davon. Ein unmoderner Schulbetrieb könne keine „hochwertigen" Arbeitskräfte herstellen. „*Was man am Rohstoffmaterial zu leisten versäumt, kann man im Veredelungsprozeß unmöglich vollkommen nachholen*" (ebd.: 525). Nur Völker mit den besten Schulen, den besternährten und organisch gepflegten Individuen könnten wirtschaftliche Konkurrenzfähigkeit entfalten. So wie Zeugung und Geburt, so gelte es auch die „Aufzuchtsverhältnisse" durch Modernisierung von Erziehung und Bildung einer modern geführten Wirtschaft anzupassen. Schule und Erziehung sollten den Menschen auch dazu anhalten, „das organische Kapital seines Organismus energisch vor Schädigung und vorzeitiger Amortisation zu bewahren" (ebd.: 527).

In Goldscheids „kulturell orientierter Eugenik" werden Waren und „Humankapital" und damit Totes und Lebendiges völlig gleichgesetzt. Menschenökonomie wird aus der Warenökonomie abgeleitet. Wie in der Wirtschaft eine sorgsam gearbeitete Ware, so galt ihm auch ein unter „menschenökonomischen" Kalkülen erzeugter Mensch als leistungsfähiger und haltbarer.

> „Der teuere, der solid gearbeitete Mensch offenbart ganz andere Qualitäten, als der billige Mensch. Ein solid gearbeiteter Mensch ist ein solcher, der aus einem gesunden Mutterboden herauswächst, von gesunden Vätern gezeugt und wo das jugendliche Individuum eine Pflege und Ausbildung erhält, auf die man zumindest mit ebensoviel Sorgfalt hinwirkt, als dies in der Tierzucht geschieht" (Goldscheid 1911: 495).

Den Einwand, dass nicht jedes „Material" dieselben Qualifikationsmöglichkeiten in sich trage und deshalb diesem „minderwertigen Material" keine hohen Arbeitskosten zugesetzt würden, wollte Goldscheid mit einer „Ökonomie der Qualifikation"[59] begegnen. Darin argumentiert er, dass unqualifizierte Arbeitskräfte zwar billiger kämen, die wenigen Mittel, die in die Aufzucht solcher Menschen investiert würden, würden aber dementsprechend schnell verbraucht. Schäden, welche aus dem vorzeitigen Zerfall für die Gesellschaft erwüchsen, seien meist doppelt, ja drei- und vierfach so hoch. Goldscheid folgert daraus, dass sich nur für den „qualitativ leistungsfähigen Menschen" sozialpolitische Maßnahmen lohnten, doch

> „am billigen Menschen können hohe Schutzmaßnahmen sich nicht rentieren. Umfassende sozialpolitische Maßnahmen, hohe Investitionen für Sozialversicherung bei gleichzeitiger Aufrechterhaltung ungesunder Arbeitsbedingungen, mangelhafter Volksschulen, unzureichender Volksbildungsorganisation ist darum direkt ein ökonomischer Widerspruch" (Goldscheid 1911: 497).

Sozialpolitische Investitionen, die sich auszahlten, setzten demnach eine umfassende Neugestaltung der Verhältnisse am Arbeitsplatz und im Bildungsbereich voraus. Schulische Bildung begriff Goldscheid als die Produktion produktiver Kräfte.

Auch der private Haushalt wurde von Goldscheid dem ökonomischen Kalkül unterworfen. Einer geschulten „Menschenökonomie" entsprechend galt die „Konsumtion" im Haus nicht als unproduktiver Verbrauch, sondern als Produktion von organischem und kulturellem Mehrwert, die Ruhe als „produktive Restitution". Der private Haushalt

---

[59] Heute würde man von Bildungsökonomie sprechen.

wurde von ihm als Ort zur Wiederherstellung der „Ware Arbeitskraft" durch Ernährung, Versorgung, Erholung konzipiert: „Statt in der mechanischen Werkstätte wird hier in der organischen Werkstätte gearbeitet, wird organisch kapitalisiert" (ebd.: 502). Diese Wiederherstellung „organischen Kapitals" betrachtete er als Teil der Gesamtökonomie und eine „unzureichende organische Restitution" als Belastungselement der National- wie Entwicklungsökonomie. Die „Restitutionsökonomie" beurteilte er als völlig unzureichend, was sich im Alkoholmissbrauch als Scheinrestitution zeige. Arbeitszeitverkürzung und die Sicherung der Hausarbeit empfahl er als wichtigste Maßnahmen zum Wiederaufbau der „Restitutionsökonomie". Die Verkürzung der Arbeitstage sollte den Verschleiß *„der organischen Arbeitsmaschine"* verlangsamen, womit sowohl die *„Produktivität der gesellschaftlichen Arbeit"* gehoben als zugleich *„die entwicklungsökonomische Bilanz"* wesentlich verbessert werden könne (ebd.: 527). Zur Wiederherstellung „organischen Kapitals" gelte es längerfristig aber auch, die private Versorgung der Arbeiterfamilien zu sichern.

Neben der Veränderung der Arbeitsplatzverhältnisse und der Neugestaltung des Bildungssystems war für Goldscheid damit auch eine ausreichende Versorgung durch den privaten Haushalt Grundlage einer rationalen „Menschenökonomie". Vor diesem Hintergrund forderte er, dass die aufgrund schädigender Lebensverhältnisse vorschnell verbrauchten Arbeitskräfte – „die organischen Verluste, die Abfallprodukte in Gestalt von Kranken, Invaliden und verwahrlostem Nachwuchs" – auf der Verlustseite der Unternehmen zu verbuchen und nicht allein dem Staat aufzuhalsen seien (ebd.: 509).

In Goldscheids Analysen des Zusammenhangs von Erwerbs- und Hausarbeit im Kapitalismus wird Hausarbeit vollkommen den Gesetzen des Marktes untergeordnet. Eine Unterordnung, die durch Sozialleistungen an die dafür zu schaffende „Hausfrau" erreicht werden will. Der Aufbau des modernen Sozialstaates hängt in diesem Punkt also aufs Engste mit der „Hausfrauisierung" der Frauen und der Etablierung eines öffentlich kontrollierten Privatbereichs zusammen.

Unter dem Motto „Geld ist Leben" forderte Goldscheid Investitionen in die neue Menschenökonomie (ebd.: 547), mit der er die Verelendung des Proletariats überwinden und eine gesellschaftliche „Höherentwicklung" erreichen wollte. Die unmenschlichen Verhältnisse, in welche die kapitalistische Ökonomie die Arbeiterschaft zwang, verglich er mit den Verhältnissen im Krieg. Der „Bewaffnete Friede der Gegenwart" sei nicht weniger blutig als die furchtbarsten Kriege der Vergangenheit.

> „Wie die Menschen bei blutigen Kriegen auf den Schlachtfeldern fallen, von verheerenden Seuchen oder von den Beschwerden des Dienstes dahingerafft werden, so fallen sie in dem noch blutigeren bewaffneten Frieden auf dem Arbeitsfelde oder werden von den großen

Volkskrankheiten hinweggefegt, denen Armut, Überarbeit, Unterernährung, ungünstige Produktionsbedingungen, Krisen und anderes den günstigen Nährboden gewähren. *Das Schlachtfeld des bewaffneten Friedens fällt nur nicht so anschaulich in die Augen wie die Schädelstätte des Krieges.* Das Verbluten in der Arbeit vollzieht sich weitaus stiller" (Goldscheid 1911: 548).

Dagegen propagierte Goldscheid die „Menschenökonomie" als eine „Methode der Höherzüchtung", welche die „ökonomisch primitiven Verfahren der Naturauslese" ausschalten sollte. Er bezeichnete den „Kampf ums Dasein der Gegenwart" als pseudo-humanitäre Folter, bei der ein sehr harter Lebenskampf mit durch Sozialpolitik gemilderter Auslese verbunden sei. Die Menschen des modernen Industriezeitalters müssten oft die „grauenhaftesten Martern" über sich ergehen lassen, gleichzeitig werde aber dafür gesorgt, „dass sie nicht eher vom Schauplatz ihres Wirkens abtreten, als bis ihre Arbeitskraft bis zum letzten Ende aufgebraucht, als bis ihr Organismus in jeder Faser vergiftet ist" (ebd.: 557).

Im Gegensatz zu Kant, der gemeint hatte, dass alles einen Preis, aber nur der Mensch allein Würde hätte, erklärte Goldscheid, dass nur dann, wenn auch der „wirtschaftliche Wert" des Menschen nachgewiesen werden könne, die Menschenwürde sich heben werde (ebd.: 565). In Goldscheids Konzept der „Menschenökonomie" gehört der Mensch nur zur Gesellschaft, wenn er zum Kapital und zum Staat in eine Beziehung treten kann, die diesen etwas bringt. Und das einzige, was die „Proletariermassen" dem Kapital und Staat einbringen können, ist in Golscheids Konzept ihr „organisches Kapital", das zugleich die alleinige Existenzgrundlage, den einzigen Besitz der Menschen dieser Klasse darstellt.

Proletarier ist etymologisch aus dem Begriff „proles" für „Nachkommen" und „alere" für „nähren, aufziehen" zusammengesetzt (vgl. Kluge 1995: 649). Die Wirtschaftstheorien übernehmen ab dem 19. Jahrhundert also einen lateinischen Begriff. In der römischen Antike waren damit die Bürger der untersten Schichten bezeichnet worden, die dem Staat nicht mit ihrem Vermögen (Steuern, Ländereien etc.), sondern nur mit ihrem Leben und dem ihrer Nachkommenschaft dienen konnten. Der „pro oles", der (nichts weiter als) Nachkommen Hervorbringende, wird als Massenphänomen des lohnabhängigen Arbeiters erst mit der Industrialisierung und dem Aufstieg der kapitalistischen Ökonomie hervorgebracht. Er stellt seine körperliche und geistige Arbeitskraft und seine Nachkommen dem Kapital und dem Staat zur Verfügung, um dadurch seinen Lebensunterhalt bestreiten zu können. Die Proletarier sind aber nicht nur jene, die mit ihren Nachkommen Kapital und Staat „ernähren", sondern auch jene, die ihre eigenen Nachkommen nicht ernähren konnten, was den staatlichen Zugriff auf ihre Kinder provozierte.

Goldscheids Einsatz für die Rückgewinnung bzw. Eroberung der Macht über den eigenen Körper durch Soziale Hygiene, mit der Erkrankung und Siechtum abgewehrt, durch Geburtenkontrolle, mit der die Anzahl der Nachkommen begrenzt, und durch Eugenik, mit der die Qualität, d.h. im Wesentlichen die Arbeitsfähigkeit der Nachkommen gewährleistet werden sollte, transformierte den Kampf gegen die soziale Verelendung auch in einen Kampf gegen die menschliche Natur. Diese Macht über die menschliche Natur steht im Dienst des „organischen Kapitals", das sowohl als Vermögen des Staates wie als Besitz des Einzelnen konzipiert ist. Über das „organische Kapital" sollten die Interessen des Staates mit jenen der Einzelnen gekoppelt werden. Doch die (Rück-)Eroberung der Macht über dieses „organische Kapital" machte Goldscheid zur Gänze abhängig vom Fortschritt der Wissenschaften.

Goldscheid entwickelte in seinem Programm der „Menschenökonomie" zu Beginn des Jahrhunderts bereits Begrifflichkeiten, welche – wie „Sozialbiologie" und „Biotechnik" – gemeinhin im wissenschaftlichen Diskurskontext der 80er Jahre verortet werden. Seine Entwürfe sind getragen vom Glauben an die „reine" Wissenschaft und die „reinen" Biotechniken, mit deren Hilfe der Fortschritt des 20. Jahrhunderts – durch die Gestaltung der generativen Reproduktion nach eugenischen Gesichtspunkten – gewährleistet und zugleich humanisiert werden sollte. Goldscheid hoffte, dass konservative Kräfte, die in der sozialen Wohlfahrt die Gefahr der „Kontraselektion" kritisierten, da sie die „Naturauslese" beschränke und die „Schwachen" beschütze, durch den Fortschritt der Naturwissenschaften zurückgedrängt werden. Eugenik, die eine Kombination aus Gefährdungs- und Präventionstheorie darstellte, wurde unter Goldscheids soziologischem Zugriff zu einer Planungstheorie, die aus dem Zerschneiden lebendiger Zusammenhänge, einem durch Theorie begrenzten Blick und wissenschaftlich-technischen Lösungsangeboten besteht. Alles, was das Natürliche und Lebendige phänomenologisch auszeichnet – wie Endlichkeit, Kontingenz, Spontaneität etc. –, scheint den Fortschritt zu gefährden.

Angesichts der sozialen Verhältnisse erweckt Goldscheids „perfekter Plan" den Eindruck, dass es möglich und machbar sei, die generative Reproduktion in den sozialen Wandel einzubauen, indem bevölkerungs- und sozialpolitische Eingriffe einen reibungslosen Ablauf organisieren. Das Zusammentreffen von Fortschrittsoptimismus und der gleichzeitigen totalen Verelendung großer Bevölkerungsteile im 19. Jahrhundert, die Zerstörung sozialer Zusammenhänge und Bindungen durch Industrialisierung und Urbanisierung, die beginnende Wahrnehmung der in den Städten lebenden Menschen als „Masse", provozierten eine Harmoniesehnsucht, die u.a. mit einer Neuordnung der Reproduktion gestillt werden sollte. Auch die Konzeptionen von Rasse, Klasse und Nation stehen in diesem Zusammenhang, neue Bindekräfte des Sozialen zu entwickeln und damit eine neue Gesellschaftsordnung zu ermöglichen. Zudem wurden die Seuchen – Cholera, Tuberkulose, Syphilis –, denen Tausende von Menschen zum Opfer fielen, als Bedrohung der Gemeinschaft wahrgenommen. Heute werden im Gegensatz dazu Erkrankungen, die viele Menschen betreffen, z.B. Krebsleiden, als individuelle wahrgenommen.

Die Eugenik zielte auf eine Humanisierung des „Kampfes ums Dasein", ihr Ziel war die Herstellung einer „sozialen Harmonie". Viele Pläne zu deren Realisierung, wie auch jener von Rudolf Goldscheid, erschienen auf der Ebene der Konzeption „genial", waren auf der Ebene der Durchführung aber oft vulgär und primitiv.[60] Was im Zuge der Einlösung der eugenischen Harmonisierung der Gesellschaft auf der Ebene der medizinischen Praxis provoziert wurde, blieb wissenschaftlich tabuisiert. Ein „idealer Plan" hält die Hoffnung an das Gute im Diesseits in Bewegung – eine Hoffnung, die auf dem Weg der „Menschenökonomie" durch den Staat als neuem „Supersubjekt" geplant und exekutiert werden soll. Der Staat wurde adressiert, um das neue „Superobjekt" der „Massen" auf Basis naturwissenschaftlicher Erkenntnisse und medizinischer Eingriffe ökonomisch zu regulieren, zu organisieren und zu kontrollieren, im Sinne der „Menschenökonomie" Haushalter des „organischen Kapitals" zu werden und dabei u.a. der generativen Reproduktion des Lebens einen neuen Sinn zu geben. Der „Oikos-Herr", der historisch das Leben des Hauses organisiert und verwaltet, d.h. den „oikos" (griech.) teilt und verteilt („némein", griech.), also die „oikonomia" (griech.) oder „oeconomia" (nhd.) betreibt, soll endgültig durch den „Oikos-Staat" abgelöst werden, der die „Menschenproduktion" von der „Ökonomie des Hauses" in die „Ökonomie des Staates" überführt.

Der soziale Staat soll nach Goldscheids Konzept in den gesamten Bereich des „Privatlebens" eingreifen, in die Zeugung und Geburt der Nachkommen wie in ihre Bildung und Ausbildung, in die Familienbeziehungen, die Geschlechter- und Generationenverhältnisse und die Lebensführung. Die Existenz aller Menschen sollte dabei ihrer Eigenschaft als Staatsangehörige untergeordnet werden.

Die Frage aber, wer Angehöriger eines Staates ist, wurde historisch durch die „Nation-Form" reguliert. Da aber kein moderner Nationalstaat auf eine gegebene „eth-

---

60 So zeigten sich nicht selten Theoretiker der Rassenhygiene und Eugenik schockiert über die Praxis, die aus der Anwendung ihrer Theorie resultierte, beispielsweise der Psychiater Alfred Hoche (1865–1943), der gemeinsam mit dem Juristen Karl Binding (1841–1920) die Schrift „Zur Freigabe der Vernichtung lebensunwerten Lebens" (1920) publizierte. Eine Verwandte Alfred Hoches wurde 1940, also nur 20 Jahre später, Opfer der Euthanasiemaßnahmen des Nationalsozialismus, welche die Ermordung von „Ballastexistenzen" in die Tat umsetzte. Hoche brachte dem Direktor der Heil- und Pflegeanstalt Emmendingen, Viktor Mathes, unmissverständlich zum Ausdruck, dass er die Maßnahmen alle aufs Schärfste missbillige (vgl. Klee: „Mörderische Vordenker", Artikel in der Wochenzeitung „Die Woche" vom 17. Februar 1995).

nische" Basis zurückgreifen konnte, musste dazu auch das Volk als nationale Gemeinschaft, die eine imaginäre Gemeinschaft ist, erst geschaffen werden. Diese wurde aber nicht durch „individualistische" Vertragsbeziehungen hervorgebracht, sondern dadurch, dass die nationale Gemeinschaft in der rassischen Version als „symbolische Verwandtschaft" (Balibar 1993: 125) identifiziert wurde oder nach der Sprache als „Sprachgemeinschaft". Die Idee einer rassischen Gemeinschaft wurde in eben jenem historischen Kontext entwickelt, in dem sich Grenzen der Zusammengehörigkeit auf der Ebene der Verwandtschaftsfamilie oder Nachbarschaftsgemeinschaft aufzulösen begannen, d.h., als die traditionellen Bindekräfte infolge der Industrialisierung abgebaut wurden. Die Auflösung der Familienökonomie und der abstammungsbezogenen Verwandtschaft zersetzte die darin festgelegte Solidarität zwischen den Geschlechtern und Generationen, aber „die rassische Gemeinschaft ist geeignet, sich als eine große Familie oder als die gemeinsame Hülle der Familienbeziehung darzustellen" (ebd.: 123). Diese Idee wurde imaginär an die Schwelle der Nationalität gelegt, welche wiederum die Zugehörigkeit zum Staat klären sollte.

Damit der Staat die neue Aufgabe der „Menschenökonomie" wahrnehmen könne, empfahl Goldscheid, den „Steuerstaat" durch einen „selbstwirtschaftenden Staat" zu ersetzen, zu dem er durch die Verstaatlichung der Produktionsmittel würde. Nur dieser neue Staat sei im Stande, die kapitalistischen Produktionsverhältnisse zu überwinden (vgl. Byer 1988: 95ff.). Entgegen den liberalistischen Prämissen, dass jeder selbst „seines Glückes Schmied" sei, soll in Goldscheids sozialistischem Konzept der „Menschenökonomie" der Staat das „Glück" herstellen. Der Kampf gegen die soziale Verelendung des Proletariats wurde nicht nur als Widerstand gegen soziale und ökonomische Ausbeutung auf Seiten der Produktion von Waren und Dienstleistungen, sondern vor allem auch als Kampf gegen die Natur des Menschen auf Seiten der Reproduktion des Lebens konzipiert. Dabei wurde die Rationalisierung der Reproduktion nach ökonomischen Gesichtspunkten als Grundlage der „Höherentwicklung" ausgearbeitet. Frauen sollten diese Menschenökonomie durch die Anwendung der Naturbeherrschung auf ihre eigenen generativen Potentiale hervorbringen.

1.2 Bevölkerungspolitik: „Verwaltungskunst des ‚organischen Kapitals'"

„So wenig in einem Staate
Leben eine Privatsache ist,
so wenig ist Gesundheit eine solche."

Julius Tandler 1916: 451

Auf Rudolf Goldscheids „Menschenökonomie" rekurrierend, bestimmte der Ordinarius für Anatomie an der Universität Wien und sozialistische Wohlfahrtspolitiker Julius Tandler (1869–1936)[61] in den 20er Jahren Bevölkerungspolitik als „Verwaltungskunst des organischen Kapitals". Auch er begriff die Bevölkerung als das „organische Kapital" des Staates und beurteilte wohlfahrtsstaatliche und medizinische Maßnahmen hinsichtlich ihres Nutzens für dessen Qualität und Quantität. Dieses Kosten-Nutzen-Kalkül legitimierte in seinen wohlfahrtspolitischen Konzepten auch die eugenischen Eingriffe in die generative Reproduktion. Seine Beiträge zu bevölkerungspolitischen Fragen stehen exemplarisch für eine sozialökonomisch und -politisch begründete sozialistische Eugenik und eine sozialreformerische Konzeption von Medizin als Politik. Sie sind auch ein Beispiel für die politische Instrumentalisierung von Wissenschaft in der Zwischenkriegszeit (vgl. Höflechner 1999: 190ff.) sowie für die wissenschaftliche Instrumentalisierung der Politik, gerade weil Tandler in beiden Feldern, der Wissenschaft wie der Politik, eine leitende und entscheidende Position innehatte.

Nach dem Zusammenbruch der k.u.k. Monarchie gelangten Sozialdemokraten in Regierungsverantwortung und realisierten eine Wohlfahrtspolitik, die im Bereich der „Volksgesundheit" *auch* eugenisch legitimiert wurde.

Julius Tandler war ab 1919 „Unterstaatssekretär des Staatsamtes für Soziale Fürsorge" und leitete ab 1922 das Wohlfahrtsamt der Stadt Wien. Sein Modell der modernen Wohlfahrtspflege fand internationale Anerkennung und Beachtung. Goldscheids Konzept der „Menschenökonomie" war die Klammer, mit der Tandler Wissenschaft und

---

61 Julius Tandler, Anatomieordinarius und sozialdemokratischer Politiker, wurde 1869 in Iglau (Jihlava, Tschechische Republik) geboren und starb 1936 in Moskau (Russische Föderation). Er wurde 1910 auf den Anatomielehrstuhl der Medizinischen Fakultät der Universität Wien berufen und war während des Ersten Weltkrieges Dekan der Medizinischen Fakultät der Universität Wien. 1919/20 Unterstaatssekretär des Staatsamtes für Soziale Fürsorge; ab 1922 leitete er das Wohlfahrtsamt der Stadt Wien; 1919 bis 1934 war er Mitglied der Wiener Landesregierung. Gründungsmitglied der Österreichischen Gesellschaft für Bevölkerungspolitik. Herausgeber der „Zeitschrift für angewandte Anatomie und Konstitutionslehre" (1914–1934). Er engagierte sich für die Einrichtung vieler sozialer Einrichtungen: Kindergärten, Schulzahnkliniken, Kinderübernahme- und Mutterberatungsstellen und vor allem und förderte besonders den Arbeitersport. 1936 wurde er als Berater für Spitalsreformen nach Moskau berufen.

Politik zusammenband, der Medizin wies er eine tragende Rolle zu. In der „Wertung des Menschenlebens" wollte er individuelle, rechtliche sowie emotionale oder traditionale moralische Positionen ausschließen und stattdessen nur noch Aspekte der „Bevölkerungspolitik" gelten lassen (Tandler 1924: 7).

Wie Goldscheid differenzierte auch Tandler zwischen produktiven und unproduktiven bevölkerungspolitischen Ausgaben. Als produktive beurteilte er jene, mit welchen die qualitative und quantitative Reproduktionskraft eines Volkes erhöht, seine Produktions- und Arbeitsfähigkeit erhalten und wiederhergestellt werden können; als unproduktiv jene welche humanitär begründet werden, wie die Unterstützung von Alten, Gebrechlichen und Irren. Daher propagierte Tandler als Aufgabe des Staates, das Wohlfahrtsbudget so zu verwalten, dass gegenüber den produktiven Ausgaben in Relation zu humanitären eine Priorität gesetzt werde.

Als Beispiel für unproduktive Ausgaben nennt Tandler jene Irrenpflege, welche größtenteils durch die geschädigten Nachkommen von Syphilitikern und Alkoholikern verursacht werde. Diese Irren müssten für „die Sünden ihrer Väter" – Alkoholismus und außerehelicher Sexualverkehr – büßen. Tandler verurteilt hier ein vorwiegend den Männern attestiertes Fehlverhalten, das gesundheitsschädigende Auswirkungen auf deren Kinder und die gesamte Gesellschaft verursache.[62] Denn nicht nur die Kinder von Syphilitikern und Alkoholikern, sondern alle Kinder hätten „die Sünden" dieser Männer zu büßen, zumal sie in Zukunft die „Idioten" in den Irrenanstalten zu erhalten hätten. Diese Kosten wurden von ihm als unproduktiv beurteilt, weil sie z.B. durch Alkoholverbot und Zwangsbehandlung von Geschlechtskrankheiten vermeidbar wären.

Tandler untersuchte in den Jahren 1928 bis 1930 auf Basis sozialwissenschaftlicher Methoden als sozialdemokratischer Gesundheitsstadtrat das Alkoholproblem, konkret das „Generationsschicksal von 1500 Alkoholikerfamilien und deren 5000 Abkömmlingen".[63] Er beurteilte die Sucht als Folge einer „Konstitution" und als Symptom eines

---

62 Die „Alkoholfrage" und die Frage der „männlichen Sexualität" waren schon früh ein Einfallstor für rassenhygienische Rationalität in der Sozialdemokratie. Bereits 1905 wurde der „Arbeiter-Abstinentenbund" gegründet, in dessen Zeitschrift immer wieder die Befürchtung einer Degeneration infolge des Alkoholkonsums thematisiert wurde. Die Vertreter gingen davon aus, dass Alkoholismus zur Zeugung „geistig und körperlich minderwertigen Nachwuchses" führe. Viktor Adler (1852–1918), Arzt und führender sozialdemokratischer Politiker, begründete seinen Einsatz für und in der Arbeiter-Abstinenten-Bewegung damit, dass der Alkoholismus die politische Arbeit und die Kraft der Arbeiterbewegung zerstöre. Denn Alkoholkonsum verursache schwere körperliche Schäden, und gerade Organe und Gehirn sollten als „Werkzeuge" des Arbeiters in seinem Kampf für Freiheit und Gerechtigkeit „funktionstüchtig" erhalten werden. Wer trinke, sei ein „Selbstverstümmler" und schwach. Stark seien jene, die sich selbst beherrschen könnten (vgl. Byer 1988: 46).
63 Er führte die Studie gemeinsam mit dem städtischen Konsulenten für Wohlfahrtswesen Dr. Siegfried Kraus

„Willenskrüppeltums", das Verbrechertum und Pauperismus verschulde und sich gegen die „generative Ethik" versündige. Lösungsvorschläge bezogen sich im Wesentlichen auf Verbote. Eine Sterilisation Alkoholkranker wurde zwar erwogen[64], doch nahm Tandler davon Abstand, da er die Resultate der Vererbungsforschung als „noch nicht" sicher genug beurteilte.[65] Die durch Prävention eingesparten Ausgaben könnten aber, so Tandler, produktiv eingesetzt werden, d.h. für jenen Personenkreis, dessen Unterstützung die Reproduktionskraft des Volkes erhöhe und die Arbeitsfähigkeit der Einzelnen erhalte.

> „Nehmen wir an, dass es gelänge, durch vernünftige bevölkerungspolitische Maßregeln die Zahl der Irrsinnigen auf die Hälfte herabzusetzen, so dass wir nur 22 Milliarden ausgeben müßten, so wäre es möglich, rund 70.000 Kinder, also nahezu 1/3 aller Schulkinder Wiens durch 4 Wochen in Ferialerholung zu halten" (Tandler 1924: 16).

„Produktive" staatliche Investitionen für das Wohl der Kinder beruhen damit auf deren Reduktion auf zukünftige Arbeitskräfte. Der Wert des Menschen wird also davon abhängig, ob es sich sozialpolitisch auszahlt, seine Existenz zu unterstützen, d.h., ob die Investition die „Qualität" und „Quantität" des „organischen Kapitals" verbessert.

Angesichts der hohen „unproduktiven Ausgaben" für eine von ihm konstatierte zunehmende Zahl von „Irrsinnigen" beurteilte Tandler die Klärung der Frage einer „*Vernichtung lebensunwerten Lebens* im Interesse der Erhaltung lebenswerten Lebens" als von hoher Aktualität und Bedeutung. Er rekurrierte hier auf Begrifflichkeiten aus der „Euthanasie-Debatte", die seit den 90er Jahren des 19. Jahrhunderts geführt wurde.

Diesbezüglich hatte Adolf Jost bereits 1895 eine „sociale Studie" unter dem Titel „Das Recht auf den Tod" publiziert. Darin arbeitete er jene Faktoren aus, die den Wert eines Lebens bestimmen sollten (13ff.). Neben inneren Faktoren, die er aus der Differenz von Freude und Schmerz ableitete, erwog er externe Faktoren, die sich aus der Diffe-

---

durch. Publiziert wurden die Ergebnisse erst 1936 (J. Tandler/S. Kraus: „Die Sozialbilanz der Alkoholikerfamilie", Wien 1936).

64 Tandler befasste sich bereits 1905 mit der „humanen Kastration" des Mannes.

65 Bereits im Juni 1909 wurde in einer Zeitschriftenschau der „Wiener Klinischen Wochenschrift" über die „Sterilisation von Verbrechern und anderen Minderwertigen durch Vasektomie" berichtet, die W. T. Belfield drei Monate vorher in „The Chicago Medical Recorder" im März 1909 erörtert hatte. Darin wird die Kastration abgelehnt, da sie zu weit gehe und nicht nur die Fortpflanzungstätigkeit aufhebe, sondern auch die Sexualfunktion im weitesten Sinne zerstöre. Dagegen vermöge die Vasektomie, die unter Lokalanästhesie in wenigen Minuten durchführbar sei, die Fortpflanzungsfähigkeit vollständig aufzuheben, ohne aber den Mechanismus der Erektion und Ejakulation zu stören. Belfield hatte über das Gesetz im Bundesstaat Indiana berichtet, das die Sterilisierung von „Verbrechern, Geisteskranken und Idioten" autorisiert hatte, und darüber, dass im Gefängnis von Jeffersonville schon über 800 „Individuen" sterilisiert worden seien (WKW 1909: 827).

renz von Nutzen und Schaden dieses „Lebens" für eine Gesellschaft ergaben. Aus dem Vergleich beider Teilsummen errechnete er exakte Prognosen für die Notwendigkeit einer Patiententötung. Bei „geistigen Erkrankungen" empfahl er, dass die Diagnose des Arztes hinsichtlich der Heilbarkeit oder Unheilbarkeit über Leben und Tod des Entscheidungsunfähigen richten sollte (vgl. Bogner 2000: 20).

1920 publizierten der Jurist Karl Binding (1841–1920), der an der Universität Leipzig Recht gelehrt hatte, und der Psychiatrieordinarius an der Klinik in Freiburg Alfred Hoche (1865–1943) ihre Schrift über „Die Freigabe der Vernichtung lebensunwerten Lebens". Hoche prägte Begriffe wie „lebensunwertes Leben", „geistig Tote" oder „Ballastexistenzen". Auch Hoche begründete die Tötung dieser als „unheilbar" stigmatisierten Personengruppen sozialökonomisch.

Tandler verband, auf diese Diskussionen und Begrifflichkeiten Bezug nehmend, unter bevölkerungspolitischen Gesichtspunkten Eugenik und Euthanasie miteinander. Er monierte, dass Tradition und Ethik die Gesellschaft gegenwärtig daran hindern würden, „lebensunwertes Leben" zu vernichten. Diese Haltung kritisierte er angesichts der Tatsache, dass die Gesellschaft gegenwärtig vielfach „lebenswertes Leben" vernichte, um „lebensunwertes" zu erhalten, als fragwürdig.

> „Diese Gesellschaft, welche in ihrer Verständnislosigkeit, in ihrer leichtsinnigen Gleichgültigkeit hunderte von Kindern, darunter vielleicht Talente und Genies, glatt zugrunde gehen läßt, füttert in sorgsamer Ängstlichkeit Idioten auf und rechnet es sich als eine Leistung an, wenn es ihr gelingt, ein behagliches Greisenalter zu sichern" (Tandler 1924: 17).

Eugenik sollte hier die Euthanasie legitimieren, die Euthanasie als Mittel der Eugenik realisiert werden. Menschen wurden hinsichtlich ihres Nutzens für die Qualität und Quantität des „organischen Kapitals" gegeneinander verrechnet.

Hier wird aber auch die Abgrenzungspolitik der frühen Arbeiterpolitik auf der Ebene der Sozialpolitik wiederholt. Denn auch in den Arbeiterhilfsvereinen, die zum Zweck der gegenseitigen Hilfe konstituiert wurden, versuchte man „hohe Risiken" auszuschließen. Als solches galt aufgrund unzureichender medizinischer und versicherungstechnischer Kenntnisse ein niederer Status (geringes Einkommen, lockere Sitten, niedere Herkunft). Die „anständigen" ArbeiterInnen grenzten sich von „schwachen" bzw. „niederen" Menschen ab, um sich über den Status des lohnbeziehenden Dauerbeschäftigten zu emanzipieren. Von den kollektiv zu tragenden Risiken wurden die Armen, „Elenden" und „Lumpen" ausgeschlossen (vgl. de Swaan 1993: 161ff.). Im Bereich der Volksgesundheit sollten nun „unheilbar Kranke" von den kollektiv zu tragenden Risiken durch Tötung ausgeschlossen werden.

Dieselbe Position vertrat auch Ludwig Braun, Professor für Innere Medizin und seit 1910 Vorstand der II. Medizinischen Abteilung am Rothschild-Spital in Wien, von dem 1929 zwei Artikel mit dem Titel „Euthanasie" in der „Wiener Klinischen Wochenschrift" publiziert wurden. Er unterschied zwischen Euthanasie im engeren und weiteren Sinne. Erstere sei das

> „Recht eines an einer unheilbaren, tödlichen und qualvollen Krankheit leidenden Menschen auf einen schmerzlosen Tod, der ihm aus purem und berechtigten Mitleid, gewissermaßen aus Menschenliebe und als ärztliche Pflichthandlung, gewährt wird. Diese Gewährung hätte zu erfolgen, wenn der Wunsch des Kranken daranach geht und rechtsgültig geäußert wird."

Euthanasie im weiteren Sinne sei die

> „Beseitigung von physisch unwertem Leben, zum Beispiel von Geistestoten und Mißgeburten [...]. Es handelt sich demnach um Tötung aus eugenischen, rassenhygienischen und wirtschaftlichen Gründen, natürlich gleichfalls unter gewissen, jeden Mißbrauch ausschließenden Kautelen [Vorsichtsmaßnahmen, M.W.]. Die Tötung hätte gleichfalls in schmerzloser und humaner Form zu erfolgen" (Braun Ludwig 1929: 172).

Braun kritisierte, dass das Strafgesetz dem von der Euthanasie befürworteten „Recht auf den Tod" die „Pflicht zum Leben" entgegen halte, obwohl der Staat in der „Beschränkung des privaten Lebens" im Allgemeinen viel weiter gehe. „Schon bevor das Kind geboren ist, streckt die Gesellschaft ihre Hand nach ihm aus und verbietet die Tötung der Leibesfrucht. Dann kommt der Impfzwang, der Schulzwang usw. usw." (ebd.). Auch die Wehrpflicht wurde von ihm als Beispiel staatlichen Eingreifens in das „private Leben" betont. Unter Bezugnahme auf die Folgen des Krieges argumentiert er, weshalb die „Euthanasie im weiteren Sinne" ein Gebot der Stunde sei:

> „Man denke sich gleichzeitig ein Schlachtfeld, bedeckt mit Tausenden toter Jugend, (...) und stelle in Gedanken unsere Idiotenanstalten mit ihrer Sorgfalt für ihre lebenden Insassen daneben und man ist auf das tiefste erschüttert von diesem grellen Mißklang zwischen der Opferung des teuersten Gutes der Menschheit im größten Maßstabe auf der einen und der größten Pflege nicht nur absolut wertloser, sondern sogar negativ zu wertender Existenzen auf der anderen Seite" (Braun Ludwig 1929: 209).

Entsprechend der gesellschaftlich gebilligten „Opferung" von Menschen gegen einen äußeren Feind, fordert er also die Zustimmung zur „Opferung" von Menschen gegen einen inneren Feind der sozusagen die Gemeinschaft von innen gefährdet. Zu diesem „inneren Feind" wurden u.a. die „unheilbar Kranken" gemacht – Menschen, deren Pflege und Versorgung als „unproduktive" Sozialausgaben beurteilt und deren „Unheilbarkeit" als Gefährdung des gesellschaftlichen und des wissenschaftlichen Fortschrittes bewertet wurden. Zur Abwendung dieser Gefahr sollte die Rechtsordnung unter bestimmten Voraussetzungen die „Vernichtung menschlichen Lebens" freigeben, wenn dessen Erhaltung für den Betreffenden eine Qual sei oder wenn „an dessen Erhaltung jedes vernünftige Interesse dauernd geschwunden ist" (ebd.). Bei „unheilbar Blödsinnigen, die weder den Willen zu leben, noch den Wunsch zu sterben haben", könne es zwar keine Einwilligung in die Tötung geben, zugleich müsse aber kein Lebenswillen gebrochen werden. „Ihr Leben ist absolut zwecklos, aber sie empfinden es nicht als unerträglich. Für ihre Angehörigen wie für die Gesellschaft bilden sie eine furchtbar schwere Belastung" (ebd.: 210). Auch Braun verwies wieder auf die Kosten, welche der Stadt Wien 1929 durch die Geisteskranken-Fürsorge erwüchsen, und er beurteilte gesellschaftliche Einrichtungen, welche diese „unwerten Geschöpfe", diese „leeren Menschenhülsen" dauernd betreuen, als „furchtbaren Widersinn". In „Zeiten höherer Sittlichkeit" wäre es nach Braun geboten, diese „armen Menschen", die er als das „furchtbare Gegenbild echter Menschen" bezeichnete, „amtlich von sich selbst erlösen" zu können (ebd.: 213).

Euthanasie wurde von Seiten führender Mediziner also als qualitativer Teil der Bevölkerungspolitik empfohlen und als eine Sittlichkeit, die auf der Höhe der Zeit ist, als eine bessere und vernünftigere Moral beurteilt.

Aber nicht nur die „Vernichtung lebensunwerten Lebens", sondern auch die „Herstellung lebenswerten Lebens" sollte zu einer „qualitativen" Bevölkerungspolitik beitragen. Doch auch diese selbst – nach Tandler im Kern aus Gesundheits-, Kranken-, und Körperpflege, der Prophylaxe, der Verbesserung der Wohnungs- und Nahrungsverhältnisse bestehend – galt es im Interesse der Produktion von „lebenswertem Leben" zu reformieren: Denn bisher sei sie nur in den Dienst der aktuell lebenden Generationen gestellt worden, nun aber solle sie auch in den Dienst der kommenden Generationen gestellt werden (Tandler 1924: 18).

Das Konzept von Bevölkerung als „organischem Kapital" des Staates eröffnet den kontrollierenden Zugriff auf das Leben der Menschen ebenso wie auf die staatliche Aneignung der Nachkommen. Es sah einerseits Zwangsmaßnahmen im Gesundheitsbereich vor (Impfgesetze, Geschlechtskrankenvorsorge), um die Qualität der Nachkommen zu sichern, und andererseits wurde eine Straffreiheit des Schwangerschaftsabbruchs nur aus eugenischen oder sozialen Gründen (Indikationenregelung) erwogen (vgl. Lehner 1989: 119ff.). Die Realisierung dieser bevölkerungspolitischen Pläne blieben aber der nationalsozialistischen Medizin vorbehalten.

Dass im Staat „Leben keine Privatsache" sein solle, bedeutete im Hinblick auf Mutterschaft und Kindheit, dass unter bevölkerungs- und sozialpolitischen Interessen Kindheit bereits bei der Befruchtung beginnen würde, d.h. im Mutterleib. Bezogen auf Mutterschaft wurde eine staatliche Enteignung der generativen Potenziale der Frau projektiert bzw. eine Verstaatlichung weiblicher „Reproduktionskraft": Das Lebewesen, das im Moment der Befruchtung der Eizelle entstand, wurde als Teil der Gesellschaft und nicht der Mutter betrachtet. Daher war der Schwangerschaftsabbruch unter Strafe gestellt und sollte es auch bleiben.[66] In den sozialdemokratischen Reformdebatten zu den Abtreibungsbestimmungen wurden lediglich Ausnahmen im Sinne einer sozialen, medizinischen oder eugenischen Indikation erwogen, bei allen drei Indikationen sollten medizinische Gutachten entscheidungsleitend[67] sein und ein Schwangerschaftsabbruch nur durchgeführt werden, wenn er im Interesse der Gesellschaft stünde, d.h., wenn zu erwartende „Minusvarianten" (aufgrund sozialer oder gesundheitlicher Schädigung) „ausgemerzt" werden könnten. Der Arzt – und nur er – sollte über Leben und Tod entscheiden können, wenn das Leben der Mutter bedroht wäre (medizinische Indikation) oder, so Julius Tandler, sofern „voraussehbar" sei, „dass der mit ‚Schädigungen' behaftete Embryo als geborener Mensch aufgrund seiner ‚Minderwertigkeit' den gesamten ‚Bevölkerungskörper' bedrohe" (zit. in: Lehner 1989: 133).

„Das missgebildete Kind" wird hier nicht nur als eine vollkommen überzogene Gefährdung des gesellschaftlichen Ganzen entworfen, sondern bereits im Mutterleib als öffentliches Gut betrachtet, weshalb zum „Schutz des werdenden Lebens" die Entscheidungsgewalt von Frauen auf medizinische Experten übertragen werden sollte und konnte. Diese Übertragung will die private Verantwortung durch ein medizinisches Urteil begrenzen

---

66 Im Rahmen sozialdemokratischer Reformbestrebungen zu den Abtreibungsbestimmungen in der Zwischenkriegszeit lehnte vor allem Julius Tandler die völlige Freigabe des Schwangerschaftsabbruches aus bevölkerungspolitischen Gründen ab (Lehner 1989 128ff.).

67 Die medizinische Indikation, bei der es um das „Lebensinteresse der Mutter" geht, sollte nach Tandler eine „rein ärztliche Angelegenheit" bleiben. Für die soziale Indikation schlug er eine Kommission vor, bei der die Schwangere eine soziale Indikation fordern könne. Die Kommission soll, so Tandler, unter dem Vorsitz eines Richters tagen „und besteht aus einem Arzt, einer Frau, einem Anwalt des Embryos und einem gewählten Vertreter der Gesellschaft. Diese fünf Personen beschließen auf Grund von Amtserhebungen über das soziale Milieu, in welchem die Schwangere lebt" (ebd.: 131f.). Die eugenische Indikation, welche „auf die Erhaltung einer körperlich und geistig gesunden Nachkommenschaft" ziele, wahre wie die soziale Indikation die Interessen der Gesellschaft „durch Ausmerzung von Minusvarianten" (ebd.). Die eugenische Indikation sollte, wie die medizinische, eine „rein ärztliche Angelegenheit" sein.

und leiten. Mit der „Entprivatisierung" von Leben und Gesundheit der Menschen und deren Nachkommen – beides sollte im Staat „keine Privatsache" mehr sein – wurde eine Neubewertung der unterschiedlichen menschlichen Lebensalter hervorgebracht.

Den von Tandler als „traditionell" unterstellten Wunsch nach gesunden Kindern wollte er im Hinblick auf die zu realisierende „qualitative Bevölkerungspolitik" rationalisieren, d.h., den Wunsch galt es durch medizinisch aufgeklärte, planvolle Fortpflanzung zu steuern. Die Frauen und Männer der Erwachsenengeneration, die durch rationalisierte Zeugung zur „Quantität und Qualität" des „organischen Kapitals" beitragen sollten, wurden in den Dienst der „kommenden Generation" und deren „Höherentwicklung" gestellt und hinsichtlich ihrer Brauchbarkeit für diese Bevölkerungspolitik beurteilt.

Die Sozialausgaben für die Generation der Alten, die in dieser Logik keinen Beitrag zur Vermehrung und Verbesserung des „organischen Kapitals" mehr leisten konnten, wurden als „unproduktive Kosten" beurteilt, aus bevölkerungspolitischer und sozialökonomischer Perspektive wurde hier ein negatives Werturteil in Bewegung gebracht. Die sozialen Investitionen in das „Kindeswohl" avancierten zu den „produktiven" Kosten, zu Investitionen in die Zukunft und den Fortschritt, hier wurde ein positives Werturteil in Bewegung gebracht.

Wie andere Eugeniker stellte auch Tandler den Geburtenrückgang ins Zentrum seines bevölkerungspolitischen Konzepts. Er erörtere diese Problematik schon vor dem Eintritt in seine politische Arbeit im Jahr 1919 in einem Artikel zu „Krieg und Bevölkerung" während des Ersten Weltkrieges (WKW 1916: 445–452). Der Geburtenrückgang werde in der Literatur, so Tandler, auf unterschiedlichste Ursachen zurückgeführt: „Degeneration der Bevölkerung, moralische Deprivation, Wohlstand, vermehrte Aufklärung, Religion, Bestreben nach einer bestimmten sozialen Höhe, Verbreitung von antikonzeptiven Mitteln, Zunahme der Zahl der Schwangerschaftsabbrüche, Frauenarbeit und Frauenemanzipation" etc. (Tandler 1916: 448). Dass es trotz der sinkenden Geburtenzahl bis zu Beginn des Krieges zu einer Bevölkerungsvermehrung kam, sei durch eine rückläufige Sterbeziffer bedingt, von der man sich aber nicht beruhigen lassen dürfe.[68] Denn aus bevölkerungspolitischer Perspektive sei nur interessant, ob die in der Sterbeziffer enthaltenen Menschen bereits Kinder gezeugt und geboren hätten. Angesichts der hohen Säuglings- und Kindersterblichkeit sei aber längerfristig mit einem steigenden Bevölkerungsrückgang zu rechnen.

---

68 In Österreich starben in den Jahren 1871/75 im Jahresdurchschnitt auf 1000 Einwohner 31,0 Personen, in den Jahren 1901/05 im Jahresdurchschnitt auf 1000 Einwohner 21,9 Personen und in den Jahren 1921/25 im Jahresdurchschnitt auf 1000 Einwohner 15,8 Personen (vgl. Jahrbuch der Gesundheitsstatistik 2001: 70).

„Da ein Individuum erst dann biologisch seine Rolle ausgespielt hat, wenn es sich reproduziert hat, die Reproduktionswahrscheinlichkeit aber abhängig ist, nicht nur von der Summe der Reproduzierten, sondern auch von der Möglichkeit, dass diese selbst ins reproduktive Alter gelangen, so geht schon daraus hervor, welch wichtiger Faktor die Aufzucht der Reproduzierten ist" (Tandler 1916: 448).

Unter bevölkerungspolitischen Gesichtspunkten wurde die „Aufzucht" der Nachkommen nur als erfolgreich beurteilt, wenn diese das 20. Lebensjahr und damit die „organische Fähigkeit" erreichten, sich „fortzupflanzen". So stellte Tandler die Senkung der Säuglingssterblichkeit auch in einen direkten Zusammenhang mit einer zukünftigen Sicherung bzw. Steigerung der Geburtenrate: „Wenn wir die Sterblichkeit von 40 % nur um 20 % herabdrücken könnten, würden im Jahre, eine Geburtenzahl von einer Million vorausgesetzt, 200.000 Reproduzenten mehr entstehen" (ebd.).

Aus bevölkerungspolitischer Perspektive wurde der Mensch von Lebensanfang bis Lebensende nur mehr als „Reproduzent organischen Kapitals" wahrgenommen und als „Material" für die Herstellung und den Erhalt einer Generationenfolge sozialpolitisch verwaltet. So beurteilte Tandler auch den Kriegstod von Tausenden jungen Männern aus bevölkerungspolitischer Sicht nur deswegen als problematisch, weil sie sich noch nicht fortgepflanzt hätten.

Da Tandler aufgrund der hohen Säuglings- und Kindersterblichkeit und der hohen Menschenverluste im Krieg längerfristig mit negativen Auswirkungen auf das Bevölkerungswachstum rechnete, forderte er Maßnahmen, um die Kindersterblichkeit und die Sterblichkeit der Menschen im reproduktionsfähigen Alter zu reduzieren und die Auswanderung einzuschränken.[69] Der Ausbau der sozialen Wohlfahrt wurde von Tandler unter Verweis auf die „organischen" Kriegsschäden bevölkerungspolitisch begründet. Sein Vortrag „Krieg und Bevölkerung" löste eine breite Diskussion aus, und etliche „Bemerkungen zum Vortrag des Professor Tandler" wurden in der „Wiener Klinischen Wochenschrift" des Jahrganges 1916 publiziert.

So unterstützte Alexander Szana, Direktor-Chefarzt des königlichen staatlichen Kinderasyls in Temesvár (Ungarn), Tandlers bevölkerungspolitische Forderungen. Er beurteilte die erfolglosen Versuche einer Hebung der Geburtenziffer als einen circulus vitiosus, indem zunehmende „Wohlhabenheit und Bildung" den Wunsch nach dem Kind senke und zur „Rationalisierung des Geschlechtslebens" führe, zugleich aber Armut und Elend die Kinder zugrunde richte und die „Rasse" verelende. Dagegen forderte er die

---

69 „1. Müßte die Zahl der auf je eine Ehe kommenden Kinder bedeutend vermehrt werden. 2. Müßte die Aufzucht noch um vieles verbessert werden. 3. Müßte die Auswanderung aufhören" (Tandler 1916: 450).

Propagierung einer rassenhygienischen und eugenischen Fortpflanzungs-Ethik durch den Staat (vgl. Szana 1916: 488).

Da zudem die „Armen" und „Elenden" ihrer „Pflicht auf dem Gebiete der Sexualdrüsentätigkeit" weit mehr nachkämen als die Mittelklasse und die höheren Stände, forderte Szana auch sozialpolitische Wohlfahrtseinrichtungen (Wohnungspolitik, unentgeltliche Schulen und Internate, freie Lehrmittel, Schulkantinen, Ferienheime) für die Verbesserung der „körperlichen und geistigen Aufzuchtsmöglichkeiten" für die Kinder dieser Bevölkerungsgruppe. Die Ermöglichung der „quantitativen und qualitativen Aufzucht" des Mittelstandes, die er als „rassenbiologisch wertvollste Klasse" beurteilte, sollte dagegen durch ein Arbeiter- und Angestelltenversicherungssystem erreicht werden, das aber die „ärztlichen Standesinteressen" berücksichtigen müsse (ebd.: 487). Als weiteres Mittel zur „Regeneration des Volkskörpers" empfahl Szana die Stützung der „rassenbiologisch wertvollen Teile" der Bevölkerung wie z.B. der Kriegswaisen, welche ja „Kinder der körperlich und sittlich Tüchtigsten" seien, durch die Kriegswaisenfürsorge. Auch die Auswanderung sollte durch menschenfreundliche Agrar- und Industriepolitik verhindert werden, um „Daseinsbedingungen für die aufgezüchteten Menschen" zu schaffen (ebd.: 489).[70] Tandler habe ja bereits darauf hingewiesen, „welche Menge an Menschen wir jährlich exportieren" (ebd.).

In dieser Argumentation wurde die hohe Zuwanderungsrate nicht berücksichtigt, die in den Jahren von 1910 bis 1923 noch zu einer positiven Wanderungsbilanz (Differenz zwischen Zu- und Abwanderung) führte (vgl. Bruckmüller 1983: 383).

Neben der Senkung der Kindersterblichkeit forderte Tandler, die „Volksvermehrung" auch durch medizinische Zwangsbehandlungen von Geschlechtskranken zu fördern. Aus bevölkerungspolitischer Perspektive würden Geschlechtskrankheiten, die in hohem Ausmaß Unfruchtbarkeit zur Folge hatten, als Gefahr für die „Quantität" und „Qualität" des „organischen Kapitals" beurteilt. So hat der Ordinarius für Syphilidologie und Dermatologie der Universität Wien, Ernst Finger (1856–1939)[71], bereits 1913 in einem Vor-

---

70 Vor dem Krieg stand Österreich mit einer steigenden Überseeauswanderung in Europa an zweiter Stelle: 1913 emigrierten 194.462 Menschen. Darüber hinaus sind über die so genannten Saisonauswanderung viele nicht mehr zurückgekehrt: „1911 wurden an vier Grenzstationen 347.000 Personen gezählt, von denen ein Teil sicher nicht mehr zurückkehrt" (Fränkel 1916: 533). Trotz dieser Abwanderungszahlen war die Zuwanderung in den Jahren 1910 bis 1923 so hoch, dass die Wanderungsbilanz (Differenz zwischen Ab- und Zuwanderung) positiv war, d.h. ein Bevölkerungszuwachs verzeichnet werden konnte (vgl. Bruckmüller 1983: 384).
71 Ernst Finger habilitierte sich 1899 im Fach Dermatologie, war von 1904 bis 1927 in Wien Ordinarius und Chef der II. Klinik für Syphilidologie und Dermatologie, k.k. Hofrat und Mitglied der „Österreichischen Gesellschaft für Bevölkerungspolitik". Forschungsschwerpunkte waren u.a. Sterilitätsursachen beim Mann und Geschlechtskrankheiten. Dazu publizierte er u.a.: „Die Pathologie und Therapie der Sterilität beim

trag „Geschlechtskrankheiten als Staatsgefahr" bezeichnet und gesetzliche Maßnahmen zur Erfassung Geschlechtskranker in unterschiedlichen Staaten erörtert. Dazu zählten Zwangsuntersuchung, Zwangsbehandlung, ärztliche Anzeigepflicht, strafrechtliche Bestimmung gegen Übertragung von Geschlechtskrankheiten, erzieherische Maßnahmen und Aufklärung (vgl. Sachs 1925: 30).

Auch Tandler forderte in seinem Vortrag „Krieg und Bevölkerung" im Jahr 1916 die Zwangsbehandlungen von Geschlechtskranken, vor allem der heimkehrenden Soldaten. Zwangsmaßnahmen betrachtete er im Dienste einer „qualitativen Schadensgutmachung" als opportun, gesetzliche Verpflichtung zu prophylaktischen Maßnahmen, wie Impfung und Immunisierung, oder zur Behandlung von Geschlechtskrankheiten als legitim, denn „so wenig in einem Staate Leben eine Privatsache ist, so wenig ist Gesundheit eine solche" (1916: 451). Da der Staat Tausende Männer ohne Rücksicht auf ihre individuelle Freiheit verpflichte, das Gemeinwohl bis zum Tod zu schützen, sei der Einwand, mit medizinischen Zwangsmaßnahmen die individuelle Freiheit zu gefährden, inakzeptabel.

Tandlers Vorschlag einer Zwangsbehandlung wurde in der Diskussion seines in der „Wiener Klinischen Wochenschrift" publizierten Vortrages von dem Dozenten für Medizinische Chemie und Mitglied der „Österreichischen Gesellschaft für Bevölkerungspolitik" Dr. Fränkel mit Forderungen nach einem vom Parlament zu erlassenden Eheverbot für Geschlechtskranke, einer Anzeigepflicht für Geschlechtskrankheiten und einer Ungültigkeitserklärung aller Ehen von Geschlechtskranken unterstützt (Fränkel 1916: 534). Der Dermatologieordinarius Ernst Finger forderte Maßnahmen der Zivilbehörden zur „Überwachung der geheimen Prostitution", um „die Verseuchung der Zivilbevölkerung und der Soldaten zu verhindern" (Finger 1916: 471). Die Militärbehörde sollte zudem „sämtliche Soldaten vor der Entlassung aus dem Heeresverband" und bei Beurlaubung untersuchen lassen und alle Syphiliskranken an die politischen Behörden anzeigen, um „die Verseuchung der Zivilbevölkerung durch die heimgekehrten geschlechtskranken Soldaten zu verhindern" (Finger 1916: 471).

Alle Diskutanten leiteten eine verpflichtende Medikalisierung der generativen Reproduktion aus den Notwendigkeiten des Krieges, den damit einhergehenden Praktiken außerehelichen Sexualverkehrs der Männer, dem bevölkerungspolitischen Schutz der Zeugungsfähigkeit der Geschlechter und dem eugenischen Schutz der Nachkommen vor Schädigung ab. Eine Zwangsbehandlung der Syphilis wurde gefordert – aber nicht um die Infizierten vor einem langen Siechtum zu bewahren oder gar Prostituierte vor Geschlechtskrankheiten zu schützen, sondern um die Qualität der Nachkommen zu sichern.

Mann" (Leipzig 1898), „Syphilis und Ehe" (Halle 1923), „Die Geschlechtskrankheiten als Staatsgefahr" (Berlin und Wien 1924).

Tandlers Zielen einer qualitativen und quantitativen Bevölkerungspolitik, die er ab 1916 wiederholt argumentierte (1916, 1924, 1927) und in den von ihm initiierten Wohlfahrtsmaßnahmen der 20er Jahre auch realisierte, wurden in den Publikationen der „Wiener Klinischen Wochenschrift", die auf Tandler Bezug nahmen, kaum widersprochen. Erst Ende der 20er Jahre erhoben sich, im Kontext der Weltwirtschaftskrise ab 1928 und den schnell steigenden Arbeitslosenzahlen, Einwände gegen Maßnahmen zur Geburtensteigerung. Diese stehen vor allem im Zusammenhang mit der schlechten Arbeitsplatzsituation von Wissenschaftlern und Angehörigen der freien Berufe.

So kommt der 1887 für Gynäkologie und Geburtshilfe an der Universität Wien habilitierte Hubert Peters bei seiner Erörterung der Widersprüche zwischen wirtschaftlicher und bevölkerungspolitischer Beurteilung des Geburtenrückganges unter Einbeziehung der Wirtschaftsdepression und der Arbeitslosenzahlen zu gegenteiligen Schlussfolgerungen (vgl. Peters 1929: 47ff.): Zwar könne infolge des Geburtenrückganges ein Staat zugrunde gehen, angesichts der wirtschaftlichen Lage seien aber „in unserem Kleinstaate zuviel Menschen vorhanden" (ebd.: 48). Maschinen ersetzten menschliche Arbeitskraft, der Staat müsse sich davor schützen, nicht „von einem Heer von Beamten" aufgefressen zu werden, und „Hunderte von Promotionen jährlich zeugen neue Hungerleider". „Am schlimmsten" sei es in „freien Berufen", z.B. in Wien mit über 4.000 Ärzten und viel zu vielen Rechtsanwälten: „Was die Ärzte anbelangt, so ist die Entlohnung der angestellten Spitalsärzte unter dem Existenzminimum, dabei schuften diese Tag und Nacht" (ebd.: 49). Unter wirtschaftlich-sozialer Perspektive könne ein Geburtenrückgang und eine „Selbstregulierung durch die Natur" – Peters meint hier die „natürliche Auslese" – doch nur begrüßt werden, zumindest solange die ökonomische Krise als vorübergehend beurteilt werden könne. Erst wenn diese überwunden sei, sollten Maßnahmen zur Geburtensteigerung getroffen werden, da eine „fortdauernde Geburtenminderung" längerfristig ja den „Volkstod" bedeute, das „Überwuchertwerden" durch ein anderes Volk. Von da her müsse etwas gegen den Geburtenrückgang unternommen werden, womit man aber das Problem der „Gegenauslese" hervorbringe, was aus eugenischer Perspektive einzudämmen wäre (ebd.).

Den Geburtenrückgang beurteilte Peters unter Verweis auf die wirtschaftliche Lage Österreichs aus bevölkerungspolitischen Gründen als problematisch, weil es an Steuerzahlern fehle, so wie es früher an Soldaten gefehlte habe. Aber auch aus medizinisch-wissenschaftlicher Perspektive bewertete er den Geburtenrückgang als problematisch, da mit dem „geringen Material" kaum geburtshilflicher Unterricht an den Kliniken erteilt werden könne. Der Geburtenrückgang führte also auch zu einer Reduktion der ohnehin schon geringen Zahl an Klinikentbindungen – von der Geburtsmedizin schon im 19. Jahrhundert gegen die Hausgeburt propagiert, um an ausreichendem „Material", also den Gebärenden, den Geburtsvorgang klinisch erforschen zu können und die angehenden Geburtsmediziner auszubilden (vgl. Metz-Becker 1997).

Gegenüber diesen Einwänden Ende der 20er Jahre werden die Ärzte im „Austrofaschismus" ab 1934 wieder aufgefordert, durch ihren Einsatz für eine Geburtensteigerung „Bevölkerungspolitik zu betreiben", so der Ordinarius für Kinderheilkunde, Herbert Orel (1898–1976), in einem Artikel mit dem Titel „Bevölkerungspolitik und Arzt beim Neuaufbau Österreichs" (1935): Der Arzt sollte „durch (seinen) persönlichen Einfluß auf die Patienten und deren Angehörige" und durch die „Beeinflussung der öffentlichen Meinung in Vorträgen und Kursen", in der Mutterberatung, Schul- und Eheberatung „das Interesse des Individuums mit den Interessen des Staatsganzen so weit nur überhaupt möglich in Einklang bringen" (Orel 1935:21). Da zur Bevölkerungsvermehrung Gesetze allein nicht beitragen würden, solange diese in der Bevölkerung keinen Widerhall fänden, gelte es die Ärzte dafür zu gewinnen. Der für Hygiene habilitierte Dozent Alfred Schinzel[72] wiederum betonte, dass zur Geburtensteigerung „die Volksmeinung erst wieder erzogen werden [muß]. Für diese Erziehungsarbeit wird die Haltung unserer Aerzteschaft von entscheidender Wichtigkeit sein" (Schinzel 1935:266)

Dieser geforderte ärztliche Einsatz für eine Geburtensteigerung stand angesichts der anhaltenden ökonomischen und sozialen Krise zum einen im Zeichen der „Rekatholisierung" des christlichen Ständestaates, der die Krise mit Hilfe der Durchsetzung religiöser Normen bewältigen wollte: Der Geburtenrückgang, der Mitte der 30er Jahre den historisch einmaligen Tiefstand von 1,5 Kindern pro Frau erreichte (vgl. Tazi-Preve 1999:14), sollte durch die Einhaltung katholischer Sittennormen, allen voran Ehe und Gebärzwang, gestoppt werden. Er stand aber auch bereits im Zeichen der im Austrofaschismus sich durchsetzenden Rassenhygiene, wie an späterer Stelle ausgeführt wird.

1.3 Der freie Lohnarbeiter und sein „organisches Kapital": Verlust des väterlichen Erbes und Neuordnung der Geschlechter- und Generationenordnung durch eugenische Sinngebung

Die „Menschenökonomie" als Versuch der rationellen Verwendung des Menschen profilierte wohlfahrts- und sozialpolitische Konzepte, welche ihrerseits eine auf Steigerung

---

72 Alfred Schinzel wurde 1904 in Wien geboren, Promotion 1929; Assistent am Hygienischen Institut der Universität Wien bei dem österreichischen Rassenhygieniker Heinrich Reichel; 1935 Habilitation für Hygiene; 1937 bis 1952/53 Leiter der „Hygienisch-Bakteriologischen Untersuchungsanstalt" in Wien. 1958 wurde das Institut für Hygiene in ein Institut für Hygiene und Mikrobiologie umgewandelt.

der Bevölkerungszahl zielende Bevölkerungspolitik zur „Qualitätspolitik" trieben und zu einer „Verwaltungskunst des organischen Kapitals" umformten. Der moderne Staat, und hier sei auf die Thesen eines Standardwerkes zur „Allgemeinen Bevölkerungslehre der Neuzeit" von Gunnar Heinsohn (1979) verwiesen, war in Folge der Entfamilialisierung der Produktion durch die Industrialisierung mit dem Problem konfrontiert, wie die Fortpflanzung in der Familie aufrechterhalten werden kann, um Menschen als Arbeitskräfte für den Arbeitsmarkt und nicht mehr für eine familienwirtschaftliche Ökonomie bereitzustellen.

In der Familienwirtschaft lagen Fortpflanzung und Aufzucht von Nachkommen im eigenen Interesse. Die Erziehung der Kinder zu verantwortungsvollen Menschen machte nicht nur unmittelbaren Sinn, sondern war notwendig, zumal die Eltern im Alter existenziell von der Sorge und Versorgung durch ihre Nachkommen abhängig waren. Es gab also einen existenziellen Zusammenhang zwischen den Generationen. Es war wichtig, Kinder zu bestimmten Fähigkeiten und Fertigkeiten, zu bestimmten Haltungen und Handlungen zu erziehen. Einer patriarchalischen Geschlechterordnung entsprechend, sollte dabei idealtypischerweise der Sohn für die Übernahme des väterlichen Erbes erzogen, die Tochter für die Heirat mit einem ein Erbe antretenden Sohn der Nachbarn ausgestattet werden. Der Vater vererbte, der Sohn erbte, die Mutter gab das Leben, die Tochter erhielt eine Ausstattung.

Die Entbindung der Menschen aus diesen existenziellen Generationenzusammenhängen infolge des Auf- und Ausbaus von Merkantilismus, Kapitalismus und industrieller Produktion bedurfte mehrerer Jahrhunderte.

In Österreich setzte der Übergang zur Hochindustrie nach einer ersten Phase vor 1870 erst nach der Jahrhundertwende zum 20. Jahrhundert ein und stellte Menschen auch hier vor völlig neue Aufgaben der Lebensgestaltung.

Die Proletarisierung breiter Bevölkerungskreise, die Freisetzung zum „freien Lohnarbeiter" entband diese neue Bevölkerungsgruppe zunehmend aus einer Generationenbindung, in der die Sorge der Vorfahren für die Nachkommen durch die spätere Sorge der Nachkommen für die Vorfahren ausgeglichen wurde. Erst die Entbindung aus diesem Generationenverhältnis provozierte die Freisetzung aus einer Geschlechterbindung, die auf Basis der Weitergabe von Besitz und Leben unter patriarchalischen Vorzeichen entwickelt worden war. Diese Freisetzung vollzog sich aber für Frauen und Männer in unterschiedlicher und für Frauen nachteiligerer Weise, zumal versucht wurde, ihre traditionelle Zuständigkeit für Hausarbeit und Kinderaufzucht in die neuen Verhältnisse hineinzutragen.

Neben der Proletarisierung von Männern und Frauen vollzog sich damit auch eine Hausfrauisierung der Frauen (vgl. Werlhof 1983: 113ff.). Dabei erhielt die entfamilialisierte Produktion einen Wert, der sich im Lohn ausdrückte, die nunmehr familialisierte Arbeit der Versorgung der Familienangehörigen wurde als Hausarbeit entwertet, der Natur der Frauen zugeschrieben und gemäß dem kapitalistischen Imperativ, dass Natur all das ist, was nichts kostet, den Frauen kostenlos abgepresst. Die vom Ehemann und Familienernährer abhängige Hausfrau ist damit ein Konstrukt der Moderne, das sich erst im Laufe des 20. Jahr-hunderts durchgesetzt hat. Im Zuge der Proletarisierung und Hausfrauisierung verschwand das väterliche Erbe, die mütterlichen Pflichten wurden beibehalten. Die Männer erhielten für ihren Verlust an Boden, Sicherheit, Selbstbestimmung und erlittene Ausbeutung bei Übergang zum öffentlichen Patriarchalismus das „Mini-Monopol" über ein kleines Stück Natur in Form von „je einer Frau", das ehe- und familienrechtlich bis in die 80er Jahre abgesichert war (Werlhof 1983: 151).

Männlichkeit und Väterlichkeit wurden daran gebunden, einen Lohn zu erhalten. Dieser garantierte dem Mann sein Recht auf „das Geschlecht", seine „Natur", die Hausfrau. Weiblichkeit und Mütterlichkeit wurde an die „Natur" gebunden, daran, dass Frauen geben, ohne etwas zu bekommen, daran, dass ihre Produkte und Arbeitsleistungen gewaltsam tauschwertlos gehalten werden (ebd.: 153).

Die moderne Geschlechterordnung, die im Dienste der Aufrechterhaltung der Generationenbindung ausgearbeitet wurde, zeigt damit deutlich, dass Generationen- und Geschlechterordnungen u.a. symbolische Antworten auf die existenzielle Herausforderung von Leben und Tod darstellen, Antworten, mit welchen auch die Aufgabe menschlicher Gemeinschaften und Gesellschaften, den Tod auszugleichen und für Nachkommende zu sorgen, organisiert wird. Und die moderne Geschlechterordnung, die im Zuge der Ausbreitung des öffentlichen Patriarchalismus, der auf politischen Seite vom Aufstieg der Demokratien als „Androkratien" (Biester 1994) hervorgerufen wurde, gesellschaftsfähig wird, hat wie keine zuvor den natürlichen Unterschied der Geschlechter – innerhalb dessen allein Frauen die Potenz haben, Leben zu geben, Kinder zu gebären – brutal und systematisch verzerrt, benutzt und ausgenutzt.

Die Macht, die vom Volk ausgeht, wurde zum Grundprinzip der Demokratie erhoben, doch im historischen Rückblick zeigt sich, dass die Männer das Volk waren und die gesellschaftlichen Verhältnisse ihren Interessen entsprechend zu regulieren versuchten. Der Einsatz dieser hierarchischen Geschlechterordnung diente dem Erhalt einer Genealogie, deren Verlust als Rückfall hinter zivilisatorische Errungenschaften verhindert werden sollte. Und die Frage der Genealogie bleibt bis heute auf die Differenz der Geschlechter hinsichtlich der Reproduktion der Gattung verwiesen. Diese Differenz besteht in der Potenz der Frauen, Kindern das Leben zu geben und zu wissen, ob und wen sie geboren haben. Männer aber wissen nicht, ob und wen sie gezeugt haben.

„Ein Problem ergibt sich aus diesem Umstand dann, wenn das, was tradiert werden soll, partikularen, ausschließenden Charakter hat – wie Herrschaft und Eigentum. Denn dann ist eine Genealogie gefordert, die im selben Sinne partikular und ausschließend ist; (…) Unter diesen Bedingungen muß es eine allgemeine Regel geben, nach der zweifelsfrei bestimmt werden kann, was von wem an wen tradiert wird und an wen *nicht*" (Braun, Diekmann 1994: 184).[73]

Die Demokratie konzipierte im Kampf gegen die Monarchie ein Bündnis der Söhne, die frei, gleich und brüderlich die Macht teilen. Doch die Realisierung erwies sich als konfliktreiche männliche Rivalität. Nach dem Niedergang der Monarchie, dem Tod des Kaisers war das Thema der „vaterlosen Gesellschaft" nicht nur in psychoanalytischen Zusammenhängen virulent. So kursierte in der „Wiener Psychoanalytischen Vereinigung" schon 1919 ein Text von Paul Federn, in dem er die individual- und sozialpsychologischen Folgen des Krieges und des Kaisersturzes analysierte und ein „antihierarchisches Söhnebündnis" empfahl, um persönliche und politische „Vaterverluste" zu verarbeiten (vgl. Baureithel 1993: 34 [Anm.7]).

Das antihierarchische Söhnebündnis war also von der Konzeption der Demokratie her und nach dem Niedergang der Monarchie damit konfrontiert, zu entscheiden, was von wem an wen tradiert wird und an wen *nicht*. Und dieses Thema kehrt auch in den eugenischen Debatten auf Seiten der Medizin darüber wieder, was von wem an wen weitergegeben werden soll und wie das ganze männliche „Erbgeschäft" medizinisch verwaltet werden kann. In diesen Debatten wird offensichtlich, dass nach wie vor eine männliche Genealogie unterstellt wird, in der eben nur Männer etwas vererben und weitergeben. Dass es sich dabei größtenteils nicht mehr um ökonomisches, sondern „organisches Kapital" handelt, hängt aber mit der Veränderung der Ökonomie und dem Aufstieg des Industriekapitalismus zusammen.

Mit der Durchsetzung der industriellen Produktion zerbrach der existenzielle Zusammenhang zwischen den Generationen für große Teile der Bevölkerung. Eigentumslose Arbeiter sollten im Industriekapitalismus nunmehr das Nachwachsen eigentumsloser

---

[73] In den modernen Staatstheorien war es persönliche Herrschaft, die tradiert werden musste (Hobbes), und zwar in einer Form, die vermeidet, dass männliche Herrschaftsansprüche verfallen, welche Männer im Geschlechterkrieg gewonnen hatten; die Unterwerfung der Frau wurde damit als eine durch Zustimmung vermittelte gedeutet. Sodann galt es Eigentum an Besitz und Boden zu tradieren (Lockes), was an die Vorstellung des Menschen als Eigentümer seiner Person geknüpft wurde und nicht über die persönliche Herrschaft, sondern über den Ehevertrag geregelt wurde. Auch hier wurde die bereits errungene Herrschaft eines Geschlechts vorausgesetzt. Diese begründet die Motivation des untergeordneten Geschlechts, eine Ehe einzugehen, und die Regel, wessen Wille die Ehe bestimmt. Beide Theorien tradieren also eine historisch bereits durchgesetzte und vorausgesetzte Herrschaft des männlichen Geschlechts und transformieren sie in ihre moderne Form (ebd.: 184ff.).

Arbeitskräfte für den Arbeitsmarkt sicherstellen. Doch das eigene wirtschaftliche Interesse der Arbeiter sprach im Wesentlichen gegen das Aufziehen eigener Kinder. Kinder führten nicht nur in die Armut, sondern stellten zudem eine Konkurrenz auf dem Arbeitsmarkt dar. Die Proletarisierung ging also mit sinkenden Geburtenraten und Kinderverwahrlosung einher. Über den besitzlosen Proletariern, die nichts zu vererben hatten, wurde eine moralisch-juristische Apparatur errichtet, die ihnen Geburt und Erziehung von Nachwuchs für die Reproduktion abnötigte (vgl. Heinsohn 1979: 13). Denn historisch war es bis in die Neuzeit längerfristig nicht gelungen, eine nicht-familiale Ökonomie aus der jeweiligen Gesellschaft heraus mit Arbeitskräften zu versorgen.

Die erstmalige Durchsetzung einer familialen Menschenproduktion für eine nicht-familiale Ökonomie hatte also weitreichender Gewaltmaßnahmen bedurft, welche ihre Zuspitzung in den ersten Jahrhunderten der Neuzeit (15. bis 18. Jahrhundert) in der Hexenverfolgung erfahren hatten (vgl. Heinsohn 1989): Mit der Vernichtung der „Weisen Frauen" wurde das Wissen um Empfängnisverhütung ausgerottet, das der mittelalterlichen Bauernwirtschaft ein zweckrationales Zeugungsverhalten ermöglicht hatte – Familien hatten zur damaligen Zeit im Schnitt nicht mehr als zwei Kinder.

> „Dass eine kapitalistische Ökonomie auf Lohnarbeiter – die Kinder persönlich nicht benötigen, weshalb sie ihnen abzupressen sind – angewiesen ist, erzwingt die entschiedene Ächtung aller nur denkbaren Nachwuchsverhütung, bedeutet also die unbedingte Aufrechterhaltung von Irrationalität und Unwissenheit im sexuellen Bereich oder – religiös gesprochen – das Festhalten an der neuzeitlichen Verantwortungslosigkeit im Fortpflanzungsverhalten, kurz, an dem Vertrauen, dass Gott die Kinder schon ernähren wird" (Heinsohn 1979: 132).

Strafrechtlich zu verfolgen galt es dazu sexuelle Aufklärung, das Anbieten von Verhütungsmitteln, Kindstötung und Kindesaussetzung, Abtreibung und nicht der Schwängerung dienende Formen der Sexualbefriedigung. Hier vollzog also die christliche Sexualfeindlichkeit mit der bevölkerungspolitischen Sexualpolitik eine „glückliche" Verbindung, welche die Macht beider stärkte.

Den Lohnabhängigen konnten zwar Kinder abgepresst, sie konnten aber nicht zu jener Zuwendung gezwungen werden, ohne die Kinder der Verwahrlosung überlassen sind. Die besitzenden Klassen beschränkten dagegen die Kinderzahl im Dienste der Vererbung des Besitzes und wiesen eine konstant niedrige Geburtenrate auf. Je mehr also der Bevölkerungsstand von Nachkommen des Industrieproletariats erhöht wurde, um so offensichtlicher wurde es, „dass die absolute Mehrheit der Nation allmählich aus früh geschädigten Menschen besteht", deren defizitäre Sozialisation sich in ihrem Nachwuchs noch einmal zu potenzieren drohte (ebd.: 135). Der dem Bürgertum eigene

„Klassenrassismus" hat hier seinen Ausgangspunkt: in der Angst vor dem Niedergang und vor der Überflutung durch „minderwertige" Menschen.

Gegen Heinsohns These, in der er die Verwahrlosung der Kinder ausnahmslos auf die nicht erzwingbare Zuwendung von Vätern und Müttern zurückführte, ist einzuwenden, dass seine Interpretation den existenziellen Zusammenhalt der Generationen ausschließlich dem wirtschaftlichen Kalkül zuschreibt – also jener Generationenbindung, welche das ökonomische Erbe des Vaters bewirkte. Doch diese agrarwirtschaftliche Generationenbindung ist nur ein, wenn auch ein wichtiger Teil des Generationenzusammenhanges. Das Verschwinden des ökonomischen Erbes kann nicht mit dem gleichzeitigen Verschwinden des sozialen Erbes gleichgesetzt werden. Ein soziales Erbe, das sich in Haltungen dem Menschen und der Gemeinschaft gegenüber manifestiert und auch aus der Mutterbindung hervorgebracht wird, jener Person, die das Leben gegeben hat.

Entgegen der unter Sozialwissenschaftlern beliebten und sich meist auf die historischen Arbeiten von Philip Ariès („Geschichte der Kindheit", 1960) oder Edward Shorter („Geburt der modernen Familie", 1977) beziehenden Deutung einer verbreiteten „gleichgültigen Haltung" gegenüber den Kindern in der mittelalterlichen Bauernwirtschaft und der beginnenden Neuzeit haben Historikerinnen den sozialwissenschaftlichen Mythos vom „Zeitalter ohne Kindheit" widerlegt (vgl. Pollock 2000, Sahar 2002): Demnach unterhielten Väter wie Mütter von zu Erwachsenen unterscheidbare Beziehungen zu ihren Kindern, die auch nicht allein vom wirtschaftlichen Kalkül bestimmt waren. Auf Basis der alltäglichen Sorge um die Kinder entwickelten sich emotionale Bindungen, die jeder Gleichgültigkeit Kindern gegenüber entbehrten sowie Erziehung und Pflege der Kinder in die alltägliche Familienwirtschaft integrierten.[74] Da diese lebensgeschichtlich erworbene Haltung den Kindern gegenüber nicht von heute auf morgen abgelegt werden konnte, ist davon auszugehen, dass die Industrialisierung Mütter

---

74 So resümiert Linda A. Pollock: "The sources reveal that past parents were very much aware of their children and concerned with the latter's welfare and education. [...] Children played, were taken to see whatever was interesting in their area, did their lessons, and from their diaries appear to have been happy, free from worry and certainly not oppressed or regimented. They were not, as Ariès has argued, ignored, nor, as Hunt has claimed, unwanted, but instead it seems that children formed an integral part of the family unit, from at least the 16th century on. Parents were unmistakably aware of the individuality of their offspring, of their varying needs and dispositions and endeavoured to suit their mode of child care to each particular child.
On particular interest is the amount of parental concern for children in earlier centuries, even infants. Though mothers shouldered the responsibility of the day-to-day care of young children, many fathers were prepared to nurse a sick child, rise in the night to quieten a crying baby, assist an infant through the trauma of weaning, concern themselves with the education of older children and generally take a pride in their children's achievements and development" (Pollock 2000: 261).

wie Väter mit Lebensbedingungen konfrontierte, die es ihnen kaum ermöglichten, dieses soziale Erbe hinsichtlich des Umganges mit Kindern in der Aufzucht ihrer eigenen Kinder zu leben. Es ist anzunehmen, dass die Auswirkungen der Industrialisierung – die Unmöglichkeit, die eigenen Kinder zu versorgen, zumal kaum die eigene Existenz gesichert werden konnte – das 19. und beginnende 20. Jahrhundert gerade für Mütter aus der Arbeiterklasse zu einem der schrecklichsten Zeitabschnitte der Neuzeit machte. Für die Bereitschaft auf Seiten der Mütter, sich der medizinischen Kontrolle zu unterwerfen, müssen neben den minimalen finanziellen Zuwendungen, welche der Staat in den ersten Jahrzehnten jenen Müttern gewährte, die sich und ihre Kinder während Schwangerschaft, Geburt, Wochenbett und früher Kindheit unter medizinische Überwachung stellten, auch Ohnmacht, Angst und Schmerz angesichts des Sterbens und der Verelendung der eigenen Kinder mit ausschlaggebend gewesen sein.

Um auch die Lohnarbeitergesellschaft weiterhin zu einer befriedigenden Erziehung der Kinder zu erziehen, d.h. die Kinder nicht nur vor dem frühen Tod zu bewahren, sondern ihnen auch eine Erziehung zukommen zu lassen, erhob sich der Staat zum Beschützer ihrer Kinder. Protagonisten dieser als Schutz betrachteten staatlichen Reglementierung der Reproduktion wurden im Wesentlichen die Ärzte und Pädagogen.

„Der Staat übernimmt die institutionelle Aufgabe der qualitativ zureichenden Entwicklung der Kinder, macht sich in doppeltem Sinne zu ihrem ‚Vater'. Er ist bereits verantwortlich für die Erzeugung und kümmert sich nun auch um die Erziehung. Neben dem gesetzlich installierten Gebärzwang wird mit der allgemeinen Schulpflicht das zweite Standbein geschaffen, das in der Neuzeit das ‚Wunder' möglich machen wird, eine mehrheitlich besitzlose Gesellschaft zu sein und sich dennoch fortzupflanzen" (Heinsohn 1979: 138).

Dass es trotzdem zu einem Geburtenrückgang kam, wurde auf die Freisetzung der Frauen aus Ehe und Familie zurückgeführt, zugleich war es aber auch die Auswirkung des Zerfalls der Generationenbindung in der Familie, welche auch die Geschlechter aneinander gebunden hatte. Die Frauenemanzipation als ein Faktor im Geburtenrückgang ist Folge der Tatsache, dass

„der Lohnarbeiter keine Söhne benötigt, die ein Erbe mit dem Ziel übernehmen sollen, ihn bei Arbeitsunfähigkeit und Alter zu versorgen". Daher benötige er „an einer Frau auch nicht deren Fähigkeit, Erben zu gebären und aufzuziehen. Der Unterhalt einer Ehefrau wird ebenso wie derjenige von Kindern nach dem staatlichen Verbot ihrer frühzeitigen Ausbeutung ökonomisch ein Minusposten" (Heinsohn 1979: 146).

Dies führte auf Seiten der Männer entweder zum Verzicht auf Eheschließung oder zur Ehe mit Frauen, die selbst erwerbstätig waren. Dem industriezeitalterlichen Individualismus entsprechend, sollten beide Geschlechter zunehmend nur noch sich selbst erhalten. Dies wiederum führte zum Kampf der Frauen um gleiche Rechte. Auch die Entwicklung der sozialen Alterssicherung war eine Auswirkung der Tatsache, dass

> „Lohnarbeiterkinder sich als Altersversicherer schlecht eignen, also selbst arbeitslos sein können, wenn die Eltern Hilfe brauchen, und ohnehin keinen materiellen Vorteil in der Versorgung der Eltern sehen, da sie im Austausch dafür kein Erbe gewinnen können, müssen sich die Lohnarbeiter kollektive Versicherungssysteme schaffen bzw. aufzwingen lassen" (ebd.).

Sobald die Sozialversicherung aber funktioniere, wirke auch sie am Geburtenrückgang mit und am Zerfall der Lohnarbeiterfamilie. Zusammenhalt und Kontinuität waren nach Heinsohn Kennzeichen jener Familien, bei denen sie nicht erzwungen werden mussten, sondern im Interesse des vererbenden Vaters lagen. Auch hier sieht Heinsohn nur die ökonomische Seite der Generationenbindung. Die agrarwirtschaftlichen Familienbindungen zerbrachen mit der Industrialisierung zwar ökonomisch und aufgrund der Urbanisierung auch geographisch, doch das soziale Erbe, das sich in der Haltung der Menschen niederschlägt, konnte nicht innerhalb einer Generation ausgelöscht werden. Es gab eben auch andere Bindekräfte, die emotionaler und symbolischer Natur waren und noch lange weiterwirkten.

Im Zuge des Überganges von agrarwirtschaftlichen zu industriezeitalterlichen Lebensverhältnissen vermochte die Eugenik den dabei erodierenden Generationen- und Geschlechterbindungen auf dem Boden einer allgemeinen Medikalisierung der sozialen Frage einen neuen Sinn zu geben und im Umgang mit Kindern zu ventilieren, welcher versucht, Tradition und Moderne zu verbinden und eine neue Form von „Erbe" gesellschaftsfähig zu machen. Die Eugenik entwickelt und etabliert auf dem Boden der Medikalisierung der Eltern-Kind-Beziehung eine neue Sinngebung dafür, dass auch angesichts der perspektivlosen Existenz des Lohnarbeiters Kinder für konkrete Lebensaussichten erzogen werden können. Die Bindekräfte des „ökonomischen" und des „sozialen Kapitals" wurden dazu in die Bindekraft des „organischen Kapitals" eingeschrieben, bei dem der „Erbstrom" die Generationen zusammenbinden soll. Dieser vermochte den Verlust des väterlich-ökonomischen Erbes und der Generationenbindung zumindest symbolisch zu füllen.

Von daher wird es erst nachvollziehbar, dass den Begriff des „Erbstromes" in den recherchierten Texten meist eine tröstliche Metaphorik umgibt. Angesichts des traumatischen Krisenszenariums des Pauperismus und des Ersten Weltkrieges erhielt auch die Rede von der „Rasse" etwas Tröstliches: die „Rasse" als „der dauernde, über den Einzelnen geordnete und weit hinaus greifende Lebensstrom" (Reichel 1931: 284). Ein Lebensstrom, der gegenüber den „Schädelstätten des Krieges" und den Schlachtfeldern des „bewaffneten Friedens", auf dem die Arbeitermassen der Industrie verbluten (Goldscheid 1911: 548), geradezu warm anmutet.

Die Eugenik kann sich auf dem Boden einer sozialpolitisch korrigierten Bevölkerungspolitik als medikalisierte Antwort auf die Verelendung der unteren Schichten etablieren. Der freie Lohnarbeiter hat nichts zu vererben – mit Ausnahme seines „organischen Kapitals", das durch die Auswahl des rechten Ehepartners akkumuliert und in der „Aufzucht" gesunder Kinder „veredelt" werden kann. ArbeiterInnen sind auf ihre Arbeitskraft als Existenzgrundlage verwiesen – damit werden Gesundheit und Leistungsfähigkeit zu einem fundamental besetzten Wert.

Die Qualität des „organischen Kapitals" wird im Individualisierungsprozess des 20. Jahrhunderts zu einem entscheidenden Faktor gesellschaftlicher Anerkennung. Neben Bildung und Ausbildung begründet und bedingt sie erfolgreiche Erwerbsarbeit und Leistungsfähigkeit. Selbsteugenisierung gehört zu den Kosten der Individualisierung. Die Vererbung des „organischen Kapitals" wirft für die Eltern zwar keinen wirtschaftlichen Nutzen mehr ab, zeichnet sie als die Produzenten aber mit symbolischem Kapital aus. Eltern „gesunder" und „gutgeratener" Kinder zu sein wird zu einem Statussymbol, das im 20. Jahrhundert lebensgeschichtlich für Männer wie Frauen bedeutsam wird und das Interesse an Nachkommen aufrechterhält.

Das Modernisierungsprojekt war im Bereich der generativen Reproduktion also mit dem Widerspruch konfrontiert, die familiale Reproduktion aufrechtzuerhalten, d.h. nicht nur im Privaten zu belassen, sondern mehr noch, Frauen und Männer zu familialer Reproduktion zu zwingen. Zugleich sollte diese durch öffentliche Eingriffe rationalisiert, die „Qualität" verbessert und die „Menschenproduktion" medizinisch überwacht werden und dabei noch den Charakter der Freiwilligkeit und des eigenen Interesses wahren. Die Herausforderung bestand darin, aus der Reproduktion eine Privatangelegenheit zu machen, die den öffentlichen Interessen dient.

Dass dieses bevölkerungspolitische Unternehmen überwiegend gelungen ist, verdankt sich u.a. einer Eugenisierung der Generationen- und Geschlechterordnung, welche eine neue Bindekraft zwischen den Generationen und Geschlechtern installiert, die den Verlust des ökonomischen und sozialen Erbes der agrarwirtschaftlichen Familienwirtschaft mit Hilfe neuer Sinngebungsprozesse auszugleichen vermag. Zugleich baut ihre gesellschaftliche Akzeptanz auf der allgemeinen Medikalisierung der sozialen Frage auf.

Einsatz und Aufstieg der Medizin beruhen auf der bevölkerungspolitischen Gestaltung des Widerspruches, familiale Reproduktion in nicht-familienwirtschaftlich organisierten Ökonomien zu ermöglichen. Die Medikalisierung der Reproduktion sollte die „Menschenproduktion" gleichsam familialisieren *und* entfamilialisieren. Die Befreiung der Frau aus männlicher Bevormundung durch den „privaten Patriarchalismus" mündete dabei in die männliche Bevormundung durch einen „öffentlichen Patriarchalismus", dessen Aufstieg die Medizin diente wie beförderte – aus unterschiedlichsten Interessen. Ihr Einsatz dient(e) neben dem Einsatz für kranke Menschen auch und vor allem dem Auf- und Ausbau der eigenen Macht und des eigenen Einflusses in Wissenschaft und Gesellschaft, dem Auf- und Ausbau neuer Fächer, der Akquirierung von Ressourcen, dem „wissenschaftlichen Fortschritt", welcher den herausragenden Männern der Wissenschaft symbolisches Kapital und Prestige einbrachte.

Dass an die Stelle des Hausvaters langsam, aber stetig der Hausarzt der Familie trat, gilt nur für die bürgerliche Klasse. Für die Arbeiterklasse blieben es die Fürsorgeärzte in eigens aufgebauten Beratungsstellen, Gebär-, Findelhäusern und Polikliniken, welche die Interessen des Staates mit den Interessen der Familie zur Deckung bringen sollten. Die Bindung zwischen der bürgerlichen Familie und dem Hausarzt, der bei Geburt und Tod gegenwärtig war, hielt bis zum Zweiten Weltkrieg (vgl. Shorter 1991: 56). Die Konsultation der Fürsorgeärzte blieb auf Seiten der proletarischen Frauen an finanzielle Anreize gebunden, ohne deren Einsatz sich die Arbeiterfrauen nicht in die Fürsorgeprogramme, die wesentlich zur Medikalisierung der Reproduktion beigetragen haben, einbinden ließen.

1.4 Geburt des „sozialen Körpers" aus dem Elend der kapitalistischen Ökonomie und Medizin als Politik und Sozialtechnik

Die Rationalisierung der Verwendung und des Einsatzes der Menschen stützte sich zusammengefasst auf die Vision, dass Mensch und Gesellschaft formbares Material darstellen, das von Wissenschaftlern – Sozial- wie Biotechnikern – auf Basis eines wissenschaftlich ausgearbeiteten Planes entwickelt, geformt und gestaltet werden kann. „Menschenökonomisch" sollte der Mensch nicht mehr nur bewirtschaftet, sondern mittels Biotechniken und Erziehungstechniken selbst wirtschaftlich gemacht werden.

Dieser „Vision" ist der Glaube an die wissenschaftliche Lösung der sozialen Frage und des wissenschaftlichen Fortschrittes vorausgesetzt, der Glaube an die Wissenschaft als rationale Ordnungs- und Sicherungsmacht.

Die menschliche Natur galt es dem wissenschaftlichen Willen unterzuordnen, sie wurde zum passiven Objekt reduziert, das in sich keinen Zweck mehr hatte und erst durch das zweckgerichtete, wissenschaftlich legitimierte Handeln Ziel und Bedeutung erlangte. Diese „planbewusste Schöpfung" sollte mit Hilfe der Wissenschaften den gesellschaftlichen Fortschritt humanisieren und der „organischen Verelendung" infolge eines schrankenlosen Kapitalismus Einhalt gebieten.

„Natur" wurde damit als Antagonistin von „Humanität" konzipiert und die Naturbeherrschung am Menschen als Humanisierung der gesellschaftlichen Verhältnisse vorausgesetzt. Die Auslese der Natur zu überlassen galt vor diesem Hintergrund als Abdankung menschlichen Könnens. Dagegen sollte die Menschenproduktion sowie Landwirtschaft und Viehzucht als Grundlage der gesellschaftlichen Höherentwicklung wissenschaftlich organisiert und überwacht werden.

Die Medizin avancierte damit zu jener Macht, die das „organische Kapital" organisierte und überwachte und geeignete Maßnahmen für seine Verbesserung treffen konnte und sollte. Nicht mehr die Erhaltung der Art, sondern die Art der Erhaltung zeichnete im Lichte dieses „Fortschrittsoptimismus" den Zivilisationsstand eines Volkes aus, zu dessen Referenzpunkt die Entwicklung der Biotechnik wurde.

Der bevölkerungspolitische Einsatz des Staates zur Regulierung und Überwachung der generativen Reproduktion der Gattung führte ab dem 19. Jahrhundert zum Aufstieg des Themas Gesundheit. Gegen die menschenzerstörenden Auswirkungen von sozialer Verelendung sollte der Gesundheitszustand des „sozialen Körpers" verbessert werden. Die verschiedenen Machtapparate, unter ihnen vorrangig die Medizin, sollten sich um die Körper sorgen, um ihnen bei der Verbesserung zu helfen und sie, wenn nötig, auch zu zwingen, ihre Gesundheit zu erhalten oder zu erreichen. Der französiche Philosoph Michele Foucault (1926–1984) erklärt diesen Wandel mit der „Sicherstellung der Wartung und Erhaltung der ‚Arbeitskraft'" und allgemeiner als die „ökonomisch-politischen Effekte der Akkumulation der Menschen" (Foucault 1996: 316).

Der Ausbau dieser „Medizinalpolitik" führte zur Privilegierung der Kindheit und zur Medikalisierung der Reproduktion, um Kindheit optimal zu verwalten und die Investitionen in diese Lebensphase rentabel zu machen. Erst im 20. Jahrhundert richtet sich diese Medikalisierung gegen den mütterlichen Körper, der zunehmend als Risiko für das Wohl des Kindes betrachtet wird. Kindheit im modernen Sinne ist damit also auch ein Effekt der Technologie der Population, eine Folge der Medikalisierung der sozialen Frage und darin im speziellen der medizinischen Überwachung und Kontrolle von Zeugung, Schwangerschaft, Geburt und Kindererziehung.

Die Reproduktion in der Familie wurde als primäre und unmittelbare Instanz der Medikalisierung der Individuen organisiert,

> „sie fungiert als Scharnier zwischen den allgemeinen Zielen, die die Gesundheit des sozialen

Körpers betreffen, und dem Wunsch oder Bedürfnis der Individuen nach Pflege", welche „von einem professionellen Korps qualifizierter und gewissermaßen staatlich empfohlener Ärzte gewährleistet wird" (Foucault 1996: 320).

Die „medikalisiert-medikalisierende Familie" wurde je nach Industrialisierungsfortschritt der betroffenen Länder im 18. und 19. Jahrhundert auf den Weg gebracht. Ohne sie könnte diese Entwicklung, dass die Medizin als soziale Kontrollinstanz über Leben und Tod seit dem 19. Jahrhundert funktioniert, nicht verstanden werden könnte.

„Der Arzt wird der große Berater und Experte, wenn schon nicht in der Regierungskunst, so doch in der Kunst, den sozialen ‚Körper' zu beobachten, wiederherzustellen und zu verbessern und ihn in einem dauerhaften Zustand der Gesundheit zu halten" (ebd.: 322).

Die Medizin war politisch aber nicht nur die „Gerufene", sondern sah sich selbst auch als die „Berufene", die durch die Verhältnisse gebotenen Probleme durch den Fortschritt ihrer Wissenschaft einer Lösung zuzuführen.

In einer von Alexander Fraenkel[75] anlässlich der Jahrhundertwende in der „Wiener Klinischen Wochenschrift", am 4. Januar 1900 geleisteten Rückschau auf das 19. und Vorausschau auf das 20. Jahrhundert würdigte er den „Antheil der medicinischen Wissenschaft des XIX. Jahrhunderts an dem allgemeinen Culturfortschritt" und hielt fest, dass alle Kulturarbeit auf die Beglückung des Menschen hinauslaufe und der ärztliche Beruf dazu „die Grundbedingungen" schaffe:

„Die Wohlfahrt der Menschheit steht zum großen Theil im geraden Verhältnisse zu jener der Aerzte. Je allgemeiner diese unumstößliche Wahrheit in das Bewusstsein des Volkes dringen wird, je mehr Gewicht im staatlichen Areopag, in Verwaltung und Gesetzgebung der Stimme des Arztes beigemessen werden wird, je weiter die Volksbildung schreiten wird und mit ihr die Aufklärung über die einfachsten Principien der Hygiene, der Prophylaxe, je mehr die Führer des Volkes sich es angelegen sein lassen werden, das Ansehen der Aerzte zu festigen und in der Durchführung der ärztlichen Forderungen eines der wichtigsten sociologischen Postulate zu sehen, und je mehr endlich Staat und Gesellschaft Wissenschaft durch generöse materielle und weitestgehende moralische Unterstützung zu fördern, umso mehr wird dazu beigetragen werden, die Menschheit zu beglücken und jener Theil der socialen Frage, der auf der Grundlage der allgemeinen körperlichen Wohlfahrt fusst, wird seiner Lösung entgegensehen können" (Fraenkel 1900: 2).

---

75 Alexander Fraenkel redigierte die „Wiener Klinische Wochenschrift".

Die Medizin und die Ärzte boten sich unmissverständlich zur medizinischen Lösung der sozialen Frage an.

Die Bevölkerungspolitik des modernen Staates wird an den Fortschritt der medizinischen Wissenschaft gebunden, der Aufstieg der Medizin ihrerseits abhängig von der staatlichen Regelung und Finanzierung von Wissenschaft und Behandlungspraxis. Doch Staat und Medizin sind brüderlich miteinander verbunden. Denn der moderne Staat, der die Macht, die vom Volk ausgeht, zum Grundprinzip der Demokratie erhoben hat, zeigt sich im historischen Rückblick als Bündnis von Söhnen, die frei, gleich und brüderlich die Macht teilen wollten: Die Männer waren das Volk. Und sie verstanden es, die gesellschaftliche Gestaltung der Reproduktion ihren Interessen gemäß zu regulieren. Diese Interessen wurden in die Eugenisierung und Medikalisierung der Reproduktion eingeschrieben.

1.5 Konstitutions- und Vererbungslehre: Medikalisierung der Menschenökonomie

Im Rahmen der klinischen Medizin wurden eugenische Fragen in den ersten Jahrzehnten des 20. Jahrhunderts u.a. im Bereich der Konstitutions- und Vererbungslehre diskutiert. Die menschliche Vererbungslehre erforschte, was beim Menschen zum Zeitpunkt der Zeugung hinsichtlich Krankheiten, Intelligenz, Verhaltensweisen und rassischen Merkmalen festgelegt und damit vererbt wird. Die Konstitutionslehre wollte ebenso zur Klärung des Erbganges beim Menschen beitragen. Sie studierte die Verbindung von einer körperlichen „Konstitution", die als im Augenblick der Zeugung festgelegtes, unausweichliches Schicksal begriffen wurde, mit der lebensgeschichtlich erworbenen „Kondition", die in geistigen und charakterlichen Eigenschaften vermutet wurde. Die Auseinandersetzungen um den wissenschaftlichen Nachweis des Erbganges beim Menschen blieben in der „Wiener Klinischen Wochenschrift" in beiden Forschungsbereichen bis zum Nationalsozialismus äußerst kontrovers, wie in der Folge gezeigt werden soll.

Konstitutions- und Vererbungslehre beeinflussten unterschiedliche medizinische Fächer und wurden von diesen wiederum selbst beeinflusst. In der „Wiener Klinischen Wochenschrift" fanden sich zu Fragen der Konstitution und Vererbung Beiträge von Ordinarien und Dozenten theoretischer wie klinischer Fächer: der Inneren Medizin, Physiologie, Anatomie, Psychiatrie, Hygiene, Gynäkologie und Pädiatrie. In all diesen Disziplinen gab es auch Anhänger der Eugenik. Auf dem Gebiete der Medizin war die Konstitutions- wie Vererbungsforschung vor allem für jene Fächer von Interesse, welche die Ursachen von nicht zu heilenden Erkrankungen erforschen wollten, um, wenn schon nicht zu heilen, dann zu verhindern, dass die Anlage oder „Disposition zu Erkrankungen" weitervererbt wird. Besonders bedeutsam wurde sie damit für die Psychiatrie, an welche die Schulmedizin alle organisch/körperlich ungeklärten Fälle als mögliche, psychiatrische Erkrankungen zuwies und die Psychiatrie damit zur „Entsorgungseinrichtung" der somatischen Medizin machte.

Fächerübergreifendes Interesse von Anhängern der Eugenik in der Medizin war es, die biologischen Ursachen von „Erbkrankheiten" nachzuweisen und das vererbungsbiologische Wissen auf soziale Probleme anzuwenden. Die Wiederentdeckung der Vererbungsgesetze von Gregor Mendel um 1900 führte dazu, dass Naturwissenschaftler in unterschiedlichen Bereichen dominante und rezessive Erbfaktoren, später als Gene bezeichnet, nachweisen wollten. Der Begriff „Genetik" wurde bereits 1909 von dem englischen Arzt William Bateson (1861–1926) eingeführt, der Mendels Vererbungsgesetze wieder aufgriff und eine „Mendelian Genetics" in England popularisierte.[76] Sie ist ein Teilbereich der Biologie, die ihrerseits die Naturwissenschaft vom Leben darstellt, welche die Lebensweisen und Organisationsformen von Lebewesen erforscht.

Vererbungslehre oder Genetik untersuchen die Funktion von Genen und wie diese vererbt werden. Gene werden heute in der Biologie als Erbfaktoren, Erbanlagen oder Träger von Erbinformationen begriffen, die durch Fortpflanzung weitergegeben werden und die in Form von organischen Basen[77] Information speichern und Organismus wie Stoffwechselprozesse der Zelle, der kleinsten selbsterhaltenden und selbstreproduzierenden Einheit des Lebens, steuern.

Nach derzeit herrschender Lehrmeinung enthält jede Zelle Proteine, Membrane und Desoxyribonukleinsäure (DNA) und ist zur Reproduktion durch Zellteilung, zum Stoffwechsel und zur Proteinbiosynthese fähig. Die DNA wird als ein großes Molekül bestimmt, das als Träger der Erbinformation dient, die in einer bestimmten Form (genetischer Code) in die DNA eingeschrieben ist und durch die Proteine produziert wird.

In der Medizin werden DNA-Methoden heute im Bereich der Transplantationschirurgie, in der Geburtshilfe und Gynäkologie bei pränatalen Diagnosen, in der Kinderheilkunde bei postnatalen genetischen Diagnosen und im Bereich der inneren Medizin bei Krebserkrankungen (vgl. Caskey 1993ff.) angewandt.[78]

---

76 William Bateson publizierte dazu zwei grundlegende Schriften: „Mendel's Principles of Heredity: A Defense" (1902) und „Problems of Genetics" (1913). Er war von 1908 bis 1910 Professor of Genetics an der Cambridge University.

77 Adenin, Guanin, Cytosin, Thymin.

78 Welche medizinischen Fortschritte von 1959 bis 1992 auf DNA-Biotechnologien basieren, listete Thomas C. Caskey nach dem Erscheinungsjahr der maßgeblichen Veröffentlichung in seiner Publikation „Medizin auf der Grundlage der DNA-Prävention und -Therapie" (1993: 123ff.) auf. Im Bereich der Pränataldiagnostik sind dies: 1959 Anomalität des Down-Syndroms erkannt; 1967 Amniozentese und zytogenetische Analyse

Der Transfer der auf DNA beruhenden Biotechnologien vom engeren Kreis der Genetik in andere Wissenschaftsbereiche und die Medizin setzte sich international erst ab den 60er Jahren durch und damit auch die Bezeichnung „Humangenetik" oder „Medizinische Genetik" für jenen Teil der Genetik, der sich mit den Genen des Menschen befasst. Im Wesentlichen wird sie zur Erforschung von Erbkrankheiten und Abstammungsgutachten, d.h. Vaterschaftstests eingesetzt.

Die Eugenik ist angewandte Konstitutions- und Vererbungslehre, später dann angewandte Humangenetik, welche die Erkenntnisse klinischer Vererbungsforschung auf die Bevölkerung angewandt hat und anwenden will.

In der medizinhistorischen Forschung wird die Geschichte der menschlichen Vererbungswissenschaft in drei Phasen unterteilt: die „klassische Eugenik", die ab der Mitte des 19. Jahrhunderts ausgearbeitet wurde, endete demnach mit dem Zusammenbruch des Nationalsozialismus; die Übergangsphase der „Medikalisierung der Humangenetik" in den 50er und 60er Jahren; diese wurde von der Durchsetzung des „molekulargenetischen Paradigmas" ab Mitte der 60er Jahre als dritte und bis heute andauernde Phase abgelöst (vgl. Kröner 1997: 23f.).

Wie noch zu zeigen sein wird, gehe ich im Gegensatz dazu davon aus, dass ein Wandel der Eugenik auf der Ebene der Forschungstechniken erfolgte und die Kontinuität der Eugenik auf der Ebene ihrer Anwendung als Bio- und Sozialtechnologie besteht. Ein Wandel, bei dem die alten Techniken der Vererbungsforschung, z.B. Stammbaumanalysen, durch neue Techniken, z.B. Genanalysen, nicht abgelöst, sondern erweitert wurden. Und eine Kontinuität, mit der ein jeweiliger Stand vererbungsbiologischen Wissens mit Hilfe von Selektionstechniken auf soziale Probleme angewandt wird.

In den ersten Jahrzehnten des 20. Jahrhunderts versuchten Konstitutions- und Vererbungslehre den wissenschaftlichen Nachweis im Hinblick auf die Orthologie und Pathologie der menschlichen Vererbung zu erbringen.

In der Biologie erwies sich die Taufliege als geeignetes Forschungsobjekt der Genetik, da sie sich rasch vermehrt und ihre Fortpflanzung experimentell kontrolliert werden konnte. Doch die Übertragung dieser experimentellen Forschung auf den Menschen war nicht möglich, da dieser sich im Vergleich zur Taufliege nur extrem langsam und heimlich, d.h. kaum kontrollierbar fortpflanzt. Damit fand die menschliche Vererbungsforschung zwar in Laboratorien statt, doch wurde dort nicht naturwissenschaftlich ex-

---

entwickelt; 1971 Tay-Sachs-Screening in der aschkenasisch-jüdischen Bevölkerung begonnen; 1975 ß-Thalassämie-Screening auf Zypern, Sardinien und in Griechenland begonnen; 1986 Duchenne-Muskeldystrophie (DMD)-Gen isoliert; 1989 Mukoviszidose-/(CF)-Gen isoliert; 1990 gentherapeutische Humanexperimente beim Menschen (ebd.: 125–132). Von den 5.000 klinisch als erblich charakterisierten Krankheiten wurden bis heute 800 auf biochemischer Ebene erfasst und das verantwortliche Gen sequenziert.

perimentiert, sondern es wurden Familienuntersuchungen auf Grundlage von Befragungen oder genealogischen Aufzeichnungen statistisch ausgewertet und Stammbäume angelegt oder Menschen vermessen. Dabei waren vergleichende Zwillingsstudien ein charakteristisches Arbeitsfeld der Eugenik, die zur Klärung beitragen sollten, welche menschlichen Merkmale genetisch und welche durch Umwelteinflüsse bedingt sind.

Diese Erforschung des menschlichen Erbganges betrieben Wissenschaftler aus Biologie, Chemie, Medizin, Statistik, Anthropologie, etc. international in Laboratorien, die gegründet wurden, um eugenisch nützliches Wissen zu gewinnen (vgl. Kevles 1993: 15). So wurde beispielsweise in England zu Beginn des 20. Jahrhunderts das „Galton Laboratory for National Eugenics" unter der Leitung des Statistikers und Gesellschaftsbiologen Karl Pearson am University College London gegründet und das „Eugenics Record Office" unter der Leitung des Biologen Charles B. Davenport.[79] In Deutschland stand der eugenischen Wissenschaft das „Kaiser-Wilhelm-Institut für Psychiatrische Forschung" ab 1918 unter der Leitung des Psychiaters Ernst Rüdin (1874–1952)[80], das „Kaiser-Wilhelm-Institut für Rassenhygiene" ab 1923 unter der Leitung des Biologen und Rassenhygienikers Fritz Lenz (1887–1976)[81] und das „Kaiser-Wilhelm-Institut für

---

79 Die Studie von Karl Pearson „Ueber Zweck und Bedeutung einer nationalen Rassenhygiene (Nationaleugenik) für den Staat" (Leipzig, Berlin: Tueber 1908) wurde in der „Wiener Klinischen Wochenschrift" (WKW 1909: 1527) rezensiert. Material der Studie waren Statistiken über Bevölkerungsbewegung, Berichte von Spitälern, Irrenanstalten etc., Familiengeschichten und -stammbäume, die statistisch ausgewertet wurden. Pearsons Ziel und Zweck der Nationaleugenik wird zitiert: „Ein Faktor, der absolut notwendig ist für die Erhaltung der Rasse, Mitempfinden, hat sich (im Laufe des letzten Jahrhunderts) in solch übertriebener Weise entwickelt, daß wir in Gefahr sind, durch Aufhebung der Auslese die Wirksamkeit jener anderen Faktoren zu vermindern, die selbsttätig den Staat von den an Körper und Geist Entarteten reinigen". „Mitempfinden und Wohltätigkeit" sollten „in Bahnen geleitet werden, wo sie die Kraft der Rassen fördern und uns nicht geraden Weges zum nationalen Schiffbruch führen" (ebd.). Die sozialdarwinistische Ideologie der Eugenik ist hier mit aller Deutlichkeit formuliert.
80 Ernst Rüdin war 1905 Mitbegründer der „Deutschen Gesellschaft für Rassenhygiene"; Schriftleiter des „Archivs für Rassen- und Gesellschaftsbiologie" (ARGB); ab 1918 Abteilungsdirektor der „Deutschen Forschungsanstalt für Psychiatrie" in München, die 1924 zu einem Kaiser-Wilhelm-Institut (KWI) wird; 1925 bis 1928 Direktor der Psychiatrie an der Kantonals- und Universitätsklinik in Basel-Friedmatt und Leiter der genealogischen Abteilung am KWI München, ab 1931 geschäftsführender Direktor des KWI; ab 1933 „Kommissar des Reichsministeriums" für die „Deutsche Gesellschaft für Rassenhygiene" und Obmann der „Arbeitsgemeinschaft II für Rassenhygiene und Rassenpolitik des Sachverständigenbeirats für Bevölkerungs- und Rassepolitik beim Reichsministerium". Rüdin war Mitverfasser des „Sterilisierungsgesetzes" und Mitherausgeber der Zeitschrift „Volk und Rasse" und der „Münchner Medizinischen Wochenschrift". Er erhielt 1939 von Hitler die „Goethe-Medaille für Kunst und Wissenschaft". Mitherausgeber der – 1939 vom „SS-Ahnenerbe" übernommenen – Zeitschrift „Der Biologe" (vgl. Klee 2003: 513).
81 Fritz Lenz habilitierte sich 1919 zu „Erfahrungen über Erblichkeit und Entartung an Schmetterlingen" beim österreichischen Hygieneordinarius an der Universität München Max von Gruber (1853–1927). Lenz war Hauptautor des zweibändigen „Rassehygiene-Klassikers" Baur/Fischer/Lenz: „Grundriß der menschlichen

Anthropologie, menschliche Erblehre und Eugenik" ab 1927 unter der Leitung des Anthropologen Eugen Fischer (1874–1967)[82] zur Verfügung.

Die eugenische Forschung hat sich vor der nationalsozialistischen Herrschaft international nicht unterschieden (vgl. Kühl 1997). Klassen- und Rassenvorurteile dominierten die eugenische Wissenschaft in allen Ländern, d.h., in der Vererbungsforschung wurden Leistungsnormen und gesellschaftliche Werte der Mittelschicht sanktioniert. In der „Wiener Klinischen Wochenschrift" wurden diese internationalen Studien (im Wesentlichen aus Deutschland, England und Amerika) zu Fragen der Vererbung beim Menschen regelmäßig und umfassend rezensiert. In Österreich verstreute sich die menschliche Vererbungsforschung aufgrund einer fehlenden eigenständigen Institutionalisierung auf medizinische Grundlagenfächer und klinische Fächer, die mit unheilbaren Erkrankungen (Psychiatrie) oder reproduktiven Prozessen (Gynäkologie, Kinderheilkunde) befasst waren. Dabei kamen sowohl Konstitutionsforscher wie Vererbungswissenschaftler zu Wort.

Als „*Konstitution*" bezeichneten die Kliniker die jeweilige individuelle Körperverfassung, von der angenommen wurde, dass sie bereits im Moment der Befruchtung unumgänglich festgelegt sei. Es wurde von der „Veranlagung" zu bestimmten Stärken und Schwächen von Organen, zu einem bestimmten Körperbau bis hin zu persönlichen Eigenschaften ausgegangen. Bedeutendster Vertreter der Konstitutionslehre im deutschsprachigen Raum war der deutsche Ordinarius für Psychiatrie an der Universität Tübingen, Ernst Kretschmer (1888–1964), der einen statistischen Zusammenhang zwischen Körperbauformen und Geisteskrankheiten errechnete und unterschiedliche „Konstitutionstypen" konstruierte.[83]

Erblichkeitslehre und Rassenhygiene"; ab 1933 war Lenz im „Sachverständigenbeirat für Bevölkerungs- und Rassepolitik des Reichsinnenministeriums", Abteilungsleiter für „Rassenhygiene" am KWI für Anthropologie und Professor für „Rassenhygiene" der Universität Berlin; Sachbearbeiter für Genetik der Zeitschrift „Der Biologe"; 1946 wird Lenz als „Professor für menschliche Erblichkeitslehre" an die Universität Göttingen berufen, dort wird er 1949 Direktor des „Instituts für menschliche Erblehre" (vgl. Klee 2003: 367).

82 Eugen Fischer habilitierte sich 1900 für das Fach Anatomie, war ab 1912 ao. Professor und hatte ab 1918 den Lehrstuhl für Anatomie in Freiburg. 1908 führte er die „Rassenuntersuchung" an 300 Nachkommen niederländischer Kolonialherren und afrikanischer Ureinwohnerinnen in Rehoboth durch, um die Mendelschen Erbregeln bei „Rassenmischung" nachzuweisen, die Studie erschien 1919 unter dem Titel „Die Rehobother Bastards und das Bastardisierungsproblem beim Menschen. Anthropologische und ethnographische Studien am Rehobother Bastard in Deutsch-Südwest-Afrika (Namibia)". Lenz war Mitherausgeber der Zeitschrift „Volk und Rasse"; ab 1927 Direktor des „KWI für Anthropologie, menschliche Erblehre und Eugenik" in Berlin; 1933 bis 1935 Rektor der Berliner Friedrich-Wilhelms-Universität; ab 1940 bei der NSDAP; ab 1941 im „Beirat der Forschungsabteilung Judenfrage"; 1942 Emeritierung; 1944 Verleihung des „Adlerschildes des Deutschen Reiches", des höchsten Wissenschaftspreises, und Umbenennung des KWI-Institutes in „Eugen-Fischer-Institut".

83 Kretschmer unterschied drei „Veranlagungstypen": den kraftlos, schwachen „Astheniker" mit einer Veran-

In den Publikationen der „Wiener Klinischen Wochenschrift" wurde die Frage der „Veranlagung" äußerst kontrovers diskutiert: Waren sich die einen in der Sache völlig sicher und sahen in der Konstitutionsforschung die Verbindung aller theoretischen und klinischen Spezialisierungen, konstatierten die anderen, dass die Konstitutionslehre ein Sammelbecken für alles Unbekannte in der Ätiologie und Unsichere in der Prognose sei. Bedeutende Vertreter der Konstitutionslehre, deren Fachartikel in der „Wiener Klinischen Wochenschrift" publiziert wurden, waren der Anatomieordinarius und Sozialpolitiker Julius Tandler und der Primar für Innere Medizin an der Wiener Allgemeinen Poliklinik, Julius Bauer (1887–1979)[84].

Tandler entwickelte eine Konstitutionstypologie des Menschen, die er, im Gegensatz zu Kretschmer, als Folge von vererbbaren Eigenschaften der Muskulatur interpretierte. Je nach „Muskeltonus" unterschied er drei Haupttypen – Hypertoniker, Hypotoniker und Normaltoniker – und konstruierte einen Apparat, um den jeweiligen Muskeltonus messen zu können (vgl. Byer 1988: 70). Trotz seiner Überzeugung, dass die Konstitution vererbt werde, lehnte er die Möglichkeit einer konditionellen Steuerung – d.h., dass auch Umweltfaktoren die somatische Verfasstheit des Menschen verändern – nicht grundlegend ab. Doch sein Forschungsschwerpunkt war die Konstitutionsforschung.

---

lagung zu Hypotonie, Untergewicht und Schizophrenie; den rundlichen, gedrungenen, muskelschwachen „Pykniker", der zu Übergewicht und Depression, und den kräftigen „Athletiker", der zu Epilepsie neige (vgl. Kretschmer Ernst: „Körperbau und Charakter. Untersuchungen zum Konstitutionsproblem und zur Lehre von den Temperamenten", Berlin 1940). In den 20er Jahren publizierte er seine Thesen vor allem am Beispiel der Hysterie und der Genialität (vgl. Kretschmer Ernst: „Geniale Menschen. Mit einer Porträtsammlung", Berlin 1929). Von 1934 bis zum Ende des Zweiten Weltkrieges leitete er die Herausgabe der „Zeitschrift für angewandte Anatomie und Konstitutionslehre", die Julius Tandler von 1914 bis 1934 geleitet hatte.

84 Julius Bauer wurde 1887 in Nachod (Böhmen) geboren und starb 1979; 1910 Promotion; 1919 Habilitation für Innere Medizin. Seine Forschungs- und Lehrschwerpunkte waren Konstitutionspathologie, Vererbungslehre und Endokrinologie; seine Vorlesungen an der Poliklinik gehörten zu den am besten besuchten mit vielen ausländischen Hörern. Von 1927 bis 1938 war Bauer Primarius der Medizinischen Abteilung der Wiener Allgemeinen Poliklinik. Eines seiner herausragendsten Werke war die 1917 veröffentlichte Monographie *„Konstitutionelle Disposition zu inneren Krankheiten"*. Julius Bauer war seit Beginn Mitglied des *„Österreichischen Bundes für Volksaufartung und Erbkunde"* (gegründet 1928), dessen Präsident Julius Wagner-Jauregg war. Nach dem Inkrafttreten der NS-Gesetze zur „Verhütung erbkranken Nachwuchses" publizierte Bauer in österreichischen und schweizerischen medizinischen Zeitschriften, so Helmut Gröger (2002), in offener Gegnerschaft zur NS-Rassenpolitik und stellte nicht nur die Sinnhaftigkeit dieses Gesetzes in Frage, sondern kritisierte es als gefährlich und bestritt grundsätzlich die Wissenschaftlichkeit politisch oder national instrumentalisierter Erkenntnisse. Bauer wird von der „Gesellschaft für Allgemeine und Integrierte Psychotherapie" auch in der Liste der emigrierten Psychosomatiker erwähnt (vgl.: http://www.sgipt.org/th_schul/pa/svl.htm), Kriterium für die Aufnahme war die Publikation von mindestens zwei wissenschaftlichen Beiträgen auf dem Gebiet der Psychosomatik. Er wurde aufgrund seiner jüdischen Herkunft von der Universität vertrieben und flüchtete 1938 vor den Nationalsozialisten in die USA.

Während des Ersten Weltkrieges erforschte er in Zusammenarbeit mit dem Psychiatrieordinarius der Universität Wien, Julius Wagner von Jauregg (1857–1940)[85] und dem Generalstabsarzt Johann Jakob Frisch die Beanspruchbarkeit des menschlichen Organismus an der Isonzo-Front. Dabei wurden Soldaten vor und nach dem Fronteinsatz untersucht und fotografiert. Die teilnehmende Beobachtung sollte neue Erkenntnisse auf dem Gebiet der Konstitutionsforschung erzielen.[86]

Der Dozent für Innere Medizin Julius Bauer dessen Forschungsschwerpunkte Konstitutionspathologie und Endokrinologie[87] waren, erklärte den Unterschied von Konstitutions- und Konditionslehre und deren Zusammenhang mit der Vererbungslehre dahingehend, dass die Konstitutionslehre „nach den Unterschieden der einzelnen Individuen einer Population in Bau, Leistung und Verhalten der Organe" forscht, die Konditionslehre dagegen nach den „mannigfachen intra- und extrauterinen Anpassungen und Akquisitionen des Organismus" (Bauer 1919: 273). Da beide, Konstitutions- und Vererbungslehre, aber auch den Auf- und Ausbau von Verfahren anstreben, um Konstitution und Kondition

---

85 Prof. Dr. Julius Ritter Wagner von Jauregg wurde 1857 in Wels (OÖ) geboren und starb 1940 in Wien. Er war Professor der Psychiatrie und Neurologie an den Universitäten Graz (ab 1889) und Wien (1893–1928) sowie Vorstand der I. und ab 1902 auch der II. Wiener Psychiatrischen Klinik, beide Kliniken wurden 1905 zur „Klinik für Psychiatrie und Neuropathologie Am Steinhof" vereinigt. Wagner-Jauregg beschäftigte sich mit der Frage der Vererbbarkeit von Geistesstörungen, der Ursache und Therapie des so genannten Kretinismus und der Behandlung des Kropfes. Er entwickelte eine Infektionstherapie zur Behandlung von Psychosen. Nachdem er erkannt hatte, dass sich der Zustand von Patienten mit unheilbaren geistigen Erkrankungen nach fiebrigen Krankheiten verbesserte, experimentierte er mit Malariaimpfungen an Paralyse-Patienten. Seit 1887 publizierte er zu diesen von ihm als „Fiebertherapie" bezeichneten Experimenten. 1927 wurde ihm „für die Entdeckung der therapeutischen Bedeutung der Malariaimpfung bei progressiver Paralyse" der Nobelpreis verliehen. Er befasste sich über Jahrzehnte mit der menschlichen Erblichkeitslehre, war Gründungsmitglied der „Österreichischen Gesellschaft für Bevölkerungspolitik" (gegr. 1917) und ab 1929 Präsident des „Bundes für Volksaufartung und Erbkunde".
86 Tandler ging es bei diesem Forschungsprojekt vor allem darum, Entscheidungskriterien für die Assentierungspraxis (die medizinischen Untersuchungen zur Aufnahme in das Heer) zu gewinnen.
87 Endokrinologie ist die Lehre von der Funktion der endokrinen Drüsen, d.h. der Drüsen mit innerer Sekretion und der Hormone. Hormone sind die von Drüsen (Gehirnanhangdrüse, Eierstock, Schilddrüese, Nebennierenrinde etc.) abgesonderten Sekrete, die körperliche Prozesse mitverursachen (z.B. Menstruation bei Frauen). Die Entdeckungen der Endokrinologie wurden ab 1902 zu einer Theorie ausgearbeitet, nach der „Hormone" die Körperfunktion beherrschen. Diese humoralpathologische Erklärung (Lehre, die in den Körpersäften nach den Ursachen der Krankheiten sucht) wurde wieder zugunsten der Solidarpathologie (Lehre, die in den festen Bestandteilen des Körpers nach den Ursachen der Krankheiten sucht) revidiert, nachdem versucht wurde nachzuweisen, dass „die Funktion der endokrinen Drüsen unter der Leitung des vegetativen Nervensystems" ausgeübt würde (Ackerknecht 1977: 198). Vor allem für die Medikalisierung von Geschlechterbeziehung, Sexualität und Fortpflanzung brachte die Endokrinologie im 20. Jahrhundert eine revolutionäre Veränderung hervor: Das heute meistgebrauchte Hormonpräparat ist „die Pille" zur Verhütung einer Schwangerschaft, was weltgeschichtliche Folgen gezeitigt hat.

differenzieren zu können, decke sich ihr Aufgabenfeld „mit jenen der genealogischen und experimentellen Vererbungslehre" (ebd.). Die Hauptaufgaben der Konstitutionsforschung sah Bauer in der Untersuchung der Beziehung zwischen Habitus und Morbidität. Dazu zählte er die Erkenntnis und den „Nachweis der konstitutionellen Disposition zu einer bestimmten Erkrankungsform", die Untersuchung, wie oft eine „in einzelnen Fällen erwiesene Organminderwertigkeit in allen Fällen der betreffenden Erkrankungsart" eine Rolle spielt und die Erschließung von Mitteln und Wegen, um die „Art der Organminderwertigkeit anatomisch oder funktionell" näher zu bestimmen. Dieses Forschungsprogramm zielte darauf, Organminderwertigkeiten auch dort zu erkennen, „wo sie nicht schon durch eine Erkrankung manifest sind" (ebd.: 276), und darauf, Grundlagen für die „praktische Medizin", „soziale Heilkunde" und „Eugenik" zur Verfügung zu stellen. Für die Grundlegung der Konstitutionslehre betonte Bauer die Wichtigkeit der „Analyse des Einzelfalls" gegenüber der „Aufstellung neuer Typen universeller Konstitutionsanomalien" (ebd.).

Dennoch entwickelte Bauer für den „weiblichen Habitus" sogar eine eigene Typologie. Er beurteilte Frauen nach der „Art der Fettverteilung"[88], wobei er die Erforschung des Zusammenhanges zwischen dieser Fettverteilung und anderen Merkmalen des Habitus in Aussicht stellte.

Gegenüber Analysen einer Beziehung zwischen Habitus und sozialem Verhalten aber äußerte sich Bauer kritisch. In seiner Rezension des Handbuches der allgemeinen und speziellen Konstitutionslehre „Die Biologie der Person" (Brugsch et al. 1926/2) für die „Wiener Klinische Wochenschrift" (Bauer Julius 1930: 855) kritisierte er dessen Autoren, die sich über alle Zweifel hinsichtlich des wissenschaftlichen Nachweises des Erbganges beim Menschen hinwegsetzten und den Einsatz der Konstitutionslehre u.a. auch in der Kriminalistik und zur medizinischen Beurteilung der praktischen, körperlichen und psychischen „Lebenseignung" empfahlen. Bauer bemerkte, dass es „den medizinischen Leser" eigenartig berühre, im Handbuch von neuen Konstitutionstyplogien zu lesen, welche ein Autor zum „unsozialen Typus" zählte:

„Im Staatsleben die Nichtwähler, im Geschlechtsleben die Masturbanten, im religiösen Leben die Konfessionslosen, im Rechtsleben die Verbrecher, in der allgmeinen Lebensführung die Schüchternen, die Abenteurer usw." (ebd.).

---

88 Bauer unterschied den Typus des „erwachsenen Weibes mit dem Fettansatz an den Dammbeinkämmen, in der Unterbauchgegend, am Gesäß"; dann den „Reithosentypus" mit „alleinigem Fettansatz in der Gegend der Trochanteren"; einen dritten Typus mit „Fettlokalisation an Armen und Nacken, am Rücken, an den Brüsten bei schlanken, relativ fettarmer unterer Körperhälfte"; und einen vierten Typus mit „gewaltigen Fettmassen an den Ober- und Unterschenkeln bei relativer Fettarmut des Stammes und der oberen Extremitäten" (Bauer 1919: 274).

Bauers Kritik an der zunehmend grenzenlos werdenden Etikettierung, mit der Definitionsmacht an die Stelle von Forschung trat, blieb noch zurückhaltend. In der im Handbuch behaupteten Verbindung von Kriminalistik und Konstitutionslehre zeigte sich aber deutlich der Zusammenhang der Konstitutionsforschung mit der Entartungslehre des 19. Jahrhunderts. Dementsprechend wurde von Rudolf Neurath[89], Tit. a.o. Prof. für Kinderheilkunde, die große Gruppe der Idiotie im Kindesalter vom Standpunkt der Konstitutionslehre auch dem Gebiet der „anlagegemäßen Minusvariante" zugeteilt (Neurath 1930: 208). In Verbindung mit der medizinischen Beurteilung der „Lebenseignung" sollte die Konstitutionsforschung zudem auch über die Zusammenhänge von Begabung, Erziehung und Auslese aufklären.

Konstitutionsforschung wurde von dem Anatomen und Embryologen der Universität Innsbruck, Alfred Greil (1876–1964)[90], als „der eigentliche Brennpunkt alles ärztlichen Denkens und Handelns" beurteilt, da die Konstitution sowohl der größte Helfer wie Widersacher des Arztes sei. Die Konstitutionsforschung verbinde alle theoretische und klinische Spezialisierung, „Konstitutionsanomalien vereinen Aerzte der verschiedenen Spezialgebiete zu gemeinsamem Denken und Handeln" (Greil 1925: 1086). Zugleich sollte sich die Konstitutionsforschung mit Hilfe der genetischen Denkweise weiterentwickeln, was nach Greil allerdings nur als Kombination von Vererbungswissenschaft und Konstitutionslehre und nicht als Ersetzung Letzterer durch Erstere erfolgen dürfe. Die Vererbungsforschung müsse, so Greil, die Konstitutionslehre fundieren.

„Wir müssen von der keimesgeschichtlichen Entstehung der Konstitution eine zusammenhängende Vorstellung gewinnen, um alle Störungsmöglichkeiten ins Auge zu fassen, um die Konstitutionsphysiogenie, die Konstitutionspathogenie, die synthetische Pathologie der höchsten konstitutionellen Einheit, des maternfötalen Zusammenwirkens zu begründen, um das komplexeste Reaktionssystem unseres Planeten in unsere Gewalt zu bekommen" (Greil 1925: 1087).

---

89 Rudolf Neurath wurde 1869 geboren; Promotion 1903, Habilitation 1913 für Kinderheilkunde; ab 1927 Tit. ao. Professor; Forschung zu Neurologie des Kindesalters und endokrinologischen Fragen; er publizierte u.a.: „Physiologie und Pathologie der Pubertät des weiblichen Geschlechts", in: „Biologie und Pathologie des Weibes", Band 5.4, Berlin und Wien 1928.

90 Alfred Greil war Anatom und Embryologe. Er promovierte 1900, habilitierte sich für Anatomie und war 1911 und 1913 im Vorschlag zur Besetzung der Histologie-Lehrkanzel an der Universität Innsbruck, die er im Jahr 1911 supplierte. Nach der Heimkehr aus der Kriegsgefangenschaft trat er in den Ruhestand und war vorwiegend literarisch und als Verfasser medizinisch-philosophischer Schriften und Referate über strittige Fragen auf medizinischem Gebiet tätig. Er publizierte u.a. folgende Schriften zur Frage der Vererbung: „Richtlinien der Entwicklungs- und Vererbungsprobleme" (1912), 2 Bände; „Das Wesen der Menschwerdung. Beitrag zur lamarckistischen Lösung des Menschheitsrätsels", Jena: Fischer 1953; „Biologische Prinzipien ärztlichen Denkens" (1956).

Der Arzt könne endogene Erkrankungen und krankhafte Dispositionen nur dann aus dem pränatalen Milieu erkennen, wenn er alle „stammes-, keimes- und kulturgeschichtlichen Zusammenhänge der Menschwerdung" erfasse. Der „beste Erzieher ärztlichen Denkens" sei der biologisch geschulte, mit den Bedürfnissen des Pathologen vertraute Entwicklungsphysiologe. Dieses Gemisch an naturwissenschaftlichen und medizinischen Disziplinen bezüglich ihrer Zuständigkeit für die Erkenntnis erblicher Krankheiten verweist auf die „Unordnung" der Vererbungswissenschaft, darauf, dass ihre „Ordnung des Diskurses" (Foucault) in den ersten Jahrzehnten des letzten Jahrhunderts noch am Anfang stand. Ziel der Forschung und gleichsam höchster Triumph ärztlichen Wissens wie Könnens sei es, die „epigenetische Reaktionenfolge" zu erkennen, zu verstehen und „mit sicherer Hand in artgemäßer Richtung und Weise vorbeugend und helfend zu führen, den Neuerwerb von Konstitutionsanomalien durch Regelung unserer Fortpflanzungsbedingungen zu verhüten" (Greil 1925: 1088). Diesen Fortschritt der medizinischen Wissenschaft beurteilte Alfred Greil als „entscheidenden Wendepunkt, den Wandel einer naturhistorischen in eine naturwissenschaftliche, exaktkausale Problemstellung und -behandlung" (ebd.). Die Schranken des Entwicklungs- und Vererbungsproblems sollten damit eingerissen werden:

> „Raffen wir uns auf, zerhauen wir den so fein verwickelten gordischen Knoten, bekämpfen wir alle die herrschenden, zu so bedenklichen Denkgewohnheiten erstarrten Denkbequemlichkeiten der Entwicklungsmechaniker und der sonstigen Verehrer des unerforschlichen, unabänderlichen, unsterblichen, so tief geborgenen, unzugänglichen, dem Machtbereich des Arztes vollkommen entrückten, das ärztliche Denken und Handeln lahmlegenden Keim-(Kernidio-)plasmas, perhorreszieren [verabscheuen, M.W.] wir die Determinanten-, Idioplassonten- und Mosaiktheorie, angesichts der Wunderwelt der Teratome [...]. Würdigen wir die gänzlich verschiedene Erbbedeutung der beiderlei Geschlechtszellen, analysieren wir aufs Genaueste die mannigfachen Verschiedenheiten bei reziproken Kreuzungen, anerkennen wir die unabsehbare Erbbdeutung der quantitativen, qualitativen Verhältnisse und des Verteilungsgleichgewichtes der Dottermitgift, der Eihüllen des Spermienmittelstückes der Oviparen und konsequenterweise auch die unerschöpfliche, noch viel größere Erbbedeutung des überreichen Dottersackes: des maternfötalen Zusammenwirkens [...] – dann fallen die letzten Schranken des aprioristischen Dogmatismus, welche bisher auf allen medizinischen Gebieten den letzten entscheidenden Aufschwung der ärztlichen Wissenschaft gehemmt haben, dann werden die Hände des Arztes frei zu segensreichstem Handeln, dann werden Physiologen und Philosophen dieselbe Sprache sprechen, dann werden wir die Virchowsche Forderung erfüllen können: nicht heilen, sondern verhüten – und die hippokratische Verheißung: [...] gottähnlich wirkt der Arzt als Philosoph" (Greil 1925: 1088f.).

Der Autor versprach sich vom naturwissenschaftlichen Fortschritt auf dem Gebiet der Genetik den „entscheidenden Aufschwung der ärztlichen Wissenschaft", der in einer „gottähnlichen" Wirkmacht des Arztes gipfelte. Zugleich warnt er stets davor, die Vererbungswissenschaft auf die genetische Denkweise zu reduzieren. Mehr als zehn Jahre kritisierte er die Entwicklung der „menschlichen Erb- und Konstitutionspathologie", die „ganz ins Schlepptau der ‚Humangenetik' geraten" sei (Greil 1937: 1055). Er forderte, dass die Vererbung nicht auf die „nukleare", „chromosomale", „faktorielle" Genetik reduziert werden dürfe, sondern weiterhin auch die „stammes-, keimes- und kulturgeschichtlichen Zusammenhänge der Menschwerdung" untersuchen und einbeziehen müsse. Die unterschiedlichen Erbfaktoren dürften nicht durch die Reduktion auf eine pathologische „Humangenetik" außer Acht gelassen werden, zumal „keine einzige Erbkrankheit einen konstanten, regelmäßigen, wirklichen ‚Erbgang' aufweist" und der „Mendelismus keine auf die Dauer befriedigenden Ergebnisse zeitigt" (ebd.).

Von Seiten der Konstitutionslehre und Entwicklungsphysiologie wird der Rückgriff der Vererbungswissenschaft auf die Mendelsche Erblehre also als Reduktionismus in Frage gestellt. Die Hypothese der Genetik, dass mit dem Gen das Leben komme, und ihre Behauptung, dass die Entwicklungsdynamik eine Folgeerscheinung der Genaktivität sei, bedrohe die Fragestellung der Embryologie, wie eine Keimzelle sich zu einem vielzelligen Organismus entwickelt.[91]

---

[91] Die Sichtweise der Genetik, nach der zuerst das Gen kommt und mit dem Gen das Leben, wird bis in die 90er Jahre des 20. Jahrhunderts immer dominanter. Dabei wird das Zytoplasma lediglich als Nebenprodukt betrachtet, das als förderliche Umgebung für das Gedeihen des Gens funktional ist (vgl. Fox-Keller 1998: 28). Der alles beherrschende Gen-Diskurs entwickelte eine Konzeption, in der das Zytoplasma wissenschaftlich unsichtbar gemacht wurde, und oktroyierte einen Zeitplan, in dem der Augenblick der Befruchtung als „Beginn" bestimmt wurde. Damit wurde die Zeit und mit ihr die Entwicklung belanglos gemacht. Erst in den 90er Jahren des 20. Jahrhunderts verliert der Diskurs über die Genaktivität seine Überzeugungskraft, und die Embryologie gewinnt wieder an Einfluss, der seit Mitte der 60er Jahre mit der Einführung der „Entwicklungsbiologie" aufgebaut worden war (vgl. ebd.: 44ff.). Mit ihr verschiebt sich die Vorstellung der „Genaktivität" zu jener der „Genaktivierung", das Zentrum der Lebensentstehung wird aus den Genen in eine komplexe biochemische Dynamik von ständig miteinander kommunizierenden Zellen (als Wechselwirkung zwischen Proteinen und zwischen Proteinen und Nukleinsäuren) verlagert. Ende des 20. Jahrhunderts werden Gene, die fähig sind, auf ein in zytoplasmischen Proteinen codiertes Zeichensystem zu reagieren, als die wirklich „klugen Gene" betrachtet (ebd.: 47). Dass der Diskurs über Genaktivität so lange dominant war, wird in Evelyn Fox-Kellers wissenschaftshistorischer Analyse auf die Geschlechtssymbolik von Kern und Zytoplasma zurückgeführt. Bis zum Zweiten Weltkrieg wurde „Kern" mit „männlich" und „Zytoplasma" mit „weiblich" gleichgesetzt (ebd.: 59). Die Asymmetrie zwischen dem männlichen und weiblichen Beitrag zur Befruchtung bei Organismen, die eine embryonale Entwicklung durchlaufen, ist evident. Das Ei (weiblicher Gamet) ist wesentlich größer als das männliche Spermium und enthält wesentlich mehr Zytoplasma. Der Unterschied zwischen beiden ist, dass die Spermazelle fast nur aus einem Kern besteht. Das Zytoplasma, das im Wesentlichen von der Mutter stammt, wurde im medizinischen Diskurs aber mit dem Ei gleichgesetzt. In

Gegen die Genetik wird von Greil die Frage der Entwicklung, welche Domäne der Embryologie und Entwicklungsphysiologie war, betont: „Die Konstanz der Art ist nicht nur durch den nuklearen ‚Genotypus', sondern vor allem durch die Konstanz der zellulärökologischen, epigenetischen Faktoren der Eierstock- und Eibildung, der Stoffwechselbedingungen der Keimdrüsen-, Geschlechtszell- und Fruchtbildung gesichert" (ebd.: 1057). Alle Konstitutionsanomalien würden bei vollkommen negativer Familienanamnese und bei bestkonstituierten Keimzellen primär aus einer endogen abnormalen Einbettung des keimenden Lebens, d. h. endogenen Milieuschäden keimenden Lebens, resultieren. Die Eugeniker, Vor- und Fürsorgeärzte würden durch die Reduktion der Vererbung auf die pathologische „Humangenetik" zu einem „endoätiologischen Fatalismus, Pessimismus und Nihilismus" verurteilt,

> „denn alle nur auswählende und -merzende Eugenik ist nur halbe Arbeit und Stückwerk, wenn nicht der frische, spontane und sporadische Neuerwerb von Konstitutionsschwächen, -mängeln, -gebrechen, -leiden und -krankheiten in ganz erbnormalen, geistesgesunden, vollsinnigen Familien bei vollkommen negativer Familienanamnese, also ohne alle ‚rezessiven' pathologischen Erbanlagen erklärt und zielsicher verhütet wird" (Greil 1937: 1055).

Die Identifizierung der Konstitution mit dem Genotypus wurde von Greil als zu eng, mit dem Phänotypus als zu weit kritisiert, da dieser auch Konditionelles enthalte. Es sei ein schwerer und grundsätzlicher Fehler, nur die „Keimzelle" oder das „Genom" mit sämtlichen, spezifisch makroorganismischen Merkmalen in direkte Beziehung zu setzen und damit die keimesgeschichtlichen Erlebnisse und Erwerbungen der Zellen zu ignorieren.

> „Die Keimzelle kann nur rein zelluläre Eigenschaften vererben und ist mit der allerersten, -kleinsten und -bescheidensten Uranlage einer Riesenfabrik oder -stadt, aber nicht mit deren fertigen Plane zu vergleichen" (Greil 1937a: 1514).

Greil, als Vertreter der Konstitutionslehre und Entwicklungsphysiologie, wendet sich also Ende der 30er Jahre gegen einen genetischen Reduktionismus in der Vererbungswissenschaft, um die eugenischen Eingriffe in die Natur und Kultur der Re-

---

den Diskursen um die Bedeutung von Zytoplasma und Kern für die Vererbung wiederholen sich also ältere Diskurse um die Gewichtung des väterlichen und mütterlichen Beitrages zur generativen Reproduktion. Traditionell wurde in diesen die Wirkungs- wie die antreibende Kraft dem männlichen Teil zugeschrieben und der weibliche Beitrag auf eine nährende Umgebung reduziert. Der Diskurs über „Genaktivität" erhält somit im letzten Jahrhundert seine Überzeugungskraft aus der Tatsache, dass der Einfluss und die Auswirkungen des mütterlichen Beitrags unberücksichtigt geblieben sind (vgl. ebd.: 60).

produktion auch für „die Sicherung der Keim- und Fruchtbildung" zu sichern. Die eugenische Pflege des Familienerbgutes beruht nach seiner Auffassung

> „auf entwicklungsphysiologischen, ‚im innersten Heiligtum der gesamten Physiologie' in umfassenden Vergleichen erarbeiteten Erkenntnissen, in der entwicklungsphysiologisch durchdachten Eheberatung über die Einhaltung menschenwürdiger, artgemäßer, natürlicher Fortpflanzungsbedingungen, insbesondere der Keimeinbettung und Fruchtbildung, und nicht nur in auswählenden und -merzenden Vorkehrungen. Die Schwangeren-, Keimes- und Keimlingsfürsorge bildet eine unlösbare Trias" (Greil: 1938: 1059).

Die Konstitutionslehre zielte damit auf eine umfassende „Pflege des Erbgutes", die nicht bei der Eheberatung und rationalen Fortpflanzung stehen blieb, sondern eine medizinische Überwachung von Schwangerschaft und Geburt als ebenso wichtig beurteilte, um einen „gesunden Nachwuchs" zu erzielen.

Geburtsmedizin und Gynäkologie standen den Erklärungen der Konstitutionslehre widersprüchlich gegenüber. Gegen die Vorstellung, dass Konstitution etwas Statisches sei und die Erbmasse – der Genotypus[92] – das unentrinnbare somatische Schicksal des Individuums darstelle, wurde Konstitution von dem Privatdozenten für Gynäkologie und Geburtshilfe in Wien, Bernhard Aschner (1883–1960)[93], dessen Forschungsgebiet die Konstitutionslehre und -therapie in der Frauenheilkunde war, unter Bezugnahme auf die Begründer der modernen klinischen Konstitutionslehre[94] auch als „Inbegriff der Widerstandskraft und Reaktionsfähigkeit des Individuums gegenüber der Umwelt", kurz als „Reaktionsnorm" bestimmt (Aschner 1929: 1313). Auch in dieser Kritik an der Konstitutions- und Vererbungslehre zeigt sich deutlich der darwinistische Einfluss, wonach sich im Zuge der Evolution jene durchsetzen, die widerstandsfähiger sind. Aschner verwies darauf, dass erst auf Basis dieser Auslegung von Konstitution als Reaktionsnorm eine Konstitutionstherapie Anwendung finden könnte, da nur dann die Konstitution als

---

92 Die Gesamtheit der Erbfaktoren eines Lebewesens wird als „Genotyp" bezeichnet, „Phänotyp" ist das Erscheinungsbild eines Organismus.

93 Bernhard Aschner wurde 1883 in Wien geboren; Promotion 1907; 1913 Habilitation für Gynäkologie und Geburtshilfe in Halle; Forschung zu „innerer Sekretion", „Konstitutionslehre" und „Konstitutionstherapie" in der Frauenheilkunde; bedeutende Publikationen: „Beziehungen der Drüsen mit innerer Sekretion zum weiblichen Genitale", in: „Biologie und Pathologie des Weibes", Band 1, Berlin und Wien 1924; „Die Konstitution der Frau", in: „Deutsche Frauenheilkunde", Band 4, München 1924; „Klinik und Behandlung der Menstruationsstörung", Stuttgart und Leipzig 1931.

94 Aschner nennt den Berliner Internisten Friedrich Kraus (1858–1936) und den Rostocker Internisten und Konstitutionsforscher Friedrich Martius (1850–1923), welche die Ganzheitlichkeit des Lebendigen, des Organismus und der Psyche, betonten.

beeinflussbar angenommen werde.[95] Zudem habe sich gezeigt, dass die Festlegung von Konstitutionstypen nicht viel bringe, weil sich der „Habitus" im Laufe des Lebens ändere. Vor allem bei Frauen. Daher hätten sich Konstitutionsforscher wie Ernst Kretschmer in ihren Konstitutionstypologien über Frauen auch ausgeschwiegen.

Gegenüber dieser positiven Beurteilung des Nutzens einer ganzheitlichen Konstitutionslehre für Frauenheilkunde und Geburtsmedizin verwies der Ordinarius für Gynäkologie und Geburtshilfe an der II. Universitätsfrauenklinik Wien, Fritz Kermauner[96] (1872–1931), in einem Artikel zu „Konstitution und Geburtshilfe" unter Bezugnahme auf den Erbbiologen und Rassenhygieniker Othmar von Verschuer darauf,

> „dass keines der Konstitutionssysteme für die Krankheitslehre in Betracht komme. Die ganze Lehre von den Konstitutionstypen ist ein unreifes theoretisches Kapitel der allgemeinen Pathologie. [...] Seit Morphologen den Gegenstand zu erfassen suchen, zeigt es sich, dass er jedem Zugriff ausweicht wie Wasser" (Kermauner 1930: 14).

Trotz der Versuche, den Konstitutionsbegriff fallen zu lassen, hielten, so Kermauner, die meisten Ärzte als Hilfsbegriff an ihm fest. Daher empfehle er, den „K.-Begriff" wieder das werden zu lassen, was er war: „ein Sammelbecken für alles Unbekannte in der Aetiologie und Unsichere in der Prognose" (ebd.: 16). Die Konstitutionslehre schien – folgt man den Publikationen in der „Wiener Klinischen Wochenschrift" – zwar größtenteils die klinische und ärztliche Praxis beeinflusst zu haben, dennoch blieb sie wissenschaftlich umstritten, und selbst ihre Befürworter räumten ein, dass die sichere Trennung von Konstitution und Kondition erst zu erforschen sei, um zukünftig auch Konstitutionshygiene und nicht nur Konditionshygiene betreiben zu können (vgl. Tandler 1930: 319). Konstitutionshygiene werde bisher, so Julius Tandler, nur von der Eugenik betrieben. Dass diese noch kaum erfolgreich gewesen sei, stehe mit dem Problem in Zusammenhang, dass „die Menschheit sich der Wichtigkeit der Kenntnisse der Eugenik zu wenig bewusst ist und vor den vorbereitenden Aktionen zurückschreckt. Zu diesen gehören vor allem die Ausrottung der Minderwertigen" (ebd.).

---

95 Aschner führt exemplarisch aus, wie mit Hilfe der Konstitutionstherapie ein „asthenisch-magerer-hypotonischer Mensch" in einen „athletischen" oder „pyknisch vollblütigen Menschen" umgewandelt werden könne (ebd.: 1315ff.).

96 Kermauner habilitierte sich 1904 in Heidelberg für Geburtshilfe und Gynäkologie und war ab 1921 Ordinarius und Direktor der II. Universitätsfrauenklinik Wien. Werke (u.a.): „Die Mißbildung der weiblichen Geschlechtsorgane", in: „Morphologie der Mißbildungen" (Hrsg. Schwalbe), Band 3.2, Jena 1909; „Zur Frage der Berufsberatung vom Standpunkt des Frauenarztes", in: „Handbuch der ärztlichen Berufsberatung", Berlin und Wien 1923.

Die wissenschaftlichen Auseinandersetzungen im Bereich der Konstitutionslehre zeigen deutlich, dass bis Ende der 30er Jahre nicht von einem gesicherten Nachweis der „Veranlagung" zu einer bestimmten Konstitution ausgegangen wurde, dass die klinische Bewertung des Stellenwertes der Konstitution nicht nur uneinheitlich, sondern auch widersprechend und dass die Standpunkte der Konstitutionsforscher selbst different bis vollkommen gegensätzlich waren. Die „Unordnung der Dinge" im Bereich der Konstitutionslehre blieb in den Publikationen evident. Dennoch wurde ein präventives Eingreifen in die Natur und Kultur der Reproduktion auf Basis von Eheberatung gefordert.

Eine weitere Bezugsdisziplin der Eugenik war die *Vererbungswissenschaft*. Wie die Konstitutionsforschung zielte auch die Vererbungslehre auf die Erforschung dessen, was beim Menschen durch die Zeugung für immer festgelegt und vererbt wird. Die Vererbungsforschung am Menschen erfolgte aber nicht auf Basis von „Züchtungsexperimenten", sondern über die „statistische Verarbeitung des von der Natur spontan dargebotenen Materials" (Bauer 1930: 320). Der langsame und mangelnde Erkenntnisfortschritt auf dem Gebiet menschlicher Erblehre bis Ende der 30er Jahre wurde damit erklärt, dass die Humanbiologie auf natürliche Generationenfolgen angewiesen sei – „das spontan dargebotene Material" – und nicht über Laborzüchtungen von Pflanzen oder Tieren eine rasche Generationenfolge herstellen und dabei die Vererbungsvorgänge erforschen könne.

Die Grundfrage der Vererbungsforschung, die wissenschaftlich nicht geklärt werden konnte, aber als Hypothese vorlag, lautete, ob „die betreffenden Merkmale und Eigenschaften auf die einfachsten, nicht mehr spaltbaren Erbeinheiten oder Erbfaktoren, Gene" zurückgeführt werden könnten, d.h., ob „die Repräsentation des Phänotypus" als die fertige ausgebildete Erscheinungsform des Menschen „in seinem Genotypus", also im Keimplasma, erfassbar sei (ebd.).

Der Begriff „Keimplasma" ist eine historische, d.h. veraltete Bezeichnung für Vererbungssubstanz, die von dem Zoologieprofessor der Universität Freiburg August Weismann (1834–1914) benannt wurde. Seine Hypothese war, dass das Keimplasma nur durch Zellteilung und in seiner Gesamtheit nur in der Keimbahn weitergegeben wird.[97] Als Keimbahn wurde die Weitergabe des Keimplasmas vom Ei bis zu den Keimzellen der folgenden Generation betrachtet.[98] Diese Annahme einer Kontinuität des

---

97 Heute wird mit dem Begriff des „Keimplasmas" ein in der Eizelle (weibliche Keimzelle) lokalisiertes, spezielles Cytoplasma bezeichnet, das um den Zellkern herum liegt und seinerseits von einer Zellmembran umgeben ist.

98 Mit dem Begriff der „Keimbahn" wird in der Biologie bei der Individualentwicklung – u.a. beim Menschen – jene Zellenfolge oder Genealogie bezeichnet, aus der die Keimzellen (Geschlechtszellen/generativen Zellen/Gameten) hervorgehen. Keimzellen werden von den somatischen Zelllinien, die den Körper bilden, unterschieden.

Keimplasmas schließt die Vererbung von beispielsweise durch Erziehung erworbenen Eigenschaften aus und konzipiert die Keimbahnzellen als potenziell unsterblich. Die Keimbahn wurde damit als Grundlage der Kontinuität in der Generationenfolge angenommen.

Die Chromosomentheorie der Vererbung wurde zu Beginn des 20. Jahrhunderts als Hypothese formuliert, u.a. von dem deutschen Zoologen, Cytogenetiker und Embryologen Theodor Boveri (1862–1915).[99] Es wurde davon ausgegangen, dass die genetische Information, also die Erbinformation einer Zelle, auf den Strukturen in den Zellkernen (Chromosomen)[100] lokalisiert ist. Bis Ende der 40er Jahre aber herrschten unüberwindliche Differenzen hinsichtlich des gestaltenden Prinzips in der Biologie zwischen Genetikern und Evolutionsbiologen. Genetiker betrachteten die Mutation der Gene als Grundlage für ihr Postulat der sprunghaften Entwicklung, Evolutionsbiologen anerkannten nur die Selektion als das gestaltende Prinzip der Biologie. Erst in der Zeit des Zweiten Weltkrieges wurden beide Sichtweisen zu einer synthetischen Evolutionstheorie verbunden.

Die neue Theorie („Neodarwinismus"), welche Mendelsche Genetik und Darwinsche Selektionstheorie miteinander verband, konnte das Selektionsverhalten aber nur durch mathematische Gleichungen beschreiben. Was die einzelnen Gene zur Fitness des Organismus beitragen, wurde als Parameter in diese Gleichungen eingearbeitet. Das Manko der Theorie war damit, dass die Parameter am biologischen Objekt nicht direkt gemessen werden konnte.

Die biochemische Forschung erst hat dazu beigetragen, dieses Problem zu lösen. 1944 wurde erstmals eine Arbeit publiziert, in der die molekulare Basis der Vererbung in der DNA gezeigt wurde (vgl. Schuster 2001: 311). In der Folge hat der Biochemiker Erwin Chargaff (1905–2002) wesentlich zur Entschlüsselung des chemischen Aufbaus der DNA beigetragen.[101] Erst mit der Durchsetzung der molekularen Genetik[102] in den 50er Jahren wurde die bis heute gültige Konzeption entwickelt, dass Chromosomen als Hauptkomponente DNA (Desoxyribonucleinsäure) enthalten und die Erbinformation in Molekülen von DNA codiert ist. Der Amerikanische Biochemiker James Watson

---

99 Boveri war Professor für Zoologie und Vergleichende Anatomie in Würzburg.
100 Ursprünglich bezog sich der Begriff „Chromosomen" auf das Material in Zellkernen, das mit Hilfe basischer Färbstoffe leicht angefärbt werden konnte. Dabei wurden die Chromosomen auch als „Kernfäden" oder „-schleifen" bezeichnet.
101 Erwin Chargaff wurde später zu einem anerkannten Kritiker der genetischen Forschung.
102 Die molekulare Genetik ist ein Teilgebiet der Genetik, in dem Struktur und Wirkungsweise der genetischen Informationen auf der Ebene von Molekülen (insbesondere der informationstragenden Makromoleküle DNA, RNA (Ribonukleinsäure und Proteine) untersucht werden.

(geb. 1928) und der englische Physiker und Biochemiker Francis Crick (geb. 1916) erhielten dafür 1953 den Nobelpreis. Sie gelten als Entdecker der Molekularstruktur der DNA.[103] Seither gilt die Chromosomentheorie der Vererbung als bestätigt.

Bis Ende der 30er Jahre beruhte die Vererbungstheorie also auf einer experimentell nicht nachgewiesenen Annahme und war unter den Vererbungswissenschaftlern umstritten. Trotz dieser mangelnden Absicherung war sie für die Eugenik von großer Bedeutung. Die Bezugnahme auf diese Annahme seitens der Eugenik war selektiv und verschärfte die Angst vor der „Entartung", da diese nun naturwissenschaftlich als erwiesen angenommen wurde. Da die „Theorie der Kontinuität des Keimplasmas" auch davon ausging, dass nicht alles vererbt wird, sondern ein „inaktiver" Teil in den Geschlechtszellen ruhe und erst in kommenden Generationen zum Tragen kommen könne, wurde die Gefahr der „Entartung" als um so größer angenommen. Diese Annahme wurde wiederum von den Mendelschen Erbregeln aus der Botanik bestätigt, die „rezessive" von „dominanten" Erbanlagen differenzierten. Als rezessiv galten die Erbanlagen dann, wenn sie nicht schon in der nächsten Generation zum Tragen kamen.

Obwohl über die materielle Beschaffenheit der „Anlagen" und ihren Einfluss auf den Entwicklungsgang nur spekuliert wurde, formulierten Eugeniker Hypothesen hinsichtlich der Vererbbarkeit von Sozialverhalten wie Alkoholismus, Kriminalität, Prostitution etc. sowie von „Geisteskrankheiten", mit denen u.a. auch soziale Phänomene pathologisiert und soziale Fragen medikalisiert wurden.

Bedeutender deutscher Vertreter dieser Richtung um die Jahrhundertwende war der Arzt und Eugeniker Wilhelm Schallmeyer (1857–1919)[104], der 1891 festhielt, dass die Vererbungslehre im Wesentlichen noch auf Vermutungen und spekulativen Grundla-

---

103 Sie beschrieben die Gene als Stränge der Desoxyribonukleinsäure in der Form einer Doppelhelix, d.h., dass zwei Stränge antiparallel zueinander verlaufen, sie sind durch Sprossen in regelmäßigen Abständen verbunden, die stets von zwei Basenpaaren, Adenin/Tyhmin oder Cytosin/Guanin, gebildet werden. Kaum zehn Jahre später wurde den vier Basen zugeschrieben, das Alphabet des genetischen Codes zu bilden. Dabei stellen nun Unterschiede in der Reihenfolge der Basenpaare Einheiten der genetischen Information dar.

104 Schallmeyer errang für das von Ernst Haeckel ausgeschriebene und von Friedrich Albert Krupp gesponserte Preisausschreiben „Was lernen wir aus den Prinzipien der Deszendenztheorie in Bezug auf die innenpolitische Entwicklung und die Gesetzgebung der Staaten" im Jahr 1900 den ersten Preis. Publiziert wurde die Arbeit unter dem Titel „Vererbung und Auslese. Grundriß der Gesellschaftsbiologie", die 1918 bereits in der 3. Auflage in Jena erschien. Darin unterschied Schallmeyer bereits zwischen „qualitativer" und „quantitativer" Bevölkerungspolitik, die dann von Julius Tandler in Österreich während und nach dem Ersten Weltkrieg in die Politik eingeführt wurde. Ebenso hatte Schallmeyer darin bereits Maßnahmen einer negativen Eugenik entwickelt (Heiratsverbot, Zwangssterilisation für Personen mit nachweislich „vererbbaren" Krankheiten sowie Zwangsasyl für „Geisteskranke", Alkoholiker und körperlich „minderwertige" Personen).

gen basiere: „Diese Erblichkeitsgesetze, welche wir a priori als vorhanden annehmen müssen, kennen wir noch nicht; wir besitzen statt ihrer nur einige Hypothesen und Vermutungen", und auch 1903 fehle es noch „im allgemeinen an genügenden Anhaltspunkten, um den generativen Wert der einzelnen Personen zu beurteilen" (zit. in: Reyer 1991: 21). Zugleich kritisierte er die „evolutionistische Vorstellung einer zwangsläufigen Höherentwicklung", als deren Kehrseite er die „Entartung" identifizierte. Diese war nach Schallmeyer Folge einer exzessiven Ausbildung einzelner Organe auf Kosten anderer. Den „natürlichen" Zweck des Einzelnen beurteilte er innerhalb des „generativen Ganzen", das er im „Volk" und der „politischen Nation" erkannte (vgl. Schallmeyer 1918). Rassenhygiene konzipierte er als „Hygiene des Genotypus", welche die „Qualität der Keimzelle" sicherstellen sollte, da diese das „ewige Leben" des Volkskörpers garantiere.

In der „Wiener Klinischen Wochenschrift" wurde die Frage des wissenschaftlichen Nachweises des menschlichen Erbganges bis Ende der 30er Jahre äußerst kontrovers diskutiert. In einem Bericht über den Kongress für Innere Medizin in Wiesbaden, vom 12. bis 15. April 1905, wurde der Vortrag von H. E. Ziegler, seit 1898 Professor für Zoologie an der Technischen Hochschule in Stuttgart, „Ueber den derzeitigen Stand der Vererbungslehre in der Biologie" publiziert (1905: 437f.). Darin hielt er fest: „Alle Anlagen des Körpers und des Geistes sind von der Vererbung abhängig, welche die Macht eines Naturgesetzes hat" (Ziegler 1905: 473). Die Vermischung der Ei- und der Samenzellen, die ihrerseits Chromosomen enthielten, bei der Befruchtung bringe einen neuen Organismus hervor. Die Mischung der Eigenschaften, die daraus resultiere, hänge von den Eigenschaften väterlicher- und mütterlicherseits ab, aber die Vermischung der Erbanlagen bei der Befruchtung (Amphimixis) falle jedes Mal unterschiedlich aus. Doch die „Konstitution eines Menschen und die damit zusammenhängende Disposition zu irgend einer Krankheit ist von den Vorfahren ererbt" (ebd.). Hier wurde ein biologischer Determinismus auf die menschliche Vererbungslehre übertragen, der die Beantwortung der Frage, welchen Einfluss die Anlage und welchen die Umwelt auf die Entwicklung des Menschen ausüben, auf eine Seite hin reduzierte.

Auch Friedrich Martius (1850–1923), Internist und Direktor der Medizinischen Universitätsklinik in Rostock, konstatierte in seinem publizierten Kongressvortrag, dass aus der Perspektive der Biologie nur Eigenschaften als vererbbar gelten, die „als Anlagen im Keimplasma der elterlichen Geschlechtszellen enthalten waren. Angeboren ist dagegen alles, was zur Zeit der Geburt im Individuum vorhanden ist" (Martius 1905: 473). Die Annahme aber, dass erworbene Krankheiten vererbt werden könnten, wurde abgelehnt. Das „Keimplasma" könne zwar durch exogene Einwirkungen (z.B. Alkohol) geschädigt werden, mit Vererbung habe dies aber nichts zu tun. Vererbt sei nur das, was aus den Determinanten der beiden Geschlechtszellen stamme. Doch welche sich bei der Kernverschmelzung durchsetzten, sei Zufall.

„Wer Pech hat, erwischt bei der Kernverschmelzung, aus der er hervorging, selbst die einzige schwarze Kugel (d.h. Krankheitsdeterminante), die in seiner Ahnenmasse steckte, während ein anderer, ein bene natus, fast nur aus weißen Kugeln entstand, obgleich es an massenhaften schwarzen in seiner Ahnenmasse keineswegs fehlte" (Martius 1905: 474).

Weil sich die Rassenhygiene angesichts dieser Erkenntnisse nicht auf die Vererbungslehre stützen könne, biete sie lediglich Anhaltspunkte zur Prüfung von Männern und Frauen hinsichtlich ihrer Zulässigkeit zum „legitimen Zeugungsgeschäft". Sie verbiete Alkoholikern, Syphilitikern und eventuell auch Tuberkulösen die Fortpflanzung (ebd.). Doch wenn die „modernen Rasseverbesserer" die Vererbung krankhafter Anlagen verhüten wollten, so habe die Natur bisher diese Auslese ausreichend und erfolgreich geleistet:

„Im Kampfe ums Dasein gehen ganze Familien zugrunde, sterben aus, wenn die vererbte Gesamtkonstitution durch Kumulation der Krankheitsanlagen [...] immer mehr heruntergeht". Damit solle die Rassenhygiene sich darauf beschränken, gegen exogene Krankheitsursachen zu kämpfen, denn sie sei „ohnmächtig gegen die Kombination der Vererbungselemente" (ebd.).

Die biologische Vorstellung von Vererbungsprozessen führte in den ersten Jahrzehnten des Jahrhunderts zum Schluss, dass eine „Verbesserung der Menschen" durch Züchtung keinesfalls möglich wäre, sondern maximal die Verhütung der Vererbung „krankhafter Anlagen" durch medizinische Eingriffe. Es wurde also nicht davon ausgegangen, dass die Vererbung den Menschen planmäßig lenken könne.

Zur „Verbesserung der Menschen" blieb also weiterhin die Erziehung richtungsweisend, wie dies der Rezensent von Julius Bayerthals Buch „Erblichkeit und Erziehung in ihrer individuellen Bedeutung" (1911) betonte (der Name des Rezensenten wurde in der WKW nicht genannt). Der Rezensent hob hervor, dass Bayerthal Erziehung als „Entwicklung (Förderung und Hemmung) der ererbten Anlagen" konzipierte, „von der Befruchtung der Keimzelle an bis zum Beginn der Selbsterziehung in einem für das Wohl des einzelnen Individuums und der Gesamtheit günstigen Sinne mittels planmäßiger Einwirkung" (Bayerthal 1911: 1645). Was durch Eingriffe in die Natur nicht korrigiert werden könne, solle also durch Erziehung entwickelt werden, sofern die Anlage dafür da sei. In einer statistischen Studie „Über Vererbung psychischer Fähigkeiten" (vgl. Peters 1916) wurde die Schulleistung von Kindern mit jenen der Eltern und zum Teil auch der Großeltern auf Grundlage der Volksschulzeugnisse verglichen. Diese Studie wurde von Raimann für die „Wiener Klinische Wochenschrift" rezensiert. Er qualifizierte die Studie als „fleißige Arbeit", welche die Vererbbarkeit schulischer Leistungsfähigkeit bestätige. Die Durchschnittsnoten der Kinder seien um so schlechter, je schlechter die der Eltern gewesen wären. Mütter hätten einen stärkeren Erbeinfluss auf Söhne und Töchter als Väter. Eine Ausnahme bilde das Rechnen, hier sei das väterliche Erbe dominant (WKW 1918: 163). Durch die Biologisierung jeglicher Fähigkeiten und Fertigkeiten wird die „Vererbung" ausschlaggebend für schulischen Erfolg.

Von anthropologischer Seite wurde weiterhin versucht, anhand statistischer Erhebungen Gesetzmäßigkeiten der Vererbung herauszuarbeiten. Als ein Standardwerk rassenbiologischer Forschung bezeichnete Julius Tandler eine von ihm rezensierte umfangreiche schwedische Untersuchung (Lundborg 1913), in welcher die Rassenmischung als Ursache für hohe Kriminalitätsraten, Nervosität sowie eines hohen Prozentsatzes von Epilepsiekranken behauptet wird (WKW 1914: 16).

Die Vererbungsforschung verstärkte den pathologisierenden Blick auf den Menschen. Die Zahl der als erbkrank bewerteten Erscheinungen bestätigte die von der Entartungslehre der Psychiatrie bereits ausgearbeiteten Klassifizierungen. Diese nannte psychische Erkrankungen (Schizophrenie, manische Depressivität, Suizidneigung, Imbezillität), unheilbare Krankheiten (Epilepsie, Tuberkulose, Syphilis, Blind-, Taubheit u.a.), sexuelle Andersartigkeit (z.B. uneheliche Mutterschaft, Prostitution, Sittlichkeitsverbrechen, Onanie, männliche Homosexualität und so genannte Mannweiber) und soziale Abweichungen (Landstreicherei, Bettelei, Arbeitsscheu, Kriminalität, Alkoholismus) als die vier wesentlichen Entartungsformen und beurteilte sie als vererblich.

In der Rezension eines der berühmtesten Werke der Rassenhygiene, Rassenanthropologie und Eugenik der 20er Jahre, dem „Grundriß der menschlichen Erblichkeitslehre und Rassenhygiene" von Baur/Fischer/Lenz[105] (1921) wies der Rezensent Fischel den Ergebnissen der Vererbungsforschung einen „für die ganze menschliche Gesellschaft" so wichtigen Stellenwert zu, dass er die Kenntnis der Ergebnisse als „Gebot der allgemeinen Bildung" einforderte (WKW 1922: 66).

Neben Vererbungsforschung im Bereich der Zoologie, Biologie und Anthropologie stellten aber auch verschiedene Fachrichtungen der Medizin, welche die Ursachen von Krankheitsentstehung erforschten, Material und Studien für die Vererbungslehre bereit.

---

105 Bauer/Fischer/Lenz gehörten zu den ersten, welche die Rassenanthropologie mit der Vererbungslehre verbunden haben.

Die Kinderheilkunde beispielsweise beteiligte sich an der „Familienforschung" und untersuchte „Tausende von Kindern in der offenen und geschlossenen Fürsorge Wiens und der ländlichen Randbevölkerung des alten Oesterreich", so der Wiener Pädiater Siegfried Weiß[106] (Weiß 1926: 107). Geliefert wurden, so heißt es in seinem Bericht, „klinisch einwandfreie Beobachtungen am kranken Kind und ebenso verläßliche Wahrnehmungen an der äußeren Gestalt des gesunden kindlichen Körpers in Teilen oder in seiner Gänze, in seinem inneren Wesen und Seelenleben" (ebd.: 109). Die Erforschung der Entstehung menschlicher Entwicklung wurde von ihm schließlich zum „Herrschgebiet der Embryologie, Vererbungslehre, Rassenkunde, Familien- und Gesellschaftsbiologie" (ebd.) erklärt.

Eine andere Studie über Erkrankungen des „peripheren Bewegungsapparates" der Allgemeinen Poliklinik in Wien lieferte Ergebnisse zur Frage der Vererbbarkeit von Hüftluxation[107] und Polydaktylie[108]. Auch sie resultierte aus Beobachtungen an Kranken. Berta Aschner, Assistentin von Julius Bauer an der II. Medizinischen Abteilung der Allgemeinen Poliklinik in Wien, begründete solche Untersuchungen mit der Bemerkung, „da ja in der menschlichen Vererbungslehre das Züchtungsexperiment ausgeschlossen ist, sind wir darauf angewiesen, die Resultate der zufälligen Kreuzungsexperimente, wie sie von der Natur gegeben sind, zu ordnen und zu sichten und aus pathologischen Veränderungen Schlüsse auf die Physiologie der Vererbung zu ziehen" (Aschner 1928: 1213). Die klinische Vererbungsforschung der Medizin beruhte damit auf Erkrankungsstatistiken.

Die Methoden der Vererbungsforschung im Bereich der Anthropologie, welche Menschen nach bestimmten phänotypischen Eigenschaften und Gemeinsamkeiten in körperlicher und geistiger Hinsicht unterschied, wurden vom Anthropologieordinarius der Universität Wien, Josef Weninger, vorgestellt. Sie erschöpften sich in umfangreichen Vermessungen und Berechnungen der „Körper-, Kopf-, Gesichts-, Nasen-, Ohrenformen, Haarform und -farben, Irisstruktur und -farben usw." des Menschen (Weninger 1936: 801ff.). Dazu wurden Anthropometrie (Vermessung des Körpers beim Menschen mittels anthropologischer Klassifizierungen und Vergleiche), Morphognose[109], Varia-

---

106 Gründungsmitglied der „Österreichischen Gesellschaft für Bevölkerungspolitik".
107 Hüftluxation ist die Verrenkung/Verlagerung des Hüftkopfes aus der Hüftpfanne.
108 Polydaktylie ist eine einfach-dominant erbliche Vermehrung der Finger- oder Zehenstrahlen.
109 Morphognose ist die beschreibende Methode, welche den Hauptwert auf die Erfassung des Wesentlichen in der Gestalt legt; beschrieben werden Beschaffenheit und Farbe der Haut, der Iris, Form und Farbe des Haares, das Papillarsystem; zwecks zuverlässiger und genauer Analyse wurden Schemata hinsichtlich Körperbau und Konstitution entwickelt (vgl. Weninger J./Pöch H.: „Leitlinien zur Beobachtung der somatischen Merkmale des Kopfes und Gesichts am Menschen", Mitteilungen der Anthropologischen Gesellschaft Wien, Bd. 54, S. 231–270, 1924).

tionsforschung (Vergleich eines Merkmals an vielen Menschen), Kollektivmaßlehre (Kombination von Beobachtung und Berechnung) und Häufigkeitsstatistik (zur Feststellung, ob sich ein Merkmal vererbt) angewandt. Damit sollte die „Mannigfaltigkeit" und „Variabilität" menschlicher Erscheinungsformen geordnet werden.

Um festzustellen, ob und wie sich beim Menschen etwas vererbe, werde in der Anthropologie, so Weninger, die kleinste Lebensgemeinschaft des Menschen – die Familie – auf naturwissenschaftlicher Basis der Familienanthropologie, Zwillings- und „Bastardforschung" untersucht. Die Familienanthropologie studiere die Verwandtschaftsverhältnisse (Genealogie) durch Aufstellung von „Vorfahrentafeln (Ahnentafeln), Nachkommentafeln (Stammtafeln) und Sippschaftstafeln" (Kombination von Ahnen und Stammtafel), die Zwillingsforschung untersuche auf Basis von Vorannahmen der Erbgleichheit von eineiigen Zwillingen die Differenz von Anlage- und Umwelteinflüssen, die „Bastardforschung" studiere die Rassenmischung auf Basis der Untersuchung von Verwandtschaftsverhältnissen (ebd.). Wenn ein Merkmal über Generationen feststellbar sei, könne ein Erbgang vermutet werden. Doch gerade diese Feststellung sei eines der Probleme anthropologischer Vererbungsforschung, denn „die Entwicklungszeit des einzelnen Individuums geht zu langsam vor sich; die Lebensdauer des einzelnen Menschen und die Dauer einer Generation ist zu lange, für wissenschaftliche Forschung bald unübersehbar" (ebd.: 802). Demgegenüber könne die „experimentelle Erblehre" beispielsweise bei der Obstfliege Drosophila 200 Generationen in zehn Jahren erforschen und überblicken. Daher stehe die Erforschung der menschlichen „Erbnormalbiologie" erst am Anfang eines schwierigen Forschungsgebietes, bei dem lediglich davon ausgegangen werden könne, dass den Außenmerkmalen des Menschen Gene (Erbfaktoren) zugrunde liegen. Da Menschen aber viele Außenmerkmale besitzen, müsse auf viele Gene geschlossen werden. „Das Einzelindividuum hat eine Summe von einzelnen Genen, hat Gensätze und alles zusammen in seiner gegenseitigen Wirkung ist seine Gengarnitur" (ebd.: 806). Diese genetische Denkweise sollte künftig, so Weninger, den anthropologischen Zugang zur Vererbung durch Zwillings- und Familienanthropologie, ebenso zur Entstehung und Abgrenzung der „Menschenrassen" erklären können (ebd.).

Auch in der anthropologischen Forschung wurde also, wie in der Konstitutions- und Vererbungsforschung, der Fortschritt in der Erkenntnis des Erbganges beim Menschen mit der experimentellen Genetik verbunden. Wie diese halten Vertreter der anthropologischen Erbforschung Mitte der 30er Jahre fest, dass der Erbgang beim Menschen wissenschaftlich noch nicht nachgewiesen, sondern nur vermutet werden könne. Diese Einsicht hat aber die Vertreter der Anthropologie nicht davon abgehalten, ihre Methoden und Techniken nach dem Anschluss Österreichs an das „Dritte Reich" für „Abstammungsgutachten" des „Reichssippenamtes" in Wien zur Verfügung zu stellen (vgl. Fuchs 2003: 295ff.).

Klinische Fächer, welche die Ursachen von nicht zu heilenden Erkrankungen erforschten, unterstellten den Fortschritt der eigenen Disziplin ebenso dem Fortschritt der Vererbungswissenschaft, um bei Krankheiten, die nicht geheilt werden können wenigstens zu verhindern, dass die Anlage oder Disposition zu Erkrankung weitervererbt werden. Dabei wurden die Ambivalenzen und Unsicherheiten in Bezug auf den wissenschaftlichen Nachweis des Erbganges beim Menschen zunehmend negiert, und gegen das wissenschaftlich immer noch Unerklärliche wurde eine medizinische Selektionspraxis propagiert.

Beispielhaft dafür steht die Psychiatrie, welche bereits um 1900 die Erblichkeit als den wichtigsten Faktor in der Ätiologie der „Geistesstörung" betrachtete. Der wissenschaftliche Nachweis konnte aber nicht klinisch, sondern nur statistisch erbracht werden. In diesem Zusammenhang diskutierte der Psychiatrieordinarius Julius Wagner v. Jauregg methodische Probleme der statistischen Forschung und bemerkte, „dass die Beweise für die ursächliche Bedeutung der hereditären Belastung an Exaktheit viel zu wünschen übrig lassen" (1902: 1155). Vor allem sei es schwierig, die „Statistik der erblichen Belastung Geistesgesunder" von der erblichen Belastung „Geistesgestörter" zu differenzieren (ebd.: 1154). „Kontrolluntersuchungen an Gesunden" würden aber kaum vorliegen. Doch nicht allein statistische Mängel der Erblichkeitslehre seien gravierend, sondern auch die Frage bliebe offen, was eigentlich übertragen werde, wenn von Erblichkeit die Rede sei.

„Es dürfte nicht leicht sein, den Beweis zu erbringen, dass je eine Geisteskrankheit von einem Aszendenten auf seinen Deszendenten vererbt worden sei. Die überwiegende Mehrzahl der Geisteskranken ist ja nicht schon in der ersten Kindheit krank, sondern sie erkrankt erst später: es ist hier also nicht Krankheit, sondern nur die Möglichkeit, zu erkranken, also eine Disposition zur Erkrankung übertragen worden. [...] Aber auch in jenen Fällen, wo die Erkrankung schon bei der Geburt vorhanden war, also in den Fällen von angeborener Idiotie, lässt sich die erbliche Uebertragung der Krankheit selbst nicht beweisen" (Wagner-Jauregg 1902: 1156).

Die Streitfrage, ob auch erworbene Eigenschaften vererbbar seien, ob also Veränderungen aufgrund äußerer Einwirkungen und Einflüsse trotz eines unveränderbaren „Erbplasma" bei Nachkommen wieder auftreten würde[110], wurde von Wagner-Jauregg

---

110 Der Wiener Zoologe Paul Kammerer (1880–1926) war ein Vertreter dieser „lamarckistischen" Vererbungstheorie, die er in seinem Buch „Beweise für die Vererbung erworbener Eigenschaften" (Berlin 1910)

weder zustimmend noch ablehnend beurteilt. Er räumte aber ein, dass Schädigungen die sich als „Idiotie" manifestierten, oft erst intrauterin oder während der Geburt entstünden. In seiner Einschätzung zeigt sich, dass selbst Vertreter der Vererbungslehre in der Psychiatrie plumpe Vererbungsvorstellungen relativierten. Es könne höchstens von der Vererbung einer Disposition zur Erkrankung ausgegangen werden. Dabei sei aber aufgrund der unterschiedlichsten „Geistesstörungen" von einer Mehrheit von Dispositionen auszugehen. Wagner-Jauregg stand der damals gängigen Hypothese der Vererbungslehre, dass eine „Einheitlichkeit der psychopathischen Disposition" bestehe, also kritisch gegenüber. Er bezweifelte nicht nur Ergebnisse statistischer Erblichkeitsforschung, auch die Erstellung von Stammbäumen beurteilte er als didaktisch vielleicht nützlich, als Beweis aber wertlos, da meist nur jene Stammbäume selektiv herangezogen würden, in welchen „starke Belastungen" nachgewiesen werden könnten. Demgegenüber aber sei eine gegensätzliche Beweisführung ebenso möglich. Er zog zu Beginn des Jahrhunderts aus der Durchsicht des aktuellen Standes der Vererbungsforschung den Schluss,

> „daß in den meisten Fällen sicher nur eine Disposition ererbt wird, und dass sich andererseits die wirkliche Vererbung einer Krankheit nicht nachweisen läßt. Es unterliegt ferner keinem Zweifel, daß Disposition keine unveränderliche, sondern eine variable Größe ist; dass die Menschen nicht in Belastete und Unbelastete einzuteilen sind, sondern daß Belastung uns allen, nur in sehr verschiedenem Grade zukommt, resp. daß unter der viel berechtigteren Annahme einer Mehrheit, ja Vielheit von ererbten Dispositionen, diese Dispositionen in den verschiedensten Graden und in mannigfacher Verbindung bei einer Menge von Menschen vorkommen" (Wagner-Jauregg 1902: 1158).

Wagner-Jauregg warnte einerseits vor einer Überschätzung der Erblichkeitslehre, vor allem davor, in der Praxis der Eheberatung voreilige Schlüsse zu ziehen, zog aber zugleich selbst aus der Unbeweisbarkeit von Vererbung den Schluss, dass alle Menschen in unterschiedlicher Weise belastet seien. Diese widersprüchliche Position, dass er entgegen seinen klinischen Einsichten eine eugenisch eingreifende Praxis forderte, kann

---

ausgearbeitet hat. Mit Hilfe von Kröten und blinden Grottenolmen wollte er seine Theorie beweisen, dass künstlich erworbene Eigenschaften vererbbar seien. Als sich nach dem Ersten Weltkrieg seine Versuchsreihe als gefälscht herausstellte, beging er 1926 Selbstmord.
Die lamarckistische Position wurde vor allem auch in der Biologie der Sowjetunion vertreten. T. D. Lyssenko (1898–1976) wollte darauf aufbauend die Entstehung neuer Erbeigenschaften durch Umweltbedingungen gezielt lenken, d.h., durch Milieueinwirkung die „kommunistische Prägung" des Menschen vererbbar machen.

im Zusammenhang mit dem in der Medizin sich verbreitenden prophylaktischen Paradigma erklärt werden, das ärztliches Handeln auch dann ermöglicht und legitimiert, wenn dessen Grundlagen wissenschaftlich noch nicht gesichert sind und „vorbeugen" höher als „heilen" bewertet. Sie verweist aber auch auf die Bereitschaft jener medizinischen Fächer, die mit „unheilbaren" Krankheiten konfrontiert waren und mit dem medizinischen Fortschritt in anderen Fächern nicht mithalten konnten, im Dienste des Einflusses und der Zuständigkeit der eigenen Disziplin kurzschlüssigen Handlungsoptionen zuzustimmen, weil sie deren Wertmaßstäbe teilten.

Von diesen Unsicherheiten auf dem Gebiet der Vererbungsforschung ließ sich auch nicht der Nachfolger von Wagner-Jauregg, der Psychiatrieordinarius Otto Pötzl (1877–1962), beeindrucken.[111] Er folgte Wagner-Jauregg 1929 auf die Lehrkanzel und befasste sich wie sein Vorgänger in seiner Antrittsvorlesung mit Fragen der Vererbbarkeit von Geistesstörungen (vgl. WKW 1929/5: 129ff.). Pötzl war von 1928–1945 Leiter der Universitätsklinik für Psychiatrie in Wien und arbeitete in seinem ersten Arbeitsjahr als Ordinarius hinsichtlich der Vererbung von Geisteskrankheiten Empfehlungen für die Eheberatung und Sterilisation aus (Pötzl 1929: 882). Dabei gab er zwar zu bedenken, dass von einer allgemeinen Belastung nicht gesprochen werden könne, sondern

---

111 Otto Pötzl, geboren 1877, gestorben 1962, war von 1928 bis 1945 Leiter der Universitätsklinik für Psychiatrie in Wien; Forschungsarbeiten zu Aphasie und Schizophrenie. Otto Pötzl sei, obwohl NSDAP-Mitglied seit 1930, so Wolfgang Neugebauer, aber nicht als besonderer Protagonist der Euthanasie in Erscheinung getreten. Viktor Frankl, der 1940 bis 1942 die Neurologische Abteilung des Jüdischen Spitals leitete, habe in einem Interview erwähnt, dass Pötzl immer wieder jüdische Patienten dorthin überwiesen und damit vor der Euthanasie bewahrt hätte. Andererseits hat Pötzl bereits 1946 in einem Gutachten festgehalten, dass die Verabreichung von Giften wie Veronal, Luminal oder Morphium bei den „Euthanasieaktionen" während des Nationalsozialismus eine „besonders humane Tötung" gewesen sei, weil die Betroffenen in den Tod „dahindämmern" würden (vgl. Klee 2001: 340). Nach dem Anschluss Österreichs an das „Dritte Reich" stellte Pötzl der „Arbeitsgemeinschaft Deutscher Psychotherapeuten", die an die Stelle der zerschlagenen „Psychoanalytischen Vereinigung" gesetzt wurde, an der Psychiatrischen Universitätsklinik in Wien Räume für eine Poliklinik zur Verfügung. Otto Pötzl erhielt 1957, 80jährig, die Ehrenmedaille der Bundeshauptstadt Wien in Würdigung seiner Verdienste für die Wiener Medizinische Schule. Pötzl betreute die Forschungsarbeiten von Manfred [Joshua] Sakel (1900–1957) und schrieb das Vorwort zu Sakels Beitrag „Neue Behandlungsmethode der Schizophrenie (*Wiener Medizinische Wochenschrift*, 1934/35, Nr. 84). Sakels Text gehört zu den klassischen Arbeiten zur „Krampfbehandlung" von Schizophreniepatienten. Er führte die Insulin-Schock-Behandlung von Schizophrenen ein, die den Weg für die „Metrazol-Schock-Therapie" und die „Elektroschock-Therapie" ebnete. Sakel studierte in Wien Medizin (1919–1925), spezialisierte sich in Neurologie und Neuropsychiatrie, ab 1933 war er Assistent an der Neuropsychiatrie der Universität Wien. Wegen seiner jüdischen Herkunft musste er 1936 vor den Nationalsozialisten nach Amerika flüchten. Er entwickelte die „Insulin-Koma-Therapie" für Schizophrene (Sakel-Therapie), bei der er davon ausging, dass das durch Insulinverabreichung induzierte Koma und die daraus resultierenden Krämpfe den geistigen Zustand von Psychotikern verbesserten. Dieses Verfahren kam weltweit zur Anwendung und wurde später durch die „Elektroschocktherapie" ersetzt.

dass sich „die Lehre von der Vererbung der Geisteskrankheiten in eine Anzahl spezifischer Sonderfälle auflösen" lasse, „die auch für den eugenischen Standpunkt möglichst gesondert betrachtet werden müssen" (ebd.). Für das „manisch-depressive Irresein" beurteilte er die Erblichkeit als ätiologischen Hauptfaktor, auch wenn eine äußere Mobilisierung der Erbanlagen mitberücksichtigt werden müsse. Dennoch forderte er, dass „die Fortpflanzung solcher Individuen" mit allen Mitteln verhindert werden müsse. Die Schizophrenie beurteilte er als „springend" vererbbar, d.h., dass in den Seitenlinien einer Familie immer wieder „Erbkranke" geboren würden, diese aber durchaus „gesunde, hochwertige Nachkommen" haben könnten. Das „Einheiraten" in solche Familien betrachtete Pötzl zwar als Risiko, „doch ist Art und Grad der Gefahr ein solches Zufallsspiel, daß meines Erachtens eugenisch fundierte Verbote hier kaum anwendbar sind" (ebd.: 883). Sterilisation bei Schizophrenie wertete er weniger wegen der Verhinderung „erbkranker" Nachkommen als nützlich, sondern „weil in ihr auch heute noch mit einem gewissen Recht ein therapeutischer Versuch erblickt werden darf" (ebd.). Die Vererbbarkeit von Epilepsie beurteilte er als kaum erwiesen und nannte die Keimschädigung durch Alkohol als wahrscheinlichste Ursache. Dennoch empfahl Pötzl, dass hier keine Nachkommen gezeugt werden sollten, vor allem wegen der Gefahr, welche für die „Deszendenz" manifester Epileptiker bestehe. Den Nachweis der Vererbung des „süchtigen Charakters" beurteilte er als noch nicht stichhaltig, doch sollten manifest Suchtkranke aus eugenischen Gründen von der „Fortpflanzung ausgeschlossen werden" (ebd.). Besonders bei Morphinisten sei eine kinderlose Ehe indiziert. Ebenso dürfe vom eugenischen Standpunkt aus auf keinen Fall unverheirateten „nervösen Individuen" aus therapeutischen Gründen die Ehe angeraten werden.

Insgesamt kam er wie sein Vorgänger Wagner-Jauregg zu dem Schluss, dass der wissenschaftliche Nachweis der Vererblichkeit von „Geisteskrankheiten" nicht erbracht werden konnte, zugleich empfahl er eugenische Eingriffe in die Reproduktion als legitime prophylaktische Maßnahme zu deren Verhütung.

Wagner-Jauregg, nach seiner Emeritierung seit 1929 Präsident des „Bundes für Volksaufartung und Erbkunde"[112], erörtert zeitgleich die Frage, welche Schlüsse ein Eugeniker aus dem Stand der Forschung zur Vererbung manisch-depressiven Irreseins ziehen könne. Er wandte ein, dass besonders bei den leichten zirkulären Formen dieser Erkrankung viele Individuen „in den verschiedensten Richtungen, in Künsten und Wis-

---

112 Schon der Name des österreichischen Bundes verweist auf die Verbindung mit dem deutschen „Bund für Volksaufartung und Erbkunde", der sich 1925 von der 1905 gegründeten „Gesellschaft für Rassenhygiene" abspaltete. Entgegen den wissenschaftlichen Zielsetzungen der „Gesellschaft für Rassenhygiene" zielte der „Bund für Volksaufartung und Erbkunde" darauf, die Ideen der „Rassenhygiene" in der Bevölkerung durchzusetzen.

senschaften, in Industrie und Handel äußerst wertvolle Leistungen vollbringen" (1929: 927). Von daher könne die Abstammung von einer manisch-depressiven Familie noch nicht als Kriterium gegen eine „Fortpflanzung" gewertet werden. Er empfahl leichte von schweren Fällen zu unterscheiden, welche einer Anstaltspflege bedürften. Für die Epilepsie empfahl er dem Eugeniker dasselbe, nämlich „die Unterschiede in der Schwere der Erkrankung zu berücksichtigen" (963). Hinsichtlich der „Heredität der Kriminellen" verwies er auf eine amerikanische Familienforschung, die statistisch auf eine Vererbung „asozialer Anlagen" schließen lasse (964). Dabei gab er zu bedenken, dass die statistischen Fehler der Erblichkeitslehre, die er schon Jahrzehnte vorher (1902) kritisiert hatte, noch immer (1929) vorliegen würden, d.h. kaum Vergleichsstudien zur erblichen Belastung von „Geistesgesunden" bestehen würden. Auch die Konstitutionslehre des Psychiaters Ernst Kretschmer, welche die Zusammenhänge zwischen Körperbau und psychischen Erkrankungen nachweisen wollte, kritisierte er als nicht stichhaltig, da seine Körperbautypologie auch für „Gesunde" gelte. Trotz solcher Relativierungen betonte er wieder,

> „wie wichtig für den Eugenetiker die Kenntnis von der Bedeutung erblicher Anlagen zu Geistesstörungen ist, und wie wichtig es ist, diese Kenntnis im Volk möglichst zu verbreiten, damit bei den Menschen das Gefühl der Verantwortlichkeit gegenüber ihren Nachkommen gesteigert werde" (ebd.: 964).

Obwohl auch Wagner-Jauregg wiederholt zum Schluss kam, dass die Erblichkeit von „Geisteskrankheiten" wissenschaftlich noch nicht nachweisbar sei und der von ihm kritisch gesichtete Forschungsstand keinerlei Entscheidungskriterien vorlege, bezog er sich auf die von ihm als nicht stichhaltig kritisierten Verfahren, um eugenische Maßnahmen zur Verhinderung der Vererbung von „Geistesstörungen" zu fordern. Ziel dieser Forderung war, die „Lehren der wissenschaftlichen Erbkunde" für die „Volksaufartung" auch im österreichischen „Bund für Volksaufartung und Erbkunde" zum Zuge kommen zu lassen, nach dem Motto des deutschen Bruderbundes: „Bewahret das von den Ahnen übernommene körperliche und geistige Erbe gesund; tragt Sorge, daß krankhafte Abweichungen sich nicht vererben'" (ebd.: 926). Das heißt, obwohl die Vererbung wissenschaftlich nicht erwiesen werden kann, soll praktisch gehandelt werden. Es müsse, so Wagner-Jauregg, „*trotzdem* (Hervorhebung M.W.) heute schon zu ihnen Stellung" genommen werden, „denn die Fragen der Erbkunde haben schon heute praktische Bedeutung" (ebd.).

An Wagner-Jaureggs Publikationen lässt sich die Suspendierung der Zweifel des Wissenschaftlers studieren, welcher die Bedeutung der Umwelteinflüsse gegenüber der Überbetonung der Erblichkeit hervorheben will und dazu immer wieder die Frage diskutiert, ob es Krankheiten gibt, „bei denen die Erbanlage allein ausreicht" (Wagner-Jauregg 1928: 546). Denn selbst in Fällen, bei denen offensichtlich eine Erbanlage zugrundegelegt wurde, wie bei der Huntingtonschen Chorea, manifestiere sich, so Wagner-Jauregg, die Krankheit in verschiedenster Weise. Wagner-Jauregg bleibt ein Fragender: Wodurch erhalten aber die Erbfaktoren eine derart unterschiedliche Durchschlagskraft? Was führt zum dominantem, was zu rezessivem Erbgang? Seine Antwort war auch 1928 noch die, dass der „Schlüssel, der aus diesem Wirrsal herausführen soll", noch nicht gefunden sei (ebd. 549). Sein Einsatz für eugenische Maßnahmen beruht auf einem Stand der wissenschaftlichen Erkenntnis, nach der zwar nichts bewiesen ist, ein Urteil aber aufgrund des Status des Urteilenden als legitim unterstellt wird. Sie ist der Anmaßung einer Definitionsmacht geschuldet, die dem meritokratischen[113] Selbstverständnis einer wissenschaftlichen Klasse entspringt, die qua Berufung legitimiert wird, eine neue Ordnung zu schaffen.

Zusammenfassend kann für die menschliche Erbforschung im Bereich der Konstitutions- und Vererbungslehre der ersten Jahrzehnte des 20. Jahrhunderts festgehalten werden, dass die Methoden hinter jenen der experimentellen Biologen zurückblieben, die diese bei Pflanzen und niederen Tieren einsetzten (vgl. Aschner 1936). Sie trat bezüglich des Nachweises des Erbganges beim Menschen über Jahrzehnte an der Stelle: Der Einsatz von Stammbaum- und Familienforschung und statistischer Methoden konnte den wissenschaftlich seriösen Nachweis der Vererbung beim Menschen und damit den Fortschritt der Disziplin nicht erbringen. Schwierigkeiten, mit denen die Institutionalisierung der menschlichen Erbforschung in Kliniken bis Ende der 30er Jahre konfrontiert war, beruhten auf ihrem wissenschaftlich hypothetischen Charakter.

Wie hier gezeigt werden konnte, räumten bedeutende Kliniker wie z.B. der Anatomieordinarius Julius Tandler, die Psychiatrieordinarien Julius Wagner-Jauregg und Otto Pötzl, der Ordinarius für Gynäkologie und Geburtshilfe Fritz Kermauner, der Primar für Innere Medizin Julius Bauer und der Konstitutionsphysiologe und Embryologe Doz. Alfred Greil ein, dass trotz der Anstrengungen wissenschaftlicher Forschung die Nachweisbarkeit der Vererbung noch nicht erbracht werden konnte. Zugleich aber forderten sie mehrheitlich medizinische Maßnahmen, um eine weitere Verbreitung von „Erbkrankheiten" zu verhindern.

Die erfolglosen Bemühungen der klinischen Vererbungsforschung und die Ohnmacht der Ärzte angesichts unheilbarer Erkrankungen konnten durch die eingesetzte Definiti-

---

113 Der Begriff „Meritokratie" benennt die gesellschaftliche Vorherrschaft von einer durch Leistung und Verdienst ausgezeichneten Bevölkerungsschicht.

onsmacht ärztlicher Gutachter in der Praxis entschädigt werden. Trotz der anhaltenden Unerklärlichkeit der menschlichen Vererbung wurde eine medizinische Selektionspraxis lanciert, mit der die Vererbung unheilbarer „Erbkrankheiten" präventiv verhindert werden sollte.

Diese beginnende Spaltung von klinischer Forschung und Praxis verselbständigte sich in der Zeit des Nationalsozialismus. Vererbungsforschung wurde im NS-Staat weiterhin betrieben und finanziert, zugleich realisierte er mit Hilfe medizinischer Gutachten die Zwangssterilisation von als „unheilbar" diagnostizierten „(erb)kranken" BürgerInnen und entledigte sich ihrer in weiterer Folge durch ihre Ermordung.

Ab den 60er Jahren wurde menschliche Vererbungswissenschaft als Humangenetik fortgeführt. Diese Kontinuität spiegelt sich auch in der Geschichte der Fachzeitschrift „Human Genetics" (seit 1975) – eine Fortsetzung der Publikationsreihe „Humangenetik" (1964–1975), die Nachfolgerin der „Zeitschrift für menschliche Vererbungs- und Konstitutionslehre" (1936–1944/1949–1963), ihrerseits wiederum Nachfolgerin der „Zeitschrift für Konstitutionslehre" (1916–1934) war. Sie wurde während des gesamten Zeitraumes in Berlin bei Springer herausgegeben und stellt die facheinschlägigste Zeitschrift auf dem Gebiet der menschlichen Vererbungsforschung im deutschsprachigen Raum dar.[114]

Die Probleme wissenschaftlicher Fundierung der Vererbungslehre wurden nicht wissenschaftlich, sondern politisch gelöst. Deutschland habe, so Berta Aschner, die hier auf die „Vererbungsgesetze", welche in Hitlerdeutschland 1933 und 1935 erlassen wurden, verweist, die Vererbungslehre von Staats wegen anerkannt und sie

> „sogar bezüglich ihrer Wichtigkeit an die Spitze der medizinischen Disziplinen gestellt. Denn die Rassenpflege, die ja einen der Hauptprogrammpunkte des Dritten Reiches bildet, fußt, wie allgemein anerkannt, auf den Ergebnissen der Vererbungslehre. Es war nun zu erwarten, dass diese Anerkennung und Hinlenkung der Aufmerksamkeit aller Forscher auf die Genetik zu einem Großen Aufschwung unserer Wissenschaft führen mußte" (Aschner 1935: 765).

In diesen Äußerungen Aschners zeigt sich deutlich der vererbungswissenschaftliche Bedarf nach politischer Unterstützung, da die Durchsetzung der Vererbungslehre auf wissenschaftlicher Ebene in der Medizin nicht gelang. Lediglich deren Anwendung versprach den erhofften Erfolg.

Die rassenhygienische und eugenische Praxis der Ärzte entbehrte also noch immer wissenschaftlicher Grundlagen. Das bedeutet aber nicht, die Vererbungswissenschaft

---

114 Auch die Fachzeitschrift des „Galton Laboratory for National Eugenics" wurde 1954 von „Annals of Eugenics" zu „Annals of Human Genetics" umbenannt (vgl. Kevles 1993: 25).

der ersten Jahrzehnte als Pseudowissenschaft zu kennzeichnen. Vielmehr entspricht ihre Entwicklung den langen, arbeitsaufwendigen Prozessen von Forschung, deren Erkenntnisse auf dem jeweiligen Stand wissenschaftlicher Forschung immer auch medizinische Behandlungen legitimierten.

An diesen Erkenntnissen sollte auch damals weitergearbeitet werden. So betonte der Hygieneordinarius an der Universität Graz und Rassenhygieniker Heinrich Reichel[115], dass trotz der „wissenschaftlichen Unreife" an der Idee der Rassenhygiene festgehalten werden müsse.

„Sollte es infolge der heute noch unvermeidlichen Unreife der praktischen Folgerungen der Rassenhygiene zu einem Rückschlag kommen, so müßte vor allem versucht werden, an der Idee selbst nicht irre zu werden, die Dringlichkeit ihrer Verwirklichung nicht über die Enttäuschung durch anfängliche Mißerfolge aus dem Auge zu verlieren. Was wir dazu brauchen, ist Forschung und wieder Forschung. Das kaum gewonnene Bild, auf Grund dessen wir schon zu handeln begonnen haben, muß eilig ergänzt werden, damit es ja nicht versage, so wie eine vorläufige, unzulängliche Landkarte, auf Grund deren schon Krieg geführt wird, noch so rasch und so gut es gehen will, verbessert werden muß" (Reichel 1937: 783).

Der Vergleich der Eugenik mit einem Krieg, der trotz unzulänglicher Landkarten schon geführt wird, verweist ein halbes Jahr vor dem Anschluss an Hitlerdeutschland auf die kommende Praxis.

1.6 Soziale Hygiene des Lebenslaufs und der Aufstieg der prophylaktischen Gesellschaft

Die „Soziale Hygiene" entwickelte sich als Nachfolgerin der „wissenschaftlichen Hygiene" des 19. Jahrhunderts, welche die Einflüsse der natürlichen und sozialen Umwelt (Wasser, Luft und Boden sowie Ernährung, Bekleidung und Wohnverhältnisse) auf die

---

115 Prof. Dr. Heinrich Reichel, geboren am 15. Oktober 1876 in Wels, gestorben am 31. März 1943 in Graz, war Hygieniker. Von 1895 bis 1899 studierte er Medizin an den Universitäten Wien, Prag, Heidelberg und Strassburg. Er promovierte 1901 zum Dr. med., absolvierte 1902 seinen Spitalsdienst im Kaiser-Franz-Josef-Spital und wandte sich der Hygiene zu. Ab 1903 arbeitete er am Hygienischen Institut der Universität Wien, ab 1910 war er Privatdozent für Hygiene an der Universität Wien, ab 1914 ao. Professor, von 1933 bis 1942 ordentlicher Professor der Hygiene an der Universität Graz und Vorstand des Hygieneinstitutes, 1937/38 Dekan der Medizinischen Fakultät der Universität Graz. Er war 1935 einer der Begründer des Sonderfaches „Rassenhygiene", ab 1939 korrespondierendes Mitglied der Akademie der Wissenschaften in Wien.

menschliche Gesundheit untersuchte und durch eine Verbesserung der natürlichen Lebensumwelt zur deren „Hebung" beitragen wollte. Sie begann „Gesundheit als wirtschaftliches Gut" zu thematisieren. Grundlagen der frühen Hygiene waren die diätetisch-physikalische Chemie, medizinalpolizeiliche Vorstellungen des 18. Jahrhunderts und die frühe Idee einer öffentlichen Gesundheitspflege (vgl. Eckart 2000: 277).

Die „Soziale Hygiene" dehnte den hygienischen Aufgabenkreis auf alle Krankheiten aus, die ursächlich mit den sozialen Lebensbedingungen der Menschen in Zusammenhang gebracht wurden. Sie richtete ihre Aufmerksamkeit auf die „Pathologie des Sozialen", die einer der führenden Sozialhygieniker in Deutschland, Alfred Grotjahn (1869–1931), theoretisch ausarbeitete.[116] Proletarisierung und Pauperisierung breiter Bevölkerungskreise, Industrialisierung und Urbanisierung provozierten nicht nur neue Erkrankungen, sondern verlangten nach einer neuen medizinischen Versorgung, die im Stande war, breite „Massen" zu bedienen. Im Zuge der Industrialisierung verloren die in die Städte zugewanderten ArbeiterInnen und ihre Familien zudem die in ihrer ländlichen Herkunft tradierten Verhaltensregeln und Kenntnisse im Umgang mit Krankheiten sowie ihre verwandtschaftlichen und regionalen Unterstützungen und Hilfen (vgl. Labisch 1992: 142).

Die Soziale Hygiene bot sich an, diese neuen Verhältnisse medizinisch zu regulieren. Dabei engagierten sich die Sozialhygieniker für Wasserversorgung, Kanalisierung, Wohnungsdesinfektion, Bekämpfung von Infektionskrankheiten, Reglementierung der Prostitution, Schaffung neuer Krankenanstalten (Anstalten für ansteckende Krankheiten, Asyle für Pflegebedürftige und Erwerbsunfähige), gesundheitlichen Arbeiterschutz, Wohnungsinspektion und Wohnungsfürsorge, Überwachung des Lebensmittelverkehrs, Hygienisierung der Städte und die Einrichtung der Sozialgesetzgebung. Die Soziale Hygiene wollte das Wirkungsfeld der Allgemeinen Hygiene auf all jene Erkrankungen ausweiten, welche die Lebensbedingungen, vor allem der unteren Schichten in den Städten hervorbrachten. Die Soziale Hygiene sollte den Zusammenhang von Gesundheit und sozialer Lage aber nicht nur erforschen, sondern als „präventive Medizin" aktiv beeinflussen und die gesundheitlichen Probleme der „Massengesellschaft" lösen. So wie die Hygiene sich als die Moral des Bürgers etablierte, so setzte sich die Sozialhygiene als Moral der Industriearbeiter durch (vgl. Labisch 1986: 280).

Zur Realisierung dieser Maßnahmen setzte die Sozialhygiene zum einen auf die Propagierung von Maßstäben gesundheitsgerechten Verhaltens, das nicht mehr moralisch, sond-ern wissenschaftlich begründete Anweisungen lieferte. Zum anderen suchte

---

116 Die beiden weiteren richtungsweisenden Sozialhygieniker Deutschlands waren Alfons Fischer (1873–1936) und Adolf Gottstein (1857–1902).

die Sozialhygiene vor allem die Mitarbeit der Hausfrauen im privaten Bereich und der Frauen als Krankenpflegerinnen, Hebammen, Sozialarbeiterinnen und Hausärztinnen im öffentlichen Bereich, in dem bürgerliche Frauen auch einen Zugang zu Berufsarbeit fanden (vgl. Schleiermacher 1998). Frauen wurden zur Umsetzung von Gesundheitsnormen in ihren Familien adressiert.

Im Bereich der Arbeiterklasse aber musste die Hausfrau erst geschaffen werden. Sozialhygieniker, Fürsorgerinnen, ArbeiterInnenvereine, bürgerliche Frauenvereine u.a. engagierten sich für die „hygienische Zivilisierung der Arbeiterfamilie" (Frevert 1985: 421) durch die Erziehung der Arbeiterfrauen zu Hausfrauen und Müttern entsprechend dem bürgerlichen Frauenideal (vgl. Wolf 1999: 109ff.). Gegen Armut und Krankheit in den unteren Schichten wurde also der Einsatz von versorgenden Familienbeziehungen propagiert, die gemäß dem bürgerlichen Familienmodell von Frauen gestaltet werden sollten.

Dies führte zur Kritik an der außerhäuslichen Erwerbstätigkeit von Arbeiterfrauen und deren mangelnden Fähigkeiten, einen Haushalt in Ordnung zu halten. Daher sollten den Arbeiterfrauen die hygienischen Maßstäbe einer gesunden Ernährung, gesunden Körperpflege, gesunden Wohnung, gesundheitsmäßigen Kindererziehung und Sexualbeziehung beigebracht werden.

Aus dem tradierten Wissen und den tradierten Erziehungskompetenzen der Mütter wurde ein verallgemeinertes Wissen um Fragen der Aufzucht, die durch staatliche Institutionen – Kliniken, Schulen, Mütterberatungsstellen, Fürsorgerinnen etc. – vermittelt werden sollten. Der Staat als vorgestelltes oder imaginäres Gemeinwesen und Regler einander widersprechender Interessen zog die vormals im Sozialen verankerten Kompetenzen an sich und gab sie als Gemengelage von wissenschaftlichem Wissen und Ideologie zurück.

Der Staat verallgemeinert von oben nach unten – ich nenne dies in Anlehnung an Foucault Disziplinartechniken (vgl. Foucault 1977). In dem Begriff vereinigt sich ein die Moderne auszeichnendes Widerspruchsverhältnis: indem die Individuen tatsächlich über mehr Wissen oder über Techniken verfügen, werden sie gleichzeitig einer Disziplinierung unterworfen. Der von der Aufklärung noch vorgestellte Zusammenhang von Freiheit und Wissen oder Wissen und dem Gang aus der selbstverschuldeten Unmündigkeit ist modern nur als freiwillige Unterwerfung zu haben.

In diesem Widerspruchsverhältnis vollzog sich auch die Medikalisierung der Mutterschaft im 20. Jahrhundert. Die Mutter wurde zum bevorzugten Erziehungsobjekt der Sozialen Hygiene (vgl. Kap. I.3.2), um sie für eine Verallgemeinerung der „hygienischen Kultur" einsetzen zu können: „Der ‚homo hygienicus' in der ‚familia hygienica' in der ‚civitas hygienica' im ‚populus hygienicus' wurde Gegenstand der ‚Verallgemeinerung hygienischer Kultur'" (Labisch 1992: 169). Die Gesundheit der Bevölkerung wurde zu einer allgemeinen Aufgabe. Den Menschen wurde zunehmend eine Art „Anrecht" auf gesunde Lebens- und Arbeitsbedingungen zugesprochen, zugleich wurden sie verpflichtet, sich gesund zu erhalten. Gesundheit avancierte dabei zum Synonym für Disziplin und Erfolg und zur Grundlage der sozialen Integration. Krankheit aber wurde mit Armut und Verfall gleichgesetzt und mit sozialer Ausgrenzung verbunden.

In Österreich wurde die „Soziale Medizin" an der Universität bereits vor dem Ersten Weltkrieg institutionalisiert.[117] Der Krieg verzögerte ihre Umsetzung und potenzierte zugleich gesundheitliche, ökonomische und soziale Krisen. Die Blütezeit „praktischer Sozialhygiene" waren in Österreich die 20er Jahre. Der erste Ordinarius für „Soziale Medizin" in Österreich, Ludwig Teleky (1872–1957), Professor des neu gegründeten Universitätsinstitutes für „Soziale Medizin" und Mitglied der Sozialdemokratie[118], bestimmte in seiner Antrittsvorlesung 1909 das Gebiet der sozialen Medizin: Diese sehe im Individuum

> „*das Glied der Gesellschaft*, das Glied einer bestimmten wirtschaftlichen Gruppe, vor allem den Angehörigen einer bestimmten Klasse, der eben als *solcher* einer Reihe von seinen Gesundheitszustand beeinflussenden äußeren Einwirkungen, vor allem Gesundheitsschädigungen ausgesetzt ist, die *ausschließlich, vorwiegend, in besonderer Stärke oder in eigenartiger Gestalt sich gerade in seiner sozialen Schichte geltend machen, mit der wirtschaftlichen Lage dieser Schichte in einem Zusammenhang stehen*" (Teleky 1909: 1258).

Als Voraussetzung dafür, dass sich das Fachgebiet der Sozialen Medizin überhaupt entwickelte, beurteilte Teleky das Vorhandensein verschiedener Klassen, die sich nicht nur

---

117 Dass das Fach in Wien „Soziale Medizin" und nicht „Soziale Hygiene" hieß, war Folge eines Disziplinenstreits. Die Fachhygieniker hätten der Einrichtung eines eigenen Faches für „Soziale Hygiene" nicht zugestimmt (vgl. Hubenstorf 1981: 250). Die Definition der „Sozialen Medizin" als „Grenzwissenschaft" durch deren Vertreter diente aber auch zur Abgrenzung gegenüber der „Fachhygiene" – als rein naturwissenschaftlichem Fach, das mit chemisch-bakteriologischen Untersuchungsmethoden arbeitete –, um die Ein- und Errichtung einer eigenen Disziplin zu legitimieren.

118 Ludwig Teleky war Sohn einer Arztfamilie, Mitglied des „Studentischen Sozialwissenschaftlichen Bildungsvereines" und der Sozialdemokratie. 1905 wurde er als Facharzt für Berufskrankheiten beim Wiener Krankenkassenverband angestellt, und er erhielt von der sozialdemokratischen Parteiführung die Erlaubnis, im Rahmen von Streiks systematische Reihenuntersuchungen an Facharbeitern durchzuführen. Beide Tätigkeiten nutzte er für Forschungsarbeiten über „Bleilähmung, Phosphornekrose, Quecksilbervergiftung, Tuberkulose, die er durch zusätzliche Reihenuntersuchungen in den entsprechenden Industriezentren untermauerte" (Byer 1988: 43). 1907 Habilitation für Soziale Hygiene, 1909 Professur für Soziale Medizin an der Universität Wien. 1921 Berufung an die „Sozialhygienische Akademie" nach Düsseldorf. Gründungsmitglied der „Österreichischen Gesellschaft für Bevölkerungspolitik".

in gesellschaftlichen und ökonomischen Belangen voneinander unterscheiden würden, sondern eben auch in Lebenshaltung und -gestaltung. Eine zweite Voraussetzung sah er n einem gewissen Entwicklungsstand der Volkswirtschaftslehre und der Statistik. Erst die Großindustrie habe mit ihrer Anhäufung der Arbeiterklasse in den Städten eine für statistische Beobachtungen geeignete Masse geschaffen. Wie schon in der Konstitutions- und Vererbungslehre spielte auch in der Sozialen Hygiene die Statistik eine zentrale Rolle. Sie sollte der wissenschaftlich exakten Erfassung von gesundheitlichen Verhältnissen verschiedener Schichten dienen, um gleichsam Übelstände zu registrieren und die Besserung des allgemeinen Gesundheitszustandes durch sozialpolitische Vorschläge anzustreben.

„Die soziale Medizin ist das Grenzgebiet zwischen den medizinischen Wissenschaften und den Sozialwissenschaften. Sie hat die Einwirkung gegebener sozialer und beruflicher Verhältnisse auf die Gesundheitsverhältnisse festzustellen und anzugeben, wie durch Maßnahmen sanitärer oder sozialer Natur derartige schädigende Einwirkungen verhindert oder ihre Folgen nach Möglichkeit behoben oder gemildert werden können. Ihre Aufgabe ist es auch, anzugeben, wie die Errungenschaften der individuellen Hygiene und der klinischen Medizin jenen zugänglich gemacht werden können, die einzeln und aus eigenen Mitteln nicht imstande sind, sich diese Errungenschaften zunutze zu machen. Sie hat den Aerzten das wissenschaftliche Rüstzeug zu liefern, dessen sie bei ihrer Tätigkeit auf dem Gebiete der sozialen Versicherung und der sozialen Fürsorge bedürfen. Auch die Wandlungen in der Stellung des Aerztestandes sowie die hier sich geltend machenden Entwicklungstendenzen hat sie zu studieren" (Teleky 1909: 1262).

In der Sozialen Medizin sollten Ärzte zu Experten der „sozialen Frage" aufsteigen, Experten, deren wissenschaftliche Ausbildung den Anforderungen der neuen Zeit gerecht würde. So war Teleky auch ein vehementer Kämpfer für die Errichtung einer eigenen Disziplin, forderte die Besetzung der hygienischen Lehrkanzeln mit Sozialhygienikern und die Schaffung Sozialhygienischer Institute an Universitäten. Er begründete seine Forderung damit, dass die Fachhygiene ihre „größten Triumphe bereits hinter sich" habe, zumal sie in der öffentlichen Gesundheitspflege durchgesetzt sei, „während die jetzt unmittelbar drängenden, am lautesten Verwirklichung verlangenden Aufgaben in das Gebiet der Sozialen Hygiene fallen" (Teleky 1920: 519).

Den Einsatz statistischer Methoden als Besonderheit der Sozialen Hygiene zu beurteilen wurde immer wieder angegriffen. So kritisierte der Hygienedozent Roland Graßberger[119] auch Telekys Abgrenzungskriterien einer Sozialen Hygiene von der Fach-

---

119 Roland Graßberger wurde 1867 in Salzburg geboren, habilitierte sich 1902 für Hygiene am Hygienischen

hygiene, zumal die statistische Methode der Massenbeobachtung keine Spezialmethode der Soziologie, sondern auch Handwerkszeug jeder modernen naturwissenschaftlichen Beobachtung sei (Graßberger 1920: 521). Entgegen anderen ärztlichen Disziplinen, die über ein geschlossenes Arbeitsgebiet verfügen,

> „aus dem sie in die Grenzgebiete vordringt, um sich Hilfsmittel zu holen, in das sie sich aber dann wieder wie die Spinne in das innere des Netzes nach Sicherstellung der Beute zurückzieht"

fehle der Hygiene

> „ein solches Refugium. Sie besteht aus lauter Grenzgebieten. Der Hygieniker bewegt sich gefahrvoll auf exponierten Pfaden stets den wachsamen Augen der Grenzgebiet-Fachleute ausgesetzt [...]. Er spielt die Rolle eines oft mit Mißtrauen angesehenen Zwischenhändlers, der im Interesse des Gesundheitsschutzes den Verkehr zwischen den verschiedenen Disziplinen vermittelt" (Graßberger 1924: 1253).

Die Gegner einer eigenständigen Sozialhygiene definierten also die Fachhygiene selbst als Grenzwissenschaft. Graßberger versucht Teleky mit den eigenen Argumenten zu schlagen.

Weitere Definitionsprobleme hinsichtlich des Begriffes „Soziale Medizin" bezogen sich auf das Attribut „sozial". Kritiker eines eigenen sozialhygienischen Faches beurteilten das Wirken des Arztes als stets sozial, da es „in dem Wohl des einzelnen die Wohlfahrt der Völker fördert", so der Dozent für Soziale Medizin an der Universität Graz, Otto Burkhard[120] (Burkhard 1908: 1217). Medizin sei damit per se eine soziale Wissenschaft. Wenn allerdings von „sozialer Medizin" oder „sozialer Hygiene" die Rede sei, so werde das soziale Moment, „die Rücksicht auf die menschliche Gesellschaft als Ganzes" (ebd.), besonders betont. Nicht mehr Individuen, sondern bestimmte Gesellschaftsgruppen standen im Mittelpunkt, und wirtschaftliche Fragen zählten dabei zum Aufgabenfeld der sozialen Medizin: „Für den Sozialpolitiker ist die soziale Medizin eine unentbehrliche Hilfswissenschaft, für den Sozialmediziner geradeso die Sozialpolitik" (ebd.).

Vor allem sollten zwei Aspekte durch „Soziale Medizin" verbunden werden: das Wohl des „Volksganzen" mit Maßnahmen der Sozialpolitik.

Institut der Universität Wien, an dem er von 1897 bis 1924 Assistent und ab 1924 Professor war. Von 1924–1936 leitete er das Institut.
120 Burkhard wurde 1876 in Graz geboren; Promotion 1900, Habilitation 1913 für Soziale Medizin.

In ihrem Engagement für eine allgemeine Hygienisierung der Lebensverhältnisse und für präventive Medizin, in ihrem Bezug auf die Gesellschaft als Ganzes bzw. gesellschaftliche Gruppen anstelle des Individuums, in ihrer Definition als Grenzwissenschaft und in ihrer Verbindung mit der Sozialpolitik entsprechen zentrale Kriterien sozialhygienischer Rationalität jenen der eugenischen. Obwohl dies nicht notwendigerweise zu einer Eugenisierung der Sozialhygiene führen muss – und besonders Teleky widersetzte sich größtenteils eugenischen Forderungen – realisierten sich in der Sozialhygiene in Österreich in allen politischen Lagern in den 20er Jahren zunehmend rassenhygienische und eugenische Strategien.

Vor allem der Hygieneordinarius and der Universität Graz, Heinrich Reichel, ersetzte, wie im nächsten Abschnitt gezeigt wird, die in Österreich etablierte Sozialhygiene durch die Rassenhygiene, deren Beitrag zur ideologischen Vorbereitung rassenhygienischer Praxis unter der NS-Diktatur nicht vernachlässigt werden kann.

Es gab zeitgeschichtlich und im Rückblick zahlreiche Bemühungen, „Sozialhygiene" und „Rassenhygiene" zu unterscheiden. Die Schwierigkeit, beide Bereiche begrifflich zu differenzieren, stand damit in Zusammenhang, dass – wie bereits erörtert – die bis heute ungeklärte Wechselwirkung genetischer Vererbbarkeit komplexer Eigenschaften mit dem sozialen Kontext wissenschaftlich umstritten war. Die Versuche, Sozialhygiene und Rassenhygiene zu trennen, zielten – so der medizinhistorische Rückblick (vgl. Lesky 1977) – darauf, Soziale Medizin als Disziplin zu beschreiben, welche die medizinischen Errungenschaften allen Menschen in gleichem Maße zukommen lassen wollte, d.h. vom humanistischen Ideal der „Gleichwertigkeit menschlichen Lebens" ausging. Rassenhygiene wurde demgegenüber als Spielart eines sozialdarwinistischen Selektionismus bestimmt, dem die „antihumanistische Ungleichwertigkeit menschlichen Lebens immanent" war (vgl. Byer 1988: 38). Auf die österreichische Entwicklung trifft diese Unterscheidung zu, wenn man sie am Beispiel des Sozialhygienikers Ludwig Teleky und des Rassenhygienikers Heinrich Reichel aufzeigt. In Deutschland dagegen beurteilen sowohl Alfons Fischer (1873–1936) wie Alfred Grotjahn (1869–1931), die zwei deutschen „Väter" der Sozialhygiene, Eugenik als zentralen Teil der Sozialhygiene.

Grotjahn arbeitete im Bereich der sozialen Hygiene eine eigene „soziale Pathologie" aus, um zu zeigen, welche Krankheiten mit welchen sozialen Faktoren verbunden waren. Die Rezension zu seiner dazu grundlegenden Schrift „Soziale Pathologie" (1912) in der „Wiener Klinischen Wochenschrift" wies dem Buch „Pionierarbeit" zu (WKW 1912: 1171). Das „Entartungsproblem" werde darin, so der namentlich nicht genannte Rezensent, als „Gipfelpunkt sozialpathologischer Betrachtungsweise" erörtert. „Bevölkerungsstatistik, Gebrechensstatistik, Anthropometrie und Stammbaumforschung müssen zusammenarbeiten, um diese heute noch so sehr in Dunkel gehüllten Fragen" der Entartung „einer Beantwortung zuzuführen" (ebd.). Zugleich wolle der Verfasser

> „an die direkte Beeinflussung des Fortpflanzungsgeschäftes gehen, das durch eine generative Hygiene rationell gestaltet werden muß; an Stelle der ‚Viel- und Schnellgebärerei', die einem primitiven Typus der menschlichen Fortpflanzung entspricht, muß ein rationeller Typus treten, als welchen der Verf. ein Dreikindersystem mit Bevorzugung hochwertiger Elternpaare empfiehlt" (ebd.).

Um der Krankheiten völlig Herr zu werden, müssten längerfristig also individuelle Gesundheitspflege, soziale Hygiene und Eugenik zusammenwirken. Mit Grotjahns Konzept der „Sozialen Pathologie" aber wurde die Frage nach der Veränderung der sozialen Bedingungen der Politik entzogen und den Methoden der positiven Naturwissenschaft in der Medizin zur Lösung unterstellt. Körperliche Erkrankungen wurden demgegenüber dem Bereich des Politischen untergeordnet. Alfons Fischer wollte demgegenüber die Eugenik der „physischen Hygiene" unterordnen, wenn es sich um natürliche Einflüsse handle, und der „sozialen Hygiene" dann, wenn gesellschaftliche Verhältnisse den „Keimwert" beeinflussten. Die Grenze aber, zwischen „natürlichen" oder „sozialen" Einflüssen zu unterscheiden, blieb problematisch. Die österreichische Ethnologin und Historikerin Doris Byer hat in ihrer Untersuchung zu „Rassenhygiene und Wohlfahrtspflege" gezeigt, dass die Sozialdemokraten beide Begriffe je nach Bedarf benutzten. Sofern sie gesundheitspolitische Maßnahmen in nationalen Kreisen durchsetzen wollten, wurde von Rassenhygiene gesprochen, sobald sie linke Kreise zu eugenischen Maßnahmen bewegen wollten, war von Sozialhygiene die Rede (1988: 39). Nichtsdestotrotz widersetzten sich die Kliniker der Sozialhygiene in ihren Publikationen in der „Wiener Klinischen Wochenschrift" größtenteils der Propagierung eugenischer Eingriffe.

Die Sozialhygiene unterstützte die Eugenisierung der Reproduktion aber auf einer anderen, impliziteren Ebene. In ihrer Vision und ihrem Projekt zur Schaffung einer „hygienischen Kultur", einer „Sozialhygiene des Lebenslaufes" und einer „Pflicht zur Gesundheit" bestärkte sie einen Diskurs, den auch die Rassenhygiene und Eugenik intensivierte. Mit dem Ziel der „lebenslangen Gesundheit" wurde ein Bezugsrahmen bzw. Begründungszusammenhang geschaffen, innerhalb dessen die Argumentationen zur Erreichung des Ziels beliebig austauschbar waren. So konnte über Gesundheit sowohl religiöses wie sittliches, aber auch wissenschaftlich-rationales Handeln begründet werden. Aus diesem Gesundheitsbegriff wurde dann aber nicht nur die „Pflicht zur Gesundheit", sondern eben auch das Recht, „minderwertiges Leben" zu vernichten, abgeleitet (vgl. Labisch 1986: 281). In diesem Gesundheitsdiskurs wurden mit „Reinigung" und „Vorbeugung" Normen begründet, die im 20. Jahrhundert den Weg in eine „prophylaktische Gesellschaft" besiegelten. Eine Gesellschaft, in welcher der Satz, dass „Vorbeugen besser als Heilen" sei, zur Handlungsmaxime und in das „Phantasma der Reinheit" als Lösung sozialer Fragen säkularisiert wurde.

Dies fand seinen materiellen Ausgangspunkt in der Bekämpfung übertragbarer Krankheiten, der Seuchenprophylaxe, mit der Cholera, Pocken, Fleck- und Gelbfieber durch Anzeige, Schutzimpfung und Asylierung von Menschen mit ansteckender Krankheit bekämpft werden sollten. Diese „Abwehr gemeingefährlicher Krankheiten" (Burkhard 1908: 1217) wurde im Sinne eines Verteidigungskrieges konzipiert, wie dies in den Ausführungen des Grazer Hygieneassistenten Otto Burkhard, der sich später für Soziale Medizin habilitierte, sinnfällig wird:

> „Der Staat und seine Behörden haben die Leitung dieses Kampfes inne; oder besser gesagt die Staaten, denn die Organisation des Kampfes ist eine internationale. Die Assanierung der Lebensverhältnisse im allgemeinen stellt die beste Waffe dar, die der Seuche den Boden entzieht und die Disposition zur Erkrankung schwächt. Direkt gegen die Seuche gerichtete Maßnahmen, Anzeigepflicht, Isolierung, Schulverbot, Beschränkungen im Verkehr und Gewerbe, Desinfektionsvorschriften, Schutzimpfungen bedürfen des Nachdruckes eines Gesetzes, das ihre Durchführung verbürgt" (Burkhard 1908: 1218).

Darüber hinaus beansprucht die Soziale Hygiene in allen Phasen des Lebens, „von der Wiege bis zum Sterbebette", spezielle Aufgaben. In den ersten Lebensjahren erstrecken sich diese von der Säuglingsfürsorge bis zur Schulhygiene und Schülerhygiene,

> „aus der dem Arzt die Aufgabe ständiger Ueberwachung der Schulkinder von ihrem Eintritte an erwuchs. Was damit bezweckt wird, ist nicht nur die Untersuchung der Kinder bei ihrer Aufnahme und in bestimmten Zeiträumen, ihre Ausmusterung oder Zurückweisung und die individuelle und allgemeine Prophylaxe gegenüber den Infektionskrankheiten, sondern in weiterer Folge auch die Zuführung von Minderbegabten oder mit Defekten Behafteten an geeignete Anstalten oder Hilfsschulen" (Burkhard 1908: 1220).

Die Soziale Hygiene wird hier als Instrument der Diagnose von *Krankheiten durch Reihenuntersuchungen an Gesunden* und zur *Verteilung der Betroffenen an die verschiedenen Fürsorgeinstitutionen* projektiert. Für „geistig Defekte" sollte in eigenen Anstalten mit speziellen Lehrmethoden medikalisierte Fürsorge geschaffen werden. „Schwachsinnige" sollten in Arbeitsstätten der Land- und Gartenarbeit oder in einfachen Handwerkszweigen unterrichtet werden. „Körperlich Defekten" sollte sich die Krüppelfürsorge mit dem Ziel widmen,

> „die Errungenschaften der modernen Chirurgie und Orthopädie, die in der Tat einer ganz beträchtlichen Zahl von Krüppeln die Erwerbstätigkeit zu geben imstande *sind*, den weitesten Kreisen zugänglich und nutzbar zu machen und darüber hinaus für die Vermittlung des geeignetsten Berufes Sorge zu tragen, um auf diesem Wege unproduktive, am Vermögen der Gesellschaft zehrende, wirtschaftlich negative Werte in positive, schaffende zu verwandeln" (Burkhard 1908: 1221).

Auch die bevölkerungspolitische Unterscheidung zwischen „produktiven" und „unproduktiven" Maßnahmen fand im Bereich der Sozialhygiene Anwendung. Als „produktiv" wurden Fürsorgemaßnahmen nur dann beurteilt, wenn sie die Arbeitskraft der Befürsorgten sicher- oder wiederherstellten. Dazu sollten im Bereich der Schule „Gesundheitslehre" und „Sexualpädagogik" in den obligaten Lehrplan aufgenommen und durch die Zusammenarbeit von Ärzten und Pädagogen realisiert werden. Im Bereich der Jugendfürsorge, die für die Lebensphase der Jugend zuständig war, sollte die Sozialhygiene nach Abschluss der Schulbildung die Eignung Jugendlicher (12. bis zum 15. Lebensjahr) für die Erwerbsarbeit durch medizinische Gutachten beurteilen, um schwächliche und kränkliche Kinder zurückzustellen. In der Lebensphase des erwerbstätigen Erwachsenenalters sollte die Soziale Medizin im Bereich des Arbeiter-, Schwangeren- und Wöchnerinnenschutzes (Unfall- und Krankenfürsorge) sowie in der Gewerbehygiene wirken, ebenso dem Ausbau der Invaliditäts- und Altersversicherung (Burkhard 1908/35: 1246ff.) dienen, die im damaligen Österreich noch nicht realisiert war. Die Einführung der Kranken-, Unfall- und Invaliditätsversicherung und die *sozialmedizinische Begleitung der gesamten Lebensspanne* beinhaltete einen enormen Zuwachs ärztlicher Begutachtertätigkeiten, da nicht mehr nur die Kranken, sondern alle Menschen im Rahmen von Reihenuntersuchungen an Gesunden sowie bei Untersuchungen im Rahmen der Kranken-, Unfall- und Invaliditätsversicherung geprüft wurden.

Dadurch erreichten die Mediziner einen nie zuvor da gewesenen gesellschaftlichen Machtzuwachs: Sie entschieden nicht mehr „nur" hinsichtlich Diagnosen und Therapien, sondern auch darüber, ob Versicherungsleistungen in Anspruch genommen werden durften, Kinder als bildungsfähig betrachtet wurden, Jugendliche wie Erwachsene als arbeitsfähig galten, psychisch Kranke als zurechnungsfähig bestraft werden durften etc. Die sozialpolitische Schlüsselposition, in welche der Arzt dadurch geriet, dass er „Vertrauensmann des Patienten *und* der staatlich geregelten Versicherung" wurde, beurteilte Teleky als problematisch, Tandler dagegen begrüßte die machtvolle Position des

Arztes zwischen Staat und StaatsbürgerInnen und die Rolle des Arztes als „Verwalter des organischen Kapitals" schlechthin (vgl. Byer 1988: 44). Der Arzt avancierte zum Sozialingenieur und erweiterte soziale Disziplinierungsfunktionen.

Die Popularisierung der Hygiene wurde in erster Linie durch die ärztliche Praxis selbst, durch Zeitungen, Zeitschriften, „Volkstümliche Universitätsvorträge" und -kurse[121], aber auch durch große Ausstellungen wie z.B. die Internationale Hygiene-Ausstellung 1911 in Dresden geleistet, über die in der „Wiener Klinischen Wochenschrift" berichtet wurde:

> „In einer mustergültigen, bis dahin unerreichten Weise waren in dieser Ausstellung die Erreger der ansteckenden Krankheiten in mikroskopischen Präparaten und Kulturen, ferner bildliche und plastische Darstellungen der wichtigsten äußerlich erkennbaren Symptome der Infektionskrankheiten vorgeführt worden. Die Verbreitung der Krankheiten wurde durch Tabellen und Karten illustriert, Desinfektionsapparate und -anstalten wurden in Modellen und in Originalausführung usw. gezeigt" (Prausnitz 1911: 1249ff.).

Die Ausstellung widmete 12.000 Quadratmeter der wissenschaftlichen Abteilung, 54.000 Quadratmeter der industriellen Abteilung und 6.000 Quadratmeter der „Populären Ausstellung". Die Industrie präsentierte die praktische Umsetzung der modernen Hygiene in der Gewerbehygiene. In der wissenschaftlichen Abteilung, die in 36 Gruppen und sieben Sondergruppen unterteilt war, wurde ein Gesamtüberblick über die Errungenschaften der modernen Hygiene geboten. In der populären Abteilung „Der Mensch" wurde für „jedermann und nicht nur dem Gebildeten" verständlich vorgeführt, „was das Wohl des Menschen betrifft" (ebd.: 1251). Neben der Abteilung „Der Mensch und seine Organe" (Anatomie) wurden Ernährung, Wohnung, Siedlung und Bekleidung thematisiert. Eigene Gruppen wurden für Bevölkerung, Genussmittel, Allgemeine Berufshygiene und Körperpflege gestaltet. Die populäre Ausstellung wollte den Personen die Gelegenheit bieten, „sich Kenntnis über das eigene ‚Ich' zu verschaffen und die Art, wie es erhalten werden kann und soll" (ebd.).

Die Inszenierung bakteriologischer Forschung auf der „Bühne der Öffentlichkeit" verweist auf die „Wissenschaftsgläubigkeit" im ersten Drittel des 20. Jahrhunderts. Diese war getragen vom Glauben, dass der wissenschaftliche Fortschritt die Lebensbedin-

---

121 Eine soziologische Studie zu Lesegewohnheiten in Wien zeigte, dass Anfang der 30er Jahre fast jeder Wiener/jede Wienerin täglich zumindest eine Zeitung las; ebenfalls Anfang der 30er Jahre hatte das Radio (RAVAG) bereits eine halbe Million HörerInnen aufzuweisen, Wissenschaft hatte einen Sendeanteil von 12,4% (vgl. Felt 1996: 50 und 52).

gungen verbessern würde. Die wissenschaftliche Beherrschung von Natur und Gesellschaft galt als sicherer Weg in eine geordnete Zukunft des Wachstums, Wohlstands und der Höherentwicklung.

Die wissenschaftliche Neuordnung von Natur und Gesellschaft war zugleich eine männliche, zumal die Produktion wissenschaftlichen Wissens ausnahmslos die Angelegenheit männlicher Kooperation und Konkurrenz war. Die Wissenschaftspopularisierung setzte damit auch eine Form von Männlichkeit in Szene, die dann im Laufe des 20. Jahrhunderts hegemoniale Macht entwickelte: der Wissenschaftler als natur- und gesellschaftsgestaltenden, fortschrittsgenerierenden „Übervater", der die Welt mit seinen Erkenntnissen befruchtet und zu Wohlstand führt.

Es manifestiert sich darin auch die Sicherheit und Überzeugung, dass der naturwissenschaftliche und technische Fortschritt die sozialen Verhältnisse verbessern würde und dass zu dieser Verbesserung die Menschen zu einem von wissenschaftlichen Erkenntnissen geleiteten Leben erzogen werden sollten.

Die Analysen der Wissenschaftshistorikerin und -soziologin Ulrike Felt zeigen, dass die Popularisierung von Wissenschaft im Zeitraum von 1900 bis 1938 im Kontext eines hohen öffentlichen Interesses an wissenschaftlichen und technischen Entwicklungen erfolgte, ebenso wie von einem Interesse der Wissenschaft, dieses Wissen möglichst vielen zur Verfügung zu stellen (vgl. Felt 1996: 46ff.). Die Popularität der Wissenschaft hing in dieser Zeit aber auch damit zusammen, dass Österreich vor allem im Bereich der Naturwissenschaften über eine Reihe bedeutender und international bekannter Wissenschaftler verfügte, dass viele Entscheidungsträger im politischen und kulturellen Leben über eine naturwissenschaftliche bzw. medizinische Ausbildung verfügten und dass immer mehr politische Parteien sich auf die Wissenschaften bezogen, um ihre Ziele zu legitimieren.

Die „Volksbildungsbewegung" der Sozialdemokratie beurteilte den Zugang zu wissenschaftlichem Wissen als Voraussetzung von Emanzipation und individueller Autonomie, Bildung und Wissenserwerb galten als politisches „Kampfmittel". Sie idealisierte die Wissenschaft als Produktivkraft des gesellschaftlichen Fortschrittes und die Wissenschaftspopularisierung als Mittel der Befreiung der Arbeiterklasse (vgl. Felt 2000: 185ff.). Dazu wurden Volksbildungshäuser errichtet wie etwa das „Volksheim" und die „Urania" in Wien. Die „volkstümlichen Universitätskurse" adressierten aber verstärkt auch Frauen als Publikum für Wissenschaft. Eigens dafür wurde im Mai 1900 ein Frauenbildungsverein gegründet, der bis 1918 Vorträge organisierte und in der Öffentlichkeit als „Frauenhochschule" bekannt war.[122]

---

[122] Der Frauenbildungsverein wurde im Großen Hörsaal des Anatomischen Instituts von Ludo Moritz Hartmann, Marianne Hainisch, Rosa Mayreder, Julius Tandler u.a. gegründet.

Dieses besondere Engagement für die Frauenbildung hing aber nicht zuletzt damit zusammen, dass die Männer in den Frauen eine ablehnende Haltung gegen den wissenschaftlich-technischen Fortschritt wahrnahmen. Diese Befürchtung formulierte der Physiker Ernst Mach deutlich in seinen „Populär-wissenschaftlichen Vorlesungen":

„Die unkultivierte Frau pflegt und bewahrt sorgfältig jede Art von hergebrachtem Aberglauben, bis zur Furcht vor der Zahl 13 und vor dem verschütteten Salz, überträgt denselben gewissenhaft auf die künftige Generation, und ist auch jederzeit das dankbarste Angriffsobjekt für alle Rückschrittsbestrebungen. Wie soll die Menschheit sicher fortschreiten, solange nicht einmal die Hälfte derselben auf erhellten Wegen wandelt!" (Mach 1902, in: Felt 2000: 206).

Die Motivation der Wissenschaftler zur Wissenschaftspopularisierung ging aber weit über das Anliegen, Frauen für die männliche und wissenschaftliche Neuordnung der Welt zu gewinnen, hinaus (vgl. ebd.: 209ff.). Die Wissenschaften selbst organisierten die Popularisierung ihrer Erkenntnisse und traten selbst in der Rolle der Vermittler wissenschaftlichen Wissens auf. Sie sicherten sich damit ein doppeltes Monopol, da sie sowohl das wissenschaftliche Wissen produzierten wie auch den Wissenstransfer in die Öffentlichkeit kontrollierten. Nicht nur „weiblicher Aberglaube", sondern auch andere Wissensformen sollten abgedrängt werden. Und gerade die Medizin war mit einem in verschiedenen sozialen Gruppen breit verankerten „Volkswissen" konfrontiert und engagierte sich auf der Ebene der „Volksbildung" für die Durchsetzung ihrer naturwissenschaftlichen Erklärungsmodelle. Zugleich konnte dabei das in spezialisierten Forschungen produzierte Wissen wieder in einem größeren Zusammenhang betrachtet werden. Zudem war die Wissenschaftspopularisierung auf Seiten der Wissenschaften dadurch motiviert, dass nach Unterstützung für ihre Ideen, Ziele und Forschungseinrichtungen gesucht wurde.

Die Weiterentwicklung und -verbreitung der Sozialen Medizin wurde durch den Ersten Weltkrieg behindert, und zugleich konfrontierte dieser sie mit neuen Fragen. So publizierte Teleky eine umfangreiche Abhandlung über „Kriegsprobleme sozialer Fürsorge" in neun Fortsetzungen (WKW 1917: 111ff., 145ff., 177ff., 209ff., 237ff., 275ff., 308ff., 342ff., 374ff.), in denen er die Organisation der sozialen Fürsorge, die Invalidenfürsorge und Versorgung der Kriegshinterbliebenen erörterte. Er stellte fest, dass seit Kriegsbeginn Sozialpolitik, die aus dem Klassenkampf hervorgehe, einem allgemeinen Engagement zur „sozialen Fürsorge" gewichen sei. Objekt der Sozialpolitik sei die Arbeiterklasse, jenes der sozialen Fürsorge seien die Schwachen, Witwen, Waisen, Kriegsinvaliden, Säuglinge, Kinder und Greise (ebd.: 112). Die Zunahme der sozialen Fürsorge in Kriegszeiten resultiere aus dem Willen, alles zu tun, um die Menschenverluste zu ersetzen.

„Woher sollen künftig Industrie und Landwirtschaft Arbeiter, woher soll der Staat Steuerzahler und Soldaten nehmen, woher sollen nach dem Kriege die Menschen kommen, die der Staat braucht, um auf dem Weltmarkt, um als Militärmacht seine Rolle zu wahren, wenn nicht hier im Hinterland durch die Sorge für die Kinder, die Sorge für die Kranken alles geschieht, um für möglichst raschen Nachwuchs, für möglichste Erhaltung aller vorhandenen Menschenkräfte zu sorgen. Während so an den Grenzen Menschenleben ohne Zahl zugrunde gehen, steigt im Hinterland der Wert des Menschenlebens für die Zukunft" (Teleky 1917: 114).

In diesem durch den Krieg neu hervorgebrachten Feld der sozialen Fürsorge wurden der Sozialen Medizin neue Aufgaben zugewiesen, die darauf zielten, die Bevölkerung im „Hinterland" arbeitsfähig zu halten, die Invaliden wieder erwerbsfähig zu machen (ebd.: 209ff.), kinderlose Witwen einem Beruf zuzuführen (ebd.: 343) oder die Berechtigung für Witwen- und Waisenrenten zu begutachten (ebd.: 343f.). Bezüglich der Einsparung von Witwenrenten lehnte Teleky vom Standpunkt der Rassenhygiene Vorschläge ab, Witwen mit Kriegsinvaliden zu verheiraten. In solchen Verbindungen könne, wie bei Ehen mit „Leichttuberkulösen" und „funktionell Nervenkranken" nicht mit einer gesunden und kräftigen Nachkommenschaft gerechnet werden. Dies nicht aufgrund einer befürchteten Erblichkeit der Gebrechen, die ohnehin nicht nachweisbar sei, sondern aufgrund der Erziehung, die für die geistige Entwicklung von Kindern ausschlaggebender sei. Invalide Kriegsheimkehrer könnten keine erzieherischen Funktionen übernehmen:

„Nun ist aber gewiß für Kinder das Beispiel des rastlos schaffenden, arbeitsfrohen, pflichteifrigen Vaters von größtem erzieherischen Wert; bei vielen Invaliden aber schließt schon der körperliche Zustand es aus, so beispielgebend zu wirken. (...) Dazu kommt noch die Frage, ob es gerade die besten Frauen sein werden, die sich zu der Ehe mit Verstümmelten entschließen" (Teleky 1917: 344).

Die Sozialhygieniker waren also im Rahmen der sozialen Fürsorge, die Renten und Geldspenden „zu guten Anlagen in Menschenwerten"[123] machen müsse, damit konfrontiert, zu beurteilen, bei welchen Menschen dies gelingen könne. Die medizinische Begutachtung erfolgte entlang ihrer Einteilung in „Berufsfähige", „Leistungsbereite", „Arbeitsunfähige" etc. wie ihrer Verteilung in geeigneten Arbeitsstellen und Sozialeinrichtungen.

Neben diesem neuen Aufgabengebiet bot der Krieg aber zugleich ein Experimentierfeld, das ihn zum „großen Lehrmeister" medizinischer Forschung machte, von der sich

---

123 Teleky zitiert hier den deutschen Sozialpolitiker Francke.

wiederum Ärzte, vor allem Hygieniker, Ruhm und Anerkennung erwarteten.[124] Schon bald nach dem Beginn des Ersten Weltkrieges betonten Ärzte in Deutschland die grandiose Möglichkeit, „in einem gewaltigen in vivo Experiment besonders hygienische und bakteriologische Erfahrungen zu sammeln" (Eckart 1996: 299). Im Gegensatz zur politischen und militärischen Niederlage wurde der Krieg an der deutschen „Forschungsfront" gewonnen. Exemplarisch dafür stehen die Forschungen zu Infektionskrankheiten in den Feldlazaretten.

Das Fleckfieber, eine typische Kriegsseuche und die bedeutendste Infektionskrankheit während des gesamten Ersten Weltkrieges, brachte einen „Krieg im Kriege" hervor, der ausschließlich gegen die Laus als Krankheitsüberträgerin gerichtet war: Die Mediziner veranlassten die Entlausung von Menschen und Wohnräumen, Quarantäneunterbringung von Infizierten und Heilungsversuche durch bakteriologische Experimente an Soldaten. Zum „Hauptherd der Seuche" wurden die Industriestädte des Ostens mit ihrer verarmten und „verschmutzen" jüdischen Bevölkerung erklärt (vgl. Eckard 1998: 35ff.) Im Inland galten die Elendsviertel des Industrieproletariats als Zentren der Tuberkulose. „Schmutz" wurde zur Metapher für eine von der Arbeiterklasse ausgehenden Gefahr. Kriegsfolgen und Elend der unteren Schichten wurden als Bedrohung des „organischen Kapitals" des Staates wahrgenommen, als eine Art „biologischer Kriegsführung" gegen die Qualität der Bevölkerung.

Um diese „Bedrohung" abzuwehren, wollte die Medizin mit Hilfe der Sozialen Hygiene auch in Österreich mit Beginn der Ersten Republik das Gesundheitswesen sozialisieren. „Das Wesen dieser Sozialisierung besteht darin, bisher bestehende Produktionszweige loszulösen vom privaten Interesse, sie der Allgemeinheit nutzbar zu machen" (Teleky 1919: 617). Und allgemein nutzbar seien jene Zweige der Gesundheitspflege, „deren Regelung *allen Angehörigen* einer lokalen Gemeinschaft, ob arm oder reich, in gleicher Weise zugute" und in sehr geringem Maße auch jene Zweige, welche den sozial schlechter Gestellten zugute kämen (ebd.). Diesen Zweig gelte es auszubauen: durch gesetzliche Maßregelung des Mutterschutzes, durch Einrichtung von Krippen, Kinderhorten, Kinderheimen, Kinderbewahranstalten, durch die ärztliche Überwachung der in

---

124 Die Chance, die der Krieg für den wissenschaftlichen Ehrgeiz medizinischer Forscher bot, wird im Erfahrungsbericht eines Mediziners deutlich: „Neue Entdeckungen bisher unbekannter Infektionserreger [...] mehrten den Ruhm deutscher Forschung; die unerbittliche Notwendigkeit von eingreifenden Einschränkungen in der Ernährung, die durch die Blockade unserem Vaterlande aufgezwungen waren, stellte führende Männer vor bedeutungsvolle Entscheidungen, die bis zur Grenze des für das ganze Volk hygienisch Zulässigen gingen; die übrigen hygienischen Fragen erheischten die Lösung komplizierter organisatorischer Probleme" (Grahey Rudolf: „Röntgenologie. Erfahrungen", Bd. IV, 1922, Vorwort, zit. in: Eckhart 1996: 300).

diesen Anstalten untergebrachten Kinder, durch ausreichende Ernährung der untergebrachten Kinder, durch Ermöglichung von Landaufenthalten und Ferienkolonien.

> „Die *ärztliche Überwachung* an allen jenen Stellen, an denen sich Kinder in großer Zahl zusammenfinden: *in Krippen, Heimen, Kindergärten und in Schulen*, verbunden mit den zur Krankheitsverhütung und körperlicher Ertüchtigung *notwendigen Einrichtungen* (Ferienkolonien, Spielplätzen) und mit *Schulpolikliniken*, insbesondere für spezialistische Behandlung, wird dann mehr leisten als heute auch in wohlhabenden Familien und bei sorgsamen Eltern der Hausarzt zu leisten vermag, weil eben dafür Sorge getragen ist, dass allen ärztlichen Anordnungen in weitestem Umfange nachgekommen werden kann" (Teleky 1919: 617).

Erst durch diesen Auf- und Ausbau der Überwachung der Kinder und Beratung der Eltern, dem Aufbau von Fürsorge- und Beratungsstellen für Säuglinge, Kinder und Schwangere werde

> „in den breiteren Schichten der Bevölkerung *der Sinn für die private Gesundheitspflege*, die der Einzelne in seinem Haushalt, an seinem Körper und an dem seiner Kinder zu üben hat, *geweckt werden. Die ‚Sozialisierung' der Gesundheitspflege der heranwachsenden Generation muß der erste Schritt sein, den wir zur Sozialisierung der Gesundheitspflege zu machen haben*" (ebd.).

Als weitere wichtige Maßnahmen stellte Ludwig Teleky den gesundheitlichen Arbeiterschutz, die Unfallverhütung, die Lebensmittelversorgung, die Bereitstellung guter und billiger Wohnungen wie auch die Wohnungsinspektion und -fürsorge über bzw. vor die Aufgabe der unmittelbaren Krankenbehandlung. Für diese sei vor allem der Ausbau von Asylen (zur Behandlung chronisch Erkrankter) und der Krankenanstalten und längerfristig die „Verstaatlichung des Aerztestandes" notwendig.

Mit ihrem Einsatz für eine *„allgemeine Hygienisierung von Kultur und Gesellschaft"* und für eine *„Sozialhygiene des Lebenslaufe*s" hat die Sozialhygiene wesentlich zur Durchsetzung einer präventiven Lebensgestaltung in einer „prophylaktischen Gesellschaft" beigetragen. Auf Grundlage ihres Ziels einer Verbesserung der Lebensbedingungen für alle Menschen und der Sozialisierung aller Menschen zur Gesundheitspflege durch eine Rationalisierung des Geschlechtslebens und des alltäglichen Lebens hat sie wesentlich zur Medikalisierung der sozialen Frage beigetragen. Das Ziel einer *Verbesserung der Lebensqualität* korrespondierte mit jenem *der Verbesserung der Qualität aller Menschen*, auch wenn kaum eugenische Forderungen daraus abgeleitet wurden.

1.7 Rassenhygiene und Eugenik: „Ausgleichende Pflege des Lebensstammes"

Neben der Sozialhygiene fand ab Mitte der 20er Jahre auch die Rassenhygiene – zwar nicht als eigenes Prüfungsfach oder Institut, aber auf der Ebene der wissenschaftlichen Lehre – Eingang in die Universität. Ihr Aufgabenfeld war zentriert auf eine Steigerung der Geburtenziffer unter dem Aspekt der „qualitativen Verbesserung" des „Volksbestandes" mittels „Auslese" und „Ausmerze". Rassenhygieniker stellten die „Auslese- oder Selektionshygiene (Zeugung, Vererbung, Variabilität, Schwangerschaft)", die „Hygiene der Fortpflanzungskräfte des heranwachsenden und reifen Individuums" und die „Pflege der körperlichen und geistigen Leistungsfähigkeit zur Entfaltung aller in der Rasse gelegenen Kräfte, für ihren Kampf ums Dasein" ins Zentrum ihrer Theorie und Praxis (Hoffmann 1917: 55).

Bedeutsame Fachhygieniker erteilten der Rassenhygiene aber noch Mitte der 20er Jahre eine Absage, so z.B. der Ordinarius und Vorstand der Wiener Hygienischen Lehrkanzel, Roland Graßberger, der 1924 in seiner Antrittsvorlesung schrieb, dass eine „Entmischung der europäischen Menschheit" nicht zu erwarten sei.

> „Nicht Rassenpflege brauchen wir, sondern Kulturpflege [...]. So müssen wir denn trachten, die vorhandenen Anlagen im Dienste der Kultur zu vereinen. Sie ist es ja, die auch in dem Einzelnen das ‚mit sich und anderen auskommen' ermöglicht" (Graßberger 1924: 1256).

Dennoch hatte der von Graßberger gewürdigte „Freund und Kollege Professor Reichel, der das sozialhygienische Seminar mit zunehmendem Erfolg führt" (ebd.: 1255), andere Ambitionen. Wirtschaftliche Krise und politische Gegnerschaft hatten die Sozialmedizin in Österreich zunehmend geschwächt. Ihre Vertreter resignierten, und Teleky wechselte 1921 an die Sozialhygienische Akademie nach Düsseldorf. Heinrich Reichel, zu Beginn der 20er Jahre noch außerordentlicher Professor am Hygiene-Institut der Universität Wien, lehrte ab 1921 auch „Sozialhygiene". Dieser Begriff verschwand aber unter seiner Lehrtätigkeit ab 1923/24 aus den Vorlesungsverzeichnissen, obwohl er im Zuge der Hygiene-Ausstellung 1925 in Wien als Leiter der Abteilung Sozialmedizin des Hygiene-Instituts vorgestellt wurde (vgl. Hubenstorf 1981: 251f.). Mit dem wachsenden Einfluss von Heinrich Reichel wurde in Österreich, 15 Jahre vor dem Anschluss, die Sozialmedizin durch die Rassenhygiene ersetzt.

Bereits 1922 hatte Reichel eine Schrift über „Die Hauptaufgaben der Rassenhygiene in der Gegenwart" für das Volksgesundheitsamt im Sozialministerium verfasst. Die „Sozialmedizinischen Meldungen" in den „Mitteilungen des Volksgesundheitsamtes" wurden 1919 unter dem Titel „Sozialhygienisches und Sozialpolitisches" publiziert,

1920 wurde der Begriff „Bevölkerungspolitik" hinzugefügt und unter dem Einfluss von Heinrich Reichel 1923 in „Sozialhygiene, Rassenhygiene und Bevölkerungspolitik" umbenannt (vgl. ebd.: 252).

Die sozialhygienisch orientierte Gesundheitspflege wurde mit dem Sieg des autoritären, christlich-sozialen Ständestaates 1934 endgültig zerschlagen, der die öffentliche Fürsorge als kontraselektiv ablehnte. In seinem Beitrag „Alfred Ploetz und die rassenhygienische Bewegung der Gegenwart" (WKW 1931: 284ff.) würdigte Reichel die Arbeiten des Begründers der Rassenhygiene in Deutschland anlässlich dessen 70. Geburtstages.[125] Ploetz habe sich für eine Sache begeistert,

> „dem dauernden, über den Einzelnen geordneten und weit hinausgreifenden Lebensstrom der *Rasse*. [...] Rasse als Einheit des dauernden Lebens [...] als Gesamtheit der durch Abstammung verknüpften und durch eine voll ersetzende gemeinsame Fortpflanzung wieder verknüpfbaren Wesen, Rasse als Gegenstand unseres erst auf der Stufe des Menschen bewußt werdenden Lebensinteresses, als das ‚Leben', welches die Dichter preisen, Rasse als Erklärungsgrundlage auch aller Individualität, deren Verhalten erst aus dem Verbundensein mit ihr verständlich wird" (Reichel 1931: 284).

Ploetz sei die Klärung des Verhältnisses zwischen Rassenhygiene und Humanität gelungen, indem er als Gegengewicht zur humanitären Sozialpolitik „eine aufs äußerste gesteigerte praktische Rassenhygiene" propagiere, „deren entscheidende Forderung für ihn neben verbesserter geschlechtlicher Zuchtwahl und Bekämpfung aller Gegenauslesen die Beherrschung der Variation auf Grund wissenschaftlicher Einsicht ist" (ebd.: 285). Eine so verstandene Beherrschung sei dem Erkenntnisfortschritt der Biologie vorbehalten. In der „demokratischen Sozialpolitik", welche auf die Ausgleichung der Lebenslagen ziele, sah er für die Rassenhygiene mehr Vorteile als Nachteile. Gesundheitspflege der „Vitalrasse", also jenen Teil der Population, der gemeinsam eine „Fortpflanzungsgemeinschaft" bilde, beinhalte für den Rassenhygieniker auch eine bewertende Erfassung der „Menschenrassen". Ploetz beurteilte die „germanische Rasse" (oder „nordische Rasse"), die er als „hochgewachsene weiße Rasse mit steilem Profil und größtem Schädelinnenraum" beschrieb, als wertvoll und hochstehend, die er vor kontraselektorischen Einflüssen bewahren wollte. Denn gerade das, was nach Ploetz den außerordentlichen Wert des Nordeuropäers ausmache – Kriegstüchtigkeit, Aufopferungsfähigkeit und wissenschaftliche Begabung – würde auch seine besten Bestände

---

125 Zum 70. Geburtstag von Alfred Ploetz erschien auch eine 406-seitige Festschrift des „Archivs für Rassen- und Gesellschaftsbiologie, einschließlich Rassen- und Gesellschaftshygiene" (München: Lehmann 1930).

zerstören. Die Rassenhygiene als ein „System ausgleichender Pflege des Lebensstammes" sei damit für die „nordische Rasse" notwendiger als für andere Völker, so Reichel.

Die eugenischen Bestrebungen zur Verbesserung der „Rasse" wurden angesichts des mangelhaften naturwissenschaftlichen Erkenntnisstandes der Vererbungslehre – denn „die Grundlagen der Eugenik" seien „die das ganze organische Leben beherrschenden Gesetze der Erblichkeit" (Wagner-Jauregg 1931: 1) – als Erziehungs-, Aufklärungs- und Beratungsprojekt konzipiert. So forderte Wagner-Jauregg, dass sich die Eugenik darauf beschränken müsse, „ideelle Beweggründe" im Volk zu wecken, indem sie die Menschen dazu bringe, sich für ihre Familie und ihre Ahnen zu interessieren, Aufzeichnungen in Form von Ahnentafeln, Stammbaum und Ahnerbebuch anrege und Interesse an Fragen der Vererblichkeit wecke (ebd.: 4). Der Eugenik sei es aufgrund der mangelnden Erkenntnis über den Erbgang beim Menschen nur möglich, durch „Aufklärung der Massen" und Eheberatung, für welche die Ärzte eigens ausgebildet werden sollten, die TrägerInnen ungünstiger Eigenschaften von der Fortpflanzung fernzuhalten. Zur Identifizierung dieser Menschen griff Wagner-Jauregg auf die „Entartungslehre" der Psychiatrie zurück:

> „In erster Linie sind es die Individuen, die wegen bleibender erblicher geistiger Defekte gesellschaftsschädlich, nicht anpassungsfähig sind, deren Ausschluß von der Fortpflanzung schon jetzt, ohne Rücksicht auf den Einfluß einer solchen Maßregel auf die Volkszahl angestrebt werden muß; es sind das die Geisteskranken und die Menschen mit verbrecherischen Anlagen" (Wagner-Jauregg 1931: 1).

Als beispielgebende, aufklärende Maßnahme verwies er auf die Regelung der standesamtlichen Trauung in Deutschland, welche die Standesbeamten verpflichtete, „den Ehewerbern ein Aufgebotsmerkblatt einzuhändigen, in dem auf Beachtung der Grundlehren der Eugenik aufmerksam gemacht wird" (ebd.: 5). Auf Seiten der staatlich und medizinisch „erwünschten Fortpflanzung" empfahl Wagner-Jauregg Individuen zu wählen, welche sich der menschlichen Gesellschaft anpassten, ihr Nutzen brächten und die

> „imstande waren, sich auf eine höhere soziale Stufe zu erheben. [...] Der Knecht, der es zum selbständigen Landwirt bringt; der Industrie-Arbeiter, der zum Leiter einer Abteilung in seinem Betriebe vorrückt, der kleine Beamte, der es durch besondere Leistungen zu einer seiner Kategorie sonst verschlossenen angesehenen Stellung bringt" (Wagner-Jauregg 1931: 6).

Die Kriterien zur Identifikation von „Trägern mit günstigen Eigenschaften" entstammten einem bildungsbürgerlichen Aufstiegsdenken, laut dem der soziale Aufstieg über die Qualität des Menschen entscheide. Sie gingen von einem Bürgertum aus, das sich durch Wissenschaft, Erziehung, Bildung und harte Arbeit dem sozialen Fortschritt verpflichten würde. Die Kriterien waren aber auch getragen von der Angst dieser neuen Mittelschicht, abzustürzen, schwach zu werden, die Kontrolle zu verlieren. Denn der wirtschaftliche oder soziale Status dieser sich erst im 20. Jahrhundert bildenden Klasse konnte/kann nicht vererbt, sondern musste/muss in jeder Generation durch Bildung neu erarbeitet werden. Das Kapital der Mittelschicht war/ist vergänglich und konnte/kann nur über ständige Selbstdisziplin erarbeitet und erhalten werden. Die Angst, die Selbstdisziplin zu verlieren, wurde/wird nicht nur in psychisch kranken, süchtigen und körperlich wie geistig behinderten Menschen personifiziert, sondern auch in den Menschen der unteren Schichten.

Wagner-Jauregg erachtete aber Anfang der 30er Jahre den Anteil der „sozialen Aufsteiger" als noch zu gering, um für die eugenische Hoffnung auszureichen. Daher empfahl er, auch jene zuzulassen, welche sich zumindest auf ihrem sozialen Niveau halten könnten. Ausschließen wollte er aber auf jeden Fall Personen, die einen sozialen Abstieg machten und auf die „tiefste Stufe" herabgesunken wären, denn bei ihnen finde man in „erschreckendem Maße unerwünschtes Erbgut" (ebd.). Weil die gesellschaftliche Elite sich im eugenischen Sinne nicht ausreichend fortpflanze, verlangte er, Menschen mit guten „Erbanlagen" wirtschaftlich auch dort zu fördern, wo die Massen sind – bei den Handwerkern, gelernten Arbeitern und bei der Landbevölkerung. Die Förderungswürdigkeit wurde an der sozialen Aufstiegsfähigkeit festgemacht und gleichgesetzt mit „guten Erbanlagen". „Alles, was die wirtschaftliche Prosperität dieser Bevölkerungsschichten hebt, wird auch die Förderung günstiger Erbanlagen bewirken" (ebd.). Die wirtschaftliche Förderung der sozialen Aufsteiger war Kern des eugenischen Programms.

In den Jahren des Austrofaschismus von 1934 bis 1938 wurden vermehrt Abhandlungen zu Rassenhygiene in der „Wiener Klinischen Wochenschrift" publiziert. Heinrich Reichel erörtert die Frage „Welches sind heute die dringlichsten Forderungen der Rassenhygiene?" (1934: 705ff.) Er hielt fest, dass in der Literatur unklar sei, was unter „Entartung" zu verstehen sei – die „Mischung der Rassen", die „Krankhaftigkeit des Erbgutes", die um sich greifende „Mittelmäßigkeit" und das rasche „Verschwinden der höheren Veranlagungen" oder das drohende „Aussterben der Kulturvölker". Unter Verweis auf diese Unklarheiten und Unsicherheiten diskutierte er die Forderungen der Rassenhygiene – „Nichtmischung", „Bewahrung vor Keimschäden", „Ausmerzung", „Anreicherung" und Bevölkerungspolitik – hinsichtlich ihrer Durchsetzbar- und Durchführbarkeit.

Die Forderung der „Nichtmischung" beurteilte Reichel als Rassenpolitik und nicht als Rassenhygiene, da deren „Entartungsursache" nicht erwiesen sei. So seien die weißen

Europäer ein „rassenhaft stark durchmischter Volksbestand", bei dem es kaum möglich sei, bestimmte Merkmale als „fremdrassisch" zu bezeichnen, „höchstens das Volk als rassisch bunt zusammengesetzt" (ebd.: 706). Allein gegen die Mischung von Juden und Nichtjuden meldete er Bedenken an. Dies aber nicht wegen der Minderwertigkeit eines der beiden Völker, sondern aufgrund der Tatsache, dass die deutschsprachigen Juden Osteuropas sich ausgeprägt andersartig verhalten würden als das deutsche Volk. Eine Durchmischung könnte „dieses alte eigenartige Volk" zum Verschwinden bringen und das Erbgut des deutschen Volkes merklich verändern. Reichel warnte im Interesse der Erhaltung der gegebenen „Erbgutbestände" beider Völker vor einer jüdisch-deutschen Durchmischung (1935: 5). Hinsichtlich des Schutzes vor „Keimschädigung" sollte die Giftschädigung des Keimplasmas durch Genuss- und Arbeitsgifte wie Alkohol und Blei, aber auch die „Keimschädigung" durch Röntgenstrahlung abgewehrt werden.

Zur Verhinderung der Fortpflanzung von „Minderwertigen" beurteilte Reichel alle Formen der Fortpflanzungshindernisse als legitim und realisierbar: Eheverbote, Zeugungsverbote, Verwahrungsmaßregeln (Asylierung), Präventivmittel und operative Unfruchtbarmachung. Beim Ausbau der Asylierungsverfahren empfahl er, darauf Rücksicht zu nehmen, dass physisch Leistungsfähige „unter entsprechenden Arbeitsstätten zusammengefaßt werden" sollten, damit sie zumindest die Asylierungskosten erarbeiten könnten. Reichel forderte mit Nachdruck ein Sterilisationsgesetz, das die Operation an Gesunden verbietet und die rassenhygienisch indizierte Sterilisation regelt. Die „Tötung der Träger unerwünschter Anlagen" lehnte er aus „Ehrfurcht vor dem menschlichen Leben als Grundlage aller Sittlichkeit" ab, ebenso die rassenhygienische Indikation zur Abtreibung, da es sich meist nur um einen Verdacht handle, der nicht bewiesen werden könne (Reichel 1934: 741).

Der Psychiatrieemeritus Wagner-Jauregg betrachtete die Verhütung unerwünschten Nachwuchses durch Sterilisierung aufgrund der Bestrebungen der Regierung, Staatseinrichtungen mit der katholischen Kirche in Einklang zu halten, in Österreich für nicht durchführbar.

Der Primarius der Medizinischen Abteilung der Wiener Allgemeinen Poliklinik und Konstitutionsforscher Julius Bauer beurteilte die Sterilisation zur Verhütung erbranken Nachwuchses, wie sie in Deutschland bereits praktiziert wurde, als eugenisch kaum zielführend, da mit einem rezessiven Erbleiden behaftete Menschen, also phänotypisch gesunde Menschen, damit nicht erfassbar wären. Diesen „erbbiologischen Bazillenträgern" merke man selbst nichts oder kaum etwas an. Ihre „verderbliche Rolle" werde erst erkennbar, wenn sie ihre „bösen Keime verstreut" hätten (Bauer 1934: 1461). Aufgrund dieses Problems könne der Prozentsatz der Geisteskranken auf Basis einer sachkundigen mathematischen Betrachtung in 13 aufeinanderfolgenden Generationen nur um die Hälfte reduziert werden (ebd.). Bauer beurteilte auch Missbildungen, die eine Indikation zu eugenischer Sterilisierung geben sollten, für ihre Träger wie sozial als ziemlich belanglos.[126] Aus all diesen Gründen lehnte er eine gesetzlich zwangsweise Sterilisierung „vorläufig" ab (ebd.: 1462).[127]

Gegen diese fachinterne Kritik des Internisten Julius Bauer an der Eugenik forderte der Psychiater Engerth zumindest die Vermeidung aller Fürsorgemaßnahmen, die eine natürliche Auslese verhinderten, auch dann, wenn eine negative wie positive Eugenik erst in der Zukunft realisierbar sei (Engerth 1935: 16).

Der Psychiater und Neurologe Heinrich Kogerer (1887–1958)[128] empfahl die Umgehung der eugenischen Indikation durch eine therapeutische.[129] Er räumte zwar ein, dass der Erbgang der „Geisteskrankheiten" nicht erwiesen, bei den wichtigsten Krankheiten die Vererbung selten, die Differenzialdiagnose zwischen erblichem und erworbenem Schwachsinn schwierig sei und dass die geringe Anzahl kranker Nachkommen bei manisch-depressivem Irresein ein dermaßen radikales Vorgehen nicht rechtfertige, dennoch hatte er gegen die Propagierung der eugenischen Sterilisation als Mittel zur Verhütung erbkranken Nachwuchses und deren „vorsichtig, kritische Anwendung vom psychia-

---

126 Bauer nennt Brachydaktylie, Hypophalangie, Spina bifida und „erblichen Klumpfuß".
127 Helmut Gröger hat in seinem Vortrag „Eine Stimme der Vernunft gegen die NS-Rassenpolitik. Der Konstitutionsforscher Julius Bauer (1889–1979)" im Rahmen des Kolloquiums „Neuere Ergebnisse der Medizingeschichte" (9.4.2003 am Inst. f. Geschichte der Medizin, Universität Wien) die fachinterne Kritik von Julius Bauer gewürdigt.
128 Heinrich Kogerer arbeitete ab März 1938 am „Deutschen Institut für Psychologische Forschung und Psychotherapie" („Göring-Institut") in Berlin und leitete die „arisierten" psychoanalytischen Einrichtungen in Wien. Bereits drei Tage nach dem Anschluss Österreichs an das „Dritte Reich" und dem Einmarsch drangen SA-Leute in die Wohnung des Psychoanalytikers Siegmund Freud ein (15. März 1938). Am 20. März 1938 wurde eine Vorstandssitzung angesetzt (Teilnehmer waren Carl Müller-Braunschweig, der bereits 1933 in Deutschland den Vorsitz der arisierten „Deutschen Psychoanalytischen Gesellschaft" (DPG) übernommen hatte, Ernest Jones und Anna Freud). Die Entscheidung war ein Diktat, mit dem die „Wiener Psychoanalytische Vereinigung" in die arisierte DPG aufgenommen wurde, alle Nichtarier wurden ausgeschlossen. Siegmund Freud ließ man am 4. Juni 1938 ausreisen. Einige Tage später berichtete die „Münchner Medizinische Wochenschrift" von einer Mitteilung Prof. Dr. M. H. Görings: „Die Hochburg der jüdischen Psychotherapie in Wien ist durch den Anschluß Österreichs gefallen. Es ist geglückt, eine kleine Gruppe deutscher Psychotherapeuten in Wien zu einer Arbeitsgemeinschaft zu vereinigen. [...] Zum Leiter dieser Arbeitsgemeinschaft hat Prof. Dr. Dr. Göring den alten Parteigenossen Dozent Dr. von Kogerer bestellt" (zit. in: Klee 2001: 201). Kogerer musste die 1938 erhaltene Mitgliedschaft bei der NSDAP wegen seiner angeblich „halbjüdischen" Ehefrau zurücklegen und war ab 1939 apl. Prof. und beratender Militärpsychiater bei diversen Einheiten. Er forderte die Todesstrafe für Wehrkraftzersetzer. 1942 erhielt er durch einen Gnadenerweis des Führers neuerlich die NSDAP-Mitgliedschaft. Nach 1945 war er als Nervenarzt in Wien tätig (vgl. Klee 2003: 327).
129 In der Psychiatrie wurde die Sterilisation bei männlichen Schizophrenen als therapeutisch sinnvoll beurteilt.

trischen Standpunkte nichts einzuwenden" (Kogerer 1935: 1264). Da die gesetzlichen Voraussetzungen fehlten, empfahl Kogerer, durch eine auf Basis der therapeutischen Indikation durchgeführten Sterilisation eugenische Effekte zu erzielen (ebd.: 1265).

Gegen diese Anweisung zum Missbrauch der therapeutischen Indikation forderte der Sozialhygieniker und Sozialgynäkologie Albert Niedermeyer (1988–1953)[130], dass die Befürwortung der Sterilisation durch die Psychiater auf logisch zwingenden Gründen der psychiatrischen Wissenschaft gründen müsste (Niedermeyer 1935: 1581). Obwohl die wissenschaftlichen Tatsachen das Gegenteil erwarten ließen, würde die Psychiatrie „dennoch" und „trotzdem" die Sterilisierung verlangen.[131] Er griff Heinrich Kogerer an, da dieser nicht der Wucht der Tatsachen, sondern den Anschauungen erliegen würde. Die Sterilisierung sei aber kein wissenschaftlich begründetes und wirksames Mittel zur Verhütung erbkranken Nachwuchses. Niedermeyer forderte, darüber nachzudenken, welche Bedeutung derartige, auf unzulänglich gesicherten Grundlagen getätigte Eingriffe auf Individuum und Gemeinschaft haben würden. Er selbst befürchtete eine Ausweitung der Freigabe des Abortus aufgrund eugenischer Indikation. Denn die erste Abweichung von klaren und grundlegenden Normen ziehe weitere Abweichungen nach sich, und zur Verhütung von Missbräuchen werde ein immer komplizierteres System notwendig, „dessen Organisation und Ausbau eine derartige Fülle von geistiger und physischer Arbeit und nicht zuletzt Kostenaufwand erfordert, dass man fragen muss, ob man damit nicht viel Besseres hätte erreichen können, ohne unverzichtbare Rechtsgüter preiszugeben" (ebd.: 1582). Für den Fall, dass die Sterilisation als wissenschaftlich

---

130 Albert Niedermeyer wurde 1888 in Wien geboren. Sein Vater, Ernst Niedermeyer, war Psychiater und Neurologe. Albert Niedermeyer promovierte 1910 zum Doktor der Philosophie in Wien, 1918 zum Doktor der Medizin und 1924 zum Dr. jur. in Breslau, mit einer Arbeit über „Fruchtabtreibung als strafbare Handlung". Er war Facharzt für Frauenkrankheiten und Geburtshilfe am St.-Carolus-Krankenhaus in Görlitz und forschte im Bereich der Sozialgynäkologie und Sozialhygiene. Dazu publizierte er u.a.: „Geburtenrückgang und Sozialgesetzgebung in Geschichte und Gegenwart" (Halle 1926); „Lehre der Freigabe des Abortus in Rußland" (Halle 1927); „Sozialhygienische Probleme in der Gynäkologie und Geburtshilfe" (Leipzig 1927); „Aufgaben des Frauenarztes in der Eheberatung" (Berlin 1929); „Die Eugenik und die Eheberatung in Sowjetrußland" (Berlin 1931;. „Fakultative Sterilität" (Limburg 1931); „Sozialhygiene – Moralhygiene – Kulturhygiene" (Karlsruhe 1931). Er lehnte Eugenik und Rassenhygiene ab, insbesondere die durch den Nationalsozialismus eingeführte Zwangssterilisation. Er flüchtete 1934 nach Österreich, wurde dort nach dem Anschluss 1938 verhaftet und ins KZ Sachsenhausen-Oranienburg deportiert (vgl. Eben, Frewer in: Frewer 2001).

131 „Das kann aber gewiß kein Grund sein, gerade bei dieser Krankheit auf sie (die Sterilisation, M.W.) zu verzichten", schreibe Blum. „Trotzdem wird man natürlich mit Recht darauf dringen, daß schizophrene Kranke, die im Stadium der Besserung aus der Anstalt entlassen werden, vorher sterilisiert werden. Nur eben der eugenische Erfolg wird nicht allzu groß sein", so Ewald. „Trotzdem wird niemandem ein Leid geschehen, wenn man solche Epileptische, zumal wenn ihr Leiden früh erkennbar wird, der Sterilisation zuführt", so wiederum Ewald (zit. in: Niedermeyer 1935: 1581).

nicht gesicherte Maßnahme dennoch zur Verhütung „erbkranken" Nachwuchses eingeführt werde, forderte Niedermeyer, deren Missbrauch durch ein eigenes Reglement zu verhindern. Zugleich wies er darauf hin, dass die Ausführungsbestimmungen wegen detaillierter Vorschriften erfahrungsgemäß aber weniger zur Beseitigung von Unklarheiten und Missverständnissen beitragen würden als zu deren Steigerung. Zudem veranschlagte er die Kosten, welche die Verfahren von Erbgesundheitsgerichten hervorrufen würden, höher als die Kosten der Asylierung.

Heinrich Kogerer wies diese Kritik mit dem Argument zurück, dass man nicht auf Zeiten warten könne, welche die Grundlagen und Möglichkeiten zur idealen Lösung brächten. Gegenwärtig stünden eben nur unvollkommene Mittel zur Verfügung.

> „Für eine gewaltlose Eugenik, wie sie uns allen als Ideal vorschwebt, ist die Menschheit nicht reif. Bis dahin müssen wir uns mit unvollkommenen Maßnahmen begnügen und über diese sind selbstverständlich die Meinungen verschieden" (Kogerer 1935a: 1584).

Hier wird mit aller Deutlichkeit darauf verwiesen, dass Entscheidungen im Bereich der Eugenik beim gegebenen Erkenntnisstand der Vererbungsforschung von der Macht einer jeweiligen Position abhingen und damit politische Entscheidungen waren.

Hinsichtlich des Schutzes der Gesellschaft vor „gemeingefährlichen Kranken" setzten sich die Psychiater für eugenische Maßnahmen ein. Schon 1909 wurde das Thema „Sterilisation von Verbrechern und anderen Minderwertigen durch Vasektomie" am Beispiel der Vereinigten Staaten in der „Wiener Klinischen Wochenschrift" referiert (Belfield 1909: 827). Bei Verbrechern galt eine Verhinderung der Fortpflanzung durch ein Eheverbot als unrealisierbar, daher wurden direkte Eingriffe an den Geschlechtsorganen empfohlen. Gegenüber der Kastration wurde die Vasektomie angeregt, da sie nur die Fortpflanzungsfähigkeit, nicht aber die Erektion und Ejakulation beeinträchtige. „In den Bundesstaaten Indiana besteht ein Gesetz, welches die Sterilisierung von Verbrechern, Geisteskranken und Idioten autorisiert und es wurden im Gefängnis von Jeffersonville bereits über 800 Individuen der Sterilisation unterzogen" (ebd.). Diese medizinischen Eingriffe zur Verhütung „minderwertigen" Nachwuchses von „Verbrechern", „Kriminellen" etc. blieben bis Ende der 30er Jahre als Mittel der Wahl in Diskussion, wurden politisch und rechtlich aber erst im Nationalsozialismus umgesetzt.

Im Kontext der Auseinandersetzungen um die Legitimität von Sterilisation wurde in den 30er Jahren auch über die Rechtmäßigkeit der Kastration von Sittlichkeitsverbrechern diskutiert. Heinrich Kogerer verwies dazu auf das deutsche Reichsgesetz zur „Bekämpfung gefährlicher Gewohnheitsverbrecher" aus dem Jahr 1934 (Kogerer 1936: 869). Er berichtete, in welchen Fällen das Gericht im deutschen Gesetz die „Entmannung" anordnen könne, was die Strafe bezwecke und wie sich die Entmannung auswirke. Er resümierte, dass die „Entmannung" wegen der gesundheitlich nachteiligen Folgen nur in sehr eingeschränktem Maße zu empfehlen sei, also nur dann, wenn durch den Eingriff eine Besserung des Rechtsbrechers und ein Schutz der Gemeinschaft erwartet werden könne (ebd.: 869ff.). Gerichtlich angeordnet wurde die Entmannung in Deutschland wegen Nötigung zur Unzucht, Schändung, Unzucht mit Kindern oder Notzucht, einem zur Erregung des Geschlechtstriebes begangenen Verbrechen und wegen der öffentlichen Vornahme unzüchtiger Handlungen. „Körperliche Mißhandlungen" oder „Verstümmelungen" beurteilte Kogerer als eine Strafe, die dem Rechtsempfinden des modernen Kulturmenschen zuwiderlaufe. Sühne sei als Zweck der Strafe bereits im 19. Jahrhundert aufgegeben worden. Heute bilde „die Unterwerfung des Einzelnen unter die Interessen der Gemeinschaft" das Hauptmotiv der Strafe. Der Idealfall sei dabei die freiwillige und nicht die gewaltsam erzwungene Unterwerfung, d.h. die Einsicht des Sexualverbrechers in die Notwendigkeit des Eingriffes. Ein Nutzen wurde von der Kastration aber nur in Fällen von „hypersexuellen Notzüchtern, Sadisten und Exhibitionisten mit aggressivem Charakter, [...] bei triebstarken Schwachsinnigen, Epileptikern und Postencephalitikern" erwartet, während die Besserung „triebschwacher Sexualverbrecher" und „gefühlskalter Verbrechernaturen" als aussichtslos galt.

Kogerer wandte sich gegen die Entmannung der Täter bei „Sexualhandlungen an Jugendlichen", da die behauptete Gewaltanwendung schwer zu erweisen sei. Der Autor beurteilte Anzeigen aufgrund von Vergewaltigung als Ausdruck des Übereifers der Aufklärung der weiblichen Jugend, die durch „ausgiebige sexuelle Aufklärung" eine „mit Lüsternheit gepaarte Voreingenommenheit" erzeuge und dazu führe,

> „dass die Mädchen völlig harmlose Zärtlichkeiten als sexuelle Aggressionshandlungen auffassen und demgemäß darauf reagieren. (...) Viele, namentlich psychopathische und verwahrloste Mädchen neigen dazu, den in der Gefahrenzone befindlichen Mann bewußt oder unbewußt zu reizen, sodaß der oft bis dahin völlig Ahnungslose von einer explosiven Regung seiner eigenen Sexualität überrumpelt wird" (ebd.: 871).

Kogerer empfahl bei angezeigten sexuellen Gewaltanwendungen stets die Glaubwürdigkeit der Betroffenen und die Tatumstände zu prüfen. „Entmannung" sei in diesem Falle nur bei Rückfälligkeit oder Mehrmaligkeit angezeigt.

Gegenüber diesen direkten medizinischen Eingriffen an den Geschlechtsorganen von männlichen Kriminellen forderte Josef Berze[132], ehemaliger Direktor der Wiener Lan-

---

132 Josef Berze wurde 1866 in Wien geboren, 1891 Promotion, 1912 Habilitation für Psychiatrie, 1921 Tit.ao.

desheil- und Pflegeanstalt „Am Steinhof", für „geisteskranke" Verbrecher eigene Einrichtungen außerhalb der bestehenden Irrenanstalten zu schaffen. Er beurteilte die Einrichtung von eigenen Abteilungen für „kriminelle Irre und Psychopathen" in Heil- und Pflegeanstalten als „folgenschwer störende Enklaven von ausgesprochenem Gefängnischarakter", die nicht mehr in den „Rahmen der Heil- und Pflegeanstalten mit ihrem sich immer mehr herausbildenden Krankenhauscharakter" passen würden (Berze 1937: 282). Die Psychiater wollten in ihren Anstalten ausnahmslos jene psychisch Kranken aufnehmen, deren Behandlung einen Heilerfolg in Aussicht stellte. Unheilbar psychisch Kranke, „erblich Degenerierte" und „kriminelle Psychopathen" gefährdeten in einer um wissenschaftliche Anerkennung kämpfenden Disziplin den Fortschritt. Sie wurden als Hemmschuh wissenschaftlicher Entwicklung betrachtet und sollten in anderen Anstalten ausgegrenzt werden.

Ende der 20er Jahre wurde die „Geisteskrankenfürsorge", die in Wien erst seit Mitte der 20er Jahre als geschlossene Fürsorge in der Irrenanstalt betrieben wurde, von einer rassenhygienischen Sozialhygiene unter eugenischen Bewertungsmaßstäben diskutiert. So beurteilte der Psychiater und Psychotherapeut Rudolf Dreikurs (1897–1972)[133] die Internierung aller Geistesgestörten in Irrenanstalten als nicht zielführend, da dabei auch „Minderwertige", „Psychopathen", Neurotiker oder Süchtige, die als Grenzfälle zwischen Geisteskrankheit und Norm betrachtet werden müssten, aufgenommen würden (Dreikurs 1926: 869). Die geschlossene Aufnahme dieser „Grenzfälle" führe zu

> „einer Herabsetzung des Willens und der Fähigkeit, den Kampf ums Dasein wieder aufzunehmen […], jedenfalls ist eine Besserung der zu diesem Kampf wenig geeigneten Psychopathen, der Süchtigen, zu welchen auch die Alkoholiker gehören, oder der Geistesschwachen durch einen Anstaltsaufenthalt nur selten zu erzielen" (Dreikurs 1926: 869).

Professor, 1919 bis 1928 Direktor der psychiatrischen Landesheil- und -pflegeanstalt „Am Steinhof". Berze forschte und publizierte zu Fragen der Vererbung von „Geisteskrankheiten", z.B.: „Die hereditären Beziehungen der Dementia praecox", Wien und Leipzig 1910.

133 Rudolf Dreikurs promovierte 1923 an der Universität Wien, er war Assistenzarzt Alfred Adlers, welcher die Individualpsychologie – aus seiner Auseinandersetzung mit der Psychoanalyse Freuds hervorgegangen – begründete. Ab 1923 war Dreikurs Assistent am Institut für Neurologie und Psychiatrie der Universität Wien und leitete ab 1925 die Kinderklinik und die Klinik für Alkoholiker. Er flüchtete 1938 vor den Nationalsozialisten in die USA, wo er u.a. Direktor des „Departement of Psychiatry" an der Chicago Medical School wurde. Dreikurs machte dort die Adlersche Individualpsychologie für die Ehe- und Paarberatung sowie für die Erziehungsberatung fruchtbar. Seine grundlegende Schrift „Grundbegriffe der Individualpsychologie" erschien bei Klett-Cotta 2001 in der 10. Auflage.

Dagegen empfahl Dreikurs als ersten Schritt in eine moderne „Irrenfürsorge" die Einrichtung von Beratungsstellen für „Nerven- und Gemütskranke", welche auf Resozialisierung zielten. Zugleich sollte in Zeiten der Not und wirtschaftlicher Probleme zum Nutzen der Allgemeinheit auch weiterhin eine Unterstützung der tatsächlichen „Psychopathen" in „Irrenanstalten" geleistet werden:

> „Denn *diese* sind vor allem die Träger und Verbreiter der drei Volksseuchen Alkohol, Tuberkulose und Syphilis, an ihnen prallt alle Aufklärung ab, ihre Unfähigkeit im Lebenskampf macht alle Versuche der Befürsorgung, welche nicht *hier* ansetzen, illusorisch" (ebd.: 870).

Dreikurs empfahl die Einrichtung eigener „Psychopathenheime", wo die geschlossene Internierung dennoch auf *„Erziehung, Rückkehr zum Gemeinschaftsgefühl* und zu *lustvoller Arbeit"* zielen sollte. Wie in der „Disziplinarschule für geistig minderwertige Sträflinge in Koblenz" sollten auch „Psychopathen durch allmähliche Gewöhnung an Einordnung und durch individuelle Erziehung" wieder auf den „rechten Weg" gebracht werden (ebd.: 871). Resozialisierung im Sinne der Arbeitsfähigkeit und -bereitschaft charakterisierten somit die Modernisierung der „Geisteskrankenfürsorge". Im weiteren sollten eigene „Heime für Alkoholiker" errichtet werden, d.h. abgekoppelt von Irrenanstalten. Für Epileptiker empfahl Dreikurs eigene Einrichtungen mit angeschlossenen Schulen, da diese nicht als „geistesgestört" eingestuft werden könnten und lediglich wegen der Anfälle vom Schulbesuch auszuschließen wären.

Gegen die Resozialisierungsvorschläge wandte Heinrich Kogerer ein, dass diese „Arbeitstherapie" aber nicht zu weit getrieben werden dürfe. Als negatives Beispiel verwies er in einem Artikel „Ueber die offene Irrenfürsorge" auf Kretschmer, welcher „die in den Anstalten mit Hilfe der Arbeitstherapie erzogenen Schizophrenen als ‚brauchbare Arbeitsmaschinen' bezeichnet und weiter sogar hervorhebt, dass ‚der dröhnende Schritt schizophrener Arbeiterbataillone' für ihn etwas Erfreuliches hätte [...]" (Kogerer 1929: 1451).

In der Psychiatrie wurden, zusammengefasst, die Vorstellungen einer negativen Eugenik bereitwillig aufgenommen. Die Psychiatrie war jene klinische Disziplin, die am vehementesten auf eine Anwendung der Vererbungslehre auf der Ebene der Eugenik bzw. Rassenhygiene drängte, um ihre Disziplin durch eugenische Eingriffe zu reformieren und zu modernisieren.

Die Beurteilung der „Fortpflanzungswürdigkeit" wurde im Vergleich zur „Verhinderung der Fortpflanzung von Minderwertigen" als noch schwieriger erachtet. Die Forderung, durch eine Verbesserung der Lebensbedingungen auch eugenische Ziele zu erreichen, ist Ausdruck dieser Problematik:

„Eine individuelle Auslese müßte hier nicht bloß wegen der weit unklareren Begriffsbestimmung der Tüchtigkeit als des Erbkrankseins wesentlich schwieriger sein als dort, sondern sie wäre auch als Grundlage praktischer Maßnahmen kaum verwendbar […]." Vom rassenhygienischen Standpunkte empfahl Reichel vielmehr jene Lebensbedingungen zu schaffen, welche das „Wachstum lebenstüchtiger Menschen in geordneten und den Lebensgesetzen getreuen Familien eindeutig begünstigen müssen" (Reichel 1935: 742).

Die Rettung und Erhaltung der Familie und ihrer Fruchtbarkeit bezeichnete Heinrich Reichel als allerdringlichste Forderung der Rassenhygiene, auf welche sich auch die Bevölkerungspolitik ausrichten müsse. So sollten von den Tausenden Arbeitslosen nur jenen die neuen Möglichkeiten – Arbeitsdienst und Ansiedlung – zugänglich gemacht werden, die vom rassenhygienischen Standpunkt aus einwandfrei wären. Die wirtschaftliche „Not der Gegenwart" wollte Reichel dazu einsetzen, den in die Zukunft führenden „Volksteil", die „leistungsfähigsten und besten Menschen", herauszusieben (vgl. ebd.: 744). Er betrachtete die Sicherung der Existenzbedingungen für das heranwachsende Kind als Grundlage der Erzielung eines „gesunden Nachwuchses":

„Sicherung der Mutterbrust und der Mutterpflege für den Säugling, wo irgend möglich aber auch weitere Pflege und Erziehung unter mütterlicher, nötigenfalls pflegemütterlicher Obhut. Ist die natürliche Mutter bereit und geeignet, ihr Kind bei sich zu halten, so soll ihr das ermöglich werden! Die Aufgabe der Fürsorge sollte es weniger sein, dem Kinde die Mutter zu ersetzen als zu erhalten" (Reichel 1935a: 887).

Trotz dieser Forderung nach der „Mutterbrust" und „Mutterpflege" für den Säugling beurteilte er die „Doppelverdienerordnung" des österreichischen Ständestaates, mit der nur mehr einem Ehepartner die Erwerbsarbeit erlaubt war, als ehe- und familienfeindlich.[134] Denn trotz der Hebung des männlichen Arbeitsmarktes und der Rückführung der Frau in die Familie werde daraus für die „qualitativ hochstehenden Frauen" ein

---

134 Bereits zwischen 1918 und 1928 verloren Frauen und Männer bestimmter Berufsgruppen durch eine Heirat ihren Arbeitsplatz, z.B. Lehrerinnen an Volks- und Bürgerschulen in mehreren Bundesländern. Ab 1933 verloren Frauen im Staatsdienst und Männer im Sicherheitsapparat (Gendarmerie-, Sicherheitswach- und Zollwachdienst) bei Eheschließung ihren Arbeitsplatz. Waren in Bezug auf die Männer mehr „disziplinäre Motive" handlungsleitend, so sollten mit „der Einsparung von weiblichen, verheirateten Beamten" der Staatshaushalt entlastet und Arbeitsplätze von Frauen auf Männer umverteilt werden. Mit der „Doppelverdienerordnung" von 1934 mussten zudem „alle jene Frauen ausscheiden, deren Ehegatten" im Staatsdienst standen. Die Umgehung dieser Vorschrift durch das Eingehen einer Lebensgemeinschaft wurde als „Dienstvergehen" verfolgt. Im selben Jahr wurden zudem alle verheirateten Lehrerinnen zwangspensioniert (vgl. Lehner 1987: 121ff.)

Eheverbot abgeleitet. Die Maßnahmen einer positiver Eugenik, wie z.B. die materielle Begünstigung von Familien mit Kindern, würden immer noch vor dem ungelösten Problem stehen, zu entscheiden, wessen Fortpflanzung erwünscht und wessen Fortpflanzung nicht erwünscht sei. Da die ganze Bevölkerung individuell vom eugenischen Standpunkt geprüft werden müsste, um diese Differenzierung einwandfrei durchzuführen, sei die Lösung der praktischen Eugenik aber noch immer nicht gefunden.

Auch der Rassenhygieniker Heinrich Reichel kam angesichts des so genannten „Standes der wissenschaftlichen Forschung" Mitte der 30er Jahre zum Schluss, dass nur die Verbreitung eugenischen Wissens als Mittel zur „Höherzüchtung" Verfügung stehe (1935: 1f.). Dazu empfahl er Prämien (Geldbeträge oder Vorteile) für eheliche Gebärleistungen, Ehrengaben an kinderreiche Eltern, Patenschaften durch öffentliche Stellen und private Wohltäter, Arbeitsbeschaffung und das Angebot erschwinglicher Wohnungen. Der auf Fortpflanzung verzichtende „Volksteil" sollte durch negative Maßnahmen – Junggesellensteuer, Umstellung der Erbsteuer – klein gehalten werden (1935a: 889). Jugendliche müssten darüber aufgeklärt werden, dass die Wohlfahrt nicht den Einzelnen, sondern die größere Lebenseinheit schütze, und dass die Ehrfurcht vor dieser größeren Lebenseinheit – dem Stamm – sich darin erweise, das „lebendige Erbgut" durch Schutz vor „Keimschädigung" und sorgfältige Vorbereitung der Gattenwahl zu bewahren:

> „Man sollte sich daran beizeiten gewöhnen, einen Menschen nicht anders als im Rahmen seiner Sippschaft zu betrachten und zu bewerten. In den Eltern und in mehreren Geschwistern zeigt sich erst ein leidlich entfaltetes Bild des Anlagebestandes der Familie, dessen Ausbreitung auf die eigene Sippe als erwünscht oder unerwünscht erscheinen mag" (Reichel 1936: 556).

Die Familienforschung beurteilte er für die zukünftig „eugenisch ausgerichtete Ehe" als unentbehrliche Voraussetzung.

1.8 Wissenschaft und männliche Selbstbehauptung: Die Verarbeitung der Niederlage, den „Erbgang" beim Menschen naturwissenschaftlich nachweisen zu können, durch medizinische Eingriffe in die reproduktive Kultur

Das Ziel der Eugeniker und Rassenhygieniker, den menschlichen Erbgang naturwissenschaftlich nachzuweisen, blieb auch bis zum Nationalsozialismus unrealisiert. Konstitutions- wie Vererbungslehre vermochten den wissenschaftlichen Nachweis für den Erbgang nicht zu erbringen, Eingriffe in die Natur der generativen Reproduktion des Lebens durch Sterilisation oder Vernichtung von als „minderwertig" klassifizierten

MitbürgerInnen wurden zwar beständig propagiert, aber aus naturwissenschaftlichen, ethischen und politischen Gründen nicht realisiert. Konstitutions- und Vererbungsforschung am Menschen blieben den wissenschaft-lichen Nachweis ihrer Hypothesen schuldig. Die Verfahren, welcher sich die Biologie bei der Erforschung des Erbganges bei Pflanzen und Tieren bediente, konnten nicht auf die Erforschung des menschlichen „Erbganges" angewendet werden. In der wissenschaftlichen Praxis war die Erbforschung am Menschen vom Zählen und Messen dominiert: Häufigkeitsstatistik, Stammbaumstatistik, Anthropometrie etc. Der wissenschaftliche Fortschritt vom „Stammbaum zur Stammzelle" sollte der zweiten Hälfte des 20. Jahrhunderts vorbehalten bleiben, obschon die Stammbaumstatistiken weiterhin Grundlage der Humangenetischen Beratung blieben (vgl. Samerski 2002). Der „erzählte Mensch" konnte vom „gezählten Menschen" nicht überwunden werden, die Erbforschung blieb und bleibt bis zur Humangenetik der Gegenwart eine hermeneutische Wissenschaft (vgl. Rehmann-Sutter 1996).

Die wissenschaftliche Beweiskraft der Erhebungen und Ergebnisse blieb mangelhaft. Obwohl die überwiegende Mehrheit der eugenisch motivierten Forscher, Kliniker und Wissenschaftler konstatierte, dass der „Erbgang" beim Menschen nicht erwiesen, die ganze Konzeption der Vererbungslehre beim Menschen unfertig sei und die „Erbanlagen" als Produkt der Kernverschmelzung letztendlich ein Ergebnis des Zufalls wären, reichten ihnen Vermutungen aus, um sich für ein großangelegtes Erziehungsprojekt zu engagieren, das eine umfassende eugenische Umerziehung des reproduktiven Verhaltens und der Sinngebungsprozesse der generativen Reproduktion des Lebens zum Ziel hatte. Zugleich reichten die Vermutung auch dafür, eine invasive Medizintechnologie zu befürworten, die Sterilisation von „minderwertigen" Menschen, von deren Zustand auf eine „Erbkrankheit" bzw. eine Unfähigkeit, „gesunde Kinder" zu zeugen und aufzuziehen, geschlossen wurde. Die wissenschaftlichen und politischen Erwartungen, die in den Nachweis der Vererbung beim Menschen gelegt wurde, wurden nicht erfüllt, das Scheitern in einem Erziehungsprogramm kompensiert, das half, unsichere Diagnosen und Prognosen in klaren Handlungsanweisungen zu entsorgen.

Dass diese prophylaktische Strategie im wissenschaftlichen Feld Anerkennung fand, hat nicht nur damit zu tun, dass man sich des Druckes uneingelöster Erwartungen mit einem Erziehungsprogramm zu entledigen suchte. Sie ist auch im Kontext der prophylaktischen Medizin, welche von der Hygiene im 19. Jahrhundert und von der Sozialen Hygiene seit der Jahrhundertwende ventiliert wurde, zu verstehen. Diese neue Disziplin, die den Nachweis des Zusammenhangs von gesundheitlichen und sozialen Verhältnisse erbringen und die Verbesserung der „Qualität" der Menschen durch Verbesserung der Lebensverhältnisse erreichen wollte, brachte mit dem Projekt einer „hygienischen Kultur" ein Diskursfeld hervor, in dem mit „Reinigung" und „Vorbeugung" Normen begründet wurden, die das 20. Jahrhundert als eine „prophylaktische Kultur" durchzusetzen begann. Der Arzt wurde darin als „Krieger" zur „Abwehr gemeingefährlicher Krankheiten" eingesetzt, der alle Phasen des menschlichen Lebenslaufes medizinisch überwachen sollte: vom Schwangeren- und Wöchnerinnenschutz zur Säuglingshygiene, von der Schülerhygiene über die „Krüppelfürsorge" bis zur Begutachtung der Zulassung Jugendlicher zur Erwerbsarbeit und zu gewerbehygienischen Maßnahmen für den Arbeiterschutz. Krankheiten wurden als Ursache und Folge sozialer Verelendung bekämpft, die es durch soziale Hygiene, individuelle Gesundheitspflege und Eugenik zu bewältigen galt. Maßnahmen, die allesamt in einer umfassenden Aufklärung der Massen zum gesunden Leben mündeten. *Eugenik und Rassenhygiene* verselbständigten sich teils im Rahmen der Sozialhygiene, teils unabhängig davon und zielten als ein „System ausgleichender Pflege des Lebensstammes" (Reichel 1931: 285) auf die „Qualität" des „Bevölkerungskörpers" mittels „Auslese" und „Ausmerze".

Fürsorgemaßnahmen und -einrichtungen wurden hinsichtlich der Gefahr der „Gegenauslese" geprüft. Nur pflegende und versorgende Fürsorgemaßnahmen galten als kontraselektiv, Resozialisierungsmaßnahmen, die eine Wiedereinpassung in den Arbeitsprozess erreichten, als fortschrittlich und produktiv. Das Klientel sollte durch Erziehung wieder auf den „rechten Weg" gebracht werden – was immer Arbeitsfähigkeit bedeutete – und klar von dem Klientel geschieden werden, das nicht mehr in die Gesellschaft zurückgeführt werden konnte. Der Personenkreis, der nicht mehr arbeitsfähig und damit gesellschaftlich nicht mehr integrierbar war, wurde in unterschiedlichen Fürsorgeinstitutionen untergebracht, die für verschiedene „Erbkrankheiten" konzipiert wurden. Dazu mussten kranke Menschen unterschiedlichen Diagnosen zugeteilt werden.

Diese waren wiederum Bezugspunkt für die Begründungen, bestimmte Gruppen von der Fortpflanzung fernzuhalten. Als eugenische Maßnahmen wurden Eheverbote, Zeugungsverbote, Arbeits- und Ansiedlungsrechte, Frauenarbeitsschutz, Asylierung, Sterilisierung, und Euthanasie diskutiert. Abgewehrt werden sollten damit Giftschädigungen des Keimplasmas durch Genuss- und Arbeitsgifte (Alkohol, Blei) und Geschlechtskrankheiten (Syphilis). Vor dem Hintergrund der Massenarbeitslosigkeit (Ende 20er/Anfang 30er Jahre) sollte die Möglichkeit zum Arbeitsdienst und zur Ansiedlung nur jenen Menschen gewährt werden, die vom rassenhygienischen Standpunkt her vermeintlich als „einwandfrei" beurteilt werden konnten. Aus der Not der Gegenwart sollte sozusagen der führende Volksteil der Zukunft gesiebt werden. Zur Erhaltung des „gesunden Nachwuchses" galt es, den Säuglingen die Ernährung an der Mutterbrust und die mütterliche Pflege und Erziehung zu sichern.

Im Falle der Asylierung, die vor allem zum Schutz der Gesellschaft vor „gemeingefährlichen Kranken" aufrechterhalten wurde, sollten arbeitsfähige Insassen durch Arbeit ihre Asylierungskosten selbst erarbeiten.

Sterilisierung wurde nachhaltig gefordert, auch wenn der Ständestaat aufgrund seiner Bestrebungen, Staatseinrichtungen in Einklang mit der katholischen Kirche zu gestalten, die Freigabe behinderte. Zugleich wurde die Möglichkeit zur Indikationsstellung für die Sterilisierung in Zweifel gezogen, da man den „erbbiologischen Bazillenträgern" selbst kaum etwas anmerke, weil rezessive Erbleiden bei phänotypisch gesunden Menschen eben nicht erkannt werden könnten. Diskutiert wurde aber die Umgehung der eugenischen Indikation durch eine therapeutische, mit der eine Sterilisation dahingehend begründet werden könnte, dass sie Heilungszwecken diene. Dies wurde vor allem im Bereich psychiatrischer Erkrankungen erwogen. Das führte aber wieder zum Problem, dass der Erbgang der Geisteskrankheiten nicht erwiesen war.

2. „Wehrtauglichkeit" und „Gebärtauglichkeit": Eugenisierung der Geschlechterverhältnisse und Auslese „legitimer Reproduzenten organischen Kapitals"

In Zusammenhang mit dem Einsatz einer staatlich kontrollierten Verwendung des Menschen durch eine qualitative Bevölkerungspolitik, der Etablierung einer Sozialhygiene des Lebenslaufes und einer eugenischen bzw. rassenhygienischen „Pflege des Lebensstammes" als Fortpflanzungshygiene wurden im Bereich der Gesundheitskontrolle der Bevölkerung durch die Medizin Kriterien etabliert, welche Frauen wie Männer zunehmend unter dem Gesichtspunkt ihres eugenischen „Reproduktionswertes" beurteilten.

Dazu griffen Kliniker und Ärzte auf den mangelhaften Wissensbestand hinsichtlich des „Erbganges" beim Menschen zurück, der in den Diskursen der Konstitutions- und Vererbungslehre, der „Entartungslehre" der Psychiatrie, der Lehre einer „Sozialen Pathologie" der Sozialen Medizin und der Rassenhygiene ventiliert wurde. Mit den darin eingearbeiteten eugenischen Kriterien betonten sie jene Eigenschaften von Frauen und Männern, von denen angenommen wurde, dass sie die Qualität künftiger Generationen beeinflussen würden. Die heterosexuelle Paarbeziehung wurde von Seiten der Medizin als Grundlage der Produktion von „erbgesunden" Nachkommen konzipiert und auf eine „eugenische Fortpflanzungsgemeinschaft" reduziert.

Die daraus resultierenden medizinischen Eingriffe in die Natur und Kultur der generativen Reproduktion etablierten auf der Basis von Massenuntersuchungen eine eugenische Geschlechterordnung. Dazu wurde bei Männern auf die Untersuchungen zur Militärdiensttauglichkeit zurückgegriffen, bei Frauen auf Untersuchungen der medizinischen Schwangerenvorsorge und auf Indikationskriterien für einen Schwangerschaftsabbruch.

Die Einführung der Allgemeinen Wehrpflicht für Männer zwischen dem 21. und 42. Lebensjahr in Österreich im Jahr 1868 ermöglichte u.a. die Durchführung medizinischer Reihenuntersuchungen an gesunden Männern im Rahmen der Prüfung ihrer Militärdiensttauglichkeit (Assentierung[1], Musterung). Die eugenische Auslese der Männer als durch die Medizin legitimierte Reproduzenten des „organischen Kapitals" nach psychophysischen Kriterien entsprach, wie in der Folge gezeigt wird, den Tests der Wehrmedizin im Rahmen der Assentierung, bei der die Eignung der Männer zu Soldaten geprüft wurde.

---

1 Assentierung ist ein österreichischer, veralteter Begriff für die Untersuchung von Männern hinsichtlich ihrer Militärdiensttauglichkeit. Heute wird von „Stellungsuntersuchung" oder „Musterung" gesprochen.

Auf Seiten der Frauen sollte die seit Beginn des Jahrhunderts zwar stets propagierte, vorerst aber nur im städtischen Bereich und in den Arbeiterschichten realisierte Untersuchung von Schwangeren vor ihrer Entbindung die Durchführung von Reihenuntersuchungen an gesunden Frauen ermöglichen. Schon Ende der 20er Jahre konstatierte der Pädiater Siegfried Weiß: „Die qualitative Bevölkerungspolitik ist in Wien schon im Jahre 1903 begründet worden durch die *frühzeitige gesundheitliche Erfassung der schwangeren Frauen in den Arbeiterbezirken* […]" (Weiß 1927: 9). Eine allgemeine medizinische Erfassung der Frauen als Mütter wurde erst mit der Einführung der für finanzielle Zuwendung obligaten „Mutter-Kind-Pass-Untersuchungen" ab den 70er Jahren erreicht.

Ein weiterer Bezugspunkt der eugenischen Auslese der Frauen als durch die Medizin legitimierte Reproduzentinnen des „organischen Kapitals" war die medizinische Einschätzung der Zumutbarkeit einer Schwangerschaft und Geburt im Zusammenhang mit der Frage nach der Freigabe des Schwangerschaftsabbruches.

Auf Basis der Beurteilung der „Wehrtauglichkeit von Männern" und der „Gebärfähigkeit von Frauen" errichtete sich in den ersten Jahrzehnten des 20. Jahrhunderts die Eugenisierung der Geschlechterordnung und -beziehung, die als Ort der „Höherzüchtung" der kommenden Generation zunehmend idealisiert und kontrolliert wurde.

2.1 Krieg und Erwerbsarbeit als Funktionsprüfung von Männlichkeit: „Reproduktionswert" der Männer

Die biostatistische Forschung hatte im Bereich der „Heeresergänzungsstatistik" schon seit Mitte des 19. Jahrhundert mit Erhebungen begonnen (vgl. Winkler 1924: 196). Damit sollten Wissen über die Wehrfähigkeit der Bevölkerung und Statistiken über die körperliche Tüchtigkeit des Volkes zur Verfügung gestellt werden. Obwohl es sich um die Wehrfähigkeit des männlichen Teils der Bevölkerung handelte, wurde in den Texten stets allgemein von „Volk" und „Bevölkerung" gesprochen. Dies gibt nicht nur Auskunft über die Hierarchisierung der Geschlechter, sondern auch darüber, dass die Wehrtauglichkeit der Männer als ein Maßstab zur Beurteilung der Qualität des gesamten „Volkskörpers" fungierte, zumal im Krieg der „Volksköper" militärisch als „ein gemeinschaftlicher Körper" (Szana 1916: 485) wahrgenommen wurde. Dieser „gemeinschaftliche Körper" aber war ein männlicher, das Männliche also das Allgemeine. Die medizinisch geprüfte Wehrtauglichkeit sollte damit auch Auskunft über den „Reproduktionswert" des Mannes geben.

Die biologische Sinnstiftung des Wehrdienstes zielte auf die Herstellung einer männlichen Exklusivität, der entsprechend Männer erst im Krieg zu richtigen Männern werden würden. Und so wie Kriege zu Beginn des Ersten Weltkrieges noch als überzeitliche, nahezu schicksalhafte Naturereignisse wahrgenommen wurden, schien auch der Mann als Soldat und Krieger von zeitloser „Natur" zu sein. Diese sollte sich in Tapferkeit, Mut und Opferbereitschaft manifestieren (vgl. Kühne 1999).

Diese Eigenschaften waren aber nicht nur Bezugspunkt zur Feststellung der Wehrtauglichkeit, sondern auch zur medizinischen Beurteilung des „Reproduktionswertes" der Männer. So gaben die Analyse der medizinischen Debatten um die Wehrtauglichkeit der Männer in der „Wiener Klinischen Wochenschrift" auch Auskunft über die Eugenisierung der Geschlechterordnung. Die Prüfung der Wehrtauglichkeit der Männer fungierte als Sozialtechnologie, um „taugliche" von „nicht-tauglichen" Männern einer Bevölkerung zu unterscheiden.[2]

Unter dem Titel „Konstitution und Krieg" veröffentlichte der Regimentsarzt Dr. Paul Lukacs 1917 in der „Wiener Klinischen Wochenschrift" einen Artikel über die Fortschritte der Medizin dank des „Experimentiermaterials", das der Krieg bereitstelle (320ff.). Neben der Chirurgie, welche in Folge des Krieges einen „enormen Aufschwung" erhalten habe, versuchte auch die Interne Medizin die Lage der Dinge an der Front für sich zu nutzen, konnte dies aber nicht in dem Ausmaß realisieren wie die Chirurgie. Das

> „ist umso bedauernswerter, weil der Krieg dem Internisten ein eminent wichtiges und weites Feld bietet, wo die Medizin, hauptsächlich aber die Diagnostik und deren Anwendung, auf höchst wichtige Fragen antworten muß. Das ist in erster Linie die Beurteilung der Dienstfähigkeit des Mannes" (Lukacs 1917: 320).

Hinsichtlich dieser „Dienstfähigkeit" des Mannes beschränkte sich der Autor auf die Erörterung der Wechselbeziehung zwischen Krieg und Konstitutionsanomalien. Letztere seien „alle angeborenen fehlerhaften, dass heißt von der Norm abweichenden Bildungen, sei es einzelner Gewebe, einzelner Organe oder des Gesamtkörpers" (ebd.). Für die Beurteilung der Kriegsdienstfähigkeit differenziert er die „amilitärischen Typen" – dazu rechnete er die Konstitution der in Entwicklung befindlichen jugendlichen Männer und den in retrograder Entwicklung befindlichen alternden Organismus älterer Männer – und

---

2 Diese Funktion übernimmt die „Musterung" auch dann noch, wenn sie nur mehr als Teil allgemeiner „Gesundheitsvorsorge" und als Beitrag der Präventivmedizin gelobt wird. Exemplarisch dafür steht die Aussage der Ärztin und Tiroler Landesrätin für Gesundheit aus dem Jahr 2000: „Untersuchungen auf ‚Herz und Nieren' an jungen Männern werden in der hochmodernen Diagnosestraße durchgeführt, um deren medizinische und psychische Eignung zum Wehrdienst festzustellen. Aus gesundheitspolitischer Sicht kommt dieser flächendeckenden Untersuchung besondere Bedeutung zu" (Zanon-zur Nedden 2000: 6). Bis heute bleibt die „Stellungsuntersuchung" auch ein „Übersetzungsfeld" eugenischer Ideale und Mythen.

die „echten Konstitutionsanomalien", deren Diagnose dem Mediziner große Schwierigkeiten bereite. Denn die echten Konstitutionsanomalien könnten, so Lukacs, bisher meist nicht diagnostiziert werden, sondern zeigten sich erst im tatsächlichen Kriegseinsatz:

> „Die nicht erkannte oder durch verborgene Zeichen angedeutete konstitutionelle Minderwertigkeit äußert sich bei der Funktionsprüfung als eine ausgesprochene Reaktion, wir sehen, dass diese Minderwertigen gegenüber den Außenreizen anders reagieren als der Typussoldat" (Lukacs 1917: 321).

Der Begriff der „Minderwertigkeit" war also auch im Heeresjargon gebräuchlich und konnte problemlos mit einer eugenisch beurteilten „Minderwertigkeit" verbunden werden. Lukacs besprach in seinem Artikel „Konstitution und Krieg" (1917) also das Problem der „Nicht-Feststellbarkeit" bzw. der Unsicherheiten bei der Feststellung der Konstitutionsanomalien bei der Prüfung der Wehrdiensttauglichkeit und damit die Unsicherheit bei der medizinischen Beurteilung der Wehrtauglichkeit überhaupt. Denn erst die Kriegsteilname selbst würde die tatsächliche „Funktionsprüfung" darstellen, und erst im Feld ließe sich die Frage der Wehrtauglichkeit tatsächlich beantworten. Selbst festgestellte Anomalien würden im Feld nicht unbedingt zur Kriegsuntauglichkeit führen:

> „Wir sehen, dass die mit diesen Zeichen gewisser Minderwertigkeit markierten Soldaten verschieden auf die exogenen Reize des Krieges reagieren. Wir sehen, daß Lymphatiker, Astheniker, juvenile Konstitutionen und Vagotoniker mit ausgeprägten Merkmalen nicht pathologisch reagieren, die Kriegsstrapazen gut vertragen, ja sogar gediehen. Wir sehen aber auch das Entgegengesetzte. Wir beobachten Leute, bei denen keine Zeichen einer Minderwertigkeit vorhanden waren und bei denen solche Veränderungen auftraten, deren Ursprung man auf Rechnung einer konstitutionellen Minderwertigkeit schreiben muß. Wir erkennen also die Minderwertigkeit nicht, oder wenn wir sie erkennen, können wir sie nicht verwerten, ehe sie zum Ausbruch einer Krankheit Veranlassung gegeben haben" (Lukacs 1917: 321).

Die Unsicherheiten in der Diagnostik und die Erfahrung der widersprüchlichen Reaktion der Männer auf die Anforderungen und Anspannungen an der Kriegsfront führten aber auf Seiten der Medizin nicht zu Infragestellung des Konzeptes der Konstitution und der Konstitutionsanomalien oder gar zur Infragestellung des Krieges, im Gegenteil: Der Kriegsschauplatz selbst wurde als *die* Gelegenheit beurteilt, durch teilnehmende Beobachtung an der Front und im Feldlazarett die „Offenbarung der konstitutionellen Minderwertigkeit" (ebd.) abzuwarten und darüber ein Instrumentarium zur Beurteilung des „konstitutionellen Faktors" zu entwickeln.

Der Krieg sollte dem medizinischen Fortschritt dienen und die tatsächliche Auslese „minderwertiger" von „höherwertigen" und damit wehrtauglichen Männern schon bei der Assentierung ermöglichen, indem die Innere Medizin den Krieg durch Professionalisierung ihrer Diagnostik vorwegnahm. Von diesem „Fortschritt" versprach man sich einen wissenschaftlichen Aufschwung und die Möglichkeit, das Heer und die Gesellschaft vor den „Gefahren" der „tatsächlichen Schwächlinge" und „Kriegsversager" zu bewahren – also eine durch und durch prophylaktische Strategie.

Aus bevölkerungspolitischer Perspektive wurde das Problem diskutiert, dass die Kriegsteilnahme zwar zeige, wer die „tauglichsten" Männer seien, der Krieg aber gerade diese zugrunde richte und die körperlich und geistig „Miserablen" für die Fortpflanzung erhalten blieben. Darin zeigt sich die widersprüchliche Haltung der Bevölkerungspolitiker zum Krieg, der einerseits als „Reinigung der nervösen Schwäche und Kraftlosigkeit der Männer durch das Stahlbad des Krieges" betrachtet und begrüßt, andererseits aber auch völlig gegensätzlich als Gefahr für den „Bevölkerungskörper" (Tandler 1916: 446) und für die „erblich-organische Höherentwicklung in Europa" (Vaerting 1916: 401) thematisiert wurde.

Julius Tandler[3] warf in einem Vortrag bei der Sitzung der „K. K. Gesellschaft der Aerzte in Wien" am 24. März 1916 zum Thema „Krieg und Bevölkerung" die Frage auf, inwiefern der Krieg dem Bevölkerungskörper nütze oder schade (Tandler 1916: 445–452). Er kritisierte jenen Standpunkt, welcher den Nutzen des Krieges betonte, ihn als „die Probe auf die Tüchtigkeit eines Volkes" pries, als „Erziehung zu Härte und Unnachgiebigkeit" begrüßte und als „Stahlbad der Völker" auszeichnete (ebd.: 446). Tandler zog den Standpunkt, dass der Krieg einen selektionistischen Wert hätte, nicht nur in Zweifel, sondern sprach dem Gegenteil das Wort. Er kritisierte, dass der Krieg die „reproduktiv wertvollste Volksgruppe" treffe:

> „Die in Gefahr sind, die fallen oder geschädigt werden, sind die Mutigsten und Kräftigsten, die Besten; *die ohne Gefahr zu Hause bleiben*, am Leben bleiben, nicht geschädigt werden, *sind die für diesen Kampf ums Dasein Untauglichsten*" [*Hervorhebung. M.W.*] (Tandler 1916: 446).

Der Krieg wurde von Tandler unter Rückgriff auf die darwinistische Konzeption vom „Kampf ums Dasein" naturalisiert. Die auf Basis der medizinischen Prüfung der Militärdiensttauglichkeit für diesen „Kampf ums Dasein" bevorzugte Form der Männlichkeit erschien als von Natur aus dazu prädestiniert. „Höherwertige" Männlichkeit wurde mit Tötungs- und Todesbereitschaft gleichgesetzt.

---

3 Vgl. Anmerkung 59 in Kap. I. 3.1.

Diese Verbindung von Todesbereitschaft und Männlichkeit verweist auf eine traditionell patriarchale Geschlechterkonzeption, nach der Männer für den Tod und das Töten, Frauen für das Leben und die Erhaltung des Lebens zuständig sind (vgl. Mies 1988: 63ff.).

Diese Konzeption geriet nun aber in einen Widerspruch zu eugenischen Zielen, nach denen nur „höherwertige" Männer für die Fortpflanzung in Frage kämen. Tandler verwies zur Untermauerung seiner Kritik auf die quantitativen und qualitativen Beschädigungen des „Bevölkerungskörpers" durch den Krieg. Zu den quantitativen Schäden zählte er nicht nur den Tod der Frontsoldaten, sondern auch die Zunahme der Todesfälle in der Zivilbevölkerung, die vor allem aus der hohen Kindersterblichkeit resultierte. Die hohe Kindersterblichkeit wurde als direkte Auswirkung der Kriegswirtschaft betrachtet, welche Unterernährung zur Folge hätte und vor allem beim schwächsten Teil der Bevölkerung – bei Kindern, Kranken und Alten – Abwehrkräfte reduziere und zum frühen Tod führe. Zu den quantitativen Schäden rechnete er auch die Rückkehr „syphilitischer Soldaten", die potenziell zu einer Verseuchung der fast gesamten Bevölkerung beitrage, worin sich eine langfristig sterilisierende Wirkung des Krieges zeige. Die Syphilis führte aber nicht nur zu Sterilität bei Männern wie Frauen, sondern wäre auch Ursache tödlicher Frühgeburten, erhöhter Kindersterblichkeit und behinderter Kinder.

Zu den qualitativen Schäden rechnete Tandler auch die große Anzahl von Invaliden. Selbst wenn Invalidität nicht vererbbar sei, veranschlagte er die Möglichkeit und Wahrscheinlichkeit der Familiengründung als gering. Tandler unterschied chirurgisch Invalide von Herz-, Lungen- und Nierenkranken sowie Rheumatiker und Geisteskranke, deren Widerstandsfähigkeit nach dem Krieg im „Kampf ums Dasein" eben geschwächt sei. Diese Schwächung reduziere den gesamten Wohlstand des Volkes (ebd.: 447). Aber nicht nur der Wohlstand galt ihm als bedroht, sondern auch die Bevölkerungsqualität. Aus der höheren Sterbeziffer der Wehrtauglichen schloss Tandler auf eine

> „höhere Fortpflanzungsmöglichkeit der körperlich Untüchtigen, und je gröber das Sieb der Assentierung ist, umso mehr bleiben die körperlich Miserablen für die Fortpflanzung erhalten, ein Umstand, der für die Degeneration der Bevölkerung nicht ohne Bedeutung ist" (ebd.: 448).

„Wehrtauglichkeit" und „Zeugungstauglichkeit" wurden hier widerspruchslos in eins gesetzt. Die nicht rekrutierten Männer wurden als Gefahr für den qualitativen Zustand des „Bevölkerungskörpers" beurteilt. Zu ihnen rechnete Tandler Männer mit Störungen der Sinnesorgane und Konstitutionsanomalien. Dem Verbleib dieser, für die Reproduktion aus bevölkerungspolitischer Perspektive unerwünschten, Männer in der Heimat lastete

Tandler die Veränderungen des Milieus großer Bevölkerungsgruppen durch Verarmung, zunehmenden Verbrauch von Genussmitteln wie Alkohol und Tabak, Rassenmischung, Prostitution und Verwahrlosung der Jugend – vor allem die Zunahme jugendlicher Verbrecher – an.

Als äußerst problematisch beurteilte er den Geburtenrückgang, den er u.a. auf die Verbreitung von antikonzeptiven Mitteln, die Zunahme von Schwangerschaftsabbrüchen, der Frauenarbeit und der Frauenemanzipation und den frühzeitigen Tod der für die Reproduktion als „wertvoll" beurteilten Männer zurückführte (ebd.). Gerade der Krieg entreiße die besten Männer dem Leben, noch bevor diese sich fortgepflanzt hätten. Männer erhielten aus bevölkerungspolitischer Perspektive erst mit der Zeugungsfähigkeit und Zeugungstätigkeit einen gesellschaftlichen Wert. Diesbezüglich bemühte Tandler den Vergleich mit der Tierzucht:

> „Wenn wir eine gegebene Zucht von Gebrauchstieren numerisch hochbringen wollen, dann gibt uns bezüglich der züchterischen Auslese der Abzutötenden nicht die Gesamtzahl dieses Stammes eine Auskunft, sondern einzig und allein die Zahl und die Qualität der Mutter- und Vatertiere" (ebd.: 450).

Aus bevölkerungspolitischer und eugenischer Perspektive wird der Mensch nur mehr hinsichtlich seines Nutzens für die Gesellschaft – als „Gebrauchstier" – beurteilt. Einen Gebrauchswert erhält er dann, wenn er qualitativ brauchbare Nachkommen zeugt, zur Welt bringt und aufzieht.

Diesbezüglich lehnte Tandler eine von ihm nach dem Krieg konstatierte, gesteigerte Tendenz, „überall zu helfen" (1916: 451), als kontraproduktiv ab, da sie die qualitative „Minderwertigkeit" der Bevölkerung noch erhöhe. Das dagegen von ihm geforderte rationale Vorgehen sollte mit der „Qualitätsverbesserung" beim Kind anfangen. Dieses eugenische „Anfangen beim Kind" setzte bereits vor der Zeugung ein: Bekämpfung der Geschlechtskrankheiten, des Alkoholismus und der Prostitution wurden wegen der Gesundheit der Nachkommen gefordert und nicht wegen der Gesundheit der Betroffenen.

Die Maßnahmen behandelten Praktiken männlicher Sexualitätsgestaltung wie einen Rechtsanspruch, der nicht in Frage gestellt wurde. Bordellbesuche oder Vergewaltigung wurden nicht abgelehnt, aber Frauen, die sexuelle Dienste verkauften, sollten medizinisch überwacht werden. Ebenso medizinisch überwacht werden sollten die Soldaten vor der Entlassung aus dem Heeresverband in Ehe und Familie, jener Institutionen, in der Männer und Frauen nicht nur die legitimen, sondern nun auch die qualitativ hochwertigen Nachkommen zeugen und aufziehen sollten. Er gemahnte auch daran, was staatliche Maßnahmen zur Unterstützung der Kriegsinvaliden nicht vergessen dürften:

„Der Kampf ums Dasein ist nicht aufgebaut auf Mitleid und caritative Tätigkeit, sondern ist ein Kampf, in welchem der Stärkere und Tüchtigere schon im Interesse der Erhaltung der Art siegen muß und siegen soll" (Tandler 1916: 451).

Daher seien auch „Minderarbeitsfähige" auf Posten zu bringen, auf denen sie noch konkurrieren könnten. Der Mann hat seine Männlichkeit also auch an der „Arbeitsfront" unter Beweis zu stellen.

In der Diskussion wollte der Psychiatrieordinarius Erwin Stransky (1877–1962)[4] selbst bei der „Assentierung in letzter Minute" noch vorbeugend ansetzen und empfahl, auch „psychopathisch Minderwertige" rekrutieren zu lassen. Das aus zweierlei Gründen: Zum einen würden an der Front mehr Disziplinarmittel zur Verfügung stehen, um selbst „minderwertige" Männer in der Stellung zu halten. Zum anderen seien die meisten „psychopathisch Minderwertigen" körperlich durchaus rüstig und könnten aufgrund ihrer „impulsiven Verwegenheit" an der Front geradezu nützlich werden. „Schneidige Disziplinarmaßnahmen" und strenge „Alkoholabstinenz" beurteilte er als heilenden Einfluss auf „ethisch defekte Minderwertige".

„Das Feld wäre so eine Art Freiluftklinik für derlei Individuen, in der ganz schöne symptomatische Erfolge zu erzielen wären, um so schönere, als deren sonst mehr der Gesellschaft und dem Staate zur Last fallenden physischen Kräfte und psychischen Eigenheiten hier in sehr ersprießlicher Weise einem wahrhaft guten Zweck dienstbar gemacht werden könnten" (Stransky 1916: 532).

Der Krieg wird hier als Therapie für „psychopathisch Minderwertige" beurteilt. Die als „minderwertig" beurteilten Männer sollten die Familienväter und -erhalter ersetzen, welche ihrerseits zum Landsturm hinter die Kampffront zurückgezogen werden sollten, da

„an deren Gesunderhaltung Gesellschaft und Staat im Interesse der Reproduktion ein viel dringenderes Interesse haben als an jener krimineller Minderwertiger, die heute, als waffen-

---

4 Erwin Stransky war ein Schüler von H. Obersteiner und J. Wagner-Jauregg, habilitierte sich für Neurologie und Psychiatrie und war ab 1915 Universitätsprofessor in Wien, Mitglied der „Österreichischen Gesellschaft für Bevölkerungspolitik" und Mitbegründer der modernen Schizophrenielehre. Werke u.a.: „Das klinische Gesicht der Multiplen Sklerose", 1951 (mit J. K. Waldschütz); „Staatsführung und Psychopathie", 1952; „Psychische Hygiene", 1955 (Hg. mit E. Brezina).

untauglich ausgeschieden, in Scharen nicht nur das Hinterland bevölkern, sondern dank ihrem leider meist sehr regen Geschlechtstrieb und ihrer leider ebenso sprichwörtlichen Anziehungskraft auf das weibliche Geschlecht die durch die zeitweilige Abwesenheit legitimer Reproduzenten entstandenen Reproduktionslücken in höchst problematischer Weise ausfüllen helfen. Vielleicht lohnte sich selbst in diesem vorgeschrittenen Stadium des Krieges noch eine Nachmusterung auf derlei Elemente." (ebd.).

Um die von der Psychiatrie prognostizierte und befürchtete „ungünstige" Verschiebung der Verhältnisse zwischen psychisch „normalen" und „abnormalen Bevölkerungselementen" im Sinne des Überhandnehmens von „Verrückten" nach dem Krieg zu verhindern, empfahl Stransky, die Einberufung noch zu korrigieren.

Dieser Einsatz für die „reproduktionswürdigen" und gegen die „reproduktionsunwürdigen" Männer zeigt unmissverständlich, dass auf Seiten der Medizin bei der Vererbung noch immer dem Mann die Hauptrolle unterstellt wurde. Den medizinischen Einsatz gegen die von der Medizin als illegitim erachteten Reproduzenten begründete Stransky mit dem Hinweis auf die „unsolide Geschlechtsmoral" der Frauen, die

„keineswegs immer dem Kriegsdienste leistenden männlichen Anteile so dankbar sich erweist, wie es dessen alles in den Schatten stellende physische und seelische Leistung in diesem Riesenkampfe, der gegenüber, absolut genommen, die weibliche Leistung, trotz aller gegenteiligen Uebertreibungen, als ein bloßer Appendix sich darstellt, verdiente, erhöht dieses Gefahrenmoment umso mehr, als nach den Erfahrungen gerade der praktischen und nicht zuletzt der forensisch tätigen Psychiater degenerative Männer, auch solche mit intellektuellen und moralischen Defekten, sofern sie äußerlich und in ihrem Gehaben oder durch materiellen Besitz ansprechend erscheinen, auf das weibliche Geschlecht überhaupt eine besonders große, oft rücksichtslos jede Schranke der Bildung und Erziehung, jegliche Hemmung durchbrechende Anziehungskraft auszuüben pflegen" (Stransky 1916a: 556).

Zur Lösung dieser Probleme forderte Stransky die „Versetzung dieser Elemente ins *Feld*". Damit sollten der Armee Kraftquellen erschlossen werden und Männer, deren Reproduktion weniger wünschenswert sei, an Stelle „eugenisch wertvollerer" Männer exponiert werden.

Stransky verteidigte aber auch den einfachen Soldaten, der meist aufgrund von Geschlechtskrankheiten, Alkoholismus und Gewalttätigkeiten etc. beschuldigt wurde, die Nachkommen zu schädigen. Dieses Phänomen führte er darauf zurück, dass das „sexuelle Wahlrecht" und der „Werbungsspielraum" des Mannes durch das in Mode gekommene „weitgehende Ablehnungsrecht" der Frau zunehmend „frustriert" werde. Dieses würde selbst noch „unreife Launen und Mädchenwillkür" einschließen. Demgegenüber forderte Stransky von Frauen eine „Wahlpflicht des Gewissens", die einzig und allein „die *Qualität* des Objektes im Sinne der Reproduktions*wertigkeit* desselben" in Betracht ziehe (ebd).

Auch Dr. Mathilde Vaerting (1884–1997)[5] erörterte im „Archiv für Soziale Hygiene und Demographie" (1916: 401–415) die doppelt ungünstige, rassenbiologische Wirkung des Krieges, die sie zum einen in der „Herabminderung der körperlichen Tüchtigkeit" aufgrund der Wehrpflicht und der „Ausrottung" der körperlich Tüchtigsten verortete. Andererseits kritisierte sie den „zerstörenden Einfluß des Krieges auf die geistige Erbentwicklung" (ebd.: 401), da sie die „angeborenen Geistesqualitäten" als „Grundlage aller Höherentwicklung der Menschheit" beurteilte. Im Denkvermögen liege der Unterschied zwischen Mensch und Tier. Erst die Intelligenz zeichne ihn als höheres Wesen aus. Der Krieg sei damit als Folge einer Niederlage der Intelligenz zu beurteilen, welche durch die Ausrottung der jungen Männer im Krieg fortgesetzt würde. Vaerting begründete diese Erkenntnis und Gefahr unter Bezugnahme auf Darwins These, dass das wertvollste Material für die Bildung neuer Formen durch eine angeborene, spontane Variation verursacht werde:

> „Die spontane Variation ist also die vornehmste Vermittlerin der Höherentwicklung, weil sie eine Verbesserung der Hirnorganisation hervorbringen kann, nicht nur vorübergehend für eine Generation, sondern erblich als Dauerform" (Vaerting 1916: 403).

Die Vererbung „hochstehender Intelligenz" wurde von Vaerting im darwinschen Sinne von der Jugendlichkeit des männlichen Zeugers abhängig gemacht. Als Beleg der Hypothese verwies sie auf bekannte Männer, deren hohe Begabung sie als das Erbe der Väter beurteilte – Väter, deren Zeugungserfolg umso größer sei, je jünger sie bei der Heirat und der Zeugung wären. Es wurde also angenommen, dass mit ansteigendem Alter die günstigen geistigen Anlagen zunehmend aus der Vererbung herausfallen würden. Damit galt der massenhafte Kriegstod junger Männer als eine schwere Gefahr für die Intelligenz eines Volkes.

---

5 Mathilde Vaerting studierte Mathematik, Physik, Chemie und Philosophie in Bonn, München, Marburg, Gießen und Bonn. Sie promovierte 1911 und trat 1913 eine Stelle als Oberlehrerin im „roten Neukölln" in Berlin an. 1921 erschien ihr Hauptwerk „Neubegründung der Psychologie von Mann und Weib". In dieser Arbeit entwickelte sie wichtige Denkanstösse für eine Kritik der herrschenden Definition von Mann und Frau, deren sog. „typischen Eigenschaften" sie als Sozialisationseffekte auswies. Vaerting erhielt als zweite Frau Deutschlands im Jahr 1923 in Jena eine Professur im Bereich der neugegründeten Erziehungswissenschaft. Sie wurde 1933 durch die Nationalsozialisten aus dem Universitätsdienst entlassen. Sie gilt heute in Soziologie und Pädagogik als eine Vorreiterin der Gleichberechtigung.

„Da beim Manne eine beständige Neubildung der Samenzellen stattfindet, muß sein jeweiliger körperlicher Zustand von höchstem Einfluß auf die Qualität der gebildeten Zellen sein" (ebd.: 407).

Jungen Männern unterstellte man einen Kräfteüberschuss ihres Körpers, eine Regenerationsfähigkeit der Hoden und ein stärkeres geschlechtliches Verlangen, das angeblich auch die Blutversorgung des Genitalapparates, die Beweglichkeit der Samenzellen sowie die Ernährung der Keimzellen sichere. Es wurde angenommen, dass alle diese Potenziale mit zunehmendem Lebensalter abnehmen würden. Die Möglichkeit der Samen, in das Ei einzudringen, wurde von der Beweglichkeit der Samen und der Größe der Stoßkraft abhängig gemacht, und die dynamische Wirkung der Samen bei der Vereinigung hielt man für die „Neubildung von Variationen ganz besonders günstig" (ebd.: 407). In dieser Sicht wird der Zeugungsbeitrag des Mannes im Hinblick auf den Zeugungserfolg und die Qualität der Nachkommen als allmächtig beurteilt.

Vor dem Hintergrund dieser Reduktion der schöpferischen Potenz beider Geschlechter auf ein Monopol des Mannes war es naheliegend, die durch den Krieg ausgerotteten jungen Männer hinsichtlich „Gesundheit und Lebenskraft" geradezu als „die Elite der Nation" darzustellen (ebd.: 408). Da sie die natürliche Selektion der Kindheit und ersten Jugend überlebt hätten, bei der künstlichen Auslese des Staates zur Feststellung der Militärdiensttauglichkeit und noch schärfer durch den Krieg ausgewählt worden seien, wurden sie als „dreifach ausgelesenes Material" betrachtet.

Der Kriegstod der jungen Männer wurde auch von Mathilde Vaerting deswegen problematisiert, weil damit die Erbqualität der „dreifach ausgelesenen", gesündesten und lebenskräftigsten kinderlosen Männer insgesamt verringert werde, während die „schlechteren" überlebten.

„Denn diejenigen, die unter den Strapazen und Entbehrungen zusammenbrechen, die mit schwachem Herzen, die unter den leiblichen und seelischen Erschütterungen in Krämpfe verfallen oder deren geringe Widerstandskraft des Nervensystems unter der harten Faust des Krieges offenbar wird, auch alle diejenigen, deren Körper für Infektionen besonders disponiert ist, kurzum alle Soldaten, bei denen der Krieg die bis dahin latenten minderwertigen Varianten manifestiert, werden der Todesgefahr entzogen und in die Heimat zurückgebracht und dort durch gute Pflege dem Leben und der Fortpflanzung erhalten" (Vaerting 1916: 409).

Der Tod dieser als gesündeste Männer der Nation idealisierten Soldaten, denen die kräftigsten, leistungs- und widerstandsfähigsten Organe zugeschrieben wurden, reiße „allerbestes Keimplasma, höchstwertige körperliche Varianten mit sich unwiederbringlich in den Untergang" (ebd.), da sie kinderlos im Krieg zugrunde gingen. Bei Kriegsheimkehrern wurden verschlechterte Keimzellen angenommen, den durch Geschlechtskrankheiten infizierten Männern wurde vorgeworfen, Gesundheit und Geisteskraft der Nachkommen zu verschlechtern. Sie würden die bis dahin von venerischen Erkrankungen freien Landgemeinden „verseuchen" und damit den „Jungbrunnen der Nation verschütten, die Quellen ihrer Gesundheit, Lebenskraft und Intelligenz" (ebd.: 411).

Auch die seelischen Folgen des Krieges – schwere Angstzustände, Verwirrtheit, heftige Gemütsdepressionen, Nervenschäden – thematisierte Vaerting als Ursache der Verschlechterung der Nachkommenschaft.

Obwohl Verstümmelungen nicht als vererbbar angenommen wurden, ging man davon aus, dass ein „verkrüppelter" Mann in Frauen weniger Liebe erwecken werde als ein „gesunder". Die Annahme, dass daraus eine Verringerung der sinnlichen Liebe auf Seiten der Frauen resultiere, wurde aus eugenischer Sicht als Gefahr beurteilt, da die Frau erregt sein müsse, um die Samenbeweglichkeit zu fördern: „Das Ausbleiben des Orgasmus beim Weibe aber muß die Qualität des Zeugungsproduktes verringern", so Mathilde Vaerting in einem Aufsatz zur „eugenischen Bedeutung des Orgasmus" (Vaerting 1915: 187).

Auch die demoralisierenden Folgen des Krieges wurden als eugenisch bedenklich erachtet. So führte der Gynäkologieprofessor Hubert Peters (geb. 1859)[6] die Zunahme des „kriminellen Abortus" auch auf die demoralisierende Auswirkung des Krieges auf den Mann zurück, der die Frauen nicht mehr von einer Abtreibung abzuhalten vermöge oder sie gar dazu nötige:

„Der mordgewohnte Mann, der sein eigenes Leben so gering anzuschlagen lernen mußte, wird es sich, zurückgekehrt, keinen Moment überlegen, seine Zustimmung zur Vernichtung eines Lebens, das er ja als noch nicht bestehend ansieht, zu geben, respektive eine solche von der Frau zu fordern, wenn er dadurch seine mühsam wieder gewonnene Ruhe und Bequemlichkeit gestört glaubt" (Peters 1917: 985).

Diese Unfähigkeit des „mordgewohnten Mannes" sollte durch die Gynäkologie ausgeglichen werden, indem sie generell die Durchführung eines künstlichen Abortus abweisen und nur einer medizinischen Indikation zustimmen dürfe, nach der ein Eingriff

---

6 Hubert Peters wurde 1859 geboren, promovierte 1884 an der Universität Wien und habilitierte sich 1897 dort auch für Gynäkologie und Geburtshilfe. Bedeutendste Publikation: „Kompendium der Gynäkologie", Leipzig und Wien 1925.

nur dann zulässig war, wenn die Fortführung einer Schwangerschaft für das Leben der werdenden Mutter lebensbedrohlich beurteilt werden konnte.

Aus eugenischer Perspektive wurde der Tod der jungen Kriegsteilnehmer nur deswegen als Problem thematisiert, weil diese sich noch nicht „reproduziert" hätten. Die Folgen des Krieges auf Geschlechter- und Generationenordnung wurden dazu bis ins letzte Detail eugenisch erläutert und verwaltet. Gesichert werden sollte die Qualität der Nachkommen und geregelt die Rivalität unter Männern um Anerkennung, Macht und Zugang zu Frauen. Die Debatte war beherrscht von der Vorstellung einer Überlegenheit des männlichen Samens, dessen „Qualität" für die Geistes- und damit Höherentwicklung der Menschheit als ausschlaggebend erachtet wurde. Die Intelligenz saß demnach nicht im Gehirn, sondern im Samen.

Zugleich konnte biologisch noch nicht mit Sicherheit nachgewiesen werden, wer der Vater eines Kindes war. Die Medizin rang im 20. Jahrhundert noch jahrzehntelang um den naturwissenschaftlichen Vaterschaftsnachweis. Die Frage, was und wie der Vater sich im Kind vererbt, war ungeklärt, die Abstammungsfrage damit im Wesentlichen eine Männerfrage.

So befasste sich der spätere Pädiatrieordinarius Franz Hamburger (1874–1954)[7] in einem Aufsatz über „Assimilation und Vererbung. (Eine energetische Vererbungstheorie)" mit der Frage der „Vererbung väterlicher Eigenschaften" am Beispiel von vielzellig zweigeschlechtlichen Tieren. Da der Vater bei der Entwicklung nur eine einzige Zelle beisteuere, die Mutter aber nicht nur diese, sondern auch noch die Nahrung für den sich entwickelnden Organismus, schien es ihm unwahrscheinlich, dass der Vater auf die Eigenschaften des Kindes erheblichen Einfluss haben könnte. Den Einfluss des Vaters meinte Hamburger dann in der „Assimilationsfähigkeit des lebenden Eiweißes" zu erkennen, das die Nährstoffe in art- und individualcharakteristisches, individualidentisches Eiweiß umforme. Seine Erklärung des väterlichen Einflusses auf die Vererbung beruhte damit auf der „Annahme einer ewig fortdauernden, konstant bleibenden Energie des lebenden Eiweißes" (Hamburger 1905: 3).

---

7 Franz Hamburger war Ordinarius für Kinderheilkunde an den Universitätskinderkliniken Graz (1917–30) und Wien (1930–44). Zur Zeit der Publikation war Hamburger noch Assistent bei Escherich an der Universitäts-Kinderklinik in Wien. Hamburger emeritierte 1938, leitete aber weiterhin die Klinik. Er setzte sich für die Sterilisation bei diabetischen Kindern und bei „erblichem" wie „erworbenem Schwachsinn" ein. Er erhielt 1944 von Hitler die „Goethe-Medaille für Kunst und Wissenschaft"; Mitglied bei NSDAP und NS-Ärztebund; Suspendierung 1945. Werke: „Arteigenheit und Assimilation", 1903; „Allgemeine Pathologie und Diagnostik der Kindertuberkulose", 1910; „Allgemeine Pathogenese und Pathologie des Kindesalters", 1910; „Lehrbuch der Kinderheilkunde", 1926; „Kinderpflegebuch", 1932; „Umgang mit Kindern", 1951; „Neurosen des Kindesalters", 1959.

Demgegenüber lieferten die im Jahr 1901 von dem Bakteriologen Karl Landsteiner (1868–1943)[8] am „Wiener Allgemeinen Krankenhaus" (AKH) entdeckten Blutgruppen und die damit entwickelte Blutgruppenuntersuchung deutlichere Ergebnisse für Vaterschaftsnachweise, wenn auch immer noch unzureichende.[9] Aufgrund wissenschaftlicher Konkurrenz erhielt Landsteiners Konzeption vom Erbgang dieser Blutmerkmale jedoch erst nach drei Jahrzehnten durch die Verleihung des Nobelpreises im Jahr 1930 internationale Anerkennung (vgl. Fischer, Speiser 2000: 104).

Ab den 30er Jahren diente die wissenschaftliche Blutgruppenforschung vor allem der gerichtlichen Medizin, welche das neue Mittel zur sicheren Unterscheidung verschiedenen Menschenblutes „im Polizeilichen Erkennungsdienste und in gewissem Grade auch bereits zum Beweise der Abkunft eines Menschen von bestimmten Eltern, also beispielsweise in Vaterschaftsprozessen" einsetzte (Reche 1927: 47).

Traditionell untersuchte man im Rahmen von anthropologischen Vaterschaftsgutachten bis Mitte der 30er Jahre morphologisch, somatologisch und anthropometrisch erfassbare Merkmale. Der Anthropologieordinarius der Universität Wien, Josef Weninger (1886–1959), berichtete in der „Wiener Klinischen Wochenschrift", dass dazu der Kopf, die Gesichtsprofile, die Weichteile der Augengegend, die äußere Nase, die Mund- und Kinngegend, das äußere Ohr, die Zähne, das Haar, die Iris, die Hände, die Füße, das Papillarsystem und die Blutgruppen erfasst, vermessen und untersucht würden (Weninger 1935: 10ff.). Doch die „neue wissenschaftliche Entdeckung, welche mit einem Schlage das Rätsel lösen soll und womöglich aus einer einzigen Eigenschaft des Körpers jedesmal treffsicher den Vater eines Kindes ermitteln kann" (Weninger 1935: 10), ließ noch ein halbes Jahrhundert bis zum Durchbruch der molekularen Genetik auf sich warten. Denn die in der Praxis häufigste Frage, ob ein bestimmter Mann Vater eines bestimmten Kindes sei, konnte mit Hilfe der Blutgruppenuntersuchung nur verneint, niemals aber bejaht werden.

---

8 Karl Landsteiner studierte Medizin, promovierte 1891; bereits während seines Studiums begann er mit biochemischer Forschung, die er nach seinem Abschluss an den Universitäten Zürich, Würzburg und München fortführte. 1896 wurde er Assistent bei Max von Gruber am Hygieneinstitut der Universität Wien. Von 1898 bis 1908 arbeitete er als Assistent für Pathologische Anatomie bei Prof. Weichselbaum und wurde dort 1911 Dozent, allerdings ohne entsprechendes Gehalt. Von 1907 bis 1919 war er Vorstand der Prosectur am Wiener Wilhelminenspital. Aufgrund der katastrophalen Bedingungen für die Laborforschung an der Wiener Universität folgte Landsteiner 1919 einem Ruf nach Den Haag (NL), von wo er 1922 an das Rockefeller Institute for Medical Research in New York berufen wurde. Landsteiner erhielt 1930 den Nobelpreis für Medizin.

9 Landsteiner entdeckte 1901 das System der Blutgruppen und unterteile es in vier Hauptgruppen – A, B, AB, O. Er erkannte, dass Bluttransfusionen zwischen Personen der gleichen Blutgruppe nicht zur Zerstörung der Blutzellen führte, wohl aber zwischen Personen verschiedener Blutgruppen, bei denen sich das übertragene Blut in den Blutgefässen verklumpte und zersetzte. Diese Entdeckung und Entwicklung hatte also nicht genuin etwas mit der Frage des Vaterschaftsnachweises zu tun, wurde aber auch dazu genutzt.

Auf jeden Fall aber war die Frage des Vaterschaftsnachweises ein treibender Motor der Abstammungs- und Vererbungsforschung. Die Erkenntnisse, die aus den Forschungen zum Vaterschaftsnachweis gewonnen wurden, bildeten in weiterer Folge die Grundlage für rassenhygienische Abstammungsgutachten.

Die eugenische Regulierung der Geschlechterbeziehung durch medizinische Eingriffe in die Kultur und Natur der generativen Reproduktion blieb aber auch das Thema nach dem Krieg. Die Wirtschaftskrise der 20er Jahre verlagerte die Frage des männlichen „Reproduktionswertes" über die männliche Konkurrenz um Arbeitsplätze an die „Heimatfront". So beklagte der Gynäkologieprofessor Hubert Peters in einem Artikel der „Wiener Medizinischen Wochenschrift" zum Problem des Geburtenrückganges (1929: 47ff.), dass der Staat aufgrund der Wirtschaftslage nicht im Stande sei, die „rücksichtslose Gegenauslese" einzuschränken durch Geburtsprämien, Steuernachlässe für kinderreiche Familien, Förderung von Frühehen und wirtschaftliche Schlechterstellung von Junggesellen, Kinderlosen und Ehepaaren,

> „die hinter der Norm von vier bis fünf Kindern zurückbleiben. [...] So lange dies alles nicht möglich ist, wird die Gegenauslese stets am Werk sein, denn der Mann im Volke, der heute schon finanziell (relativ im Hinblick auf Lebensansprüche und Lebensanforderungen) besser gestellt ist als der Intellektuelle, zeugt skrupellos soviel Kinder als er kann, während letzterer bei dieser wirtschaftlichen Misere schon im Interesse der zu Zeugenden, aber auch im eigenen zurückhält. Es ist also derzeit das, was die Eugenik fordert, nicht zu erreichen" (Peters 1929: 50f.).

Der Staat sollte aus eugenischer Perspektive also auch die Zeugungs- und Erzeugungstätigkeit der bürgerlichen Männer durch Zugang zu Frauen und zu bezahlter Arbeit garantieren – Erwerbsarbeit, die dem Mann erst die Rolle des „Familienernährers" sicherte.

Im Vergleich zum gewöhnlichen „Mann im Volk" beurteilten die Wissenschafter ihren eigenen „Reproduktionswert" als „qualitativ höherwertig", um daraus die Forderung abzuleiten, dass der Staat die „Intellektuellen" wirtschaftlich mehr fördern sollte, um die Qualität der Nachkommen zu gewährleisten. Alles andere, vor allem die fürsorgliche Erhaltung des „einfachen Mannes" oder der „invaliden Heimkehrer", wurde als „Gegenauslese" kritisiert. In dieser Kritik äußerte sich auch ein Neid hinsichtlich des gesellschaftlichen Schutzes, welchen in den Augen der Autoren diejenigen erhielten, die „leistungsunfähig oder -unwillig" waren. Die eigenen beruflichen Anstrengungen, die vielfältige Verzichtsleistungen abverlangen würden, wurden demgegenüber als gesellschaftlich nicht in vergleichbarer Weise honoriert erfahren, da nur wenige der „Selektion" im akademischen Berufsfeld durch vielfältige Prüfungssituationen erwachsen würden und durch einen Ruf auf einen Lehrstuhl mit gesellschaftlicher Anerkennung, sozialem Prestige und finanziellem Auskommen rechnen könnten.

In dieser Konzeption des höheren „Reproduktionswertes" wissenschaftlicher Männer wurde aber auch davon ausgegangen, dass allein der Mann vererbe – sowohl ökonomisches wie organisches, kulturelles wie soziales Kapital –, nicht aber die Frau.

Diese Auslegung hinsichtlich der Überlegenheit des männlichen „Erbbeitrages", die im eugenischen und rassenhygienischen Diskurs immer wieder auftauchte, bestätigte die patriarchale Ideologie vom Mann als „Schöpfer allen Seins" und forcierte die Auslese der Männer durch Männer. Die Rivalität unter Männern wurde über Rationalisierung zu lösen versucht, aus der klare, wissenschaftlich begründete Hierarchien unter Männern abgeleitet wurden, zugleich schrieb man die Höherbewertung des Männlichen im Geschlechterverhältnis über seine „Zeugungs-" und damit „Vererbungskraft" fort. Der Mann galt demnach nicht nur als derjenige, der sich „fortpflanzt" – also seine Anlagen weitergibt und vererbt –, sondern auch als derjenige, der das „höchste Gut" zu vererben hat: die Intelligenz. Nach wie vor war die Vorstellung von der Überlegenheit des männlichen Samens vorherrschend, dessen „Zustand" als ausschlaggebend für die „Qualität" und damit für die „Höherentwicklung" des Menschen beurteilt wurde. Seit dem Aufstieg der „hämatogenen Samenlehre"[10], welche Aristoteles in der Zeugungs- und Vererbungslehre der Antike begründet hatte, beherrschte die Vorstellung, dass das Sperma Form und Seele gebe und damit das belebende Prinzip darstelle, die Zeugungstheorien unserer Kultur (vgl. Pomata 1995: 64ff.).

Das belebende Prinzip, welches die Generationen verbindet, hatte aus androzentrischer Perspektive nicht die physische Verbindung zwischen Mutter und Kind, sondern die Verwandlung von Blut in vollkommenen Samen, wozu die Frauen als unfähig erachtet wurden. Blutsbande galten in patriarchalen Zeugungskonzeptionen als Bande des Samens. Diese Verbindung wurde zugleich als geistige ausgearbeitet, denn der „vollkommene" Samen besaß nach Aristoteles keine stoffliche Realität mehr. Er werde jenseits des Körpers flüssiger und wässriger, weil er eine Mischung aus Wasser und „Pneuma" sei, also eine „durch belebende Wärme begeistigte Luft" (ebd.: 65). Auch die Anatomen der Renaissance hielten daran fest. Sie glaubten, dass der Samen vor dem

---

10 In der antiken Zeugungs- und Vererbungslehre wird der Unterschied der Geschlechter in einer Theorie des Blutes begründet, die darüber aufklärt, wie das Blut im männlichen und weiblichen Körper verwandelt wird; im männlichen Körper werde es demnach in Sperma, im weiblichen Körper in Milch transformiert; der weibliche Körper vermag das Blut nur bis in das Stadium der Nahrung „durchzukochen", der männliche Körper aber bis in das Stadium der Zeugung. Dies beruhte auf der Annahme, nur im männlichen Körper erhalte die Transformation des Blutes generative Kraft.

Eingang in die Gebärmutter zurückbleibe und nur der „geistige Teil" eindringe. Er wirke demnach durch die „Strahlkraft einer geistigen Substanz" (ebd.: 78). Obwohl ab 1672 der „Ovismus" die Fortpflanzungstheorie erneuerte und das Ei als weiblicher Samen, das der Fortpflanzung diene wissenschaftlich „entdeckt", die weiblichen Hoden zu Eierstöcken und die Follikel zu Eiern umdefiniert wurden und der Frau von wissenschaftlicher Seite ein Zeugungsbeitrag zuerkannt werden musste[11], verlor der männliche Samen nichts von seiner „Strahlkraft". Vielmehr wurde der „Ovismus" der antiken Position angepasst, indem dem männlichen Samen eine unstoffliche Wirkung zuerkannt wurde und die Mutter lediglich den Stoff für den Embryo gab.

Dagegen konnte auch die Entdeckung der „Samentierchen", wie Leeuwenhoek 1677 die unter einem Mikroskop betrachteten Samen nannte, nichts ausrichten. Es wurde an der Vorstellung festgehalten, dass der männliche Samen, und wenn notwendig die „Samen-Würmlein", nur Vehikel für den flüchtigen Lebensgeist sei, der dem Stoff den lebensspendenden Anstoß vermittle (Grew Nehemiah 1678, in: Pomata, ebd.: 81). Die Vorstellung, dass in den Samen-Tierchen der Embryo vorgeformt sei, evozierte große Ablehnung, und kurzerhand wurden die im Mikroskop entdeckten Samen zu Parasiten umdefiniert. Noch Mitte des 18. Jahrhunderts bestimmte das „Medical Dictionary" die „Tierchen" als „Fäulnisprodukte im Samen". Die mikroskopische Ansicht vermochte sich gegen die vergeistigte Vorstellung des Samens und seiner Strahlkraft nicht durchzusetzen. Und noch Mitte des 19. Jahrhunderts wurde die Frage, wie der stoffliche männliche Samen unstofflich wirken könne, mit der Metapher der „Ansteckung"[12] beschrieben, also einer Wirkung ohne Berührung, wie bei der Übertragung einer Krankheit. Die Vorstellung vom „Mannes-Saft" und seinen „Lebensgeistern" durchgeisterte auch noch die Zeugungs- und Vererbungsvorstellungen der alten Eugeniker bis in die 50er Jahre des 20. Jahrhunderts.

Endgültig abgelöst wurde die Vorstellung, dass der Samen Form und Seele gebe, von der „Konstruktion des Gens" ab der zweiten Hälfte des 20. Jahrhunderts, indem die Wesenszüge des „Samens" in die des „Gens" eingearbeitet wurden. Hatte vorher der Samen als den Sinneswahrnehmungen entzogenes Zeugungsprinzip gegolten – „obgleich unsichtbar, ist das der wahre Samen, der in sich das Bild oder die Gestalt des zu formenden Wesens enthält"[13] –, so wurde mit dem Aufstieg der Humangenetik das Gen als gleichsam unsichtbares, aber in sich das Bild des zu formenden Wesens enthaltende

---

11 Bartholin: „De ovaris mulierum et generationis historia", Rom 1677, 52 f. in: Pomata. a.a.O. 1995, 81.
12 William Harvey: „On Animal Generation", in: „Works", übersetzt von R. Willis, London 1987: 481; in: Pomata, a.a.O. 1995: 78.
13 Thomas Schirleus: „De causis lapidum in macrocosmo", Hamburg 1675: 36, zit. in: Pomata 1995, a.a.O.: 77

Prinzip konzipiert. Das Gen wurde als gleichzeitig materiell und immateriell entworfen und sollte eine „geistige Vaterschaft" auf der Grundlage einer geschlechtslosen Fortpflanzung ohne Sexualität und damit einer „unbefleckten Empfängnis" ermöglichen. Diese Vision einer „unsterblichen DNS" konzipierte bereits der Zoologe und Vererbungsforscher August Weismann (1834–1914) Ende des 19. Jahrhunderts. Mit seiner Konzeption des Keimplasmas und der Keimbahn wurde letztere als Grundlage der Kontinuität der Generationenfolge angenommen. Er arbeitete in seiner Schrift „Die Ewigkeit des Lebens" (1881), die für das Zeitalter von Biologie und Humangenetik richtungsweisende Unterscheidung aus, zwischen der sterblichen und unsterblichen Hälfte des Individuums, dem Körper (Soma) im engeren Sinne und den Keimzellen. Demnach gilt nur der Körper als dem Tod unterworfen, die Keimzellen aber als potentiell unsterblich (1881: 22 zit. in Bergmann 1992: 11). Der Geist, der – in der patriarchalen Konkurrenz um das „lebensspendende Prinzip" – in der abendländischen Kulturgeschichte zum symbolischen Schöpfer des Lebens avancierte (vgl. von Braun 1988 und Treusch-Dieter 1990) und als Steuerungs-Zentrale des Körpers eingesetzt wurde, wird durch die Naturwissenschaften des 20. Jahrhunderts in die Konzeption der DNS eingearbeitet, welche das ewige Leben ermöglichen soll. Da die Position des unsterblichen Gottes immer schon männlich konnotiert war, konnte damit die patriarchale Vorstellung des Lebensursprungs aus dem Mann zumindest symbolisch erhalten bleiben. Die Abstammungs- und Vererbungsfrage war und blieb auch im 20. Jahrhundert im Wesentlichen eine Männerfrage.

In den ersten Jahrzehnten des 20. Jahrhunderts bezog sich die Vererbungslehre aber auf eine angenommene „Blutsgemeinschaft" zwischen Vater und Kind. Noch in den 30er Jahren wurde diese „väterliche Blutsgemeinschaft" erstmals als Argument gegen den Schwangerschaftsabbruch ausgearbeitet. Demnach habe die Blutgruppenforschung gezeigt, so der Ordinarius für Gerichtsmedizin an der Universität Wien, Fritz Reuter (geb. 1857), dass der Fötus ein selbständiges Leben darstelle, da sein Blut vom 3. Schwangerschaftsmonat an nicht nur die Eigenschaften der Mutter, sondern auch die des Vaters in sich trage (vgl. Reuter 1936: 1435).

Die „Blutsbande", welche in patriarchalen Zeugungskonzeptionen als Bande des Samens imaginiert waren, wurden also um 1900 – Entdeckung der Blutgruppen durch den österreichischen Serologen und Pathologen Karl Landsteiner (1868–1943) – erstmals naturwissenschaftlich eingeholt, auch wenn eine ausreichend hohe Treffsicherheit der naturwissenschaftlichen Vaterschaftsdiagnostik erst seit ca. zwanzig Jahren gegeben ist.[14] Auch der spätere Pädiatrieordinarius Franz Hamburger (1874–1954) befasste sich um

---

14 Ab den 30er Jahren wurden genetische Marker an den menschlichen weißen und roten Blutkörperchen gesucht. Diese an den Blutkörperchen und der Blutflüssigkeit bestimmbaren „herkömmlichen Systeme"

1900 in einem Aufsatz über „Assimilation und Vererbung. (Eine energetische Vererbungstheorie)"[15] mit der Frage der „Vererbung väterlicher Eigenschaften" am Beispiel von vielzellig zweigeschlechtlichen Tieren. Da seinen Untersuchungen entsprechend der Vater bei der Entwicklung nur eine einzige Zelle beisteuere, die Mutter aber nicht nur diese, sondern auch noch die Nahrung für den sich entwickelnden Organismus, schien es ihm unwahrscheinlich, dass der Vater auf die Eigenschaften des Kindes erheblichen Einfluss haben könnte. Den dennoch bestehenden Einfluss des Vaters erklärt Hamburger dann mit der „Assimilationsfähigkeit des lebenden Eiweißes", das die Nährstoffe in art- und individualcharakteristisches, individualidentisches Eiweiß umforme. Der väterliche Einfluss auf die Vererbung wurde von Hamburger „durch die Annahme einer ewig fortdauernden, konstant bleibenden Energie des lebenden Eiweißes" erklärt (Hamburger 1905: 3).

Doch in genau den Jahrzehnten, in welchen die Forschung die ersten „Erfolge" im Bereich des naturwissenschaftlichen Vaterschaftsnachweises feierte, setzte ein Diskurs ein, der die Gefahren des „väterlichen Erbes" zu problematisieren begann. Das „ökonomische Kapital" der Väter war verloren, mit seinem „organischen Kapital" eine Gefährdung der Nachkommen verbunden. Das väterliche Erbe, das „Patrimonium", in dessen Interesse und für dessen Weitergabe patriarchalische Geschlechterordnungen und -beziehungen konzipiert worden waren, schien zunehmend „vergiftet". Die eugenische und medizinische „Belagerung" der generativen Reproduktion des Lebens diskursivierte Elternschaft und darin vor allem die Vaterschaft als potenzielle und ständige Gefährdung der Kindheit und damit der Zukunft der Gesellschaft. Väter wurden mit wenigen Ausnahmen als potenziell „geschlechtskrank" beurteilt. Eine „Geschlechtskrankheit", die sich klassenübergreifend in Syphilis oder Gonorrhoe, Alkoholismus und zügelloser Sexualität, in „Schwächlingen" und „Kriegsversagern", körperlich untüchtigen „Simulanten", „Drückebergern" und „Tachinierern", psychopathisch „minderwertigen" Kriegsuntauglichen oder Kriegsdienstverweigerern, invaliden und syphilitischen Kriegsheimkehrern, Kriegsneurotikern und „Kriegszitterern" manifestiere und den „Bevölkerungskörper" zu verseuchen drohte.

---

wurden bereits als Produkte der Gene betrachtet (vgl. Fischer, Seiser 2000: 104). Erst mit der Entdeckung von Erbmerkmalsystemen der DNA und der Entwicklung der PCR-Technik im Jahr 1985 wurden neue Methoden der Vaterschaftsdiagnostik eingeführt. Die PCR-Technik analysierte nicht mehr Produkte von Genen (herkömmliche Systeme), sondern die Gene selbst (neue Systeme). Die Automatisierung des Vorgangs gewährte eine hohe Diagnosesicherheit. Die erreichbare Vaterschaftsausschlusschance beträgt heute 99,997 %, „d.h., unter 100.000 fälschlich der Vaterschaft bezichtigten Männer werden 99.997 als Nichtväter erkannt" (Fischer, Speiser 2000: 107).

15 Zur Zeit der Publikation war Franz Hamburger noch Assistent bei Escherich an der Universitäts-Kinderklinik in Wien.

Auf das väterliche Erbe konnte nunmehr weder als „ökonomisches Kapital", das mit dem Niedergang der „alten Gesellschaft" – dem Handwerk, dem Bauerntum und dem Adel – verbunden wurde, noch als „organisches Kapital", das die Industrialisierung hervorgebracht hatte, zurückgegriffen werden. Die Eugenik wurde als Sozial- und Biotechnik ausgearbeitet, die der Herstellung des „organischen Kapitals" und der Vernichtung all dessen diente, was dieses „verunreinigte", „verpestete" usw. Aus der Hoffnung auf ein väterliches Erbe, das „Patrimonium", wurde eine Angst vor dem väterlichen Erbe – die „Patroiophobia". Denn nach wie vor war die Vorstellung von der Überlegenheit des männlichen Samens vorherrschend, dessen „Zustand" als ausschlaggebend für die „Qualität" und damit für die „Höherentwicklung" des Menschen erachtet wurde. Und die Krise der Männlichkeit um die Jahrhundertwende (vgl. Baureithel 1993; Mülder-Bach 2000; Fout 1997) schien auch die Nachkommen zu gefährden. Aus der Perspektive der Eugenik, welche ja all jene Faktoren untersuchen und manipulieren wollte, „welche die Eigenschaften künftiger Generationen beeinflussen" (Hirsch 1914: 12), wurde das Leben zunehmend als „sexuell übertragene, tödliche Krankheit" verfolgt, die von den Vorfahren weitergegeben wird an die Nachkommen.

In der eugenischen Abwehr dieser „sexuell übertragbaren Gefährdung der Nachkommen" mit Hilfe einer medizinische Regulierung der Geschlechterverhältnisse, war ein zentrales Motiv, das in den Ausführungen der Ärzte sichtbar wurde, in jeder Hinsicht aber auch eine offensichtliche Rivalität unter Männer um gesellschaftliche Bedeutung, Einfluss und Macht. Diese Rivalität wurde von Seiten der Mediziner auch und vor allem getragen von Neid gegenüber jenen Männern, die ihre gesellschaftliche Bedeutung nicht über den Weg des sozialen Aufstieges verfolgten und sich nicht mit Selbstdisziplin und Selbstbeherrschung zum beruflichen Erfolg kämpften. Diese „anderen" Männer wurden durch Sterilisierung, Kastration, Asylierung und Rekrutierung an die vorderste Front mit wissenschaftlichen Mitteln de-legitimiert, erniedrigt, gedemütigt und beseitigt. So als müsste im Außen all das beseitigt werden, was die destabilisierte (klein)bürgerliche Männeridentität gefährdete: kriminelle, vagabundierende, arbeitsscheue, kriegsinvalide, alkoholsüchtige Männer. Die Impotenzphantasmen des (klein)bürgerlichen Mannes – politisch als amputierter Restkörper eines verlorenen Kaiserreiches und Ausgelieferter der Siegermächte, ökonomisch als in der Wirtschaftsdepression vernichtete Existenz und sexuell als gelähmt durch die immer sichtbarer werdende Emanzipation der Frauen (vgl. Baureithel 1993: 24ff.), welche in den Texten der Ärzte als „Macht, die Männer auszuwählen", phantasiert wurde, galt es mit allen zur Vefügung stehenden Mittel zu beruhigen. Die Konzeption einer männlichen „Reproduktionselite" durch männliche Wissenschaftler ist in diesen Zusammenhang zu stellen.

Der wissenschaftlich-technische Zugriff auf die generative Reproduktion des Lebens durch die eugenische Medizin kann damit auch als ein Versuch der Herstellung einer hegemonialen Männlichkeit durch Wissenschaft produzierende Männer beurteilt werden. Hegemonie beziehe sich, so der Männerforscher Robert Connell, auf gesellschaftliche Dynamiken und Praktiken, aufgrund derer eine Gruppe eine Führungsposition im gesellschaftlichen Leben einnehmen und aufrechterhalten könne. Die hegemoniale Gruppe sei dann in der Lage, anderen Arten von Männlichkeit eine bestimmte Definition aufzuzwingen. Zu jeder historischen Zeit werde eine Form von Männlichkeit im Gegensatz zu den anderen kulturell herausgehoben. „Hegemoniale Männlichkeit kann man also als jene Konfiguration geschlechtsbezogener Praxis definieren, welche eine historisch jeweils oder die momentan akzeptierte Antwort auf das Legitimitätsproblem des Patriarchats verkörpert und die Dominanz der Männer sowie die Unterordnung der Frauen gewährleistet" (Connell 2000: 98). Die Hegemonie zeichne sich dabei weniger durch direkte Gewalt, sondern durch ihren erfolgreich erhobenen Anspruch auf Autorität aus.

Auch die Verachtung und Abwertung der Wissenschaftler gegenüber Frauen, welche sich bei ihrer Männerwahl nicht von den Maßstäben einer „Vernunft", sondern von Gefühlen leiten lassen würden, ist in den Texten evident. Nach der Vorstellung der wissenschaftlichen Autoren könnten weibliche Gefühle vor allem von „geistig und moralisch wertlosen Männern" erweckt werden.

Die männliche Sicherheit, die daraus entsteht, gegenüber der Frau der Wählende und nicht der Gewählte zu sein, dieses „sexuelle Wahlrecht" und der „Werbungsspielraum" des Mannes wurden aber nicht nur durch eine befürchtete Emanzipation und daraus resultierenden Ablehnungspraxis der Frauen zunehmend frustriert. Die Tatsache, ausgewählt zu werden unter anderen, setzte eine Angst in Gang, die historisch bis dahin nur Frauen ausgebildet hatten: die Angst, nicht begehrt bzw. nicht erwählt zu werden.

Insgesamt wird der Hass auf die Männer der unteren Schichten offensichtlich, die von den Ordinarien der Medizin als „viriler" antizipiert und als asozial und psychopathisch diffamiert wurden. Sie unterstellten ihnen intellektuelle und moralische Defekte.

Psychische Gesundheit wurde von militärischer Funktionalität abgeleitet, jede Form von militärischer Devianz in die Nähe der Geisteskrankheit gerückt und männlicher Ungehorsam pathologisiert (vgl. Überegger 2001: 2). Den Ärzten selbst fiel so etwas wie „die Rolle von Maschinengewehren hinter der Front" zu, wie Sigmund Freud nach dem Krieg vermerkte (zit. in: Überegger 2001: 5).

Dienstuntauglichkeit oder -verweigerung wurde in Krankheitskategorien gefasst, militärische Maßstäbe – Ordnung, Willensstärke und Stabilität – wurden als jene des zivilen Lebens sanktioniert. Diese militärischen Maßstäbe waren und blieben auch die Hauptkonstituenten einer bürgerlich-männlichen Normalbiografie, welche von der Militärpsychiatrie lediglich bestätigt wurde.

Diese von Seiten der Ärzte unter eugenischen Gesichtspunkten konzipierte Männlichkeitsform stand in keinem Widerspruch zur bürgerlichen Geschlechterordnung. Sie stellte keinen Bruch mit vorherrschenden Werten und Sinngebungsprozessen dar. Vielmehr fügte sie sich relativ problemlos in das vorherrschende Bild gesellschaftsfähiger Männlichkeitsvorstellungen der (klein)bürgerlichen Klasse. Doch diese bürgerlichen Konzeptionen männlicher Identität wurden aufgrund politischer, ökonomischer und emanzipatorischer Veränderungen auf Seiten der Frauen zunehmend instabiler. Die Verunsicherung wurde u.a. mit einem staatlichen und medizinischen Abhärtungs- und Ausleseprojekt beantwortet.

Kulturtheoretische Analysen, welche jedes Jahrhundert auch an der ihm eigentümlichen Krankheit beschreiben und charakterisieren, verweisen für das 20. Jahrhundert auf das Trauma als „maladie du siècle". Der Erste Weltkrieg markiert dabei eine Zäsur, mit der die Neurasthenie (Nervenschwäche) – dem 19. Jahrhundert als dominierendes Krankheitsbild zugeschrieben und Beginn moderner Stresserfahrung – durch das Trauma abgelöst wird:

„Angepriesen als Kur gegen nervöse Schwäche und Kraftlosigkeit, als mit ‚fast allmächtiger Heilkraft ausgerüstetes Stahlbad [...] für die im Staub langer Friedensjahre und einförmiger Berufstätigkeit verdorrenden und verschmachtenden Nerven'[16], war der Krieg im Bewußtsein der Zeitgenossen nicht nur ein politisches und militärisches Unternehmen, sondern ein soziales und anthropologisches Experiment, das als kulturelle Katharsis antizipiert und herbeigesehnt wurde" (Mülder-Bach 2000: 12).

Dementsprechend war die Bearbeitung des katastrophalen Verlaufs und Ausgangs des „Experimentes Krieg" von Enttäuschung und Wut getragen. Diese zeigte sich beispielsweise im gewaltvollen Umgang mit den massenhaft auftretenden „Kriegsneurosen" und „Kriegshysterien". Beispielhaft dafür stehen die gewaltsamen und grausamen Behandlungsmethoden der Psychiatrie. So wurde auch gegen die psychiatrische Klinik, die Wagner-Jauregg leitete, Anklage wegen Fehldiagnosen und einer „therapeutischen" Praxis erhoben, die in Folterungen und der brutalen Zurschaustellung von so genannten „Kriegsneurotikern" gipfelte.[17] Die gewalttätige Behandlung der Männer, welche

---

16 Eulenberg Albert: „Kriegsnervosität". In: *Die Umschau*, 1 (1915): 1.
17 Die Anklage gegen Wagner-Jauregg stand in Zusammenhang mit dem am 19. Dezember 1918 beschlossenen „Gesetz über die Feststellung und Verfolgung von Pflichtverletzungen militärischer Organe im Krieg". Eine Kommission sollte untersuchen – so die provisorische Nationalversammlung – inwieweit es bei der Führung der Truppen zu schweren Verstößen gegen die Dienstpflichten gekommen sei. Die Kommission hatte keine gerichtliche Funktion. Sie sollte aber erheben, ob Tatbestände vorliegen, die eine gerichtliche

infolge der Kriegsteilnahme psychisch traumatisiert und verletzt waren, zielte auf eine möglichst schnelle Entlassung der Patienten an die Front. Dazu sollte die Brutalität der Klinik jene an der Front übertreffen. Die Männer wurden mit so genannter „Elektrotherapie" an empfindlichen Körperteilen (Genitalien und Brustwarzen) gequält und dabei zugleich vor anderen Patienten und dem Pflegepersonal zur Schau gestellt, verspottet, geprügelt und in Isolationshaft gehalten (vgl. Eissler 1979: 100ff.).

Im Laufe der Kommissionsarbeit aber wurden alle Anklagen zurückgewiesen, und Julius Tandler, ein Mitglied der Kommission, hielt in seinem Kommissionsbericht an den Bundeskanzler fest, dass die Zustände in der Psychiatrie während des Weltkrieges den dort auch vorher bereits üblichen Behandlungsformen entsprochen hätten. Den Patienten wurde unterstellt, dass sie lügen würden, da Hysteriker „bekanntermaßen" „Simulanten", „Drückeberger" und „Tachinierer" seien. Die rigide Abwehr der Anklage von Seiten der verantwortlichen Mediziner wurde zudem rassenhygienisch legitimiert: „Kriegsneurotiker" würden durch ihre Krankheit dem Einsatz an der Front entgehen und blieben dem „Bevölkerungskörper" als „Minusvarianten der Menschheit" (Tandler) erhalten. Diese medizinische Gewalt gegen „Kriegsneurotiker", die also wehrpsychiatrisch wie rassenhygienisch legitimiert wurde war auch in Deutschland vorherrschende Praxis:

> „Die enthemmte Wut, mit der die tonangebende Fraktion innerhalb der deutschen Militärpsychiatrie auf die ‚Kriegsneurotiker' reagierte, ist nicht allein auf die Sorge um die Erhaltung der militärischen Kraft zurückzuführen. Was in dem Kriegsneurotiker auf dem Spiel stand, war vielmehr das nationale Projekt einer Austreibung ‚der unklaren Massenvorstellung vom nervösen Zeitalter, die vom Frieden her in den Köpfen spukt',[18] und einer kriegerischen ‚Zuchtwahl', aus der der überlegene Typus des deutschen Willensmenschen hervorgehen sollte" (Mülder-Bach 2000: 12f.).

Es herrschte also größtenteils Konsens innerhalb der Ärzteschaft, dass „minderwertige" Männer simulieren, um dem Kriegsdienst zu entkommen. Die Psychoanalyse entdeckte

---

Untersuchung erfordern (vgl. Eissler 1979: 23ff.). Gesetz wie Kommission kamen aufgrund einer massiven Kritik in der Öffentlichkeit gegenüber den Militärbehörden und den Umgang mit den Soldaten während des Krieges zustande. Bereits eine Woche bevor das Gesetz beschlossen wurde, erschien in der sozialdemokratischen Wochenzeitung „Der freie Soldat", ein Artikel über die Elektroschockbehandlung mit dem Titel „Die elektrische Folter" (ebd: 25). Darin wurde die Ärzteschaft der grausamen Folter gegen die Soldaten beschuldigt.

18 Kehrer Ferdinand: „Zur Frage der Behandlung der Kriegsneurosen", *Zeitschrift für die gesamte Neurologie und Psychiatrie*, 36 (1917): 15.

im „Kriegsneurotiker" einen Patienten, der auf ein kindliches Stadium der Selbstliebe zurückfalle und dessen Gesamtpersönlichkeit „der eines infolge Erschreckens verängstigten, sich verzärtelnden, hemmungslosen, schlimmen Kindes"[19] entsprechen würde. Auch die Psychoanalytiker sprachen den „Kriegsverweigerern" ihre „Männlichkeit" ab. Zum Gegenbild des Kriegsneurotikers wurde der Krieger mit „stählernen Nerven" und „eisernem Willen". Die Regressivität, welche das Körperbild einer „schmerzimmunen technoiden Maschine" mit der Vorstellung „einer triebhaft-animalischen Aggressivität überblendet", wurde zukunftsweisend. Die Konstruktion des willensstarken Kriegers ermöglichte „die militärische und politische Niederlage in einen anthropologischen Sieg und die verlorene ‚Materialschlacht' in den Produktionsprozeß jenes ‚Neuen Menschen' umzudeuten, der die militärischen Siege der Zukunft erringen sollte" (ebd.: 13). Doch beide – die „Krieger-Mythologie" wie die „Kriegsneurotiker-Debatte" – werden aus kulturtheoretischer Perspektive heute als Mittel wie Symptome der Bearbeitung des Ersten Weltkrieges interpretiert.

Die tatsächliche Verarbeitung der traumatischen Kriegserfahrungen aber scheiterte, weil sie an die Erwartungen und Wünsche fixiert blieb, „mit denen der Krieg aufgeladen und geführt worden war" (ebd.). Ein Krieg verändert auch die Gesellschaft, die ihn führt. Bernd Ulrich hat in seiner Arbeit zur „Kriegspsychologie der 20er Jahre" (2000) seine These erörtert, dass die Wehrwilligkeit zu Beginn des Zweiten Weltkrieges Resultat der gezielten Umarbeitung des Kriegstraumas des Ersten Weltkrieges war, welche die „seelische Überlegenheit" und den „stärkeren Willen" propagierte:

> „[...] der unter schrecklichen Eindrücken psychisch kollabierende Augenzeuge des Krieges blieb dabei das, was er schon gegen Ende des Krieges mehr und mehr verkörpert hatte: der Patient des Krieges. Der Anspruch, ihn heilen, dass heißt, wiederverwendungsfähig machen zu können, wurde nie aufgegeben und hatte über den Krieg hinaus Bestand" (Ulrich 2000: 66).

Der Krieg wurde in der politischen, psychologischen und ökonomischen Debatte zur „Kontraselektion": Die Besten würden geopfert, die „Minderwertigen" versorgt. Dem wollte man gegensteuern und aus den Überlebenden das Beste „herauserziehen". All jene, welche der Krieg nicht zerstörte, wurden als „Siegfriednaturen" idealisiert, als „Männer ohne Nerven" und „Kampffreudige", die sich mit Ausdauer und Angriffgeist von den „rohen Gewalttätigkeiten" nicht niederdrücken ließen und die Angst überwanden. Mit Vehemenz wurde am Bild des Mannes als Helden festgehalten, trotz oder

---

19 Ferenczi Sandór: „Die Psychoanalyse der Kriegsneurosen", in: *Zur Psychoanalyse der Kriegsneurosen*. 1918: 27f.

gerade wegen der Millionen Kriegstoten und Kriegsgefangenen. Im letzten Kriegsjahr 1918 dienten um die acht Millionen Soldaten der Habsburgermonarchie im Heer. Davon wurden über eine Million im Krieg getötet, und mehr als 1,5 Millionen Männer sahen erst nach oft mehrjähriger Gefangenschaft die Heimat wieder. Der „Krieg des kleinen Mannes" (Wette 1992), den die überwiegende Mehrheit der Männer erlebte, war traumatisierend, entwürdigend, verletzend und zerstörend.[20]

Doch gegen diese Erfahrung, selbst Opfer zu werden, wurde mit großer Anstrengung der Mythos vom Kriegshelden gepflegt, der auch von eugenischer und rassenhygienischer Seite bestätigt wurde. Seit der Einführung der allgemeinen Wehrpflicht Mitte des 19. Jahrhunderts konnte potentiell jeder Mann ein militärischer Held werden. In der verpflichtenden Grundwehrausbildung wurde jeder mit den ideologischen und praktischen Bedingungen des kriegerischen Heldentums konfrontiert (vgl. auch Frevert 1998: 337ff.).

Diese „Demokratisierung" des Heldentums der Männer steht im Zusammenhang mit dem Aufbau der Nationalstaaten. Diese konnten im Zuge ihrer Konstitution nicht auf eine „ethnische" Basis zurückgreifen, sondern mussten sich als nationale Gemeinschaft erst hervorbringen. Dies ließ sich historisch im Wesentlichen durch eine kollektive Mobilisierung im Krieg herstellen, d.h. durch die männliche Fähigkeit, sich kollektiv dem Tod auszusetzen (vgl. Balibar 1990: 116). Die Männer erzeugten damit im Kriegseinsatz u.a. die nationale Gemeinschaft als „symbolische Verwandtschaft". Die Prüfung ihrer Militärdiensttauglichkeit diente damit auch einer Überprüfung der Fähigkeit, diese „symbolische Verwandtschaft" zu erzeugen. Von daher lag es auch nahe, von der Militärdiensttauglichkeit den eugenischen „Reproduktionswert" des Mannes abzuleiten. Männer wurden im Dienst der Erzeugung einer „symbolischen Verwandtschaft" im Krieg an den Grenzen des Staates und der Zeugung einer „Blutsverwandtschaft" zur Herstellung einer Generationenfolge im Inneren des Staates überprüft und selektiert.

Diese „Demokratisierung" des Heldentums der Männer ermöglichte die Überwindung aller Klassenschranken im Volks- oder Nationalkrieg, diente der Durchsetzung einer männlichen Gruppenidentität, dem Aufbau einer hegemonialen Männlichkeitsform, die durch Tötungsbereitschaft und Todesbereitschaft gekennzeichnet war und die Unterschiede zwischen Männern und Frauen verschärfte. Männer mussten lernen, sich zusammenzureißen und zusammenzuhalten. Männer übten sich darin, durch Selbstaufgabe bis zur Todesbereitschaft und durch Selbstermächtigung bis zur Tötungsbereitschaft in den Dienst einer Sache zu stellen. Die Grenzen, die national nach außen,

---

20 Solche Erfahrungen hat beispielsweise eindrucksvoll Arnold Zweig in seinem Roman „Erziehung vor Verdun" (1984; Erstveröffentlichung 1935) geschildert.

geschlechtshierarchisch und -spezifisch nach innen wie gegen sich selbst errichtet wurden, sollten nach dem Krieg weiterhin aufrechterhalten werden.

„Sieg über den ‚inneren Feind' – war der eigentliche Kern aller Kriegspsychologie nach dem Krieg. [...] Die Bedrohung des Individuums und insbesondere die seiner militärischen Kollektive durch den modernen Fortschritt der Technik waren hier ebenso Thema wie die Nivellierung solch technisch-materieller Vorherrschaft durch die charakterlich-moralische Überlegenheit einzelner Kämpfer. [...] Das Zauberwort der Kriegspsychologie nach 1918 zur Überwindung der Angst im Krieg aber hieß – [...] – der Wille; durch ihn sollte der ‚Trieb zur Selbsterhaltung' ausgeschaltet werden" (Ulrich 2000: 67).

Dem Bild des willensstarken Frontkämpfers entsprechend nahm nach dem Krieg auch der Kampf gegen die eigentlichen Feinde des Krieges – die „Tachinierer" und „Simulanten", bis heute männlich konnotierte Begriffe – seinen Fortgang. Dies aber nicht nur in den Forderungen nach einem Berufs- anstelle eines Volksheeres, mit dem der „innere Feind" in Gestalt der Neurose abgewehrt werden sollte.[21] Denn in den „Kriegsneurotikern" zeigte sich auch *das* Problem des vergangenen und zukünftigen Krieges, nämlich „die mögliche Unfähigkeit der verkleideten Zivilisten, zu töten und die Tötungsversuche der Gegenseite unbeschadet an Leib und Seele auf Dauer zu überstehen" (ebd.: 69).

Nach dem Krieg sollte der Mann sich an der „Heimatfront" bewähren und in Fabriken und Betrieben bei der Arbeit seinen Mann stellen. Seine Willensstärke sollte er dabei in unermüdlichem Arbeitseinsatz und Standhaftigkeit gegen Ausschweifungen jeglicher Art, vor allem aber der Trunksucht erweisen, die als „Willenskrüppeltum" angeprangert wurde. Abstinenz wurde als Ideal männlicher Selbstbeherrschung propagiert. Dagegen galt Alkoholsucht von Frauen als unheilbar. Ihrem Suchtverhalten wurde eine besonders schwere Psychopathie unterstellt, weshalb sie in den ab 1925 eingerichteten Trinkerheilstätten nicht aufgenommen wurden (vgl. Byer 1988: 56). Bei Männern

---

21 Ab 1919 gab es in Österreich ein Berufsheer. Erst 1936 wurde die Allgemeine Wehrpflicht unter stiller Duldung der Westmächte wieder eingeführt. Nach dem Anschluss wurde das österreichische Heer in das deutsche integriert. Von den mehr als 1,25 Millionen österreichischen Soldaten, die im Zweiten Weltkrieg in der Deutschen Wehrmacht dienten, wurden 247.000 (ein Fünftel) getötet. Nach der Befreiung Österreichs von der nationalsozialistischen Herrschaft wurden das Bundesheer und die Allgemeine Wehrpflicht erst 1955 wieder eingerichtet. Die ersten Wehrpflichtigen wurden 1956 eingezogen. Seit 1975 besteht die Möglichkeit des „Zivildienstes" als Alternative zum Wehrdienst für jene Männer, die Waffengewalt gegen andere ablehnen. Die Erlaubnis wurde bis 1991 nur auf Basis einer Gewissensprüfung erteilt. 1998 betrugen die eingelangten Zivildiensterklärungen 22,9 % der tauglichen Wehrpflichtigen.

wurde es als Fehlverhalten gewertet, das durch Selbstbeherrschung revidierbar wäre, welche den Mann als Mann zugleich auszeichnen sollte.

Das aus dem Militär hervor gegangene Leitbild männlicher Standhaftigkeit lässt sich mit aktiven wie aggressiven, aber auch passiven wie defensiven Eigenschaften verbinden. Vergleichbar mit dem Krieg sollte der Mann im zivilen Leben standhaft bleiben, sich zusammenreißen, den Zusammenhalt mit anderen Männern praktizieren und in einer Art schicksalsergebenem Arbeitseinsatz ohne Schonung und Rücksicht Leistungen erbringen.

Die Männlichkeitsform des standhaften, einsatzbereiten, leistungsfähigen und leistungswilligen Mannes, der durch seinen Arbeitseinsatz seine Familie schützt und erhält und auf den sich die anderen Männer verlassen können, ist dem militärischen Ideal des soldatischen Mannes entnommen. Todesbereitschaft wurde verwandelt in Leistungsbereitschaft ohne Schonung und Rücksicht auf sich selbst, Tötungsbereitschaft in Konkurrenz- und Dominanzfähigkeit ohne Schonung und Rücksicht auf den anderen. Leistungswille, Konkurrenz- und Dominanzfähigkeit waren zugleich funktional für den Erhalt traditioneller Geschlechterverhältnisse, allem voran den Ausschluss der Frauen aus existenzsichernder Erwerbsarbeit. Die Wirtschaftskrise, die sich bereits Mitte der 20er Jahre abzuzeichnen begann, hat diese in den Arbeitseinsatz im bürgerlichen Zivilleben transformierte kriegerische Männlichkeitsform in den Jahrzehnten bis zum Ausbruch des Zweiten Weltkrieges an ihrer Ausbreitung gehindert. Endgültig durchsetzen konnte sich der allgemeine Arbeitseinsatz der Männer erst im Zuge eines sich seit Mitte der 50er Jahre vollziehenden Wirtschaftsaufschwunges, der in der österreichischen Gesellschaft den wiederholten Kriegseinsatz der Männer endgültig durch ihren Arbeitseinsatz abzulösen vermochte.

2.2 „Gebärfähigkeit" und „Nährfähigkeit" als Funktionsprüfung von Weiblichkeit: „Reproduktionswert" der Frauen

Die Gebärfähigkeit der Frauen kam in Folge des Geburtenrückganges ins Blickfeld der Medizin. In Zusammenhang mit den hohen Menschenverlusten im Verlauf des Ersten Weltkrieges wurde sie als Wehrbeitrag idealisiert (vgl. Grotjahn 1916: 201). Aus eugenischer Perspektive, welche an den Geschlechtern jene Faktoren beurteilte, die Eigenschaften zukünftiger Generationen beeinflussen, wurde die Gebärfähigkeit der Frau mit der Qualität des Bodens verglichen, der in der Pflanzenzucht für das Wachstum der Saat verantwortlich gemacht wurde. Der „Reproduktionswert" der Frau wurde dementsprechend auf die Fähigkeit des Uterus reduziert, für den zeugenden und vererbenden Samen des Mannes einen qualitativ „hochwertigen" Boden bereitzustellen. In dieser Weise argumentierte der Gynäkologe Max Hirsch (1877–1948)[22] in einem Aufsatz „Ueber die Ziele und Wege frauenkundlicher Forschung" (1914: 1ff.), mit dem er die erste Ausgabe des „Archivs für Frauenkunde und Eugenetik" (1914) einleitete:

> „Der Mutterboden, in welchen das Samenkorn des künftigen Menschen hineingepflanzt wird, in welchem er wächst, aus dem er seine Nahrungsstoffe während der Zeit der intrauterinen Entwicklung und später während der Säugungszeit entnimmt, unter dessen unmittelbarster Einwirkung er steht, bis er sich in gewissem Alter zum selbständigen Leben von ihm loslöst. In zweiter Linie ist es der väterliche Anteil mit seinen Erbqualitäten und seinem geistigen und sittlichen Einfluss, welcher die Eigenschaften des künftigen Menschen bestimmt" (Hirsch 1914: 12).

Die Eugenik wiederholte und bestätigte die traditionelle Beurteilung des Zeugungsbeitrages der Frauen, nach der das Weibliche Materie und Stoff hergibt, das Männliche aber Bewegungsursprung und Lebensquell ist. Der „Mutterboden" nimmt demnach auf, erhält und ernährt den vom Mann gezeugten zukünftigen Menschen bis zu dessen selbständigem Leben. Die Gebärfähigkeit der Frau wird als Voraussetzung für das Aufgehen des männlichen Lebensquelles konzipiert.

Dieser „Mutterboden" aller zukünftigen Generationen erfuhr nunmehr aber eine eugenische Neubewertung. Die über Jahrhunderte währende Vorstellung, dass der Mann zeuge – weil der Same belebe und vererbe sowohl Aussehen wie Ansehen und Reichtum – wurde beibehalten. Die unhintergehbare Bindung an den „Mutterboden" wurde eugenisch aufgewertet und medikalisierten Qualitätsnormen unterworfen. Der „Mutterboden" wurde als „Durchgangsort" der nächsten Generation „verstaatlicht" und Frauen nur dann ein Recht auf Geburtenregelung mittels Verhütung oder Schwangerschaftsabbruch zugestanden, wenn diese „im allgemeinen Interesse" vorgenommen würden, also

---

22 Max Hirsch wurde 1877 in Berlin geboren, studierte Medizin und promovierte 1901. Er praktizierte nach seiner Facharztausbildung als Gynäkologe in Berlin. Seine Forschungsinteressen lagen auf den Gebieten der „inneren Sekretion" und der Konstitutionslehre. Er gilt als Begründer einer „Sozialen Gynäkologie" und einer „Wissenschaftlichen Frauenkunde". Er vertrat die „eugenische Indikation" und publizierte grundlegende Beiträge zur „eugenisch vernünftigen" Partnerwahl: „Das ärztliche Heiratszeugnis" (Leipzig 1921); „Die Gattenwahl" (Leipzig 1921). Weitere Publikationen befassten sich mit dem Einfluss weiblicher Erwerbsarbeit auf die Gesundheit der Frau und des Mutterschutzes auf die Gesundheit der Nachkommen: „Frauenarbeiten und Frauenkrankheiten", in: „Biologie und Pathologie des Weibes", Band 1, Berlin und Wien 1924; „Mutterschaftsfürsorge", in: „Monographie Frauenklinik", Band 15, Leipzig 1931. Ab 1933 durfte Max Hirsch als Jude nicht mehr praktizieren, er flüchtete aber erst 1938 nach einer Verhaftung durch die Nazis nach England.

„nicht mehr wie bisher auf ihre individuellen Interessen, sondern nur noch auf die des Staates bedacht" (Hirsch 1914: 12). Aus eugenischer Perspektive galt es, Frauen dazu zu erziehen, für den Staat zu gebären und ihre Fruchtbarkeit unter bevölkerungspolitischen Gesichtspunkten betrachten und bewerten zu lernen.

Die Medizin forderte Frauen auf, ihren Ehepartner nach seinem eugenischen „Zeugungswert" auszusuchen. Die „Qualität" der Frau als zukünftige Mutter erwies sich zuerst also in einer eugenisch vernünftigen Partnerwahl. Um diese Rationalisierung der Partnerwahl zu erreichen, forderte der Psychiatrieordinarius Erwin Stransky (1877–1962), „psychopathisch minderwertige" Männer an die Front zu versetzen, um sie den Frauen zu entziehen, denen er Verantwortungslosigkeit bei ihrer Männerwahl vorwarf:

> „Die sexuellen Sympathien und Antipathien der weiblichen Bevölkerungshälfte sind unleugbar von einschneidender Bedeutung für die ganze Selektion und werden es nach dem Kriege entschieden in noch höherem Grade werden. Dem Gutdünken der Frau ist in ungleich höherem Maße die Zukunft des Menschengeschlechts anheimgestellt als dem Ermessen des Mannes. Das ist ein Satz, der einmal mit aller Rückhaltlosigkeit ausgesprochen werden mußte" (Stransky 1916a: 557).

Stransky unterstellte der Partnerwahl von Frauen unsoziale Motive: zum einen die „Eheunlust" der Mädchen und zum anderen die Versorgungsbequemlichkeit jener Frauen, welche die Ehe allein als materielle Sicherheit und als vergnügliches Dasein schätzen würden. So sei es sehr wahrscheinlich, dass gerade die in physiologischer Hinsicht „vollwertige" und begehrenswerte Frau „einen tüchtigen, schlechtweg und charakterologisch vollwertigen Mann ablehnt und sein Negativ vorzieht" (ebd.). Stransky machte Frauen deswegen in weitaus größerem Maße verantwortlich für die „Verschleuderung selektiver Güter des Volkes" als Männer. Gegen diese Verantwortungslosigkeit fordert er eine umfassende eugenische Erziehung der jungen Mädchen. Gegen ihre „Launen" sollte eine

> „rechtzeitige pädagogische Zurechtzügelung der Psyche vor allem des Weibes, also unserer Mädchen, von Jugend auf im Sinne stärkerer Zurückdrängung individualistisch-egozentrischer Tendenzen und desto energischerer Züchtung sozialen Pflichtgefühls und Pflichtbewußtseins" helfen (ebd.).

In dem Maße, wie die Interessen des Mannes durch die Schule und das Leben wesentlich mehr der Gemeinschaft untergeordnet würden, gelte es neben der *Frauenrechtsbewegung* auch eine Frauen*pflicht*bewegung zu fordern, „die insbesondere *die selektionären*

Pflichten des Weibes zum Gegenstand haben soll" (ebd.). Dafür müsse die Erziehung durch eine „Frauendienstpflicht" nach der Pubertät den Boden bereiten. Dabei sollten Mädchen zwischen dem 18. und 21. Lebensjahr einem „straffen Regime" unterworfen werden,

> „in dem sie lernen müßten, was es heißt, *pflicht*gemäß zu fühlen, zu denken und zu handeln, sich einzuordnen und unterzuordnen und sich sorgsam zu hüten, individualistische Launen zu kultivieren" (ebd.: 558).

Diese „weibliche Dienstpflicht" sollte Frauen in erster Linie zur Achtung und Anerkennung von „Manneswert" und „Mutterschaft" erziehen. Die Stabilisierung der bürgerlichen Geschlechterordnung und der Erhalt der weiblichen Position neben und unter der des Mannes wurde angesichts von Krise und Krieg zum ersten Gebot einer „zivilisierten Gesellschaft", um, so Stransky, die „kerngesund gewesene mitteleuropäische Frauenseele" vor feministischen Einflüssen aus Ost und West zu bewahren. Denn

> „in der Einordnung des einzelnen in die soziale und staatliche Gemeinschaft liegt eben der Vorzug mitteleuropäischer Organisation und Zivilisation, deren spezifischer Hauptträger aber der Mann ist" (ebd.).

Dem Vorwurf, dass seine Kritik und sein Lösungskonzept nur eine Minderheit der bürgerlichen Verhältnisse treffe, hielt Stransky entgegen, dass das Bürgertum das „Gehirn des Volkes" sei, der „vorbildliche Stand" und die „Musterfarm" für die anderen Stände, an dem sich alle orientieren und dem alle nacheifern sollten. Daher beurteilte er die „psychische Hygiene des Bürgertums" als außerordentlich wichtig für die des Gesamtvolkes.

In Stranskys Einsatz für eine eugenisch vernünftige Partnerwahl vereinigen sich Klassenrassismus und Sexismus, die beide für den Macht- und Statuserhalt einer vom Bildungsbürgertum besetzten hegemonialen Männlichkeit funktional sind.

Neben den Aufforderungen zu einer eugenisch vernünftigen Partnerwahl wurde an die Frauen appelliert, angesichts des Geburtenrückganges und der hohen Menschenverluste im Krieg wieder mehr Kinder zu bekommen. Zuerst wurden die Verhältnisse für den Geburtenrückgang verantwortlich gemacht, aufgrund derer Frauen ihrer „natürlichen Berufung" zur Mutterschaft nicht mehr folgen könnten. Erst später wurde der Geburtenrückgang als „Degenerationserscheinung" auf Seiten der Frauen beurteilt, d.h. ihre „physische und psychische Qualität" in Frage gestellt.

Den Appell an die Frauen, angesichts des seit Kriegsbeginn sich vollziehenden

„Geburtensturzes" wieder mehr Kinder zu gebären, hielt der Abteilungsvorstand des I. Öffentlichen Kinder-Krankeninstituts, Psychoanalytiker und Sozialdemokrat Dr. Josef K. Friedjung (1871–1946)[23], für wirkungslos. Er kritisierte das „naive Frauengemüt", das aus der Kriegslage den Schluss ziehe, für den Krieg keine Kinder großziehen zu wollen:

> „Wie das Mutterherz nun einmal ist, bedarf es jetzt stärkerer Argumente als jenes wohlgemeinten Appells, um dort neuen Mut zu neuer Mutterschaft zu wecken, wo die Fortpflanzung einmal rationalisiert wurde" (WKW 1916: 918).

Die „Rationalisierung der Fortpflanzung" wurde als Ursache des Geburtenrückganges kritisiert und als „naive Gemütsentscheidung" lächerlich gemacht. Zugleich wurde von Frauen eine „Rationalisierung der Fortpflanzung" im Sinne der Geburtensteigerung gefordert.

Die medizinische Beurteilung des „Fortpflanzungsverhaltens" als rational oder irrational war somit von der jeweiligen bevölkerungspolitischen Einschätzung der Bevölkerungsbewegung abhängig. Dem „naiven Frauengemüt" mangelte es aus Sicht der Ärzte noch an bevölkerungspolitischer Rationalität, nach der sie für den Staat Kinder gebären sollten. Da der Einsatz von Politik und Medizin zur Geburtensteigerung aber nicht dazu führte, dass Frauen mehr Kinder bekamen, sah man die einzige Chance, den befürchteten Bevölkerungsrückgang aufzuhalten, in der Senkung der Säuglingssterblichkeit. „Und dafür gäbe es eine einfache Fromel: Wo viel gesäugt wird, sterben im allgemeinen wenig Säuglinge" (ebd.). Die lebenssichernde Ernährung durch die Mutter sollte vorerst also anstelle der lebensspendenden Geburt treten. Die Ursache der Säuglingssterblichkeit wurde demnach auf eine rückläufige Stilltätigkeit der Frauen zurückgeführt.

Von sozialistischer Seite wurde dafür die Arbeitsüberlastung der Frauen verantwortlich gemacht, wie sie beispielgebend in Rudolf Goldscheids Arbeit zu „Frauenfrage und Menschenökonomie" von 1913 (vgl. Kap. I. 1.1.) kritisiert wurde. Zur Untermauerung seiner Kritik, dass die Überlastung der Frauen mit Mutterschaft und Beruf die Rasse gefährde, bemühte Goldscheid den Vergleich mit der Viehzucht. Analog zu den Praktiken der Tierzüchter, Tiere die zur Zucht verwendet würden, nicht für Rennleistungen einzusetzen, forderte er die Behandlung der Frauenfrage in eben diesem mehr „organischen" Sinne (1913:

---

23 Friedjung, Joseph, geboren am 6.5.1871 in Nedvedice (Tschechische Republik), gestorben am 25.3.1946 in Tel Aviv (Israel), Kinderarzt und sozialdemokratischer Politiker; 1920 Universitätsdozent; sozialdemokratischer Kommunalpolitiker in Wien, Gründer des „Vereins sozialdemokratischer Ärzte". Friedjung flüchtete 1938 vor den Nationalsozialisten nach Palästina.

6ff.). Von sozialistischer Seite wurden die Einführung von Frauenrechten und der Einsatz für die Befreiung der Frauen aus patriarchaler Unterdrückung im Privaten damit begründet, dass sie die Grundlage der „menschlichen Höherentwicklung" darstellten. So thematisierte Goldscheid die Ausbeutung der Frauen in Industrie- und Hausarbeit als Wurzel aller „Degeneration" und die Mutterschutzgesetzgebung als Voraussetzung für eine Modernisierung der „Menschenproduktion" (1911: 454ff.). Nach seinem Konzept einer bevölkerungs- und sozialpolitisch geleiteten „Menschenökonomie" galt es, Frauen als „organische Reserve" des Staates vor privater Unterdrückung und vor ökonomischer Ausbeutung zu schützen. Das politische Zugeständnis von „Frauenrechten" wurde an ihre Indienstnahme für die „Rassenökonomie" geknüpft. Nur von einer Frau, die auf der Höhe ihrer Zeit stünde, wurde erwartet, „dass sie sich über die hohe Mission im gesellschaftlichen Entwicklungsdrang" – die qualitative „Menschenproduktion" – klar werde (Goldscheid 1913: 31).

Die Vertreterinnen der Frauenbewegung bestätigten in ihrem Kampf gegen das Mütter- und Kinderelend der proletarischen Klasse und der unteren Schichten diese Strategie. Auch sie forderten Frauenrechte und den Auf- und Ausbau sozialer Einrichtungen, welche die mütterliche Erziehung unterstützen sollten. Die Arbeiterinnen könnten, so Marianne Hainisch (1839–1936)[24], eine der Begründerinnen der Ersten Frauenbewegung in Österreich, nur dann ihre Pflichten und ihre Verantwortung gegenüber der Gesellschaft wahrnehmen (1913: 15). Sie forderte eine staatliche Einbringung der väterlichen Alimentationszahlung, da die Mehrheit der Väter unehelicher Kinder keine Alimentation zahle[25], ein gerechtes Eherecht, eine Ehereform, welche den Kindern sowohl die Verantwortlichkeit von Vater wie Mutter zusichere, die „Erziehungsgewalt" also auch an die Mütter übertragen sollte[26], ein Erbrecht für uneheliche Kinder und die

---

24 Marianne Hainisch forderte bereits 1870 die Einrichtung von Realgymnasien für Mädchen und die Zulassung von Frauen zum Hochschulstudium. Sie gründete 1902 den „Bund österreichischer Frauenvereine", dem 1914 über 90 Vereine angehörten, und leitete ihn bis 1918. Nach dem Ersten Weltkrieg widmete sie sich der Friedensbewegung und leitete nach dem Tod Berta von Suttners die „Friedenskommission" im „Bund österreichischer Frauenvereine". Sie initiierte den Muttertag in Österreich, der seit 1924 gefeiert wird. Bedeutende Schriften: „Zur Frage des Frauenunterrichts", 1870; „Die Mutter", 1913.

25 Marianne Hainisch belegte diese Begründung mit dem Verweis auf eine Statistik aus Frankfurt aus dem Jahre 1905, aus der hervorgeht, dass 66 % von den Vätern, die nicht mit den Müttern verheiratet waren, keine Alimentation zahlten, 12 % nur unregelmäßig und nur 22 % ihren Verpflichtungen nachkamen; sie nahm diese Zahlen als Maßstab für die Wiener Verhältnisse und den dort gegebenen hohen Anteil unehelicher Kinder (vgl. Hainisch 1913: 15).

26 Im Allgemeinen Bürgerlichen Gesetzbuch (ABGB) wurde bis 1811 ein Familienmodell juristisch ausgearbeitet, das den Mann zum „Haupt der Familie" bestimmte und Frauen wie Kinder seiner Entscheidungsgewalt unterordnete. Die Frau hatte seinen Namen zu tragen, seinem Stand und Wohnsitz zu folgen und seine Vorschriften zu befolgen (§ 92). Dafür erhielt sie einen Unterhaltsanspruch. Dieses hierarchische Geschlechterverhältnis wurde auch im Generationenverhältnis zu den Kindern festgelegt: Der Vater war für

Unterstützung der Mütter in der Aufzucht und Erziehung durch Wöchnerinnenheime, staatlich besoldete Hauspflegerinnen, Mutterberatungsstellen, Krippen, Kindergärten und Schülerhorte, Kinderkrankenanstalten, Kinderheime und Ferienhorte.[27] Begründet wurden diese Forderungen mit dem Verweis auf staatliche Interessen an qualitativ hochwertigen Nachkommen: „Man wird dies nicht nur tun, um den Müttern zu helfen, sondern vor allem, weil es im Interesse des Staates ist, sich eine tüchtige Nachkommenschaft zu sichern" (Hainisch 1913: 21). Marianne Hainisch beurteilte Mütter als durchaus fähig, ohne gesellschaftliche Hilfe „leiblich, geistig und sittlich taugliche Menschen zu erziehen" und erachtete die staatliche Unterstützung nur aufgrund der „Uebermacht der Verhältnisse und der Ohnmacht der Mütter" als notwendig (ebd.: 33). Sie betonte, dass die „Gebärlust" der Frauen nicht über ein Verbot an Verhütungsmitteln und mit Gewalt- wie Strafmaßnahmen hinsichtlich des Schwangerschaftsabbruches gesteigert werden könne.

Die Frauenvertreterinnen beförderten in ihrem Kampf um Gleichberechtigung also ebenso die Ablöse eines privaten durch einen öffentlichen Patriarchalismus, indem sie die weibliche Position in der bürgerlichen Geschlechterordnung als Mutter und Hausfrau bestätigten. Ihr Einsatz für Frauen- und Mütterrechte – wie z.B. Arbeiterinnen- und Mutterschutz, Ehe- und Erziehungsrechte, Legalisierung von Verhütungsmitteln und des Schwangerschaftsabbruches (vgl. Lehner Karin 1989) – begründeten sie mit dem Verweis auf das staatliche Interesse an einer Sicherung der Qualität der kommenden Generation. Die Gleichberechtigung der Frauen und die Anerkennung ihrer „Repro-

---

den Unterhalt der Kinder verantwortlich, die Mutter für Pflege und Gesundheit. Die Kinder mussten den Namen des Vaters erhalten, seinem Stand folgen und sie unterstanden der „väterlichen Gewalt". D.h. bei Verhinderung des Vaters konnte nicht die Mutter die gesetzliche Vertretung ausüben, sondern es musste ein Vormund bestellt werden. Diese in Wesen und Funktion der Familie eingeschriebenen hierarchischen Geschlechter- und Generationenverhältnisse waren bis in die 80er Jahre des 20. Jahrhunderts mit geringfügigen Änderungen zwischen 1918 und 1938 und während des Nationalsozialismus tonangebend.

27 Die Gleichstellung der Frau im Ehe- und Familienrecht scheiterte. Gegenüber den von Vertreterinnen der Frauenbewegung und der Sozialdemokratie ausgearbeiteten Reformvorschlägen zur Gleichstellung der Frau im Familienrecht formierten sich männerrechtliche Bewegungen, die sich vor allem gegen den Unterhaltsanspruch aussprachen, sofern die Ehe nicht zehn Jahre gedauert hatte, gegen die Alimentationspflicht, sofern die Frau erwerbsfähig war und mit dem Einkommen das Existenzminimum decken konnte, für die Rücknahme des Namens des Mannes auf Seiten der Frau nach der Scheidung, für die Verbesserung der Stellung des Mannes im Vaterschaftsprozess, für eine Strafmilderung bei Abtreibung und für die Streichung des „Ehestörungsdeliktes" (vgl. Lehner 1987: 127). Oskar Lehner verweist im Wesentlichen auf zwei Organisationen: den „Herbertbund" als Organisation für Ehe- und Familienrecht (AVA BMJ IBI/3, 11.832/28, Karton 58) und die „Justitia", den Bund für Familienrechtsreform (ebd. 11.959/29), sowie auf den Artikel „Die rechtlosen Männer" in der „Wiener Sonn- und Montagszeitung" vom 8.7.1929, 6 (vgl. Lehner 1987: 147, Anm. 152).

duktionsarbeit" wurde als Grundlage einer „qualitativen Menschenproduktion" und der Geburtensteigerung bewertet.

Doch konservative Politiker und Mediziner beurteilten die Möglichkeit der Geburtensteigerung durch eine Gleichstellung der Frau völlig gegensätzlich. Beispielgebend dafür stand der konservative deutsche Arzt und Begründer der Rassenhygiene Wilhelm Schallmayer (1857–1919), der im „Archiv für Frauenkunde und Eugenetik" die „kulturelle Hebung der Frau" als besonders mächtigen „Faktor des Geburtenrückganges" kritisierte (1914: 287). Je kultivierter eine Frau werde, umso mehr sei sie gegenüber dem Gebären abgeneigt:

> „Dass besonders die tüchtiger Beanlagten unter den Frauen sich in ihren wirtschaftlichen und kulturellen Leistungen möglichst wenig durch Mutterschaft behindern lassen wollen, ist nur allzu begreiflich. Auf diese Weise wird jedoch die Fortpflanzung grösserenteils solchen Frauen überlassen, die eben sonst nichts Besonderes zu leisten vermögen. *Aber weitaus das Wertvollste, was eine an Erbanlagen tüchtige Frau zu leisten vermag, ist doch ihre Fortpflanzung.* Nur darin ist die hochwertige Frau unersetzlich, was von ihren sonstigen Leistungen doch wohl nicht gesagt werden kann [...]" (ebd.: 289).

Der Krieg gefährde, so Schallmeyer, den „Zeugungsbeitrag" der „hochwertigen" jungen Männer, die Erwerbsarbeit jenen der Frauen. Durch die Erwerbsarbeit der proletarischen Mütter werde die „biophysische Qualität" von Müttern und Kindern geschädigt, durch „die Umkehrung der Auslese in bezug auf kulturelle Begabung die (kollektive) Genophysis des Nachwuchses" (ebd.: 281). Wie Goldscheid argumentierte auch Schallmeyer mit den Erfahrungen der Tierzucht:

> „Während in der Pferdezucht die besten Tiere zur Nachzucht, die übrigen zur Arbeit verwendet werden, herrscht in der modernen menschlichen Gesellschaft großenteils die umgekehrte Ordnung" (ebd.).

Von konservativen wie von sozialistischen Männern wurde also hinsichtlich der Verbesserung der „Menschenproduktion" die Tierzucht bemüht, beide bezogen sich auf Frauen als Objekt von „Züchtungszielen", auch wenn sie diese auf gänzlich verschiedenen Wegen erreichen wollten. Als ausschlaggebend für das Chaos in Generationen- und Geschlechterzusammenhängen wurden die wirtschaftlichen Verhältnisse seit der zweiten Hälfte des 19. Jahrhunderts beurteilt. So vermerkte der Konstitutionsforscher und Sozialgynäkologe Max Hirsch (1877–1948), dass die neue Ökonomie „die Frauen aus ihrem unter dem Schutz patriarchalischer Eheverhältnisse in den Grenzen von Haus und Familie ablaufenden Erdendasein herausgerissen" und dazu gezwungen habe, „den Kampf um die Existenz auf die bisher schwachen Schultern zu nehmen" (Hirsch 1914: 1f.).[28] Dieser „Schutz" eines privaten Patriarchalismus sollte nun an die neuen ökonomischen Verhältnisse angepasst und in jenen eines öffentlichen Patriarchalismus überführt werden. Dazu beurteilte er die Erwerbsarbeit von Frauen hinsichtlich der „Leistung in Fortpflanzung und Kinderaufzucht" als gesundheitsschädlich (ebd.: 3). Es gab keine Idee, den neuen ökonomischen Verhältnissen auch durch eine neue Arbeitsteilung zwischen den Geschlechtern zu begegnen. Vielmehr wurde der Arzt, „welcher das Weib über alle Phasen seines Lebens hinwegbegleitet" (ebd.), berufen, die Aus- und Einwirkungen der „Schädlichkeiten des Berufslebens" in ihrem gesamten Ausmaß zu untersuchen. Der Kampf der Frauen um selbständige Existenz wurde nicht als freiwilliger, sondern als „durch die Gewalt der Lebensumstände" aufgezwungener betrachtet, dem die Wissenschaft nicht untätig zusehen könne:

> „An die Wissenschaft richtet das Leben die Frage, welche Berufe der physiologischen, biologischen und sozialen Eigenart des Weibes angemessen sind und welche sie zerstören" [...] Sie müsse „die Wirkung der Frauenerwerbsarbeit auf Zeugungskraft, Schwangerschaft- und Wochenbettbefähigung, Gebär- und Stillfähigkeit und last not least auf die Lebenskraft der kommenden Generation und ihren Anteil an dem Geburtenrückgang" klären (Hirsch 1914: 7).

Frauenarbeit wurde also erst in Folge der Entfamilialisierung der Produktion gesellschaftlich problematisiert und als Ursache der Verwahrlosung der Kinder pathologisiert. Doch so sehr die Erwerbstätigkeit der Mutter als ein Faktor erörtert wurde, der die Qualität der Nachkommenschaft schädigte, wurde auch bedacht, dass die über den eigenen Lohn „differenzierte selbständige Frau" den Vater der Kinder frei wählen könne und „nicht den ersten besten" nehmen müsse, „der ihr Brot gibt, auch wenn er sich zur Fortpflanzung noch so wenig eignet", so der Arzt und Soziologe Franz Müller-Lyer (1857–1916)[29], in seinem Buch „Phasen der Liebe. Eine Soziologie des Verhältnisses der

---

28 Hirsch verwies dabei auf eine Statistik, nach der im Jahr 1907 in Deutschland von 100 Frauen 30,4 berufstätig waren, in Österreich von 100 Frauen 42,8, gefolgt von Frankreich mit 39,0 und Italien mit 32,4.
29 Franz Carl Müller-Lyer war Soziologe. Er studierte Medizin in Straßburg und war dort Assistenz-Direktor der Psychiatrischen Klinik. Er wurde durch das von ihm konzipierte „Illusions-Experiment" bekannt, bei dem eine Linie, die mit Pfeilspitzen begrenzt ist, kürzer wirkt als eine ebenso lange Linie, an deren Enden die Pfeilspitzen umgekehrt sind. Er verfasste ein 12-bändiges Werk über die Phasen der Kultur und Richtlinien ihres Fortschrittes unter dem Titel „Die Entwicklungsstufen der Menschheit. Eine Gesellschaftslehre in Überblicken und Einzeldarstellungen". („Der Sinn des Lebens und die Wissenschaft". Bd. 1. 1910; „Phasen

Geschlechter" (1913), das Max Hirsch 1916 in dem von ihm herausgegebenen „Archiv für Frauenkunde und Eugenetik" rezensierte (AFE 1916: 117). Wie bei Goldscheid wurde auch hier die Selbständigkeit der Frauen als Grundlage einer eugenisch vernünftigen Partnerwahl betrachtet. Medizinisch galt es also den Widerspruch zwischen einer für die eugenische Partnerwahl funktionalen Befreiung der Frauen aus privat-patriarchaler Bevormundung und ihrer neuerlichen Bindung an die ihr als „natürlich" unterstellten Mutterpflichten zu gestalten.

Von sozialistischer Seite sollte dies durch den Auf- und Ausbau von Frauenrechten und sozialstaatlicher Sicherung von Frauenpflichten erfolgen, also durch eine Überführung des privaten in einen öffentlichen Patriarchalismus. Die konservative Seite wollte ein bürgerlich-patriarchales Familienmodell in allen Schichten durchsetzen, wobei der private Patriarchalismus im Dienste des öffentlichen gestützt wurde. Dazu wurde in der Zeit des Austrofaschismus die medizinische Konzeption von den „natürlichen" Mutterpflichten politisch im Bild der katholischen Hausfrau und Mutter bekräftigt.

Die katholische Frauenbewegung versuchte die Hausarbeit ideologisch aufzuwerten und durch Professionalisierung der Frauen in „Mütterschulen" zu realisieren. Mütterlichkeit wurde als Überlebensfrage von Volk, Staat und Gesellschaft hochstilisiert, der Verlust an Weiblichkeit als Ursache gesellschaftlicher Missstände kritisiert (vgl. Schöffmann 1988: 318f.). Die austrofaschistische Frauenpolitik schränkte die Berufstätigkeit von verheirateten Frauen durch das „Doppelverdienergesetz" ein, behinderte die höheren Mädchenschulen durch Subventionskürzungen und die von bürgerlichen Frauen eroberte Berufstätigkeit, als Fürsorgerinnen oder Lehrerinnen, durch die Reduktion der sozialen Fürsorge. Das „Mutterschutzwerk" wurde als „Frontwerk" der „Vaterländischen Front" geführt, dessen Hauptziel die „Familienerneuerung" war. Diese stand aber ganz im Dienste einer „Eugenisierung der Reproduktion". So sollten zum Muttertag 1935 nur mehr jene kinderreichen Mütter ausgezeichnet werden, „die sich ohne Inanspruchnahme der Fürsorge durchgebracht haben" (zit. in Schöffmann 1988: 331). Es sollte das Ansehen der Mütter gestärkt werden, welche „im ordentlichen Familienverband" lebten, und damit die Geburtenrate in jenen Bezirken gehoben werden, „wo die materiellen Voraussetzungen gegeben wären" (ebd.: 332). Daher wurden die Diplome am Muttertag 1937 an „gute und tüchtige Mütter" vergeben, als

---

der Kultur und Richtungslinien des Fortschritts. Soziologische Überblicke". Bd. 2. München: Lehmanns 1908 [2. Aufl. 1915; Neuauflage München: Freitag 1948]; „Formen der Ehe, der Familie und der Verwandtschaft". Bd. 3. 1911; „Die Familie". Bd. 4. 1912; „Phasen der Liebe". Bd. 5. 1913; „Die Zähmung der Nornen" Bd. 6. Teil 1: „Soziologie der Zuchtwahl und des Bevölkerungswesens". 1920; Teil 2: „Soziologie der Erziehung". 1924).

„Anerkennung und Dank für ihre im Dienste der Familie geleistete Aufbauarbeit für Volk und Staat" (ebd.). Die konservativen Politiker und Ärzte versuchten also die befürchtete „Degeneration" des Volkes durch eine neuerliche Unterordnung der Frauen im Privaten zu erreichen.

Doch sowohl Sozialisten wie Konservative kamen letztendlich zum Schluss, dass die Erwerbsarbeit der Frauen die „Qualität der Nachkommen" schädige. Eine „qualitative Menschenproduktion" wollte auf linker Seite durch den Schutz der Gesundheit von Frauen auf Basis von Arbeitsschutz- und Mutterschutzgesetzen erreicht werden, auf konservativer Seite durch ein Verbot weiblicher Erwerbsarbeit. Die Zuständigkeit von Frauen für Versorgung, Ernährung, Pflege und Erziehung der Kinder sollte entweder durch staatliche Hilfe unterstützt oder durch Arbeitsverbote sichergestellt werden. Diese Zuständigkeit der Frauen für die „Qualität der Nachkommen" sollte sowohl die „biophysische" wie die „genophysische" Qualität sichern und generell das Überleben der Kinder gewährleisten.

Im Zusammenhang mit diesen gesellschaftspolitischen Debatten wurde in der „Wiener Klinischen Wochenschrift" hinsichtlich der Frage nach „Qualität und Quantität" der Geburtenzahl der „Reproduktionswert" von Frauen medizinisch beurteilt. In einer Rezension zu Grotjahns Schrift „Der Wehrbeitrag der deutschen Frau. Zeitgemäße Betrachtung über Krieg und Geburtenrückgang" von 1915 arbeitete der Rezensent Siegfried Rosenfeld die Unterscheidung zwischen dem „naiven Frauentypus", der sich ungeregelt fortpflanze und Kinder ohne Unterlass gebäre, und dem „rationellen Frauentypus" hochstehender Kulturvölker, der den Nachwuchs zu begrenzen suche (vgl. Rosenfeld zu Grotjahn 1916: 9), heraus. Bereits Goldscheid traf in seiner Schrift „Frauenfrage und Menschenökonomie" von 1913 eine ähnliche Unterscheidung und führte hinsichtlich des „naiven Frauentypus" den Begriff des „generativen Automatismus" ein (Goldscheid 1913: 7). Dabei beurteilte er die Chance, den „naiven Typus" für die dringend notwendige Volksvermehrung zu erhalten, als äußerst pessimistisch. Auch die konservative Seite machte die Zunahme des „rationellen Frauentypus" für den Geburtenrückgang verantwortlich.

Die Medizin versuchte ihrerseits, alle Mittel, welche Frauen zur Geburtenbeschränkung anwenden – Ehelosigkeit, Schutzmittel, Abtreibung, Sterilisation – im Dienste einer qualitativen Bevölkerungspolitik zu kontrollieren. Diese medizinische Kontrolle diente auch eigenen Macht- und Professionalisierungsbestrebungen und begründete den Machtzuwachs der Gynäkologie im letzten Jahrhundert. Die Gynäkologie befasste sich dazu in umfassender Weise mit dem „Reproduktionsproblem".

Die Forderung nach einer *„Steigerung der Gebärtätigkeit"* wurde aber nicht nur bevölkerungspolitisch – mit dem Verweis auf die Menschenverluste während des Krieges – begründet, sondern auch mit den Naturgesetzen. Diese würden den Frauen, so der Gynäkologieordinarius Johan Bársony (gest. 1926)[30] aus Budapest, während ihres Lebens wenigstens zehn Kinder vorschreiben.

> „Der Körper der Frau ist selbst bei strenger Auffassung im 20. bis 22. Lebensjahre vollkommen entwickelt und zur einjährigen Pause zwischen den einzelnen Geburten bereits eingerichtet. Achtet daher eine Frau auch auf ihre eigene körperliche Gesundheit nach Vorschrift, so kann sie während der Geschlechtsreife durchschnittlich zehn Kindern das Leben geben, was nur dann nicht zutrifft, wenn die gesunde Frau ihre Schwangerschaft vereitelte oder durch strafbare Eingriffe unterbrach, eventuell bei Austragung des Kindes aus Mangel an Fürsorge dasselbe zugrunde gehen ließ" (Bársony 1916: 268).

Damit Frauen diesem Naturgesetz auch folgen könnten, forderte Bársony die Hebung der sozialen Wohlfahrt. Der Staat dürfe nicht nur begehren, befehlen und alle Pflichten auf den Bürger abwälzen, ohne ihn zu unterstützen. Wenn der Staat die Geburtenprävention verbiete und damit ab dem Moment der Empfängnis den Embryo für sich beschlagnahme, die Fruchtabtreibung bestrafe und die sorgfältige Pflege der Frucht fordere, müsse er die Frauen auch darin unterstützen, diesen staatlichen Interessen zu folgen. Nur wo der Staat auch helfe, „kann er befehlen und bestrafen in vollkommen berechtigter Weise" (ebd.: 271).

Der Geburtenrückgang sollte also durch die von der Medizin zu leistenden staatlich reglementierten Eingriffe in die Natur und Kultur der generativen Reproduktion zurückgedrängt werden. Dabei wurde von medizinischer Seite eine neue Verbindung von Mutter und Staat gefordert. Der Gynäkologe Max Nassauer (1869–1931)[31] rückte in einem Artikel unter dem Titel „Der Schrei nach dem Kinde" im „Archiv für Frauenkunde und Eugenetik" den Staat an die Stelle des Vaters:

> „Wenn jede werdende Mutter weiß, daß der Staat auf ihr Verlangen für ihr Kind sorgt in dem Falle, daß sie selbst dazu nicht imstande sein wird, und daß das Kind und sie selbst an Achtung hinter keinem anderen Deutschen zurückstehen werden, dann ist das Problem des

---

30 Johan Bársony studierte in Wien und Budapest, promovierte 1884 und habilitierte 1891 für Geburtshilfe und Gynäkologie; ab 1901 war er Primararzt am Elisabeth-Spital und ab 1903 Ordinarius für Gynäkologie und Geburtshilfe in Budapest.

31 Max Nassauer promovierte 1894 und war Facharzt für „Frauenleiden und Geburtshilfe" in München. Sein Forschungsschwerpunkt war die künstliche Befruchtung. Er publizierte u.a.: „Der moderne Kindermord und seine Bekämpfung durch die Findelhäuser" (Leipzig 1919); „Des Weibes Leib und Leben in Gesundheit und Krankheit", Stuttgart 1921 [4. Aufl. 1923]; „Neuzeitliche Findelhäuser", München 1922.

Schreis nach dem Kinde nach beiden Richtungen gelöst: Der Schrei des Weibes nach dem Kinde und der Schrei des Staates nach Kindern" (Nassauer 1917: 105).

Das Verhältnis von Staat und Frauen sollte durch den Arzt vermittelt werden. Der Staat sollte dazu den Arzt als Erhalter der Volksgesundheit und -stärke in die Lage versetzen, den verzweifelten Frauen zu sagen:

„Freue dich auf dein Kind, du junge Mutter! Du hast dich erfüllt, indem du Mutter wurdest. Du hast dich vollendet. und wenn du selbst das Kind nicht aufziehen kannst, weil du die Mittel nicht hast: Das Deutsche Reich sorgt für dein Kind und wird ihm Mutter sein, solange du es nicht sein kannst, und gibt es dir wieder zurück, wenn du es verlangst und ihm Mutter sein kannst" (ebd.: 107).

Der Staat wurde von Seiten der Medizin als Heimat, Vater und Ernährer konzipiert, „hart, schaffend, tätig, Ordnung haltend" (ebd.). Zugleich sollte dieses Staatsgebilde aber auch Mutter werden: „Verzeihend, versöhnend, Liebe spendend (…) eine große Mutter muß es werden" (ebd.: 108). Der Sozialstaat wurde als „androgynes Supersubjekt" projektiert, das Vaterschaft und Mutterschaft auf ein alles verwaltendes System reduziert. Paradigmatisch für dieses „androgyne Supersubjekt" stehen bei Nassauer die Findelhäuser, welche der Staat als neuer „MutterVater" für *seine* Nachkommen einrichten sollte und „denen die Aufzucht außerordentlich wertvollen Menschenmaterials obliegt" (ebd.). Die Kritik an den Findelhäusern beurteilte er als nicht zeitgemäß: „Der Krieg wird sie hinwegspülen!" (ebd.: 110). Und wenn der Staat schon „prunkvolle staatliche Irrenhäuser […] für die für ihn völlig unbrauchbaren geistigen Kranken bis zum Tode unter ungeheuren Geldopfern" bereitstelle, weshalb solle dann „mit den Findelhäusern nicht ebensolches geschaffen werden" (ebd.).

Der Staat sollte nach dieser medizinischen Konzeption hinsichtlich seiner legislativen Gewalt also auch eugenisch vernünftig handeln. Zur Durchsetzung dieser eugenischen Rationalität auf der Ebene der „Fortpflanzung" konzipierte sich die Medizin selbst als Teil der exekutiven Gewalt. Die Gynäkologie sollte sich dabei mit der „Gesunderhaltung" des weiblichen Körpers im umfassendsten Sinne befassen, da der weibliche Körper für den neuen Menschen von Beginn an durch neun Monate den „Boden" darstelle:

„Begehren wir von demselben, daß er viel und gutes Menschenmaterial hervorbringe, so müssen wir mit Recht verlangen, daß wir denselben schonen, pflegen und hegen und ihn zu der von ihm erwarteten Aufgabe verbessern" (Bársony 1916: 273).

Nassauer betonte, dass der weibliche Organismus „ausschließlich für den Dienst der Rassenvermehrung" eingerichtet sei. Daraus leitete er ab, dass es nicht Lebenszweck der Frau sein könne, „als Jungfrau um das tägliche Brot zu kämpfen, hierzu ist der Mann mit seinem geringer empfindlichen Nervensystem und stärkerer physischer Beschaffenheit berufen" (ebd.: 274). Deswegen beurteilte er „die über die normale Zeit hinausreichende Jungfräulichkeit" als Krankheit, als „Zerfahrenheit in körperlicher und seelischer Richtung" (ebd.: 275).

Die in den ersten Jahrzehnten des 20. Jahrhunderts einsetzende „Pathologisierung" der Jungfräulichkeit, wie sie am vehementesten von der Psychoanalyse betrieben wurde, steht also auch in engstem Zusammenhang mit einer bevölkerungspolitischen Medikalisierung der weiblichen Fruchtbarkeit (vgl. Jeffreys 1985: 86ff.). Sexuelle Unberührtheit von Mädchen und Frauen ist eine historisch lange und länderübergreifende „Superstruktur" und entwickelte sich in allen Kulturen und Gesellschaften, die männliche Überlegenheit und Kontrolle, männliche Genealogien und Allianzen wie patrilineare Vererbung und Abstammung betonten (vgl. Dumont du Voitel 1994: 170ff.). Nach dem darin herrschenden Moralkodex mussten Frauen die eheliche Treue und die voreheliche Unberührtheit garantieren, um als ehrbar zu gelten. Diese Verpflichtung hängt damit zusammen, dass Frauen zum väterlichen Erbgut von Männern gehörten, dem Patrimonium, und sie zugleich dessen Vererbung an legitime Nachkommen gewährleisten sollten. Dazu galt es, die weibliche Sexualität zu kontrollieren.

Zudem sicherte diese kulturelle Vorschrift dem Mann einen Erfahrungsvorsprung im Bereich der Sexualität und damit seinen Dominanzanspruch. Die sexuelle Unberührtheit der Frau gewährleistete, dass sie ihn nicht mit anderen Männern vergleichen konnte.

Jungfräulichkeit wurde pathologisiert, da sie aus bevölkerungspolitischer Perspektive nicht funktional war. Diese Pathologisierung steht damit auch für die einsetzende Zurückdrängung des „Privaten Patriarchalismus" und seine Erweiterung bis Ersetzung durch einen „Öffentlichen Patriarchalismus", dessen Interesse an Nachkommen nur mehr mit der Aneignung des „organischen Kapitals", nicht mehr aber mir der Weitergabe eines Erbes verbunden war.

Um die Geburtenziffer zu steigern, sollte den Müttern die „schützende Hand" des Sozialstaates gereicht werden. Dabei ächtete man nicht mehr die ledige Mutterschaft, sondern diffamierte die Jungfräulichkeit als krankhafte Verweigerung der Fortpflanzung und fürchtete sie aufgrund der wachsenden Konkurrenz für männliche Arbeitsplätze. Denn die Mutterschaft der Frau diente neben dem bevölkerungs- und sozialpolitischen Kalkül stets auch dem Schutz der Männerarbeitsplätze vor weiblicher Konkurrenz. Diese Konkurrenz wurde auch als Folge des Krieges und der Kriegswirtschaft befürchtet, zumal beide es Frauen ermöglichten, in Berufsbereiche einzutreten, die bisher nur für Männer vorgesehen waren.

Die Mediziner beurteilten die Veränderung der Lebensverhältnisse infolge des ökonomischen und politischen Wandels hinsichtlich ihrer Auswirkungen auf die „Gebärtätigkeit". So arbeitete ein Rezensent aus Felings Schrift „Der Geburtenrückgang und seine Beziehung zum künstlichen Abortus und zur Sterilisierung" (1913) eine Erklärung des Autors heraus, bei der analog zur „Ueberzüchtung der Haustiere" die Abnahme der Gebärtätigkeit bei Frauen auf eine „Ueberfeinerung" zurückgeführt wurde (Feling 1913: 1726). Feling befürchte, „dass die veränderte Lebensführung der weiblichen Bevölkerung physiologische Veränderungen der Sexual- und Ovarialtätigkeit erzeugt" und dadurch zu einem Geburtenrückgang führe. Auch hier wurde der Vergleich mit der Tierzucht angestellt. Um diese „Überzüchtung" auf Seite der Gattung Mensch zurückzudrängen, wurden die Bestrafung des Schwangerschaftsabbruches und eine genaueste Handhabung der medizinischen Indikation für den künstlichen Abortus gefordert.

Im Gegensatz dazu beurteilte der Rassenhygieniker Heinrich Reichel die proletarischen Lebensverhältnisse als Ursache des Geburtenrückganges. Er arbeitete Vorschläge zur Stadtplanung aus, die auch den Frauen aus der Arbeiterklasse und den unteren Schichten ermöglichen sollte, viele Kinder ausreichend gut aufzuziehen. Dazu empfahl er den Aufbau einer „Männerstadt", in der die erwerbstätigen Männer während der Arbeitswoche leben sollten, um an ihren freien Wochenenden zu ihren auf dem Land lebenden Familien zu fahren. Die Kinderaufzucht in der Stadt beurteilte er wegen der „gedrängten Wohnweise", den „Kosten der Ernährung" und der „Frauenarbeit außerhalb der Familie" als schwierig (Reichel 1918: 421). Die städtischen Lebens- und Wohnbedingungen würden dazu führen, dass proletarische Lebensverhältnisse, ihre wirtschaftlichen und gesundheitlichen Zustände, nur dann verbessert werden könnten, wenn weniger Kinder geboren würden. Selbst Hilfeleistungen der Fürsorge und Ausbau der Säuglings- und Kinderbetreuung könnten nichts daran ändern, dass ein bis zwei Kinder für Arbeiter zum Luxus würden, den man sich gerade noch leisten könne. Zur Sicherung eines stabilen Bevölkerungswachstums empfahl Reichel daher eine Stadtplanung, welche „städtische Männerarbeit" und „ländliches Familienleben" trennte:

> „Im Ganzen gleicht der beschriebene Stadttypus in vielen wesentlichen Punkten dem Zustande der Armee im Felde: hier und dort eine Sammlung der Männer für die nur ihnen gemäße Arbeitsleistung, eine Verstreuung der zugehörigen Familien über weite Gebiete und ein regelmäßiger [...] Reiseverkehr der Männer zwischen Arbeitsfeld und Familie" (ebd.: 423).

In diesem Vorschlag ist die Ähnlichkeit in der Beurteilung von Krieg und Erwerbsarbeit bemerkenswert. Im Sinne einer rassenhygienischen Geschlechterordnung wurde die Zuständigkeit des Mannes, zu töten und sich gemeinsam dem Tod auszusetzen sowie der Produktion von Waren und die Zuständigkeit der Frauen für die Reproduktion des Lebens naturalisiert. Frauen könnten durch ländliches Familienleben landwirtschaftliche Arbeit leisten, die – weil eine „Pflegearbeit" – ihrer „Natur" mehr entspreche als einseitige körperliche oder geistige Arbeit in der Stadt:

> „Die landwirtschaftliche Arbeit verträgt sich nicht bloß mit der Menschenaufzucht in der Familie, sie begünstigt sie, ja sie verlangt sie auch umgekehrt. Wenn es also gelingt, der Frau lohnende, das heißt für die Familie unmittelbar nutzbringende ländliche Pflegearbeit – man muß ja nicht gleich an pflügen und mähen denken, vielmehr an Obst- und Gemüsebau, Kleintierzucht u. dgl. – zu bieten, so wird damit das beste und wirksamste Gegengewicht gegen die verlockendsten Anerbietungen der Industrie geschaffen werden" (ebd.).

Für diese ihrer „Natur" entsprechenden Aufgaben sollte der Staat Frauen wie Männern die Bedingungen bieten, die für eine Geburtensteigerung und eine qualitative „Aufzucht" der Nachkommen funktional wäre. Den Männern sollte in den Städten und Fabriken hygienische Massenunterbringung und -verpflegung geboten werden. Frauen mit ihren Kindern sollten Siedlungen auf dem Land mit der Möglichkeit von Gartenbau und landwirtschaftlicher Kleintierzucht geboten werden. Die „proletarische Wohnstadt" brächte quantitativ zu wenig Nachwuchs hervor, das Wachstum und gesicherte Dasein des „Volksganzen" könnte längerfristig aber nur durch den Erhalt der landbauenden, familienhaft organisierten „Volksteile" und durch die Verstärkung der „ländlichen Familiensiedlung" in Kombination mit der „Männerstadt" erreicht werden.

Reichel versuchte, die sozialen Auswirkungen des ökonomischen Wandels durch eine Form der Geschlechtertrennung zu bewältigen, welche in erster Linie bevölkerungspolitischen und eugenischen Zielen diente. Frauen sollten die mit „Fruchtbarkeit", „Wachstum" und „Reproduktion" gleichgesetzte und idealisierte ländlich-traditionelle Arbeits- und Lebensweise praktizieren, Männer die mit der industriellen „Warenproduktion" gleichgesetzte städtisch-moderne. Bemerkenswert ist Reichels Vergleich der Organisation von Warenproduktion und Krieg. Er beurteilt damit beide als gesellschaftliche Unternehmungen, die menschliches Leben „verbrauchen". Und in der Tat hat der industrielle Prozess im Großen mehr Natur verbraucht und menschliches Leben abgebaut bis zerstört, als er selbst erzeugen oder regenerieren konnte und kann. Von da her ist Reichels Vergleich berechtigt und seine Befürchtung realistisch. Sein Lösungskonzept verweist deutlich darauf, dass die eugenischen bzw. rassenhygienischen Eingriffe in die Natur und Kultur der Reproduktion in jedem Fall durch eine kapitalistische Ökonomie provoziert wurden, welche der Ideologie einer nicht-reproduktiven Produktivität entstammt und eines Menschen bedarf, der sein Leben als Endverbraucher seiner selbst führt. Dieser Mensch wird in eine industriezeitalterliche Welt eingebaut, die keinen Vorrang der Reproduktion mehr anerkennen will (vgl. Sloterdijk 1993: 77).

Die Eugenik kann vor diesem Hintergrund auch als Versuch gewertet werden, den Vorrang der Reproduktion vor der Produktion zu wahren und zugleich den männlichen Interessen in beiden Bereichen zu entsprechen. Das verlangte die Wahrung männlicher Entscheidungsrechte und Rechte auf die Aneignung weiblicher Produktivität wie deren Produkte im Bereich der Reproduktion, aber auch die Wahrung männlicher Dominanzansprüche im Bereich der Produktion. Damit korrespondiert die rassenhygienische Konzeption der Geschlechterordnung aufs Engste mit der bürgerlichen Ordnung der Geschlechter, die aus der „halbierten Vermarktung menschlichen Arbeitsvermögens" (Beck 1986: 174) hervorging und die Industriegesellschaft zu einer modernen Ständegesellschaft machte. Das bedeutet, dass zumindest den Geschlechtern ihre unterschiedlichen Lebenslagen qua Geburt zugewiesen wurden: Männer für die Produktion, Frauen für die Reproduktion. In ihren Beziehungen sollten sie dann aber die getrennten Bereiche von Produktion und Reproduktion zusammenhalten. Reichels Modell zielte darauf, durch eine örtliche, räumliche und arbeitsinhaltliche Geschlechtertrennung, durch eine sinnbildliche Verlagerung der lebenszerstörenden Produktion an die Front, die Reproduktion der Gesellschaft zu sichern. Der Ausschluss der Frauen aus der Warenproduktion und ihre Einbindung in die von Reichel als „natürlich" erachteten ländlichen Lebensverhältnisse sollte die „Rassetüchtigkeit" garantieren.

Der medizinische Einsatz zur Geburtensteigerung wurde von Fürsorgeärzten aber auch kritisiert. Diese betonten, dass die meisten Kinder in kinderreichen, armen Familien die ersten Jahre nicht überlebten. So kam der Kinderarzt und Sozialdemokrat Josef K. Friedjung, der aufgrund des Geburtenrückganges während des Ersten Weltkrieges den Frauen noch vorwarf, bevölkerungspolitisch irrational zu handeln, zehn Jahre später zu einer völlig anderen Einschätzung. Er errechnete aus den Krankenblättern von 100 Frauen exemplarisch die hohen Verluste von 46,27% der Schwangerschaften und beurteilte diese Schwangerschaften „im Sinne des Bevölkerungspolitikers" als zwecklos:

> „All die Lasten, Schmerzen und Gefahren, all die Kosten und Aufwendungen und der Verdienstentgang [...] waren sinnlos vertan. Aber diese Kinder starben ja nicht gleich bei der Geburt, die meisten erheblich später. Und so ist denn auch der ganze Aufwand an Ernährung und Pflege, all die Mühe, all die gestörten Nächte und kummervollen Tage, all das Weh am Krankenbette und Sarge des zum Sterben verurteilten Kindes zwecklos gewesen" (Friedjung 1927: 578).

Von daher lehnte er eine Steigerung der Geburtenzahlen ab. Staatliche und medizinische Forderungen nach einer Geburtensteigerung kritisierte er, da dadurch „mit dem Körper unserer Frauen, ihrem Herzen, ihren besten Anlagen, aber auch volkswirtschaftlich Raubbau und Verschwendung" betrieben werde (ebd.: 1579). Dagegen sei eine mittlere Geburtenzahl als „Aufzuchtsoptimum" anzustreben.

Im Rahmen der Möglichkeit und Sinnhaftigkeit der Geburtensteigerung befassten sich die Kliniker vor allem auch mit der Frage des Schwangerschaftsabbruches und diskutierten die verschiedenen Indikationsmodelle. Grundsätzlich stand der Schwangerschaftsabbruch unter Strafe. Das österreichische Strafrecht aus den Jahren 1852 bzw. 1803 enthielt vor allem mit der Regelung des Schwangerschaftsabbruchs (§§ 144 bis 148) Bestimmungen für Frauen, die das gesamte 20. Jahrhundert diskutiert und bis Mitte der 70er Jahre beibehalten wurden. Bis 1975 wurde die Abtreibung als Verbrechen beurteilt und mit Kerkerstrafen von ein bis fünf Jahren, die versuchte Abtreibung mit einem halben bis einem Jahr verfolgt.

Die sozialdemokratische Abgeordnete Adelheid Popp (1869–1939)[32] beantragte bereits Ende 1923 die Abänderung dieser Paragraphen im Strafgesetz mit der Begründung, dass Abtreibung nicht mit Strafdrohung, sondern nur mit sozialer Fürsorge und Beratung verhindert werden könne (vgl. Weinzierl 1975: 25).

Demgegenüber trat die christlich-soziale Partei für „den Schutz des keimenden Lebens" ein. Zur Begrenzung der illegalen Schwangerschaftsabbrüche richtete der christlich-autoritäre Ständestaat von 1934 bis 1938 sogenannte „Prüfstellen" ein, die im Dienst des Gesetzes zum Schutz des keimenden Lebens die medizinische Indikation überwachten.[33]

---

32 Adelheid Popp, geb. Dworak, war Politikerin, eine der führenden Vertreterinnen der österreichischen Frauenbewegung und Journalistin. Sie arbeitete ab ihrem achten Lebensjahr in einer Fabrik, war ab 1889 Mitarbeiterin des „Wiener Arbeiterinnen-Bildungsvereins", von 1893 bis 1934 war sie verantwortliche Redakteurin der 1892 gegründeten „Arbeiterinnen-Zeitung", von 1903 bis 1933 Mitglied des Parteivorstandes der Sozialdemokratischen Arbeiterpartei (SDAP), von 1918 bis 1923 Mitglied des Wiener Gemeinderates, von 1919 bis 1920 Mitglied der konstituierenden Nationalversammlung, von 1920 bis 1934 Abgeordnete zum Nationalrat. Sie publizierte u.a.: „Die Arbeiterin im Kampf ums Dasein", Wien: Brand 1895; „Die Lebensgeschichte einer Arbeiterin von ihr selbst erzählt", München: 1909; „Schutz der Mutter und dem Kinde", Wien: 1910; „Frauenarbeit in der kapitalistischen Gesellschaft", Wien: Frauen-Zentralkomitee 1922.

33 In weiterer Folge ahndete der Nationalsozialismus Abtreibung als schweres Verbrechen. Ausgenommen davon waren eugenische Indikation, bei der ein künstlicher Abortus verpflichtend war. In der Zweiten Republik war es wieder die Sozialdemokratie, welche eine Reform der §§ 144–148 anstrebte. Die Österreichische Volkspartei lehnte den Schwangerschaftsabbruch als Instrument der Geburtenregelung weiterhin ab. Entgegen der jahrzehntelangen Debatte um unterschiedliche Indikationsregelungen – soziale, medizinische, eugenische – wurde im November 1973 mit den Stimmen der absoluten Mehrheit der SPÖ im Nationalrat die „Fristenlösung" beschlossen, die den Schwangerschaftsabbruch bis zum dritten Monat nach der Empfängnis

Von Seiten der Medizin wurden in den Diskussionen um den künstlichen Abortus verschiedene Indikationsmodelle besprochen: Die „medizinische Indikation" sollte den Schwangerschaftsabbruch dann ermöglichen, wenn die Fortführung der Schwangerschaft das Leben der Mutter gefährdete; die „soziale Indikation" wurde erwogen, sofern die Geburt eines Kindes aufgrund der sozialen Verhältnisse (Armut, Kinderreichtum etc.) als nicht zumutbar beurteilt wurde, die „eugenische Indikation", wenn mit einer Erkrankung des Kindes zu rechnen war. Im Wesentlichen lehnte das geburtsmedizinische Establishment den Schwangerschaftsabbruch aber ab.

In den Kriegsjahren bezeichneten die Kliniker die „Abwehraktion gegen den kriminellen Abortus" als dringlichste Aufgabe der Medizin. Dabei waren bevölkerungspolitische und patriarchale Interessen ausschlaggebend. So lehnte der Gynäkologieprofessor Hubert Peters den Schwangerschaftsabbruch ab, da dieser sowohl „eine schwere Gefahr für den Staat im Allgemeinen und für den Konkurrenzkampf der Geschlechter im Speziellen" darstelle (Peters 1917: 984). Den „männermordenden Krieg" vermerkte Peters als Ursache, welche eine „Wiederherstellung des Gleichgewichtes zwischen Männerverlust und Ueberwucherung des weiblichen Geschlechts" (ebd.) zur dringlichsten sozialen Frage mache.

Zur Lösung dieser sozialen Frage im Geschlechterkampf unterstützte die Geburtsmedizin durch ihren Widerstand gegen eine Durchführung des Schwangerschaftsabbruches männliche Interessen. Ganz offensichtlich sollten Frauen durch das Verbot des Schwangerschaftsabbruches nicht nur zur Volksvermehrung gezwungen, sondern auch als Konkurrentinnen am Arbeitsmarkt ausgeschaltet werden. Es galt, den Vorsprung, den die Frauen wegen des Krieges im Kampf um Arbeitsplätze erreicht hatten, wieder rückgängig zu machen.

Als „krimineller Abortus" wurden von Peters alle ohne medizinische Indikation, „ohne Verschleierung" und alle „unter Verschleierung" erfolgten Schwangerschaftsabbrüche beurteilt, d.h. Schwangerschaften, bei denen Blutungen oder Wehen durch verschiedene „Vormanipulationen erwirkt" würden, die dann eine medizinische Indikation abgaben, oder bei denen bestimmte Leiden – welche ein Austragen des Kindes verhindern, konstruiert oder ein „angebliches Verkennen der Schwangerschaft" angegeben würden. Peters vermerkte ein „Überhandnehmen des kriminellen Abortus", ohne dafür einen Nachweis anzustellen, und wertete dies als ein „Symptom sozialer Degeneration", als Versagen und Vergehen der Frauen (ebd.).

---

für straffrei erklärt. Am 23. Januar 1974 wurde die Fristenlösung nach einem Einspruch des Bundesrates als Beharrungsbeschluss angenommen (vgl. Weinzierl 1975: 27ff).

Vor dem Hintergrund des ungeschriebenen patriarchalen Gesetzes, das Männern ein „Recht auf Sexualität" einräumte, wurde von Peters zugleich die Wiedereröffnung der „aufgelassenen Findelhäuser mit Zusicherung der Geheimhaltung" gefordert, da „die geschlechtshungrig zurückkehrenden Krieger reichlich für uneheliche Geburten" sorgen würden: „Es muß also sicherlich für diese vielen unehelichen Kinder, die da entstehen werden, von Staats wegen vorgesorgt werden" (ebd.: 985). Er forderte die Frauenbewegung auf, für die aufgrund von Vergewaltigung während und nach dem Krieg geschwängerten Frauen

> „durch Inanspruchnahme allgemeiner, öffentlicher Mildtätigkeit [...] ein Zufluchtsheim zu gründen, in dem sie, entrückt den Blicken, die Zeit vom sechsten Schwangerschaftsmonate bis zum Ende abwarten könnten, damit sie die Schande nicht coram populo herumzutragen gezwungen wären. Von diesem Heim aus würden dieselben dann direkt an die Findel-(Gebär) häuser [...], respektive Privatheilanstalten übertreten können" (Peters 1917a: 1015).

Die Forderung von Peters, dass sich die Frauenbewegung der von sexueller Gewalt betroffenen Frauen annehmen solle, ist überaus zynisch, zumal sich diese politisch für die rechtliche Verurteilung von sexuellen Gewalttätern einsetzte.

Im Gegensatz dazu beurteilt der Gynäkologe die Zunahme unehelicher Schwangerschaften als normale Auswirkung einer während und nach dem Krieg offenbar zu tolerierenden männlichen Sexualpraktik. So lehnte er auch Ausnahmeverordnungen hinsichtlich einer sozialen Indikation bei Vergewaltigung ab und wollte sie nur den „wirklich unschuldig Genotzüchtigten" zuerkennen. Denn selbst bei den „der rohen Soldateska zum Opfer Gefallenen" verberge sich „weibliches Entgegenkommen hinter dem Opferlamm" (ebd.: 1015). Unter keinen Umständen sollte also den Frauen die Möglichkeit des Schwangerschaftsabbruches eingeräumt werden.

Dem Mann hingegen wurde jegliches „Sexualrecht" zugebilligt, und seine sexuellen „Übergriffe" wurden zudem durch die Einrichtung von Findelhäusern eingeplant.

Der geburtsmedizinische Einsatz gegen den Schwangerschaftsabbruch ist in jeder Hinsicht ein geschlechterpolitischer, und Geschlechterpolitik ist stets Sexual-, Bevölkerungs- und Arbeitsmarktpolitik, welche die Interessen des Staates mit jenen einer hegemonialen Männlichkeit in Einklang zu bringen versucht.

Andere Kliniker lehnten die „soziale Indikation" für den künstlichen Abortus aus wissenschaftlichen Gründen ab. So vermerkte der Ordinarius für Gynäkologie und Geburtshilfe an der Universität Innsbruck, Heinrich Eymer (1883–1956)[34], dass für eine

---

34 Heinrich Eymer promovierte 1908, war ab da bis 1924 Assistent in Heidelberg wo er sich 1927 auch

"soziale Indikation" wie für eine "eugenische Indikation" alle Grundlagen fehlten und daher "jedem Mißbrauch Tür und Tor" geöffnet würden (Eymer 1924: 949). Auch die "ärztliche Indikation", die das Lebensinteresse der Mutter zu wahren hätte, solle nur dann erteilt werden, wenn die Krankheitsbilder nach dem neuesten Stand wissenschaftlicher Erkenntnis hinsichtlich ihrer Auswirkungen auf eine Schwangerschaft beurteilt werden könnten (ebd.: 946).

Es ist auffallend, dass der wissenschaftliche Erkenntnisstand dann als Beweggrund für die Ablehnung des künstlichen Abortus bemüht wurde, wenn es galt, im Interessenskonflikt der Geschlechter, den der Schwangerschaftsabbruch darstellen kann, den Frauen keinerlei Entscheidungsrecht einzuräumen. So wie sich der in der Vergangenheit erlaubte oder verbotene Schwangerschaftsabbruch nie auf die Frau als Rechtssubjekt bezogen hatte, wurde ihr auch weiterhin die Benutzung ihres Körpers für die Herstellung einer Generationenfolge widerspruchslos zugemutet und abverlangt. Der Unterschied lag darin, dass die Erlaubnis bzw. Ablehnung eines künstlichen Abortus vorher vaterrechtlich, nunmehr staatsrechtlich bestimmt war. Früher hatte es der ausdrücklichen Zustimmung des Mannes bzw. des ausdrücklichen Wunsches des Mannes bedurft, dass seine Frau eine Abtreibung vornehmen lassen sollte. Jede andere Form wäre als Verletzung des vaterrechtlichen Anspruchs auf Nachkommen beurteilt worden (vgl. Jütte 1993: 19ff.).

Seit dem 18. Jahrhundert war zunehmend der Staat an die Stelle des "Hausvaters" getreten, die bevölkerungs- und sozialpolitischen Staatsinteressen an der generativen Reproduktion des Lebens wurden durch die Medizin vermittelt und überwacht. Und die Medizin als Vermittlerin und exekutive Instanz versuchte dabei auch ihre eigenen Machtinteressen zu realisieren. Aus diesen Verbindungen resultierte das von ihr im letzten Jahrhundert durchgesetzte Behandlungsmonopol, mit dem sie beispielsweise im Bereich der Reproduktion des Lebens alle generativen Prozesse von Zeugung, Schwangerschaft, Geburt, früher Mutterschaft und Kindheit unter ihr Deutungs- und Heilungsmonopol brachte. Daher das Interesse, auch im Falle des Schwangerschaftsabbruches zur entscheidungsbefugten Instanz zu werden.

Im Falle der von Heinrich Eymer abgelehnten "sozialen Indikation" galt es u.a. auch andere Professionen auszuschließen, welche ebenfalls über eine Zulässigkeit der Indikation befinden könnten. Nur die medizinische Indikation sicherte zu diesem Zeitpunkt den Alleinvertretungsanspruch der Medizin. Eymer begründete seine Ablehnung der eugenischen wie sozialen Indikation mit dem so genannten "Stand der wissenschaft-

---

habilitierte. Von 1924 bis 1930 war er Vorstand der Frauenklinik in Innsbruck, von 1930 bis 1934 in Heidelberg und ab 1934 in München.

lichen Erkenntnis". Trotz der eingestandenen Tatsache, dass der Erbgang beim Menschen noch nicht nachgewiesen werden konnte, ließ sich gleichzeitig die überwiegende Mehrheit des medizinischen Establishments nicht davon abhalten, umfassende eugenische Eingriffe in die Reproduktion – wie Eheverbote, Sterilisation, Kastration und Asylierung – zu propagieren und zum Teil auch durchzuführen. Sofern die medizinischen Eingriffe politisch opportun und für den wissenschaftlichen Fortschritt wie den Ausbau von Einfluss und Macht der Medizin förderlich waren, erfuhr der so genannte „Stand wissenschaftlicher Erkenntnisse" eine breite Auslegung (vgl. Kap. I. 1.5.–1.8.) Doch im Bereich der Frage des künstlichen Abortus blieb die eugenische Indikation fragwürdig.

Der Anatomieordinarius und Sozialpolitiker des „Roten Wien", Julius Tandler, beurteilte die Legitimität des Schwangerschaftsabbruches aus bevölkerungs- und sozialpolitischer Perspektive. Um beiden gerecht zu werden, wollte er die soziale Indikation nur nach Prüfung der sozialen Verhältnisse der beantragenden Frau auf Grundlage größtmöglicher objektiver Entscheidung einer Kommission anerkennen, die aus einem Richter, einem Arzt, einem Anwalt des Embryos, eines Vertreters der Gesellschaft und einer Frau zusammengesetzt sein sollte.[35] Allein schon die machtvolle Inszenierung einer Gutachterkommission, in welcher eine Gruppe von Professionellen mit einer Frau die Stichhaltigkeit eines Antrags auf Schwangerschaftsabbruch aus sozialen Gründen verhandeln sollte, macht deutlich, dass der Frau als Mutter von bevölkerungspolitischer und medizinischer Seite kein Recht auf eine eigene Entscheidung zugesprochen wurde. Entsprechend seinem Diktum, dass das Leben in einem Staat keine Privatsache sei (1916: 451), hielt es Tandler auch mit den Forderungen nach der Streichung des § 144, der in Österreich den künstlichen Abortus unter Strafe stellte. Die Entscheidung darüber sollte weiterhin der Gesellschaft vorbehalten bleiben und nicht den Frauen überantwortet werden.[36] Allein die „eugenetische Indikation" beurteilte Tandler im Interesse der „Aufforstung des Staa-

---

35 „Jede Schwangere hat das Recht, für sich die soziale Indikation zu verlangen, die Indikationsstellung aber entscheidet eine *Kommission. Diese tagt unter dem Vorsitz eines Richters und besteht aus einem Arzt, einer Frau, einem Anwalt des Embryos und einem gewählten Vertreter der Gesellschaft.* Diese fünf Personen entscheiden auf Grund von Amtserhebungen über das soziale Milieu, in welchem die Schwangere lebt. Diese amtlichen Erhebungen müssen die Existenzbedingungen der Muter, der schon vorhandenen Kinder genau festlegen, die Kommission beschließt mit Majorität und fertigt ein Attest, ob die Schwangerschaftsunterbrechung aus sozialer Indikation durchgeführt werden kann. Auch hier gibt es ein Appellationsverfahren. Der Appellationshof steht unter der Leitung eines hohen Richters, dem Kollegium gehören zwei Frauen, ein Anwalt, ein Arzt und zwei Vertreter der Gesellschaft an. Die Ausführung des Abortus erfolgt ebenso wie bei der medizinischen Indikation" (Tandler 1924a: 379).
36 Karin Lehner widmete in ihrer Studie zu den sozialdemokratischen Reformbestrebungen hinsichtlich der Abtreibungsbestimmungen in der Zwischenkriegszeit der Diskussion um die soziale und eugenische Indikation eine eigene Analyse (Lehner 1989: 119ff).

tes" positiv, da sie die Möglichkeit der Fruchtschädigung durch Keimgifte wie Alkohol oder die Spätschädigung durch vererbte „psychopathische" oder konstitutionelle „Minderwertigkeiten" und Krankheiten berücksichtige. Aufgrund unzureichender wissenschaftlicher Grundlagen der Eugenik beurteilte er aber Mitte der 20er Jahre die Möglichkeiten einer eugenischen Indikationsstellung von Seiten der Medizin als noch zu gering:

> „So bedeutend auch die Fortschritte auf dem Gebiete der Vererbungslehre gerade in den letzten Jahren sind, so gibt es im großen und ganzen doch nur wenige so feststehende Prämissen, daß wir im Einzelfalle durchaus den logischen Schluß der Schwangerschaftsunterbrechung ziehen könnten" (Tandler 1924a: 376).

Damit konnte nur die medizinische Indikation als einzige tatsächlich zur Durchführung eines Schwangerschaftsabbruches führen. Das von Tandler empfohlene Gutachtermodell für die soziale Indikation wurde nicht umgesetzt, die eugenische Indikation zwar anerkannt, aber hinsichtlich der Durchführung an den wissenschaftlichen Fortschritt der Vererbungslehre gebunden.

Im Gegensatz zu Julius Tandlers Zurückhaltung hinsichtlich der eugenischen Indikation sprach sich der ehemalige „Spitals-Chefarzt" Viktor Fischer für den Einsatz einer staatlichen Begutachtungskommission aus, welche über die soziale wie die eugenische Indikation gutachten sollte, wobei er auch die soziale als eugenische beurteilte. Gerade Kinder aus Bevölkerungsschichten, welche zur „Aufforstung" des Staates beitragen sollten, seien meist

> „durch Krankheitskeime, die sie ererben oder denen sie infolge der schlechten Pflege, die oft in den materiellen und sozialen Verhältnissen, bisweilen aber auch im Haß gegen die Erschwerer oder gar Vernichter der Existenz ihre Ursache hat, in der Regel einen hochwertigen Nährboden abgeben, eher befähigt, physisch und moralisch destruktiv auf die öffentliche Gesundheit zu wirken" (WKW 1923: 853).

Fischers eugenische Indikation, welche soziale und „erbliche" Belastungen zusammenband, war sozialdarwinistisch begründet, da er davon ausging, dass die gesellschaftliche Schichtung Resultat eines natürlichen Selektionsprozesses sei und damit Abbild einer natürlichen Leistungsfähigkeit darstelle. Die Nachkommen der unteren Klassen sollten zwar weiterhin ein Bevölkerungswachstum sichern, die Weitergabe eines „minderwertigen" somatischen und sozialen Erbes sollte aber durch den Einsatz einer eugenischen Indikation, welche Erkrankungen wie Sozialverhalten prüft, und den künstlichen Abortus verhindert werden.

Medizin als Geschlechterpolitik unterstellte die Freigabe der Abtreibung zusammengefasst folgenden Bedingungen: dem bevölkerungs- und sozialpolitischen Interesse am Überleben der Mutter und der Qualität der Nachkommen. Politisch konnte die von den Sozialdemokratinnen geforderte uneingeschränkte Freigabe des Schwangerschaftsabbruches nicht realisiert werden.[37]

Trotz der zunehmenden Akzeptanz gegenüber einer eugenischen Indikationsstellung wurde in den Publikationen der „Wiener Klinischen Wochenschrift" aber bis 1937 von ärztlicher Seite nur die medizinische Indikation tatsächlich befürwortet. Aus rassenhygienischer Perspektive wurden die Gynäkologen in einem Artikel „Über die sozialprophylaktische Arbeit des Frauenklinikers" noch in der Ära des Austrofaschismus vom führenden Gynäkologen der NS-Zeit, Walter Stoeckel (1871–1961)[38], zum Kampf gegen den Schwangerschaftsabbruch aufgefordert: „mit unermüdlicher Kraft" gegen die „Indolenz und völkische Gefahr" anzukämpfen und mit einer „schonungslosen Härte gegen alles, was das Volkswachstum zerstört", vorzugehen (Stoeckel 1937: 1149). Die einzige tolerierte Fruchtbarkeitsbeschränkung war nur der Verzicht auf Nachkommen.

Auch der österreichische Rassenhygieniker Heinrich Reichel kam 1935 noch zum Schluss, dass Menschentötung also niemals ein Weg der Eugenik sein könne:

„Die Heilighaltung des Menschenlebens ist gerade für ein gedeihliches Dauerdasein des Volkes als Gesamtheit von so entscheidender Wichtigkeit, dass schon aus diesem Grunde daran nie und nimmer gerüttelt werden darf" (Reichel 1935: 1083).

Reichel setzte sich dafür ein, dass es Aufgabe des Arztes bleiben müsse, dem Leben zu dienen und nicht Leben zu töten, auch nicht auf Wunsch seines Trägers. Selbst wenn ein Gesetz diese Tötung ermächtigen sollte, sei sie aufgrund des ärztlichen Gewissens und Standesbewusstseins nicht durchführbar. Dies betreffe auch den künstlichen Abortus: „*Eugenische Gründe* vermögen *niemals* eine Rechtfertigung zur Tötung einer Frucht abzugeben" (ebd.: 1084).

---

37 Die sozialdemokratischen Reformvorschläge zu den Abtreibungsbestimmungen blieben im Rahmen der hier erörterten medizinischen Debatten. Trotz des engagierten Einsatzes sozialdemokratischer Politikerinnen für eine uneingeschränkte Freigabe des Schwangerschaftsabbruches war es ihnen nicht möglich, die Partei in den 20er Jahren zu einer einheitlichen Ablehnung des § 144 zu bewegen. Die Freigabe wurde aus bevölkerungspolitischen Gründen abgelehnt (vgl. Lehner 1989).

38 Walter Stoeckel war ab 1926 Ordinarius und Direktor der Universitätsfrauenklinik Berlin; Vorsitzender der „Deutschen Gesellschaft für Gynäkologie"; 1936 Emeritierung. Er war im Zuge der Durchführung des „Gesetzes zur Verhütung erbkranken Nachwuchses" im „NS" ermächtigt zur Sterilisierung durch Röntgenstrahlen". Er erhielt 1941 von Hitler die „Goethe-Medaille für Kunst und Wissenschaft" und war ab 1944 im „Wissenschaftlichen Beirat des Bevollmächtigten für das Gesundheitswesen" Karl Brandt (vgl. Klee 2003: 604).

In diesem Punkt stimmte Reichel mit dem Urteil der katholischen Kirche überein. Doch den kirchlichen Widerstand hinsichtlich der medizinischen Indikation lehnte er ab. Die „Entfernung" der Frucht sei aus medizinischer Sicht erlaubt, wenn eine unmittelbare Lebensbedrohung für Mutter *und* Kind bestehe. Für den Arzt sei es daher nur schwer verständlich, wenn die Kirche auch in diesem Falle der Mutter eine Selbstaufopferung zumute. Die Kirche werte den zum Tode führenden Entschluss der Mutter als ethisch höherstehend als ihren Entschluss zur eigenen Rettung. Darin käme die kirchliche Ansicht zum Ausdruck,

> „daß gerade die Mutterliebe von so zwingender Kraft sein soll, dass es einer Mutter, unter gar keinen Umständen, auch nicht in eigener höchster Not, möglich sein sollte, das Leben des Kindes zu opfern" (ebd.).

Die Kirche achte damit die Selbstaufopferung der Mutter als wertvoller, fordere es aber nicht ausdrücklich. Sofern der Arzt vor die Frage gestellt sei, *entweder* das Leben der Mutter *oder* des Kindes zu retten, so beurteile die Kirche in der Enzyklika das Leben des Kindes als wertvoller.

Die Kirche streite demnach dem Staat das Recht ab, einen künstlichen Abortus bei noch lebensfähigem Kind gesetzlich zu akzeptieren. Diesem Grundsatz, dass eine „bloße *Gefährdung* der Mutter" nicht die „direkte *Tötung* des Kindes" rechtfertige würde, so Reichel, würden auch die meisten Ärzte zustimmen. Schwieriger sei es, eine ärztliche Einigung darüber zu erlangen, ab welchem Grade diese Gefährdung der Mutter einer Opferung gleichkomme.

Der Ordinarius für Gerichtliche Medizin der Universität Graz und Verfasser eines Beitrages zu „Forensische Gynäkologie", Fritz Reuter (geb. 1875)[39], wies darauf hin, dass nach Auffassung der katholischen Kirche vom Lebensbeginn der Embryo bereits bei der Konzeption die *„Anima rationalis"* empfange, die mit der Todsünde belastet sei. Deshalb dürfe nach katholischem Urteil „aus Fürsorge für das Heil der bereits erschaffenen Seele keine Frucht abgetrieben werden" (Reuter 1936: 1435). Die Frucht habe nach der römischen Rechtsauffassung lediglich als Teil der Mutter gegolten, im kanonischen (deutschen) Recht aber stelle der Fötus ein selbständiges Leben dar. Der Autor vermerkte, dass mit der Carolina[40] ab 1532 eine Verschmelzung des römischen mit dem

---

39 Fritz Reuter promovierte 1899 und habilitierte 1905 für Gerichtliche Medizin. Ab 1919 bekleidete er die Lehrkanzel für Gerichtliche Medizin an der Universität Graz. Sein Beitrag zu „Forensische Gynäkologie" erschien in: „Biologie und Pathologie des Weibes", Band 8/3, Berlin und Wien 1929.

40 Die Carolina ist die erste Reichsstrafgesetzgebung in deutscher Sprache. Sie galt bis zum Jahr 1808 und wurde auch als „Peinliche hals- und Gerichtsordnung" bekannt. Sie wurde von Kaiser Karl V auf dem Reichstag von Regensburg erlassen. Strafen an „Leib, Leben oder Gliedern" standen im Vordergrund, d.h. es wurde v. a. die Todesstrafe und die verstümmelnden Körperstrafen geregelt.

kanonischen Recht stattgefunden habe, und dass die daraus sich wiederum ergebende Rechtsauffassung für das geltende österreichische Strafgesetz ab 1852 maßgebend gewesen sei. Die kanonische Rechtsauffassung werde gegenwärtig aber durch die neuen Erkenntnisse der Blutgruppenforschung wesentlich gestützt,

> „nach welchem das Blut des Fötus vom 3. Schwangerschaftsmonat an nicht nur die Eigenschaften der Mutter, sondern auch die des Vaters zeigt. Die Rechtsauffassung, daß der Fötus nur ein Teil der Mutter sei, der also keines strafrechtlichen Schutzes bedürfe, läßt sich mithin nicht nur mit theologischen Erwägungen bekämpfen, sondern muß auch auf Grund biologischer Tatsachen als wissenschaftlich unhaltbar bezeichnet werden" (ebd.: 1436).

Aus dem naturwissenschaftlichen Erkenntnisfortschritt leitete Reuter ab, dass nur die medizinische Indikation einen künstlichen Abortus rechtfertige, der Eingriff also nur dann durchgeführt werden dürfe, wenn die Fortsetzung der Schwangerschaft das Leben der Mutter bedrohe. Und medizinisch wie juristisch sei das durch den „Notstandsparagraphen" gedeckt. Dementsprechend handelte ein Arzt dann im Notstand, wenn er das Leben der Mutter nicht auf andere Weise retten könne als durch die Entfernung „der Frucht". Vom Standpunkt des Gerichtsmediziners war damit ein eigenes Strafgesetz, das die medizinische Indikation schützt, nicht notwendig (ebd.).

Mit der Durchsetzung des naturwissenschaftlichen Vaterschaftsnachweises ab den 30er Jahren des 20. Jahrhunderts begann die Bio-Logik das Ehegesetz abzulösen, das bisher das Recht auf die Aneignung der Nachkommen durch den Vater gesichert hatte. Bis dahin hatte sich Vaterschaft als abstraktes Recht auf ein Kind konstituiert, obschon die Zeugungstheorien davon ausgingen, dass der männliche Samen der Lebensquell ist. Mit dem naturwissenschaftlichen Nachweis, dass das väterliche Blut bereits in den Adern des Fötus im Mutterleib fließt, etablierte sich neben dem abstrakten Rechtsanspruch auch die Vorstellung der „Blutsbande" zwischen Vater und Kind. Je mehr sich die sozialen Bindungen zwischen Vätern und Kindern zu lösen begannen[41], um so enger wurden die biologischen geknüpft.

---

41 Mit dem Zusammenbruch der Monarchie und dem Tod des Kaisers begann die Psychoanalyse die Gefahr der „vaterlosen Gesellschaft" zu thematisieren So kursierte in der Wiener Psychoanalytischen Vereinigung schon 1919 ein Text von Paul Federn, in dem er die individual- und sozialpsychologischen Folgen des Krieges und des Kaisersturzes analysierte und ein „antihierarchisches Söhnebündnis" empfahl, um persönliche und politische „Vaterverluste" zu verarbeiten (vgl. Baureithel 1993: 34, Anm. 7). Ab den 60er Jahren begann mit der Publikation von Alexander Mitscherlich „Auf dem Weg in die vaterlose Gesellschaft" (1963) eine zunehmend öffentlicher werdende Klage hinsichtlich der Folgen der Vaterentbehrung für die Kinder, wobei größtenteils nur von den Söhnen gesprochen wird. Besonders auffallend ist dies in Dietmar Lenzens Monographie „Vaterschaft. Vom Patriarchat zur Alimentation" (1991). Es verweist darauf, dass die Diskussion auch von der Angst der Männer vor dem Verlust männlicher Genealogien unterlegt ist, welche vor allem für ihre gesellschaftliche Macht funktional war und noch immer ist.

Gegen den künstlichen Abortus wurden von Seiten der Medizin auch die iatrogenen Schädigungen vorgetragen und die Spätfolgen des Eingriffes problematisiert: Tod der Frauen, Erkrankungen in Folge der Verletzungen während des Eingriffes, Fehlgeburten, Frühgeburten, Geburtskomplikationen, sekundäre Sterilität, Entzündungen der Gebärmutterschleimhaut etc. Alle diese Komplikationen wurden aus bevölkerungspolitischen Erwägungen für bedenklich gehalten. So beurteilte Rudolf Stiglbauer, Primararzt an der geburtshilflichen Abteilung im Krankenhaus Wiener Neustadt, den künstlichen Abortus als Gefahr für den „Volkskörper":

„Es ist eine Eigentümlichkeit des weiblichen Genitales, unbemerkt einsetzende, jahrelang sich hinziehende und plötzlich mit überraschender Heftigkeit aufflammende Entzündungsherde zu beherbergen, die durch ausgesprochene Rezidivierung gekennzeichnet sind und die sich bei eingehendem Befragen sehr oft auf einen mitunter viele Jahre zurückliegenden Abortus zurückführen lassen" (Stiglbauer 1934: 324f.).

Stiglbauer veranschlagte einen „Verlust für das Volk" von jährlich mehr als 37.000 Kindern aufgrund von Fehlgeburten und von mehr als 750 Frauen aufgrund tödlicher Abtreibungsfolgen. Der künstliche Abortus sei zudem abzulehnen, weil die überlebenden Frauen nach dem Eingriff meist steril bleiben „und den Volkskörper um den zu erwartenden natürlichen Anwuchs" bringen würden (ebd.: 326). In Fragen der Gesundheitspflege müsse der Arzt als berufener Führer daher beharrlich vor dem schnellen Entschluss zur Abtreibung warnen.

Die Debatten um den Schwangerschaftsabbruch zeigen zusammengefasst unmissverständlich, in welchem Ausmaß Medizin zugleich Politik ist. Das geburtsmedizinische Establishment lehnte den künstlichen Abortus aus bevölkerungs- und geschlechterpolitischen Gründen ab. Im ersten Fall sanktionierte die Medizin die Interessen des Staates, im zweiten Fall die Interessen der potenziellen Väter. Sofern das Interesse dieser Väter aber mit den bevölkerungspolitischen nicht vereinbar war, sollte die Medizin an deren Stelle handeln und entscheiden. Die medizinischen Eingriffe in die Kultur der generativen Reproduktion als Ablehnung des Schwangerschaftsabbruches stehen im Dienste eines „öffentlichen Patriarchalismus", der über das „Leben im Mutterleib" verfügen will und dem „privaten Patriarchalismus" nur dann Entscheidungsmacht einräumt, wenn diese im Interesse des Staates steht.

Auch die *Indikation zur Geburtsbeendigung*, also zum Kaiserschnitt, wurde von den Geburtsmedizinern in den ersten Jahrzehnten des 20. Jahrhunderts mehrheitlich abgelehnt. Befürchtet wurde, dass sich die Gebärfähigkeit der Frauen in Folge der Zunahme der geburtshilflichen Operationen verschlechterte (vgl. Hirsch 1914: 10). Die zunehmenden

Versuche, das Leben des Kindes zu retten, d.h. die Zunahme der fötalen Indikation zu Ungunsten der mütterlichen, wurde als Ursache der steigenden Zahl künstlicher Geburtsbeendigung kritisiert. Dieser Einsatz für das Leben des Kindes wurde offiziell als Mittel der Geburtensteigerung abgelehnt.

So wies der Primar für Gynäkologie am Allgemeinen Krankenhaus in Klagenfurt, Viktor Hieß, darauf hin, dass die Müttersterblichkeit bei der Schnittentbindung immer noch mit 20 % veranschlagt werden müsse und dass der Arzt verpflichtet sei, bei Frauen, welche schon Kinder hätten, den Kindern die Mutter zu erhalten. Denn die Mutter stelle

> „ein Kapital dar, das noch reichlich in Zukunft Zinsen tragen kann. Es wäre ein gefehltes Beginnen, wollte man der Zinsen halber das Kapital opfern. Der Neugeborene ohne die liebende Hand der Mutter ist ein undankbares Objekt der Aufzucht. Die Mutter ist durch soziale Fürsorgemaßnahmen nicht zu ersetzen. Die hohe Sterblichkeit der Findelkinder spricht in dieser Beziehung eine deutliche Sprache. Auch wird es geraume Zeit dauern, bis daß das Kind herangewachsen, selbst in den Dienst der Fortpflanzung treten kann, während die Mutter, wenn sie auch einmal versagt hat, unter günstigeren Bedingungen noch einer Anzahl Kinder das Leben schenken kann" (Hieß 1923: 480).

Kritisiert wird also eine zunehmende klinische Praxis, das Leben des Kindes auf Kosten der Mutter zu retten. Doch selbst in dem Fall, in dem sich die Medizin für das Leben der Mutter einsetzt, geschieht dies nicht um ihretwillen, sondern wiederum aus sozialpolitischen Erwägungen und im Interesse der Kinder. Das Leben der Mutter erhält nur einen Wert, weil sie bevölkerungspolitisch die „organische Kapitalisierung" des Staates sichert, sozialpolitisch durch ihre Erziehungsarbeit die Kosten der sozialen Fürsorge ersetzt und ihr „Versagen" im Fall einer Fehlgeburt durch weitere Kinder ausgleichen kann.

Zur Eindämmung des Geburtenrückganges wurde von Seiten der Medizin gegenüber der Hausgeburt die *Klinikgeburt* propagiert. Dabei unterstellte man, dass eine Entbindung in der Klinik das Überleben von Mutter und Kind in wesentlich höherem Maße sicherstellen könne.

> „Es ist ohne weiteres verständlich, daß eine überall statistisch zu erhärtende bessere und erfolgreichere geburtshilfliche Arbeit in der Entbindungsanstalt geleistet wird als im Privathaus, die ständige Anwesenheit einer gut geschulten Hebamme, eines entsprechend ausgebildeten Arztes [...] gestaltet die Entbindung für Mutter und Kind in jedem Falle einfacher, gefahrloser und erfolgreicher" (Stiglbauer 1927: 1034).

Der medizinische Einsatz im Rahmen und für die Klinikgeburt wurde wiederum bevölkerungspolitisch begründet. Da der Frauenarzt auch „mitten auf dem Arbeitsfeld der Bevölkerungspolitik" stehe und „neben der Gegenwartsarbeit auch Zukunftsarbeit" zu leisten habe, stelle die „Verhinderung des Geburtenrückganges" ein „oberstes Ziel" der frauenärztlichen Tätigkeit dar (ebd.: 1032f.). Daher sei die Schaffung geregelter Entbindungsmöglichkeiten wichtigster Zweig der sozialhygienischen Arbeit.

Als Voraussetzung für eine erfolgreiche Klinikentbindung wurde die *geburtshilfliche Prophylaxe* auf Basis einer zweimaligen Untersuchung der Frauen während der Schwangerschaft gefordert. Um diese Forderungen auch praktisch durchzusetzen, empfahlen die Geburtsmediziner, die Bereitschaft der werdenden Mütter finanziell zu sichern. Dazu sollte die von Ärzten durchzuführende geburtshilfliche Prophylaxe für Krankenkassenmitglieder verpflichtend gemacht werden und die Auszahlung des Wochengeldes wie der Stillhilfe nur dann erfolgen, wenn die Schwangere dieser Verpflichtung nachkam. Begründet wurde die Prophylaxepflicht damit, dass die Untersuchungen die Entscheidung hinsichtlich der medizinischen Geburtshilfe unterstützten, denn

> „[…] die Beurteilung des physiologischen Vorganges, die Erkennung pathologischer Erscheinungen und die Frühdiagnose geburtshilflicher Störungen" bilde die Grundlage der zukünftigen Geburtshilfe (Hieß 1935: 267).

Das geburtsmedizinische Establishment vertrat den Anspruch, mit Schwangerenvorsorge und Klinikentbindung weit mehr für das Überleben von Müttern und Kindern zu leisten, als das die Hausgeburt vermöge. Dies war verbunden mit dem „Ehrgeiz", durch klinische Entbindungstechniken auch weit mehr zur Gesundheit des Kindes beitragen zu können. Von Anfang an war die Propagierung der Klinikgeburt mit den Zielen verbunden, die Säuglingsmortalität und -morbidität senken zu wollen. Beides sollte den Ausbau des Faches und der Klinikinstitute für Gynäkologie und Geburtshilfe legitimieren. Um „dem Gesunden zu helfen", differenzierte die geburtsmedizinische Prophylaxe „normal" und „anormal" frühzeitig im Schwangerschaftsbefund, um das „Normale" der Hausgeburt und das „Anormale" der Klinik zuzuweisen. Diese Trennung wurde in der Folge zunehmend mit eugenischen Zielen verknüpft.

Zur Durchführung der geburtshilflichen Prophylaxe empfahl der Berliner Gynäkologieordinarius Walter Stoeckel in der „Wiener Klinischen Wochenschrift", die gynäkologischen Ambulanzen in Krankenhäusern und Kliniken zu „Zentralen der sozialen und prophylaktischen Volksberatung" auszubauen. Damit wurden wesentlich Frauen als Objekte eines rassenhygienischen Erziehungsprogramms adressiert, zumal dieses an den Frauenkliniken institutionalisiert werden sollte (Stoeckel 1937: 1147). Frauen sollten dort dazu erzogen werden zu begreifen,

„daß völlig zerrüttetes Menschentum unbewußt und zwangsläufig im Tierischen oder Verbrecherischen endet, während dem Gesunden und Wertvollen das zum leben Nötigste oft fehlt. Dort muß das Nachdenken darüber wachgerufen werden, daß die Fortpflanzung Verantwortung für die kommenden Geschlechter schon bei der Auslese auferlegt. […] Aszendenzwissen, Stammbaumforschung, Kennen der Vererbungsgesetze sollten den Blick für Krankhaftes und die Abneigung dagegen schulen und das Verlangen nach Gesundheitspaarung stärken" (Stoeckel 1937: 1150).

Stoeckels Konzeption der Eheberatung zielte auf die Ausbildung einer eugenischen Vernunft. Die Erreichung dieses Erziehungszieles sollte mit dem Wunsch nach einer „Gesundheitspaarung" zusammenfallen. Das Beratungsprogramm sollte im Wesentlichen drei Aspekte umfassen, um Frauen diesen Blick zu lehren:

„1. Das heilbar Erkrankte so früh wie möglich erkennen, um es so sicher wie möglich zu heilen. 2. Dem Gesunden helfen, es vor Erkrankungen bewahren und vor Vernichtung schützen. 3. Das hoffnungslos Degenerierte aus dem Volkswachstum ausschalten" (ebd.: 1148).

„Frauenkliniker" wurden von Stoeckel aufgefordert, sich nicht nur an einer „wissenschaftlich-therapeutischen", sondern auch an einer „sozial-prophylaktischen Kampffront" für die Gesundheit und Gesunderhaltung des Volkes einzusetzen (ebd.: 1150). Dieser „sozial-prophylaktische Kampf" war auch im Bereich von Geburtsmedizin ein eugenischer, bei dem durch Selektion am Einzelfall die „Degeneration" aus dem Volkswachstum extrapoliert werden sollte. Medizinische Eingriffe mussten also stets dahingehend geprüft werden, ob sie für Qualität (Höherentwicklung) *und* Quantität (Volkswachstum) funktional waren. Die Einführung einer geburtshilflichen Prophylaxe von Seiten der Geburtsmedizin war von Beginn an auch durchsetzt von eugenischen Zielen.

Aber nicht nur der Schwangerschaftsabbruch, die künstliche Geburtsbeendigung und die Hausgeburt, auch der *Gebrauch von Präventivmitteln* wurde vom geburtsmedizinischen Establishment abgelehnt. So kritisierte der deutsche Rassenhygieniker und Arzt Wilhelm Schallmayer (1857–1919) in einem Aufsatz über die Beziehung der Eugenik zur „kulturellen Hebung" der Frau im „Archiv für Frauenkunde und Eugenetik" (1914) den Einsatz von Präventivmitteln, da diese es der Frau ermöglichen würden,

„dem Geschlechtstrieb zu willfahren und dabei noch die Fruchtbarkeit auszuschließen. Die Ausbreitung dieser Präventivtechnik bedeutet für den Menschen das Ende der Übermacht des generativen Lebens über das individuelle, sie bedeutet den Sieg individueller Interessen über das generative Interesse" (Schallmayer 1914: 286).

Der „verhütete Geschlechtsverkehr" wurde ausschließlich aus eugenischen Erwägungen für Paare akzeptiert und gefordert, die mit „Erkrankungen belastet" waren. Doch wie beim Schwangerschaftsabbruch wurde auch die Verhütung der „normalen Schwangerschaft" abgelehnt. Verhütung und Schwangerschaftsabbruch wurden graduelle Ähnlichkeiten unterstellt, die in einem „fehlenden Willen zum Kind" übereinstimmten. So sei die Ursache des Präventivverkehrs wie des Schwangerschaftsabbruches dieselbe.

Der Gynäkolgieordinarius Walter Stoeckel beurteilte beide als sicherste Symptome der „Volksdekadenz" und des „Volksunterganges", welche „Alarmrufe des Schicksals an die Führer der Völker" darstellten (Stoeckel 1937: 1149). Er empfahl, dass bei der Schwangerschaftsverhütung von Seiten der Medizin nur soziale und eugenische Indikationen geduldet werden sollten. Dabei sollte eine „Soziale Indikation" für die Zuerkennung von Präventivmitteln dann anerkannt werden, wenn eine hohe Kinderzahl durch weiteren Kinderzuwachs tatsächlich zum sozialen Elend führen würde. Keine Indikation sei aber eine „bloße Schwangerschaftsabneigung" der Frau. Im Dienste des „Volkswachstums" sollte aus eugenischen Gründen der „Präventivverkehr" gefordert werden,

„wenn ein Mensch körperlich so zerrüttet oder geistig so völlig verblödet ist, daß er zu jeder sinnvollen Tätigkeit unfähig ist und infolgedessen aus der menschlichen Gesellschaft ausgeschaltet werden muß, um als Parasit seines Volkes so lange gefüttert zu werden, bis der Tod sein lebensunwertes Dasein endet, dann ist es berechtigt, solche unglückliche Geschöpfe an der Fortpflanzung zu hindern" (ebd.: 1150).

Die Entwicklung von Präventivmitteln und der Präventivverkehr wurden von Seiten der Medizin nicht gebilligt, um eine Schwangerschaft zu verhüten, sondern um die Fortpflanzung „minderwertiger" Menschen zu verhindern.

Die Forschung über die hormonelle Steuerung der weiblichen Fruchtbarkeit begann bereits vor der Jahrhundertwende im Tierexperiment. Nachdem die moderne, wissenschaftliche Zeugungstheorie aufgrund der Einsicht in den Eisprung seit 1827 der Frau einen eigenen Zeugungsbeitrag hatte einräumen müssen, gelang es der gynäkologischen und physiologischen Forschung bereits knapp 100 Jahre später, die Möglichkeit der Ovulation zu unterbinden.

Dieses wurde ab den 30er Jahren, vor allem aber während des Nationalsozialismus auf den Menschenversuch übertragen.

Der Gynäkologieordinarius der Universität Graz, Emil Knauer (1867–1935) führte bereits 1898 Eierstocktransplantationen am kastrierten Kaninchen durch und verabreichte Ovarialsubstanzen oral in Pillenform (vgl. Schaller/Wyklycki 1988: 124). In den 20er Jahren forschte der Physiologe Wilhelm Haberlandt (1885–1932) an der Universität Innsbruck an Kaninchen und an Ratten über hormonale Sterilisierung des weiblichen Tierkörpers (vgl. Haberlandt 1921). Er verpflanzte Ovarien schwangerer Häsinnen und Ratten unter die Rückenhaut fertiler Empfängertiere und entdeckte, dass damit eine vorübergehende Sterilität eintrat, die revidierbar war. Später erzielte er dieselben Effekte mit Ovarial- und Plazentaextrakten. Haberlandt forschte für die praktische Anwendung am Menschen. Sein Forschungsziel war auch, durch eine temporäre hormonale Sterilisierung der Frau zur Vermeidung einer „minderwertigen" Nachkommenschaft beizutragen (vgl. Dapunt 1988: 144). Bereits 1930 berichtet Haberlandt auf dem „Internationalen Kongreß der Weltliga für Sexualreform" in Wien, dass es ihm gelungen sei, ein Präparat herzustellen, dessen hormonale Eigenschaften eine zeitweise Sterilität der Frau bewirkten (vgl. Kongressbericht 1931[42] zit. in: Gräning 1989: 187). Haberland erklärte, dass das Präparat bereits in den Handel gebracht worden sei, jedoch nur aufgrund ärztlicher Verordnung verabreicht werden dürfe, um Missbräuche zu verhindern. Ärzte könnten das Präparat auch nur dann an Patientinnen verschreiben, wenn eine Schwangerschaft mit schweren gesundheitlichen Schäden für die Frau verbunden wäre (vgl. Gräning ebd.). Haberlandt betonte selbst immer wieder die medizinische Indikation für eine „temporäre hormonale Sterilisierung", d.h. die „Prophylaxe für die kranke Frau". In der Rezeption wurde aber vorwiegend auf die eugenischen Möglichkeiten Bezug genommen, die seine Forschung als Methode der negativen Eugenik begrüßte (vgl. Köstering 1996: 122).

Die Entwicklungsgeschichte der von der Wissenschaft produzierten Verhütungsmittel ist im 20. Jahrhundert mit der Entwicklung eugenischer Konzepte verbunden – zugleich aber auch durch andere Ziele motiviert, wie z. B. die Möglichkeit für kranke Frauen, eine Schwangerschaft zu verhüten, oder kulturell gar eine Sexualität ohne Fortpflanzung durchzusetzen.

Eine Vielzahl von Anfragen von Privatleuten und Sexualreformvereinen zeigte, dass eine breite Bevölkerungsschicht auch auf eine sichere Empfängnisverhütungsmethode geradezu wartete (vgl. ebd.: 124). Da die Forschung von Haberlandt eben auch die

---

42 Kongressbericht der Zeitschrift „Archiv für Bevölkerungspolitik, Sexualethik, Familienkunde" 1931, Hrsg. Hans Harmsen.

Möglichkeit einer rationalisierten Fortpflanzung und einer Befreiung in sich barg, stieß sie ebenso auf große Ablehnung – auch unter den Eugenikern und Rassenhygienikern, welche eine Rationalisierung der Fortpflanzung im Dienste „hochwertiger Nachkommen" forderten. So beklagte sich der Rassenhygieniker Heinrich Reichel, dass die Grenzen, welche festlegten, wer eine Fortpflanzung verhüten dürfe, nicht so weit gefasst werden sollten, dass der eugenisch begründete Verzicht auf Nachkommen bald zum „Scheingrund der Fruchtbarkeitsbeschränkung" werde (vgl. Reichel 1935a: 1083).

In der medizinischen Diskussion um die Zulassung und Verordnung von Verhütungsmitteln dominierten, wie bei der Einführung der geburtshilflichen Prophylaxe, eugenische Überlegungen, welche die anderen Möglichkeiten, vor allem eine allgemeine und selbstbestimmte Anwendung von Verhütung, zu verhindern suchten. Selbst wenn die Einführung medizinisch kontrollierter Verhütungsmittel deutlich im Zusammenhang mit eugenischen Zielen stand, zeigt sich darin auch, dass die Eugenik funktional dafür war, eine gesellschaftliche Furcht vor einer Freigabe von Verhütungsmitteln zu binden.[43]

Bereits während des Austrofaschismus, Mitte der 30er Jahre, wurde der Umfang der „Fruchtbarkeitsbeschränkung" vom offiziellen ärztlichen, ethischen und bevölkerungspolitischen Standpunkt als „katastrophal" beurteilt (Reichel 1935: 1081). Die Ausbreitung des Präventivverkehrs wurde darauf zurückgeführt, dass die öffentliche Meinung der künstlichen Verhütung von Zeugung und Geburt immer mehr Verständnis entgegenbringe. Gegen diese Laissez-faire-Mentalität kritisierte Heinrich Reichel den leichtfertigen, unbegründeten Verzicht auf Fortpflanzung als „Rassenselbstmord",

> „jene Geisteshaltung des verschwendenden Erben, der nur das kurze Leben des einzelnen als ein eigenes und wirkliches sehen will und nicht auch die Lebenskette, in der er nur ein Glied bedeutet, welches so gut zu tragen hat, als es getragen wird" (ebd.: 1082).

Gegen die Haltung des „verschwendenden Erben" warf Reichel ein, dass das „Gut des Lebens", d.h. alle Fähigkeiten und Anlagen, nicht als „frei verfügbares Eigentum" betrachtet werden dürfe, sondern ein „empfangenes Lehen" darstelle. Die Medizin habe das Bewusstsein dafür zu heben, dass das „Gut des Lebens" ein „geliehenes Pfand" sei, „das wieder abzustatten sein wird, als eine Gnade, die ihren Dank verlangt" (ebd.). Auf

---

43 Diese Abwehr traf auch Wilhelm Haberlandt selbst. So scheint er Angriffsziel eines propagandistischen Feldzuges seines Innsbrucker Kollegen Alfred Greil geworden zu sein, der mit den moralischen Argumenten der katholischen Kirche gegen Haberlandt vorging und ihn des Verbrechens gegen das ungeborene Leben beschuldigte. Haberlandt wurde an der Universität Innsbruck nicht anerkannt, bei Berufungen übergangen und blieb bis zu seinem frühen Tod 1932 ao. Professor (vgl. Köstering 1996: 124).

Grundlage dieser Auffassung galt es, im Prinzip alle Methoden der „Fruchtbarkeitsbeschränkung" – die Enthaltung vom Geschlechtsleben, die periodische Enthaltung nach der Methode von Knaus und Ogino[44], die Zwangsverwahrung und die Sterilisation – abzulehnen. Aus bevölkerungspolitischen und sittlichen Gründen sei auch die Propagierung der „periodischen Enthaltung" scharf zu bekämpfen. Auch wenn die Methode einwandfrei sei, könne der Entschluss zur „Fruchtbarkeitsbeschränkung" ohne ernste Begründung nicht toleriert werden:

> „[...] gerade die Harmlosigkeit der Methode scheint hier geeignet, breite Kreise der gesunden Bevölkerung und namentlich auch Jugendliche zu einem Geschlechtsumgang unter Vereitelung der Folgen zu verführen" (Reichel 1935a: 1086).

Entgegen einer rassenhygienisch und bevölkerungspolitisch motivierten Ablehnung des Präventivverkehrs begründeten Vertreter der „natürlichen" Geburtenregelung diese mit dem Interesse der Frauen – so auch der Grazer Gynäkologieordinarius an der Deutschen Karls-Universität in Prag, Hermann Knaus (1892–1970)[45]. Knaus wollte den Frauen helfen, durch den Einsatz von Verhütungswissen „im Fortpflanzungsleben" nicht mehr ohnmächtig dem Mann ausgeliefert zu sein, sondern mitentscheiden zu können und damit seelisches und körperliches Unglück zu verhindern. Da die Befruchtung nur zu einem bestimmten Zeitpunkt des Menstruationszyklus stattfinden könne,

> „müssen Mädchen und Frauen vorerst dazu erzogen werden, einen eigenen Menstruationskalender zu führen, in den sie den Eintrittstag jeder Regelblutung mit größter Genauigkeit einzutragen haben" (Knaus 1934: 26).

---

44 Bei dieser Verhütungsmethode wird der Geschlechtsverkehr nur an den unfruchtbaren Tagen der Frau durchgeführt. Die Methode wurde von dem österreichischen Gynäkologen H. Knaus (1892–1970) und dem japanischen Gynäkologen K. Ogino (1882–1975) entwickelt. Angenommen wurde, dass die Eizelle nur zehn Stunden und die Spermien max. drei Tage befruchtungsfähig sind. Durch Basaltemperaturmessung (die morgens nach dem Aufwachen gemessene Körpertemperatur) wird der Ovulationstermin (Eisprung) errechnet (Ansteigen der Basaltemperatur).

45 Hermann Knaus machte zuerst eine chirurgische, dann eine gynäkologische Ausbildung. Von 1923 bis 1934 war er an der Universitätsklinik in Graz und erhielt 1934 einen Lehrstuhl an der Deutschen Karls-Universität in Prag, wo er von 1939 bis 1941 Dekan war. NSDAP-Mitglied ab 1939. Während der NS-Zeit experimentierte er an Kaninchen zur Förderung bzw. Unterbrechung der Schwangerschaft und an Meerschweinchen zur Erzeugung von Genitalkrebs (vgl. Klee 2003: 319). Nach 1945 war er Frauenarzt in Graz, von 1950 bis 1960 Leiter der gynäkologischen Abteilung des Lainzer Krankenhauses in Wien. Er entwickelte mit dem Japaner Ogino eine Theorie über die Perioden der Fruchtbarkeit der Frau („Knaussches Konzeptionsoptimum") und über die Empfängnisverhütung. Werke: „Die periodische Fruchtbarkeit und Unfruchtbarkeit des Weibes", 1934. „Die fruchtbaren und unfruchtbaren Tage der Frau", 1950.

Knaus forderte für Frauen ein Recht auf dieses Wissen um ihre fruchtbaren Tage. Die bevölkerungspolitischen Einwände wies Knaus mit der Begründung zurück, dass die natürliche Verhütung nicht zu einer Abnahme der Geburten, sondern der kriminellen Fruchtabtreibung führen werde und die Senkung des Schwangerschaftsabbruches schon seit langem ein Ziel ärztlicher Aufklärung sei (ebd.: 27).

Dieses Argument von Hermann Knaus steht exemplarisch für eine bis in die 80er Jahre des 20. Jahrhunderts dauernde Auseinandersetzung in der Medizin, bei der die Entwicklung und der Einsatz von Kontrazeptiva damit begründet wird, den Schwangerschaftsabbruch zu verhüten. Zugleich steht die Erforschung des „Fortpflanzungsprozesses" beim Menschen im Interesse der medizinischen Steuerbarkeit von Zeugung, Schwangerschaft, Geburt und im Zusammenhang mit den gynäkologischen Sterilisierungs- und Sterilitätsexperimenten an Tieren und Frauen in den 30er und 40er Jahren. Sie entwickelten, wie noch zu zeigen sein wird, die Grundlagen der Neuen Zeugungstechnologien, die ab den 70er Jahren zur Anwendung kamen. In diesem Zusammenhang stehen auch die Forschungen von Hermann Knaus zur Förderung bzw. Unterbrechung der Schwangerschaft an Meerschweinchen, die er an der Deutschen Karls-Universität in Prag zwischen 1934 und 1945 durchführte (vgl. Klee 2003: 319).

Die Ärzte billigten Empfängnisverhütung (mit chemischen und aktinischen Wirkungen oder mechanischen Mitteln) und operative Sterilisierung nur in den Fällen, bei denen eine Fortpflanzung aus eugenischen Gründen unerwünscht war, man die Betroffenen nicht in geschlossenen Anstalten in Verwahrung halten konnte und eine Beratung als aussichtslos beurteilt wurde. Den Zugang zu empfängnisverhütenden Mitteln für die „gesunde Bevölkerung" lehnten die Ärzte aus sittlichen und bevölkerungspolitischen Gründen ab:

> „Man könnte vielleicht sagen, dass die Grenze dort liegt, wo kein öffentliches Interesse berührt wird. Das ist aber nun bei der Frage der Verbreitung von Erbleiden wohl immer der Fall, und deshalb kann der Arzt und kann auch der Staat als Wahrer aller öffentlichen Interessen auf die Zulässigkeit der operativen Sterilisierung nur schwer verzichten" (Reichel 1935: 1086).

Reichel lehnte die operative Sterilisierung der „nicht gesunden Bevölkerung" aber auch dann ab, wenn sich die Betroffenen „einsichtig" zeigten und zur Ehelosigkeit verpflichteten. Er begründete dies damit, dass „sittlich hochstehende Menschen" eine „Sterilisierung oder Verwahrung als verletzend und entwürdigend empfinden" (ebd.: 1086). Im Rahmen der Ausarbeitung eines Sterilisationsgesetzes ergaben für ihn aber zugleich verschiedene Krankheiten eine eugenische Indikation zur operativen „Unfruchtbarmachung". Reichel nannte „Fälle von Chorea-Huntington und Epilepsie", „rein melancholische Fälle des zirkulären Irreseins", Blindheit, Taubheit, schwere körperliche Missbildungen, „nicht anstaltsbedürftige Fälle" von „Schwachsinn", „zirkuläres Irresein" mit manischen Zuständen, Schizophrenie mit „normaler Geschlechtserregbarkeit" sowie als „persönlich unbelehrbar erscheinende Fälle" von anderen „schweren Erbleiden" (ebd.). Er verlangte, anerkannte Indikationen für eugenische Sterilisierung in den Gesetzen „taxativ" anzuführen und genau zu umschreiben und für jeden einzelnen Fall ein gerichtliches Gutachten über die Zulässigkeit einzuholen.

Im Gegenzug zum Sterilisationsgesetz forderte er, durch vorbeugende Gesetze gleichzeitig ein „radikales Sterilisierungsverbot" zu erlassen, um die Ausbreitung der Sterilisation als „Verhütungsmethode der Wahl" zu verhindern. Dem Staat war somit aufgetragen, den Missbrauch der eugenischen Indikation zu kontrollieren. Von der Kirche erwartete Reichel, dass sie ein staatliches Gesetz, „welches die eugenisch indizierte Sterilisierung straffrei erklärt, um zugleich die nicht indizierte Sterilisierung mit Erfolg bekämpfen zu können", anerkennt (ebd.: 1087).

Dem Vorstoß von Reichel, mit dem er schon 1935 die Einführung eines Sterilisationsgesetzes wie in Deutschland forderte, begegnete der Gerichtsmediziner Fritz Reuter mit einem Verweis auf § 4 des österreichischen Strafgesetzes, das den Arzt, der eine Sterilisierung durchführe, auch bei Einwilligung des Betroffenen wegen schwerer körperlicher Beschädigung (§ 152) strafrechtlich verfolge. Reuter betonte, dass eine Sterilisierung nur dann rechtmäßig sei, wenn sie aus Heilzwecken erfolge und der Erhaltung der Gesundheit oder des Lebens diene. Als rechtmäßig könne daher nur die medizinische, aber nicht die eugenische oder soziale Sterilisation akzeptiert werden. Er gemahnte an die ärztliche Standesehre, nach der es „im Interesse der Würde des ärztlichen Standes" liege, „daß Aerzte, die das Operationsrecht gröblich mißbrauchen, auf legalem Wege aus der Gemeinschaft ausgeschlossen werden können" (Reuter 1936a: 1467).

Erkenntnisse der Konstitutions- und Vererbungslehre waren aber nicht nur Bezugspunkt einer Propagierung von Schwangerschaftsprophylaxe und Klinikentbindung oder einer Reglementierung des Schwangerschaftsabbruches und der Empfängnisverhütung. Auch die „*Gebär- und Nährtauglichkeit*" *von Frauen* wurde einem eugenischen Urteil unterworfen.

Bereits vor der Jahrhundertwende wurde das Selbststillen mit dem Ziel propagiert, die Säuglingssterblichkeit zu senken. Der Basler Physiologieordinarius Bunge, dessen Publikationen „Die zunehmende Unfähigkeit der Frauen, ihre Kinder zu stillen" (München 1901) in der „Wiener Klinischen Wochenschrift" rezensiert wurde (1903: 769f.), unterzog das Stillen einer eugenischen Beurteilung. Als Ursachen der „Stillunfähigkeit" vermutete er eine Vererblichkeit und schädigende Auswirkungen von Alkoholismus.

So würden beispielsweise Töchter von „Säufern" die Fähigkeit verlieren, ihre Kinder zu stillen. Die von ihm ausgearbeiteten Regeln der Partnerwahl, die er als „Zuchtwahl" charakterisierte, sollten einen Ausweg aus diesem Dilemma schaffen:

> „Ein gesunder Mann, der sich gesunde Nachkommenschaft wünscht, soll: 1. kein Mädchen heiraten, das nicht von der eigenen Mutter gestillt werden konnte; 2. kein Mädchen aus einer tuberculösen Familie; 3. kein Mädchen aus einer psychopathisch belasteten Familie; 4. keine Tochter eines Trinkers; 5. kein Mädchen mit cariösen Zähnen" (ebd.: 770).

Es ist offensichtlich, dass hier die „Zuchtwahl" noch als Wahl des Mannes gedacht wird, der seine zukünftige Ehefrau nach „züchterischen" Kriterien auswählen sollte, um von ihr auch gesunde Kinder erwarten zu können. Und der Rezensent schloss zu dieser Zeit noch sarkastisch mit dem Satz: „Die volle Erfüllung dieser Postulate ist wohl erst in jenem Zukunftsstaate möglich, in dem der Mensch zur Nummer und das Leben zum Rechenexempel herabgesunken ist" (ebd.). Dieser „Zukunftsstaat" war aber kaum 30 Jahre später Realität.

Auch wenn die eugenische Auslegung der „Stilltätigkeit" noch bezweifelt wurde, wertete man den Rückgang des Stillens als zunehmende „Stillunfähigkeit" der Frauen und diese wiederum als bedrohliches Zeichen der „Degeneration". Diese Annahme führte zu wissenschaftlichen Untersuchungen der „Stillfähigkeit". Im Rahmen einer Studie „Ueber das Stillen und die Ursachen des Nichtstillens" (1905), die Guido Nigris, Sekundararzt der Universitäts-Kinderklinik in Graz, an der Grazer Gebärklinik durchführte, stellte er zwar fest, dass die Brusternährung im Zeitraum von 1884 bis 1903 tatsächlich zurückgegangen war – nur etwa ein Drittel der Frauen, welche an der Gebärklinik entbunden hätten, hätten ihre Kinder selbst gestillt. Als Ursache beurteilte er aber nicht eine mangelnde physische Fähigkeit und Eignung, sondern Unkenntnis und schlechte Beratung, die Indolenz und das wirtschaftliche Elend (Nigris 1905: 459).

Eine ähnliche Studie zu „Stillwille und Stillmöglichkeit in den unteren Volksschichten" (1909), welche der Arzt Heinrich Keller (Kinderabteilung des Wiener Kaiser-Fanz-Josephs-Ambulatoriums), zu den Verhältnissen in Wien durchführte, kam zum selben Ergebnis. Er nannte als Ursachen Überarbeitung, Krankheit und Schwäche der Mütter, die größtenteils, noch bevor sie versucht hätten, ihre Kinder zu stillen, davon ausgehen würden, zu wenig Milch zu haben (Keller 1909: 635). Auch Keller vermerkte eine mangelnde Aufklärung der Frauen und eine daraus resultierende sorglose Beurteilung der Stillfrage (ebd.: 638).

Auch die Pädiater beurteilten die Armut und die Indolenz der Bevölkerung als die zentralen Ursachen für die Ausbreitung der Flaschennahrung. Die sozialhygienischen

Vorschläge, den Arbeiterinnen in Fabriken Stillzeiten einzuräumen, damit sie alle drei Stunden ihr Kind säugen könnten, beruhten auf der Einsicht, dass die sozialen Verhältnisse für die Stillmöglichkeit der Mütter ausschlaggebend seien.

Aber nicht nur die Stillverhältnisse der unteren Schichten in der Stadt, auch die der bäuerlichen Schichten auf dem Land waren Gegenstand wissenschaftlicher Untersuchungen. Diese wurden aber zeitlich wesentlich später durchgeführt, was mit der damals vorherrschenden Meinung, dass die Frauen am Land ihre Kinder stillen würden, in Zusammenhang gebracht werden kann. In einer Studie „Ueber die Stillverhältnisse am Land" (1924) stellte der Medizinalrat Karl Narbeshuber aus Gmunden (OÖ) Mitte der 20er Jahre am Beispiel Oberösterreich aber fest, dass Frauen auf dem Land aufgrund ihres Arbeitseinsatzes in der Bauernwirtschaft und aufgrund von Irrglauben das Selbststillen der Kinder größtenteils unterließen. Bäuerinnen seien mit so vielen Vorschriften über Erlaubtes und Unerlaubtes, Gebotenes und Verbotenes, Speise und Trank, Bewegung und Schlaf konfrontiert, dass sie meist acht bis zehn Tage nach dem Wochenbett oder nach einem Vierteljahr abstillten.[46] Angesichts der „patriarchalischen Zustände" am Land sei es ausschlaggebend, wie sich die Männer zum Stillen verhielten. So würden die Frauen auch meist erwähnen, dass der Mann nicht erlaube, dass die Frau das Kind stille. Die Männer befürchteten, dass ihre Frauen von den Kindern „ausgesogen" und ihre Kraft für die Arbeit verlieren würden. Die Ärzte wurden aufgefordert, gegen die Bevormundung der Mütter durch einen „privaten Patriarchalismus" erzieherisch auf die Stillverhältnisse am Land einzuwirken, da die bevölkerungspolitischen Interessen hinsichtlich einer Senkung der Säuglingssterblichkeit nur durch eine Zunahme der Stilltätigkeit erreich werden konnten.

Trotz dieser Einsichten in die größtenteils sozialen Ursachen, die zu einem Rückgang des Stillens führten, unterstellten die Ärzte den Frauen aber auch Bequemlichkeit. So empfahl der Kinderarzt, Psychoanalytiker und Sozialdemokrat Josef K. Friedjung

---

[46] Narbeshuber erwähnte in seinem Bericht folgende Vorschriften: „Saure Speisen, Zwiebel, Rauchfleisch, Germspeisen, schwarzes Brot, Sauerkraut wird ihr verboten, also so ziemlich die ganze bäuerliche Kost. Man raunt ihr in die Ohren, dass ihre Schönheit leiden werde, und dann ‚kenne man die Mannsbilder ohnehin'. Sie fürchtet sich vor Abmagerung und Tuberkulose, Blutarmut und Schwäche, die sie zu ihrer Landarbeit untauglich machen. [...] Fast überall aber besteht die Angst, daß das Kind zu wenig Nahrung an der Brust erhalte. Die Muttermilch wird als viel zu wässerig, für das Gedeihen des Kindes nicht genügend, hingestellt, übrigens werde sie ohnehin bald versiegen, dann hätte man die neue Plage, das Kind wieder an die Kuhmilch zu gewöhnen, ferner hätte man doch die guten Kühe im Stalle, die weit bessere, fettere Milch gäben, so brauche man doch beim Kind nicht das ‚Geschlader' zu geben, sondern gleich die gute Milch einer trocken gefütterten Kuh. Außerdem sei es gegen Sitte und Brauch, wenn eine Bäuerin ihr Kind selbst nähre wie die Zigeunerinnen. Ja in manchen Gegenden hält man das Stillen des Kindes sogar für unsittlich und wagt den Säugling nicht an die Brust zu legen, wenn Kinder anwesend sind" (Narbeshuber 1924: 878).

Maßnahmen gegen Mütter, die sich aus „Bequemlichkeit, Genußsucht und ähnlichen ethisch verwerflichen Gründen" ihrer „natürlichen Pflicht" entziehen würden. Denn wenn

> „ein eheliches Individuum seinen ‚ehelichen Pflichten' auf sexuellem Gebiete sich dauernd entzieht, so ist das ein Grund zur Scheidung; soll nicht auch einer Mutter, die sich ohne zwingende Gründe ihrer Stillpflicht entzieht, das Mutterrecht aberkannt werden? Oder ließen sich für solch eine Weigerung nicht strenge Strafen ansetzen?" (Friedjung 1903: 676).

Welches Mutterrecht Friedjung hier meinte, ist unklar. Es kann aber angenommen werden, dass Frauen, die ihre Kinder nicht stillten, die Möglichkeit verwehrt werden sollte, weitere Kinder zu haben, bzw. sie zu behalten. Denn im österreichischen Familienrecht der Jahrhundertwende waren Mütter ihren Kindern gegenüber völlig rechtlos (vgl. Lehner Oskar 1987: 42). Man hätte den Müttern also keine Rechte entziehen können, da sie keine hatten. Aber man wollte ihnen weitere Pflichten, wie die Stillpflicht, gesetzlich auferlegen und ihnen im Fall der Nichtbeachtung die Kinder entziehen. Doch diese Strafe bedrohte das Überleben der Kinder weit mehr als eine Unterlassung der Stillpflicht. So blieb keine andere Möglichkeit, als Frauen zu ihren „natürlichen" Pflichten zu erziehen (vgl. Kap. I. 3. 4.).

Insgesamt wurde die Stilltätigkeit der Frauen als „Degenerationsphänomen" thematisiert, zu dem durchaus auch die Vorwürfe der „Bequemlichkeit" gehörten, zugleich aber festgestellt, dass die Ursachen des Stillverhaltens von Frauen in den sozialen Verhältnissen zu suchen seien. Der Rat des Arztes an die Männer, Frauen nach dem Gesichtspunkt auszuwählen, ob sie ihm „gesunde Kinder" schenken werde und fähig sei, ihre Kinder zu stillen, tradierte durchaus übliche Heiratsweisen, verband diese aber mit eugenischen Urteilen über die „Stilltauglichkeit" von Frauen. Das Stillen selbst wurde von der Medizin als natürliche Aufgabe und soziale Pflicht der Mütter ausgearbeitet und propagiert und bevölkerungspolitisch mit der Senkung der Säuglingssterblichkeit begründet.

Die Konstitutionsforschung bemühte sich um eine medizinische Beurteilung der „Gebärtauglichkeit" von Frauen. Doch wie ihre Versuche, die Wehrtauglichkeit der Männer konstitutionstypisch zu diagnostizieren, führte dieses Projekt auch auf Seiten der Frauen nicht zum Erfolg. Dennoch wurde das Thema immer wieder ventiliert.

Die Festlegung von Konstitutionstypen bei Frauen galt als schwierig, da sich die Konstitution von Frauen im Laufe des Lebens ändere. Der Gynäkologieordinarius Fritz Kermauner lehnte daher eine Beurteilung der Konstitution in der Geburtshilfe als wenig hilfreich ab, da immer dann, wenn von Konstitution die Rede sei, zwischen den Zeilen erkannt werden könne, „dass die Ursachen unbekannt sind" (Kermauner 1930: 17). Demgegenüber waren Konstitutionsforscher wie Alfred Greil bestrebt,

> „aus den Schwangerschaftsreaktionen, den Funktions- und Belastungsproben der Schwangeren auf das alle Geschehnisse des keimenden Lebens, den Wiedererwerb der zellenstaatlichen Konstitution aus dem Zustande absoluter Einzelligkeit beherrschende Entwicklungsmilieu des Keimlings zu schließen, diese gewaltige epigenetische Reaktionenfolge mit sicherer Hand in artgemäßer Richtung und Weise vorbeugend und helfend zu führen, den Neuerwerb von Konstitutionsanomalien durch Regelung unserer Fortpflanzungsbedingungen zu verhüten, die Komplikationen der Schwangerschaft der Töchter und Schwiegertöchter, der Enkelinnen nuptial [ehelich, M.W.] stoffwechselgestörter Mütter, der Eklampsiekandidatinnen [Gebärende, bei denen unmittelbar vor oder während der Geburt plötzlich lebensbedrohende Krampfanfälle auftreten, die mit Bewusstlosigkeit einhergehen] als eine Konstitutionsprobe der Mutter wie der vereinigten Gameten zu analysieren und weitere Komplikationen zu verhüten" (Greil 1925: 1088).

So wie die Medizin Krieg und Erwerbseinsatz als Funktionsprüfung von Männlichkeit beurteilte, betrachtete sie „Gebär-" und „Stillfähigkeit" als Funktionsprüfung von Weiblichkeit oder als „Konstitutionsprobe der Mutter". Um die Gebär- und Stillfähigkeit medizinisch in den Griff zu bekommen, sollte von den Funktions- und Belastungsproben der Schwangerschaft und Geburt auf den Zustand des Embryos geschlossen werden. Von dem genauen Studium von Schwangerschafts- und Geburtsreaktionen zielte die geburtsmedizinische Forschung darauf ab, zukünftig prophylaktisch eingreifen zu können und „reproduktionsunwürdige" Frauen von der Fortpflanzung auszuschließen.

Die Bezugspunkte zur Beurteilung des „Reproduktionswertes" von Frauen waren im Vergleich zu jenen der Männer wesentlich vielfältiger. Beispielgebend dafür stehen die Publikationen im „Archiv für Frauenkunde und Eugenetik"[47], zu dessen ständigen Mitarbeitern mehrere österreichische Professoren der Medizin zählten, wie beispielsweise die Gynäkologieordinarien Schauta und Kermauner[48], der Anatomieordinarius und Wohlfahrtspolitiker Julius Tandler und der die Diskussion um „Menschenökonomie und Höherentwicklung" führende Soziologe Rudolf Goldscheid. Ziel des „Archivs" war ein politisches und pädagogisches. Es wollte dazu beitragen, das Chaos zu lösen, welches die „gewaltigen Umwälzungen vieler Erscheinungen des Lebens" durch politische und

---

47 Das Archiv erschien von 1914 bis 1922 in Würzburg, Verlag von Curt Kabitzsch.
48 Weiters wurden genannt: PD Dr. Bucura, Wien; Dr. O. Frankl, Wien; Prof. Dr. Gross, Graz; Prof. Dr. Knauer, Graz.

wirtschaftliche Kämpfe ausgelöst und das die Gegensätze der Gesellschaftsklassen und der Geschlechter geschaffen hätte.

Die Möglichkeit, dieses Chaos zu lösen, wurde vom „Archiv" im Wesentlichen von der Frau abhängig gemacht, weshalb das „Studium der Frau" als unerlässliche Vorbedingung erachtet wurde. Ziel sei damit:

> „Das Studium der Frau auf allen Gebieten menschlichen Wissens und Beobachtens anzuregen und zu fördern, und durch Zusammenarbeit von Vertretern aller dieser Wissensgebiete eine wirkliche Frauenkunde zu schaffen"(Hirsch 1914: 2)

Diese neue „Frauenkunde" sollte als interdisziplinäre Zusammenarbeit der unterschiedlichsten wissenschaftlichen Fächer[49] der Zersplitterung der wissenschaftlichen Erforschung der Frau und des Frauenlebens entgegenwirken. Im Zusammenhang mit diesem umfassenden wissenschaftlichen Anspruch war auch die Beurteilung des Reproduktionswertes der Frau ein umfassender. Es schien im Bereich von Natur, Kultur und Gesellschaft nichts zu geben, das sich nicht in irgendeiner Weise auf die Reproduktionsfähigkeit der Frauen auswirkte. Sie schien alle Auswirkungen des sozialen und ökonomischen Wandels in sich zu bündeln.

An der Reproduktionsfähigkeit der Frau schien die interdisziplinäre „Frauenkunde" die Auswirkungen der Industrialisierung auf die menschliche Natur erforschen zu können, um die negativen Auswirkungen abzuwenden. Die generative Potenz von Frauen stand für die Natur des Menschen, welche es für das Überleben der Gesellschaft zu erforschen galt, um sie gegen die Ein- und Auswirkungen des ökonomischen Wandels zu erhalten.

Der soziale Wandel, der immer mehr Menschen aus traditionellen Generationen- und Geschlechterbindungen freisetzte, war eine der wesentlichen Ursachen für die wissenschaftliche Belagerung der Frau wie deren medizinische Überwachung als Mutter bzw. potenzielle Mutter, da sie aufgrund ihrer Fähigkeit, Kindern das Leben zu geben, tatsächlich Generationen- und Geschlechterbindungen hervorbringt. „Um das Chaos zu lösen", sollte sie nunmehr die Bindungen im Inneren der Familie wiederherstellen, die im Äußeren verlorengingen. Gegenüber den in agrarwirtschaftlichen Lebenszusam-

---

49 Genannt werden: praktische und theoretische Wissensgebiete; Natur- und Geisteswissenschaften; Medizin, Biologie und Hygiene (individuelle und soziale, Gewerbe-, Rassen-, Fortpflanzungs-, Schul- und Tropenhygiene), Physiologie und Pathologie, Embryologie, Vererbungslehre, Genealogie, Psychologie, Psychiatrie, Kriminalistik und gerichtliche Medizin, Verwaltung, Gesetzgebung, Rechtsprechung, Versicherungswissenschaft, Anthropologie, Ethnologie und Vorgeschichte, Sozialwissenschaft und Statistik, Philosophie, Kulturgeschichte, Pädagogik, Kunst- und Literaturgeschichte (ebd.).

menhängen praktizierten Verwandtschafts- und Nachbarschaftsbindungen hat die zunehmende Reduktion mütterlicher Praxis auf die Herstellung einer Familienbindung im Inneren der Familie u. a. hier ihren Ausgangspunkt.

2.3 „Zuchtwahl" und „Gesundheitspaarung": Die „Sakralisierung" des Geschlechtsaktes auf Grundlage einer eugenisch begründeten Trennung von Sexualität und Zeugung

Die Institution der Ehe, in der traditionell die Geschlechter- und die Generationenordnung rechtlich miteinander verbunden und patriarchalisch zugunsten der Männer geregelt waren, erhielt unter eugenischen Gesichtspunkten im 20. Jahrhundert einen neuen Auftrag. Das Ehe- und Familienrecht und seine Änderungen sind ein Ausdruck politischer Entwicklungen und Machtverschiebungen, die im letzten Jahrhundert auch den zunehmenden Eingriff von Naturwissenschaft und Medizin in den Bereich des „Privaten" widerspiegeln (vgl. Lehner Oskar 1987). Eine Konstante des Ehe- und Familienrechts, die sich mehr oder weniger bis in die 70er Jahre hielt, ist die Unterordnung der Frau unter das Entscheidungsrecht des Mannes.

Im Allgemeinen Bürgerlichen Gesetzbuch (ABGB) wurde bis 1811 ein Ehe- und Familienmodell juristisch ausgearbeitet, das im Wesentlichen erst 1975 abgeändert wurde und das einen feudal-ständischen Patriarchalismus[50] in einen bürgerlichen Patriarchalismus transformierte. Im ABGB-Familienrecht von 1811 wurde auch die *Institution Ehe* mit gesetzlichen Maßnahmen geregelt:

„[…] In dem Ehevertrage erklären zwey Personen verschiedenen Geschlechtes gesetzmäßig ihren Willen, in unzertrennlicher Gemeinschaft zu leben, Kinder zu zeugen, sie zu erziehen, und sich gegenseitig Beystand zu leisten" (§44).

---

50 Josef Ehmer erörtert den feudal-ständischen Patriarchalismus des „ganzen Hauses" als gesamtgesellschaftliches Wertemuster in der Lebenswirklichkeit besitzender und politisch berechtigter Stände, doch nicht als durchgehendes Muster im Geschlechterverhältnis. Vor allem in der arbeitenden Bevölkerung habe er sich nicht zur Gänze entfaltet. Und auch in den bäuerlichen Schichten sei Ansehen und Stellung der Frau von der Bewirtschaftungsform und der Arbeitsleistung der Höfe abhängig und weise eine breite Vielfalt auf, z.B. ermöglichten Ackerbau und Viehzucht eine Trennung zwischen häuslichen und äußerhäuslichen Arbeiten, im Weinbau sei dagegen eine geschlechtliche Arbeitsteilung nicht in dem Maße entwickelt. Auch in der ländlichen Hausindustrie waren die Frauen diskriminierenden Geschlechterverhältnisse nicht in dem Maße gegeben, da die Arbeitstätigkeit von Mann und Frau stark angeglichen waren (Ehmer 1977: 38ff). Also auch der feudal-ständische Patriarchalismus darf nicht als einheitliches, alle Stände durchziehende Grundstruktur in den Geschlechterverhältnissen der damaligen Zeit interpretiert werden.

Ziel und Zweck der staatlich institutionalisierten Geschlechterbeziehung war damit unmissverständlich die Reproduktion des Lebens im umfassendsten Sinne. Dazu regelte das Eherecht auch die Aufgabenverteilung in der Ehe, den Sexualverkehr und die trennenden Ehehindernisse. Bezüglich der Aufgabenteilung orientierte sich das Gesetz an einer Entwicklung, welche die männliche Arbeit außer Haus entlohnte, die Arbeit der Frau im Haus entwertete und die Familie vom Einkommen des Mannes und Vaters abhängig machte. Der Mann wurde verpflichtet, „den Unterhalt für sich selbst, seine Frau und Kinder zu besorgen". Die Frau erhielt einen Unterhaltsanspruch und musste ihrem Mann weder Unterhalt leisten noch ihr eigenes Vermögen für den Unterhalt verwenden. Sie war verpflichtet zur Haushaltsführung und zur „Pflege des Körpers und der Gesundheit der Kinder" (§§ 92, 141). Der Mann konnte von ihr „die unentgeltliche Mitarbeit an seinem Erwerb" verlangen (§ 92), und solange sie „ihre Pflichten als Hausfrau und Mutter nicht verletzte", durfte der Mann ihr eine eigene Berufstätigkeit nicht verbieten.[51]

In Bezug auf die Arbeitsteilung regelte das Ehe- und Familienrecht aber die Familienverhältnisse einer bürgerlichen Minderheit, weil die darin sanktionierte geschlechtliche Arbeitsteilung weder in bäuerlichen Schichten noch in der Arbeiterschicht Praxis war.

Sexualität wurde als „Mittel zum Zweck der Arterhaltung" oder als „dem Menschen auferlegte Prüfung" verstanden, zumal der Ehegatte den Rechtsanspruch auf „Duldung bzw. Vollzug des Beischlafes" hatte, was in § 90 als „eheliche Pflicht" formuliert wurde. § 44 enthielt die Pflicht zur Zeugung von Kindern (Lehner Oskar: 39). Das Familienrecht konstituierte damit eine „Zeugungspflicht", der sich Frauen wie Männer rechtlich gesehen nur dann entziehen konnten, wenn sie keine Ehe eingingen. Die Verweigerung des Beischlafes oder der Zeugung von Kindern galt als Scheidungsgrund. Weitere gesetzlich anerkannte trennende Ehehindernisse waren „Mangel des Vermögens zur Einwilligung" („Wahnsinnige", „Unmündige" etc.), „Mangel der wirklichen Einwilligung" (z.B. durch Entführung, „Irrtum in der Person des künftigen Ehegatten" etc.), „Abgang des Vermögens zum Zwecke der Eheschließung" (z.B. Impotenz, Kriminalstrafen, Doppelehe, höhere Weihe, Religionsverschiedenheit, Verwandtschaft etc.), „Abgang der wesentlichen Formvorschriften" des Aufgebots und die „Wiederverheiratung" nach Trennung bei Katholiken.

---

51 Dieses Familienmodell entsprach aber nur einer Minderheit der Bevölkerung. Vor allem die Frauen aus den bäuerlichen Bevölkerungsschichten, deren Arbeiten sich nicht nach diesen Maßstäben von außerhäuslichem Erwerb und Hausarbeit trennen ließen, brachte das bürgerliche Familienrecht um den Ertrag ihrer Arbeit. Die Frauen der unterbäuerlichen Schichten („Häusler", „Inwohner", „Dienstgesinde") und der Arbeiterfamilien mussten sowieso einer außerhäuslichen Arbeit nachgehen, denn der Unterhaltsanspruch konnte aufgrund der niedrigen Männerlöhne nicht realisiert werden. Das Familienrecht regelt damit im Wesentlichen die Familienverhältnisse einer bürgerlichen Minderheit.

Bemerkenswert ist, dass hier Impotenz als „Abgang des Vermögens zum Zwecke der Eheschließung" beurteilt wurde. Eine Ehe konnte also rechtlich getrennt werden, sofern sich bei deren „sexuellem" Vollzug herausstellte, dass der Mann oder die Frau „unfruchtbar" waren, also keine Kinder zeugen bzw. gebären konnten. Die rechtliche Beurteilung der Zeugungspotenz als „Vermögen", was sowohl Fähigkeit wie Reichtum impliziert, korreliert also aufs Engste mit einer bevölkerungspolitischen Theorie des „organischen Kapitals" als Grundlage der „Höherentwicklung" und des staatlichen Reichtums.

Bereits in der Ersten Republik (1918–1934) wurden neue Beschränkungen beschlossen, die auf eine Infiltration des Familien- und Eherechts mit eugenischen Prämissen verweisen. Beispielsweise beschloss der Tiroler Landtag am 28. Januar 1921 ein Gesetz, welches unmissverständlich eugenische Richtlinien aufnahm:

> „Der Verfassungsgebende Tiroler Landtag spricht die Überzeugung aus, es sei im Interesse des allgemeinen Wohles dringend geboten, daß bei Eheschließungen der Gesundheitszustand der Ehewerber bezüglich des Vorhandenseins ansteckender Krankheiten ärztlich überprüft und der Befund den bei der Eheschließung intervenierenden Behörden vorgelegt wird"[52] (1921 zit. in Lehner Oskar 1989: 119).

Das christlichsozial dominierte „Schwarze Tirol" unterschied sich darin aber nicht vom sozialdemokratisch dominierten „Roten Wien". Die Landessanitätsratssitzung empfahl auch dort am 18. Oktober 1921

> „angesichts der mannigfachen schädlichen Einflüsse, die heute weit mehr als früher die Zahl und die Güte des Volksnachwuchses treffen', Maßnahmen auf dem Gebiet der Gattenwahl (Heiratsverbot) sowie Zwangssterilisierungen und Zwangsasylierungen"[53] (ebd.: 119).

Hatte der politische Ehekonsens, den das 19. Jahrhundert ausgearbeitet hatte, auf eine Sozialkontrolle gezielt – um z.B. den Anteil der subsistenzlosen Bevölkerung klein zu halten –, zielte der politische Ehekonsens, der nach dem Ersten Weltkrieg ventiliert wurde, auf eine Gesundheitskontrolle, die bereits eugenisch und rassenhygienisch motiviert war.

Auf Seiten der Medizin war die Frage eugenischer Eheregelung seit Beginn des Jahrhunderts in Diskussion. Im April 1905 stellte der deutsche Internist Friedrich Martius

---

52 Beschluss des Tiroler Landtages vom 28.1.1921 (vgl. Lehner Oskar 1987: 142, Anm. 107).
53 Der Landessanitätsrat stützte sich dabei auf Vorschläge der Psychiatrieordinarien bzw. -dozenten Josef Berze, Otto Plötzel und Julius Wagner-Jauregg wie des Hygienedozenten Heinrich Reichel (vgl. Lehner Oskar 1987: 143, Anm. 110).

(1850–1923) in einem in der „Wiener Klinischen Wochenschrift" publizierten Kongressvortrag[54] fest:

> „Das Standesamt der Zukunft, das die Ehekandidaten nicht nur juristisch oder sozial, sondern auch biologisch und ärztlich auf ihre Zulässigkeit zum legitimen Zeugungsgeschäft zu prüfen hat, wird gar keine Schwierigkeit darin finden, ungeheilten Syphilitikern und unheilbaren Säufern, vielleicht auch manifest Tuberkulösen den Konsens zu verweigern" (Martius 1905: 474).

Doch nicht alle sahen die Medizin als „Standesamt der Zukunft". So kritisierte der pensionierte „landwirtschaftliche Schuldirektor" Hans Schacht aus Heidelberg in einem Aufsatz zur „Höherzüchtung des Menschengeschlechts" im „Archiv für Frauenkunde und Eugenetik" aus dem Jahr 1914 die Überprüfung der Ehetauglichkeit durch Ärzte als Anmaßung. Denn auch dann, wenn durch die Erteilung des Ehekonsenses „den Ärzten ein Stück weiteres Arbeitsgebiet zugewiesen" werde, werde etwas von den Ärzten verlangt, „was ihre Wissenschaft nicht leisten kann" (Schacht 1914: 137). Die Medizin könne sagen, was ist, aber nun werde mit dem eugenischen Auftrag von ihr verlangt, zu sagen, was wird.

In dem Maße aber, in dem die Verbesserung der „Qualität und Quantität" der Bevölkerung in den ersten Jahrzehnten des 20. Jahrhunderts maßgebliche Bedeutung im Bereich der Bevölkerungs- und Sozialpolitik erhielt, stieg auch der Einfluss der Medizin hinsichtlich der Prüfung des „Zeugungsgeschäftes". Das zeigte sich deutlich im Vorschlag des Arztes, Begründers der Sozialhygiene und führenden sozialistischen Eugenikers in Deutschland Alfred Grotjahn (1869–1931), anstelle des von Alfred Ploetz (1860–1940) propagierten Begriffes der „Rassenhygiene" und des von Sir Francis Galton (1822–1911)verwendeten Ausdrucks der „Eugenik" den deutschen Begriff der „Fortpflanzungshygiene" zu verwenden (vgl. Grotjahn 1918).

Alle Strategien zur Verbesserung der Bevölkerungsqualität laufen also im medizinischen Eingriff in die Natur und Kultur der heterosexuellen Geschlechterbeziehung zusammen. Die Höherentwicklung sollte erreicht werden durch die Rationalisierung des Geschlechtslebens auf Basis einer eugenischen Partnerwahl nach Gesichtspunkten des Reproduktionswertes des zukünftigen Mannes bzw. der zukünftigen Frau, durch den Schutz der Reproduktionsfähigkeit der Frauen vor den zerstörerischen Einflüssen der Industriearbeit, Bekämpfung der Geschlechtskrankheiten durch Zwangsbehandlung,

---

54 Der Vortrag wurde unter dem Titel „Ueber die Bedeutung der Vererbung und der Disposition in der Pathologie mit besonderer Berücksichtigung der Tuberkulose" auf dem Kongress für Innere Medizin in Wiesbaden im April 1905 gehalten.

die eugenische Sterilisation und den eugenisch sinnvollen Präventivverkehr. Staatliche Propagandamaßnahmen sollten diese Verpflichtung der Geschlechter zur Zeugung von ausreichenden und gesunden Kindern zur „Herstellung des organischen Kapitals" des Staates fordern und fördern. Maßnahmen, bei denen, so Alexander Szana, ehemaliger Direktor-Chefarzt des „Königlichen Staatlichen Kinderasyls" in Temesvár (Ungarn),

> „mit der ganzen Autorität der höchsten Stelle und des Staates betriebene Propaganda eine rassenhygienische und eugenische Ethik" schaffen, „eine Ethik, die jedes Ehepaar, welches der Nation die zu ihrer Vermehrung notwendigen vier Kinder nicht geschenkt hat, als ein degeneriertes, mißlungenes, bedauernswertes, nicht vollwertiges Ehepaar erscheinen lassen wird" (Szana 1916: 488).

Die Ehe wurde aus bevölkerungspolitischer und eugenischer Perspektive zum öffentlichen Thema. Staatliche Interventionen regelten die Gestaltung der Ehe mittels Gesetzen und standen im Dienste des Erbrechtes, das zum Zweck der Weitergabe des väterlichen Erbes die Geschlechter- und Generationenbeziehungen regulierte. Unter bevölkerungspolitischer Perspektive sollte nun aber auch die Fortpflanzung im Dienste der gesellschaftlichen „Höherentwicklung" kontrolliert werden.

Die Medizin problematisierte nicht die Weitergabe des „ökonomischen Kapitals", sondern des „organischen Kapitals". Die Ehe wurde dazu als eine Form ausgebildet, in der Männer mit Frauen das „organische Kapital" (Tandler 1924: 1) herstellen sollen, das den Staat bildet.

In diesem bevölkerungspolitischen Blick auf die Reproduktion des Lebens kündigt sich bereits jener Prozess an, in welchem im 20. Jahrhundert das „Erbrecht", das die materiellen Verhältnisse zwischen den Geschlechtern und Generationen regelte, mit der „Vererbungslehre" verbunden wird, um die Weitergabe des „organischen Kapitals" staatlich zu überwachen und die „organischen Besitzverhältnisse" rechtlich zu klären.[55]

---

55 So muss heute rechtlich bestimmt werden, wer als Kind und wer als Mutter zu gelten hat: das Kindschaftsverhältnis wird durch die Abstammung begründet. Als *Mutter* gilt immer die Frau, welche das Kind geboren hat (§ 137 b ABGB). Die gesetzliche Regelung darüber wurde durch die Entwicklung der Fortpflanzungsmedizin notwendig, da diese es ermöglicht, dass Frauen mittels Eizellenspende und Leihmutterschaft genetisch fremde Kinder austragen und zur Welt bringen. Beides ist in Österreich verboten (§ 3 Abs. 1 und 3 FMedG). Bezüglich der Feststellung des legitimen *Vaters* gilt beim ehelichen Kind die Ehelichkeitsvermutung, d.h., sofern das Kind nach der Eheschließung oder 302 Tage vor Auflösung der Ehe geboren wird. Bestritten werden kann dies durch „Blutfaktorenvergleich, anthropologisch-erbbiologische Gutachten, Tragzeitgutachten und DNA-Analyse". Aber auch ein Kind, das mit dem Samen eines anderen Mannes im Zuge einer medizinisch unterstützen Fortpflanzung gezeugt wurde, gilt als eheliches Kind, sofern der Ehemann der Mutter diesem Verfahren zugestimmt hat (§ 156a ABGB).

Die Ehe wurde dabei auch als eine Institution hervorgebracht, in der die Geschlechter die medizinisch geleitete Rationalisierung der Reproduktion realisieren sollten. Traditionell hatte sich die Ehe bereits als eine Form entwickelt, in welcher Geschlechter- und Generationenbeziehungen unter den Prämissen eines „privaten Patriarchalismus" verbunden wurden. Unter eugenischen Gesichtspunkten sollten sich die Geschlechter nun aber in der Ehe auch als jeweils „nur ein individualisierter Träger des Lebens", als „ein Übernehmer und ein Übergeber des unsterblichen Keimplasmas" vereinigen (Tandler 1924: 24). Mann und Frau wurden nicht mehr nur als Subjekte eines Ehevertrages betrachtet, sondern – aus bevölkerungspolitischer Perspektive – auch als Objekte und Werkzeuge zur Herstellung des „organischen Kapitals" und aus rassenhygienischer Perspektive als exklusiver Ort zur Abstattung des „Lebens-Lehens", das als geliehens Pfand betrachtet wurde (Reichel 1935: 1082).

Es konnten kaum Gründe geltend gemacht werden, sich der Weitergabe dieses Lehens zu entsagen. Als Ehehinderungsgrund waren im Eherecht bereits „ernsthafte Geisteskrankheiten" anerkannt, Ehen zwischen Verwandten erschwert und Geschlechtsverbindungen außerhalb der Ehe untersagt. Zu diesen bereits tradierten Gründen kamen nun auch eugenische Gründe hinzu. Für Reichel gehörte es zur Pflicht der Ärzte, „Grenzen für berechtigte Maßregeln" festzulegen. Er selbst beurteilte schwere Grade von „Schwachsinn", welche sowohl die Kirche für nicht „sakramentenfähig" wie auch der Staat für nicht rechtsfähig halte, als Ehebehinderungsgrund. Das heißt, sowohl Staat als auch Kirche verweigerten diesen Personen bereits die Eheschließung. Die Fortpflanzung solcher Menschen sei abzulehnen, da nicht nur ihr Zustand weitervererbt werden könnte, sondern auch eine Unfähigkeit, Kinder zu erziehen, vorliege. Der männliche „Schwachsinn" würde den Mann als Sexualpartner meist ausschließen, doch Frauen gelte es besonders zu überwachen, da sie bei leichten „Schwachsinnsgraden" häufig der Verführung und Vergewaltigung ausgesetzt seien. Also nicht die Vergewaltigung war Reichel ein Problem, das einen besonderen Schutz der Frauen verlangte, sondern die Schwängerung der von ihm als „schwachsinnig" beurteilter Frauen. Er vermutete, dass gerade unter den unehelichen Müttern der Anteil an leicht „Geistesschwachen" nicht unerheblich sei. „Soziale Abweichungen" wie die ledige Mutterschaft wurden von ihm pauschal als Folge von „geistigem Schwachsinn" stigmatisiert. Reichel empfahl, „auszugrenzende" Personen durch „genauestes Eingehen auf einzelne Krankheitsformen" festzulegen. Menschen mit „schweren erbbedingten Mängeln" der „höheren Sinnesorgane" – Blindheit, Taubheit – sollten ebenfalls von der Zeugung ausgeschlossen werden, wie auch die Kirche Taube als nicht „sakramentenfähig" ausschließe. Sofern Menschen mit Krankheitsformen, welche eine Ehe ausschließen würden, entgegen allem Rat dennoch eine Ehe eingingen, sollten ihnen alle Begünstigungen vorenthalten werden, welche an eine gesunde Familiengründung und gesunde Mutterschaft geknüpft seien.

Reichel bemühte sich in der Zeit des christlich-autoritären Ständestaates, die rassenhygienischen Ehehinderungsgründe in einen Zusammenhang mit kirchlichen Auslesekriterien zu stellen und eugenische Ziele in die christlich-katholische Ehe- und Familienordnung einzuarbeiten.

Die Ehe erhielt von Seiten der Rassenhygiene aber schon viel früher als Teil jener gesellschaftlichen Einrichtungen Aufmerksamkeit, die in „unmittelbarer Beziehung zu den Auslesevorgängen stehen, zum Teil sogar eigens zu dem Zwecke geschaffen wurde, um die Auslese nach bestimmten Richtungen zu beeinflussen" (Reichel 1922: 10). Reichel empfahl bereits 1922 einem Kreis „sachverständiger Personen" unter Einladung des Herrn Bundespräsidenten Dr. Michael Hainisch, die Ehe „im Dienst der Rassenerhaltung" nach eugenischen Gesichtspunkten zu regeln. Dabei sollten Politik und Gesetzgeber darauf achten, dass dem Mann bei der „Gattenwahl" die „tätige Rolle" zukomme und der Frau die freie Entscheidung über ihre Zustimmung erhalten bleibe. Bei der Partnerwahl sollten die „rassenwichtigen" Ziele einer „gesunden Fruchtbarkeit" neben den ökonomischen Gesichtspunkten bedeutsamer werden. Zugleich sollte eine „geschlechtliche Anziehung" ausschlaggebend sein, da sich ihr völliges Fehlen störend auf die Fruchtbarkeit auswirke. Auch den „0ästhetischen Neigungen", die als Produkt von Erziehung und Bildung gewertet wurden, sollte die Partnerwahl weiterhin entsprechen, da sich darin eine „rassenhygienische Grundlage" manifestiere, nach der von den Ehepartnern auch das Freisein von „erblichen Übeln" gefordert werden könne. Neben diesen eugenischen Kriterien der Partnerwahl empfahl Reichel, „Geisteskrankheiten" und Geschlechtskrankheiten als Ehehindernisse gesetzlich festzulegen und durch einen Untersuchungszwang zu realisieren. Damit seien die Partner gezwungen, die „gesundheitliche Ehewürdigkeit" des Erwählten zur Kenntnis zu nehmen. Für eine längerfristige „Ausschaltung der Träger unerwünschter Erbanlagen" empfahl er langandauernde Freiheitsberaubung (Asylierung) und Sterilisierung von „zu asozialen Handlungen und zu Anomalien des Geschlechtslebens neigenden Psychopathen", da die „einfachste Methode" – nämlich „ihre Vernichtung" – bisher kaum in größerem Umfang angewendet worden sei (ebd.. 12f.). Die Einrichtung eines Sterilisierungsgesetzes wertete Reichel bereits 1922 als Gebot der Stunde.

Als Hauptaufgabe der Rassenhygiene betonte Reichel zusammenfassend den Erhalt der Familie als „Hort der Aufzucht und Erziehung" durch Festhalten an der Dauerehe, vorwiegend häusliche Betätigung der Frau und Begünstigung der „erblich Tüchtigen" durch gesellschaftliche Einrichtungen, um deren „Auslese" für die „Weiterzucht" zu gestalten.

Aus bevölkerungspolitischer Perspektive kritisierte Tandler aber genau diese Geschlechterhierarchie des bürgerlichen Ehemodells, das von der Rassenhygiene bestätig wurde. Er vermerkte, dass die Ehe bisher und zu keiner Zeit ein Vertrag zwischen Gleichgestellten gewesen sei (1924: 6). Wie Rudolf Goldscheid, der die Beseitigung der „Herrschaftsverhältnisse in der Ehe" als grundlegend für den Fortschritt qualitativer wie längerfristig auch quantitativer Bevölkerungspolitik erachtete (1913: 27), forderte auch Tandler den Abbau der Herrschaft des Mannes und die Gleichstellung der Frau. Er begründete seine Forderung nach einer seelischen und ethischen Gleichstellung der Geschlechter mit dem Verweis auf die Menschenwürde und die Bevölkerungspolitik. Denn

> „nur bei gleichem Recht und gleicher Freiheit gedeiht das Gefühl der Verantwortlichkeit für Zeugung und Aufzucht, den beiden wichtigsten Aufgaben der Familie, welche den soziologischen und bevölkerungspolitischen Elementarorganismus darstellt" (Tandler 1924: 7).

In seinem Einsatz für die Gleichstellung der Frauen ging Tandler so weit, den Niedergang der griechischen Staaten und des römischen Imperiums mit der Ungleichstellung der Frau zu begründen. Denn der Ausschluss der Frau, als der wahren Reproduzentin des Menschengeschlechts aus dem öffentlichen Leben, habe erst den psychologischen und organischen Zusammenbruch provoziert, der dem Untergang beider Völker und Staaten vorausgegangen wäre. Zur Erreichung bevölkerungspolitischer Ziele im Interesse des Staates sei die Befreiung der Frauen aus der privaten „eheherrlichen Gewalt des Mannes" also funktional.

Was den qualitativen Teil der Bevölkerungspolitik anbelangte, forderte Tandler die Erweiterung des Selbstschutzes der jeweils lebenden Generation im Dienste der nachkommenden Generation. Gesundheitspflege, Krankenpflege, Pflege des Körpers, Prophylaxe, Verbesserung der Wohnungs- und Nahrungsverhältnisse standen demnach nicht im unmittelbaren Interesse der Betroffenen, sondern diese hatten sich für die „Qualität" ihrer Nachkommen gesund und leistungsfähig zu halten. Um dies zu erreichen, sollte der Wunsch nach gesunden Kindern, den Tandler als allgemein vorherrschenden und traditionellen unterstellte, systematisch rationalisiert werden. „Die bedeutendste Maßregel auf diesem Gebiete wäre eine vernünftige Zuchtwahl, also eine vernünftige Auslese der sich paarenden Menschen" (ebd.: 18).

Da aber weder das „Zuchtziel" noch die vererbungswissenschaftliche Erkenntnis des „Zuchtweges und -objektes" als wissenschaftlich ausreichend geklärt galten, blieb die „eugenisch vernünftige Partnerwahl" als „Zuchtwahl" weiterhin Utopie. Zudem war die Wissenschaft noch nicht im Stande „das Präexistente, also *Konstitutionelle*, von dem durch das Milieu Bedingte, also *Konditionellen,* zu scheiden" (ebd.). Daher konnte lediglich die Möglichkeit einer „negativen Zuchtwahl" durch „Ausmerzung" in Betracht gezogen werden, also ein Eheverbot für Frauen und Männer mit „minderwertigen" Anlagen.

Doch auch die Realisierung „negativer Zuchtwahl" beurteilte Tandler als schwierig, da sie an der Praxis der gegebenen Geschlechterbeziehungen scheitere, in welchen die Vereinigung von Mann und Frau nicht nach bevölkerungspolitischen oder züchterischen Prinzipien, sondern auf Grundlage von Affekten passiere. Wenn man „zwei sich in der Liebe findende Menschen" durch die Einführung einer rationalen Vereinigung daran hindern wolle, käme das aber einer „Vernichtung des Menschlichen" gleich.

Tandler anerkannte das Vorrecht geschlechtlicher Liebe und fand den Ausweg aus dem Dilemma in einer Trennung von „Liebe und Sexualität" auf der einen und „Fortpflanzung" auf der anderen Seite. Dazu gelte es von Seiten der Medizin nicht mit einer „Eheerlaubnis", sondern durch ein „Zeugungsverbot" zu intervenieren. Er wollte jene Paare von der Fortpflanzung ausschalten, für deren „generative Verfehlungen" die Nachkommen wie die Allgemeinheit zu büßen hätten. „Minderwertige" Nachkommen wurden nicht mehr als Schicksal betrachtet, mit dem die Eltern zu leben hatten, sondern als Folge einer unverantwortlichen Entscheidung. Frauen wie Männer machten sich von nun an schuldig an ihren Kindern und der Gesellschaft, wenn sie ihre sexuelle Beziehung nicht einer rationalen Planung unterwarfen, d.h., Sexualität wurde als Grundlage aller ehelichen Beziehungen anerkannt, im Falle des Vorliegens von Krankheiten sollte diese aber durch Einsatz von Präventivmitteln nicht zur Zeugung von Kindern führen.

Die Trennung von Sexualität und Zeugung, die bis zum Ende des 20. Jahrhunderts zunehmend selbstverständlich wurde, hat in der eugenischen Beurteilung der ehelichen Sexualität einen ihrer wesentlichen Ausgangspunkte. Denn auch wenn Empfängnisverhütung Teil einer in allen Gesellschaften und seit Jahrhunderten praktizierten Sexualität war (vgl. Jütte 2003), hatte sie nicht unter dem Aspekt der Verhinderung „minderwertiger" Nachkommen gestanden. Tandler bezog sich bei seiner Konzeption des „Zeugungsverbotes" auf eine andere allgemeingültige und lange Tradition, die er für die „Fortpflanzungshygiene" adaptieren wollte. So wie Sitte und Gesetz seit Menschengedenken den Inzest verbieten würden, gelte es, die Sitte und das Gesetz zu etablieren, dass Paare mit vererbbaren Krankheiten oder keimschädigendem Verhalten (z.B. Alkoholismus) keine Kinder zeugen sollten bzw. dürften.

> „Die Gesellschaft hat aber nicht nur mitzureden im Interesse derjenigen, welche eine Ehe eingehen, sondern auch im Interesse derjenigen, welche einst Produkt dieser Ehe sein werden. Die *Kinder haben ein Anrecht auf Gesundheit, und ihr natürlicher Sachwalter ist die Gesellschaft*" (Tandler 1924: 21).

Neu an diesem Vorschlag ist die Übertragung der Erziehungsgewalt vom Vater auf die Gesellschaft, die als „natürlicher Sachwalter" der Kinder eingesetzt wird. Neu ist aber auch die Idee, dass die Gesellschaft den Kindern „ein Anrecht auf Gesundheit" zuschreibt.

Diese Neuordnung der Generationenverhältnisse sollte über medizinische Aufklärung und Beratung erreicht werden, da ein „Zeugungsverbot" nur mit Hilfe einer Sterilisation durchgesetzt werden konnte. Tandler erachtete aber gegenüber diesen operativen Eingriffen nur Maßnahmen als zielführend, die sich auch im Rechtsbewusstsein des Volkes niederschlagen würden. Er sah einen Erfolg der qualitativen Bevölkerungspolitik erst dann gegeben, wenn die eugenischen Werturteile über den Menschen Teil des sozialen Sinns würden.

„Erst wenn in der ganzen zivilisierten Menschheit die *Zeugung kranker Kinder dem Volksbewußtsein ebenso zuwider sein wird wie die Blutschande*, erst dann wird die obligatorische Eheerlaubnis einen Sinn haben" (ebd.: 22).

Bis dahin sollte die „Erweckung der *generativen Ethik*" mit Hilfe der Eheberatung und medizinischen Aufklärung einziges Mittel der Wahl bleiben. Tandler lobte jene Paare, welche die seit dem Jahr 1923 angebotene Eheberatung in Wien in Anspruch genommen haben, als „Pioniere der generativen Ethik". Es seien meistens durch Tuberkulose, Geschlechtskrankheiten, Alkoholismus oder Psychopathie „belastete Menschen", die „instinktiv" ihre „Verantwortung" erfasst hätten. Und erst wenn jedes Brautpaar auf Grundlage einer eugenischen Eheberatung heirate, sei der Staat im Stande, rationelle Bevölkerungspolitik zu machen. Dann werde die nächste Generation im Mittelpunkt des Interesses aller Menschen stehen, dann würden die Menschen begreifen, „dass die messianische Erfüllung ihrer eigenen Generation die nächste sei" (ebd.: 22).

Auch der Gynäkologe Karl Kautsky jun., Sozialdemokrat und Leiter der „Eheberatungsstelle" in Wien, die erste dieser Art in ganz Europa, hat in seiner Schrift „Der Kampf gegen den Geburtenrückgang. Kapitalistische oder sozialistische Geburtenpolitik" (1924) die Hoffnung ausgesprochen, dass durch die Bildung eines rationalen Verhältnisses zur „Fortpflanzung" ein neuer „Zeugungswille" entstehen werde, der „nicht mehr dem dumpfen des Tieres vergleichbar, sondern gelenkt und gezügelt von Vernunft und Verantwortungsgefühl" wäre (1924: 23ff.).

Die Erziehung von Männern und Frauen zu einer „eugenisch vernünftigen" Fortpflanzung durch medizinische Eheberatung, Aufklärung und medizinisch überwachte Fürsorgemaßnahmen war der Weg, auf dem die Medizin in den ersten Jahrzehnten des 20. Jahrhunderts die bevölkerungs- und sozialpolitischen Ziele umzusetzen versprach. Diese Erziehung wurde in der ärztlichen Praxis, in der Eheberatung, in Aufklärungsbroschüren, Vorträgen und Zeitungsartikeln betrieben. Und sowohl Kliniker wie in der Praxis stehende Ärzte sahen in der Eheberatung und der Aufklärung des Volkes eine größere Chance, eugenisches Bewusstsein im Dienste der Bevölkerungspolitik zu schaffen, als durch Ehezeugnisse (vgl. Sachs 1925: 29).

Das eugenische Gedankengut der Medizin wurde, wie Karin Lehner in ihrer Studie zu den sozialdemokratischen Reformbestrebungen bezüglich Schwangerschaftsabbruch (1989) herausgearbeitet hat, in den 20er Jahren beispielsweise in den Medien als „voreheliche Körperkontrolle" propagiert. So war in einem Artikel der „Arbeiterinnenzeitung" zu lesen, dass Frauen und Männern, die heiraten wollten, „die Gelegenheit" gegeben werde, „sich von einem fachkundigen Arzt untersuchen zu lassen, um zu wissen, ob sie es vor ihrem Gewissen verantworten können, zu heiraten und Kinder zu zeugen" (in Lehner Karin1989: 83). In der Rubrik „Briefe einer Ärztin" wurde in der sozialistischen Zeitung „Die Unzufriedene" den Frauen geraten, von ihren zukünftigen Ehemännern ein Gesundheitszeugnis zu verlangen. Zur Begründung forderte die Autorin Frauen auf, sich vom Elend „degenerierter" Menschen selbst ein Bild zu machen: „Gehe, ehe Du dich bindest, einmal in ein Irrenhaus und schau Dir die unglücklichen an, die dort dem Tode entgegensiechen. Zeuge keine Irrenhäuser! Deine wohlmeinende Freundin" (in ebd.: 85). Und auch das christliche Trauungsritual sollte durch eine weltliches, ein wissenschaftliches Ritual ersetzt werden: „Und doch soll kein Mädchen mit einem Mann zum Altar gehen, bevor sie mit ihm nicht beim Doktor war. Die Eheberatung ist ebenso wichtig wie die Sakristei" (in ebd.).

Dieser Vergleich der Eheberatung mit dem Nebenraum der Kirche verweist auch auf die Sakralisierung, zumindest aber auf die Überhöhung der Ehe, die dann analog zum Inneren der Kirche gehört. Die Ehe wird damit zum heiligen Ort gemacht, an dem die Transsubstantiation[56] stattfindet, bei der die Wesensverwandlung von Samen und Eizelle in den Leib und Blut eines kommenden Kindes sich vollziehen soll. Die Eugenisierung der Ehe implizierte damit auch eine „Sakralisierung der Zeugung", was sich zur katholischen Lehre von der Jungfrauengeburt völlig entgegengesetzt verhält. Die Eugenisierung der Geschlechterbeziehung etablierte den Geschlechtsakt als eine Art „sakralen Raum", in dem die „schöpferische Lebenskraft" der Geschlechter als Zuchtgemeinschaft der „Höherentwicklung" produktiv gemacht werden sollte.

Die Eugenisierung der Geschlechterbeziehung verläuft auf der Grundlage eugenischer Beurteilung des Reproduktionswertes von Männern und Frauen. Die Eugeni-

---

[56] Transsubstantiation bedeutet „Wesensverwandlung"; in der katholischen Kirche ist damit die durch Konsekration (liturgische Weihe) im Messopfer (Wandlung) sich vollziehende Umwandlung der Substanz von Brot und Wein in den Leib und das Blut Christi gemeint.

sierung ist zentraler Bestandteil der Medikalisierung der sozialen Frage, die von einer patriarchalen Wohlfahrts- und Bevölkerungspolitik lanciert wird. Die Medizin bestätigt dabei die dualistische Fassung der Geschlechterordnung des modernen Staates, der den Mann als Soldat und die Frau als Mutter verwenden will (vgl. Patemann 1988). Der Mann soll als Soldaten im Kriegseinsatz u.a. die nationale Gemeinschaft als „symbolische Verwandtschaft" hervorbringen, die Frau als Mutter eine Generationenfolge.

Der eugenische Blick auf Frau und Mann fügt sich problemlos in die bürgerliche Geschlechterordnung, die als Mythos der „bloßen Naturauslegung" eine Biologisierung der Geschlechterverhältnisse mit Hilfe der Wissenschaft betreibt und die Hierarchien zwischen den Geschlechtern wissenschaftlich legitimiert und begründet (vgl. Honegger 1991). Mehr noch wird die bürgerliche Geschlechter- und Generationenordnung von der Eugenik bedient, zumal das Bürgertum selbst von ärztlicher Seite als der „wertvollste", „vorbildlichste" Stand und als „Gehirn des Volkes" gewertet wird und als „Musterfarm" für die anderen Stände Orientierung schaffen soll.

Die Eugenisierung der Geschlechterordnung mittels medizinischer Eingriffe in die Geschlechterbeziehung (Partnerwahl und Ehe), das Sexualleben (Präventivverkehr, Abortus, Sterilisation, Kastration) und die Geburt (Geburtsbeendigung, Klinikgeburt) ist patriarchalisch motiviert und dient dem Interesse einer hegemonialen Männlichkeit der bürgerlichen Klasse.

Die eugenische Selektion „legitimer" männlicher Reproduzenten zur Herstellung des „organischen Kapitals" regelt auch die männliche Konkurrenz um „ökonomisches, soziales und kulturelles Kapital" (Bourdieu), um Entscheidungsmacht, Ansehen, Arbeitsplätze und Zugang zu Frauen.

Die eugenische Selektion „legitimer" weiblicher Reproduzenten „organischen Kapitals" regelt aber auch das neue Arbeitsverhältnis zwischen Staat und Frauen. Der Staat überwacht in der Ehe nicht mehr nur die Weitergabe des „ökonomischen Kapitals" (z.B. Erbrecht), des „symbolischen Kapitals" (Frauen und Kinder erhalten den Namen des Vaters, der alle Entscheidungsmacht über sie innehat, etc.) und des „sozialen Kapitals" (z.B. Wohnsitzfolgepflicht der Ehefrau), sondern auch die Produktion und Reproduktion des „organischen Kapitals".

Die eugenischen Eingriffe in die Natur und Kultur der Reproduktion sind damit auch funktional für die Stabilisierung der durch den ökonomischen und sozialen Wandel destabilisierten Geschlechterverhältnisse. Sie versuchen der Geschlechterbeziehung einen neuen „Sinn" zu geben, nämlich den gesunden „Erbstrom" fließen zu lassen. Dies schien im Rahmen der Aufrechterhaltung der „Dauereinehe" einlösbar zu sein, was zugleich das bürgerlich wie katholische Verständnis der Ehe bestätigte.

3. „Gesunderhaltung" des „gesund geborenen Nachwuchses" als wichtigste Maßnahme des „Volksaufbaus": Eugenisierung der Generationenverhältnisse

> „Schönstes Endziel von Pflege und Erziehung
> ist die Heranbildung eines
> körperlich und geistig gesunden Kindes."
>
> Rein 1911: 1340

Die Freisetzung aus Generationenbindungen infolge der ökonomischen und sozialen Veränderungen, welche die Industrialisierung in allen Lebensbereichen hervorrief, führte – wie im ersten Teil dieses Kapitels bereits erörtert – in Zusammenhang mit der massenhaften Zuwanderung zu den Zentren der Industrie zu sozialer Verelendung der unteren Schichten, zu Geburtenrückgang und vor allem auch zu einer erhöhten Säuglings- und Kindermorbidität und -mortalität. Die aus Industrialisierung und Urbanisierung hervorgebrachten gesellschaftlichen Verhältnisse in den Zentren der Industrie wurden von (bildungs-)bürgerlichen und kleinbürgerlichen Schichten der Großstädte wie den politisch dominierenden konservativen Parteien als kultureller „Niedergang" und als „Degeneration" interpretiert, die umfangreiche bevölkerungs- und wohlfahrtspolitische Anstrengungen hervorriefen, eine neue gesellschaftliche Ordnung zu schaffen.

Der Geburtenrückgang evozierte die Angst vor nationalen Machtverlusten und den Einsatz der Medizin für die „Quantität und Qualität" der Nachkommen. Die Medizin sollte u.a. das Überleben der Gesellschaft durch die Sicherung einer Generationenfolge gewährleisten. Da aber weder durch politische, juristische noch medizinische Eingriffe in die Reproduktion (Verbot des Schwangerschaftsabbruches und der Anwendung von Empfängnisverhütungsmitteln) eine Steigerung der Geburtenzahl erreicht werden konnte, wurde die Senkung der Säuglingsmortalität zum bevorzugten Mittel, um das Ziel zu erreichen.

Investitionen der sozialen Wohlfahrt für das Überleben der Säuglinge und Kleinkinder und für die Verbesserung der „Kinderaufzucht" wurden aus bevölkerungs- und wohlfahrtspolitischen Erwägungen als „produktiv" beurteilt, die Ausgaben für „unheilbar Kranke", „sieche und alte Menschen" dagegen als „unproduktiv". Denn Letztere würden den Staatshaushalt nur belasten, weil diejenigen, die dabei in den Genuss der Wohlfahrtszuschüsse gelangten, diese nie mehr ausgleichen könnten (vgl. Kap. I. 1.1 und 1.2). Kinder aber, die gesund und gebildet bis ins reproduktions- und arbeitsfähige Alter gebracht würden, könnten demgegenüber die für sie aufgewendeten Kosten durch gesunde Fortpflanzung und Arbeitseinsatz wieder begleichen. Damit die kommende Generation die Investitionen der sozialen Wohlfahrt wieder auszugleichen vermöge, sollte die Medizin – im Wesentlichen Kinderheilkunde und Geburtsmedizin – die „Qualität der Nachkommen" gewährleisten, d.h. dazu beitragen, dass Kinder gesund geboren würden und gesund blieben.

Die Eugenisierung der Mutter-Kind-Beziehung wie der Geschlechterbeziehung (vgl. Kap. I. 2) war in ihrem Beginn Teil der Medikalisierung der sozialen Frage, mit der in den ersten Jahrzehnten des 20. Jahrhunderts die zerstörerischen Auswirkungen von Industrialisierung und kapitalistischer Ökonomie auf das Leben und die Lebensverhältnisse der Menschen behoben werden sollten. Eugenische Eingriffe in die Reproduktion waren dabei sowohl wohlfahrtspolitische wie auch wissenschaftliche Antworten auf die „soziale Frage". Eine wissenschaftliche Antwort, die zugleich auch als Politik und Pädagogik fungierte wie funktionierte und als solche erst die „prophylaktische Gesellschaft" im Laufe des 20. Jahrhunderts durchsetzen konnte.

Die Medikalisierung war aber auch eine Antwort, bei der sich die Strategie einer „uneigennützigen Eigennützlichkeit" (Bourdieu) auf Seiten der Medizin bezahlt machte. Ihr „uneigennütziger" Einsatz für die Gesundheit der Menschen nützte in jeder Hinsicht auch eigenen Professionalisierungs-, Profilierungs- und Machtinteressen hinsichtlich des wissenschaftlichen und gesellschaftlichen Einflusses der jeweiligen medizinischen Fächer und der Medizin insgesamt, die im 20. Jahrhundert ein „radikales Monopol" (Illich) auf medizinische ExpertInnendienstleistungen durchsetzen konnte.

Für den Erfolg der Medizin waren im letzten Jahrhundert aber auch wissenschaftsinterne Faktoren, allen voran der Aufstieg der „Labormedizin" grundlegend, die nicht mehr durch Beobachtung und Berührung der PatientInnen (Humoralpathologie) oder durch Leichensektion (Organpathologie) Diagnosen und medizinisches Wissen erarbeitete, sondern auf Basis naturwissenschaftlicher Experimente im Labor.

Diese komplexen Zusammenhänge von sozialer Verelendung, bevölkerungs- und wohlfahrtspolitischen Interessen an der Rationalisierung der generativen wie regenerativen Reproduktion von Gesellschaft und damit an Geschlechter- wie Generationenbeziehungen, dem Einsatz der Medizin für deren „Quantität und Qualität", den Interessen der Medizin am Ausbau eines diagnostischen und therapeutischen ExpertInnenmonopols und dem Durchbruch der naturwissenschaftlichen Medizin waren der Boden, auf dem eine Eugenisierung der Generationenverhältnisse im 20. Jahrhundert erarbeitet wurde.

Der Staat begann seinerseits bereits im 19. Jahrhundert aus bevölkerungspolitischen Interessen eine Politik in Bezug auf Kinder zu betreiben. Mit Hilfe der Erziehung sollten „erwerbsame" (Feldbauer 1980: 43) Menschen geschaffen und damit eine jeweils erwünschte „Qualität" gesichert werden, mit Hilfe der Medizin sollte die Kindersterblichkeit gesenkt und damit eine jeweils erwünschte „Quantität" hergestellt werden. Pädagogik und Medizin wurden also schon lange vor 1900 als „exekutive Gewalt" des Staates adressiert, und beide nützten diesen Einsatz für den Auf- und Ausbau ihres Einflusses.

Auch der Aufstieg der Kinderheilkunde ab Mitte des 19. Jahrhunderts zu einem eigenen klinischen Fach um 1900 steht in Zusammenhang mit diesen bevölkerungspolitischen Interessen an den Nachkommen und den Folgewirkungen der Industrialisierung. So ermöglichte erst die soziale Lage der Arbeiterkinder und der Kinder der unteren Schichten die Einrichtung und Entwicklung der Kinderheilkunde auf Basis der Errichtung von Kinderspitälern. Diese trat in Konkurrenz mit einer „Hausmedizin am Kind", war aber während des 19. Jahrhunderts kaum im Stande, Alternativen anzubieten. Elisabeth Muigg konnte in ihrer Studie zur Entwicklungsgeschichte der Kinderheilkunde im 19. Jahrhundert (1999) zeigen, dass die pädiatrischen Publikationen in den Anfangsjahrzehnten des neuen Faches wesentlich Schriften zur Volksaufklärung waren. Diese zielten darauf, die traditionellen Praktiken der familiären Pflege von kranken Kindern durch eine medizinische Erziehung der Mütter zu verändern. So beurteilte beispielsweise der Begründer des ersten Kinder-Kranken-Institutes in Wien, Joseph Johann Mastalier, eine umfassende Aufklärung und Beratung der Eltern für den Erfolg der neuen, medizinischen Heilmethoden als unerlässlich (1787 zit. in Muigg: 13). Volksaufklärung wurde insgesamt als Aufgabe der neuen Kinderheilkunde konzipiert und die Umerziehung der Mütter zielte auf eine Ersetzung alltagspraktischer Einstellungen zum Kind durch wissenschaftliche.

Dieser Zusammenhang von Medizin und Erziehung, dieser Gedanke, dass – zugespitzt gesagt – Medizin durch Erziehung wirken soll, bzw. Medizin der umfassenden Elternerziehung bedarf, fand sich beispielgebend in den Titeln der wichtigsten pädiatrischen Schriften des 19. Jahrhunderts.[1] Die Erziehungsfehler der Eltern wurden von den Pädiatern in aller Deutlichkeit als schädigende Praktiken der traditionellen Gesundheitsversorgung angeprangert:

---

[1] Populärwissenschaftliche Schriften der Kinderheilkunde im 19. Jahrhundert (vgl. Muigg 1999: 16): Joseph Johann Mastalier: „Versuch über die Art, die Kinder beim Wasser zu erziehen" (Wien 1794); Alois Careno: „Vorschläge zur Verbesserung der körperlichen Kindererziehung in den ersten Lebensperioden" (Wien 1811); Leopold Anton Gölis: „Mutter und Kind" (Wien 1826); Thomas Lederer: „Anweisungen zur Ernährung der Kinder" (Wien 1825); Raphael Ferdinand Hussian: „Der Mensch als Kind. Darstellung einer auf naturgemäße Grundsätze gestützte physisch-moralische Pflege des Kindes" (Wien 1832); Raphael Ferdinand Hussian: „Studien zur Kinderheilkunde"; Johann Elias Löbisch: „Allgemeine Grundsätze zur physischen Erziehung" (Wien 1848); Ludwig Wilhelm Mauthner: „Kinder-Diätetik" (Wien 1853).

„[…] und das arme Kind wird mit Haus- oder wie sie sagen, mit unschuldigen und bewährten Mitteln, die entweder die Frau Mama selbst, die Großmutter, Waerterin, oder eine alte Tante aus ihrer medizinischen Schatzkammer entlehnt, überhäuft, gebadet, beschmiert, abgeführt, ja es muß allem Widerstreben ungeachtet, alle Arten von Säften und Pulvern verschlucken, und eine halbe Apotheke ausleeren, um ein medizinischer Martirer zu werden" (Mastalier 1787: 13[2], zit. in: Muigg 1999: 17).

Das erstaunliche an diesen Angriffen gegen die traditionelle Hausmedizin der Frauen und Mütter aber war, dass die Pädiater um 1800 und im 19. Jahrhundert über keine wirksamen Heilmethoden verfügten, die Kinderheilkunde in den Kinderschuhen steckte und die ehrgeizigen Mediziner gerade auf die Kenntnisse dieser traditionellen Heilpraktiken angewiesen waren, wie derselbe Pädiater in der gleichen Publikation auch einräumte:

„Doch muß ich nun guten Müttern Gerechtigkeit widerfahren lassen […], daß man oft sehr bescheidene, und in Betreff der Kinderkrankheiten einsichtsvolle Frauen antrifft, welche aus Empfindungen der Kleinen manchmal besser als der Arzt selbst die Krankheit, und die Ursachen des Uebels bestimmen können, dem Arzt einen Wink geben, und an Sachen erinnern, die er sich nie haette beifallen lassen […]" (Mastalier 1787: 14, zit. in: Muigg 1999: 17).

Insgesamt zeichnete die pädiatrische Literatur im 19. Jahrhundert ein idealisiertes Bild vom Kind, das nur durch externe Ursachen, in erster Linie durch schlechte Erziehung, und andere äußere Einflüsse verdorben werde. Krankheit, Bösartigkeit, Faulheit, Traurigkeit und auch die kindliche Sexualität schienen der kindlichen Natur zu widersprechen. Erziehung wurde vor dem Hintergrund dieses Verständnisses von Seiten der Kinderheilkunde als Eingriff verfasst, der „vervollkommnen" sollte, was die Natur grundgelegt hätte. Diese medizinische Fassung von Erziehung entsprach der Aufklärungspädagogik Rousseaus (1712–1778), nach der die Gesellschaft, nicht aber die Natur, Ursache der Schlechtigkeit des Menschen wäre. Wie das Kind, so wurden auch die Möglichkeiten der Erziehung überhöht:

„Wenn aber nicht schon in der Wiege das Böse erstickt wird, wird es mit dem Menschen groß. Erziehung ist daher der Anfang und die Grundlage aller Glückseligkeit des Menschen […] der Mangel an Erziehung ist die Hauptquelle fast aller Übel auf dieser Erde" (Mauthner 1853: 255, zit. in Muigg 19).

---

2 Mastalier Joseph Johann: „Über die beste und leichteste Art, die zarten Säuglinge zu ernähren", Wien 1787.

Bezüglich der Ernährung propagierte die Kinderheilkunde im 19. Jahrhundert das Stillen, das als die natürliche Ernährung von Säuglingen beurteilt wurde. Körperliche und geistige Gesundheit sollten durch richtige Erziehung erreicht werden, körperliche Genüsse wie Saugen am Schnuller[3] oder Küssen aus hygienischen Gründen eingedämmt. Das Wiegen und Schaukeln von Kleinkindern wurde als Ursache seelischer und körperlicher Krankheiten, die Onanie als Ursache von Charakterstörungen abgelehnt[4] (vgl. Muigg 18–26).

Zur Senkung der Kindersterblichkeit wurde die ab der zweiten Hälfte des 18. Jahrhunderts entwickelte Pockenschutzimpfung als eine der ersten prophylaktischen Maßnahmen der Medizin durchgesetzt, die in der Erprobungsphase aufgrund der Nebenwirkungen körperliche Entstellungen, Erkrankungen und häufig auch den Tod zur Folge hatte und in der Bevölkerung gefürchtet war. Erst die Entwicklung anderer Impfstoffe führte im 19. Jahrhundert zu einer Verbreitung der Pockenimpfung und zu einer Akzeptanz der Prophylaxe im städtischen Bürgertum, weniger jedoch in den ländlichen Bevölkerungskreisen. Der Staat setzte die Pockenprophylaxe aber letztlich mit Zwangsmaßnahmen durch, indem die Impfung beispielsweise Bedingung für den Schulbesuch wurde. Impfbefürworter kritisierten die Staatsverwaltung, die auf Zwangsmaßnahmen verzichtete,

„obgleich sie im Grunde verpflichtet wäre, mit Gewalt einzuschreiten, weil die elterliche Macht sich keineswegs soweit erstrecken darf, aus Leichtsinn eine mühelose und kostenlose Handlung zu unterlassen, wodurch das Leben der noch nicht selbständigen Kinder gefährdet werden kann, umsoweniger, da der junge Mensch auf seine Selbsterhaltung schon angeborne und auch der Staat unleugbare Rechte darauf hat" (Wertheim 1810: 227[5], zit. in: Muigg 50).

Der Pockenprophylaxe und in deren Folge der Impfpraxis kommt als erster medizinisch verordneter, staatlich durchgesetzter, vorbeugender Maßnahme im 19. Jahrhundert Vorbildcharakter für alle weiteren staatlichen Eingriffe in die Gesundheit der Bevölkerung im Namen der Erkrankungsvorbeugung zu. Sie stellte den Beginn einer Medikalisierung der sozialen Frage dar, bei der die Medizin als exekutive Gewalt des Staates eingesetzt wurde und sich selber als solche etablierte.

---

3 Ab 1852 wurde im österreichischen Strafrecht die Anwendung des Mohnschnullers mit ein bis sechs Monaten Arrest geahndet, da davon ausgegangen wurde, dass diese im Volk gebräuchliche Methode zur Beruhigung der Kinder schädigende Auswirkungen auf die Gesundheit der Kinder zeitige (Muigg 1999: 23).
4 Ammen wurden verdächtigt, an den Genitalien der Kinder zu spielen, um sie zu beruhigen (vgl. Löbisch Johann Elias: „Allgemeine Anleitung zum Kinderkrankenexamen", Wien 1832:27, zit. in: Muigg 1999: 24).
5 Wertheim D. Z.: „Versuch einer medicinischen Topographie von Wien", Wien 1810.

So scheute die Staatsgewalt schon um 1800 im Rahmen der Impfpraxis keine Zwangsmaßnahmen, um die Bereitschaft der Eltern zu heben, ihre Kinder impfen zu lassen. Beispielsweise wurde es Seelsorgern verboten, die Leiche eines an Blattern verstorbenen Kindes bei der Beerdigung zu begleiten, oder die Obrigkeit wurde angehalten, Häuser mit „blatternden Kindern" zu kennzeichnen. Zur Durchsetzung der Impfprophylaxe wurden Eltern für die Gesundheit ihrer Kinder verantwortlich gemacht, die Nichterfüllung dieser Pflicht unter Strafe gestellt, zumal

> „seit dem 26. März 1802 die Schutzpocken-Impfung als das sicherste Mittel gegen die Ansteckung mit den gewöhnlichen Blattern anempfohlen worden, und folglich jedes blatternde Kind einen Beweis von der sträflichen Widersetzlichkeit seiner Ältern gegen die heilsamen Verfügungen der Staatsverwaltung liefert" (Hofkanzlei-Decret vom 15. März 1812, zit. in: Muigg: 51).

Obwohl in Ärztekreisen bereits 1810 bekannt war, dass die Impfung nur zeitlich begrenzt wirkte und die Entwicklung effizienterer Pockenimpfmethoden noch jahrzehntelanger Arbeit bedurfte, zogen weder Medizin noch Staatsverwaltung diesen Eingriff in das Eltern-Kind-Verhältnis in Frage. Beide waren aber daran interessiert, dass auf Seiten der Bevölkerung und der Eltern die Haltung, Pockenerkrankung als „unabänderliche Fügung des Schicksals Gottes" zu betrachten, aufgegeben wurde. Die Menschen sollten dazu erzogen werden, die Impfung gegen die Pockenkrankheit als „diesseitig-zweckrationales Gesundheitsverhalten" und als „Präventionsverhalten" anzunehmen (Wolff 1991: 230).

Die kinderärztliche Praxis war zu Beginn des 19. Jahrhunderts dominiert von Aufklärungs- und Erziehungsaufgaben, in der Medizin aber war sie als eigenes Fach noch nicht etabliert. Die Entwicklung dazu bedurfte mehr als eines Jahrhunderts. 1808 habilitierte Heinrich Xaver Boer (1764–1821) an der Universität Wien noch für das gemeinsame Fach „Frauenzimmer- und Kinderkrankheiten". Das heißt, auch die Gynäkologie musste sich als eigenes Fach erst im Laufe des 19. Jahrhunderts differenzieren und etablieren (vgl. Honegger 1991). Auch wollte die „Studien-Hof-Commission" die medizinischen Lehrkanzeln nicht zu sehr zersplittern. Sie hielt Vorlesungen über jedes „Haupt-Menschenalter" und jede „Menschengattung" nicht für notwendig (vgl. Muigg: 53).

Die Kinderheilkunde musste sich also zuerst aus ihren Verbindungen mit der Frauenheilkunde und der Internen Medizin lösen. Entscheidend dafür war die Gründung des Kinderspitals, das auf die „Versorgungsnotwendigkeit" sozial verursachter Kinderkrankheiten von Unterschichtkindern reagierte und mit Krankheiten befasst war, welche durch die Fabrikarbeit der Kinder oder die ihrer Mütter, welche ihre Kinder nicht mehr versorgen und pflegen konnten, verursacht wurden. Zugleich aber bekamen die angehenden Mediziner damit auch erst das „Untersuchungsmaterial" für die Entwicklung von Diagnose und Therapie. So erhielt beispielsweise das St.-Anna-Kinderspital 1844 die staatliche Bewilligung, „das Krankenmaterial zu Vorlesungen zu verwenden". 1855 erschien die erste Fachzeitschrift, die „Österreichische Zeitschrift für Kinderheilkunde", die 1857 vom „Jahrbuch für Kinderheilkunde" abgelöst wurde (ebd.). Die endgültige wissenschaftliche Durchsetzung der Pädiatrie gelang aber erst um 1900, indem sie ins Studium der Medizin Eingang fand. Ab 1899 wurde die Pädiatrie zum obligatorischen Prüfungsfach des Medizinstudiums, und im ersten Jahrzehnt des 20. Jahrhunderts entstanden mehrere kinderärztliche Vereinigungen.[6] Die Geschichte der Wiener Kinderheilkunde, ihr Aufstieg von einem wenig beachteten Teilgebiet zu einem Spezialfach der Medizin des 20. Jahrhunderts, wurde 1932 erstmals gewürdigt:

> „Den Männern, die unter den schwierigsten Verhältnissen die ersten Spatenstiche getan, hingebungsvoll den Grund gelegt haben, auf dem sich der stolze Bau der modernen Kinderheilkunde erhebt, gebührt der Dank der Nachwelt" (Neuburger 1932: 1152).

Wissenschaftsintern beruhte der Aufstieg der Kinderheilkunde auf der Durchsetzung der Labormedizin in den letzten beiden Jahrzehnten vor 1900. Das daraus hervorgehende naturwissenschaftlich bestimmte, biomedizinische Erklärungsmodell der Krankheitsursachen begann sich bereits ab den 40er Jahren des 19. Jahrhunderts durchzusetzen. Die vorherrschenden Erkrankungen im Entstehungskontext dieses Krankheitsmodell, das die Ursache einer Erkrankung auf einen einzigen Erreger zurückführte, waren Infektionskrankheiten wie Cholera, Typhus und Tuberkulose, die aufgrund ihrer leichten Übertragbarkeit als „Seuchen" wahrgenommen wurden, welche eine Gefahr für die ganze Gemeinschaft bzw. Bevölkerung darstellten.

Das biomedizinische Erklärungsmodell löste das empirisch-analytische Paradigma der „Humoralpathologie"[7] der „Ersten Wiener Medizinischen Schule" ab, demzufolge der Arzt durch genaue Beobachtungen des Patienten die Diagnose erarbeitete. Die neuen Erkenntnisse der „Zweiten Wiener Medizinischen Schule" orientierten sich an der „Organpathologie", welche die Ursachen einer Krankheit in Organen lokalisierte. Das neue Wissen der Organpathologie beruhte im Wesentlichen auf der Leichensek-

---

6 Die „Pädiatrische Sektion der Gesellschaft für Innere Medizin" wurde 1904, der „Club der Wiener Kinderärzte" ebenfalls 1904 und die „Gesellschaft für Kinderforschung" 1906 gegründet.
7 Antike Säftelehre, nach der alle Erkrankungen auf eine fehlerhafte Zusammensetzung des Blutes oder anderer Körpersäfte zurückgeführt werden.

tion, auf deren Basis eine Systematik der pathologischen Anatomie ausgearbeitet wurde. Die Kinderheilkunde orientierte sich dagegen aber noch bis zur nächsten, tiefgreifenden Veränderung in der Medizin ab den 80er Jahren des 19. Jahrhunderts an der humoralpathologischen Tradition der Ersten Wiener Schule.

Dann aber evozierten naturwissenschaftliche Entdeckungen in Physik und Chemie eine Veränderung der Krankenhausmedizin und führten zur Etablierung der biomedizinischen „Labormedizin", welche auch die Kinderheilkunde veränderte. Das Labor eröffnete dem Arzt einen vom Krankenhaus getrennten Arbeitsbereich, in welchem auf Basis des naturwissenschaftlichen Experiments (chemische und physikalische Versuche) das Wissen erarbeitet wurde. Die Herausbildung der Bakteriologie als Spezialgebiet stand damit in engem Zusammenhang. Und Krankheiten, welche auf bakteriologischen Infektionen und chemischen Veränderungen beruhten, wurden nun naturwissenschaftlich erklärt (vgl. Muigg 1999: 89).

Die Etablierung der „Labormedizin" ermöglichte es, Krankheiten nicht ausschließlich anhand organischer Schädigungen, sondern anhand biochemischer Prozesse zu identifizieren. Die neue Medizin versuchte dabei aber nicht nur die Krankheitserreger zu identifizieren, sondern auch Schutzmaßnahmen zu entwickeln, wie z.B. die Bakteriologie im Anschluss an Pasteur. Diese präventiven Ziele, die sich in der Schutzimpfung manifestieren, leiteten auch den Aufstieg der Hygiene und Mikrobiologie in die Wege, die mit Hilfe hygienischer Maßnahmen (z.B. Isolierung) versuchten, ansteckende Krankheiten in den Griff zu bekommen. Die dazu ab den 70er Jahren des 19. Jahrhunderts entwickelten Schutzimpfungen waren unter den Klinikern aber noch umstritten (Seidler 1966: 87). Auch der endgültige Aufschwung der Kinderheilkunde verdankte sich dem Fortschritt der Labormedizin, da mit ihrer Hilfe die Notwendigkeit der Isolierung infektionskranker Kinder erkannt wurde und die Lösung des Problems der künstlichen Ernährung in greifbare Nähe rückte.

Dieser Aufschwung zeigte sich in einer Zunahme der wissenschaftlichen Publikationen und in der Gründung mehrerer Kinderspitäler. So wurden allein in Wien in den 70er Jahren des 19. Jahrhunderts vier Kinderspitäler gegründet.[8] Triebfeder für deren Einrichtung waren also sowohl wissenschaftsexterne Faktoren – wie das Kinderelend in den Arbeiter- und Unterschichten der Bevölkerung, das bevölkerungspolitische Interesse an den Nachkommen und das Professionalisierungsinteresse der Medizin – als auch wissenschaftsinterne Faktoren wie die Fortschritte auf dem Gebiet der Bakteriologie.

---

8 Das Leopoldstädter Kinderspital wurde 1872, das Kronprinz-Rudolf-Spital 1875, das Karolinen-Kinderspital 1879 und das Lebenswarthsche Kinderspital 1878 gegründet.

Ab den 1890er Jahren errichtete man in den Kinderspitälern bereits eigene Pavillons oder Isoliertrakte. Säuglinge wurden nicht aufgenommen, da man bereits um die Gefährdung der Kleinkinder durch institutionelle Unterbringung wusste. Das mangelnde Wissen hinsichtlich einer verdaubaren, künstlichen Ernährung war eine Ursache der in ganz Europa enorm hohen Säuglingssterblichkeit in den Findelhäusern und Kinderspitälern. Die Säuglinge verstarben an Diarrhöen und Infektionen (Ophthalmien, Diphtherien, Nabelentzündungen), mit denen sie sich erst in den Anstalten infiziert hatten.[9] Große Bedeutung erlangte damit die Labormedizin auf dem Gebiet der chemischen Analyse der Nährstoffe und des Stoffwechsels. Dennoch gelang die Entwicklung einer künstlichen Säuglingsnahrung erst Ende der 30er Jahre des 20. Jahrhunderts.[10] Zuvor war es den Forschern nicht möglich, die Beschaffenheit des Kuhmilcheiweißes und -fettes an die der Muttermilch anzugleichen.

3.1 Kampf gegen die Säuglingssterblichkeit und Ausbau der Kinderheilkunde

In der „Wiener Klinischen Wochenschrift" dominierte die Problematik der Säuglings- und Kindersterblichkeit die Publikationen der ersten Jahrzehnte des 20. Jahrhunderts, die unter den Stichworten „Mutter", „Säugling" und „Kind" recherchiert wurden. Die Fachartikel wurden im Wesentlichen von Vertretern der Pädiatrie, aber auch der Gynäkologie und Geburtshilfe verfasst, was auch ein Hinweis darauf ist, dass die Zuständigkeit für das Überleben der Säuglinge von beiden Disziplinen in Anspruch genommen wurde.

Als Ursachen der Morbidität und Mortalität im Säuglingsalter wurden Praktiken der künstlichen Ernährung, Armut und desolate Wohnverhältnisse sowie Ungebildetheit und Unkenntnis der Mütter beklagt.

Da statistisch eine Abnahme der Kindersterblichkeit von Ost nach West festgestellt wurde, gingen Medizinalstatistiker davon aus, dass die Art der Ernährung, die Mütterarbeit in der Fabrik und die Verwahrlosung der Säuglinge in Findelanstalten ausschlaggebend für deren frühzeitigen Tod seien. Der deutsche Medizinalstatistiker Friedrich Prinzing, der um die Jahrhundertwende auch die Kindersterblichkeit in Österreich untersuchte, stellte fest, dass

---

9 Hügel Franz Seraphim: „Die Findelhäuser und das Findelwesen Europas", Wien 1863.
10 Georg Bessau gelang es an der Universitätsklinik Berlin nach 20jähriger Forschung erst Ende der 30er Jahre des 20. Jahrhunderts eine künstliche Säuglingsnahrung herzustellen, die im Darm die gleiche Flora erzeugt wie die Muttermilch (vgl. Peiper 1951: 347).

„in den Ackerbauländern […] die Kindersterblichkeit im Allgemeinen niedriger [ist] als in den Industrieländern. Eine besonders schädliche Wirkung äußern Textil- und Glasindustrie, vor allem aber die Frauenarbeit in den Fabriken" (Prinzing 1902: 948).

Zugleich machte die Erfahrung mit der Pflege kranker Säuglinge in Anstalten offensichtlich, dass die Sterblichkeitsziffer in den Säuglingsabteilungen am höchsten war, dass also der Spitalsaufenthalt selbst und nicht nur die künstliche Ernährung die Säuglinge krank machte. Die Krankheitssymptome, welche zum Tod führten, wurden von Pädiatern wie beispielsweise Theodor Escherich (1857–1911)[11], Ordinarius für Kinderheilkunde in Wien und Gründer des Vereins „Säuglingsschutz", als langsamer Zerfall beschrieben:

> „Sie äußern sich vorerst in Unregelmäßigkeiten in der Gewichtskurve, später hört das Steigen der Kurve gänzlich auf, endlich nimmt das Kind ab. Das Kind wird bleich, mager, der Stuhlgang wird flüssig und zeigt auf schlechte Verdauung, Furunkulosis tritt auf, so daß die Kinder in ein solches Stadium der Schwäche geraten, daß sie entweder langsam dahinsiechen oder aber den dazutretenden kleineren Krankheiten zum Opfer fallen" (Escherich zit. in: Szana 1904: 47).

Alexander Szana, Direktor-Chefarzt des „Königlichen Staatlichen Kinderasyls" in Temesvár (Ungarn), der sich hier in seinem Artikel über die „Pflege kranker Säuglinge in Anstalten" auf Escherich bezog, verwies auch auf statistische Erhebungen, welche in den unterschiedlichen Säuglingsabteilungen und Findelhäusern Europas in den letzten beiden Jahrzehnten vor der Jahrhundertwende zum 20. Jahrhundert eine Säuglingssterblichkeit von 78 % bis 100 % veranschlagten (ebd.).[12] Diese erschreckend hohe Mortalität der Säuglinge war der Grund, dass die Kinderspitäler Kinder erst ab dem Alter von zwei Jahren aufnahmen.

Als Ursachen der hohen Säuglingsmortalität betrachteten die Pädiater zum einen die künstliche Ernährung, welche die Säuglinge nicht verdauen konnten und die zu Erbre-

---

11 Theodor von Escherich war Kinderarzt, ab 1894 Universitätsprofessor in Graz und Vorstand der Grazer Kinderklinik, ab 1902 in Wien. Er gründete eine wissenschaftliche „Gesellschaft der Kinderärzte" und war Mitbegründer der „Österreichischen Gesellschaft für Kinderforschung" sowie Begründer der „Reichsanstalt für Mutter- und Säuglingsfürsorge". Sein Forschungsschwerpunkt war die „rationelle Säuglingsernährung". Die Kolibakterien „Escherichia coli" sind nach ihm benannt. Werke: „Die Darmbakterien des Säuglings", 1886; „Diphtherie, Croup, Serumtherapie", 1895.
12 Beispielsweise starben in der Berliner Charité von den während 14 Jahren gepflegten 4.109 Säuglingen unter sechs Monaten 3.209, d.h. 78 %. Im Pariser Findelhaus war die Sterblichkeit der Säuglinge so hoch, dass ein Schriftsteller empfahl, über dem Eingang des Findelhauses die Worte anzubringen: „Hier kann man auf Staatskosten sterben."

chen und unterschiedlichen Diarrhöen führte. Zum anderen verwiesen die Kliniker aber auch auf die Überfüllung der Säuglingsspitäler, -heime oder -häuser, welche zu einem „climat pathologique" führe, so dass selbst die Anstaltsbrustkinder, welche von Ammen genährt würden, im Wachstum zurückblieben. Die Ärzte suchten nach Erklärungen, weshalb die hohe Sterblichkeitsrate unter den günstigen hygienischen Verhältnissen einer Säuglingspflegeanstalt auftraten, in den überfüllten, unhygienischen Wohnungen der Pflegeeltern aber zurückging.

> „Ich habe absichtlich in meiner schönen Anstalt nicht gedeihende und dyspeptisch gewordene Säuglinge in *überfüllte Wohnungen*, die jeder Hygiene Hohn sprechen, gegeben (kleines Zimmer ohne Küche, 7 Personen) und der dyspeptische Säugling wurde ohne Behandlung, durch dieselbe Mutter gestillt, gesund und zeigte riesige Gewichtszunahme" (Szana 1904: 49).

Vermutet wurden bakterielle Infektionen, deren Keime durch die – aufgrund der Anwesenheit vieler Säuglinge – kurze und schnelle Übertragbarkeit immer heftiger werden. Niedere Virulenz der Keime führe zu Gewichtsstillstand und Dyspepsien, größere Virulenz zu intoxikationsartigen Erkrankungen.

Diese Vermutungen führten aber nicht zur Forderung, Säuglingsspitäler generell zu schließen. Vielmehr wurde unter dem Verweis auf die zunehmende Erwerbsarbeit der Mütter, die eine weitere Zunahme der Säuglingssterblichkeit erwarten ließe, die Einrichtung von Säuglingsspitälern gefordert, trotz des mangelnden Erfolges.

> „Wenn wir bedenken, daß bei der gegenwärtigen Entwicklung der sozialen Verhältnisse von Jahr zu Jahr die Zahl jener Säuglinge anwächst, die zufolge der Fabrikbeschäftigung oder sonstiger Erwerbsarbeit ihrer Mütter auf gemischte Ernährung, oft sogar auf künstliche Ernährung angewiesen sind; wenn wir die riesige Mortalität und Morbidität dieser Kinder in Anbetracht ziehen, müssen wir uns eingestehen, daß, wenn man die Aufnahme dieser Kinder in Institutspflege fallen ließe, dies nahezu einen Bankrott des Kampfes gegen die Säuglingssterblichkeit bedeuten würde (ebd.: 49).

Trotz der Tatsache, dass die Säuglinge meist an den Krankheiten starben, mit denen sie sich in der Anstalt infizierten, wurde die medikalisierende Lösung des Problems nicht aufgegeben. Vielmehr sollte eine noch gründlichere Hygienisierung der Anstalten die Säuglingsmedizin möglich machen – durch eine möglichst vollkommene Form der Antisepsis. Wenn jeder Punkt des Säuglingskörpers infiziert werden und selbst infektiös sein könne, dann müssten

„Arzt und Pflegerin nach jeder Berührung des Säuglings die Hände desinfizieren; jeder gemeinsame Berührungspunkt ist tunlichst zu vermeiden, und deshalb muß jedes Kind nach Möglichkeit seine eigenen Gebrauchsgegenstände haben; wenn trotzdem ein gemeinsamer Berührungspunkt entsteht, ist derselbe sofort zu desinfizieren" (ebd.).

Die Hygiene verlangte von den Kinderkliniken, möglichst viele Pavillons und Abteilungen einzurichten, um die einzelnen Kinder je nach Krankheit voneinander isolieren zu können. Selbst die Zimmer sollten noch durch Glas-, Holz- oder Gipstrennwände in so genannte „Boxes" unterteilt werden, und jedem „Box" galt es separate Einrichtungen, separate Gebrauchsgegenstände, separate Mäntel für Ärzte und Pflegerinnen zuzuweisen.

„Außer der tatsächlichen Separation ist vielleicht jener Umstand am allerwichtigsten, daß das Box dem Arzte und Pflegepersonal unaufhörlich die Antisepsis ins Gedächtnis ruft, daß demnach das Box selbst ein eindringliches Memento zur Antisepsis bildet" (Szana 1904: 50).

Hinsichtlich des antiseptischen Betriebs der Säuglingsabteilung galt es einiges an Vorkehrungen und Vorschriften zu beachten – die antiseptische Reinigung der Brustwarze der Amme zum Beispiel, die Amme hatte vor jeder Säugung ihre Hände zu waschen und „die beim Bette aufbewahrte und die Bettnummer tragende Schürze" anzuziehen; bei künstlicher Ernährung musste stets das Esszeug des Kindes desinfiziert werden; Kinder waren ausnahmslos in ihren Betten zu reinigen; die schmutzigen Windeln mussten in Gefäßen mit antiseptischen Flüssigkeiten entsorgt werden; damit sich die Ammen auch tatsächlich die Hände wuschen, nachdem sie diese Gefäße zur Entsorgung der Windeln berührt hatten, wurden diese mit klebriger Farbe bestrichen, dadurch kam die Amme nicht umhin, sich die Hände gründlich zu waschen; für das Bad sollte jedes Kind eine eigene Wanne haben, die nach Entlassung des Kindes aus der Anstalt desinfiziert werden musste; ebenso durften Kinder nur auf sterilisierten Windeln, die auf die Waage gelegt wurden, abgewogen werden. Diese ganze Säuglingsanstalt-Antisepsis sollte dann in eigenen Säuglingspflegerinnen-Kursen gelehrt werden, und Personen ohne diese Kenntnisse sollten in den Säuglingsanstalten nicht zum Einsatz kommen.

Die Muttermilch wurde nicht mehr als Nahrung, sondern als „Diätetikum" gewertet, zu dessen Gewinnung gute Ammen in der Anstalt selbst anwesend sein sollten. Um einer „konstanten, frischen Milchbildung" willen wurden sie aufgefordert, ihre eigenen Kinder mitzunehmen. Im Neugeborenenalter setzten die Pädiater Frauenmilch als Therapeutikum bei Ernährungsstörungen ein.

Als grundlegenden, hygienischen Standard für Säuglingsspitäler forderten die Pädiater alles in allem ausreichendes „Ammenmaterial", vollkommenste Antisepsis, geschulte

Pflegerinnen, die „Hinausplacierung" der Säuglinge im Stadium der Besserung, die Unterbringung des rekonvaleszenten Kindes, das nicht zu seiner Mutter zurückkehre, bei „ausgewählten und ausgebildeten Musterpflegeeltern" und deren ständige ärztliche Beaufsichtigung (Szana 1904: 52).

Dass die Pädiater ihren als wissenschaftlich-rational bestimmten Umgang mit Säuglingen in jeder Hinsicht als zielführender und besser als den der Mütter erachteten, zeigen Ausführungen wie die folgende:

„Wir tragen sie [*die Säuglinge, M.W.*] nicht herum, wenn nicht eine bestimmte Indikation (Bronchitis, Lobulärpneumonie) hiefür vorliegt. Wir schaukeln sie nicht, wir legen sie nicht in einen Kinderwagen, den wir fortgesetzt hin- und herzerren. Wir halten ihnen nicht die Luft ferne; wir stecken sie nicht in die Nähe eines heißen Ofens und bedecken sie auch nicht mit drei oder vier Federkissen; ebensowenig geben wir ihnen einen Schnuller. Geschieht dafür das Saugen an den Fingern in einer Art und Weise, die uns bekämpfenswert erscheint, so bekommen die Kinder kleine Manschetten um die Ellenbogengelenke gelegt, welche ihnen die Beweglichkeit der Arme nicht nehmen, aber das Beugen derselben unbequem machen" (Prof. Schloßmann, zit. in: Sofer 1906: 600).

Die Säuglingsspitäler sollten aber auch in den Dienst des Fortschrittes der medizinischen Wissenschaft gestellt werden. Nach dem Modell von Charlottenburg (Berlin) empfahl Dr. L. Sofer in seinem Artikel über „Die Bekämpfung der Säuglingssterblichkeit" (1906: 598) den Ausbau von Säuglingskrankenheimen oder -krankenanstalten zu wissenschaftlichen Versuchs- und Forschungsanstalten auch für Österreich. Eine solche Anstalt biete Schwangeren drei Monate vor der Niederkunft Platz, während sie auf die Entbindung und das „Stillgeschäft" vorbereitet würden. Darüber hinaus empfahl er, eigene Entbindungs- und Wöchnerinnenabteilungen in Österreichs Krankenanstalten einzurichten, „in der die Behandlung von Müttern und Kindern vom Augenblick der Geburt eingehend studiert werden soll" (ebd.).

Vorrangig ging es also noch um die pädiatrische Erforschung der Neugeborenen und Säuglinge. Bis zum dritten Monat nach der Geburt sollte die Anstalt den stillenden Müttern ein Mütterheim bieten, „um das Stillen beobachten zu können". Darüber hinaus empfahl Sofer, im Dienste von Forschung und Entwicklung eine eigene Abteilung für künstliche Ernährung einzurichten, also für Kinder, deren Mütter nicht stillfähig seien. In einer zusätzlichen eigenen Säuglingskrankenstation sollten die in der Anstalt erkrankten Säuglinge Aufnahme finden. Nach drei Monaten sollten „Mütter und Kinder aus der Anstalt, aber nicht aus der Aufsicht entlassen" werden. Dazu forderte Sofer eigens eingerichtete Fürsorgestellen, welche die Mütter auch nach der Spitalsentlassung überwachen und beispielsweise Stillprämien auszahlen oder einwandfreie Milch zur Verfügung stellen sollten. Um die Milchgewinnung für die künstliche Ernährung zu erforschen, empfahl er eigene Stallungen einzurichten. Nicht zuletzt galt es laut Sofer, der Anstalt eine Pflegerinnenschule anzuschließen, welche die Ausbildung der Säuglingspflegerinnen auf dem neuesten Stand der wissenschaftlichen Erkenntnis durchführen sollte. Für die architektonische Gestaltung des Säuglingspitals legte Sofer genaue Pläne vor.[13]

Entgegen den Bestrebungen, die Säuglingsfürsorge aus den Kinderspitälern auszugliedern, wie das beispielsweise auf dem Säuglingsschutzkongress in Berlin 1911 diskutiert wurde, setzte sich in Wien der Kinderarzt Siegfried Weiß für eine Aufrechterhaltung der Säuglingsfürsorge im Kinderspital ein. Er begründete dies damit, dass die Säuglingsfürsorge aus dem Spital hervorgegangen sei, die in das Spital organisch eingebundene Fürsorge den Heilerfolg durch fortsetzende Überwachung und Beobachtung der Spitalspfleglinge sichere und die Säuglingsfürsorge den Zuwachs von kranken Säuglingen für das Ambulatorium des Spitals vermehre (Weiß 1913: 62), das seinerseits „Säuglingsmaterial" für den Unterricht der Medizinstudenten bräuchte.

Die Säuglingssterblichkeit auf dem Land wurde erst in den 20er Jahren, dann aber als ebenso katastrophal wie in den Zentren der Industrie beurteilt. Das Säuglingselend am Land sei nicht minder schrecklich und die Säuglingssterblichkeit Österreichs werde durch die Todesfälle der Landkinder bedeutend erhöht, so der Medizinalrat Karl Narbeshuber aus Gmunden in Oberösterreich (1924: 877). Er wies darauf hin, dass im Durchschnitt die Säuglingssterblichkeit auf dem Land in den Bundesländern (mit Ausnahme von Kärnten) um 5 % über dem der Städte liege, da die Gesundheitsverhältnisse unter den Säuglingen am Land noch schlechter seien. Die Ärzte führten die Zunahme der Säuglingssterblichkeit auf dem Land darauf zurück, dass aufgrund des Arbeitseinsatzes der Frauen in der Bauernwirtschaft und aufgrund von Irrglauben, Aberglauben und Sittlichkeitsvorstellungen zunehmend weniger Kinder gestillt würden. Sie forderten, durch die Ausbildung von Landärzten in Säuglings- und Kleinkinderfürsorge diese Missstände zu beseitigen, ausreichend viele und geeignete Fürsorgerinnen in ländliche Regionen zu schicken und die Hebammenausbildung um die neuesten Erkenntnisse der Säuglingspflege und -ernährung zu ergänzen.

---

13 Architektonisch sah das „ideale Säuglingsspital" wie folgt aus: „Ein Hauptgebäude mit zwei Seitenflügeln. In dem Mittelbau Bureau, Versammlungs- und Vortragsraum, Apotheke, Wohnung des Chefarztes und der Hilfskräfte. Erster Seitenflügel, Untergeschoß: Schwangerenstation, Entbindungssaal, Wöchnerinnenstation. Mittelgeschoß mit besonderem Eingang von der Straße: Fürsorgestelle. Obergeschoß: Schlafräume für das weibliche Medizinalpersonal. Zweiter Seitenflügel, Mittelgeschoß: Mütterheim, Säuglingsheim. Obergeschoß: Krankenstation und Laboratorium. In einiger Entfernung von dem Hause wird das Wirtschaftsgebäude, in weiterer Entfernung das Stallgebäude errichtet" (Sofer 1906: 600).

Auch die Lehrer in den Landgemeinden und die ländlichen Seelsorger galt es für die Forderungen der Ärzteschaft zu gewinnen, um durch ihren Einsatz in Schule und Kirche den „Stillwillen" in der Bevölkerung zu fördern. Für die Landesspitäler wurden Säuglingsabteilungen und -heime gefordert. In den Landgemeinden sollten „Gemeinverständliche Merkblätter" und aufklärende Druckschriften verbreitet werden (ebd.: 880).

Die Eingaben und Forderungen der Pädiater zur Senkung der Säuglingssterblichkeit in Stadt und Land zielten auf einen umfassenden Ausbau der Kinderheilkunde. Dass sich die Kinderheilkunde trotz der eklatant schlechten Heilungserfolge in den Säuglingsanstalten für deren Ausbau einsetzte, begründeten ihre Vertreter damit, den Kampf gegen die Säuglingssterblichkeit nicht aufgeben zu wollen. Das Festhalten an der Strategie, sozial verursachtes Leid durch Medizin zu heilen, auch wenn diese im Bereich der Säuglingsmedizin nicht erfolgreich war, diente neben Absichten, das Überleben der Kinder zu sichern, auf jeden Fall disziplinären Eigeninteressen. Für die Pädiatrie galt es eben auch, neu gewonnenes Behandlungsterrain zu verteidigen, „Forschungsmaterial" zu sichern und Entscheidungsmacht zu festigen. Entscheidungsmacht hinsichtlich der Zuständigkeiten von Ärzten, Ammen, Säuglingspflegerinnen, Kinderkrankenschwestern, Pflegeeltern usw.

Diese Entscheidung förderte aber ebenso die Medikalisierung der Verhältnisse und Beziehungen zu den Nachkommen. Eine Medikalisierung, die in den ersten Jahrzehnten des 20. Jahrhunderts das Bild des durch aseptischen Kontakt und desinfizierte Berührung „gereinigten Kindes" hervorbrachte, das durch wiederkehrende Reinigungsprozeduren den tödlichen sozialen Verhältnissen entrissen werden sollte. Der medizinische Kampf gegen die Säuglingssterblichkeit im ersten Drittel des letzten Jahrhunderts war Teil einer Geschichte, welche das Bild vom „reinen Kind" hervorbrachte, das es vor äußeren Einwirkungen zu schützen galt.

Aber erst die Steigerung der Säuglings- und Kindersterblichkeit während des Ersten Weltkrieges führte dazu, dass der Staat sein Interesse, den Bevölkerungsstand zu halten, durch die Intensivierung medizinischer Eingriffe in die Mutter-Kind-Beziehung geltend machte.

Als wirksamste Maßnahme zur Sicherung des Bevölkerungswachstums wurde zunehmend weniger eine Steigerung der Geburtenzahl als Maßnahmen zur Senkung der Kindersterblichkeit gefordert. Da, so der Kinderarzt und Psychoanalytiker Joseph Friedjung, vor allem in Kriegszeiten Appelle an Frauen, vermehrt Kinder zu gebären, nicht nützten, bliebe fürs Erste nur der Weg frei, möglichst viele Neugeborene am Leben zu halten (Friedjung 1916: 917). Die Verbesserung der öffentlichen Hygiene sollte die hohen Kosten der „unfruchtbaren Fruchtbarkeit", d.h. die infolge der hohen Säuglingssterblichkeit „überflüssigen Geburten" verringern (ebd.). Geburten waren demnach erst nützlich, wenn alle lebendgeborenen Kinder am Leben erhalten werden konnten. Dazu sollte der Staat in den Ausbau der öffentlichen Hygiene investieren.

Um die Notwendigkeit dieser Maßnahmen zu veranschaulichen, vermerkte Julius Tandler, dass nach seinen Berechnungen in Österreich nur 60 % der Geborenen das reproduktionsfähige Alter erreichten. Er forderte, die Kindersterblichkeit durch medizinische und wohlfahrtspolitische Maßnahmen zu senken, und begründete dies damit, dass die „Aufzucht" sich nur dann lohne, wenn die Nachkommen das geschlechtsreife Alter erreichten und Kinder zeugten. „Wenn wir die Sterblichkeit von 40 % nur um 20 % herabdrücken könnten, würden im Jahre, eine Geburtenzahl von einer Million vorausgesetzt, 200.000 Reproduzenten mehr entstehen" (Tandler 1916: 450). Der Staat interessiert sich für die Nachkommen also nur im Hinblick auf ihre zukünftigen Fähigkeiten als „Reproduzenten" des „organischen Kapitals". Diese deutlich bevölkerungspolitische Forderung sollte zugleich den Ausbau der sozialen Wohlfahrt begründen.

In den 20er Jahren wurde die bevölkerungspolitische Strategie, anstelle der Geburtensteigerung eine Senkung der Säuglingssterblichkeit zu erreichen, um eine Kritik an hohen Geburtenzahlen in den Unterschichten erweitert. Die Kindersterblichkeit in kinderreichen Familien wurde als sozial bedingte Ursache von den Sozialhygienikern angegriffen. Diese vermerkten, dass die Lebensaussichten eines Kindes umso schlechter wären, je mehr Geschwister bereits vorhanden seien.

> „Jeder Armenarzt kann eine Anzahl Familien namhaft machen, in denen von einer großen Zahl von einer Frau geborener Kinder nur noch ein paar kümmerlich genährte am Leben sind. Wo blieben die anderen? – Die Ueberlebenden haben sie aufgefressen." (Ferdy[14] zit. in: Friedjung 1927: 1578).

Gegenüber der Ideologie des Glücks kinderreicher Familien, die, so der Pädiater Joseph Friedjung, nur für wohlhabende Ehepaare zum Glück werden könne, wurde mittels Zahlenbeispielen auf das Leid und Elend der armen, kinderreichen Familien und deren Mütter hingewiesen. Die Fürsorge- oder Armenärzte kritisierten die bevölkerungspolitische Forderung nach einem Geburtenwachstum, da unter den gegebenen sozialen Verhältnissen eine Steigerung der Geburtenrate mehrheitlich nur mit einer Steigerung der Säuglings- und Kindersterblichkeit einhergehen werde.

Zur Senkung der Säuglingsmortalität und -morbidität wurde auch die Klinikgeburt für Frauen der unteren Schichten gefordert, denen der Psychiatrieordinarius Erwin Stransky zudem unterstellte, nur kränkliche und „debile" Kinder zu gebären:

---

14 Ferdy: „Die künstliche Beschränkung der Kinderzahl als sittliche Pflicht", Berlin: Henser 1888.

„Je mehr Entbindungen die wirtschaftlich ungünstiger gestellten Schichten in Gebäranstalten, die einen ständigen pädiatrischen Konsiliarius haben und zur Versorgung frühgeborener, debiler und kranker Säuglinge eingerichtet sein müssen, vor sich gehen, um so erfolgreicher werden die Neugeborenenverluste zu bekämpfen sein" (Stransky 1929: 25).

Zugleich forderte er, dass die gesamte Prophylaxe der Säuglingssterblichkeit aber nicht „der natürlichen Selektion" entgegenarbeiten dürfe, sondern nur die Fehler in den Bereichen Ernährung, Hygiene und Umweltbedingungen des Säuglings „ausmerzen" sollte (ebd.: 45). Noch 1932 klagte der Pädiatrieordinarius der Universitätsklinik Graz, August Reuss (1879–1954)[15], dass das Thema „Frühsterblichkeit" ausreichend erforscht sei, dass man über die Ursachen der hohen Sterblichkeit der Neugeborenen orientiert sei, dass bisher aber kaum den Worten entsprechende Taten gefolgt wären (Reuss 1932: 1222). Diese würden in erster Linie die Ausbildung von Säuglingspflegerinnen, Kinderschwestern und Pädiatern erfordern. Denn es fehle den meisten großen Gebäranstalten größtenteils an geschultem Personal. Zudem bedürfe es des Ausbaus von ärztlich-pflegerisch einwandfrei funktionierenden Neugeborenenstationen in jeder Entbindungsanstalt.

3.2 Die „Eroberung der Mutterbrust" durch die Pädiatrie: Medikalisierung der Säuglingsernährung

Als Ursache der hohen Säuglings- und Kindersterblichkeit wurden aber nicht nur die Anstaltsunterbringung der Säuglinge und die soziale Lage der Arbeiter und untersten Schichten diskutiert, sondern auch Ernährungsprobleme bei Säuglingen. Um das Selbststillen zu fördern, verlangten die Pädiater die Einrichtung von Säuglingsfürsorge- oder Mütterberatungsstellen, welche Frauen auch in hauswirtschaftlichen Kenntnissen und der Säuglingspflege unterrichten (Weiß 1909: 1758f.). Schon seit Beginn des Jahrhunderts stand die Verbesserung der künstlichen Ernährung der Säuglinge an vorderster Stelle der Kinderheilkunde. Trotz der vielen Forschungsarbeiten der Kinderheilkunde in der zweiten Hälfte des 19. Jahrhunderts beurteilte der Pädiatrieordinarius Theodor Escherich noch zu Beginn des 20. Jahrhunderts die

---

15 August Reuss wurde in Wien geboren, promovierte 1903 an der Universität Wien und habilitierte sich 1914 für Kinderheilkunde. 1930 übernahm er die Lehrkanzel in Graz, 1949 wurde er zum ordentlichen Professor für Kinderheilkunde an der Universität Wien ernannt.. Er publizierte u.a.: „Die Krankheiten des Neugeborenen", Berlin 1914 (ins Englische übersetzt); „Säuglingsernährung", Berlin 1929; „Pathologie der Neugeburtsperiode"; in: „Handbuch der Kinderheilkunde", Band 1, Berlin 1931.

„künstliche Ernährung als eines der schwierigsten Capitel der gesamten Pädiatrie. Obgleich uns in der Muttermilch das anzustrebende Vorbild, und in der Kuhmilch ein Nahrungsmittel gegeben ist, das recht ähnlich zusammengesetzt und überdies durch Zumischung leicht veränderlich ist, sind wir doch noch weit entfernt von der Lösung der Aufgabe" (Escherich 1900: 1183).

Die Unkenntnis hinsichtlich der Zusammensetzung einer für Säuglinge verdaubaren künstlichen Nahrung führte dazu, dass Flaschenkinder eher erkrankten und vor allem schwache Säuglinge ohne Muttermilch kaum Überlebenschancen hatten. Grund dafür, weshalb Säuglinge bei der Verfütterung von Tiermilch im 19. Jahrhundert kaum Überlebenschancen hatten, war, dass bis Mitte des Jahrhunderts kein Ersatz für die Brustwarze gefunden werden konnte, welcher eine ausreichende Trinkmenge zugelassen hätte. Der Kautschuksauger wurde erst 1850 erfunden. Zudem waren die Voraussetzungen zur Herstellung keimarmer Milch und der hygienischen Reinigung der Koch- und Trinkgefäße noch nicht entwickelt. Folge waren schwere Coli-Infektionen, an denen die meisten Säuglinge verstarben.

Im Rückblick wurde der Kautschuksauger sozusagen 50 Jahre zu früh erfunden, weil die Bedingungen der hygienischen Zubereitung noch unbekannt waren. Historische Forschungen zur Säuglingssterblichkeit haben am Beispiel der Stadt Hamburg nachgewiesen, dass nach Einführung des Kautschuksaugers die Sommersterblichkeit durch Ernährungsinfektionen, die bei Stillkindern nicht vorkamen, auffallend zunahm. Vor 1850 war die Wintersterblichkeit der Säuglinge infolge von Infekten und Lungenentzündung höher gewesen. Insgesamt stieg die Säuglingssterblichkeit zwischen 1823 und 1899 von etwa 15% auf 40% (vgl. Callensee 1996: 425f.).

Aber auch die Sterilisierungsversuche ab der Jahrhundertwende zum 20. Jahrhundert brachten keine Besserung, denn die sterilisierte Milch führte zu Vitamin-C-Mangel-Erscheinungen. Erst ab den 30er Jahren wurden Vitamine wieder zugesetzt. Tiermilch wurde mit ultraviolettem Licht bestrahlt, da angenommen wurde, dass die so bestrahlte Milch eine antirachitische Wirkung entwickle, welche die rachitischen Knochenveränderungen zu heilen und zu verhüten im Stande sei (vgl. Reuss 1931: 14). Gegen die Empfehlungen der Vitaminforscher wurde von Medizinern noch Ende der 30er Jahre festgehalten, dass die Beziehungen zwischen den verschiedenen Vitaminen kompliziert seien und daher „trotz zahlreicher Arbeiten das ganze Gebiet noch ziemlich dunkel" bleibe (Tezner 1937: 134). Auch galt die Korrelation der Vitamine mit den Hormonen und Mineralien als ungeklärt (vgl. Kollath 1937: 318). Die „Erfolgsmeldungen" im Bereich der Vitaminforschung wurden vor allem von Seiten der Pädiatrie kritisch kommentiert:

„Unaufhörlich werden neue Vitamine entdeckt, welche von der pharmazeutischen Industrie ehebaldigst in Form chemisch reiner Präparate in den Handel gebracht werden. Wenn dieses Tempo anhält, werden wir bald ein ganzes Arsenal von Fläschchen und Tabletten bereitstellen müssen, um unsere Kinder vor Vitaminmangelkrankheiten zu bewahren" (Reuss 1937: 606).

Reuss empfahl, auch was die Vitamine anbelangte, als beste Prophylaxe weiterhin das „Naturprodukt" Muttermilch.

Neben den hygienischen Problemen konnte auch der Eiweiß- und Salzgehalt der Tiermilch nicht an jenen der Muttermilch angeglichen werden, womit die Kuh-, aber auch die Ziegenmilch für Säuglinge unverdaulich blieb. Wurde die Milch gewässert, war der Fettgehalt und damit der Energiegehalt zu gering und der Magen der Kinder überlastet, da sie hohe Trinkmengen aufnehmen mussten. Das Kuhmilchcasein war für Säuglinge schlecht verdaulich, die gewässerte Kuhmilch zu vulominös und fettarm. Sie konnte von dem neugeborenen bzw. frühkindlichen Organismus schwer aufgenommen, assimiliert und verwertet werden. Das führte entweder zu Unterernährung oder zu einer Kohlenhydrat-Mast. Die schweren Ernährungsstörungen zeigten sich darin, dass die Säuglinge wenig an Gewicht zunahmen, überhaupt nicht zunahmen oder an Gewicht abnahmen und die Fettreserven schwanden. Der Gewichtsverlust führte zu Mattigkeit und „soporösem Dahinliegen". Daraus folgten Verdauungsstörungen, bis allmählich alle Funktionen versiegten und, so Escherich, fast unbemerkt der Tod eintrat (Escherich 1900: 1183).

Experimente mit Zufütterung von Frauenmilch bei Flaschenkindern zeigten, dass demgegenüber die fast ohne Fermentwirkung resorbierbare Muttermilch einen höheren Grad der Verwertbarkeit für den Ausbau des Körpers hatte/anregte. Dieses beobachtete Faktum erklärten sich die Pädiater damit, dass der kindliche Organismus nach der Geburt noch eine Zeitlang an den mütterlichen Kreislauf angeschlossen bliebe, um sich zu entwickeln, dass der Stillkreislauf sozusagen den Plazentarkreislauf ablöse.

> „Der kindliche Organismus wird in ähnlicher Weise, wie dies in der Zeit des Placentarkreislaufes der Fall war, gleichsam als Nebenleitung in den mütterlichen Stoffwechsel eingeschaltet und so der gewaltige Umschwung, der mit der Trennung von der Mutter erfolgt, einigermaßen abgeschwächt" (ebd.: 1185).

Angesichts der Forschungslage und der sozialen Lage war es von Seiten der Pädiater also naheliegend, das Selbststillen der Kinder zu propagieren und Maßnahmen auszuarbeiten, welche es den Frauen ermöglichen bzw. sie dazu bewegen sollten, ihre Kinder selbst zu stillen. Doch bis in die 40er Jahre mündet dies lediglich in wiederholten Aufklärungskampagnen zum Selbststillen, da die chemische Zusammensetzung einer für Säuglinge verträglichen künstlichen Ernährung, die im Darm die gleiche Flora erzeugt wie die Muttermilch, nicht gelang.

In den ersten Jahrzehnten des 20. Jahrhunderts wurden in umfangreichen Publikationen immer wieder die Probleme der natürlichen und künstlichen Ernährung des Säuglings abgehandelt. Die während der jahrzehntelangen Forschungsbemühungen zur Entwicklung einer künstlichen Säuglingsnahrung publizierten Studien stellen eine Textsorte dar, die eine Mischung aus Kochrezepten, chemischen Formeln und wissenschaftlichen Ratschlägen an Kinderärzte sind (vgl. Schloß Ernst 1912; Moll Leopold 1930: 273 ff.). Die Pädiater suchten konzentriert nach Ersatzmitteln für die Muttermilch, experimentierten und empfahlen neueste Entwicklungen. Doch all dies mit wenig Erfolg. Zu Beginn der 20er Jahre resümierte der spätere Pädiatrieordinarius der Universitätskinderklinik in Graz, August Reuss: Die Forscher „kommen bei diesem Suchen nach dem Stein der Weisen mitunter zu Nährmischungen, welche nicht mehr künstlich, sondern gekünstelte genannt zu werden verdienen" (Reuss 1922: 771).

Das bedeutete aber auch, dass die nach Unabhängigkeit und wissenschaftlichem Fortschritt strebende Kinderheilkunde damit zur Gänze abhängig vom Körper der Frauen blieb, der die lebensrettende Nahrung Muttermilch hervorbringt. Von daher wurden auch alle Maßnahmen mit medizinischer Überwachung, Kontrolle und Eingriffen in den Körper der Frauen begleitet, zumal sich die Lösung des Problems in einem circulus vitiosus bewegte. Die Verbesserung der künstlichen Ernährung durch die Kinderheilkunde fördere, so die Befürchtung der Pädiater, die Neigung der Frauen, die Kinder nicht mehr selbst zu stillen, die Abnahme der Brusternährung hatte aber eine erhöhte Säuglingssterblichkeit zur Folge. Das führte zu einer Doppelstrategie: Die Veröffentlichungen der wissenschaftlichen Fortschritte auf dem Gebiet der Milchhygiene waren stets von einer Propaganda für natürliche Ernährung begleitet. Die Pädiater empfahlen sowohl das Selbststillen als auch Ratschläge zur richtigen künstlichen Ernährung verbreitet, wobei stets darauf hingewiesen wurde, dass es Pflicht der Medizin sei, an der Verbesserung der künstlichen Säuglingsnahrung weiterzuforschen,

„weil unsere Wirtschaftsordnung zahlreiche Säuglinge von der Brust ihrer Mütter reißt, zahlreiche Brüste ungenützt versiegen läßt" (Friedjung 1905: 576).

Die Entwicklung künstlicher Säuglingsnahrung war damit in ihren Anfängen Teil einer Medikalisierungsstrategie der Mutter-Kind-Beziehung. Nicht die sozialen Ursachen, sondern deren Auswirkungen sollten mit medizinischen Mitteln gelöst werden. Untersuchungen an den Universitätskliniken in Graz und Wien hatten ergeben, dass nicht mangelnde physische Fähigkeit und Eignung die Ursache sei, dass Mütter ihre Kinder nicht stillten, sondern dass es an Unkenntnis und schlechter Beratung, Indolenz und wirtschaftlichem Elend liege (vgl. Nigris 1905: 459; Keller 1909: 635). Hervorgehoben wurden Armut und mangelnde Aufklärung von Frauen sowie die daraus resultierende sorglose Beurteilung der Ernährungsfrage von Säuglingen.

Von Seiten der Pädiater wurde neben der Forschung zur Entwicklung einer künstlichen Säuglingsnahrung zudem die Einrichtung von Stillzeiten in den Fabriken gefordert wie auch Maßnahmen gegen Mütter, welche sich aus „Bequemlichkeit" ihren „natürlichen Pflichten" entziehen würden (Friedjung 1903: 676). Nur Kinder, welche tatsächlich infolge einer Erkrankung der Mutter oder eines Milchmangels nicht gestillt werden könnten, sollten Ammen als Ersatz zur Verfügung gestellt werden. Diese aber müssten mit ihrem eigenen Kind in das Spital aufgenommen werden, damit nicht die Kinder der Ammen selbst gefährdet würden, zumal Erhebungen vor allem den Tod jener Kinder belegten, deren Mütter sich als Ammen verdingten. Darüber hinaus forderten Kinderärzte die gesetzliche Verpflichtung von Hebammen zur Einleitung der natürlichen Ernährung sowie die Ahndung der Einführung der künstlichen Ernährung ohne zwingenden Grund als Kunstfehler (vgl. Hamburger 1905: 571).

Hinsichtlich der Frage, ob Flaschenkinder ihr Leben lang „minderwertig" blieben oder ob sich die fehlende Brustnahrung im Laufe des Lebens ausgleiche, erhob Joseph Friedjung im Rahmen der Leistungsprüfungen des größten Arbeiterturnvereins in Wien die Ernährungspraktiken und Nahrungsgewohnheiten der Turner im Säuglingsalter. Ergebnisse dieser Untersuchung zeigten, so der Autor, dass Brustkinder tüchtigere Menschen würden (Friedjung 1907: 600f.). Die Frage der Quantität – Senkung der Säuglingssterblichkeit durch Hebung der Stillpraxis – wurde verbunden mit Fragen der Qualität und damit beantwortet, dass natürlich ernährte Säuglinge tüchtigere Menschen würden.

Die Förderung des Selbststillens wurde also vorerst zum zentralen Mittel im Kampf gegen die Säuglings- und Kindersterblichkeit.

> „Man rüstet zur Wiedereroberung der Mutterbrust durch den Nachwuchs. Die Vorbereitungen zu diesem Kampfe werden aus taktisch verschiedenen Gesichtspunkten erwogen" (Weiß 1905: 728).

Die Mehrheit der Kinderärzte versuchte dabei aber nicht, die „Stillpflicht" über den Gesetzesweg einzufordern, sondern den *Ehrgeiz der Frauen auf dem Weg der Erziehung zu fördern,* wie im folgenden Abschnitt zu zeigen sein wird: durch Prämierung des Selbststillens und der Stillenden, durch Einrichtung von „Säuglingsmilchverteilungsstellen"[16] in den von hoher Säuglingssterblichkeit betroffenen industriellen Ballungszentren der Bevölkerung, Einrichtung von „Milchkassen", „Stillkassen" und Prämien für Hebammen, welche die Mütter bei ihren Stillversuchen erfolgreich unterstützen, durch den Aufbau von Wöchnerinnenunterstützung[17] und durch Errichtung von Wöchnerinnenschulen. Die Auszahlung der Prämien an Mütter wurde aber an die Auflage gebunden, dass sie ihr Kind regelmäßig, d.h. monatlich oder wöchentlich, je nachdem, wie oft die Raten ausbezahlt würden, dem Arzt vorstellte und zur Gewichtswägung brachte. Die Maßnahmen – die in der Folgen nun dargestellt werden – begründeten die Pädiater damit, *in den Frauen ihre „natürlichen Instinkte" wiedererwecken zu wollen, auch wenn die wirtschaftlichen Verhältnisse sie derzeit daran hinderten*, und ihnen zu ermöglichen, die „von Natur aus in sie gesetzten Verpflichtungen von Liebe und Mutterschaft zu erfüllen" (Weiß 1905: 729). Die Veränderung der wirtschaftlichen Verhältnisse aber liege nicht im Machtbereich der Medizin, so der Kinderarzt und spätere Pädiatrieordinarius Franz Hamburger (1874–1954)[18]:

> „Es werden daher die ganzen hygienischen Maßnahmen in dieser Richtung in nichts anderem bestehen als in dem Versuch, die Existenzbedingungen der Armen finanziell zu bessern, um so den Müttern eine tadellose Pflege ihrer Säuglinge zu ermöglichen. Darauf gerichtete Bestrebungen müssen aber wohl vorderhand als gänzlich aussichtslos bezeichnet werden, sind sie doch eigentlich direkt identisch mit dem Versuch, die soziale Frage überhaupt zu lösen" (Hamburger 1905: 570).

Die Medizin wollte die soziale Frage „lösen", indem sie sie medikalisierte, d.h. auch als individuelles Problem in die Verantwortung der Einzelnen, allen voran der Mütter legte. Dazu wollte sie „Aufklärung unter jenen Volksschichten […] verbreiten, welchen die primitivsten Grundsätze der Gesundheitspflege noch nicht Gemeingut ihres Wissens geworden sind" (Weiß 1905: 729).

Diese individuelle Gesundheitspflege ist eine Individualisierungsstrategie, mit der die einzelnen Mütter verantwortlich gemacht wurden, die Auswirkungen der Verelendung

---

16 1904 wurde die erste Säuglingsmilchverteilungsstelle im 10. Wiener Gemeindebezirk eröffnet. Verteilt wurde eigens kontrollierte Kuhmilch, welche zur künstlichen Ernährung eingesetzt und an die Säuglingsmilchverteilungsstellen geliefert wurde. Verteilt wurden aber auch „Ammenmilch", „überschüssige Milch" von Müttern aus Entbindungsanstalten, Wöchnerinnen- und Mütterheimen.
17 Eine Studie von Dr. Heinrich Keller an der Kinderabteilung des Kaiser-Franz-Josephs-Ambulatoriums in Wien zu „Stillwillen und die Stillmöglichkeit der unteren Volksschichten" ergab, dass Frauen, welche Wöchnerinnenunterstützung erhielten, häufiger ihre Kinder stillten (Keller 1907: 640).
18 Biographische Angaben zu Franz Hamburger sieh Anm. 7 in Kapitel I.2.

breiter Bevölkerungsgruppen durch ein medikalisiertes Verhalten ihrer eigenen generativen Möglichkeiten und ihren Kindern gegenüber auszugleichen.

Die Pädiater forderten, ein Komitee einzusetzen, das Vorschläge zur Förderung der Brusternährung ausarbeiten sollte, da Österreich mit 24,6 % Säuglingssterblichkeit (gegenüber 10 % in Norwegen) zu den am schwersten belasteten Staaten gehöre[19] und die Ernährungsfrage mittlerweile zu einer Wissenschaft geworden sei (Escherich 1905: 574).

Trotz des Eingeständnisses, dass die Säuglingssterblichkeit wesentlich sozial verursacht war und eine unmittelbare Auswirkung von Armut darstellte, waren die Ärzte mit Schuldzuweisungen an Frauen nicht zurückhaltend. Neben den Müttern wurden in erster Linie die Hebammen angegriffen. So vermerkte der Pädiatrieordinarius Theodor Escherich, „die mangelnde oder im falschen Sinne ausgeübte Beeinflussung der Mütter seitens der Hebamme ist die Ursache, daß jährlich Tausende von Kindern dem Siechtum und dem Tode überantwortet werden" (ebd.). Die Kinderärzte unterstellten den Hebammen, Frauen die Stillfähigkeit abzusprechen, da sie aus materiellen Gründen an der Vermittlung von Ammen interessiert seien.

In Bezug auf diese ärztliche Kritik an den Hebammen zeigt aber eine von dem Pädiater Ernst Mayerhofer vom Ambulatorium der Kinderabteilung des k. k. Kaiser-Franz-Josephs-Spitals in Wien durchgeführte Studie der Jahre 1909 bis 1911, dass Hebammen ganz im Gegenteil eine direkte und zielbewusste Stillpropaganda betrieben. Mayerhofer befragte Frauen eines Wiener Arbeiterbezirkes (X. Bezirk), welche bis zum ersten Lebensjahr des Kindes die Kinderambulanz aufsuchten, welchen Rat hinsichtlich des Stillens sie von den Hebammen erhalten hätten. Dabei zeigte sich, dass nur in 5 % der Fälle vom Stillen abgeraten wurde und dass 52,4 % der von Hebammen zu Hause entbundenen Kinder an der Brust genährt wurden, aber nur 38,8 % der in Anstalten entbundenen Kinder. Die Ergebnisse der Studie würden deutlich zeigen, so Ernst Mayerhofer, dass „die Hebamme angesichts der elenden Lage, der raschestens zur Arbeit eilenden Mutter, in der Stillpropaganda erlahmt" und dass nur die Verbesserung des Mutterschutzes die Lage ändern könne (1912: 273). Mayerhofer schloss den Bericht zu seiner Studie mit dem Eingeständnis der Vorverurteilung der Hebammen durch die Ärzte ab:

---

[19] Bezüglich Wien wurden folgende Zahlen publiziert:
    1894, 48.326 Lebendgeborene, gest. im 1. Lebensjahre: 10.369
    1895, 49.179 Lebendgeborene, gest. im 1. Lebensjahre: 10.765
    1896, 49.079 Lebendgeborene, gest. im 1. Lebensjahre: 10.433
    1897, 50.265 Lebendgeborene, gest. im 1. Lebensjahre: 10.157
    1898, 50.372 Lebendgeborene, gest. im 1. Lebensjahre: 9.935
    1899, 50.677 Lebendgeborene, gest. im 1. Lebensjahre: 9.855
    (Escherich 1905: 573).

„Ich dachte beim Beginn meiner Statistik, den Schaden der Hebammen für die Stillpropaganda ziffernmäßig festzustellen, da ja summarische Klagen über die Feindschaft der Hebammen in reicher Zahl bei fast jeder Stillenquete vorliegen; dagegen fand ich zu meinem Erstaunen, daß an dem Orte meiner Erhebungen diese allgemein getadelten Verhältnisse nur in ganz geringem Maße vorhanden sind. [...] Im Vergleiche mit der Stillpropaganda der Hebammen müssen die diesbezüglichen ärztlichen Erfolge unseres Ambulatoriums zurückstehen" (ebd.).

Dieses Eingeständnis wurde zugleich aber wieder als Teilerfolg der Ärzte beurteilt. Dazu wurde der Erfolg der Stillpropaganda in der Arbeiterbevölkerung Wiens durch die Hebammen der von Ärzten vorgeschlagenen Einrichtung der Stillkassen zugeschrieben, die auch ein Prämierungssystem der Hebammen betrieben.

Für die „künstliche Ernährung" wurden „Milchkassen" als Grundlage der Säuglingsmilchzuteilung eingerichtet. Mit Hilfe der „Milchkassa" sollten werdende Mütter durch wöchentliche Vorauszahlungen während der Schwangerschaft die Milch für ihre Säuglinge nach der Geburt sichern. So sie selbst stillten, wurde ihnen nicht nur die Stillprämie, sondern auch die angesparte Summe ausbezahlt. Mit Hilfe von „Stillkassen" sollten Stillende mehrwöchige Stillrenten oder Naturalunterstützungen (Wäsche, Lebensmittel, Pflegeartikel und Milch) erhalten.

„Das Wesen der Stillkasse besteht darin, daß vor oder während der Schwangerschaft in wöchentlichen Teilzahlungen ein Gesamtbetrag von 15 K[*ronen*] erlegt wird, auf Grund dessen nach der Niederkunft die Stillende ein Anrecht erwirbt, durch ein halbes Jahr oder auch länger wöchentliche Stillgelder von 1 K[rone] bis zur Gesamthöhe der drei- oder mehrfachen Einzahlung zu erhalten. [...] Es soll also für die Darreichung der Brusternährung ein Vielfaches der Einlage als Stillgeld geboten, dagegen für die unnatürliche Ernährung bloß der Einlagenwert zurückerstattet werden" (Weiß 1913: 62).

Werdende Mütter wurden mit diesem medizinischen Projekt zur Senkung der Säuglingssterblichkeit dazu erzogen, das Stillen als „Bringschuld" ihren Kindern gegenüber zu betrachten. Es ist ein Versicherungssystem, das nicht eine Solidargemeinschaft verpflichtet, sich gegenseitig abzusichern, wie beispielsweise die Krankenversicherung, sondern eines, das eine Person verpflichtet, eine ihr zugewiesene Verantwortung gegenüber einer anderen Person abzusichern. Die werdenden Mütter wurden verantwortlich gemacht für das Überleben ihrer Kinder. Dazu sollten sie ihre potenzielle Unfähigkeit, das Kind selbst zu stillen, während der Schwangerschaft präventiv dadurch absichern, in ein Versicherungssystem einzuzahlen, dessen Beiträge ihnen nach der Entbindung wöchentlich für den Zukauf künstlicher Säuglingsnahrung ausbezahlt wurden. Für den Beitritt zu diesem Versicherungssystem, welches das Überleben der Nachkommen sichern sollte, war ein Mitgliedsbeitrag zu entrichten, den die zukünftigen Mütter auch in Raten bezahlt durften.[20] Sobald sie Mitglied der Stillkassa waren, erhielten sie eine „Belehrung über ihr Verhalten in der Schwangerschaft" und die künftige „natürliche Ernährung". Um die Auszahlung der Beträge zu sichern, wurden sie verpflichtet, nach der Geburt das Neugeborene in der nächstgelegenen ärztlichen Mütterberatungsstunde der Säuglingsfürsorgestelle vorzustellen und bis zum Ablauf des Kleinkindalters überwachen zu lassen (Weiß 1918: 111).

Die Senkung der Säuglingssterblichkeit wurde von der Medizin mit Maßnahmen verfolgt, welche die Mütter für das Überleben der Neugeborenen verantwortlich machte, der Kinderheilkunde ein neues Behandlungsgebiet und „Forschungsmaterial" sicherte, und die als Konkurrenz gefürchtete Hebammentätigkeit desavouierte und kontrollierte.

Da die Fortschritte in der Entwicklung künstlicher Ernährung auf sich warten ließen, organisierten die Kinderärzte die Beschaffung und Verteilung von Frauenmilch. Vor allem sollte die Muttermilch auch als Heilnahrung für schwer ernährungsgestörte Säuglinge eingesetzt werden.

„Als Milchquellen kommen an erster Stelle die Entbindungsanstalten, Wöchnerinnen- und Mütterheime in Betracht. Es gibt hier immer milchreiche Mütter, welche überschüssige Milch in der Brust haben, deren Entleerung im Interesse der Stillenden geboten erscheint, weil sie Stauungszuständen entgegenarbeitet, die Milchabsonderung in Fluß bringt oder erhält" (Reuss 1922: 771).

Dazu wurde den Müttern, nachdem sie ihre eigenen Säuglinge gestillt hatten, die restliche Milch abgepumpt und zuerst an die Säuglinge milcharmer Mütter auf den Gebärstationen selbst verteilt werden. Der dann noch verbleibende Rest würde unter „gewissenhafter Überwachung seitens der Ärzte" bei den Säuglingsfürsorgestellen gesammelt und über die Stadt verteilt, vor allem auch in Säuglingskrankenanstalten und bei praktischen Ärzten. Die „Milchspenderinnen" mussten ärztlich überwacht und wie die Ammen hinsichtlich Lues, Tuberkulose und anderen Infektionskrankheiten untersucht werden. „Eine Bezahlung der Milchspenderinnen" wurde nicht für opportun gehalten.

---

20 Dieses „Milchkassenmodell" wurde später auch auf eine „Nähkasse" übertragen, in die ebenfalls die werdenden Mütter selbst einzahlten. Die „Nähkasse" sollte es armen Müttern ermöglichen, „durch ärztliche Fürsorge die Vorteile einer zweckmäßigen Bekleidung für ihre Kinder" zu erhalten, „wie dies die wohlhabenden Mütter bereits besitzen" (Weiß 1927: 10f.).

„Gewisse Belohnungen und Prämien mögen ja ihre Berechtigung haben, doch darf das ganze Unternehmen ja nicht zum ‚Geschäft' werden. Es muß ein Akt sozialer Wohltätigkeit sein, eines Kommunismus im besten Sinne des Wortes [...]" (ebd.: 772).

Die stillenden Mütter wurden in den Gebäranstalten zur „sozialen Wohltätigkeit" gezwungen, die auch und vor allem aufgrund bevölkerungspolitischer Überlegungen von der Medizin eingeführt wurde. Der „Kommunismus im besten Sinne des Wortes" galt aber nicht für die Pädiater, die ihren Einsatz für die soziale Wohlfahrt sehr wohl mit Forderungen zur Einlösung ihrer Standesinteressen verbanden.

Misserfolge bei der natürlichen Ernährung beurteilten die Ärzte auch als Fehler in der Stilltechnik. Kritisiert wurden die mangelnde Asepsis und das Fehlen einer streng eingehaltenen Ordnung. Der Geburtsmediziner und spätere Gynäkologieordinarius R. Th. Jaschke (geb. 1881)[21] beurteilte nur zwei Modi des Stillens als physiologisch berechtigt, da beim Brustkind der Magen erst nach 1 bis 2 Stunden nach dem Stillen wieder leer sei: „entweder dreistündiges Anlegen mit sechs Stunden, oder vierstündiges Anlegen mit acht Stunden Nachtpause" (Jaschke 1909: 730). Er empfahl die zweite Variante, wobei das Kind bei jeder Mahlzeit nicht länger als 20 bis höchstens 30 Minuten angelegt werden durfte, da der Hauptteil der Mahlzeit in den ersten fünf Minuten aufgenommen werde. Die ersten Anlegeversuche sollten von Ärzten genau überwacht werden, da Mutter und Kind meist zu ungeschickt seien. „Unzweckmäßige Lagerung des Kindes durch Rückwärtsbeugen des Kopfes (Nichtfreilassen der Nase), ungenügendes Eindrücken der Warze in den Mund, mangelhaftes Mitfassen eines Teiles des Warzenhofes [...]"(ebd.: 731) galten als durch Ärzte leicht zu behebende technische Fehler, die das Stillen verhinderten, ohne dass eine Stillunfähigkeit vorliege. Hinsichtlich des „Anwuchses", d.h., ob die Säuglinge nicht nur ordentlich gestillt wurden, sondern auch an Gewicht zunahmen, wurde die Kontrolle eines regelmäßigen Gewichtsanstieges gefordert.

Kaum zwei Jahrzehnte später propagierten die Pädiater das gegenteilige Programm. Das programmatische und gewichtskontrollierende Stillverhalten wurde abgelehnt und eine als „natürlich" beurteilte Technik der Kinderernährung gefordert, bei der, je nach Appetit, der Säugling fünf bis sechs Mal täglich angelegt werden sollte, um damit die Milchsekretion nach Bedarf in Gang zu bringen.

---

21 Jaschke wurde in Pettau (Steiermark) geboren, promovierte 1905 an der Universität Innsbruck und habilitierte sich 1912 an der Universität Gießen für Gynäkologie und Geburtshilfe. Er publizierte u.a.: „Physiologie, Pflege und Ernährung der Neugeborenen", München 1917 (2. Aufl. 1927); „Lehrbuch der Geburtshilfe", Berlin 1920 (2. u. 3. Aufl. 1923); „Lehrbuch der Gynäkologie", Berlin 1920 (2. u. 3. Aufl. 1923).

„Dabei geht die Sache so zu: Durch das häufige Anlegen, durch die nicht gestörte Nachtruhe kommt es zu einer Vermehrung der Milchmenge. Die Mutter kommt in den Zustand gedankenlosen, bedenkenlosen, physiologischen Behagens. Durch Trinkwägungen nicht gestört, lebt die Mutter durch die sonstigen fünf- oder sechsmal täglich hervorgerufenen Wägungsaufregungen unbeschwert und ruhig dahin, legt beim ersten Schreien den Säugling an die Brust und läßt ihn trinken. Der Mann ist weiter nicht gestört, das Kind schläft einige Stunden weiter und meldet sich [...]" (Hamburger 1937: 718).

Die Frage: „Wie macht es die Mutter richtig?" schien sich in allgemeines Wohlgefallen aufzulösen, sobald die Mutter der Natur ihren Lauf lassen könnte. Zudem sollten Säuglinge keinesfalls ihrem Schreien überlassen werden. Solche „Erziehungsversuche" würden lediglich zur Gewichtsabnahme und zur Enervierung von Vater und Mutter führen (ebd.: 719). Gegenüber diesen Erziehungsversuchen wurde das Gewährenlassen des Kindes empfohlen, das in kürzester Zeit entsprechend seinem Hunger einen harmonischen Stillrhythmus erzeugen würde. Das Neugeborene wurde als „reine Natur" betrachtet, das der Mutter den richtigen Weg weisen könne, wenn sie sich seinen Bedürfnissen hingebe.

Die ideale Mutter-Kind-Beziehung im Säuglingsalter wurde – zusammengefasst – als eine Symbiose konzipiert, in der die Stillpraxis den intrauterinen Ernährungsfluss außerhalb des Mutterleibes verlängern sollte.

3.3 Der Arzt als besserer Vater: Säuglingsschutz und -fürsorge durch pädiatrische Belagerung von Schwangerschaft, Wochenbett und früher Mutter-Kind-Beziehung

Neben dem medizinischen Einsatz für den Auf- und Ausbau von Säuglingsspitälern und Säuglingsabteilungen in Kinderspitälern, Geburtskliniken oder Findelanstalten war die Säuglingsfürsorge ein weiteres wichtiges Professionalisierungsfeld der Kinderheilkunde. Sie wurde in den ersten Jahrzehnten des 20. Jahrhunderts nicht nur in Österreich, sondern europaweit Teil bevölkerungspolitischer Maßnahmen, um den Geburtenrückgang durch eine Senkung der Säuglingssterblichkeit auszugleichen (vgl. Keller/Klumker 1912).

Bereits 1904 wurden in Österreich mit der „Säuglingsfürsorge" und 1905 mit der „Säuglingsschutzstelle" in Wien Einrichtungen geschaffen, die ihrem Selbstverständnis nach vor allem den Bedürfnissen der „Unbemittelten" dienten und die Prophylaxe der Säuglingssterblichkeit zum Hauptzweck hatten. Finanzielle Anreize (Stillkassen) und Naturalleistungen (Milchverteilung, Verteilung von Säuglingswäsche) wurden angeboten, um Mütter zum regelmäßigen Besuch der „Schutzstellen" zu bewegen.

Die Ärzte beurteilten diese „Schutzstellen" als Teil jener sozialen Einrichtungen, welche die Errungenschaft des 19. Jahrhunderts darstellten. Denn seit der nationalökonomischen Bewertung der Säuglinge hätten die Säuglingsschutzeinrichtungen den Charakter reiner Humanitätsanstalten verloren, so der Pädiater Bernhard Sperk in einem Artikel „Ueber Einrichtungen und Funktion der Schutzstelle des Vereines Säuglingsschutz" (Sperk 1905: 1179). Unter diesem Gesichtspunkt betreute die Säuglingsschutzstelle „Consultationskinder", welche die Mütter nur gelegentlich zur Beratung vorstellten, „überwachte Kinder", die regelmäßig gewogen und hinsichtlich ihres Gesundheitszustandes untersucht, und „unterstützte Kinder", welche nach einer vom Armenrat ausgestellten Karte in die Obsorge des Vereines aufgenommen wurden (ebd.: 1183). Für eine flächendeckende Versorgung wurde die Errichtung mehrerer Säuglingsschutzfilialen als unbedingte Notwendigkeit gefordert. Der Verein wollte über Mütterberatung, Schwangerenfürsorge, Aufklärung und Bildung zur Senkung der Säuglingssterblichkeit beitragen.

Doch weder Propaganda noch finanzielle Anreize oder Naturalleistungen brachten den erhofften Erfolg hinsichtlich der Frequentierung der Schutz- und Fürsorgestellen durch die Mütter. Erst die Folgen des Ersten Weltkrieges veranlassten diese, finanzielle Unterstützung in den Beratungsstellen zu suchen. Erst in dieser Zeit wurde die Mutterberatung populär, bei der die Pädiater begannen, Stillpropaganda im großen Stil zu betreiben.

Neben der Mutterberatung wurde auch der Schwangerenschutz in das Aufgabengebiet der Säuglingsfürsorgestellen aufgenommen und damit legitimiert, dass eine entsprechende Ernährung der Schwangeren mit einem angemessenen Geburtsgewicht der Kinder und deren späterer Resistenz zusammenhingen. Die Auswirkungen von Kriegswirtschaft und Hunger auf die Gesundheit der Mütter wurde dazu genutzt, über Naturalleistungen auch die schwangeren Frauen zum Gang in die Beratungsstellen zu bewegen.

Nach dem Krieg setzten sich die Pädiater dafür ein, die unterschiedlichen Schutzstellen zu vereinheitlichen, die Befürsorgung auf den Embryo und die frühe Kindheit auszuweiten und die Aus- und Fortbildung der Ärzte in Säuglingsheilkunde und Säuglings- wie Kinderfürsorge aufzubauen. Das neu eroberte Gebiet der Kinderheilkunde galt es nun durch adäquate Besetzung zu festigen. Die Professionalisierung wurde mit der Notwendigkeit des „qualitativen Volksaufbaus" nach dem Krieg und dessen verheerenden Menschenverlusten begründet. Es ging dabei also nicht einfach nur um eine Steigerung der Geburtenrate, sondern um die Sicherung eines „zahlreichen *und* gesunden" Nachwuchses. Da aber aus wirtschaftlichen Gründen mit einer Geburtensteigerung nicht gerechnet wurde, galt die „Erhaltung des gesund geborenen Nachwuchses als die wichtigste Maßnahme des Volksaufbaues", welche die Medizin leisten sollte: „Und hier fällt uns Aerzten eine heilige und dankbare Aufgabe zu", so der Privatdozent für Kinderheilkunde und Primarius der Reichsanstalt für Mutter- und Säuglingsfürsorge" in Wien, Leopold Moll (1877–1933)[22]. Diese Rücknahme der „Quantitätspolitik" in Bezug auf die Bevölkerung gegenüber der „Qualitätspolitik" eröffne der Medizin ein weites Betätigungsfeld.

Kritisiert wurde von Leopold Moll, dass die Ärzte für diese neue Aufgabe bisher ungenügend ausgebildet seien. Da in allen Maßnahmen zur Bekämpfung der Säuglingssterblichkeit – Mutterberatungsstellen, Sozial- und Familienversicherung, Stillkassen, Säuglingsheime, Säuglingskrankenanstalten, Krippen usw. – der Arzt die Hauptarbeit und Organisation ausführe, sei die Aus- und Fortbildung der Ärzte mit den „Errungenschaften der Säuglingsheilkunde als einem Teile der gesamten Kinderheilkunde" zu erweitern, damit diese dem Volk zum vollen Nutzen komme.

„Im Volk leben die alten, falschen, von den Vorfahren ererbten Ansichten und Gebräuche weiter. Die Aufklärung der Mütter über die Notwendigkeit und den Wert der Brustnahrung, über die rationellen Methoden des künstlich zu ernährenden Kindes, über eine zweckmäßige, wissenschaftlich begründete Pflege geschieht in unzulänglicher Weise, vielfach jedoch gar nicht, vielfach findet sie am konservativen Sinne des Volkes ein ganz besonderes Hindernis. [...] Die jeglicher Mutterschulung entbehrende Mutter ist den Einflüsterungen unerfahrener, ungeschulter Ratgeberinnen leicht zugänglich und selbst dort, wo durch ihre soziale Lage oder durch fürsorgliche Maßnahmen den Müttern die Möglichkeit geboten ist, ihre Still- und Pflegepflichten zu erfüllen, findet man, daß zum größten Schaden des Kindes Altes, Unmodernes, Unhygienisches, Unwissenschaftliches Anwendung finden" (Moll 1919: 691).

Der Arzt sei dazu berufen, „hier Belehrung und Aufklärung ins Volk zu tragen" (ebd.). Zugleich befürchtete Moll aber, dass dies ohne adäquate fachliche Bildung und klinische Erfahrung zur Untergrabung der Autorität des Arztes führen werde. Daher forderte er, dass der Kinderarzt am „klinischen Material" die Vorzüge der Brusternährung und die Überwindung von Stillschwierigkeiten erfahren und lernen müsse. Er kritisierte, dass für diese klinische Ausbildung den meisten Universitätsstätten kein „ausgiebiges Säug-

---

22 Leopold Moll promovierte 1902 zum Doktor der Medizin und habilitierte sich 1910 für Kinderheilkunde an der Universität Wien. Ab 1915 leitete er die „Reichsanstalt für Mutterschutz und Säuglingsfürsorge" in Wien und war Mitglied der „Österreichischen Gesellschaft für Bevölkerungspolitik"; bedeutende Werke: „Ratschläge zur Pflege und Ernährung der Säuglinge", in: „Veröffentlichungen des Volksgesundheitsamtes", Heft 6, Wien 1919; „Einrichtung von Mutterberatungsstellen", in: ebd. Heft 16, 1921; „Zur Ernährungstherapie des dyspeptischen Säuglings", 1928; „Säugling und Kleinkind", 1932/5. Aufl.

lingsmaterial" und kaum stillende Mütter mit deren Säuglingen zur Verfügung stünde, obwohl diese ein besonders wichtiges Studienmaterial darstellten. Um diesen Missstand zu beheben, forderte Moll, dass alle Anstalten, die über ein gewisses Säuglingsmaterial verfügten, in den Dienst des durch einen Pädiater geleiteten klinischen Unterrichts gestellt werden sollten.[23] Er empfahl, die wichtigen Gebiete der Säuglings- und Kinderfürsorge bereits während des Studiums den Hörern nahezubringen, für praktizierende Ärzte durch das Staatsamt für Volksgesundheit Fortbildungen zu organisieren, und für die von der Front zurückkehrenden Ärzte Praktikumplätze in Anstalten zu bewilligen. Intensivierung und Ausbau der Säuglingsheilkunde begründete Moll aber mit dem Hinweis auf die „Volkspolitik". Die Standesinteressen der Pädiatrie, die Moll vehement verfolgte und für deren Erfolg die unterschiedlichen Anstalten den Studierenden Mütter und Säuglinge als „Material" zur Verfügung stellen sollten, wurden damit bevölkerungspolitisch legitimiert.

Dagegen zeigten sich die Machtinteressen der Medizin deutlich in den Forderungen nach Entscheidungsbefugnissen für Ärzte. Dass beispielsweise bei der rechtlichen Anerkennung der Säuglingsfürsorge durch eine Novelle zum Krankenversicherungsgesetz (20. 11. 1917) die Pädiater als Leiter der Schutzstellen nur „in Betracht" gezogen wurden, evozierte vehemente Kritik des Kinderarztes Siegfried Weiß, der wie Leopold Moll Mitglied der „Österreichischen Gesellschaft für Bevölkerungspolitik" war. Der Erlass werde von Seiten der Ärzteschaft zwar begrüßt, dass für die Leitung Ärzte aber lediglich „in Betracht gezogen werden", galt ihm als untragbar. Die Autorisierung des Arztes zur Leitung und zum Vorsitz müsse deutlich ausgesprochen werden.

„Es muß diese Sonderstellung des Arztes im Fürsorgeausschuß hervorgehoben werden, so daß keinem Zweifel über seine Bedeutung Raum bleibt. Es ist Recht und billig, diese für den Fürsorgearzt präzisierte Stellung zu verlangen, da ihm sonst die Autorität für seine Vorschläge und sein Handeln fehlt. […] Die ganze Organisation ist so aufgebaut, daß sie ohne ärztliche Führung undenkbar ist. Die Allgemeinheit der Aerzte, sowohl der Fachärzte, als auch der Amtsärzte, sowie der praktischen Aerzte und Privatärzte ist an der Mitwirkung bei der Schaffung und bei der Leitung sämtlicher Fürsorgemaßnahmen auf das lebhafteste interessiert" (Weiß 1918: 1112).

---

23 Moll nennt folgende Anstalten: „Das Landeszentralkinderheim mit seinem großen Säuglings- und Muttermaterial, ferner die Reichsanstalt für Mutter- und Säuglingsfürsorge, die über 100 Säuglinge und 30 stillende Mütter verfügt, ferner die verschiedenen Kinderspitäler, in denen ebenfalls Säuglingsbetten eingerichtet sind; so zum Beispiel in Wien das Karolinen-Kinderspital, Franz-Josef-Spital, St.-Josef-Kinderspital, Wilhelminenspital, St.-Annen-Kinderspital" und die Kinderspitäler anderer Universitätsstädte (1919: 693).

Die Neuordnung der generativen Reproduktion des Lebens war begeleitet von einer Neuordnung der Hierarchien jener Dienstleistungsexperten, welche sich über die fürsorgliche Belagerung des Mutter-Kind-Feldes im Dienst der Bevölkerungspolitik professionalisierten.

Die Säuglingsschutzstellen boten der Kinderheilkunde die Möglichkeit zur Inszenierung wissenschaftlicher Autorität, zur Popularisierung wissenschaftlicher Erkenntnisse, zur Forschung und zur Kontrolle von Müttern und Kindern. Dabei setzten sich die Ärzte als „bessere Väter" in Szene, welche Mütter und Kinder mit Nahrung, finanziellen Zuwendungen und Ratschlägen „versorgten".

Der Pädiater und Leiter des Vereins „Säuglingsschutz" Robert Dehne (1871–1936)[24] berichtete über den Betrieb der Schutzstelle im Jahre 1905:

> „Die Schutzstelle dient dem Bedürfnisse der Unbemittelten und hat zum Hauptzweck die Prophylaxe, die Gesunderhaltung gesunder Säuglinge. Dieselben wurden früher bis zu einem Alter von einem Jahre aufgenommen, es hat sich aber als zweckmäßig gezeigt, diese Frist herabzusetzen, so daß gegenwärtig nur Säuglinge bis zu fünf Wochen aufgenommen werden. Die Funktion der Schutzstelle umfaßt die Milchbereitung, Milchabgabe und die Ordination. Die Mütter erscheinen einmal wöchentlich mit ihren Säuglingen, wobei dieselben untersucht werden, einmal monatlich werden sie gewogen und gemessen. Im Jahre 1905 wurden 869 Kinder verpflegt u. zw. 755 in der Zentralschutzstelle im St. Anna-Kinderspitale, 114 in der Filiale im Leopoldstädter Kinderspital. [...] monatlich standen durchschnittlich 180 Kinder in Pflege. [...] Der Milchverbrauch betrug im Berichtsjahre über 68.000 Liter Vollmilch und 3000 Liter Magermilch [...]. 439 Kinder wurden an der Brust genährt oder bekamen noch außerdem Milch, 430 mußten künstlich ernährt werden. Die gemischte Ernährung hat sich sehr gut bewährt. Die Mortalität betrug 111 Fälle (22,77 %), die größere Sterblichkeit ergab sich bei künstlich genährten Kindern" (Dehne 1905: 718).

Im Wesentlichen befasste sich der „Säuglingsschutz" demnach mit der Organisation, Sicherstellung und Kontrolle einer ausreichenden und hygienischen Ernährung der Säuglinge. Die Schutzstelle beim St.-Anna-Kinderspital enthielt eine Milchküche, einen Flaschenwaschraum, einen Sterilisationsraum, ein Milchdepot und ein kleines Labora-

---

24 Robert Dehne promovierte 1900, war von 1903 bis 1911 Sekundararzt von Theodor Escherich an der Universitätsklinik im St.-Anna-Kinderspital. Er leitete ab 1905 den von Escherich gegründeten Verein „Säuglingsschutz". Von 1921 bis 1930 war er als führendes Mitglied des Vereins „Säuglings- und Kinderfürsorge" vorwiegend mit sozialpädiatrischen Aufgaben befasst. Ab 1933 war er Primar der Säuglings- wie der chirurgischen Abteilung und Direktor des St.-Anna-Kinderspitals und Mitglied der „Gesellschaft für Innere Medizin" und der „Gesellschaft für Kinderheilkunde" in Wien.

torium zur Untersuchung der Milchproben. Die Milch wurde von einer „nachweislich tuberkulosefreien Herde alpinen Schlages" von der „Erzherzoglich Friedrichschen Domäne in Ungarisch-Altenburg" täglich morgens geliefert und bis zur Verarbeitung unter fließendem Wasser kühl gestellt. Je nach Bedarf erhielten die Mütter unterschiedliche Milchmischungen, die, in mit Bierverschluss verschlossenen Milchfläschchen abgefüllt, in geflochtenen Körbchen übergeben wurden.

Die Kuhmilch, welche zur künstlichen Ernährung eingesetzt und an die Säuglingsmilchverteilungsstellen geliefert wurde, musste kontrolliert werden. Als Mustervorschrift galt diesbezüglich eine Kundmachung von 1907 aus Innsbruck. Darin wurde nur jenen Bauern die Lieferung von Säuglings- oder Kindermilch gestattet, welche eine Lizenz des Stadtmagistrats erworben hatten. Diese wurde nur erteilt, wenn der Tierarzt einmal monatlich die Gesundheit der Tiere untersuchte, neue Tiere der Tuberkulinimpfung unterzogen wurden und der Tierarzt über den Gesundheitszustand der Tiere dreimonatlich Bericht erstattete. Ziel war es,

„ein auf wissenschaftlicher Belehrung und Aufklärung beruhendes Zusammenarbeiten zwischen Kindermilchproduzenten und Aerzten, als den Vertretern der angewandten Hygiene," zu schaffen (Weiß 1910: 437).

Als beispielgebend für diesen Weg erörterte der Pädiater Siegfried Weiß die Praxis der „Medizinischen Milchkommissionen" in Amerika, welche die Kindermilchfrage zu einer Angelegenheit der öffentlichen Gesundheitspflege machte. Die in den Kommissionen tätigen Pädiater und Hygieniker überwachten die Kontrolle der Produktion von sogenannter „certified milk". Dabei untersuchten eigens bezahlte Experten die Produktion: Ärzte das Melkpersonal, Tierärzte die Tiere und Chemiker und Bakteriologen die Milch. Ausschlaggebend für die Zertifizierung waren Bakteriengehalt, Haltbarkeit und gleichbleibender Nährwert. Der Vorzug der ärztlich zusammengesetzten Kommission wurde von Weiß in den hohen Zielen der Ärzte und dem Schutz des Standesansehens gesehen. Beides schien für den Autor offensichtlich die sorgfältige und objektive Arbeit der Kommission zu gewährleisten.

Zur Aufklärung und Bildung der Mütter wurden auch Vorträge und Ausstellungen organisiert. So beteiligte sich der Verein „Säuglingsschutz" 1906 an der Hygiene-Ausstellung in der Rotunde, denn die „Bekämpfung der Säuglingssterblichkeit und die Prophylaxe des frühen Kindesalters" wurde zum Ausgangspunkt der dringendsten Aufgaben der modernen Hygiene gezählt (vgl. Escherich 1906: 873).

Neben einem Modell der Säuglingsabteilung des St. Anna-Kinder-Spitals präsentierte die Ausstellung auch ein „Hygienisches Kinderzimmer", in dem Sterilität und Keimfreiheit, Ordnung und Reinlichkeit oberstes Gebot waren: waschbarer, fugenfreier, heller und warmer Fußboden, waschbare Wandtapeten oder -anstriche, keine Bilder – und wenn, dann nur unter Glas mit weißem und glattem Rahmen –, leicht waschbare und helle Möbel mit abgerundeten Ecken und hohen Füssen, eiserne Bettgestelle mit durch Schnüre hergestellten Gittern, harte Rosshaarpolster und leichte, durch Klammern in der richtigen Lage fixierte Bettdecken, 17 bis 20 Grad Celsius Raumtemperatur, Kachelofenbeheizung, mit waschbarem Stoff ausgekleidete Kinderwagen, Gehschulen, um Krabbelkinder vor „Verletzungen und vor der Infektion mit dem gefährlichen, bakterienhaltigen Bodenstaub zu schützen", Messstreifen zur Längsmessung der Kinder und ein „Lebensbuch"[25] zur richtigen Beobachtung und Aufzeichnung der körperlichen und geistigen Entwicklung des Kindes durch die Mutter. Als Kontrast zu diesem idealen Kinderzimmer wurde ein Kinderzimmer, „wie es nicht sein soll", ausgestellt: eine nicht waschbare Papiertapete, dunkle, scharfkantige Möbel, Vorhänge, Schleier an den Betten, ein mit Wollstoff bespannter und mit Teppichen belegter Boden, vor dem Bett liegendes Tierfell, Bilder mit geschnitztem Rahmen, ausgestopfte Tiere, getrocknete Blumensträuße – also alles staubansammelnde Gegenstände, an denen „die von Personen abgesonderten Krankheitskeime haften" (ebd.).

Der Einsatz für das Überleben der Säuglinge erforderte eine vollkommene Neugestaltung der Wohnung nach hygienischen Gesichtspunkten, welche der Gefährdung der Gesundheit und des Überlebens der Kinder durch exogene Einflüsse Einhalt gebieten sollten. Um Kinder im Kriechalter vor Schmutz- und Schmierinfektionen (Anginen, Diphtherie, Tuberkulose) zu schützen, konstruierten die Hygieniker sogenannte „Gehschulen", empfahlen leicht waschbare Spielsachen und präsentierten „unhygienische Saugflaschen und Lutscher", welche den Müttern in der Ambulanz abgenommen wurden, aber auch den „mit Semmel gefüllten Zulp" als abschreckende Mittel (ebd.). Ebenso ausgestellt waren abschreckende Beispiele von Arbeits- und Haushaltseinrichtungen, welche die Gesundheit der Kinder gefährdeten, wie etwa die erreichbare Laugenessenz für die Wäsche, die leicht erreichbare Hausapotheke, der eiserne Ofen, an dem Kinder sich verbrennen könnten, Windelständer mit von Urin durchnässten Windeln, zu schmal und hoch gebaute Kinderwägen. Die Aussteller hofften, dass der Besucher sein „soziales Gewissen' entdecken und die moralische Verpflichtung empfinden wird, dieser schreienden Notlage gegenüber helfend einzugreifen" (ebd.: 875).

---

25 Das in der Ausstellung aufgelegte Lebensbuch „Der zweite Storch" wurde vom Verein „Säuglingsschutz" herausgegeben. Es konnte von den Besuchern mittels Postkarte („Adresse: Verein Säuglingsschutz, Wien IX., Zimmermannplatz 8") bestellt werden.

Die „Bekämpfung der Säuglingssterblichkeit und die Prophylaxe des frühen Kindesalters" wurden als Gesundheitserziehung konzipiert, die auf eine Erziehung der Mütter zielte. Mit Hilfe von angsterzeugenden Aufklärungstechniken wurde auf die negativen Folgen des hygienisch mangelhaften Verhaltens der Mütter hingewiesen.

Während des Ersten Weltkrieges organisierten ärztlich geleitete Beratungsstellen[26] die so genannten „Kriegspatenschaft" als eine der größten Fürsorgeaktionen für das Säuglingsalter. Die finanziellen Mittel wurden durch Spenden gewonnen.

„Die Mütter, welche durch die außergewöhnlichen Lebenssorgen, Unterernährung, durch die Sorge um den im Felde stehenden Mann, sowohl in physischer als psychischer Beziehung schwer gelitten hatten, folgten unserem Rufe und besuchten die Beratungsstellen, trotz großer Verkehrsschwierigkeiten sehr fleißig" (Moll 1919: 9).

Die Beratungsstellen propagierten das Stillen und unterrichteten Mütter über Entwicklung und Entwicklungsrückschritte der Kinder. Säuglinge wurden regelmäßig von Ärzten untersucht, die vor allem die Gewichtszunahme kontrollierten. Je nach zuweisender Organisation (Ärztevereinigung, Säuglingsschutz, Jugendamt, Kriegspatenschaft, Krankenkasse u.a.) wurden Mutter und Kind in Gruppen eingeteilt:

„Es wird für jede Gruppe ein besonderer pflegerischer Wägetag oder auch einer mit unmittelbar daran sich schließender Beratungsstunde bestimmt. Jedes Kind erscheint in der zuständigen Gruppe zur regelmäßigen ärztlich-pflegerischen Überwachung und Stillkontrolle und erhält Zubußen in Form von Stillbeihilfen, Wäsche, Säuglingsnahrung, Milch und Pflegeartikeln" (Weiß 1918: 1112).

Frauen, die während der Sommerzeit aufs Land gingen, erhielten die „kriegspatenschaftliche" Unterstützung nur dann weiterhin gewährt, wenn sie ihre Kinder dem Ortsarzt vorstellten. „Aus diesen Anfängen einer Kinderaufsicht am Lande entwickelten sich an vielen Orten Filialen der Kriegspatenschaft" (ebd.: 11). Die Mehrheit der die Beratungsstelle aufsuchenden Frauen stillten ihre Kinder, d.h. 85% bis zum dritten Lebensmonat, 60% länger als ein Jahr (ebd.: 9).

---

26 Mutterberatungsstellen der Spitäler stellen sich in den Dienst der Kriegspatenschaft: Leopoldstädter Kinderspital I, Kaiser-Franz-Josef-Ambulatorium, Kaiser-Franz-Josef-Spital, Wilhelminenspital, Kronprinz-Rudolf-Kinderspital, Universitäts-Kinderklinik, Verein Säuglingsfürsorge, St.-Josef-Kinderspital, Karolinen-Kinderspital, Reichsanstalt für Mutter- und Säuglingsfürsorge, Allgemeine Poliklinik, Oeffentliches Kinderkrankeninstitut, Ambulatorium des israelitischen Kinderspitals (Moll 1919: 9).

Was zu dieser Erhöhung der Stillquote beigetragen hat, bleibt unklar. Die Stillquote stieg also wesentlich, obwohl es im ersten Kriegsjahr noch ausreichend Milch für die „künstliche Ernährung" gab. Auch die von den Säuglingsfürsorgestellen verteilten „Kriegsmütter"-Unterstützungsgelder können nicht ausschlaggebend gewesen sein, da deren Auszahlung nicht an die Bedingung des Selbststillens geknüpft war. Der Leiter der „Reichsanstalt für Mutterschutz und Säuglingsfürsorge", Leopold Moll, vermutete, dass der Rückgang der Müttererwerbstätigkeit dazu beigetragen habe und dass der Unterhaltsbeitrag es Frauen ermögliche, ihre Kinder selbst zu stillen. Dass die Abwesenheit der Männer auch eine Möglichkeit bot, dass sich Mütter mehr ihren Kindern widmen konnten, wurde nicht in Erwägung gezogen.

Die Zunahme der Stilltätigkeit führte zu einem Rückgang der Säuglingssterblichkeit. Nun aber stieg die Kleinkindersterblichkeit ab dem zweiten bis zum fünften Lebensjahr infolge von Unterernährung.[27] Zur Senkung der Kindersterblichkeit empfahl Fritz Wengraf, Arzt an der Reichsanstalt für Mutter- und Säuglingsfürsorge in Wien, die Unterbringung der Kinder in geschlossene Anstaltspflege (Wengraf 1919: 1045). Begründet wurde dies damit, dass die „Verwahrlosung und Verelendung besonders in Kostpflege befindlicher Kleinkinder" während des Krieges krasser zutage getreten wäre als je zuvor und Hospitalismus wie Infektionen mittlerweile absolut vermeidbar seien.

Die Kriegspatenschaft unterstützte im Sinne der Mütterfürsorge neben Säuglingen und Kindern auch schwangere Frauen. Sie erhielten einen Entbindungsbeitrag, sofern sie sich vor der Entbindung zur Aufnahme in eine geburtshilfliche Klinik meldeten. Dort belehrte man die Schwangeren über die Hygiene des Wochenbetts und verwies zu Voruntersuchungen, um festzustellen, „ob eine normale oder pathologische Geburt vorauszusehen ist und ob besondere Hilfe in Anspruch zu nehmen ist" (ebd.: 11). Immer mehr Frauen meldeten sich, um in den Genuss der finanziellen Unterstützung zu gelangen. 1916 waren es 1.246 ausbezahlte Entbindungsbeiträge, 1919 bereits 3.430. Bei zu erwartenden schwierigen Geburten konnte eine Aufnahme in die Gebäranstalt be-

---

27 Auf je 10.000 der Bevölkerung (Bevölkerungsstand von 1913) starben Kinder im zweiten bis fünften Lebensjahr:

	1912	1913	1914	1915	1916	1917
Niederösterreich	10,5	11,2	8,3	25,5	21,4	15,1
Wien	10,1	10,3	14,2	17,7	15,0	13,5
Oberösterreich	12,1	12,6	15,9	16,9	18,8	14,5
Linz	16,3	12,8	14,3	20,0	27,6!	26,0!
Innsbruck	7,2	8,9	11,2	13,4	15,0	18,3
Graz	7,9	10,1	10,4	13,0	16,0	13,5

In: Wengraf 1919, Tabelle 2:1042.

antragt werden. Nach dem Krieg wollte man den Impuls, den die Kriegspatenschaft für die Säuglingsfürsorge gebracht hatte, auf die Friedenszeiten übertragen und weiterentwickeln. Die Ärzte schrieben die Hauptursache für die Senkung der Säuglingssterblichkeit der „ärztlichen und fürsorglichen Beratungstätigkeit" zu, welche nun erhalten und ausgebaut werden sollte, um Mütter weiterhin über die zweckmäßige Pflege und Ernährung des Kindes aufzuklären. Allein der Existenz von Mütterberatungsstellen wurde schon erzieherischer Wert zugemessen.

Die Ärzte schlugen die Einrichtung von „Mütterräten" vor, um die Beratungsstellen fortzuführen. Die Frauen sollten „ihre Sache" nunmehr selbst in die Hand nehmen, vor allem aber die Finanzierung. Für die Belehrung aber waren weiterhin die Ärzte vorgesehen. Diese waren daran interessiert, durch die Institution der „Mütterräte" ihre Stellung in der gesamten Kinderfürsorge zu kräftigen. Die Erfolge der Säuglingsfürsorge im Krieg, die aus einer Zunahme der Stilltätigkeit resultierte und nicht ärztlichem Eingreifen zu verdanken war, nutzten die Pädiater, um den Einflussbereich der Kinderheilkunde abzusichern. Auch hier erwiesen sich der Krieg und seine unmenschlichen Folgen als Möglichkeit, Professionalisierungsbestrebungen der Medizin zu verwirklichen. Die Kriegsfolgen und die finanziellen Unterstützungsangebote machten möglich, was die Aufklärungsbemühungen der Pädiater im Rahmen der Säuglingsfürsorge vorher nicht geschafft hatten: Die Mütter kamen in die Beratungsstellen.

> „Die Beratungsstellen wurden geradezu überlaufen. Damit wurde aber auch die Mutterberatung populär und konnte auf diese Weise Stillpropaganda im großen Stil getrieben werden. Die Leute gewöhnten sich daran, bei der Mütterberatung auch den Arzt zu befragen und gewannen Interesse an der Gewichtszunahme des Säuglings" (Aichelberg, Hamburger 1919: 369).

Die Bestrebungen um den Ausbau der Säuglingsfürsorge fanden während des Ersten Weltkrieges auch rechtliche Anerkennung. In einer Novelle zum Krankenversicherungsgesetz (20.11.1917) wurde die obligatorische Unterstützung für versicherungspflichtige Wöchnerinnen auf sechs (statt auf vier) Wochen erweitert, eine Stillunterstützung wurde bis zur zwölften Woche nach der Geburt gewährt, sofern die Frauen ihr Kind selbst stillten. Von dieser Novelle ausgeschlossen blieben aber nach wie vor die Heimarbeiterinnen, Kleingewerbetreibenden und Hausbediensteten. Ein Erlass des Ministeriums des Inneren sah die Einrichtung von Säuglingsfürsorgestellen vor, als deren Leiter in größeren Städten Pädiater, in kleineren Städten in der Fürsorge bewanderte bodenständige Ärzte vorgeschlagen wurden. Hebammen sollten erst nach einer nachträglichen Ausbildung zugezogen werden.

Die seit der ersten Einrichtung von Säuglingsfürsorgestellen entwickelten Maßnahmen – Stillkassa, gesetzliche Stillunterstützung, Pflegekinderaufsicht, städtische Berufsvormundschaft für uneheliche Kinder, Kriegspatenschaft – sollten nach dem Krieg aus administrativen, finanziellen und fachlichen Gründen vereinheitlicht werden (vgl. Weiß 1919: 341ff.). Die Zersplitterung der Maßnahmen wurde als Ursache erhöhter Kosten kritisiert. Mit der Vereinheitlichung wollte dem „Uebelstand entgegengetreten werden, daß für ein und denselben Säugling mehrere Fachärzte in verschiedenen Beratungsstellen gleichzeitig bereitgestellt sind" (ebd.: 343).

Als Zentralisierungsmodell wurde der schon vor dem Kriege zur Vereinigung aller Säuglingsfürsorgeeinrichtungen entworfene „sanitäre Säuglingszentralkataster" vorgeschlagen. Er war als „sanitär-administrative Evidenzstelle" konzipiert, in der das „Schwangerenkataster" den wichtigsten Platz einnahm. Er sollte als eine „innere Organisation" an alle bestehenden Institutionen angegliedert werden, die sich der Sorge um Mütter annahmen. Die daraus gewonnenen Listen dienten auch der Kontrolle der Schwangeren und Mütter, damit diese nicht bei unterschiedlichen Beratungsstellen um finanzielle Unterstützung ansuchen konnten.

Die Verwendung des Begriffes „Kataster", der im Allgemeinen zur Aufzeichnung und Darstellung der Lage, Größe und Nutzung eines Grundstückes dient, verweist aber auch auf die bevölkerungspolitische Perspektive bezüglich Schwangerschaft und Geburt, wobei der Körper von Frauen als Grundbesitz des Staates vermessen und dargestellt wird.

Die Anbindung des „Säuglingszentralkatasters" an den „Schwangerenkataster" verfolgte aber auch pädagogische Ziele.

> „Die *Aufklärung* über sämtliche, von der offenen Säuglingsfürsorge aufgestellten Programmpunkte kann dadurch in die ruhigere Zeit während der Schwangerschaft vor das Geburtsereignis verlegt werden" (Weiß 1919: 343).

Die Vereinheitlichung sollte also auch im Dienst medizinischer Effizienz Schwangerenfürsorge und Säuglingsfürsorge in einem Modell verbinden: die hygienisch-diätetische Belehrung der Schwangeren; die Überweisung von Geburtsfällen an die Frauenklinik; Hebammenlehr- und Gebäranstalten, womit die Geburtsmedizin auch im Bereich der Fürsorge mehr Einfluss erhielt; die Heranziehung der Frühschwangeren an die Stillkassen, mit welcher auch der kriminellen Fruchtabtreibung vorgebeugt werden könne; die sanitäre Evidenzhaltung aller hilfsbedürftigen Schwangeren, welche auch die rechtzeitige Mitwirkung im Kampf gegen die Geschlechtskrankheiten ermögliche; die Vermittlung der Vaterschaftsangelegenheiten an die Berufsvormundschaftsbehörde; den

Anschluss der rassenhygienischen und bevölkerungspolitischen Bestrebungen der Ehevermittlung; die Unterstützung bzw. Lösung wirtschaftlicher Angelegenheiten sowie von Wohnungs- und Ernährungsfragen (vgl. ebd.). Die Schwangerenfürsorge war im Wesentlichen also als Säuglingsfürsorge konzipiert, d.h. die schwangere Frau sollte im Dienst der Gesundheit der kommenden Generation medizinisch überwacht werden.

Die Stillkassenaufnahmestellen waren in eben diesem Sinne bereits Jahre vorher auch dazu eingesetzt worden, die Ausbreitung der Geschlechtskrankheiten nach dem Ersten Weltkrieg in den Griff zu bekommen, da gerade bei „erbsyphilitischen" Kindern langfristige Schädigungen[28] festgestellt worden waren (vgl. Hochsinger 1910: 932f.). Diese Stellen würden die beste Gelegenheit bieten, alle Schwangeren unter dem Aushängeschild der Säuglingsfürsorge hinsichtlich ihrer sexuellen Erfahrungen zu befragen und klinische Untersuchungen vorzunehmen.

> „Dort wird unauffällig, und ohne die Diskretion sowie das weibliche Schamgefühl zu verletzen, vorgegangen. Dort kann unter dem Deckmantel einer harmlosen Fragestellung und unter der Begründung für das Wohl des ungeborenen Kindes vorbeugend zu wirken, manches Geheimnis über die intimsten Familienverhältnisse gelüftet werden. Dort können die heikelsten persönlichen Angelegenheiten, die wirtschaftlichen und sozialen Fragen der Schwangeren ungescheut besprochen werden" (Weiß 1919: 344).

Die Ärzte gingen also davon aus, dass Frauen sich problemlos in die Stillkassenaufnahme begeben, aber vor dem Gang zur Geschlechtskrankenfürsorgestelle zurückweichen würden.

Die Aufnahme der „Geschlechtskrankenbekämpfung" in die Schwangerenfürsorge ist ein weiterer grundlegender Schritt in der Medikalisierung der Reproduktion. Waren in den Jahrzehnten zuvor vorwiegend soziale Maßnahmen getätigt worden (Aufklärung, Erziehung, Ernährung etc.), wurden nun medizinische Eingriffe in die Wege geleitet: serologische und klinische Untersuchen. Dazu sollten die Säuglingsfürsorgeärzte auch über „gewisse Ausbildungen in dem gynäkologisch-venerischen Fachgebiete" besitzen (ebd.).

So sehr die Pädiatrie sich gegenüber der Gynäkologie als eigenes Fach etablierte, so sehr blieb sie aber auf dem Gebiet der Säuglingsfürsorge mit dem Körper der Mutter konfrontiert, der den zukünftigen Patienten der Kinderheilkunde beherbergte. Der päd-

---

28 Erbsyphilitische Kinder weisen eine hohe Neugeborenen-, Säuglings- und Kleinkindermortalität sowie, nach Ansicht der Ärzte, angeblich auch Intelligenzstörungen, psychische Störungen und organische Erkrankungen auf (vgl. Hochsinger 1910: 932f.).

iatrische „Säuglingsschutz" bedurfte gynäkologischer Verfahren, um durch die Mutter das Kind gesund zu erhalten.

Ziel der Vereinheitlichung der Säuglingsfürsorge war also auch eine Ausdehnung des pädiatrischen Behandlungsbereiches. Es sollten die

> „hochgehenden Fluten von Fürsorge, die sich nur dem ersten Lebensjahr zuwenden, jedoch das vorgeburtliche Leben sowie die dem Säuglingsalter nachfolgende Kleinkinderzeit wenig berücksichtigen", abgedämmt werden. „Es soll eine harmonische und gerechte Verteilung der Fürsorgemaßnahmen auf alle Lebensperioden, beginnend vom Werden des jüngsten Menschensproß bis zum Verlassen des gesundheitlich schützbedürftigsten ersten und zarten Kindesalters, platz greifen" (Weiß 1919: 345).

Der Auf- und Ausbau der Schwangerenfürsorge beruhte auf Untersuchungen, welche indirekt belegten, dass eine entsprechende Ernährung der Schwangeren mit einem angemessenen Geburtsgewicht der Kinder und deren späterer Resistenz zusammenhingen. Doch auch die Neugeborenensterblichkeit, d.h. die Mortalität der Lebendgeborenen in den ersten vier Wochen, deren Ursache auf das Zusammenwirken mehrerer Faktoren wie Frühgeburt, Geburtsschädigungen, erworbene und angeborene Krankheiten zurückgeführt wurde, sollte durch die Schwangerenfürsorge im Sinne der materiellen Hilfe und der rechtzeitigen Anstaltsversorgung gesenkt werden.

Der Pädiatrieordinarius der Universitätskinderklinik Graz beurteilte die „Ueberwachung der Lebensweise und Ernährung der graviden Mutter" als eine Hauptaufgabe der prophylaktischen Pädiatrie (Reuss 1937: 603). Dazu empfahlen die Pädiater, bei Frauen aus materiell schlecht gestellten Schichten eine Anstaltsentbindung vorzuziehen. Entbindungen im Privathaus sollten nach der erfolgten Geburtsanzeige durch Hausbesuche der Fürsorgerinnen überwacht werden. Erst von dieser Zusammenarbeit von Geburtshelfern, Pädiatern, zum Verständnis der Fürsorge erzogenen Hebammen sowie Fürsorgerinnen und dem Ausbau der Schwangerenfürsorge wurde ein Erfolg hinsichtlich der Senkung der Neugeborenensterblichkeit erwartet.

Ziel war aber nicht einfach nur eine Steigerung der Geburtenrate, sondern ein „reicher" und „gesunder Nachwuchs". Um das zu erreichen, müsse zuerst aber „genug gesundes Menschenmaterial zum Aufbau" vorhanden sein, und es müssten alle finanziellen Mittel aufgeboten werden, „um die Geschädigten wieder lebens- und arbeitsfähig zu machen" (Moll 1919: 690). Der medizinische Einsatz für die kriegshinterbliebenen und kriegsheimkehrenden Erwachsenen wird zwar gefordert, doch wird diesem für den „Volksaufbau" nur wenig Gewicht eingeräumt. Denn

„der einmal durch Tuberkulose, Invalidität, Verkrüppelung usw. geschädigte Organismus wird nach der Reparatur wohl nur im kleineren Teile der Fälle ein vollwertiges Individuum werden, kaum geeignet, einen gesunden Nachwuchs zu erzielen und zu erhalten; einmal, weil die Schädigung zu tief gegriffen hat, dann aber auch, weil unsere therapeutischen Hilfsmittel vielfach unzureichend und unvermögend sind" (Moll 1919: 691).

Gegenüber dem medizinischen Einsatz für den durch Krieg und Kriegswirtschaft geschädigten erwachsenen Teil der Bevölkerung wurde der Einsatz für das Überleben gesund geborener Säuglinge höher bewertet.

„Ganz anders steht es bei der Bekämpfung der Säuglingssterblichkeit. Hier besitzen wir bewährte, durchschlagende Therapeutika. Hier können wir im vollen Maße erreichen, daß das gesund geborene Kind gesund erhalten bleibt, und zum großen Teile, daß das geschädigte Kind wieder hergestellt wird" (ebd.).

Zugleich dürfe, so der Gerichtsmediziner Felix Tietze in einem Artikel über „Säuglingsfürsorge und Rassenhygiene" (Tietze 1927: 4).[29], die Säuglingsfürsorge aber rassenhygienische Gesichtspunkte nicht außer Acht lassen, wobei Rassenhygiene nicht im Sinne einer bestimmten anthropologischen Rasse, sondern im Sinne der „biologischen Rasse, der Vitalrasse (Ploetz), des durch die Generationen fließenden Stromes dauernden Lebens" zu verstehen sei. Unzweckmäßig sei eine Säuglingsfürsorge dann, wenn „viel Mühe und große Kosten für einige wenige minderwertige Kinder" aufgewendet würden, „während mit dem gleichen Aufwand eine viel größere Zahl von besser veranlagten Kindern gerettet werden könnte" (Lenz zit. in: ebd.: 5).

Bei den „zweckmäßigen Seiten" der Säuglingsfürsorge wie z.B. der Stillpropaganda beurteilte Tietze vor allem Mütter mit größerer Intelligenz und Verantwortungsgefühl als beeinflussbar, ihr Kind zu stillen. Wenn nur intelligente Mütter ihre Kinder stillten und diese überlebten, so sichere die Wiedereinführung „natürlicher Verhältnisse" eine

---

29 Felix Tietze studierte Rechtswissenschaften (Promotion 1907) und Medizin (Promotion 1919) und arbeitete als Gerichtsmediziner; seit 1930 war er Mitglied der „American Eugenics Society"; Teilnahme am „3. International Congress of Eugenics" in New York 1932; 1934 Österreichischer Vertreter bei der „International Federation of Eugenic Organizations" (IFEO); 1934 angeklagt und verurteilt im „Grazer Sterilisationsprozeß" Tietze flüchtete 1939 vor den Nationalsozialisten nach England; Publikation u.a.: „Der Grazer Sterilisationsprozeß 1934". In seiner Publikation „Eugenische Maßnahmen des Dritten Reiches von 1939" betonte Tietze, dass die eugenischen Maßnahmen des Nationalsozialismus nicht die internationale Eugenik repräsentierten. Daher könnten auch Juden die Eugenik weiterhin unterstützen. Diese Position vertrat er auch nach 1945 (vgl. http://www.eugenics-watch.com/briteugen/eug_t.html).

„gute Auslese". Dies betreffe auch alle anderen „Anleitungen" durch die Säuglingsfürsorge:

> „Diese Anleitung wird um so mehr Frucht tragen, auf je fruchtbareren Boden sie fällt. Je intelligenter, williger, pflichteifriger und ihrer Verantwortung bewußter die Mutter ist, desto genauer wird sie erfassen, worauf es ankommt, desto besser wird sie es ausführen. Es wächst also die Wahrscheinlichkeit der Erhaltung von Wohlbefinden, Gesundheit und Leben des Kindes mit der geistigen Anlage seiner Mutter" (ebd.: 5f.).

Die Anstaltspflege kritisierte Tietze als „karitative Angelegenheit" und im Sinne Tandlers als „unproduktive Fürsorge", da sie der natürlichen Auslese entgegenarbeite – selbst wenn Kinder nicht aufgrund „minderwertiger" Anlagen, sondern aufgrund ihrer Herkunft aus schlechtesten wirtschaftlichen Verhältnissen oder aufgrund ihrer unehelichen Geburt dort verwahrt würden.

Gegenüber dieser rassenhygienischen Kritik an der Anstaltsfürsorge forderte der Pädiatrieordinarius der Grazer Kinderklinik August Reuss deren Ausbau. Er sah eine erfolgreiche Säuglings- und Kinderfürsorge durch imaginäre Barrieren zwischen Ländern und Gemeinden behindert. So gebe es in keinem Bundesland öffentliche Findelanstalten und Kinderheime. Sofern es Anstalten gäbe, würden nur „eigene" Leute, aber keine Kinder oder Mütter aus anderen Bundesländern aufgenommen. Kinder aus fremden Ländern müssten laut Vorschriften überhaupt dem Land überstellt werden, dem die Mutter zugehörig ist, selbst wenn diese nie dort gelebt habe (Reuss 1931: 374f.). Da aber die meisten Opfer der „Säuglingsgrippe" aus armen Bevölkerungskreisen stammten, sei ein Ausbau der Säuglingsheime notwendig bzw. die Einrichtung von Säuglings- und Mütterheimen „auf nebelfreien, sonnigen Höhen außerhalb der Städte oder überhaupt in Gegenden, […] deren Klima einer Ausbreitung der grippalen Erkrankungen nicht förderlich ist" (ebd.). Wenn in diese Anstaltspflege nicht investiert werde, komme man vom Regen in die Traufe, da in den herkömmlichen Säuglingsheimen die Infektionsgefahr groß sei. Insgesamt bescheinigte Reuss der Säuglingsfürsorge aber einen großen Erfolg beim Kampf gegen die Säuglingssterblichkeit, welche auf erheblich weniger als die Hälfte gesunken sei (ebd.: 373).

Dementsprechend forderte er für den Kinderarzt auf dem Gebiet der Säuglings- und Erziehungsfürsorge einen angemessenen Platz neben Sozialhygienikern, Juristen, Pädagogen und Lehrern.

3.4 Wissenschaftliche Mutterschaft: Der Arzt als Erzieher der Mütter und Kinder

Auf Grundlage einer durch fünf Jahre erhobenen Statistik führten Pädiater die Säuglingssterblichkeit auf „mangelhafte Kenntnis der Mütter in der Pflege, Mißbräuche in der Ernährung, soziale Not, daher fehlende Brusternährung und ungenügende Pflege" zurück (Leiner 1913: 1668). Eine „Belehrung der Mütter" durch Kinderärzte und durch mit neuesten pädiatrischen Erkenntnissen ausgebildete Pflegerinnen sollte die hohe Mortalitätsrate zurückdrängen. Großes Gewicht erhielt dabei die ärztliche Erziehung von Müttern und Kindern, wie in den Ausführungen bereits deutlich wurde, im Bereich der Säuglingsfürsorge und -ernährung.

Die Kinderärzte wollten den Ehrgeiz der Frauen auf dem Weg der Erziehung fördern. Über Jahre propagierten sie das Selbststillen als „natürliche" Mutterpflicht, der sich Mütter angesichts der unzureichenden und lebensschädigenden künstlichen Ernährung nicht entziehen dürften. Die Kinderärzte empfanden sich als „Meister" der Stillehre – Stilltechnik, Stillrhythmus, Diätetik in der Stillzeit – und forschten über Jahrzehnte an der Entwicklung einer verdauungsmöglichen künstlichen Säuglingsmilch. Neben dem Naturprodukt Muttermilch wurde auch eine natürliche Technik der Kinderernährung empfohlen. Der angekündigten „Rückeroberung der Mutterbrust durch den Nachwuchs" entsprach eine „Eroberung der Mutterbrust" durch die Pädiater. Dieser Einsatz für die Säuglingsernährung weitete sich zunehmend auch auf die medizinisch geprüfte Kinderernährung aus. Die Ärzte arbeiteten Erziehungsratschläge für schlecht essende Kinder aus (vgl. Nobel, Pirquet 1927).

Der Kinderarzt Karl Peyrer empfahl Methoden der Strenge (Züchtigung und Zwangsfütterung), Methoden der Ablenkung (Geschichten erzählen während des Fütterns), Methoden der Reizung (Abwechslung in den Speisen und Geschwisterkonkurrenz[30]) und die Methode der Erziehung zur Selbständigkeit (Peyrer 1926: 106f.). Diese pädiatrischen Erziehungsratschläge kritisierten psychoanalytisch orientierte Ärzte als Methoden, welche die moderne Pädagogik schon längst zum alten Eisen gelegt habe (Friedjung 1926: 164). Demgegenüber stellte der Kinderarzt Kornfeld die mütterlichen Klagen über „nicht essende Kinder" in Frage. Es sei auf jeden Fall zu klären,

„ob das Kind wirklich zu wenig ißt oder ob es sich bei derartigen Klagen etwa nur um das Mißlingen von unangebrachten Mästungsversuchen von Seiten einer überängstlichen und nervösen Mutter handelt" (Kornfeld 1929: 938).

---

30 Schlecht essende Kinder über Geschwisterkonkurrenz zum Essen zu motivieren begründet Peyrer mit dem Hinweis, dass „[...] leichtes Streiten um einen guten Bissen [...] den Appetit" hebe (Peyrer 1926: 106).

Die pädiatrische Behandlung zielte damit auf die Mutter, denn ihr „überflüssiges Umherwandern von Arzt zu Arzt, von Spital zu Spital" (ebd.) schädige das Kind. Bei leichten Ernährungsschwierigkeiten genüge eine Aufklärung der Mutter. Schwere Fälle von nicht essenden Kindern würden meist auf einen Milieuwechsel ansprechen. Nur schwerste Fälle, „bei denen häufig der erbliche Faktor einer neuropathischen Konstitution bei der Mutter eine Insuffizienz der erzieherischen Qualitäten und gleichzeitig beim Kinde eine besondere Labilität des Ernährungswillens" bedinge (ebd.), müssten in heilpädagogischen Anstalten mit geschultem Pflegepersonal untergebracht werden, wo durch somatische und psychische Behandlungen eine Umstellung der Gesamtpersönlichkeit angestrebt werden sollte. Die Heilung „schlecht essender Kinder" sollte durch eine Behandlung oder Entfernung der Mutter möglich gemacht werden.

In den Säuglingschutzstellen, Säuglingsfürsorgestellen, Beratungsstellen an den Polikliniken und Geburtskliniken wurden Mütter über die zweckmäßige Pflege und Ernährung des Säuglings und des Kindes, noch bevor Krankheiten auftraten, aufgeklärt.

> „Sie erhalten Rat und Hilfe bei den kleinsten Anzeichen von Krankheitserscheinungen und Unregelmäßigkeiten im Gedeihen des Kindes. Sie erhalten prophylaktische Maßnahmen über Hygiene und pflegerisches Verhalten bei der Aufzucht der Kinder. Sie finden in Beratungsstellen Trost, Ansprache, Aufklärung und soziale Hilfe. Das Interesse am Gedeihen des Kindes wird durch Aussprache mit den Aerzten, Schwestern und Helferinnen wesentlich gefördert" (Moll 1919: 11).

Allein dem Anblick der Mütterberatungsstellen wurde von den Kinderärzten erzieherischer Wert zugeschrieben. Dieser motiviere die Mütter, ihre Kinder gut genährt und gereinigt vorzuführen, und sie, wenn auch mit defekter, so doch mit sauberer Wäsche zu bekleiden. „All dies sind erzieherische Momente für die Mütter, und die Erziehung geschieht ganz von selbst und unauffällig und doch nicht minder wirksam" (ebd.: 12).

Die Mütterberatung wurde als Ort konzipiert, „in welchem die wahre ärztliche Volksaufklärung geschieht", der Kinderarzt den Müttern eine „wissenschaftliche Vernunft" im Umgang mit ihren Kindern „anerzieht" und ihnen als „Retter" ihrer Kinder entgegentritt.

> Denn „der Arzt leistet der Mutter, welche unkundig einer rationellen Pflege und Ernährung des Kindes ist, die erfüllt mit falschen Ueberlieferungen und Vorurteilen in Angst und Sorge an die für sie neue Aufgabe der Kinderaufzucht herantritt, einen ganz außergewöhnlichen Dienst. [...] Diese Aufklärung des Volkes zu einer hygienischen Lebensweise, zur Verhütung von Krankheiten im allgemeinen, zur Herausbildung der Mütter für die Aufgabe und Pflicht-

erfüllung gegenüber ihren Kindern ist heute, da in die Reihen des Volkes so schreckliche Lücken gerissen wurden, doppelt und vielfach notwendig" (Moll 1919: 11).

Die „Pflicht" gegenüber den Kindern, welche die Kinderärzte den Müttern beibringen wollten, konnten die Mütter nur unter Rückgriff auf eine wissenschaftliche Neuordnung der Reproduktion des Lebens erfüllen. Zugleich aber kritisierten die Pädiater die „Uniformierungssucht" von „halbgebildeten Müttern", die sich darin zeige, so der Dozent für Kinderheilkunde Richard Lederer (geb. 1885), dass besorgte Mütter bei gesunden Kindern Fragen bezüglich der richtigen Körperlänge, des normalen Gewichts und des durchschnittlichen Ernährungszustandes stellten, diese Fragen verwiesen jedoch auf einen „Denkfehler der Mütter", denn aus der Statistik gewonnene Ergebnisse könnten nicht auf einzelne Individuen übertragen werden. „Von jedem gesunden Kinde verlangt man, daß es sich mit fünf bis sechs Monaten aufsetze, sich bei Beginn des vierten Lebensquartals aufstelle und mit einem Jahr gehen könne" (Lederer 1925: 733). Dieselben statistisch gewonnenen Maßstäbe, gäbe es für die normale Zahnentwicklung und für die normale Größe des Kopfes. Diesem Missbrauch von Durchschnittszahlen und -funktionen sollten die Ärzte entgegentreten, um die weiteren materiellen und moralischen Schäden dieser Gleichmacherei zu verhindern.

Gleichzeitig aber wurden eben diese Maßstäbe hinsichtlich der Beurteilung des Körperbaus, des Entwicklungsablaufs und der Entwicklungsstörungen im Kindesalter von medizinischer Seite selbst erarbeitet. Die Kliniker entwickelten Bewertungstabellen zur Beurteilung des morphologischen Zustandes, „welche eine Einreihung jedes bei einem Kinde gefundenen Maßes oder Stammindex in eine bestimmte Bewertungsklasse ermöglichen" (Kornfeld 1931: 619). Sie beurteilten Körperproportionen und Größenverhältnisse der einzelnen Körperteile, Vorgänge der Zahnung, Änderung des Behaarungstypus, Ausbildung der Brüste beim weiblichen und der äußeren Genitale beim männlichen Geschlecht und errechneten röntgenologisch die Verknöcherung einzelner, charakteristischer Skelettgebiete und den Ernährungszustand nach medizinischen Gesichtspunkten. Zur Beurteilung der Fettlager an der Körperoberfläche wurde die Hautfaltendicke an verschiedenen Körperstellen gemessen, die statisch-motorische Entwicklung, Körperbeherrschung und Bewegungsvermögen, Körperkraft und Leistungstyp eines gesunden Kindes im späteren Entwicklungsalter wurden funktionell-physiologisch beurteilt.

„Die Reihe der vegetativen Entwicklungserscheinungen umfaßt die allmähliche Ausgestaltung der Ernährungsart des Kindes, die Ausgestaltung seines Atmungstypus, die Steigerung der Atmungstiefe, die Beherrschung der Ausscheidungsfunktionen und endlich das auch praktisch so wichtige Gebiet der Sexualentwicklung" (Kornfeld 1931: 619).

Die intellektuellen Fähigkeiten bewerteten die Kinderärzte mit Hilfe unterschiedlicher „Intelligenzprüfungen". Im Auftrag der „Österreichischen Gesellschaft für Volksgesundheit" wurden von Kinderärzten Elternratgeber herausgegeben, in welche die Eltern regelmäßig Eintragungen über die Entwicklung ihrer Kinder vornehmen konnten. Sie waren mit Tabellen und Kurventafeln ausgestattet,

> „in denen der körperliche Entwicklungsgang graphisch dargestellt und mit den normalen Durchschnittsmaßen verglichen werden kann. Eine Ahnentafel, welcher die Beschreibung der Familiengeschichte folgen soll, leitet das Buch ein, welches mit einem Register schließt, das für die wichtigsten Beobachtungen und Vorkommnisse Schlagworte bringt, neben denen die Seitenzahlen einzutragen sind (Reuss 1931a: 895).

Die Kinderärzte kritisierten, dass „solche Tagebücher [...] von der Mutter in der Regel mit großem Eifer und rührender Genauigkeit begonnen [...], aber nur selten konsequent weitergeführt" würden (ebd.). Die von *der pädiatrischen Forschung ausgearbeiteten Normwerte* als Handwerkszeug des Klinikers zur Beurteilung des Gesundheitszustandes der Kinder sollten aber *nicht „halbgebildeten" Müttern überlassen* werden. Die Kinderärzte wollten durch eine „Erziehung der Mütter" zur Senkung der Säuglingssterblichkeit und zur Gesunderhaltung der Kinder beitragen – dabei den Müttern aber nur so viel wissenschaftliches Wissen vermitteln, dass die Autorität des Arztes gewahrt blieb.

Der Kinderarzt vermittelte eben nicht nur Wissen, sondern stellte eine Autorität dar, welche die Stelle des Vaters für sich beanspruchte.

Der Erste Weltkrieg provozierte eine Diskussion bezüglich der Frage, ob Mütter genug Autorität besäßen, um leitende Erziehungsaufgaben zu übernehmen. Doch obwohl in Folge des Krieges die Kindererziehung in fast ganz Europa in den Händen der Mütter lag, wurde den Müttern die Fähigkeit einer „leitenden Erziehung" abgesprochen.

Trotz kriegsbedingter Abwesenheit der Männer beurteilte der Nervenarzt, Psychologe und Psychoanalytiker Alfred Adler (1870–1937)[31] in seinem Artikel „Die Frau als Erzieherin", der im „Archiv für Frauenkunde und Eugenetik" 1916 publiziert wurde, den Einfluss des Vaters entsprechend des „männlichen Übergewichts in der gegenwärtigen Kultur" als noch nicht ausgeschaltet. Denn die Kinder würden in den Worten der Mutter die Stimme des Vaters hören, sofern die Mütter das Streben der Kinder, dem Vater Achtung zu schenken, ausgebaut hätten.

---

31 Alfred Adler gilt als Begründer der „Individualpsychologie". Im Gegensatz zu Freud beurteilte er seelische Störungen (Psychoneurosen) nicht aus den Reaktionen auf verdrängte sexuelle Komplexe. Nach Adler gelten „Minderwertigkeitskomplex" (Begriff von Adler) bzw. übersteigerter Geltungstrieb infolge missglückter Anpassung an die Gemeinschaft als Ursachen seelischer Störungen.

Aus psychoanalytischer Perspektive wurde der abwesende Vater als symbolisch anwesender rehabilitiert. Denn „die Erziehung durch die Frau" ist „regelmäßig dem Einfluß des Mannes und der männlichen Kultur unterworfen", sie steht „unter dem männlichen Diktat" (Adler 1916: 343 f.). Die Kriegszeiten beurteilte Adler deswegen als Problem, weil Frauen unvorbereitet die Führung in der Erziehung übernehmen müssten, und wie solle sie nun, „entgegen ihrem innersten Wesen, selbständig ein Werk vollbringen helfen, das dem Sieg des männlichen Prinzips zum Ausdruck verhilft" (ebd.: 344).

Unruhe und Schwankungen in der Leitung der Familie durch die Frau erzeuge bei den Kindern emotional eine allgemeine Unsicherheit und wirke sich auf die Empfindungen der Kinder aus. Die widerspruchsvolle und zaghafte Führung verstärke, so Adler, den Antrieb zur Revolte im Kind. Wenn die Mütter aber die Lage durch eine starke Haltung überkompensierten, provoziere dies die heimliche Auflehnung, vor allem der Knaben. Obwohl „die überlegene Autorität des Mannes [...] der richtungsgebende Punkt im Tun und Lassen des Kindes [...] in unserer Kultur" bleiben sollte, forderte er, die „weibliche Erziehungskunst" zu entfalten. Diese würde vor allem durch ein weibliches Minderwertigkeitsgefühl behindert, das sowohl ihre Zaghaftigkeit wie die Überspannung ihrer Autoritätsgelüste bedinge. Um das Selbstvertrauen der Frauen zu stärken, sollte „die herrschende Entwertungstendenz gegenüber dem Erziehungswerk der Frauen als unberechtigt und sozial schädlich nachgewiesen werden" (Adler 1916: 345). Vieles würde der Unfähigkeit der Frau in der Erziehung angelastet, wie die schlechten Schülerleistungen und die steigende Kriminalität der Jugendlichen im Kriege, doch dafür seien auch andere Gründe nachgewiesen worden. Da der „Gegenspieler" bei der Vernachlässigung der Schule durch den Schüler und seinem Ausflug ins Kriminelle „der abwesende Vater" sei, könne die Mutter nur einflusslos bleiben.[32] Den kulturellen Missständen könne die Frau nicht besser Abhilfe schaffen als die Polizei.

Jenseits dieser kulturellen Behinderung der weiblichen „Erziehungskunst" betonte Adler jene schädlichen Haltungen von Müttern, die „den Wert der Frau als Erzieherin leicht beeinträchtigen können" und die sich alle aus dem weiblichen Minderwertigkeitsgefühl entwickeln würden: 1. Mütter, die als Mädchen mit einer dauernden Missach-

---

32 Ein vorläufiger Einblick in die Ursachen des Ansteigens von Schuldelikten und kriminellen Handlungen in den kriegsführenden Ländern habe gezeigt, dass die Täter auch vorher kein auffallendes Maß an Mut und Aktivität besessen hätten und meist nur durch strenge Überwachung und furchterweckenden Antrieb zu regelmäßigen Arbeiten anzuhalten gewesen wären. „Diesen Deserteuren und Drückebergern aus der Kinderstube" drohe „nun das Schicksal des unselbständigen Schwächlings" (Lazar 1916: 346). Daher entsage dieser dem Wettkampf auf sozialem Gebiet und nütze die neue Freiheit, um eine „Sklavenrevolte" anzuzetteln. Die „ursprüngliche Feigheit" würde zur Unterordnung unter einen führenden Geist motivieren, der wiederum zur eigenen Deckung zur „Bandenbildung" anstifte (ebd.).

tung der Frauenrolle herangewachsen wären; 2. Mütter, die nicht an die eigene Kraft glaubten, im Unglauben an den erzieherischen Wert der Frau aufgingen und nur an den Mann glaubten; 3. Mütter, welche die „männliche Aggression" erspäht hätten und sie übertrieben. Bei all diesen Erziehungshaltungen der Mütter führe die Abwesenheit des Mannes zu erheblichen Problemen. Erstere vermittle den Eindruck, als bereite der Frau die Erziehung der Kinder unglaubliche Schwierigkeiten, die Kinder würden ihre Ansprüche maßlos steigern oder zur rachsüchtigen Revolte neigen. Diese Kinder würden dem Vater dann als „lebendiger Beweis" gegen weiteren Kindersegen gelten. Die Erziehungsmittel der Zweiteren seien „quälendes, verzweifelndes Jammern, kraftloses Gezeter und hohles Poltern". Die Kinder würden dann den Beweis liefern, dass nur der Mann zur Erziehung tauge. Die Dritte trage Züge der Herrschsucht und besonderer Strenge, und „die Prügelstrafe wird zum dauernden Pol der Erziehung". Kinder würden feige und zaghaft. Die Abwesenheit des Mannes verstärke diese Härte und steigere den Trotz des Kindes (348 f.).

Die Medizin problematisierte Kindererziehung zunehmend mit dem Focus auf „mütterliches Fehlverhalten". Psychiater, Sozialhygieniker, Hygieniker, Geburtsmediziner und Kinderärzte sahen in ihr die Ursache kindlicher Fehlentwicklungen, welche sich in Erkrankungen und asozialem Verhalten manifestierten.

So wie die Eugeniker und Rassenhygieniker in Tendenz im väterlichen „Erbgut" die Ursache für die „Qualität" der kindlichen „Erbanlagen" verorteten und Mütter im Zusammenhang mit Zeugung und Entwicklung nur als „Boden" beurteilten (vgl. Kap. I.2.1 und I.2.2), galt im Bereich der Erziehung die Mutter als Verursacherin von Schädigungen in der Entwicklung. Diese Privilegierung des Vaters im Bereich der Erziehung durch Pädiater, Psychologen und Psychoanalytiker korreliert mit jener Höherbewertung des Vaters auf Seiten der Eugenik und Rassenhygiene, die das positive „Erbgut" der Väter – allen voran die Intelligenz – hervorhoben. Demgegenüber wird mütterliche Praxis – Pflege, Versorgung und Erziehung der Kinder – nur dahingehend thematisiert, was Frauen dabei alles falsch machten. Die Medizin positioniert sich damit gegenüber dem Reproduktionsbereich als eine richtende Instanz, die – immer unter dem Verweis auf den Schutz der kommenden Generation – Elternschaft koordiniert und kontrolliert.

Doch die Haltung der Medizin gegenüber der Elternschaft und Kindheit ist ambivalent. Väter und Mütter werden als Täter kritisiert, und zugleich wird Elternschaft als „Herstellungsort" einer Generationenfolge idealisiert. Permanente Schuldzuweisungen an die Eltern werden als „Erziehungsmittel" eingesetzt, um vor allem Mütter zu „richtigem", und das ist immer medizinisch angeleitetem Erziehungshandeln zu bewegen. Wissenschaftlich gebildete Mütter ermöglichen aber auch die Positionierung von Medizin und Wissenschaft als heilbringende Instanz, die „weiß", wie es richtig zu machen ist.

Auch die Haltung gegenüber den Kindern ist ambivalent. Zum einen sollten sie geschützt, zum anderen kontrolliert, diszipliniert und optimal an die Verhältnisse angepasst werden.

In der Kindererziehung wurde Müttern nur die Fähigkeit zur „instinktiven Pflege" zugestanden, nicht aber die Kompetenz einer „leitenden Erziehung". Auch hier kann die Frau sich nur darüber auszeichnen, ihrer „Natur" freien Lauf zu lassen, keinesfalls aber über soziale Kompetenzen. Für die „leitende Erziehung" aber sollte der Kinderarzt im Rahmen der Erziehungsfürsorge eingesetzt werden. Für die Beteiligung der Kinderärzte an der Erziehung der Kinder wurde von dem Pädiatrieordinarius August Reuss eine „Erziehungslehre auf objektiver naturwissenschaftlicher Beobachtung der Gehirnfunktionen des Kindes" vorausgesetzt (Reuss 1931: 376). Davon ausgehend kritisierte er es als verwunderlich, „wer alles den Mut findet, ohne Kenntnis der Kinder in der Pädagogik eine Aktivität zu entwickeln", die „nicht immer schadlos" sei (ebd.). Die Ärzte sollten also eine naturwissenschaftliche Vernunft in die Kindererziehung einführen. Besonderes Missfallen erregten Erziehungsideale der 20er Jahre, die als „autoritäts- und führungslose Pädagogik" abgelehnt wurden. Diese als „unzweckmäßig" verurteilte Kindererziehung kritisierte die Mehrheit namhafter Kinderärzte (z.B. Ibrahim, Zappert, Neter, Friedjung, Pfaundler, Goett, Husler) als eine Ursache der meisten klassischen Krankheitsbilder. Sie konzipierten die Kindererziehung damit zur „prophylaktischen Kinderheilkunde". Eine Erziehung, in der sich ein Kind wie ein Erwachsener benehme sollte, wurde als Beweis pädagogischer Unkenntnis verurteilt, vom naturwissenschaftlichen Standpunkt sei das unsinnig, denn jeder Abschnitt des Kindesalters bedinge eine psychische Besonderheit.

„Der beratende Kinderarzt soll zu vermitteln versuchen. Seine Sache ist es, die Eltern beizeiten aufzuklären, und falls ihm das nicht gelingt, dafür Sorge zu tragen, daß das Kind verständnisloser Eltern – [...] – einen Teil seiner Erziehung außer Haus genieße" (Reuss 1931: 376).

Gegen die „Auswüchse einer privaten Erziehung" forderten die Kinderärzte eine Unterstützung der Familienerziehung bereits im Kleinkindesalter durch Außenstehende, z.B. Kinderkrippen, -gärten und -horte, wobei aber die Mutter die „erste Erzieherin" bleiben müsse und solle. Sie verfüge, laut den Arbeiten des Wiener Heilpädagogen Theodor Heller, allein über die „instinktgemäßen, tief in der Seele der Mutter verankerten, uralten Erziehungskünste, die eigentlich sublimierte, von Kultur und Sitte veredelte Aufzuchtsinstinkte darstellen" (ebd.). Auch Erwin Lazar[33] charakterisierte die Mutter in

---

33 Erwin Lazar habilitierte sich 1913 zu den „Ursachen der Verwahrlosung und Dissozialität". Er versuchte dabei zu zeigen, dass neben exogenen Ursachen auch endogene Momente (Heredität, akquirierte Hirner-

seinem Buch „Medizinische Grundlagen der Heilpädagogik" (1925) als Hauptträgerin der Erziehung, sie sei es

> „vorerst physisch, und sie behält ihre Bedeutung für die ganze psychische Entwicklung des Menschen. Dementsprechend sollte man sich vorstellen, daß eine Mutter ganz besondere Eigenschaften braucht, daß sie wirklich seelisch eine einwandfreie Person sein muß, um ihrer Aufgabe gerecht zu werden. Die Natur hat die Schwierigkeiten richtig erkannt und hat die Mutter mit den feinsten Instinkten ausgestattet, die ihr darüber hinweghelfen" (zit. in: Hamburger 1932: 538).

Auf der Ebene des der mütterlichen Erziehungspraxis unterstellten „Instinktes" sollte die Mutter die „erste Erzieherin" im Privaten und zu Hause bleiben. Der väterliche Anteil an der Erziehung sollte von frühester Kindheit an durch eine „öffentliche Erziehung" unter der Leitung von Ärzten vergesellschaftet werden. Doch trotz dieser den Müttern von den Kinderärzten unterstellten Instinkte wurden nicht alle als „ideale Erzieherinnen" ihrer Kinder anerkannt. „Fragwürdig" waren berufstätige Mütter sowie „arme", „geplagte", „lediglich für die Familie lebende" und auf sich allein angewiesene Hausfrauen, denen es allen an Zeit fehle, ihren Erziehungsaufgaben gerecht zu werden. Die sozialen Verhältnisse schienen die „Instinkte" zu untergraben. Neben der erzieherischen Begabung der Eltern und den Eigenheiten der Kinderseele wurden auch die äußeren Verhältnisse, in welchen Familien gezwungen waren zu leben, als ebenso einflussreich beurteilt:

> „Bei einer vielköpfigen Familie, die in einer aus ein bis zwei Räumen bestehenden Proletarierwohnung zusammengepfercht lebt, welche oft auch noch Außenstehenden als Herberge dient, ist wohl unter allen Umständen eine Anstaltserziehung im Interesse der Kinder zu empfehlen" oder „Kinder aus solch traurigen Verhältnissen beizeiten in einem Kindergarten unterzubringen" (Reuss 1931: 376).

Wo die Verhältnisse als Ursache kindlicher Fehlentwicklung erkannt wurden, waren sie immer auch Hinweis auf einen Mangel „väterlichen Schutzes", zumal dieser nicht im

---

krankungen) eine große Rolle spielen. Er war als Konsulent des „Volksgesundheitsamtes" verantwortlich für die Reformierung der Erziehungsanstalten der Stadt Wien und des Landes Niederösterreich. Er arbeitete als Heilpädagoge in den Heimen Oberhollabrunn und Eggenburg. Er war Initiator und Förderer der Hilfsschulen und gründete diese Institutionen mit den Worten: „Die Frage ist: Soll man sich begnügen, für den Abfall die richtige Ablagerungsstätte zu schaffen, oder kann man diesen Abfall noch weiter nutzbringend verwerten?" Als Selbstzweck der Heilpädagogik propagierte er die „richtige Veränderung zum vollwertigen Normalen" (vgl. Byer 1988: 174). Er arbeitete als Konsiliararzt am Jugendgericht und als Kinder-Gerichtspsychiater.

Stande war, den Kindern eine mütterliche Versorgung zu sichern, wie das idealerweise in bürgerlichen Verhältnissen möglich war.

Väter, Mütter und Kinder wurden im Familienrecht auch in eben dieses Verhältnis zueinander gesetzt. Die *Stellung des Kindes* wurde im Familienrecht von 1811 dahingehend geregelt, dass Kindern gegenüber ihren Eltern Anspruch auf Erziehung eingeräumt wurde. § 139 erklärt, was darunter zu verstehen sei: „Fürsorge für Leben und Gesundheit, anständiger Unterhalt, Entwicklung der körperlichen und geistigen Kräfte, religiöser Unterricht und Berufsausbildung" (Lehner Oskar 1987: 41). Die Erziehung durch Vater und Mutter sollte einverständlich erfolgen, doch aufgrund des ehelichen Leitungsrechtes entschied im Dissensfall in Erziehungsfragen der Vater. Die väterliche Gewalt (Vertretung des Kindes; Verwaltung des Kindesvermögens; Zustimmung zur Eheschließung von Minderjährigen; Entscheidung, zu welchem Stand ein noch unmündiges Kind erzogen werden sollte), kam allein dem Vater zu und war nicht auf die Mutter, sondern ausnahmslos auf einen Vormund übertragbar. Die Kinder sollten das Geschlecht des Vaters fortsetzen, sie erhielten Namen- und Familienrechte der Vaterfamilie, wodurch „Söhne als Stammhalter ‚mehr wert' als Töchter" waren (ebd.: 42). Uneheliche Kinder unterstanden weder der Gewalt des Vaters noch der Mutter, sondern der eines eigens bestellten Vormundes. Da die Institution Ehe vor allem „legitime Nachkommen" für den Mann sichern sollte, wurden unehelichen Kindern kaum Rechte gegenüber dem Vater, sondern nur Rechte gegenüber der Mutter zuerkannt. Erziehungsziele wurden vom Gesetzgeber nicht definiert, dennoch war von der Familie als „Pflanzschule gut gesinnter und brauchbarer Staatsbürger" die Rede (ebd.).

Diesem auch im Recht sich manifestierenden bürgerlichen Familienideal widersprachen die proletarischen Lebens- und Familienverhältnisse. Von Seiten der Medizin wurde vor allem ein Mangel an „väterlicher Gewalt" beanstandet. Die Pädiatern beurteilten aus einer bürgerlich-patriarchalen Perspektive das als soziales Chaos und Mangelwirtschaft wahrgenommene proletarische Familienleben auch stets als Folge mangelnder väterlicher Autorität. Auch hier übernahm die Medizin die vakante Position des Vaters, indem sie auf der Ebene der „öffentlichen Erziehung" in die „private Erziehung" eingriff, die mütterliche Erziehungspraxis organisierte, koordinierte und überwachte – bis zum Entzug der Kinder aus den „schädigenden privaten Verhältnissen und Verhaltensweisen" und ihrer (Zwangs)Unterbringung in Kinderheimen, Kindergärten, Kinderhorten.

Historisch sind die Kindergärten und -krippen u.a. auch aus den Findel- und Waisenhäusern hervorgegangen. Dem Anspruch nach waren sie nicht nur „Kinderbewahranstalten", sondern zielten auch auf pädagogische Betreuung. In Österreich entstanden die ersten Kindergärten in der ersten Hälfte des 19. Jahrhunderts, aber erst 1872 erließ das Ministerium für Kultur und Unterricht „Bestimmungen über Kindergärten", die fast 100 Jahre lang gültig blieben. Darin wurden die Ziele der Einrichtung festgelegt: Unterstützung und Ergänzung der Erziehung von vorschulpflichtigen Kindern, aber nicht deren Ersetzung, kein Schulunterricht, Gruppengröße von max. 40 Kindern, Aufnahme nicht vor Antritt des vierten Lebensjahres (vgl. Fassmann et al 1988: 9f.). In der Praxis herrschte im ersten Drittel des 20. Jahrhunderts eine Klassenteilung. Kinder der unteren Schichten fanden Aufnahme in den „Kinderbewahranstalten", wohlhabende Schichten brachten ihre Kinder in den Kindergärten unter. Trotz der Versuche in den 20er Jahren, diese Zweiteilung zugunsten des Ausbaus der Kindergärten abzubauen, blieben in der Praxis die zentralen Charakteristika der alten Bewahranstalten bestehen. Die Kinder, für welche die Pädiatrie als Alternative zur Familienerziehung eine „Anstaltserziehung" forderte, zogen damit kaum ein besseres Los. Gruppengrößen mit 50 und mehr Kindern, schlecht ausgestattete und beengte Räume waren keine Alternative.

Der Pädiatrieordinarius an der Universitätskinderklinik Wien, Franz Hamburger, verurteilte auch die Erziehungsideale, welche in den 20er Jahren von sozialistischer Seite entwickelt worden waren, als Ursache kindlicher Fehlentwicklung. Er konstatierte, dass durch Erfahrung erprobte Erziehungsgrundsätze „auf Grund von gelegentlichen Entgleisungen neuropathischer Erzieher und Kinderfreunde dilettantisch durch neue, spekulativ gewonnene Ideen ersetzt worden" seien (Hamburger 1931: 725). Hamburger warf den „Kinderfreunden"[34], einer Vorfeldorganisation der Sozialdemokratischen Arbeiterpartei, vor, die Möglichkeiten der Erziehung zu überschätzen und die anlagebedingten Grenzen der Erziehung nicht ausreichend zu berücksichtigen. Er vermerkte, dass eine objektive, nüchterne und naturwissenschaftliche Beurteilung der natürlichen Eigenschaften der Kinder die alten, intuitiv gewonnenen Erziehungsgrundsätze bestätigen würden, dass nämlich die Anlage, „also das phylogenetisch Gewordene, *die Hauptrolle im Leben jedes Menschen spielt*" (ebd.). Er funktionalisierte die naturwissenschaftliche Sicht des Menschen für tradierte, christliche Erziehungsgrundsätze, indem er „Tradition" mit „Natur" gleichsetzte, ohne weiteren Nachweis die Phylogenese mit der christlichen Erbsündenlehre gleichstellte und die Erziehungsbedürftigkeit der Kinder daraus begründete, dass diese von „Natur" aus „asozial und bösartig" seien. Um diese asoziale „Natur" der Kinder zu beherrschen, konzipierte er Erziehung als Übung von bestimmten „Partialanlagen" und Begünstigung bestimmter „Hemmungsapparate".

---

34 Die Organisation der „Österreichischen Kinderfreunde" wurde 1908 von dem Sozialdemokraten, Tischler und Redakteur des „Arbeiterwillen" Anton Afritsch (1873–1924) gegründet. Die „Kinderfreunde" engagierten sich für eine demokratische und sozial gerechte Schule („freie Schule").

„Das ist Zähmung oder Erziehung des von Haus aus ‚wilden', asozialen Kindes. Es sei ausdrücklich betont, daß die allermeisten Kinder von Haus aus nicht gut, nicht altruistisch veranlagt sind, sondern eben egoistisch, und es ist vielleicht nicht unangebracht, diese Tatsache des angeborenen Egoismus mit der alten Lehre von der Erbsünde in Beziehung zu bringen" (Hamburger 1931: 725).

Das stammesgeschichtliche Erbe und die Erbsünde bedingten nach Hamburger beide die Grundeigenschaften des neugeborenen Kindes, und entschieden ihrerseits über die weitere Erfahrungsfähigkeit und Erziehbarkeit. Er charakterisiert diese Grundeigenschaften mit Triebbegriffen, d.h., dass er sie als eine aus instinktiven oder anderen inneren Antrieben resultierende, auf jeden Fall aber außerhalb des Willens stehende, ohne reflektierende Kontrolle ablaufende Entität begriff. Zu diesen Grundeigenschaften zählte er den Egoismus, den Herden- oder Gesellschaftstrieb (als Wurzel zum Altruismus), den Nachahmungstrieb, den Assoziationstrieb, den Hemmungstrieb, den Erinnerungstrieb und das Bedürfnis, geleitet zu werden. Diese Grundeigenschaften forderte Hamburger durch eine Erziehung zu formen, in welcher der Arzt bzw. die Eltern das Kind leiten und das Kind gehorcht. Da Kinder nicht nur den Drang hätten, ihre Willen durchzusetzen, sondern auch das Bedürfnis, geleitet zu werden, drängte er die Ärzte, in den Kreisen der Bevölkerung das vierte Gebot lebendig zu erhalten:

„Die Kinder müssen wieder zur Ehrfurcht vor den Eltern erzogen werden. Ein Gleichgestelltsein von Eltern und Kind ist ein unnatürlicher Unsinn. Es muß wieder dafür gesorgt werden, daß natürlich, d.h. so wie seit Jahrtausenden, zum Gehorsam erzogen wird. Ein Abgehen von diesen natürlichen Wegen muß unbedingt zur Schädigung der Kinder, zur Schädigung der Gesellschaft führen" (Hamburger 1931: 727).

Die Gefährdung der Gesellschaft durch „schlecht erzogene" Kinder ist in Hamburgers Konzeption nicht minder bedrohlich als die Gefahr, welche die Eugeniker aus „minderwertigen" Anlagen ableiteten. Vor dieser Bedrohung wollte Hamburger die Gesellschaft durch „Gehorsamkeitserziehung" und „Gehorsamkeitszwang" zu schützen. Dazu sollten Kinderärzte den Eltern Einigkeit gegenüber ihren Kindern abverlangen, d.h., die Eltern dürften nicht abwarten, bis Kinder die Zweckmäßigkeit elterlicher Forderungen einsehen oder begreifen würden. Sie sollten ihre Kinder durch mehr oder weniger verhüllten, altersadäquaten Zwang erziehen und Belohnung wie Bestrafung als Erziehungsmittel einsetzen. Dabei war für Hamburger auch körperliche Gewalt ein „sinnvolles Mittel", um „sozial wünschenswertes" Verhalten zu erreichen: *„Je weniger bei der Erziehung gesprochen wird, um so besser. Aber das, was das Kind immer spüren muß, das ist die Liebe des Erziehers"* (ebd.: 728). Doch sollte die körperliche Gewaltausübung der Eltern auch begrenzt sein. „Prügeln" galt es unter allen Umständen zu unterlassen.

Ein „gelegentlicher Klaps", begleitet von energischen Worten, reiche, um Kindern die entsprechende Erfahrung zu vermitteln. Die Einschulung und die damit einhergehende „Unterordnung unter den Lehrer", die Schulordnung und das gemeinsame Lernen, begünstige die weitere Erziehung dann, wenn sich Lehrer und Eltern dem Kind gegenüber und zum Besten des Kindes einig zeigten.

In der pädiatrischen Erziehungskonzeption von Franz Hamburger wird das Bild von einem von „Natur" aus „bösartigen Kind" gezeichnet. Eine Bösartigkeit, welche die Gesellschaft bedroht und durch Erziehung gebannt werden muss. Eine Erziehung, die eine geschlossene Phalanx von erwachsenen ErzieherInnen – Eltern, LehrerInnen, Kinderärzten – gegen die angeborenen kindlichen „Untriebe" bildet. Erziehung ist hier als eine Art Verteidigungskrieg der Erwachsenenwelt konzipiert, welcher auf die Unterwerfung der kindlichen „Natur" zielt und damit die „Natur" als Bedrohung und Gefährdung des Sozialen impliziert.

Hamburger berief sich in seinem Engagement für eine Rückkehr zur traditionellen Gehorsamkeitserziehung und zur Unterordnung der Kinder unter die Erwachsenen auf von ihm nicht näher genannte „neueste" naturwissenschaftliche Erkenntnisse. Doch sein Bild von den anlagebedingten Grundeigenschaften wurde zu Beginn der 30er Jahre weder von der Konstitutions- noch von der Vererbungsforschung bestätigt. Auch die psychiatrische Forschung konnte keine „neueren" Erkenntnisse melden. So berichtete Heinz Hartmann (1894–1970)[35], Psychiater, Psychoanalytiker und Assistent an der Psychiatrischen Universitätsklinik Wien, in einem Artikel „Über Zwillingsforschung in der Psychiatrie", dass diese hinsichtlich der „systematischen Untersuchungen über die Bildung und Modifizierbarkeit des Charakters" bisher keine befriedigende wissenschaftliche Ordnung der Charaktereigenschaften entwickeln lasse (Hartmann 1933: 811). Weder metaphysisch fundierte Ordnungen, noch phänomenologische Charakterologien, noch Ansätze naturwissenschaftlicher Systeme hätten bisher weitergeholfen. Diesbezüglich ließen sich nur auf die Psychoanalyse zukünftige Hoffnungen richten.

> „Ich glaube, daß nur ein Ordnungsprinzip, das auf der Genese aufbaut, uns zu einem sozusagen ‚natürlichen' System verhelfen kann. Darum meine ich auch, daß die Ansätze, die in der psychoanalytischen Charakterologie vorliegen – es sind tatsächlich nur Ansätze – grundsätzlich den richtigen Weg zeigen" (Hartmann 1933: 811).

Von der Psychoanalyse wurde also die Erkenntnis gemeinsamer, entwicklungspsychologischer Wurzeln von bestimmten Merkmalsgruppen erwartet. Charaktereigenschaften waren in dieser Perspektive Resultat der psychischen Entwicklung und Reifung, die

---

35 Heinz Hartmann gilt als der Begründer der „Ich-Psychologie".

ihrerseits aus dem Zusammenwirken körperlichen Wachstums und innerer wie äußerer Einwirkungen und Einflüsse resultierte und eine stete „Höherentwicklung" implizierte. Doch auch im Bild des Säuglings, das die Psychoanalyse entwickelte, kehrte die Erbsündenlehre im „Geburtstrauma" (Freud 1917, Rank 1924, Bernfeld 1925) wieder und die „bösen Kräfte" in pathologischen Kategorien und Konzepten vom bösen, triebgeschüttelten, d.h. dämonenbesessenen Säugling (vgl. Petzold 1999: 94ff.).[36] Freud charakterisierte das Neugeborene als „primitives Lebewesen", das in einem kontaktlosen „primären Narzißmus" gefangen sei (Freud 1916 GW 10: 137ff. zit. in: ebd: 96), als „armseliges Triebwesen", das von seinen Trieben geschüttelt werde, an denen es oft auch zugrunde gehe (Freud 1926, GW 14: 229 zit. in ebd: 96).[37]

In ihrem Bild vom „pathomorphen" Säugling war die Psychoanalyse Teil eines historischen Diskurses, der die „Gefahr", die von der Natur des Menschen ausgehe, betonte. Auch der psychoanalytische Entwicklungsbegriff, der zugleich ein Fortschrittsbegriff war, bestätigte die vorherrschenden Ideen und Ideale der „Höherentwicklung".

Erziehung sollte zusammengefasst die Gesellschaft vor der menschlichen „Natur" schützen, die mit jedem neugeborenen Kind zurückzukehren droht. Um diese Gefahr abzuwehren, wurden seit Beginn des 20. Jahrhunderts sowohl Mütter als auch Haus- und Kinderärzte von den klinischen Forschern adressiert. So empfahl ein Rezensent Müttern wie jungen Ärzten Hans Meyers Buch „Die Frau als Mutter" (1899).

„Aber nicht blos der künftigen Mutter, der es der Hausarzt mit sehr gutem Erfolge zur Lectüre empfehlen wird, sondern auch dem jungen Arzte, der so vielen, von Seite der Angehörigen auf ihn einstürmenden Fragen meist rathlos gegenübersteht, wird das Büchlein in praktischer Beziehung wichtige Fingerzeige geben, wie er sie in den Büchern, die er zum Rigorosum studierte, vergebens suchen wird" (Meyer in WKW 1900: 1012).

---

[36] Jahrzehntelang wurde das Bild von „Freuds Baby" (Hopkins 1995) als einem „pathomorphen Säugling" unter „adultomorpher Betrachtung" beibehalten. Margret Mahler verglich den Säugling in seinen ersten Lebenswochen mit einem schwer psychotischen Kleinkind (1978), Melanie Klein beschrieb ihn in schwärzester Psychopathologie (1962), René Spitz kam zum Schluss, dass der Säugling in den ersten Lebenswochen nichts wahrnehme, spüre und fühle – diese Irrmeinung hatte schwerwiegende Folgen: Bis in die 80er Jahre wurden Säuglinge auch bei schweren Eingriffen ohne Narkose operiert. Erst 1989 wurde im Rahmen der „First European Conference on Pain in Children" festgehalten, dass früh- und neugeborene Säuglinge Schmerzen empfinden und erinnern (vgl. Petzold 1999: 96).

[37] Hilarion Petzold hat in „Ideologien und Mythen in der Psychotherapie" (1999: 77–263) die Irrtümer psychotherapeutischer Konzeptbildung und Praxis herausgearbeitet, die auch auf die Psychoanalyse Freuds zurückgehen. Er konnte zeigen, wie sehr sich in diesem Bild kryptoreligiöse Vorstellungen und klassische religiöse Konzepte fortschreiben (vgl. Petzold 1999: 94ff.).

Zugleich war die Pädiatrie aber auch darum bemüht, Mütter von medizinischem Wissen abhängig zu machen, was eine breite Popularisierung zugleich verbot. Wünschte der Rezensent dem 320seitigen (!) „Büchlein" von Hans Meyer in der „Wiener Klinischen Wochenschrift" im Jahre 1900 noch „weiteste Verbreitung", so warnte der Rezensent der dritten Auflage in eben dieser Wochenschrift bereits sieben Jahre später vor den Gefahren einer zu weiten Verbreitung des Büchleins. Er meldete gegen „derartig ausführliche Besprechungen einige Bedenken" an (WKW 1907: 1056). Denn das Büchlein sei geeignet, „Frauen zu einer für sie selbst verhängnisvollen Selbständigkeit zu erziehen" oder aber Misstrauen gegen den behandelnden Arzt hervorzurufen, sofern dieser von der Lehrmeinung, die der Autor des Buches vertrete, abweiche. Gegen diese umfangreiche Aufklärung empfahl der Rezensent „den Frauen jene Situationen bekanntzugeben, in welchen der Rat des Arztes einzuholen ist" (ebd.).

Doch Frauen sollten nicht nur über ärztliche Beratung und Anweisung, Ratgeberliteratur oder Vorträge für die neuen Aufgaben erzogen werden. Dass die privaten Lebensbereiche dem wissenschaftlichen Fortschritt entzogen seien, dass z.B. die Erziehung der Kinder bis zum Schuleintritt dem Zufall überlassen werde, wurde zunehmend, vor allem von Seiten der Medizin, als fortschrittshemmendes Problem thematisiert. Um diesem Missstand abzuhelfen, empfahl beispielsweise das Ärzteehepaar Ernst und Clara Friedländer eine wissenschaftliche Ausbildung für Mütter und Hausfrauen an eigens dafür einzurichtenden „hauswirtschaftlichen Universitätsfakultäten".

„Nur der Einzelhaushalt und mit ihm der Haushalt der Städte, Länder und Völker begnügt sich vorläufig noch mit dem, was an wissenschaftlichen Erkenntnissen anderswo abfällt, und auch dies hat er zum größten Teil noch gar nicht verwendet. Die wissenschaftlichen Grundlagen für eine rationelle Hauswirtschaft liegen überall in allen Wissensgebieten verstreut, aber niemand nimmt sich die Mühe, sie zu sammeln, um eine Basis zur weiteren Forschung zu haben und dem lebenswichtigen und verbreitetsten Beruf der Hausfrau und Mutter das zu geben, was er verdient, nämlich den Ehrenplatz unter den Berufen. Damit würden wir auch der Lösung einer anderen Frage näher kommen, nämlich der Frage von der Berufskonkurrenz zwischen Mann und Frau" (1924: 340).

Wissenschaft wird hier eindeutig mit Verbesserung der Lebens- und Arbeitsverhältnisse, mit Fortschritt und Höherentwicklung verbunden. Als Ursache der Rückständigkeit der privaten Lebensbereiche wird deren mangelnde Verwissenschaftlichung kritisiert. Die Modernisierung des privaten Lebens und die Professionalisierung und Qualifizierung der von Frauen im Haus geleisteten Haus- und Erziehungsarbeit wird von einem wissenschaftlich gesteuerten Alltag abhängig gemacht. Diese Verwissenschaftlichung von Hausarbeit und Kindererziehung soll überdies auch die Konflikte im

Geschlechterverhältnis lösen, die ganz offensichtlich in der neuen Arbeitsteilung zwischen den Geschlechtern verortet werden. Verwissenschaftlichung der im Privaten von Frauen geleisteten Haus- und Erziehungsarbeit soll deren Prestige heben, vor allem aber „unbemittelte Frauen" hauswirtschaftlich erziehen, um sie rationell wirtschaften zu lehren.

Um Frauen die wissenschaftliche Haushaltsführung beizubringen, forderten Friedländer & Friedländer die Einrichtung einer hauswirtschaftlichen Universitätsfakultät, in welcher die Forschungsgebiete einem Lehrgang zugeordnet und theoretische wie praktische Fächer unterrichtet werden sollten. Im Bereich der theoretischen Fächer forderten sie Lehrkanzeln für Botanik, Zoologie, Chemie, Physiologie, physikalische Chemie, Mineralogie und Geologie. Im Bereich der praktischen Fächer sollte einerseits Ernährungslehre gelehrt werden, gegliedert in: spezielle Ernährungschemie, Kochen, Lebensmittelkunde und Konservierung von Lebensmitteln; andererseits auch „Bekleidungslehre": Herstellung von Bekleidungsstücken, Aufbewahrung und Konservierung von Kleidung, Wäsche (also Wäschewaschen) sowie Schuhwerk; zum Dritten noch Gesundheitspflege: Wohnungshygiene, Säuglingsaufzucht, Pädagogik, Körperhygiene und Krankenpflege; zum Vierten „hauswirtschaftliche Buchführung" – und zuletzt noch „künstlerische Gestaltung des Hauses": von der Wohnungseinrichtung über die „instrumentale Begleitung des Hausgesangs" bis zum „Zeichnen nach der Natur" (vgl. ebd.: 342ff.).

Wissenschaftlich geleitete Haushaltsführung und Erziehung wurden gleichgesetzt mit Fortschritt und Verbesserung. Eine ohne Bildung und wissenschaftliche Anleitung arbeitende Mutter und Hausfrau wurde auch in den Schriften der Pädiater als Gefährdung ihrer Kinder und Angehörigen betrachtet. Was Mütter aber richtig machten, darüber war nichts zu lesen. Zugleich wurden Mütter, die den medizinischen Anweisungen folgten, als „intelligent" idealisiert, und jene, die sich dem medizinischen Rat entzogen oder widersetzten, als „sorglos" und „minderwertig" abgewertet (vgl. Tietze 1927: 5f.; Kornfeld 1928: 1728). Die Fähigkeit, wissenschaftliches Wissen auf sich selbst und die eigenen Kinder anzuwenden, wurde also ihrerseits zu einem Bezugspunkt, um die Qualität der mütterlichen Anlagen medizinisch zu beurteilen.

Die Medikalisierung mütterlicher Praxis setzte an den genuinen Momenten der generativen Reproduktion des Lebens an. Sexualität, Zeugung, Empfängnis, Schwangerschaft, Geburtsarbeit und Kindererziehung wurden dem wissenschaftlichen Ehrgeiz unterworfen, der auf eine wissenschaftliche Gestaltung und Neuordnung der Reproduktion zielte. Dazu wurden Mütter wissenschaftlich belehrt, um eine „entdeckte" und antizipierte Gefährdung der Kinder beim Übergang vom „wilden" zum „habituierten Körper" und der Gesellschaft durch die menschliche „Natur" in den Griff zu bekommen. Die Gestaltung dieses Übergangs als Vermittlung von Kultur und Natur sollte nach wissenschaftlichen Kriterien erfolgen, um die „optimale Entwicklung" der Kinder zu gewährleisten. Als zentrale Momente dieses Übergangs wurden die Geburt, das Abstillen, das Beherrschen der Exkremente, der Spracherwerb, der Erwerb der Geschlechtsrolle, die Einführung in die elementaren Gebräuche der Kultur und die Beherrschung der instrumentellen Funktionen (z.B. Gebrauch der Gabel etc.) betrachtet. Nichts sollte dabei der traditionellen Erziehung durch die Mütter überlassen werden, denn das „unwissenschaftliche Verhalten" der Mütter ihren Kindern gegenüber wurde als Ursache der hohen Säuglingssterblichkeit kritisiert. Zugleich sollten Mütter nicht so weit aufgeklärt werden, dass sie eigenmächtig und ohne Hinzuziehung des Arztes handelten. Die Ärzte richteten sich mit vielen Aufklärungsschriften an die Mütter, die von der Schwangerschaft bis zur Reife der Kinder über den wissenschaftlich erprobten Umgang mit den Nachkommenden in allen Lebensphasen (Embryo, Neugeborene, Säuglinge, Kleinkinder, Kinder und Jugendliche) belehrt wurden.

In den ersten Jahrzehnten dominierten dabei, entsprechend den Rezensionen in der „Wiener Klinischen Wochenschrift", Ernährungsfragen und Fragen der körperlichen und geistigen Pflege.[38] Die Ernährungskunde wurde in Form von Kochbüchern – mit „in der Klinik erprobten" Kochvorschriften – an die Frau gebracht. So richtete sich beispielsweise eine Aufklärungsschrift „an die intelligente Hausfrau", um sie die „theoretischen Kenntnisse, die zum richtigen, das heißt sparsamen und doch zweckentsprechenden Kochen nötig sind", sowie „die praktischen Ziele der Ernährungskunde" zu lehren. Nämlich:

„Feststellung des Nahrungsbedarfes, Auswahl unter den zur Verfügung stehenden Nahrungsmitteln nach chemischen, physikalischen, hygienischen und ökonomischen Grundsätzen, schließlich die Zubereitung der derart ausgewählten Speisen in einer solchen Weise, daß sie unschädlich, verdaulich, bekömmlich und schmackhaft sind" (Lehndorff 1927: 735).

---

[38] Burckhard Georg: „Merkblatt für werdende Mütter", Stuttgart: F. Enke, 1926; Bühler/Hetzer/Tudor-Hart: „Soziologische und psychologische Studien über das erste Lebensjahr", Jena: Fischer 1927; Moll Leopold: „Das Kind im vorschulpflichtigen Alter, seine Pflege, Ernährung und Erziehung", Wien-Breslau: Schwarz Verlag 1926; Rein W./Selter P. (Hg.): „Das Kind – seine körperliche und geistige Pflege von der Geburt bis zur Reife", 1911/2. Aufl.; Spitzy Hans: „Die Körperliche Erziehung des Kindes", Wien-Berlin: Urban und Schwarzenberg 1914; Nobel E./Pirquet C.: „Kinderpflege", Wien: J. Springer 1927; Nobel E./Pirquet C. (Hg): „Kinderküche. Ein Kochbuch nach dem Nemsystem", Wien: J. Springer 1927; Lenz Fritz: „Ueber die biologischen Grundlagen der Erziehung", München: Lehmann 1927; Hochsinger C.: „Gesundheitspflege des Kindes im Elternhause", Leipzig-Wien: F. Deuticke 1928.

Im Gegensatz zur allgemeinen Untätigkeit der Ehemänner und Väter in Haushalt und Kindererziehung engagierten sich die Männer auf der Ebene der Wissenschaft intensiv für die wissenschaftliche Neugestaltung der Reproduktionsarbeit. Diese wurde bis ins letzte und kleinste Detail zerlegt und aus naturwissenschaftlicher Perspektive neu zusammengesetzt. Die Wissenschaftler hatten nicht den geringsten Zweifel daran, dass ihre Arbeit zur Verbesserung der Reproduktionsarbeit und zur Kindererziehung beitragen würde. Sie ordneten den Reproduktionsbereich, Mütter, Väter und Kinder sowie deren Beziehungen ihren zu erprobenden Erkenntnissen unter und sahen sich in jeder Hinsicht in einer überlegenen Position. Diese wurde ihnen von staatlicher Seite aufgrund ihres Versprechens, mit medizinischen Mitteln zur Senkung der Säuglingssterblichkeit beizutragen, zugebilligt. Die Macht der Medizin resultierte aus ihrer Vermittlerrolle zwischen staatlichen und privaten Interessen. So wurde sie zum Bindeglied zwischen dem privaten und öffentlichen Bereich, zwischen Familie und Staat.

Aber auch Kindheit und Mutterschaft verdankten ihre zunehmende Bedeutung im 20. Jahrhundert den bevölkerungspolitischen Interessen. „Das Jahrhundert des Kindes" und die Emanzipation der Mutter aus privater patriarchaler Kontrolle führten jedoch nicht zur Befreiung der Mütter aus ökonomischer Abhängigkeit. Der Preis für die öffentliche Anerkennung war die bevölkerungspolitische Instrumentalisierung von Mutterschaft und Kindheit und deren neue Abhängigkeiten vom Wohlfahrtsstaat. Die Zuerkennung von Rechten für Kinder und Mütter war im Wesentlichen an bevölkerungspolitische Maßnahmen gebunden. Dementsprechend betrachtete die Medizin den Embryo und das Kind als Teil der Gesellschaft, was die Rechte und Pflichten der *Gesellschaft* den Kindern gegenüber im 20. Jahrhundert erst hervorbrachte.

Zusammengefasst führte die bevölkerungspolitische Anstrengung zur Senkung der Säuglings- und Kindersterblichkeit zum Aufstieg der Kinderheilkunde, die sich gegenüber der Gynäkologie als eigene Disziplin behaupten konnte. Mutterschaft und Kindheit wurden als Kreuzungspunkt von Gynäkologie und Kinderheilkunde medikalisiert. Der Eroberung der generativen Potenziale der Frau durch Gynäkologie und Geburtsmedizin entsprach die „Eroberung der Mutterbrust" durch die Pädiatrie. Säuglingsschutz und -fürsorge funktionierten als intermediäre Instanz zwischen Klinik, Staat und Müttern. In den entsprechenden Einrichtungen etablierte sich der „Kinderarzt als Erzieher" der Mütter und Kinder. Die Medikalisierung der Mutter-Kind-Beziehung war funktional für die bevölkerungspolitischen Interessen des Staates, die professionellen Interessen der Ärzte und das Interesse der Mütter an Leben, Gesundheit und Wohlergehen ihrer Kinder. Diese Medikalisierung der Mutter-Kind-Beziehung führte zum Aufstieg der wissenschaftlichen Mutterschaft, welche ihrerseits die Basis für die Eugenisierung der Mutter-Kind-Beziehung im Dienste der zukünftigen Generation darstellte.

Diese „wissenschaftliche Mutterschaft" sollte aber nicht nur im städtischen Proletariat sondern auch in ländlichen Schichten durchgesetzt werden. Die Verallgemeinerung, Ausweitung und Ausbreitung der medizinischen Konzeption der Mutter-Kind-Verhältnisse gelangte durch die Übertragung der medizinischen Wahrnehmung von Ursachen der Morbidität und Mortalität im Säuglings- und Kleinkindalter auf Seiten des städtischen Proletariats mittels Arzt und Beratung in die ländlichen Regionen.

„Dem großen, noch nicht in der modernen Säuglingskunde und Kleinkinderfürsorge unterrichteten Teil der Aerzteschaft muß allmählich Zeit gelassen werden, die neuen Richtungen in der bisher schon eingeleiteten Art und Weise von Fortbildungskursen zu erlernen, denen insbesondere praktische Uebungen in der großstädtischen und ländlichen Fürsorge in reichlichem Ausmaße zu Gebote stehen müssen. Es muß aber auch Gelegenheit gegeben werden, durch Entsendung von aerztlichen Wanderlehrern und Inspektoren auf das flache Land und in die kleinen Städte hinaus die modernen praktisch-wissenschaftlichen Lehren der durch den Kurs vorgebildeten oder aus zahlreichen Gründen an der Kursteilnahme verhinderten Aerzteschaft zu vermitteln" (Weiß 1918: 1113).

Des Weiteren wurde die medizinische „Befürsorgung" der Minderheit einer Bevölkerung auf die Mehrheit und Allgemeinheit, von der „Problemfamilie" auf alle Familien ausgeweitet. Der medizinische Einsatz zur Senkung der Säuglings- und Kindersterblichkeit wurde allmählich auf die medizinische „Befürsorgung" des gesamten Lebenslaufes übertragen. Diese Ausweitungsstrategie mündete über die Behandlung von kranken Kindern in der „Vorsorge" für gesunde Kinder, die in den Reihenuntersuchungen während der Schulzeit realisiert wurden (vgl. Heller 1921). Die medizinische Einzelbehandlung wurde zur Volksbehandlung im Dienste der Bevölkerungs- und Sozialpolitik. Diese Medikalisierung des Lebens evozierte die Kritik am Versagen von Eltern und Müttern, welches zunehmend deren medizinische Überwachung und Kontrolle – und zukünftig deren allgemeine Ersetzung durch Biotechniken und Sozialtechniken – zu rechtfertigen begann

3.5 Erziehungskindheit: „Künstliche Auslese" als Voraussetzung einer erfolgreichen Kindererziehung und die soziale Organisation von Kindheit durch die Medizin

Die sozialpolitisch gewendete Bevölkerungspolitik, die auf die Gesundheit der kommenden Generation setzte, zeichnete eine durch die Verhältnisse und durch die Vorfahren gefährdete Kindheit, wovor die Kinder durch Geburtenbeschränkung und Fürsorgemaßnahmen „geschützt" werden sollten. Dieser Schutz bedeutete aber zugleich immer Kontrolle. Schutz und Kontrolle stellten zusammen jene Sozialtechnologien dar, über die sich die Medizin professionalisierte. Die von ihr dabei propagierten sozialpolitischen Präventivstrategien stellten jedoch gleichzeitig eine Ersatzbehandlung dar, zumal alle medizinischen Unternehmungen individueller Heilbehandlung weit hinter den Erwartungen zurückblieben. So waren beispielsweise alle Versuche der individuellen Immunisierung und Therapie der Tuberkulose, einer typischen „Proletarierkrankheit", bis weit ins 20. Jahrhundert hinein erfolglos (vgl. Labisch 1986: 278). Diese Erfolglosigkeit führte nicht nur zu einer „Medizin als Sozialpolitik" und einer „Sozialpolitik als Medizin", sondern bestärkte u.a. die Konstitutions- und Rassenhygiene, welche die Anfälligkeit für Erkrankungen auf die unterschiedliche Konstitution oder Anlage zurückführte.

Der bevölkerungs- und wohlfahrtspolitisch durchgesetzte Einsatz der Medizin gegen die Säuglings- und Kindersterblichkeit sowie der Auf- und Ausbau des Säuglings- und Kinderschutzes schafften mit der Medikalisierung der Mutter-Kind-Beziehung eine Art ziviler Religion, die einen Glauben an die „Höherentwicklung" von Mensch und Gesellschaft durch die medizinischen Eingriffe in die Natur und Kultur der generativen Reproduktion des Lebens begründete. Diese Ziele – Senkung der Säuglings- und Kindersterblichkeit wie „Höherentwicklung" – rechtfertigten alle Maßnahmen, die im Namen der „Quantität und Qualität der Nachkommen" getätigt wurden, und setzten eine Umwertung in der Generationenordnung in Gang, welche die Achtung gegenüber dem Leben der Vorfahren zunehmend in eine Achtung gegenüber dem Leben der Nachkommenden transformierte. Mehr noch galt es, die Nachkommenden vor dem „negativen Einfluss der Vorfahren" zu schützen – und das auf unterschiedlichsten Ebenen: Schutz der Kinder vor Auswüchsen der kapitalistischen Ökonomie durch ein Verbot der Kinderarbeit und gewerbehygienische Kontrollen; Schutz der Kinder vor den „sozialen Verhältnissen" durch wohlfahrtspolitische Maßnahmen; Schutz der Kinder vor „schlechten Erbanlagen", die, von den Vorfahren weitervererbt, durch alkoholsüchtige oder syphilitische Väter, erwerbstätige Mütter oder tuberkulöse Eltern geschädigt würden, durch eugenische Maßnahmen; Schutz der Kinder vor unkontrollierter Fortpflanzung durch zügellose Sexualität der Erwachsenen, die mehr Kinder in die Welt setzten, als sie versorgen und erziehen könnten, durch Rationalisierung der Fortpflanzung; Schutz der Kinder vor „mütterlicher Fehlerziehung" durch den Auf- und Ausbau öffentlicher Erziehungseinrichtungen ab dem Kleinstkinderalter.

So wie die Konstitutions- und Vererbungslehre im „minderwertigen" Erbe der Vorfahren die Ursachen für Mortalität und Morbidität der Nachkommen zu erkennen meinte, kritisierten Geburtsmedizin und Kinderheilkunde die Schädigungen der Nachkommen, welche in der Schwangerschaft durch Überarbeitung und schlechte Ernährung der Mütter und in der Säuglingszeit durch künstliche Ernährung, schlechte Pflege, „mütterliche Fehlerziehung" und desolate Lebensverhältnisse angerichtet würden, als Ursache von Säuglingsmortalität und -morbidität.

Dieser sozialpolitische und medizinische Einsatz zum „Schutz des Kindes" wurde auch auf der Ebene der Familienrechtsreformen sichtbar, die eine Verbesserung der Rechtsstellung des Kindes erreichten, wie z.B. das Gesetz zur Kinderarbeit (1918) und das Gesetz zum Schutz der Ziehkinder und unehelichen Kinder. Es waren dies Vorgriffe auf das erst 1938 realisierte Jugendfürsorgerecht, das staatliche Eingriffe in familiäre Erziehungsverhältnisse zu Lasten der Elternrechte ausbaute. Diese staatliche Kontrolle der Familienverhältnisse wurde mit der Schutzbedürftigkeit der Unterschichtkinder begründet. 1925 realisierte man zudem den strafrechtlichen Schutz von unterhaltsberechtigten Kindern. Die gesetzlich Unterhaltspflichtigen konnten demnach mit bis zu sechs Monaten Arrest bestraft werden, sofern sie aufgrund der Unterlassung der Unterhaltspflicht Kinder „der Not und Verwahrlosung" aussetzten (vgl. Lehner 1987: 131). Die Unterhaltspflicht betraf die Väter, und deren gesetzliche Einforderung war Teil des bevölkerungspolitischen Ziels einer Senkung der Säuglingssterblichkeit. Denn Statistiken zur Säuglingssterblichkeit nach dem Ersten Weltkrieg zeigten mit aller Deutlichkeit, dass die Säuglings- wie Kindersterblichkeit bei den unehelich geborenen Kindern sowohl während als auch nach dem Krieg zugenommen hatte (ebd.: Peller 1923: 800). Die Ursachen der Zunahme unehelicher Geburten wurden laut Erhebungen der Alten Frauenbewegung um die Jahrhundertwende in der Landflucht junger Frauen gesehen, die sich in Städten als Dienstbotinnen verdingten und den neuen Geschlechterverhältnissen in den Städten „zum Opfer fielen": Da am Land der vollzogene Beischlaf meist auch als Verlöbnis galt, betrachteten die Dienstmädchen ihre Freunde/Sexualpartner auch als Verlobte.

> „Ihre ‚Dummheit' bestand darin, nicht verstanden zu haben, daß in der Stadt ihre Vorstellungen von der bindenden Kraft der Eheversprechen keine Gültigkeit hatten. Sie übersahen, daß in der Stadt jene wachsame dörfliche Öffentlichkeit fehlte, die auf dem Lande unwillige Schwängerer zur Einhaltung der Regeln anhielt" (Meyer-Renschhausen 1992: 114).

In den sich allmählich herausbildenden sozialdemokratischen Arbeitermilieus wurde hingegen wieder auf die Einhaltung dieser Regeln gepocht, was auch den niedrigen Anteil von ledigen Müttern unter den Fabrikarbeiterinnen erklärt.[39]

---

39 So waren von den Kindern, die in die Wiener Findelanstalt 1888 aufgenommen wurden (der Ledigenstatus

Die „Verschlechterung der Bevölkerungsqualität" wurde als Bedrohung für die kommenden Generationen beurteilt. So galt beispielsweise die kriegsbedingte Invalidität nicht wegen Vererbung, sondern Verarmung in Folge des „Hineinsetzens der Kinder in den Pauperismus" als Gefahr für die Nachkommen. Aber auch die Kinder von Geschlechtskranken galten als gefährdet. Infantilismus, Geistesschwäche und Idiotie wurden als Folgen in der zweiten Generation vermerkt, in der ersten Generation galt Syphilis als Ursache von Fehlgeburten, Gonorrhoe als Ursache von Sterilität. Dementsprechend wurde die Zwangsbehandlung von Syphilis als „Schadensbewahrung der Deszendenten" im qualitativen Sinne gewertet.

„Wir müssen uns darüber klar sein, daß gerade durch den Umstand, daß so viele Untüchtige, also Minusvarianten, infolge des Krieges zur Reproduktion kommen, die Gefahr der *Vermehrung dieser Minusvarianten* für die nächste Generation größer ist als für die heutige und daß damit die nächste Generation noch mehr bemüßigt sein wird, diese Minusvarianten zu erhalten und zu stützen. So grausam es klingen mag, muß es doch gesagt werden, daß die kontinuierlich immer mehr steigende *Unterstützung dieser Minusvarianten menschenökonomisch unrichtig und rassenhygienisch falsch ist*" (Tandler 1916: 451).

Gegen rein humanitäre Wohlfahrtspolitik wurde rationales Vorgehen verlangt, das im Wesentlichen mit der „Qualitätsverbesserung" beim Kind anfangen sollte. Das „Jahrhundert des Kindes" (Key 1900), das die Reformpädagogik um 1900 gegen den ohnmächtigen Status von Kindheit in Patriarchat und Industriegesellschaft einleitete, wurde von medizinischer Seite als bevölkerungspolitisch und menschenökonomisch „rationales" Programm ausgearbeitet. Die Auswirkungen des Ersten Weltkrieges auf die Zivilbevölkerung führten zur Zuspitzung dieses Programms. Aufgabe des Staates nach dem Krieg sei, so der Anatomieordinarius Anton Weichselbaum (1845–1920) in der Diskussion zu Tandlers Vortrag „Krieg und Bevölkerung" (1916),

> „nicht nur einem weiteren Sinken der Geburtenziffern entgegen zu arbeiten, sondern vor allem dahin zu wirken, daß die kommenden Generationen weder in ihrer Anlage noch in ihrer Entwicklung irgendwie geschädigt werden und daß sie auch in ihrem weiteren Leben gesund und reproduktionsfähig erhalten bleiben, daß also unsere Volkskraft nicht nur keine Verschlechterung, sondern vielmehr eine stetige zunehmende Verstärkung erfahre. Die größten Schädlinge der Volkskraft sind aber die Tuberkulose, die Geschlechtskrankheiten und ganz besonders der Alkoholismus. Letzterer schädigt, wie aus klinischen Erfahrungen und experimentellen Untersuchungen hervorgeht, bereits das Keimplasma und belastet die neue Ge-

---

der Mutter war Bedingung für die Aufnahme) 93,5 % der Mütter ledig, davon 66,7 % Dienstbotinnen, 22,9 % Tagelöhnerinnen und nur 1,5 % Fabrikarbeiterinnen (vgl. Pawlowsky 2001: 75).

neration mit verschiedenen Krankheitsanlagen, er gefährdet die Jugend in ihrer körperlichen, geistigen und sittlichen Entwicklung, er schädigt die Gesundheit aller Altersklassen und setzt ihre Lebensdauer herab, abgesehen davon, daß er auch das Pflichtgefühl und das Gefühl der Verantwortlichkeit gegenüber der eigenen Person, der Familie und der Gesamtheit untergräbt. Er entzieht schließlich enorme Summen dem Volkswohlstande, die sonst der Verbesserung der Ernährung, Wohnung und Erziehung zugute kommen würden" (Weichselbaum 1916: 500).

Das „eugenische Fehlverhalten" der erwachsenen, zeugungsfähigen Generation wurde als Bedrohung der zukünftigen Generation betont. Da die Forschung im Bereich der Konstitutions- und Vererbungslehre aber keine „positiv eugenischen" Maßnahmen im Sinne einer „qualitativen Menschenzucht" in näherer Zukunft realisierbar erscheinen ließ und „Minusvarianten" nur durch Sterilisation oder Vernichtung an der Fortpflanzung gehindert hätten werden können, blieben die medizinischen Eingriffe in die Natur und Kultur der generativen Reproduktion pädagogisches und politisches Programm, das in einer „Erziehung zur Gesundheit" und in Einrichtung der sozialen Fürsorge durchgesetzt werden wollte.

> *„Menschenzucht ist vorderhand nicht Qualitäts-, sondern Quantitätszucht,* und das, was als Qualitätszucht vielfach erwähnt wird, entbehrt der primitiven biologischen Prämissen. Können wir schon in der Reproduktion nicht qualitativ vorgehen, so sollen wir uns wenigstens bemühen, in der *Aufzucht die Qualität zu fördern*" (Tandler 1916: 451).

Die „Höherentwicklung" von Mensch und Gesellschaft konnte die Medizin demnach vorerst nur durch pädagogische Maßnahmen befördern. Die Erziehung der Nachkommen als das Zurückdrängen der geistigen und körperlichen Verwahrlosung der Jugend wurde der Medizin als die „dringliche Kriegsarbeit" überantwortet. Insgesamt erachtete man es nach dem Ersten Weltkrieg also als einfacher, die „quantitativen Schäden" des Krieges wieder gut zu machen – also den Bevölkerungsverlust auszugleichen, als die „qualitativen Schäden" zu heilen. Der Medizin wurde daraus die Verpflichtung auferlegt, mit Hilfe der ärztlichen Kunst die quantitativen Schäden einzudämmen, die Qualitätsschädigungen in den einzelnen Individuen so klein wie möglich zu halten und dem geschädigten Volkskörper durch den „stolzen Bau der Volkswohlfahrt" zu helfen. Für den „Neuaufbau des erschöpften Volkskörpers" sollte also ganz auf die nachkommende Generation gesetzt werden:

> „[…] die Hinaufführung der Jugend aller Stände ohne Ausnahme in neue gesundheitlich gekräftigte Schichten, die dereinst, nachdem die Neuordnung sich eingestellt haben wird, ver-

jüngt und gestählt aus selbstgeschaffener Kraft die höheren Ziele des Kulturaufstieges der Menschheit erreichen soll" (Weiß 1922: 904).

Durch die Einführung von Fürsorgemaßnahmen von der Zeugung bis ins Jugendalter sollte die Medizin „jedem Einzelnen der viel geplagten und gebrochenen Menschen" die Möglichkeit zur „Auferziehung und Ertüchtigung seines eigenen Nachwuchses" geben. Ärzte empfahlen, diese Fürsorgemaßnahmen durch Ärzte leiten, koordinieren und überwachen zu lassen. Begründet wurde dies u.a. damit, dass der Arzt in dieser leitenden und führenden Position leicht an den Vater als Haupt der Familie erinnere und diesen ersetzen könne. Die väterlich leitenden und kontrollierenden Aufgaben des Arztes in den Fürsorgestellen beinhalteten

„den Nachweis zur Beschaffung von richtiger Bekleidung und Wäsche, Unterkunft in Einzel- oder Sammelpflege, Geburtsstätten, Wochenpflegerinnen, Haushilfen, Stillfrauen, Pflegemütter, Kindermilch, Säuglingsmilch, Heilnahrung, Lebensmittel, Hausbeamtinnen für Stunden- und Halbtagsdienste, Freiluftanlagen, Innenraumeinrichtung, Beschäftigungs- und Erziehungsangelegenheiten mit Ausführung durch Hausbeamtinnen bei dauernder oder zeitweiliger Verwendung im Familienmilieu, im Einzel- oder Sammelunterricht, Schwachbegabten-, Heil-, Sprach- und Hörgestörtenerziehung, Schulen nach Ort, Zeit und Schülermilieu, Unterrichtskontrolle, fachliche Vorberufsausbildung, Berufsberatung, Berufszuführung, Berufsänderung, Berufsüberleitung, Stellenbesetzung" (Weiß 1922: 904).

Die Tätigkeiten, welche in den neu zu schaffenden Fürsorgeeinrichtungen ärztlich überwacht werden sollten, gingen aus einer Entprivatisierung der Familie hervor. Durch die Leitung, Koordinierung und Überwachung der neuen „Fürsorgefamilie" sollte der Arzt einen „gewaltigen Anstoß zur Aufrichtung von hygienischen Schutzwehren gegen den drohenden Verfall dieser Bevölkerungsgruppen" (Weiß 1923: 837) leisten. Diese medizinische „Schutzwehr" wurde als „symbolischer Vater" oder Ersatzvater positioniert, welcher über Zeugung, vorgeburtliche Zeit, Kindheit und Jugend und alle weiteren Lebensalter wacht.

Auf Basis dieser sozialpolitischen Abwehr der negativen Auswirkungen der kapitalistischen Ökonomie und des Krieges „auf Leib und Leben" sollten die medizinischen Eingriffe in die Reproduktion auch wissenschaftlich fundierte Erziehungsmaßnahmen am Kind durchsetzen und die „Qualitätspolitik" auf der Ebene der Pädagogik realisieren. Auch hier galt es, festgestellte „Auswüchse" einzudämmen. Als ein leitender Maßstab für die „Aufzucht von qualitativ wertvollen Menschen" galt unter Ärzten die Mäßigkeit:

„In aller Erziehung gilt die Mäßigung, das Maßhalten, mit Recht als eine der vornehmsten Tugenden und als ein Ziel, auf das die Jugend nicht oft genug hingewiesen werden kann. Die Fähigkeit, starke Willensantriebe: den Zorn, den Ausdruck des Schmerzes, das Verlangen nach Genüssen zu beherrschen, unterscheidet den Erzogenen vom Zügellosen" (Reichel 1923: 72).

Dieser vom Hygieneordinarius und Rassenkygieniker Heinrich Reichel geforderte Maßstab jeder Erziehung wurde auch von psychoanalytisch orientierten Ärzten propagiert. So definierte der Kinderarzt und Sozialdemokrat Joseph Friedjung Erziehung auf ähnliche Weise: „Die Erziehung ist also eine bewußte Diätetik der Triebbefriedigungen" (1926: 1503). Friedjung beschrieb Neugeborene und Säuglinge als „Triebwesen", die noch nach dem „vollkommenen Lustprinzip" funktionieren würden. Die Erziehung müsse im Interesse der kulturellen Anpassung den Lustverzicht erreichen und an dessen Stelle das Realitätsprinzip setzen. Den Lustgewinn galt es also zu rationieren und zu sublimieren. Der medizinische Kampf, den man auf der Ebene der Erwachsenen gegen Rausch und Berauschung, Alkoholismus und zügelloses Sexualleben im Dienst der „kommenden Generation" führte (vgl. Kap. I.2), wurde auf der Ebene der Erziehung fortgeführt. Diese sollte eine Ablöse des Lustprinzips durch das Realitätsprinzip bewirken. Störungen in dieser Entwicklung wurden als Ursachen von Kinderneurosen herausgearbeitet, wobei dem Charakter neurotischer Kinder vielfältige Züge und eine wenig liebenswürdige Erscheinung zugeschrieben wurde:

„Es begehrt viel und bietet wenig, ist also sozial schlecht angepaßt. Seine Laune ist sprunghaft und unbeherrscht, es neigt zu Zornanfällen und in ihnen zu Gewalttätigkeiten. Trotz bis zum Negativismus lassen es vollends zum Haustyrannen werden" (Friedjung 1926: 1503).

Friedjung beschrieb die neurotischen Kinder als „ungesellig", „gemütsarm" und „nackt egoistisch", wodurch sie kaum Freundschaften aufbauen könnten. Somatisch äußere sich das neurotische Geschehen in einer Störung der körperlichen Entwicklung. Die Kinder seien blass, untergewichtig, mager und von schlaffer Muskulatur. Oft sei eine eigenartige Anorexie zu beobachten oder eine starke Bereitschaft zum Erbrechen. Auch unwillkürliche Stuhlabgänge und Symptombildungen der Atmungsorgane (Asthma bronchiale, Pseudokrupp, Seufzerkrampf, Atemnot bei Aufregungen, Tussis nervosa etc.) wurden dazugezählt. Mit diesen Erkenntnissen wurde bald klar, dass auch die vorerst noch der Aufzucht zugewiesene Qualitätsverbesserung der kommenden Generation auf schwerwiegende Probleme stoßen würde.

"Unter den Störungen, denen das in der Entwicklung begriffene Kind ausgesetzt ist, hat man die von den Personen seiner Umgebung, dem Milieu im engren Sinne, kommenden bisher allzu wenig beachtet" (Friedjung 1921: 70).

Nicht nur die Arbeits- und Lebensverhältnisse in Folge der Industrialisierung und Urbanisierung, sondern auch elterliche „Fehlerziehung" gefährdeten die „Höherzüchtung" des Menschengeschlechts. Erkrankungen, die aus diesen „schädlichen Milieus" resultieren würden, bezeichnete Friedjung als „Miliosen", von denen vor allem Einzelkinder, Lieblingskinder, ungeliebte Kinder und umkämpfte Kinder betroffen seien: Einzelkinder würden aufgrund der zu großen Beachtung durch Erwachsene und des fehlenden sozialisierenden Einflusses der Geschwister zu „Verkrüppelungen des Charakters" und zu krankhaften Veränderungen im physischen und psychischen Bereich neigen; Lieblingskinder würden meist hypochondrische Züge, ungeliebte Kinder meist trotzige, verschlossene bis hasserfüllte Verhaltensweisen zeigen; die aufgrund zerrütteter Eheverhältnisse umkämpften Kinder würden – in Folge von Ratlosigkeit – zu krankhaften Störungen neigen.

„Beginnen muß die zielklare Erziehung schon beim Neugeborenen. Aber der Arzt wird sich dabei nicht nur um das Kind, sondern auch um die Erwachsenen zu kümmern haben: *ihre* Erziehung ist eine wichtige Leitung für jenes" (Friedjung 1929a: 267).

Nicht nur die Eugenik oder Rassenhygiene, auch die Psychoanalyse „entdeckte" die Eltern als Ursache kindlicher „Minderwertigkeit" oder „Fehlentwicklung" und wollte sie medizinischen Erziehungsmaßnahmen unterwerfen. So betonte auch Friedjung, dass jene Ursachen von Fehlentwicklungen, welche meist in der „unsachgemäßen Behandlung" durch „affektvolle Erzieher" liegen würden, dank der Psychoanalyse nunmehr verständlich geworden seien.

„Wenn ein Kind ‚schlimm' wird, ein anderes in der Präpubertätszeit irgendwie versagt, ein drittes einen Familiendiebstahl begeht, so muß dies alles dem Arzte eine Aufgabe bedeuten. Werden die Kinder in solchen Fällen immer noch Opfer der ‚erzieherischen' Mißhandlung, so müssen wir sie als Objekte der ärztlichen Behandlung erkennen" (ebd.: 268).

Der Arzt sollte also Eltern und Kinder erziehen. Im Rahmen einer Analyse als Behandlungsform würde die Erziehung des Kindes aber dann zum Problem, wenn der behandelnde Arzt in Konflikt mit den Eltern gerate, die Auswirkungen dieses Konfliktes gingen wiederum auf „Kosten des Kindes". Unter diesen Umständen könne eine Analyse nicht gelingen.

„Am zweckmäßigsten läßt sich dieser Gefahr ausweichen, wenn man das Kind in eine andere Umgebung, etwa eine Anstalt bringt, und der Analytiker dort, ungestört von der häuslichen Einflüssen, sich zum Repräsentanten des Ichideals entwickeln kann" (ebd.).

Damit der Analytiker als Arzt und Erzieher an die Stelle der Eltern treten kann, gibt es zwei Möglichkeiten: entweder den Eltern wird das Kind weggenommen, oder die Eltern werden selbst behandelt.

So gilt auch nach Anna Freud eine Kinderanalyse nur dann als durchführbar, wenn Eltern selbst Analytiker bzw. selbst analysiert sind oder dem Analytiker zumindest uneingeschränktes Vertrauen entgegenbringen. Dem Analytiker müsse es gelingen, sich auf die Dauer der Analyse an die Stelle des Ichideals beim Kind zu setzen, er müsse sich sicher sein,

„das Kind in diesem Punkt völlig beherrschen zu können. An dieser Stelle wird ihm die Machtstellung wichtig [...]. Nur wenn das Kind fühlt, daß die Autorität des Analytikers über die der Eltern gestellt ist, wird es bereit sein, diesem neuen Liebesobjekt jenen wichtigsten Platz in seinem Gefühlsleben einzuräumen" (A. Freud 1970: 60).

Auch wenn die selbst kinderlose Anna Freud über diese Positionierung zu Kindern kam, wie Hilarion Petzold im Kontext seiner Analyse zu „Parent Blaming" schreibt (1999: 167), wird in dieser Behandlungsmaßnahme mehr als das eine grundlegende Strategie von Wissenschaft und Medizin beschrieben, welche Kinder und Kindheit im Dienste der „Höherentwicklung" einem umfassenden medizinischen Paternalismus unterwirft. Dass gerade Frauen als Psychoanalytikerinnen die Kinderanalyse entwickelt haben, kann damit auch als Widerstand gegen ihre Verwandlung in „reine Natur" in Gestalt der ausnahmslos nach „Instinkten" handelnden, verhäuslichten Mutter interpretiert werden – als Versuch der Durchsetzung einer leitenden Erziehung durch Frauen in Konkurrenz zu den neuen „öffentlichen Vätern".

Friedjung beurteilte die von Anna Freud thematisierte Problematik aber als gering, da nach seinem wissenschaftlichen Urteil Kinderanalysen nur selten notwendig seien. Vielmehr verpflichte die Erkenntnis der engen Zusammenhänge von „Fehlerziehung" und Kinderpathologie den Arzt, „mit erzieherischen Ratschlägen zielbewußte Prophylaxe zu üben" (Friedjung 1929b: 367). Denn höher als das Heilen stehe das Verhüten, und auch Neurosen könnten verhütet werden. Als erste und beste Prophylaxe empfahl er die Eheberatung, da psycho-neurotische Störungen vererbbar seien. Frauen und Männer sollten in der Eheberatung darin belehrt werden, „unseren Nachwuchs zielbewußt qualitativ zu heben" (Friedjung 1927a: 855). Als weitere, noch wirksamere Prophylaxe beurteilte er die Bekämpfung von Erziehungsfehlern:

„Immer klarer wird der furchtbare Schaden, den unsere Kinderwelt dadurch erleidet, daß ihre Erziehung im Wesentlichen Eltern überlassen ist, die für diese hohe Aufgabe in keiner Weise vorbereitet, vielmehr selbst zumeist falsch oder, um es klarer zu sagen, schlecht erzogen sind. Wenn wir unsere Kinder vor Neurosen schützen wollen, müssen wir uns um die Erziehung der Eltern und der anderen Erzieher bemühen" (ebd.).

Ärzte müssten die Eltern darin belehren, dass es nicht nur eine Diätetik der Ernährung, sondern auch eine Diätetik der Triebbefriedigung gebe, dass Kinder also weder an einem Überfluss noch an einem Mangel an Liebe leiden sollten. Zuviel Zärtlichkeit und Fürsorglichkeit schade ebenso wie kalte seelenlose Strenge. Kinder dürften nicht dem „Unverstand vorurteilshafter Großmütter", der „schwülen Zärtlichkeit alternder Mädchen" oder den „Spielbedürfnissen der eigenen Eltern" überlassen werden. Josef K. Friedjung empfahl dazu den „Ausbau des Kindergartenwesens bis zur Einführung des Pflichtkindergartens als Unterbau der Pflichtschule" (ebd.: 856) als „prophylaktisches System" gegenüber diesem Elternversagen, das selbst bei den besten „Berufserziehern" immer wieder vorkomme.

„Die Eltern versagen als Erzieher nicht nur, weil sie von diesen Pflichten nie etwas gelernt haben, sondern auch weil ihnen die Distanz zum eigenen Kinde fehlt. Diese Erkenntnis führt folgerichtig zur höheren Würdigung des Kindergartengedankens" (Friedjung 1927b: 926).

Die Ergänzung der allgemeinen Schulpflicht durch eine allgemeine Kindergartenpflicht sowie die Ablösung der Individualerziehung durch die Kollektiverziehung zumindest in wichtigen Bereichen wurde aus prophylaktischen Gründen gefordert. Auch hier wurde Erziehung als prophylaktische Kinderheilkunde konzipiert, welche die Erfolglosigkeit auf dem Gebiet der Vererbungslehre ausgleichen sollte: „Wenn man schon vorläufig den Wirkungen der Erbanlage als Quellen der kindlichen Psychoneurosen nicht entgehen kann, so muß man wenigstens den vermeidbaren Milieuwirkungen bewußt entgegentreten" (ebd.). Eine Erziehung, die das Realitätsprinzip durchsetzen sollte, erforderte demnach den möglichst frühzeitigen Schutz der Kinder vor ihren leiblichen Eltern, welchen aus wissenschaftlicher Perspektive die Distanz fehle, um ihre Kinder nach rationalen Gesichtspunkten zu erziehen.

Diese für eine erfolgreiche Erziehung propagierte „ausreichende Distanz" wurde aber nicht nur für das analytische Setting, sondern auch für die psychologische Forschung adaptiert. Im Bereich der Jugendfürsorge wurden die Kinder in der Kinderübernahmestelle im „Roten Wien" zugleich zu einem „umfangreichen ‚Kindermaterial'" der Kindheits- und Entwicklungsforschung. Die Psychologinnen Charlotte Bühler (1893–1974)[40]

---

40 Charlotte Bühler war von 1927 bis 1938 Universitätsprofessorin in Wien. Sie flüchtete 1939 vor den Natio-

und Hildegard Hetzer (1899–1991), als Vertreterinnen des Behaviorismus, benutzten dieses „Kindermaterial" sowohl für die Untersuchung im Rahmen ihrer Studie „Kindheit und Armut" (1929) wie auch zur Entwicklung des „Kleinkindertests" (1932), mit welchen sie kindliche Verhaltensweisen vom 1. bis zum 6. Lebensjahr inventarisierten (vgl. Wolfgruber 1997: 155).

> „Die Kinderübernahmestelle bot für ein solches Unterfangen äußerst günstige Voraussetzungen. Säuglinge, Kriechlinge und schulpflichtige ‚Großkinder' konnten rund um die Uhr vom Gang aus einer systematischen Beobachtung unterzogen werden. Pfleglinge aller Altersstufen standen unbeschränkt für Experimente als Versuchspersonen zur Verfügung." Die Tests wurden entwickelt, um „Über- und Unterdurchschnittlichkeit des kindlichen Entwicklungsstandes, Normalität oder Abnormalität seiner Persönlichkeitsstruktur' festzustellen", sie wurden als diagnostische Verfahren zum Zweck der Auslese und Separation eingesetzt und dienten der Erziehungsberatung als technisches Handwerkszeug (Wolfgruber 1997: 165).

Die Kinder, die es vor „elterlicher Fehlerziehung" zu schützen galt, wurden hier nicht desolaten Wohnverhältnissen, der „schwülen Zärtlichkeit alternder Mädchen" oder den „Spielbedürfnissen der eigenen Eltern" entzogen, sondern u.a. den Forschungsinteressen der Psychologie zur Verfügung gestellt, die ab den 20er Jahren auf Basis systematischer Beobachtung des Verhaltens eine Testpsychologie zur Klassifizierung kindlicher „Normalität" und „Abweichung" entwickelte. Diese fand als „Intelligenzdiagnostik", „Begabtenauslese", „Übergangsauslese"[41], „Minderbegabungsdiagnostik" zur Bestimmung der „Hilfsschulbedürftigkeit" und Diagnose der „Schulfähigkeit"[42] im Rahmen der Pädagogik im Laufe des 20. Jahrhunderts umfangreiche Anwendung (vgl. Ingenkamp 1990). Wie die Ärzte professionalisierten sich auch die Psychologen über die Strategien von Schutz und Kontrolle der Kinder auf Basis eines distanzierten und damit als professionell befundenen Verhältnisses zu den Kindern.

Vom rassenhygienischen Standpunkt wurde der Milieuerklärung der Psychoanalyse die Wirkung der Vererbung entgegengehalten. Die Vererbungslehre schloss eine Vererb-

---

nalsozialisten in die USA und war dort ab 1945 Professorin für Psychiatrie in Los Angeles. Sie leitete in den 20er Jahren gemeinsam mit ihrem Mann Karl Bühler einen Forschungskreis zur Kinder- und Jugendpsychologie (Wiener Schule).

41 Der Begriff „Übergangsauslese" verweist auf die Selektion der Schulkinder beim Übergang vom Kindergarten zur Schuleund von einer Schulform oder Schulstufe in eine andere.

42 Hildegard Hetzer publizierte zur Frage der Schulreife das Buch „Die symbolische Darstellung der Kindheit. Ein Beitrag zur psychologischen Bestimmung der Schulreife", Wien: Deutscher Verlag für Jugend und Volk 1926.

barkeit erworbener Eigenschaften – bezugnehmend auf die These von der Kontinuität des Keimplasmas des Neodarwinisten August Weismann (1834–1914) – aus. Es galten nur jene Eigenschaften als vererbbar, welche als „Anlagen" im Keimplasma der elterlichen Geschlechtszellen enthalten waren. Damit blieb die „natürliche Selektion" einziger Mechanismus der Evolution. Die Chance, durch Verbesserung der Lebensverhältnisse und soziale Reformen die „Entartung" und „Degeneration" zu stoppen, wurde als äußerst gering erachtet. Das Keimplasma wurde damit als „einzige Konstante" im Lauf der Generationen zum eigentlichen Lebewesen stilisiert. Menschen, Tiere und Pflanzen wurden zur Nebensache, Mittel zum Zweck, dem Keimplasma ein ewiges Leben zu ermöglichen. So wurde die Konzeption der Eugenik, die der englische Arzt und Anthropolog Sir Francis Galton (1822–1911) ausarbeitete, zur „Perspektive des Heilwillens" für die kommende Generation.

> „Seine Eugenik, die er einen Faktor der Religion und einen männlichen, hoffnungsvollen, an die edelsten Gefühle der Menschheit appellierenden Glauben nannte, forderte eine sorgfältige Heiratswahl auf Grund von Vererbungsgesetzen", zur „allmählichen Höherzüchtung des Menschengeschlechts" (Maritus 1918: 29).

Den Erziehungsidealen und Erziehungsbemühungen sozialistischer und psychoanalytischer Kinderärzte wurde von der Rassenhygiene eine Absage erteilt, wie Joseph Friedjung in seiner Rezension des Buches „Ueber die biologischen Grundlagen der Erziehung" (1927) des deutschen Rassenhygienikers Fritz Lenz feststellte. Lenz meine, so Friedjung:

> „Vererbung sei alles, die Wirkungen der Umwelt kämen kaum in Betracht. So bleibe denn der Erziehung nur wenig Raum; die Züchtung eines Nachwuchses mit hochwertigen Erbanlagen sei viel mehr die Aufgabe. Dazu aber sind nur die gesellschaftlich gehobenen Volkskreise berufen, denn wirtschaftliche Not, die Stellung auf einer niedrigeren Gesellschaftsstufe ist schon das Ergebnis minderwertiger Erbanlagen" (Friedjung zu Lenz, in: WKW 1927: 1067).

In Österreich propagierte neben dem Pädiatrieordinarius Franz Hamburger, welcher ebenfalls der Anlage als dem „phylogenetisch Gewordenen" die Hauptrolle im Leben jedes Menschen zuwies (vgl. 1931: 725), auch der Regierungsrat Dr. Alois Scholz, Mitglied und späterer Vorsitzender der „Wiener Gesellschaft für Rassenpflege (Rassenhygiene)", diese von Fritz Lenz ausgearbeiteten „biologischen Grundlagen der Erziehung" (Scholz 1926). Dieser rassenhygienischen Perspektive auf den Zusammenhang von Anlage und Umwelt entsprechen, verwies Scholz darauf, dass Erziehung nur aus etwas

„Angelegtem" etwas „Angestrebtes" machen kann. Das „Erbgut" wird von ihm als der angelegte Rahmen bezeichnet, der durch Erziehung zwar „gestreckt", aber nicht überschritten werden kann: „Dieses körperliche und geistige Erbgut ist der Arbeitsstoff, an welchem sich der Erzieher betätigt" (Scholz 1926: 2). Scholz verwies zur Untermauerung dieser These auf Untersuchungen, welche vererbte Veranlagung als Ursache der Verwahrlosung nachgewiesen hätten, und erklärte damit auch die „Erfolglosigkeit" der Unterbringung von Verwahrlosten in Besserungsanstalten. Der Nachweis der Vererbung einer höheren Begabung galt ihm als durch wissenschaftliche Untersuchungen ebenso erbracht. Er zitierte eine Studie von Wilhelm Hartnacke (1898–1952)[43], der an 18.600 Volksschülern nachgewiesen hätte, dass die Schulleistungen von Akademikersöhnen am höchsten seien, gefolgt von Kindern von Volksschullehrern, dann Kindern von gebildeten Kaufleuten, dann Kleingewerbetreibenden und Landwirten, zum Schluss den Kindern von Fabrikarbeitern und ganz am Ende den Kindern von Taglöhnern und Knechten. Diese Untersuchung hätte erwiesen, dass die durchschnittliche Begabung mit der sozialen Stellung korreliere (Scholz 1926: 6) Da es aber nicht möglich sei,

> „Erbänderungen in *bestimmter*, die Anpassung *erhöhender* Richtung durch Zucht oder künstliche Auslese herbeizuführen", sei das einzig Mögliche, „durch entsprechende Leitung der Auslese Entartungen zu vermeiden und dadurch den Prozentsatz der Tüchtigen zu erhöhen" (Scholz 1926: 10).

Vom Standpunkt der Rassenpflege forderte Scholz, durch „gesunde Auslese" die Höherbegabten zu vermehren und die „Untüchtigen" und „Entarteten" zu vermindern, da alle körperliche und geistige Erziehung zwecklos bleibe, wenn die Rasse „entarte". Die Verminderung der „Untüchtigen" sollte durch die zwangsweise Sterilisation der „Entarteten" erreicht werden. Scholz beurteilte die Sterilisation als eine mittelbare Frage der Erziehung (Scholz 1926: 12). Die soziale Auslese sollte demgegenüber die Höherbegabten fördern und mit dieser Förderung bereits in der Volksschule beginnen. Die

---

43 Hartnacke war in der Zeit des Nationalsozialismus von 1933 bis 1935 sächsischer „Minister für Volksbildung". Scholz bezog sich auf einen publizierten Vortrag Hartnackes über „Organische Schulgestaltung: Gedanken über Schulgestaltung im Lichte der neueren Begabtenforschung", Radebeul-Dresden: Kupky & Dietze 1925. Hartnacke publizierte in weiterer Folge Studien zur Begabtenauslese, z.B.: „Naturgrenzen geistiger Bildung: Inflation der Bildung, schwindendes Fuehrertum, Herrschaft der Urteilslosen", Leipzig: Quelle & Meyer, 1930. Er kritisierte den Geburtenrückgang in der Mittelschicht als Ursache des Begabtenausfalls in seinem Buch „15 [Fünfzehn] Millionen Begabtenausfall!: die Wirkung des Geburtenunterschusses der gehobenen Berufsgruppen", München: Lehmanns-Verlag 1939. Hartnacke war in der Zeit des Nationalsozialismus von 1933 bis 1935 sächsischer „Minister für Volksbildung".

Zusammenschließung von Begabten und Unbegabten während der vierjährigen Volksschulzeit in Österreich wertete er aus rassenhygienischen Gesichtspunkten als „reine Zeitverschwendung" (ebd.: 14).

Über die „soziale Auslese" hinaus sollte die Schule aber auch durch Unterricht über Rassenpflege wirksam werden. Nur den jungen Menschen, die eine Prüfung über diesen Stoff abgelegt hätten, sollte eine Heiratserlaubnis erteilt werden. Diese „rassenhygienisch gebildete und geprüfte" Generation werde dann jene Kinder in die Welt setzen, welche den Kampf mit dem Leben aufnehmen könnten und denen man es ruhig überlassen könne, das Gewissen der Eltern zu erforschen: „Kinder, die niemals ihren Eltern zurufen können und werden: ‚Warum habt ihr uns elend, schwachbefähigt, an Geist und Körper oder sonst entartet in die Welt gesetzt?'" (ebd.: 18). Eine rassenhygienische Bildung solle verhindern, dass

> „große Frauen sich in kleine Männer verlieben und umgekehrt, oder Blondinen in Neger – wollen wir hoffen! – Später wird so etwas ohnehin gesetzlich unmöglich – wollen wir hoffen! – Irgendwie schwächliche Bildungen würden von selbst von der Fortpflanzung ausgeschlossen, weil der andere Teil an die Kinder denken, Verantwortung für die selben fühlen und außerdem praktisch denken und sich sagen würde, mit der Brut, die da entstünde, müßte ich meine Schwierigkeiten haben" (ebd.: 18).

Mit Fürsorge und Erziehung war aus der Perspektive der Rassenhygiene dem Bleibenden am Individuum nicht beizukommen, welches die Konstitutionslehre in der Konstitution und die Vererbungslehre im Keimplasma zu finden hoffte. Quer durch die politischen Lager galt Konstitution als die „Vorsehung des Individuums" und als in dem Augenblick gebildet, in dem sich „Vater- und Mutterzelle" zum neuen Individuum vereinigten.

Auch Julius Tandler, Anatomieordinarius der Universität Wien und sozialdemokratischer Wohlfahrtspolitiker, hielt fest, dass in dem Maße, in dem im Augenblick der Zeugung das Bleibende am Individuum entstehe, auch „die Individualgrenzen des Könnens auf körperlichem und geistigem Gebiete" entstünden (Tandler 1924: 18). Alles, was darüber hinaus sich am Individuum durch äußere Einflüsse bilde, sei konditionell. Damit konzipierte er die „*Begabung* (als) eine Manifestation der *Konstitution*, die *Leistung* (als) eine *Addition* aus *Konstitution* und *Kondition*" (ebd.: 19). Aufgrund der ausstehenden Erkenntnisse der Vererbungslehre wurde eine durch Manipulation der Konstitution betriebene Bevölkerungspolitik erst für eine kommende Generation in Aussicht gestellt. Für die gegenwärtige Generation sollte sie durch „negative Zuchtwahl", also durch *Ausmerzung*, realisiert werden, vor allem dann, wenn die Nachkommen und die Allgemeinheit für die generativen Verfehlungen zu büßen hätten.

Die medizinische Konzentration auf Zeugung, Schwangerschaft, Geburt und frühe Kindheit führte zur Diskursivierung der generativen Reproduktion als Ausgangspunkt pathogener Entwicklungen im Lebenslauf. Sowohl für eugenisch und rassenhygienisch wie psychoanalytisch orientierte Ärzte aller politischen Lager lag das Schicksal von Mensch und Gesellschaft in der vorgeburtlichen Entwicklung und der frühen Kindheit begründet. In diesen Diskursen fand vor allem aber auch die gesellschaftliche Hoffnung auf eine Lösung und Gestaltung der Widersprüche der Moderne als Verdichtung und Projektion aller Zukunftshoffnungen auf das Kind ihren Ausdruck. Kindheit wurde unter dem wissenschaftlichen Zugriff sakralisiert und einem medizinischen Paternalismus unterworfen. Das kindliche Leben galt es demnach, ab der Zeugung mit Hilfe medizinischer Maßnahmen zu schützen und gesund zu erhalten. Aus Menschen mit einer Vergangenheit sollten Menschen mit einer Zukunft gemacht werden.

II.

BIOLOGISCHE WIEDERHERSTELLUNG DES „DEUTSCHEN VOLKES" UND DER MENSCH ALS SACHWALTER SEINES ERBGUTES

Wie die alte Eugenik ihre Niederlage, den „Erbgang" wissenschaftlich nachweisen zu können, in der Vernichtung von als „lebensunwertem Leben" diagnostizierten Menschen entsorgt und als Teil der nationalsozialistischen „Gesundheitsführung" Erziehungsprojekt bleibt: 1938–45

> „Probleme sind nun einmal dazu da, dass sie nicht nur theoretisch behandelt, sondern auch praktisch angegangen werden. Diesen Schritt in die Wirklichkeit hat nun, das kann man schon jetzt sagen, der N.S., seit er willensbildend wirken konnte, in der Tat auch im Punkte dieser Probleme (der biologischen Betrachtung des Menschen, M.W.) vollzogen."
>
> Univ. Prof. Eduard Pernkopf,
> Dekan der Wiener Medizinischen Fakultät
> (WKW 1938: 547)

> „Wir leben im Jahrhundert der Naturwissenschaften, im Jahrhundert der Biologie. Der Nationalsozialismus wird wie keine einzige andere Lehre, wie kein anderes Parteiprogramm, der Naturgeschichte, der Biologie des Menschen gerecht. Und weil der Nationalsozialismus alle uns bekannten physiologischen Tatsachen aus der Natur, aus dem Wesen des Menschen berücksichtigt, ist er eben die Wahrheit für den Menschen schlechtweg."
>
> Univ. Prof. Franz Hamburger
> Vorstand der Wiener Universitäts-Kinderklinik
> (WKW 1939: 136)

Während der NS-Herrschaft in Österreich wurde auf der Ebene der Fachartikel in der „Wiener Klinischen Wochenschrift" die medizinisch-wissenschaftliche Auseinandersetzung um Eugenik und „Rassenhygiene" im engeren Sinne fortgeführt. Im Gegensatz zu den vier Jahrzehnten vor dem „Anschluss" Österreichs an das „Dritte Reich", in denen Fachartikel fast ausnahmslos von männlichen Ordinarien oder Dozenten geschrieben wurden, wurden sie in der Zeit des Nationalsozialismus größtenteils von Autoren verfasst, die nicht über ihren akademischen Status, sondern als „SS-Ärzte", „SS-Obersturmbannführer" oder „SS-Untersturmbannführer" vorgestellt wurden. Das verweist sowohl auf die Rekrutierungspraxis wissenschaftlichen Nachwuchses als auch auf die Bedeutung von Medizin als Politik. Mehrheitlich waren die Autoren deutsche Kliniker, die sich seit 1933, der Machtergreifung Hitlers in Deutschland, aktiv für die Umsetzung nationalsozialistischer Ziele einsetzten. Meist resultierten die publizierten Beiträge aus Vorträgen, die sie an den „SS-Schulungsabenden für Ärzte" gehalten hatten. Dennoch waren wesentliche Texte des für diese Arbeit recherchierten Themenbereiches von österreichischen Ordinarien verfasst, die sich schon vor dem „Anschluss" für eugenische und „rassenhygienische" Ziele engagiert hatten. Die Ausführungen in den Fachartikeln der „SS-Ärzte" und der in ihrer Position verbliebenen Ordinarien ließen nicht darauf schließen, wohin der „Schritt in die Wirklichkeit" im Bereich der „Erbpflege" als „angewandter Rassenhygiene" führte, den der Anatomieordinarius Eduard Pernkopf (1888–1955)[1] – nach dem „Anschluss" Dekan der medizinischen Fakultät der Universität Wien – für die „neue Medizin" im NS-Staat forderte (Pernkopf 1938: 545ff). Dass dabei der Schritt der Medizin in die Wirklichkeit von Zwangssterilisationen, Humanexperimenten im großen Stil und industrieller Tötung von AnstaltspatientInnen durch eine politische und staatliche „Lizenz zum Töten" ermöglicht wurde, konnte am ehesten in wiederkehrenden fachinternen Diskussionen der neuen Gesetze, die den ärztlichen Einsatz forderten und rechtlich legitimierten, erahnt werden. Die Auseinandersetzungen waren dominiert von Klärungs- und Auslegungsfragen hinsichtlich der Gesetzestexte und deren rechtmäßige Durchführung. Demgegenüber wurden hinsichtlich des wissenschaftlich begründeten ärztlichen Urteils oder der ihm zugrunde liegenden Untersuchungen keine Zweifel laut.

---

[1] Eduard Pernkopf wurde 1988 in Rapottenstein/Niederösterreich geboren uns starb 1955. Er promovierte 1912 und war Assistent am II. Anatomischen Institut der Universität Wien. 1921 habilitierte er sich und war ab 1928 Professor für Anatomie an der Universität Wien. Bereits 1933 wurde er „NSDAP"-Mitglied. Nach dem „Anschluss" 1938 wurde er Dekan der Medizinischen Fakultät und 1943 Rektor der Universität Wien. Nach der Befreiung Österreichs vom Nationalsozialismus wurde er 1945 suspendiert und bis 1948 interniert. Ab 1949 wurden ihm von der Universität wieder Räume für die Arbeit am Anatomie-Atlas, die er 1933 begonnen hatte, zur Verfügung gestellt, bei dem er nachweislich Präparate von hingerichteten NS-Opfern (politische Gefangene am Landesgericht Wien) für die Illustration verwendete.

Problematisiert wurden fehlende Richtlinien. Mögliche Ungerechtigkeiten gegenüber den Betroffenen waren kein Thema. Legitimität und Unbezweifelbarkeit des wissenschaftlichen Urteils und die Unantastbarkeit der Freiheit der Wissenschaften waren und blieben grundlegende Bestandteile medizinischen und wissenschaftlichen Selbstverständnisses der Autoren.

Im weiteren Umfeld von Eugenik und „Rassenhygiene" zeigte sich gegenüber den Jahrzehnten vorher eine auffällige Aufwertung und Idealisierung der ärztlichen Profession, wobei in den Publikationen der „Wiener Klinischen Wochenschrift" dem Praktischen Arzt, aufgrund seiner Volksnähe, der Vorrang in der Standeshierarchie eingeräumt wurde. Das Bild des Arztes als „Gesundheitsführer der Nation" erhob ihn über alle anderen Professionen und war auch für die Umsetzung eugenischer Rationalität, im Kern eine präventive Vernunft, die zu Gesundheit führen sollte, bedeutsam. Forschung wurde als theoretisch, und damit nicht dem Leben dienend, abgewertet. Auf der Ebene der wissenschaftlichen Publikationen forderten die Autoren ärztliche Taten auf dem Gebiet der Gesundheitsvorsorge, die ganz in den Dienst der „biologischen Wiederherstellung des deutschen Volkes" gestellt und durch „Kinder"- und „Geschlechtergesundheitsführung" erreicht werden sollte. Die „Gesundheitsführung" zielte darauf ab, alle Gesellschaftsmitglieder zu Sachwaltern ihrer „Erbanlagen" zu erziehen, welche die Ahnen mit den Nachkommen zu verbinden schien und zu deren Gesunderhaltung jeder verpflichtet wurde. Bemerkenswert ist, dass im Kern der wissenschaftlichen Auseinandersetzungen zur generativen Reproduktion des Lebens in der „Wiener Klinischen Wochenschrift" die Verhütung von „Erbkrankheiten" und die Pflicht zur Gesundheit verhandelt wurden, die rassenideologische Frage nach der „Reinheit des Blutes" aber kaum Beachtung fand. Dieser Umstand lässt sich vor allem damit erklären, dass in Österreich diese Fragen von der Anthropologie bearbeitet wurden (vgl. Kap. I. dieser Arbeit).

Die Aufwertung und Anerkennung der Medizin und Ärzteschaft wurde dankbar begrüßt, die Interessen des Staates und die Interessen der Medizin, vertreten durch jene Ärzte, die nach dem „Anschluss" noch zugelassen waren, fügten sich rasch und problemlos ineinander. Die Kooperation glückte wesentlich auf Basis eines Einvernehmens zwischen nationalsozialistischer Biopolitik und dem Streben nach beruflichen Sicherheiten, nach Absicherung von professionellen Interessen, Macht und Prestige auf Seiten der Medizin. Die Sicherung einer ausreichenden Bezahlung der Ärzte betraf die Einkommens- und Alterssicherung. Die Lage der Ärzte in Österreich wurde noch Mitte der 30er Jahre als katastrophal beurteilt (vgl. Arzt 1936: 1598f). Die Stimmung in der Ärzteschaft und der wissenschaftlichen Medizin war gedrückt. Die Situation wurde nicht mehr nur als „standesunwürdig", sondern auch als existenzbedrohend erlebt. Ludwig Arzt, Vorstand der „Gesellschaft der Ärzte" berichtete während des christlich-autoritären Ständestaates in einer Rede vor dem Budgetausschuss des Bundestages im Jahr 1936 darüber, dass hochqualifizierte Jungakademiker „entweder überhaupt nicht ins Verdienen kommen, oder in einem sehr vorgeschrittenen Alter mit Beträgen abgespeist werden, die hinsichtlich ihrer Höhe eigentlich als *Stipendien* gewertet werden müssen" (ebd.: 1599). Darunter wären auch Hochschulassistenten, die sich bereits habilitiert hätten und einen internationalen Ruf genössen, deren Bezüge aber unter jenen „eines Reinigungspersonals" lägen. Kündigungswellen und vorzeitige Pensionierung bei gleichzeitiger Einführung eines Pensionsstilllegungsgesetzes bedrohten während des Ständestaates die Existenz vieler Kliniker und Praktiker. Die Maßnahmen und Verhältnisse wurden bei den Ärzten allgemein als Missachtung empfunden, welche den „internationalen Kulturfaktor", den die Ärzteschaft für Österreich darstelle, nicht würdige und den „reichen Gewinn", den die Ärzteschaft „für die Staatsfinanzen" bringe, nicht anerkenne (ebd.).

Nach dem „Anschluss" Österreichs an Hitlerdeutschland verbesserte sich die Lage der Ärzte wesentlich. Konkurrenz, allen voran die jüdischen Kollegen, aber auch die Frauen, wurde ausgeschaltet. Allein in Wien verringerte sich aufgrund der Vertreibung jüdischer Ärzte die Zahl der niedergelassenen Ärzte in wenigen Monaten von mehr als 5.000 auf weniger als 2.000, was einer Dezimierung um 70 % entspricht (Gröger 2001: 161). Jüdische Ärzte waren auch gezwungen, ihre Anstellungen in Spitälern aufzugeben. Viele Arztpraxen wurden arisiert und mit aus den Bundesländern nachdrängenden Ärzten besetzt (ebd.: 162). Der so geschaffene Ärztemangel führte zu medizinischen Versorgungsproblemen. Exemplarisch dafür steht ein Brief aus dieser Zeit, den Dr. med. Helmut Gröger, Vertragsassistent am Institut für Geschichte der Medizin an der Medizinischen Universität Wien in seiner Studie über die Auswirkungen des Nationalsozialismus auf die Wiener Medizin zitierte:

„Infolge des katastrophalen Ärztemangels hat die Grippewelle in Wien eine verhältnismäßig größere Verbreitung als in anderen Ländern und hat auch häufiger tödlichen Ausgang. Erkrankte müssen zwei bis drei Tage auf den Besuch des Arztes warten. Die wenigen Ärzte, die einen guten Ruf besitzen, arbeiten bis zu achtzehn Stunden täglich. Das Allgemeine Krankenhaus in Wien musste einige male die schwarze Fahne hissen als Zeichen, dass binnen 24 Stunden mehr als 150 Todesfälle zu verzeichnen sind. Die Chefärzte laufen in SA-Uniformen herum und sind häufig nicht älter als 28 Jahre. Zahlreiche Todesfälle infolge mißlungener Operationen sind an der Tagesordnung"[2] (in Gröger 1998: 140f).

---

2 Österreich unter dem Reichskommissar Editions Nouvelles d'Autriche. Paris 1939: 117.

Der durch die Vertreibung jüdischer Kollegen geschaffene Ärztemangel wurde aber auch aus anderen Gründen als drängendes Problem beurteilt. Die neuen Organisationen des „Dritten Reiches" – „SS", „Reichsarbeitsdienst", „Hitlerjugend", „Deutsche Arbeitsfront", Gesundheitsämter etc. – brauchten Ärzte. Der Bereich der „Gesundheitsführung" und -vorsorge verlangte nach neuen Ärzten. Diesem neuen Bedarf an Ärzten entsprechend wurden auch Einkommens- und Versicherungsverhältnisse wesentlich verbessert. Das Einkommen der Ärzte, das größtenteils von Vergütungsleistungen der Sozialversicherung abhängig war, galt als zu gering, um genügend Rücklagen für das Alter bilden zu können. Ausreichendes Einkommen und Altersversicherung wurden im Nationalsozialismus nun aber als Bedingung für die Etablierung eines ärztlichen Verhaltens betrachtet, das dem Gemeinwohl dienen sollte. Begründet wurden ein höheres Einkommen und ein Rentenanspruch damit, dass erst ein ausreichendes Einkommen Ärzte dazu freisetze, der Standesethik Priorität vor wirtschaftlichen Nutzenabwägungen einzuräumen.

Insgesamt erfuhr die Berufsgruppe der Ärzte wie keine andere akademische Berufsgruppe einen sozioökonomischen Aufschwung durch Vollbeschäftigung, Einkommenssteigerung und einen Gewinn an Sozialprestige. Vor allem die Situation der Jungärzte wurde wesentlich verbessert, ihre Arbeitslosigkeit aufgehoben. So war z. B. in Deutschland schon Mitte der 30er Jahre der Ärztemangel akut, das Einkommen der Ärzte überstieg bald das der Rechtsanwälte, welche in der Vorkriegszeit an der Spitze der Einkommensskala gestanden hatten. Trotz der Aufwertung des Praktischen Arztes blieb die finanzielle Rangordnung innerhalb der Medizin aber auch im Nationalsozialismus bestehen: ganz oben die Chirurgen, gefolgt von Augenärzten, Gynäkologen und Internisten (vgl. Kater 2002:60f).

Der Anschluss der medizinischen Wissenschaft erfolgte aber auch deshalb so reibungslos und schnell, weil er keinen Bruch mit der herrschenden klinischen Praxis darstellte. Dort, wo er zu einem Bruch führte, wie auf der Ebene der Entlassung von als jüdisch klassifizierten Ärzten und politischen Gegnern, war er schon Jahre vorher vorbereitet. Auch die Vernichtung von als „lebensunwert" diagnostizierten Menschen stellte den Bruch mit der vorhergehenden Praxis dar. Sie wurde als „Entsorgung" der Niederlage hinsichtlich des wissenschaftlichen Nachweises des „Erbganges" beim Menschen und der Behandlung von „Erbkrankheiten" gebilligt und von vielen Ärzten durch Anzeige und Meldung unterstützt, so die These dieses Abschnitts. Einige Ärzte beteiligten sich auch insofern aktiv an der Vernichtung, dass sie diese medikalisiert (durch Giftinjektionen, Hungerkost, Medikamente, „Elektrotherapie", Injektionen von Pressluft in die Venen) oder durch Leitung der Massentötung (Gas) selbst durchführten.

Auch in der nationalsozialistischen Hochschulpolitik wurde der „Anschluss" Österreichs an das „Dritte Reich" rasch realisiert. Dies lässt sich in ihren Grundzügen, so Brigitte Lichtenberger-Fenz, an fünf Aspekten ablesen:

„Umgestaltung des Lehrkörpers durch ‚Säuberungen' und politische Rekrutierungspraxis, heranziehen einer NS-loyalen Studentenschaft, Umgestaltung der Hochschulverfassung nach dem ‚Führerprinzip', Politisierung der wissenschaftlichen Disziplin durch Orientierung an ‚völkischen' Gesichtspunkten, Instrumentalisierung von Forschung und Entwicklung für den ‚Endsieg'" (1988a: 272f).

Die Medizin erfuhr nicht nur als „praktische Durchführungstechnik" nationalsozialistischer Rassenideologie, sondern auch als Teil der „praktischen Kriegsführung" eine große Aufwertung. Die Kriegsvorbereitungen wurden im Februar 1939 durch eine zweijährige Studienzeitverkürzung und durch die Aufnahme wehrmedizinischer Fächer (Wehrpsychologie und -chirurgie, Wehrpathologie und -hygiene, Wehrchemie und -toxikologie) rechtlich fixiert. „Rassenkunde" und „Vererbungslehre" wurden in der Medizin bereits im Ständestaat gelehrt. Hier wurden lediglich die Vorlesungen verpflichtend, die ab 1943 zu einem einheitlichen Fach der „Rassenbiologie" zusammengefasst wurden (vgl. ebd.: 277f). Das rasche politische Durchgreifen auf allen Ebenen führte auf Seiten der Autoren zum Eindruck, dass jetzt, nach jahrelangen wissenschaftlichen Auseinandersetzungen, mühevoller Forschungsarbeit und opferbereitem, aber nicht gewürdigtem Einsatz der Ärzte die Zeit des Handelns angebrochen sei. Eine Zeit, in der „mann" endlich zeigen konnte, wozu die Medizin fähig ist. Die Aufbruchstimmung, die den Publikationen inhärent ist, verweist auf die Verführbarkeit der Wissenschaft durch die Politik, aber auch auf die Verführbarkeit der Politik durch die Wissenschaft, die sich beide auch über Versprechen in Bezug auf den gesellschaftlichen Fortschritt legitimieren.

1. Aufstieg des männlichen deutschen Arztes zum „Gesundheitsführer der Nation": politische Ermächtigung und Professionalisierung der Medizin

Eines der hervorstechendsten Merkmale der während der NS-Herrschaft im Bereich von Eugenik, „Rassenhygiene" und „Gesundheitsführung" zu den recherchierten Stichworten in der „Wiener Klinischen Wochenschrift" publizierten Texte ist die Genugtuung der Ärzte, dass endlich jemand – der „Führer", der neue Staat – den Wert und die Wichtigkeit ihrer Forschung und Arbeit erkannte, anerkannte, bestätigte und ihnen die rechtliche Möglichkeit eröffnete, Konkurrenten im Feld medizinischer Forschung und Praxis – die jüdischen Kollegen und die weiblichen Studentinnen[3] – auszuschließen und die männlichen, deutschen Ärzte zu alleinigen Handlungsträgern der medizinischen Wissenschaft und zu zentralen Handlungsträgern des neuen Staates zu ermächtigen. Den Frauen wurde mit dem Verweis auf eine menschheitsgeschichtliche Tradition die Rolle der „Helferin des Arztes" zugewiesen (vgl. Lejeune 1942: 341ff). Der Ordinarius für Geschichte der Medizin und Vorstand des Instituts für die Geschichte der Medizin an der Universität Wien, Friedrich Lejeune (1892–1966)[4], hielt fest, dass die Aufgabe der Krankenpflege „schon zur Zeit des Urmenschen zunächst dem Weibe zugefallen" sei (ebd.). Erst die moderne Medizin habe den Frauen ermöglicht, als wissenschaftliche Assistentinnen in Laboratorien und Forschungsinstituten, als Laborantinnen, Röntgen- und Strahlentherapieassistentinnen und Sprechstundenhilfen dem Arzt zu assistieren (ebd.: 343). Als Idealbild aber galt ihm jenes der Arztgattin, welche die Praxis des Mannes als Familienwirtschaft organisierte, seine Patienten umsorgte, seine Kinder aufzog und den Haushalt, dessen Zentrum die Arztpraxis darstellte, vorbildlich führte. Der Mann hingegen galt als der berufene Arzt und Wissenschaftler, dessen Tatendrang und schöpferische Kraft die Experimentalforschung erst ermöglichte, die den wissenschaftlichen Fortschritt hervorbrachte. Der Aufstieg der Wissenschaften und der Fortschritt

---

3 Laut einer Bestimmung vom 18. Dezember 1933 durften nur 10% aller Studierenden weiblichen Geschlechts sein.

4 Friedrich Lejeune wurde in Köln geboren. Er promovierte zum Dr. med., Dr. phil. und Dr. med. dent., war ab 1922 Privatdozent in Greifswald und 1925 erstmals „NSDAP"-Mitglied. Ab 1928 war er ao. Professor in Köln und niedergelassener Arzt, ab 1939 ao. Professor und Vorstand des Instituts für Geschichte der Medizin in Wien und Chef des Heeresstandortlazaretts in Wien Hütteldorf. Er wurde 1945 suspendiert, war ab 1953 beratender Arzt im Vorstand der Deutschen Angestellten Krankenkasse in Hamburg sowie Mitbegründer und bis 1964 Vorsitzender des Deutschen Kinderschutzbundes. Er starb 1966 in Villach (vgl. Klee 2003: 365).

der Medizin wurden zur Gänze der Wirkkraft des „männlichen Prinzips in der Medizin" unterstellt (Lejeune 1943: 428). Die als „menschheitsgeschichtliche Tradition" behauptete Aufgabenteilung der Geschlechter entsprach im Kern dem bürgerlichen Geschlechterarrangement, das Frauen auf den Dienst an der Gattung festlegte und Männer für den kulturellen und technischen Fortschritt verantwortlich machte. Auch die NS-Ideologie versprach den Männern die gesellschaftliche Unterordnung der Frauen zur Stärkung männlicher Identität.

Die Euphorie, welche die Aufwertung und Erhöhung der Medizin auf Seiten der männlichen Ärzte auslöste, stand nicht nur zwischen den Zeilen. Sie führte an manchen Stellen zu einer nahezu kindlichen Dankbarkeit gegenüber dem „Führer", der diesen Wandel in den Augen der Autoren erst ermöglicht hatte. Ein Thema, das die Texte in der „Wiener Klinischen Wochenschrift" durchzieht, war das Verhältnis von Theorie und Praxis in der medizinischen Wissenschaft des „NS-Staates". Darin wurde die Dialektik von Theorie und Praxis zugunsten der Praxis aufgelöst, der Praktische Arzt gegenüber dem Kliniker privilegiert und zum „Gesundheitsführer" des Volkes stilisiert – eine Praxis, welche die seit dem 19. Jahrhundert konzipierte und durch die Medizin organisierte „prophylaktische Gesellschaft" wirklich machen sollte. In Wirklichkeit löste die NS-Herrschaft aber auch einen Forschungsschub in der medizinischen Wissenschaft aus. Dieser steht nicht zuletzt im Zusammenhang mit der Ermöglichung von Humanexperimenten an Häftlingen der Konzentrationslager (vgl. Mitscherlich/Mielke 1948; Baader 1988; Schleiermacher 1988; Kaupen-Haas 1988; Ebbinghaus/Dörner 2002). In Österreich wie in Deutschland wurde die Vererbungsforschung gefördert. Die eugenische Forschung wollte weiterhin dem „Erbgang" von Krankheiten, Intelligenz, Verhaltensweisen und rassischen Merkmalen auf die Spur kommen und trat als wissenschaftlicher Berater des NS-Regimes auf. Diese Seite, die sich weiterhin der Erforschung und „Verhütung erbkranken Nachwuchses" widmete, im Humanexperiment an Anstaltspatientinnen und KZ-Häftlingen den wissenschaftlichen Fortschritt verfolgte und die Verhütung durch Vernichtung erledigte, wurde in der „Wiener Klinischen Wochenschrift" verschwiegen. Doch sie war die Kehrseite der Medaille einer politisch, rechtlich und medizinisch durchgesetzten „prophylaktischen NS-Gesellschaft", welche anstelle der Wohlfahrtspflege die „Gesundheitsführung" realisieren wollte (vlg. Kaiser 1991: 84). Ältere Formen der Wohlfahrtspflege wurden als „Asozialenfürsorge" abgelehnt. Die Aufmerksamkeit der „rassenhygienischen" „Volkswohlfahrt", wie die Wohlfahrt im „Dritten Reich" genannt wurde, kam dabei aber nur dem „erbgesunden" und „deutschstämmigen" Teil der Bevölkerung zugute. DauerpatientInnen, die nicht geheilt werden konnten, wurden nicht als Klientel der „Volkswohlfahrt" betrachtet, nur der Weg, wie man sich ihrer entledigen könnte, stand in den Anfangsjahren des „Dritten Reiches" noch nicht fest. Klar hingegen war, dass die Wohlfahrtspflege aus „rassenhygienischen" und aus Kostengründen längerfristig durch die „Gesundheitsführung" ersetzt werden sollte.[5] Auch dieses Programm war seit der Jahrhundertwende unter anderem Namen bereits umfassend ausgearbeitet (vgl. Kap. I.1.), die Vision einer durch die Medizin zu realisierenden „prophylaktischen Gesellschaft" auf Basis von Fortschrittsglauben und wohlfahrtspolitischen Kosten-Nutzen-Rechnungen Bestandteil medizinischen Selbstverständnisses.

1.1 Von der Theorie zur Praxis: Die neue Medizin auf dem Weg in die Wirklichkeit

Der „komm. Dekan der Wiener medizinischen Fakultät", Eduard Pernkopf, unterrichtete die Studenten im Mai 1938, zwei Monate nach dem „Anschluss" Österreichs an das „Dritte Reich", in einem Vortrag zum Thema „Nationalsozialismus und Wissenschaft" (1938: 545ff) über Ziele und Richtungen der Medizin für die neue Zeit sowie über den Einfluss des Nationalsozialismus als Idee auf die medizinische Ausbildung. Dabei kam er zu dem Schluss, dass der Nationalsozialismus nicht bloß eine Idee, sondern eine Weltanschauung sei, die jede Äußerung des Geisteslebens beeinflussen und als planmäßige Ordnung die Wissenschaft führen werde. Die Wissenschaft sollte nun nicht mehr um der Wissenschaft willen betrieben werden, sondern um dem Leben zu dienen, dem des/der Einzelnen wie jenem des ganzen Volkes. Sie müsse ihre Arbeit dem Leben, der Erhaltung und Weiterbildung des Volkes widmen, dem materiellen Streben die Wege der Verbesserung aufzeigen und dem ideellen Streben Sinn und Inhalt geben (ebd.: 546). Die neue Medizin als „Schritt in die Wirklichkeit" sollte Probleme nicht nur theoretisch, sondern vor allem praktisch behandeln. Um die Gegenwart als „neue Zeit" von der vergangenen abzuheben, wurde diese undifferenziert abgewertet und das Neue als das Bessere gegenüber dem ungenügenden Alten hervorgehoben.

Der „Schritt in die Wirklichkeit" führte bereits in Pernkopfs Vortrag rasch zum Menschen und seiner Biologie. Pernkopf forderte, dass die Medizin den Menschen nicht bloß in seiner Norm und seinem normalen Verhalten erkennen, sondern auch in seiner biologischen Besonderheit erfassen müsse. Dazu sollte ein neuer Lehrplan dem Medi-

---

5 So erklärte Erich Hilgenfeldt, Leiter der „Nationalsozialistischen Volkswohlfahrt" („NSV") bereits 1933, dass „[…] in dem Maße, wie sich unsere Arbeit auf dem Gebiete der Gesundheitsführung bessert, […] die Wohlfahrtspflege immer mehr zurücktreten [wird]. Der ideale Zustand ist der, dass die Wohlfahrtspflege in Zukunft unnötig wird und dass wir allein die Aufgaben auf dem Gebiet der Gesundheitsführung lösen." Erich Hilgenfeldt: Aufgaben der NS-Volkswohlfahrt. In: Nationalsozialistischer Volksdienst I. 1933/34. S. 1–6. zit. in: Kaiser 1991: 84f).

zinstudenten Ergebnisse der „rassenphysiologischen", -„psychologischen" und -„pathologischen" Forschung näher bringen, damit er „das Gute, Lebenstüchtige" erkennen, erhalten und fördern lerne.

„Das, was nun vielfach bisher nur rein zu wissenschaftlichen und Forschungszwecken der reinen theoretischen Erkenntnis wegen betrieben wurde, soll und kann nun im großen auch in Fragen des Lebens, im besonderen in Fragen der *Sport-, Berufs-, Eheberatung, bei Beurteilung der Abstammung, des Ehelichkeits- und Vaterschaftsnachweises* seine Verwendung finden" (Pernkopf 1938: 548).

Die Ärzte sollten den Menschen in somatischer und psychischer Hinsicht erfassen und analysieren, ob Erscheinungen eines Merkmals oder einer Eigenheit Ausdruck der ererbten Kräfte oder des Einflusses des Milieus darstellten. Sie waren aufgefordert, die Folgen einer bestimmten „Rassenmischung" zu beurteilen oder am einzelnen Fall eine klare Bewertung des Individuums, seiner Familie und der Ahnen abzugeben. Die menschliche Selbsterkenntnis fand in einer „angewandten Rassenhygiene" aus Sicht der Medizin zum ersten Mal in der Geschichte die Möglichkeit der vollen Verwirklichung. Diese Wendung von der Theorie der „Rassenforschung" zur Praxis der „Rassenhygiene" vollzog sich aber nicht nur in der Eheberatung und der Zwangssterilisation[6], sondern einzigartig vor allem in der von NS-Ärzten vorgenommenen Vernichtung von Menschen, deren Leben durch die medizinische Diagnostik als „lebensunwert" klassifiziert wurde. Diese neue Aufgabe der Medizin aber, die die NS-Ärzte am effektivsten und effizientesten lösten, wurde in den Publikationen der „Wiener Klinischen Wochenschrift" erst ab dem Jahr 1995, also mehr als ein halbes Jahrhundert später, besprochen. Die neuen Aufgaben des Arztes, durch Zwangssterilisation und PatientInnenvernichtung den Volkskörper zu heilen, wurden auf der Ebene der wissenschaftlichen Publikation nicht diskutiert.

---

6 Sterilisation von als geistig oder körperlich „minderwertig" diagnostizierten Menschen wurde auch in anderen europäischen Ländern durchgeführt. Erstmalig legitimierte der Kanton Waadt in der Schweiz die Sterilisation von „geistig Minderwertigen" als „vorbeugende Maßnahme". Die Regelung (Artikel 28) wurde am 9. November 1928 in das Irrengesetz des Kantons von 1901 aufgenommen. Im Kanton Bern wurde die Sterilisation von Frauen ab 1931 auf Basis eines Kreisschreibens (kein Gesetz) gestattet. Betroffen waren ledige Frauen mit „leichtfertigem Lebenswandel". Bei Müttern, die schon Armenfürsorgeunterstützung erhielten, sollte die Sterilisation einen weiteren Familienzuwachs und eine Zunahme der Armenausgaben verhindern. Aus eugenischen Gründen war eine Sterilisation erlaubt, sofern damit ein körperlich oder geistig „minderwertiger Nachwuchs" verhindert werden konnte.

Die Vollendung der menschlichen Selbsterkenntnis mit Hilfe der Biologie sollte zugleich durch die Erkenntnis und Bewertung des/der Einzelnen auch die Konstitution des Volkes beurteilen und dem „Volksganzen" dienen. Die Einzelerfassung, so Pernkopf,

> „ist gewissermaßen das Integral, gezogen aus den verschiedenen, in die Bildungssubstanz der einzelnen eingegangenen Konstitutions- und damit auch rassischen Komponenten und sonach bestimmend für das Schicksal nicht nur der körperlichen, sondern auch der geistigen Kräfte eine Volkes" (ebd.: 548).

Auf Basis dieser Konzeption vom „Volkskörper" wurden die Ärzte aufgefordert, diesen zu betreuen und durch

> „Kontrolle der Verehelichung, Förderung der Erbhochwertigen, deren erbbiologische Konstitution einen gesunden Nachwuchs verspricht, Verhinderung des Nachwuchses aus rassisch nicht aufeinander abgestimmten, nichtzusammengehörigen Individuen und schließlich Ausschaltung der Erbminderwertigen aus der Fortpflanzung durch Sterilisierung und andere Mittel" (ebd.)

zu „befürsorgen". Der Pädiatrieordinarius der Universitäts-Kinderklinik Wien, Franz Hamburger (1874–1954), der im Jahr 1938 zwar emeritierte, aber die Klinikleitung bis 1945 beibehielt[7], versprach in seiner Ansprache zur ersten „Kinderkundlichen Woche" im August 1940:

> „Auch wir Ostmärker wollen Mitarbeiter des Führers sein und seine Soldaten im Kampf gegen Krankheiten, die zum großen Teil in biologischer Entartung und sittlichem Verfall ihre Ursache finden" (Hamburger 1940b: 697).

Hamburger eröffnete in seinem Bild vom „Arzt als Soldaten" im Kampf gegen Krankheit den Krieg im Inneren der Gesellschaft, bei dem sich die Medizin als Kriegstechnik zu bewähren habe. In diesem Einsatz erhielten Psychiater und Erbbiologen als Experten für wissenschaftliche Gutachten im Rahmen administrativer und juristischer Verfahren einen entscheidenden Konkurrenzvorteil, welcher durch eine als Rassenpolitik ausgearbeitete nationalsozialistische Gesundheits- und Sozialpolitik bestätigt wurde. Der Nationalsozialismus griff in politischer und weltanschaulicher Hinsicht in die ärztlichen

---

7 Vgl. Anmerkung 7 in Kap. I.2.1.

Aufgaben sowie in das Leben des/der Einzelnen und des Volkes ein, wie Pernkopf dies bereits in seiner publizierten Rede zu „Nationalsozialismus und Wissenschaft" 1938 angekündigt hatte. Dass dies auch in Österreich geschehen würde, konnte aus der Praxis des deutschen „NS-Staates" ab 1933 geschlossen werden. Pernkopf erörterte diese politischen und weltanschaulichen Eingriffe beispielhaft an Fragen der Konstitution und Kondition sowie der „Rassenhygiene", und damit an Fragen, mit welchen die medizinische Forschung seit Jahrzehnten ohne nennenswerte Erfolge befasst war (vgl. Kap. I.1.). Angesichts der Interessen des neuen Staates bot sich der Medizin nun aber die Möglichkeit, die Erfolglosigkeit dieser Bemühungen politisch zu kompensieren. Trotz des nicht gesicherten Erkenntnisstandes der „Erbforschung" am Menschen wurden Ärzte politisch und rechtlich zum Handeln ermächtigt: als Gutachter der „Erbgesundheitsämter" und für „Ehetauglichkeitszeugnisse", zur Sterilisation und Vernichtung von MitbürgerInnen, deren Existenz durch die medizinischen Gutachten als „minderwertiges Leben" klassifiziert wurde, zum medizinischen Humanexperiment an Menschen in Pflegeanstalten und Gefangenenlagern. Gegen die Theorie, die den ärztlichen Eingriff noch nicht rechtfertigte, durfte und sollte in dieser „neuen Zeit" eine Praxis stattfinden, welche den ärztlichen Einsatz erforderte:

> „Ein Staat, der in der von ihm propagierten Weltanschauung das biologische Denken als einen Grundpfeiler seines politischen Willens errichtet hat", der, wie Adolf Hitler erörtert habe, „im Zeitalter der Rassenvergiftung sich der Pflege seiner besten rassischen Elemente widmet, in einer Zeit der Ueberalterung und des Geburtenrückganges auf seine ursprüngliche Kräfte zurückfindet", werde den Arzt und das ganze Leben des Volkes vor eine besondere Aufgabe stellen (Pernkopf 1938: 548).

Die neue Aufgabe erforderte Taten. Die Erfolg versprechende ärztliche Tat auf dem Gebiet praktischer „Rassenhygiene" sollte gegen die Erfolglosigkeit der klinischen Erforschung des menschlichen „Erbganges" das „Gute und Lebenstüchtige" erhalten und fördern.

Auch das medizinische Establishment stellte sich in den Dienst dieser „neuen Zeit". Die „Wiener Medizinische Gesellschaft" wurde aufgelöst und mit neuen Statuten, die vor allem den Ausschluss ihrer jüdischen Mitglieder ermöglichte, wieder gegründet. Die Gesellschaft sollte dem Werk des „Führers" dienen und Mittlerin sein zwischen dem akademischen Lehrer, der für diesen „schweren Kampf" das geistige Rüstzeug liefert, und dem Praktischen Arzt (vgl. WKW 1938: Titelseite der ersten durch NS-Ärzte redigierten Auflage der WKW). In der Eröffnungsrede zur Gründungssitzung der „Wiener Medizinischen Gesellschaft" beklagte ihr neuer Vorstand, Otto v. Planner-

Plann[8], den zunehmenden semitischen Einfluss im Leben der Gesellschaft nach dem Zusammenbruch der Monarchie. Er warf den jüdischen Ärzten vor, die „Gesellschaft der Ärzte" für persönliche Reklamezwecke missbraucht zu haben, und begründete damit die Notwendigkeit von Auflösung und Wiedererrichtung der Gesellschaft auf Basis der neuen Weltanschauung. Im Unterschied zur Vergangenheit sollte der Arzt nicht nur heilen, sondern als „Gesundheitsführer und Gesundheitsberater" wirksam werden (Planner-Plann 1939: 130). Für diese neue Aufgabe wurde den Praktischen Ärzten, von denen angenommen wurde, dass sie „das Ohr am Herzen des Volkes haben" (ebd.: 129), überragende Bedeutung zugewiesen. Sie sollten nicht nur gesundheitliche Betreuer ihres Dorfes oder Kreises sein, sondern „lebensnahe Führer von höchstem Verantwortungsbewusstsein zu kraftvoller Volksgesundheit und rassischer Blutreinheit", so Franz Fehringer, Leiter des „Gauamtes für Rassenpolitik" in Wien und „T4"-Gutachter[9] (Fehringer 1943: 643).[10] Im Zusammenhang mit dieser neuen Aufgabe wurde in Aussicht gestellt, dass in der neuen „Wiener Medizinischen Gesellschaft" nicht nur klinische, sondern vor allem Praktische Ärzte vertreten sein würden. Pernkopf sprach in seinen Begrüßungsworten von der „besonderen Genugtuung" darüber, dass die neuen Verhältnisse auch radikal in die „Gesellschaft der Ärzte" eingriffen und alles aus dem ärztlichen Kreis entfernten,

„was wir für unser berufliches und wissenschaftliches Leben wenn nicht geradezu als eine Krankheit, so doch als ein charakteristisches Symptom für die damals auch in ärztlichen Kreisen herrschenden Zustände und die übliche Geistesverfassung werten konnten" (Pernkopf 1939: 132).

---

8 Otto Planner-Plann war Gauamtsleiter von Wien, ab 1940 zur Durchführung der Unfruchtbarmachung von Frauen nach dem „Gesetz zur Verhütung erbkranken Nachwuchses" ermächtigt und ab 1941 Direktor der städtischen Frauenklinik „Gersthof". Er war ab 1955 im Vorstand der Wiener Ärztekammer.

9 „T4" ist ein Deckname, unter dem die NS-„Eutahansie"-Aktionen durchgeführt wurden. Er bezieht sich auf die Tiergartenstraße 4 in Berlin, von wo aus über 300 Beamte und Angestellte die „Euthanasie"-Maßnahmen organisierten, bei denen in den Jahren 1940 bis 1945 mehr als 200.000 PsychiatriepatientInnen, geistig und körperlich behinderte Menschen u. a. getötet wurden. Karl Brandt (Hitlers Leibarzt) und Philipp Bouhler (Chef der „Kanzlei des Führers") leiteten das streng geheime „Euthanasie"-Programm.

10 Franz Fehringer wurde 1903 in Fridau in Österreich geboren, studierte Medizin und war seit 1931 „NSDAP"-Mitglied. Ab September 1940 war er „T4"-Gutachter. In Zusammenarbeit mit dem pharmakologischen Institut der Universität (Prof. Rössler) versuchte er Präparate zur Massensterilisation herzustellen und an den InsassInnen des „Zigeuner"-Lagers Lackenbach zu erproben. Er wurde im Januar 1945 zum SS-Obersturmbannführer ernannt. Sein Verbleib ist unbekannt (vgl. Klee 2003: 146).

Die offenbar als Konkurrenz empfundenen jüdischen Kollegen wurden innerhalb eines Jahres also nicht nur von ihren klinischen Stellen vertrieben[11], sondern auch als Mitglieder aus der „Wiener Medizinischen Gesellschaft" ausgeschlossen.[12]

1.2 Die Erhöhung des Arztes zum „Gesundheitsführer" des Volkes

Die Aufwertung und Erhöhung der gesellschaftlichen Bedeutung der Ärzte durch das neue Regime fiel in der medizinischen Wissenschaft auf fruchtbaren Boden, der schon jahrzehntelang in praktischer Forschung und akademischen Ausleseprozeduren vorbereitet worden war. Die Medizin zeigte sich für die als Teil nationalsozialistischer Politik typische Strategie von Auf- und Abwertung höchst empfänglich, ermöglichte diese doch das Erreichen jener Macht, die der Medizin nach Meinung ihrer prominentesten Vertreter schon lange zustand. Der Pädiatrieordinarius und Leiter der Universitäts-Kinderklinik Wien, Franz Hamburger, vermerkte in seinem Festvortrag zu „Nationalsozialismus und Medizin", dass der Nationalsozialismus zwar zu Umwälzungen auf allen Gebieten der Zivilisation führen, diese sich aber auf dem Gebiete der Medizin und Volksgesundheit am meisten bemerkbar machen werde. Denn der oberste Grundsatz des Nationalsozialismus sei „die Gesundheit des Volkes", „der Wert des Inhaltes des Gefäßes, das den Staat darstellt" (Hamburger 1939: 133). Gegenüber den PatientInnen sollte der nationalsozialistisch bewusste Arzt vor allem lernen, „in mannigfacher Richtung Erzieher am Volksgenossen für die Bedürfnisse der Nation zu sein. Dafür hatte die liberalistische Zeit keinerlei Verständnis", so der „SS-Scharführer" und Privatdozent Dr. F. Kazda in einem publizierten Vortrag aus den „Schulungsabenden der Aerzteschaft des SS-Oberabschnittes Donau" (Kazda 1939: 194). Auch dieses Verständnis vom Volkskörper war Jahrzehnte vor dem Nationalsozialismus in der sozialpolitisch gewendeten,

---

11 Was an der Berliner medizinischen Fakultät drei Jahre in Anspruch genommen hatte, erfolgte in Österreich nahezu schlagartig. Die Entlassungen jüdischer Hochschullehrer im Jahr 1938 waren schon lange vorbereitet. Ca. 151 bis 171 Hochschullehrer wurden z. B. an der Wiener Universität Opfer der rassistischen Verfolgungsmaßnahmen (vgl. Hubenstorf 1989: 238). Brigitte Lichtenberger-Fenz schreibt, dass die „Säuberungen" an der Universität Wien am stärksten die medizinische Fakultät betroffen haben. 78 % aller Lehrenden wurden entlassen, die meisten aufgrund jüdischer Abstammung (1988a: 271). Während an den reichsdeutschen Universitäten bis 1939 ca. 15 % aller jüdischen Professoren ausgeschlossen wurden, waren es an der Wiener Medizinischen Universität ca. 53 % der Professoren (Mühlberger 1993: 9).

12 Mitglied konnten nur Ärzte und Naturforscher werden, welche den Anforderungen des Reichsbürgergesetzes entsprachen, „deutschblütige" Ausländer oder Ausländer, sofern sie deutschfreundlich und vom engeren Vorstand empfohlen wurden (vgl. Satzung der „Wiener Medizinischen Gesellschaft" in WKW 1939/5: 107).

bevölkerungspolitischen Strategie von „Qualität statt Quantität" bereits ausgearbeitet. Auch während des Nationalsozialismus sollte die Medizin diesen obersten Grundsatz umsetzen, der zugleich den sozialen Status und das Prestige der Ärzte aufwertete. Die Worte Hamburgers lassen die Erleichterung angesichts dieser Erhöhung der ärztlichen Position in Wissenschaft und Gesellschaft und die Genugtuung angesichts der Erweiterung des ärztlichen Einflusses erkennen. Die „neue Zeit" erhöhe den Arzt, weil der Staat selbst Interesse am Fortschritt der Medizin und dem Einsatz der Ärzte für seine wichtigsten Ziele entwickelt habe. Als neue Aufgabe dieser neuen Zeit sollte die „Heilkunde von gestern" zur „Gesundheitsführung von heute, zur ärztlichen Menschenkunde" aufsteigen (Hamburger 1939: 133). Der Mensch wurde in dieser Vision Hamburgers nur mehr aus medizinischer Perspektive erfasst. Da als erstes Ziel ärztlichen Handelns die Erhaltung der Gesundheit und nicht die Heilung von Krankheit galt, definierte er die medizinischen Fächer zur „ärztlichen Kunde" um: „die Kinderheilkunde zur ärztlichen Kinderkunde, die Frauenheilkunde zur ärztlichen Frauenkunde" (ebd.). Den Idealen einer prophylaktischen Medizin entsprechend wurde der Begriff des „Heilens" aus der Kinder*heil*kunde oder Frauen*heil*kunde gestrichen. Wie der „Führer" sollten auch die Ärzte nicht helfen und heilen, sondern das Volk zu Gesundheit und Leistungsfähigkeit „führen". Die Wiederholung des immer gleichen Aufstiegsprogramms in den Festreden und Aufsätzen – das Volk wird aufsteigen, ebenso der Einzelne und die Ärzte etc. – wirkt wie eine Litanei, der die Funktion einer Suggestion zukommt. Denn all das, was Franz Hamburger in seiner Festrede als Gründungsmythos des Nationalsozialismus ausarbeitete, war seit mindestens zwei Jahrzehnten als medizinisches Programm durchgesetzt. Seit Jahrzehnten setzte die Medizin aufgrund mangelnden Fortschritts auf der Ebene individueller Heilbehandlung, Immunisierung und Therapie auf präventive Ersatzbehandlung durch sozialpolitische, fürsorgerische und pädagogische Eingriffe in die Reproduktion. Auch der Autor selbst hatte diese spätestens seit den 20er Jahren propagiert. Doch gab die neue Lage der politischen Verhältnisse den Ärzten nun auch in Österreich die Möglichkeit, ihren „seit Jahrzehnten ausgesprochenen frommen Wunsch, Führer des Volkes zu sein, zu verwirklichen" (Hamburger 1939: 133). Lediglich die Sprachschöpfungen waren neu und übernahmen eine „Heilsrhetorik" und einen „Jargon des Führens" für die Medizin, die durchaus messianisch anmuten. Die eintönige Rede hat von daher eine suggestive Funktion, mit der Sprecher wie Zuhörer in einen gemeinsamen Glauben eingestimmt werden – einen Glauben an die Auserwähltheit, den Neuanfang, den Aufstieg und den Sieg der Vollkommenheit. Der hegemoniale medizinische Diskurs wirkte als religiöse Praktik, welcher Zuhörer wie Leser zu einer Glaubensgemeinschaft verband. Das Konzept, dass die Präventivmedizin zu einer prophylaktischen Gesellschaft der Gesunden und Leistungsfähigen führen sollte, entspricht dem christlichen Weltbild, demzufolge der Mensch auf Grundlage der Einhaltung bestimmter Verhaltensregeln das Heil im Jenseits erwerben kann. Im Unterschied dazu versprach die NS-Medizin, das Heil in einem zukünftigen Diesseits zu ermöglichen. Katholizismus und Nationalsozialismus konnten im Glauben an das „Heil, das kommen wird", und an die Einwilligung in die Opfer, die dafür zu erbringen sind, in gemeinsamer Kontemplation zusammenfinden. Der Arzt als „Gesundheitsführer" des Volkes erschien zugleich als Priester, der seine „Herde zu Gott führt". Auch Pernkopf zeigte sich erfreut angesichts der gesellschaftlichen Aufwertung und politischen Anerkennung der ärztlichen Profession. Auch er führte dies auf die Anerkennung der Gesundheitsvorsorge durch den nationalsozialistischen Staat zurück:

> „In der Auffassung, dass Vorbeugen genau so wichtig und bedeutungsvoll ist wie heilen, ist der Arzt nicht bloß der Kämpfer gegen die Krankheit, sondern auch der Hüter der Gesundheit des einzelnen, wie auch des Ganzen. Indem er aber nicht bloß auf die Gesundheit des einzelnen, sondern auch auf die Konstitution des ganzen Volkes zu achten hat, durch Erb- und Rassenpflege im besonderen das erblich und rassisch Kranke aus dem Blutstrom der einzelnen Familien und des Volkes auszuscheiden" (Pernkopf 1942: 743).

Damit das Volk, der/die Einzelne, die Ärzte etc. aufstiegen, musste beständig Ballast abgeworfen, ausgeschieden oder ausgestoßen werden. Das, was in den Vorstellungen des „minderwertigen", „degenerierten" oder „jüdischen" entsorgt wurde, wurde offenbar auch als Teil der eigenen Person wahrgenommen, der „ausgeschieden" werden musste. Der Begriff ist zugleich ein Synonym für den Modus eines „reinigenden" Stuhlgangs oder Durchfalls. Diesen Reinigungsprozess sollte die Medizin durch eugenische Eingriffe verursachen. Eugenik diente sozusagen als Laxativ zur Selbstreinigung und Reinigung des „Volkskörpers".

1.3 Erziehung der Ärzte zu „erb- und erziehungsbedingter Gemeinschaftsethik"

Da ärztliches Handeln als umfassender Eingriff in die Kultur konzipiert wurde, von dem die Heilbehandlung am/an der Kranken nur mehr einen kleinen, nachrangigen Teil der ärztlichen Aufgaben bilden sollte, der Arzt aber „an der Wiege wie an der Bahre" der Menschen stehe und sie „durch das ganze Leben hindurch" begleite, indem er über ihre Gesundheit wache (Pernkopf 1942: 743), wurde der Erziehung und Bildung der Ärzte große Bedeutung zugeschrieben. Zum ärztlichen Beruf sollte nur jener zugelassen werden, welcher selbst „tüchtig und gesund und in jeder Hinsicht ein ganzer deutscher Mensch" (ebd.:

742) und der „in jeder Hinsicht körperlich, geistig und seelisch wie auch politisch auf der Höhe" sei (ebd.: 743). Die nationalsozialistische Ideologie privilegierte Handlung und Tat. Als „gut" galt nicht schon das „sittlich wertvoll Erfühlte, sondern erst die daraus entsprungene Handlung" (Kazda 1939: 190). Diese galt als im höchsten Sinn unwiderruflich, da die Verantwortung für eine vollzogene Handlung als unauslöschbar beurteilt wurde. Jeder Augenblick im Leben zwinge den Menschen dazu, Taten zu setzen, über deren Sittlichkeit und Unsittlichkeit allein die Handlung, nicht aber der Erfolg entscheide. Der ethische Wert einer Handlung ergebe sich aus Volkssitten und Erziehung. Der Nationalsozialismus kenne damit keine subjektive Ethik, „sondern nur erb- und erziehungsbedingte Gemeinschaftsethik" (ebd.). Diese wurde den neuen Ärzten in „SS-Schulungsabenden" vermittelt. Sie sollten darin belehrt werden, dass die Frage der Freiheit oder Unfreiheit des Willens zwecklos, das „Erbgut" des Volkes aber die Kraft sei, welche die Ethik – als Willensbildung zum Guten – bedingt. Die gesellschaftliche Durchsetzung ethischen Handelns wurde damit an die Auslese in der Familie als kleinster Einheit der Abstammungsgemeinschaft gebunden. Ihre „Erbmasse" wurde als ethikbestimmend beurteilt, wobei der „ererbte Anteil des Willens" erst durch Erziehung zum Guten und zur Sitte werde.

> „Die Familie und ihre Lebenshaltung, Beispiel und Lehre in ihrem Kreis, die in der Seele des Kindes bereits gepflanzte Erkenntnis von der Notwendigkeit der Vaterlandsliebe, der Ehre, der Treue, der Liebe zum Familiengenossen und zum Volksgenossen sind die wohl wichtigsten und am weitesten auswirkenden Grundpfeiler ethischer Lebenshaltung des ganzen Volkes" (Kazda 1939: 191).

Die Erziehung der Stammesgemeinschaft sollte gegenüber jener der Familie vom Staat geleistet werden, der im Nationalsozialismus als ein „Wohlfahrtsinstrument", eine „Schutzorganisation" und ein „Werkzeug der inneren Höherentwicklung des Volkes" beurteilt wurde. Dieser sollte in Schulen verschiedenster Art, in den an die Bewegung geknüpften Jugend- und Mannschaftsverbänden, in Vereinigungen und Gesellschaften, die weltanschaulich in „derselben Richtung marschieren", im „Arbeitsdienst" und in der Wehrmacht, die ethische Erziehung am Jugendlichen leisten, welche in erster Linie auf „die Pflege der Ehre der Arbeit" (ebd.) abzielen sollte. Für diese neue ethische Erziehung des Volkes galt es aber auch die Erzieher zu erziehen. So waren die Ärzte aufgefordert, sich für ihre neue Aufgabe, „Gesundheitsführer" des Volkes zu werden, zu erziehen. Sie sollten durch Selbsterziehung die Auswirkungen der Verfallszeiten der Monarchie und der Debakel der Nachkriegszeit[13] in sich selbst bekämpfen, um „vollwertige n.s. Bür-

---

13 „Die unangenehmste Ausprägung in der ethischen Persönlichkeit diesseits und jenseits der, nun gefallenen

ger des Großdeutschen Reiches" werden zu können. Denn die aufzubauende Ethik des „n.s. Arztes im neuen Staat" müsse von Gemeinschaftsgefühl und Verantwortung für die Gemeinschaft geleitet werden (ebd.: 192), da als die wichtigste Pflicht des „Arzttums" im Nationalsozialismus, die Bewahrung des „Volkskörpers" vor Krankheiten und erst in zweiter Linie die Behandlung der Erkrankten gelte. Um diese prophylaktische Arbeit der Ärzte zu ermöglichen, sollten Reihenuntersuchungen an Gesunden ausgebaut und eine ausreichende Dotierung der Ärzte gesichert werden. Spezialforschungen sollten demgegenüber auf ein adäquates Maß begrenzt werden. Kazda begründete dies mit dem Verweis auf die Krebsforschung, der unberechtigt viel Raum eingeräumt werde. Doch Krebs sei anerkannterweise eine der Todeskrankheiten der Alten.

> „Früher starben über die Hälfte der Leute mit der Diagnose Altersschwäche. Jetzt sterben nur mehr 3 % unter der Diagnose Altersschwäche. Diese 50 %, die früher angeblich an Altersschwäche starben, starben eben auch an dem jetzt besser erkannten Karzinom. Wir werden das schließliche Sterben an irgend einer Erkrankung nicht aufhalten können. Unsere Aufgabe ist es, das frühe und vorzeitige Erkranken und Sterben Jugendlicher und sonst arbeitstüchtiger Menschen möglichst einzudämmen" (Kazda 1939: 193).

Hier sollte der Nationalsozialismus erzieherisch wirken, sowohl in der Bevölkerung als auch im ärztlichen Denken, indem klinische Forschung und Arbeit sich vor allem auf den „wertvollsten und erhaltungsbedürftigsten Teil unseres Volkskörpers auswirken" sollten.

Für die Erziehung der Ärzte zur „erbbedingten Gemeinschaftsethik" galten ein ausreichendes Einkommen und eine Altersversicherung als Voraussetzung. Diese wirtschaftliche Absicherung sollte es den Ärzten ermöglichen, der Standesethik Priorität vor den wirtschaftlichen Nutzenabwägungen einzuräumen.

> „Heute ist es noch umgekehrt. Täglich und überall können wir in Kollegenkreisen die Feststellung machen, dass im Gespräch der Kollegen immer der Erwerb das Gesprächsthema bildet. Davon kann auch leider die junge Aerzteschaft nicht freigesprochen werden, die es am allerwenigsten nötig hätte, ist doch gerade ihre wirtschaftliche Zukunft automatisch durch den Aufschwung des Reiches, durch den Fortfall der Juden gesichert" (Kazda 1939: 193).

Reichsgrenzen, finden diese Verfallswirkungen in dem bekannten Begriff des ‚österreichischen Menschen' diesseits und des ‚Piffkes' jenseits" (ebd.: 192).

Neben einem ausreichenden Einkommen sollte aber auch eine gesunde Lebenshaltung den Arzt als Vorbild auszeichnen. So wurde für die Erziehung der Ärzte an der Universität wie für die Freizeit des Arztes körperlich-sportliche Betätigung gefordert.

Um den vom nationalsozialistischen Staat privilegierten Arzt, den Praktischen Arzt, zum „Gesundheitsführer des Volkes" zu bilden und zu befähigen, wurde eine Reform des Medizinstudiums gefordert. Der neue Studienplan sollte nur mehr den ärztlichen Aufgaben und nicht mehr, wie bisher, den Interessen einiger weniger Fachvertreter dienen, die „für sich und ihr Fach den größten Happen aus dem Gesamtstudium" herausgerissen hätten, „damit die Wichtigkeit ihres Faches und dann ihrer Person" erwiesen werden könne (ebd.: 195). Am alten Studienplan wurde kritisiert, dass er mehr den professoralen Einzelinteressen als dem Gesamtwohl des Volkes gedient habe. Der neue Studienplan, der im vorklinischen Teil auch „Rassenkunde" und Bevölkerungspolitik, im praktisch-klinischen Teil „Rassenhygiene" und menschliche „Erblehre" zum Inhalt hatte, zielte auf die Vermittlung medizinischer Fachkenntnisse und praktische wie politische Erziehungsarbeit ab (vgl. Pernkopf 1942: 742f). Das Wesen des neuen Medizinstudiums werde in seiner anschaulichen und praktischen Durchführung verortet, ohne dass dieses aber auf eine reine Fachschule herabsinke, um weiterhin die Basis für einen wissenschaftlich denkenden Arzt darzustellen. Bedingung der Aufnahme eines Medizinstudiums war eine Vorbildung, welche „eine Durchbildung des Geistes, aber auch eine körperliche und seelische Ertüchtigung des jungen Mannes erreichen soll", der „nach Ableistung des Arbeits- und teilweise auch des Wehrdienstes, nach ärztlicher Untersuchung, die seinen Gesundheitszustand zu beurteilen hat, im Sommersemester die hohe Schule der Medizin" betritt (Pernkopf 1942: 742). Die Aufnahme in den Dienst der „Gesundheitsführung" wurde entsprechend der Assentierung zum Wehrdienst durch eine umfassende Selektion ritualisiert, bei der die Medizin über den geistigen und körperlichen Zustand der Männer urteilte.

1.4 Das männliche Prinzip in der Medizin

Ganz offensichtlich wurde hier auch nur der „junge Mann" als zukünftiger Arzt adressiert. Der „Gesundheitsführer der Nation" sollte männlich sein. Diese geschlechtliche Privilegierung wurde an anderer Stelle von dem Ordinarius für Medizingeschichte und Vorstand des Instituts für die Geschichte der Medizin an der Universität Wien, Friedrich Lejeune (1892–1966), mit der Herrschaft eines „männlichen Prinzips in der Geschichte der Medizin" gerechtfertigt, das er als führend und richtungsweisend beurteilte. Er unterteilte die Geschichte der Medizin in männlich und weiblich dominierte Epochen,

„wobei wir unter männlichen solche erhöhter Aktivität, unter weiblichen solche der Untätigkeit und der Stagnation verstehen wollen" (Lejeune 1943: 427). Als weiblich definiert er, was „ins Gebiet der Spekulation, des Aberglaubens, des Mystizismus oder übertriebener Einseitigkeit gehört" (ebd.: 428), als männlich, was mit Tatendrang und Experimentierfreude einhergehe. So kritisierte er das Eindringen der Naturphilosophie in die Medizin als eine „Verweiblichung", die zum Weichwerden guter medizinischer Grundsätze geführt habe. In der Moderne aber habe sich das „Wirken des männlichen Prinzips" durchgesetzt, das er „mit wahrer Experimentalforschung" zur Deckung brachte. Als beispielhaft dafür galt ihm die deutsche Chirurgie, die durch Männer wie Billroth, Volkmann, Albert, Hochenegg, Eiselsberg, Bier, Payr, Sauerbruch u. a. von „männlichem Tatendrang" beseelt sei. Die großen deutschen Forscher würden sich darin auszeichnen, in ihren Forschungsexperimenten auch vor dem Selbstversuch nicht zurückzuweichen. So habe z. B. Pettenkofer sein Leben aufs Spiel gesetzt, „indem er eine von Koch bezogene Reinkultur von Cholerabazillen auf seinem Butterbrote verspeiste", um seine Ansichten vom „unnützen Bazillenkram" zu beweisen. Auch habe dieser, 80-jährig, „das Unnütze weiteren Lebens einsehend, selbst den Faden" abgeschnitten, „der ihn als Greis und unfähig zu männlichem Handeln noch an diese Welt band, in der er nichts mehr leisten zu können glaubte" (ebd.: 428). Lejeune beurteilte damit einen „Weichling" als völlig ungeeignet, Arzt zu werden. Im Arzt müsse sich Liebe und Mut verbünden. „Und im Kriege erreicht das Arzttum in der Synthese zwischen Soldat und Arzt die höchste Stufe der Männlichkeit" (ebd.). Das Bild des Arztes, das Lejeune zeichnete, verweist auf den „Krieg im Inneren der Gesellschaft", für den die Medizin eingesetzt wurde. Ihre Aufgabe wurde es, all das, was von innen her die Gesellschaft bedroht, zu bekämpfen. Als zentraler Aspekt dieser „inneren Gefahren" wurde die „Natur des Menschen" erachtet. Medizinische Forschung und Praxis stellte sich seit Jahrzehnten in den Dienst der Vision einer guten, gesunden und ordentlichen Gesellschaft. Der Weg dorthin führte über eine endgültige Disziplinierung der menschlichen Natur, u. a. eben auch über die generative Reproduktion des Lebens und die rücksichtslose Vollziehung eines wissenschaftlich erarbeiteten, rationalen Planes. Das Männlichkeitsideal der NS-Medizin bestätigt damit eine Männlichkeitsform, die in patriarchalen Gesellschaften schon lange vor der Moderne hegemonial wurde: der Mann als Herrscher über die Natur (vgl. O'Brian 1997: 93), der sich immer schon durch Todesbereitschaft und Tötungsbereitschaft auszeichnete. In seiner bürgerlichen Version manifestieren sich diese Eigenschaften im Helden (Frevert 1998: 323ff), der seinen Mut als Soldat oder Naturwissenschaftler, die beide für den Aufstieg und den Fortschritt der bürgerlichen Gesellschaft kämpften, unter Beweis stellen konnte.

1.5 „Probieren geht über studieren": Führung statt Forschung

Um diese Führerschaft nun auch praktisch zu erreichen, waren die Ärzte aufgefordert, diesen Reinigungsprozess zuerst an sich selbst zu vollziehen. Sie sollten sich dazu von den „Schlacken falsch verstandener Wissenschaft" (Hamburger 1939: 134) frei machen, da nicht alles, was experimentell und wissenschaftlich erforscht werde, am Krankenbett angewendet werden könne. Diese „Schlacken" ortete Hamburger in der analytischen Forschung. Exemplarisch dafür verwies er auf die künstliche Säuglingsnahrung, die von der Medizin schon Ende des 19. Jahrhunderts propagiert worden sei. Doch habe die Medizin nach Jahren eingestehen müssen, dass die Säuglinge notwendig die Muttermilch brauchen. Voreiliges Handeln dieser Art gefährde aber den Führungsanspruch der Medizin und befördere das Misstrauen in sie. Daher müsse alles, was im Bereich der Gesundheitslehre der Laienöffentlichkeit übergeben werde, genau geprüft werden. Medizinische Irrtümer führte Hamburger auf eine „Ueberschätzung und Uebertreibung *analytischer Forschung*" sowie auf „Unterschätzung und Verachtung der zusammenfassenden Uebersicht und Synopsis" zurück, auf die übertriebene Wertschätzung von Einzelwissen und Detailforschung (ebd.). Die neue Medizin sollte dagegen auf nationalsozialistischen Grundlagen aufbauen, um „wahr" zu werden, eine Wahrheit, welche die Medizin von den Schlacken übertriebener, einseitiger und engstirniger Spezialisierung befreien werde. Der Mediziner sollte zwar der Forschung dienen, aber er gehöre weder ans Krankenbett noch auf Lehrstühle für klinische Fächer. Nur der „richtige Arzt" tauge zum „Gesundheitsführer". Dieser sollte sich dadurch auszeichnen, dass er zur Zusammenschau fähig und „ganz und gar von den Grundlagen nationalsozialistischer Lebens- und Gesundheitsführung durchdrungen" sei (ebd.). Erst das nationalsozialistische Denken befähige, „den Zusammenhang mit dem großen Ganzen" besser zu erkennen, weil der Nationalsozialismus biologisch grundgelegt und daher absolut richtig sei. Für bestimmte Fächer der Medizin – Hamburger erwähnte schon zu Beginn seines Festvortrages vor allem die Frauen- und Kinderheilkunde – und auch für Fächer anderer Fakultäten sei es daher notwendig,

> „dass ihr *Hauptvertreter* an der Universität ein überzeugter *Nationalsozialist* ist. […] überall dort, wo es sich um den unmittelbaren Umgang mit kranken und gesunden Menschen und um ärztliche Ratschläge für Kranke und Gesunde und um die Organisation der Gesundheitsführung und Krankheitsverhütung handelt […]" (Hamburger 1939: 134).

Die nationalsozialistische „Gesundheitsführung" sollte sich gegenüber der analytischen durch eine synoptische Betrachtungsweise auszeichnen. Eine Analyse galt nur dann für die genaue Kenntnis eines komplizierten Körpers oder Vorganges als verlässlich, wenn alle Bestandteile, Elemente und Einzelheiten ohne Ausnahme festgestellt wurden. Zusammenschau bestimmte Hamburger als eine vollständige quantitative wie qualitative Analyse, aufgrund derer erst eine Synthese erarbeitet werden könne. Für die gegenwärtige Medizin hielt er die Möglichkeit zu wirklicher Synthesis (Zusammensetzung) aber für undurchführbar, womit in der Praxis noch die Synopsis (Zusammenschau, Überblick) handlungsleitend bleiben sollte. Deshalb forderte Hamburger die Ärzte auf zu probieren. Er stellte das alte Sprichwort, „dass Probieren über das Studieren geht", dass man also Erfahrungen sammeln muss, für die neue „Gesundheitsführung" an erste Stelle. Dafür sei ein Überblick über die Einzelgebiete ohne die Überschätzung von Einzelwissen ausreichend. Wissenschaftler und Hochschullehrer sollten sich dazu vor allem dem Gelehrtenhochmut widersetzen, da die Geschichte zeige, dass sich Hunderte von Ärzten über Jahrzehnte bemüht hätten, bestimmte Erkrankungen zu heilen, und das Ergebnis dann oft überraschend einfach gewesen sei. Hamburger verwies zur Untermauerung seiner Argumentation auf Krankheiten, die vor allem durch ökonomische Sicherheit und Hebung des Lebensstandards „geheilt" worden seien, wie etwa Rachitis oder Tuberkulose. Rachitis sei durch einen Mangel an Licht, Tuberkulose durch Mangel an frischer Luft hervorgerufen worden. Die bakteriologische Forschung habe erfolglos versucht zu heilen, was durch eine Verbesserung des Siedlungswesens wesentlich rascher geschehen hatte können. Die wissenschaftliche Beurteilung der Luftwirkung sei dagegen bis heute ohne Erfolg. Damit aber habe das „Probieren" der Nichtfachleute gegenüber dem „Studieren" der medizinischen Fachleute recht behalten.

Eine Wissenschaft, die zur „Tat" und in eine neue „Wirklichkeit" schreiten sollte, wollte und konnte sich mit den Zweifeln der Grundlagenforschung nicht befassen. Die Ablehnung analytischen Denkens, die hier als Wissenschaftskritik auftritt, war aber zugleich funktional für die Durchsetzung eindimensionaler Urteils- und Entscheidungsfindung und mit den politischen Interessen, die durch medizinische Eingriffe in die Gesellschaft realisiert werden sollten, besser zu vereinbaren. Hamburgers Einsatz für eine synoptische medizinische Praxis basiert auf einem Geflecht von Vorurteilen, Vorausnahmen und Anschauungen und trat als Plädoyer für die Verwendung des „Hausverstandes" auf. Die Provinzialität und Naivität, mit der es hier einem Ordinarius für Kinderheilkunde möglich war, sich von der wissenschaftlichen Forschung abgrenzend öffentlich darzustellen, ist aber auch Ausdruck der neuen Verhältnisse, die darauf abzielten, auch wissenschaftliche Entscheidungen freimütig und explizit auf Basis weltanschaulicher Kriterien treffen zu können. Die Rede Hamburgers ist zudem unterlegt von der, für die NS-Herrscher typischen, „Propaganda der Tat", in der die Sprache mit der Aktion eine Symbiose eingeht und die Reflexion als Störung verfolgt. Diesen praktischen Erfordernissen entsprechend, fordert er, dass die Medizin sich nicht damit zu befassen habe, wie man den Gefahren der Gesundheit ausweicht, sondern wie man ihnen begegnet. Diese Begegnung führe aber nicht auf der Grundlage von *Schonung*, sondern nur auf der von *Leistung*, Abhärtung und Gewöhnung zum Ziel (ebd.). „Nicht der einzelne Kranke", sondern „die große Menge der Gesunden", die es vor Krankheiten zu bewahren gelte sollte das neue Objekt der neuen Medizin sein. Diese Aufgabe stellte dem Hausarzt in Aussicht, gegenüber den klinischen Spezialisten und Fachärzten wieder zu Ehren zu kommen. Hamburger propagierte mit seinem Aufruf, dass die prophylaktischen Strategien aller Fächer als Praxis installiert werden sollten, Ziele, die bereits in den zwei Jahrzehnten vor der NS-Herrschaft durchgesetzt worden waren. So sollte sich die Kinderheilkunde neben der Behandlung von Infektionskrankheiten besonders mit der Verringerung der Säuglingssterblichkeit, der Verhütung der Rachitis, der „Gesundheitsführung" des Kleinkindes, Schulkindes und der Jugendlichen beschäftigen, mit deren körperlicher Ertüchtigung ebenso wie mit der Erziehung der Kinder jeglichen Alters zur Verhütung von Neurosen. All dies entsprach einem auf der Ebene der Publikationen bereits durchgesetzten Konsens (vgl. Kap. I.3.). Die „Gesundheitsführung" zielte wie die Gesundheitsvorsorge und -fürsorge auf körperliche Ertüchtigung, Leistungsfähigkeit und Gesundheit sowie auf die Verhütung gefährlicher „Erbkrankheiten" ab. Neu daran war, dass sie stets als „das Neue" propagiert und inszeniert wurde. Um als neu zu erscheinen, wurde das Vorausgehende als Irrtum disqualifiziert, von dem es sich nun abzuheben galt. Die „neue Medizin" verlangte die Anstrengung zur Gesundheit und propagierte die Pflicht dazu. Diese Pflicht hatte der/die Einzelne gegenüber dem „Volksganzen" zu erfüllen: „Gemeinnutz vor Eigennutz" zu stellen (ebd.: 136). Die „Gesundheitsführung" sei, wie der Nationalsozialismus selbst, nicht bequem. Gesundheit wurde zur politischen Haltung, Medizin zur Identitätspolitik. Bequemlichkeit führe zum Nicht-Gebrauch oder falschen Gebrauch der Organe, zu Gesundheitsschädigungen, zu erhöhten Anfälligkeiten in Form nervöser Erscheinungen und/oder Fettsucht. Da Gesundheit als durch Leistung herstellbar gedacht wurde, konnten umgekehrt Erkrankungen stets auf Fehlverhalten hindeuten. Dagegen zielte die „Gesundheitsführung" auf Aufklärung über die große Bedeutung der Vererbung und Anlage, über die Wirkung seelischer Kräfte auf den Körper, über die Macht der Gewohnheit und die Bedeutung für die Erziehung zum willensstarken Menschen ab.

Der Nationalsozialismus wurde von Hamburger als Grundlage einer richtigen „Gesundheitsführung" vorgeführt. Er begründete dies damit, dass er im Vergleich zum Katholizismus, dem Liberalismus und dem Sozialismus biologisch legitimiert sei. Der Katholizismus berücksichtige kaum biologische Wahrheiten, für den Sozialismus seien alle Menschen gleich, obwohl man seit Jahrtausenden wisse, dass dem nicht so sei, und der Liberalismus setze in umgekehrter Weise nur auf das Einzelindividuum und vernachlässige die Gemeinschaft.

> „Brauche ich hier an die ganzen Auswüchse der Medizin in dieser Hinsicht noch besonders zu erinnern? An die luxuriösen Einrichtungen für Schwachsinnige, Geisteskranke und Krüppel, die in einem schreienden Gegensatz zur Vernachlässigung der Gesundheit des Volksganzen stehen?" (Hamburger 1939: 136).

Erst der Nationalsozialismus, und darin zeichnete Hamburger ihn gegenüber den anderen politischen Bewegungen aus, berücksichtige die großen individuellen Unterschiede und die überragende Bedeutung der Anlage gegenüber der Einwirkung der Umwelt. Zugleich aber erkenne er die Bedeutung der Umwelt für die Gesundheit des/der Einzelnen und damit des „Volksganzen" an. Sogar Liebe und Glaube würden, wie im Katholizismus, im Nationalsozialismus als wirksamste Kräfte für Leistungsfähigkeit und Gesundheit wieder betont. Dank dem „Führer" herrsche zum ersten Mal seit Jesus Christus wieder der Glaube in die Kraft und Bedeutung des Biologischen und Seelischen. Der Nationalsozialismus vermochte demnach Biologismus, Sozialismus und Katholizismus in der Betonung von Anlage, Umwelt und Glauben zu einer neuen Bewegung zu verbinden.

> „So fassen wir Naturforscher und Aerzte nüchtern und einfach den Satz von der Macht des Glaubens und den Satz des nationalsozialistischen Parteiprogramms vom positiven Christentum auf, was uns nicht behindert, bei aller Nüchternheit diese naturgesetzlichen, also gottgewollten Erscheinungen mit staunender Begeisterung zu bewundern, und nie dürfen wir Aerzte diese Tatsache vergessen, dass die *Seele den Körper beherrscht*" (Hamburger 1939: 136).

Die seelische Kraft wurde als „Lebensquelle" beurteilt, die über den Geist den Körper formt - eine Kraft der Freude und Leistungsfähigkeit. Daher war der nationalsozialistische Arzt aufgefordert, den Glauben, die Seele und den Geist der Menschen zu treffen: „Die *Seelsorge* des praktischen Arztes ist seine wichtigste *Alltagsarbeit*" (ebd.: 137), deren vorrangiges Ziel die Hervorrufung von Freude sein sollte. Auch diese Zuschreibung war von einer religiösen Erweckungs- und Befruchtungsmetaphorik unterlegt, die an Jesus Christus erinnert. Der Arzt aber sollte demgegenüber den „thymogenen Automatismus" oder „Stimmungsautomatismus" zum Schwingen bringen, bei dem das autonome Nervensystem unter dem Einfluss der Freude „Blutgefäßerweiterung in Haut und Muskulatur" bewirke und einen Bewegungsdrang auslöse. Der durch Freude angeregten „Muskelarbeit" wurde zugeschrieben, den Kalorienverbrauch und den Appetit zu heben, die Atmung zu vertiefen und Muskeln, Bänder und Knochen zu beanspruchen. Die durch den Arzt zu erweckende Freude rufe den „thymogenen Automatismus" hervor, der zur Gesundheit führe. Der Fortschritt der Wissenschaften werde zukünftig diese Vorgänge und Abläufe chemisch experimentell erfassbar machen und bestätigen. Die Wirkung aber sei schon jetzt offenbar und sollte praktisch berücksichtigt werden.

> „Die Wissenschaft hat nicht das Recht, zu verlangen, dass nur das berücksichtigt werden darf, was man exakt naturwissenschaftlich, d. h. zahlenmäßig ausdrücken kann. Nur das ist wahre Naturwissenschaft, was alles an Tatsachen zu berücksichtigen sucht, gleichgültig, ob meßbar oder nicht" (Hamburger 1939: 137).

Der Satz „*Kraft durch Freude*" wurde als eine „*unverrückbare naturwissenschaftliche Erkenntnis*" (ebd.) vorgestellt, auch wenn naturwissenschaftlich der Nachweis erst in Zukunft erbracht werden könne. Vom Effekt und der heilsamen Wirkung her galt sie für Hamburger als erwiesen. Als Beweis dienten ihm der Nationalsozialismus wie der „Führer", welche die Erkenntnis bereits in die Tat umgesetzt und in den Menschen die Freude erweckt hätten, die zur Kraft führt. Dadurch sei in wenigen Jahren ein, infolge des Krieges verängstigtes, nervöses und schwaches Volk zu einem neuen, kräftigen Geschlecht umgeschaffen worden. Demgegenüber kritisierte er die Medizin, die vor der Machtergreifung des Nationalsozialismus die Menschen durch Schonung und Aufzeigen der Gefahren ängstlich und nervös gemacht habe. Heute aber müsse die Medizin eingestehen, „dass Turn-, Touristen- und Sportvereine viel mehr für die Gesundheit der Menschen leisten als alle Aerzte zusammen" (ebd.). Das gesamte Leben war in dieser Konzeption durch die Medizin als prophylaktisches anzuleiten. Die „biologische Wiederherstellung des deutschen Volkes" sollte über eine prophylaktische Gesellschaft erreicht werden, die den individuellen „Willen zur Gesundheit" auf Basis von „Auslese und Ausmerze" sowie durch Erziehung bilde. Gesundheit wurde für die „Deutschstämmigen" als eine Art ideologische Währung konzipiert, in der scheinbar alle von der Herrschaftsordnung verlangten Qualitäten des/der Einzelnen sich eintauschen ließen (vgl. Haug 1987: 17). Dieser Wert des Menschen sollte durch „Gesundheitsführung" und -vorsorge erreicht und erhalten werden. Vorangegangene Formen der „Sozialen Fürsorge" wurden als „Asozialenfürsorge" abgelehnt. Die nationalsozialistische Gesundheits- und Sozialpolitik wurde als „Endlösung der Sozialen Frage" konzipiert und durchgeführt. Für „Andersrassige" galt die Differenz von Gesundheit und Krankheit nicht mehr. Im Zusammenhang mit der „biologischen Wiederherstellung des deutschen Volkes" wurden sie als eine den „Volkskörper" bedrohende Krankheit stigmatisiert, die nur durch Vernichtung geheilt werden konnte. Diese medizinischen Eingriffe in Gesellschaft und Kultur erforderten Taten, die Hamburger gegenüber der klinischen Forschung privilegierte. Seine Vorschläge entsprachen der vorherrschenden Ideologie, obschon im „Dritten Reich" auch die Forschung, vor allem im Bereich der Natur- und Technikwissenschaften (Rüstungs- und „Rassenforschung"), zunehmend gefördert wurde (vgl. Maier 2002; Kaufmann 2000).

Seine Kritik an der klinischen Forschung begründete Hamburger damit, dass die Aufgaben der Medizin an der Universität vorrangig die „tatsächlichen Verhältnisse", „die Dinge, wie sie sind", berücksichtigen müssten und nicht, wie sie sich aufgrund von „Schreibtischüberlegungen" darstellten. Als eine solche kritisierte Hamburger die Diagnoseerstellung als eine das Eingreifen des Arztes behindernde Untersuchung. Auch wenn es überzeugend klinge, dass ein Arzt zuerst eine Diagnose stellen müsse, bevor er behandle, könne aber das Suchen der Diagnose vor der Einleitung der Behandlung zugleich einen Menschen unter Umständen das Leben kosten.

> „Man möchte die Menschen am liebsten dazu bringen, dass sie sich im kranken Zustand als williges Objekt der Forschung, zu ihrem eigenen Besten sei es doch, hergeben. Dass sie alle möglichen eingreifenden Untersuchungen machen lassen, damit der Arzt zur Diagnose und dann auch zu einer wohlbegründeten Behandlungsmethode komme" (Hamburger 1939: 137).

Die Diagnose diene der Wissenschaft, auch wenn sie selbstlos erscheine. Doch in der Mehrzahl der Fälle müsse der Arzt behandeln, bevor er eine Diagnose erstelle. Nur der/die verbildete, einseitig intellektuell eingestellte PatientIn wolle eine Diagnose wissen. Dagegen sei der „unverbildete", oft aber gescheite Mensch froh, von seinem Leiden befreit zu werden. Hamburger sah im/in der intellektuell-verbildeten den/die jüdische/n PatientIn, dessen/deren kritischer Geist ihn/sie zur Diskussion der Diagnose treibe, im/in der unverbildet-gescheiten den/die arische/n PatientIn, der/die dem Arzt vertraut und nicht zuviel nachdenkt. Die Universitätsmedizin sollte daher die Diagnose zugunsten der Behandlung zurückstellen und dafür sorgen, die Dinge so darzustellen und zu lehren, wie sie sind. Hamburger rekurrierte hier weniger auf eine klassisch positivistische Denkweise, nach der nur das „Gegebene" erkannt werden kann, und als sinnlos erachtet wird, etwas Nicht-Gegebenes erkennen zu wollen. Eine „synthetische Denkform" sollte gegenüber der „analytischen Denkform" dadurch Vertrauen stiften, dass das „allseits Bekannte" Bezugspunkt von ärztlichem Handeln, das Allgemeine und Besondere miteinander verbunden und Komplexität reduziert würden. Demgegenüber trennt das analytische Denken das Besondere und Allgemeine, stellt das Besondere in unterschiedliche Verhältnisse zueinander, trennt die Elemente voneinander und erhöht Komplexität. Dies macht einfache Antworten und Lösungen schwierig und beansprucht Zeit – eine Zeit, welche die „neue Zeit" nicht mehr aufbringen wollte.

2. Entprivatisierung der Gesundheit, Verstaatlichung der „Generationskraft" der Geschlechter und der Aufstieg der prophylaktischen Gesellschaft: eugenische Medizin als exekutive Gewalt eines nationalsozialistisch-männerstaatlichen Rassismus

Gemäß dem neuen Grundsatz „Vorbeugen statt Heilen" sollten für die „biologische Wiederherstellung des deutschen Volkes" aus Perspektive der Medizin vor allem Zivilisationskrankheiten und „Erbkrankheiten" prophylaktisch verhütet werden. Als Ursachen der „Zivilisationsschäden" wurden „Maschinentechnik, Verstädterung, Rationalisierung und Ueberlastung durch die Güter der Zivilisation" kritisiert, die, so der Direktor der Krankenanstalt der Deutschen Reichsbahn Straßengel bei Graz, Hans Schipper, erst den proletarischen Menschentypus geschaffen hätten,

> „den entwurzelten, ehrfurchtlosen, in rein materialistischem Denken und Fühlen aufgehenden Untertypus des arbeitenden Menschen, der keinen Glauben aufbringt und der in seiner niedrigsten Stufe den Untermenschen bildet" (Schipper 1943: 482).

In dieser sanitären Perspektive auf die Gesellschaft wurde das Proletariat selbst zur Zivilisationskrankheit. Diese Auffassung vertrat sinngemäß bereits die bürgerliche Hygiene des 19. Jahrhunderts, welche die „Ansteckungsgefahr", die vom Proletariat ausgehend die bürgerliche Lebenswelt zu bedrohen schien, mit hygienischen Maßnahmen zu bannen versuchte. Fehlernährung, Alkohol- und Nikotinsucht der unteren Schichten wurden von der Hygienebewegung wie von der nationalsozialistischen „Gesundheitsführung" als Gefahr für die „Volksgesundheit" beanstandet. Nicht nur, dass zuviel, sondern dass schlecht gegessen werde, wurde kritisiert. Schon 1943 galt die USA als Negativbeispiel für schlechte Ernährung aus Konserven. Demgegenüber sollten im Deutschen Reich die Nahrungsmittel in möglichst unverändertem Zustand erhalten und anstelle einer „Kochkünstelei" eine „heimische Kochkunst" gesetzt werden. Selbst die Nahrungsmittelindustrie wurde aufgefordert, diese politischen Maßstäbe im Interesse der „Volksgesundheit" zu berücksichtigen (ebd.: 483). Als nicht minder problematisch wurde das Rauchen kritisiert, Nikotin als Verursacher großer Schäden an der Volksgesundheit angeprangert: Organschaden, Erkrankung der Koronargefäße, Erkrankung anderer Gefäßgebiete, wie z. B. der Beinarterien, wurden darauf zurückgeführt. Vor allem beeinträchtige das Rauchen aber die Gesundheit von Mutter und Kind. Krebs wurde gegenüber den Ernährungs- und Nikotinschäden mehr als eine Alterserkrankung gewertet.

Den Zivilisationskrankheiten wollte in erster Linie durch gesellschaftliche Veränderungen im Bereich des Siedlungswesens, durch Zugewinn neuen Siedlungsraumes und eine hygienische Lebensführung vorgebeugt werden. So wurde z. B. der deutsche Arbeiter von Hermann Vellguth (geb. 1906), Anthropologe und Leiter der Stelle für „Erb- und Rassenpflege" sowie Stadtmedizinaldirektor in Wien[14], gegenüber dem Industrieproletarier als bodenständiger Mann in einer neu zu errichtenden Familienwirtschaft visioniert:

> „Der neue Siedlungsraum im Osten gibt neue Möglichkeiten; der wertvolle deutsche Arbeiter gehört aufs Land, fremde Arbeiter gehören lediglich in die Industrie" (Vellguth 1942: 377).

Das aus der Perspektive von Eugenik und „Rassenhygiene" als „Zivilisationskrankheit" klassifizierte Proletariat sollte durch die Erkämpfung neuen Siedlungsraumes zerschlagen, die Städte sollten aufgelöst und die deutschen ArbeiterInnen wieder zum Boden zurückgeführt und zu Bauern/Bäuerinnen gemacht werden. FremdarbeiterInnen dagegen wurden für die Industriearbeit „freigegeben", in der ihre Arbeitskraft als „verbrauchbares Betriebskapital" abgenutzt werden konnte. Von der Stadt schien alles auszugehen, was die Gesundheit des „deutschen Volkes" gefährdete. Diese beängstigende Vision fasste der Leiter der I. Universitäts-Frauenklinik und Hebammenlehranstalt, Professor Herrmann Siegmund, in einem Artikel „Zum Problem der Fruchtbarkeit" zusammen:

> „Wenn wir uns in der Zeit der Verstädterung und der so gefährlichen Lösung unseres Volkes von seinem Boden auf diese Naturgesetze besinnen, so könnte uns angst und bange vor der kommenden Asphaltgeneration werden, wenn wir nicht im Dritten Reich diese gewaltigen Ansätze erkennen würden, die Uebermenschliches zu leisten bereit sind, um den Lebensraum unseres Volkes wieder zu gesunden" (Siegmund 1938: 1367).

Gesundheit und ländliche Lebensverhältnisse wurden synonym verwendet, die Eroberung ländlichen Siedlungsraumes und der Wiederaufbau bäuerlicher Existenzweise galt als Garantie für Gesundheit der Einzelnen und des Volkes und damit als medizinischer

---

14 Hermann Vellguth wurde in Kirchtimke/Hannover geboren, war seit 1932 „NSDAP"- und „SS"-Mitglied. Von 1933 bis 1936 war er Leiter der Abteilung „Erb- und Rassenpflege" am Deutschen Hygiene-Museum Dresden und am „Rassenpolitischen Amt Sachsen", danach Richter am „Erbgesundheitsgericht Dresden" und als Medizinalrat im Reichsinnenministerium für „Erb- und Rassenpflege" zuständig. Ab Dezember 1938 arbeitete er als Berater für den Aufbau der Gesundheitsämter in Wien und ab 1940 als Chef des Hauptgesundheitsamtes der Gemeindeverwaltung des „Reichsgaues Wien" (Schaltstelle der ausmerzenden „Rassenhygiene"). Er war an der Ausarbeitung des „Euthanasie"-Gesetzes beteiligt (vgl. Klee 2003: 638).

scher Eingriff in den „Volkskörper". Auch das gesunde deutsche Kind wurde als Produkt ländlicher Lebensverhältnisse entworfen. Diese würden die Befriedigung „natürlicher Lebensbedürfnisse" der Kinder, vor allem die Bewegung an der frischen Luft, ermöglichen. Das Landleben galt als Prophylaxe der Zivilisationsschäden im Kindesalter, die in den zu sehr behüteten und umsorgten Einzelkindern der Stadt entdeckt wurden. Diese Idealisierung des Landlebens wurde in der Medizin trotz wiederholter ärztlicher Berichte über den desolaten Gesundheitszustand der Säuglinge und Kinder am Land (vgl. Goll 1940: 706ff) aufrechterhalten.

Zur Verhütung von „Erbkrankheiten" wurden prophylaktische Maßnahmen auch für Österreich gesetzlich gefordert. Das „Gesetz zum Schutze der Erbgesundheit des deutschen Volkes" vom 18. Oktober 1935, trat in Österreich ein halbes Jahr nach dem „Anschluss", am 1. August 1938 in Kraft. Obwohl der wissenschaftliche Nachweis des „Erbganges" beim Menschen nicht erbracht werden konnte, setzten sich auf Basis politischer und staatlicher Ermächtigung jene Kräfte durch, welche die wissenschaftliche Grundlage der eugenischen Pläne behaupteten. So wurde auf Basis des „Gesetzes zur Verhütung erbkranken Nachwuchses" bei angeborenem „Schwachsinn", Schizophrenie, manisch-depressivem Irresein, erblicher Fallsucht, erblichem Veitstanz (Chorea Huntington), erblicher Blindheit, erblicher Taubheit, schwerer körperlicher Missbildung und schwerem Alkoholismus die Sterilisation von Betroffenen zwingend. Durch „Ehetauglichkeitszeugnisse", welche das „Amt für Sippenforschung" ausstellte und die bei der Eheschließung vorgelegt werden mussten, sollte die Zeugung „erbkranker" Kinder verhindert werden.

Zudem verbot das „Gesetz zum Schutze des deutschen Blutes und der deutschen Ehre", das Bestandteil der „Nürnberger Gesetze" vom 15. 9. 1935 war, den Geschlechtsverkehr und die Eheschließung zwischen Deutschen auf der einen und „Juden/Jüdinnen", „ZigeunerInnen" und „NegerInnen" auf der anderen Seite. Dieses Gesetz zielte nicht auf die Verhütung von „Erbkrankheiten", sondern auf die „Reinheit des deutschen Blutes" ab. Die Straffreiheit bei Abtreibung auf Basis der eugenischen Indikation wurde im Deutschen Reich ab 1934 nicht gesetzlich, sondern durch einen Runderlass ermöglicht, der in Österreich nach dem „Anschluss" übernommen wurde. Ab Juli 1939 begann die Medizin in Österreich mit der Durchführung der „chirurgischen Unfruchtbarmachung" aus eugenischen Gründen. Zuerst betroffen waren psychisch kranke und geistig behinderte Menschen. Die Vernichtung von als „minderwertig" diagnostizierten BürgerInnen des nationalsozialistischen Staates, der den heimtückischen Mord an PatientInnen euphemistisch als „Euthanasie"[15] oder „Gnadentod" tarnte, wurde nicht

---

15 In der Folge wird in diesem Kapitel über die NS-„Euthanasie" der Begriff in Anführungszeichen gesetzt, da

durch ein Gesetz, sondern durch einen „Führererlass", einen Geheimbefehl Adolf Hitlers, Ende Oktober 1939 ermöglicht und auf den 1. September 1939, den Tag des Kriegsbeginns, rückdatiert. Hitler erlaubte darin der Medizin, in speziellen und begründeten Fällen Menschen den „Gnadentod zu gewähren". Bereits eineinhalb Jahre nach dem „Anschluss" war die Medizin in Österreich bereit, den „Vernichtungskrieg gegen den inneren Feind" aufzunehmen. Das bedeutet auch, dass im Gegensatz zu Deutschland die Zwangssterilisation als angewandte Eugenik nicht mehr in vollem Umfang betrieben wurde[16], aber die diagnostischen Grundlagen für das „Euthanasie"-Projekt des „Dritten Reiches" bereitstellte.

Als lebendigen und ausdrucksvollen Ausweis der biologischen Wiederherstellung des „deutschen Volkes" lobte der Dermatologe und Lehrstuhlvertreter an der Universität Innsbruck, Hans Oskar Loos[17], die steigende Anzahl der Geburten nach dem „machtvollen Aufstieg, den der Nationalsozialismus auf allen Gebieten unseres Lebens brachte" (Loos 1942: 529).[18] Bereits sechs Jahre nach der nationalsozialistischen Machtergreifung habe sich 1939 in Deutschland die Bevölkerungszahl erstmals wieder jener Zahl genähert, die nötig sei, um die Abnahme der Bevölkerungsanzahl des Deutschen Reiches zu verhindern. Der Leiter der I. Universitäts-Frauenklinik und Hebammenlehranstalt in Wien, Professor Herrmann Siegmund, betonte, dass Deutschland diese Geburtensteigerung dem Nationalsozialismus verdanke, da dieser den „Glauben an die Zukunft" und „an die Zukunft des Volkes" wieder geweckt habe. Dies zeige deutlich, dass das Problem nicht durch Polizeigewalt und Paragraphen, sondern nur durch die Gestaltung des Lebensraumes und den Glauben an die Zukunft zu lösen sei (Siegmund

---

der heimtückische Mord an PatientInnen durch die Medizin während der nationalsozialistischen Herrschaft nicht mit der Verwendung des Begriffs im Rahmen der Sterbehilfe der Gegenwart gleichgesetzt werden kann. Letztere beruht zumindest ihrem Anspruch nach auf explizitem Wunsch der Betroffenen.

16 Aufgrund der schlechten Quellenlage ließen sich genaue Angaben über die Anzahl der Zwangssterilisierungen in Österreich von 1940 bis 1945 nicht machen. Vielmehr könnten nur Teilangaben bzw. Hochrechnungen und Schätzungen daraus vorgenommen werden, wobei sich eine Bandbreite von 5.000 bis 10.000 Fällen errechnen lasse (vgl. Neugebauer 1996 ; online: http://www.jugendstiltheater.co.at/neugebauer%2011.1.96.htm).

17 Hans Oskar Loos wurde 1904 in Innsbruck geboren, war ab 1936 Privatdozent und arbeitete an der Zeitschrift „Archiv für Rassen- und Gesellschaftsbiologie" mit. Er war Spezialist für Kälteschäden. Im Oktober 1942 nahm er an der Tagung „Seenot" (Dachau-Versuche) teil. 1938 bis 1945 war er kommissarischer Leiter der Klinik für Dermatologie und Syphilidologie an der Universität Innsbruck (vgl. Klee 2003: 379).

18 Der „Anschluss" Österreichs an das Deutsche Reich führte zu einem kurzfristigen Baby-Boom. Die Gesamtfertilitätsrate pro Frau betrug 1940 2,54 Kinder. Demgegenüber lag die Fertilität in den 30er Jahren bei 1,5 Kindern pro Frau. Der durch den „Anschluss" ausgelöste Baby-Boom, hielt aber nur kurz an und hatte auf die Kohortenfertilität kaum Einflüsse. Es handelte sich dabei also meist um die Realisierung zuvor „aufgeschobener" Geburten (vgl. Tazi-Preve 1999: 15).

1938: 1368). Doch Größe und Macht des Volkes hingen nicht allein an der Zahl, sondern mehr noch an seinem „inneren Wert", dem „Erbgut". Die Hauptsorge der Medizin habe daher der „Erhaltung und Vermehrung wertvollen Erbgutes" zu gelten.

> „Nicht die Hebung der Volkszahl allein, sondern vielmehr die Vermehrung von Hochwertigem, also Auslese und Aufwertung, müssen die Grundlage unserer Bevölkerungspolitik sein" (Loos 1942: 532).

Auch diese Forderung war vom medizinischen Establishment in Österreich schon lange ausgearbeitet. Basistechnik für Auslese und Aufwertung sollten im Nationalsozialismus die ärztlichen Reihenuntersuchungen an Gesunden, bzw. die „periodische ärztliche Gesundenuntersuchung (p.GU)" sein (Pokorny 1940: 169). Vorgänger dieser Auslesetechniken waren die Reihenuntersuchungen zur Prüfung der Wehrdiensttauglichkeit ab Mitte des 19. Jahrhunderts, die Ende desselben Jahrhunderts einsetzende „periodische Sichtung des Schülermaterials", die „Mutter- und Säuglingsfürsorge" ab dem Ersten Weltkrieg sowie die „Reihenuntersuchung der Studenten" bei der Einschreibung an eine Hochschule.

Von den USA wusste man, dass vor allem dort, wo man die Krankenversicherung fast ausschließlich privaten Anstalten überantwortete, „das Interesse an prophylaktischen Methoden größer war" (ebd.). Im Deutschen Reich aber habe dagegen die wirtschaftliche Not den Aufstieg und die Durchsetzung der „periodischen Gesundenuntersuchung" verhindert. Auch die im Volk verbreitete Mentalität, „erst dann zum Arzt zu gehen, wenn einem sinnfällig etwas fehlt", hätte zum Scheitern dieser prophylaktischen Kontrollen geführt. Doch die Zahl der Menschen sei groß, welche sich vollkommen gesund fühlten, bei denen bei Gesundenuntersuchungen dann dennoch Krankheiten gefunden würden. Pokorny räumte ein, dass die Propaganda für die Gesundenuntersuchung bei den meisten Menschen nach den so genannten besten Jahren bzw. bei den „Hartgesottenen" keinen Erfolg mehr haben werde. Die Hoffnung auf eine „auserlesene deutsche Bevölkerung" wurde deshalb ganz in die kommende Generation gelegt, der bereits in Familie und Schule der Wille zur Gesundheit anerzogen werden sollte.

> „Die Jungen aber, die den Geist der Prophylaxe zu erfassen gelernt haben werden, werden zu einer Generation heranwachsen, die dank ihrer sportlichen Interessen statt der Freude an körperlichen Genüssen, durch die sorgfältige Ueberwachung ihres körperlichen Zustandes, einmal eine Auslese darstellen werden" (Pokorny 1940: 170).

Vorläufig wurde die Bedeutung der Institute zur „periodischen Gesundenuntersuchung" vor allem darin gesehen, eine Anhängerschaft für die Idee zu schaffen und „damit der ganzen Aerzteschaft Mitarbeit und der gesamten Medizin dank neu zu gewinnender Erkenntnisse neue Impulse" zu bringen (ebd.: 171). Schon allein der Existenz der „periodischen Gesundenuntersuchung" wurde propagandistischer Wert zuerkannt. Selbst wenn diese Institute nicht in Anspruch genommen würden, sollte bereits der Gedanke im Volk Wurzeln schlagen, um längerfristig die „p.GU" in den verschiedenen Lebensabschnitten und in den unterschiedlichsten Lebensverhältnissen flächendeckend zu realisieren. Diese Gesundheitsmedizin war unterstützt und begleitet von seit dem Jahr 1933 erlassenen Gesetzen und Verordnungen, die in Österreich mit dem „Anschluss" in Kraft traten: z. B. dem „Gesetz zur Verhütung erbkranken Nachwuchses", dem „Gesetz zur Vereinheitlichung des Gesundheitswesens", der „Reichsärzteordnung", dem „Gesetz zur Ordnung der Krankenpflege", der „Rechtsverordnung über die Seuchenbekämpfung" und dem „Hebammengesetz". Diese Gesetze und Verordnungen sollten, so der Professor für Medizin und Leiter des Hauptgesundheits- und Sozialamtes der Gemeindeverwaltung des „Reichsgaues Wien", Max Gundel, in Kombination mit den neu aufgebauten Einrichtungen, wie gesundheitsfürsorgerischen Beratungsstellen und Gesundheitsämtern, eine geistige Umstellung des gesamten Volkes in dem Sinne erreichen, „in dem Schutz und der Erhaltung der Gesundheit eines jeden Menschen den besonderen Reichtum des Staates selbst zu erblicken" (Gundel 1942: 322). Staat und Volk würden gesunde BürgerInnen brauchen, so Edmund Neuber, „die ihr Land nicht nur verteidigen, sondern durch friedliche, ununterbrochene Arbeit emporheben, reich und glücklich machen" (Edmund Neuber 1939: 953). Diese Programmatik, dass Gesundheit im Staat keine Privatsache sei, war bereits in den 20er Jahren ausgearbeitet (vgl. Kap. I.1.) und von Julius Tandler in fast gleichem Wortlaut formuliert. Nun aber gab es die gesetzlichen Grundlagen für ihre Realisierung. Die Idee der „prophylaktischen Gesellschaft" verlangte für ihre Umsetzung eine neue Form der „Leibeigenschaft", nach der Leben und Gesundheit der Einzelnen dem Staat gehören, zumal dieser die Absicherung existenzieller Risiken wie Krankheit und Alter über Sozial- und Pensionsversicherungen kollektivierte.

2.1 „Periodische Gesundenuntersuchung (p.GU)", „Gesundheits-Pass", „Erbbiologische Bestandsaufnahme" und „Motorisierte Mütter- und Gesundheitsberatung"

Die Erhaltung der Gesundheit jedes/jeder Einzelnen sollte über „periodische Gesundenuntersuchungen (p.GU)" als lebensbegleitende medizinische Kontrolle aller Volks- und Altersschichten realisiert werden. Exemplarisch dafür stand das Projekt „Gesundheits-Pass", das von Priv.-Doz. Dr. Erwin Risak, ärztlicher Leiter der Dienststelle des

„Reichsstudentenwerkes" in Wien, und Dr. Josef Meller, Vertrauensarzt an derselben Dienststelle, für die Reihenuntersuchung im Zuge der Immatrikulation ausgearbeitet wurde.[19] Die Reihenuntersuchungen von Studenten, welche die Aufnahme zu einem Universitätsstudium beantragten, waren obligatorisch und wurden nach dem Modell der Musterung bei der Einberufung zur Wehrmacht durchgeführt. Zur Vereinheitlichung und Vereinfachung der Untersuchungen empfahlen die beiden Ärzte des „Reichsstudentenwerkes" die Einführung eines „Gesundheits-Passes" für Studierende. Der ärztliche Blick richtete sich dabei „auf alle abwegigen Zustände", um alle nachweisbaren Schäden zu erfassen und einen Gesamteindruck vom Gesundheitszustand der Studierenden zu erhalten, so Meller und Risak (Meller/Risak 1939: 13).[20] Die Vorlage des Passes sollte beim Wechsel an andere Universitäten verpflichtend sein. Zudem wurde verlangt, dass in der Folge jede neue Untersuchung im Pass eingetragen werden müsse. Daher sollte er groß genug sein, „um eine Familien- und Eigenanamnese aufzunehmen, Krankheiten, Befunde und Therapie einzutragen, so dass jeder einzelne seine Krankengeschichte jederzeit zur Verfügung hätte" (Meller/Risak 1940: 842). Zudem waren im „Gesundheits-Pass" noch ein Untersuchungsblatt und eine Tabelle hinsichtlich anthropologischer Maße vorgesehen, „so dass jederzeit die Möglichkeit gegeben ist, auch im großen verschiedenen wissenschaftlichen Interessen nachzugehen" (ebd.). Diese Gesundheitskontrolle der „akademischen Elite" sollte auf die gesamte Bevölkerung angewandt werden:

---

19 Erwin Risak wurde auch als „Gesundheitsführer der Studentenschaft der Wiener Hochschulen" betitelt, Josef Meller als „Studentenarzt im Studentenwerk Wien". Risak wurde 1899 in Wien geboren, war Internist und ab 1938 ao. Professor der Universität Wien und Vizepräsident der „Akademie für ärztliche Fortbildung" Wien. Ab Mai 1938 war er gemeinsam mit dem Internisten Hans Eppinger (1879–1946) Schriftleiter der „Wiener Klinischen Wochenschrift". Risaks Buch „Der klinische Blick" wurde 1942 zum sechsten Mal aufgelegt. 1944 publizierte er die Schrift „Aus dem Aufgabengebiet des Lagerbetriebsarztes". Nach 1945 war er Facharzt für Innere Medizin in Wien und starb 1968 (vgl. Klee 2003: 499). Hans Eppinger war ab 1944 im Wissenschaftlichen Beirat für das Gesundheitswesen (Karl Brandt) und Leiter der Meerwasser-Versuche an „ZigeunerInnen" im KZ Dachau (vgl. Klee 2003: 138).
20 Das Untersuchungsprocedere für das „Gesundheitsstammbuch" bezog sich auf unterschiedlichste Erkrankungen: „Erbkrankheiten" und Missbildungen, Infektionskrankheiten, Herz- und Kreislaufkrankheiten, Erkrankungen der Atmungsorgane, der Verdauungsorgane, der Leber und Gallenwege, der Nieren, des Stoffwechsels, der endokrinen Drüsen, des Blutes und der blutbildenden Organe, der Bewegungsorgane, des zentralen und peripheren Nervensystems, der Haut- und Geschlechtsorgane (Meller/Risak 1940: 838ff). Der „gründlichen Durchuntersuchung" der Studenten wurde eine enorme Bedeutung zugeschrieben, „da sie zweifellos die wertvollsten und wichtigsten Träger nationaler Gesinnung, völkischen Wesens und Zukunft sind", so Professor Edmund Neuber in einem Vortrag am 25. Mai 1939 am II. Internationalen Kongress für studentische Hygiene in Zürich, der im November 1939 in der „Wiener Klinischen Wochenschrift" publiziert wurde. Aus dem „biologischen Kataster" der deutschen Studenten sollten das Wohlergehen und die Zukunft des „Dritten Reiches" abgeleitet werden (vgl. Neuber Edmund 1939: 952).

„Der Idealzustand wäre natürlich, wenn bereits Schüler der Oberschulen solche Gesundheitspässe ausgehändigt bekämen oder jedem Neugeborenen ausgestellt werden könnten. In diesem Falle wäre ein unwahrscheinlich großes statistisches Material in späteren Zeiten für die Gesundheitspflege zu erlangen. Führen wir diesen Gedanken weiter aus, so würde dieser Gesundheits-Pass, mit Fingerabdrücken und Bildern aus den verschiedensten Lebensaltern versehen, zum wichtigsten Dokument jedes deutschen Volksgenossen sowohl in gesundheitlicher als auch in erbbiologischer Hinsicht werden" (Meller/Risak 1942: 842).

Der „Gesundheits-Pass" wurde also als lebensbegleitendes Kontrollinstrument konzipiert, damit die Einzelnen die Gesundheit als den wertvollsten Besitz des Menschen begreifen sowie ihre Gesundheit immer besser pflegen und fördern lernen sollten. Dabei sollten „Angaben über Abstammung durch periodische Aufzeichnungen ergänzt [werden], die jede Abweichung von der normalen körperlichen oder geistigen Entwicklung erkennen lassen", so der Direktor des Hygienischen Institutes der Universität Graz, Prof. Dr. W. Schmidt-Lange (Schmidt-Lange 1944: 457). Der Arzt sollte in allen Alters- und Volksschichten, im städtischen wie ländlichen Bereich systematisch nach Krankheiten suchen, um „sie im Keime zu ersticken" (Neuber Edmund 1939: 951).

Eine paradigmatische Einrichtung der „p.GU", um Krankheiten „im Keime zu ersticken", wurde die „Motorisierte Mütterberatung", die darauf abzielte, Mütterberatung auf dem Land zu betreiben und damit nicht nur die Mütter in den Städten, sondern im gesamten Reich zu erfassen. Der „Gesundheitswagen" sollte „die Ärzte zu den gesunden Kindern und deren Müttern" bringen, um diese zu beraten. „Die Landfrauen selbst bekommen nun bis in das letzte Dorf Kenntnis über alles das, was zu einer natürlichen Kinderaufzucht notwendig ist" (Hamburger 1940: 704). Obwohl gerade Franz Hamburger von der Ideologie beseelt war, dass die ländlichen Lebensverhältnisse den natürlichen Bedürfnissen der Kinder entsprechen, wollte die wissenschaftliche Medizin den Müttern am Land ihre „Natur" erst beibringen und diese zur „natürlichen Kinderaufzucht" befähigen. Dieser Widerspruch zeigt deutlich, dass die „Natur", die es im Dienste einer Gesundheit wieder zu errichten galt, nichts anderes darstellte als ein Konglomerat sozialer Normen, die Hamburger aus der Medizin, dem Katholizismus und dem Nationalsozialismus ableitete.

Angeregt wurde die „Motorisierte Mütterberatung" von der „Landesbauernschaft Donauland". Sie stellte die Mittel bereit, um einen „Gesundheitswagen" anzukaufen und auszustatten. Oberin Adele Bornefeld, Sachbearbeiterin des „Reichsnährstandes Landesbauernschaft Donauland", beschrieb in einem Artikel zu „Entstehung und Einsatz des Gesundheitswagens", dessen Ausstattung:

„Es wurden in jedem Mütterberatungswagen drei Sitze und eine Schrankseite eingebaut, so dass nun der Arzt, die staatliche Fürsorgerin und die NS-Schwester jede Fahrt gemeinsam unternehmen und am Bestimmungsort ihre Tätigkeit gemeinsam aufnehmen können. [...] Im vorhinein sind Ort und Stunde der Mütterberatung und der Schulfürsorge festgesetzt" (Bornefeld 1940: 704).

Die „NSV"[21] übernahm die Inbetriebsetzung des Wagens und stellte für den Ersteinsatz 1939 im Kreis Zwettl eine „NSV"-Schwester, die Universitäts-Kinderklinik in Wien einen Assistenzarzt zur Verfügung. In acht Monaten, zwischen Oktober 1939 und Juni 1940, wurden 7.940 Kinder untersucht (ebd.: 704). Heribert Goll, der Assistent, den die Universitäts-Kinderklinik Wien für diese Arbeit ausgewählt hatte, fasste die Aufgaben des Wagens zusammen:

„1. Feststellung des Gesundheitszustandes der Kinder bis zu 14 Jahren. 2. Beratung und Aufklärung der Bevölkerung, namentlich der bäuerlichen, über Ernährung, Pflege und Aufzucht der Kinder, besonders der Säuglinge. 3. Verhütung von Krankheiten, besonders Rachitis und Ernährungsstörungen. 4. Betreuung von Müttern und Kindern durch die NSV. 5. Zusammenarbeit mit den Aerzten des Kreises und dem Spital. 6. Zusammenarbeit mit dem staatlichen Gesundheitsamt. (Ueberlassung der angelegten Kartei, Mithilfe bei der Erfassung von Erbkranken, Trunksüchtigen, Tuberkulösen und anderen Infektionskranken.) 7. Zusammenarbeit mit der öffentlichen Fürsorge (Landesberufsvormundschaft, Tuberkulösen- und Trinkerfürsorge). 8. Zusammenarbeit mit der NS-Frauenschaft (nachgehende Fürsorge). 9. Zusammenarbeit mit der HJ. 10. Zusammenarbeit mit der Kreisbauernschaft. 11. Zusammenarbeit mit der Lehrerschaft. 12. *Für die Kriegszeit*: Behandlung von kranken Kindern, aber nur in solchen Gegenden, in denen auf weite Entfernung kein Arzt ist und da nur in dringenden Fällen" (Goll 1940: 705).

Die Aufgabe der „Motorisierten Mütterberatung" ging also weit über das Betreuungs- und Behandlungsfeld „Mutter-Kind-Beziehung" hinaus. Vielmehr handelte es sich um eine umfassende Kontrolle der Gesundheit der ländlichen Bevölkerung, welche durch eine „motorisierte Gesundheitsberatung" bewerkstelligt wurde und von der die Mütterberatung nur ein Teil war. Über die Beratung der Mütter sollten aber alle weiteren Familienangehörigen erreicht werden. Die „Motorisierte Mütterberatung" war damit auch ein strategisches Unternehmen zur Durchsetzung von auf die Allgemeinheit abzielenden gesundheitspolitischen Anliegen des „NS-Staates". Bereits im Jahr 1940 wur-

---

21 NSV = Nationalsozialistische Volkswohlfahrt e.V.

den weitere 25 „Gesundheitswägen" in „Niederdonau", 15 in „Oberdonau" und 37 für die übrigen Gaue der „Ostmark" zum Einsatz gebracht.

> „Durch den Gesundheits- bzw. Mütterberatungswagen ist es nun möglich geworden, die einsamsten Dörfer und Bauernhöfe turnusweise aufzusuchen und damit allen Landfrauen die hygienischen Errungenschaften unserer Zeit zugänglich zu machen." Damit sei es möglich geworden, dass „unsere Landbevölkerung gesund erhalten wird und ihre vordringlichste Aufgabe, Blutsquell unserer Nation zu sein, auch erfüllt" (Goll 1940: 705).

Der Vorstand der Universitäts-Kinderklinik in Wien, Franz Hamburger, unterstützte die Maßnahme in der Hoffnung, dass diese auch die Erkenntnisfortschritte der Medizin befördere. Diese wiederum sollten es ermöglichen, dass die Kinderklinik im „Dritten Reich" auch eine „Pflanzstätte" für die ärztliche Betreuung des gesunden Kindes werde. Dazu galt es Erfahrungen über die Gesundheitsverhältnisse am Land zu sammeln (Hamburger 1940: 704). Nach den ersten zehn Monaten nach Aufnahme der „Motorisierten Mütterberatung" resümierte Hamburger, dass sich eine Besserung der Säuglingssterblichkeit oder Rachitishäufigkeit zahlenmäßig noch nicht nachweisen lasse. Der Erfolg der Maßnahme liege aber darin, dass es gelungen sei, eine Aufgeschlossenheit der Bevölkerung zu erreichen. Der Assistenzarzt Heribert Goll beurteilte den Gesundheitszustand der Kinder am Land als „recht schlecht". Bereits zu Herbstbeginn hätten über 40% der Säuglinge Rachitiszeichen gehabt. Die Säuglingspflege sei miserabel, Kopfgrind und Schmutzkrankheiten üblich, die Ernährung meist unzweckmäßig, die Stilldauer aufgrund des „Arbeitseinsatzes" der Bauersfrauen zu kurz. Weit über die Hälfte der Kinder, auch der Schulkinder und -jugend, sei überhaupt noch nie ärztlich untersucht worden. Die von Assistenzarzt Dr. Heribert Goll angefertigte Tabelle verweist auf die Breite des Untersuchungsspektrums des Gesundheitswagens (ebd.: 707):

Tabelle 1
Unter 1.137 Kindern (davon 151 Säuglingen) fanden sich:

Frühgeburten	9	Erkrankungen der Atmungsorgane, ausgenommen Tuberkulose	37
Atrophie	11		
Ernährungsstörungen der Säuglinge	4	Herzfehler	11
Rachitis (bei Säuglingen und Kleinkindern)	120	Anämie	85
Intertrigo	11	Morbus Werlhoff	1
Pyodermien	5	Lymphadenitis acuta	12
Ekzem	23	Lymphogranulom	1
Lichen urticatus	14	Obstipation, chronische	3

Impetigo	40	Struma	13
Furunkulose	9	Hernien	20
Panaritium	3	Cystitis	1
Frostschaden	4	Morbus little	3
Psoriasis	2	Sprachfehler	4
Herpes tonsurans	2	Peronäuslähmung nach Poliomyelitis	1
Pedikulosis	14	Neuropathie	13
Wurmkrankheiten	5	Anorexie	49
Diphtherie	2	Enuresis	3
Keuchhusten	20	Pavor nocturnus	2
Windpocken	13	Krampfzustände,	
Stomatitis aphthosa	2	ausgenommen erbliche Fallsucht	3
Lungentuberkulose, akt.	3	Fallsucht, erbliche	3
Tuberkulose anderer Organe	9	Trunksucht des Vaters	3
Familien mit nachweisbarer		Blindheit, erbliche	4
Tuberkulosebelastung	8	Myopie, hochgradige	7
Lues	–	Taubstummheit	2
Verkrümmungen der Wirbelsäule, schwere	3	Schwachsinn, erblicher	22
Plattfuß, schwerer	8	Schwachsinn auf nicht erblicher Grundlage	5
Parodontose	1	Wolfsrachen	2
Beinhautentzündung	5	Hüftgelenksluxation, angeborene	1
Otitis media, chron.	17	Klumpfuß, angeborener	3
Angina	11	Schiefhals, angeborener	1
Nasen- und Rachenwucherungen	23	Trichterbrust, angeborene	2

Wie schon in den Jahrzehnten vorher kritisierten Ärzte die Höhe der Säuglingssterblichkeit und die tatenlose Haltung, die sich bevölkerungspolitisch verhängnisvoll auswirke, auch wenn sie damit begründet werde, dass die Säuglingssterblichkeit eine „Auslese" darstelle. Doch nicht die Natur, sondern der Mensch sollte die „Auslese" treffen. Auch Rudolf Goldscheid hatte drei Jahrzehnte zuvor in seinem Hauptwerk „Höherentwicklung und Menschenökonomie" (1911) den Rückgriff auf die Natur bei der „Auslese" als „Abdankung menschlichen Könnens" kritisiert (vgl. Kap. I.1.). Dagegen forderte er eine „aktive Epigenesis", um das „organische Problem" in den Griff zu bekommen (vgl. Goldscheid 1911: 466). In der *„Erhaltung der Art und Art der Erhaltung zusammen"* drückte sich nach seiner Theorie die jeweilige kulturelle Höhe einer Zeit und einer Generation aus (vgl. Kap. I.1.). Auch der Nationalsozialismus wollte die „Art der Erhaltung" nicht der „Auslese" durch die Natur überlassen, sondern auf Basis wissenschaftlicher Eingriffe in die generative Reproduktion bewerkstelligen. Dabei galt es, „lebenswertes Leben am Leben zu erhalten", so der Professor für Medizin und Leiter des Hauptgesundheits- und Sozialamtes der Gemeindeverwaltung des „Reichsgaues Wien", Max Gundel, (Gundel 1942: 325). Bereits hier wurde der Begriff des „lebenswerten Lebens" eingesetzt, den die humangenetische Beratung der Reproduktionsmedizin ab den 70er Jahren des 20. Jahrhunderts verwenden wird. Obwohl seit mehr als drei Jahrzehnten ein umfangreicher medizinischer Einsatz auf eine Senkung der Säuglingssterblichkeit abzielte (vgl. Kap. I.3.), sprach Gundel 1942 rückblickend von einer „fast tatenlosen Haltung" (ebd.: 321). Diese Kritik steht stellvertretend für die Argumentation nationalsozialistischer Funktionäre im Gesundheitsbereich. Sie funktioniert stets nach demselben Muster: Neuanfang auf der Basis von Abwertung. In diesem Fall wurden alle medizinischen Bemühungen zur Senkung der Säuglingssterblichkeit für ungenügend erklärt und abgewertet, um mit einer Rhetorik des Neuanfanges eine Aufwertung der nationalsozialistischen Maßnahmen zu erreichen. Gundel beurteilte die durch Pädiatrie und Geburtsmedizin realisierten Maßnahmen der ersten Jahrzehnte des 20. Jahrhunderts als unkoordiniert und mangelhaft. Er prangerte das Nebeneinander von mit gleichen Aufgaben betrauten Institutionen als Ursache dessen an, dass ein Kind verschiedensten Fürsorgemaßnahmen zugeführt und diese damit ausgenutzt würden. Die Erfassung der Neugeborenen bewertete er als völlig unzulänglich und forderte einen völligen Neuaufbau der Gesundheitsfürsorge für Mutter und Kind im Staat, in Stadt und Land.

> „Es wird immer mehr Allgemeingut aller Bevölkerungskreise, in dem Begriff ‚Mutter und Kind' und in ihrem Verhältnis zueinander weniger ein rechtliches, denn ein biologisches Verhältnis zu erblicken. Sie sind für den Staat, der das Leben seines Volkes sichern will, die ‚Leistungskerne' seiner Macht, und er hat die Verpflichtung, für ihre Betreuung alles zu tun, was ihm möglich ist" (Gundel 1942: 321).

Der Einsatz der Medizin für Mutter und Kind war im Nationalsozialismus wie in den Jahrzehnten vorher bevölkerungs- und wohlfahrtspolitisch motiviert. Neben der bevölkerungspolitischen Sicherstellung eines „biologischen Kerns" für den „NS-Staat", der in den Jahrzehnten vorher als „organisches Kapital" des Staates begriffen wurde, galt es aus wohlfahrtspolitischen Kosten-Nutzen-Abwägungen auch, dessen „Qualität" zu sichern. Dazu wurden im „NS-Staat" neue Beratungsstellen für werdende Mütter, Säuglinge und Kleinkinder eingerichtet. Aber auch die neuen Hilfsstellen des Hilfswerkes „Mutter und Kind", der „NSV" und die „NS-Frauenschaft" leisteten auf dem Gebiet der Mütterschulung wichtige Arbeit. Eigens eingerichtet wurden Mütterheime und Müttererholungsheime von der „NSV", Kindertagesstätten mit Kindergärten, Krippen und Horten, Säuglingsheime, Kinderheime und Kindererholungsheime. Die Mütterschulung sollte bereits im Schulunterricht ihren Anfang nehmen, sich im Pflichtjahr für die weibliche Jugend und im „Arbeitsdienst" fortsetzen und im „Reichsmütterdienst" ihren Abschluss finden (vgl. ebd.: 322). Der Ausbau der Fürsorgemaßnahmen für werdende Mütter umfasste auch eine Neugestaltung von Geburt und Wochenbett, die entgegen der von der Geburtsmedizin forcierten Anstaltsentbindung die Hausentbindung privilegierte. Dazu wurden die Hebammen in die Mütterberatung eingebunden, ihre Tätigkeit durch ein „Hebammengesetz"[22] für das gesamte Reichsgebiet neu und einheitlich geregelt. Jeder Frau im Reich wurde das Recht auf „Hebammenhilfe in der Schwangerschaft, bei Geburt und Fehlgeburt und im Wochenbett" zugestanden, so der Gauamtsleiter und Ministerialrat Dr. Stähle aus Stuttgart bei einem in der „Wiener Klinischen Wochenschrift" publizierten Vortrag (Stähle 1942: 562), den er im Rahmen des Fortbildungskurses der „Wiener Akademie für ärztliche Fortbildung" in Salzburg am 10. Januar 1942 gehalten hatte.[23] Die Hebamme sollte ihrerseits die Schwangere so früh wie möglich über alle Lebensregeln zur Vermeidung gesundheitlicher Schäden von Mutter und Kind in Kenntnis setzen, auf „rassenpflegerische" Gesichtspunkte aufmerksam machen und „Erbkrankheiten" bei Neugeborenen den zuständigen Behörden melden. Der Staat, der diese Hebammenhilfe für die Frauen sicherstellte, verlangte aber zugleich von der einzelnen Frau, dass sie die notwendigen Vorsichtsmaßnahmen zur Gesunderhaltung ihres Kindes trifft:

„Die Frau hat über ihr und ihres Kindes Wohl kein freies Verfügungsrecht, sie hat vielmehr ihrer Familie und der Volksgemeinschaft gegenüber die natürliche Pflicht, alles zu tun, um einen gesunden Ablauf der Schwangerschaft und Geburt zu sichern, sich für ihren Beruf als Mutter gesund zu erhalten und dem neugeborenen Kinde die notwendige Versorgung und Pflege zuteil werden zu lassen" (Stähle 1942: 563).

---

22 Das NS-„Hebammengesetz" wurde am 31. Dezember 1938 erlassen, der Hebammenstand stärker geschützt als vorher, vor allem hinsichtlich seiner Abgrenzung gegenüber anderen Berufen. Die Berufspflichten der Hebammen wurden in einer neuen Dienstordnung geregelt. Eine Niederlassungserlaubnis organisierte erstmals die planmäßige Verteilung der vorhandenen Hebammen. Zugleich übernahm der Staat erstmals für den Träger eines freien Berufes eine Existenzsicherung, indem er den Hebammenberuf als Träger öffentlicher Aufgaben einrichtete. Zugleich wurde die Hebammentätigkeit mit Meldepflichten versehen. Der „NS-Staat" wollte die Hebammen zu Propagandistinnen seiner „Erbgesundheits- und Rassenpflege" und damit zu „Volkserzieherinnen" machen (vgl. Tiedemann 2001). Das ist ein wesentlicher Grund, der hinter der Aufwertung des Hebammenberufes während der NS-Zeit stand.
23 Stähle wurde 1890 in Stuttgart geboren und starb 1948 in Münsingen. Er war Nervenarzt, ab 1927 „NSDAP"-Mitglied, 1929 Gründungsmitglied des „NS-Ärztebundes" und 1932 Mitglied des Reichstages. Ab 1933 war er Gauobmann des „NS-Ärztebundes" Württemberg und Staatskommissar für Volksgesundheit. Ab Oktober 1939 war er für Krankenmord in Württemberg zuständig. Er wurde 1943 von Hitler zum Professor ernannt (vgl. Klee 2003: 594).

So wie bereits Jahrzehnte vorher „Gesundheit im Staat keine Privatsache" (Tandler 1916: 451) sein sollte, stellte auch im Nationalsozialismus der „Mensch den besonderen Reichtum des Staates" dar (Gundel 1942: 322). Aus Perspektive dieses „öffentlichen Patriarchalismus", der die mutterschaftsbezogene „Gesundheitsführung" als paternalistischen Schutz umsetzte und sich anschickte, an die Stelle des Vaters zu treten und die Kinder im Interesse des Staates anzueignen, war es nur konsequent, dass den Frauen kein „freies Verfügungsrecht" über ihre Kinder zugestanden wurde. Mutterschaftsleistungen wurden auch im Nationalsozialismus nicht als maternalistische Rechte akzeptiert. Vielmehr wurden individuelle ökonomische Abhängigkeiten von Vätern oder Ehemännern in institutionelle Abhängigkeiten vom Staat transferiert. Die Befürsorgung der werdenden Mütter stand damit wie in den Jahrzehnten vorher ganz im Dienste des Kindeswohls. Sorgen und schwere Arbeit der werdenden Mütter wurden dabei als Ursache der zunehmenden Frühgeburtensterblichkeit vermerkt, der mehr als die Hälfte der Säuglingstodesfälle zugeschrieben wurden (Gundel 1942: 322). Zur Senkung dieser Sterblichkeit sollten stundenweise Wochenbetthilfen durch die „NS-Frauenschaft", Haushaltshilfen durch die „NSV" und wirtschaftliche Beihilfen durch die Gemeinden zur Verfügung gestellt werden.

Im Bereich der Säuglingsfürsorge hatte das Hauptgesundheitsamt ab der Geburtsmeldung eine Säuglingskartei zu führen, in der bereits geburtshilfliche Angaben, Angaben über angeborene Missbildungen und Erkrankungen der ersten Lebenstage aufgenommen werden mussten. Auf Grundlage dieser Kartei wurden den Mütterberatungsstellen Blätter zugesandt, die zur Grundlage für die Erfassung durch die offene Fürsorge wurden.

> „Diese Mutterberatungskarte begleitet nun das Kind durch das erste Lebensjahr, nach dessen Abschluss ihr die Kleinkinderkarte angeschlossen wird, die für die Eintragungen bis zum 6. Lebensjahr genügt, wonach beide Karten zusammen die Grundlage für das Stammblatt der Schulfürsorge abgeben" (Gundel 1942: 323).

Die Karte war zugleich Grundlage für die Rachitisprophylaxe, die Vitamin-C-Ausgabe, die Pocken- und die Diphtherieschutzimpfung. Die Möglichkeit der unterschiedlichen Schutzimpfungen wurde positiv beurteilt. Sie wurde als „Kampfmittel" gewürdigt, das half, den Krieg gegen den Feind im Inneren der Gesellschaft – Erkrankungen und Sterblichkeit – zu gewinnen. Die Erfahrungen mit den Schutzimpfungen hätten nämlich gezeigt, dass „die Hygiene und Mikrobiologie, im militärischen wie im zivilen Leben, wertvollste Waffen den Aerzten im Kampf gegen die ansteckenden Krankheiten zur Verfügung gestellt haben" (Gundel 1943a: 363).

Was die Säuglingsernährung anbelangte, wurde der Verlängerung der Stilldauer höchste Priorität zugeschrieben und der „Gesundheitswert des Brustkindes" dreimal so hoch angesetzt wie jener der Flaschenkinder. Die Propagierung des Selbststillens stand, wie in den Jahrzehnten vorher, im Zentrum der Mütterberatung und der offenen Säuglingsfürsorge. Gundel forderte darüber hinaus den Ausbau der Kleinkinderfürsorge vom ersten bis zum fünften Lebensjahr. Dazu sollten alle ab November 1939 geborenen Kleinkinder, welche in der Kleinkinderkartei erfasst waren, „regelmäßig jahrgangsweise zu einem Gesundheitsappell vorgeladen" werden (Gundel 1942: 325). Auch hier dominiert wieder eine militärische Perspektive auf die Gesundheitsvorsorge: Untersuchungszwang und Pflicht zur Gesundheit.

Wie ein Heer oder die Wehrmacht dazu funktionalisiert wurde, allzeit bereit zu sein, einen Feind im Äußeren der Gesellschaft abzuwehren, so sollte die Gesundheitsvorsorge dazu funktionalisiert werden, allzeit im Stande zu sein, einen Feind im Inneren der Gesellschaft abzuwehren. So wurde aus der Schutzimpfung ein Kampfmittel und aus Vorsorgeuntersuchungen der regelmäßige „Gesundheitsappell", zu dem die Kinder jahrgangsweise anzutreten hatten. Ausgenommen vom Appell waren lediglich Kinder der Krabbelstuben und Kindergärten, da diese dort ohnehin dauernd in ärztlicher Kontrolle standen und deren Gesundheitsbögen von diesen Einrichtungen geführt wurden. Zu erfassen galt es demnach nur noch jene Jahre des menschlichen Lebenslaufes, die außerhalb öffentlicher Institutionen – in denen u. a. eben auch die Gesundheit eines Menschen überwacht wurde – verbracht wurden.

Für Großstädte wurde im Rahmen der „Gesundheitsführung" auch ein Ausbau der Fürsorge für „schwer erziehbare und psychisch abnormale Kleinkinder" gefordert. Neben den Erziehungsberatungsstellen wurde dazu in der Kinderklinik Glanzing in Wien eine besondere Untersuchungs- und Beratungsstelle eingerichtet und für die geschlossene Fürsorge eine „Jugendfürsorgeanstalt Am Spiegelgrund"[24] geschaffen,

> „in die – unter ärztlicher Leitung stehend – alle Kinder vom Säuglings- bis zum Schulalter eingewiesen werden, die irgendwie auffällig sind und die während einer dem Einzelfall angepassten Beobachtungsdauer nun sowohl fachärztlich als auch psychologisch sorgfältig durchuntersucht werden, um dann, je nach dem Befund, in die Familie oder in eine entsprechende geschlossene Anstalt übergeführt zu werden" (Gundel 1942: 325).

---

24 Von 1940 bis 1945 existierte am Gelände der Heil- und Pflegeanstalt „Am Steinhof" (das heutige Otto-Wagner-Spital) eine so genannte „Kinderfachabteilung", in der ca. 800 kranke oder behinderte Kinder und Jugendliche umgebracht wurden (vgl. http://www.spiegelgrund.at).

Das Kriterium für eine Einweisung – „irgendwie auffällig" sein – eröffnete einen breiten Handlungsspielraum für unterschiedlichste Interessen.

All diese fürsorgerischen Maßnahmen, von der Mütter- und Gesundheitsberatung über die periodische Gesundenuntersuchung bis hin zu Jugendfürsorge, standen auch im Dienst einer „erbbiologischen Bestandsaufnahme", die flächendeckend realisiert werden sollte. Um alle Schäden zu bekämpfen, welche die Volksgesundheit zu gefährden schienen, sollten die Gesundheitsämter sowohl die „erbbiologischen Bestandsaufnahmen" als auch die „Gesundheitsfürsorge" ärztlich durchführen. Den Gesundheitsämtern oblag damit

> „die Erfassung von gesundheitlich Gefährdeten in Form von Reihen- und Umgebungsuntersuchungen, die Beratung der gefährdeten Personen hinsichtlich der Verhütung der drohenden Gesundheitsschäden, die Frühdiagnose beginnender Gesundheitsschäden und Krankheiten, die Aufstellung des Heilplanes mit der Vermittlung der notwendigen Maßnahmen, die Unterbringung der anstaltsbedürftigen Fälle bei Unheilbarkeit, Pflege- und Erziehungsbedürftigkeit, bei Ansteckungsgefährdung in der Umgebung und die nachgehende Fürsorge der Erkrankten und Gefährdeten durch fürsorgerische Außenorgane" (Gundel 1943: 267).

Diese „Gesundheitsführung" und -fürsorge durch die nationalsozialistischen Gesundheitsämter sollte sich von älteren Formen „durch die totale Erfassung aller Volksgenossen ohne Unterschied von Stand und wirtschaftlicher Lage, durch die planmäßige Zielsetzung und durch die erbbiologische Ausrichtung" (ebd., unterscheiden. Zur Erfassung, Kontrolle und Selektion der gesunden BürgerInnen wurde das Gesundheitsamt als „biologische Zentrale" konzipiert (vgl. Czarnowski 1990: 136ff). Das Gesetz zur „Vereinheitlichung des Gesundheitswesens" von 1934, integrierte „Bevölkerungs- und Rassenpolitik" in das auf- und auszubauende öffentliche Gesundheitswesen. Die Aufgaben der Gesundheitsämter umfassten damit Gesundheitspolizei, „Erb- und Rassenpflege" einschließlich Eheberatung, gesundheitliche Volksbelehrung, Schulgesundheitspflege, Mütter- und Kinderberatung, Fürsorge für Tuberkulöse, für Geschlechtskranke, körperlich Behinderte, „Sieche" und Süchtige (ebd.: 142).[25] Die Gesundheitsämter sammelten alle Informationen aus allen Zweigen der Gesundheitsfürsorge und werteten sie auch hinsichtlich eugenischer und rassischer Selektion aus. „Erbkartei" und „Sippenakten"

---

25 „Der nationalsozialistische Staat will damit den Gesundheitsämtern nicht etwa nur einige neue Aufgaben übertragen, sondern die ganze Arbeit der Gesundheitsämter soll von dem Bestreben erfüllt sein, dem deutschen Volk einen ausreichenden erbgesunden Nachwuchs zu sichern [...]". Daher müsse „alles, was im Gesundheitsamt und den ihm angegliederten Fürsorgestellen geschieht, in den Dienst der Erb- und Rassenpflege gestellt werden" (Linden 1935 zit. in: Poier 2001: 3).

dienten der „Erbbestandsaufnahme" und der Erstellung wie Führung einer Registratur, die als „ärztliches Arbeitsmittel" der verschiedenen Fürsorgezweige dienten (ebd.: 153).[26] Die Gesundheitsämter sollten im Unterschied zur Arztpraxis zu „Musteruntersuchungsanstalten" werden, in denen Ärzte untersuchen, beraten, ermitteln oder begutachten, aber nicht behandeln sollten. Ein weiterer, wesentlicher Unterschied bestand darin, dass die Mehrheit der Klientel gesund war. Die präventivmedizinischen Eingriffe des NS-Gesundheitsamtes betrafen wesentlich Frauen, allen voran Mütter und werdende Mütter: Schwangeren-, Säuglings-, Kleinkinder-, Schulgesundheitsfürsorge und Mütterberatung, alle zielten auf eine Kontrolle mütterlicher Praxis ab. In der Geschlechtskrankenfürsorge wurden Frauen mit „HwG-Kontrolle" als potenzielle „Ansteckungsquelle" wiederentdeckt, von Männern war als „Infektionsquelle" nicht mehr die Rede. Gegenüber der Problematisierung von Geschlechtskrankheiten und Alkoholismus auf Seiten der Männer im ersten Drittel des 20. Jahrhunderts, die als Gefahr der „Verseuchung des gesamten Volkskörpers" verfolgt wurden (vgl. Kap. I.2.), verweist dieser Wandel darauf, dass eine „rassenhygienische" Sexualität zunehmend wieder vom Verhalten der Frauen abhängig gemacht und männliche Sexualität davon befreit wurde.

2.2 „Geschlechtergesundheitsführung":
Eugenische und medizinische Disziplinierung der generativen Reproduktion

Die Eugenisierung der Geschlechterordnung zielte in den ersten Jahrzehnten des 20. Jahrhunderts darauf ab, die Beziehung und das Verhältnis von Männern und Frauen in den Dienst der Zeugung, Geburt und Aufzucht gesunder Kinder zu stellen. Die Geschlechterbeziehung sollte als grundlegende Produktionseinheit des „organischen Kapitals" biopolitisch reguliert und kontrolliert werden, indem der Staat die Medizin zu Eingriffen in die Kultur und Natur der generativen Reproduktion ermächtigte. Alles, was dabei im Arsenal des medizinischen Zugriffs auf die Geschlechterbeziehung im ersten Drittel des 20. Jahrhunderts konzipiert wurde, wurde während der nationalsozi-

---

26 Die Einzelvorschriften für die Karteikarten wurden immer wieder abgeändert. Ab 1938 sollte die Rassezugehörigkeit anstelle der Religion und die „Beurteilung der Gesamtpersönlichkeit" in der Spalte „sozial" erfasst werden. Für die Erfassung der Gesamtpersönlichkeit waren folgende Gruppierungen vorgeschrieben: „K, RK" bedeutete kriminell oder rückfällig kriminell; „FZ" stand für Fürsorgeerziehung, „HwG" für häufig wechselnden Geschlechtsverkehr und Prostituierte, „EMS, EMK" bedeuteten entmündigt aufgrund von Geistesschwäche oder -krankheit, „EMT, EMV" bedeuteten entmündigt aufgrund von Trunksucht und Verschwendung, „Absch" stand für arbeitsscheu, „Asoz" für sonst asozial (vgl. Czarnowski 1990:165)

alistischen Herrschaft fortgeführt und zum Teil in die Tat umgesetzt, wie in der Folge gezeigt werden soll.

In Bezug auf Eherecht, Mutterschutz und Mutterschaftsleistungen bewirkte der Nationalsozialismus in Österreich aber einen Modernisierungsschub. Nach dem „Anschluss" Österreichs an das „Dritte Reich" wurde am 1. August 1938 auch hier das deutsche Ehegesetz rechtsgültig, und damit die Zivilehe ohne Ansehen des Religionsbekenntnisses obligatorisch. Damit konnten staatlich geschlossene Ehen auch staatlich geschieden werden, trotz anders lautender katholischer Lehrmeinung. Dabei wurde das Eheschließungsrecht aus dem Bürgerlichen Gesetzbuch (BGB) übernommen. Nationalsozialistisch verändert wurde nur das Ehehindernisrecht, bei dem den klassisch bürgerlichen Eheverboten jene aus der NS-Rassenideologie hinzugefügt wurden. Im bürgerlichen Ehegesetz wurden als trennende Ehehindernisse ein „Mangel des Vermögens zur Einwilligung" (Wahnsinnige, Unmündige etc.) anerkannt, ein „Mangel der wirklichen Einwilligung" (z. B. durch Entführung, Irrtum der Person des künftigen Ehegatten etc.), ein Fehlen des „Vermögens zum Zwecke der Eheschließung" (z. B. Impotenz, Kriminalstrafen, Doppelehe, höhere Weihe, Religionsverschiedenheit, Verwandtschaft etc.), ein Fehlen der „wesentlichen Formvorschriften" des Aufgebots und die „Wiederverheiratung" nach Trennung bei Katholiken.

Das NS-Eherecht strich die Ehehindernisse aus religiösen Gründen und Impotenz. Neue Ehehindernisgründe wurden aus den NS-Gesetzen des „Dritten Reiches" übernommen: So das „Blutschutzgesetz" von 1935, das Eheschließung und außerehelichen Geschlechtsverkehr zwischen Juden/Jüdinnen und Deutschen bei Strafe verbot und das „Ehegesundheitsgesetz" von 1935, das Eheschließung bei ansteckenden Krankheiten sowie mit entmündigten, „geistesgestörten" oder „erbkranken" Personen verbot. Wie bereits im letzten Kapitel ausführlich erörtert, war in Österreich seit Beginn der 20er Jahre des 20. Jahrhunderts versucht worden, die Sozialkontrolle, auf die der politische Ehekonsens des bürgerlichen Rechts abzielte, durch eine Gesundheitskontrolle zu ersetzen.[27]

Die Zulässigkeit der Ehescheidung wurde im Nationalsozialismus danach beurteilt, ob sie der „Volksgemeinschaft" nützte, z. B. im Dienst der Erhöhung der Geburtenrate stand. Als Scheidungsgründe aus Verschulden wurden Ehebruch, Verweigerung der Fortpflanzung und andere Fehlverhalten toleriert, als Zerrüttungsgründe „Geisteskrank-

---

27 Die Sozialkontrolle hatte auf eine Begrenzung des Anstiegs der subsistenzlosen Bevölkerung abgezielt (Eheschließung von DienstbotInnen, TagwerkerInnen etc. musste von der Obrigkeit genehmigt werden), die Gesundheitskontrolle sollte den Anstieg „minderwertiger" Bevölkerungsteile verhindern (Eheverbote, Zwangssterilisierung und -asylierung).

heit", ansteckende und Ekel erregende Krankheit, Unfruchtbarkeit, Auflösung der häuslichen Gemeinschaft und „Nichtumsiedlung" akzeptiert (ebd.: 161). Was im „NS-Ehegesundheitsgesetz" formuliert wurde, war zum Teil also bereits im bürgerlichen Eherecht als Ehehindernis aufgrund des „Mangels des Vermögens zur Einwilligung" enthalten. Die „Wahnsinnigen" wurden nunmehr explizit als „Erbkranke" betrachtet, die die übergeordneten Zwecke von Ehe und Familie, die Zeugung und Erziehung „erbgesunder Kinder", gefährdeten. Wie in den beiden Jahrzehnten vorher wurde die Ehe auch im Nationalsozialismus Ziel „erbpflegerischer" Maßnahmen, welche durch negative und positive Eugenik verwirklicht werden sollten. Eine positive Eugenik zur „Förderung der Lebenslage erwünschter Gemeinschaftsmitglieder" ermöglichte z. B. die Frühheirat und bevorzugte „erbgesunde" Ehepaare bei der Besteuerung oder Gewährung von Darlehen („Ehestandsdarlehen"). Eine negative Eugenik zur „Verhütung erbkranken Nachwuchses" erschwerte bzw. verhinderte die Fortpflanzung von Menschen, deren Erbgut als die Volksgemeinschaft belastend beurteilt wurde.

Weltanschaulich galt die Familie im Nationalsozialismus wie im bürgerlichen Staat als „Keimzelle des Staates". Neu hinzu kam die Betonung des gesundheitlichen Zustandes dieser „Keimzelle", die zur Zeugung gesunder Kinder verpflichtet werden sollte:

> „[…] es gibt nur ein heiligstes Menschenrecht, und dieses Recht ist zugleich die heiligste Verpflichtung, nämlich: dafür zu sorgen, dass das Blut rein erhalten bleibt, um durch die Bewahrung des besten Menschentums die Möglichkeit einer edleren Entwicklung dieser Wesen zu geben. Ein völkischer Staat wird damit in erster Linie die Ehe aus dem Niveau einer dauernden Rassenschande herauszuheben haben, um ihr die Weihe jener Institution zu geben, die berufen ist, Ebenbilder des Herrn zu zeugen und nicht Mißgeburten zwischen Mensch und Affe" (Hitler in: Lehner 1987: 150).[28]

Die „deutsche Familie" sollte die Reinigung und Reinheit des arischen Volkskörpers garantieren, deren Vermischung mit anderen Rassen von Nationalsozialisten wie eine ansteckende Krankheit empfunden wurde, die unheilbar blieb.[29] Die nationalsozialis-

---

28 Adolf Hitler: Mein Kampf 1925: 444f.
29 „[…] artfremdes Eiweiß ist der Same eines Mannes anderer Rasse. Der männliche Samen wird bei der Begattung ganz oder teilweise von dem weiblichen Mutterboden aufgesaugt und geht so ins Blut über. Ein einziger Beischlaf eines Juden bei einer arischen Frau genügt, um Blut für immer zu vergiften. Sie hat mit dem ‚artfremden Eiweiß' auch die fremde Seele in sich aufgenommen. Sie kann nie mehr, auch wenn sie einen arischen Mann heiratet, rein arische Kinder bekommen, sondern nur Bastarde, in deren Brust zwei Seelen wohnen und denen man körperlich die Mischrasse ansieht. Auch deren Kinder werden wieder Mischlinge sein, das heißt häßliche Menschen von unstetem Charakter und mit Neigung zu körperlichen Leiden. Man

tische Familienpolitik zielte daher auf Steigerung der Anzahl von Eheschließungen deutschstämmiger Paare und eine Steigerung der Geburtenrate durch diese Paare ab. Die Naturalisierung der Geschlechterordnung und der Geschlechtscharaktere des bürgerlichen Patriarchalismus wurde fortgeführt. Auch im Nationalsozialismus sollte die Frau die Erfüllung ihrer „Natur" in der Mutterschaft und im Dienst an der Familie erfahren.[30] Der Mann dagegen konnte die Erfüllung seiner „Natur" in einer „Vaterschaft für die Volksgemeinschaft" erfahren und im „Arbeits"- wie „Kriegseinsatz" seine „Väterlichkeit" unter Beweis stellen. Der „Arbeitseinsatz" sollte dem Aufstieg des „deutschen Volkes", der „Kriegseinsatz" dessen Schutz dienen. Das Außen der Familie wurde im Nationalsozialismus in das Außen der Nation transformiert. Die Frau galt als minderbegabt in intellektuellen und politischen Dingen. Ihr Interesse sollte sich auf die Familie richten, ihr Aufgabenbereich wäre Heim, Herd und Kindererziehung, Hüten und Pflegen der nachwachsenden Generation. Demgegenüber blieb die Welt des Mannes die Pflicht in Politik und Gesellschaft. Auch der Nationalsozialismus entwarf sich damit als ein Staat, der einer angeblichen „Natur" der Geschlechter zu ihrem Recht verhelfen wollte, um die gesellschaftliche Ordnung zu wahren.

Diesen Idealen entsprechend, zielte die nationalsozialistische Ehegesetzgebung, wie schon das bürgerliche Eherecht, auf eine „Entprivatisierung der Ehe" ab, um die individuellen Interessen der EhepartnerInnen einem übergeordneten Ganzen unterzuordnen. Dieser übergeordnete Zweck der Ehe war im bürgerlichen Eherecht die Zeugung und Erziehung von Kindern und der gemeinsame Beistand der Ehegatten. Die Pflicht zur Zeugung von Kindern wurde im § 44 des ABGB-Familienrechts von 1811 formuliert und die Verweigerung des Beischlafs oder der Zeugung von Kindern in der Praxis als Scheidungsgrund bejaht, obwohl dies im ABGB nicht eigens erörtert wurde. Im Nationalsozialismus wurde daraus die Zeugung und Erziehung arischer und „erbgesunder" Kinder für die „Erhaltung von Art und Rasse". Trotz der Propaganda von der natürlichen Bestimmtheit von Frauen zu Hausarbeit und Kindererziehung kam es im Nationalsozialismus aber keineswegs zu einer Rückentwicklung der Frauenerwerbstätigkeit:

---

nennt diesen Vorgang ‚Imprägnation'" (Julius Streicher in: Berger 1984: 107).

30 Dies hat exemplarisch Joseph Goebbels in „Signale der neuen Zeit" ausgeführt: „Den ersten, besten und ihr gemäßesten Platz hat die Frau in der Familie, und die wunderbarste Aufgabe, die sie erfüllen kann, ist die, ihrem Land und Volk Kinder zu schenken, Kinder, die Geschlechterfolgen fortsetzen und die Unsterblichkeit der Nation verbürgen [...] Im Dienst am Volksganzen kann die Frau am ehesten in der Ehe, in der Familie und in der Mutterschaft sich ihrer hohen Sendung bewusst werden [...], wir sind der Überzeugung, dass ein sozial reformiertes Volk seine erste Aufgabe wieder darin sehen muss, der Frau die Möglichkeit zu geben, ihre eigentliche Aufgabe, die Mission der Familie und der Mutter wieder zu erfüllen" (zit. in: Anm. 18 Lehner 1987: 172f).

zum einen aufgrund des Auf- und Ausbaus der Rüstungsindustrie, welche zunehmend Arbeitskräfte brauchte, und zum anderen aufgrund der kriegsbedingten Abwesenheit der Männer in den Betrieben und im Öffentlichen Dienst. Der Frauenanteil an allen Beschäftigten erreichte während des Zweiten Weltkrieges den historischen Höchststand von 60 %.

Neben der medizinischen Überwachung und staatlichen Kontrolle von PartnerInnenwahl und Eheschließung wurden auch die staatlichen Eingriffe in die Familienerziehung ausgeweitet. Im Gesetz über die „Hitlerjugend" (§ 2) wurde der Staat „als Erziehungsträger gleichrangig neben das Elternhaus gestellt" (ebd.: 168). In der „NS-Jugendwohlfahrtverordnung" war das Erziehungsziel für die Eltern formuliert:

„Die Erziehung der Jugend im nationalsozialistischen Staate ist Erziehung zur deutschen Volksgemeinschaft. Ziel der Erziehung ist der körperlich und seelisch gesunde, sittlich gefestigte, geistig entwickelte, beruflich tüchtige deutsche Mensch, der rassebewußt in Blut und Boden wurzelt und Volk und Reich verpflichtet und verbunden ist. Jedes deutsche Kind soll in diesem Sinne zu einem verantwortungsbewußten Glied der deutschen Volksgemeinschaft erzogen werden" (zit. in: Lehner 1987: 169).

Bei Anzeichen einer Gefährdung nationalsozialistischer Erziehungsziele konnte die Jugendwohlfahrtsbehörde einschreiten. Diese diente nicht dem Schutz der Kinder, sondern der Durchsetzung rassistischer und autoritärer Erziehungsziele: „Die gesamte Bildungs- und Erziehungsarbeit des völkischen Staates muß ihre Krönung darin finden, dass sie den Rassesinn und das Rassegefühl instinkt- und verstandesmäßig in Herz und Gehirn der ihr vertrauten Jugend hineinbrennt" (Hitler zit. ebd.: 169). Im Dienste der Sicherung der familiären Erziehung der Kinder wurden Mutterschutz und Mutterschaftsleistungen ausgebaut. Im Gegensatz zum Austrofaschismus (1933/34–38), der trotz Propagierung und Aufwertung von Familie und Mutterschaft, keine Ausweitung des Mutterschutzes und der Mutterschaftsleistungen schuf, setzte der Nationalsozialismus auch auf materielle Anreize, sozialhygienische Maßnahmen und offene Repression, um das Familienideal der „erbgesunden Familie" zu realisieren (vgl. Neyer 1987: 96). Geburtenbeihilfen, Kindertagesheime und Erholungsaktionen, steuerliche Nachteile für Kinderlose und Unterdrückung von Verhütungsmitteln und Sexualaufklärung, Abtreibungsverbot und „Erbgesundheitspflege" waren die Mittel der Wahl. Die Maßnahmen wurden, mit Ausnahme des „NS-Mutterschutzgesetzes", im „Anschlussjahr" in Kraft gesetzt. Das „NS-Mutterschutzgesetz" wurde erst 1940 übernommen und 1942 novelliert. Ab da gab es „Kündigungsschutz für Schwangere, Wochengeld ab der sechsten Woche vor der Entbindung, verlängerte Schutzfristen nach Frühgeburten und für stillende

Mütter, Mindeststillzeiten bei vollem Lohnausgleich sowie diverse Arbeitsschutzbestimmungen" (ebd.). Damit wurden Maßnahmen realisiert, welche sozialdemokratische Politikerinnen bereits seit der Jahrhundertwende forderten. Allerdings galten diese nicht für Zwangsarbeiterinnen, Ausländerinnen und deutsche Frauen „nicht-arischer Herkunft".

Im Bereich der medizinischen Eingriffe in die Natur und Kultur der generativen Reproduktion wurden die bereits in den Jahrzehnten vor dem „Anschluss" konzipierten medikalisierten Ideale einer eugenisch überwachten generativen Reproduktion und der darin ausgearbeitete „Reproduktionswert" der Geschlechter neu aufgelegt (vgl. Kap. I.2.). Die darin enthaltenen Geschlechterkonzepte wurden auf Seiten der Männer durch den „Sporteinsatz", auf Seiten der Frauen durch den „Arbeitseinsatz" erweitert, wie im folgenden Abschnitt gezeigt wird. Der medizinischen Beurteilung von Männlichkeit und männlicher Tauglichkeit widmeten die „Wehrmedizin"[31] und die „Sportmedizin"[32] in den Fachartikeln der „Wiener Klinischen Wochenschrift" am meisten Aufmerksamkeit. Der Mann sollte den Kampf gegen den äußeren Feind im „Kampfspiel" des Sports erproben, im „ernsten Kampf" an der Front gewinnen und sich gegen den inneren Feind im „Arterhaltungskampf" durchsetzen. Da das „Dritte Reich" bereits ein Jahr nach dem „Anschluss" Österreichs, im September 1939, den Krieg begann, verblieb in Österreich keine Zeit mehr für Mutterschafts- und Familienpropaganda. Dem unverzichtbaren „Arbeitseinsatz" von Frauen in der (Rüstungs)Industrie bei gleichzeitiger Erhaltung ihrer Reproduktionsfähigkeit und -bereitschaft räumten die medizinischen Fachartikel höchste Priorität ein. Damit wurde die nationalsozialistische Politik in Bezug auf Frauen, welche auch den medizinischen Zugriff auf sie bestimmten, zur „Geburtsstunde" des Frauenidealbildes des ausgehenden 20. Jahrhunderts, das den „Arbeitseinsatz" von Frauen am Arbeitsplatz wie in der Familie gleichermaßen forderte.

Ehe als „biologische Zelleinheit" und die Familie als „organisches Zentrum" des Nationalsozialismus

Die „Generationskraft" der Geschlechter, die potenzielle Fähigkeit von Mann und Frau, gemeinsam Nachkommen zu zeugen, wurde auf Seiten der Medizin als Grundlage der „Qualität menschlichen Lebens" und als Grundbedingung der „Fortdauer des Lebens"

---

31 Handloser: Wehrmedizin 1939; Handloser: Musterung und Volksgesundheit 1939; Stracker: Der Körperzustand einiger Altersklassen der Wiener Bevölkerung im Spiegel einer militärischen Musterung 1939; Wolter Hans: Wehrpsychiatrie. In: WKW 1939/1: 4–7. Zimmer: Wehrmedizin 1941; Lorenz: Sport und Wehrmacht 1941.
32 Pirker: Sportberatung 1941; Lorenz: Sport und Wehrmacht 1941; Pirker: Der Mann im Sport 1943.

konzipiert. Diese Regenerationskraft sollte durch das „Ausmerzen von Untauglichem" und die Gestaltung einer, den günstigen Erbanlagen zuträglichen, Umwelt verbessert werden. In diesem Zusammenhang bezeichnete der Leiter der I. Universitäts-Frauenklinik und Hebammenlehranstalt in Wien, Professor Herrmann Siegmund, die Geschlechterbeziehung als „Keimzelle" von Familie, Volk und Staat und damit gewissermaßen als „organisches Zentrum" des Nationalsozialismus.

> „Aus der Notwendigkeit der Verbindung zweier Menschen zur Zeugung des Kindes ergibt sich schon der Ansatz zu einer nächsthöheren Lebensgemeinschaft. Wenn nämlich die Zelle eine organische Einheit ist und der Mensch das Beispiel der höchstentwickelten Form einer Zellgemeinschaft, so sehen wir in der ersten Gruppierung von Mann und Weib zur Familie den Baustein zur nächsthöheren Organisation, der Organisation von Menschen zur Volksgemeinschaft, zum Volksstaat" (Siegmund 1938: 1366).

Geschlechter- und Generationenordnung in Ehe und Familie wurden auch aus medizinischer Perspektive biologisiert, und so zur biologischen Notwendigkeit gemacht. Das Problem des Fortbestandes menschlicher Gemeinschaften, die Siegmund als „lebendige Organismen" betrachtete, müsse auf der Ebene der Fruchtbarkeit gelöst werden. Dass diese nur auf Basis der Familienbildung möglich sei, wurde von Siegmund mit dem Verweis auf angeblich grundlegende Erkenntnisse der Biologie begründet. Diesen Erkenntnissen entsprechend, sollte die „Natur" der Frau während 20 Ehejahren für die Geburt von acht bis zehn Kindern bereit sein. Diese biologische Norm sollte nun auch zur sozialen Norm gemacht werden. Andere als biologische Beweggründe, die Kinderzahl zu beschränken, traten demgegenüber zurück. Denn

> „die Zelle einer Volksgemeinschaft kann nicht vom einzelnen gebildet werden. Der Volksorganismus braucht, wenn er lebens- und leistungsfähig bleiben soll, als biologische Zelleneinheit die fruchtbare Ehe, die Familie" (Siegmund 1938: 1366).

Die steigende Fruchtbarkeit sollte nicht nur für die Verjüngung des Volkskörpers sorgen, sondern – durch das Nachrücken körperlich und geistig gesunder Generationen – auch für die Herstellung einer eugenisch einwandfreien Generationenfolge. Die medizinische Wissenschaft sollte dazu beitragen, dass Fortpflanzung und Organisation der Reproduktion der Gattung nach neuen naturwissenschaftlichen Erkenntnissen gestaltet werden konnten. Dem Volk sollte die Möglichkeit eröffnet werden, in einem gesunden Lebensraum zu wurzeln und durch die Konfrontation mit ständig neuen Aufgaben seine Kräfte zu qualifizieren. Die Leistungsfähigkeit des einzelnen Organismus und des Volkes wurde abhängig gemacht von den Aufgaben des Lebens. Mensch und Volk sollten unter der Größe ihrer Aufgaben wachsen. Dazu galt es für günstige Bedingungen zu sorgen. Diese Versuche der Verbesserung der Lebenskräfte beurteilte Siegmund auch als Bemühung zur Überwindung der Vergänglichkeit und Sterblichkeit.

„Das Ringen des Menschen nach weiterer Vollkommenheit ist nicht zuletzt ein Ringen nach erweiterter verlängerter Lebensform – nach Unsterblichkeit. So gesehen ist die ganze Menschheitsgeschichte durchwirkt vom Drange der Unsterblichkeit" (Siegmund 1938: 1367).

Die Eugenik etablierte sich als Teil dieses Strebens nach Unsterblichkeit, indem sie die Idee des praktisch unbegrenzten Weiterlebens des Protoplasmas in der Generationenfolge ins Bewusstsein getragen hatte. Mit dieser „Unsterblichkeit des Protoplasmas" begründete „SS-Untersturmführer" Dr. Hermann Möschl den lenkenden Eingriff der Medizin in die generative Reproduktion: „Wir kommen und gehen wie Eintagsfliegen, der einzelne ist dem ewigen Lauf der Natur gegenüber nichts, das Geschlecht alles" (Möschl 1938: 1175). Daher sollte der medizinische Eingriff die PartnerInnenwahl, die Familienorganisation, den „Arbeitseinsatz" der Frauen, Fortpflanzung und Aufzucht der Kinder nach wissenschaftlichen Gesichtspunkten regulieren, organisieren und überwachen. Dem Mann wurde dabei „sein Arbeitsfeld im Lebensraum des Volkes" zugewiesen, der Frau vorerst noch im „Raum der Familie". Dort sollte sie „der Mehrbelastung durch Austragung und Heranbilden des Nachwuchses, bis zur Uebernahme der Erziehung durch den Staat, gerecht werden" (ebd.). Da die generativen Potenziale der Frau für die Fortpflanzung unumgänglich sind, traf der forschende und lenkende Eingriff der Medizin – im Dienste einer naturwissenschaftlichen Gestaltung der Reproduktion der Gattung – wesentlich die Frau als Mutter.

Als eine Voraussetzung, die „Generationskraft" der Geschlechter gesund zu erhalten, galt die GattInnenwahl nach biologischen und gesundheitlichen Kriterien, die stets eugenisch begründet waren. Das Problem der „Gegenauslese", das zur „Ausbildung und Vermehrung von Merkmalen" führe, „die Mängel in der körperlichen und geistigen Entwicklung zur Grundlage haben", wurde wie bei den Sozialdarwinisten der Zivilisation bzw. „Kulturmenschheit" zugeschrieben, welche auch „leistungsunfähige" Menschen am Leben erhalte. Die falsche PartnerInnenwahl wurde als eine Ursache dieser „Gegenauslese" kritisiert, denn „bei der Gattenwahl ist der Mensch, insoweit nicht Einschränkungen gesetzlicher Natur bestehen, Subjekt und Objekt gleicherweise", so Professor Dr. Karl Keller (1879–1944) in einem Vortrag der Ärzteschulungsabende (Keller 1940: 703).[33] So

---

33 Der Vortrag wurde im Mai 1939 in der WKW publiziert. Karl Keller war Veterinärmediziner und Biogene-

habe der Kriminalbiologe Friedrich Stumpfl in seinen Forschungen nachgewiesen, dass „es die Gattenwahl sei, die gewissen biologischen Gesetzmäßigkeiten gehorchend, zu einer Anreicherung bestimmter Anlagekombinationen und dementsprechenden Merkmalsgruppierungen in den Sippen führe", so der Direktor des Institutes für Gerichtliche Medizin an der Universität Hamburg, Professor Ferdinand von Neureiter (1893–1946) in einem Artikel zu „Verbrechen und Vererbung" in der „Wiener Klinischen Wochenschrift" (Neureiter von 1940: 980).[34]

Diese „biologische Partnerregel", im Volksmund auch unter dem Satz „gleich und gleich gesellt sich gern" bekannt, sollte im NS vor allem hinsichtlich der GattInnenwahl unter „Erbkranken", „VerbrecherInnen", „VagabundInnen" etc. verhindert und die Eheschließung zwischen wertvollen und leistungsfähigen Deutschen gefördert werden. Auf der Grundlage des deutschen „Ehegesundheitsgesetzes" vom 18. Oktober 1935 sollte diese „biologische Partnerregel" durch medizinische Kontrolle der Eheschließung realisiert werden, welche bei Vorliegen bestimmter Krankheiten die Ehe verbot. Standes- und GesundheitsbeamtInnen prüften fortan die „Ehetauglichkeit"[35] nach wissenschaftlichen Gesundheitskriterien.

Bei Nichterreichen der „Ehetauglichkeit" wurde im „NS-Staat" die persönliche Freiheit der Eheschließung aufgehoben, die ja erst ab Mitte des 19. Jahrhunderts unabhängig von Klasse und ökonomischen Besitz gesetzlich ermöglicht worden war. Die Eheverbote oder -erlaubnisse waren bis dahin abhängig von Stand und ökonomischem Besitz gewesen. Deutsche Eugeniker würdigten diese traditionelle Regelung als eugenische Maßnahme gegen die Zunahme armer Bevölkerungsteile (vgl. Schallmayer in Czarnowski 1990: 70). Die mit dem Nationalsozialismus in Kraft tretenden Ehegesetze richteten sich gegen die Zunahme „minderwertigen Nachwuchses" aufgrund von „Erbkrankheiten" oder „Rassenmischung". Das „Nürnberger Gesetz" vom 15. September 1935, das die Ehe von „Juden/Jüdinnen" mit „Deutschblütigen" verbot, wurde im No-

---

tiker. Er wurde 1879 geboren, promovierte 1902 zum Tierarzt, war ab 1904 Assistent für Tierproduktionslehre und Geburtshilfe, promovierte 1909 zum Dr. med. und habilitierte sich 1912 für Geburtshilfe an der tierärztlichen Hochschule und 1915 auch für Tierzucht. Er legte 1935 das Fach für Tierzucht zurück und forschte in den 30er Jahren im Bereich der „Vererbungslehre" und Zwillingsforschung.

34 Neureiter war Gerichtsmediziner, ab 1922 ao. Professor in Riga, 1924 Privatdozent in Wien. Er war Mitglied der „NSDAP" und des „NS-Ärztebundes". Er leitete von 1937 bis 1939 die Kriminalbiologische Forschungsstelle im Reichsgesundheitsamt und war Professor für Kriminalbiologie an der Universität Berlin. Ab Oktober 1939 wurde er auf einen Lehrstuhl an die Universität Hamburg berufen und war ab 1941 Professor der „NS-Kampfuniversität" Straßburg (vgl. Klee 2003: 434).

35 Die amtsärztliche Überprüfung der „Ehetauglichkeit" wurde Teil der neuen eherechtlichen Regelung im „Ehegesundheitsgesetz" und „Blutschutzgesetz"; in bestimmten Fällen musste die „Ehetauglichkeit" durch „Ehetauglichkeitszeugnisse" (ETZ) bestätigt werden.

vember mittels einer Durchführungsverordnung auf „NegerInnen", „ZigeunerInnen" und „Bastarde" ausgeweitet. Während des Krieges wurden zunehmend auch die „rassenpolitischen" Gefahren des „fremdvölkischen" Einsatzes problematisiert. Der Krieg zwinge dazu, Millionen „fremdvölkischer" Arbeitskräfte ins Land zu bringen. Die Medizin wurde eingesetzt darüber aufzuklären, dass Eheschließung und Zeugung von Kindern grundsätzlich nur von Deutschen mit Angehörigen des eigenen Volkes erwünscht und zulässig waren. Der Leiter des „Gauamtes für Rassenpolitik" in Wien, Franz Fehringer, forderte, dass bis ins letzte Dorf des Reiches der deutsche Mensch zu einer Haltung erzogen werden müsse,

> „die aus der Berührung mit Fremdvölkischen keine Gefahr werden läßt. Diese Aufgabe und dieser Auftrag sind eine zukunftsentscheidende Bewährungsprobe für die innere Front dieses Krieges; in ihr wird entschieden, ob das Europa von morgen ein Rassenchaos und ein Völkergemisch unbestimmter Erbqualitäten mit sinkender Leistung und absteigender Kultur oder aber ein sauberes Nebeneinander sich gegenseitig in ihrer Art achtender, auf ihre völkischen und kulturellen Leistungen stolzer Nation sein wird" (Fehringer 1943: 644).

Die Gesunderhaltung der „Generationskraft" der Geschlechter wurde durch eine Eugenisierung einer angeblich „biologischen Partnerregel" verfolgt, damit nur „erbgesunde" und „deutschblütige" Männer und Frauen den Nachwuchs für das „Dritte Reich" zeugten.

Auch die Vergabe des „Ehestandsdarlehens" war an die eugenischen Kriterien der „Erbgesundheit" gebunden.[36] Der „Prüfungsbogen für Eheeignung" enthielt neben den Fragen nach chronischen Infektionskrankheiten alle Indikationen für eine Zwangssterilisation. Die Eheleute mussten dabei aber zudem Untersuchungen auf sich nehmen, welche sich auf die ganze Familie, auf ihre „Sippe" erstreckten. Diese Untersuchungen eröffneten wiederum die Gelegenheit, zu kontrollieren, ob die Betroffenen unter das „Sterilisierungsgesetz" fielen. Damit ließe sich, so Gisela Bock, auch erklären, weshalb nur ein Drittel bis ein Viertel der Neuverheirateten überhaupt Anträge auf „Ehestandsdarlehen" stellten (Bock 1979: 131). Von den wenigen Paaren, die den Vorlagen für Zuteilung des Darlehens entsprachen, erhielt der Mann das Geld, obwohl das „abkindern" des Darlehens – pro Kind wurde ein Viertel erlassen – Frauenarbeit in Gestalt von Geburt, Haus- und Erziehungsarbeit war. Die nationalsozialistische Wohlfahrtspolitik staffelte die zu verteilenden Gelder dahin gehend, dass „unnütze Esser" weniger zu

---

36 Voraussetzung für den Erhalt eines „Ehestandsdarlehens" war die ärztliche Bescheinigung der „Eheeignung" durch ein „Eheeignungszeugnis".

essen erhielten und die „nützlichen" ihre Nutzbarkeit unter Beweis stellen mussten. Unterstützt wurden nicht alle Familien mit Kindern, sondern nur eugenisch wertvolle. Da es aber zu diesem Zeitpunkt noch keine „Erbwertskartei" gab, an der die Gesundheitsämter zwar arbeiteten, wurde die soziale Schichtung als vorläufiger Indikator des „Erbwertes" vorgeschlagen (ebd.: 136). Diese „rassenhygienische" Sozialpolitik betraf ledige Mütter in besonderer Weise. Denn auch dann, wenn die Frage des Nachwuchses für die Zukunft entscheidend bleibe, alle anderen Fragen demgegenüber zurückträten und damit „beim unehelichen Kind […] jede moralische Betrachtung auszuschalten sei", sollte nach Hermann Vellguth, Leiter der Stelle für „Erb- und Rassenpflege" und Stadtmedizinaldirektor in Wien, nur die „biologisch vollwertige" ledige Mutter Unterstützung erhalten und die Familie Mittelpunkt der Bevölkerungspolitik bleiben (Vellguth 1942: 377). Im Allgemeinen polemisierten die Ärzte gegen die „Mammonisierung des Paarungstriebes" und verherrlichten die unbezahlte Arbeit der Frau.

Die Ärzte wurden von Seiten des Staates zur Durchführung seiner Gesetze ermächtigt, bei der sie folgenreiche gesundheitliche Qualitätsprüfungen an Männern und Frauen durchführten.[37] Bei der „Bescheinigung über die Untersuchung auf Eignung zur Ehe" hatten Psychiater ein gewichtiges Wort mitzureden. So forderte der Dozent Dr. A. Prinz Auersperg in einem Vortrag über „Aerztliche Beurteilung des Charakters"[38] im Rahmen der Ärzteschulungsabende die Einbeziehung psychiatrischer Urteile, da diese sowohl zur Beurteilung der Wehrfähigkeit der Männer als auch der Ehefähigkeit der Frauen beitragen können:

> „Die Erfahrung am psychiatrischen Material ist sowohl bei Beurteilung der Tauglichkeit für die Truppe als auch für die Entscheidung der Ehefähigkeit der Frau von Wichtigkeit, da sich bedeutende eugenische Forschungsarbeit in der Auswahl des Materials vom psychiatrischen Gesichtspunkte leiten läßt und die Ergebnisse somit nur unter Einsatz der psychiatrischen Erfahrung verwertet werden können" (Auersperg 1938: 1294).

Auch die regelmäßige Blutuntersuchung vor der Eheschließung bot die Gelegenheit, die praktische Geschlechtskrankenfürsorge, die bis dahin nur bei der militärischen Musterung und der medizinischen Überwachung der Prostituierten durchgeführt werden

---

37 Gabriele Czarnowski legte unter dem Titel „Das überwachte Paar" (1990) eine ausführliche Studie vor, in der sie aufzeigt, dass Ehe- und Sexualpolitik im Nationalsozialismus keineswegs reaktionär, sondern höchst modern, wissenschaftlich bereits in den Jahrzehnten vorher argumentiert und begründet war und dass der Unterschied in der durch den „NS-Staat" legalisierten Gewalt liegt, die im Zugriff auf die Gesundheit der Bevölkerung mittels „Ehetauglichkeitsprüfungen" durchgesetzt wurde.
38 Der Vortrag wurde im November 1938 in der WKW publiziert.

konnte, auszuweiten. Sie zielte im speziellen auf die „Vermeidung und Ausrottung der angeborenen Lues [ab], der einschließlich der Fehlgeburten und Spätschäden jährlich eine größere Anzahl von Kindern zum Opfer fällt", so der Obermedizinalrat Dozent Dr. Friedrich Voss (Voss 1943: 384) aus der Hauptabteilung „Gesundheitswesen und Volkspflege" der Gemeindeverwaltung des „Reichsgaues Wien"[39]. Die körperliche und genitale Kontrolle von Männern und Frauen durch Ärzte waren also nicht neu. Die ärztliche Genitaluntersuchung von Frauen diente historisch jedoch immer männlichen Interessen. Gesetze und sanitätspolizeiliche Praxis schützten z. B. die männlichen Vorrechte der doppelten Moral, indem sie dem männlichen Wunsch nach der Jungfräulichkeit der künftigen Ehefrau dienten und über Zwangsuntersuchungen von Prostituierten eine hygienisch kontrollierte vor- oder außereheliche sexuelle Versorgung der Männer sicherstellte (vgl. Czarnowski 1995: 80). Dieser medizinische Zugriff auf die Prostituierten wurde nunmehr auf ehewillige Frauen und Männer ausgeweitet.

Maßstab für die Beurteilung des „Erbwertes" beider Geschlechter waren die Aufnahmekriterien in die „SS". Ärzte hatten darüber zu entscheiden, ob der Bewerber in „Gesinnung und Haltung" für diese Aufgabe geeignet sei. Der Mann wurde dabei danach überprüft, ob er

> „nicht nur in Reih und Glied, sondern auch in widerspruchsvollen und unklaren Lebenslagen den Geist der Bewegung mit dem Gewicht und der Gewandtheit seines persönlichen Einsatzes zu vertreten und behaupten vermag", ob er Ernst und Verantwortung begriffen habe, „dass er Stimmungsschwankungen seines privaten Ichs fortan in den Winkel zu stellen hat, […] in seiner Gesinnung und Haltung von seinen Volksgenossen nicht als Privatmann, sondern als Mitglied der allzeit getreuen Truppe des Führers gewertet wird", ob er seine „Braut als zukünftige Hausfrau und Mutter gewählt, welche so geartet ist, dass ein sicheres Haus und gut gezogene Kinder zu erwarten sind" (Auersperg 1938: 1295).

Die medizinische Überprüfung des Mannes beinhaltete damit zugleich die Überprüfung der Frau. Ihr „Erbwert" wurde daraus abgeleitet, ob ein als „hochwertig und leistungsfähig" beurteilter Mann sie zur Ehefrau erwählte. Dieses Geschlechtermodell, nach dem sich die Geschlechter im Wesentlichen über drei Eigenschaften – Leistungsfähigkeit, Einordnungsfähigkeit und politische Gefolgschaft – qualifizieren konnten, war auch bei der medizinischen Überprüfung der „Ehetauglichkeit" entscheidungsleitend. Männer wie Frauen hatten sich an den Orten, die der nationalsozialistische Staat für sie vorsah, in dem Sinne zu bewähren, dass sie ihre „Generations- und Arbeitskraft" für den biolo-

---

[39] Die Hauptabteilung wurde von Stadtrat Prof. Dr. med. et phil. Max Gundel geleitet.

gischen Wiederaufbau des „deutschen Volkes" einsetzten – mit dem einen Unterschied allerdings, dass der Ehemann weiterhin Nutznießer der Frauenarbeit in Haus und Familie blieb.

„Reproduktionswert" des Mannes: „Kampfspiel" – „ernster Kampf" – „Arterhaltungskampf"

Die Funktionsprüfung von Männlichkeit fand aus medizinischer Sicht während des Nationalsozialismus im „Wehrkampf", „Sportkampf" und „Fortpflanzungskampf" statt und bestätigte bzw. widerlegte den „Reproduktionswert" des Mannes. Der „männliche Trieb zum Kampfe" wurde von der Medizin als anlagebedingte und phylogenetisch sich durchsetzende Kämpfernatur des Mannes entworfen, der in der Wehrmacht, im Sport und in der Familie bestätigt, geformt und zu seiner Höchstform gebracht werden konnte. Der Trieb zum Kampf galt als Teil der Daseinsbejahung des Mannes, was zugespitzt letztendlich bedeutete, männliches Töten als Lebensbejahung zu ideologisieren und idealisieren. Damit avancierte der kampffähige Mann im Nationalsozialismus zum Idealbild reproduktionswürdiger Männlichkeit. Seine Kampfbereitschaft und -fähigkeit sollte im „siegentschlossener Sporteinsatz" und im „willensstarken Wehreinsatz" gebildet werden und sich im schutzbereiten „Arterhaltungskampf" manifestieren.

Die Wehrmacht diente der Erziehung des Mannes zum kräftigen, stahlharten Kämpfer. Wie bereits in den Jahrzehnten vorher beurteilte die Medizin den männlichen „Reproduktionswert" im Zusammenhang mit seiner „Wehrfähigkeit" und auf Basis der militärischen Musterung. Um ein Höchstmaß an „Wehrkraft", „Wehrfähigkeit" und „Wehrtüchtigkeit" zu erreichen sollte die „ärztliche Überwachung der Gesundheitsführung, Krankheitsvorbeugung und körperlichen Ertüchtigung des Soldaten auch im Nationalsozialismus Grundlage für den medizinischen Zugriff auf die Prüfung des Reproduktionswertes der Männer" bleiben, so der Generalarzt Dr. Zimmer in einem Gastvortrag über „Wehrmedizin" in Gmünd am 20. Dezember 1940 (Zimmer 1941: 281). Die „Wehrtüchtigkeit" entschied auch über den „Reproduktionswert" des Mannes, zumal sie über seine Kraft und seinen Gesundheitszustand Auskunft zu geben versprach.

> „Die *Wehrkraft* eines Volkes beruht auf der Zahl der Wehrpflichtigen, die *Wehrfähigkeit* hängt ab von der Zahl der Tauglichen unter den Wehrpflichtigen und die *Wehrtüchtigkeit* ist das Maß an Kraft und Gesundheit der Tauglichen"

so der Generalstabssarzt und Heeres-Gruppenarzt Siegfried Handloser (1885–1954) in seiner Eröffnungsvorlesung im November 1938 an der I. Medizinischen Klinik der Universität Wien (1939: 1).⁴⁰ Aufgabe der „Wehrmedizin" sei es, zur Steigerung der Volksgesundheit und -kraft beizutragen, wobei in der Wehrmacht nicht nur die „Wehrbarmachung" eines Volkes gesehen werden dürfe, sondern „in erster Linie die hohe Schule des Gesamtvolkes für den mutvoll durchzustehenden Lebenskampf. Lebenskampf ist aber Auseinandersetzung mit der Umwelt" (ebd.: 2). Auch wenn Handloser die Wehrmacht als „Schule des Gesamtvolkes" konzipierte, adressierte er für den „Lebenskampf" nur die Männer. Jungen Männern biete das Wehrmachtsleben eine Umwelt, in der sie diese hohe Schule des Lebenskampfes erlernen könnten.

> „Und dies bedeutet: enges Zusammenleben vieler jugendlicher Männer, Loslösen von Familie, Beruf, Arbeitskameraden und Frauenwelt, stärkste körperliche Inanspruchnahme für das Waffenhandwerk, Umstellung von Erwerbsinteressen und Lebensgenüssen, Entsagen und straff geregelte Zeitverwendung, Verzicht auf Eigenwillen, Unterordnung und Gehorsam, entschlossenes selbstsicheres Einsetzen für ideale Werte, äußerste Pflichterfüllung und vorbildliche Lebensführung" (Handloser 1939: 2).

Medizinische „Musterung und Aushebung" sollte nicht nur der Wehrmacht den geeigneten Ersatz zuführen, sondern auch einen Einblick in die Volksgesundheit ermöglichen. Handloser empfahl, dazu alle festgestellten Mängel und Fehler aller „Gemusterten" in „Wehrstammkarte" und Gesundheitsbuch aufzulisten, nicht nur jene, die zur Untauglichkeit führten.⁴¹ Beide Erfassungsmethoden bewertete er als „unerschöpfliche Quelle zur Beurteilung des Gesundheits- und Leistungszustandes eines Volkes". Das Volk selbst beurteilte er als den „ewigen Quell der Wehrmacht", denn nur ein gesundes Volk könne eine starke Wehrmacht hervorbringen. Daher forderte er, Kraft und Leistungsfähigkeit des Volkes wie auch die Steigerung der Geburtenhäufigkeit mit allen Mit-

---

40 Siegfried Handloser war Internist, ab 1910 Offizier im Sanitätsdienst des Heeres, „Oberster Wehrmediziner" und ab 1938 Honorarprofessor in Wien, ab Januar 1941 Heeressanitäts-Inspekteur und Generalstabsoberarzt. Ab Juli 1942 war er Chef des Wehrmachtssanitätswesens und ab 1943 Honorarprofessor in Berlin, zugleich Mitglied im Kuratorium des Kaiser-Wilhelm-Instituts für Hirnforschung. Er wurde beim Nürnberger Ärzteprozess am 20. August 1947 zu lebenslanger Haft verurteilt und im Dezember 1953 wegen Krankheit entlassen. Er starb 1954 in München (vgl. Klee 2003: 223).

41 Auf Basis der „gemusterten" männlichen Bevölkerung wurden dann allgemeine Aussagen hinsichtlich des Gesundheitszustandes der Bevölkerung getätigt. So beurteilte z. B. der Orthopäde und Chirurg Oskar Stracker (1885–n. e.) 1939 den „Körperzustand einiger Altersklassen der Wiener Bevölkerung im Spiegel einer militärischen Musterung": „Welchen Gesamteindruck macht der Wiener zwischen dem vierten und fünften Jahrzehnt? Die Mehrzahl ist über mittelgroß, mäßig genährt, selten fett, Herz und Lunge in einem kleinen Prozentsatz erkrankt, selten zuckerkrank oder luetisch, in den Intelligenzberufen sehr häufig brillenbedürftig, aber in erschreckend hohem Maß von einer Zerstörung des Gebisses heimgesucht und einem unglaublichen Verfall der Haltung, der sich von den Halswirbeln bis zu den Füßen erstreckt" (Stracker 1939: 890).

teln zu fördern, denn „leere Kinderstuben bringen leere Kasernen" (Handloser 1939a: 607). Arzt und medizinische Wissenschaft sollten die Leistungsfähigkeit des Volkes schon in der Schulgesundheitspflege, der ärztlichen Führung des „Arbeitsdienstes", der Berufs- und Betriebshygiene und der „Rassenpflege" und „Vererbungswissenschaft" fördern. Dr. Zimmer verlangte, dass Jungen als „werdende Kämpfer" schon „von Jugend auf zum kräftigen, stahlharten Kämpfer erzogen werden" (Zimmer 1941: 281).

Aber nicht nur bei der „Musterung", sondern auch nach der „Aushebung" sollte der Truppenarzt weiterhin den Gesundheitszustand der Männer überwachen, erhalten und fördern:

„Einstellungsuntersuchung, Pockenschutzimpfung, regelmäßige monatliche Gesundheitsbesichtigungen, Gesundheitsbelehrungen, Körpergewichtskontrolle, Ueberwachung aller irgendwie gesundheitlich Bedrohten oder Verdächtigen, Reihenröntgenuntersuchungen im Abwehrkampf gegen die Tuberkulose, ärztliche Ueberwachung von Unterkunft und Ernährung, Aufklärung über die Gefahren von Alkohol- und Tabakmißbrauch, leicht verständlich gehaltene Belehrung über die Schädigungen und Folgen der Geschlechtskrankheiten, Wecken und Fördern des Verständnisses für den Nutzen gesteigerter Körperpflege, Kontrolle des Gebißzustandes und der nötigen Zahnpflege, rechtzeitige Ueberweisung in zahnärztliche Behandlung, sportärztliche Tätigkeit, Aus- und Fortbildung des Sanitätspersonals für seine Friedens- und Kriegsaufgaben, Heranbildung der Krankenträger zu brauchbaren Helfern des Sanitätsdienstes" (Handloser 1939: 3).

Das Militär erwies sich damit als idealer Ort männlicher „Gesundheitsführung". Von der Musterung über den Fronteinsatz bis zur Abrüstung stand der einzelne Mann unter ständiger ärztlicher „Gesundheitsbesichtigung". Diese medizinische Überwachung war aber nicht nur notwendig, um Krankheiten abwehren zu können, die einzelne in die Wehrmacht eingeschleppt hatten. Ebenso vordringlich waren die Vermeidung und Eindämmung des – vom Heer als Massenansammlung von Menschen selbst produzierten – schlimmsten Feindes der Massenheere, den Seuchen. Der Abwehrkampf gegen diese Gefahr – auf Basis „der systematischen Durcharbeitung der *Schutzimpfungen* gegen Seuchen" – wurde aufgrund der Erfolge, den die „Wehrmedizin" dabei im Ersten Weltkrieg und der Nachkriegszeit errungen habe, als aussichtsreich beurteilt. Die medizinisch-wissenschaftlichen Humanexperimente an den Soldaten des ersten Weltkrieges[42],

---

42 Vgl. dazu: Eckart Wolfgang U.: „Der größte Versuch, den die Einbildungskraft ersinnen kann". – Der Krieg als hygienisch-bakteriologisches Laboratorium und Erfahrungsfeld. 299–321; Prüll Cay-Rüdiger: Die Sektion als letzter Dienst am Vaterland. Die deutsche ‚Kriegspathologie' im ersten Weltkrieg. 155–183. In: Eckart et al (Hg.) 1996.

der als „großer Lehrmeister" des medizinischen Fortschrittes gefeiert wurde, wurden als „systematische Durcharbeitung" beschönigt.

Für den Wehrdienst selbst wurde auch die Abklärung von Psychopathien gefordert.[43] Diese medizinische Beurteilung von „Abwegigkeiten" im geistig-seelischen Bereich wurde als die wichtigste Aufgabe der „Wehrpsychiatrie" betrachtet. Denn die Aufgaben des Soldatenlebens würden schon beim „vollwertigen Gesunden" höchste Ansprüche an seine Willenskraft stellen, umso mehr dann beim „seelisch Anbrüchigen", so Hans Wolter, Oberstabsarzt in der Sanitätsabteilung 44 und leitender Arzt der Abteilung für Nerven- und Geisteskranke am Standortlazarett Wien, in einem Artikel über „Wehrpsychiatrie". Die Truppe selbst würde diese „seelisch Anbrüchigen" in zwei große Gruppen einteilen, in die „Versager" und die „Störer". Die Störer, z. B. „die Unausgeglichenen, Reizbaren, Explosiblen, Streitsüchtigen, Nörgler usw.", sind für Disziplin und Schlagkraft der Truppe verhängnisvoll, da sie den Geist der Truppe untergraben. Die Versager, z. B. „körperlich und seelisch Kraftlose, Weiche, Empfindsame, Willenlose, Schwernehmenden, Depressiven" würden die Truppe insofern gefährden, als diese keine „Hilfsschule mit individueller Behandlung jedes Zöglings sein kann" (Wolter 1939: 6). Da Psychopathien als „anlagemäßige Unterwertigkeit" und nicht als Krankheitsprozess beurteilt würden, stelle sich die Frage, ob Psychopathen überhaupt in die Wehrmacht aufgenommen werden sollten. Hans Wolter empfahl, bei der Mehrzahl den Versuch einzugehen, denn

> „für viele kann der Militärdienst die Chance ihres Lebens sein, die beste Therapie, die man ihnen angedeihen lassen kann. Ohne Zweifel werden aber alle diese unterwertigen Persönlichkeiten der Truppe Schwierigkeiten und Sorge bereiten. Der Grundsatz der allgemeinen Wehrpflicht und die hohe Aufgabe der Wehrmacht, die letzte und höchste Erziehungsschule des Jünglings zum Manne zu sein, zwingt aber dazu, die Truppe mit dieser gewiß nicht leichten Arbeit zu belasten" (Wolter 1939: 6).

Truppenarzt und Wehrmachtspsychiater wurden angehalten, der Truppe bei der Erfüllung dieser Pflicht zu helfen. Als zentraler Teil der „Gesundheitsführung" der Truppe galt damit die „psychische Hygiene", also alles, was der Gesunderhaltung der Seele

---

43 Unterschieden wurde zwischen „psychopathischen Konstitutionen im engeren Sinne", „psychogenen Reaktionen" und „endogener Nervenschwäche". Der „Krankheitszugang" wurde in diesen Gruppen 1934, also in Friedenszeiten, lediglich mit 1,26 % veranschlagt. Doch bei den Zugängen einer Nervenabteilung im Lazarett stiegen diese Zahlen in zwei Jahren in einem Armeekorps auf 48 %, so der Wehrpsychiater Dr. Hans Wolter, Oberstabsarzt in der Sanitätsabteilung 44 und leitender Arzt der Abteilung für Nerven- und geisteskranke am Standortlazarett Wien (Wolter 1939: 5).

diente. Hier wurden als Hilfsmittel vor allem ein geregelter Tagesablauf, Ordnung und Struktur betont, wie z. B. Einhalten der Mittagsruhe, Wecken von Freude am Dienst, Ermöglichung von wirklicher Entspannung im Dienst.

Zu Beurteilung der gesundheitlichen Folgen des „Kriegseinsatzes" war wieder die „Wehrmedizin" gefragt, insbesondere die „Wehrpsychiatrie". Ihr oblag die Unterscheidung, ob die fortwirkenden seelischen Belastungen dem Kriegsdienst oder inneren Ursachen zugeschrieben werden konnten. Auch wenn bei den Strapazen des Krieges neben dem körperlich und seelisch weniger widerstandsfähigen auch „der gesündeste und stärkste Mann einmal zum Erliegen kommen" könne (Wolter 1939: 5), was sich in „sinnlosen Erregungszuständen" und „schwersten Depressionen" niederschlage, würden aber endogene Ursachen die ausschlaggebende Rolle spielen, wenn keine Genesung eintrete. In diesem Fall sei die Anerkennung einer Kriegsdienstbeschädigung nicht berechtigt. „Wir müssen das im Interesse dieser Menschen selbst tun, um nicht durch unzweckmäßige Maßnahmen diese Reaktion zu fixieren und schließlich gar iatrogen aus einem fehlerhaften Reagierenden einen seelisch Kranken werden zu lassen" (ebd.). Den Kriegspsychiatern bestätigte Wolter, an diesen „Kriegshysterikern", den „negativen Helden" des Ersten Weltkrieges, die aufopferungsvollsten Arbeiten geleistet zu haben. Mit unmissverständlicher Deutlichkeit wird hier klar, dass aus der Perspektive der „Wehrmedizin" die Fähigkeit zu töten und sich dem Tod auszusetzen als Maßstab normaler Männlichkeit galt und diese auch den „Reproduktionswert" des Mannes auszeichnete.

Als ein weiteres, dem Wehrdienst bereits vorgelagertes Instrument zur seelischen Förderung des Militär- und Fronteinsatzes der Männer wurde der Sport entdeckt und die Wechselbeziehungen von „Sport und Wehrmacht" als eine zwischen „dem Kampfspiel und dem ernsten Kampf" charakterisiert (Lorenz 1941: 382). Der Oberstabsarzt i. R. z. V., Dr. med. habil. Albert Lorenz (1885–1970)[44] stellte der Wehrmacht als

> „zusammengeballte, planmäßige und nach modernen Waffengattungen differenzierte, ausgerüstete und ausgebildete, sowie fachmännisch geführte, nationale männliche Volkskraft" den Sport als „spielhaft-wettkampfmäßige, daher meist gemeinschaftlich und nach strikten Regeln ausgeübte Leibestätigkeit" gegenüber, „deren Ziel Herausstellung eines ‚Siegers', also Züchtung der Höchstleistung, des Rekords, ist" (Lorenz 1941: 382).

---

44 Albert Lorenz war Orthopäde und Schriftsteller. Er folgte seinem Vater Adolf Lorenz als Direktor der Orthopädischen Universitätsklinik Wien nach. Albert Lorenz war der Bruder des vergleichenden Verhaltensforschers Konrad Lorenz.

Im Sport als „Züchtung der Höchstleistung" sollte spielerisch gelernt werden, was in der Wehrmacht ernst wird: der Wille zum Siegen.

> „Denn wie der geistlose Athletenkörper nur eine sinnlose Muskelanhäufung ist, wenn die Seele fehlt, wie der Geist im Körper des Sportlers bei der Rekordleistung das Ausschlaggebende ist, so bleibt auch die moderne Kampfmaschine nur ein toter Metallhaufen, ohne die siegentschlossene Kämpferseele ihres Lenkers" (Lorenz 1941: 382).

Im Sport sollte der Kampftrieb geformt werden. Phylogenetisch wurde der Mann als „fighting beast" beurteilt und sein Kampftrieb als Teil männlicher Daseinsbejahung. Die Wehrmacht begrüße und fördere daher auf Basis des alten, „wehrwissenschaftlicher" Grundsatzes, „dass jede Waffe nur so viel wert ist, wie der Siegeswille des Menschen, der sie bedient" (ebd.), jede Sportausübung, die den Siegeswillen stärke, auch den Maschinensport (Autorennen etc.). In der „wehrsportlichen Jugenderziehung", wie den Sportübungen im Heer und im „Heilsport", sollten dieser Trieb und dieser Siegeswille provoziert, genutzt und geformt werden, um bei den Männern körperliche Geschicklichkeit und Härte, seelische Ausdauer und Offensivgeist auszubilden (vgl. ebd.: 385). Diese Erziehung der Männer durch den Sport sollte in allen Altersstufen geleistet werden:

> „vom jungen Zukunftskrieger über den aktiven Soldaten zum kriegsversehrten Veteranen. Die Jungen werden zum Heer vorgebildet, die Truppen durch den Sport ertüchtigt, die Versehrten soweit es irgend geht wieder als wertvolle Mitglieder in die produzierte Volksgemeinschaft zurückgeführt" (Lorenz 1941: 288).

Dem Sport wurde aber neben seinem Wert für das „Kampfspiel" und den „ernsten Kampf" auch aus anderen Gründen Priorität eingeräumt. Er sollte dazu beitragen, Arbeitsüberlastungen und einseitige Arbeitsbelastungen auszugleichen und Schäden, die durch Zivilisation und Großstadtleben verursacht werden, wieder aufzuheben. Der Sport wurde als „natürliches" Bedürfnis des Menschen beurteilt, sodass sein Zweck nicht begründet werden musste. Der „richtige Mensch" werde Sport treiben, auch ohne einseitige Arbeitsüberlastung und Großstadtleben, so der Vorstand der Chirurgischen Abteilung des St. Rochusspitals in Wien, Dr. med. habil. Herbert Pirker. Denn der

> „Mensch, der bewußt auf der Erde steht und im Volk und im Irdischen wurzelt, [hat] auch das Bedürfnis […], seine körperliche und seelische Persönlichkeit im Irdischen zu vervollkommnen. […] Sport ist Weltanschauung, die in der Persönlichkeit wurzelt" (Pirker 1943: 358).

Die gewählte Sportart sollte aber der jeweiligen Konstitution entsprechen. Der Sport müsse den Mann in die Lage versetzen, Schaffenskraft und schöpferische Eigenschaften, deren Träger der Mann sei, im Dienste der Familie und Volksgemeinschaft zu steigern. Der tiefste Urgrund des männlichen Wesens, die typisch männlichen Eigenschaften, die „schöpferische Kraft" und das „Schaffen", bedeuteten nämlich, aus nichts etwas zu bilden, so Dr. phil. Mirko Jelusich (1886–1969) in einem Artikel über „Das männliche Prinzip in der Geschichte" in der „Wiener Klinischen Wochenschrift" (1942: 961ff).[45] Der Mann gebe kraft seiner Persönlichkeit der Masse Form und Gestalt. Dem Mann sei es möglich, mit formender, gestaltender und ordnender Hand die im Stoff liegenden Möglichkeiten in Tatsachen zu verwandeln (Jelusich 1942: 961). In diesen nationalsozialistischen Männlichkeitskonzepten finden sich tradierte abendländische Konzeptionen der Geschlechterdifferenz, nach denen das Weibliche immer schon Materie und das Männliche die formende Kraft darstellte. Und diese im Abendland seit der griechischen Antike überlieferten männlichen Eigenschaften sollte nunmehr der Sport im Dienste der Familie und der Volksgemeinschaft fördern.

Männer waren aufgerufen, sich nicht nur im Heer und im Sport „aufzurüsten", um für Volk und Vaterland zu töten und zu sterben. Sie sollten auch „im Dauerkrieg für die Volksgesundheit" leben (Hamburger 1942c: 905) und im „Arterhaltungskampf" eine „sozialistische Väterlichkeit" ausbilden. So wie der „Heroismus des Weibes" zur Besiedlung des Landes durch die Geburt gesunder Nachkommen führen sollte, sollte der „Heroismus des Mannes" zum Kampf mit dem Feind führen (ebd.). Gemeint ist hier sowohl der äußere als auch der innere Feind. Und als innerer Feind erschien auf dem Gebiet des „Arterhaltungskampfes" alles, was die Gesundheit der Nachkommen gefährdete. Denn

> „in jeder Keimzelle ist die Vergangenheit, der Erbschatz der Ahnen. Indem er diesen Erbschatz weitergibt, ist der Mann Mittler des Gestrigen zum Morgigen, ist er Bauherr der Zukunft und damit der Ewigkeit verbunden" (Schürer 1939: 407).

Die Mutter kam in diesem Bild der Generationenfolge nicht mehr vor, das der „SS-Unterscharführer" Priv. Doz. Dr. F. v. Schürer (1896–1991) bei den „Schulungsabenden der Ärzteschaft des SS-Oberabschnittes Donau" unter dem Titel „Zum Problem der Fruchtbarkeit des Mannes" (1939) erörterte. Es ist der Mann, der gibt, wenn auch nicht

---

45 Mirko Jelusich war führendes Mitglied des „Kampfbundes für deutsche Kultur" während des Austrofaschismus (1933/34–38), eine zentrale Figur der NS-Kulturpolitik in Österreich, 1938 kommissarischer Leiter des Burgtheaters, Schriftsteller und Theaterkritiker. Er war Autor berühmter NS-Romane wie z. B. „Der Traum vom Reich" (1941). Bereits in seinem Roman „Cäsar" (1929) propagierte er die „Herrschaft des starken Mannes" und die politischen Ziele des Faschismus.

das Leben, so doch den „Erbschatz". Das väterliche Erbe scheint endgültig biologisiert, der mütterliche Beitrag zur Herstellung einer Generationenfolge endgültig gelöscht. Der Mann ist der „Bauherr" der Generationenfolge und darüber „mit der Ewigkeit verbunden".

Hier zeigt sich mit aller Deutlichkeit, dass Eugenik und „Rassenhygiene" u. a. auch ein Problem der Männer zu lösen versprachen: dass sie nämlich aufgrund der Tatsache, nicht selbst Leben geben zu können, sondern die Frauen dazu zu brauchen, die Kontinuität in der Gattung selbst nie erfahren konnten. Das männliche Reproduktionsbewusstsein bestimmte Mary O'Brian von daher auch als eines der Diskontinuität, demgegenüber das weibliche eines der Kontinuität ist (vgl. O'Brian 1997: 90ff). Daher resultiert Mutterschaft aus der Erfahrung der Kontinuität in der Gattung, Vaterschaft aus dem Recht auf ein Kind. Mit einer auf Vererbungstheorien Bezug nehmenden Eugenik, schufen Männer u. a. eine männliche Kontinuität in der Gattung. Das erklärt auch, weshalb in den Texten größtenteils nur vom väterlichen Erbe die Rede ist. Selbst die naturwissenschaftliche Erkenntnis, dass die „Erbanlagen" der Nachkommen auf Mutter und Vater gleichermaßen zurückgehen, führte nicht zu einer Umschrift des Diktums, dass der „Vater vererbt". Die männlichen Genealogien, die traditionell im Bereich der Weitergabe des ökonomischen, kulturellen, sozialen und symbolischen Kapitals etabliert waren, wurden auf das „biologische Kapital" übertragen. Damit sollte ein männliches Problem gelöst werden, nämlich die spezifische Entfremdung der Männer und ihr natürlicher Ausschluss vom generativen Reproduktionsprozess. Dieser Ausschluss musste immer schon gesellschaftlich vermittelt werden. Bis ins 20. Jahrhundert wurde dies auf der Ebene des Ideologischen und Gesellschaftlichen geleistet, indem Konzepte männlicher Überlegenheit entworfen und heterosexuelle Geschlechterbeziehungen institutionalisiert wurden, um die Unsicherheit der Vaterschaft in den Griff zu bekommen. Mit dem Aufstieg der Naturwissenschaften und der Vererbungstheorie sollte es möglich werden, diese Unsicherheit auch auf der Ebene des Biologischen auszuschließen.

Im „Arterhaltungskampf" wurde vom medizinischen Standpunkt die Potenz jener Männer als eingeengter beurteilt, deren Liebe wie sie selbst als „höher differenziert" angesehen wurde, wie z. B. bei den „sogenannten gebildeten, gehobenen Schichten, mit ihren Kompliziertheiten und tausendfachen Hemmungen" (Schürer 1939: 404). Die bevölkerungspolitisch ausschlaggebende Fruchtbarkeit wurde daher meist vom einfachen „Volke" erwartet und dessen medizinische Überwachung durch eine „Gesundheitsführung" der Ärzte als wichtige erzieherische Aufgabe beurteilt.

„Der verzärtelte, übergescheite und dafür körperlich wenig ertüchtigte junge Mann der Vor- und Nachkriegszeit wird in seiner Liebe eher den romantischen ‚Werther-Typus' mit seinen

1000fachen Bedenken und Hemmungen darstellen, als der abgehärtete, vielleicht weniger belesene, aber dafür körperlich ertüchtigte, selbstbewusste junge Volksgenosse von heute, der in seinen natürlichen Trieben keine Kompliziertheiten findet und durch sie kaum in unnötige seelische Konflikte gerät" (Schürer 1939: 404).

Die Privilegierung des „einfachen Mannes" gegenüber dem Mann aus dem Bildungsbürgertum wies Ersterem auch einen höher stehenden „Reproduktionswert" zu, indem zwischen körperlicher Tüchtigkeit und „natürlichen" Trieben eine Analogie hergestellt wurde. „Natürlich" wurde zu einem Synonym für „gesund", das „Körperliche" wurde als naturnäher beurteilt als das „Geistige". Daraus resultierte eine Aufwertung des „einfachen Mannes". Dieser konnte seine Würdigung wiederum dadurch als gerechtfertigt bestätigen, dass er ohne Kompliziertheiten lebte, sich in die neuen Verhältnisse einfügte und dadurch für die bevölkerungspolitisch ausschlaggebende Fruchtbarkeit sorgte. Der „natürliche", unkomplizierte Trieb wurde als Grundlage des „Arterhaltungskampfes" betrachtet. Zugleich blieben im „Dauerkrieg für die Volksgesundheit" aber weitere männliche Funktionen unersetzlich.

Neben der „schöpferischen Kraft", der männlichen Schaffenskraft, galten auch „Kraft, Mut, List und Kampfgeist" als hervorstechende Eigenschaften des Mannes. Doch wie sollten diese auch im Dienste der Familie eingesetzt werden? Im Gegensatz zum mütterlich fühlenden Mädchen, das seine Puppe füttere, kleide, pflege und erziehe, gebe es kaum väterlich fühlende Jungen. Denn diese würden Soldaten spielen, mit Säbel und Gewehr. Wenn aber „das natürliche Geschäft des Weibes […] Ernährung und Pflege des Kindes, das des Mannes der Kampf" ist (Hamburger 1943: 293), wie könne dann der Junge zum Vater werden? Dazu erörterte der Pädiatrieordinarius Franz Hamburger in einem Beitrag über „Die Väterlichkeit" (1943), wie der Sinn des Kampfes in die Familie hineingetragen werden könne:

„Auch der Kampf hat mit der Erhaltung der Art, also der Fortpflanzung, viel mehr zu tun, als man vielleicht glaubt. Der Kampf dient schon ursprünglich nicht nur der Selbst-, sondern der Arterhaltung" (Hamburger 1943: 293).

Von der Stärke und Schutzbereitschaft des Mannes in diesem „Arterhaltungskampf" wurde abhängig gemacht, mit welcher Intensität sich eine Mutter der Fütterung, Pflege und Erziehung der Jungen widmen konnte.

„So wird die Mutter im Laufe der Stammesgeschichte sorgsamer, pflegebedürftiger und erziehungsfähiger, aber auch, da ans Heim gebunden, körperlich schwächer und weicher, der

Mann aber durch Kampf mutiger, stärker, listiger und gewandter. So ist langsam der kampfbereite, listige, kräftige, schutzbereite und damit väterliche Mann geworden" (ebd.).

Kraft, List und Mut wurden als die animalischen Grundlagen der Väterlichkeit entworfen, die durch den Schutztrieb veredelt werden und sich auch in „Vaterlandsliebe und kriegerischer Opferbereitschaft für Haus und Hof, für Heimat und Volk" ausdrücken konnten (ebd.). Das Idealbild des väterlichen Mannes war der

> „tapfere, kräftige, kluge, leistungsfähige Mann, der viele Kinder haben, auch selbst miterziehen will, sie auch zu erziehen weiß und vor allem seine Knaben zu Tapferkeit, Geschicklichkeit und Kraft erzieht" (Hamburger 1943: 294).

Doch das Konzept nationalsozialistischer Väterlichkeit wies über den Schutztrieb, die Erziehung der Kinder und die Führung der ganzen Familie hinaus und schloss das gesamte Leben des Volkes ein. Die Vaterlandsliebe galt somit auch als biologisch bedingt. Übertriebener Familiarismus wurde damit als gefährliche Form der Väterlichkeit kritisiert, da der Vater auch draußen das Gemeinwohl schützen sollte. Er sollte nicht nur der Familienvater, sondern ein „Volksvater" sein. So wie die Frau wesensbedingt als „familiaristisch" beurteilt wurde, galt der Mann als „sozialistisch" veranlagt. Der ausschließliche Familiarismus beim Mann stellte demnach für das Gemeinwohl ein gefährliches Hindernis dar.

> „Der Vater, der besonders unter lang dauernden Friedensverhältnissen hauptsächlich in der Familie lebt, in ihr aufgeht, verfällt leicht der Gefahr der Verweichlichung, und damit wird auch schon die Aufzucht der Söhne in falsche, in unmännliche Bahnen gelenkt." (ebd. 294).

Bei der Erziehung und Bildung der Männer sollte im Nationalsozialismus darauf geachtet werden, dass die animalischen Grundlagen der Männlichkeit nicht verloren gingen, denn sein Ziel seien väterliche und nicht mütterliche Männer, so Franz Hamburger. Der väterliche Mann sollte sich mehr außerhalb als innerhalb der Familie betätigen und damit den Söhnen schon frühzeitig das Leben außerhalb der Familie näher bringen. Eine Väterschulung zur Erreichung des „familiensinnigen, kräftigen, tapferen, erziehungstüchtigen, opferbereiten, sozialistischen Vaters" galt Hamburger als dringend nötig, damit das „deutsche Volk" leben und wachsen könne (ebd.: 295). Der Familiensinn des neuen Vaters sollte sich auf das Kollektiv beziehen, daher auch die Verwendung des Begriffs „sozialistisch". Er sollte vor allem durch die Erziehung der (nicht nur seiner) Söhne eine männliche Genealogie sicherstellen, die den öffentlichen

Einfluss, d. h. vor allem die gesellschaftliche Gestaltungsmacht der Männer gewährleistete und festigte.

In dieses nationalsozialistische Vaterbild wurden traditionelle Vaterbilder des europäischen Denkens eingearbeitet (vgl. Lenzen 1997: 335ff). Das Exklusivrecht, bzw. die -pflicht zur Erziehung der Söhne stand in Zusammenhang mit einer zu bewältigenden Zukunft. Die Herkunft, also die genetisch-reproduktive Bedeutung des Vaters war den ökonomischen und Erziehungsfunktionen untergeordnet. Der Stellenwert des Vaters resultierte weniger aus seiner Vergangenheit, sondern aus seinen Reproduktionsaufgaben in der Gegenwart und dem Interesse, ein männliches Kontinuitätsprinzip in die Zukunft hinein zu gewährleisten. Das bestand ursprünglich in der Zelebrierung des Totenkultes, den nur die Söhne ausführen konnten. Sie waren verpflichtet, über dieses Ritual den Verbleib des Vaters in der Gemeinschaft der Lebenden zu gewährleisten. Diese Sicherung der Erinnerung an den Vater blieb in unserer Kulturgeschichte in der Durchsetzung männlicher Genealogien virulent, welche Männer auf ein Bezugssystem untereinander verpflichtete und dazu veranlasste, die Welt mit männlichen Symbolen auszugestalten. Nationalsozialistische Vaterbilder, wie jenes des Pädiatrieordinarius Franz Hamburger, schrieben diese antiquierten Bilder in die neuen, eben auch in die Zukunft führenden Aufgaben des nationalsozialistischen Vaters ein. Dabei verband Hamburger die genetisch-reproduktive und die pädagogische Funktion des Vaters konsequent mit der Zukunft. Die Vergangenheit des Vaters interessierte ihn nur in dem Sinne, ob dessen „Erbgut" und soziale Position zukünftig einen gesunden Nachwuchs erwarten ließ. Die Erziehung der Söhne sollte die männlichen Interessen hinsichtlich der Gestaltung der Gesellschaft auch für die Zukunft gewährleisten.

Nachdem sozialhistorisch die ökonomische, soziale und psychische Funktion des leiblichen Vaters seit dem 18. Jahrhundert aufgrund der Entfamilialisierung der Produktion und der Verlagerung männlicher Erwerbsarbeit außer Haus zunehmend reduziert wurde und der Wohlfahrtsstaat des 20. Jahrhunderts sich anschickte, seine Aufgaben zunehmend durch unterschiedliche Professionen – Ärzte, Sozialarbeiter, Richter etc. – zu ersetzen, stellt Hamburgers Konzept einer „sozialistischen Väterlichkeit" neben dem Ziel, ein männliches Kontinuitätsprinzip in die Zukunft hinein sicherzustellen, auch den Versuch dar, Einfluss und Macht der Väter zurück zu gewinnen, indem er die väterlichen Aufgaben als öffentliche Funktionen neu bewertet. Väterlichkeit zeigt sich demnach im Einsatz der Männer für das Gemeinwohl und die Erziehung der Söhne zum Dienst am Gemeinwohl.

Zusammengefasst zeigt sich der „Reproduktionswert" des Mannes im Nationalsozialismus im Allgemeinen an seiner „willensstarken Wehrtüchtigkeit", seinem „siegentschlossenen Sporteinsatz" und seiner „sozialistischen Väterlichkeit". Im „Kampfspiel" des Sportes, im „ernsten Kampf" des Krieges und im „Arterhaltungskampf" erweist sich seine männliche Kraft, bzw. kann er seine Virilität unter Beweis stellen, die über die Zukunft des „deutschen Volkes" entscheiden wird.

„Reproduktionswert" der Frau: „Fruchtbarkeitsbereitschaft" und „Arbeitseinsatz"

Frauen gerieten in der medizinischen Diskussion zur biologischen Wiederherstellung des „deutschen Volkes" unter dem Aspekt eines „fruchtbarkeitsbereiten" „Arbeitseinsatzes" in und außer Haus in den Blick von Frauen- wie Kinderärzten. Der Kriegsbeginn machte bereits eineinhalb Jahre nach dem „Anschluss" Österreichs an das „Dritte Reich" den „Arbeitseinsatz" von Frauen in Industrie und Verwaltung neben Haus- und Erziehungsarbeit notwendig (vgl. Berger 1988; 1984). Frauen der Arbeiterklasse wurden dabei auch „dienstverpflichtet", was meistens Zwangsarbeit in der Rüstungsindustrie bedeutete. Frauen aus der Oberschicht wurden demgegenüber nicht zwangsweise zur Arbeit herangezogen, was die Partei in große Legitimationsschwierigkeiten brachte (Berger 1984: 76ff). Dem nationalsozialistischen Regime wurde die Heim- und Herdideologie, welche in Österreich vor allem während des Austrofaschismus verbreitet wurde, zu einem objektiven Hindernis (ebd.: 185). Es galt, die Arbeitsbereitschaft der Frauen zu heben, auch wenn die Geburtensteigerung weiterhin als wichtigstes Ziel verhandelt und von einem Ehepaar erwartet wurde, vier gesunde Kinder zu zeugen, um die Nation zu erhalten. Dieses doppelte Ziel wurde in die Medikalisierung von Zeugung, Schwangerschaft, Geburt und frühe Mutter-Kind-Beziehung eingearbeitet. Die Reproduktionsmedizin der Frauen- und Kinderheilkunde etablierte sich damit auch als politische Interventionstechnik, welche in Geschlechter- und Generationenbeziehungen eingriff, um die biopolitischen Interessen des „NS-Staates" umzusetzen. Sie hat als exekutive Gewalt des „NS-Staates" dazu beigetragen, die Geschlechter- und Generationenbeziehungen zu verstaatlichen und die Zeugung und Erziehung von Nachkommen den privaten Interessen zu entreißen.

> „Und schon begegnen wir oft der fröhlich und selbstzufrieden geäußerten Anschauung junger Eheleute, ‚nun haben wir unsere 4 Kinder und damit unsere Pflicht getan'. Welch oberflächliche Vernünftelei" (Hamburger 1939: 138).

Zeugung und Aufzucht von vier Kindern galten zwar als Norm, doch wurde den Frauen von einem biologischen Standpunkt aus zugemutet, in einer 20-jährigen Ehe acht bis zehn Kinder zu gebären. Angesichts des dazu notwendigen Verzichtes auf vielfältige Lebensgenüsse sei es aber unrealistisch, so Pädiatrieordinarius Franz Hamburger, diese Zahl noch einzufordern. In seinem Festvortrag „Nationalsozialismus und Medizin" hielt Franz Hamburger 1939 fest, dass die meisten Frauen für acht bis zehn Kinder heute nicht mehr die moralische Größe aufbringen würden. Dennoch blieb die Zahl Bezugspunkt, von dem aus die Moral der Frauen aus nationalsozialistischer Sicht beurteilt wurde. Die „sittliche Forderung an das Weib, 8 bis 10 Kinder zu gebären", erscheine zwar als eine übermenschliche, dennoch hänge die Zukunft der deutschen Nation davon ab, „ob diese sittliche Forderung von einer großen Zahl erbmäßig wertvoller Frauen erfüllt wird" (ebd.).

Mit dieser Bindung der Moral an „erbmäßig wertvolle Frauen" war von Beginn an auch klargestellt, dass das Ziel des neuen Staates nur eine eugenisch kontrollierte Geburtensteigerung war. An den Ausführungen des Vorstandes der Kinderklinik der Universität Wien wird zudem deutlich, dass die reproduktiven Normen in Geschlechter- und Generationenbeziehungen auch auf Seiten der Medizin weiterhin mit rhetorischen Mitteln durchgesetzt werden sollten: mit Abwertung – „oberflächliche Vernünftelei", mit Verachtung – „selbstzufriedene Anschauung", mit Diffamierung – Frauen, die nicht bereit wären, auf Lebensgenüsse zu verzichten. Der strategische Einsatz rhetorischer Auf- und Abwertung zielte auf Zustimmung ab. Diese sollte, wie noch zu zeigen sein wird, aber nicht nur die Bereitschaft von Frauen zur Geburt von vier Kindern bewirken, sondern sie auch zu einem kriegsnotwendigen 48-Stunden-Erwerbsarbeitseinsatz bei gleichzeitiger Erledigung der Haus- und Erziehungsarbeit motivieren. Wer dieses Leistungsprogramm nicht mitmachen wollte oder konnte, dessen „Erbwert" wurde in Frage gestellt – mit allen schwerwiegenden Folgen, die der „NS-Staat" dafür vorsah.

Die Medizin sanktionierte den Anspruch an die „Doppelleistung" der Frauen. So hielt der Leiter der 1943 neu gegründeten Ignaz-Semmelweis-Frauenklinik in Wien, Prof. Herrmann Siegmund, fest, dass Frauen im Kampf um die Neuordnung Europas eine doppelte Verantwortung trügen (vgl. Siegmund 1944: 374). Frauen sollten die Arbeitsplätze einnehmen, welche Männer aufgrund der Wehrpflicht verlassen mussten. Das „Dritte Reich" im Krieg könne keine Rücksicht mehr nehmen auf „Frauenkraft und -konstitution", die Arbeit müsse getan werden. Der Frauenanteil an allen Beschäftigten erreichte während des Zweiten Weltkrieges den historischen Höchststand von 60%. Dieser „Kriegsdienst" der Frauen werde auch nach dem Sieg und Waffenstillstand nicht aufhören. Die gewaltigen Aufbauarbeiten der Nachkriegszeit werde die Frauenarbeit weiterhin notwendig machen und die Frauen trotz der Heimkehr ihrer Männer nicht arbeitsfrei machen. Den Frauen sei aber neben der Mutterschaft immer schon viel Arbeit zugemutet worden. Bei den meisten Völkern würden Frauen sogar die Hauptlast der Arbeit in Haus, Hof und Feld zu leisten haben und seien dabei doch fruchtbar geblieben. „Biologisch ist die Frau der Doppelleistung Arbeit und Mutterschaft im allgemeinen fähig" (Siegmund 1944: 374). Die Ärzte müssten aber dafür sorgen, so Karl Neuber in einem Artikel über „Die Frau im Arbeitseinsatz" (1942), dass Frauen im Glauben arbeiten können, nicht ohne Schutz zu sein. Wenn der „Arbeitseinsatz [...] die planmäßige Lenkung der Arbeitskräfte des Volkes unter Beachtung des Leistungsvermögens des einzelnen nach den übergeordneten Gesichtspunkten des Staates" darstelle (Neuber Karl 1942: 361), müsse sich die Arbeitspolitik durch eine medizinische Betreuung des „Frauenarbeitseinsatzes" darauf richten, „die richtige Synthese zwischen den volkswirtschaftlichen und bevölkerungspolitischen Aufgaben der Frau zu finden bzw. herzustellen" (ebd.: 363).

Die Medizin sollte also trotz „Arbeitseinsatz" der Frauen ihre Fortpflanzungsfähigkeit und -bereitschaft erhalten. Dazu sollten Frauen zum einen nur in gesunder, d. h. ihrer Art entsprechender, Berufstätigkeit eingesetzt werden. Zum anderen müssten sie als Lebensspenderin und Betreuerin der Familie erhalten bleiben. Der „Frauenart" wurden land- und hauswirtschaftliche Berufe zugeschrieben. Das führte u. a. zur Einführung des Pflichtjahres für Frauen im Jahre 1938, bei dem alle ledigen Frauen bis zum 25. Lebensjahr vor der Aufnahme einer Erwerbsarbeit in öffentlichen oder privaten Verwaltungen oder Betrieben eine einjährige Tätigkeit in Land- und Hauswirtschaft ableisten mussten. Gleichzeitig führte der „Kriegseinsatz" der Männer Frauen aber auch in Berufe, die als typisch männlich betrachtet wurden (Metall- und Chemiewerker, Kernmacher, Nieter, Schweißer, Hilfsbohrer, Hilfsdreher, Elektrowickler etc. und als Hilfskräfte der Rüstungswirtschaft). So sei z. B. die Zahl der Frauen in der Metallwirtschaft von 1938 bis 1940 um mehr als die Hälfte, d. h. um 59,1 % gestiegen (vgl. ebd.: 865).[46] Er räumte ein, dass aufgrund der Kriegserfordernisse auch die Grundsätze des „Frauenarbeitseinsatzes" durchbrochen würden und die Kriegsnotwendigkeiten zur Lockerung der Arbeitsschutzbestimmungen, des Arbeitsschutzes, des Pausenzwangs, des Nachtarbeitverbotes, des Verbotes und der Beschränkung bestimmter gefährlicher und schwerer Arbeiten für Frauen, des Mutter- und Jugendlichenschutzes geführt hätten. Die Lockerungen hätten auch den Zehn-Stunden-Arbeitstag durchgesetzt und zur Ausdehnung der Früh- und Spätschicht geführt. Dennoch aber hätten die Frauen die Posten ausgefüllt, auf die sie gestellt worden seien. Aus den daraus gewonnenen Erfahrungen sollte nun eine weitgehende Rationalisierung und Mechanisierung der Arbeitsverfahren angestrebt werden.

---

46 Aber auch die Frauenarbeit in kaufmännischen Berufen habe im selben Zeitraum um 21,5 % zugenommen, in den landwirtschaftlichen Berufen um 14,3 % und in den hauswirtschaftlichen Berufen um 7 %. Damit blieben insgesamt immer noch ca. 40 % der Frauen in typischen Frauenberufen, d. h. insgesamt 12,6 % der Frauen arbeiteten in Land- und Forstwirtschaft, 27,7 % in hauswirtschaftlichen Berufen (vgl. Neuber 1942: 365).

Zugleich wurden eine Berufsausbildung für Mädchen und eine Ausbildung der Frauen durch Umschulungsmaßnahmen empfohlen. Von dieser beruflichen Bildung der Frauen wurde erwartet, dass sie die Arbeitsbereitschaft der Frauen durch höhere Entlohnung steigere. Zudem sollten Maßnahmen getroffen werden, welche den Betrieben eine Rücksichtnahme auf die außerberufliche Beanspruchung der Frau in Hausarbeit und Kindererziehung abverlangten. Karl Neuber empfahl Halbtagsschichten, Bereitstellen von Säuglingskrippen und Kinderheimen, Gewährung von Freizeit für Einkäufe etc. (vgl. ebd.). Diese Maßnahmen sollten der Tatsache Rechnung tragen, dass mehr als ein Drittel der Arbeiterinnen in gewerblichen Betrieben verheiratet waren und Kinder hatten. Weitere Rationalisierung und Mechanisierung der Arbeit sollte helfen, menschliche Arbeitskraft einzusparen oder zumindest die Belastung zu reduzieren. Diese Maßnahmen sollten die volle Entfaltung des Frauenarbeitseinsatzes ermöglichen, da die Berufstätigkeit der verheirateten Frauen auch nach dem Krieg als notwendig erachtet wurde. Die „Dienstverpflichtung" für Frauen zwischen dem 17. und 45. Lebensjahr wurde erst im Januar 1943 eingeführt. Arbeiterinnen und Angestellte konnten damit auf Anweisung von Behörden aus bestehenden Arbeitsverhältnissen gelöst und zu bestimmten Arbeiten eingeteilt werden. Die volkswirtschaftlichen Interessen des „Dritten Reiches" hinsichtlich des „Arbeitseinsatzes" von Frauen provozierten u. a. einen medizinischen Einsatz für die Integration von verheirateten Frauen und Müttern in den Arbeitsmarkt, der die bevölkerungspolitischen Interessen an den Frauen als Mütter von Kindern mit den volkswirtschaftlichen Interessen an Frauen als Arbeitskräfte in Einklang bringen sollte.

Weiterhin galt Mutterschaft als unverzichtbare Aufgabe der Frauen, als natürliche Bestimmung des Weibes. Die Mutter sollte durch die Geburt von Nachkommen das Errungene durch die nachfolgenden Generationen sichern. Mutterschaft wurde als ebenso wichtig beurteilt wie der „Arbeitseinsatz" der Frauen. Diesbezüglich stellte Frau Lampert, Gauabteilungsleiterin aus Stuttgart, in einem Artikel über „Frauenarbeit und Muttertum" in der „Wiener Klinischen Wochenschrift" fest:

> „Die Frau als Mutter, als Gebärerin, Pflegerin und Erzieherin der Kinder ist also in starkem Maße mitverantwortlich für den letzten Erfolg dieses Völkerringens für unsere Nation. Diese naturbestimmte Aufgabe der Frau ist nicht minder wichtig für den Krieg als die Kriegsarbeit, die sie nun leisten muß" (Lampert 1942: 541).[47]

---

47 Der Vortrag „Frauenarbeit und Muttertum" wurde im Rahmen des Fortbildungskurses der „Wiener Akademie für ärztliche Fortbildung" in Salzburg am 10. Januar 1942 gehalten und am 10. Juli 1942 in der WKW publiziert.

Alle leistungsfähigen Frauen seien derzeit „in irgend einem Dienst am Volke zusätzlich zu ihren Pflichten in Haushalt und Familie eingesetzt" (ebd.). Ausnahmen würden lediglich einige dem Zeitgeschehen noch fern stehende Frauen darstellen. Die Tatsache, dass Frauen aus der Oberschicht für die so dringend notwendige „Kriegsarbeit" nicht herangezogen worden waren, wird hier als Zeichen ihrer mangelnden Emanzipation und damit die erwerbstätige Mutter als emanzipierte Frau dargestellt. Legitimiert wird dieses dem „Zeitgeschehen" angemessene Verhalten der neuen Frauen mit dem Verweis auf den Kriegsdienst der Männer. In dem Maße, in dem der Mann unter Einsatz von Leben und Gesundheit kämpfe, müsse auch die Frau ihre Opferbereitschaft erweisen. Die Medizin sollte sich nicht mehr mit der Frage beschäftigen, wie Frauen geschont werden könnten, um ihre Fortpflanzungsfähigkeit zu erhalten, sondern damit, wie die „Doppelleistung" der Frauen gesichert werden könne, damit sie ihre Pflichten für die Gegenwart und die Zukunft erfüllen könnten. Der Einsatz der Medizin für die Sicherstellung dieser „Doppelleistung" sei notwendig, so Lampert, da die Frauenarbeit jetzt „alle Zeichen einer notwendigen länger dauernden Einrichtung" trage, Eheschließung und Kindergeburt dabei nur mehr eine vorübergehende Unterbrechung der Berufsarbeit darstellten und die Frau nach der täglichen Arbeitszeit auch die Hausarbeit erledigen müsse. Die Kriegslage erschwere die Hauswirtschaft, der Mann fehle und die Frau sei bei allen Entscheidungen auf sich selbst gestellt. Auch in Erziehungsaufgaben müssten Frauen allein entscheiden. Auch wenn die Kinderpflege schon immer ihr Gebiet gewesen sei, sei doch die Erziehung gemeinsame Aufgabe der Eltern gewesen. Nun aber würden nicht nur die Väter, sondern viele junge Lehrer und der größte Teil der „HJ-Führer" an der Front stehen. Der Erziehung mangle es damit an festigendem Einfluss. Zugleich provoziere die Berufsarbeit der Frauen die Gefahren des „Unbetreutseins" der Kinder. Damit Berufsarbeit und Mutterschaft nicht in eine Konkurrenz gerieten, müsse die Hilfe und Unterstützung bei Hausarbeit und Kindererziehung ermöglicht werden.

> „Krippen und Kindergärten übernehmen die Verpflichtung, für die Kinder zu sorgen. Speiseeinrichtungen für die größeren Schulkinder […], Flickwäsche der NS-Frauenschaft zum Wiederherstellen abgeben […] Familienwäsche kinderreicher Familien in Betrieben waschen zu lassen […] 5-Tage-Woche für die Frau […] um in den übrigen Tagen eine regelmäßige Arbeitsleistung zu erzielen […]" (Lampert 1942: 542).

All diese Maßnahmen entlasteten nur die Hausarbeit. Doch „Frauenkraft" und „Frauenzeit" sollten auch für die Erziehungsarbeit wichtig bleiben. Denn „die Grundlage jeder Volkserziehung ist die Familienerziehung", deren Voraussetzung aber Zeit, Ruhe und Ausgeglichenheit der Mutter darstelle.

„Eine nervöse, verhetzte Frau wird ihren Kindern nicht den richtigen Weg weisen, nicht die grundlegenden Antworten auf die Lebensfragen geben, nicht sie unmerklich hinleiten zur eigenen Lebensgestaltung. Wir erleben es nun wieder bei den Soldaten, welch eine große Kraft die Liebe und Bindung zur eigenen Familie ist" (ebd.).

Die Erziehung der Kinder und die Gestaltung des Heims durch die Ehefrau und Mutter, „in dem Mann und Kinder Kraft holen und die Richtung ihres Lebens gewinnen", sollten weiterhin Halt bieten für Mann und Kinder (ebd.). Die Mutter sollte dabei die Gebärerin ihrer Kinder und die Gestalterin ihres körperlichen und geistig-seelischen Lebens sein. In dieser Gestaltung der Erziehungsarbeit entfalte die „Natur der Frau" die größte Wirkungsmacht:

„Die natürliche Frau wirkt durch die Art, wie sie den Alltag und die besonderen Aufgaben des Lebens meistert. Sie beeinflusst, oft unmerklich, der heranwachsenden Jugend Lebensbild und Lebenswünsche. Sie pflanzt die Begriffe von Recht und Unrecht, von Sitte und Sittlichkeit, von Ziel und Aufgabe des Lebens in die jungen, empfänglichen Herzen, und gibt ihnen damit die Lebensrichtung. Sie weiß durch die tiefe Verbundenheit mit dem Kinde, um seine innersten Nöte und kann diese anders klären als jeder sonstige Mensch" (Lampert 1942: 542).

Viele Frauen seien nun, da sie einer Verdienstarbeit nachgehen müssten, nicht mehr bereit, mehrere Kinder zu haben. Die wenigen Kinder, die eine Frau habe, würde sie verwöhnen, um den Mangel an Mutterliebe zu ersetzen. Dies könne erst dann wieder geändert werden, wenn die „kinderreiche Mutter ganz der Familie zurückgegeben ist, ein Ziel, das unbedingt angestrebt werden muß" (ebd: 543). Trotz der einschneidenden Veränderungen im Geschlechterverhältnis war auch der Nationalsozialismus nicht bereit, vom traditionellen Ideal familiärer Arbeitsteilung Abstand zu nehmen. Eine „natürliche" Geschlechterordnung blieb weiterhin Bezugspunkt, von dem aus soziale Veränderungen als vorübergehende Geschlechter*un*ordnung beurteilt wurden. Nur die „natürliche" Geschlechterordnung schien ausreichenden Nachwuchs und angemessene Kindererziehung zu gewährleisten. Weibliche Berufsarbeit wurde als Gefahr betrachtet, da sie längerfristig zu mangelnder Erziehung in der Familie, zu Geburtenbeschränkung und zu Veränderung der inneren Haltung zur Mutterschaft führen kann. Lampert sah die Gefahr vor allem darin, dass Frauen aufgrund ihrer Berufserfahrung möglicherweise Wünsche und Bedürfnisse entwickeln würden, die den bevölkerungspolitischen Interessen zuwiderliefen. Die Berufsarbeit ermögliche den Frauen nämlich auch Erfahrungen, vor allem jenen, die verantwortliche Stellen durch mühevollen „Arbeitseinsatz" erworben hätten, die unter Umständen ihre Wünsche in eine andere Richtung leiteten. Hausarbeit werde für diese Frauen dann schnell zum „Kleinkram", der neben den großen Leistungen des Berufes kein Existenzrecht mehr erhalte. Zudem ändere die Möglichkeit der selbständigen Lebensgestaltung auch die Haltung der Frauen gegenüber den Männern. Diese Entwicklung sei bereits ablesbar, da Frauen nicht mehr „Jugendberufe" wählten, die durch eine geringe Ausbildungszeit die „Vorläufigkeit der Mädchenarbeit" bestätigten, sondern „höhere Berufe" mit längerer Ausbildungszeit. Durch die Berufsarbeit würden Frauen dann eine „geregelte Arbeits- und Freizeit" kennen lernen. Selbst wenn eine Frau in der Freizeit die Hausarbeit verrichte, werde doch das Gefühl, sie könne über die freie Zeit verfügen, ausgebildet. Auch würden Frauen zum ersten Mal Anspruch auf Urlaubszeit erfahren. Doch Mutterschaft kenne weder Freizeit noch Urlaub. „Die Abhängigkeit der Kinder beschränkt die Freiheit der Mutter. Der Beruf aber bringt den Wunsch nach Freiheit besonders stark mit sich" (ebd.: 544). Aufgrund ihrer Berufserfahrungen würden Frauen dann auch in der Ehe keine neuen Beschränkungen erfahren wollen und die Ehe zunehmend als Ort der „Befreiung vom Arbeitszwang" betrachten. Junge Frauen würden sich daran gewöhnen, über persönliche Mittel zu verfügen. Sie gingen ins Kino und Theater und leisteten sich „kleine Genüsse". Doch Genuss sei unvereinbar mit Mutterschaft. Berufsarbeit verlange gute Kleidung und gepflegte Persönlichkeit. Die abgehetzten Frauen, die sich am Markt mit Einkaufstaschen und anderen Dingen abschleppten, würden dann aber den Wunsch nach dieser Rolle als Ehefrau und Mutter kaum mehr aufkommen lassen. Damit erhalte aber die Mutter,

> „die in stiller, unbeachteter Selbstverständlichkeit ihre Kinder pflegt, immer weniger Ansehen. Und die jungen Frauen, die als Bürokraft meist in unmittelbarer Nähe des Chefs arbeiten, erfahren Dinge, von denen in der Familie nie die Rede war. Darüber hinaus wird der Chef in Lebensart und Haltung [...] zum Ideal. So elegant, anregend, so vornehm, so gescheit wünscht sich das Mädel den eigenen Mann". Kinofilme würden diesen Wunsch noch verstärken und die Mädchen wählerisch machen. Sie ersehnt zwar noch immer die Ehe, aber nur mehr unter bestimmten Bedingungen: „Sie will erfüllt werden in der Ehe und denkt wenig daran, dass sie die Ehe erfüllen sollte!" (Lampert 1942: 544).

Diese Entwicklung galt es zu verhindern. Strategisch löste der NS das Problem damit, dass die Mutterschaft als „Endziel" eines erfüllten Frauenlebens idealisiert und ideologisiert wurde, zugleich alle Maßnahmen getroffen wurden, um den „Arbeitseinsatz" der Frauen sicherzustellen. Frauen, die keine Kinder bekamen, wurde dargelegt, was sie alles verlören, wenn sie auf Kinder verzichteten, so z. B. die Vorstellung, dass in der Hingabe das größte Glücksempfinden liegt. Die Abkehr vom Wunsch, Ehefrau und Mutter zu werden, schien geradewegs in die Prostitution zu führen. Diesbezüglich erörterte der Dermatologe Dozent Dr. Albert Wiedmann (1901–70)[48] in einem Artikel über „Die Prostitution" (1942) die Gefährdung der Frauen durch Berufstätigkeit. Als Beispiel dafür galt ihm jene Gruppe von Prostituierten, welche sich – neben jenen mit angeborener moralischer „Minderwertigkeit" – mehrheitlich aus

> „Dienstmädchen, Kellnerinnen und Angestellten der Modebetriebe" zusammensetzen würde, Frauen, die „mit den gesteigerten Lebensansprüchen der wohlhabenderen Gesellschaftsschichten in ständiger Berührung sind und bei denen sich naturgemäß das Verlangen, in ähnlichen Verhältnissen leben zu können, bald regt" (Wiedmann 1942: 346).

Wegen all dieser Gefahren, welche der Ehe, Mutterschaft, Familie und Kindererziehung durch die Berufstätigkeit von Frauen drohten, sollte es längerfristiges Ziel bleiben, nach kriegsnotwendigem „Arbeitseinsatz" der Frauen und nach der geleisteten Wiederaufbauarbeit nach dem Krieg, die Frauen und Mütter der Familie wieder zurückzugeben (vgl. Lampert 1942). In der Gegenwart aber sollte der Arzt auf die Lebensauffassung von Frauen Einfluss nehmen und sie unaufhörlich darauf hinweisen, dass Ehe und Mutterschaft zwar nicht die bequemste, aber die beglückendste Lebensform der Frau bleibe, dass das Volk diese von ihr erwarte, dass der äußere Schein nicht das wahre Leben sei und dass „im Geben mehr Glück erlebt wird als im Nehmen und Fordern" (Lampert 1942: 545). Die Ärzte sollten sich einsetzen, die weibliche Haltung dafür zu wahren, dass die höchste Lebensleistung der Frau die Mutterschaft bleibe. So wie der Heroismus des Mannes zum Kampf führe, müsse der Heroismus des Weibes zur Besiedlung des Landes führen (Hamburger 1943: 904). Dann könnten die jungen Mädchen und die alternden Frauen in der Berufsarbeit vollen Einsatz leisten.

Im Dienste dieser präventiven Idealisierung von Mutterschaft als höchster Lebensleistung von Frauen wurde Mütterlichkeit als „Trieb zur Brutpflege" ausgearbeitet. So wie Väterlichkeit von Franz Hamburger, Pädiatrieordinarius an der Universitätsklinik Wien, als Trieb des Mannes erklärt wurde, der ihn zum „Fortpflanzungs"- oder „Arterhaltungskampf" treibe (vgl. Hamburger 1943: 293), wurde Mütterlichkeit von ihm als nervlich und hormonal bedingter Trieb beschrieben, der sich nicht in der Zeugung erschöpfe, sondern in der Brutpflege weitergeführt werde und für Frauen damit den Lebensinhalt bedeute (Hamburger 1942c: 901). Der „Bruttrieb" galt als „weibspezifisch" und wurde von Hamburger in einen animalischen und menschlichen Teil unterschieden.

---

48 Wiedmann promovierte 1928 und habilitierte sich 1936 in den Fächern Dermatologie und Venerologie. Er wurde 1945 als ao. Prof. mit der Wiedererrichtung der geschlossenen Universitätsklinik für Dermatologie in Wien betraut und war dort ab 1950 o. Professor.

Die *animalische Mütterlichkeit* könne durch intellektuelle Beschäftigung gestört, durch die tägliche Beschäftigung mit dem Kind aber gestärkt werden. Obwohl es nach Hamburger als nicht erwiesen galt, spreche aber alles dafür, dass die übermäßige intellektuelle Beschäftigung der Mädchen die Entwicklung der Sexualorgane, die Entwicklung der Mütterlichkeit, die Milchbildung, die Gestation und die Geburt negativ beeinflusse. Die animalische Mütterlichkeit befähige die Mutter, das Kind auch auf eigene Gefahr zu schützen, sie zeige sich materiell in genügender Milchmenge, in der Ernährung, Pflege und Reinhaltung der Kinder. Auch das Mutterglück gehöre auf das Gebiet des Animalischen, denn das „Sich-freuen an dem Kind, das Erfreuen des Kindes, das Spiel mit dem Kind" (ebd.: 902) werde auch bei Hunden, Katzen, Füchsen und anderen Tieren beobachtet. Die *menschliche Mütterlichkeit* wurde dagegen im Erziehungswerk der Frau verortet, das aus „natürlicher Weisheit" und nicht aus Erziehungsbüchern stamme.

Die Mutter sollte die erste Erzieherin und Lehrerin ihrer Kinder sein: durch Beispiel, Lob und Tadel, Belohnung und Strafe, die Beantwortung von Fragen hinsichtlich ethischer, religiöser und naturwissenschaftlicher Dinge. Als Voraussetzung dieser menschlichen Form der Mütterlichkeit galten angeborene und erworbene Erfahrungen, die von Mädchen von Kind auf am Puppenspiel geübt werden könnten und sich durch Beispiel und Übung vervollkommneten. „Die richtige Frau ist zuerst Mutter, dann erst Gattin. […] Hüterin von Brauch und Tradition" (ebd.: 903). Die familiäre Mütterlichkeit wurde als Grundlage der nächsthöheren Stufe, der sozialen Mütterlichkeit (in Krankenpflege, Kindergartenerziehung etc.) beurteilt, die dem Grundsatz „Gemeinnutz vor Eigennutz" verpflichtet sei. Ursachen *pathologischer Mütterlichkeit* wurden in der Kinderlosigkeit von Frauen gefunden. Frauen würden sich anstelle von Kindern Hunde oder Katzen anschaffen oder dermaßen intellektuell und psychisch maskulinisiert, dass sie ganz in ihrem Beruf aufgingen. Doch auch dann, wenn die Frau zu wenige Kinder habe, drohe die Gefahr, pathologische Formen der Mütterlichkeit zu entwickeln, indem Frauen das einzige Kind päppelten und gängelten und mit zitternder Angst umsorgten. Der Intellekt der Mütter von Einzelkindern sei nicht imstande, das für das Kind Altersadäquate zu treffen. Nur dann, wenn sie für mehrere Kinder zu sorgen habe, träfe

> „sie instinktiv und intuitiv […] für jedes Kind ungefähr das Richtige. Nachdenkend aber – das ist das Gegenteil von intuitiv – macht sie das Falsche. […] Also die intellektuelle Mutter des einzigen Kindes handelt meist dumm, die ungebildete von vielen Kindern meist richtig […]" (Hamburger 1943: 904).

Die natürliche Mutter wurde als optimistisch, selbstvertrauend und vertrauend in dem Sinne beurteilt, dass sie darauf vertraut, „dass ihr Kind ein brauchbarer wetterfester

Durchschnittsorganismus ist", womit kein Grübeln und kein Nachdenken die fröhliche Grundstimmung störe (ebd.). Die Zukunft des Volkes wurde von Hamburger in die Verbreitung dieser natürlichen, selbstlosen und heroischen Mütterlichkeit gelegt. Das Bild der selbstlosen und dienenden Frau blieb auch für die Vorstellung von Mütterlichkeit bestimmend.

Die Erziehung der Kinder durch die Mütter wurde damit als triebbestimmter Teil mütterlicher Praxis konzipiert. Hamburger betonte, dass „Kinderaufzucht" in allen Völkern und über Jahrtausende von Müttern erbracht wurde, weil sie mit einem Trieb – der Mutterliebe – begabt sei, der ein Meisterstück der Schöpfung darstelle.

„Die höhere menschliche Mutterliebe setzt die animalische voraus. Aber die rein animalische Mutterliebe ist oft der Entwicklung der menschlichen Mutterliebe im Wege, die das ältere Kind führen, lenken, unterweisen und erziehen soll. Es gibt noch nicht so sehr viele Mütter, die eine ungestörte tierische und dabei zugleich eine leistungsfähige menschliche Mütterlichkeit anlagemäßig besitzen. Die vorausschauende Mutterliebe, die in den heranwachsenden Kindern die in ihnen schlummernden Fehler und Vorzüge sieht und entsprechend bei der Erziehung berücksichtigt, ist das Verehrungswürdigste, was wir kennen […]. Diese Mütter beherrschen die biologischen Grundlagen der Erziehung, ohne darüber unterrichtet zu sein. Sie sind nicht nur geborene Stillmütter, sondern auch geborene Erzieherinnen" (Hamburger 1942a: 523f).

Um den Müttern ihre „biologischen Grundlagen" wieder beizubringen, sie zu „natürlichen" Erzieherinnen ihrer Kinder zu erziehen und ihre „animalische" Mütterlichkeit anzuregen, wurde von Hamburger das Vertrauensverhältnis zum Arzt als grundlegend beurteilt:

„Das Wichtigste ist und bleibt, dass sich der Arzt das Vertrauen von Mutter und Kind zu erwerben versteht. Durch aufmerksames Zuhören, eingehendes Befragen, genaue Untersuchung, Sicherheit in seiner Meinungsäußerung erwirbt man das Vertrauen fast immer" (Hamburger 1942b: 140).

Der Kinderarzt sollte demnach mit einem geschickten psychologischen Management der Mütter dazu beitragen, die richtige Erziehung am Kind durchzusetzen.

Aber nicht jede Frau sollte Mutter werden. Exemplarisch dafür stehen, wie in der Folge zu zeigen sein wird, die *Humanexperimenten an Sterilisations- und Sterilitätspatientinnen*. Die einen sollten „chirurgisch unfruchtbar" gemacht werden, da sie den eugenischen und „rassenhygienischen" Maßstäben nicht entsprachen, die anderen sollten

„hormonell und chirurgisch" fruchtbar gemacht werden, da von ihnen eugenisch einwandfreie Nachkommen erwartet wurden. Im Dienste der Geburtensteigerung und aus eugenischen Erwägungen sollte die Frühehe ab dem 18. Lebensjahr als Sterilitätsprophylaxe eingeführt und staatlich unterstützt werden. Gynäkologen empfahlen die Frühehe mit der Begründung, die biologische Fruchtbarkeitsbereitschaft der Frauen nicht ungenutzt verstreichen zu lassen. Einerseits würde die Fruchtbarkeit mit steigendem Alter nachlassen und Frauen andererseits in ihren 30ern bereits im „Myomalter" stehen. Bei jungen Frauen galt die Unfruchtbarkeit als geringes Problem, wohingegen bei älteren Frauen im Laufe der Jahre und infolge von Erkrankungen (Infektion mit Gonorrhö, Entzündungen, Geschwulstbildungen etc.) Sterilität eintreten könne. Die Heilungschancen der Sterilität wurden Ende der 30er Jahre als äußerst gering beurteilt. Für die Realisierbarkeit der Frühehe forderten die Mediziner, jungen Paaren die Möglichkeit zu eröffnen, einen eigenen Haushalt zu gründen. Die Frühehe wurde so als prophylaktische Maßnahme gegen Unfruchtbarkeit konzipiert und propagiert. Auch die Zeugungskraft des Mannes, dem es erst in fortgeschrittenem Alter möglich gemacht werde zu heiraten, der seine höchste Potenz und „Generationskraft" als Junggeselle verleben müsse, sei durch verschiedene Erkrankungsmöglichkeiten, vor allem Geschlechtskrankheiten, gefährdet. Hinsichtlich der Bekämpfung der Sterilität hielten die Gynäkologen fest, dass beim damaligen Stand medizinischer Erkenntnisse Vorbeugen viel und Heilen sehr wenig vermochte (vgl. Siegmund 1938: 1369). Bei der Bekämpfung der Unfruchtbarkeit wurde von der Medizin also auf prophylaktische und soziale Maßnahmen gesetzt. Die medizinischen galt es erst zu entwickeln.

Trotz intensiver Forschung galten die medizinischen Eingriffe zur Wiederherstellung der Fruchtbarkeit der Frau als kaum erfolgreich. Begründet wurde die Forschung zur Sterilitätsbehandlung mit dem „Wunsche der Frauen, fruchtbar zu bleiben oder wieder fruchtbar zu werden" (Siegmund 1939: 117). Die Erfolglosigkeit bei den Behandlungsversuchen wurde damit erklärt, dass die Unfruchtbarkeit der Frauen kaum organisch bedingt sei. Der Leiter der I. Universitäts-Frauenklinik und Hebammenlehranstalt in Wien, Prof. Herrmann Siegmund, schätzte die sozialen Bedingungen als Ursachen weiblicher Sterilität wesentlich höher ein als die organischen. Vor allem die Anpassung an neue Lebensformen wirke sich auf die seelische und körperliche Fortpflanzungsbereitschaft der Frauen aus. Da meist keinerlei organische Ursachen für das Ausbleiben der Fruchtbarkeit festgestellt werden könnten, verlange die Wiederherstellung der Fruchtbarkeit mehr als nur den ärztlichen Eingriff. Man könne „die Aufgaben da nicht weit genug stecken, denn fruchtbar wird ein Volk sein, das in einem gesunden Lebensraum arbeitet, neben Arbeit Freude erlebt und Glauben an die Zukunft hat" (Siegmund 1939: 118). Lediglich „undurchgängige Eileiter ohne entzündliche Erscheinung" würden operative Eingriffe sinnvoll machen, doch mehr als 10 bis 20% Heilungsaussichten gebe es kaum.

„Aber wenn wir die Frau auf das Risiko der Operation und auf die geringen Erfolgsaussichten aufmerksam gemacht haben und sie trotzdem den Eingriff wünscht, so verpflichten uns die wenigen Erfolgsaussichten doch, der Frau die letzte Aussicht auf ihr Kind zu bieten (ebd.: 121).

In allen anderen Fällen sei eine konservative Therapie angezeigt und damit viel Geduld: Siegmund empfahl Beratung hinsichtlich des optimalen Zeitpunktes der Vereinigung, Moorbäderbehandlung, körperliches und geistiges Ausruhen (ebd.). Darüber hinaus empfahlen der Gynäkologe und Geburtsmediziner Ludwig Kraul, Chefarzt der Frauenabteilung des städtischen Krankenhauses Ottakring[49], und sein Mitarbeiter T. Sternad Solbäder, Kurz- und Langwellen, Erholungsaufenthalt, Sport und Gymnastik bei dicklichen und pastösen Frauen, Erotik und Orgasmus der Frau beim Geschlechtsverkehr (Kraul/Sternad 1943: 611). Die Forschung auf dem Gebiet der endokrinen Therapie, also der Zufuhr von Sexualhormonen (Follikelhormon), beurteilte Herrmann Siegmund, mit dem Hinweis auf die Experimente des deutschen Gynäkologen Clauberg[50] als so weit fortgeschritten, dass die Injektionstherapie, die sich für eine längere

---

49 Ludwig Kraul war 1939 Vorstand der gynäkologischen Abteilung des Wilhelminenspitals. Er betrieb Forschungen zu innersekretorischen Drüsen.
50 Der Gynäkologe Prof. Carl Clauberg ist für seine gewalttätigen wissenschaftlichen Experimente an Frauen bekannt geworden. Seit 1925 befasste er sich mit der Erforschung der weiblichen Sexualhormone. Unterstützt wurde er ab 1929 vom Schering-Konzern, mit deren Chemikern er Tierversuche durchführte. Dabei gelang es ihnen, die Funktion zweier Hormone, welche während des weiblichen Zyklus nacheinander in den Eierstöcken gebildet werden, voneinander abzugrenzen, die des Follikelhormons und die des Gelbkörperhormons. Ab 1930 begann er mit Versuchen an Frauen. Schering stellte die Hormone zur Verfügung. Aus dieser Zusammenarbeit mit dem Schering-Konzern entstanden die Schering-Kahlbaum-Hormonpräparate Progynon und Proluton. Ab 1940 befasste sich Clauberg mit der dauerhaften Sterilisierung ohne operativen Eingriff und forderte von Himmler die Gründung eines „Forschungsinstituts für Fortpflanzungsbiologie", das dieser am 30. Mai 1942 einrichtete. Dort sollte mit der „negativen Bevölkerungspolitik […] nunmehr vom Tierversuch […] auf die ersten Versuche am Menschen übergegangen werden" (Brief Claubergs an den Reichsführer-SS Heinrich Himmler, datiert vom 30. Mai 1942, reproduziert in: J. Sehn: Carl Claubergs verbrecherische Unfruchtbarmachungsversuche an Häftlings-Frauen in den Konzentrationslagern. Hefte von Auschwitz 2; Auschwitz 1959. 3ff). Clauberg wurde das Konzentrationslager Auschwitz zur Durchführung seiner Experimente an Frauen zugesagt. Er sollte ein Sterilisations-Verfahren entwickeln, bei dem die Betroffenen nichts vom Eingriff merken. Die Experimente wurden an ungefähr 400 Frauen durchgeführt, mit Unterbrechung von drei bis vier Wochen drei- bis sechsmal an denselben Frauen. Es wurden ihnen unterschiedliche Flüssigkeiten unter Röntgenkontrolle in die Scheide und Gebärmutter eingeführt und eine Fotografie davon angelegt. Diese Maßnahme sollte eine Verklebung der Eileiter, damit eine dauerhafte „Durchlassunfähigkeit" und somit Sterilität erwirken. Die Sterilisation trat meist als Ergebnis von Entzün-

Behandlung nicht eigne, durch eine perorale Substitutionstherapie ersetzt werden könne. Da eine angeborene oder anlagebedingte Unterentwicklung des weiblichen Genitals als eine Ursache der Sterilität angenommen wurde, zielten die Experimente, bei denen Frauen weibliche Sexualhormone (Follikelhormon) verabreicht wurden, darauf ab, den Uterus und den gesamten Organkomplex des Genitaltraktes zum Wachstum anzuregen. Clauberg sei es, so Siegmund, durch Transfusion von Schwangerenblut und der Zuführung großer Hormonmengen gelungen, eine Vergrößerung der Gebärmutter bis zu einer fast normalen Größe zu erreichen. Experimentiert wurde auch mit perkutaner und rektaler Einbringung von Follikelhormonen. Siegmund selbst experimentierte mit der vaginalen Applikation von Follikolin. 1939 wurden bereits Derivate von Sexualhormonen oral verabreicht. So sei es gelungen,

> „bei einer kastrierten Frau durch entsprechende Fütterung solcher Hormone die zyklische Veränderung im Uterus bis zur Menstruation auszulösen, wie es bisher nur durch Injektion von Dosen bis zu 300.000 E. möglich war" (Siegmund 1939: 120).

Durch perorale Zufuhr von Hormonen wollte auch Siegmund das hypoplastische Genital einer Frau, von dem er annahm, dass es an der Unfruchtbarkeit schuld sei, bis zu einem „normalen" Genital weiter wachsen lassen, das er mit dem zeugungsfähigen Alter einer „normalen" Frau verband. Um die Eierstocktätigkeit anzuregen, wurde auch mit Hypophysenvorderlappenpräparaten[51] experimentiert. Dies führte aber offensichtlich nicht zum erwarteten Erfolg, wie der Bericht des Vorstandes der gynäkologischen Abteilung im Wilhelminenspital, Ludwig Kraul, zeigt:

> „Weder die aus pulverisierter Drüse noch die aus dem Serum trächtiger Tiere hergestellten Präparate waren imstande, bei der Frau auch nur die Follikelreifung in Gang zu bringen" (Kraul 1939: 162).

Kraul empfahl 1939 aufgrund dieser Misserfolge für die Anregung der Eierstockfunktion physikalische Mittel, wie etwa die Röntgenreizbestrahlung. Dabei wies er der Reiz-

---

dungen – Gebärmutter, Eileiter, Eierstöcke und Bauchfell – ein. Zudem wurden auch Kontrastmassen für röntgenologische Zwecke erprobt. Frauen wurden zu weiteren Experimenten auch nach Berlin überwiesen. Frauen, an denen die Experimente beendet wurden, wurden nach Birkenau zur Vernichtung geschickt. Clauberg erhielt von der deutschen chemischen Industrie für jede Frau, die für Experimente benutzt wurde, eine namhafte Summe (vgl. Störmer 1992: 33–45).

51 Follikelstimulierendes (FSH) und luteinisierendes (LH) Hormon fördern bei der Frau die Follikelreifung, beim Mann die Spermatogenese und die Entwicklung der Hodenkanälchen.

bestrahlung der Eierstöcke die besten Erfolge zu. Keimschädigungen seien dabei durchaus nicht häufig (ebd.). Krauls Bagatellisierung der schädigenden Auswirkungen der Röntgenbestrahlung wurde an anderer Stelle dementiert. In einer Sitzung der „Wissenschaftlichen Aerztegesellschaft Innsbruck" vom 19. Juni 1942 verwies E. Ruckensteiner auf die „Schädigung der Nachkommenschaft durch Einwirkung von Röntgenstrahlen" (1944: 77). Er verwies auf die eigene Beobachtung einer „Schwangerschaft", die in den ersten zwei Monaten in Abständen von einer Woche wegen „Kreuzschmerzen" bestrahlt wurde. Das zum normalen Termin geborene Kind sei körperlich schwer missgebildet, obwohl in der Familie keine Missbildungen bekannt seien.[52] Ruckensteiner verwies auch auf Tierexperimente, aus denen bekannt sei, dass durch die Röntgenbestrahlung die Möglichkeit von Mutationsauslösungen gegeben seien. Mit diesen Erfahrungen begründete er die Notwendigkeit, die Generationsorgane größtmöglich zu schützen, solange Nachkommenschaft erwartet werden kann.

Die Sterilität der Frau wurde in der „Wiener Klinischen Wochenschrift" während der NS-Herrschaft gegenüber den Jahrzehnten vorher in ungleich höherem Ausmaß zum Inhalt wissenschaftlicher Abhandlungen – und dies unmittelbar nach den Jahren, in denen Tausende von Frauen in Deutschland seit 1935 aufgrund des „Gesetzes zur Verhütung erbkranken Nachwuchses", seit Juli 1939 auch in Österreich, zwangssterilisiert worden waren.[53] Es ist davon auszugehen, dass die Möglichkeit zur Durchführung von Zwangssterilisationen auch als Gegelegenheit zur Forschung genutzt wurde, wie noch zu zeigen sein wird. Sterilisiert wurden Mädchen ab dem vierzehnten Lebensjahr. Der Antrag auf Sterilisation konnte von den Kranken selbst oder deren gesetzlichen VertreterInnen ebenso wie von Amtsärzten und Anstaltsleitern gestellt werden. Letztere waren sogar zur diesbezüglichen Anzeige verpflichtet. In der Praxis waren die Gesundheitsämter die maßgebliche Instanz, was sich darin zeigt, dass die Leiter der

---

52 Ruckensteiner berichtete: „Am normalen Termin kam ein Mädchen zur Welt, das jetzt 5 3/4 Jahre alt ist. Es ist unterwüchsig, der Schädel ist zu klein, an beiden Ellenbogen sind Oberarmknochen und Elle in Beugestellung verbunden, die Ellen sind partiell defekt, die 4. und 5. Mittelhandknochen sind auf beiden Seiten unvollständig verschmolzen, eine beidseitige angeborene Hüftgelenksverrenkung konnte durch Behandlung gebessert werden, die geistige Entwicklung ist normal" (ebd.: 77).

53 Gisela Bock spricht in ihrer Habilitationsschrift zur „Zwangssterilisation im Nationalsozialismus" (1986) von ca. 400.000 Betroffenen, davon die Hälfte Frauen. Allerdings waren 90% der Betroffenen, die infolge des Eingriffs verstarben, Frauen. In Österreich war die Zahl der Betroffenen aus unterschiedlichen Gründen wesentlich geringer. Zum einen begann die Medizin in Österreich mit der Durchführung der „chirurgischen Unfruchtbarmachung" aus eugenischen Gründen erst ab Juli 1939. Zuerst betroffen waren psychisch kranke und geistig behinderte Menschen. Da aber bereits im September 1939 mit den „Euthanasie"-Aktionen begonnen wurde, wurde die Mehrheit der Betroffenen gleich „der Vernichtung zugeführt". Schätzungen gehen in Österreich von 5.000 bis 10.000 Zwangssterilisationsfällen aus.

Gesundheitsämter die meisten Sterilisierungsanträge stellten. In etwa der Hälfte aller Fälle wurde der Antrag mit „Schwachsinn" der Betroffenen begründet. Die vom „Erbgesundheitsgericht" beschlossene Unfruchtbarmachung musste auch gegen den Willen der Betroffenen durchgeführt werden, wofür die „Anwendung unmittelbaren Zwanges" zulässig war (vgl. Neugebauer 1996). Die „chirurgische Unfruchtbarmachung" erfolgte in einer Krankenanstalt im Wege eines chirurgischen Eingriffes, ab 1936 auch mittels Röntgenkastration. Gynäkologie, Chirurgie und Röntgenologie konkurrierten zum Teil darum, wer sterilisieren (und damit auch verdienen) durfte. Frauen wurden durch chirurgische Eingriffe die Eileiter durchtrennt. Strahlensterilisierung wurde erst 1936 zugelassen[54], sodass ab 1936 Frauen, die älter als 38 Jahre waren, auch mittels Röntgenstrahlen sterilisiert werden konnten (vgl. Klee 2001: 65).[55] Letztlich wurden sie dabei kastriert, da die Röntgenbestrahlung die Ausbildung von Nekrosen (Gewebstod) an der Gebärmutterwand evozierte.

Zugleich bot die Röntgenkastration die Möglichkeit, den weiblichen Zyklus, die Ovulation und die frühe Schwangerschaft in allen Stadien zu studieren. So experimentierte der Gynäkologe Karl Ehrhardt, Oberarzt an der Universitäts-Frauenklinik in Frankfurt mit Röntgenstrahlen, um die intrauterinen Lebensvorgänge des Kindes und dessen Entwicklung in der Gebärmutter zu erforschen. Er wollte damit die „Kenntnisse über die Biologie des ungeborenen Kindes" erweitern und verhieß „vielleicht sogar eine direkte therapeutische Beeinflussung des intrauterin-gefährdeten Kindes" (zit. in: Klee 2001/2. Auflg.: 134).[56] Röntgenbestrahlung wurde in der Gynäkologie also zur Unfruchtbarma-

---

54 5. Verordnung zur Ausführung des „Sterilisierungsgesetzes" vom 25. Februar 1936.

55 Die Röntgenologie war in den 30er Jahren eine junge Wissenschaft und kämpfte noch um die Anerkennung als eigenständiges Fach. Dies kann als ein Beweggrund gelten, weshalb sie ihre Nützlichkeit für eugenische und „rassenhygienische" Projekte unter Beweis stellen wollte. Bedeutende Röntgenologen unterstützten die Unfruchtbarmachung mit Hilfe von Röntgenstrahlen. Die Strahlensterilisierung wurde erst 1936 zugelassen. Zur Röntgenkastration wurden namhafte Größen des Faches zugelassen (z. B. Karl Frik, der von 1933 bis 1938 Vorsitzender der Deutschen Röntgengesellschaft und Chefarzt der Röntgenabteilung am Berliner Krankenhaus Moabit war; ebenso der Kölner Röntgenologieordinarius Rudolf Grashey, der überhaupt erst der zweite in Deutschland berufene Ordinarius für Röntgenologie war; auch Hermann Holthusen, ab 1955 Ehrenvorsitzender der Deutschen Röntgengesellschaft, und Robert Janker, Extraordinarius in Bonn, waren zugelassen).

56 Zum Beweis der Leistungsfähigkeit seiner gynäkologisch-röntgenologischen Forschung legte Ehrhardt zwei Röntgenfilme vor, bei denen im Magen-Darm-Trakt eines fünf Monate alten Fötus ein Röntgenkontrastmittel zu sehen war. „Dieser Kontraststoff wurde zunächst mit einer besonderen Methode in das Fruchtwasser eingebracht, gelangte alsdann mit dem Fruchtwasser in den Magen-Darm-Kanal des Kindes, blieb – etwa 15 Std. später – nach Resorption des Fruchtwassers als unresorbierbarer Darminhalt zurück und konnte auf diese Weise im Röntgenbild leicht erfasst werden" (Erhard am 23. Juli 1937 an die Deutsche Forschungsgemeinschaft [DFG], zit. in: Klee 2001/2. Auflg.: 134). Jedem Fachmann sei klar gewesen, dass der Fötus an dem unverdaulichen Kontraststoff gestorben wäre, aber die DFG förderte Erhardt dennoch, so Ernst Klee

chung und zur Erforschung der Embryonal- und Fötalentwicklung eingesetzt. Doch das steht nicht im Widerspruch, sondern ist Folge des erhöhten Forschungseinsatzes der Gynäkologie an den Frauen, deren Fruchtbarkeit aus eugenischen Gründen unerwünscht war und die an Krankenhäuser und Kliniken zur „chirurgischen Unfruchtbarmachung", in der Praxis eine Zwangssterilisation, überwiesen wurden. Bezüglich der Forschungsmöglichkeiten, welche das NS-Sterilisationsgesetz der Universitätsgynäkologie eröffnete, hielt z. B. der deutsche Universitätsgynäkologe Felix von Mikulicz-Radecki (1892–1966)[57] in seinen Lebenserinnerungen fest, dass die Königsberger Zeit, also die Jahre, die er während der NS-Herrschaft an der Universität Königsberg forschen und lehren durfte, „glückliche Jahre – bis auf das Kriegsende – [waren], in denen klinisch und wissenschaftlich aus dem Vollen geschöpft werden konnte" (zit. in: Czarnowski 1995: 113). Die medizinische Forschung an Opfern der Sterilisationsgesetze waren, wie Gabriele Czarnowski in ihrer Untersuchung der Zusammenhänge von Zwangssterilisation und Sterilitätsforschung zeigen konnte (1995), in die allgemeinen Strukturen wissenschaftlicher Forschung, wissenschaftlicher Institutionen und Forschungsförderung eingebunden. Viele Frauenärzte erfuhren die gesetzliche Beauftragung der Medizin mit der „chirurgischen Unfruchtbarmachung" als Anerkennung gynäkologischen Könnens und Wissens. Sie nutzten diese Maßnahme zugleich als Gelegenheit, den Fruchtbarkeitszyklus der Frau zu untersuchen und die gynäkologische Sterilitätsbehandlung an unfruchtbaren Frauen zu erproben. Die Gelegenheit, Forschung und Humanexperiment an „genitalgesunden Frauen" und „massenhaft" zu tätigen, wurde bereitwillig ergriffen. Kein Arzt wurde dazu gezwungen, vielmehr bot sich die Gelegenheit, sich durch die Entwicklung neuer Operationstechniken und gynäkologischer Erkenntnisse einen Namen zu machen. Zugleich herrschte auf Seiten der Medizin ein weltanschauliches Einverständnis mit eugenischen Zielen des Nationalsozialismus vor, das schon Jahre vor

(ebd.). In der „Münchner Klinischen Wochenschrift" habe Erhardt den Versuch anders beschrieben. Als Versuchsobjekt nannte er eine 21-jährige Schwangere, „bei der aus eugenischen Gründen (wegen angeborenem Schwachsinn) die Sterilisation und Interruptio durchgeführt werden sollte". Erhardt injizierte 15 Stunden vor dem Eingriff das Kontrastmittel vom Unterleib aus. Dann nahm er Abtreibung und Sterilisation vor: „Bei der Operation konnte ich [...] das unverletzte Ei in toto, d.h., die Frucht im intakten Eisack gewinnen. Der Fötus lebte, seine Bewegungen konnten etwa 5 Minuten lang durch die durchsichtigen Eihüllen beobachtet werden" (zit in ebd.: 134).

57 Felix von Mikulicz-Radecki war Gynäkologe und während der NS-Herrschaft Professor an der Universitäts-Frauenklinik in Königsberg. Mitglied der „NSDAP", „SA", „NS-Ärzte"- und des „NS-Dozentenbundes". Er publizierte gemeinsam mit Bauer 1936 das Buch „Praxis der Sterilisierungsoperationen" (bei Frauen). Mikulicz-Radecki war ermächtigt, mit Röntgenstrahlen zu sterilisieren. 1945 war er Chefarzt des St. Franziskus-Hospitals Flensburg und Gastprofessor in Kiel. Von 1953 bis 1961 hatte er einen Lehrstuhl an der Freien Universität Berlin inne.

dem „Anschluss" Österreichs an das „Dritte Reich" entwickelt wurde und ausgebildet war. D. h. auch Ärzte betrachteten mehrheitlich die Diagnose der „Minderwertigkeit" als wissenschaftlich begründete und legitime Grundlage für die „chirurgische Unfruchtbarmachung", wie dies im ersten Teil der vorliegenden Arbeit gezeigt werden konnte. Die diagnostizierte „Minderwertigkeit" wurde ihrerseits wiederum als legitime Möglichkeit des Humanexperiments beurteilt, das in der Geschichte der Medizin immer schon an gesellschaftlich ausgegrenzten Menschen getätigt wurde (vgl. Baader 1988a; Bergmann 2003).

Durchgeführt wurden Hormon-Versuche, Salpingographien[58] und Operationen zu jedem Zeitpunkt des Menstruationszyklus, um die Beziehung zwischen Eileiter und Eierstock oder den Zustand der Eileiter an unterschiedlichen Tagen im Menstruationszyklus zu studieren. Geforscht wurde auch an Geschlechtsorganen, die aus den Leichen von während der Sterilisation verstorbenen Frauen geschnitten wurden (vgl. Czarnowski 1995: 103). Durchgeführt wurden Zwangssterilisation und Forschung auch gegen den Widerstand von Frauen. Um diesen Widerstand zu brechen, wurden Pantopon-Skopolamin-Spritzen, intravenöse Evipaninjektionen, Morphiumspritzen oder rektal Rectidon verabreicht. Diese Maßnahmen würden den Arzt meistens „der Notwendigkeit unmittelbarer körperlicher Zwangsmaßnahmen entheben" (Bauer in Czarnowski 1995: 105). Der im Artikel von Ludwig Kraul erwähnte Gynäkologieprofessor an der Frauenklinik in Königshütte, Clauberg (vgl. Anm. 51), experimentierte mit äußerst schmerzvollen Sterilisationsmaßnahmen, wie dem Einspritzen ätzender Flüssigkeiten in die Gebärmutter während gynäkologischer Untersuchungen. Er versuchte ein Verfahren zu etablieren, bei dem durch Verätzung der Eileiter aufwendige Sterilitätsoperationen ersetzt werden könnten, um damit die Sterilisationsrate zu erhöhen. Die Humanexperimente an Opfern der Zwangssterilisation wurden mit dem moralischen Argument begründet, dass die Medizin mit den daraus zu gewinnenden Erkenntnissen zukünftig kinderarmen und -losen Frauen möglicherweise helfen könnte.

> „Die ‚Sterilitätspatientinnen' ließen Palpationen, Curettagen, salpingographische Untersuchungen, Pertubationen, Hormonspritzen, Wärmebehandlung und ggf. große Operationen an sich vornehmen, weil sie die Hoffnung hatten, diese Behandlungen könnten helfen. Die ‚Sterilisationspatientinnen' waren unfreiwillig in der Klinik, wurden gegen ihren Willen durch einen operativen Zwangseingriff ihrer Gebärfähigkeit beraubt und zusätzlich zu Forschungs-

---

58 Röntgenologische Untersuchung nach einer Kontrastmittelspritzung in die Gebärmutter; getestet wurden die Bewegungen der Fortpflanzungsorgane unter der Wirkung künstlicher Hormone, aber auch die Qualität der Kontrastmittel.

zwecken mißbraucht. An allen Frauen jedoch wurden praktisch dieselben Manipulationen vollzogen" (Czarnowski 1995: 101).

An den so genannten „erbminderwertigen" Frauen hatte die Gynäkologie während des „Dritten Reiches" im Zuge der Zwangssterilisation die Gesetzmäßigkeiten der normalen Fruchtbarkeit der Frauen studiert. Diese Forschung sollte der gynäkologischen Sterilitätsbehandlung „erbhochwertiger Frauen" zum Durchbruch verhelfen. Die Gynäkologie stellte sich unmissverständlich in den Dienst der Eugenik und „Rassenhygiene". So definierte der Schriftleiter der „Deutschen Gesellschaft für Gynäkologie", der Marburger Gynäkologieprofessor Hans Naujoks, die Aufgaben seines Faches: „Wir sind als Hüter und Förderer der Volksgesundheit verpflichtet, die Überschwemmung mit kranken Erbanlagen zu verhindern [...]" (zit. in: Klee 2001/2. Auflg.: 282). Auch die Entwicklungsgeschichte der gynäkologischen Sterilitätstherapie ist damit untrennbar mit der angewandten Eugenik des „NS-Staates" verbunden. Sie verdankt ihre „Fortschritte" den eugenischen Eingriffen in die generative Reproduktion, vor allem der Sterilisierung, und den dabei unternommenen Forschungsexperimenten an Frauen, schwangeren Frauen und Föten, die als „erbminderwertig" beurteilt wurden.

Herrmann Siegmund unterteilte die weibliche Fruchtbarkeit in „Fruchtbarkeitsbereitschaft" und „Fortpflanzungsfähigkeit". „Fruchtbarkeitsbereitschaft" verwies dabei auf die „Ovulationsbereitschaft des weiblichen Organismus". Die Fähigkeit zur Fortpflanzung allein reichte also nicht aus, um schwanger zu werden. Zur Erfüllung generativer „Vollwertigkeit" bedurfte es der physischen und psychischen Bereitschaft, wobei die daraus resultierende Ovulationsbereitschaft als Grundbedingung der Fortpflanzung konzipiert wurde. Überlastungen körperlicher wie seelischer Art und Gifte wurden von Siegmund als Ursache von Störungen der Fruchtbarkeitsbereitschaft vermerkt. Er begründete dies mit dem Verweis auf die Forschungsergebnisse des Anatomieordinarius der Universität Berlin, Hermann Stieve (1886–1952)[59], der die Geschlechtsorgane von zum Tode ver-

---

59 Hermann Stieve (1886–1952) studierte in München und Innsbruck Medizin. Er promovierte 1912 in München zum Dr. med. 1913 wurde er Assistent am Anatomischen Institut der Universität München, wo er sich 1918 im Fach Anatomie habilitierte. 1920 promovierte er zum Dr. phil. an der Universität München und wurde 1921 zum Direktor und Professor des Anatomischen Institutes der Universität Halle berufen. 1935 erhielt er einen Ruf an die Universität Berlin. Er galt als führender Anatom der NS-Zeit (Karl Brandt) und als zentraler Leichenverwerter der NS-Justiz (vgl. Klee 2003: 603). Er beforschte vor allem den Einfluss von Angst und Schrecken auf die Keimdrüsen (Eierstock, Hoden) bei zum Tode verurteilten, vor allem bei jungen Frauen des deutschen Widerstandes. „Erfreut kommentierte Stieve 1938 die Zunahme der Todesurteile durch den Volksgerichtshof, da er so einen ‚Werkstoff' erhielt, ‚wie ihn kein anders Institut der Welt besitzt'. Seit jeher an der Anatomie der weiblichen Geschlechtsorgane interessiert, intensivierte er seine Forschungen, indem er aus politischen Motiven zum Tode verurteilte Frauen untersuchte und unmittelbar

urteilten, meist jungen Frauen des deutschen Widerstandes untersucht hatte und dabei den „Stillstand der Ovulationsvorgänge im Ovarium von Frauen, die Monate auf ihre Exekution warten mussten (Stieve)", beobachtet habe (Siegmund 1942: 302). Herrmann Siegmunds hier zitierte Originalabhandlung über „Fruchtbarkeit und Fruchtbarkeitsbereitschaft" erschien im April 1942 in der „Wiener Klinischen Wochenschrift" zeitgleich mit Hermann Stieves Beitrag über „Die Wirkung von Gefangenschaft und Angst auf den Bau und die Funktion der weiblichen Geschlechtsorgane" im „Zentralblatt für Gynäkologie" (1942, 66/2: 1456f). Der Verweis auf Stieves gynäkologisch-anatomische Forschungsarbeiten an zum Tode verurteilten Frauen zeigt, dass die Forschungspraxis führender NS-Mediziner in Fachkreisen bekannt und anerkannt war. Stieve vermerkte in seinem Buch „Der Einfluss des Nervensystems auf Bau und Leistungen der weiblichen Geschlechtsorgane des Menschen" (1942), dass er die Eierstöcke stets „10 Minuten [...] nach dem Tode im ganzen fixiert" habe. Mit seiner Forschung erbrachte er den Nachweis, dass die Sterilität bei Frauen nicht nur auf organische Ursachen zurückgeführt werden kann.

Herrmann Siegmund differenzierte unter Bezugnahme auf Stieves Forschungsergebnisse die „Fruchtbarkeitsbereitschaft" von der „Fortpflanzungsfähigkeit". Die „Fruchtbarkeitsbereitschaft" konstruierte er als eine Art „biochemischer Produktionsanlage":

> „Ein normaler Ovulationsablauf bedeutet eine Spitzenleistung des ganzen Systems. Durch diesen Hochbetrieb werden die Erfolgsorgane des Ovariums, also der Geschlechtsapparat im engeren Sinne, in den Zustand höchster Funktionsbereitschaft versetzt. Diese Zustandsänderung eines funktionsfähigen Organismus, die wir Brunst nennen, wird durch das rapide Ansteigen der Follikelhormonproduktion im ovulierenden Ovarium ausgelöst. Sie wirkt sich im Gesamtorganismus als erhöhte Kopulationsbereitschaft aus" (Siegmund 1942: 302).

Im Vergleich zur Frau, bei der die „Kopulationsbereitschaft" durch die Follikelhormonproduktion ausgelöst werde, würde die Ovulation beim Kaninchen durch den Kopula-

---

nach der Hinrichtung ihre Organe entnahm. Eine Veröffentlichung Stieves aus dem Jahr 1942 enthielt den Titel: ‚Die Wirkung von Gefangenschaft und Angst auf den Bau und die Funktion der weiblichen Geschlechtsorgane', in: Zentralblatt für Gynäkologie 66/2: 1456f. Da Stieve nicht der „NSDAP" angehörte, setzte er seine Professur an der Humboldt-Universität in Ostberlin nach 1945 unbehelligt fort. Er starb 1952 an einem Schlaganfall" (vgl. http://www.catalogus-professorum-halensis.de/stievehermann.html). Ab 1950 war er im Beirat der „Deutschen Gesellschaft für Sexualforschung". Nach seinem Tod noch wurde er zum Ehrenmitglied der „Deutschen Gynäkologischen Gesellschaft" ernannt.

tionsreiz selbst ausgelöst, weshalb das Kaninchen auch viel fruchtbarer sei. Nach der Ovulation verdränge das Gelbkörperhormon den Kopulationstrieb und versetze den Organismus in den Zustand der Nestbau- und Mutterschaftsbereitschaft. Diese Konzeption des „hormonalen Geschlechts" führe auf Seiten der Frauen aber zum Problem, dass die „Kohabitationsbereitschaft" der Frau, im Unterschied zum Tier, auch durch ihre Vernunft kontrolliert werde. Die Fruchtbarkeit der Frau sei damit zunehmend abhängig von ihrem Willen. Siegmund entdeckte in der vernünftigen Lenkung der Reproduktion nun die Möglichkeit der „Höherentwicklung". Durch die Emanzipation von ihrer Natur konnte die Frau ihr Geschlechtsleben über das „hormonal" gesteuerte Fortpflanzungsleben des Kaninchens erhöhen:

„Das heißt, die Frau vermag sich, ohne auf die Kohabitation zu verzichten, vom Zwang der Mutterschaft zu lösen. Ein notwendiger Grad von Ethik vorausgesetzt, erhöht dieses Wissen die Frau, indem sie ihre Mutterschaft von der Wahl der geeigneten Zeit, des geeigneten Lebensraumes, vor allem aber von der Wahl des geeigneten Gatten abhängig machen kann. Diese Freiheit des Entschlusses bringt Verantwortung" (Siegmund 1942: 302).

Erst die durch den weiblichen Willen entstandene Mutterschaft hob die Frau aus gynäkologischer Perspektive aus dem Reich der Natur in das der Kultur. Ihre Kultur konnte sie durch die Anwendung eugenischer Rationalität auf ihre Partnerwahl, Sexualität und generativen Potenziale unter Beweis stellen. Das „gesunde Kind" zeichnete fortan die Vernunft, und damit die Kultur der Mutter aus. Die generelle Fruchtbarkeitsbereitschaft und die Kultur der deutschen Frauen sah Herrmann Siegmund im Geburtenanstieg nach 1933 bestätigt. Beides sei dem Nationalsozialismus zu verdanken. Dieser habe die „Fruchtbarkeitsbereitschaft" der Frauen wieder erweckt, da er den Menschen den Glauben an eine bessere Zukunft wiedergegeben habe.

Obwohl die Frühehe zu diesem Zeitpunkt von Seiten der Gynäkologen noch als „erfolgversprechender" als jegliche medizinische Sterilitätsbehandlung propagiert wurde, errichteten die Ärzte beim Hauptgesundheitsamt des „Reichsgaues Niederdonau" bereits am 17. Juni 1942 die Zentralstelle „Kinderlose Ehen". Diese sei, so Dr. med. A. Fehringer, Leiter des „Gauamtes für Rassenpolitik Niederdonau", Chefarzt des Sanatoriums Rekawinkel bei Wien und seit September 1940 „T4"-Gutachter, die erste im „Deutschen Reich" (Fehringer 1942: 841). Begründet wurde die Einrichtung damit, dass es zunehmend mehr Fälle gebe, in welchen die Fruchtbarkeitsbereitschaft vorhanden sei, aber trotzdem kein Kind komme. Dagegen wolle die Zentralstelle „Kinderlose Ehen" von Seiten der Medizin den Kampf „gegen die kinderlose und kinderarme Ehe" der wertvollsten, rassisch besten und leistungsfähigsten deutschen Menschen aufnehmen (ebd.). Fehringer rechtfertigte diese neue Arbeits- und Mehrbelastung damit, dass in Kriegszeiten von Seiten der Medizin der Sorge um die rassische Reinheit, erbliche Güte und zahlenmäßige Stärke des Nachwuchses begegnet werden müsse, da die größte Gefahr des Krieges in der Gegenauslese bestehe. Wie bereits während des Ersten Weltkrieges ventilierten die Ärzte auch während des Zweiten Weltkrieges die Angst, dass die „wertvollsten" Männer im Krieg fallen und die „minderwertigen" sich zu Hause vermehren würden (vgl. Kap. I.2.). Als brennendstes Problem der Gegenwart beurteilte Fehringer die „Erfassung und Bekämpfung der Gemeinschaftsunfähigkeit im Gau". Als „zweites, nicht weniger schwieriges und wichtiges Problem" aber sollte die Gegenauslese durch die Sterilitätstherapie der rassisch wertvollen und leistungsfähigen deutschen Menschen ausgeglichen werden (ebd.).

Die Zentralstelle „Kinderlose Ehe" sollte kontrollieren, ob geschlossene Ehen, die vom Nationalsozialismus als bevölkerungspolitische Versprechen betrachtet wurden, ihrer biologischen Aufgabe auch tatsächlich nachkamen. Damit wurde die Zentralstelle also auch mit der Absicht eingerichtet, kinderlose Ehepaare zu überprüfen. In dem Maße, in dem in die Erforschung empfängnisverhütender und sterilisierender Mittel investiert wurde, um „minderwertigen Nachwuchs" zu verhindern, sollte zukünftig zugleich auch in Forschung zur Erzeugung der Zeugung „hochwertigen Nachwuchses" investiert werden:

„[…] aber noch immer fehlt uns z. B. das Forschungsinstitut mit den Millionenzuschüssen des Reiches, das sich einer der wichtigsten Forschungsaufgaben des Menschen überhaupt zugewandt hätte: das Forschungsinstitut der menschlichen Fruchtbarkeit" (Fehringer 1942: 842).

Eben dies war auch eine Grundlage und Zielsetzung der neu geschaffenen Zentralberatungs- und Untersuchungsstelle. Neben der Forschung sollte auch „dem persönlichen, dem einzelnen Menschenpaar" geholfen werden. Dafür kamen nur die „wertvollen, leistungsfähigen deutschen Paare" in Betracht. Die Humanexperimente zur Sterilitätsbehandlung und zur künstlichen Befruchtung wurden im Nationalsozialismus ganz klar mit eugenischen Zielen verbunden. Im Wesentlichen sanktionierten sie klassenrassistische und sexistische Vorstellungen der Geschlechter- und Generationenordnung und verfolgten ausnahmslos die Zeugung eines gesunden Nachwuchses.

Wie bereits ausgeführt, wurde aber nicht nur in den Konzentrationslagern und der Zentralstelle „Kinderlose Ehen" geforscht. Vielmehr wurde auch an jenen Kliniken und Krankenhäusern Österreichs geforscht und experimentiert, die mit der eugenisch legitimierten „chirurgischen Unfruchtbarmachung" von „minderwertigen" Frauen und dem eugenischen Schwangerschaftsabbruch beauftragt waren.[60] Prof. Siegmund berichtete in einem Artikel über „Fruchtbarkeit und Fruchtbarkeitsbereitschaft" (1942) aus der II. Universitäts-Frauenklinik in Wien (Direktion Prof. W. Weibel) von dem großen Glück, „in dieses wunderbar fein abgestimmte Wirken des Eiauffang- und -fortleitungsmechanismus zur Ovulationszeit Einsicht zu gewinnen" (Siegmund 1942: 303). Die „Ovulationsbeobachtungen" wurden mit Hilfe von Röntgenstrahlen durchgeführt. Siegmund vermerkte, dass erst über die Beobachtung der Ovulation verständlich geworden sei, weshalb die Eileiter dermaßen empfindlich sind und die Funktionsstörung der Eileiter meist die Ursachen einer Sterilität darstellen. Ebenso habe daran gelernt werden können, worauf es bei einer operativen Behebung der Sterilität ankomme. An der Frauenabteilung des städtischen Krankenhauses in Wien Ottakring wurde schon kurz nach dem „Anschluss" „zu helfen" versucht, d. h. dass bis 1942 bereits 760 Frauen wegen Kinderlosigkeit behandelt wurden (Kraul/Sternad 1943: 608). Das neue Wissen für die neuen Behandlungsmaßnahmen ging aus den Ovulationsstudien an „erbminderwertigen" Frauen hervor, die zur „chirurgischen Unfruchtbarmachung" an das Krankenhaus überwiesen wurden. Die Sterilitätstherapie war aber mit anhaltenden Schwierigkeiten konfrontiert. Kraul und Sternad verwiesen z. B. auf die Unmöglichkeit, mit noch so hohen Hormondosen den Follikelsprung künstlich zu beeinflussen. Was im Tierexperiment möglich war, beurteilten sie bei der Übertragung auf den Menschen als erfolglos:

„Wir haben 15 Frauen mit einem ganz oder fast ganz regelmäßigen Menstruationszyklus und auch sonst vollkommen normalem Genitalbefund laparotomiert[61]. Es hat sich um solche Frauen gehandelt, die auf Grund eines Urteils des Erbgesundheitsgerichtes zur Sterilisierung gekommen sind, und die dabei einen normalen Genitalzyklus aufgewiesen haben […]. Wir haben die Laparotomie auf den 11. bis 12. Tag des Zyklus angesetzt und an den zwei, manch-

---

60 In Wien wurde ab 1940 folgenden Ärzten und Krankenanstalten die „chirurgische Ausführung der Unfruchtbarmachung und Schwangerschaftsunterbrechung" überlassen: am Krankenhaus der Stadt Wien dem Primararzt Priv. Doz. Dr. Tassilo Antoine und seinem Assistenten Dr. Josef Frowein; an der I. Universitäts-Frauenklinik in Wien dem Universitäts-Professor Dr. J. A. Amreich und seinem Assistenten Dr. Emil Kiss; an der Krankenanstalt „Rudolf-Stiftung" dem Univ. Prof. Dr. Paul Werner und seinem Assistenten Dr. Bruno Kuich; an der Heil- und Pflegeanstalt „Am Steinhof" den Ärzten Dr. Hans Lehmann und Dr. Karl Porzinsky. Die „chirurgische Unfruchtbarmachung von Männern" wurde folgenden Anstalten und Ärzten überlassen: an der I. Chirurgischen Universitätsklinik Univ.-Prof. Dr. Leopold Schönbauer und seinem Assistenten Dr. Wolfram Sorge; an der Krankenanstalt „Rudolf-Stiftung" dem Priv. Doz. Dr. Hans Steindl und Dr. August Vogl; am Krankenhaus der Stadt Wien Univ. Prof. Dr. Adolf Winkelbauer und Dr. Michael Rosenbauer. An der Heil- und Pflegeanstalt „Am Steinhof" wiederum Dr. Hans Lehmann und Dr. Karl Porzinsky (vgl. Czech 2003: 77, Anm. 285).
61 Als Laparotomie wird die Eröffnung der Bauchdecke durch einen Bauchdeckenschnitt bezeichnet.

mal an drei Vortagen je 200 RE Anteron (Schering) intravenös verabreicht. Gleichzeitig haben diese Frauen insgesamt 40 mg Progynon intramuskulär bekommen [...], also Dosen, welche die von *Clauberg* zur Provozierung des Follikelsprunges empfohlenen bei weitem übersteigen. Wir hatten erwartet, dass wir durch diese besonders hohen Hormondosen den Follikelsprung um wenigstens zwei Tage beschleunigen können. In keinem einzigen Fall ist dies gelungen. Demnach halten wir es für vollkommen unmöglich, den Follikelsprung künstlich auszulösen [...]" (Kraul/Sternad 1943: 610).

Dass diese Hormonbehandlungen, vor allem die Verabreichung von Oestradiol, „natürlich" auch „unerwünschte Nebenwirkungen" haben, wurde bedenkenlos in Kauf genommen. Aufgrund der Nebenwirkungen empfahlen Kraul und Sternad aber, bei hormonellen Sterilitätsbehandlungen stets Schleimhautkontrollen durchzuführen, da daran die Wirkungen und Nebenwirkungen am besten studiert werden könnten. Neben der Erfolglosigkeit der hormonellen Sterilitätsbehandlung, die als Humanexperiment an kinderlosen Frauen in Krankenhäusern und Kliniken erprobt wurde, kamen weiterhin auch konservative Heilverfahren und operative Eingriffe zur Anwendung (Sondierung, Dehnung, Diszision des Muttermundes, Reizausschabung, Durchblasung der Eileiter). Als am meisten Erfolg versprechend beurteilte Kraul dabei eine mit einem Hormonstoß am 12. Zyklustag kombinierte Eileiterdurchblasung.

Die „sogenannten künstlichen Befruchtungen"[62], also „die Einbringung des außerhalb entleerten Samens in das Uteruskavum mit Hilfe von Sonde und Ureterkatheder", beurteilten Kraul und Sternad als insgesamt erfolglos (ebd.: 611). Auch alle anderen Sterilitätsoperationen hätten einen ausgesprochen schlechten Erfolg. Ein Wendepunkt in der Unfruchtbarkeitsbehandlung könne allein durch Fortschritte in der chemischen Forschung, also der Herstellung eines follikelreifungsfördernden Hormons, erreicht wer-

---

62 Wissenschaftliche Experimente zur „künstlichen Befruchtung" am Menschen wurden von Gynäkologen bereits seit der Wende zum 19. Jahrhunderts durch die Einspritzung von Samenflüssigkeit in die Scheide (Hunter 1799) und in die Gebärmutter (Sims 1866) vorgenommen (vgl. Kisch 1914: 67ff). Dabei wurde die Erfahrung der künstlichen Befruchtung bei Tieren auf den Menschen übertragen (vgl. Corea 1988: 61ff). Schon 1880 versuchten französische Ärzte aus geschäftlichen Interessen sich ein Patent auf die künstliche Befruchtung sichern zu lassen (vgl. Kisch 1914: 69). 1883 wurde aber die künstliche Befruchtung im Tribunal von Bordeaux als „standesunwürdig" erklärt, ebenfalls 1883 hat die gerichtlich-medizinische Gesellschaft in Paris eine Resolution beschlossen, dass ein anständiger Arzt weder eine „artificielle Fécondation" vorschlagen noch auf Verlangen durchführen darf. Der deutsche Universitätsgynäkologe A. Döderlin habe sich 1912 bei einem Vortrag in einem ärztlichen Verein in München für die künstliche Befruchtung in folgenden Fällen eingesetzt: „Wo die vollkommen durchgeführte Untersuchung beim Manne sowohl wie bei der Frau keinerlei Anhaltspunkte für die Erklärung und Behandlung der Sterilität gibt, wo sie also sozusagen auf einer reinen Funktionsstörung beruht, und wo demgemäß auch meist schon vorangegangene Sterilitätsbehandlungen operativer und nicht operativer Art erfolglos geblieben sind" (zit. in: Kisch 1914: 71).

den (ebd.: 613). Die gewalttätigen Behandlungsexperimente an Sterilitätspatientinnen (Hormonstöße, Sondierung, Dehnung des Muttermundes etc.) wurden bedenkenlos durchgeführt. Allein die „Abgabe des Samens" beurteilten die Ärzte als ein empfindliches Problem. So lehnte Phillipp Schneider (1896–1954)[63], Direktor des Instituts für gerichtliche Medizin und Kriminalistik sowie „SS-Obersturmführer", die masturbatorische Handlung in Anwesenheit des Arztes völlig ab (Schneider 1943: 528). Schneider bezog sich in seinem Artikel auf die ärztliche Begutachtung der „Zeugungsfähigkeit des Mannes" im Rahmen von Sittlichkeitsdelikten (Vergewaltigung, Blutschande u. a. m.), von Scheidungsklagen wegen „Befruchtungsunfähigkeit des männlichen Ehepartners" und wegen „Abstammungssicherung" im Falle von Unterhaltsklagen. Erst die im Nationalsozialismus eingeführte „Beratung kinderloser Ehen" habe ein weites Interesse an der Zeugungsfähigkeit des Mannes hervorgerufen. Damit werde auch in diesem Fall die mikroskopische Untersuchung einer „frisch entleerten Samenprobe" notwendig. Dabei würde es aber ausreichen, dass die masturbatorische Handlung zwar in den Räumen, aber nicht in Anwesenheit des Arztes stattfinde.

„Streng abzulehnen und geradezu als *Kunstfehler* zu bezeichnen ist der Versuch des Arztes, masturbatorische Handlungen und Samenentleerung zu überwachen oder gar dabei selbst Hand anzulegen, sowie Messungen an dem durch mechanische und elektrische Mittel gesteiften Glied vorzunehmen. Ganz unglaublich erscheint aber das Verhalten eines Arztes, welcher die Beischlafhandlungen des Untersuchten zum Gegenstand des persönlichen Augenscheines macht" (Schneider 1943: 528).

Die männlichen Ärzte reagierten empfindlich auf die Überprüfung männlicher Zeugungsfähigkeit. So führte Schneider weiter aus, dass in Ausnahmefällen die Samenprobe auch in ein Kondom entleert werden könnte, dass dieses aber möglichst rasch nach dem Geschlechtsverkehr zur Untersuchung gebracht werden sollte. Allein dass ein Mann sich ohne Geschlechtsverkehr „entleeren" sollte, wurde schon als Problem beurteilt. Die männlichen Empfindlichkeiten veranlassten Schneider aber zu weiteren ärztlichen Empfehlungen. Nach Möglichkeit sollte der Mann das Ejakulat sofort nach dem Geschlechtsverkehr durch Aufschneiden des Kondoms in ein säurefreies Glasge-

---

63 Philipp Schneider wurde in Wien geboren, war seit 1933 bei der „NSDAP" und ab 1938 bei der „SS". 1937 wurde er ao. Prof. in Göttingen. Ab November 1938 war er Professor und Vorstand des „Instituts für Gerichtliche Medizin und Kriminalistik Wien", Sensengasse 2, zugleich Leiter des „Kriminaltechnischen Instituts des Reichskriminalpolizeiamtes" und stellvertretender Obmann der „Wiener Medizinischen Gesellschaft". 1945 wurde er suspendiert. Er war vorübergehend am gerichtsmedizinischen Institut Stockholm tätig und starb 1954 in St. Johann im Pongau (vgl. Klee 2003: 553).

fäß abfließen lassen, da bei der Herstellung von Kondomen Benzin eine „gewisse Rolle" spiele und dieses wiederum die Samenbeweglichkeit negativ beeinflusse. Das Glasgefäß könne der Mann dann in ein „Tuch gehüllt, im Hosensack oder in der Rocktasche getragen, dem Untersucher übergeben" (ebd.: 528). Für den Fall der Samenentleerung durch Masturbation in der Arztpraxis erteilte er ebenso detailgenaue Anweisungen. Bis in die letzte Einzelheit wurde die, ganz offensichtlich Peinlichkeit hervorrufende, Übergabe des männlichen Samens an den männlichen Begutachter medizinisch organisiert. Bei der „Beratung steriler Ehen" konnte darauf aber nicht verzichtet werden und Schneider schätzte, dass die Ursache der Sterilität bis zu 30 % bei den Männern liege (ebd.: 529).

Im Vergleich zu den Empfindlichkeiten und dem daraus resultierenden vorsichtigen Umgang mit der männlichen Samenentleerung bei der „Beratung steriler Ehen" äußerten die Ärzte hinsichtlich ihrer medizinischen Eingriffe in den Körper der Frauen zur „Überprüfung der Empfängnisfähigkeit" und zu „Sterilitätstherapieexperimenten" keinerlei Bedenken. Es wurde alles gemacht, was gemacht werden konnte. Demgegenüber musste männliche Sexualität wie Integrität im Rahmen der „Beratung steriler Ehen" auf jeden Fall geachtet werden, auch wenn das Ejakulat im Interesse einer einwandfreien Diagnose in den Räumen des Arztes entleert werden sollte (ebd.). Knapp drei Jahrzehnte vor dieser, die Empfindlichkeiten der männlichen Samenentleerung für Untersuchungs- und Zeugungszwecke berücksichtigenden, Empfehlungen wurde der Zweifel am Erfolg der künstlichen Befruchtung eben damit begründet, dass „die Prozedur, welche ja für alle Beteiligten, den Arzt eingeschlossen, etwas Peinliches hat", kaum eine „szientifisch widerspruchslose Begründung finden" werde (Kisch 1914: 71). Die künstliche Befruchtung schien zu Beginn des Ersten Weltkrieges also noch an der – für behandelte wie behandelnde Männer – unannehmbaren Praxis der Samenentleerung zu scheitern.

Die Rücksichtnahme gegenüber den Empfindlichkeiten der Männer fand auf Seiten der Frauen keine Entsprechung. Hier dominierten respektloser und abwertender Umgang die sprachliche und praktische Behandlung unfruchtbarer Frauen. So wurden Sterilitätsursachen bei Frauen großteils in abwertenden Beschreibungen erörtert. Exemplarisch dafür steht die Wortwahl von Prof. I. A. Amreich[64], Direktor der I. Uni-

---

[64] Isidor Alfred Amreich wurde 1885 in Gars am Kamp geboren. Er promovierte 1910 zum Doktor der Medizin und habilitierte sich 1923 in den Fächern Gynäkologie und Geburtsmedizin, leitete von 1936 bis 1939 die Universitätsklinik für Gynäkologie und Geburtshilfe in Innsbruck, wo er sich „mit dem Ausbau der vaginalen Radikaloperation" befasste (Dapunt 1988: 143). Ab 1939 leitete er die I., später die II. Universitäts-Frauenklinik in Wien. Werke u. a.: Amreich/Seitz: Biologie und Pathologie des Weibes. Amreich war „Operationszögling" bei Schauta (1849–1919), Ordinarius an den Universitäten Innsbruck, Prag und der I. Universitäts-Frauenklinik in Wien, der ihn auch habilitierte. Schauta entwickelte die erweiterte Totalex-

versitäts-Frauenklinik in Wien, dem im August 1940 vom „Erbgesundheitsgericht Wien" die chirurgische Ausführung der Unfruchtbarmachung und Schwangerschaftsunterbrechung in Zusammenhang mit dem „Gesetz zur Verhütung erbkranken Nachwuchses" übertragen wurde, in einem Vortrag zur „Sterilität der Frau"[65]. Amreich beschrieb als typische Konstitution der Sterilitätspatientin eine „äußerlich sichtbare Schlaffheit des Körpers", die er einer konstitutionellen Schwäche des Bindegewebs-, Muskel- und Nervensystems zuschrieb. Er sprach vom „Stehenbleiben der Uterusentwicklung auf kindlicher Stufe", von „enger, rigider Scheide", von vegetativer und generativer Ovarialinsuffizienz als Stigmata des Infantilismus. Amreich benannte verschiedene Zeichen einer abnormen Körperkonstitution bei weiblicher Sterilität: „kindlich freundliche oder beharrliche Psyche, kindlicher Körperbau, kleine Gestalt, runder Thorax, kleine Mammae, kleiner Gesichtsschädel, hoher Gaumen, Trema, Diasthema, Gitterzähne" (Amreich 1940: 821). Auch ein „intersexueller Konstitutionstyp", der „aus Zügen des asthenischen Infantilismus mit ausgesprochen männlichem Einschlag (Psyche, Skeletbau, Behaarung, penisartige Klitoris)" bestehe, wurde in Zusammenhang mit Sterilität von Frauen gebracht, ebenso wie die Fettleibigen, welche die Nährstoffe als Fett ablagern und den Stoffwechselumsatz dadurch bremsen würden, was zur Inaktivierung der Schilddrüse und damit zur Ovarialinsuffizienz führe (ebd).

Bei der medizinischen Ordnung der Sterilitätsursachen spielten diese Phänomene allerdings kaum mehr eine Rolle. Denn als häufigste Ursache der Sterilität wurden in 50 bis 60% der Fälle Tubenverschluss oder erschwerte Tubendurchgängigkeit infolge von Entzündungen angeführt (Amreich 1942: 102). Die körperliche Entwertung der kinderlosen Frauen, die damit auch als „minderwertig" stigmatisiert wurden, wurde aber nicht dementiert und setzte sich fort.

---

stirpation des Uterus („Radikaloperation") zur Behandlung des Zervixkarzinoms, die nach ihm benannt wurde. In einem Artikel über „Die großen Männer im Umfeld der I. Universitäts-Frauenklinik Wien" (1988) von Prof. Dr. E. Gitsch, Vorstand der I. Universitäts-Frauenklinik in Wien, stellt dieser Schauta als genialen Operateur dar, der in einer Zeit wirkte, in der „man als Gynäkologe Autodidakt sein musste, weil es keine Stelle gab, wo man Operieren im heutigen Sinne erlernen konnte, da überall erst die ersten Schritte zu einer operativen Gynäkologie gesetzt wurden. [...] Diese Leistungen sind umso mehr zu bewundern, wenn man die damalige primitive Ausrüstung und die nicht vorhandenen heute für uns so selbstverständlichen Begleitumstände, wie ideale Narkose, Blutersatz und entsprechende instrumentelle und räumliche Ausrüstung berücksichtigt" (1988: 134). Was diese autodidaktischen Versuche mit primitiven Ausrüstungen für die Patientinnen bedeuteten, ist in dieser Erfolgsgeschichte der „Großen Männer" kein Thema. Gitsch bezeichnete den Schüler Schautas, I. A. Amreich als letzten „Bannerträger der vaginalen Operationskunst vor dem zweiten Weltkrieg" (1988: 136).
65 Der Vortrag wurde im Rahmen der „Medizinischen Woche" an der Akademie für ärztliche Fortbildung am 12. Mai 1940 gehalten und am 11. Oktober 1940 in der WKW publiziert.

Der wissenschaftliche Zugriff auf den Körper der Frauen von Seiten der männlichen Ärzte war nicht neu. Schon der Aufstieg der Universitätsgynäkologie und der Geburtsmedizin als „Chirurgie des Unterleibs" im frühen 19. Jahrhundert beruhte auf dem Humanexperiment an Frauen in den Gebäranstalten (vgl. Metz-Becker 1997: 192–230). Anstaltsentbindungen waren die Bedingung für die Möglichkeit, dass sich die Geburtsmedizin als „Chirurgie des Unterleibes" etablieren konnte. Die Frauen, die genötigt waren und wurden, in Gebäranstalten zu entbinden, waren zum größten Teil ledige Frauen der untersten Sozialschichten. Viele von ihnen waren aufgrund ihrer elenden sozialen Lage meist rachitisch, was zu den für diese Krankheit typischen Skelettveränderungen, wie Beckenverformung und Wirbelsäulenverkrümmung führte. Sie waren oft unterernährt und körperlich geschwächt, was äußerst schwierige Geburten verursachte. Insgesamt entwickelte sich damit die männliche Geburtsmedizin im 19. Jahrhundert ausschließlich als „Medizin des Ausnahmefalls" in Gebäranstalten im städtischen Bereich. Im 20. Jahrhundert erweiterten sich die Eingriffsmöglichkeiten der Gynäkologie und Geburtsmedizin durch die Entwicklung der Anästhesie im Sinne der Narkose und Analgesie[66], die Schmerzempfindung auszulöschen vermochten (vgl. Fischer-Homberger 1996: 292ff). Die Geburtsmedizin setzte diese nicht nur zur Schmerzbefreiung ein, um Störungen im Geburtsablauf zu beheben, sondern auch dazu, mit Hilfe der Anästhesierung weiterhin ihre Objekte zu verletzen und den wissenschaftlichen Fortschritt zu optimieren. Mit Hilfe der Anästhesie wurde die anatomisch fundierte „Chirurgie des Unterleibes" invasiver. Mit ihr konnte sich die Tradition des aggressiv-grenzüberschreitenden Eingreifens in den weiblichen Körper ungehindert weiterentwickeln. „So beginnen Verletzungsbereitschaft und Schmerzabwehr einander gegenseitig hochzusteigern" (ebd.: 301). Die physische Schmerzlosigkeit, mit der die Medizin zerlegt und neu zusammenfügt, konstituierte eine neue Verfügungsmacht über den Körper. Zugleich wurden aber nicht nur Schwangere für medizinische Forschung benutzt, sondern auch Frauen, deren Fortpflanzung als unerwünscht galt, und solche, die keine Kinder bekamen. Im Rahmen der medizinischen Experimente zur „chirurgischen Unfruchtbarmachung" und „künstlichen Zeugung" wurde weibliche Fruchtbarkeit überhaupt nur mehr als von männlichen Gynäkologen wissenschaftlich zu führende und regulierende „Natur" konzipiert und behandelt. Die Humanexperimente der NS-Gynäkologie an Sterilisations- und Sterilitätspatientinnen begannen, den Frauenleib als Materie für die Erforschung männlich-wissenschaftlicher Sterilisations- und Zeugungstechniken herzustellen. Die daraus sich entwickelnde Zeugungsmedizin war von Anfang an mit eugenischen Zielen verbunden.

---

66 Analgesie bedeutet die Aufhebung der Schmerzempfindung durch künstliche Leitungsblockade der Schmerzbahn bzw. durch Ausschaltung der Schmerzzentren.

Aber auch der medizinische Zugriff auf Schwangerschaft und Wochenbett wurde unter eugenischen Zielsetzungen ausgebaut. Die *„Schwangerschaftspflege"*, wie die Schwangerenvorsorge während des Nationalsozialismus genannt wurde, sollte der Verhinderung von „Mißgeburten" dienen. Wie in den Jahrzehnten vorher stand die medizinische Überwachung der Schwangerschaft im Dienste eines „gesunden" Nachwuchses. Diese Überwachung sollte bereits vor der Zeugung durch „Erbpflegerische Eheberatung" (Vellguth 1941a: 148) einsetzen. Auch dieser Gedanke ist nicht neu. Während des Nationalsozialismus aber konnte ihn die Frauenheilkunde auf Basis des „Ehegesundheitsgesetzes", der Vorschriften über das „Ehestandsdarlehen" und des „Blutschutzgesetzes" in die Tat umsetzen. Ansteckende Krankheiten wie Tuberkulose oder Geschlechtskrankheiten und geistige Störungen galten als Ehehindernis, ebenso die Ehe mit „JüdInnen" und nichtjüdischen Fremdrassigen („ZigeunerInnen", „NegerInnen"). Die „Erbpflegerische Eheberatung" war das Instrument, um diese Gesetze umzusetzen. In dieser galt eine umfassende „Sippenuntersuchung" als einzig praktikable Methode der Prävention: „Der erbmäßige Wert des zu erwartenden Nachwuchses ist praktisch nur nach eingehender „Sippenuntersuchung" zu beurteilen. Maßstab für die Beurteilung sind die Erwartungen, die wir an die nächste Generation stellen müssen", so Dr. Vellguth, Leiter der Stelle für „Erb- und Rassenpflege" und Stadtmedizinaldirektor in Wien (Vellguth 1941a: 148). Erwartet wurde von der nächsten Generation in erster Linie „Leistungs- und Einordnungsfähigkeit". Dazu galt nach wie vor eine nach eugenischen Kriterien getätigte GattInnenwahl als probates Mittel zur Erreichung dieses Ziels.

Nach der „Erbpflegerischen Eheberatung" und der eugenisch abgeklärten GattInnenwahl verfolgte auch die Schwangerenberatung die Absicht, „die werdende Mutter gesund bis zur Geburt zu bringen und diese möglichst gefahrlos zu gestalten", so Dr. Rudolf Rheindt von der II. Universitäts-Frauenklinik in Wien (Rheindt 1942: 738). Gesunde Mütter und lebensfähige gesunde Kinder waren das Ziel. Die Untersuchung der werdenden Mutter sollte über den „Allgemeinzustand vom Scheitel bis zur Sohle orientieren", aus geburtshilflicher Perspektive Brüste, Bauchdecken, Gebärmutter und Lage, Stellung, Haltung und Größe des Kindes untersuchen. Harn- und Blutdruckkontrollen, serologische Untersuchungen auf Lues, Gewichtskontrollen und Untersuchungen hinsichtlich möglicher Anomalien des Kindes sollten „Unglück" vermeiden helfen. In der Schwangerenberatung und -vorsorge sollten mittels Röntgenuntersuchungen schwere Missbildungen des Kindes rechtzeitig erkannt werden. Angesichts der in den 40er Jahren schon bekannten Tatsache, dass Röntgenstrahlen fötale Missbildungen hervorrufen (vgl. Ruckensteiner 1944: 77), ist dieser medizinische Eingriff im Zuge der Schwangerenvorsorge, mit dessen Hilfe Missbildungen rechtzeitig erkannt und „Unglück" verhindert werden wollte, geradezu paradox. So sollte bei jedem schweren Hydramnion[67] im Röntgenbild nach Missbildungen der Frucht gesucht werden.

„Im Verlauf eines Jahres haben wir so schon drei Anencephali Monate vor dem Geburtstermin erkennen und durch Einleitung der Geburt die Mutter vor dem Austragen ihrer Mißgeburt bewahren können" (Rheindt 1942: 325).

Eine „stete Kontrolle des Graviditätsablaufes" helfe aber neben der Suche und Abtreibung von „Mißgeburten" auch andere Todesursachen in der Schwangerschaft, während der Geburt und im Wochenbett zu vermeiden und auszuschalten. Als Voraussetzung dafür galt die ärztliche Untersuchung aller Schwangeren (vgl. Rheindt 1941: 634f). Ganz deutlich zeigt sich hier, dass sich die medizinische Forderung nach einer alle Frauen umfassenden Schwangerenvorsorge aus eugenischen Zielsetzungen entwickelte und dass die Ärzte ihre Eingriffe auch als Hilfestellung für Schwangere betrachteten, mit der sie den Frauen ersparen wollten, Mütter von missgebildeten Kindern zu werden. Die „Schwangerschaftspflege" sollte sich sowohl auf das „Schwangerschaftsprodukt" als auch auf die „Schwangerschaftsträgerin" beziehen, so Amreich, Direktor der I. Universitäts-Frauenklinik in Wien und seit 1940 mit der „chirurgischen Unfruchtbarmachung" von Frauen beauftragt, deren Fortpflanzung unerwünscht war (Amreich 1942a: 441). Die Mütter sollten im Rahmen der „Schwangerschaftspflege" Anweisungen erhalten, welche ihrer Gesunderhaltung und ihrer Ertüchtigung für die Geburt dienen und Schwangerschaftsstörungen verhüten oder beseitigen konnten. In der Praxis zielten die Anleitungen im Wesentlichen auf Ernährung und Hygiene sowie auf Fragen der Anstalts- oder Hausentbindung ab (ebd.: 442f). Geburtsmedizinische und eugenische Ziele wurden in der Schwangerenvorsorge verbunden. Die Verhinderung von Schwangerschafts- und Geburtskomplikationen für Mutter und Kind durch Geburtsmedizin und die Verhütung „minderwertiger" Nachkommen durch die Eugenik wurden aber nicht erst seit dem Nationalsozialismus zusammengeführt. Gynäkologen und Geburtsmediziner forderten schon in den Jahrzehnten vorher, dass die Erkennung pathologischer Erscheinungen beim Fötus und die Frühdiagnose geburtshilflicher Störungen die beiden Ziele der „geburtshilflichen Prophylaxe" sein sollten (vgl. Kap. I.2.).

Die Eugenisierung der Geschlechterordnung, welche von der alten Eugenik in den Jahrzehnten vor dem Nationalsozialismus durch die Medizin in Gang gesetzt worden

---

[67] Unter Hydramnion wird die krankhafte Fruchtwasservermehrung gegen Ende der Schwangerschaft bezeichnet. Ein chronisches Hydramnion wird als Ursache möglicher fötaler Fehlbildungen beurteilt. Ein akutes Hydramnion kommt häufig bei Toxikose, Syphilis, Diabetes mellitus vor.

war, und deren „Auslese"-Kriterien für den „Reproduktionswert" der Geschlechter in der Wehrtauglichkeit von Männern und der Gebärtauglichkeit von Frauen, wurden von der Medizin im Nationalsozialismus fortgeführt, in Bezug auf Frauen aber auch wesentlich verändert. Es gab kein einheitliches Frauenbild, vielmehr wurde es – dem männlichen Bedarf entsprechend – flexibel entworfen. Von der „animalischen Mütterlichkeit", welche die bevölkerungspolitischen Interessen des „Dritten Reiches" völlig „natürlich" sicherstellen sollte, bis zur emanzipierten Ehefrau und Mutter, der die „Doppelleistung" im volkswirtschaftlichen Interesse abverlangt wurde.

Zumindest nach Kriegsbeginn 1939, und damit in Österreich während des überwiegenden Teils der NS-Herrschaft, stand der „Arbeitseinsatz" von Frauen im Zentrum der medizinischen Besprechung. Die medizinischen Eingriffe in die Geschlechter- und Generatio-nenordnung zielten u. a. darauf ab, dass Frauen trotz ihres „Arbeitseinsatzes" den „biologischen Wiederaufbau" des „deutschen Volkes" und dessen Qualität sicherstellen sollten. Die „patriarchale Dividende" der Männer in Geschlechter- und Generationenbeziehungen sollten zugleich erhalten bleiben. D.h. der Arbeitseinsatz von Frauen wurde im Sinne der Doppelbelastung in Betrieb und Haushalt gefordert. Männer sollten weiterhin mit der unbezahlten Haus- und Erziehungsarbeit der Frauen rechnen können. Die den Männern unterstellten „animalischen Triebe" der männlichen Kämpfernatur funktionalisierte die NS-Medizin in einem umfassenden Sinne für den Heimat- und Familienschutz. Im „Kampfspiel" des Sportes, im „ernsten Kampf" an der Front und im „Arterhaltungskampf" der deutschen Familie konnte der Mann seinen „Reproduktionswert" unter Beweis stellen.

Die Medizin sollte sich darum kümmern, dass sich als „minderwertig" beurteilte MitbürgerInnen nicht fortpflanzten und Frauen trotz doppelten „Arbeitseinsatzes" gesunde Kinder produzierten. Die eugenisch motivierten Eingriffe der Medizin in die Natur und Kultur der generativen Reproduktion mündeten in eugenisch und „rassenhygienisch" überprüfter und begutachteter GattInnenwahl, in der Zwangssterilisation von als „minderwertig" beurteilten Frauen und Männern, im Schwangerschaftsabbruch auf Basis eugenischer und „rassenhygienischer" Indikation und durch die Tötung von aus eugenischer Perspektive als „minderwertig" diagnostizierten Kindern und Erwachsenen. D. h. die Reproduktion der Gattung wurde insofern dem Zufallsspiel der Natur und der dabei möglichen Schädigung der Nachkommen entzogen, als dass die NS-Gesellschaft ihre „Krankheitsträger" ausschied, so der „SS-Hauptscharführer" Dr. Hubert Umlauf bei den Schulungsabenden der Ärzte (Umlauf 1939: 759). Dass dies nicht nur auf dem Weg der „Erbpflegerischen Eheberatung", der „chirurgischen Unfruchtbarmachung" unerwünschter Männer und Frauen und der „künstlichen Befruchtung" erwünschter Frauen realisiert wurde, sondern auch durch medikalisierte Vernichtung (Giftinjektionen, Hungerkost) und medizinisch überwachte Massentötung (Gas), wurde in der medizinischen Fachzeitschrift verschwiegen.

Im Gegensatz zu den eugenisch motivierten Eingriffen in die Natur und Kultur der generativen Reproduktion der Jahrzehnte vorher wurden im Zuge des nationalsozialistischen „biologischen Wiederaufbaues des deutschen Volkes" nicht nur Aufklärung und „erbpflegerische" Kontrolle der Geschlechterbeziehung und der generativen Prozesse auf Seiten der Frauen betrieben, sondern auch die „chirurgische Unfruchtbarmachung" und die Vernichtung der „Krankheitsträger" in die Tat umgesetzt. Die Freisetzung von Frauen aus der traditionellen Geschlechterordnung in die „Doppelleistung" von Berufsarbeit, Hausarbeit und Kindererziehung wurde im Nationalsozialismus begleitet von massiven medizinischen Eingriffen in die generative Reproduktion, die den Fortpflanzungsprozess im Dienste einer eugenischen „Qualitätssicherung" rationalisierte. Die Durchführung des Gesetzes zur „Verhütung erbkranken Nachwuchses" bot der Medizin zudem die Gelegenheit, ihre Forschung über Fruchtbarkeitsstörungen und -abläufe sowie die Vererbbarkeit von Krankheiten vom Tier- auf das Humanexperiment zu übertragen, Massenuntersuchungen durchzuführen und Vergleichsstudien anzufertigen. Die sexistische Gewalt, die in diesen wissenschaftlichen Unternehmungen an Frauen ausgeübt wurde, hatte ihre Ursachen in der eugenischen Überwachung, Disziplinierung und Rationalisierung weiblicher Fruchtbarkeit, mit der die männliche Medizin die generative Reproduktion auf die Höhe der Zeit zu bringen versuchte.

Angewandte Eugenik, männliche Reproduktionsinteressen und Gewalt gegen Frauen

Die Eugenisierung der Fortpflanzung entsprang zwar dem Wunsch, der Unberechenbarkeit, Unvorhersehbarkeit und Unkontrollierbarkeit menschlicher Natur nicht mehr ausgeliefert zu sein, und war auch von wohlfahrts-, bevölkerungs- und wissenschaftspolitischen, sozial- oder „rassenhygienischen" Motiven unterlegt. Zugleich sollte der eugenische Eingriff in die Natur und Kultur der generativen Reproduktion durch die Medizin aber auch männliche Interessen im Reproduktionsprozess wahren, wie z. B. männliche Potenzideologien, Kontrolle der Vaterschaft etc.. Diese Interessen konnten historisch bis Ende des letzten Jahrhunderts nur über gesellschaftliche, ideologische, politische und juristische Mittel durchgesetzt und aufrechterhalten werden. Im Zuge der Entwicklungsgeschichte der Gynäkologie als weiblicher Sonderanthropologie im 19. Jahrhundert, wurden diese Interessen in die medizinische Konzeption der weiblichen Anatomie eingeschrieben, zumal sich die Gynäkologie zu Beginn als „Chirurgie des Unterleibs" ausbildete (vgl. Honegger 1993). Die physiologisch-anatomischen „Entdeckungen", welche die „Zergliederer" (Anatomen) an Leichen „liederlicher Weibsstücke" in Gebäranstalten zutage förderten (ebd.: 207), veränderten ab dem 18. Jahrhundert auf Basis empirischer Wissensbildung die Vorstellungen über die sexuelle Natur der Frau und propagierten eine fundamentale Ungleichheit. Die traditionell sexistische Beurteilung des Geschlechtswertes der Frau, durch die sie gegenüber dem Mann immer schon als „minderwertig" konzipiert wurde, wurde in die physiologisch-anatomische Konzeption eingeschrieben und in eine zeitlose Bio-Logik überführt.

Die eugenische Beurteilung des „Erb- und Rassewertes" der Frau baut auf dieser „positiven Legende der bloßen Naturauslegung" auf (ebd.: VIII) und verbindet den „wissenschaftlichen Sexismus" der Gynäkologie mit einem „wissenschaftlichen und staatlichen Rassismus". Im „wissenschaftlichen Sexismus" geht eine gesellschaftlich tradierte Abwertung der Frau bei der Unterscheidung der Geschlechter in die Forschungskonzeption, Theorieentwicklung und Geschlechterkonzeption ein. Sexistische Konstrukte wurden in die wissenschaftliche Wissensbildung der Geistes- und Naturwissenschaften eingearbeitet. Im „wissenschaftlichen Rassismus" werden gesellschaftliche Differenzierungen und Sozialstrukturmerkmale nach rassistischen Selektionsmustern entwickelt (vgl. Kaupen-Haas et al. 1999). Rassische Konstrukte wurden, wie bereits ausgeführt, vor allem in der Rassenanthropologie, Humanbiologie, Kriminalbiologie, biologischen Soziologie, Konstitutionslehre, Erbbiologie, „Rassenhygiene" und Eugenik wissenschaftlich fundiert. „Wissenschaftlicher Sexismus" und „wissenschaftlicher Rassismus" legitimierten im Nationalsozialismus politische und staatliche Eingriffe in die Natur und Kultur der generativen Reproduktion. Gisela Bock bezeichnete in ihrer Studie zur „Zwangssterilisation im Nationalsozialismus" die Verbindung zwischen „NS-Staat", Sexismus und Rassismus als „männerstaatlichen Rassismus" (Bock 1986: 116). Dieser war aber gerade im Bereich der Biopolitik des „NS-Staates" mit einem „männerwissenschaftlichen Rassismus" verbunden.

Diese Bündnisse zeigten sich in den für die vorliegende Studie recherchierten wissenschaftlichen Texten im Einsatz der Gynäkologen und Pädiater für den „Arbeitseinsatz" der Frauen außer Haus bei gleichzeitiger Sicherstellung unbezahlter Erziehungs- und Hausarbeit. Sie zeigten sich in der Bekämpfung der Prostitution durch die Frühehe, welche das Ausleben männlicher Sexualität in medizinisch kontrollierbaren Beziehungen ermöglichen und eine Schädigung der Nachkommen durch Geschlechtskrankheiten verhindern sollte. Sie zeigten sich in der Bekämpfung „unvernünftiger" Mütterlichkeit, welche sich darin zu manifestieren schien, dass Mütter die schwächsten und kranken Kinder am meisten umsorgten. Pädiater und Gynäkologen befassten sich mit der Frage, wie die Doppelleistung der Frauen gesichert werden könne und hielten fest, dass Frauen biologisch die Doppelleistung Mutterschaft und Arbeit zugemutet werden könne. Staatlich kontrollierte Arbeitspolitik und medizinische Begleitung und

Überwachung der geschlechtsreifen Frau sollten dabei die volkswirtschaftliche und bevölkerungspolitische Nutzung ihrer Fruchtbarkeit und Arbeitskraft sicherstellen. Dazu wurde der Einsatz der Frauen in Arbeitsfeldern vorgeschlagen, die angeblich ihrer „Art" entsprächen.

Doch selbst darauf konnte weder in Kriegs- noch in den erwarteten Wiederaufbauzeiten Rücksicht genommen werden. Von Seiten des Staates und der Betriebe sollten aber die Mütter in der Erziehungsarbeit durch öffentliche und betriebliche Säuglingskrippen und Kindergärten entlastet werden. Es ist erstaunlich, wie rasch Frauen alles zugemutet wurde, was ihnen über Jahrzehnte abgesprochen worden war. Die Wissenschaften lieferten schnell die Argumente, um den neuen Bedarf zu legitimieren. Doch auf die Erziehung der Kinder und die Gestaltung des Heims durch die Mütter konnte im Nationalsozialismus ebenso wenig verzichtet werden wie auf den „Arbeitseinsatz" der Frauen. Doch dieser „Arbeitseinsatz" wurde als Bedrohung der tradierten, selbstlosen und unbezahlten Haus- und Erziehungsarbeit der Frauen thematisiert. Befürchtet wurde, dass die Berufstätigkeit es Frauen ermögliche, Erfahrungen zu machen, die sich mit den Pflichten von Mutterschaft und Ehefrau nicht vereinbaren ließen. Denn Haus- und Erziehungsarbeit waren (und sind) nicht mit einer geregelten Arbeitszeit, eigenem Einkommen, Versicherungsleistungen, Urlaubsanspruch oder Freizeit verbunden. Berufsarbeit wurde damit als Gefahrenquelle diskutiert, welche auf Seiten der Frauen möglicherweise den Wunsch nach Freiheit erwecke. Doch die Abhängigkeit der Kinder beschränke die Freiheit der Mutter. Berufsarbeit würde Frauen wählerisch machen und dazu führen, dass sie die Ehe zunehmend als Ort der Befreiung vom Arbeitszwang betrachteten, was unmöglich zu realisieren sei. Dieses Problem lösten die Gynäkologen und Pädiater ideologisch, indem die unbezahlte Versorgungs- und Erziehungsarbeit „erbgesunder" Kinder durch „erbgesunde" Mütter als wichtigster Dienst an der Volksgemeinschaft geschätzt, ihr „Arbeitseinsatz" aber als Notwendigkeit bagatellisiert wurde. Dazu wiesen die Ärzte darauf hin, dass Mutterschaft zwar nicht die bequemste, aber die am meisten beglückende Aufgabe der Frau sei. Und darin entsprach die Beurteilung der Mutterschaft dem Ideal des harten, einsatz- und opferbereiten Lebens, das der Nationalsozialismus von allen forderte.[68]

Aber nicht nur Berufstätigkeit schien die unbezahlte Haus- und Erziehungsarbeit der Frauen zu gefährden. Mehr noch sahen die Pädiater in der Intellektualität der Frau

---

68 Das Bild der bezahlten Mutter war auch politisch ein „Greuel", wie z. B. der Leiter der Partei-Organisation „Mutter und Kind" betonte: „Kein schöneres Bild des selbstlosen Dienens gibt es als das der Mutter und ihrer Kinder. Immer wieder schenkt und gibt sie, erweist ihrem Kinde Liebe auf Liebe und denkt nicht daran, ob sie je etwas dafür wiederbekommt. [...] In dem Augenblick, wo sie eine Gegenrechnung aufmachen würde, wäre sie keine gute Mutter mehr" (zit. in: Bock 1993: 295).

eine Bedrohung der Mütterlichkeit, die sie als Verbindung animalischer und vernünftiger Momente beschrieben. Die animalische Mütterlichkeit betraf die Fruchtbarkeit der Frau, die vernünftige Mütterlichkeit wurde als Art „natürlicher" Weisheit betrachtet, die sich im Erziehungswerk der Mütter zeigen sollte. Das Sterilisationsgesetz verwies die Frauen auf die Bedingungen, unter denen sie sich als Mutter zu bewähren hatten. Das bedeutete auf keinen Fall Kinder um jeden Preis, sondern nur dann Kinder, wenn ihr „Erbwert" es erlaubte. Entgegen den Vorstellungen der eugenischen Medizin in den Jahrzehnten vor dem „Anschluss" an das „Dritte Reich", welche sich noch auf das väterliche Erbe bezogen und dem männlichen „Erbgang" mehr Bedeutung unterstellten, da im männlichen Samen traditionell der Lebensquell vermutet wurde (vgl. Kap. I.3.), sollte nun das mütterliche Erbe – vom Standpunkt der Biologie aus betrachtet – als gleichwertig erachtet werden. Diese Anerkennung aber führte, wie Gisela Bock in ihrer Studie zur Zwangssterilisation im Nationalsozialismus (1986) nachgezeichnet hat, zu einem noch nie da gewesenen Antinatalismus, der Frauen nicht aufgrund ihrer Geschlechtsmerkmale, sondern ihrer Rassenmerkmale überprüfte. In den für diese Studie recherchierten Texten wurden Frauen im Hinblick auf ihren eugenischen Reproduktionswert überprüft. Es ging also nicht mehr um die natürliche Bestimmung der Frau zur Mutterschaft, sondern um die eugenisch-medizinische Bestimmung zur Nicht-Mutter. Dabei wurden Frauen als Mütter des Volkes oder der Rasse adressiert und nicht als Mütter von Kindern – und sie hatten mit Hilfe des eugenischen Wissens ihr Mutter-Sein und ihre Mütterlichkeit selbst zu bewerten. „Biologie" bezog sich auf die „minderwertigen" Frauen, und die angewandte Eugenik der Medizin mündete im Nationalsozialismus, so Gisela Bock, in der Sterilisation, womit „Züchtung" letztendlich nur noch „unsterilisiert-leben-lassen" bedeutete (Bock 1986: 132f). Frauen wurden dabei nicht nach ihrem Geschlechts-, sondern nach ihrem „Erbwert" oder „Rassencharakter" beurteilt, der darüber entschied, ob sie Mutter werden konnten oder nicht. Gisela Bock sieht demnach das spezifisch rassistische im nationalsozialistischen Männerkult darin, dass er über den traditionellen Patriarchalismus insofern hinausging, dass er die Fortpflanzung, die ehedem eine Domäne der Frau gewesen war, in erster Linie mittels Antinatalismus unterwarf. Damit ging es nicht mehr um die Geburt, sondern um die „Zeugung" des „neuen Menschen" mit Hilfe der Sterilisation „wertloser" Frauen und Männer.

Der nationalsozialistische „Geburtenkampf" wurde auch in den für diese Studie recherchierten Texten als ein „Zeugungskampf" ausgearbeitet – ein Kampf, der aus der Perspektive eugenischer Medizin den „willensstarken", „siegentschlossenen" und einfachen Mann, der seine sexuellen Triebe ohne Kompliziertheiten lebt, für den „Arterhaltungskampf" am meisten befähigte. Im „Arterhaltungskampf" sollte sich die neue Väterlichkeit im „Schutzkampf" offenbaren. Der neue Vater sollte nicht nur Frau und Kinder, sondern auch Heimat und Volk beschützen. So wie sich die Frau nur als „Mutter der Rasse", Mütterlichkeit sich nur in der Sorge um „erbgesunde" Kinder beweisen konnte, konnte sich der Vater nur als Beschützer von Haus, Hof und Leben des Volkes profilieren. Seine Väterlichkeit schien aber durch die Einengung auf die Familie bedroht, da die animalischen Grundlagen der Männlichkeit verloren gehen würden. „Mutter der Rasse" und „Vater des Volkes" bilden das entprivatisierte Bild der Familie, für dessen Realisierung Frauen, Männer und ihre Beziehung zueinander einem „männerstaatlichen Rassismus" unterworfen wurden, für den nur noch das „kommende Geschlecht" zählte. Im männlich-wissenschaftlichen „Zeugungskampf" wurden u. a. wissenschaftliche Sterilisations- und Sterilitätsexperimente durchgeführt und zugleich die medikalisierte Zeugung erprobt. Medizinische Gewalt gegen Frauen – ob sie Sterilisationsopfer waren oder an ihnen die medikalisierte Zeugung erprobt wurde – wurde ebenfalls durch den „Zeugungskampf" legitimiert. Beides waren eugenisch begründete Maßnahmen „männerstaatlicher" Bevölkerungs- und Wohlfahrtspolitik im Nationalsozialismus, deren Durchsetzung u. a. in die Hände der Medizin gelegt wurde.

Die Medizin avancierte zur „exekutiven Gewalt" eines „männerstaatlichen Rassismus", die sich in erster Linie auf Basis einer gesellschaftlich umfassenden, den einzelnen Lebenslauf von Anfang bis Ende begleitenden Gutachtertätigkeit entfaltete: Schwangerenfürsorge, Säuglingsfürsorge, Gesundenuntersuchung in der Schule, beim Eintritt in den Beruf, den Wehrdienst oder bei der Immatrikulation an einer Universität, „Ehetauglichkeitszeugnisse", eugenische und medizinische Indikationsstellung für die Abtreibung, eugenische Indikationsstellung zur Zwangssterilisation, eugenische Indikationsstellung für die Tötung von AnstaltspatientInnen. Auf Basis dieses „männerstaatlichen Rassismus", der Gesundheit und „Erbwert" der Geschlechter entprivatisierte und die „Generationskraft" der Geschlechter als Grundeinheit der Nation verstaatlichte, wurden die medizinischen Eingriffe in die Natur und Kultur der generativen Reproduktion zur staatlich legitimierten Gewalt gegen Frauen, deren Körper als „Durchgangsort" für das „kommende Geschlecht" medizinisch erforscht und überwacht wurde.[69]

Im Nationalsozialismus waren Frauen von der angewandten Eugenik der Reproduktionsmedizin anders betroffen als Männer. Sie waren von der eugenischen Diatnostik

---

69 Doch auch in dieser staatlichen Ermächtigung der Medizin steht der Nationalsozialismus in einer „männerstaatlichen" Traditionslinie. „Denn jenseits aller ihrer politischen, sozialen und familialen Gleichstellung reklamiert der Staat bis heute die Verfügungsgewalt über die ‚Frucht im Mutterleib'. Er legte zudem die Entscheidungsbefugnisse über sie in die Hand einer Profession, die eine seit Entstehung der bürgerlichen Gesellschaft wachsende Hegemonie über den (Frauen-)Körper in allen Angelegenheiten der – wie es heute inzwischen bezeichnenderweise heißt – ‚menschlichen Reproduktion' beansprucht" (Czarnowski 1990: 232).

anders betroffen, denn der eugenische „Reproduktionswert" der Frauen wurde, wie in dieser Studie nachgezeichnet werden konnte, an anderen Maßstäben gemessen als jener der Männer. Die psychiatrischen Diagnosen „vergeschlechtlichten" die psychischen Erkrankungen, da die „Abweichung von der Normalität" für Frauen und Männer anders diagnostiziert wurde. Hinsichtlich der weiblichen „Minderwertigkeit" wurde in der Regel Beziehungen und Sexualverhalten überprüft. Häufig wechselnde Sexualpartner, uneheliche Kinder von unterschiedlichen Vätern waren ausschlaggebend für die Diagnose der weiblichen „Minderwertigkeit". Frauen wurden hinsichtlich ihrer Fähigkeit, einen Haushalt zu führen und Kinder zu erziehen, bewertet. Frauen wurden auch hinsichtlich ihrer Fähigkeit zu einer außerhäuslichen Beschäftigung bewertet, aber nur bei Männern galt die Fähigkeit zu „sozialem Aufstieg" als eugenisch wertvoll.

Auch von der Zwangssterilisation waren Frauen anders betroffen als Männer, selbst wenn das Gesetz geschlechtsneutral formuliert war. Frauen stellten zwar nur die Hälfte der Zwangssterilisierten, doch etwa 90 % der Sterilisationstoten. „Die meisten von ihnen starben, weil sie sich bis auf dem Operationstisch gegen die Sterilisation wehrten oder sich auch nach der Operation gegen das Geschehene auflehnten" (Bock 1993: 288). Ausschlaggebend dafür war, dass Kinderlosigkeit, Kinderkriegen und Kinder-Haben für Frauen etwas anderes bedeutet als für Männer.[70] Bei einer Abweichung von der Norm wurden Frauen zur Kinderlosigkeit verurteilt.

> „Der Kern, das Novum und Spezifikum der nationalsozialistischen Geburtenpolitik hieß also nicht ‚Pronatalismus und Mutterkult' sondern ‚Antinatalismus und Vater- bzw. Männerkult'" (Bock 1993: 296).

Dieser Antinatalismus zielte nicht nur auf „minderwertige", „erbkranke" oder psychisch kranke deutsche Frauen ab. So galt für die in der Rüstungsindustrie eingesetzten „Ostarbeiterinnen" das Motto „Kriegsarbeit gegen Kinderhaben" (Bock 1993: 297). Der Männerkult hielt sich an die Tradition, der staatlich durchgesetzte Antinatalismus war völlig neu. Daher kommt Gisela Bock zum Schluss: „Der Weg zum Massenmord führte nicht über die Glorifizierung von Mutterschaft und weiblicher Differenz, sondern über die antinatalistische Rassepolitik" (ebd.). Antinatalismus wurde durch Zwang und Terror umgesetzt. Pronatalismus bewirkte keine Erhöhung der Geburtenrate und bezog sich im Wesentlichen auf Väter. „Ehestandsdarlehen", Steuerfreibeträge und Kindergeld wurden an Ehemänner und Väter ausbezahlt, die in den Mittelpunkt der materiellen

---

70 Dies zeigte sich auch in den Briefen an die Sterilisationsgerichte. Frauen beklagten sich wesentlich häufiger über die bevorstehende Kinderlosigkeit. (vgl. Bock 1993: 289f).

und familienbezogenen Maßnahmen gestellt und damit auch für die Geburten ihrer Frauen prämiert wurden. Aber auch hier war die ärztlich festgestellte „Erbgesundheit" ausschlaggebend für Zuteilung finanzieller Beihilfen. Gisela Bock resümiert:

> „Vaterschaft wurde aufgewertet und war mehr wert als Mutterschaft, und der ‚Familienlastenausgleich' sollte nicht etwa die Unterschiede zwischen der Last von Müttern und von Vätern ausgleichen, sondern diejenigen zwischen Vätern und Junggesellen" (Bock 1987: 295).

Auch die Reform des „NS-Mutterschutzgesetzes" 1942, die den Staat verpflichtete, für Kindergärten zu sorgen, bot nur den erwerbstätigen Müttern eine bescheidene Verbesserung. Die Eugenisierung der generativen Reproduktion durch die Medizin, die bereits seit Jahrzehnten die medizinische Rationalisierung der Fortpflanzung beforschte und diskutierte, wurde erst unter der Patronage eines männerstaatlichen Rassismus Wirklichkeit.

2.3 „Kindergesundheitsführung": Eugenische und medizinische Überprüfung des „Aufzuchtswertes" der Kinder

Die „Kindergesundheitsführung" konzentrierte sich auf vorbeugende Maßnahmen im Bereich der Ernährung und Erziehung der Kinder, auf die Immunisierung gegen Infektionskrankheiten durch Impfung und die Verhütung „erbkranken" Nachwuchses. Entsprechend dem bereits in den ersten Jahrzehnten durch die bevölkerungspolitische Debatte eingeleiteten Wandel der Generationenordnung, die eine Aufwertung der Kindheit einleitete, setzte auch die Medizin im Nationalsozialismus auf die Kindheit. Eine Verbesserung der Gesundheit der Kinder war demnach die beste Gesundheitsprophylaxe für ein gesundes Volk. „Ein gesundes Volk kann es nur geben, wenn die Erwachsenen dieses Volkes einmal gesunde Kinder waren" (Hamburger 1939a: 33). Die Kindergesundheit wurde als Fundament der Volksgesundheit beurteilt und die „Kindergesundheitsführung" als Instrument, Erkrankung von Kindern zu verhüten. Wie bereits in den Jahrzehnten vorher, so betrachtete die Pädiatrie auch während des Nationalsozialismus den Rückgang der Säuglingssterblichkeit als ihren Erfolg, da Mütter in der Mütterberatung wieder gelernt hätten, ihre Kinder zu stillen. Demgegenüber sah man von der Frühsterblichkeit vor allem nur Kinder betroffen

> „welche naturgemäß sozusagen von Rechts wegen sterben, also sterben sollen wegen nicht genügender Widerstandskraft. [...] die Ausschußware geht immer zugrunde" (Hamburger 1939a: 33).

Die Frühsterblichkeit galt es daher nicht mit „Ueberbefürsorung der Minderwertigen" zu beantworten, denn „das Einströmen minderwertiger Konstitution in das Gesamtvolk" beeinflusse dieses gesundheitlich ungünstig (ebd.). Lediglich zur Verhütung der Rachitis sollte Lebertran oder Vigantol als Prophylaxe verabreicht werden, die während der Wintermonate unbedingt zur „Gesundheitsführung" gezählt und vom Staat gesetzlich festgelegt werden sollte. Zur Verhütung der Infektionskrankheit Tuberkulose wurde „Dispositionsprophylaxe" empfohlen, die Hamburger aufs Wesentlichste zusammenfasste: „Luft, Licht, richtige Nahrung, Bewegungsfreiheit" (ebd.: 34). Bewegung im Freien stand im Dienst der Muskelarbeit, die wiederum den Körper frischer, gesundheitlich stärker und widerstandsfähiger machen sollte. Hamburger kritisierte vor allem die aus der Zeit nach dem Ersten Weltkrieg stammenden „Arbeitermietskasernen" mit ihrem „unbiologischen, widernatürlichen Pseudosozialismus". Demgegenüber empfahl er im Kampf um die Gesundheit der Stadt „für die eugenisch wertvollen Familien unter allen Umständen Einfamilienhäuser mit Landzulage" (Hamburger 1940b: 697).

Hamburgers Kritik an der „Überbefürsorgung" der „Minderwertigen" im Kampf gegen die Frühsterblichkeit erteilte Dr. Th. Kernau, sein Assistent an der Universitäts-Kinderklinik Wien, eine Absage. Untersuchungen hätten gezeigt, dass vernünftig aufgezogenen Frühgeburten, auch mit geringem Geburtsgewicht, nicht öfters krank waren. Der „Aufzuchtswert unreifgeborener Kinder" sollte von daher nicht mehr in Frage gestellt werden (1939: 836). Auch der Pädiatrieordinarius der Universitäts-Kinderklinik in Graz, Reuss (1879–1954), vermerkte, dass der Vorwurf, durch die Befürsorgung frühgeborener Kinder „minderwertiges Menschenmaterial" zu erhalten, die Kunst der Pädiatrie stark überschätze. Frühgeborene könnten dagegen bei richtiger Aufzucht aber geistig und körperlich vollkommen normale Menschen werden (1942b: 917). Auch wurden den von Hamburger zur Rachitisprophylaxe empfohlenen medikamentösen Maßnahmen nur wenig befriedigende Ergebnisse zugebilligt. Trotz Behandlungserfolgen hätten Lebertran und Vigantol statistisch nicht zu einem Rückgang der Rachitis geführt. Angesichts des Versagens der modernen Methoden forderte Dr. Karl Ossoinig aus St. Pölten, die alte Methode mit allen erdenklichen Mitteln auszubauen:

> „weitgehende Wohnbauförderung, besonders Förderung von Stadtrandsiedlungen in größeren Städten und Industrieorten, intensive Propaganda der Brusternährung, wie überhaupt gesunder Kost und Pflege, natürliche Sonnen- und Freiluftbehandlung und gesteigerte Erholungsfürsorge" (Ossoinig 1939: 837).

Zur Bekämpfung der Rachitis suchten die Pädiater das zukünftige Kind schon über die schwangere Frau zu erreichen. Vitaminreiche Ernährung und gesunde Lebensweise der Schwangeren sei dafür das Wichtigste. Auch wenn zunehmend die Bedeutung der Erbmasse für die Genese der Rachitis in den Vordergrund trete, habe eine Erhebung der Mütterberatungsstelle St. Pölten ergeben, dass 87 % des „Materials" Kinder von ArbeiterInnen seien und jeder zweite Fall aus einer arbeitslosen Familie stamme. Da das Einzugsgebiet vor dem „Anschluss" an das Deutsche Reich zu den größten Notstandsgebieten der Ostmark zählte, ein Großteil der Bevölkerung in schlechten, ungesunden Behausungen lebte und selbst unterernährt war, verminderte dies auch die Stillfähigkeit der Mütter: „so waren tatsächlich nur 5 von den 252 Rachitikern zur Zeit ihrer Erkrankung noch an der Brust" (ebd.: 839). Stillförderung zählte zu den höchsten Aufgaben der Gesundheitsförderung und wurde durch eine neue Mutterschutzgesetzgebung unterstützt, nach der stillende Mütter ihre Arbeit erst nach acht Wochen, bei Frühgeburten erst nach zwölf Wochen wieder aufnehmen durften. Den Müttern wurde in dieser Zeit das Wochengeld ausbezahlt. Arbeitenden Frauen sollten Stillpausen gewährt werden, die keine lohnmindernden Auswirkungen haben durften (vgl. Reuss 1942: 720). Die Pädiatrie setzte die, bereits in den ersten Jahrzehnten des 20. Jahrhunderts begonnene, Ausweitung ihres Behandlungsgebietes in den Mutterleib fort, um ihre zukünftigen PatientInnen bereits an den „Wurzeln" zu erreichen. Erreicht werden konnten sie aber nur über die Erziehung der Mütter zu wissenschaftlich erwünschten Verhaltensweisen und durch eine Verbesserung des Lebensstandards der Mehrheitsbevölkerung.

„Positive Elektion" anstelle „eliminativer Selektion" und die „Grenzen der Erziehung"

Die nationalsozialistische „Gesundheitsführung" sollte schon vor der Zeugung beginnen. Gesundheitsvorsorge und -prävention wurden als Ersatz für die „natürliche Selektion" propagiert. „Gesundung und Gesunderhaltung" sollten an deren Stelle „dem Staate gesunde, kräftige Jugend [...] schenken" (Neuber Edmund 1939: 950). Die Notwendigkeit der Gesundheitsvorsorge wurde damit begründet, dass das „Dritte Reich" aufgrund von Kriegsteilnahme und dem Tod der tüchtigsten Soldaten meistens nur mehr über Nachkommen von schwächerem „Erbmaterial" verfüge, die besonderen gesundheitlichen Schutzes bedürften, um die biologische „Volkskraft" wieder aufzubauen. Auch hier wurde wie in Österreich während des Ersten Weltkrieges die „Qualität der Nachkommen" vom „Erbmaterial" der Väter abhängig gemacht.

> „Die europäischen Völker haben fast alle an dem großen Krieg teilgenommen, verloren ihre tüchtigsten Söhne, d. h. den wertvollsten Anteil ihres Keimplasmas, an der Schaffung neuer Generationen konnte daher nur ein Teil des wertvollen Idioplasmas tätig sein. Dieses muß also mit allen zur Verfügung stehenden Maßnahmen geschützt, das schwächere Erbmate-

rial – meistens Abkömmlinge von zum Frontdienst Untauglichen – verbessert werden, damit wieder jener tüchtige Menschenschlag erstehe, der zu Friedenszeiten Stolz und Zierde der Nation war" (Neuber Edmund 1939: 950).

Dass durch das „Massensterben" der „Mensch" entdeckt und nicht mehr vernachlässigt wurde, galt als das Positive am Ersten Weltkrieg und der Nachkriegszeit. Damit sei der alten „eliminativen Selektion" die „moderne positive Elektion" zur Seite gestellt worden, womit an die Stelle der „Eliminierung" eine „Förderung" treten sollte. Diese „positive Elektion" werde den Staat zunächst zwar viel kosten. Doch eine gesunde Jugend versprach zukünftig eine beträchtliche Ersparnis gegenüber der gegenwärtigen Unterbringung von Kränklichen, Unterentwickelten, „Minderwertigen" und Krüppeln in Instituten und Armenhäusern. Diese sozialpolitische Strategie wurde bereits von Rudolf Goldscheid in den ersten Jahren des 20. Jahrhunderts ausgearbeitet und in den 20er Jahren unter dem Begriff der „produktiven Sozialausgaben" umgesetzt (vgl. I.3.1.). Auch die nationalsozialistische Volkswohlfahrt kalkulierte – ebenso wie der sozialpolitische Wohlfahrtsstaat der Ersten Republik Österreichs – die Wohlfahrtsausgaben für Kinder so, als würden sie von der kommenden Generation im Erwachsenenalter zurückgegeben werden können. Auch sie richtete die Hoffnung darauf, dass eine geistig und körperlich gesunde Jugend im Alter widerstandsfähiger und weniger schutzbedürftig sein würde. An den traditionellen sozialhygienischen und sozialfürsorgerischen Maßnahmen wurde kritisiert, dass sie außer bei den Säuglingen vor allem auf Greise, Invalide und Arbeitsunfähige gerichtet seien und nicht auf die Jugend, die jungen Väter und Mütter, die als staatserhaltende Elemente betrachtet wurden. Im nationalsozialistischen Staat sollte der ausschließlich „kurative Menschenschutz" dem „präventiven, prophylaktischen Menschenschutz" Platz machen. Die Erziehung körperlich und geistig gesunder Menschen schien nur durch systematische und verpflichtende Prävention und kurative Tätigkeit möglich.

„In der Zukunft muß sich allerdings jedermann gefallen lassen, dass der Staat nicht nur die Gesundheit seiner Bürger überwacht, sondern sich in ihren Gesundheitszustand einmischt, kraft des Grundsatzes, dass die persönliche Gesundheit keine Privatangelegenheit mehr ist, sondern eine öffentliche Angelegenheit, von welcher seine Macht, Sicherheit, Wohlergehen usw. weitgehend abhängig sind. Eine solche Auffassung war früher, vor dem Weltkrieg, so gut wie unbekannt, ja unmöglich, mit Wandlungen der Zeiten ist sie nun eine Notwendigkeit geworden" (Neuber Edmund 1939: 950).

Die Forderung, dass im modernen Staat Gesundheit keine Privatangelegenheit mehr sein dürfe, wurde bereits in den 20er Jahren in den bevölkerungs- und sozialpolitischen

Programmen von Julius Tandler ausgearbeitet. Als geeignetes Mittel, diese Erziehung körperlich und geistig gesunder Menschen zu realisieren, sollte der „Gesundheitsschutz" der Jugend, wie bereits Jahrzehnte vorher propagiert, mit der medizinischen Kontrolle der Zeugung und der Schwangerenfürsorge beginnen, um „intrauterine Schädigungen" zu verhüten. Den regelmäßigen medizinischen Untersuchungen der Säuglinge in der „Mütterberatungsstelle" sollten Reihenuntersuchungen gesunder Kindergarten- und Schulkinder folgen. So galt es, alle Kinder der ersten Volksschulklassen nach klinischen und Labormethoden und von verschiedenen Fachärzten hinsichtlich verschiedener Erkrankungen durchzuuntersuchen. Von jedem Kind war sein „biologischer Kataster" anzulegen (ebd.: 951). Die so entdeckten Erkrankungen von Kindern sollten zur Untersuchung und Behandlung ihrer eventuell kranken Familien führen. Die Schulaufnahme war als eine „gesundheitliche Assentierung" geplant, die auf eine Verhütung von Infektionskrankheiten abzielte. Kinder, die aufgrund von Infektionskrankheiten als nicht schulfähig ausgeschlossen wurden, durften bis zu ihrer Heilung nicht in die Klasse aufgenommen werden. Nach der Aufnahme in die Schule wurden sie während der Schuljahre laufend auf hinzukommende Krankheiten untersucht. Auch in der Mittelschule wurde die schulärztliche Kontrolle fortgeführt. Dazu sollten alle Kinder ab der Volksschule mit einem Stammblatt versehen werden, das alle Krankheiten und Behandlungen auflistete und bei Schulwechsel oder -übertritt von einer Schule an die nächste weitergeleitet wurde.

Die Ernährung der Kinder sollte ab der Geburt überwacht werden. Eine neunmonatige Stillzeit galt als erstrebenswert (Reuss 1942a: 825). Bei Klinikentbindungen wurden die medizinische Organisation und Kontrolle des Wochenbettes und der ersten Lebensmonate des Kindes eingeleitet. Der Kinderarzt der Wiener Städtischen Frauenklinik „Gersthof", Dr. E. Gasser, würdigte die Fortschritte, die dabei in die Tat umgesetzt werden konnten. So wurden den Müttern bei der Schlussuntersuchung ihres Kindes am Abgangstag alle notwendigen Maßnahmen erklärt. Aus Perspektive der Fürsorge fand da schon die erste „Mutterberatung" statt. Die Mütter erhielten einen genauen Ernährungsplan für die folgenden Tage. Frauen mit großem Milchüberschuss wurden den Sammelstellen gemeldet. Frauen, bei denen Pflege- und Ernährungsschwierigkeiten erwartet wurden, wurde durch die von der Gemeinde den Kliniken zugeteilten „Gesundheitspflegerinnen" eine „gemeinsame Ueberstellung in die Fürsorgeklinik für Mutter und Kind, ein Erholungsaufenthalt durch die „NSV" oder eine Haushaltshilfe vermittelt" (Gasser 1941: 826). Bestand der Verdacht, dass sich eine Mutter von den medizinischen Anweisungen nicht belehren ließ, musste das Problem dem im Wohnbezirk der Mutter gelegenen Jugendamt gemeldet werden. Die „Gesundheitspflegerinnen" waren daraufhin verpflichtet, Hausbesuche aufzunehmen.

Aufgrund der Bezugscheinpflicht von Lebensmitteln wurde während des Zweiten Weltkrieges eine ausführliche Rechtfertigung der Zusammenstellung einer gesunden, altersgemäßen Ernährung der Kinder ausgearbeitet. Mit „dieser Regelung der Ernährung unserer Kinder" beurteilte es der Dozent Dr. Josef Siegl als „ganz ausgeschlossen", dass sich Zustände wiederholen könnten, wie sie während des Ersten Weltkrieges und der Nachkriegszeit gegeben waren, „wo die unterernährten, mit verschiedenen Mangelkrankheiten behafteten und gegen die verschiedenen Infektionen ganz widerstandslosen Kinder zu einer furchtbaren Anklage gegen ein unfähiges System wurden" (Siegl 1940: 231). Die medizinische Regelung einer altersgemäßen Ernährung der Kinder galt ihm als Ausdruck „einer Ernährungsplanung, welche auf streng wissenschaftlicher Basis und unter dem durchschlagenden Einfluss ernster Fachleute in jeder Hinsicht und in ausreichendem Maße den Bedürfnissen des heranwachsenden Organismus vollauf gerecht wird" (ebd.). Die Tagesmengen wurden auf Basis eines errechneten Kalorienbedarfes für das jeweilige Alter mittels Bezugscheinen zugewiesen. Hamburger empfahl den Ärzten, diese Praxis dafür zu nutzen, „die Eltern zu einer richtigen Ernährung ihrer Kinder zu erziehen" (1940a: 560). Die Eltern müssten darin belehrt werden, dass es wertvoller sei, Kinder gesund zu ernähren, als sie reichlich zu ernähren. Nicht nahrhafte, sondern gesunde Kost sei wichtig, nicht Kalorien, sondern Vitamine. Darüber hinaus würden eiweiß- und fettreiche Kost den Organismus beschweren, Krankheiten fördern und Heilungen verzögern.

Medizinisch überwachte Zeugung, periodische Reihenuntersuchungen an gesunden Kindern und Ernährungsfürsorge wurden als Grundlagen der Erziehung betrachtet, der selbst aber auch vom medizinischen Standpunkt großes Gewicht zuerkannt wurde. „In der Menschenzüchtung ist ebenso wie in der Tierzüchtung neben der Gattenwahl die Aufzucht ausschlaggebend" (Hamburger 1940c: 1061). Der Arzt war aufgerufen, als „Gesundheitsführer" „natürliche Aufzucht" zu fördern. „In der Natur aufwachsende, durch Aberglauben und andere Ziviliationsschäden noch nicht beeinflusste Menschen bleiben gesund. Die Hauptfaktoren für Gesundes und damit für gesunde Kinderaufzucht sind Licht, Luft, Ernährung und Muskelarbeit" (ebd.). Die „Natur" erschien in Hamburgers Artikeln als alles regelnde, sorgende „Übermutter". Alles, was Erzieher tun sollten, war, dieser „Natürlichkeit" freien Lauf zu lassen: Aufenthalt in der frischen Luft, Schlafen bei offenem Fenster, Sonnenlicht gegen Rachitis, Bewegungsfreiheit zur Muskelbildung und Appetitanregung. Gesellschaftlich unterstützt werden sollte diese „natürliche Erziehung" durch Flachbauten mit einem kleinen Garten für den „Auslauf" der Kinder. Selbst die Nahrungsaufnahme regelte die Natur „nach einem wundervollen Automatismus in unserem Organismus von selbst", denn „Hunger ist der beste Koch" (1942a: 522). Die erzieherische Aufgabe bestand allein darin, den natürlichen Ablauf nicht zu stören, z. B. dadurch, Kinder zum Essen zu zwingen. Auch das Bedürfnis nach Bewegung, also Muskelarbeit, galt als natürlich gegeben. Erzieherisch sollte dem Kind lediglich die Möglichkeit geboten werden, diesen Drang auszuleben. Es sollte ihm sozusagen die optimale Lernumwelt geboten werden. „Die Muskelarbeit ist für die Gesundheit von sehr großer Bedeutung und der kindliche Körper wird ganz anders, wenn er täglich seine Muskeln stundenlang spielen lässt, wie das die meisten Kinder auch wollen" (ebd.). Bei der Reinlichkeitserziehung wurde die „Schicklichkeitsreinlichkeit" von der „Gesundheitsreinlichkeit" unterschieden. Übertriebene Hygiene im Alltag von Kindern wurde abgelehnt. Sie führe meist dazu, dass Kinder sich nicht bewegten, nicht auf dem Boden wälzen dürften und darauf achten müssten, sauber zu bleiben. Aber „natürliche Aufzucht" sollte es ermöglichen, dass Kinder „unbewußt in den Tag hineinleben", dann ergebe sich alles, was zur gesunden Entwicklung gehöre, von selbst. Die Ärzte sollten sich davor hüten, Ängste zu verbreiten. So habe die Angst vor Verkühlung zum „Aberglauben vor der frischen Luft" geführt, die Furcht vor Ansteckung zur Bazillenangst. Doch all das schade der Gesundheit, da die Menschen ängstlich alles vermeiden wollten, was sie krank machen könnte. Doch in der „Gesundheitsführung ist die Vermeidung der Aengstlichkeit von allergrößter Wichtigkeit, denn unter ihr leidet unser kostbarstes Organ, das Nervensystem" (Hamburger 1940c: 1061).

Die Aufgabe der „Kindergesundheitsführung" machte den Arzt zum Erzieher der Mütter und Kinder. Die Mütter sollten im nationalsozialistischen Staat nicht selbständige und kreative Erzieherinnen ihrer Kinder sein, sondern eine Art freiwillige weibliche Offiziere, welche die ihnen „untergebenen Kinder" nach den Idealen und Zielen des „NS-Staates" erzogen (vgl. Benz 1991: 35). Die ideale NS-Familie glich einem Militärlager, das von der Mutter geführt wurde. Der normierende Zugriff des Nationalsozialismus auf die nächste Generation setzte gerade aufgrund der Durchsetzung einer angewandten Eugenik bereits vor der Zeugung an und bestimmte die Kindheit bereits ab der Säuglingsphase und der frühen Kindheit.

Exemplarisch dafür steht der populär gewordene Erziehungsratgeber von Dr. med. Johanna Haarer, „Die deutsche Mutter und ihr erstes Kind", der 1934 erstmals publiziert, unter Streichung ideologischer Begrifflichkeiten aber bis Ende der 1980er Jahre wieder aufgelegt wurde und ein Standardwerk der Babypflege blieb.[71] Sigrid Chamberlain

---

71 Das Buch wurde bei Lehmanns München verlegt. 1941 waren bereits 440.000 Exemplare auf dem Markt. Die Inhalte aus dem Buch wurden vor allem in „Mütterschulungskursen" verbreitet. 1937 hatten bereits 20% der deutschen Frauen über 20 die Kursangebote des „NS-Staates" angenommen (vgl. Klinksiek 1982: 90). 1949 wurde das Buch unter Weglassung des Begriffes „deutsch" unter dem Titel „Die Mutter und ihr erstes Kind" im Lätare Verlag in Nürnberg publiziert. Ab 1951 erschien es im Gerber Verlag in München, der auf Kochbücher spezialisiert eng mit dem Lehmanns Verlag zusammenarbeitete. Noch 1983 edierte die mittler-

unterzog diesen Ratgeber einer umfassenden Analyse (1997) und arbeitete dabei heraus, dass die NS-Medizin ein instrumentelles Verhältnis zum Kind professionalisierte, mit dem Erziehung an die Stelle von Beziehung und Bindung gesetzt wurde. Ziel war es, durch viel Disziplin und wenig Kontakt die Ordnung in jedem Moment gegen das Kind verteidigen zu können. Das Kind musste dazu gebracht werden, das eigene aufzugeben, um ganz zur Verfügung zu stehen. Die ärztlichen Handlungsanweisungen an die Mütter wurden in die „Merkblätter" für die „Mutterberatung" aufgenommen, welche die Vorläufer des „Mutter-Kind-Passes" darstellen, der seit Mitte der 70er Jahre die ärztliche Überwachung der Schwangerschaft, Geburt und frühen Kindheit dokumentiert. Die „Merkblätter" wurden unter der wissenschaftlichen Leitung von Franz Hamburger verfasst und enthielten im Wesentlichen Ernährungs-, Pflege- und Erziehungsanweisungen (siehe Anhang 1)[72], wie sie Hamburger auch in seinen in der „Wiener Klinischen Wochenschrift" publizierten Texten ausarbeitete. Gegen „abergläubische Meinungen" wurden Mütter aufgefordert, sich an die medizinischen Ratschläge zu halten, obschon diese gerade bei Hamburger gespickt waren mit jahrzehntelang tradierten Verhaltensmustern. Erstes Gebot der Säuglingspflege war das Selbststillen, da Brustkinder besser gedeihen und seltener krank würden als Flaschenkinder. Ob eine Frau fähig ist zu stillen wurde vom „guten Willen" und der „Lust und Freude" am Stillen abhängig gemacht. Über das Stillen sollten die Kinder zu Ordnung (Nachtruhe) und Regelmäßigkeit erzogen werden. Stillen nach einem Zeitprogramm (alle drei bis vier Stunden mit Ausnahme der Nacht) galt als Norm, Erbrechen bei Stillkindern nach dem Motto „Speikinder – Gedeihkinder" als unbedenklich. Im Falle, dass die „künstliche, unnatürliche Ernährung" durch die Flasche notwendig werden sollte, gab es in den „Merkblättern" genaue Kochanweisungen, für die „Rezeptbeilagen" beigefügt wurden, ebenso für den Übergang vom Stillen zur festen Nahrung. Die „Merkblätter" enthielten auch eine „Wiegekarte", die zu jeder „Mutterberatung" mitgenommen werden musste. Der Fürsorgearzt dokumentierte dort die regelmäßige Gewichtszunahme.

Als „richtige Pflege" galten eine eigene Schlafstelle für das Kind, ungestörter Schlaf außerhalb der Mahlzeiten, gelüftete Wohnungen, gelüftetes Bettzeug, vier bis fünf Stun-

---

weile 83-jährige Ärztin ihr Erstlingswerk mit ihrer Tochter und Co-Autorin Anna Hutzel. Die letzte Auflage von „Die Mutter und ihr erstes Kind" erschien 1987.

[72] Das für diese Arbeit recherchierte „Merkblatt" wurde vom Reichsstatthalter in Kärnten im Einvernehmen mit der „NSDAP", Gauleitung Kärnten, am „Amt für Volksgesundheit" und „Amt für Volkswohlfahrt" herausgegeben. Der Text wurde vom „Staatl. Gesundheitsamt Völkermarkt" unter der wissenschaftlichen Leitung von Professor Dr. Hamburger, Universitäts-Kinderklinik Wien, zusammengestellt. Die Karte enthielt Einträge aus den Jahren 1951. Es kann also davon ausgegangen werden, dass die „Merkblätter" für Mütter bis in die 50er Jahre verteilt wurden.

den Aufenthalt im Freien, Schlafen bei offenem Fenster zur Vorbeugung von Bronchialkatarrhen, Lungenentzündung und Tuberkulose, nacktes Sonnenbaden im Sommer als Schutz gegen die Englische Krankheit, unbekleidetes Strampeln und Bauchlage. Zur Vorbeugung von Tuberkulose wurde auch vor alten, hustenden Leuten gewarnt. Die Säuglinge sollten, so oft sie nass waren, gewickelt und zweimal wöchentlich gebadet werden. Der Schnuller wurde abgelehnt, auf keinen Fall aber sollte er mit Zucker, Zwieback, Mohn oder Alkohol gefüllt werden. Als biologische Grundlagen der Erziehung galten „gute und schlechte Anlagen", die unveränderbar gegeben waren. Medizinisch geleitete, d. h. naturwissenschaftlich fundierte Erziehung sollte die guten Anlagen durch Übung stärken, die schlechten durch Nichtübung verkümmern lassen. In den „Merkblättern" wurden hinsichtlich der Erziehung Liebe und Unnachgiebigkeit gegen das Kind gefordert. „Richtige Liebe" sollte das Kind zu Lebensbejahung, Gehorsam und Ehrfurcht erziehen: „Die richtige Liebe erscheint oft hart und ist dabei doch immer nur Sorge für die Zukunft des Kindes" (Merkblatt Seite 7). Zu Ordnung und Regelmäßigkeit, zu der die Kinder ab der Geburt erzogen werden sollten, wurden auch die Mütter erzogen. Der Gang zur „Mutterberatung" und das regelmäßige Abwiegen des Kindes durch den Fürsorgearzt, fungierte dabei als Ritual zur Entprivatisierung der mütterlichen Erziehung, welche sie aber weiterhin im Privaten und unabgegolten zu erbringen hatte. Dass der Aufwand in keinem Verhältnis zum Sinn der Sache steht – es wäre ein Leichtes gewesen, die Mütter ihre Kinder zu Hause wiegen zu lassen –, deutet darauf hin, dass die fürsorgeärztliche Dokumentation der Gewichtszunahme des Kindes auf der „Wiegekarte" tatsächlich eine öffentliche Begutachtung der Ernährungs-, Pflege- und Erziehungsarbeit der Mutter war. Sie war ein politisches Instrument, um öffentliche, durch Medizin angeleitete Erziehung im Privaten und vor der schulischen Erziehung durchzusetzen.

Der Erzieher selbst sollte nach Hamburger im Wesentlichen über zwei entgegengesetzte Eigenschaften verfügen, die zusammen den guten Klang der Erziehung ergeben: Liebe auf der einen und unerbittliche Unnachgiebigkeit auf der anderen Seite. „Die Liebe" und die „feste Hand" beurteilte Hamburger als die richtige Antwort darauf, dass das Kind geführt werden wolle. Führung und Liebe wurden biologisiert. Sie gehörten gewissermaßen zu den natürlichen Eigenschaften eines/r guten Erziehers/in, und eine gute Erziehung zeige sich darin, dass der/die ErzieherIn jedes Kind erziehen könne: „Die Erfahrung lehrt auch, dass man in guten Erziehungsanstalten mit jedem Kind fertig wird" (Hamburger 1942a: 524). Bei der Gehorsamkeitserziehung wurde zwischen einem Verbotsgehorsam („Du-Sollst-Gehorsam") und einem Unterlassungsgehorsam („Du-sollst-nicht") unterschieden, welche wissenschaftlich als „Strafe und Belohnung" erörtert wurden.

„Auch die Strafe ist eine Hilfe für das Kind, zu verstehen, was es unterlassen soll. Es hat zu den Dummheiten gehört, die wir uns – vielfach von den Juden – haben aufschwätzen lassen, dass man ein Kind nicht schlagen darf, weil es noch nicht versteht. Gerade aber der Schlag, der Klaps, ist das einzige, was das einjährige Kind versteht. Gibt man dem einjährigen oder 10 Monate alten Kind einen kräftigen Schlag auf die Hand, weil es der Mutter in die Haare fahren will, so wird es das lassen und sich es merken. Nicht nur der ältere, auch der kleine Mensch, auch das ganz kleine Kind *lernen nur aus Erfahrung.* Der richtige Erzieher redet nicht viel, sonder handelt. […] Der Schlag ist eine Hilfe für das Kind, dass es versteht, was es nicht tun soll" (Hamburger 1942a: 524).

Mit „Schlägen" als Erziehungsmethode sollte beim Durchschnittskind der Unterlassungsgehorsam bis zum zweiten Lebensjahr erreicht werden. Dann müsste die Androhung des Schlagens ausreichen, damit das Kind verstehe, was es nicht tun dürfe. „Genau so wie bei einem jungen Hund, so ist es auch bei den Menschen" (ebd.). Damit Kinder die Wünsche und Befehle der Erwachsenen erfüllten, sollten sie in Stimmung gebracht werden. Für ihre Leistungsfähigkeit z. B. sollte ein „psychisches Klima" der Freude, Zuversicht und des Selbstvertrauens erzeugt werden, da sie die Gefäße der Haut, des Herzens und der Muskeln erweiterten, wogegen Angst und Kummer sie verengten: „Also Kraft durch Freude" (Hamburger 1942: 106). Dem/der ErzieherIn wurde von ärztlicher Seite empfohlen, stets einen kühlen Kopf zu bewahren, Ausgeglichenheit und Selbstbeherrschung zu erhalten und sich niemals zu ärgern. Das errege das Nervensystem der Kinder und mache sie nervös. Aufgabe der Erziehung sei es aber, die Seele und das Nervensystem entsprechend zu führen und „gleichzurichten". Freiheit des Menschen und eigene Individualität würden indessen gesellschaftliches und kulturelles Chaos provozieren, das zum Untergang der Nation führe (vgl. Hamburger 1942a: 525). Richtige Erziehung aber sollte durch Abhärtung die körperliche Seite und das Nervensystem formen, indem Kinder an Enttäuschungen gewöhnt würden. „Eine Mutter muß ihrem Kinde so und so oft auch eine Freude versagen können, das ist etwas, was bei der Erziehung von großer Wichtigkeit ist" (ebd.: 526). Zudem sollte die Erziehung in der Familie schon beim Kleinkind den Charakter und die Arbeitsfreude fördern. Die Erziehung in der Schule war demgegenüber auf die Erziehung zur und in der Gemeinschaft ausgerichtet (Bericht 1941: 677). Auch die in der bürgerlichen Moderne durchgesetzte Geschlechterdifferenz galt es durch Erziehung herzustellen und zu wahren. Der Junge sollte zur Ritterlichkeit erzogen werden, das Mädchen zur Mütterlichkeit. Dazu müssten den Mädchen Puppen, den Jungen Schießgewehr, Säbel und Soldaten zur Verfügung gestellt werden. Dem Teddybär seien Puppen mit ebenmäßigem Gesicht vorzuziehen, damit das Mädchen seine vorgebildeten mütterlichen Gefühle natürlich pflegen könne und „einen klaren Begriff vom arischen Menschenantlitz bekomme" (Hamburger 1942a: 526).

Hamburger forderte von den Pädiatern, den Müttern ihre „Natur" beizubringen, damit diese wiederum ihren Kindern deren „Natur" beibrächten. Seine „Natur" war aber durch und durch „sozialer Natur". Mit seinen Erziehungsgrundsätzen organisierte er die Geschlechter- und Generationenverhältnisse nach dem Moralkodex der Mittelschicht. Der beruflich strebsame und tüchtige Eigenheimbesitzer avancierte spätestens ab den 40er Jahren zur Ikone des österreichischen Mittelstandes und symbolisiert nachhaltig das Ziel des „sozialen Aufstiegs". Dafür braucht es Disziplin, die bis heute den Hauptaspekt in der Erziehung von Mittelschichtkindern ausmacht, da die rechtmäßige Zugehörigkeit nicht vererbt werden kann, sondern lebenslang bewiesen werden muss. Die Mittelklasse ist die einzige Klasse, die aus dem eigenen Nachwuchs ganz routinemäßig alles herauspresst, so Barbara Ehrenreich in ihrer Studie „Angst vor dem Absturz. Das Dilemma der Mittelklasse" (Ehrenreich 1992: 74ff). Und für die Kunst, im Leben nach oben zu kommen, braucht es Disziplin, Konsequenz und Durchhaltevermögen, Selbstkontrolle, Gratifikationsaufschub. Nachgiebigkeit, Kontrollverlust, Unentschlossenheit bringen demgegenüber die „Angst vor dem Absturz" in Bewegung. Der Mittelschichtnachwuchs muss diszipliniert genug sein, um die ersten zwanzig bis dreißig Jahre seines Lebens damit zu verbringen, „Ausbildungshürden" zu überwinden, die eine bürgerliche Karriere abschirmen. Daher ist es nur nahe liegend, dass sich die Mittelschicht dauernd mit dem Problem der Kindererziehung befasst, ebenso wie es nahe liegend ist, dass die Ideale und Ziele der Eugenik den Mentalitätsstrukturen der Mittelklasse entsprechen. Der ärztliche Rat an die Mütter hatte, wie auch Ute Benz in ihrer Analyse von Erziehungsratgebern im Nationalsozialismus feststellte, militärischen Charakter (vgl. Benz 1991: 36). Dieser lässt sich eindeutig an der Sprache, am Befehlston, an der Rigidität und dem Absolutheitsanspruch nachweisen. Hamburgers Erörterungen und die daraus ableitbaren Handlungsanleitungen für Mütter oszillierten zwischen katholischer Doppelmoral, die aus „Liebe schlägt", Verhaltensnormen der Mittelschicht wie Ordnung, Sauberkeit, Regelmäßigkeit, Konsequenz und Pflichterfüllung, welche der Nationalsozialismus privilegierte, und nationalsozialistischen Werten wie Kampf- und Opferbereitschaft. Die Sanktionierung des Moralkodex der Mittelschicht in den Erziehungskonzepten des Pädiatrieordinarius Franz Hamburger entsprach durchaus dem Klassencharakter von „Hitlers Volksstaat", in dem, so Adolf Hitler, „jedes Arbeiter- und Bauernkind bis zur höchsten Führung aufsteigen können" sollte (vgl. Aly 2003: 230). Die soziale Aufwärtsmobilität bietet auch eine Erklärung für den Erfolg des NS-Regimes, das den Menschen, die nicht ausgeschlossen, vertrieben oder ermordet wurden, noch nie da gewesene Chancen bot, ihre soziale Lage zu verbessern. Für diese „soziale Mobilisierung" war aber nicht nur die angewandte Eugenik funktional. Auch die „Entjudung" der Gesellschaft sollte begabten Kindern aus allen Schichten die Möglichkeiten zum sozialen Aufstieg schaffen. Dies erfolgte weniger durch eine Umverteilung frei gewordener Arbeitsplätze als vielmehr durch eine geschickte Aneignung des Vermögens der ermordeten JüdInnen in ganz Europa durch das „Dritte Reich"[73] und dessen Umverteilung in der breiten Masse. Für Millionen von Menschen ermöglichte die Arisierung jüdischen Vermögens also einen entscheidenden lebensgeschichtlichen Fortschritt.

Zur „Verhütung der Neurosen", welche nach dem Krieg „infolge der törichten Erziehungsgrundsätze, die uns die Marxisten aufgeschwätzt haben" (Hamburger 1939a: 34f), außerordentlich zugenommen hätten, sei eine Erziehung angesagt, die auf Leistung statt Schonung abziele. Unter dieser neuen, frischen und gesunden Lebensauffassung würden die Neurosen wieder abnehmen. Hamburger konzipierte Leistungsanforderungen an Kinder und Jugendliche als Neurosenprophylaxe, da Leistung den Naturgesetzen entspreche.

„Gesunde Nationen sind aber nur die, die lebensgesetzlich richtig, also nach den Naturgesetzen leben, Nationen, die bewußt oder unbewußt Arbeit und Leistung voranstellen, die der Sucht nach Bequemlichkeit, nach sogenanntem Lebensgenuß und nach Schonung nicht nachgeben, sondern ein frisches, arbeitsreiches, wenn auch oft hartes Leben freudig vorziehen" (Hamburger 1940b: 697).

Leistungsbereitschaft und Leistungsfähigkeit werden hier zum Bezugspunkt, um Neurosen als abweichendes Verhalten zu diagnostizieren. Nur wer arbeiten kann, ist gesund.

Doch der Erziehungsaufgabe waren auch Grenzen gesetzt, welche die Medizin aus der Perspektive der Heilpädagogik bestimmte. Diese Grenzen wurden in die Biologie verlegt. So schrieb Erwin Jekelius (1905-52)[74], Direktor der Fürsorgeanstalt „Am Spiegelgrund" in Wien, Shakespeare zitierend:

---

73 Götz Aly verweist darauf, dass die Arisierung nicht nur in Deutschland und Österreich, sondern überall in Europa zum Nutzen der Deutschen abgewickelt wurde, da das z. B. in Polen, der Tschechoslowakei, Ungarn, Frankreich etc. enteignete jüdische Vermögen nicht die Staatskassen der jeweiligen Länder füllte. Vielmehr „flossen die Erträge aus dem Verkauften den nationalen Finanzministerien zu und von dort – ganz bewusst und sehr verdeckt organisiert – an die jeweiligen Wehrmachtsintendanten. Diese verwalteten die Konten, auf denen die Besatzungskosten eingingen. Sie standen am Ende eines perfekten Systems der Geldwäsche" (Aly 2003: 241).

74 Erwin Jekelius wurde in Hermannstadt in Rumänien geboren. Er war ab 1933 „NSDAP"-Mitglied, ab 1938 „SA-Arzt", ab 1939 Leiter der Trinkerheilstätte „Am Steinhof" in Wien. Von Juli 1940 bis Januar 1942 war er Direktor der Städtischen Nervenklinik für Kinder in Wien „Spiegelgrund", wo die Kindermorde nach dem „NS-Euthanasie-Erlass" durchgeführt wurden. Jekelius war ab Oktober 1940 „T4"-Gutachter und arbeitete am „NS-Euthanasie-Erlass" mit. 1942 war er bei der Wehrmacht, 1944 im Altersheim in Lainz. Er wurde 1945 durch die Sowjets verhaftet und starb 1952 in einem sowjetischen Lager.

„Das Schicksal mischt die Karten, wir aber spielen mit ihnen'. Der Erzieher hat nun die Aufgabe, die Spielkarten seines Zöglings (d. h. seiner Erbanlagen) möglichst genau kennenzulernen, um dem Kinde zu zeigen, wie es mit seinen Karten das Spiel gewinnt, d. h. im Leben besteht; mit bester Ausnutzung der Gegebenheiten, aber ohne Schwindel und ohne Betrug" (Jekelius 1942: 385).

Als Treffer, über die das Kind in diesem Kartenspiel des Lebens verfügen konnte, galten „Intelligenz, Gemütstiefe, Haltstärke, Initiative, Ein- und Unterordnung und Einsatzbereitschaft bei gesunder Körperkonstitution, alles harmonisch aufeinander abgestimmt" (ebd.). Mit solchen Karten ließe sich das Spiel fast von selbst gewinnen, der/die ErzieherIn habe eine leichte und dankbare Aufgabe. Schwieriger werde das Spiel dann, wenn entweder das Gesamtniveau des Kartenblattes niedrig sei oder hohe Treffer durch schlechte Karten nicht zum Zug kämen: beispielsweise Intelligenz gepaart mit gemeinschaftsfeindlichen Triebkräften.

„Ist eine solche Sachlage klar erkannt und stichhaltig erwiesen, dann muß dieser Spieler genau so wie der andere, der lauter Nieten im Blatt hat (der bildungsunfähige Idiot) vom weiteren Spiele ausgeschaltet werden. Der Idiot kommt in eine Bewahranstalt und der Antisoziale in ein Konzentrationslager für Minderjährige. Beide sind für den Heilpädagogen nur bis zur Stellung der Diagnose interessant, die allerdings mit größter Gewissenhaftigkeit und unter Hinzuziehung aller zur Verfügung stehender Hilfsmittel gestellt werden muß" (Jekelius 1942: 385).

Die Räume, die für Erziehung geöffnet werden sollten, galten damit zugleich als durch die Biologie bedingt: Familie und Schule für Kinder mit guten Karten, „Bewahranstalten" für „Idioten", „Konzentrationslager" für „antisoziale" Minderjährige, „Heilpädagogische Horte" für „bildungs- und einsatzfähige" Kinder und Jugendliche. Die Entscheidung, welche Erziehungsräume für wen geöffnet wurden, wurde der pädagogischen Diagnostik in der Klinik unterstellt. Diese habe den aktuellen „Lebens- und Erscheinungsquerschnitt", einen „genauen Ueberblick über einen größeren Längsschnitt der betreffenden Persönlichkeit", „genaue Sippenforschung", „Erhebung über das bisherige Leben des Probanden" und eine „*längere* Beobachtung in einer Sonderanstalt" einzubeziehen. Beispielsweise sollte ein „krüppelhaftes Mädchen, das in jeder Normallehre versagt", zur längeren Beobachtung in

„eine Spezialanstalt für Körperbehinderte gebracht werden, wo unter Anleitung des Heilpädagogen und orthopädischen Facharztes noch ein Versuch mit der besonders konstruierten

Nähmaschine gemacht werden müßte, an der auch Arm- oder Beinbehinderte eingesetzt werden können" (Jekelius 1942: 385).

Erst wenn nach der Meinung gewissenhafter Fachleute alle Einsatz- und Bildungsversuche negativ verlaufen und keine körperliche oder seelische Besserung zu erwarten waren, galten die Grenzen der Heilpädagogik als erreicht. Kriterium für die Zulassung zu Erziehungs- und Bildungsräumen war ausschließlich die Arbeitsfähigkeit. Kinder und Jugendliche, deren körperlicher, geistiger und seelischer Zustand nicht erwarten ließ, dass sie mit pädagogischen oder medizinischen Mitteln arbeitswillig und -fähig gemacht werden konnten, galt es auszusondern:

> „Dann steht die Erziehung außerhalb der Kompetenz der Heilpädagogen, dann gehört das Kind oder der Jugendliche in keine Erziehungs- oder Heilanstalt sondern in eine Bewahranstalt, wobei für mich persönlich die Bewahrung der Volksgemeinschaft vor diesen unglückseligen Geschöpfen im Vordergrund steht" (Jekelius 1942: 385).

Die „Bewahranstalten" sollten also die Gesellschaft vor diesen „unglückseligen Geschöpfen" bewahren. Dass die Gesellschaft aber auch durch deren Ermordung „geschützt" wurde, führte Jekelius in seinem wissenschaftlichen Fachartikel nicht aus. Dieser wurde 1942 in der „Wiener Klinischen Wochenschrift" publiziert, nachdem seit Kriegsbeginn 1939 schon tausende Kinder im Zuge der Kinder-„Euthanasie" ermordet worden waren – Kinder, die zum Großteil aus diesen „Bewahranstalten" stammten oder deren geistige oder körperliche Behinderung nach der Geburt von Ärzten oder Hebammen dem Gesundheitsamt gemeldet werden mussten. Trotz der bereits eingeführten Diskussion zur „Vernichtung lebensunwerten Lebens" war der Kriegsbeginn unmittelbarer Auslöser, die „Euthanasie"-Aktionen auch umzusetzen. Aufgrund des Krieges bestand die Notwendigkeit, Lazarettraum zu schaffen und Spitalspersonal freizustellen. Entsprechende Unterlagen aus Hartheim verweisen darauf, dass durch die „Euthanasie"-Maßnahmen insgesamt 93.521 Betten, zum Großteil für militärische Zwecke, „freigemacht" und über 885 Millionen RM (für einen 10-Jahres-Zeitraum) an Kosten eingespart wurden (vgl. Neugebauer 1996). Kleine Kinder waren die ersten Betroffenen der „Euthanasie"-Aktion zur Vernichtung „lebensunwerten Lebens". Ein geheimer Runderlass vom August 1939 verpflichtete alle Ärzte und Hebammen, in Kliniken und bei Hausgeburten anfallende „Mißgeburten" („Idiotie", „Mongolismus", Mikro- und Hydrozephalus, Missbildungen der Extremitäten) dem Gesundheitsamt zu melden. Kinder bis zum dritten Lebensjahr mussten nachgemeldet werden. Die Gesundheitsämter hatten die Meldungen an den „Reichsausschuss" weiterzuleiten. Dieser bestand aber nur zum

Schein und war Teil der Abteilung IIb der „Führerkanzlei" und damit eine „T4"-Abteilung. Die Meldebögen wurden vom „Reichsausschuss" an drei Gutachter – Görings Kinderarzt Ernst Wentzler, den Kinder- und Jugendpsychiater Hans Heinze und den Pädiatrieordinarius und Leiter der Universitäts-Kinderklinik in Leipzig, Werner Catel – zur Begutachtung weitergeleitet. Die Gesundheitsämter erhielten von ihnen dann die Bescheide, nach denen unter dem Verweis auf „fachärztliche Gutachten" die betroffenen Kinder in so genannte „Kinderfachabteilungen"[75] einzuliefern waren. Das Codewort für Tötung hieß „Behandlung" – „Das Kind kann behandelt werden" (vgl. Klee 2001/2. Auflg.: 102). Im Deutschen Reich wurde ca. dreißig solcher Fachabteilungen eingerichtet. Zwei davon waren an der psychiatrischen Anstalt „Am Steinhof" in Wien und „Am Feldhof" in Graz. Der Mordaktion fielen ca. 5.000 Säuglinge und Kleinkinder zum Opfer (vgl. Neugebauer 1996). Nach dem offiziellen Stopp der Erwachsenen-„Euthanasie" am 21. August 1941 wurde sie in vielen Anstalten als „wilde Euthanasie"[76] von Ärzten und PflegerInnen fortgeführt (vgl. Schwarz 2001). Bei der Kinder- „Euthanasie" wurde die Altersgrenze auf siebzehn Jahre hinaufgesetzt. Bewahrung der Gesellschaft vor „unbrauchbaren" Kindern und Jugendlichen bedeutete damit 1942 noch deren Vernichtung. Die Kinder und Jugendlichen wurden meist zuvor wissenschaftlich beforscht, dann getötet und schließlich seziert. Sie waren „Forschungsmaterial" für wissenschaftliche Publikationen und Dissertationen und Objekt von Humanexperimenten (vgl. Czech 2001).

Doch nicht nur die Gesellschaft, auch die Heilpädagogik sollte vor diesen „unglückseligen Geschöpfen" bewahrt werden. Denn dieser „Ballast" würde die Aufbauarbeit der Heilpädagogik behindern, die für ihre Zöglinge nur eine Brücke zum normalen Leben darstellen dürfe. Sobald aber ein der Heilpädagogik anvertrautes Kind unter fachgemäßer Anleitung die Spielregeln gelernt habe und so weit beherrschen könne, dass es trotz seiner schlechten Karten dem Leben gewachsen sei, müsse es zurück ins „bran-

---

75 In Wien wurde die „Kinderfachabteilung" am 4. Juli 1940 an der „Städtischen Jugendfürsorgeanstalt" „Am Spiegelgrund", die zur damaligen Heil- und Pflegeanstalt „Am Steinhof" gehörte, eingerichtet. Der Platz wurde durch die Deportierung von ca. 300 PatientInnen nach Hartheim und ihre dort durchgeführte Ermordung geschaffen. Organisatorischer Vorläufer dieser Einrichtung war die seit 1935 bestehende „Schulkinderbeobachtungsstation" der Stadt Wien, seit 1934 im Zentralkinderheim untergebracht (vgl. Czech 2001: 2).

76 Die Verwendung des Begriffes „wilde Euthanasie" ist in der Forschung umstritten. Götz Aly schlägt an dessen Stelle den Terminus „Aktion Brandt" vor, um den Zusammenhang von Luftkrieg, Katastrophenmedizin und Anstaltsmord kenntlich zu machen (vgl. Aly 1985: 57). Faulstich will den Begriff nur für die eigenmächtige Tötungshandlung von Einzeltätern verwendet wissen (vgl. Faulstich 1998: 616). Schwarz wendet den Begriff auf die „dezentralen, anstaltsinternen Tötungen, insbesondere auf das organisierte Hungersterben der Heil- und Pflegeanstalt am Steinhof vom September 1941 bis Ende 1945" an (vgl. Schwarz 2001: 4).

dende Leben", die Familie, die öffentliche Schule, den Lehrplatz. Der ausgesonderte „Ballast" aber sollte endgültig vernichtet werden. Der Erziehungsraum der Heilpädagogik wurde zwischen den Grenzen zur „Bewahranstalt" oder dem „Konzentrationslager" und den Grenzen zur gewöhnlichen Erziehung angesiedelt. Sie definierte damit auch, wer besonderer Erziehungsmethoden bedurfte und wer von der Norm abwich. „Normal (oder gesund) ist jener Mensch, der dem Leben in *allen* Lagen gewachsen ist", schreibe der Schweizer Psychiater Jung. Doch „diesen absolut normalen Menschen gibt es nicht, ebensowenig wie die vollkommen schöne Frau oder den in allen Lagen intelligenten Mann" (Jekelius 1942: 386). Normalität könne damit immer nur das unerreichbare, aber erstrebenswerte Ziel bleiben. Kinder, mit deren Schwierigkeiten aber Durchschnittseltern, LehrerInnen, „Hitlerjugendführer", LehrherrInnen oder Ärzte nicht fertig würden, gehörten in eine heilpädagogische Behandlung. Und Ziel dieser sei es, Kinder, die am Rande der „Volksgemeinschaft" stehen, zu erhalten und zu guten Deutschen zu erziehen. Die Daseinsberechtigung der Heilpädagogik stehe und falle damit, ob es gelinge, deutsche Kinder und Jugendliche in den deutschen Arbeits- und Lebensprozess wieder einzugliedern. Ärzte, LehrerInnen, ErzieherInnen als HeilpädagogInnen, „denen es verwehrt geblieben ist, mit der Waffe in der Hand unser Vaterland gegen bolschewistische und plutokratische Machtgier zu verteidigen", sollten sich „in der inneren Front zusammenschließen", um die „am Rande Stehenden zu erfassen" und zum Wohle der Volksgemeinschaft zu erziehen (ebd.). Erfolgreiche Erziehung fiel somit mit der Einpassung aller Kinder in eine Gesellschaft von „Leistungsfähigen und Leistungswilligen" zusammen. Ärzte und ErzieherInnen zogen dabei mit den Waffen der Wissenschaft in den Krieg gegen den „inneren Feind" des „NS-Staates" in Gestalt von „Minderwertigen", „Asozialen", „Gemeinschaftsunfähigen", „Arbeitsscheuen" etc.

Die in Jekelius' Ausführungen ersichtliche Rezeption der Eugenik durch die Heilpädagogik war weit verbreitet. Werner Brill analysierte in seiner Untersuchung zu „Pädagogik im Spannungsfeld von Eugenik und Euthanasie" (1994) die Heilpädagogische Fachliteratur in der Weimarer Republik daraufhin und verglich sie mit jener zu Beginn der 90er Jahre des 19. Jahrhunderts. Er konnte für die Entwicklungsgeschichte der Heilpädagogik in Deutschland zeigen, dass eugenische Vorstellungen bereits vor dem Nationalsozialismus breite Zustimmung fanden, dass sich das Weltbild der zentral agierenden Subjekte im Hilfsschulwesen mit den eugenischen Prämissen deckte, dass sich die HeilpädagogInnen als „Retter des Volkes" zu profilieren versuchten, die der Gefahr der „differentiellen Fortpflanzung" entgegenarbeiteten, die patriarchalen Rollenzuschreibungen naturalisierten und die soziale Funktion von Frauen auf ihre biologische Mutterschaft reduzierten, eine biologische Interpretation des Verhältnisses von Intelligenz und sozialer Lage privilegierten und darüber eine soziale Distanz zu ihrer Klientel aufbauten. Aus der Kombination von Hilfsschulpädagogik und Eugenik hätte sich als praktischer Ausweg einerseits die Asylierung und die Sterilisation angeboten, zum anderen die Institution Hilfsschule profilieren können, indem sie versprach, die Volksschulen zu entlasten und „berufsfähige" Hilfsschüler hervorzubringen. Die im Nationalsozialismus den „Hilfsschulen" zugeschriebenen tragenden Funktionen waren damit bereits in der Weimarer Republik ausgearbeitet: „die Hilfsschule als eugenisches Sammelbecken, als Entlastung für die Volksschule und als Brauchbarmachung der Hilfsschüler" (Brill 1994: 187). Auch in Österreich versprachen die HeilpädagogInnen, welche ab Beginn der 20er Jahre die AufseherInnen in den Anstalten für „Schwererziehbare" abzulösen begannen und die körperlichen Strafen durch eine „Medizinierung der Zöglinge" (Byer 1988: 173) reformierten, eine Nutzbarmachung der HilfsschülerInnen. Exemplarisch dafür steht der Initiator und Förderer der Hilfsschulen, Erwin Lazar (1877–1932), Dozent für Kinderheilkunde und Heilpädagoge[77], der diese Institution mit den Worten eröffnete: „Die Frage ist: Soll man sich begnügen, für den Abfall die richtige Ablagerungsstätte zu schaffen, oder kann man diesen Abfall noch weiter nutzbringend verwerten?" Als Selbstzweck der Heilpädagogik propagierte er die „richtige Veränderung zum vollwertigen Normalen" (Lazar 1923[78] in: Byer 1988: 174). Zugleich wurden den „Debilen" von Lazar auch wissenschaftliche „Verwertungsmöglichkeiten" zugesprochen. Sie könnten als „Studienobjekte [...] wertvolle Bausteine für eine naturwissenschaftlich begründete Schulpädagogik abgeben" (ebd.: 175). Auch die Schulhygiene, als Aufgabengebiet der Sozialen Hygiene, wurde in Österreich bereits 1908 von Otto Burkhard, der sich 1913 für das Fach Soziale Medizin habilitierte, mit der Zuführung von „Minderbegabten", oder mit „Defekten Behafteten" an geeignete Anstalten oder Hilfsschulen betraut (vgl. Kap. I.2.). Er empfahl, „Geistig Defekte" in eigenen Anstalten mit speziellen Lehrmethoden unterzubringen, „Schwachsinnige" in Arbeitsstätten der Land- und Gartenarbeit oder in einfachen Handwerkszweigen zu unterrichten. Für „Körperlich Defekte" sollte die „Krüppelfürsorge" die Errungenschaften der modernen Chirurgie nutzbar machen, geeignete Arbeitsplätze suchen und damit „unproduktive, am Vermögen der Gesellschaft zehrende, wirtschaftlich negative Werte in positive, schaffende zu verwandeln" (Burkhard 1908: 1221). Die heilpädagogische „Auslese" und Aussonderung zielte auch hierzulande bereits vor dem Nationalsozialismus auf die Brauchbarmachung von

---

77 Erwin Lazar war als Konsulent des Volksgesundheitsamtes verantwortlich für die Reformierung der Erziehungsanstalten der Stadt Wien und des Landes Niederösterreich. Er arbeitete als Heilpädagoge in den Heimen Oberhollabrunn und Eggenburg, als Konsiliararzt am Jugendgericht und galt als erfahrener Kinder-Gerichtspsychiater.
78 Lazar Erwin: Ausblicke der Heilpädagogik. Blätter des Wohlfahrtswesens der Stadt Wien (BWS). Bd. 22, 1923: 77f.

HilfsschülerInnen und auf die Bewahrung der Volksschule und der Gesellschaft vor körperlich, geistig und seelisch „defekten" Kindern und Jugendlichen ab.

Der Maßstab, nach dem der „Aufzuchtswert" medizinisch und pädagogisch beurteilt wurde, war die Leistungsfähigkeit und -bereitschaft. Und die Lektion, welche diese „Auslese" allen, nicht nur den heilpädagogisch „Ausgesonderten", erteilte, war, dass jene, die nicht über Arbeit in den Arbeits- und Lebensprozess der Gesellschaft eingegliedert werden können, von dieser ausgesondert werden. Dass diese Aussonderung während der nationalsozialistischen Herrschaft bis zur Vernichtung im Zuge der „Euthanasie"-Aktion ab 1939 führte, wurde in den medizinischen Fachartikeln verschwiegen. Anders als Sterilisation und Asylierung, die offensiv propagiert wurden, wurde die „Euthanasie" geheim gehalten. Auch wenn die Eugenik nicht zwingend in der „Euthanasie" münden muss(te) und das eugenische Ziel des „Erbschutzes" mit Sterilisation und Eheverboten erreicht werden hätte können, ohne dieselbe Zielgruppe dann zu ermorden, so ist die Vernichtung doch Teil einer der Eugenik innewohnenden Logik und war in den eugenischen Auseinandersetzungen des hegemonialen medizinischen Diskurses vor dem Nationalsozialismus auch schon an- und ausgesprochen (vgl. Kap. I.1.). Zugleich war die Eugenik Teil einer der Wohlfahrt inne wohnenden Logik, aufgrund derer bereits vor der nationalsozialistischen Herrschaft produktive von unproduktiven Sozialausgaben voneinander unterschieden und Maßnahmen geplant worden waren, um unproduktive Ausgaben, zu denen unmissverständlich die Befürsorgung unheilbar Kranker gezählt wurde, zu reduzieren (vgl. Kap. I.1). Dass die Morde während der NS-Herrschaft auch durchgeführt wurden, ist damit in Zusammenhang zu stellen, dass im Gesundheitswesen, wie in diesem Abschnitt der Arbeit bereits gezeigt wurde, eine Fülle von Maßnahmen zur „Auslese" und „Ausmerze" realisiert wurden. Die Tötungen stellten einen konsequenten Endpunkt nationalsozialistischer „Erbgesundheitspolitik" dar und standen auch in der Tradition der Eugenik (vgl. auch Schmuhl 1987; 2002: 295ff). Die PatientInnenmorde sind aber auch als Teil einer konsequenten „Endlösung der sozialen Frage" im Nationalsozialismus zu bewerten. Zugleich gab es eine Bereitschaft auf Seiten der Medizin, sich der als „unheilbar" beurteilten PatientInnen zu entledigen, da diese sowohl die „Machbarkeitsehrgeiz" der medizinischen Wissenschaft demütigten als auch den wissenschaftlichen „Fortschritt" der Fächer unterminierten, die mit ihrer Heilung befasst waren, allen voran die Psychiatrie (vgl. Kap. I.1). Aber auch Heilpädagogik und Hilfsschulen versuchten ihr Ansehen durch Selektion nach unten zu verbessern.

3. Das Vorrecht des „kommenden Geschlechts". Verhütung „erbkranken" Nachwuchses und der Aufstieg des Menschen zum Sachwalter seines Erbgutes

Das „Gesetz zur Verhütung erbkranken Nachwuchses", zu Beginn des „Dritten Reiches" 1933 als erste Gesetzesmaßnahme durchgesetzt, wurde, wie hier bereits erörtert, nach dem „Anschluss" Österreichs an Hitlerdeutschland auch für die Ostmark beschlossen (14. November 1939). Das Gesetz sollte dort mit 1. Januar 1940 in Kraft treten und die Zwangssterilisation bei „angeborenem Schwachsinn, Schizophrenie, zirkulärem (manisch-depressivem) Irresein, erblicher Fallsucht, erblichem Veitstanz (Chorea Huntington), erblicher Blindheit, erblicher Taubheit, schwerer erblicher körperlicher Missbildung und schwerem Alkoholismus" ermöglichen. Das Gesetz wurde von dem Psychiatrieordinarius Otto Pötzl (1877–1962)[79], der die Universitätsklinik für Psychiatrie in Wien von 1928 bis 1945 leitete, als „ein vernünftiges und weises Mindestmaß, das für die Zukunft eines Volkes unerlässlich ist", begrüßt (Pötzl 1938: 1209). Da das Sterilisationsprogramm im „Dritten Reich" aber seit 31. August 1939 weitgehend eingestellt und durch die „Euthanasie"-Aktion ersetzt wurde, wurde die Zwangssterilisation in Österreich nicht mehr in vollem Maße durchgeführt.[80] Denn bereits im Mai 1940 wurde das Vernichtungslager Hartheim und im Juli 1940 die „Kinderfachabteilung" „Am Spiegelgrund" in Wien in Betrieb genommen und mit den PatientInnenmorden begonnen. Doch nichts von dem, was mittels angewandter Eugenik oder praktizierter „Rassenhygiene" in den sieben Jahren NS-Herrschaft in Österreich realisiert wurde[81], wurde in

---

79 Siehe Anmerkung 120 in Kapitel III.1.
80 Insgesamt wird die Zahl der Zwangssterilisierten mit ca. 400.000 angegeben. In Österreich werden 5.000 bis 10.000 Fälle von Zwangssterilisation geschätzt. Insgesamt stellten Frauen die Hälfte aller Sterilisierten, darunter auch viele Zwangsarbeiterinnen aus Polen und Russland, aber 90% jener, die im Rahmen der „chirurgischen Unfruchtbarmachung" getötet wurden.
81 1938: Der burgenländische Landeshauptmann Dr. Portschy fordert in der Denkschrift „Die Zigeunerfrage", die Zwangssterilisation, Zwangsarbeit, Bildungs- und Erwerbsverbote für alle „ZigeunerInnen". Der Grazer Generalstaatsanwalt stellt 1940 ein ähnliches Gesuch an den Reichsjustizminister.
Juli 1939: Bereits 320.000 „erbbiologisch minderwertige" Personen und deren lebende VorfahrInnen sind in der „Sippenregistratur" im „Reichsgau Wien" erfasst.
August 1939: Ein Geheimerlass verpflichtet alle Hebammen, ÄrztInnen und Kliniken zur Anzeige missgebildeter Neugeborener und Kinder (bis zum 3. Lebensjahr); meldepflichtig waren „Idiotie", „Mongolismus", Mikro- und Hydrozephalus, Missbildungen der Extremitäten, Lähmungen und Spasmen;
September 1939: Einsetzen der Kinder-„Euthanasie" nach Kriegsbeginn; zur Durchführung wurden unterschiedliche Tarnorganisationen gegründet („Reichsarbeitsgemeinschaft für Heil- und Pflegeanstalten", „Ge-

der „Wiener Klinischen Wochenschrift" diskutiert: weder die Tötung von PatientInnen, angefangen bei behinderten Kindern über behinderte Erwachsene, psychisch Kranke, alte und schwache Menschen, „Asoziale", Kriminelle noch deren Verwendung für die wissenschaftliche Forschung. Selbst jene Autoren, die an der Verwirklichung der „Rassenhygiene" im „Dritten Reich" beteiligt waren, wie z. B. Dr. Erwin Jekelius, Direktor der Fürsorgeanstalt „Am Spiegelgrund" in Wien, der die Ermordungen leitete und auch

---

meinnützige Stiftung für Anstaltspflege", „Gemeinnützige Kranken-Transport-GmbH [Gekrat]"); „Euthanasie"-Anstalten wurden eigens für diese Tötungsaktionen eingerichtet, z. B. Hartheim bei Linz.
Oktober 1939: Runderlass an alle Heil- und Pflegeanstalten zur Meldung der InsassInnen in kurzer Zeit; meldepflichtig waren Schizophrenie, Epilepsie, senile Erkrankungen, „Schwachsinn", Enzephalitis, Lues-Erkrankungen, Chorea Huntington und andere neurotische Endzustände, kriminelle Geisteskranke, nichtdeutsche PatientInnen, LangzeitinsassInnen (mind. fünf Jahre in einer Anstalt);
November 1939: Am 14. November 1939 wird das „Gesetz zur Verhütung erbkranken Nachwuchses" mit Inkrafttreten am 1. Januar 1940 auch in der „Ostmark" eingeführt;
Mai 1940: Aufnahme des „Betriebes" der Vernichtungsanstalt Hartheim im „Reichsgau Oberdonau" und Beginn der Erwachsenen-„Euthanasie". Die im Renaissanceschloss Hartheim bei Eferding (bei Linz) untergebrachte „Kinder-Pflegeanstalt" wurde am 17. Februar 1939 von der „NSDAP" enteignet und zur „Euthanasie"-Anstalt umgebaut. Ärztlicher Leiter wurde Dr. Rudolf Lonauer, sein Stellvertreter der Reichsdeutsche Dr. Georg Renno, Büroleiter der Vergasungsanstalt wurde Hauptmann Christian Wirth; die Behinderten wurden aus allen Teilen der „Ostmark" und des „Altreiches" überstellt (Tschechoslowakei, Jugoslawien, Frankreich, Belgien). Als Zwischenlager fungierten Niedernhardt, Ybbs und Gschwandt; ca. 20.000 geisteskranke Menschen wurden in Hartheim durch Gift und Gas ermordet.
Juli 1940: „Am Spiegelgrund" in der Wiener Anstalt „Am Steinhof" beginnt am 24. Juli 1940 die Tötung von behinderten Kindern in so genannten „Kinderfachabteilungen" (Leiter Dr. E. Jekelius bis 1. Juli 1942 und bis April 1945 Dr. Ernst Illing; Dr. Heinrich Gross leitete von November 1940 bis März 1943 die Abteilung für Säuglinge und Kleinkinder).
Dezember 1941: 10. Dezember 1941: Ein Rundschreiben des „Reichsführer-SS" Himmler zur „Sonderbehandlung" führte in der Folge zur Ermordung arbeitsunfähiger und politischer „KZ-Häftlinge" in Hartheim und anderen Vernichtungsanstalten; Tötungskriterien waren alt, krank, jüdisch, geistlich sowie kommunistische und sozialdemokratische Gesinnung;
ab 1942: Die „Gauleitungen Wien" und „Niederdonau" setzten sich für die so genannte „aktive Bekämpfung der Gemeinschaftsunfähigen" ein; „arbeitsscheue SchmarotzerInnen", AlkoholikerInnen und Kriminelle wurden erhoben, teilweise durch Befragung von NachbarInnen und ArbeitskollegInnen; die „Kreissozialenkommissionen" entschieden über Einweisungen in Arbeits- oder „Konzentrationslager" oder die „Vernichtung durch Arbeit" (Klee 1991: 356).
ab 1942: Säuberung aller Strafanstalten in der „Ostmark" von JüdInnen, „ZigeunerInnen", PolInnen, RussInnen, UkrainerInnen, missgestalteten Häftlingen und Häftlingen mit mehr als acht Jahren Haftstrafe; Überstellung der Ausgesonderten in „Konzentrationslager", Arbeitslager und Ermordung in Schloss Hartheim; die Selektion in den Gefängnissen wurde 1944 eingestellt.
30. November 1942: Schriftlicher Erlass zur so genannten „Hungerkost", der systematischen Aushungerung von PatientInnen in Anstalten („wilde Euthanasie"). Die völlig fettlose Kost führte zum Tod der PatientInnen durch Verhungern und Infektionskrankheiten.
ab 9. März 1943: Für die Selektion an der Rampe und die Überwachung und Durchführung der Tötung in den „Konzentrationslagern" ist ein Doktor-Titel in Medizin vorgeschrieben.

selbst erledigte, mieden das Thema. Die PatientInnenmorde gehörten zur „Geheimen Reichssache", was sie der wissenschaftlichen Erörterung entzog. Die wissenschaftlichen Experimente an selektiertem „Menschenmaterial" schienen sich doch so weit einem sozialen und/oder professionellen Gewissen zu widersetzen, dass sie in wissenschaftlichen Publikationen nicht explizit angesprochen oder aber verschwiegen wurden. Von den im Umfeld zur Eugenisierung recherchierten Fachartikeln in der „Wiener Klinischen Wochenschrift" wurde nur in zwei Texten explizit[82] und nur in einem implizit[83] auf wissenschaftliche Experimente an PatientInnen verwiesen, die im Zusammenhang mit Sterilitäts- und Sterilisationsbehandlungen standen. Insgesamt führten die Auseinandersetzungen um Eugenik, „Erblehre" und „Volksaufartung" während des Nationalsozialismus den jahrzehntelang vorher etablierten eugenischen Diskurs fort, so als würde die veränderte Praxis nicht stattfinden. Der wissenschaftlich-medizinische Diskurs erfüllte damit die Funktion, eugenische Vernunft durch die Unterschlagung ihrer praktischen Konsequenzen für die ärztliche Erziehung des Volkes zur Gesundheit im Umlauf zu halten.

3.1 Die wissenschaftliche Ungewissheit des „Erbganges" und die praktische Gewissheit der „Erbpflege"

Eduard Pernkopf, Dekan der Medizinischen Fakultät der Universität Wien, eröffnete im Herbst 1938 in der „Wiener Klinischen Wochenschrift" die Fortführung des eugenischen Diskurses mit einem Artikel „Zum Problem Missbildung und Vererbung beim Menschen". Er betonte, dass Missbildung und Vererbung nicht eindeutig klassifizierbar seien, dass

> „das Gebiet dessen, was wir in den Bereich der Missbildungen einbeziehen können, in zweierlei Richtungen nicht scharf abzugrenzen sein wird: weder in Hinsicht auf die Norm noch in Hinsicht auf den Typus, dass auch hier wie in allem in der Natur Uebergänge zwischen Normalem und Abnormalem, zwischen Typischem und Atypischem, also Formen auftreten, die eine weniger hochgradige Abweichung darstellen und auch aus diesem Grunde wie aus statistischen Erwägungen heraus noch in den Bereich dessen fallen, was wir gemeiniglich als Varietät, als Anomalie geringeren Grades ansehen dürfen" (Pernkopf 1938a: 967).

---

82 Schürer 1939: 407; Kraul, Sternad 1943: 610;
83 Siegmund 1942: 303;

Die Unschärfe dessen, was eine „Missbildung" aus medizinischer Sicht ausmacht, bestimmte auch die wissenschaftliche Klärung der Ursachen der menschlichen „Missbildungen". Was diese, also die Vererbung anbelange,

> „muß wohl offen zugestanden werden, dass wir zur Zeit hierin noch nicht viel weiter gekommen sind, wenngleich im Laufe der letzten Jahre [...] die Erbbiologie auch in Fragen der Missbildungen beim Menschen reichlich Material bereitstellt [...]" (ebd.: 968).

Als praktikablen Ausweg aus diesem Dilemma empfahl Pernkopf äußere von inneren Ursachen zu unterscheiden. Sofern äußere ausgeschlossen werden könnten, müssten die Missbildungen die Ursachen in sich tragen, d. h. in der vererbten Keimeskonstitution. Die Medizin sei zwar nicht im Stande, diese inneren Anlagekräfte zu erkennen und zu analysieren. Dennoch würden diese Anlagen aber als vererbte Faktoren unter Mitwirkung äußerer Faktoren das Entwicklungsgeschehen leiten, dessen örtlichen und zeitlichen Ablauf bestim-men und die Formung, das Wachstum und die Differenzierung der Organe leiten. Wenn äußere Einflüsse dieses Aufeinanderfolgen nicht stören, könne auf ein inneres Moment, auf eine abnorme Keimeskonstitution, geschlossen werden. Diese könne wiederum auf äußere Verursachung zurückgehen oder durch eine abnorme Konstitution der Keimzelle vor der Befruchtung vererbt werden. Die Frage nach dem „Erbgang" beim Menschen drehte sich also wissenschaftlich noch immer im Kreis der Vermutungen. Die Ursachen wurden als wissenschaftlich nicht geklärt betrachtet, es sollte aber festgehalten werden, so Pernkopf, „Vererbung als eine innere Ursache der Missbildung" zu bestimmen (ebd.: 969). Um die aktuell gegebenen Erkenntnisgrenzen zu überwinden, empfahl er der Erbbiologie, nicht bloß die äußeren Habitusmerkmale, sondern auch die inneren Organe mit Hilfe der Röntgenographie zu untersuchen.

Im völligen Widerspruch zu diesen Ausführungen Pernkopfs in Heft 37 der „Wiener Klinischen Wochenschrift" erschien in Heft 40 ein Text aus den „Schulungsabenden der Aerzteschaft des SS-Oberabschnittes ,Donau'", von „SS-Sturmbannführer" und „SS-Oberabschnittsarzt ,Donau'" Dr. Fritz Euler-Rolle, in dem er festhielt, dass die „naturwissenschaftlich-ärztliche Forschung [...] aus den Naturgesetzen der Vererbung heute zur klaren Erkenntnis geführt" habe:

> „Es ist ein Verbrechen, minderwertiges Leben weiterzugeben und eigenes Leid im Leide des eigenen Kindes zu verewigen, dagegen höchste Verpflichtung, in zahlreichen erbgesunden, lebenstüchtigen Kindern ein ewiges Deutschland zu sichern" (Euler-Rolle 1938: 1107).

Die „Macht der Vererbung und Erblichkeit" erkannt zu haben, beurteilte er als die große naturwissenschaftliche Entdeckung der letzten Jahrzehnte. Der „SS-Untersturmführer" Dr. Hermann Möschl betonte, dass sich mit der Tragweite und Wichtigkeit dieser Entdeckung keine andere messen könne, weil die Vererbung die Grundlage für den Fortschritt jeder völkischen Gemeinschaft in leiblicher, moralischer und geistiger Hinsicht bilde (Möschl 1938a: 1107). Obwohl die Erforschung des „Erbganges" der körperlichen und seelischen Merkmale noch mit vielfachen methodischen Schwierigkeiten zu kämpfen habe und weiterhin manches Theorie sei, müsse die „Erblehre" beweisen, um zu überzeugen, und bis zur letzten Konsequenz der wissenschaftlichen Kritik standhalten können. Dass die Lehre von der Erblichkeit dies vermöge, habe die Erforschung „abartiger" und kranker Persönlichkeiten bestätigt (ebd.: 1108). Möschl betonte, indem er sich auf Darwin bezog, dass neben den sichtbaren Veränderungen, welchen der Mensch unterworfen sei, auch unsichtbare Charaktere in ihm vorhanden seien, welche

> „einer langen Reihe männlicher und weiblicher Vorfahren eigen waren, welche durch Hunderte und selbst Tausende von Generationen von der Jetztwelt getrennt sind'. All diese Charaktere stellen wie mit unsichtbarer Tinte auf Papier geschriebene Buchstaben dar, bereit, sich unter gewissen, bekannten oder unbekannten Bedingungen zu entwickeln" (Möschl 1938a: 1109).

Möschl forderte, diese Entdeckungen nun im Dienste des „Volksganzen" umzusetzen. Entgegen der in der Illusion der Besserung stehenden „krankhaften" Befürsorgung von „Schwachsinnigen", Verbrechern, Süchtigen und anderen „Minderwertigen", die gleichzeitig tausende gesunde und „lebenstüchtige Volksgenossen" der Arbeitslosigkeit und dem Hunger ausliefere, sei es nunmehr heilige Verpflichtung, vorhandene Persönlichkeitswerte hochzuzüchten (vgl. Euler-Rolle 1938: 1107). Möschl erwartete von einer Persönlichkeit mehr als nur Intelligenz und Begabung. Sie sollte über Eigenschaften wie „Willensstärke gepaart mit Ehrgefühl, Vaterlandsliebe, Kameradschaftsgefühl, einer entsprechenden Moral" verfügen (Möschl 1938a: 1107).

Ein Jahr später, 1939, wurde versucht, die Frage der Vererbung beim Menschen mit Bezug auf die Konstitutionslehre zu beantworten, welche an den Stand des biologischen und damit auch medizinischen Wissens gebunden galt. Der Veterinärmediziner und Biogenetiker Karl Keller (1879–1944)[84] wies in einem Artikel unter dem Titel „Was ist Konsti-

---

84 Karl Keller war Veterinärmediziner und Biogenetiker, ab 1902 Tierarzt, ab 1904 Assistent an der Lehrkanzel für Tierproduktionslehre und Geburtshilfe. 1909 promovierte er zum Dr. med., 1912 habilitierte er an der tierärztlichen Hochschule für Geburtshilfe und 1915 auch für Tierzucht. 1925 legte er das Fach zurück und widmete sich in den 30er Jahren vor allem der Zwillingsforschung und „Vererbungslehre".

tution" darauf hin, dass vor Jahrzehnten der Zusammenhang von Konstitution und Kondition aus der Tierzucht übernommen worden sei und dass die Erfahrungen der Tierzucht gelehrt hätten, dass bestimmte Konditionsformen (Zucht-, Mast-, Arbeits-, Renn-, Ausstellungskondition) von der Umwelt und der Veranlagung abhängig seien. Die Veranlagung sei in der Folge mit der Konstitution und diese mit dem Genotyp, die Kondition mit dem Phänotyp erklärt worden. Dies habe verschiedene Widersprüche und Einsprüche hervorgerufen, was wiederum die Ansicht durchsetzte, dass es in der Praxis nicht sinnvoll sei, Konstitution und „Erbbild" gleichzusetzen (Keller 1939: 477). Deshalb forderte Keller für die Praxis eine einfache, klare Vorstellung. Dort würde es genügen, wenn Konstitution als etwas Einheitliches aufgefasst werde, „als ein bestimmter Gesamtzustand", bei dem die Verhältnisse der Ausmaße von Körperteilen zueinander eine besondere Rolle spielten, die physiologischen Eigenschaften (z. B. Muskeltonus) und die Eigentümlichkeiten im Verhalten des Nervensystems (ebd.). Er empfahl, in der Praxis ein „deutsches Wort wie Widerstandsfähigkeit, Lebenskraft, Gesundheit" zu verwenden. Ansonsten, und hier ist wohl die Forschung gemeint, sollte auf den Sinn des Wortes Konstitution tiefer eingegangen werden „und darunter ein Aufbau aus Lebenselementen, wie sie in der Hauptsache den Genen entsprechen", verstanden werden (ebd.: 478). Das Problem der fehlenden wissenschaftlichen Nachweisbarkeit des „Erbganges" beim Menschen wird damit als theoretische Frage, der sich die Grundlagenforschung widmen sollte, entsorgt und in der Praxis mit alltagsförmigen Begrifflichkeiten verharmlost – eine Verharmlosung, die angesichts dessen, dass in Bezug auf vermutete „Erbkrankheiten" medizinische Entscheidungen über Leben und Tod der betroffenen PatientInnen gefällt wurden, umso bedeutender ist. Auch Hermann Lenz übergab in einem Vortrag „Ueber Konstitution und degenerative Stigmata" bei einer Sitzung der „Fachgruppe für menschliche Erbbiologie" der „Wiener Medizinischen Gesellschaft" (29. Januar 1941) die Beantwortung der Frage des „Erbganges" beim Menschen einer nicht näher bestimmten Zukunft (Lenz 1942: 478)[85]. Die Erforschung des Zusammengehörens von einzelnen Merkmalen, Symptomen und Krankheiten werde vielleicht zukünftig Einblicke in die Genstruktur des Menschen eröffnen und den Konstitutionsbegriff schärfen helfen. Gegenwärtig aber bleibe der Begriff eine Fiktion. In der Erbbiologie stehe man erst am Beginn einer Konstitutionsforschung, obwohl pathologische Anatomie, interne Medizin und Erbbiologie seit dem letzten Jahrhundert von drei Seiten versucht hätten, die Sache zu klären. Als Erfolg versprechend für die Zukunft beurteilte Hermann Lenz die korrelationsstatistische Erforschung der einzelnen Merkmalsgruppen, um einen Plan einer Chromosomenkarte beim Menschen zu entwerfen, wie dies für die Drosophila schon getan sei.

---

85 Der Vortrag wurde im Juni 1942 in der WKW (478–480) publiziert.

„Die große und alte Frage aber, wieviel von den einzelnen Konstitutionstypen – gleich welcher Lehre – erblich und wieviel Umweltwirkung ist, konnte auch die moderne Erbbiologie kaum beantworten" (Lenz Hermann 1942: 479).

Aufgrund dieser ungeklärten Vererbungsfrage empfahl er, sich für die Konstitutionsbewertung auf so genannte „degenerative Stigmata" zu beziehen, also auf „lediglich äußere Zeichen, die uns auf irgend welche Minderwertigkeit hinweisen" (ebd.). Der Autor beschreibt für die unterschiedlichsten Körperbereiche „degenerative Stigmata": Hinsichtlich des *Haarkleides* erwähnte er das „Pelzmützenhaar der Schizophrenen", das Zusammenauftreten von reichlichem Haupthaar und spärlichem Barthaar, das Konfluieren des Kopfhaares mit den lateralen Augenbrauen und das Konfluieren beider Augenbrauen über der Nase bei Schizophrenen. Rutilismus, also intensivrot gefärbtes Haupthaar, sei ein Hinweis auf „charakterlich Abartige" und „Schwachsinnige". Auch der behaarten Brust, den behaarten Beinen und der unscharfen Abgrenzung der Genitalbehaarung bei Frauen komme in der Psychiatrie Stigmenwert zu. Abnorm starke *Schweißbildung* weise auf einen gewissen Grad von Neuropathie hin. *Anomalien des knöchernen Schädels* wie fliehende Stirn oder Augenbrauenwülste gälten als primatoide Zustände. Bei Anomalien des *Auges* werde z. B. der Epicantus (Hautfalte am inneren Rand des oberen Augenlids) als Zeichen seelischer Unreife verstanden. Bei Anomalien des *Ohrs* würden Henkelohren oder das zur Satyrspitze ausgezogene Ohr als Degenerationszeichen bewertet. Allein die *Nase* habe im Gegensatz zur Volksmeinung kaum Bedeutung für die Konstitutionsbewertung; Anomalien des *Kinns* wie Progenie und Prognathie gälten als Degenerationszeichen. Anomalien des *Gebisses* wie z. B. „verworfene Zähne" seien häufig bei Debilen und Epileptikern zu finden. Spaltbildung im Bereich des *Gesichtes* (Hasenscharte, Gaumenspalte, Wolfsrachen) seien erblich und hätten dementsprechenden Stigmenwert. Ein kurzer, gedrungener *Hals* verweise nicht nur auf Skeletanomalien, sondern auch auf Debilität. Anomalien im Bereich der *Extremitäten* (Syn- und Polydaktylie, Spalthand und Spaltfuß, Klumphand, Klumpfuß, Hohlfuß, Hammerzehe u. ä.) seien seit je ein Degenerationszeichen und träten in Kombination mit Geisteskrankheiten auf. Die 4-Finger-Furche oder Affenfurche komme in Kombination mit „Schwachsinn", Kriminalität und Epilepsie vor. Hypoplastische Mammae oder Hohlwarzen würden auf Infantilismus, Hängebrust auf Psychasthenie, die oft mit Sterilität kombiniert sei, verweisen (Lenz 1942: 479).

Dieses Sammelsurium von – aus psychiatrischen, abergläubischen und religiösen Kennzeichnungen bestehenden – Klassifikationen sollte in der Praxis der „Konstitutionsbewertung" dienen, die zu Beginn der 40er Jahre auch Grundlage der ärztlichen Entscheidung über Anzeige und Antrag auf eine „chirurgische Unfruchtbarmachung" oder über Einweisung in eine Anstalt und damit die Zuführung zur „Euthanasie" bedeutete. Hermann Lenz empfahl, dabei aber nicht auf Grundlage eines einzelnen degenerativen Stigmas Entscheidungen zu treffen, da viele Stigmen an der Grenze der normalen Variationsbreite lägen. Doch gerade bei Untersuchungen von Normalen seien sie, wenn sie bei einem Individuum gehäuft aufträten, „ein Fingerzeig in die Richtung einer gewissen Abnormität" (ebd.: 480). Allein dieser „Fingerzeig" reichte aus, um die Anweisung zur Sterilisation zu erteilen. So hielt Hubert Umlauf in einem Artikel „Zur Durchführung des Gesetzes zur Verhütung erbkranken Nachwuchses" (1939) fest, auch wenn Schizophrenie mit „Schwachsinn" oder „manisch-depressivem Irresein" nur eines gemeinsam hätte, „dass [nämlich] auch hier die Kenntnis des Erbganges völlig im Dunkel liegt", sei die Herausnahme dieser Krankheiten aus den sterilisationspflichtigen Erkrankungen nicht gerechtfertigt (Umlauf 1939: 758). Einerseits sei der/die „Erbkranke" für das Gesetz nicht als einzelner Mensch von Interesse sein, sondern nur als TrägerIn von Erbanlagen. Andererseits rechtfertige das „namenlose Elend", das z. B. mit dem „Ausbruch einer Psychose auf die nähere Umgebung hereinbricht [...], hier auch nur mit geringer Chance etwas zur Vorbeugung zu tun" (ebd.: 759). Daher bleibe es trotz wissenschaftlicher Unkenntnis des „Erbganges" eugenisch wie menschlich die Pflicht zu handeln. Die angewandte Eugenik in Form von Zwangssterilisation und Vernichtung wurde nicht wegen neuer wissenschaftlicher Erkenntnisse, sondern trotz ihrer durchgesetzt. Entscheidungsgrundlage war ein Sammelsurium von Meinungen, welches von Seiten der herrschenden Medizin mit Macht ausgestattet wurde.

Von Seiten der Erbbiologie wurden „Erbkrankheiten" wie die Hämophilie, die nachweislich nur bei Männern auftreten, aus der Perspektive des Mendelismus erklärt.[86] Vom Stand der genetischen Forschung sei gesichert, so Prof. Dr. Karl Thums, Direktor des „Institutes für Erb- und Rassenhygiene" der deutschen Universität in Prag, dass im X-Chromosom zahlreiche Erbanlagen für normale und krankhafte Merkmale gelagert sind, das X-Chromosom aber bei Frauen doppelt, beim Mann nur einfach vorhanden sei (Thums 1943: 302).[87] Demgegenüber scheine beim Menschen weder für eine normale

---

86 Jahrhunderte vor dem Einsatz biologischer Forschung war aufgrund von Beobachtung klar, dass die Bluterkrankheit nur bei Männern auftritt und von Frauen übertragen wird: „Die Anlage zu Blutungen wird nur durch die Frauen übertragen, die selbst keine Bluter sind; nur Männer sind Bluter, vererben aber, wenn sie Frauen aus gesunden Familien heiraten, die Bluteranlage nicht" (Losensche Regel 1877, zit. in: Thums 1943: 300).

87 Karl Thums war ab 1931 bei der „SA", 1933 Leiter der „NS-Betriebszelle" am „Wiener Allgemeinen Krankenhaus", ab Dezember 1933 bei Rüdin am „Kaiser-Wilhelm-Institut für Psychiatrie" und von 1940 bis 1945 Professor und Direktor des „Instituts für Erb- und Rassenhygiene der Deutschen Karls-Universität Prag". In einer Buchbesprechung von Norbert Körbers „Rassensieg in Wien" schreibt er: „Nirgends sonst im großdeutschen Lebensraum erhob das Weltjudentum so frech die Stirn als in Wien, darum wurde aber auch

noch für eine pathologische Erbanlage eine Lokalisation beim Y-Chromosom wahrscheinlich.

„Wenn nun auch bisher das menschliche Y-Chromosom wirkungslos zu sein scheint, so sei doch kurz dargetan, dass sich das Y-Chromosom in rein männlicher Linie vererbt, vom Vater auf alle Söhne, von diesen auf alle Enkel usw., also ähnlich der Vererbung des Familiennamens. Wir können im allgemeinen nicht feststellen, von welchem unserer Vorfahren in der 5., 6., 7. oder x-ten Ahnenreihe wir diese oder jene Erbanlage, dieses oder jenes der 47 Chromosomen geerbt haben. Wohl aber kann der Mann mit Sicherheit den Ahnherrn seines Namens als denjenigen bezeichnen, von dem er das Y-Chromosom bekommen hat. So läßt sich auch an diesem winzigen morphologischen Substrat jenes gewaltige biologische Geschehen erläutern, das wir unter dem Namen der endlosen Keimbahn, des ewigen Erbstromes zu erahnen haben" (Thums 1943: 307).

Die männliche Genealogie, die z. B. im Erbrecht oder in der Weitergabe des Namens des Vaters in patriarchal strukturierten Gemeinschaften und Gesellschaften kulturell durchgesetzt wurde, sollte nun in die Biologie und dabei dem Y-Chromosom eingeschrieben werden.[88] Die wissenschaftliche Aufklärung des Übertragungsmechanismus von „Erbkrankheiten" führte auch zu biologischen Konstruktionen der geschlechtsgebundenen Vererbung und dabei zur Erstellung biologischer Genealogien. Diese sollten nunmehr das „ewige Leben" verkörpern, das die Männer intergenerationell verband. Nicht mehr das Namensband, Erbband oder Blutsband, sondern das „genetische Band" des Y-Chromosoms sollte zukünftig Väter und Söhne einmalig verbinden. Bezüglich der weiblichen Genealogie wurde diese Einmaligkeit nicht festgestellt. Die Einmaligkeit

---

der Rassensieg in Wien zum Endsieg des deutschen Menschen über jene fremdvölkischen und fremdrassigen Parasiten" (ARGB 1940: 301 in: Klee 2001/2. Auflg.: 221). Thums wurde 1951 Amtsarzt der Bezirkshauptmannschaft St. Pölten und Obersanitätsrat der niederösterreichischen Landesregierung. Er gehörte zum wissenschaftlichen Beirat der Zeitschrift „Neue Anthropologie" (vgl. Klee 2001/2. Auflg.: 221; Klee 2003: 625).

88 „1. Frauen haben doppelt soviel X-Chromosomen als der Mann. 2. Söhne erhalten ihr einziges X-Chromosom stets von der Mutter, die Uebertragung eines X-Chromosoms vom Vater auf den Sohn ist völlig ausgeschlossen, weshalb Väter ihre geschlechtsgebundenen Erbanlagen auch niemals auf Söhne weitergeben können. 3. Töchter erhalten sowohl vom Vater als auch von der Mutter je ein X-Chromosom. 4. Beim Mann müssen sich auch rezessive geschlechtsgebundene Erbanlagen immer erscheinungsbildlich äußern, da die rezessiven Erbanlagen seines einzigen X-Chromosoms durch keine dominanten Allele eines zweiten X-Chromosoms überdeckt werden können. 5. Das Y-Chromosom wird in ausschließlich männlicher Descendenz vererbt. Der Sohn hat sein Y-Chromosom stets vom Vater. Der Vater vererbt sein Y-Chromosom stets auf alle Söhne" (ebd.: 302).

der Frau bestand darin, dass sie als erscheinungsbildlich gesunde Konduktorin[89] von „Erbkrankheiten" „entdeckt" wurde, an denen nur Männer erkranken konnten (z. B. Hämophilie, Farbenblindheit). Männer würden scheinbar, vorausgesetzt sie vermehrten sich unter ihresgleichen, ausnahmslos gesunde Söhne bekommen. Diese mendelistische Erbprognose beruhte in den 40er Jahren auf Sippenforschung und Statistiken, mit welchen über Prozentrechnungen Wahrscheinlichkeitsaussagen getroffen wurden. Thums hielt fest, dass die Entdeckung jenes Vererbungsmechanismus, „der schlagartig alle Eigentümlichkeiten zu klären und die empirischen Regeln zu begründen imstande ist", von der „Erblehre" und im Speziellen dem Mendelismus erkannt worden sei (ebd.: 300). Angesichts der „Erbvorhersagen", die damit getätigt werden könnten, forderte Thums, dass man sich stets vor Augen halten müsse,

„was eine derartige in Prozenten ausdrückbare Erbprognose in Wirklichkeit bedeutet: nicht, dass sich in der kleinen menschlichen Einzelfamilie die ideale Mendel-Proportion verwirklichen muß oder wird, sondern dass die angegebene Ziffer die Wahrscheinlichkeit des Eintretens des betreffenden Falles im Augenblick der Zeugung bezeichnet" (ebd.: 306).

Damit aber sollte auch vor der Zeugung auf Basis von statistischen Wahrscheinlichkeitskalkulationen über den „Lebenswert" des zukünftigen Kindes entschieden werden.
Trotz der wiederkehrenden Eingeständnisse von Ungewissheiten und Wahrscheinlichkeiten, und der naturwissenschaftlichen Ungeklärtheit des „Erbganges" beim Menschen wurde die in der Ärzteschaft als verbreitet angenommene Anschauung, dass die Erbpathologie großteils unerforschtes Gebiet sei, kritisiert. So behauptete Max Gundel, Professor für Medizin und Leiter des Hauptgesundheits- und Sozialamtes der Gemeindeverwaltung des „Reichsgaues Wien", dass die „Vererbungslehre" ganz im Gegenteil über viel exaktere Kenntnisse verfüge als dies auf vielen anderen Gebieten der Biologie der Fall sei. So habe die Schule des Psychiaters Rüdin die Methode der „Erbprognose" entwickelt,

„eine Methode, die darin besteht, dass für eine Reihe von nahen Verwandtschaftsgraden von Erbkranken (Geschwister, Kinder, Neffen, Nichten usw.) ‚Durchschnittsbelastungen' festgestellt werden, die ein Bild von der Häufigkeit dieser Erbkrankheiten bei den genannten Verwandtschaftsgraden im Vergleich zur Durchschnittsbelastung einer unausgelesenen Normalbevölkerung ergeben" (Gundel 1942a: 169).

---

89 Eine Frau, die – ohne ein bestimmtes Merkmal in ihrem Phänotyp aufzuweisen – das zugeordnete rezessive Gen besitzt und an ihre Nachkommen weitergeben kann, wird als Konduktorin bezeichnet. Z. B. eine Frau als Überträgerin der Hämophilie oder Farbenblindheit.

Diese errechnete „Durchschnittsbelastung" konnte im Rahmen der „Erbpflegerischen Eheberatung", aber auch für medizinische Gutachten im Rahmen der Durchführung des „Gesetzes zur Verhütung erbkranken Nachwuchses" entscheidungsleitend sein. „Erbpflegerisch" beurteilte Max Gundel den „Schwachsinn leichteren Grades" als die größte Gefahr, da diese Gruppe erfahrungsgemäß frühzeitig heirate und der Maßstab der „Lebensbewährung", welcher bei der Durchführung der Sterilisation berücksichtigt werden sollte, aufgrund des niederen Alters kaum zur Anwendung komme. Zur Sicherheit empfahl Max Gundel für die Diagnose auch nach intellektuellen Ausfällen und sozialen Verhaltensweisen bei den Betroffenen und der nahen Blutsverwandtschaft zu suchen.

„Daher werden wir bei Asozialen den Schwachsinn sozusagen mit der Lupe suchen und werden den Mißbrauch alkoholischer Getränke bei ihnen gerne zum Anlaß nehmen, um eine Nachkommenschaft derartiger Asozialer zu verhüten" (Gundel 1942a: 170).

Diese Empfehlung verweist unmissverständlich auf die Biologisierung sozial unerwünschten Verhaltens. Die Biologie legitimierte dann die Eingriffe zur Durchführung der „Gesetze zur Verhütung erbkranken Nachwuchses".

Auch die Homosexualität, so behauptete Philipp Schneider, Direktor des Instituts für gerichtliche Medizin und Kriminalistik in Wien und „SS-Obersturmführer", sei eine „erbliche Veranlagung", welche durch die Zwillingsforschung erwiesen sei und damit nicht allein durch Umwelteinflüsse oder schizophrene Belastungen erklärt werden könne. Homosexualität galt ihm als Resultat einer endokrinen Störung und einer vererbten Anlage, die in ihrem Auftreten zudem von äußeren Faktoren bedingt würden. Bei triebgestörten Psychopathen auf Seiten der Homosexuellen empfahl Philipp Schneider im Falle von Rückfallstätern eingreifende Fürsorgemaßnahmen wie etwa die Unterbringung in einer Heil- und Pflegeanstalt, da keine sicheren Mittel zur Umstimmung der endokrinen Verhältnisse verfügbar seien. Psychotherapie und Kastration bewertete er hinsichtlich der Triebregulierung als unterstützend. Die Kastration wirke aber auf die Triebregulierung nicht durch eine Veränderung der sexuellen Grundhaltung, sondern durch eine Herabsetzung der Potenz (Schneider 1944: 19).

An diesen Lesarten des wissenschaftlichen Standes der „Erblehre" zeigt sich deutlich, dass die Diagnosestellung, die sowohl die Zwangssterilisation als auch die – ideologisch beschönigend als „Gnadentod" ausgewiesenen PatientInnenmorde – wissenschaftlich legitimierte, ein Konglomerat verschiedener Auffassungen darstellte, die alle für sich eine Objektivität des wissenschaftlichen Urteils beanspruchten. Die Unschärfe zwischen „normal" und „anormal", die Abgrenzungsprobleme, die Ungewissheit des wissenschaftlichen Nachweises des „Erbganges" wurden als gegebener „Erkenntnisstand der Wissenschaften" erkannt, doch dieser offensichtlich als ausreichend bewertet, um invasive „Behandlungen" zu rechtfertigen. Auch rechtlich war dieses Vorgehen gedeckt. Darauf verwies der Psychiatrieordinarius Otto Pötzl in einem Artikel über „Psychiatrisch-neuropathologische Probleme zur Verhütung erbkranken Nachwuchses" (1938). Entsprechend der Unmöglichkeit, den „Erbgang" wissenschaftlich nachweisen zu können, und der Gewissheit, praktisch gegen die „krankhafte" Befürsorgung „lebensunwerten Lebens" vorgehen zu wollen, lautete der § 1 des „Gesetzes zur Verhütung erbkranken Nachwuchses",

> „wer erbkrank ist, kann durch chirurgischen Eingriff unfruchtbar gemacht werden, wenn nach den Erfahrungen der ärztlichen Wissenschaft mit großer Wahrscheinlichkeit zu erwarten ist, dass seine Nachkommen an schweren körperlichen oder geistigen Erbschäden leiden werden" (Pötzl 1938: 1205).

Diese „große Wahrscheinlichkeit" reichte medizinisch und juristisch nicht nur als Selektionskriterium für die Zwangssterilisation, sondern auch als Diagnoseinstrument für die PatientInnenmorde. Zur Entlastung wies Otto Pötzl auch darauf hin, dass das Gesetz bei den psychiatrischen Krankheiten nicht den Nachweis der „Erbbedingtheit" erfordere, sondern von „angeborenem Schwachsinn" oder von Schizophrenie ohne Adjektiv „erbbedingt" spreche. Die Frage zu beantworten, ob der behandelnde Arzt, der für die „chirurgische Unfruchtbarmachung" aus eugenischen Gründen entschied, auch rechtlich geschützt sei, war für Otto Pötzl offensichtlich wichtiger, als die Frage nach der wissenschaftlich abgesicherten Diagnosestellung. Für ihn stand diesbezüglich fest, dass

> „jede Schizophrenie und jedes manisch-depressive Irresein so viel an Erbfaktoren enthält, dass die möglichste Vermeidung der Fortpflanzung solcher kranken Individuen geboten ist. Für den Arzt ergibt sich daraus die Pflicht der Anzeige für jeden derartigen Fall, von dem er Kenntnis hat; kein Arzt darf etwa sich die Frage vorlegen, ob ein Fall von Schizophrenie usw. erbbedingt sei oder nicht, da diese Frage eben wissenschaftlich schon gelöst ist. Dasselbe gilt für das manisch-depressive Irresein" (Pötzl 1938: 1205).

Summa summarum verpflichtete Pötzl in seiner Originalabhandlung über „Psychiatrisch-neuropathologische Probleme zur Verhütung erbkranken Nachwuchses" (1938) Ärzte generell zur Anzeige: Sofern ein Arzt den Nachweis des „Erbganges" für nicht erbracht hielte, sei er zur Anzeige verpflichtet, weil das Gesetz den Nachweis der „Erbbedingtheit" gar nicht vorschreibe. Wer dem Gesetz misstraue, würde dem Stand der wissenschaftlichen „Erblehre" verpflichtet, die, so Pötzl, in Bezug auf Schizophrenie und „manisch-depressives Irresein" die Frage wissenschaftlich schon beantwortet habe. Demgegenüber könne die Anzeige des „angeborenen Schwachsinns" leichter erbracht werden, da sie ohne Sippenforschung durchgeführt werden könne. Als schwierig beurteilte Pötzl dabei lediglich, angeborenen von in der frühen Kindheit erworbenem „Schwachsinn" und von Minderbegabung zu unterscheiden, die beide noch in den Bereich des Gesunden fielen. Für eine Abgrenzung empfahl er, den Begriff „debil" mit jenem der „Hilfsschulbedürftigkeit" gleichzusetzen (ebd.: 1206). Hier sollte zur Bestätigung der medizinischen Diagnostik also die pädagogische Diagnostik dienen, um angesichts unscharfer Grenzen handlungsfähig zu bleiben.

In der medizinischen Praxis der Zwangssterilisation führte diese Unschärfe aber zu einer äußerst „weltanschaulichen Diagnostik" bzw. zu einer Diagnostik auf der Ebene „ärztlicher Menschenkenntnis". Diese „aerztliche Beurteilung des Charakters", so der „SS-Mann" und Privatdozent Dr. Albert Auersperg (Auersperg 1938: 1292), die vom Arzt selbständig gebildet werden müsse, da es kein „gemeingültiges diagnostisches Schema der Charaktere" und keine" verbindliche Methode der charakterologischen Untersuchung" gebe (ebd.: 1293), sollte auf einer allgemeinen Menschenkenntnis aufbauen.

> „Menschenkenntnis ist eine Gabe, welche nicht durch Wissen ersetzt, sondern durch Wissen und lebendige Erfahrung zur Kunst entwickelt werden kann. Sie kann geübt, geschult, gebildet, aber niemals unterrichtet, niemals mitgeteilt werden. Gerade die Ausübung des ärztlichen Berufes gibt, wie keine andere, Gelegenheit, diese Gabe zur Kunst zu entwickeln" (Auersperg 1938: 1294).

Für die begriffliche Erfassung des menschlichen Charakters sollten aber nur jene Ärzte psychiatrische Begrifflichkeiten anwenden, die tatsächlich über psychiatrische Erfahrung, über den lebendigen Kontakt mit dem psychiatrischen Fall, verfügten. Die ärztliche Menschenkenntnis sollte nicht auf eine psychologische Problematik abzielen, „sondern […] den Charakter nach Maßgabe der existentiellen Forderungen, die dieser zu bewältigen hat, oder nach der konkreten Aufgabe, welche diesem gestellt ist", bewerten (ebd.: 1295). Auersperg forderte hier unmissverständlich eine Diagnosestellung, die den Menschen nach seiner gesellschaftlichen Nützlichkeit und Brauchbarkeit beurteilt. Diese Position vertrat auch der „SS-Hauptscharführer" Dr. Hubert Umlauf in einem Artikel „Zur Durchführung des Gesetzes zur Verhütung erbkranken Nachwuchses" (1939). Da es, wie er festhielt, keine sichtbare Grenze zwischen Dummheit und „Schwachsinn" gebe, müsse für die Durchführung des Gesetzes eine Demarkationslinie gezogen werden.

„Es ist nun vielfach Gepflogenheit geworden, in Zweifelsfällen die Lebensbewährung in den Vordergrund zu stellen. Und dies mit Recht. Wenn uns damit auch so mancher Debile durch die Maschen des Gesetzes schlüpft, so treffen wir doch die lebensuntüchtigen und asozialen unter den Schwachsinnigen, also auch viele Taugenichtse, Vagabunden und Prostituierte" (Umlauf 1939: 757).

Dieselbe Unschärfe herrsche auch in der Frage des Zusammenhanges von „Verbrechen und Vererbung" vor. Doch sofern neben strafrechtlichen auch eine „rassenhygienische" Verbrechensbekämpfung gewünscht werde, müssten die gesetzlichen Bestimmungen ergänzt werden, so der Gerichtsmediziner Ferdinand Edler von Neureiter (1893–1946)[90], Direktor des Institutes für gerichtliche Medizin an der hansischen Universität Hamburg, in einer Originalabhandlung zu „Verbrechen und Vererbung" (von Neureiter 1940: 978). Auf der Grundlage kriminalbiologischer Forschung forderte Neureiter „erbpflegerische" Verbrechensbekämpfung und ausmerzende Maßnahmen bei Schwer- und Frühkriminellen wegen den „in ihrer Erbmasse verankerten sozialen Entgleisungstendenzen" (ebd.: 979). Bezug nehmend auf die familienbiologischen Studien von Bayers an Sippen „psychopathischer Schwindler und Lügner", welchem die Erkenntnis eines besonderen Formenkreises abnormer Persönlichkeiten zu verdanken sei, kennzeichnete er diese mit dem Begriff des „ungebunden Charakters". Dieser Persönlichkeitstypus des „ungebundenen Charakters" umfasse als Unterarten

„willenlose bzw. abnorm beeinflussbare, haltlos-süchtige, geltungsbedürftig-unechte (hysterische), phantastische Persönlichkeiten, die von anderen zur Asozialität führenden Psychopathentypen wie den Gemütlosen oder Explosiblen verhältnismäßig leicht unterscheidbar sind" (von Neureiter 1940: 980).

Neureiter ging davon aus, dass die Anlage zum „ungebundenen Wesen" einen vererbbaren Faktor darstelle. Dasselbe nahm er für Vagabunden an, die er als „Vertreter eines eigenen Menschenschlages" mit einem Hang zu „nichtseßhafter und schmarotzender Lebensweise" bezeichnete. Diesem vagabundierenden Menschenschlag bescheinigte er eine „Unfähigkeit zur sozialen Anpassung". Da „Asoziale" sich in kein Gesellschaftsgefüge einordnen könnten, seien sie daher gezwungen, stets „den Ort zu wechseln oder Auswege, wenn nicht gar ‚das Weite' zu suchen. Der Gauner kann nur dort leben, wo er jederzeit im Unbekannten zu verschwinden vermag" (ebd.: 981). Dieser „Gaunerschlag" stelle auch noch in Gegenwart einen Teil der „Landfahrer" und so genannten

---

90 Vgl. Anm. 34 in diesem Kapitel.

„Arbeitsscheuen". Diese hätten den „Hang zum Umherziehen" durch über Jahrhunderte währende „Auslese" geerbt. Die Forderung nach einer „chirurgischen Unfruchtbarmachung" von Frühkriminellen mit anhaltender Rückfallsneigung sei damit berechtigt wie begründet genug.

Diese „weltanschauliche Diagnostik", die zur Beurteilung des Charakters eines Bewerbers zur Aufnahme in die „SS" (Auersperg 1938) und zur Umsetzung des „Gesetzes zur Verhütung erbkranken Nachwuchses" (Umlauf 1939) als notwendige Methode empfohlen wurde, fand in der Gutachtertätigkeit der Ärzte und in der Selektionspraxis der „Euthanasie"-Aktion Anwendung. Beispielhaft für diese Unsicherheiten im Rahmen der medizinischen Gutachtertätigkeit ist die in der Studie von Gabriele Czarnowski (1990) zitierte Anfrage eines Arztes, der die „Eheeignungsprüfung" für die Gewährung eines „Ehestandsdarlehens" durchführen sollte:

„[...] leider hat man verabsäumt, uns irgendwelche Richtlinien dafür (für die Untersuchung, G.C.) zu geben, jeder werkelt auf eigene Faust los, so, wie er es für richtig hält. Die meisten Kollegen verlassen sich scheinbar völlig auf die Angaben, die die Betreffenden machen. [...] Meines Erachtens können wir uns damit nicht begnügen, dabei können wir böse reinfallen, man muß bessere Unterlagen haben. Ich möchte nur darauf hinweisen, dass es bei einmaliger Untersuchung wohl kaum gelingt, einen [...] (unlesbar, G.C.) Geschlechtskranken, einen Syphilitiker herauszufinden, auch ein Schizophrener im Stadium der Latenz (? unlesbar, G.C.) kaum zu erkennen ist. Man muß meines Erachtens schon Ermittlungen anstellen" (Rapmund 1935 in: Czarnowski 1990: 130).

Aus dieser Anfrage geht unmissverständlich hervor, dass die Richtlinien der „Erbgesundheitsgesetze" dem Praktiker bei der Diagnosestellung nicht viel nützten. So basierten die ärztlichen Gutachten zur Zwangssterilisation überwiegend auf persönlicher Einschätzung der Ärzte. Exemplarisch dafür steht das Beispiel eines 21-jährigen Mannes, das Henry Friedlander, Professor für Geschichte an der City University of New York, in seinem Buch „Der Weg zum NS-Genozid" (2001) erwähnte. Der junge Mann wurde in die „Tiroler Heil- und Pflegeanstalt" in Hall eingewiesen. Für die Diagnose „Schwachsinn" wurden im Allgemeinen eigens entworfene Intelligenztests durchgeführt, welche mehr erworbene Kenntnisse als angeborene Fähigkeiten überprüften. So wurden den Kandidaten z. B. zum Schulwissen, folgende Fragen gestellt:

„Heimatort? Zu welchem Land gehörig? Hauptstadt von Deutschland? Hauptstadt von Frankreich? Wer war Luther? Wer war Bismarck? Welche Staatsform haben wir jetzt? Wer hat Amerika entdeckt? Wann ist Weihnachten? Was bedeutet Weihnachten? (Sonstige Fragen ähnlicher Natur) Wieviel Wochentage? – Vor- und rückwärts? Wieviel Monate? – Vor und rückwärts" (Friedlander 2001: 74).

In dem beschriebenen Fall des 21-jährigen Mannes, Erwin Ammann, konstatierte der Arzt, dass seine Antworten weitgehend korrekt waren. Doch die subjektive Einschätzung des prüfenden Arztes erhielt bei der Diagnose mehr Gewicht.

„Ammanns ‚Schulkenntnisse', notierte der Prüfer, seien ‚überraschend gut'; er gebe in der Regel überraschend prompte Antworten'. Trotzdem befand er, dass Ammann ein ‚schwachsinniges Aussehen und Verhalten aufweise'. Die Diagnose lautete nach wie vor ‚Schwachsinn mäßigen Grades (Debilität)', und das Urteil des Prüfers forderte die Sterilisation" (ebd.: 75).

Die erbbiologisch geschulten Ärzte überprüften als wissenschaftliche Gutachter die soziale Brauchbarkeit der Betroffenen[91] auf der Basis einer willkürlichen Beurteilung des Gesamteindruckes, den sie sich von ihnen machten. Dennoch wurde die soziale im Gegensatz zur eugenischen Indikation aufgrund mangelnder Objektivität abgelehnt. So hielt der „SS-Mann" Dr. Ernst Pichler in einem Vortrag im Rahmen der Schulungsabende der „Aerzteschaft des SS-Oberabschnittes ‚Donau'" 1938 fest, dass der Sterilisation aus sozialer Indikation ein „irgendwie objektiv verwertbarer Maßstab" fehle, die Gemeinschaft im „NS-Staat" aber dem Einzelnen gegenüber verpflichtet sei, „im Interesse der gesunden Nachkommenschaft ihm die Fortpflanzung und Aufzucht von Kindern zu ermöglichen" (Pichler 1938: 1268).[92] Im Fall der sozialen Indikation zur Sterilisierung wurde also die mangelnde Objektivierbarkeit als Grund für deren Ablehnung angeführt. Im Fall der eugenischen Indikation hingegen war diese mangelnde Objektivierbarkeit kein Grund für die Ablehnung medizinischer Maßnahmen. Bei Letzterer wurde schlicht und einfach behauptet, die „weltanschauliche" Diagnostik sei wissenschaftlich fundiert, da sie machtvollen Interessen diente. So erhielt die Freigabe der Sterilisierung aus eugenischen Gründen in Ernst Pichlers Stellungnahme „ihren Sinn nur vom Standpunkt der Volksgemeinschaft aus betrachtet" (ebd.). Diese Sterilisierung im Interesse und im Dienst der Volksgemeinschaft war gegen die liberal-individualistische Weltanschauung gerichtet, welche die Sterilisierung als Eingriff in persönliche Rechte ablehnte, und gegen die marxistische Weltanschauung, der vorgeworfen wurde, die Umweltfaktoren höher einzuschätzen als die Erbfaktoren. Auch die katholische Kirche stellte sich auf Basis der maßgebenden Enzyklika „Casti connubii" gegen die Sterilisa-

---

91 Beispielhaft dafür ist auch der Fragebogen zur Erhebung von „Gemeinschaftsfremden" (vgl. Götz 1985: 45ff).
92 Der Vortrag wurde im November 1938 in der WKW publiziert.

tion „erbkranken Nachwuchses". Sie begründete ihre Entscheidung mit dem Hinweis, dass „die Menschen nicht an erster Stelle für die Zeit und die Erde, sondern für den Himmel und die Ewigkeit geboren werden" (ebd.: 1269). Gegenüber diesen ablehnenden Positionen beanspruchte Pichler für den Nationalsozialismus den für die Frage einzig in Betracht kommenden richtigen Standpunkt, den biologischen. Doch auch dann, wenn die nationalsozialistische Gesetzgebung auf wissenschaftlichen Erkenntnissen basiere, sei die Grundvoraussetzung eine weltanschaulich-politische:

> „Für den Staat ist der einzelne Volksgenosse in erster Linie als Erbträger von Bedeutung, denn als solcher bestimmt er das zukünftige Leben des Volkes. Die Zielsetzung liegt nicht im einzelnen und seinem größtmöglichen Wohlbefinden, sondern in der möglichst weitgehenden Reinigung des Erbgutes unseres Volkes" (Pichler 1938: 1270).

Zugleich beurteilte Ernst Pichler die Maßnahme aber auch als sittlich gerechtfertigt, da sie die Geburt unglücklicher „Erbkranker" verhindere, Familien vor großem Leid und die Allgemeinheit vor starker Belastung bewahre. Das „Gesetz zur Verhütung erbkranken Nachwuchses" sei damit aus mehreren Gründen gerechtfertigt:

> „1. durch die allgemeine Verschlechterung der Erbverfassung des deutschen Volkes. […] 2. durch die finanzielle Belastung, welche der Oeffentlichkeit daraus erwächst, dass ungeheure Summen für die Pflege und Fürsorge von Erbkranken aufgewendet werden müssen; […] 3. durch die Annahme, dass die Sterilisierung das einzig sichere Mittel ist, um die weitere Vererbung von Erbkrankheiten zu verhüten, bzw. einzuschränken" (Pichler 1938: 1270).

Als Voraussetzungen für das Gesetz verwies Pichler auf biologische Tatsachen, nämlich die Tatsache der Erblichkeit oder einen ausreichenden Grad von Erblichkeit der in Frage kommenden Krankheiten. Die „empirische Erbprognose" als eine auf statistischen Wahrscheinlichkeitsrechnungen beruhende Stammbaumanalyse sollte dazu die notwendige Grundlage liefern. Als ihre Aufgabe galt es festzustellen, „welchen Hundertsatz der Nachkommenschaft von Erbkranken diese Krankheit tatsächlich aufweist" (ebd.). Das Gesetz sollte aber nicht nur „dem Wohl und dem Schutz der Volksgemeinschaft" dienen, sondern spätere Geschlechterfolgen durch die Unterbrechung des „erbkranken" Stroms schützen, so „SS-Untersturmführer" Dr. N. Schwab in einem Vortrag „Ueber das Gesetz zur Verhütung erbkranken Nachwuchses: Seine Durchführung und Erfahrungen" bei den Ärzteschulungsabenden (Schwab 1939: 342).[93] Das Gesetz und

---

93 Der Vortrag wurde im April 1939 in der WKW publiziert.

seine Durchführung wurden stets unter Verweis auf beides, das Wohl des Volkes und das Wohl des Einzelnen, begründet. Es sollten sowohl das Unglück und Leid des Einzelnen und der betroffenen Familie als auch die Verschlechterung der „Erbverfassung" des „deutschen Volkes" und die hohen Sozialausgaben für die Betreuung von LangzeitpatientInnen verhindert werden. Auch alle Angeklagten der „Euthanasie"-Morde begründeten ihre Tat mit dem Hinweis auf die „Erlösung von schwerem Leid". Keiner von ihnen gab an, die drohende Degeneration des „deutschen Volkes" stoppen gewollt zu haben. Auch wenn diese Legitimation ärztlichen Handelns unter dem Druck einer Gerichtsverhandlung mit drohender Verurteilung zu Stande kam, verweist sie zumindest auf die doppelte Zielsetzung und die Tatsache, dass auch NS-Eugenik- und „Euthanasie"-Ärzte chronisch Kranke auf ihr Leid reduzierten bzw. ihnen das Leid unterstellten, um sie von diesem zu befreien.

Die Gebundenheit nationalsozialistischer Weltanschauung an die Forschungsergebnisse moderner Naturwissenschaften wurde auch hinsichtlich der Nationenbildung betont. Diese bezeichnete „SS-Obersturmführer" Anton Rolleder (1910–76)[94], der als Vorsitzender des „Erbgesundheitsgerichtes Wien" über die Anzeigen zur Durchführung des „Gesetzes zur Verhütung erbkranken Nachwuchses" entschied, als eine „durch biologische Zusammenhänge verbundene Menschengruppe" (Rolleder 1938: 1319).[95] Die Geburtsbindung wurde damit politisch instrumentalisiert und über die Vertragsbindung gestellt, welche der Liberalismus und Marxismus in unterschiedlichen Formen des modernen Staates realisieren wollten. Gegen den Individualismus des Liberalismus, der die Volksgemeinschaft zersetzt habe, stelle der Nationalsozialismus den „Rassegedanken", das Verbindende der Gemeinsamkeit des Blutes (ebd.: 1318). Daher wende der Nationalsozialismus seine Sorge dem Leben des Volkes zu. Denn, so Dr. Hermann Lenz aus den „Schulungsabenden der Aerzteschaft des SS-Oberabschnittes ‚Donau'",

> „das Leben des einzelnen ist sterblich, auch seine Leistungen überdauern nur wenige Generationen. Ewig aber ist das Leben, das er, hineingestellt in die große Gemeinschaft alles Lebens,

---

94 Anton Rolleder war Anthropologe und ab 1938 Hilfsarzt an der Universitätsnervenklinik in Wien, ab 1942 Assistent am Institut für gerichtliche Medizin und Kriminalistik in Wien bei „SS-Obersturmführer" Philipp Schneider und ab 1943 „NS-Dozentenführer". Rolleder trat bereits 1930 der „NSDAP", 1933 der „SS" bei. Er war nach dem Dollfuß-Mord mehrere Tage in Haft, galt als zielstrebig an „Rassenhygiene" interessiert und wurde 1938 als „für jede höhere Dienststelle bestens geeignet" beurteilt (vgl. Klee 2001/2.Auflg.: 325). Er habilitierte sich 1943 mit einer Arbeit zum Thema „Handlungsfähigkeit bei frischen Schädelschüssen". Er wurde 1945 suspendiert, 1946 vom Volksgericht zu einem Jahr Haft verurteilt und war ab dann Nervenarzt und Gerichtsgutachter in Wien (vgl. Klee 2003: 506).
95 Der Vortrag wurde im November 1938 in der WKW publiziert.

weiterzugeben hat. Ewig ist die Sünde, die er begeht, wenn er das Blut verunreinigt oder versiegen läßt. ‚Die Sünde wider Blut und Rasse ist die Erbsünde dieser Welt und das Ende einer sich ihr ergebenden Menschheit'. So der Führer" (Lenz Hermann 1940: 506f).

Das Erbgut, das jede/r Einzelne zu achten habe, sei die „Reinheit des Blutes". Diese Idee wurde mit der katholischen Erbsündenlehre verbunden, nach der jeder Mensch mit der Erbschuld belastet zur Welt kommt und im Ritual der Taufe davon losgesprochen wird. Das neugeborene Kind muss in der Kirche vorgestellt und in heiliges Wasser getaucht werden. Es wird in einer Art „Taufexorzismus" beschworen und gefragt: „Entsagst du dem Teufel und all seinen Werken", und die TaufpatInnen antworten „Ja, ich entsage". Diese Sündentheorie und die daraus hervorgehende Reinwaschung im religiösen Ritual wurden durch die Eugenik säkularisiert. Nun wurde man nicht mehr schicksalhaft und unausweichlich mit der Erbsünde belastet geboren, sondern jeder konnte die potenzielle Weitergabe einer „Erbkrankheit" im Diesseits verhindern. Der Taufexorzismus, als rituelle Handlung des Priesters, mit dem im Christentum das Neugeborene von seiner Erbsünde losgesprochen wurde, wurde auf den Arzt übertragen. Dieser sollte nunmehr die Weitergabe der „Erbkrankheit" vor ihrer Entstehung durch „Erbpflegerische Eheberatung", nach ihrer Entstehung durch „Schwangerschafts- und Geburtsüberwachung", die zum eugenisch indizierten Schwangerschaftsabbruch führen konnte, verhindern. Dazu bedurfte es der Durchsetzung eines eugenischen und medizinischen Verständnisses von und Verhältnisses zu den generativen Prozessen und einer umfassenden medizinischen Erziehung zur Verhaltensänderung, um die schicksalhafte Weitergabe der zur „Erbkrankheit" transformierten Erbsünde mittels rationaler Zeugung zu verhindern. Diese mach den/die Einzelne/n zum/zur SachwalterIn seines/ihres Erbgutes. So sei der/die „Erbkranke" für das Gesetz auch nicht „wegen seines Wertes oder Unwertes als Einzelmensch, sondern nur als Träger von Erbanlagen von Bedeutung", „SS-Untersturmführer" Dr. N. Schwab in seinem Vortrag und Artikel „Ueber das Gesetz zur Verhütung erbkranken Nachwuchses: Seine Durchführung und Erfahrung" (Schwab 1939: 342).

Dr. Hubert Umlauf bestätigte diese Position in seinem ebenfalls 1939 publizierten Vortrag „zur Durchführung des Gesetzes zur Verhütung erbkranken Nachwuchses" (Umlauf 1939: 754–759). Der Arzt sei zu einer „Aufklärung ohne Kränkung und Zurücksetzung der Krankheitsträger" verpflichtet (Umlauf 1939: 759). Im Mittelpunkt der Durchführung des Gesetzes stehe nicht der Wert des Menschen, sondern seine Krankheit und deren Verhütung. Die Einstellung der Allgemeinheit gegenüber dem/der „Erbkranken" sollte in diese Richtung verändert werden. Dazu gelte es, die vorherrschende Anschauung, dass „Erbkranke" „vom Schicksal gezeichnete, verzerrte Kreaturen" sind „für die man arbeiten und Steuern zahlen muß", abzubauen (ebd.: 756). Denn diese

Ansicht führe dazu, dass „Erbkranke" verspottet und verachtet würden. Doch diese Haltung widerspreche grundlegend der nationalsozialistischen Weltanschauung. Denn

> „Opfer und Einsatzbereitschaft sind die tragenden Pfeiler, auf denen die neue Gemeinschaft erwuchs und den Sieg erkämpfte. […] Der Erbkranke bringt durch seine Unfruchtbarmachung ein schweres Opfer für die Gemeinschaft und es ist auch billige Pflicht der Gemeinschaft, den Wert dieses Opfers anzuerkennen" (Umlauf 1939: 756).

Durch diese Konstruktion der Unfruchtbarmachung als Opfer für die Volksgemeinschaft, sollten der medizinische Eingriff legitim, die Verachtung der „Erbkranken" und die negative Einstellung ihnen gegenüber aber zu illegitimen Handlungen werden, die der Nationalsozialismus ablehne. Die „Erbkranken" würden in die Volksgemeinschaft unter der Bedingung integriert, dass sie sich für diese opferten. Die zum Opfer umgedeutete Zwangssterilisation wurde so zur anerkennungswürdigen, ehrbaren Handlung. Wie der „erbkranke" so wird auch der „erbgesunde" Einzelmensch zum Sachwalter seiner „Erbanlagen" gemacht. Auch er hat ein Opfer gegenüber der Volksgemeinschaft zu erbringen, indem er sich gesund erhält und sein „hochwertiges Erbgut" durch die Zeugung von zumindest vier Kindern weitergibt. Die praktische „Erbpflege" setzte eine Individualisierung in Gang. Der/die Einzelne wurde zum/zur SachwalterIn seines/ihres „hochwertigen" oder „minderwertigen" Erbgutes. Die praktische „Erbpflege" oder angewandte Eugenik individualisierte und universalisierte zugleich. Gemäß der Dialektik moderner Individualisierungsprozesse werden alle gleich, indem sie verschieden gemacht werden. Dies wird besonders augenfällig in der eugenischen Individualisierung jedes Menschen zum „Sachwalter seines Erbgutes". Dabei hat der/die Einzelne die allgemeine medizinische Norm des „Lebenswertes" auf seine/ihre ganz individuelle Entwicklung und Fortpflanzung anzuwenden. Selbsteugenisierung ist die radikalste Form der Individualisierung. Sie resultiert aus der naturwissenschaftlichen und biotechnischen Freisetzung und Befreiung der generativen Reproduktion aus dem „Zufallsspiel der Natur" durch Rationalisierung der Fortpflanzung und der gleichzeitigen Unterwerfung unter die Medizin als exekutive Gewalt des nationalsozialistischen Staates.

3.2 Das Vorrecht der „kommenden Zeit" und die angewandte Eugenik („Erbpflege") als Individualisierungsinstrument

Die Überbewertung des „Erbgutes" war – wie in den Texten der Eugeniker und Rassenhygieniker seit der Jahrhundertwende ausgearbeitet – auch im Nationalsozialismus bedingt durch eine in die Zukunft gerichtete Heilserwartung. Die Bedingungen der Möglichkeit, dieses Heil aufzubauen, wurde nicht mehr nur an das ökonomische und kulturelle, sondern vor allem auch an das biologische „Erbe" gebunden. Deshalb lag auch die „Hauptbedeutung der Erbforschung in der Zukunft", so der „SS-Untersturmführer" Dr. Hermann Möschl in einem Artikel über „Vererbung und Persönlichkeit" (1938a: 1108). Weil diese „kommende Zeit" gesunde und normale „Erblinien" brauche, müsse die gegenwärtige Generation dafür die Verantwortung übernehmen und Klarheit schaffen. Vor allem die verschiedensten Geisteskrankheiten erinnerten an die schreckliche theologische Doktrin der „Erbsünde". „Ruht nicht hier auf einzelnen Menschen oder Familien eine Art fürchterlichen Fluches, welchem die Betroffenen unausweichlich und ohne jedes eigene Verschulden verfallen erscheinen" (Möschl 1938a: 1108). Diesem göttlichen Fluch sollte die Menschheit mit den neuen naturwissenschaftlichen Erkenntnissen der Erblichkeit nicht mehr schicksalhaft ausgesetzt sein. Vielmehr habe die gegenwärtige Generation die Verpflichtung, das „Entstehen gesunder Nachkommen" nicht dem „Zufallsspiel der Natur zu überlassen, […] sondern durch entsprechende Auswahl die günstigsten Voraussetzungen für die nach uns Kommenden zu schaffen" (ebd.: 1109). Auch wenn von der Erziehung bei „mittelmäßigen Anlagen" gute Resultate erwartet wurden, galt sie als ohnmächtig, „wo sich diesen Anlagen unüberwindliche Schwierigkeiten in den Weg legen" (ebd.). Beispielsweise fehle es einer bloß anerzogenen Intelligenz an Schöpferkraft, was zu bloßem Intellektualismus führe.

In dieser Argumentation zeigt sich deutlich ein Bedarf an Gewachsenem und Gewordenem, das durch die Kultur, hier am Beispiel der Erziehung, zur Entfaltung gebracht wird. In diesem Verlangen nach einer gemeinsamen Bindungskraft kann die „eugenische Vernunft" auch als Versuch beurteilt werden, gegen die Entwurzelungs- und Individualisierungsgeschichte des 20. Jahrhunderts, gegen die ökonomische und wissenschaftlich technische Freisetzung aus Natur- und Sozialbindungen Bindungskräfte zu erhalten, für die individuell und gesellschaftlich Verantwortung zu tragen ist. Zugleich ist die Eugenik aber mit dem modernen Machbarkeitsehrgeiz verbunden, der aus dem Aufstieg der Natur- und Technikwissenschaften hervorgeht. Die Verwissenschaftlichung dieser Verantwortung führte u. a. zu den eugenischen Eingriffen in die Natur und Kultur der generativen Reproduktion, welche während des Nationalsozialismus jede/n Einzelne/n zum/zur SachwalterIn seines/ ihres Erbgutes bestimmen wollte. „Fortpflanzungsfähige" Frauen und Männer hatten weder das Recht, die Erbmasse durch willkürliche Unterbrechung dem Volk vorzuenthalten, noch, die kommenden Generationen mit dem Fluch einer Krankheit zu belasten. „Der einzelne ist dem ewigen Laufe der Natur gegenüber nichts, das Geschlecht ist alles". Die „offensichtliche Macht des Menschen über die Gestaltung seiner Art", die für Hermann Möschl aus der naturwissenschaftlichen „Entdeckung" des „Erbganges" resultierte, „muß planvoll zu seinem Segen eingesetzt werden" (Möschl 1938a: 1110). Dies sollte durch die Förderung des Fortkommens „erbgesunder", begabter Familien auf der Ebene der Anlagen wie der Erziehung geschehen. Für diese „erbpflegerische" Erziehung zur Begabtenförderung sollten vor allem die ErzieherInnen erzogen werden. „Dazu müssen aber erst rassenbiologisch hochstehende Geschlechter die vorbereitenden und dann entsprechend befähigte Erzieher die auslösenden Bedingungen schaffen" (ebd.: 1109). Dem Arzt als „Geschlechter- und Kindergesundheitsführer" kam dabei eine hervorragende Bedeutung zu, damit die „besten Anlagen" nicht auf „falsche Bahnen gelenkt" würden. Da sich das Kind seine ErzieherInnen nicht immer aussuchen könne, bedürfe es der Erziehung von ErzieherInnen, welche dazu befähigt werden sollten, eine „hohe Begabung" zu erkennen.

Die menschliche Gestaltung der eigenen Art wurde durch den „Erbgang", von dem behauptet wurde, er sei wissenschaftlich bewiesen, sowohl aus den Händen Gottes – Geisteskrankheiten erinnerten an den Fluch der Erbsünde – als auch aus den Händen der Natur – Geisteskrankheiten mussten als Zufallsspiel der Natur hingenommen werden – befreit und in die Hände des Menschen, vor allem die der Ärzte gelegt. Gleichsam aber wurde auch das Heilsversprechen säkularisiert. Das Heil sollte nunmehr nicht mehr im Jenseits, sondern im Diesseits stattfinden. Die „kommende Zeit" versprach das Heil auf Erden zu realisieren und der Medizin kam die Aufgabe zu, dieses Versprechen einzulösen. Dafür standen ihr im „NS-Staat" offiziell die Mittel der Aufklärung und Erziehung, der Anzeige und des operativen Eingriffs zur Sterilisation „Erbkranker" zur Verfügung. Die Experimente an und die Vernichtung von Menschen, deren Leben aus eugenischer Sicht von der Medizin als „lebensunwert" betrachtet wurde, und die umfangreich, unter ärztlicher Aufsicht und durch ärztliche Hand, realisierten PatientInnenmorde, wurden als geheime Eingriffe verschwiegen. Sie sind in ihrer nachhaltigen erzieherischen Wirkung auf Menschen und Gesellschaft nicht zu unterschätzen. Denn die Lektion, die mit der Vernichtung von Menschen, die für die Gesellschaft als unbrauchbar galten, allen Überlebenden erteilt wurde, ist die, dass man sich nützlich und brauchbar machen muss, damit einem das Lebensrecht nicht abgesprochen werden kann.

Durch „Volksaufklärung" und -„erziehung" leistete der „NS-Ärztebund" mit „erbpflegerisch" geschulten MitarbeiterInnen Aufklärung der breiten Bevölkerungsschichten. Diese Überzeugungsarbeit durch den Arzt wurde einer Propaganda in Presse und Film vorgezogen. Der Journalismus wurde deswegen als ungeeignetes Aufklärungsinstrument abgelehnt, weil er zum Sensationellen hin übertreiben müsse und dazu schwerste Fälle vorführe, die Abscheu auslösen würden. Diese Methode führe aber dazu, dass viele sich nicht für so „minderwertig" hielten wie die vorgeführten

Einzelbeispiele und die Anwendung des Gesetzes auf sich selbst als Unrecht empfänden. Demgegenüber sollte der Praktische Arzt, „der ja nicht nur heilen, sondern auch vorbeugen und beraten soll, Grundlegendes leisten" (Umlauf 1939: 754). Er sollte „Erbkranke" oder deren gesetzliche VertreterInnen darüber aufklären, dass sie einen Antrag auf Sterilisierung stellen könnten, dass diese nicht mit Kastration verwechselt werden dürfe, sondern einen harmlosen Eingriff darstelle, welcher das geschlechtliche Fühlen und den Geschlechtsverkehr nicht beeinflusse.[96] Dem Einwand, dass „Erbkrankheiten" angeboren sein müssten, bei einer Schizophrenie dies aber nicht der Fall sei, wurde mit dem „einleuchtenden Beispiel des männlichen Bartes begegnet" (Schwab 1939: 343). Auch dieser sei angeboren, entwickle sich aber erst im Erwachsenenalter. Die „Volksaufklärung" durch die Medizin sei in Deutschland bisher auch durchaus erfolgreich gelaufen, denn durchschnittlich in mehr als drei Viertel der Fälle habe „der Kranke selbst oder sein gesetzlicher Vertreter den Antrag" gestellt, das Letztere, „wenn der Kranke entmündigt ist oder das 18. Lebensjahr noch nicht erreicht hat, und zwar sind das dann Eltern, Vormund oder Pfleger" (ebd.). Aufklärung durch den Arzt zielte auf eine erzieherische Wirkung, auf Verhaltensänderung ab. Den Ärzten im Nationalsozialismus war es also auch wichtig, dass sich die Betroffenen selbst zur Sterilisation meldeten bzw. von ihren VertreterInnen dazu gemeldet würden. Durch eine informierte Zustimmung sollte dem medizinischen Eingriff der Charakter der Zwangsmaßnahme genommen werden.

Gegenüber dem Antragsrecht der Betroffenen oder Angehörigen, dem der Stellenwert einer informierten Zustimmung zugewiesen wurde, bestand auf Seiten des Arztes eine Anzeigepflicht, die wiederum den Charakter einer Zwangsmaßnahme hatte.

„Sie besteht für jeden Arzt, wenn ihm nach dem 1. Januar 1934 in seiner Berufstätigkeit eine Person bekannt wird, die an einer Erbkrankheit oder chronischem Alkoholismus leidet. Die Anzeige an den Amtsarzt ist unverzüglich zu leisten, dabei spielt es keine Rolle, ob es sich um ein Kind unter zehn Jahren oder um einen Fortpflanzungsfähigen handelt, ob die Diagnose feststeht oder gar nur ein Verdacht vorhanden ist" (Schwab 1939: 343).

Durch Aufklärung und informierte Zustimmung der Betroffenen und durch die Anzeigepflicht der Ärzte sollte die Erfassung „erbkranker" Personen mit Hilfe eigener Listen

---

96 Beim Mann galt die Sterilisierung als einfacher Eingriff, der mit Hilfe der Vasektomie ambulant durchgeführt werden konnte, bei der Frau als größerer operativer Eingriff, der durch die Herausnahme des ganzen Eileiters mit Exzision des intramuskulären Tubenanteiles, als Tubenquetschung oder als Tubenexstirpation, bei dem ihr Stumpf in die inguinale Wunde eingenäht wird, die Sterilität verursache (Schwab 1939: 344).

erfolgen und die „erbbiologische Bestandsaufnahme des deutschen Volkes" vorbereitet werden (ebd.: 343). Diese „Erbbestandsaufnahmen"[97] würden die „Grundlagen [...] schaffen für die Durchführung der erb- und rassenpflegerischen Maßnahmen", so der Wiener Stadtmedizinaldirektor Vellguth. (Vellguth 1941: 584), bei einer Sitzung der „Fachgruppe für menschliche Erbbiologie" der „Wiener Medizinischen Gesellschaft" (4. Juli 1940). Im Zuge einer „erbpflegerischen" Prüfung an den Gesundheitsämtern wurden die Lebensverhältnisse der „Prüflinge"[98] u. a. nach folgenden Fragen umfassend begutachtet.

„Ist bei der erfragten Person oder bei Sippenangehörigen (Blutsverwandten) vorgekommen: Nerven-, Gemüts-, oder Geisteskrankheit, Krämpfe, Fallsucht, Veitstanz, Blindheit, Taub-, Stummheit, Krüppelleiden, Trunksucht, Krebs, Tuberkulose (Schwindsucht), Geschlechtskrankheit, Selbstmord, Aufnahme in Irren-(Nervenheil-)anstalt, Hilfsschule, Fürsorgeerziehung, Arbeitshaus, Freiheitsstrafe, Entmündigung." Oder: „In welchem Ruf steht die erfragte Person (Personen, Familie)? (z. B. ordentlich, fleißig, strebsam – unordentlich, faul, liederlich, zänkisch, unehrlich, trunksüchtig)." Oder: „Wird das Einkommen normal (haushälterisch) verwandt oder verschwenderisch, krankhaft geizig?" Oder: „Wie ist das Verhalten zur Nachbarschaft usw.? (z. B. zugänglich, freundlich, zuvorkommend, mißtrauisch, zänkisch, ablehnend, störrisch, gleichgültig usw.)" (Form. G 314).[99]

Aus diesen „Prüfkriterien" geht unmissverständlich hervor, was als oberster Maßstab für die Durchführung der „rassenpflegerischen" Maßnahmen galt, um die „Leistungsfähigkeit des einzelnen" und seine „Einordnungsfähigkeit in die Volksgemeinschaft" zu beurteilen. Alle Angaben auf dem Formular mussten gewissenhaft geprüft werden, da „das Material auch für kommende Generationen verwertbar sein muss und da von ihm oft folgenschwere Entscheidungen der Gesundheitsämter, Erbgesundheitsgerichte usw. abhängen" (Vellguth 1941: 584). Die Gesundheitsämter hatten zudem noch alle Angaben aus Krankengeschichten, Schul- und Polizeiakten, die an unterschiedlichen Stellen verstreut waren, zu sammeln und auszuwerten. Die „Erbbestandsaufnahme" war als umfassendes staatlich-medizinisches Überwachungsprojekt konzipiert, mit dem die

---

97 Die „Erbbestandsaufnahme" – eine Kartei, mit der die Einzelfälle, und eine Sippenregistratur, mit der die Sippenverbände erfasst wurden – erfasste von den vor 1939 geborenen Menschen nur die „negativen Varianten". Von den ab 1939 geborenen wurden alle neugeborenen Jahrgänge erfasst.

98 Die zur Anzeige gebrachten Personen wurden im Formular explizit als „Prüflinge" und nicht als Patienten bezeichnet.

99 Formularvordruck G 314 des Wilhelm Dieckmann Verlages in Altenkirchen (Westerwald). Das Formular wurde am Gesundheitsamt Innsbruck, „Beratungsstelle für Erb- und Rassenpflege", verwendet

Gesundheit der gegenwärtigen und zukünftigen Generation verwaltet und kontrolliert werden sollte.[100]

Die endgültige Entscheidung zur Sterilisierung oblag dem Amtsarzt bei der Antragstellung oder, in einem strittigen Fall, dem „Erbgesundheitsgericht" beim Verfahren. Sofern das Gericht die Sterilisation beschloss, konnte der Eingriff auch gegen den Willen der Betroffenen durchgeführt werden. Einsicht und informierte Zustimmung wurden von der Medizin bei den „Erbkrankheiten" erwartet, bei denen auch in der familiären und nachbarschaftlichen Umgebung mit dem Bewusstsein einer schweren Erkrankung gerechnet wurde, wie z. B. bei Taubheit und Blindheit, so der Oberarzt und „SS-Oberscharführer" Dr. Hermann Biesenberger in einem Vortrag über „Schwere erbliche körperliche Missbildungen und deutsche Erbpflege" bei den „Ärzteschulungsabenden" (Biesenberger 1939: 256ff).[101] Erheblicher Widerstand wurde dort erwartet, wo zwar schwere erbliche körperliche Missbildungen vorhanden waren, die Menschen aber geistig und seelisch gesund waren und abgesehen von den körperlichen Defekten als normal betrachtet wurden. Exemplarisch verwies Biesenberger auf kongenitale Hüftgelenksluxation[102], Klumpfuß und Spaltbildungen im Bereich des Gesichtes (Hasenscharte, Wolfsrachen, schräge Gesichtsspalte). Wenn dabei jedoch die Missbildung als typisch ausgeprägte Form festgestellt und der Nachweis der Erblichkeit durch Sippenforschung erbracht werden könne, seien die Bedingungen zur Unfruchtbarmachung erfüllt und die „Sterilisierung muß ohne Ausnahme und abgesehen vom sonstigen Wert der Persönlichkeit durchgeführt werden" (ebd.: 360). Wo die Aufklärung nicht ausreichte, um auf Seiten der Betroffenen eine informierte Zustimmung zu erreichen, wurden Zwangsmaßnahmen gesetzt.

---

100 Eine praktikable und brauchbare Vernetzung und Bündelung von Daten konnte letztlich aber nicht realisiert werden. Erst mit Hilfe digitaler Informationssysteme wurden am Ende des 20. Jahrhunderts mittels PatientInnendatenbanken und „SmartCards" Schlüsseltechnologien geschaffen, die eine rasche Beurteilung und Verwertung unterschiedlichster Daten möglich machten. So vermag heute die „SmartCard", eine Computerchipkarte in Kreditkartengröße für die Gesundheit mit vier Megabyte Speicherkapazität ca. 2.000 Seiten Text oder 35 Röntgenbilder und 40 Ultraschallbilder zu speichern (vgl. Dworschak 2000: 102).
101 Der Vortrag wurde im April 1939 in der WKW publiziert.
102 Unter „kongenitaler Hüftgelenksluxation" versteht man eine angeborene Verrenkung des Hüftkopfes durch eine Verlagerung aus der Hüftpfanne, die meist auch mit anderen Fuß- und Beinfehlbildungen einhergeht.

3.3 Vernichtung und Kinderraub: Die verschwiegene Wirklichkeit eugenischer Medizin

Die im „Gesetz zur Verhütung erbkranken Nachwuchses" genannten Indikationen zur Zwangssterilisation – „Schwachsinn", Schizophrenie, „manisch-depressives Irresein", erbliche Fallsucht, erblicher Veitstanz (Chorea Huntington), erbliche Blindheit, erbliche Taubheit, schwere körperliche Missbildung und schwerer Alkoholismus – boten die erste Grundlage für die Selektion bei der Kinder- und Erwachsenen-„Euthanasie". Der Indikationsbereich wurde dann zunehmend ausgeweitet auf Diagnosen wie „asoziales" und/oder „kriminelles" Verhalten, „Landstreicherei", „Gemeinschaftsfremde", „schmarotzende Lebensweise", „arbeitsscheu", „mangelnde Lebensbewährung" etc. Verfolgt wurden also weniger vermeintliche „Erbkrankheiten" als vielmehr gesellschaftlich nicht tolerierte Verhaltensweisen, die zuvor biologisiert worden waren. Menschen mit biologisierten, sozial unerwünschten Verhaltensformen wurden sowohl zwangssterilisiert als auch vernichtet. Zugleich wurden vor, während und nach ihrer „Behandlung" medizinische Humanexperimente an ihnen durchgeführt. Diese Wirklichkeit der negativen Eugenik war in der wissenschaftlichen Auseinandersetzung auf Ebene der Fachartikel in der „Wiener Klinischen Wochenschrift" während der NS-Herrschaft kein Thema.

Ebenso wenig widmete man sich jener Wirklichkeit der „positiven Eugenik", welche in der „Auslese" und dem Raub von als „arisch" und „höherwertig" eingestuften Kindern durch die Aktion „Lebensborn", einem Instrument „rassenpolitischer" Kindesentführung, mündete (vgl. Lilienthal 1993). Die „positive Eugenik" des „Lebensborns" war weit davon entfernt, wissenschaftliches Züchtungsexperiment zu sein, wirft aber gerade deshalb ein Licht auf den Wissenstand der „Erbforschung" und der Unrealisierbarkeit einer „positiven Eugenik", deren Verwirklichungsversuche für die Betroffenen aber deshalb nicht weniger folgenreich und schmerzvoll waren.[103] Vernichtung und Kinderraub waren „Geheime Reichssache". Ihr Verschweigen mag aber auch darauf hinweisen, dass z. B. die Aktion „T4" für das soziale und professionelle Gewissen der Ärzte doch nicht in dem Ausmaß alltäglich und selbstverständlich war, dass man sie auf der Ebene von publizierten Fachartikeln diskutiert hätte. Dieses Schweigen zur Vernichtung und zum Humanexperiment im großen Stil hielt in der „Wiener Klinischen Wochenschrift" bis in die 90er Jahre an.

Was die Aktion „Lebensborn" anbelangt, so reduzierte sich die Utopie einer „positiven Eugenik", der „Aufartung" und „Höherzüchtung" arischer und hochwertiger

---

103 Vgl. „Geheimsache Lebensborn". Ein Film von Beate Thalberg (ORF Dokumentation 2002). „Ruhelos. Kinder aus dem Lebensborn". Ein Film von Christiane Ehrhardt (ARD Video).

Nachkommen, auf die Unterbringung von als „eugenisch wertvoll" eingestuften ledigen Müttern in „Lebensborn"- Heimen vor der und zur Geburt bis zum Ende der Stillzeit, der Wegnahme ihrer Kinder und dem Kinderraub von als „eugenisch wertvoll" eingestuften Kindern aus den besetzten Ostgebieten.[104] Der im Dezember 1935 gegründete und in die „SS" eingegliederte Verein „Lebensborn" verfolgte, wie in seiner Satzung festgehalten wurde, folgende Ziele:

> „1. Rassisch und erbbiologisch wertvolle, kinderreiche Familien zu unterstützen. 2. rassisch und erbbiologisch wertvolle werdende Mütter unterzubringen und zu betreuen, bei denen nach sorgfältiger Prüfung der eigenen Familie und der Familie des Erzeugers durch das Rasse- und Siedlungshauptamt-SS anzunehmen ist, dass gleich wertvolle Kinder zur Welt kommen. 3. für diese Kinder zu sorgen. 4. für die Mutter der Kinder zu sorgen" (in: Lilienthal 1993: 43).

Realisiert wurde im Wesentlichen der zweite Punkt, die Unterbringung „erbbiologisch wertvoller" Mütter. Der „Wert" der meist ledigen Mütter, die in „Lebensborn"-Heimen entbinden konnten, bemaß sich, so Gisela Bock, am Vater der Kinder, der erfahrungsgemäß Mitglied der „SS" oder sonstiger Würdenträger war (Bock 1986: 128). Die Vormundschaft erhielten, sofern eine Ehe mit dem Vater des Kindes nicht oder nicht mehr möglich war (viele Väter waren im Krieg gefallen), nicht die Mütter, sondern der „Lebensborn". Kinder, die nicht zu ihren Müttern kamen, blieben bis zum neunten Lebensmonat in den „Lebensborn"-Heimen und wurden dann an „hochwertige" arische Familien verteilt, welche die Kinder im Sinne des Nationalsozialismus aufziehen sollten. Ab den 40er Jahren richtete sich die „Auslese"-Politik des „Lebensborn" aber auf ein bedeutsameres Objekt. Im Osten wurden in den neu errichteten Heimen entführte Kinder und Kinder ermordeter Partisanen, die „gutrassig", d. h. blond und blauäugig waren, einquartiert und zu Deutschen umerzogen (ebd.: 129). Auch in anderen besetzten Ländern (Frankreich, Jugoslawien etc.) wurden Kinder in „Lebensborn"-Heime entführt, „eingedeutscht" und zu Pflegefamilien überstellt bzw. von „SS-Familien" adoptiert. Die „schlechten Kinder", das waren jene, bei denen der messbare Abstand zwischen Stirn und Hinterkopf den Arier-Kriterien nicht entsprach, wurden an die Kinderabteilungen der „Konzentrationslager" überstellt. Auch die in „Lebensborn"-Heimen im Reich be-

---

[104] Eingerichtet wurden in der Zeit der nationalsozialistischen Herrschaft ca. 15 Entbindungsheime (sieben in Deutschland, sechs in Norwegen, eines in Belgien, eines in Frankreich) und sieben Kinderheime (drei in Deutschland, drei in Norwegen, eines in Luxemburg). In Österreich gab es zwei Entbindungs- und Kinderheime: Das Kinderheim „Wienerwald" in Pernitz/Muggendorf in Niederösterreich und das Kinderheim „Alpenland" in Oberweis bei Gmunden in Oberösterreich.

hindert geborenen Kinder wurden ab 1940 in die so genannten „Kinderfachabteilungen" der Nervenheilanstalten überstellt und im Rahmen der Aktion „T4" ermordet.[105] Die meisten „Lebensborn"-Kinder wurden – von deutschen und österreichischen Soldaten gezeugt – in Norwegen geboren.[106] Da Himmler die NorwegerInnen als direkte Nachfahren der WikingerInnen betrachtete, hielt es die „SS" für wünschenswert, dass deutsche Soldaten mit norwegischen Frauen Kinder zeugten. So startete die „SS" in Norwegen ausführliche „Lebensborn"-Fürsorgemaßnahmen für ledige Mütter und ihre „arischen" Kinder, die von vornherein als „erbbiologisch wertvoll" erachtet wurden. Die Mütter wurden in den jeweiligen Ländern meist diskriminiert, z. B. in Norwegen als „Deutschenhuren" herabgesetzt, was u. a. dazu führte, dass sie oft ihre Kinder dem „Lebensborn" überließen. Dieser überstellte die Kinder dann in Kinderheime nach Deutschland und zu deutschen Pflegefamilien. Nach Kriegsende wurden diese Kinder wiederum aus den Pflegefamilien genommen und nach Norwegen zurückgeschickt (vgl. Olsen 2002). Insgesamt verweist die Kindesentführung als einzig realisierte Form der positiven Eugenik im Nationalsozialismus auf eine patriarchale Form der generativen Reproduktion der Gattung, in der Sexismus und Rassismus in der Aneignung „brauchbarer" Frauen und Kinder zusammenfinden – patriarchal insofern, als dass die Kindesentführung einen exklusiv männlichen Reproduktionszyklus darstellt, der die Reproduktion innerhalb eines Verwandtschaftssystems durch „Menschenraub" ersetzt. Die traditionelle Ausgrenzung und Diskriminierung lediger Mütter verkehrte sich in diesem Zusammenhang in deren Unterstützung, sofern sie den „rassenpolitischen" Kriterien entsprachen und als Nachwuchsproduzentinnen rechtlos blieben. „Lebensborn und Unehelichenpolitik übersetzten die traditionelle Diskriminierung unehelicher Mütter in Rassenhygiene und Kindesentführung" (Bock 1986: 129). Das Leid, das diese „Auslese"-Politik für Mütter und Kinder verursachte, wurde erst in den letzten Jahren Thema von Studien und Publikationen (vgl. Heidenreich 2002; Schmitz-Köster 2002).

Die medizinische Umsetzung der „negativen Eugenik" führte bis zu der als „Euthanasie" beschönigten Tötung und Ermordung von behinderten und psychisch kranken PatientInnen, von alten Menschen und Jugendlichen ebenso wie von Erwachsenen, deren Verhalten als „asozial" und „kriminell" eingestuft wurde. Sie stellte einerseits, wie der Historiker Hans-Walter Schmuhl in seiner Studie „Rassenhygiene – Nationalsozialismus – Euthanasie" zeigen konnte, einen Endpunkt nationalsozialistischer „Erbgesund-

---

105 So überstellte das „Lebensborn"-Heim „Wienerwald" bei Pernitz/Muggendorf in Niederösterreich behinderte Kinder an die „Kinderfachabteilung" der Nervenheilanstalt „Am Spiegelgrund" in Wien.
106 Bis 1945 wurden ca. 12.000 Kinder in norwegischen „Lebensborn"-Heimen, ca. 8.000 in den „Lebensborn"-Heimen Deutschlands und der besetzten Länder geboren.

heitspolitik" dar, womit sie in der Tradition der Eugenik steht (1987; 2001: 297ff). Die Indikation zur Sterilisation, die für die Durchführung des „Gesetzes zur Verhütung erbkranken Nachwuchses" ausgearbeitet wurde, avancierte zur Grundlage der Selektion im Zuge der „Euthanasie"-Aktion. Sie stellt zum Zweiten eine konsequente Umsetzung der Forderungen nach einer „Freigabe der Vernichtung lebensunwerten Lebens" dar, die bereits in den 20er Jahren von Binding und Hoche erhoben wurden.[107] Und nicht zuletzt stehen die PatientInnenmorde im Kontext der Psychiatriegeschichte, zumal die Psychiatrie angesichts der Unheilbarkeit ihrer PatientInnen ihren wissenschaftlichen Fortschritt gefährdet sah.

Die medizinische Umsetzung bedurfte einer politisch, rechtlich und gesellschaftlich gerechtfertigten Entwertung, Demütigung und Auslieferung bestimmter Menschen, und der Aufwertung, Achtung und Ermächtigung anderer. Würde man nur den Publikationen der „Wiener Klinischen Wochenschrift" in der NS-Zeit folgen, wäre die NS-Vorsorgemedizin nur die Weiterentwicklung eines bereits über drei Jahrzehnte geführten eugenischen Diskurses in der Medizin, der im Wesentlichen den abwertenden Blick auf bestimmte Menschen profilierte, aber sie nicht auslieferte. Erst der Nationalsozialismus ermächtigte die Medizin zur Auslieferung und Tötung von als „lebensunwert" definierten BürgerInnen, begründete diese wissenschaftlich und legitimierte sie gesetzlich. Im Gleichschritt von Auf- und Abwertung übertrug er den jeweils aufgewerteten Gruppierungen die Verbesserung bzw. Ausschaltung der abgewerteten Gruppierungen. Der Verführungsmacht der Aufwertung und Erhöhung konnten sich auf Seiten der medizinischen Wissenschaften nur wenige entziehen. Denn auch dann, wenn das Humanexperiment im Dienste des medizinischen Fortschrittes an gesellschaftlich ausgegrenzten, und damit ausgelieferten Menschengruppen (z. B. Kriminelle, Prostituierte, Arme, Fremdrassige) in der modernen Medizin Usus war (vgl. Bergmann 2003; Winau 2002; Baader 1988a), bleibt die Tötung von PatientInnen im industriellen Maßstab einmalig.

Die Eugenik war in den ersten Jahrzehnten des 20. Jahrhunderts ein internationales Phänomen (vlg. Kühl 1997), doch nur Deutschland und Österreich als „Drittes Reich" setzten neben der „Verhütung lebensunwerten Lebens" auch dessen Vernichtung in die Tat um. Auch wenn die PatientInnenmorde den logischen Endpunkt nationalsozialistischer Gesundheitspolitik bilden und in der Tradition der Eugenik stehen, auch wenn sie die praktische Umsetzung der bereits in den 20er Jahren erhobenen Forderung nach der „Freigabe der Vernichtung lebensunwerten Lebens" durch Binding und Hoche darstellen, auch wenn sie integraler Bestandteil der Psychiatriegeschichte sind (vgl. Schmuhl

---

107 Binding K./Hoche A. E.: Die Freigabe der Vernichtung lebensunwerten Lebens. Ihr Maß und ihre Form. Leipzig 1920, 2. Aufl.: 1922.

2002: 297ff), bleibt die tatsächliche, massenhafte Tötung von PatientInnen einzigartig. Beispielgebend war die Vernichtung ausgelieferter Menschengruppen dahin gehend, dass die Maßnahmen zur und die Durchführung der NS-„Euthanasie" Vorbildcharakter für den Völkermord an „JüdInnen" und europäischen „ZigeunerInnen" hatte.[108] So hat Henry Friedlander in seiner Studie „Der Weg zum NS-Genozid" (2001) gezeigt, dass alle drei Gruppen wegen ihren Erbanlagen verfolgt und vernichtet wurden: die Anstaltspatientinnen aufgrund angeblich vererbbarer, unheilbarer Krankheiten, JüdInnen, Sinti und Roma aufgrund angeblich vererbbarer Rassenmerkmale. So definiert Friedlander den NS-Genozid auch als „Massenmord an Menschen, aufgrund ihrer Zugehörigkeit zu einer biologisch determinierten Gruppe" (Friedlander 2001: 10) und das „Euthanasie"-Programm als systematische und geheime Hinrichtung der Behinderten (vgl. ebd.: 60). Die Tötung der Behinderten ging also der Ermordung der anderen beiden Gruppen voraus. Die Tötungsaktion „T4" habe nicht nur gezeigt, so Friedlander, wie Tausende von Menschen rationell ermordet und beseitigt werden konnten (die Massenerschießungen wurden von der Vergasungstechnik abgelöst), sondern auch erwiesen, dass alltägliche Männer und Frauen bereit waren, professionelle MörderInnen zu werden und Techniken zu entwickeln, mit denen Menschen vergast und ihre Leichen verbrannt werden konnten. Ohne bereitwillige Mitarbeit der Medizin und Ärzteschaft wäre diese Maßnahme der negativen Eugenik nicht umsetzbar gewesen. Es bleibt zu fragen, inwiefern diese Entwicklung neben politischen Ursachen auch im wissenschaftlichen System und seiner Organisation und Verwaltung männlicher Konkurrenz und der Rekrutierungspraxis der wissenschaftlichen Elite wurzelt.

---

108 „JüdInnen", „ZigeunerInnen" und andere „KZ-Häftlinge" wurden überdies auch zu medizinischen Forschungsexperimenten missbraucht. Vgl. dazu Aly (Hg.) 1988, Thurner 1983, Baader 1988.

4. Medizin als politische Interventionstechnik, wissenschaftlicher „Fortschritt" als Legitimationsressource und die Organisation männlicher Konkurrenz und Selbstbehauptung in der Wissenschaft

In dem Maße, in dem die Medizin im Nationalsozialismus von der Theorie zur Praxis, vom Schreibtisch zur Wirklichkeit, von der Heilung zur Prophylaxe schreiten sollte, in der die forschende Auseinandersetzung mit der Diagnose zugunsten einer Behandlung nach dem Motto „probieren geht über studieren" (Hamburger 1939: 135) abgelöst werden sollte, wurde auch die Entscheidung zur eugenischen Reinigung des Volkskörpers durch Sterilisation und Vernichtung „lebensunwerten Lebens" moralisch und wissenschaftlich entlastet. Die Aufwertung des Arztes zum „Gesundheitsführer der Nation" und das – sich seiner Einlösung nähernde – Versprechen, durch die medizinische Herstellung von Gesundheit die „Generations- und Leistungskraft" der Volksgemeinschaft zu realisieren, die Lust am „Machen" und der „Macht", beflügelte Ärzte und medizinische Wissenschaft in ihrem Einsatz. Auf der Grundlage periodischer Reihenuntersuchungen an Gesunden, deren Gesundheit zur öffentlichen Angelegenheit und damit entprivatisiert wurde, zielte der ärztliche Einsatz auf die biologische Wiederherstellung des „deutschen Volkes" ab. Mit der breiten Umsetzung dieses Gesundungsprojektes sollte die prophylaktische Gesellschaft Wirklichkeit werden, die Eugeniker und Sozialhygieniker in den Jahrzehnten vorher theoretisch bereits ausgearbeitet hatten und die frei von menschlichem Leid und sozialem Elend sein sollte.

Die darin in Gang gesetzte Gesundheitserziehung zielte wie in den Jahrzehnten vorher vor allem auf Mutter und Kind ab und versuchte auch die Frauen in den entlegensten Tälern des „Dritten Reiches" zu erreichen. Mit Hilfe einer „Motorisierten Mütter- und Gesundheitsberatung" sollte die wissenschaftlich angeleitete mütterliche Erziehung bis in den letzten Winkel des Reiches als Teil der „Kindergesundheitsführung" durchgesetzt werden. Männer und Frauen wurden entsprechend ihrer Verwendung für „Kriegs"- und „Arbeitseinsatz" gesundheitlich kontrolliert, damit ihre „Generationskraft" die für die „Volkskraft" notwendigen, gesunden und leistungsfähigen Nachkommen lieferte. Diese „Geschlechtergesundheitsführung" zielte auf den Mann als schutzbereitem, kräftigen Kämpfer ab, der im spielerischen Kampf des Sportes und in der Wehrmacht zum „ernsten Kampf" erzogen und an dessen „siegentschlossenem Sporteinsatz" und „willensstarker Wehrtüchtigkeit" sein „Erbwert" für den „Arterhaltungskampf" und die Zeugung gesunder Kinder bemessen werden sollte.

Bei den Frauen sollte die „Geschlechtergesundheitsführung" den fruchtbarkeitsbereiten „Arbeitseinsatz" im Haus und außer Haus durchsetzen. Ob die Fruchtbarkeitsbereitschaft sich im Kinderreichtum entfalten durfte, wurde abhängig gemacht von ihrem „erbbiologischen Wert", den Ärzte auf der Basis neuer Gesetze und des so genannten Standes der wissenschaftlichen Forschung beurteilten. Der „Arbeitseinsatz" aber hatte in jedem Fall zu erfolgen. Die Gesundheit der Geschlechter und ihr „Erbwert" wurden als Bewährungsprobe für die innere Front des Krieges – die biologische Wiederherstellung des „deutschen Volkes" – entprivatisiert. Die „Generationskraft" der Geschlechter sollte als biologische Grundeinheit des Aufbaus der Nation „verstaatlicht", das „organische Kapital" als letzter vererbbarer Besitz enteignet und die PartnerInnenwahl und Ehe mit Hilfe von „Ehetauglichkeitszeugnissen" von Staats wegen als Verbindung der Geschlechter zur Zeugung gesunder Kinder genehmigt oder verboten werden. Zur Realisierung der prophylaktischen Gesellschaft wurden erbbiologisch „minderwertige" Männer und Frauen zur „Verhütung erbkranken Nachwuchses" durch Sterilisation der Fortpflanzungsfähigkeit beraubt. Der wirksamste medizinische Eingriff in die Kultur und Natur der generativen Reproduktion erfolgte auf Basis eines staatlich betriebenen Antinatalismus, der zugleich das „Forschungsmaterial" für den Pronatalismus lieferte, der seinerseits wiederum ausnahmslos auf gesunde und leistungsfähige Nachkommen abzielte. Denn die medizinische Forschung an Opfern der Sterilisationsgesetze ermöglichte es, den Fruchtbarkeitszyklus an „genitalgesunden" Frauen zu studieren und dann die gynäkologische Sterilitätsbehandlung, die medikalisierte Zeugung oder künstliche Befruchtung an „sterilen" Frauen, die von den neu eingerichteten Beratungsstellen für „Kinderlose Ehen" an die Kliniken überwiesen wurden, zu erproben. Ziel der medikalisierten Zeugung war von Beginn an das „erbgesunde" Kind. Kinder an sich hatten im Nationalsozialismus keinen völkischen Wert. Medizinische Forschung, ärztliche Gutachten (z. B. hinsichtlich der „Ehetauglichkeit", der Gewährung eines „Ehestandsdarlehens" und Gesundenuntersuchungen in Kindergärten, Schulen und Hochschulen) und operative Eingriffe (Zwangssterilisationen und Sterilitätsbehandlungsexperimente) waren nicht nur medizinische, sondern vor allem auch politische Interventionstechniken einer Reproduktionsmedizin, welche vor allem Frauen lehrte, sich zum/zur SachwalterIn ihres „Erbgutes" zu machen.

Die Kontroversen um den wissenschaftlichen Nachweis des „Erbganges" münden in der Behauptung, er sei erwiesen. Die Durchsetzung der angewandten Eugenik als „Erbpflege", wurde damit nicht durch den „Fortschritt" der Wissenschaften ermöglicht, sondern durch politische und rechtliche Ermächtigung der Ärzte zum Handeln. Aus politischer und medizinisch-eugenischer Perspektive wurde der „kommenden Zeit" ein Vorrecht eingeräumt, mit dem die Ausarbeitung des wissenschaftlichen Nachweises des „Erbganges" in der Gegenwart nicht mehr abgewartet werden musste. Es galt, zukünftige Generationen auch auf Verdacht vor der Gegenwart zu schützen, vor den

„erbbiologischen" Gefahren, die der Zukunft von der Gegenwart drohten. Mit diesem Programm verpflichtete der Staat den/die Einzelne/n, praktische „Erbpflege" auf sich selbst anzuwenden, und die Medizin, im Interesse der Zukunft der Volksgemeinschaft die Zukunft der Wissenschaft vorwegzunehmen und von der Forschung zur Praxis zu schreiten.

Was dieser Schritt von der Forschung zur Praxis u.a. auch bedeutete, kam in den Publikationen in der „Wiener Klinischen Wochenschrift" nicht oder nur verdeckt zur Srpache, nämlich die Beteiligung der Ärzte an den Euthanasiemassnahmen. Dieser verschwiegene Kontext soll hier aber unter Bezugnahme auf ausgewiesene historische Studien (vgl. Friedlander 2001) zur Sprache gebracht werden: Das „Gesetz zur Verhütung erbkranken Nachwuchses" eröffnete die Anzeige-, Melde- und Gutachtertätigkeit der Ärzte.[109] Die Erfassung der AnstaltspatientInnen wurde von den ärztlichen Anstaltsleitern erledigt. Behinderte und psychisch Kranke, die zu Hause versorgt wurden, mussten, sofern Ärzte davon erfuhren, mittels Meldebögen an die Gesundheitsämter gemeldet werden. Ziel war aber, durch ärztliche Aufklärung Betroffene und Angehörige dazu zu bewegen, sich selbst zu melden. Das Sterilisationsgesetz erwies sich als Einstieg in den medizinischen Angriff auf geistig und körperlich behinderte, psychisch kranke und alte Menschen. Das Engagement und der Einsatz der Ärzte bei seiner Durchführung gingen so weit, dass sie selbst von der Partei kritisiert wurden. Die „NSDAP" warf den Ärzten vor, dass viel zu viele Menschen ohne Beweis, dass ihre Gebrechen erblich bedingt seien, sterilisiert würden. Am heftigsten wurde das Diagnoseverfahren zum „Schwachsinn", das ausschließlich auf Intelligenztests beruhte, abgelehnt (vgl. ebd.: 81). Die Vorwürfe wehrten die Beamten im „Reichsministerium des Inneren" mit dem Hinweis auf die Wissenschaftlichkeit und Unparteilichkeit der medizinischen Diagnostik ab. Sie verwiesen auf die wissenschaftlichen Grundlagen der Eugenikgesetze, die durch empirische Untersuchungen, allen voran die Zwillingsforschung, fundiert seien, und betonten, dass die Entscheidungen der „Erbgesundheitsgerichte" sich damit rechtfertigen ließen. In der Praxis etablierte sich also die Auswahl der Sterilisationsopfer als eine als Gerichtsverfahren getarnte medizinische Maßnahme.

Auf die Zwangssterilisation folgte als nächster Schritt der Mord an geistig behinderten Kindern, dann an geistig behinderten und psychisch kranken Erwachsenen. Auch dazu sandte das Innenministerium Meldebögen an alle Krankenanstalten, anhand derer alle PatientInnen gemeldet werden sollten, die an jenen „Erbkrankheiten" litten,

---

109 Allein in den Jahren 1934 und 1935 wurden in Deutschland 388.400 Anzeigen in Zusammenhang mit dem Sterilisationsgesetz erstattet, von denen nahezu 75 % von der Ärzteschaft kamen (vgl. Friedlander 2001: 67)

die auch schon im Zusammenhang mit dem Sterilisationsgesetz meldepflichtig waren. Medizinische Wissenschaftler waren im Rahmen des NS-„Euthanasie"-Programmes also als Forscher, Theoretiker und Gutachter zur Legitimation der Ausgrenzung und Vernichtung von Menschen, welche die Medizin als „hoffnungslose Fälle" beurteilte, tätig. Die wissenschaftlich exakte Definition der auszugrenzenden Gruppen war unverzichtbar für die Durchsetzung einer angewandten Eugenik und Durchführung der Eugenikgesetze.

> „Doch nur die Eugenikgesetze enthielten eine präzise Definition, während die Rassengesetze diese den Durchführungsverordnungen und Ausführungsvorschriften überließen. […] Die Definition lieferten die Wissenschaftler, und die Beamten, die Gesetze und Verordnungen formulierten und die Kommentare verfassten, gründeten ihre Definition wiederum auf die Schriften der Rassenkundler" (Friedlander 2001: 64).

Die meisten Ärzte beteiligten sich bei der Durchführung der „Euthanasie"-Maßnahmen als „Gutachter bei der Selektion der Opfer durch die Auswertung der Meldebögen". Ärzte waren maßgeblich beteiligt bei der Anzeige bzw. Meldung von PatientInnen an die Gesundheitsämter[110] und als Gutachter. Eine Auswertung dieser Meldebögen für behinderte Kinder in der „Kinderfachabteilung" der Nervenklinik für Kinder „Am Spiegelgrund" ergab, dass auf das Kriterium „Arbeitsfähigkeit" am häufigsten Bezug genommen wurde, das somit bei der Bestimmung des „Lebenswertes" höchste Bedeutung hatte (vgl. Dahl 2000: 84). Die Ärzte betrachteten sich vor allem als für die Wissenschaftlichkeit der Gutachten zuständig, die über Leben und Tod von Menschen

---

110 Zur Erfassung behinderter Neugeborener wurde eine Meldepflicht für Hebammen erlassen. Diese Meldepflicht betraf sowohl die Gebärenden als auch die Neugeborenen. Zu melden waren: 1. Fieber und jeder Todesfall einer Gebärenden oder Wöchnerin oder eines Neugeborenen in der Praxis der Hebamme waren dem Gesundheitsamt zu melden. 2. Ebenso mussten übertragbare Krankheiten gemeldet werden. 3. Zur Ausführung des „Gesetzes zur Verhütung erbkranken Nachwuchses" mussten Hebammen „Erbkranke" im Sinne des § 1 des Gesetzes dem zuständigen Amtsarzt anzeigen (Runderlass des Reichsministers des Inneren vom 9. Juli 1934). 4. Hebammen mussten jede Unterbrechung der Schwangerschaft sowie jede vor Vollendung der 32. Schwangerschaftswoche eintretende Fehlgeburt oder Frühgeburt dem Amtsarzt anzeigen. 5. Sie waren zur Meldepflicht für missgestaltete Neugeborene an das Gesundheitsamt verpflichtet. Dazu gehören „a) Idiotie sowie Mongolismus, besonders mit Blindheit und Taubheit; b) Mikrozephalie, c) Hydrozephalus, d) Missbildungen jeder Art, e) Lähmungen, einschließlich Littelscher Erkrankung" (Stähle 1942: 566). Zudem mussten sie Beobachtungen über Einspritzungen (Runderlass Oktober 1939), Beobachtungen über Abtreibung oder Tötung der Leibesfrucht, Verwechslung, Unterschiebung oder Aussetzung eines Kindes und Kindesmord anzeigen. Sofern ein ehelicher Vater nicht vorhanden oder an der Anzeige verhindert war, mussten sie dies dem Standesamt anzeigen, die bevorstehende Geburt eines unehelichen Kindes mussten sie dem Jugendamt mitteilen (Reichsgesetz für Jugendwohlfahrt von 1922).

entschieden, nicht aber für die Durchführung der Morde. Dass die Tötung der PatientInnen mittels Injektion nicht so reibungslos funktionierte wie erwartet, provozierte den Widerstand der Ärzte. Viele PatientInnen starben nicht sofort, sondern es mussten ihnen mehrere Injektionen verabreicht werden. Als Ausweg wurde die Tötung mit Gas entwickelt und eingesetzt. Karl Brandt (1904–48), Chirurg, ranghöchster NS-Mediziner, Koordinator von Wissenschaft und Forschung in der Medizin und damit auch zuständig für die Ermächtigung zu Menschenversuchen und Hitlers Bevollmächtigter für das „Euthanasie"-Programm, bestand aber darauf, dass nur ein Arzt den Gashahn öffnen dürfe. Diese Position teilten nicht alle „T4"-Ärzte. So beschwerte sich Georg Renno, „T4"-Arzt in Hartheim (Oberösterreich), er „habe nicht Medizin studiert, um einen Gashahn zu bedienen" (zit. in: Friedlander 2001: 59). Dennoch fanden sich auch dafür Ärzte. Entscheidender Grund für die Anwesenheit der Ärzte in den Mordzentren war letztlich der Befehl Hitlers, dass nur Ärzte töten dürften. Daneben habe aber auch die Konkurrenz zwischen Managern und Ärzten eine wesentliche Rolle gespielt, so Henry Friedlander, was dazu führte, dass Ärzte ihre Vorrechte bei den Mordaktionen nicht an Nichtmediziner abtreten wollten, auch wenn sie dazu nicht gebraucht worden wären (ebd.: 354).

4.1 Männliche Nachwuchswissenschaftler als medizinische Elite und die Verführungskraft des „wissenschaftlichen Fortschritts"

Henry Friedlander konnte in seiner Studie zeigen, dass zur Durchführung der Morde eine besondere Gruppe von Ärzten eingesetzt wurde. Er zog aus den Biographien der beteiligten Ärzte folgende Schlüsse (vgl. ebd.: 349–392): Es waren größtenteils junge, aggressive und ehrgeizige Männer. Wie die politische bestand auch die medizinische Elite aus jungen Männern um das dreißigste Lebensjahr.[111] Die leitenden Ärzte der Mordzentren waren alle Anfang dreißig, also durchwegs jüngere Männer, die sich als Ärzte erst etablieren mussten.[112] Meist hätten ältere Männer in gefestigten Positionen

---

111 Was die politische Elite betrifft, so zeigt sich hinsichtlich des Alters der Beteiligten folgendes Bild: 1933 war Goebbels 35 Jahre alt, Heydrich 29, Speer 28, Eichmann 27, Mengele 22, Himmler und Frank waren 33. Göring war mit 40 einer der Ältesten. Noch 1943 fand Göring die Statistik bemerkenswert, nach der das Durchschnittsalter der führenden Persönlichkeiten, auch in der mittleren Schicht in der „NSDAP", 34 und innerhalb des Staates 44 Jahre betrug. Er folgerte daraus, dass „Deutschland heute von seiner Jugend geführt" werde (vgl. Aly 2003: 79).

112 Die leitenden „T4"-Ärzte der Mordzentren waren 1940 alle um die 30 (Schumann 34, Eberle 33, Lonauer 30 und Baumhard 29); alle erhielten ihre Approbation in den 30er Jahren und alle promovierten im Anschluss daran. Die Mehrheit der zehn Assistenten der leitenden Ärzte war noch jünger (Worthmann 29, Endruweit 27, Bunke und Ullrich 26 Jahre), drei waren ungefähr so alt wie die leitenden Ärzte selbst

derartige Stellen abgelehnt, so Friedlander. Die jungen Ärzte kamen aus bildungsbürgerlichem Elternhaus und waren Söhne von Beamten, Oberstudienräten, Lehrern. Sie erhielten die Stellen aufgrund mündlicher Empfehlungen. Motive und Interessen des subjektiven „Anschlusses" bestanden also wesentlich im beruflichen Aufstieg. Da die Aufgaben keiner medizinischen Kompetenz bedurften, wurden sie offensichtlich vom Status eines Anstaltsdirektors und/oder der Möglichkeit wissenschaftlicher Forschung in den Mordzentren angespornt. Die jungen Männer wurden nicht gezwungen, hätten den Posten sogar nach Antritt der Stelle ablehnen können, und alle beteuerten nach dem Krieg übereinstimmend, dass sie nicht unter Druck gesetzt worden waren. Karrieredenken und persönliche Vorteile waren Hauptmotive.[113] Sie waren oft von hochrangigen Ärzten der „T4"-Aktion beeindruckt. So sagte der „T4"-Assistent Heinrich Bunke[114] nach dem Krieg aus, dass ihn die Möglichkeit, mit Universitätsprofessoren zusammenzuarbeiten, beeindruckt habe und er bei der Wehrmacht weniger Möglichkeit gehabt hätte, medizinische Aufgaben wahrzunehmen als bei „T4".

Bei „T4" „würde sich mir die Zusammenarbeit mit erfahrenen Professoren bieten, ich würde Gelegenheit haben, wissenschaftlich zu arbeiten und meine Ausbildung zu vervollständigen" (zit. in: Friedlander 2001: 363).

Die Untersuchungen zum ärztlichen Selbstverständnis der Angeklagten beim Nürnberger Ärzteprozess[115] offenbarten, so die These von Klaus Dörner, dass alle angeklagten Ärzte wussten, dass sie Unrecht taten, insofern ein intaktes moralisches Gewissen hatten, und dass sie sich diesem zu verweigern versuchten, indem sie sich der Wirklichkeit nicht mehr aussetzten. In dieser Weise habe auch Ellie Wiesel die Aussagen interpretiert.

(Renno 33, Born und Gorgaß 31), drei fielen im Krieg (Berner, Hennecke, Schmalenbach) (vgl. Friedlander 2001: 358).

113 Diese Motive des beruflichen Aufstiegs schienen auch bei den wenigen Frauen, die bei der Durchführung des „Euthanasie"-Programmes mitwirkten, ausschlaggebend gewesen zu sein. D. h. Frauen waren nicht nur Betroffene, sondern auch Täterinnen, aber als wirkliche Minderheit. Rassismus von Frauen stand meist in einem Zusammenhang mit der weiblichen Anpassung an den männlichen Rassismus in Verwandtschaftsbeziehungen oder im beruflichen, meist akademischen Aufstieg (vgl. Mitscherlich-Nielsen 1983). Frauen mit „ungeteiltem Interesse an Rassefragen" waren, wie historische Untersuchungen gezeigt haben, (meist kinderlose) Führerinnen, Helferinnen und Aufseherinnen, die mit ihrer Tätigkeit einen beruflichen Aufstieg schafften (vgl. Bock 1986: 139).

114 Heinrich Bunke war ein Lehrersohn und studierte in Göttingen, Kiel, München und Freiburg Medizin. Er erhielt 1939 nach Kriegsbeginn die Notapprobation.

115 Gegenstand der Anklage beim Nürnberger Ärzteprozess 1947 waren u. a. medizinische Experimente an „KZ-Häftlingen", die, ohne Rücksicht auf deren Gesundheit und Leben, durchgeführt wurden, sowie der Mord an psychisch kranken und behinderten Menschen.

„Den Angeklagten fehlte nicht der ‚sense of morality', sondern der ‚sense of reality', zumal sie als Wissenschaftler dazu erzogen waren, ihr Denken auf abstrahierendes und subsumierendes Denken zu reduzieren, Menschen zu Sachen umzudeuten" (Dörner 2002: 342).

Die berufliche Motivation, etwas aus sich machen zu wollen, sich zu Höherem berufen zu fühlen, und eine abstrahierende wissenschaftliche Vernunft, welche Abspaltung in einer apathischen Rationalität professionalisiert, zeichneten die jungen Ärzte durch und durch als aufstrebende Nachwuchswissenschaftler aus. Ehrgeiz und abstrahierende Vernunft gelten gemeinhin als Bedingung der Möglichkeit, sich im akademischen Milieu zu behaupten.

Die Publikationen in der „Wiener Klinischen Wochenschrift" von 1938 bis 1945 betonten und profilierten dagegen jene Seiten der NS-Medizin, deren Grundsatz in der vorbeugenden Medizin bzw. der Verhütung von (Erb)Krankheiten lag, die Ärzte zu „Gesundheitsführern der Nation" erhöhten und eine prophylaktische Gesellschaft auf den Weg brachten. Die medizinische und/oder medizinisch geleitete „Vernichtung lebensunwerten Lebens" und die Humanexperimente in Zusammenhang mit der Durchführung der Eugenikgesetze an PatientInnen, politischen Gefangenen und „KZ-Häftlingen" im großen Stil wurden in der klinischen Fachzeitschrift verschwiegen und blieben es bis in die 90er Jahre. Dies verweist zum einen auf die Billigung durch die wissenschaftliche Medizin und die Ärzteschaft. So erwartete sich z. B. die Psychiatrie, eines der klinischen Fächer, das an der Durchführung der Eugenikgesetze hauptbeteiligt war, dass die Tötung der unheilbaren psychiatrischen PatientInnen den wissenschaftlichen Aufschwung und Fortschritt des Faches ermöglichen könnte (vgl. Schmuhl 2002; Friedlander 2000: 56; Götz 1985).

Diese Hoffnung wurde bereits im psychiatrischen Diskurs seit der Jahrhundertwende bis 1938 evident, wie dies im ersten Abschnitt dieser Arbeit gezeigt werden konnte. Durch die Beseitigung der chronisch Kranken und Behinderten sollten die Kosten der Verwahrung von Unheilbaren auf die Finanzierung der Behandlung von Heilbaren transferiert werden, und so eine Psychiatriereform ermöglicht werden. Seit den 20er Jahren strebten Reformkräfte in der Psychiatrie die Resozialisierung durch Therapie an. Wissenschaftliches Ziel war es, die Unterbringung in geschlossene Anstalten durch Therapie abzulösen. Je mehr die Anstalten sich öffneten und je mehr Arbeit als Therapieinstrument zur Resozialisierung eingesetzt wurde, umso mehr belegte das Scheitern daran den erblichen Charakter bestimmter Erscheinungen (vgl. Pollak 1990: 13). In dieser Entwicklung zeigte sich auch, dass Unheilbarkeit und Unveränderlichkeit der PatientInnen, die am Scheitern einer Reintegration in den Arbeitsmarkt und einer selbständigen Lebensführung festgemacht wurde, die Medizin mit der durch das eigene Machbarkeitsideal unerträglich gemachten Ohnmacht konfrontierte. Unerträglich wurde die Unheilbarkeit von PatientInnen dadurch, dass sich die Medizin dem naturwissenschaftlichen Fortschritt, der als Fortschritt von Menschheit und Gesellschaft mißverstanden wird, verschrieben hatte, und die Legitimität ihrer Forschung und Praxis im Heilen und zunehmend im Verhindern von Krankheiten nachweisen wollte. Doch der wissenschaftliche Ehrgeiz, der sich in dem Satz „wer heilt, hat Recht" ausdrückt, ist auch begleitet von dem Ehrgeiz, der sich im Ausspruch „wer heilt, hat Macht" versinnbildlicht. So dienten die Forschungs- und Behandlungsbemühungen im Kontext der klinischen Medizin stets beiden.

Nach den jahrzehntelangen erfolglosen Forschungsanstrengungen, den „Erbgang" beim Menschen wissenschaftlich nachzuweisen, um daraus neue Wege zur erfolgreichen Behandlung unheilbar Kranker abzuleiten, war die Geduld der Medizin offensichtlich am Ende. Die Debatten drehten sich in den ersten Jahrzehnten des 20. Jahrhunderts, wie in dieser Studie bereits gezeigt wurde, im Kreis. Die Ermüdung und Enttäuschung wird in ewig wiederkehrenden wissenschaftlichen Erörterungen über unbeweisbare oder nachweisbare Vermutungen zur Vererbbarkeit von Krankheiten und zu wenig Erfolg versprechenden medizinischen Eingriffen (Aufklärung und Eheberatung) spürbar. Die Lektüre dieser Texte macht nachvollziehbar, dass jede gebotene Handlungsmöglichkeit Entlastung versprach. Die wissenschaftliche Niederlage der Medizin im Bereich des Nachweises und der Behandlung von „Erbkrankheiten", psychischen Erkrankungen, geistiger Behinderung usw. wurde im Nationalsozialismus durch die Zustimmung und Billigung der Tötung Behinderter und unheilbar Kranker entsorgt und durch deren Missbrauch für Forschungsvorhaben zu überwinden versucht. Wissenschaftliche Menschenversuche im Dienste einer medizinischen Verbesserung der generativen Reproduktion wurden in Heil- und Pflegeanstalten, deren PatientInnen im Zuge der Kinder- und Erwachsenen-„Euthanasie" getötet wurden, später auch an Häftlingen in den „Konzentrationslagern" durchgeführt.[116] Die anatomischen Institute der

---

116 Röntgenkastrationsexperimente, Hormonforschung im Zuge der Sterilisation; für die Planung und Durchführung dieser Menschenversuche waren die SS-Stiftung „Forschungs- und Lehrgemeinschaft ‚Das Ahnenerbe'", die „Deutsche Forschungsgemeinschaft" (DFG) und Unternehmen wie der Pharmakonzern Schering-AG und die Werke Behring und Höchst, die der IG-Farben Gruppe gehörten, zuständig (vgl. Schleiermacher in Kaupen-Haas 1986: 83). Im Nürnberger Ärzteprozess waren die Experimente zur Erforschung generativer Prozesse nur ein Teil der im großen Stil praktizierten medizinische Menschenversuche, von denen folgende zur Anklage kamen: Höhenversuche, Unterkühlungsversuche, Malaria-Experimente, Lost(Senfgas)-Experimente, Sulfonamid-Experimente, Versuche zu Knochen-, Muskel- und Nervenregenerationen sowie Knochentransplantationen, Experimente mit Meerwasser, Experimente mit epidemischer Gelbsucht, Sterilisationsexperimente, Fleckfieber-Experimente, Experimente mit Giften, Brandbombenexperimente, Skelettsammlung, Ermordung tuberkulöser Polen, „Euthanasie"-Programm (vgl. Ebbinghaus/Dörner 2002: 12–15).

Universitäten wurden mit Leichen aus den Tötungsanstalten beliefert. Ebenso wurde „Forschungsmaterial" an Forschungsinstitute geliefert, die Erkenntnisse aus Humanexperimenten auf Konferenzen diskutiert.

Doch auch die Menschenversuche waren keine Novität in der Entwicklungsgeschichte der modernen Medizin. Wie die Kulturhistorikerin Anna Bergmann in ihrer Studie über die Geschichte des Menschenexperimentes in der modernen Medizin zeigen konnte, setzten sich der Humanversuch im großen Stil und dessen rassistische und utilitaristische Praxis schon im 18. Jahrhundert an gesellschaftlich ausgegrenzten Menschengruppen durch (vgl. Bergmann 2003:11ff und 2004: 240:ff).[117] Die Traditionslinie von medizinischen Verbrechen der biopolitisch organisierten „Konzentrationslager" und Mordkliniken des Nationalsozialismus reicht also bis in die Mitte des 19. Jahrhunderts zurück. Das von Aufklärern im 18. und 19. Jahrhundert geforderte medizinische Tötungsrecht im Dienste des wissenschaftlichen Fortschrittes (Menschenvivisektion) wurde gesetzlich nie implementiert, auch nicht im Nationalsozialismus.[118] Dort erhielt

---

117 „Die Experimentatoren verwendeten im Dienste des medizinischen Fortschritts für Humanversuche bevorzugt Menschen, die im Zuge des seit Mitte des 18. Jahrhunderts neu entstandenen medizinischen Rassismus anthropologisch als inferior abgewertet und mit wissenschaftlichen Parametern ontologisch als Angehörige der Spezies homo sapiens in Frage gestellt wurden. Das Leben von Unterschichtpatienten, Waisenkindern, nicht verheirateten Müttern und unehelich schwangeren Frauen, Insassen von Irrenanstalten, Häftlingen in Gefängnissen und sogenannten Konzentrationslagern in Kolonialgebieten wurde im Menschenexperiment rigoros auf Spiel gesetzt" (Bergmann 2003: 11). „Konzentrationslager" wurden, so Anna Bergmann, schon im 19. Jahrhundert zu Laboratorien der experimentellen Medizin. Der Begriff des „Konzentrationslagers" geht auf den kubanischen Unabhängigkeitskrieg gegen Spanien (1895–1902) zurück. Die Spanier errichteten „campos de concentrationes" zur Internierung der aufständischen Bevölkerung. Auch die Briten sperrten im „südafrikanischen Krieg" (1899–1902) Burenfamilien und afrikanische Bevölkerung in „concentration camps" ein. „Ein Merkmal dieser Lager war der biopolitische Zugriff auf Menschen als Angehörige bestimmter Ethnien und Kulturen. Männer, Frauen, Kinder, Alte wurden aufgrund ihrer Herkunft und nicht wegen einer begangenen Straftat gefangen genommen oder, wie Georgio Agamben in seiner Theorie des Lagers erklärt: Das Lager ging nicht aus dem Rechtssystem hervor, sondern zeichnet sich dadurch aus, dass es sich ‚um eine Ausweitung eines mit einem Kolonialkrieg verbundenen Ausnahmezustandes auf eine gesamte Zivilbevölkerung handelt'" (ebd: 18).

118 „Über die moralische Richtigkeit der Menschenvivisektion von zum Tode verurteilten Menschen bestand unter Aufklärern schließlich soweit Konsens, dass sie 1751 im Standardwerk der französischen Aufklärung der Enzyklopädisten, in Denis Diderots (1713–1784) und Jean le Rond d'Alemberts (1717–1783) fünfunddreißigbändiger „Encyclopédie" (1751–1780) proklamiert wurde – von Autoren also, die selbst Mitglieder der englischen, preußischen und französischen Akademien der Wissenschaften waren. Aber auch schon neunzehn Jahre zuvor wurde die Menschenvivisektion von zum Tode verurteilten Menschen 1732 in dem bedeutenden deutschen Zedlers Universal-Lexicon (1732–1754) unter dem Stichwort Anatomia verteidigt" (Bergmann 2003: 360f). – Prominente Naturforscher forderten unter dem Topos „Fortschritt der Wissenschaft" den Ersatz der Todesstrafe durch die Menschenvivisektion: Injektions- und Abbindungsversuche, chirurgische Experimente durch Exstirpation der Milz, Rippen oder Hirnpartien, Amputation der Schenkelknochen, Eröffnung der Speiseröhre – diese detaillierten Vorschläge für Menschenver-

es aber implizit eine Rechtfertigung durch die im „Euthanasie"-Programm vom Staat an die Medizin übertragene Gewalt zu töten. Diese „Lizenz zum Töten" wurde von Seiten der Medizin auch als Ermächtigung zum Menschenversuch aufgenommen.

Der Menschenversuch folgte naturwissenschaftlichen Regeln der Tatsachenforschung und versprach mit Hilfe des medizinischen Fortschritts immer mehr Krankheiten heilen oder gar an ihrer Entstehung hindern zu können. Die Humanexperimente an Häftlingen der „Konzentrationslager" oder Krankenanstalten entsprachen den damals gültigen Kriterien von Wissenschaftlichkeit. So erinnerte sich auch Professor Verschurs Mitarbeiterin, dass sie keinerlei Gewissensbisse hatten, denn schließlich handelte es sich um Wissenschaft (vgl. Baumann 1991: 67). Maßstab für die Durchführung waren Exaktheit, Objektivität, Wertfreiheit – Maßstäbe, die auch heute noch forschungsleitend sind. Sie bestätigen, so Gerhard Baader, die

> „illusionistische Vorstellung der meisten Kliniker und Forscher, man müsse nur die richtige wissenschaftliche Methode haben und dann würde sich die ethische Dimension von selbst ergeben" (Baader 2001: 237).

Doch diese Gewissensberuhigung durch das Festhalten an wissenschaftlichen Kriterien ermöglichte nicht allein den unmenschlichen Umgang mit Menschen. Studien zur „Forschung am Menschen" in der Medizin haben gezeigt, welche Umstände eine solche Forschung begünstigen. Claudia Wiesemann nennt sieben primäre Faktoren, die alle auch das NS-medizinische Humanexperiment ermöglichen: soziale Distanz zwischen Arzt und PatientIn (soziale Überlegenheit und Wissensungleichheit), unmittelbare Abhängigkeit des Arztes von Institutionen (z. B. Militär oder staatliche Behörde), Anonymität von PatientInnen, Zugehörigkeit des/der PatientIn zu den untersten Schichten der Bevölkerung, Stigmatisierung oder Diskriminierung von PatientInnen, Unmündigkeit von PatientInnen, Einschränkung der bürgerlichen Rechte von PatientInnen (Soldaten, Gefangene). Als sekundäre Faktoren nennt sie die Möglichkeit des sozialen Aufstie-

---

suche an zum Tode verurteilten Häftlingen stammen aus der französischen Enzyklopädie von 1751. Auch der damalige Präsident der „Königlich Preußischen Akademie der Wissenschaften zu Berlin", Pierre-Louis Moreau de Maupertuis (1698–1759), postulierte 1752 in seinen „Briefen über den Fortschritt der Wissenschaften" mit genau denselben Argumenten, wie sie Diderot und d'Alembert vorgebracht hatten, zum Tode verurteilte Häftlinge für medizinische Experimente freizugeben. Unter dem Titel „Über die Nützlichkeit der Hinrichtung von Kriminellen" erweiterte er die juridische Aufgabe des Strafvollzugs auf eine naturwissenschaftliche Funktion. Nicht die medizinische Gewalt- oder Tötungshandlung an sich, sondern erstens der soziale („Minus") „Wert" des jeweils zur freien experimentellen Verfügung gestellten Menschen und zweitens der allgemeine Nutzen des Versuchs wurden zu den entscheidenden Gradmessern der ethischen Beurteilung einer Humanvivisektion (vgl. ebd.: 361f).

ges innerhalb der Medizin durch Forschung, die finanzielle Honorierung von Forschung und die Erklärung der Forschung zur nationalen Frage durch staatliche Institutionen (Wiesemann 2001: 246). All diese Faktoren trafen im Humanexperiment der NS-Medizin zusammen und ermöglichten den verletzungs- und gewaltbereiten forschenden Habitus gegenüber Menschen. Alle diese Faktoren begünstigen bis heute weiterhin mehr oder weniger die „Forschung am Menschen".

Andere Begründungsstrategien im Selbstverständnis der NS-Ärzte, die an der Realisierung der „Erb- und Rassenhygiene" beteiligt waren, dienten auch dazu, die Scham zu ersetzen, wie Klaus Dörner in seinem Aufsatz „Ich darf nicht denken.' Das medizinische Selbstverständnis der Angeklagten" (2002: 331–358) herausgearbeitet hat: Dem anderen Menschen- oder Personenstatus aberkennen; sich keiner Beziehung aussetzen; sich vom eigenen Leiden entlasten, indem darauf hingewiesen wurde, welche Opfer diese Aufgabe einem abverlangte; den Mediziner in Arzt und Wissenschaftler spalten, wobei der Arzt dem Hippokratischen Eid, der Wissenschaftler aber der Erkenntnisabsicht und Effizienz seiner Versuchsanordnung verpflichtet ist; die Expertenpflicht über die ethische Pflicht stellen, indem man ethisch zwar dagegen war, sich als bester Experte aber der Pflicht nicht entziehen konnte, den Auftrag am effektivsten durchzuführen; die Absicht, immer nur das Beste gewollt zu haben (2002: 342ff). Möglichkeiten, sich als Arzt heute vor dieser Gefährdung der „Gewissensberuhigung" zu schützen, sieht Klaus Dörner darin, dass man versuchen sollte, zuerst ethisch und dann erst erkenntnistheoretisch zu denken, und dass man zuerst eine Subjekt-Subjekt-Beziehung eingeht (ebd.: 353). Auch der Lösungsversuch, den der „Nürnberger Ärztekodex" einführte und der die Zustimmung der Versuchsperson bzw. das Selbstbestimmungsrecht des Menschen festlegte, beurteilte Dörner zweifellos als einen Fortschritt für die ethische Sensibilisierung der Medizin. Doch sieht er in einer Verabsolutierung des Selbstbestimmungsrechtes auch die Gefahr, „der potentiellen Versuchsperson den ‚Schwarzen Peter' für die Entscheidung, ob ein Menschenversuch zustande kommen wird", zuzuschieben (ebd.: 354). Heute ist die Medizin nämlich damit konfrontiert,

„dass man auch das Pochen auf das Selbstbestimmungsrecht des Patienten zur Entlastung von eigener Verantwortung und sogar zur Ausdehnung medizinischer Macht instrumentalisieren kann" (Dörner 2002: 355).

Arzt und PatientInnen sind zwar nicht durch einen autoritären Staat unter Druck gesetzt, dennoch muss mit einbezogen werden, dass der gesellschaftliche Erwartungsdruck an dessen stelle treten kann,

„den Menschen als Patienten oder Versuchspersonen für ihre eigene Meinung halten: etwa wenn es als anständig gilt, sich als alter oder chronisch kranker Mensch nicht pflegen, sondern von seinem Arzt den Tod geben zu lassen, oder wenn es als solidarisch gilt, dass ein einwilligungsfähiger Mensch im Interesse der nächsten Generation derer, die an dieser Krankheit leiden werden, sich fremdnützig beforschen läßt" (Dörner: 356).

Der Imperativ des wissenschaftlichen Fortschritts, der auch während der nationalsozialistischen Herrschaft u. a. zur „Gewissensberuhigung" diente, kann ebensosehr heute noch funktional dafür sein. Die medizinischen Wissenschaftler ergriffen die Gelegenheit, welche die Gönnerschaft der „NSDAP" und die großzügige Staatspatronage boten, um ihre Forschung voranzubringen.

Nach dem Zusammenbruch des „Dritten Reiches" betrachteten viele Ärzte die medizinischen NS-Verbrechen als Taten Einzelner, welche die Wissenschaft im Allgemeinen nicht berührten. So reagierte die Mehrheit der deutschen und österreichischen Ärzteschaft auch nicht auf das Bekanntwerden der Mitarbeit ihrer Fachkollegen an Humanexperimenten und Massentötungen im „Dritten Reich". Dafür steht nicht nur die Tatsache, dass der Kritik an den medizinischen Verbrechen bis in die 90er Jahre in der „Wiener Klinischen Wochenschrift" kein Platz eingeräumt wurde. Auch unmittelbare Bemühungen, die Diskussion darüber in medizinischen Fachkreisen anzuregen, scheiterten. So schrieb Alexander Mitscherlich[119], der gemeinsam mit Gerd Mielke die Dokumentation des Ärzteprozesses als „erste Unterrichtungsschrift für die Ärzteschaft" publizierte, 1947 an Karl Jaspers,

„dass die ‚unfaßliche Unbetroffenheit auch unserer Zeitgenossen', von der auch er – Jaspers – spreche, für ihn selbst ‚im letzten halben Jahr, vor allem angesichts der Nürnberger Tatsache, der völligen Reaktionslosigkeit auch unter Fachgenossen, zu einer kaum erträglichen Belastung' seines ‚eigenen Daseins geworden' sei. Jahrzehnte später, 1980, kam Mitscherlich zu dem Schluss, dass die Publikation ein ‚kaum nennenswertes Echo' in der deutschen Ärzteschaft ausgelöst habe und ‚das Verhalten der Kapazitäten' der medizinischen Wissenschaft ‚an Rufmord grenzte'" (zit. in: Peter 2002: 459).

Dieses Verhalten ist aber auch exemplarisch für die in den Wissenschaften professionalisierte abspaltende Vernunft und die damit zusammenhängende Abwehr von ge-

---

119 Alexander Mitscherlich war Mitglied der sechsköpfigen Ärztekommission, welche den Prozessverlauf des Nürnberger Ärzteprozesses dokumentierte und gemeinsam mit Gerd Mielke publizierte (vgl. Medizin ohne Menschlichkeit 1960).

sellschaftlicher Kritik an der herrschenden Wissenschaft und Medizin. Die in der modernen Wissenschaft entwickelten und etablierten Vernunftstrukturen spalten hierarchisch zwischen Vernunft und Leben (Leib). Rationale Entscheidungen zeichnen sich demnach dadurch aus, sich nicht von Emotionen beeinflussen und beeindrucken zu lassen. Vernunft muss fühllos gegenüber dem eigenen Leib sein, um als solche anerkannt zu werden. Rationale Erkenntnis ist demnach nur möglich, wenn sie sich nicht in den Fallstricken des Emotionalen verfängt. Feministische Wissenschaftskritik und -theorie hat diesen Grundsatz des rationalen männlichen Subjekts durch die Analyse des Zusammenhanges von Geschlechtsidentität und Rationalitätskonzepten in der Moderne und die daraus resultierenden Machtverhältnisse und Phantasmen der Autonomie, als Mythos dechiffriert (vgl. Harding 1989; Fox-Keller 1989). Die geschlechtliche Teilung gesellschaftlich notwendiger Arbeit[120] wurde als eine Ursache der Professionalisierung von Distanznahme zum Lebendigen und als Vergeschlechtlichung dieser, auf Distanznahme beruhenden, Vernunft entlarvt. Da patriarchale Verhältnisse als ideologische und nicht als biologische zu verstehen sind, können sich sowohl Frauen über Distanznahme emanzipieren als auch Männer in ihrer Sorge um den Menschen eine andere Vernunft etablieren. Im Allgemeinen ist heute jedoch „das Apathie-Ideal männlicher Rationalität", das „mit einer eigenartigen Fühllosigkeit des Leibes" bezahlt wird (Böhme/Böhme 1985: 119), in Wissenschaft, Politik und Berufswelt vorherrschend. A–pathos bezeichnet einen Rückzug der Gefühle, einen Zustand der Unbeteiligtheit, Unberührtheit und Gleichgültigkeit. Und für diese herrschende Vernunftform gilt, dass

> „jedes Subjekt [...] nicht nur an der Unterjochung der äußeren Natur, der menschlichen und der nichtmenschlichen, teilzunehmen [hat], sondern [...], um das zu leisten, die Natur in sich selbst unterjochen [muß]. Herrschaft wird um der Herrschaft willen ‚verinnerlicht'."
> (Horkheimer KIV: 94)

Diese herrschende Vernunftform, diese ihre lebendigen Grundlagen abspaltende Vernunft beförderte und befördert auch heute den verdinglichenden Umgang der Menschen mit dem Menschen und führt am Ort der klinischen Forschung und Praxis zur „moralischen Anästhesie" (Weizsäcker in Richter 1998: 12). Die im klinischen Handeln abverlangten Prozesse der Selbstspaltung lassen Gefühle lediglich kompensatorisch, im Privatbereich, unterbringen.

---

[120] Frauen sind demnach für die Reproduktion zuständig (Versorgung, Ernährung und Pflege von Angehörigen, Männer für die Produktion im Bereich von Wirtschaft und Wissenschaft.

„Kompliziert wird das Problem dadurch, dass dem Arzt seine professionelle Spaltung leicht entgehen kann, wenn er nämlich eine gewisse fachliche Partialmoral als die eigentliche erlebt, z. B. die penible Einhaltung von Sauberkeit und Exaktheit in der naturwissenschaftlichen Methodik. [...] Es gibt demnach auch eine *gewissenlose Gewissenhaftigkeit*, mit der man sich selbst trügerisch beschwichtigen kann" (Richter 1998: 13).

Wer den Nutzen wissenschaftlich-technischer Innovationen und Eingriffe in Zweifel stellt(e), dem wurde und wird noch immer die „Gewissenhaftigkeit" der Forschung und die „Notwendigkeit" des wissenschaftlichen Fortschritts entgegengehalten. Den KritikerInnen wurde und wird meist die Fähigkeit zur Vernunft abgesprochen. Wissenschafts- und Medizinkritik wurde und wird mehrheitlich als unsachlich, einseitig, emotional und irrational diskreditiert. Wer dagegen ist, dem wird unterstellt, noch nicht oder aber falsch aufgeklärt zu sein (vgl. Kap. III.5.). Die „Freiheit der Wissenschaft" bedeutete im 20. Jahrhundert im Wesentlichen eben auch, dass für die Durchsetzung des „wissenschaftlichen Fortschrittes", der zum Synonym für Fortschritt überhaupt wurde, der Einsatz aller Mittel legitim erscheint.

Das Verschweigen der Opfer der von Medizinern durchgeführten angewandten Eugenik, Menschenversuche und PatientInnenmorde verweist aber nicht nur auf deren Billigung als dem „Fortschritt" dienende medizinische Wissenschaft und Praxis, sondern erfüllt auch eine wichtige Funktion in der Entwicklungsgeschichte der Eugenik. Es ermöglichte nach der Befreiung vom Nationalsozialismus den Rückzug der Forscher ins Labor, den die alten Eugeniker und deren wissenschaftlicher „Nachwuchs" nach 1945 antraten, um die „Selbstreinigung" zum Humangenetiker, der „nur" der „reinen" Tatsachenforschung verpflichtet sein will, zu vollbringen (vgl. Kap. III.1.). Damit entzogen die Humangenetiker ihr „rein" naturwissenschaftliches Forschungsprogramm einer historischen Reflexion und verweigerten sich der Einsicht, dass auch schon die Rassenhygieniker von einer Wissenschaft geträumt hatten, die imstande sein würde, die „Ausmerzung von der Personenstufe auf die Zellstufe" (Ploetz 1904) abzuwälzen. Im Rahmen der alten Eugenik konnte der aus den eugenischen Visionen hervortretende medizinisch „verbesserte" Mensch jedenfalls nicht über Züchtung, sondern nur durch Vernichtung von als „lebensunwert" definierten Menschen hervorgebracht werden. Dieses Prinzip der „Auslese" und „Ausmerze" blieb, wie im dritten Kapitel zu zeigen sein wird, Grundlage humangenetischer Eingriffe in die Reproduktion.

4.2 Verführbare Wissenschaft – verführbare Politik: homosoziale Machtbündnisse

Zur Frage der Wissenschafts- und Medizingeschichte im Nationalsozialismus gibt es eine Standarderzählung, bei der einerseits von der Verführung und Lenkung von Wissenschaft und Wissenschaftlern durch Politik und Bürokratie die Rede ist, die zweitens davon ausgeht, dass keine „wirkliche Wissenschaft" betrieben wurde, sondern Pseudowissenschaft, und die zum Dritten Wissenschaft in der NS-Zeit als „Rückfall in die Barbarei", als „Missbrauch von an sich wertneutralen Errungenschaften der Moderne" beurteilt (vgl. Ash 2001: 87). Diese Standarderzählung lässt aber außer Acht, dass Wissenschaft und Universität bis weit ins 20. Jahrhundert hinein eine durch und durch homosozial strukturierte Welt bildeten, eine Organisationsform gesellschaftlicher Interessen, die wie Kirche, Militär oder Politik ausschließlich Männersache oder von Männern dominiert ist. Wissenschaft ist damit u. a. auch eine Form des Geschlechterkampfes, eine Auseinandersetzung um die Definition der sozialen Welt, die auf dem historischen Ausschluss von Frauen beruhte und u. a. der Definition, Legitimation und Organisation männlicher Interessen diente und noch immer dient.[121] Der konsequente, jahrhundertelange Ausschluss von Frauen bestimmte nachhaltig die Konstituierung der modernen Wissenschaft, die Art und Weise der Wissensproduktion und die gesellschaftliche und kulturelle Relevanz des wissenschaftlichen Wissens. Die in Wissenschaft und Universität entwickelten Anerkennungs- und Sanktionssysteme waren und sind von männlichen Lebensinteressen geprägt. Im Namen des „wahren Wissens" und des „Erkenntnisfortschritts" wird u. a. ein männlicher Kampf um immer mehr Kontrolle und Macht ausgetragen (vgl. List 1984: 15ff). Die Macht, welche die eugenische Medizin im Nationalsozialismus erhielt, erreichte sie aber nicht aufgrund des „Fortschritts" ihrer Wissenschaft, sondern aufgrund politischer Ermächtigung, welche Medizin und Ärzte zu einem Teil der exekutiven Gewalt des „NS-Staates" machte.

Diese Privilegierung der Medizin zeigte sich, wie bereits an vorhergehnder Stelle ausgeführt, u. a. deutlich in der Verbesserung der sozioökonomischen Lage arischer

---

121 In Österreich wurden Frauen 1897 zum Studium an der philosophischen Fakultät zugelassen, 1900 an der medizinischen Fakultät, 1919 an der Technischen Hochschule, 1919 an der juridischen und staatswissenschaftlichen Fakultät und 1945 an der katholisch-theologischen Fakultät. Trotz steter Zunahme weiblicher Studierender hat sich an der Hierarchie kaum etwas geändert. An Österreichs Universitäten sind im Schnitt ca. 2,5 % der Ordinariate mit Frauen besetzt. Je nach Fachrichtung und Universität ist der Anteil höher oder geht gegen Null. Z. B. lag der Frauenanteil bei den Ordinariaten an der Universität Innsbruck an der Wende zum 21. Jahrhundert bei 7 %, der aber größtenteils von der geisteswissenschaftlichen Fakultät bedingt ist. An den medizinischen, technischen, theologischen oder naturwissenschaftlichen Fakultäten blieben und bleiben Professorinnen Seltenheitsmitglieder (vgl. http://www.bmbwk.gv.at/start.asp?bereich=5&OID=9935).

Ärzte, die sie nur z. T. der rassischen Verfolgung und Vertreibung ihrer jüdischen Kollegen verdankten (vgl. Kap. I).[122] Die mit dem Nationalsozialismus einsetzende Aufwertung der Mediziner wurde auf jeden Fall als Genugtuung empfunden werden. Die Berufsgruppe der Ärzte erfuhr, wie keine andere akademische Berufsgruppe, einen sozioökonomischen Aufschwung durch Vollbeschäftigung und Einkommenssteigerung und einen Gewinn an Sozialprestige.

Den Machtzuwachs erhielten die Ärzte aber auch aufgrund ihrer Bereitschaft, im Bereich der angewandten Eugenik einen Schritt zu wagen, der wissenschaftlich schon lange vorgedacht war. Die Kliniker nutzten diese Ermächtigung zugleich für eigene Forschungsinteressen und die damit verbundenen Karriereambitionen, die das Versprechen des wissenschaftlichen Fortschritts stets begleiten. Wer zum Erkenntnisfortschritt beitragen kann, muss sich einen Namen „machen", wer sich einen Namen „machen" konnte, sollte von seinesgleichen „berufen" werden, und wer „berufen" wird, erhält Einfluss und Macht, andere zu „machen". Von den Kapitalformen, die im wissenschaftlichen Feld über Karrieremöglichkeiten bestimmen, dem „weltlichen Kapital" und dem „persönlichen Kapital" (vgl. Bourdieu 1998: 15ff), war Ersteres im Rahmen der NS-Wissenschaft für die Ein- und Aufstiegsmöglichkeiten des wissenschaftlichen Nachwuchses ausschlaggebend. Diese „weltliche Macht" stellt eine politische, institutionelle oder institutionalisierte Macht dar, die verknüpft ist mit der Besetzung herausgehobener Stellen, der Leitung von Abteilungen, der Mitgliedschaft in Kommissionen, Gutachtertätigkeiten und damit zusammenhängend die Macht über Produktionsmittel (Verträge, Gelder, Posten) und Reproduktionsmittel (Macht, über Karrieren zu entscheiden). Die Einstiegsmöglichkeiten in die Wissenschaften und die Aufstiegsmöglichkeiten der Nachwuchswissenschaftler wurden von der Verteilung dieser „weltlichen Macht" an männliche Parteimitglieder bestimmt.[123] Die Aufwärtsmobilität der aktiven Parteimitglieder

---

122 In den Jahren vor dem „Anschluss" wurde die schlechte soziale Lage der Ärzte in der „Wiener Klinischen Wochenschrift" immer wieder erörtert. Dabei betrachteten sich die Ärzte gegenüber den LangzeitpatientInnen sogar als wesentlich benachteiligt, da der Staat diesen die beste Fürsorge entgegenbringe, während das Einkommen Ärzten keine Altersversorgung sicherte (vgl. Arzt 1936: 1597ff). So wurde z. B. vom Vorstand der „Gesellschaft der Ärzte", Dr. Ludwig Arzt, in einer Rede vor dem Budgetausschuss 1936 beklagt, dass die Höhe des Gehaltes habilitierter und international anerkannter Wissenschaftler unter dem des Reinigungspersonals liege (ebd.: 1599).

123 Exemplarisch für diese Karrieremobilität während der NS-Herrschaft sei hier auf die Analyse des österreichischen Soziologen Christian Fleck verwiesen, der für die Karrieren an der Universität Graz zeigen konnte, dass es 16 % der Extraordinarien und 2 % der Dozenten zwischen 1938 und 1944 gelang zu Ordinarien aufzusteigen. Stellt man die Frage aus einer anderen Perspektive, um herauszufinden, woher die 1944-tätigen Wissenschaftler an der Grazer Universität kam, bestätigt dies deutlich die Aufwärtsmobilität: „nur 28 % der Ordinarien von 1944 waren schon 1938 in dieser Position (gegenüber 58 % in der davor liegenden Periode)" (Fleck 1985: 29). Als besonders mobil erwiesen sich die Dozenten. Nur 44 % der Dozenten von

war noch stärker. Eine Funktion im „NS-Dozentenbund", Mitgliedschaft im Akademischen Senat (während des NS als „Führerrat" konzipiert), Träger der „13.-Erinnerungsmedaille"[124], Mitgliedschaft bei „SA" und „SS" wurden als aktive Parteimitgliedschaft beurteilt.[125] Unmöglich blieb die Aufwärtsmobilität von Frauen. 1938 gab es ebenso wie 1944 drei Privatdozentinnen. Aufgrund der Auffüllung kriegsbedingter Lücken gelang es aber einigen Frauen, den ersten Schritt einer akademischen Karriere zu machen.[126] Die Entlassung jüdischer Professoren und Assistenten und die Reduktion des Frauenanteils bei den Studierenden auf 10% stellten u. a. auch rassistische und sexistische Eingriffe in die Rekrutierungspraxis der wissenschaftlichen Elite dar, welche „erbgesunde" deutschstämmige junge Männer privilegierte. Die institutionellen Praktiken der Mitgliederrekrutierung bedeuteten auch im Nationalsozialismus die Bevorzugung der Männer. Der Aufbau und die Auswahl des wissenschaftlichen Nachwuchses erfolgte in Männernetzwerken. Die Dominanzkultur in Wissenschaft und Gesellschaft blieb männlichen Konkurrenzbestrebungen verpflichtet. Die moderne naturwissenschaftliche Medizin war in ihrer Entwicklungsgeschichte Teil eines mit Macht befugten Männerbundes, wie ihn der moderne Staat seit seinen Anfängen darstellt. Dieser setzte zur Rationalisierung des Gemeinwesens nach männlichen Interessen auf die Versprechungen der Wissenschaft, existenzielle Fragen – z. B. die nach Leben und Tod – gegen Gottglauben und Religion naturwissenschaftlich zu versachlichen und zu beantworten. So wie für den Aufbau des modernen Staates durch die bürgerlichen Revolutionen der „Kopf des Monarchen" fallen musste, sollte für den Aufstieg der modernen Wissenschaften die gottgewollte Ordnung des Lebens und der Welt durch eine wissenschaftliche Ordnung ersetzt werden. Beide Transformationsprozesse führten männliche Herrschaft fort, indem männliche Privilegien in die neuen Verhältnisse transformiert wurden. Die Allianzen von Wissenschaft und Staat dienten und dienen noch immer den Reproduk-

---

1944 waren bereits 1938 in dieser Position, d. h. dass sich die überwiegende Mehrheit zwischen 1938 und 1944 habilitierte. In den sechs Jahren der NS-Herrschaft habilitierten an der Grazer Universität sechs Juristen, 24 Mediziner und 21 Philosophen (ebd.). Von den Entlassungen jüdischer Kollegen profitierten vor allem Nachwuchswissenschaftler. 83 Universitätslehrer kamen in den Jahren von 1938 bis 1944 neu an die Universität. Die Entlassungen provozierten eine Sogwirkung nach oben. D. h. dass je ein Viertel der Ordinarien und Extraordinarien neu an die Universität kamen, der Rest als neue Dozenten.

124 Die „13.-März-Erinnerungsmedaille" wurde nur an Personen verliehen, die sich für den „Anschluss" Österreichs an Hitlerdeutschland eingesetzt hatten.

125 Dieser harte Kern wies eine kontinuierliche Karriere auf, wobei sich die Ordinarien im Durchschnitt um eineinhalb Jahre, die Extraordinarien um drei Jahre früher habilitieren als ihre Statuskollegen (Fleck 1985: 34).

126 So gab es 1944 schon 33 Assistentinnen (von insgesamt 127). Bis 1950 fiel ihre Zahl wieder auf 20 zurückgefallen (vgl. ebd.: 38)

tionsstrategien der herrschenden Männerklasse – Strategien, mit deren Hilfe männliche Privilegien und Machtstellungen in einer sich ändernden Gesellschaft behauptet und zugleich gesellschaftliche Strukturen reproduziert werden. Dass sich soziale Strukturen, die Männer privilegieren, so beharrlich halten können, hat wesentlich mit diesen Allianzen männerbündischer Machtkonstellationen der verschiedenen, Macht generierenden Praxisfelder, wie beispielsweise Staat, Militär und Wissenschaft, zu tun. Diese Allianzen garantieren die männliche Machtstellung trotz des sozialen Wandels. Gegen eine partielle Demoralisierung männlicher Herrschaft ermöglichen sie, kollektive Bemühungen um eine kollektive Bewältigung der Veränderungen und Krisen im Dienste männlicher Interessen zu mobilisieren. Ob Veränderungen und Krisen in Demoralisierung und Flucht oder in Mobilisierung münden, darüber entscheidet letztendlich die Frage,

„ob die Gruppe die symbolischen Instrumente besitzt oder nicht, mit deren Hilfe sie der Krise Herr werden kann, indem sie ihr organisiert eine gemeinsame Antwort entgegensetzt, anstatt sich vor dem wirklichen oder befürchteten Statusverlust ins reaktionäre Ressentiment oder in historische Verschwörungstheorien zu flüchten" (Bourdieu 1981: 61).

Nun finden sich im „männerstaatlichen Rassismus" (Bock 1986: 116ff) des Nationalsozialismus, in dem Rassismus und Sexismus verschmolzen und der mit Hilfe der Wehrmacht und der Wissenschaft gegen die Niederlage des Mannes als Geschlecht mobil machte, alle diese Elemente wieder.[127] Das lässt auf das Ausmaß der Krise schließen, in der sich die männliche Vormachtstellung nach dem Ersten Weltkrieg und in der Ersten Republik befand. Für den biologischen Wiederaufbau des „deutschen Volkes" besaß die

---

127 Gisela Bock führte in ihrer historischen Studie zur Zwangssterilisation im „Dritten Reich" (1986) den Begriff des „männerstaatlichen Rassismus" ein. Er verweist darauf, dass die rassische Vision vom Geschlechterverhältnis eine männliche war, in der Rassismus und Sexismus verschmolzen. Der Rassismus verschärfte traditionelle Formen von Frauenfeindlichkeit und Männerherrschaft (vgl. ebd.: 136). Diese Legierung zeigte sich deutlich in einem Virilitätskult und einem rassischen Männerkult, der über den traditionellen Patriarchalismus hinausging und auf die Unterwerfung jeder Geschlechterbeziehung unter einen männerstaatlichen Rassismus abzielte. Bezogen auf Frauen wird dieser „männerstaatliche Rassismus" exemplarisch sinnfällig darin, dass das „Mutterkreuz", das 1939 für kinderreiche Mütter eingeführt wurde (nachdem eine Besserstellung kinderreicher Mütter gescheitert war, wurde sie durch diese kostenneutrale „Ehrung" ersetzt), nicht an „erbkranke" Frauen, Prostituierte, jüdische Mütter, Nicht-„Deutschstämmige", „Rassenschänderinnen", Mütter „asozialer Großfamilien" und Mütter „erbkranker" Kinder verliehen wurde (vgl. ebd.: 125). Der Rassismus ersetzte die ältere Lehre von der „Natur" der Frau und ihrer „natürlichen" Bestimmung zur Mutterschaft durch die neuere Lehre von der „biologischen" Bestimmung zur Nicht-Mutter. Das weibliche Geschlecht sollte durch seine Subsumtion unter dem Begriff „Biologie" abgeschafft werden. Die „erbgesunde deutsche Frau" wurde nicht nach ihrem Geschlechts-, sondern nach ihrem Rassencharakter beurteilt.

medizinische Wissenschaft die tragenden symbolischen Instrumente, von denen – gepaart mit dem Ressentiment gegen die Überlegenheit jüdischer Fachkollegen und dem anthropologischen Rassismus der Partei – auch historische Verschwörungstheorien, wie z. B. jene der jüdischen Weltherrschaft, beflügelt wurden. Doch die Medizin ermöglichte es ebenso wie die Wehrmacht, dass der Kampf nicht nur auf symbolischer oder ideologischer Ebene, sondern real geführt werden konnte. Diese Allianzen homosozialer Praxisfelder (Politik, Staat, Militär, Wissenschaft) zur kollektiven Bewältigung der drohenden Gefahr männlichen Statusverlusts, gilt es neben anderen Motiven für Analyse und Interpretation des Aufstiegs der eugenischen Medizin und ihrer Realisierung als angewandter „Erbpflege" zu berücksichtigen.

Die in den wissenschaftlichen Publikationen sichtbare Seite der eugenischen Medizin im Nationalsozialismus erwies sich als Fortsetzung des eugenischen Diskurses, der mit der Durchsetzung der prophylaktischen Medizin und deren wirkungsvollsten Mitteln, der periodischen Gesundenuntersuchung und der Meldepflicht von „Erbkranken" durch Ärzte und Hebammen, bis in den letzten Winkel des „Dritten Reiches" verbreitet wurde. Wissenschaftlich nicht erwiesene Vermutungen wurden mit Hilfe der „Erbbestandsaufnahme" auf Basis „periodischer Gesundenuntersuchungen" und der Zwangssterilisation von – durch die Medizin als „hoffnungslose Fälle" abgeschriebenen – Menschen zu Tatsachen erklärt. Ein breiter Begriff der „Erbkrankheit" ermöglichte eine umfassende „Auslese" und „Ausmerze" von Menschen, die angeklagt waren, den wissenschaftlichen Fortschritt der Medizin zu be- und verhindern, die medizinischen Machbarkeitsideale zu unterminieren, das Wohlfahrtsbudget mit unproduktiven Ausgaben zu belasten, auf Kosten derer, die etwas leisten, zu leben und keinen brauchbaren Beitrag für die Gemeinschaft zu leisten. Einen Bruch mit der tradierten wissenschaftlichen und ärztlichen Praxis setzte die NS-Medizin nicht mit der Durchsetzung der Vorsorgemedizin in Gestalt der „periodischen Gesundenuntersuchung" im gesamten Lebenslauf oder dem medizinischen Humanexperiment an AnstaltspatientInnen und „KZ-Häftlingen".

Der Bruch, den die NS-Medizin innerhalb der modernen Medizingeschichte setzte, bleibt der Massenmord an durch ärztliche Gutachten als „minderwertig" und „gemeinschaftsfremd" diffamierten PatientInnen, der zur Vorlage für den Massenmord an JüdInnen, Roma und Sinti wurde. Die „Endlösung der sozialen Frage" wurde das Beispiel für die „Endlösung der Judenfrage" (vgl. Dörner 1985; Friedlander 2001; Schmuhl 1987). Der Bruch liegt also in der Möglichkeit der legalen und illegalen Gewalt, welche die NS-Herrschaft auf Seiten medizinischer Wissenschaft und Praxis ermöglichte, wozu sie Wissenschaft, Medizin und Ärzte aber nicht zwang. Der Nationalsozialismus missbrauchte nicht medizinische Wissenschaft und Ärzte für seine Interessen. Vielmehr erwiesen sich Medizin und Mediziner als dadurch verführbar, dass ihnen ein politisches System die Möglichkeit bot, ihren Forschungsinteressen im Humanexperiment nachzugehen, ihre Forschungsniederlagen auf dem Gebiet der „Erbforschung" in der Sterilisierung und Vernichtung angeblich „erbkranker" PatientInnen zu entsorgen, ihre Macht, ihr Sozialprestige und ihre ökonomische Lage zu verbessern. Schon zu Beginn der NS-Herrschaft 1933 wurden die wichtigsten Wissenschaftler eingeladen, in einem Sachverständigenbeirat für Bevölkerungs- und Rassenpolitik mitzuarbeiten. In mehr als 40 Fachausschüssen wurden die neuen legislativen Maßnahmen diskutiert. Die Wissenschaftler auf dem Gebiet der Eugenik und „Rassenhygiene" erhielten damit eine öffentliche Anerkennung als Experten (vgl. Pollak 1990: 17). Auf diese Möglichkeiten, die Forschung weiterzuentwickeln, die sich der Medizin und den Ärzten eröffnete, verwies auch Eugen Fischer, seit 1927 Direktor des „Instituts für Anthropologie der Kaiser-Wilhelm-Gesellschaft" in Berlin, der erklärte:

„Es ist ein besonderes und seltenes Glück für eine an sich theoretische Forschung, wenn sie in eine Zeit fällt, wo die allgemeine Weltanschauung ihr anerkennend entgegenkommt, ja, wo sogar ihre praktischen Ergebnisse sofort als Unterlage staatlicher Maßnahmen willkommen sind" (zit. in: Müller-Hill 1984: 22).

Die im Umfeld der Eugenik in der „Wiener Klinischen Wochenschrift" recherchierten Publikationen erzählen auch von dieser Euphorie, welche die politische Aufwertung und Ermächtigung der Medizin in ihren Protagonisten auslöste. Die Aussicht auf zukunftsverändernde wissenschaftliche Erkenntnisse, die mit dem wissenschaftlichen Nachweis des „Erbganges" und der Manipulation des Fortpflanzungsprozesses im Dienste gesunder Nachkommen in greifbare Nähe rückten, ebenso wie die Aussicht auf eigene Bedeutung und Macht im Feld der medizinischen Forschung beflügelten den wissenschaftlichen Ehrgeiz der medizinischen Erbforscher und Eugeniker seit Jahrzehnten. Die wissenschaftliche Erkenntnis des „Erbganges" sollte der Medizin die Möglichkeit eröffnen, unheilbare Krankheiten, wenn nicht zu heilen, dann zumindest zu verhindern und qualitative Bevölkerungspolitik zu betreiben. Damit ist mit Robert Proctor davon auszugehen,

„dass die Nazis, genau genommen, nicht die Resultate der Wissenschaft mißbrauchten, sondern eher das in die Tat umsetzten, was Doktoren und Wissenschaftler selbst schon in Gang gesetzt hatten" (Proctor 1989: 296 zit. in: Baumann 1991: 61).[128]

---

[128] Proctor Robert: Racial Hygiene: Medicine under Nazis. Harvard University Press 1989.

Die Politik erweist sich insofern als mindestens im selben Ausmaß von wissenschaftlichen Versprechen verführt, wie dies umgekehrt veranschlagt werden kann. Denn sie ist es, die den Auftrag an die Medizin erteilte, die biologische „Aufartung" der „deutschen Volksgemeinschaft" und den Fortschritt herzustellen und zu sichern. Robert A. Pois hat in seiner Studie „National Socialism and the Religion of Nature" (1986) die naturwissenschaftliche Obsession des Nationalsozialismus aufgezeigt und auf Hitlers „absoluten Glauben an die Überlegenheit der Wissenschaft über jede andere Form religiösen Glaubens" verwiesen (Pois 1986: 39). Sein Glaube an die Wissenschaft als Leiterin richtigen Handelns sei grenzenlos und ohne Einschränkung gewesen. Er sah im Nationalsozialismus eine „Lehre", „die nichts weiter ist als ein Kultus der Vernunft", und glaubte, dass „die Wissenschaft […] die Siegerin sein [wird]!" (Hitler zit. in: Jochmann 1980: 66f, 87). Dieser Glaube an die Überlegenheit der Wissenschaft führte zum Ausbau der Wissenschaften, nicht nur im Bereich von „Rassenbiologie" und Eugenik. Auch die „seriösen" Disziplinen erfuhren ein beträchtliches Wachstum und die Verdoppelung ihres Personalstandes (vgl. Pollak 1990: 35). Sicherheitswünsche wurden nicht mehr religiös artikuliert und das Glück sollte nicht mehr im Jenseits die Belohnung für ein rechtschaffenes Leben im Diesseits sein. Die Wissenschaften sollten dagegen die neuen Gewissheiten und Sicherheiten schaffen und das Paradies im Diesseits durch Tilgung von Leid und Unglück ermöglichen. Dabei geriet die wissenschaftliche Prognose zum Gegenstück der Prophetie, was sich am deutlichsten in der Prognose des „Erbganges" zeigte. Trotz gravierender Mängel im Nachweis des „Erbganges" wurde er für erwiesen erklärt und seine Auswirkungen auf die kommenden Generationen wurden als verheerend angesehen. Diese Erklärung begründete und legitimierte die eugenischen Maßnahmen zur „Verhütung erbkranken Nachwuchses". Die dabei etablierten Diagnosekriterien für die Zwangssterilisation „Minderwertiger" wurden für das NS-„Euthanasie"-Programm übernommen. Die Vernichtung „lebensunwerten Lebens" wurde wissenschaftlich legitimiert. In der Praxis etablierte sich aber eine „weltanschauliche" Diagnostik, welche den Charakter des/der PatientIn „nach Maßgabe der existentiellen Forderungen, die dieser zu bewältigen hat, oder nach der konkreten Aufgabe, welche diesem gestellt ist", beurteilte (Auersperg 1938: 1295). Ausschlaggebend für die medizinisch getroffenen Entscheidungen über Leben und Tod waren letztendlich also die „Arbeits- und Leistungsfähigkeit", zusammengefasst unter dem Begriff der „Lebensbewährung" und die Heilungschancen der Betroffenen. Die Arbeits- und Leistungsfähigkeit sollte das Prestige des „deutschen Volkes", die Heilungsmöglichkeit aber das Prestige der Medizin kräftigen und bestätigen.

Die Naturwissenschaften etablierten sich im 19. Jahrhundert mit dem Versprechen, Sicherheit und Sachlichkeit zu bieten, und die Wissenschaftler wurden von den Diktaturen des 20. Jahrhunderts auch als „Sicherheits- und Versachlichungsexperten" ad-

adressiert. So führte der Nationalsozialismus „den utopischen Glauben an allumfassende ‚wissenschaftliche' Endlösungen sozialer Probleme zum letzten, logischen Extrem" (Peukert 1982:264). In der Begegnung von naturwissenschaftlicher Medizin und Nationalsozialismus zeigte sich die gegenseitige Verführbarkeit von Wissenschaft und Politik, die Kollusion: Hier wurde das „geheime Einverständnis" zwischen Staat und Wissenschaft offenbar, die sich zur Durchsetzung ihrer jeweiligen Machtinteressen auf dem Feld der Biopolitik, das in der Moderne die existenziellen Fragen von Leben und Sterben verwaltet, verbanden und verbündeten.

4.3 Die „Freiheit der Wissenschaft" und Verwissenschaftlichung als Übertragung männlich-akademischer Selektionsprozeduren auf gesellschaftliche Existenzweisen

Die wissenschaftlichen Auseinandersetzungen zu den konzipierten und realisierten medizinischen Eingriffen in die Natur und Kultur der generativen Reproduktion in der „Wiener Klinischen Wochenschrift" zeigen unmissverständlich, dass bis 1938 und auch im Nationalsozialismus nicht von einer wissenschaftlichen Beweisbarkeit des „Erbganges" beim Menschen ausgegangen wurde. Die politischen Veränderungen stärkten jene wissenschaftlichen Standpunkte, die eingreifende eugenische Maßnahmen wissenschaftlich legitimierten. Die wissenschaftliche Entwicklung wurde, wie so oft, nicht auf der Ebene der Forschung, sondern auf jener der Politik entschieden. Darin manifestiert sich aber nicht eine Besonderheit der NS-Wissenschaft und Medizin. Vielmehr zeigt sich darin, dass die Wissenschaft eine durch und durch gesellschaftliche Angelegenheit ist, dass die als „rein" vorgestellte wissenschaftliche Logik des Wettbewerbs stets durch externe Kräfte und Zwänge konterkariert und in manchen Fällen, wie z. B. der Eugenik in der NS-Medizin, sogar annulliert wird. Denn die Wissenschaft war und bleibt bis heute der ökonomischen und politischen Macht ausgeliefert, die Forschungen und Stellen finanziert, Institute einrichtet und Professionen ermöglicht, und sie war und bleibt auf Seiten der Wissenschaftler den durch und durch politischen Strategien ausgeliefert, diese Macht zu erobern und zu erhalten. So meinte z. B. die Tochter von Ernst Rüdin (1874–1952), Psychiatrieordinarius und Mitbegründer der „Deutschen Gesellschaft für Rassenhygiene", Schriftleiter des „Archivs für Rassen- und Gesellschaftsbiologie" sowie Mitverfasser des Sterilisationsgesetzes[129], in einem Interview, dass ihr Vater sich dem Teufel verkauft hätte, um Geld für sein Institut und seine Forschung zu bekommen:

---

129 Vgl. Anm. 89 in Kap. III.1.

„Und er verkaufte sich tatsächlich dem Teufel, und zwar bedenkenlos. Schließlich verteidigte er ja nur die Sache der Wissenschaft, ihre Ressourcen, ihren Fortschritt, die Freiheit der Forschung – und was er als Wissenschaftler tat, war, wie die Wissenschaft selbst, objektiv und deshalb moralischen Einwänden gegenüber immun; es war kein moralisches Problem" (Baumann 1991: 67).

Darin erweist sich der selbstlose Gestus der Wissenschaft, den Pierre Bourdieu als „antiökonomische Ökonomie" bezeichnete und die vorgibt, nur im Wohle und zum Dienst der Allgemeinheit zu forschen, auch und vor allem als eigennützige Strategie, um zu Mitteln und Macht zu gelangen. In jedem Fall ist sie Teil des Managements der eigenen wissenschaftlichen Karriere. Gegenüber den „ökonomischen Ökonomien" der herkömmlichen Interessen des Alltags erscheint das wissenschaftliche Interesse als uneigennützig. Doch bei allen „antiökonomischen Ökonomien" ist es gerade die Uneigennützigkeit, die sich auszahlt (Bourdieu 1998: 27). Und diese Kunst wurde in der eugenischen NS-Medizin auf die Spitze getrieben. Sie versprach, auf Grundlage der angewandten Eugenik dem/der „erbkranken" Einzelnen und seiner/ihrer Familie durch Leidvermeidung und dem Volk durch Gesunderhaltung zu dienen. Der Schritt in die Wirklichkeit der praktischen „Erbpflege" versprach, den „Fortschritt" der Wissenschaften in den „Fortschritt" des gesellschaftlichen Lebens zu übersetzen. Er nahm im Einsatz der Ärzte für wissenschaftliche Gutachten im Rahmen administrativer und juristischer Verfahren und im Aufbau einer erbbiologischen Bestandsaufnahme der gesamten Bevölkerung, welche durch „periodische Gesundenuntersuchungen" erarbeitet wurde und die Grundlage für die biopolitische Regulierung des Volkskörpers durch den Einsatz der Medizin schuf, konkrete Formen an. Er manifestierte sich auch in operativen Eingriffen zur Sterilisierung von Menschen, deren Fortpflanzung aus eugenischen Erwägungen verhindert werden sollte, im Menschenversuch zur Sterilisierungs- und Sterilitätstherapie und in der Vorlage von eugenischen Selektionskriterien. Die Dialektik von medizinischem Wissen und ärztlichem Handeln wurde in der Privilegierung der ärztlichen Tat aufgelöst. Das Bild, das in den Publikationen der „Wiener Klinischen Wochenschrift" im Umfeld von Eugenik und „Rassenhygiene" während der NS-Herrschaft gezeichnet wurde, ist der praktisch handelnde, für den „erbgesunden" Menschen und das Volkswohl rastlos sorgende Arzt. Forschung und Theoriebildung wurden explizit abgewertet, obwohl gerade die medizinische Wissenschaft während des Nationalsozialismus einen tatsächlichen Forschungsaufschwung verzeichnen konnte.

Im Dienste der „kommenden Zeit" vollzog die NS-Medizin den Schritt in die Wirklichkeit der „Verhütung erbkranken Nachwuchses" und der Vernichtung von als „minderwertig" selektierten ohne wissenschaftlichen Nachweis. Stattdessen versprach sie, diesen durch das medizinische Experiment am Menschen und somit für die „kommende Zeit" zu erarbeiten und zugleich in der Gegenwart bereits individuelles und familiäres Leid zu verhindern und die „biologische Volkskraft" gesund zu erhalten.

Angesichts des Scheiterns der jahrzehntelangen wissenschaftlichen Bemühungen auf dem Gebiet der Vererbungsforschung, den menschlichen „Erbgang" wissenschaftlich nachzuweisen, wie es die Publikationen in der „Wiener Klinischen Wochenschrift" bis zum „Anschluss" 1938 eindrücklich belegen, stellte der Nationalsozialismus weniger eine Instrumentalisierung der Ärzteschaft für die Realisierung der angewandten Eugenik dar. Vielmehr war bereits Jahre vorher die wissenschaftliche Ungeduld spürbar, wie sie sich in den Worten des Direktors des Hygieneinstituts in Graz, Heinrich Reichel, ein Jahr vor dem „Anschluss" ausdrückte. Er forderte,

> „das kaum gewonnene Bild, auf Grund dessen wir schon zu handeln begonnen haben", eilig zu ergänzen, „damit es ja nicht versage, so wie eine vorläufige, unzulängliche Landkarte, auf Grund derer schon Krieg geführt wird, noch so rasch und so gut es gehen will, verbessert werden muß" (Reichel 1937: 783).

Heinrich Reichel war einer der österreichischen Medizinordinarien, die nach dem „Anschluss" zur Abfassung rassenbiologischer Einzelgutachten ermächtigt wurden. Die politische Legitimierung und Einsetzung der angewandten Eugenik, die jeder wissenschaftlichen Begründung entbehrte, kann damit auf Seiten der medizinischen Forscher auch als Entlastungseffekt gelesen werden. Wissenschaftsintern bedrohte die Niederlage nicht nur das symbolische Kapital der Erbforscher, das über Anerkennungsakte im wissenschaftlichen Feld gebildet wird und bestimmten Akteuren einen „Kredit" an Ansehen und Prestige einräumt. Die Niederlage bedrohte auch den wissenschaftlichen Fortschritt der Psychiatrie, der, im Selbstverständnis naturwissenschaftlicher Fachvertreter, nur über die Heilung der bis dahin als unheilbar geltenden, kranken AnstaltspatientInnen realisiert werden konnte. Exemplarisch dafür stehen die Reformversuche des Psychiatrieordinarius Julius von Wagner-Jaureggs (vgl. Anm. 93 in Kap. I.1.) zur Neuordnung der Psychiatrie in den 20er Jahren, bei der „kriminelle Psychopathen" in Gefängnissen und „unheilbar psychisch Kranke" in Asylen verwahrt werden sollten. Nur „psychisch Kranke", deren Störungen heilbar waren, sollten das eigentliche PatientInnenmaterial der Psychiatrie bilden. Die Niederlage beim Versuch, den „Erbgang" wissenschaftlich nachweisen zu können, war für die Medizin aber auch deswegen belastend, weil sie als praktische Wissenschaft ständig vor Handlungsnotwendigkeiten gestellt war. Außer der Pflege psychiatrierter LangzeitpatientInnen, wozu es die wissenschaftliche Medizin aber nicht brauchte, hatte sie kaum Mittel in der Hand, diesen zu begegnen. All diese

Belastungen wurden in der Entlastung von angeblich „erbkranken" und die Rasse schädigenden Menschen entsorgt. Erniedrigung und Dehumanisierung der als GegnerInnen des wissenschaftlichen Fortschrittes verachteten LangzeitpatientInnen ermöglichten auch die Regulation, Stützung und Stärkung des Selbstwertgefühls. Die Vernichtung der PatientInnen wurde also nicht nur politisch als Entlastung des Volkskörpers empfunden, sondern sie bot auch der Medizin Entlastung von systemimmanenten Erwartungen und öffnete einen neuen Zeithorizont für die Vererbungsforschung. Auf diesen weiteren Forschungsbedarf verwies ebenfalls Heinrich Reichel bereits vor dem „Anschluss":

> „[…] sollte es infolge der heute noch unvermeidlichen Unreife der praktischen Folgerungen der Rassenhygiene zu einem Rückschlag kommen, so müßte vor allem versucht werden, an der Idee selbst nicht irre zu werden, die Dringlichkeit ihrer Verwirklichung nicht über die Enttäuschung durch anfängliche Mißerfolge aus dem Auge zu verlieren. Was wir dazu brauchen, ist Forschung und wieder Forschung" (Reichel 1937: 783).

Die „Unreife der praktischen Folgerungen" mündete im Nationalsozialismus entgegen den Befürchtungen Heinrich Reichels in der praktischen „Erbpflege". Keine Ärzte und Wissenschaftler der Medizin wurden gezwungen, an Nazi-Programmen teilzunehmen. Die Ärzte taten es, weil ihnen Gelegenheit dazu gegeben wurde, und sie taten es freiwillig im Dienst des wissenschaftlichen Fortschrittes und damit ihrer wissenschaftlichen Anerkennung. Die großzügige Staatspatronage war für die Forschung und die Forscherkarrieren in jeder Hinsicht nützlich. So setzten viele klinische Experten ihre wissenschaftliche Karriere nach dem Nationalsozialismus als anerkannte und angesehene Spezialisten in Humangenetik fort.[130] Die Experimente wurden also nicht von Quacksalbern, Sadisten und Verrückten vorgenommen, sondern von Wissenschaftlern und Forschern der Medizin, und die Resultate wurden auf internationalen und in der akademischen Welt angesehenen Konferenzen referiert und diskutiert. Der moderne Genozid, der nicht nur den Nationalsozialismus auszeichnet, diesen aber besonders, kann damit nicht als ein Rückschritt, eine unkontrollierte Emotionalität oder ein absichtsloser

---

130 Beispielhaft für die Fortsetzung der wissenschaftlichen Karrieren der Eugeniker und „Rassenhygieniker" ist der Doktorvater von Josef Mengele, Prof. Otmar Freiherr von Verschuer, der 1951 eine Professur für Humangenetik in Münster erhielt. Fritz Lenz erhielt 1947 eine Professur für Humangenetik in Göttingen, Hans Nachtsheim, der als politisch unbelastet eingeschätzt wurde, erhielt den Lehrstuhl für Humangenetik an der Freien Universität Berlin. Doch auch der wissenschaftliche Nachwuchs der „NS-Rassenhygieniker" konnte seine Profession als Humangenetiker nach dem Zusammenbruch ungehindert fortsetzen (vgl. Segal 1991: 173ff; Kühl 1997: 176ff). Baumann nennt darüber hinaus Rudolf Kamm, Kurt Blome, Gerhard Wagner, Lehmann, Baurmeister (1995: 61).

und irrationaler Akt betrachtet werden. Er ist im Gegenteil ein Experiment und eine Übung in einer mit wissenschaftlicher Forschung legitimierten modernen Sozialtechnologie (vgl. Baumann 1995: 55). Die moderne wissenschaftliche Vernunft ist nicht seine Ursache, aber seine notwendige Bedingung: distanziert, objektiv, affektfrei, wertneutral, universal, spezialisiert – alles auch Synonyme moderner Männlichkeit (vgl. Harding 1989).

Dieses Männlichkeitsideal konnte sich im Wesentlichen auf dem Boden geschlechtsspezifischer Arbeitsteilung entfalten, welche den Mann der unmittelbaren Verantwortung und Sorge für das Leben der Angehörigen enthob und für Produktion, Forschung und Entwicklung sowie für seine Verwendung zum Töten im Rahmen des Krieges freisetzte. Fühlen, Einfühlungsvermögen, Mitleid oder Gewissen haben seit dem Einsatz des Tier- und Menschenexperiments für den naturwissenschaftlichen Erkenntnisgewinn keinen Platz mehr. Das moderne wissenschaftliche Denken ermöglicht/e die Distanznahme zum Objekt des Handelns, ermöglicht/e den spektakulären Aufstieg von Expertenwissen, der zugleich mit dem Abstieg von Verantwortlichkeit einhergeht und entfaltet/e eine instrumentelle Vernunft, welche die sozialtechnologischen Visionen nur hinsichtlich ihrer technischen Machbarkeit rechtfertigt. Heute bieten weder Fehler noch Misserfolg einer weiteren Forschung am Menschen Einhalt. Sie dienen lediglich als Anlass für weitere Versuche und noch ehrgeizigere Forschungsvorhaben. Dass Grenzen nicht akzeptiert werden, war und ist ein grundlegendes Kennzeichen moderner Wissenschaft. Diese Freiheit wurde der Wissenschaft im Namen des gesellschaftlichen „Fortschritts" zuerkannt und im Laufe des letzten Jahrhunderts über die Freiheit der Person gestellt, einem wesentlichen Grundrecht in einer bürgerlich-demokratischen Gesellschaft. In der „Freiheit der Wissenschaft" kehrte u. a. auch die Figur des von der Wissenschaft abgeschafften allmächtigen Gottes wieder. Denn der mit der wissenschaftlichen Freiheit gleichgesetzte wissenschaftliche „Fortschritt" sollte Ordnung und Sicherheit schaffen. Damit zielt die moderne Wissenschaft wiederum darauf ab, wofür traditionell Gottglauben und Religion funktional waren, nämlich auf Angstbewältigung. Darin entfaltete sich die naturwissenschaftliche Medizin auch als modernes Verfahren männlicher Angstabwehr.

Die Angst vor der „Unverbesserlichkeit" des Menschen, welche von Machbarkeits- und Perfektionsidealen in Bewegung gehalten wird und die das wissenschaftlich-akademische Arbeitsfeld generell dominiert und die NS-Gesellschaft im Speziellen bestimmte, konnte abgewehrt und damit beherrscht werden. Wissenschaftliche Karriere erfordert Disziplin, Selbstbeherrschung, Aufopferung für die Sache, sie gebietet, das eigene Leben ganz in den Dienst der Wissenschaft zu stellen, sie verlangt Gefolgschaft, professorale Unterordnung und beharrliche Arbeit an der Forschung, an sich selbst und an Förderungsbeziehungen, um sich einen „Namen zu machen". Diese Faktoren, die das wissenschaftliche Feld bestimmen, wurden durch die Ideale der NS-Gesellschaft verstärkt und verallgemeinert. Insgesamt intensivierte sich damit die Angst, zu VersagerInnen zu werden, zu Menschen, die an ihren Aufgaben scheitern.

Neben diesen Motiven der Angstbewältigung wird in den wissenschaftlichen Texten, die eugenische Fragen erörtern, auch immer wieder Hass auf psychisch Kranke, geistig und körperlich behinderte Menschen spürbar, die mit der Diagnose einer „mangelnden Lebensbewährung" versehen wurden. Die Begrifflichkeit ist dem polizei-juristischen Jargon entlehnt. Verurteilte Kriminelle kommen auf „Bewährung" frei und bleiben es nur unter der Bedingung, dass sie sich im Leben bewähren, d. h. nicht rückfällig werden. Bewähren sie sich nicht, ist jede Maßnahme legitim, um die Gemeinschaft vor ihnen zu schützen. Die Einführung des Begriffes der „Lebensbewährung" zur Klassifizierung von „erbkranken", psychisch kranken, geistig und körperlich behinderten Menschen überführt diese in den Status von Kriminellen, welche durch die Medizin zu Sterilisation und/oder Vernichtung verurteilt werden konnten. Diese Diagnose delegitimierte jegliche Fürsorgemaßnahme und weitete sich auf einen zunehmend größeren Personenkreis aus, der unfähig zu selbständiger Lebensführung war oder dem diese Unfähigkeit unterstellt wurde, der „leistungsunfähig" war oder als „leistungsunwillig" galt. Das drückt sich nicht zuletzt in der Indikationsbreite für Sterilisierungsmaßnahmen aus, die auch Grundlage für die „Euthanasie"-Maßnahmen wurde. Die im „Gesetz zur Verhütung erbkranken Nachwuchses" genannten Erkrankungen wurden um Diagnosestellungen wie „asoziales Verhalten", „kriminelles Verhalten", „mangelnde Lebensbewährung" oder „schmarotzende Lebensweise" erweitert. Alle eugenisch negativ klassifizierten Menschen wurden als biopolitische Objekten stigmatisiert, die auf Kosten der anderen, arbeitsfähigen und -willigen Bevölkerung leben, sich von staatlicher Fürsorge versorgen lassen und von jeglichen Anstrengungen und Anforderungen der Existenzbewältigung entlastet waren. Die Vernichtungsbereitschaft speiste sich damit auch aus den Opfern, welche die Wissenschaft produzierenden Männer bewusst und unbewusst ihrer angeblichen Normalität erbringen mussten und dem Hass auf andere, die diese Anstrengung nicht auf sich nehmen können oder wollen (vgl. Niedecken 1989).[131] Auf die Anstrengungen, die es verlangte, durch unzählige Selektionsverfahren eine wissenschaftliche Existenz zu behaupten, verwiesen die Ärzte in ihren eugenischen Diskussionen bereits Jahrzehnte vor dem Nationalsozialismus. Dabei betonten und kritisierten sie u. a., dass der ärztliche Stand im Vergleich zu den vom Staat versorgten „Minderwertigen" benachteiligt werde (vgl. Kap. I.2.).

---

131 Dietmut Niedecken erörterte diese Ursache der Vernichtungsbereitschaft in ihrem Buch „Namenlos. Geistig Behinderte verstehen" (1989) am Beispiel des Tötungsimpulses gegenüber geistig Behinderten.

Aber nicht nur Angstabwehr, Hass und moderne wissenschaftliche Vernunft sind den medizinischen Verbrechen während der nationalsozialistischen Herrschaft vorausgesetzte Bedingungen, sondern – wie bereits angesprochen – ganz wesentlich auch die Bedingungen der Wissensproduktion im Feld der Wissenschaften selbst, die vom Einsatz um Anerkennung, Mittel und Stellen diktiert werden. Anerkennung gewinnt man im wissenschaftlichen Feld nur über Aufstieg. Wer nicht aufsteigt, wird ausgeschieden. Innerhalb des wissenschaftlichen Feldes kann man entweder im Bereich der „institutionellen Macht" aufsteigen (Besetzung herausgehobener Stellen, Leitung von Abteilungen, Mitgliedschaft in Kommissionen, Gutachtertätigkeiten) oder im Bereich der „wissenschaftlichen Macht" (anerkannte Beiträge zum Fortschritt der Wissenschaft, durch Erfindung oder Entdeckungen). Beide „Wege nach oben" führten in der Mitte des 20. Jahrhunderts noch ausschließlich über männliche Patronagesysteme – ein Ausleseverfahren, innerhalb dessen die, die eine wissenschaftliche Laufbahn anstreben, sich der professoralen Autorität der Lehrstuhlinhaber unterwerfen müssen, um die für den wissenschaftlichen Aufstieg notwendige Begünstigung und Protektion zu erhalten. Wissensproduzenten und ihre Wissensproduktion im wissenschaftlichen Feld werden also wesentlich und nachhaltig von zwei Dingen bestimmt: dass eine berufliche Existenz im Feld der Wissenschaften nur über Aufstieg möglich ist, d. h. wer nicht aufsteigt, wird ausgeschieden. Zum Zweiten funktioniert der Aufstieg nur über die Unterwerfung unter eine männliche Genealogie, d. h. einen wissenschaftlichen Vater zu finden, der den Nachwuchswissenschaftler unter vielen Söhnen als potenziellen Nachfolger und Erben des wissenschaftlichen Kapitals erwählt, fördert und auf eine Stelle bringt. Dafür muss der Erwählte mit seiner Arbeit dazu beitragen, das wissenschaftliche Kapital des Förderers zu vermehren, dessen Ansehen und Reputation zu erhöhen, indem er seine Forschungsarbeiten unter dem „Namen des Vaters" veröffentlicht. Die „Antrittsvorlesungen" der neu berufenen Ordinarien, die bis zur Mitte des 20. Jahrhunderts in der „Wiener Klinischen Wochenschrift" publiziert wurden, geben eindrücklich Auskunft über dieses Patronagesystem des wissenschaftlichen Aufstiegs.[132]

Der Nationalsozialismus übergab die Nachwuchsauslese, welche in den Händen der „wissenschaftlichen Väter" lag, in die Hände des „politischen Bruderbundes". Parteimit-

---

[132] Im Bereich von „Vererbungslehre" und „Rassenhygiene" stehen exemplarisch die Antrittsvorlesung des Psychiatrieordinarius Wagner v. Jauregg „Ueber erbliche Belastung" (1902: 43ff) an der II. Psychiatrischen Klinik in Wien, des Histologen und Embryologen Hans Rabl am histologisch-embryologischen Institut der Universität Innsbruck, der seine Antrittsvorlesung als Nachruf auf seinen Vorgänger Ludwig Kerschner konzipierte „Nachruf auf Ludwig Kerschner. Einige Betrachtungen über das Vererbungsproblem" (1911: 1691ff), des Psychiatrieordinarius Otto Pötzl über „Biologische Beziehungen der klinischen Psychiatrie" (1929: 129ff) an der Psychiatrisch-Neurologischen Universitätsklinik in Wien.

gliedschaft war nunmehr die wesentlichste Bedingung des wissenschaftlichen Ein- und Aufstieges (vgl. u. a. Fleck 1985). Darin erklärt sich zum Teil auch die statistisch belegte Tatsache, dass Akademiker, und davon wiederum Ärzte bei den aktiven Nationalsozialisten überrepräsentiert waren. Die meisten davon waren nicht nur einfache Mitglieder, sondern strebten „SA"- und „SS-Ränge" an (Baader/Schultz 1980: 185). Das ehrgeizige Streben, zu einer wissenschaftlichen Elite zu gehören, deckte sich mit den Idealen der Eugenik und „Rassenhygiene", die auch auf eine neue, rassisch-völkisch ausgerichtete Leistungselite abzielte. Standespolitisches Prestigedenken und männlicher Habitus korrelierten in der Wissenschaft mit eugenischen Positionen und entfalteten sich entweder in politisch-nationalistische oder technokratisch-wissenschaftliche Richtung. Dass die Ärzte die vom Nationalsozialismus offerierte neue Macht und neue Qualität der ärztlichen Tätigkeit erkannten, zeigen die Publikationen deutlich. Wissenschaft sollte durch Forschung und Erkenntnisse den gesellschaftlichen Fortschritt erwirken und Lebens- wie Arbeitsbedingungen verbessern helfen. Doch die den wissenschaftlichen Blick auf Mensch und Gesellschaft kennzeichnende Problemorientierung provozierte eine „Problemlösungsaufregung" (Baumann 1995: 26), die zunehmend verführbar machte für die politischen Anrufungen, welche die begehrte Macht, „die Welt zu machen", in Aussicht stellten. Solche Macht kommt im wissenschaftlichen Feld seit je jenen zu, welchen erlaubt wird, für alle zu sprechen.

Die wissenschaftlichen Ideale einer eugenischen „Auslese" zeigen eine auffällige Parallelität zu den akademischen Idealen der Nachwuchsauslese, was auf eine strukturelle Übertragung von wissenschaftlichen „Existenzbedingungen" auf alltägliche verweist. Denn die angewandte Eugenik beurteilt den „Lebenswert" und damit den „Existenzwert" der mit Zwangssterilisation oder Vernichtung verfolgten Menschen in erster Linie über ihre „Leistungsfähigkeit" und „Lebensbewährung". Der „Lebenswert" manifestiere sich, davon waren bereits die eugenisch orientierten Ärzte vor dem Nationalsozialismus überzeugt, in der Fähigkeit zum sozialen Aufstieg (vgl. Wagner-Jauregg 1931: 1, 6). Es gilt bei der Frage nach Verwissenschaftlichungsprozessen damit auch zu berücksichtigen, dass diese nicht nur Inhalte, sondern auch Strukturen von der Wissenschaft in den Alltag übertragen. Wissenschaftsgesellschaft bedeutet damit eben nicht nur, dass wissenschaftliches Wissen soziale Sinngebungsprozesse dominiert, sondern dass die Gesellschaft tendenziell Auslesestrukturen fördert, aus der Eliten, die Besten oder das Beste, was gemeinhin mit „Fortschritt" assoziiert wird, hervorgehen sollen.

Wie sehr diese, die Produktionsverhältnisse im wissenschaftlichen Feld strukturierenden Männlichkeitsideale und -rituale auch und vor allem das Feld der medizinischen Wissenschaft bestimmten, zeigen jene Fragen, die es heute zu stellen gilt, um nach den Bedingungen der Möglichkeit medizinischer Gewaltausübung und den Kontinuitäten dieser Bedingungen in der Gegenwart zu fragen:

> „Wie viele Ärzte werden ausgezeichnet und erreichen akademische Würden, weil sie sich um Patienten kümmern? Wie viele Ärzte erreichen den Rang eines Professors, weil sie den Bedürfnissen ihrer einzelnen Patienten erste Priorität zuordnen? Wie viele Ärzte erfahren Anerkennung, weil sie kollegial sind und sich um Studenten kümmern? Wie viele Ärzte erreichen akademische Anerkennung aufgrund ihrer Arbeit für die Armen, Behinderten, terminal Kranken und Entrechteten?" (Seidelmann 2000: 44).

Diese „weichen Qualifikationen", die vor allem Frauen als geschlechtsspezifischer Sozialisationseffekt zugeschrieben werden, werden im wissenschaftlichen Feld weiterhin nicht honoriert, erfahren nachhaltig keine Anerkennung, ermöglichen nicht die Bildung eines symbolischen Kapitals. Auch wer heute in den Rang eines Professors der Medizin gelangen will, ob Mann oder Frau, hat dies weiterhin über die „harten Qualifikationen" zu tun, die noch immer auf den wissenschaftlichen „Fortschritt" abzielen.

III.

DIE NEUE SACHLICHKEIT EINER EUGENISIERTEN REPRODUKTIONSMEDIZIN, DIE NORMALISIERUNG DER PROPHYLAKTISCHEN GESELLSCHAFT UND DER INDIVIDUALISIERTE MENSCH

Wie die alte Eugenik als Erziehungsprogramm weiterlebt und die neue Eugenik die Geburt von Menschen pränatal oder auf Zellstufe präventiv verhindert, deren Leben „nicht als mit dem Leben zu vereinbaren" gilt oder die als „sozial untragbar" betrachtet werden: 1945–2000

Gegen die zerstörenden Einflüsse der
modernen Großstadt- und Industriezivilisation
„gilt es heute mehr denn je, das Banner der Eugenik und
rein menschlich tendierender Rassenhygiene, in deren Rahmen
natürlich auch vorbeugender Eheberatung ein entscheidend
wichtiger Platz zukommt, wieder hochzureißen,
es von den Spuren geschehener Versudelung zu säubern,
es aber auch zu wahren gegen jedwede neue Anschwärzung".

Erwin Stransky 1949: 323

„Die Genomforschung beschäftigt sich
mit der Analyse von Struktur und Funktion
der Erbanlagen (Gene) des Menschen und
anderen Organismen. Nach der Entschlüsselung
des menschlichen Erbgutes (Genom) geht es nun
vor allem darum, welches Gen für was zuständig ist und
wie sich die Gene wechselseitig untereinander beeinflussen."

„Als Gendiagnostik wird die Anwendung der Genomforschung
im medizinischen Bereich bezeichnet, wie etwa bei Gentests,
in der Pränataldiagnostik oder der Krebsvorsorge."

Diskurstag Gen-Diagnostik 2002
Science goes public: http://www.univie.ac.at/dieuniversitaet/2002/science/10001086.htm

Die Wissenschafts- und Wissensgeschichte der Eugenik ist in der zweiten Jahrhunderthälfte von zwei Bewegungen dominiert, die in der Folge nachgezeichnet und analysiert werden. Einleitend kann gesagt werden, dass zum einen die Eugenik, die jene Faktoren ins Zentrum von Forschung stellt, welche die Eigenschaften künftiger Generationen beeinflussen und die durch medizinische Eingriffe in die Natur und Kultur der Reproduktion negative Einflüsse beseitigen und positive stärken will, als Erziehungsprojekt fortgeführt wurde. Schon Ende der 40er Jahre propagierten namhafte Kliniker die Durchsetzung einer eugenisch rationalisierten Fortpflanzung als Aufgabe der Medizin. Die Ärzte sollten weiterhin über Information, Aufklärung und Beratung eine Verhaltensänderung der Menschen bezüglich ihrer sexuellen Praktiken bewirken. Zum anderen setzte die Reproduktionsmedizin auf den naturwissenschaftlichen Fortschritt bei der Erforschung exogener und endogener angeborener Missbildungsursachen, der auch eugenische Eingriffe in die Natur des Fortpflanzungsprozesses und der menschlichen Entwicklung ermöglichen sollte. Die Erkenntnisfortschritte auf dem Gebiet der naturwissenschaftlichen Erforschung der Missbildungsursachen durch Pathologen, Pädiater und Geburtsmediziner machten in den 50er Jahren deutlich, dass nur ein kleiner Teil davon auf „Erbkrankheiten" zurückgeführt werden konnte, dass endogene Einflüsse also überschätzt wurden. Durch die zunehmende wissenschaftliche Differenzierung der Missbildungsursachen wurde zwar die Diagnose „Erbkrankheiten" zurückgedrängt, doch blieben die Maßnahmen zur Eindämmung dieser Ursachen auch eugenisch motiviert. Die Familien- und Sexualberatung, die Humangenetische Beratung und die Beratung der Eltern von missgebildeten Kindern sollten das neue, differenzierte Wissen zur Verfügung stellen. Nun aber setzte die Medizin nicht mehr auf Zwang wie im Nationalsozialismus, sondern wieder, wie bereits in den 20er Jahren ausformuliert und in den Ehe- und Sexualberatungen ausgeführt, auf den freiwilligen Verzicht auf eigene Kinder. Erblich belastete, Kranke und sozial Schwache sollten im Dienste des Kindeswohls auf Nachkommen verzichten. Schwangerschaftsabbruch auf Grundlage einer eugenischen Indikation war nach 1945 aufgrund der Wiedereinführung des § 144 nicht mehr möglich. Der § 144 des österreichischen Strafrechts, der eine Abtreibung als Verbrechen definierte und mit Kerkerstrafen belegte, war mit Ausnahme der Jahre 1938 bis 1945 von 1803 bis 1975 gültig. Bis 1975 gab es also weder eine Fristen- noch Indikationenregelung, die einen Schwangerschaftsabbruch legitimiert hätten (vgl. Mesner 1994). Die eugenische Indikation spielte im medizinischen Diskurs nach 1945 nicht mehr in Verbindung mit bevölkerungs- oder rassenpolitischen Argumenten eine Rolle, sondern als individualisierte Eugenik.

Eugenische Traditionen und Innovationen blieben in der zweiten Jahrhunderthälfte weiterhin in einen sich allerdings intensivierenden reproduktionsmedizinischen Zugriff auf die Natur und Kultur der generativen Reproduktion eingebunden, der zunehmend nur mehr auf die Produktion gesunder Nachkommen abzielte. Reproduktionsmedizin und Pädiatrie umstellten die Frau mit immer noch invasiveren Technologien und Techniken zur Kontrolle von Schwangerschaft und Geburt, um den „Fetal outcome", so die medizinische Fachsprache, zu verbessern. Neue Fächer konkurrierten in den letzten Jahrzehnten des 20. Jahrhunderts mit der Gynäkologie und Pädiatrie um den neuen „Patienten im Mutterleib". Das Ziel einer Senkung der Säuglingsmortalität und -morbidität rechtfertigt(e) dabei den Einsatz aller technisch-instrumentellen Mittel. Das auf Basis des medizinischen Eingriffes in den Mutterleib produzierte wissenschaftliche Wissen wurde verallgemeinert und auf alle Geburten übertragen, womit von Seiten der wissenschaftlichen Medizin der Risikofall als Regel-fall ausgearbeitet wurde. Der wissenschaftliche Ehrgeiz, Leben und Gesundheit aller Kinder zu gewährleisten, verselbständigte sich in immer weiter gehendem technisch-instrumentellem Eindringen in den schwangeren Frauenleib. Programmierung, Überwachung, Kontrolle und Steuerung von Zeugung, Schwangerschaft, Geburt und früher Mutter-Kind-Beziehung suggerier(t)en Sicherheit und schaffen/ schufen scheinbar Stabilität gegen Ängste. Die medizinische Beherrschung einer zentralen Statuspassage des menschlichen Lebenslaufes – von Schwangerschaft und Geburt und den damit zusammenhängenden Ängsten – nährte in der zweiten Jahrhunderthälfte die Hoffnung, Tod und Leid durch den Fortschritt der Wissenschaften beherrschbar zu machen, Gesundheit mit medizinischen Mitteln herzustellen. Zugleich aber begann die wissenschaftliche Beherrschung der generativen Reproduktion jeglichen Mitteleinsatz zu rechtfertigen.

1. „Zu neuen Ufern lockt ein neuer Tag": Rückzug der Eugenik ins Labor als Ort des kommenden Ruhmes

Auf die Frage, in welchen Bereichen sich die Errungenschaften der Biotechnologie zukünftig am meisten auf das Leben der Menschen auswirken würden, antwortete der Gynäkologe und Theologe Prof. DDr. Johannes Huber, Leiter der „Abteilung für Endokrinologie und Sterilitätsbehandlung" am AKH Wien und Leiter des „Bioethikbeirates des österreichischen Bundeskanzleramtes"[1]:

> „Die größte Gefahr für unseren Planeten sind nicht geklonte Menschen, sondern eine verlängerte Lebenszeit. Das verkraftet weder das Öko- noch das Sozial- noch das Wirtschaftssystem. Die durchschnittliche Lebenserwartung einer Japanerin beträgt heute schon 86 Jahre, wenn sie diese noch einmal um 12 Jahre anheben – und das ist keine Utopie – wer soll das bezahlen?" (Huber 2001: 42).

An der Wende zum 21. Jahrhundert wird die durchschnittlich höhere Lebenserwartung als neues gesellschaftliches Problem der menschlichen Natur aufgebaut. Geburtenrückgang, Säuglingsmortalität und -morbidität, welche eugenische und reproduktionsmedizinische Eingriffe in die reproduktive Natur und Kultur an der Wende zum 20. Jahrhundert gesellschaftlich legitimierten, werden abgelöst von neuen Gefahren, welche die menschliche Natur – aus der Perspektive der Reproduktionsmedizin und Bioethik – für das „Öko-, Sozial- und Wirtschaftssystem" darstellt. Die Rationalisierung der Fortpflanzung durch eine eugenische Medizin scheint im Klonen an ihr Ziel gekommen zu sein. Ethische Fragen bleiben im medizinischen Diskurs in der Wiener Klinischen Wochenschrift auf die Diskussion „einwandfreier Methoden" fixiert, die Abschätzung der Folgen angewandter Bio-Techniken am Menschen werden ausgeblendet. Die Medizin will und kann sich am Ende des 20. Jahrhunderts offenbar nicht mit den gesellschaftlichen Folgen auseinandersetzen, welche mit dem unbegrenzten Einsatz von Biotechniken zur „Verbesserung" des Menschen bei der Herstellung einer Generationenfolge einhergehen. Vielmehr wendet sie sich neuen Problemen der menschlichen Natur zu, die nunmehr ganz ihre Aufmerksamkeit in Forschung und Entwicklung erfordern, um neues

---

1 Die Bioethikkommission wurde im Sommer 2001 vom österreichischen Bundeskanzler Wolfgang Schüssel als beratendes Organ in allen gesellschaftlichen, naturwissenschaftlichen und rechtlichen Fragen, die sich im Zusammenhang mit der Entwicklung der Wissenschaften auf dem Gebiet der Humanmedizin und Humanbiologie ergeben, eingesetzt. http://www.bundeskanzleramt.at/2004/6/22/34hubergmeiner.pdf

wissenschaftliches Wissen für neue Problemlagen zu erarbeiten. Die Verantwortung dafür, ob dieses Wissen dann Anwendung finden soll oder nicht, wird von der Medizin aber nicht übernommen. Huber hielt fest, dass es nicht Sache der Medizin sei, zu entscheiden, wie die Gesellschaft diesem Dilemma entkommen könne, damit müssten sich Politik und Gesellschaft befassen:

> „Hier ist die Gesellschaft gefordert. Wir zeigen allein auf, was wir können, und machen nur das, was die Mehrheit – die doch angeblich immer Recht hat – von uns möchte. Aber es ist nicht unsere Aufgabe zu entscheiden. Das muß die Gesellschaft tun. Ein Mediziner hat auch keine bessere Moral als ein Straßenbahnschaffner oder ein Baumeister" (Huber 2001: 44).

Die Aufgabenteilung, auf die sich hier, zu Beginn des 21. Jahrhunderts, ein renommierter Vertreter der Reproduktionsmedizin berief, wurde 1945 seitens der Medizin als Reaktion auf die Verbrechen der Ärzte während des Nationalsozialismus gefordert. Die „Gesellschaft der Ärzte in Wien", welche die „Wiener Klinische Wochenschrift" herausgab, wurde 1946 unter dem Leitsatz wieder errichtet, dass die Vereinigung „ausschließlich wissenschaftlichen Bestrebungen zu dienen und sich von der Politik des Tages fernzuhalten" habe, so Prof. Dr. A. Wiedmann (1901–1970)[2], Erster Sekretär der „Gesellschaft der Ärzte" (Wiedmann 1946: 14). Der Rückzug der eugenischen Medizin aus Gesellschaft und Politik ins Labor und die Klinik sollte anstelle einer Aufarbeitung die Selbstreinigung von Verwicklungen in politische Interessen und medizinische Verbrechen ermöglichen. Diese Verarbeitungsform bediente sich der Vorstellung von der „reinen" Wissenschaft, der es ausschließlich um den Fortschritt und die Produktkion wissenschaftlichen Wissens geht. Die „Gesellschaft der Ärzte" verhielt sich nach dem Motto „Ein gebranntes Kind scheut das Feuer" und wollte nicht sehen, dass die eugenische Medizin selbst daran beteiligt gewesen war, das Feuer zu legen. Es dauerte mehr als 50 Jahre, bis im Jahr 1996 eine erste selbstkritische Auseinandersetzung mit der „Wiener Klinischen Wochenschrift von 1938 bis 1945" (Druml 1996: 381ff) publiziert wurde, bis die Fiktion der „reinen" Wissenschaft am Beispiel Eduard Pernkopfs Verwendung von Präparaten hingerichteten NS-Opfer[3] für die Illustrationen seines berühmten Anatomieatlasses[4]

---

2 Albert Wiedmann war Dermatologe. Er promovierte 1928 und habilitierte sich 1936. Nach der NS-Herrschaft wurde er mit der Wiedererrichtung der im Dritten Reich geschlossenen Universitätsklinik in Wien betraut.
3 Die Recherchen, die eine eigens zum „Problem Pernkopf" eingerichtete Kommission tätigte, ergaben, dass es sich um Leichen hingerichteter politischer Gefangener am Landesgericht Wien handelte (Malina/Spann 1999: 743–753)
4 Eduard Pernkopf: Topographische Anatomie des Menschen. Lehrbuch und Atlas der regionär-stratigraphi-

(Malina 1997: 935ff, Malina 1999: 743ff) und die wissenschaftsimmanenten Ursachen der medizinischen Verbrechen im Nationalsozialismus thematisiert wurden, bis der Einsatz der medizinischen Wissenschaft für die „Rassenhygiene" und deren Weiterentwicklung bis hin zur Humangenetik auch in einer medizinischen Fachzeitschrift kritisiert wurden (Feuser 1997: 907ff; Berger/Michel 1997: 925ff; Neugebauer 1998: 128ff). Bis zum Ende des 20. Jahrhunderts blieben also die kritische Analyse der Entwicklungsgeschichte der eugenischen Medizin in Österreich und ihre Auswirkungen auf Menschen und Gesellschaft tabuisiert. Ob die im Titel des Editorials des Jahrganges 1999 ausgedrückte Forderung, „Fortschritt kann nur entstehen aus einer umfassenden Präsenz des Vergangenen" (Druml 1999: 739), in Forschung und Praxis eingelöst werden wird, wird erst das 21. Jahrhundert zeigen. Je weniger aber die wissenschaftsimmanenten und gesundheitspolitischen Zusammenhänge der eugenischen Medizin begriffen werden, was sich an der gegenwärtigen Abspaltung von Verantwortung in Forschung und Praxis an Ethikkommissionen deutlich zeigt, umso weniger besteht eine Hoffnung auf Einlösung dieser Forderungen.

Die Fortsetzungsgeschichte der eugenischen Reproduktionsmedizin in der zweiten Jahrhunderthälfte wurde von drei Tendenzen dominiert: Zum Ersten wurden die wissenschaftsimmanenten Ursachen, welche zu den Verbrechen der Medizin geführt hatten, ausgeblendet, zum Zweiten die Zustimmung zur „Auslesemedizin" (Malina 1998: 145) des Nationalsozialismus durch eine fortgeführte eugenische Sichtweise auf Reproduktion, Gesundheit und Krankheit nicht revidiert. Und schließlich wurde als Erklärung für das Zustandekommen einer mörderischen NS-Medizin ein menschliches Versagen bemüht, wodurch die persönliche und individuelle Verführbarkeit von Ärzten durch die Verführungskräfte von Psychopathen betont wird. Die Psychiatrie und die psychische Hygiene betrachteten es in den unmittelbaren Nachkriegsjahren als ihre Aufgabe, dieser Verführungskräfte wieder Herr zu werden, wie es der ehemalige Psychiatrieordinarius Erwin Stransky (1877–1962) ausdrückte:

„In unruhigen Tagen beherrschen sie uns, in ruhigen Zeiten begutachten wir sie. […] Solche Psychopathen, die da das große Wort führen und die Seelen der Gesunden verrenken, gefährden dank ihrem Fanatismus und dank den in den von ihnen gepredigten Ideologien oft enthaltenen Einschlußwahrheiten und überdies durch ihre spezifisch psychopathische Art des Agierens und Reagierens, ihre Mitmenschen aufs äußerste und haben eine mindestens

---

schen Präparation. Wien: Urban & Schwarzenberg; der Atlas entstand in seiner ersten Fassung in den Jahren 1937 bis 1960; der Atlas wurde mehrfach aufgelegt; die erste englische Ausgabe erschien 1963/64 bei Saunders in Philadelphia.

temporäre seelische Abartung an sich seelisch Gesunder nur allzu oft auf dem Gewissen. Sie sind es, die, um mit *Frankl* zu sprechen, so oft zu Kündern und Zündern verhängnisvoller seelischer Kettenreaktionen werden" (Stransky 1949: 324).

Die hier den „Führer" des „Dritten Reiches" als psychopathischen Verführer charakterisierende Interpretation ist eine der Entlastungsstrategien der Medizin, zumal gerade die österreichische Psychiatrie schon lange vor dem „Anschluss" an Hitlerdeutschland einer angewandten Eugenik das Wort redete. Auch Erwin Stransky, der während der NS-Herrschaft von seinem Psychiatrielehrstuhl suspendiert wurde, hatte sich diesbezüglich unmissverständlich geäußert (vgl. Kap. I.2.). Er war es, der als eugenische Maßnahme den Einsatz „minderwertiger Psychopathen" an der vordersten Front forderte und es verurteilte, dass Frauen ihre Ehemänner nach emotionalen statt nach eugenischen Gesichtspunkten wählen. In den Nachkriegsjahren plädierte er dafür, die Sache selbst – die Eugenik und die Förderung des „physisch Gesunden, Blühenden, Hochwertigen" (ebd.: 322) – von ihren „verhängnisvollen Tendenzen" zu reinigen. Damit sollte die Rehabilitierung der Eugenik, die von der Sache her als vernünftig und notwendig beurteilt wurde, vorangetrieben werden. Diese Strategie stellt ein geheimes, meist vielleicht auch unbeabsichtigtes Bündnis mit jener Strategie des „Nicht-Hinsehen-Wollens" dar, die gegen die schlechte Vergangenheit den „Blick nach vorn" kultivierte, auf das „Weiter-Machen" unter der Fiktion der „reinen" Wissenschaft setzte und sich zur Eugenisierung der Reproduktion vorerst ins Labor als „Ort der Reinigung" und „Ort des kommenden Ruhms" zurückzog. Mit Hilfe der Grundlagenforschung wollten die Genetiker die wissenschaftliche Erkenntnis wieder von ihrer praktischen Anwendung trennen. Eine strikte Grenzziehung zwischen Biologie und Kultur sollte die Verbindung zur Eugenik abbrechen. Dies ermöglichte zum einen, die Eugeniker zu diskreditieren, indem ihre sozialen Ziele als Missbrauch der Genetik vermerkt wurden, und es sollte zum anderen helfen, die Genetik selbst nicht in Misskredit zu bringen (vgl. Fox-Keller 1993: 288). Den Opfern der medizinischen Verbrechen sollte ein pietätvolles Gedenken bleiben, „aber nicht in steter Rückschau, sondern in zukunftbedachter Vorausschau: zu neuen Ufern lockt ein neuer Tag!" (Stransky 1961: 221). Die an diesen neuen Ufern, vor allem im Labor, hergestellte neue Sachlichkeit, die aus dem Anspruch einer „rein" empirischen, naturwissenschaftlichen Forschung abgeleitet wurde, baute ihrerseits aber auf Forschung und Wissensproduktion auf, die in den 30er und 40er Jahren im Bereich der Endokrinologie und Zeugungstechnologien und auch auf Basis von Humanexperimenten erbracht worden war. Im klinischen Bereich überwogen in der zweiten Jahrhunderthälfte ab Mitte der 50er Jahre Untersuchungs- und Versuchsreihen mit hormoneller Therapie auf dem Gebiet der Zeugung, Geburtsleitung und Empfängnisverhütung, die alle auf eine hormonelle Steuerung der weiblichen Fruchtbarkeit abzielten. Je mehr die Kliniker mit den neu gewonnenen Erkenntnissen im Bereich der Reproduktion experimentieren konnten, umso mehr widmeten sich die Publikationen den klinischen Untersuchungsreihen und umso weniger wurden die mangelnden Möglichkeiten erfolgreicher Eingriffe in den Reproduktionsprozess durch gesellschaftspolitische Abhandlungen ersetzt. Den Fortschritten der Labormedizin entsprechend, erschien die seit 1936 herausgegebene *„Zeitschrift für menschliche Vererbungs- und Konstitutionslehre"* (Springer Vlg., Berlin)[5] ab 1964 unter dem Titel *„Humangenetik"* (Springer Vlg., Berlin) und ab 1975 unter dem Titel *„Human Genetics"* (Springer Vlg., Berlin). Die neuen Erkenntnisse kamen aus dem Labor, in dem der chemische Aufbau und die Wirkungsweise der Gene erforscht wurden. „Bei Anwendung dieser Kenntnisse" sollten „die genetischen Grundlagen der Variabilität des Menschen in Gesundheit und Krankheit" mehr und mehr verständlich werden. Der „Konstitutionsbegriff, Ausdruck für etwas Wesentliches, das man aber mehr ahnte als erkannte", wurde deshalb durch exakte Begriffe ersetzt.[6] In der Vererbungsforschung setzte sich endgültig die naturwissenschaftliche Seite durch, die mit Hilfe naturwissenschaftlicher Methoden – Zytogenetik (Chromosomenmorphologie und -pathologie), Populationsgenetik, Biochemische Genetik, Sero- und Pharmakogenetik – die Eugenik an neue Ufer führte.

Die Artikel, die im Umfeld der Eugenik in der zweiten Jahrhunderthälfte in der „Wiener Klinischen Wochenschrift" veröffentlicht wurden, entsprachen zunehmend den von der „Gesellschaft der Ärzte" 1947 geforderten Kriterien für wissenschaftliche Publikationen, nämlich sich von der Tagespolitik fernzuhalten, ausschließlich wissenschaftliche Fragen zu erörtern, lediglich zu zeigen, was die Medizin alles kann, und die Entscheidung darüber, ob gemacht werden soll, was gemacht werden kann, der Gesellschaft und den Betroffenen zu überlassen. Die Standardformulierung, die ab Mitte der 80er Jahre aus dieser akademischen Ideologie einer von Politik und Gesellschaftlichkeit „gereinigten" Wissenschaft hervorgebracht wurde, lautete: Die Entscheidung obliegt den Eltern bzw. der Mutter, Reproduktionsmedizin oder Humangenetik stellen lediglich ihr Wissen zur Verfügung. Die „Vererbungslehre", die während der NS-Herrschaft im vorklinischen Teil „Rassenkunde" und „Bevölkerungspolitik", im praktisch-klinischen Teil „Rassenhygiene" und menschliche „Erblehre" zum Inhalt hatte, sollte nunmehr als

---

5 Die von 1936–1964 herausgegebene „Zeitschrift für menschliche Vererbungs- und Konstitutionslehre", war die Fortsetzung der von 1922–1934 herausgegebenen „Zeitschrift für Konstitutionslehre" (Springer Vlg. Berlin), die ihrerseits die Fortsetzung der von 1914–1922 herausgegebenen „Zeitschrift für angewandte Anatomie und Konstitutionslehre" (Berlin) war.

6 Zitate aus dem Vorwort der ersten Auflage der Zeitschrift Humangenetik (Berlin, Heidelberg, New York: Springer 1964/65), in dem die Namensänderung der Zeitschrift begründet wird.

„rein" empirisch-wissenschaftliches Wissen in der Grundlagenforschung generiert und als Bestandteil des Faches Biologie für Mediziner in ein neu zu gestaltendes Curriculum des Medizinstudiums aufgenommen werden. Die „Medizinische Biologie" war bereits seit 1903 Prüfungsfach des ersten medizinischen Rigorosums, wurde als solches aber aus Einsparungsgründen 1935 aufgelassen und der reichsdeutschen Prüfungsordnung entsprechend 1938 wieder eingeführt. Von 1945 bis 1949/50 entfielen die Vorlesungen und Prüfungen aus diesem Fach (vgl. Huter 1969: 230). An der Universität Wien wurde 1949 ein eigenes „Institut für Medizinische Biologie" errichtet, das mit dem bekannten Genetikprofessor Felix Mainx (1900–83)[7] besetzt wurde (ebd.: 231) und an dem eine eigene Arbeitsgruppe im Bereich der „Medizinischen Genetik" forschte.[8] Die Universität Innsbruck richtete die Lehrkanzel für „Medizinische Biologie" erst 1963 ein und erweiterte sie erst im Jahr 1990 um die Bezeichnung Humangenetik, obwohl am Institut bereits seit 1985 „Genetische Familienberatung" durchgeführt und prä- wie postnatale zytogenetische Diagnostik zur „Abklärung verschiedener wichtiger Erbkrankheiten des Menschen (sog. Genomanalysen) betrieben werden" (vgl. Universität Innsbruck 1992: 35). Die Universität Graz gründete das „Institut für Medizinische Biologie" im Jahr 1969 und führte von Beginn an die Bezeichnung „Medizinische Biologie und Humangenetik".

Der neue Biologie-Unterricht für Mediziner, in dem auch die „Vererbungslehre" als wesentlicher Teil vorgesehen war, sollte nun aber – in Abgrenzung zur „Erbbiologie", Eugenik und „Rassenhygiene" in den Jahrzehnten vorher – reine empirische Wissenschaft vermitteln, so die Ankündigung von Felix Mainx in seiner Antrittsvorlesung 1949 an die Studierenden:

„Es gibt keine biologische Weltanschauung, denn die Biologie ist eine reine Erfahrungswissenschaft. Eine Weltanschauung erwächst dagegen nur aus dem Fundament des Glaubens. Unsere Aufgabe ist es aber, Sie auf die Grenze zwischen Glaube und Wissenschaft

---

7 Felix Mainx studierte zuerst Biologie, später Medizin. Er promovierte 1923 zum Dr. rer. nat. an der Universität Prag, habilitierte sich 1929 für Pflanzenphysiologie, erhielt ab 1932 einen Lehrauftrag für Vererbungslehre und wurde 1936 a.o. Professor. Beginn eines Medizinstudiums und Tätigkeit als Arzt in Prag in den Jahren 1939 – 1946. 1943 promovierte er zum Dr. med. und habilitierte sich 1946 für Vererbungslehre in Wien. Ab 1949 erhielt er eine Professur für Allgemeine Biologie an der Medizinischen Fakultät der Universität Wien. Er publizierte u. a. das Buch „Einführung in die Vererbungslehre" (1948).
8 Neben dem „Institut für Medizinische Biologie" wurde an der Universität Wien aud das „Institut für Medizinische Biochemie" aufgebaut, das aus drei Abteilungen besteht: die „Biochemie" wurde 1959 gegründet und 2002 durch „Molekular- und Zellbiologie" erweitert, die „Abteilung für Molekularbiologie" wurde 1978 gegründet und war das erste Institut dieser Disziplin in Österreich, die „Abteilung für Molekulare Genetik" besteht seit 1992.

hinzuweisen und Sie vor den Gefahren einer pseudowissenschaftlichen ‚Weltanschauung' zu bewahren. Besonders die Vererbungslehre war und ist da und dort Opfer und Werkzeug dieses Mißbrauchs" (Mainx 1949: 63).

Die Auseinandersetzung mit der Vorgeschichte der Humangenetik reduzierte sich, kaum fünf Jahre nach Abschluss der einfluss- und wirkungsreichen Jahre der eugenischen Medizin, auf die Klage, dass die „Vererbungslehre" wissenschaftlich und politisch missbraucht worden war.[9] Daraus folgerte Mainx, dass man sich zukünftig vor derlei „Pseudowissenschaft" durch eine „reine" Wissenschaft schützen müsse – so als gäbe es den wissenschaftlichen Blick auf die Realität, der von überall schaut und doch nirgends ist, als könnte er sich jeglicher Gesellschaftlichkeit entkleiden. Die Position des/der Betrachters/in, seine/ihre Eingebundenheit in eine Lebenszeit, soziale Zeit und historische Zeit wurde wie mit einer Art Zauber unsichtbar gemacht. Mit diesem „reinen", wissenschaftlichen Blick solle das Forschungsobjekt bestimmt werden, das Forschungssubjekt aber unbestimmbar bleiben. Von der Situiertheit des Forschers wird abstrahiert und damit die Interaktion zwischen betrachtender Person und dem Gegenstand der Reflexion entzogen, obwohl beide für die wissenschaftliche Wissensproduktion, auch der empirischen Wissenschaften, ausschlaggebend sind und bleiben. Diese erkenntnistheoretische Positionierung dient u. a. der Abgabe von Verantwortung für das Wissen, das man produziert. Danach kann nur Verantwortung übernehmen, wer das Wissen anwendet, aber nicht der, der es entwickelt. Die Dominanz dieses Wissenschaftsverständnisses ist ein wesentlicher Faktor für die späte Aufarbeitung der medizinischen Verbrechen während des Nationalsozialismus. Der Wissenschaftstheoretiker Jürgen Mittelstraß wies im Jahr 1991 in einem Artikel in der „Wiener Klinischen Wochenschrift" unter dem Titel „Akzeptanzkrise der Wissenschaft? Über die Zukunft der Forschung" darauf hin, dass die Vorstellung falsch sei, nach der die Grundlagenforschung der reinen Wahrheit und Erkenntnis folge, die angewandte Forschung aber den „undurchsichtigen Verhältnissen

---

9 Diese Entlastung der „reinen" „Vererbungswissenschaft" durch einen neuen Ordinarius für „Medizinische Biologie" im Rahmen seiner Antrittsvorlesung fand 1949 zeitgleich mit der politischen Entlastung der „Minderbelasteten" im Nachkriegsösterreich statt. Vor 1949 waren alle ehemaligen „NSDAP"-Mitglieder oder Personen, die Mitglied von „NS-Verbänden" („SS", „SA", „NSKK", „NSFK" und anderer) in der Zeit von 1. Juli 1933 bis zum 27. April 1945 gewesen waren, bei den Nationalratswahlen nicht wahlberechtigt. Das vom Österreichischen Nationalrat 1946 beschlossene Nationalsozialistengesetz unterteilte die 524.000 nach dem Zusammenbruch registrierten Nationalsozialisten in „Kriegsverbrecher", „Belastete" und „Minderbelastete" („Mitläufer"). Davon galten 480.000 als „Minderbelastete", 170.000 Personen wurden – meist aber nur vorübergehend – aus dem öffentlichen Dienst und privaten Unternehmen entlassen. 1948 wurde vom Österreichischen Nationalrat eine Amnestie verabschiedet, wodurch „Minderbelastete" bei den Nationalratswahlen 1949 wieder stimmberechtigt waren.

politischer und wirtschaftlicher Zwecke" (Mittelstraß 1991: 158).[10] Doch diese Kritik bleibt im Selbstverständnis medizinischer Wissenschaft und in der Forschungspraxis bis heute im Wesentlichen unerhört. Eine „verantwortete Forschung", die Verantwortung auch von dem verlangt, der Wissen entwickelt, und nicht nur von dem, der es anwenden will oder soll, wurde bis heute nicht realisiert.

Seit Beginn der 60er Jahre wurde versucht, diese ethische Leerstelle dadurch zu füllen, die Verantwortung des „jungen Mediziners" in der ärztlichen Praxis wieder an die christliche Ethik zu binden, an Nächstenliebe und menschliches Erbarmen, Caritas und Humanitas. Die christliche Ethik sollte das professionelle Gewissen des zukünftigen Arztes bilden, so Prof. A. Wiedmann, Vorstand der II. Universitäts-Hautklinik in Wien:

> „Damit hat auch die Idee des Uebermenschen, Herrenmenschen oder wie man diese Phantasiegebilde sonst nennen will, im Gedankengut des von christlicher Ethik geleiteten Arztes nichts zu suchen, denn sie muß zwangsläufig zur Forderung nach der Ausrottung daseinsunwerten Lebens führen" (Wiedmann 1961: 609).

Der Arzt sollte mit Hilfe der christlichen Ethik vom „Gesundheitsführer", zu dem er während des Nationalsozialismus emporgestiegen war, wieder zum Diener des Kranken werden. Als seine Pflicht galt, „stets bereit zu sein, wann immer und von wem immer seine Hilfe verlangt wird" (ebd.: 611). Um das Vertrauen des Kranken zu gewinnen, der die Hilfe des Arztes in Anspruch nimmt, sollte der ideale Arzt über ein hohes Maß an Selbstsicherheit verfügen, die mit Opferwilligkeit verbunden ist.

> „[...] es muß aber vom ersten Augenblick des persönlichen Kontaktes weiter vertieft werden, durch das selbstsichere Auftreten des Arztes im Verkehr mit dem Patienten. Niemals darf auch nur der Schatten eines Zweifels den Glauben des Kranken an das Können des Mannes, dem er seine Gesundheit und sein Leben anvertraut, im leisesten erschüttern" (Wiedmann 1961: 609).

Das NS-Ideal vom Arzt als „Gesundheitsführer" wird im Bild des „selbstsicheren Arztes" erhalten. Seine Macht über Leben und Tod aber sollte durch den Opferwillen der Selbstkontrolle unterworfen werden. Zu dieser Selbstkontrolle sollte auch das Medizinstudium

---

10 Mittelstraß schlägt eine dreigliedrige Ordnung des Forschungsprofils vor: 1. Reine Grundlagenforschung, d. h. Forschung, deren Ergebnisse keine praktische Anwendung erwarten lassen. 2. Angewandte Grundlagenforschung, d. h. Forschung, deren Ergebnisse langfristig angewandt werden möchten. 3. Produktorientierte Anwendungsforschung, d. h. Forschung, die Anwendungen kurzfristig erwarten lässt (1990: 158f).

führen. Der junge Studierende sollte bei seiner ersten Konfrontation mit der Wissenschaft im „Präpariersaal des anatomischen Instituts" die „Unbeirrbarkeit" lernen, niemals das Leben preiszugeben, auch nicht angesichts des Todes". An der Leiche sollte die „Scheu vor der Unantastbarkeit des Lebens" erwachen: „Es ist das ärztliche Menetekel des schauderhaft warnenden Zu-Spät, das den Elan vital des Arztes schon im Präparanten mobilisiert" (Wiedmann 1967: 925). Im Präpariersaal an der Leiche sollte also „die Achtung vor dem Leben entstehen" und das „Fundament für die Forschung gelegt werden" (ebd.). In der modernen Medizin konstituierte sich das Wissen über den Körper und die menschlichen Lebensvorgänge ab dem 18. Jahrhundert über die Leichensektion. Damit der „Tod als Spiegel des Lebens" (Foucault 1988: 160) gesehen werden konnte, mussten aber Jahrhunderte währende Todesvorstellungen kulturell und sozial enttabuisiert werden. Erst der Ausschluss jeglicher Emotion machte diese kulturelle Normverletzung im Dienste der Leichensektion möglich. Diese Normverletzung stellt heute noch den Initiationsritus des Medizinstudiums dar, zumal die Sezierkurse noch immer die Grundlage und den Einstieg in das Medizinstudium bilden. Die medizinische Ausbildung sah und sieht als „ersten Patienten eine Leiche vor" (Linkert 1993: 135). Diese Leiche soll den Medizinstudenten nun aber nicht mehr nur das Körperwissen, sondern aus der Perspektive einer christlichen Ethik auch das ethische Gewissen lehren. Am Toten soll der zukünftige Arzt lernen, das Leben zu würdigen. Die Leichensektion dient damit nicht mehr nur als Erkenntnismethode, sondern sollte auch als Lehrmeisterin der Ethik etabliert werden. Aus der Perspektive einer christlichen Ethik sollten die akademischen Lehrer zudem auch verpflichtet werden, den jungen Ärzten ein Leben vorzuleben, „wie es dem wahren Arzt ansteht", der ein Vorbild an „Leistung", „Opferbereitschaft" und „Güte" sein sollte. Im Nachkriegsösterreich wurden also „Opferbereitschaft" und „Güte" zur „Entschärfung" des NS-Idealbildes vom Arzt als „Gesundheitsführer der Nation" aufgeboten. Zugleich wurde den jüngeren und jungen Ärzten die Ausbildung eines ärztlichen Ethos abgesprochen, und dies mit ihrer mangelnden humanistischen Bildung begründet. Darüber hinaus warf man den Ärzten, die während der NS-Herrschaft studiert hatten, vor, dass während des Krieges viele junge Leute ein Medizinstudium begonnen hätten, um ihre Einberufung zum Wehrdienst hinauszuzögern und die „Möglichkeit des Heldentodes" zu vermeiden. Den Ärzten, deren Approbation zur Berufsausübung aus dem Medizinstudium während der NS-Zeit hervorgegangen waren, wurde aufgrund dieser unterstellten Vermeidungsstrategie eine „Berufung zum Arzttum" abgesprochen (Wiedmann 1967: 925). Offenbar musste man die von der christlichen Ethik geforderte „Opferbereitschaft" auch dadurch unter Beweis stellen, dass „mann" sich der „Möglichkeit des Heldentodes" zur Verfügung stellt. Damit zeichnete die Bereitschaft zum „Kriegseinsatz" auf Seiten der Männer auch im Nachkriegsösterreich und aus christlicher Perspektive die geforderte „Opferbereitschaft" des neuen Arztes aus.

Ideale und Ziele der „reinen" Wissenschaft und der christlichen Ethik sollten also in der österreichischen Medizin der Nachkriegszeit den „Blick nach vorn" ermöglichen und an die Stelle des Rückblickes treten, der damit nicht mehr erforderlich schien. Ende der 70er Jahre wurde dazu auch hierzulande das Modell der Ethikkommissionen[11] adaptiert, das in den USA als „Institutional Review Board" (IRB) zu Beginn der 60er Jahre eingeführt worden war. Die Funktion dieser Kommissionen war es, ÄrztInnen im Rahmen der Ausarbeitung ihrer wissenschaftlichen Forschungsprogramme hinsichtlich des Schutzes der an den Studien teilnehmenden PatientInnen und ProbandInnen zu beraten, so Dr. G. Bauer vom „Institut für Gerichtliche Medizin" der Universität Wien in einem Artikel über „Klinisch-wissenschaftliche Untersuchungen aus ethischer und rechtlicher Sicht" (vgl. Bauer 1987: 450). Gefordert wurden dabei die Forschungsfreiheit des/der Forschers/in, das Selbstverfügungsrecht des/der ProbandIn und eine Nutzen-Risiko-Abwägung. Mit der Einsetzung von Ethikkommissionen war aber ganz wesentlich auch das Interesse verbunden, eine Verrechtlichung und staatliche Reglementierung zu verhindern, d. h. die Autonomie des wissenschaftlichen Faches zu schützen.

> „Von Forschern selbst besetzte Ethikkommissionen bieten sich dem Wissenschaftler als Beratungshilfe an, wenn es etwa darum geht, den Grundsatz der Verhältnismäßigkeit im eigenen konkreten Projekt nüchtern im Auge zu behalten, allgemein anerkannte Grundsätze der Forschung am Menschen zu beachten. Nur eine Selbstkontrolle durch die Ärzteschaft wird letztlich eine Verrechtlichung und zunehmende staatliche Einflußnahme auch auf die Forschung in der Medizin verhindern können" (Bauer 1987: 449).

Diese Selbstkontrolle durch die ÄrztInnenschaft sollte durch eine Besetzung der Ethikkommissionen mit MedizinerInnen erreicht werden. Die Notwendigkeit einer Einrichtung von Ethikkommissionen und deren Besetzung mit MedizinerInnen wurde aber nicht mit der eigenen Geschichte medizinischer Verbrechen während des Nationalsozialismus begründet, sondern durch Verweise auf medizinische Humanexperimente in den USA zwischen 1836 und den 60er Jahren des 20. Jahrhunderts, die den Prinzipien der „World Medical Association" (WMA) von 1964 widersprochen hätten, „wonach bei Versuchen am Menschen das Interesse der Wissenschaft und der Gesellschaft niemals Vorrang vor den Erwägungen haben sollte, die das Wohlbefinden der Versuchsperson betreffen" (ebd.). Damit aber wurde der Anschein erweckt, als hätten Humanexperimente nur im Ausland stattgefunden, als wäre die eigene Geschichte frei von Schuld. Der Einsatz für eine fachinterne Besetzung der Ethikkommissionen erweckt zudem den

---

11 Die erste Ethikkommission wurde 1979 bei der Gemeinde Wien eingerichtet.

Eindruck, dass die medizinische Wissenschaft davon ausgeht, dass die Medizin nur von außen – durch Justiz und Staat – missbraucht werden kann und eine Gefährdung der Ethik von innen kein Thema ist.

Doch die Medizin geriet mit diesem nach 1945 eingeschlagenen Weg, die eigene Beteiligung an NS-Verbrechen der Auseinandersetzung zu entziehen und somit zu verdrängen, im Laufe der zweiten Jahrhunderthälfte in ein neuerliches Dilemma. Der Einsatz des Selbstbestimmungsrechtes im „Nürnberger Ärztekodex" führte zwar auf der einen Seite zu einer ethischen Sensibilisierung der Medizin. Auf der anderen Seite schafft sich die Medizin aber durch seine Verabsolutierung gleichsam einen Entlastungsmechanismus. Denn das Pochen auf das Selbstbestimmungsrecht wurde, so der bekannte Psychiatriekritiker Klaus Dörner (geb. 1933), emeritierter Professor für Psychiatrie an der Universität Witten-Herdecke, zunehmend zur Entlastung von eigener Verantwortung und sogar zur Ausdehnung medizinischer Macht instrumentalisiert (Dörner 2002: 355). Eine Abspaltung von Verantwortung wird schließlich auf jeden Fall durch zwei Faktoren ermöglicht: erstens durch das Vorhaben der Medizin, das der Vorsitzende des Ethikbeirates des Bundeskanzleramtes, Prof. DDr. Johannes Huber, mit den Worten „wir zeigen, was wir können, entscheiden muss die Gesellschaft" (Huber 2001: 44) umschrieb. Zweitens durch die Blindheit gegenüber den wissenschaftsimmanenten Ursachen medizinischer Verbrechen. Dem steht zwar die Position gegenüber, die Felix Mainx in der Rezension des Buches „Für und wider die Sterilisierung aus eugenischer Sicht" (1952) [von Hans Nachtsheim, Professor für Humangenetik an der FU Berlin] formulierte, dass nämlich auch in der Medizin selbst „Entscheidungen über praktische eugenische Maßnahmen" [...] niemals aus der wissenschaftlichen Sachlage allein abgeleitet werden" können, sondern Wertmaßstäbe voraussetzten, „die nur von einer weltanschaulichen Basis her begründbar sind". Diese Kritik hat/te aber für die humangenetische Forschung und Entwicklung keinerlei Konsequenzen in der Praxis. Das Wissenschaftsverständnis, das Hans Nachtsheim aus der Sicht des Rezensenten vertritt, dass nämlich der „Wissenschaftler nur das aus seiner Fachkenntnis erfließende Grundlagenmaterial zu liefern" und „diese Grundlagen in vollkommen objektiver, unbeeinflusster Weise zur Verfügung zu stellen und sich mit allen Mitteln gegen jede Verfälschung oder Verschleierung dieser Grundlagen im Dienste einer weltanschaulichen Richtung zur Wehr zu setzen" habe, bleibt dominant, auch dann, wenn die „weltanschauliche Problematik eines jeden praktischen Eugenischen Programms" erkannt wird, so Felix Mainx (Mainx 1953a: 222). Mainx war in dieser Frage offensichtlich ambivalent, zumal er in seiner Antrittsvorlesung (vgl. Mainx 1949: 63) noch der Möglichkeit einer „rein" empirischen Wissenschaft und Erkenntnis das Wort redete. Die „weltanschauliche Problematik" wurde in den Versuchen der Nachkriegszeit sichtbar, die Eugenik mit dem Hinweis auf den politischen

Missbrauch zu rehabilitieren. Und auch die neu entwickelten naturwissenschaftlichen Methoden der Diagnose verschiedener Missbildungen konnten nicht aus dieser weltanschaulichen Problematik gelöst werden, da die grundlegende soziale Entscheidung, dass Missbildungen individuell und gesellschaftlich belastend sind, dass der gesellschaftliche Wert des Menschen an seiner „Leistungs- und Beschäftigungsfähigkeit" gemessen wird und dass Missbildungen diese beeinträchtigen, nicht reflektiert wird. Beides gilt es in der Folge zu zeigen.

2. „[…] das Banner der Eugenik wieder hochzureißen und von Spuren geschehener Versudelung zu säubern", um das „Uebel der Erbkrankheit auf ethisch einwandfreie Weise" zu sanieren: Versuche zur Rehabilitierung der Eugenik nach 1945

Nach dem Zweiten Weltkrieg wurden, wie bereits nach dem Ersten, die Auswirkungen des Krieges von der Medizin als schwere Schädigung der „Volkssubstanz" beurteilt. Dr. Franz Ritschl vom Büro des amtführenden Stadtrates für das Gesundheitswesen in Wien beurteilte diese Schädigung in einem Artikel in der „Wiener Klinischen Wochenschrift" als „Verschlechterung der biologischen Gesamtstruktur" (Ritschl 1948: 179). Diese Wahrnehmung der Auswirkungen des Zweiten Weltkrieges führte umgehend zu eugenischen Interpretationen. Die „Verschlechterung der biologischen Gesamtstruktur" wurde nicht in einen Kontext mit den vielen Toten auf Seiten der Soldaten und ZivilistInnen gestellt, sondern mit der Steigerung des „Frauenüberschusses und der Vergreisung" in Zusammenhang gebracht, welche beide für die Bevölkerungsentwicklung als ungünstig beurteilt wurden (ebd.: 181). Der Ministerialrat Dr. M. Kaiser beurteilte in der klinischen Fachzeitschrift auch den Kriegstod der Männer als eugenisches Problem, denn der

> „Massenmord unserer kräftigsten und wehrfähigsten Männer bedeutet eine nur ganz allmählich auszubessernde Schädigung unseres gesamten Volkskörpers, weil ja die Erzeugung der nachfolgenden Generation von minder tüchtigen besorgt werden muß. Die aus einer derart negativen Auslese sich ergebenden Schäden erfordern eine Abhilfe, die ernste Sorgen bereiten muß" (Kaiser 1946: 7).

Die medizinische Beurteilung des „Reproduktionswertes" des Mannes blieb also auch im Österreich der Nachkriegsjahre an das Bild vom erfolgreichen Krieger gebunden. Demnach überlebten nur Schwächlinge den Krieg, wogegen die eugenisch „wertvollen" Männer im Töten ihr Leben aufs Spiel setzten.

Auch wenn drei Jahre nach der Befreiung Österreichs von Seiten der Medizin festgehalten wurde, dass sich die österreichischen Ärzte „in keiner Weise in die schwierigen und heiklen Fragen der Politik einmengen", versprach die Medizin dennoch ihren Beitrag zur Lösung des Gesamtproblems zu leisten, und sie fühlte sich „sogar in erster Linie berufen und verantwortlich dafür" (Ritschl 1948: 179). Die dabei in und von der Medizin propagierten Maßnahmen zielten auf eine Sozialpolitik ab, welche über die

Fürsorge für Kriegsopfer hinausgehen und erneut die Gefahren der „Erbkrankheiten" eindämmen sollte. Dazu galt es, die Familienpolitik den sozialwirtschaftlichen Verhältnissen anzupassen.

„Weiter muß, angesichts der Tatsache, dass die Nation auf Jahrzehnte hinaus mit einem hohen Prozentsatz von Versehrten und Leidenden zu rechnen hat, eine Sanierung vom Uebel der Erbkrankheiten auf ethisch einwandfreie Weise als vordringlich ins Auge gefaßt werden. Die Lehren der Erbbiologie müssen in geeigneter Form in das sittliche Verantwortungsbewußtsein des Volkes eingepflanzt und insbesondere bei der Eheschließung mit berücksichtigt werden. Die Mitwirkung des Staates im Sinne einer entsprechenden Volksaufklärung, Eheberatung und bestimmter sozialhygienischer Maßnahmen ist hierbei unerläßlich" (Ritschl 1948: 181).

In den Nachkriegsjahren wurden die Sozialausgaben, ebenso wie in den Jahrzehnten vorher, hinsichtlich der Produktivität der Kosten beurteilt. Die darin erkannte Aussicht auf eine „ungeheure Belastung der Staatsfinanzen" (ebd.) durch die Befürsorgung von Invaliden und Kriegshinterbliebenen hielt das eugenische Denken in Bewegung. Die Eugenik sollte nun aber vor politischem Missbrauch geschützt werden. So hielt Sauser in einer Buchbesprechung der Publikation von Felix Mainx zur „Einführung in die Vererbungslehre" (1948) fest, dass Ärzte, Erzieher, Agrarier und gebildete Laien gewisser Kenntnisse des Vererbungsgeschehens bedürfen, „sosehr dem Mißbrauch vererbungswissenschaftlicher Ergebnisse zu politischen, human getarnten Zwecken jederzeit die Stirn zu bieten war und bleibt" (Sauser 1949: 508).[12]

In der Buchbesprechung zu einer 1952 das dreizehnte Mal aufgelegten Publikation des Dermatologen und Mitherausgebers des „Archivs für Rassen- und Gesellschaftsbiologie", Hermann Werner Siemens (1891–1940), über „Grundzüge der Vererbungslehre, Rassenhygiene und Bevölkerungspolitik"[13], wies der Rezensent Felix Mainx darauf hin,

---

12 Sauser (1899–1968) hatte ab 1936 die zweite anatomische Lehrkanzel der Universität Wien inne. Er war promovierter Pharmazeut, Chemiker und Mediziner. Er wurde 1938 seines Amtes enthoben und übernahm 1945 die Lehrkanzel für Histologie und 1946 jene für Anatomie in Innsbruck. Von 1946 bis 1948 war er Dekan der Medizinischen Fakultät. Aufgrund eines von Prof. Sauser verfassten Ausschussberichtes (gem. mit Prof. Lang und Prof. Tapfer) wurde Friedrich Stumpfl, der während der NS-Herrschaft die Professur für „Erb- und Rassenbiologie" an der Universität in Innsbruck inne gehabt hatte, 1959 zur Verleihung eines Titels des ao. Professors vorgeschlagen und damit endgültig rehabilitiert. Stumpfl wurde 1939 das „Institut für experimentelle Pathologie" überlassen, dessen Vorstand, Prof. Gustav Bayer, als Jude 1938 entlassen und vertrieben worden war. Das Institut wurde ab 1940 als „Institut für Erb- und Rassenbiologie" geführt.
13 Die Erstauflage des Buches datiert aus dem Jahr 1918, die 13. Auflage wurde 1952 bei Lehmanns in München herausgegeben.

dass durch die Wiederauflage des Werkes eines alten Vorkämpfers des eugenischen Gedankens nun wieder von den „so lange totgeschwiegenen Fragen einer biologisch fundierten Bevölkerungspolitik gesprochen" werden könne (Mainx 1953: 18). Das Buch setze sich zum Ziel, „die Eugenik von einer Kompromittierung zu befreien, die sie durch den politischen Mißbrauch in einer vergangenen Aera erlitten hat" (ebd.). Mainx kritisierte, dass aber trotz dieser löblichen Absicht die Ausführungen in die „rassenhygienische" Eugenik verstrickt blieben. Der Autor preise die Überlegenheit der nordischen Rasse, betrachte die Vermehrung der „NegerInnen" als Unglück, erkläre alle Nachkommen von Kriminellen kritiklos zu Kriminellen, führe die schlechten Schulnoten von Kindern aus kinderreichen Familien auf deren mangelnde Begabung zurück, ohne die Untersuchungen und Methoden zu diskutieren, die zu derlei Aussagen geführt hätten. Als praktische Maßnahme werde die freiwillige Sterilisierung von „Minderwertigen" gefordert (ebd.: 18ff). Diese Maßnahme fordere auch Hans Nachtsheim, der den Lehrstuhl für Humangenetik an der FU Berlin innehabe, und der auch während des Nationalsozialismus die Haltung des wahren Wissenschaftlers bewahrt habe, in seinem neuen Buch „Für und wider die Sterilisierung aus eugenischer Indikation" (1952) gefordert. Doch weder Siemens noch Nachtsheim würden die „weltanschauliche Problematik eines jeden praktischen eugenischen Programms" reflektieren und diskutieren (Mainx 1953a: 222). Diese wissenschaftsimmanente Kritik von Felix Mainx an eugenischen Zielsetzungen wurde in der „Wiener Klinischen Wochenschrift" aber nicht weiter gefördert und blieb durch ihre Begrenzung auf kritische Rezensionen eugenischer und vererbungswissenschaftlicher Publikationen unbedeutend.

Der Wiederaufnahme eugenischer Forderungen wurde dagegen mehr Raum eingeräumt. Der Psychiatrieordinarius Erwin Stransky rechtfertigte in einem Text „Ueber die psychische Hygiene" (1949) seine Forderung nach der Erneuerung der Eugenik damit, dass ihm,

„der durch sieben schwere Jahre schuldlos ob seiner Abstammung durch die gleichen Mächte grausam geächtet war", vielleicht die „besondere Ehrenpflicht" erwachse, und „im Sinne der Bergpredigt auch Gewissenspflicht, sich unbekümmert um wie immer Namen habende Tageslosungen für das als richtig Erkannte einzusetzen, mag es auch noch vor wenigen Jahren in den Dienst unheilbringender Mächte gepreßt und von ihnen mißbraucht worden sein" (Stransky 1949: 322).

Hier sollte die Tatsache, selbst vom Nationalsozialismus verfolgt worden zu sein, die „Unschuld" der Wiederaufnahme eugenischer Forderungen bestätigen. Die „verlorene Unschuld" der Eugenik wurde dem politischen Missbrauch während der NS-Herrschaft angelastet. Die Eugenik galt es von dieser Kompromittierung reinzuwaschen, um sie für die, dringend einer Lösung harrenden, Probleme der Nachkriegszeit einzusetzen. So werde heute (d. h. 1949) der Forderung, die „physisch Gesunden, Blühenden, Hochwertigen" zu fördern, da nur in einem gesunden Körper ein gesunder Geist wohnen könne, mit Missverständnissen und Misstrauen begegnet. Denn die Forderung würde dahin gehend fehlgedeutet, dass sie auf eine Renaissance „jener verhängnisvollen Tendenzen hinaus[laufe], deren Entmachtung nur um den Preis unnennbarer physischer und moralischer Opfer zu erreichen gewesen ist" (ebd.). Doch dieses Missverstehen sei verkehrt, denn

> „wenn *wir* von Höherzucht sprechen, dann denken wir dabei an kein wie immer Namen habendes Politikum, dann denken wir im Sinne Wagner-Jaureggs, [...] und, sofern sie als gediegene und ernste Forscher zu bewerten gewesen sind, auch Rüdins, Lenz' u. a., an den Menschen als *Menschen*, er mag wohin immer gehören, wenn er nur als Mensch Paradigma und Rückgrat des Gesundheitsprinzips ist" (Stransky 1949: 322).

Im Zusammenhang mit den „Menschennöten der Nachkriegszeit" vermerkte Stransky, dass „der Mensch überhaupt das kostbarste Kapital des Staates wie der Nation ist" und dies besonders „von dem *gesunden Menschen* gilt, dessen Reihen heute so arg gelichtet sind" (ebd.). Hier setzt Stransky seine bereits während des Ersten Weltkrieges ausgeführte, im Kern eugenische Argumentation fort (vlg. Kap. I.2.). Er beurteilte schon 1916 den „Erbwert" der, durch die Assentierung und Rekrutierung ausgelesenen, Männer als „höherwertig" und ihren Verlust durch den Krieg als Gefahr für die Degeneration des Volkskörpers. 1949 sprach er vom Verlust der „gesunden Menschen". Neben dem Verlust dieser „höherwertigen" Männer kritisierte Stransky die moderne Großstadt- und Industriezivilisation Ende der 40er Jahre hinsichtlich ihrer zerstörenden Auswirkungen auf die körperliche Gesundheit des Menschen.[14] Diese würden ganz nach Art des „ominösen ‚kalten Krieges'" eine

---

14 Diese zerstörenden Einflüsse der Industriezivilisation zeichnet Erwin Stransky Mitte des 20. Jahrhunderts als „unangepaßte und ungesunde wie auch extrem kollektive [...] Arbeitsweise, unhygienisches Wohnen, Mangel durchgreifender Erholungsmöglichkeiten, Schwängerung der Atmosphäre mit schädlichen festen Partikeln, Gasen und Keimen, zweckwidrige Bekleidung, Zweckwidrigkeit der Kost und der Essensbedingungen, Häufung der erdenklichsten Gelegenheitsmachereien zum Genußgiftmißbrauch und zu venerischen Infektionen, nicht zu vergessen aller der unmittelbaren Gefahren, die aus dem mannigfach gestalteten Arbeitsprozeß und den Verkehrsverhältnissen mit ihren zahlreichen Unfallverursachungen resultieren, dies alles wirkt einzeln wie vollends im Zusammenspiel auslöschend oder doch zerstörend auf Leben und Gesundheit gerade vieler ursprünglich Kräftiger und Gesunder, die eben darum zahlreicher und ungeschützter allen diesen Risken ausgesetzt sind" (ebd.: 322).

„negative Massenauslese, eine ähnliche Massenvernichtung von Plusvariantischem wie im Kriege sensu stricto" bewirken, „und kaum zu zählen sind alle die ursprünglich leiblich wie seelisch gesund Veranlagten, die in diesen verderblichen Strudel hineingeraten, so oder so physisch und seelisch morbidisiert oder invalidisiert werden" (Stransky 1949: 322).

Stransky sah vor allem Frauen als durch diese Entwicklung besonders gefährdet an, da sich deren genuine „Instinktfestigkeit" im natürlichen und gewohnten Milieu in ungewohnter und ihrer Grundnatur unangepasster Umwelt in „Instinktratlosigkeit" verkehre. Seine Annahme sah er bestätigt in einer von ihm konstatierten „seelisch-nervösen Morbidisierungsanfälligkeit der Landmädchen und zumal der, vom Lande hereingekommen, Hausgehilfinnen" (ebd.: 323). Industrialisierung und Urbanisierung wurden nun, wie bereits von der Sozialhygiene um 1900, von der Psychohygiene bemüht, um die Störungen und Schädigungen der „seelischen Gesundheit" zu erklären. Auf Seiten der Männer wurden zudem die seelischen Folgen des Krieges für das „Erlöschen ihrer Libido oder ihrer Potenz" verantwortlich gemacht und die gelegentlichen „Verkehrungen ihrer sexuellen Gelüste" als „Folge des Lagerlebens mit seiner Begünstigung perverser Betätigungen" erklärt (ebd.: 326). Die Möglichkeit der Heilung dieser zu Ehestörungen führenden seelischen Erkrankungen wurde „günstigen Umwelteinflüssen" und einer „energischen ärztlichen Psychotherapie" (ebd.) unterstellt, die den früheren Status quo wieder herstellen sollte. Der „frühere Status quo" war die patriarchal-heterosexuelle Dauereinehe, deren Realisierung damit auch als Kriterium zur Beurteilung der psychischen Gesundheit eingesetzt wurde. Gegen die zerstörenden Einflüsse der gegenwärtigen Kultur und Gesellschaft forderte Erwin Stransky Ende der 40er Jahre, mehr denn je

„das Banner der Eugenik und rein menschlich tendierender Rassenhygiene, in deren Rahmen natürlich auch vorbeugender Eheberatung ein entscheidend wichtiger Platz zukommt, wieder hochzureißen, es von den Spuren geschehener Vesudelung zu säubern, es aber auch zu wahren gegen jedwede neue Anschwärzung" (Stransky 1949: 326).

Wie die Allgemeine Hygiene, so zielte auch die neu konzipierte psychische Hygiene der Psychiatrie auf die „Gesunderhaltung der Gesunden" und den „prophylaktischen Schutz der Gefährdeten" ab (ebd.). Diese Aufgabe wurde von Stransky als „Eubiotik" – die Lehre vom gesunden körperlichen u. geistigen Leben – bezeichnet. Sie sollte neben der Erhaltung und Vorsorge auch Nachsorgemaßnahmen treffen, da geheilte oder gebesserte InsassInnen von „Irrenanstalten" besonderer Fürsorge bedürften. Für die Einlösung dieser „eubiotischen" Aufgaben sollten die psychische Hygiene, die Psychotherapie und

Pädagogik eingesetzt werden. Immer wieder verwies Stransky auf den Missbrauch der Eugenik, der „die Sorge für das gesunde Erbgut" im Österreich der Nachkriegsjahre so schwer mache. Dass die Befürchtungen hinsichtlich einer Wiederaufnahme der Sorge um das „Erbgut" wieder „in die Abwege einer unter schwersten Opfern überwundenen Epoche" zurückführe, verwechsle aber Brauch mit Missbrauch, so Stransky. Worin der Missbrauch lag, führte Stransky nicht aus, wie viele Menschen dieser Missbrauch das Leben gekostet hatte, wurde ebenso nicht erwähnt. Bedeutsamer waren nunmehr die Opfer, welche zur Überwindung dieser Epoche erbracht worden waren. Stransky betonte dies immer wieder, ohne auszuführen, was und wer damit gemeint sei. Wie nun der richtige Gebrauch der Eugenik aussehen sollte, erschöpfte sich in der Erwähnung der Eheberatung, der Erziehung als vorbeugender Tätigkeit und der psychischen Hygiene als lebensbegleitende Maßnahmen zur Herstellung von Gesundheit.

Stranskys Ziel, das „Uebel der Erbkrankheit auf ethisch einwandfreie Weise" zu sanieren, gelang in der zweiten Jahrhunderthälfte nicht. Sein Vorsatz aber, die Eugenik zu rehabilitieren und gesellschaftsfähig zu machen, sollte der angewandten Humangenetik vorbehalten bleiben, wie in der Folge zu zeigen sein wird.

3. „Pränatale Pathologie" als Niemandsland zwischen Geburtsmedizin und Pädiatrie: Die wissenschaftliche Suche nach den Missbildungsursachen und die „angewandte Humangenetik (Eugenik)" als Bestandteil prophylaktischer Eingriffe der Vorsorgemedizin im Dienste der Gesundheit der nächsten Generation

Ziel der Medizin blieb auch nach dem Nationalsozialismus, für „die Gesundheit der Menschen unserer Welt in dieser Zeit" (Asperger 1961: 727) zu sorgen. In Fragen der Gesundheitserziehung räumte die Medizin der Familie und der Familienpolitik den ersten Rang ein, gefolgt von den Schulen und Fortbildungsschulen. Für die Gesundheitserziehung in diesen Institutionen sollten die Ärzte zu „Menschenführern" ausgebildet werden. Die Ärzte, so Hans Asperger, zu Beginn der 60er Jahre Ordinarius für Kinderheilkunde an der Universität Innsbruck,

„sind zur Erziehung, auch zur Gesundheitserziehung, der uns anvertrauten Menschen zutiefst verpflichtet. Ihnen müssen wir nahe bringen, was immer sich wissenschaftlichem Bemühen und tiefer Schau an Methoden und Wegen erschließt, sie müssen wir, als ‚paidagogoi andragogoi', zu Menschen bilden, welche die in ihnen angelegten Möglichkeiten auf die beste, höchste Weise ausprägen" (Asperger 1961: 728).

Das Idealbild des Arztes als „Gesundheitsführer der Nation", das der Nationalsozialismus propagierte, wurde vom Idealbild des Arztes als „Gesundheitserzieher", im Bereich der Vorsorgemedizin abgelöst. Die Vorsorgemedizin sollte aus dem „Krankheitswesen" ein „Gesundheitswesen" machen, so der geschäftsführende Ärztliche Direktor der Medizinischen Klinik der Universität Heidelberg, Prof. Dr. Dr. h. c. mult. G. Schettler, in einem Vortrag vor der „Gesellschaft der Ärzte", im März 1984 (Schettler 1985: 306).[15] Dieses Ideal der vorbeugenden Medizin, die der Verhinderung von Krankheiten mehr Priorität einräumt als deren Behandlung, kehrt seit dem Aufstieg der Sozialhygiene in den ersten beiden Jahrzehnten des 20. Jahrhunderts immer wieder und bleibt der beständigste Punkt im medizinischen Diskurs. Und es ist stets begleitet von der Vorstellung, damit etwas Neues, noch nie da Gewesenes zu beginnen.

---

15 Der Vortrag „Hat die Vorsorgemedizin heute noch Chancen?" wurde im Heft 7 vom März 1985 als Editorial publiziert.

In einem Artikel zur Frage, „Ist Vorbeugen wirklich besser als Heilen?"[16], diskutierte Dr. Edzard Ernst, von der „Universitätsklinik für Physikalische Medizin und Rehabilitation" in Wien die Ziele und Methoden der Vorsorgemedizin. Die Vorsorgemedizin sollte sich demnach auf Erkenntnisse der „Risikoprofilforschung" beziehen, welche Risiken erfassen und für eine Behandlung zugänglich machen soll. Ernst unterteilte die Vorsorgemedizin in drei Stufen. Im Zuge der Primärprävention sollten „ursächliche Faktoren von Erkrankungen (=Risikofaktoren) bei (noch) nicht erkrankten Personen und Personengruppen" beseitigt werden, bei der Sekundärprävention galt es, „Krankheiten in ihrer präklinischen Phase" zu erkennen, bei der Tertiärprävention sollte bei bereits eingetretenen Krankheiten ein Fortschreiten verhütet werden (Ernst 1993a: 108). Gesundheitserziehung zielte nun also nicht mehr nur auf eine Prävention von Erkrankungen ab (Impfungen etc.), sondern auf Vorsorge durch Verminderung der Risikofaktoren wie z. B. Rauchen, Übergewicht, hoher Blutdruck etc. (Mischak 1993: 530). Die Vorsorge sollte wieder die ganze Population erfassen, während Heilbehandlung und Therapie sich ja nur dem Individuum widmen könnten (Ernst 1993: 531). In Österreich wurde im Rahmen dieses Präventions- und Vorsorgeprogramms die „Gesundenuntersuchung" eingeführt, deren Ziele „die Früherkennung von Erkrankungen, die Identifikation von Risikofaktoren und die Veränderung des Gesundheitsverhaltens" sind, so Dr. Christian Köck (Köck 1997: 141).[17] Angesichts zunehmender Kosten der Gesundheitsversorgung wurde also der Verbesserung der Primärprävention besondere Bedeutung zugeschrieben, da sie insgesamt die Nachfrage nach Gesundheitsleistungen vermindern sollte.

Die Erforschung von angeborenen Missbildungsursachen war ein wesentlicher Teil der Primärprävention. Ab Ende der 50er Jahre unterstützte der Einsatz neuer Techniken den Erkenntnisfortschritt. Vorerst wurde mit der „Fetoscopy", der „intrauterine fetal visualization" experimentiert, bei der ein Endoskop durch den Cervixkanal schwangerer Frauen in die Gebärmutter eingeführt wurde, um den Fötus zu sichten. Die Ultraschalltechnologie, ursprünglich von der Militärforschung entwickelt, um U-Boote zu sondieren, kam ab Mitte der 50er Jahre in der Gynäkologie zum Einsatz. Diesbezüglich war die ultrasonographische Darstellung eines ungeborenen Kindes im Mutterleib durch den britischen Geburtsmediziner Donald im Jahr 1958 ein Meilenstein in der Grund-

---

16 Der Artikel beschäftigte sich mit der Frage am Beispiel der Prävention von Wirbelsäulenleiden.
17 Christian Köck (geb. 1958) promovierte an der Universität Wien zum Dr. med. und absolvierte dort auch die Ausbildung zum Allgemeinmediziner und Psychotherapeuten. 1990 bis 1995 war er Vorstand des Wiener Krankenanstaltverbundes für die Bereiche Organisationsentwicklung und Qualitätsmanagement. Seit 1998 ist er Professor für Gesundheitspolitik und Gesundheitsmanagement an der Universität Witten/Herdecke und seit 2001 Dekan der dortigen Medizinischen Fakultät.

legung Pränataler Diagnostik[18] (vgl. Hepp 1999). Die Perfektionierung der Ultraschalltechnik in den Folgejahrzehnten hatte eine höhere Detailauflösung der Bilder zur Folge, was zunehmend die Erkennung von Strukturdefekten fötaler Organe ermöglichte. Diese Technologie war die Grundlage der bis Mitte der 60er Jahre von Stelle und Breg entwickelten Amniozentese, die während des zweiten Schwangerschaftsdrittels durchgeführt werden kann. Mit Hilfe der ultrasonographischen Darstellung des Fötus im Mutterleib wird dabei die Bauchdecke mit einer langen Punktionskanüle durchstoßen, um Fruchtwasser, das auch fötale Zellen enthält, zu entnehmen und einer chromosomalen Untersuchung zu unterziehen. Die Amniozentese wurde Anfang der 80er Jahre durch die Chorionzottenbiopsie erweitert (Ward et al. 1983). Dabei werden bereits während des ersten Schwangerschaftsdrittels Zellen aus den Zotten der Eihaut (Chorion) entnommen und einer genetischen Analyse unterzogen.

Bereits Ende der 40er Jahre wurde von Seiten der Pädiatrie in Österreich auf eine Zunahme angeborener Missbildungen aufmerksam gemacht. Dies wurde von dem Kinderarzt und Vorstand der Kinderabteilung der Stadt Wien in Lainz, Andreas Rett (1924–97)[19], mit zwei Entwicklungen in Zusammenhang gebracht. Zum einen würden

---

18 Der Begriff „Pränatale Diagnostik" (PD) bezeichnet Untersuchungen während der Schwangerschaft, die darauf abzielen, Missbildungen, Erkrankungen und Entwicklungsstörungen des Embryos oder Fötus diagnostizieren zu können. Die derzeitigen Methoden der PD sind Ultraschalluntersuchung (Sonographie), Untersuchung von Hormonkonzentrationen im mütterlichen Blut (z. B. Triple-Test), Chorionzottenbiopsie und Fruchtwasseruntersuchung (Amniozentese). Die Grundlage bildet die Ultraschalltechnik, da – mit Ausnahme des Bluttests – alle invasiven Methoden (Amniozentese und Chorionzottenbiopsie), die einen operativen Eingriff erfordern, nur mit Hilfe der Sichtbarmachung des Eingriffes unter Sonographie durchgeführt werden können. Aber auch für die PD selbst steht die Ultraschalluntersuchung am Anfang aller weiteren Eingriffe. Sie leitet aufgrund der Richtlinien zu den „Mutter-Kind-Pass"-Untersuchungen, die Ultraschalluntersuchungen vorschreiben, die Suche nach Normabweichungen beim sich entwickelnden Embryo und Fötus ein. Bei Verdacht auf Vorliegen von Defekten werden die betroffenen werdenden Mütter zur genetischen Beratung überwiesen. Dort wird auf Basis von Stammbaumanalysen und Wahrscheinlichkeitsrechnungen ein Risiko errechnet (vgl. Samerski 2002), das seinerseits wieder die Grundlage für weitere Untersuchungen darstellt: z. B. in der 16. Schwangerschaftswoche eine Fruchtwasseruntersuchung (Amniozentese) durchzuführen, bei der die aus dem Fruchtwasser gewonnenen kindlichen Zellen nach Gendefekten untersucht werden. Erfassbar sind vor allem Chromosomenaberrationen (durch Chromosomenanalyse), Stoffwechseldefekte (durch biochemische Enzymanalysen) und Neuralrohrdefekte (durch Bestimmung der Fetoprotein-Konzentration).

19 Rett, Andreas, geb. 1924 in Fürth (Deutschland), gest. 1997 in Wien, war Kinderarzt, Kinder- und Jugendneurologe am Krankenhaus Rosenhügel in Wien sowie Universitätsprofessor. Er gründete 1963 die erste geschützte Werkstätte für nervenkranke Jugendliche. 1966 bis 1989 war er Vorstand der Abteilung für entwicklungsgestörte Kinder am Neurologischen Krankenhaus Rosenhügel in Wien, ab 1985 auch Ärztlicher Direktor. Nach ihm wird das „Rett-Syndrom" benannt, eine Hirnstoffwechselerkrankung, die nur bei Mädchen auftritt. Er setzte sich besonders für Toleranz gegenüber Behinderten ein. Zugleich empfahl und führte er die Sterilisation von behinderten Menschen durch. Theresia Haidlmayr, Behindertenspre-

die „modernen Entbindungsanstalten und hochentwickelten Methoden der Säuglings- und Frühgeburtenaufzucht" auch die Lebenserwartung von missgebildeten Kindern verbessern. Zum anderen habe „die vergangene Aera des Nationalsozialismus [...] die Zahl mißgebildeter Kinder stark vermindert" und „dabei auch oft Leben vernichtet, das bei entsprechend intensiver Betreuung sehr wohl lebens- und arbeitsfähig hätte werden können" (Rett 1958: 37). Beides bedinge, dass angeborene Missbildungen zunehmend optisch sichtbar würden. Von der Medizin würden sie aber auch sichtbar gemacht, um für die Forschung an Missbildungsursachen eine neue Akzeptanz zu schaffen. Neben der Forschungsverpflichtung konstatierte Andreas Rett aber auch „eine dem menschlichen Wesen zutiefst verwurzelte existentielle Neugier, solche Fehlbildungen zu deuten" (ebd.). Die Erforschung der Missbildungsursachen sollte jetzt, „im Stadium einer ruhigen Entwicklung, diejenigen Positionen" einnehmen, „die den biologischen Tatsachen am ehesten entsprechen dürfte". Den Verantwortlichen der nationalsozialistischen Epoche warf Andreas Rett vor, die „von Verschuer in genialer Weise ausgearbeitete Erbpathologie in verbrecherischer Rücksichtslosigkeit für ihre Ziele vorgeschützt" zu haben (ebd.). Die Verantwortung für die medizinischen Verbrechen, welche die „NS-Ärzte" im Namen der Eugenik und unter Bezugnahme auf das eugenische Menschenbild verübt hatten, wurde also auch von Seiten der Pädiatrie dem politischen Regime zugewiesen, das die „genialen" wissenschaftlichen Erkenntnisse der „Erbpathologie" für seine Ziele missbraucht hätte. Auch die Kinderheilkunde setzt an die Stelle der Aufarbeitung der eigenen Geschichte die Hoffnung auf ein „biologisches Tatsachenwissen", das die Unschuld der Eugenik als Sache besiegeln sollte. Fragwürdig bleibt bis heute aber nicht nur die Ideologie der Tatsachenforschung, sondern auch die der „rein" wissenschaftlichen Neugier. Beide sind schwache Faktoren, um die wissenschaftliche Erforschung von Missbildungsursachen von politischen Täuschungen und Einvernahmen fernzuhalten, wo ihre „Reinheit" (oder Unschuld) doch von „ruhigen Entwicklungen" abhängig bleibt.

---

cherin der Grünen in Österreich, erwähnte im Einleitungsreferat zu einer Enquete zu „Zwangssterilisation – Menschenrechtsverletzung oder medizinische Notwendigkeit?" am 5. März 1998 im Parlament, dass Andreas Rett in Wien über 20.000 behinderte Menschen behandelte und empfahl, „Personen mit einem Intelligenzquotienten von unter 30% zu sterilisieren. Nach den Zahlen der Weltgesundheitsorganisation wären somit 15% der Gesamtbevölkerung zu sterilisieren. Am Rosenhügel wurden unter Dr. Rett, wie heute bereits bekannt ist, jahrelang Zwangssterilisationen angeordnet, zum Schutz von Missbrauch, laut Dr. Rett. Dass dieser Schutz nur den Sexualtätern gelten kann und niemals den Opfern, ist hier in dieser Runde hoffentlich unbestritten" (1998: http://www2.uibk.ac.at/bidok/library/recht/haidlmayr-einleitung_zwangssterilisation.html). Werke: Das hirngeschädigte Kind, 1971; Linkshänder. Analyse einer Minderheit, 1973 (Mitautor); Das Reichssippenamt entscheidet. Rassenbiologie im Nationalsozialismus, 1982 (mit H. Seidler). Insgesamt über 200 Publikationen (vgl. http://www.aeiou.at/aeiou.encyclop.r/r539792.htm).

Die Suche nach den Ursachen angeborener Missbildungsursachen setzte aber wesentlich früher ein als die öffentliche Registrierung einer Zunahme von missgebildeten Kindern durch die Pädiatrie. Otto Thalhammer (1922–1994) von der Universitäts-Kinderklinik Wien widmete sich seit Beginn der 50er Jahre dem neuen Forschungsgebiet der „Pränatalen Pathologie" (Thalhammer 1953: 1001), das sich nunmehr mit der Aufklärung angeborener Missbildungsursachen beschäftigte.[20] Die Versuche, angeborene Missbildungen zu verhindern, waren eugenisch motiviert und standen mit anderen eugenisch gefärbten wissenschaftlichen Debatten in der „Wiener Klinischen Wochenschrift" in Zusammenhang. Diese konzentrierten sich auf die bevölkerungspolitischen Probleme Österreichs, die infolge des Zweiten Weltkrieges als „Verschlechterung ihrer biologischen Grundstruktur" interpretiert wurden, auf die finanziellen Probleme des Sozialstaates, die diesem aus der notwendigen Befürsorgung von Kriegshinterbliebenen und -invaliden erwüchsen, auf die mit dem „kalten Krieg" gleichgesetzten, zerstörerischen Auswirkungen von Industrialisierung und Urbanisierung auf die Gesundheit der Menschen, auf die Notwendigkeit der Wiederaufnahme und Fortsetzung eugenischer Maßnahmen und deren Reinigung von weltanschaulichen und politischen Motiven sowie auf die allgemeinen Zielsetzungen der Medizin, der Gesundheit durch vorbeugende, erhaltende und nachsorgende Maßnahmen zu dienen. In diesem Kontext war es nur nahe liegend, dass als das eigentliche Ziel der „Pränatalen Pathologie" nicht die Erkenntnis, sondern „die bewußte Verhütung angeborener Störungen" betrachtet wurde. Dieses Ziel sollte durch eine „wirkliche Gemeinschaftsarbeit von Frauenheilkunde, Physiologie, Pädiatrie und Embryologie" erreicht werden (Thalhammer 1953: 1005). Der Einsatz der „Pränatalen Pathologie" zur Verhütung angeborener Missbildungen legte unmissverständlich den Zusammenhang von Reproduktionsmedizin, Pädiatrie und angewandter Eugenik offen. Die soziale Bedeutung vom „Niemandsland" der „Pränatalen Pathologie" wurde von der Medizin darin gesehen, dass sie ein Mittel zur Reduktion staatlicher Sozialausgaben darstellen könne. So gehe

---

20 Otto Thalhammer (geb. 1922) promovierte 1947 und nahm im selben Jahr seine Tätigkeit an der Universitätskinderklinik auf; er habilitierte sich 1957, wurde 1964 zum A.o. Univ.-Professor ernannt und 1972 zum A.o. Univ.-Professor und Leiter der Abteilung für Neonatologie und angeborene Störungen bestellt. Diese wurde 1971 als „Department für Neonatologie" von Hugo Husslein (1908–85), Eduard Gitsch (*1920) und Hans Asperger (1906–1980) beantragt. Thalhammer ist Mitbegründer der Österreichischen Gesellschaft für Prä- und Perinatale Medizin (http://www.perinatal.at). Er errichtete u.a. 1949 das Forschungszentrum für Toxoplasmose und das 1966 eingerichtete „Österreichische Programm zur Früherfassung angeborener Stoffwechselanomalien". In der 1967 publizierten Monographie „Pränatale Erkrankungen des Menschen" (Thieme Verlag, Stuttgart) werden von ihm alle bis dahin bekannten vorgeburtlich ablaufenden „pathologischen Prozesse und Zustände" umfassend erörtert.

„die soziale Bedeutung der pränatalen Pathologie […] unter anderem daraus hervor, dass allein an der Kinderklinik Wien im Jahre 1954 pränatal verursachte Krankheitszustände lediglich für Verpflegungskosten einen Aufwand von rund einer halben Million Schilling erforderten." (Thalhammer 1957: 166).

Die Kosten, die dem Gesundheitswesen durch „pränatal verursachte Krankheitszustände" erwuchsen, sollten durch die Verhinderung der Geburt missgebildeter Kinder als zukünftige PatientInnen gesenkt werden. Sie rücken aber nicht mehr als kranke Menschen ins Blickfeld, sondern als „Krankheitszustände" und deren Kostenfaktor.
Neben den deklarierten Zielen einer angewandten Eugenik, wie jenes, zur Senkung von Sozial- und Gesundheitskosten beizutragen, ging es aber auch darum, neues Behandlungsterrain zu erobern. Doz. Dr. P. Elsner-Mackay von der Landes-Frauenklinik Wels erklärte in einem Artikel über „Exogene Mißbildungen":

„[…] das Gebiet der pränatalen Pathologie war bisher als Niemandsland zwischen Geburtshelfern und den Pädiatern gelegen, in welchem Fortschritte kaum bemerkbar waren" (Elsner-Mackay 1964: 181).

Die Fachgebiete, die ab Mitte der 50er Jahre um die „Eroberung" dieses „Niemandslandes" konkurrierten – Geburtsmedizin und Gynäkologie, Pädiatrie, Humangenetik – begründeten ihren Zugriff auf das neue Behandlungsterrain mit der Zuständigkeit ihres Faches, mit dem Versprechen, zur Senkung der Säuglingsmortalität und -morbidität beizutragen, zukünftiges Leid von Kindern mit angeborenen Missbildungen und deren Familien zu verhindern, und den Kostenaufwand für die Betreuung lebenslang behinderter Menschen einzudämmen.
Das „Niemandsland" selbst, so Elsner-Mackay, sei erst durch eine dem Blitzschlag gleichen Erkenntnis taghell geworden, nämlich jener, dass für den/die Erwachsene/n kaum toxische Substanzen bei der heranwachsenden Frucht im Mutterleib schwerste exogene Missbildungen verursachten. Der Autor spricht hier von der Medikamentenvergiftung durch ein, unter den Namen Contergan und Thalidomid bekanntes und vertriebenes Schlafmittel. Die Einnahme dieses Medikamentes während der Frühschwangerschaft führte zu angeborenen Missbildungen des Extremitätenstrahls der Hand und/oder des Fußes (s. u.). Der Durchbruch der „Pränatalen Pathologie" wurde nach mehrjähriger Forschungsarbeit also ganz wesentlich von den, durch die Medizin selbst verursachten, Missbildungen der ungeborenen Kinder – den iatrogenen Schädigungen durch Medikamenteneinnahme – Anfang der 60er Jahre ermöglicht.

3.1 Erforschung exogener und endogener angeborener Missbildungsursachen durch Geburtsmedizin, Pädiatrie, Pathologie und Humangenetik

Die Erforschung angeborener Missbildungsursachen durch Pathologen, Gynäkologen, Pädiater und Humangenetiker führte zum Nachweis exogener und endogener Ursachen. Viruserkrankungen, endokrine Einwirkungen, mechanische Traumen, toxische Schädigungen, Strahlenschäden und Stoffwechselerkrankungen der Mutter wurden als Uraschen von Missbildungen erkannt und zeigten, dass es sich dabei keineswegs nur um „Erbkrankheiten" handelte. Die Ursache von „Mißbildungen beim Menschen" ausschließlich in krankhaften „Erbanlagen" zu suchen, wurde Ende der 50er Jahre als Überschätzung der Erbanlagen kritisiert. „Man gewinnt […] den Eindruck, dass in den großen Topf „‚Schwachsinn' wahllos und undifferenziert alles geworfen wurde […]", so der Pädiater Andreas Rett (1958: 38). Auch die Geburtsmedizin kritisierte diese Überschätzung:

> „Diese Ueberzeugung erbbedingter Ursachen war so weit verbreitet und schien so fest begründet, dass sich das verflossene Regime veranlaßt sah, aufgrund dieser Erkenntnisse bei allen schweren körperlichen Mißbildungen zwangsweise Sterilisationen anzuordnen und vornehmen zu lassen, um eine Weiterverbreitung zu verhüten" (Zacherl 1949: 33f).

Hans Zacherl (1889–1968), Ordinarius für Geburtshilfe und Gynäkologie wie auch Vorstand der II. Universitäts-Frauenklinik in Wien[21], machte in seiner Antrittsvorlesung anlässlich der Übernahme der II. Universitäts-Frauenklinik das NS-Regime für die medizinischen Verbrechen verantwortlich. Wie die Vertreter der Vererbungsforschung und der Pädiatrie entlasteten in ihren Antrittsvorlesungen auch die Vertreter der Geburtsmedizin und Gynäkologie das eigene Fach und damit die Kollegen von ihren Verstrickungen mit der NS-Medizin. Die Verantwortung wurde wieder dem politischen Regime unterstellt, die wissenschaftliche tabuisiert. Die „Überzeugung erbbedingter Ursachen" wurde aber, entgegen den Ausführungen Hans Zacherls, nicht erst von den NS-Ärzten verbreitet, sondern war bereits vor dem Nationalsozialismus Bestandteil des medizinischen Mainstream (vgl. Kap. I.1.). Mit Beginn der 50er Jahre vertrat das medizinische Establishment infolge des „Fortschritts der Wissenschaften" diese „Überzeugung erbbedingter Ursa-

---

21 Hans Zacherl habilitierte sich 1924 an der Universitäts-Frauenklinik Graz und wurde 1931 zum Vorstand der Universitäts-Frauenklinik in Innsbruck berufen. 1935 folgte er dem Ruf an die Universitäts-Frauenklinik Graz. 1938 wurde er der Stelle enthoben. Er nahm seine Tätigkeit 1946 in Wien wieder auf, wo er zunächst die gynäkologische Abteilung der Poliklinik leitete. 1948 wurde er Ordinarius für Geburtshilfe und Gynäkologie und Vorstand der II. Universitäts-Frauenklinik.

chen" nicht mehr. Doch auch als die Erforschung der angeborenen Missbildungsursachen diese zusehends in endogene und exogene Ursachen differenzierte, wurden die eugenischen Folgerungen und Forderungen größtenteils beibehalten. Denn Ziel reproduktionsmedizinischer und humangenetischer Forschung blieb es, die Geburt missgebildeter Kinder durch medizinische Eingriffe zu verhindern. Als Ergebnis dieser Entwicklung fallen im österreichischen Strafgesetzbuch nicht nur „erbbedingte", sondern auch andere unheilbare angeborene Missbildungen unter die eugenische Indikation für den Schwangerschaftsabbruch (StGB 97 Abs 1, Z 2). Der weltanschaulichen Problematik suchte sich die Medizin dadurch zu entledigen, dass sie im Falle des Vorliegens von „Erbkrankheiten" bzw. anderer nicht heilbarer angeborener Missbildungen und der damit anstehenden, eugenischen Eingriffe in die Natur und Kultur der Reproduktion die „freiwillige Zustimmung" und die „informierte Zustimmung" einführte (s. u.).

Als *exogene Ursachen der Schädigung des Fötus* wurden Mangelfaktoren (Vitamine, Spurenelemente, Sauerstoff), Strahlen (Röntgen, Radium, Ultraschall), chemische Substanzen (Medikamente, Gifte, Hormone), mechanische Traumen, psychische Traumen, Virus- und Infektionskrankheiten der Mutter, Blutungen in der Frühschwangerschaft, Überalterung der Mutter sowie soziale und existenzielle Gefährdung der Mutter (ledige Mütter, Kriegsmütter) genannt (Rett 1958: 39). Sie wurden darüber hinaus in pränatale Reifungsstadien eingeteilt, da davon ausgegangen wurde, dass „das Entwicklungsstadium, in dem der Organismus von einer Schädigung getroffen wird", von großem Einfluss auf die Folgen sein müsse (Thalhammer 1953: 1001). Dazu wurden Blastematosen[22], Embryopathien[23] und Fötalerkrankungen[24] differenziert.

> „Das Entwicklungsstadium bestimmt also in gewissem Maße, ob der Organismus eine Schädigung überlebt, welche Organe später Defekte zeigen, wie schwer diese sein werden und wie groß die Chancen des Organismus sind, einer Schädigung zu entgehen" (Thalhammer 1953: 1002).

Um die Schädigungsmöglichkeiten in den verschiedenen pränatalen Reifungsstadien zu erforschen, wurden im Tierversuch (Ratte, Maus, Meerschwein und Huhn) exogene

---

[22] Der Insult trifft Blastemfelder und führt zu Fehlbildungen, z. B. Zyklopie (Mißbildung des Gesichts, bei der die miteinander verwachsenen Augäpfel in einer gemeinsamen Augenhöhle liegen). Als Blastem (gr. „Keim, Sproß") wird das aus undifferenzierten Zellen bestehende Gewebe bezeichnet, aus dem sich schrittweise die Körpergestalt entwickelt. Noxen sind den Organismus schädigende Stoffe oder Umstände. Im Fall der Blastematosen schädigt die Noxe also bereits die Keimentwicklung.

[23] Hier schädigt die Noxe bereits minder weit differenzierte Organanlagen und führt zu Bildungsstörungen, z. B. Colobome (angeborene Spaltbildung im Bereich der Regenbogenhaut, der Augenlider oder des Gaumens).

[24] Hier trifft die Noxe ausdifferenzierte Organe, welche erkranken und angeborene Schäden zur Folge haben.

Schädigungen hervorgerufen, um die daraus entstehenden pränatalen Missbildungen zu verstehen. Doz. Dr. Otto Thalhammer erhielt für die „Vakzine-Virusembryopathie der weißen Maus" 1958 den Moro-Preis der „Deutschen Gesellschaft für Kinderheilkunde und Jugendmedizin".

Auf Basis einer Untersuchung zur „Frage der Häufigkeitszunahme der Missbildungen in den Nachkriegsjahren", die am Sektionsmaterial des Pathologisch-Anatomischen Instituts der Universität Wien durchgeführt wurde, verwiesen die Forscher darauf, dass im Vergleich der Zeiträume 1925 bis 1935 und 1945 bis 1955 im Jahrzehnt nach dem Zweiten Weltkrieg eine mathematisch signifikante Zunahme der Zahl der Missbildungen zu verzeichnen war. Die Zunahme wurde als Folge von „besonderen alimentären und seelischen Noxen" erklärt, „denen die Mütter während der Schwangerschaft ausgesetzt waren" (Flegenheimer 1956: 469).[25] Flegenheimer verwies zur Untermauerung seiner Erklärung auf deutsche Untersuchungen, welche die Zunahme angeborener Missbildungen infolge von Hungerperioden und psychischen Traumen der Mütter während der Schwangerschaft, in Kriegs- und Nachkriegsjahren und an jüdischen Frauen, die „längere Zeit in seelischer und körperlicher Not leben mußten", bestätigte. Der Verweis auf ein – „längere Zeit in seelischer und körperlicher Not leben Müssens jüdischer Frauen" – enthält als Referenz die Untersuchungen des führenden Anatomen der NS-Zeit, Hermann Stieve (vgl. Anm. 58 in Kap. II.). Dieser untersuchte u. a. den Einfluss von Angst und Schrecken auf die Keimdrüsen von zum Tode verurteilten jungen Frauen des deutschen Widerstandes. Der nichts sagende Verweis Flegenheimers stellt einen unglaublichen Euphemismus für die medizinische Forschung an Frauen in den Konzentrationslagern des „Dritten Reiches" dar. Er verschweigt den absichtsvollen Menschenversuch an schwangeren Frauen, Gebärenden und Müttern sowie Neugeborenen im Wochenbett, der auch dazu diente, Missbildungsursachen zu erforschen. Ruth Elias, die in Theresienstadt und Auschwitz inhaftiert war, schilderte eindrücklich diese medizinischen Experimente in ihrem Buch, „Die Hoffnung erhielt mich am Leben. Mein Weg von Theresienstadt und Auschwitz nach Israel" (1995/7. Auflg.). Bei einer Versuchsreihe des Humangenetikers Josef Mengele (1911–79)[26],

---

25 Der Artikel wurde von Flegenheimer in Buenos Aires (Argentinien) verfasst und auszugsweise von J. Zeitlhofer in der gemeinsamen wissenschaftlichen Sitzung der „Vereinigung der pathologischen Anatomen Wiens" und der „Österreichischen Gesellschaft für Mikrobiologie und Hygiene" am 31. Januar 1956 vorgetragen.

26 Mengele war ab September 1937 Assistent bei Verschuer und untersuchte im Rahmen seiner Promotion das Problem der Vererbung der „Lippen-Kiefer-Gaumenspalte". Von Mai 1943 bis Januar 1945 forschte er in Auschwitz zur Wirkung von Genwirkstoffen – eine Forschung, welche auch die Tötung und Sezierung der Beforschten beinhaltete. Mengele flüchtete 1949 mit Hilfe eines Passes des Internationalen Roten Kreuzes nach Argentinien. In der Zeit, als Flegenheimer seinen Artikel „Zur Frage der Häufigkeitszunahme der Mißbildungen in den Nachkriegsjahren" (1956) aus Buenos Aires für einen Vortrag nach Wien schickte, hielt sich auch Mengele in Buenos Aires auf.

bei der erhoben wurde, wie lange es ein Neugeborenes ohne Essen aushielt, verlor sie ihr Kind (Elias 1990: 180ff).

Vitamin- und Sauerstoffmangel wurden im Tierexperiment als zu Missbildungen führende Mangelfaktoren nachgewiesen und bewertet. Vitaminmangelkost – der Entzug an Vitamin A, B1 und B2 – führte im Experiment mit Ratten zu 75 %iger Missbildung. Die schädigenden Auswirkungen eines Vitamin-K-Mangels wurden bereits beim Menschen nachgewiesen. Doch auch die Ernährungsverhältnisse in den „Konzentrations"- und „Gefangenenlagern" des „Dritten Reiches" wurden „im Hinblick auf Schädigungen durch vitaminarme Kost" als „geradezu ‚heroische' Experimente" beurteilt (Rett 1958: 39). Im Tierversuch an trächtigen Hunden wurde bewiesen, „dass durch Sauerstoffmangel oder Blutverlust Störungen im Gehirn entstehen", so Dr. K. Huber bei einer Mitteilung „Ueber eine der Ursachen geistiger Minderwertigkeit bei Kindern" im Rahmen der wissenschaftlichen Sitzung der „Gesellschaft der Ärzte in Wien" (Huber 1951: 411). Im Tierversuch sei es gelungen, „eine ganze Fülle klassischer Mißbildungen des Menschen gezielt durch Sauerstoffmangel zu reproduzieren", so Dr. Franz Büchner (1895–1991) aus Freiburg i. Br. in einer Originalabhandlung zur „Entstehung menschlicher Mißbildungen und Mißbildungskrankheiten" (Büchner 1959: 147).[27] Büchner leitete während der NS-Zeit das „Institut für Luftfahrtmedizinische Pathologie", und es ist anzunehmen, dass seine Erkenntnisse auch aus der „pathologischen Zweckforschung" dieses Instituts stammen. Auf jeden Fall wurde ab den 50er Jahren davon ausgegangen, dass der Sauerstoffmangel auch einen Teil der „Ursachen geistiger Minderwertigkeit bei Kindern" darstelle, wie dies die Pädiatrie bei der Asphyxie[28] schon seit Jahrzehnten vermutete. Das Ausmaß der Schädigung wurde in einen Zusammenhang mit dem Zeitpunkt, der Dauer und der Stärke des Mangels gestellt. Es wurde davon ausgegangen, dass es zum pathogenen Sauerstoffdefizit sowohl während der Schwangerschaft, z. B. durch frühzeitige Plazentalösung und damit einsetzende Blutungen als auch während der Geburt kommen kann.

Die „Pränatale Pathologie" vermerkte auch das Gebäralter der Mutter als Ursache embryonaler Entwicklungsstörungen. Vor allem der Zusammenhang „Überalterung – Mongolismus" galt als nachweisbar. Begründet wurde dies damit, dass bei Frauen jen-

---

27 Franz Büchner war Pathologe und seit 1936 Ordinarius in Freiburg. Ab 1940 leitete er das „Institut für Luftfahrtmedizinische Pathologie" des „Reichsluftfahrtministeriums" und war laut Generaloberstabsarzt Schröder „der oberste Arzt für pathologische Zweckforschung" (Nbg. Dok. NO–449). Er betrieb Luftwaffenforschung über die pathologische Chemie der Unterkühlung und des Unterdruckes (Karl Brandt, BA KLE 441–3).
28 Asphyxie bedeutet „Pulslosigkeit". Als Asphyxie werden in der Medizin Atemstillstand und Ersticken infolge einer Sauerstoffverarmung des Blutes bezeichnet.

seits des vierzigsten Lebensjahres an der Uterusschleimhaut allmählich der Alterungsprozess einsetze, wodurch der normale Austausch von Sauerstoff und Glukose im Eibett bedroht sei (Büchner 1959: 147). Zugleich lehnte man den Begriff „Überalterung" als irreführend ab, da eine Reihe von Faktoren auch bei Frauen unter vierzig zu denselben Missbildungen führte. Als Alternative wurde vorgeschlagen, von der „müden Mutter" zu sprechen. Andere Autoren empfahlen Begriffe wie „generative Insuffizienz" oder „Produktionserschöpfung". Damit sollten nicht nur das erhöhte Alter, sondern auch zahlreiche Geburten, körperliche und psychische Überlastung oder chronische Krankheiten als Missbildungsursachen erkannt und benannt werden. Das Alter oder der Gesundheitszustand des Vaters stand nicht zur Debatte. Die Suche nach Ursachen angeborener Missbildungen erschöpfte sich in Untersuchungen zur „generativen Insuffizienz" der Mutter. Diese Geschlechterblindheit ist genuiner Teil der Entwicklungsgeschichte der Risikoforschung in der Reproduktionsmedizin, die jene Faktoren untersucht, die potenziell schädigende Wirkungen auf die Entwicklung des Fötus im Mutterleib haben. Anfänglich erforschte sie die Einwirkungen, denen schwangere Frauen am Arbeitsplatz ausgesetzt waren, hinsichtlich ihrer potenziell schädigenden Auswirkungen auf die fötale Entwicklung. Schwere körperliche Arbeit und Hantieren mit giftigen Materialien wurden als Ursache „degenerativer" Folgewirkungen auf die kindliche Entwicklung genannt. Die Einführung von besonderen Maßnahmen zum Arbeitsschutz der schwangeren Frauen (Verbot der Nachtarbeit, Verbot schwerer körperlicher Arbeit, Einführung der Wochenschutzfristen vor und nach der Geburt) steht in diesem Zusammenhang und ist im Wesentlichen ein Schutz des Fötus im Mutterleib (vgl. Kap. I.2.). In der ersten Phase der geburtsmedizinischen Risikoforschung wurde die Frau selbst noch als Opfer schädigender Arbeitsverhältnisse betrachtet. Der eugenische Diskurs um die Weitergabe von „Erbkrankheiten" individualisierte dagegen die Verantwortung. Eine Rationalisierung der Fortpflanzung sollte demnach den Einzelnen ermöglichen, auf Grundlage medizinischer Information und Beratung (Eugenische Eheberatung in der ersten, Humangenetischer Familienberatung in der zweiten Jahrhunderthälfte), die Geburt „erbkranker" Kinder zu verhindern. Hier galten Frauen wie Männer als potenzielle Überträger von „Erbkrankheiten". Allerdings wurden Frauen wissenschaftlich als Konduktorinnen „entdeckt", das heißt als Überträgerinnen von „Erbkrankheiten", von denen sie selber nicht betroffen waren (z. B. Hämophilie). In der zweiten Hälfte des 20. Jahrhunderts wurde die werdende Mutter zunehmend als Verursacherin fötaler Erkrankungen und Missbildungen thematisiert. Gesundheitsgefährdendes Verhalten, Rauchen und Drogenmissbrauch (z. B. Alkohol, Kokain, Heroin) während der Schwangerschaft gelten seither als Ursache von so genannten „crack babies". Im Gegensatz dazu blieben Väter während des letzten Jahrhunderts als potenzielle Verursacher von fötalen Missbildungen unerforscht (vgl. Daniels 1997: 579–616).[29] Noch 1975 stellte Andreas Rett, Vorstand der Abteilung für entwicklungsgestörte Kinder am Neurologischen Krankenhaus Rosenhügel in Wien, fest, dass im Zusammenhang mit der Geburt „mongoloider Kinder" bisher ausschließlich das Gebäralter der Mutter beschuldigt worden war und dass die Feststellung einer ursächlichen Beteiligung auch des väterlichen Zeugungsalters einer wissenschaftlichen Revolution gleichkäme (Rett 1975: 76).[30] Dieser Rückstand der Forschung steht wesentlich im Zusammenhang mit der bis in die 90er Jahre gängigen „Sperma-Theorie", nach der nur die besten und schnellsten Spermien als befruchtungsfähig beurteilt wurden. Daraus schlossen die Forscher, dass die erfolgreichsten Spermien zugleich die gesündesten und abnormale Spermien unfähig seien, ein Ei zu befruchten. Nur die besten, schnellsten und gesündesten Spermien überlebten demnach den „Befruchtungswettlauf" der Spermien (ebd.: 589).[31] Diese Sichtweise, die „paternity" als „virility" und „maternity" als „vulnerability" konzipierte, trug dazu bei, dass die Arbeitsrisiken, denen Männer und Väter ausgesetzt waren, kaum als Verursacher fötaler Erkrankungen erforscht wurden. Die Auswirkung von Giften auf die männliche Fruchtbarkeit wurde nur als potenzielle Ursache männlicher Unfruchtbarkeit erforscht, aber nicht dahin gehend, ob sie in einen Zusammenhang mit fötalen Missbildungen gebracht werden könnten.

„Male reproductive function was measured by ‚ejaculatory performance' – measures of volume, sperm concentration and number, sperm velocity and motility, sperm swimming characteristics, and sperm morphology, shape, and size" (Burger et al. 1989 in: Daniels 1997: 590).

Erst seit den 90er Jahren werden Studien durchgeführt, welche z. B. die schädigenden Einflüsse von Umweltgiften auf die männliche Spermaqualität hinsichtlich ihrer Auswir-

---

29 Cynthia R. Daniels hat am Beispiel des medizinischen und medialen Diskurses über so genannte „crack babies" in den USA gezeigt, dass im Zusammenhang mit Drogenmissbrauch nur Frauen verantwortlich gemacht werden für Gesundheitsprobleme des Fötus und Neugeborenen. „Scientific research linking reproductive toxines to fetal health problems reflects deeply embedded assumptions about men's and women's relation to reproductive Biology. Critical analysis of the nature of fetal risks thus requires not only that the biology of risk be examined but that the ‚collective consciousness' that shapes scientific inquiry on gender difference be assessed" (1997: 579).
30 Rett äußerte dies in der Diskussion einer wissenschaftlichen Sitzung der „Gesellschaft der Ärzte in Wien" am 7. November 1975. Thema der Verhandlungen war die Pränatale Diagnostik genetischer Erkrankungen (WKW 1975/1: 75).
31 So unterschieden die britischen Wissenschaftler Robin Baker und Mark Bellis (1988) zwei Sorten von Spermien, die so genannten „Kamikaze-Spermien" und die „Ei-Eroberer" („egg-getters"). Demnach opfert sich ein Teil der Spermien in einer Art Kamikazeaktion für den Erfolg der „egg-getters", indem sie die Rivalen („rival sperm") abschotten und den „egg-getters" den Weg frei halten (Small 1991: 50).

kungen auf fötale Missbildungen untersuchen. Diese verweisen auf Zusammenhänge zwischen Frühgeburten, Leukämie, Gehirntumoren, Down-Syndrom und den Giften, denen Väter an ihrem Arbeitsplatz ausgesetzt sind.[32] Am meisten öffentliche Aufmerksamkeit erregte das Thema der Gefährdung männlicher Spermaqualität in Zusammenhang mit dem Kriegseinsatz amerikanischer Soldaten im Golfkrieg, bei dem sie mit giftigen Chemikalien in Berührung kamen. Die Kontamination mit diesen Giften wird für fötale Missbildungen der von ihnen gezeugten Kinder verantwortlich gemacht. Hinsichtlich der Frage nach den väterlichen Ursachen fötaler Missbildungen werden also Risiken untersucht, denen Männer am Arbeitsplatz und im Krieg ausgesetzt sind. Männer werden damit nur aufgrund unverantwortlicher Handlungen anderer als Risiko für fötale Schädigungen thematisiert. Männliche Zeugungsfähigkeit und -qualität wird nicht durch eigenes Fehlverhalten, sondern durch Fremdeinwirkung gefährdet. Dieser einseitige Blick bewirkt wiederum, dass das Verhalten von Frauen als Ursache fötaler Erkrankungen im Zentrum der Diskussion, männliches Verhalten aber am Rande und unreflektiert bleibt. Frauen werden damit durch die Risikoforschung der Reproduktionsmedizin als die größte Gefahr für die Gesundheit des Kindes thematisiert.

> „Until the symbols of the crack baby, pregnant addict, and absent father are deconstructed in the public mind, pregnant women – and not poverty, poor health, violence, the disease of addiction, or irresponsibility on the part of men – will continue to be seen as the greatest threat to fetal health" (Daniels 1997: 609).

Bis zum Ende des 20. Jahrhunderts dominiert damit die Vorstellung der mütterlichen Zuständigkeit und Verantwortlichkeit für den gesundheitlichen Zustand des Fötus und des Neugeborenen.

Hinsichtlich der Virus- und Infektionskrankheiten wurden seit Ende der 50er Jahre Röteln, Mumps, Masern, Grippe und Windpocken, Hepatitis epidemica, Poliomyelitis Enzephalitis und Toxoplasmose als Ursachen angeborener Missbildungen genannt (Rett 1958: 42). Seit 1941 war aufgrund einer Rötelnepidemie in ländlichen Regionen Australiens bekannt geworden, dass Virusinfektionen in den ersten Schwangerschaftsmonaten zu Missbildungen des Fötus führen (Zacherl 1949: 35).

---

32 „Paints, solvents, metals, dyes and hydrocarbons have been associated with childhood leukemia and childhood brain tumors. [...] In analyses by occupation, janitors, mechanics, farmworkers, and metalworkers have been reported to have an excess of children with Down's syndrome" (Olshan and Faustman 1993: 196). „Toluene, xylene, benzene, TCE (trichloroethylene), vinyl chloride, lead and mercury have all been associated with increased risks of spontaneous abortion (Lindbohm et al. 1991; Savitz, Sonnenfeld and Olshan 1994).

Aber auch chemischer Substanzen – Gifte (z. B. Blei), Medikamente (z. B. Insulin, Cortison) und Hormone – wurden als Ursache von Missbildungen erkannt. „Mißbildungen der Geschlechtsorgane" (Hermaphroditismus durch Injektion männlicher Hormone) führten die Forscher auf die Behandlung mit inversen Geschlechtshormonen in einer bestimmten Embryonalperiode zurück. Die Verabreichung von Androgenen vor der 13. Schwangerschaftswoche führte demnach in der Folge bei Töchtern zu Klitorisverkleinerungen, nach der 12. Schwangerschaftswoche zu Klitorisvergrößerungen. Bei Töchtern von Müttern, die aufgrund einer habituellen oder drohenden Fehlgeburt täglich Hormone verabreicht bekamen (10 bis 240 mg Pregeniolon), wurden Virilisierungserscheinungen beobachtet (Elsner-Mackay 1964: 183). Aus Tierversuchen wurde bekannt, dass Derivate der weiblichen Hormone zum Absterben der Frucht oder zu Missbildungen führten (Zacherl 1949: 35). Trotz dieser alarmierenden Forschungsergebnisse wurden weiterhin Hormonpräparate an Frauen erprobt. So sollten Fehlgeburten durch Hormongaben (DES)[33] verhindert werden. Erhebungen in den USA ergaben, dass – statistisch gesehen – diese Behandlungen Erfolg hatten und dass sie zwischen 1948 und 1971 an ca. 3 Millionen Schwangeren ausprobiert wurden (vgl. Murphy 1989: 190ff). Erst Ende der 60er Jahre wurde „entdeckt", dass 50 bis 75 % aller Töchter, deren Müttern DES verabreicht worden war, Adenose (Verbreitung von Drüsenzellen) im Vaginalraum entwickelten, dass bei DES-Töchtern die Gebärmutter mehrheitlich klein und verwachsen war, die Eileiter kleiner und enger blieben, dass DES-Töchter Schwierigkeiten hatten, schwanger zu werden (nur 67 % der DES-Töchter konnten im Vergleich zu 86 % der Frauen, deren Mütter kein DES eingenommen hatten, schwanger werden), dass der Schwangerschaftsverlauf bei DES-Töchtern problematisch war (23 bis 29 % Fehlgeburten versus 8 % ohne DES) und dass sie öfter an Brustkrebs erkrankten. Bei DES-Söhnen wurde festgestellt, dass vermehrt Harnröhrenspalten vorkamen, dass sie zu Zystenbildung in den Nebenhoden neigten, der Penis meist kleiner war, die Spermien wenige und von schlechter Motilität waren (vgl. ebd.: 191). Für Österreich wurden keine vergleichbaren Untersuchungen vorgelegt. DES ist seit 1971 in den USA verboten. In einem Artikel über „Die Kinder des Stilböstrols" in der „Wiener Zeitung" (16. Oktober 1998) erklärte der emeritierte Wiener Universitätsprofessor für Gynäkologie und Geburtshilfe und ehemalige Vorstand der I. Universitäts-Frauenklinik, Dr. Eduard Gitsch (geb. 1920), dass in Österreich Stilböstrol

---

33 DES (Diäthylstilböstrol) wurde in der Schwangerschaft verabreicht, um eine mögliche Früh- und Fehlgeburt zu verhindern. Aber auch die „Pille danach", die zum Zweck eines frühen Schwangerschaftsabbruches gegeben wurde, sowie Präparate zum Abstillen enthielten DES. Das Hormon wurde zudem zur Behandlung von Endometriose und Wechseljahrbeschwerden, Brustkrebs, Vaginalentzündungen, Gebärmutterkrebs, schmerzhafter Monatsblutung und Prostatakrebs verabreicht.

bei Schwangeren nicht angewendet worden sei.[34] Doch liegen dazu für Österreich keine Studien vor.

Eine Reihe weiterer Medikamente stand unter dem Verdacht, teratogenetisch (d. h. Missbildungen erzeugend) zu wirken (z. B. Cortison, Antibiotika, sedierende Pharmaka etc.). Der Nachweis war schwierig, da die einfache Übertragung der Ergebnisse aus den Tierversuchen auf die Wirkungen beim Menschen nicht möglich war (Elsner-Mackay 1964: 183ff). Nur für Insulin galt seine teratogene, also Fehlbildungen erzeugende, Bedeutung seit den 60er Jahren als erwiesen (ebd.: 184). Auch wurde vermutet, dass Abtreibungsversuche mit chemischen Substanzen (vor allem Chinin) mit hoher Wahrscheinlichkeit zu Hirnschäden beim Fötus führten (Thalhammer 1957: 170), dass chemische Antikonzeptionsmittel potenzielle Noxen für männliche Keimzellen darstellten (Elsner-Mackay 1964: 186) oder dass Antiemetika, die gegen übermäßig starkes Erbrechen in der Schwangerschaft verabreicht wurden, potenziell teratogen wirkten (ebd.: 185).

Die „Thalidomidkatastrophe" Anfang der 60er Jahre war ebenso eine durch die Medizin selbst verursachte Schädigung der Kinder im Mutterleib. Nachdem publik wurde, dass zunehmend mehr Kinder mit völlig neuartigen Missbildungen der Arme und Beine geboren wurden[35], konnte ein Zusammenhang zwischen schweren Missbildungen während der Frühschwangerschaft und Medikamenteneinnahme eines Schlafmittels, das unter den Namen Thalidomid, Contergan, Softenon u. a. im Handel war, nachgewiesen werden. Als Reaktion darauf forderten Fachvertreter der Pharmazie, wie der Vorstand des Pharmakologischen Instituts der Universität Wien, Prof. Brücke, bei der medizinischen Betreuung von frühschwangeren Frauen, medikamentöse Therapie in der Schwangerschaft wenn möglich überhaupt zu unterlassen (Brücke 1962: 864). Contergan war der Verkaufserfolg unter den Schlaftabletten Anfang der 60er Jahre. Zwanzig Millionen Pillen monatlich wurden auf dem Höhepunkt der Contergan-Konjunktur verkauft und auch schwangeren Frauen empfohlen, da sie keine Auswirkungen auf das Kind zeitigen würden. Die Folge war die Geburt von ca. 5.000 missgebildeten Kindern allein in

---

34 Die Kinder des Stilböstrols. Scheidenkrebs und Genitalmissbildungen aufgrund eines künstlichen Hormons. Ein trauriges Kapitel Medizingeschichte. Von Friedrich Katscher. In: Wiener Zeitung. 16. Oktober 1998. http://www.wienerzeitung.at/frameless/lexikon.htm?ID=3868

35 Die Thalidomidembryopathie stellte einen Missbildungskomplex mit großer Bandbreite dar: Variationen des Daumens, Hypo- und Aplasie, Dreigliedrigkeit, Verdoppelung und Verdreifachung bis zu totaler Amelie der oberen und unteren Extremitäten oder Phokomelie, Missbildungen mit und ohne Hirnnervenlähmung, Gesichtsnävie sowie Duodenalstenosen, Fehlrotationen des Darmes, des Herzens, Gefäßsystems, Fallotsche Tetralogie, Fehlen von Lungenlappen, Dystpoie der Niere usw. Die perinatale Mortalität vergifteter Ungeborener war sehr hoch (Elsner-Mackay 1964: 187).

Deutschland, von denen nur 2.500 überlebten.[36] In Österreich wurden nur sechs Kinder mit beidseitiger Phokomelie, bei der entweder Hand und Fuß ohne Extremitätenstrahl vorhanden waren, geboren. Dies wurde auf die strengeren österreichischen Vorschriften zur Registrierung von Medikamenten und den Konservatismus österreichischer Frauenärzte zurückgeführt, die der Verabreichung von Medikamenten während der Schwangerschaft immer schon skeptisch gegenüber gestanden seien (ebd.: 865). Aus Anlass der „Thalidomidkatastrophe" wurden die Erfassung und pharmakologische Kontrolle aller neu einzuführenden Pharmaka gefordert, die intensive Abklärung möglicher schädigender Wirkungen durch die Pharmaunternehmen selbst und eine allgemeine schematische Erfassung der Missbildungen von Neugeborenen durch eingehende Anamnese und die Reduktion von Medikamentenverabreichungen in der Frühschwangerschaft auf ein Minimum. Die Untersuchungen des Neugeborenen nach Checklisten, die heute zum selbstverständlichen Klinikritual nach der Entbindung gehören, wurde also durch die Untersuchung von iatrogenen Schädigungen des Kindes im Mutterleib in Gang gesetzt.

Als Ursache von Missbildungen wurden auf der Seite mechanischer Traumen neben schwerer Arbeit und Unfällen vor allem Abtreibungsversuche besonders betont. So wurde auch eine Anfang der 70er Jahre festgestellte erhöhte Missbildungsrate bei Neugeborenen von „Gast-arbeiterinnen" als Folge von möglicherweise vorangegangenen Schwangerschaftsabbrüchen, aber auch als mögliche Folge einer „künstlichen Sterilität" im Anschluss an so genannte „Notstandsamenorrhöen", die bei „Gastarbeiterinnen" beobachtet wurden, vermutet. In Erwägung gezogen wurde auch die Möglichkeit, dass durch den Wechsel von Umweltbedingungen exogene Faktoren den endogenen, also den mitgebrachten „Erbfaktoren" zum Durchbruch verhülfen (Endl 1973a: 719).

Die Erkenntnisse über die endogenen und exogenen Ursachen angeborener Missbildungen, welche die „Pränatale Pathologie" seit Beginn der 50er Jahre erarbeitete, wurden Ende der 50er Jahre durch die anatomische Auswertung von Gehirnen behinderter Kinder bestätigt. Die Bearbeitung und Auswertung anatomischen Materials,

> „nämlich von 546 Gehirnen von Kranken, die mit der klinischen Diagnose eines angeborenen oder im Laufe der ersten drei Lebensjahre erworbenen, höhergradigen Schwachsinns (Idiotie) mit oder ohne neurologische Ausfallserscheinungen verstarben" (Gross und Kaltenbäck 1958: 853),

lieferte neue und differenzierte Erkenntnisse. Aus den noch vorhandenen, anamnestischen Erhebungen zu möglichen intrauterinen Fruchtschädigungen wurde bestätigt,

---

36 http://www.ndr.de/ndr/service/gesundheit/contergan/index.html

dass die intrauterinen Fruchtschädigungen nach Art, Intensität und Zeitpunkt ihrer Wirksamkeit differenziert werden können.[37] Die Zerebralschädigungen des „auswertbaren Materials" konnten auf Sauerstoffmangel, Uterusblutungen, mechanische Traumen, infektiöse und toxische Schädigungen (dabei auch Stoffwechselerkrankungen der Mutter), Mangelernährung, Röntgenbestrahlung und mechanische Fruchtschädigung zurückgeführt werden. Für die Zerebralschädigung galt auf Basis dieses „auswertbaren Materials" an erster Stelle die mangelnde Sauerstoffversorgung des Gehirns als verantwortlich. Diese wiederum wurde als Folge von Uterusblutungen im ersten Trimenon beurteilt, welche ihrerseits u. a. durch schwere mechanische Traumen ausgelöst werden konnten. Der Hinweis im Artikel von Gross und Kaltenbäck, dass das Forschungsmaterial, an dem diese Erkenntnisse erarbeitet wurden, „in erster Linie von der Prosektur der Heil- und Pflegeanstalt ‚Am Steinhof' zur Verfügung gestellt wurde", lässt auf den ersten Blick nicht vermuten, dass die „Am Steinhof" als „schwachsinnig" eingestuften Kinder nicht einfach „verstarben", sondern im Rahmen der NS-„Euthanasie" ermordet wurden (vgl. Czech 2002). Daher das „größere" Material. Die „Euthanasie"-Opfer wurden also auch nach dem Nationalsozialismus wissenschaftlich verwertet. Diese Fortsetzungsgeschichte ist in Österreich untrennbar mit Heinrich Gross[38] verbunden, der in der Kinderfachabteilung „Spiegelgrund", die 1940 bis 1945 bei der damaligen Heil- und Pflegeanstalt „Am Steinhof" eingerichtet wurde (vgl. Anm. 24, Kap. II. dieser Arbeit), während dieser Zeit an der NS-Kinder-„Euthanasie" beteiligt war, die Tötung geistig und körperlich behinderter Kinder für wissenschaftliche Zwecke nutzte und nach dem

---

37 D. h. es konnte differenziert werden, ob die Schädigung zwischen Konzeption und erstem Herzschlag (ca. Ende der 3. Woche) stattfand und zu so genannten „Blastematosen" führte; ob die Schädigung zum Zeitpunkt der Organgenese stattfand, d. h. zwischen 2. und 4. Monat und zu so genannten „Embryopathien" führte; ob sie zwischen dem 5. und 9. Monat stattfand und zu so genannten „Fetalerkrankungen" führte. Gross bestätigte, dass sich diese Einteilung nach Thalhammer bewährt habe, d. h. die Studie zu den intrauterinen Zerebralschädigungen habe aufgrund der „zur Verfügung stehenden Unterlagen Störungen im 1., 2. und 3. Trimenon unterscheiden" lassen (ebd.: 854).
38 Heinrich Gross wurde 1915 geboren, war seit 1932 in der NS-Bewegung, promovierte 1939 und arbeitete von 1940 bis 1945 in der „Kinderfachabteilung" der Wiener Heilanstalt „Am Steinhof"; 1948 wurde er verhaftet und 1950 vom Volksgericht Wien wegen Totschlags zu zwei Jahren schwerem Kerker verurteilt, da die Rechtsprechung davon ausging, dass bei Geisteskranken kein heimtückischer Mord begangen werden kann, da ihnen die Einsicht fehle. 1953 trat Gross der SPÖ und dem Bund Sozialistischer Akademiker bei. Seine Karriere setzte er in der Nervenheilanstalt Rosenhügel fort, beendete seine Ausbildung zum Facharzt für Psychiatrie 1955 und kehrte im selben Jahr als Psychiater an die Heil- und Pflegeanstalt „Am Steinhof" zurück. Dort wurde er Primarius einer Abteilung und Leiter des Neurohistologischen Laboratoriums. Auf Empfehlung von Erwin Stransky wurde er ab 1958 als Gutachter zum bestverdienenden Gerichtspsychiater Österreichs. 1968 wurde das eigens zur Erforschung der Missbildung des Nervensystems errichtete „Ludwig-Boltzmann-Institut" (LBI) ad personam für Heinrich Gross geschaffen. 1975 erhielt er einen Orden der Republik Österreich, das Ehrenkreuz für Wissenschaft und Kunst 1. Klasse (vgl. Neugebauer 1999).

NS-Regime ab 1951 an dem so gewonnenen „größeren Material" weiterforschte[39], z. T. mit anderen namhaften Wissenschaftlern (vgl. Neugebauer 1999). Seit 1952 benützte Heinrich Gross die, auch durch ihn geschaffenen, Gehirnpräparate aus der NS-Zeit für wissenschaftliche Forschungen und Publikationen. Selbst als nach etlichen Gerichtsprozessen die Gehirne der „Euthanasie"-Opfer Ende der 90er Jahre bestattet werden sollten, versuchte der Leiter des „Ludwig-Boltzmann-Instituts für Klinische Neurobiologie", Kurt Jellinger, zu verheimlichen, dass in seinem Institut noch über 10.000 histologische Präparate der „Spiegelgrund"-Opfer lagerten, um sie damit der Bestattung zu entziehen (vgl. Czech 2002: 3).

Die Erforschung und Identifikation von Missbildungsursachen und die Feststellung der Missbildungshäufigkeit konfrontierte die Medizin aber weiterhin mit einer Reihe von Schwierigkeiten. Zum einen wurde kritisiert, dass es keinen allgemein anerkannten und eingesetzten Missbildungsbegriff gebe, womit eine genaue Grenzziehung gegenüber Anomalien und „Änderungen geringen Grades" meist nicht möglich war. Einteilungen in so genannte „nicht lebensfähige Missbildungen", in „Missbildungen mit morphologisch und funktionell groben Abweichungen" und solche mit „nur geringen Abweichungen" ließen aber keine Schlüsse zu, und da die meisten Dokumentationen an geburtshilflichen Abteilungen retrospektiv durchgeführt wurden, galt das in die Forschungsergebnisse eingearbeitete „Geburtengut" als nicht repräsentativ, so Dr. Endl und Dr. Schaller von der II. Universitäts-Frauenklinik in Wien (Endl/Schaller 1973: 436). So wurde für die Jahre 1961 bis 1971 auch an der II. Universitäts-Frauenklinik in Wien die Missbildungshäufigkeit retrospektiv ermittelt und eine 4,54%ige Missbildungshäufigkeit errechnet – eine Zahl, die aber alle Fehlbildungen, auch die leichteren Grades enthielt, wobei diese „leichteren" nicht konkret erörtert wurden (Endl/Schaller 1973: 437). Trotz dieser erheblichen Schwierigkeiten des zur Dokumentation eingesetzten Missbildungsbegriffes wurde weiterhin von einer Missbildungshäufigkeit von 4% gesprochen oder gar von 4% genetisch bedingten Missbildungen bei allen Lebendgeborenen ausgegangen, wie Dr. Schnedl und Dr. Wagenbichler dies bei einer Sitzung der „Gesellschaft der Ärzte in Wien" auch vortrugen (Schnedl u. a. 1976: 76).

Die Erkenntnisse der exogenen Ursachen für angeborene Missbildungen motivierten zunehmend den Schutz der Föten im Mutterleib. Der daraus hervortretende Schutzwille reichte vom Schwangeren- und Fötenscreening bis hin zum eugenisch indizierten

---

39 Schon 1946 hatte die Prosektorin „Am Steinhof", Barbara Uiberrak, beim Prozess gegen den Hauptverantwortlichen der Wiener Kindereuthanasie, Ernst Illing, gesagt, „wir haben ‚Am Steinhof' noch alle 700 Gehirne, in den meisten Fällen auch die Drüsen mit innerer Sekretion, fixiert ausgebaut, sodass sie jederzeit einer wissenschaftlichen pathologischen Untersuchung zugeführt werden können. Ich glaube, dass es lohnend wäre, einige Fälle aus jedem Jahr herauszugreifen" (zit. in: Czech 2002: 1).

Schwangerschaftsabbruch infolge einer pränatal diagnostizierten Missbildung. Aus den Erkenntnissen wurde der Schluss gezogen,

> „dass die Frucht im Mutterleib ein von einer Unzahl von Gefahren bedrohtes Lebewesen ist, viel empfindlicher, als man früher angenommen hat, und viel mehr von der Mutter und deren Wohlergehen, also von der Umwelt abhängig, als wir heute wissen" (Rett 1958: 42).

Der Aufstieg der „Pränatalen Pathologie" etablierte zunehmend die Auffassung, „dass nach der Geburt das Neugeborene den risikoreichen Teil seines Lebens bereits hinter sich habe" (Elsner-Mackay 1964: 182). Aus einem „medizinisch-sozialen und bevölkerungspolitischen Interesse" sollte das Ungeborene zwar vor einem Schwangerschaftsabbruch geschützt werden, so Elsner-Mackay. Zugleich aber wisse der Arzt auch um die vielfältigen Missbildungsursachen und sei mit dem Gewissenskonflikt konfrontiert, ob z. B. bei einer Infektion der Schwangeren eine „Unterbrechung durchgeführt werden kann, darf oder soll" (ebd.). Diese Frage nach einer Angemessenheit des Schwangerschaftsabbruches – Elsner-Mackay verwendet nicht den Begriff der „eugenischen Indikation" – werde die medizinische Forschung daher noch lange beschäftigen. Ende der 50er Jahre habe sich die Frauenheilkunde aber noch auf prophylaktische Maßnahmen beschränkt, indem sie durch intensive Aufklärung eine Verringerung der Anzahl der Missbildungen zu erreichen versucht habe. Im Zentrum dieser intensiven Aufklärung zur Verhütung und Verhinderung angeborener Missbildungen aber stand die werdende Mutter. Denn

> „für die Entwicklung eines Menschenkindes bedeute dies, dass das mütterliche Eibett neben dem von Vater und Mutter mitgegebenen Erbgefüge des Keimes von entscheidender Bedeutung ist, dass also die Frau in der Entwicklung des jungen Lebens doppelt soviel bedeutet wie der Mann" (Büchner 1959: 145).

Männliche Keimschädigungen (infolge von Umweltgiften, Medikamenteneinnahme etc.) wurden weiterhin nicht als potenzielle Missbildungsursache besprochen.

Hinsichtlich der *Erforschung der endogenen Ursachen angeborener Missbildungen* wurde Ende der 50er Jahre moniert, dass bis Ende des Zweiten Weltkrieges eine Überbewertung endogener Ursachen vorhanden gewesen, nun aber eine Überbewertung exogener Ursachen zu verzeichnen sei. Diesem Mainstream in der medizinischen Forschung wurde entgegengehalten, dass bei Anwendung der unterschiedlichen Ursachen nicht alle Früchte eines Versuchstieres gleichmäßig geschädigt würden. Diese Tatsache sollte wiederum als Nachweis dafür gelten, dass die Ursachen in der „Konstitution" und in der

„Disposition des Mutterindividuums oder der Früchte" lägen. Beide, Konstitution wie Disposition, wurden als von den „Erbfaktoren" abhängige Größen dargestellt (Thalhammer 1958: 350). Aufgrund dieses Zusammenhanges wurde gefordert, dass die medizinische Forschung zukünftig den Einfluss der „Erbmasse" auf den Verlauf exogen verursachter pränataler Schäden und die Wechselwirkung zwischen endogenen und exogenen Faktoren berücksichtigen müsse. Doch Ende der 50er Jahre war die biochemische Forschung der Genetik, die „einen *Wendepunkt* auch in der Lehre von der *menschlichen Konstitution* und *konstitutionellen Krankheitsdisposition*" erbringen sollte, noch nicht so weit, bei der Mehrzahl der hereditären Krankheiten eine individuelle Disposition biochemisch exakter zu fassen, wie der vor 1938 in die USA geflüchtete Endokrinologe und Konstitutionspathologe Julius Bauer (vgl. Anm. 93 in Kapitel I), in einer Originalabhandlung zu „Konstitutionelle Krankheitsdisposition einst und jetzt" erörterte (Bauer 1959: 110).[40] Somit konnte auch die Erforschung der Wechselwirkung zwischen endogen und exogen verursachten Missbildungen noch nicht realisiert werden. Die Kritik führte aber ab den 60er Jahren zu einer neuerlichen Betonung endogener Ursachen, den Chromosomenanomalien, den genetischen Defekten und den metabolischen Abweichungen (Stoffwechselkrankheiten). Die Kenntnisse der Wechselwirkungen bleiben demgegenüber bis heute sehr gering. Trotz dieses unsicheren Erkenntnisstandes der biochemischen Forschung in der Genetik wurden aber ab Beginn der 60er Jahre die Pränatale Diagnose und der Schwangerschaftsabbruch als „Maßnahmen der angewandten Humangenetik (Eugenik)" gefordert, so Dr. Thums (St. Pölten) bei einer Sitzung der „Aerztegesellschaft Innsbruck" am 30. Juni 1960 in einem Beitrag über „Neuere Fragen und Ergebnisse der Humangenetik" (Thums 1961: 179). Karl Thums war während der NS-Zeit Direktor des „Institutes für Erb- und Rassenhygiene" der deutschen Universität in Prag, ab 1951 Amtsarzt der Bezirkshauptmannschaft St. Pölten und Obersanitätsrat der Niederösterreichischen Landesregierung (vgl. Anm. 86, Kap. II.). Anfang der 60er Jahre wurde der Begriff „Eugenik" noch in Klammer dem Begriff der „angewandten Humangenetik" hinzugefügt, um verständlich zu machen, worum es sich dabei handelte. Die Tötung der Föten bei pränatal diagnostizierten Missbildungen wurde als Schutzmaßnahme betrachtet.

Im Bereich der Chromosomenanomalien wurde Anfang der 60er Jahre der Erfolg der „Forschungen über die biochemische Struktur der Gene und neuerdings auch der Zytogenetik"[41] in den grundlegenden neuen Ergebnissen der Erkenntnisse des mensch-

---

40 Julius Bauer war in den 30er Jahren Primar für Innere Medizin an der „Wiener Allgemeinen Poliklinik". Ende der 50er Jahre war er am „College of Medical Evangelists" in Los Angeles tätig und hielt unter dem Titel der Originalabhandlung am 25. Oktober 1958 einen Vortrag bei der „Gesellschaft der Ärzte in Wien".
41 Zytogenetik erforscht die Zusammenhänge zwischen erblichem Verhalten und dem Feinbau der Zelle und ist eine Forschungsrichtung der allgemeinen Biologie.

lichen Chromosomensatzes gesehen, der beim Menschen, im Falle von Aberrationen, für gewisse Missbildungen verantwortlich schien. Genannt wurden Trisomien[42] hinsichtlich kleiner Autosome bei „mongoloider Idiotie", Klinefelter-Syndrom, Superfemale-Typus und Turner-Syndrom. Doch, so Karl Thums selbstkritisch,

„trotz dieser Fülle neuer Ergebnisse und Erkenntnisse lassen die praktischen Folgerungen daraus, nämlich die so notwendigen Maßnahmen der angewandten Humangenetik (Eugenik) vielenorts noch alles zu wünschen übrig" (Thums 1961: 179).

Zugleich wurden hier eugenische Maßnahmen für Krankheiten gefordert, die „nicht Erbkrankheiten im gewöhnlichen Sinne sind", da deren Abweichungen vom Normalen nicht durch Mutation eines oder mehrerer Gene und Weitergabe der Allele[43] durch den normalen chromosomalen Mechanismus zu Stande kam.

„Sie dürfen in keiner Beziehung mit Erbkrankheiten verglichen werden. Sie sind vielmehr Folgen von Fehlleistungen des chromosomalen Mechanismus bei ansonsten normalem Genbestand und beruhen auf den hierdurch bedingten Störungen im quantitativen Gleichgewicht zwischen den Genwirkungen der normalen Gengesellschaft" (Mainx 1961: 364).

Chromosomenanomalien wurden zwar vom Zeichen „Erbkrankheit" gelöst, doch waren Mutterschaften von „Mongoloiden" (Trisomie 21) dennoch unerwünscht. Zugleich war eine Therapie der Trisomie 21 weder möglich noch absehbar. Demgegenüber aber wurde eine Prävention des Leidens als möglich beurteilt, „wenn eugenische Überlegungen im individuellen Fall berücksichtigt werden", so W. F. Haberlandt aus dem Institut für Anthropologie und Humangenetik der Universität Tübingen in einer Originalabhandlung über „Neuere Ergebnisse der medizinischen Genetik auf dem neuropsychiatrischen Sektor" (Haberlandt 1966: 399). Ebensolche eugenischen Überlegungen wurden bezüglich des Alters der Mutter empfohlen (ebd.: 401), da eine Zunahme des Prozentsatzes „mongoloider" Kinder bei Gebärenden ab dem 37. Lebens-

---

[42] Chromosomen liegen in einem Menschen (oder anderen Tieren) normalerweise als Doppelsatz, d.h. in diploider Form vor. Wenn aber ein Chromosom dreifach in den Zellen vorliegt, wird von einer Trisomie gesprochen. Diese entsteht, wenn bei der Reifeteilung bei der Kern- und Zellteilung Fehler unterlaufen und so statt einem Chromosom zwei gleichwertige Chromosomen in die Keimzelle gelangen. Bei der Trisomie handelt es sich also um den Fall einer Chromosomenaberration, einer Anomalie in Bezug auf die Struktur oder Zahl der Chromosomen.

[43] Als „Allele" gelten die einander entsprechenden, aber im Erscheinungsbild eines Lebewesens sich unterschiedlich auswirkenden Gene homologer Chromosomen (als Folge von Mutationen).

jahr beobachtet worden sei. Untersuchungen der „Chromosomenbefunde bei Frauen mit wiederholten Fehlgeburten und missgebildeten Früchten" führten, obwohl die erneute Schwangerschaft mit einem Kind mit Chromosomenanomalie nur zu einem kleinen Prozentsatz nachweisbar war, zum Urteil, dass eine Chromosomenanalyse bei derartigen Fällen angezeigt sei, „zumal auch der Ausschluss einer Abnormität für die Beratung bzw. für weiteres diagnostisches und therapeutisches Vorgehen nützlich ist", so Dr. Golob und Dr. Kunze-Mühl von der II. Universitäts-Frauenklinik in Wien (Golob/Kunze-Mühl 1971: 670). Die Chromosomenanalyse wurde, obwohl die Anomalie keine genetische Erkrankung darstellt, an den Humangenetischen Untersuchungs- und Beratungsstellen der Universitätsinstitute für „Medizinische Biologie" und Genetik durchgeführt.

Zur Erforschung genetischer Defekte zielten biochemische und zytogenetische Untersuchungen der medizinischen Genetik ab den 60er Jahren auf die Feststellung der von Genen verursachten Entwicklungsabläufe und nicht auf das Studium bestimmter „Erbmerkmale" ab (Haberlandt 1964: 165). Diese Erforschung genetischer „Erbleiden" führte dazu, dass Anfang der 80er Jahre über 3.000 der monogenen „Erbleiden"[44] bekannt waren. Davon galten über 50% als autosomal dominant[45], also mit Bestimmtheit vererbbar, 40% als autosomal rezessiv, also nachlassend vererbbar, 7% wurden auf X-gebundene Gene zurückgeführt. Doch diese Erkenntnis konnte diagnostisch kaum umgesetzt werden, da die meisten monogenen „Erbleiden" nicht diagnostiziert werden konnten, so der Ordinarius für Humangenetik an der FU Berlin, Prof. Sperling, in einem Beitrag über „Fortschritte der Medizin in Einzeldarstellungen" (Sperling 1982: 199). Die medizinische Hoffnung auf einen wissenschaftlichen Fortschritt bei der Diagnose von „Erbleiden" richtete sich auf Koppelungsanalysen[46] mittels zytogenetischer, biochemischer und molekularer Marker, die zukünftig möglich gemacht werden sollten. Da dazu möglichst viele Familienmitglieder DNA-Proben zur Verfügung stellen mussten, dies aufgrund der geringen Mitgliederzahl der Kleinfamilien aber zu erheblichen Schwierigkeiten führen konnte, wurde z. B. in Berlin schon 1982 begonnen,

---

44 Als „monogene Erbleiden" werden Erkrankungen bezeichnet, die nur von einem Gen bestimmt sind.
45 Der Begriff „autosom" bezeichnet ein nicht geschlechtsgebundenes Chromosom.
46 Für eine Koppelungsanalyse muss das betroffene defekte Gen mit einem zweiten Merkmal gekoppelt werden, „das an Fruchtwasserzellen nachweisbar ist und in der menschlichen Population in verschiedenen polymorphen Zustandsformen vorliegt. Eine pränatale Diagnose ist dann möglich, wenn aus der Familienanamnese eindeutig geschlossen werden kann, mit welcher Zustandsform des polymorphen Merkmals das defekte Gen bei dem kranken Elternteil gekoppelt ist, und der andere Elternteil diesen Polymorphismus nicht aufweist" (Sperling 1982: 199).

„DNA-Proben von Angehörigen derartiger Risikofamilien, insbesondere der Großeltern, zu gewinnen und aufzubewahren, um vielleicht in 10 bis 15 Jahren, wenn die Enkel herangewachsen sind und eine Familie gründen wollen, diese genetisch beraten zu können" (Sperling 1982: 203).

Durch eine Archivierung der Fälle mittels EDV sollten in der Zukunft dann jederzeit die Nachtermine abgerufen werden, zu denen die Betroffenen eingeladen wurden. Die Anwendung der Gen- und der Computertechnologie habe damit „nicht um der Technik, sondern allein um des Menschen willen, in die pränatale Diagnose Eingang gefunden" (ebd.: 204).

Als Teil endogener Ursachen angeborener Missbildungen wurden metabolische Abweichungen untersucht, also Störungen des Stoffwechsels (inborn errors of metabolism). Dabei konnte die Angeborenheit der Stoffwechselkrankheiten nachgewiesen werden. Diese führen zur Störung des Gesamt- oder Teilstoffwechsels, der Mechanismen des Zwischenstoffwechsels und der Transportfunktion der Nieren. Daraus bilden sich, quantitativ oder qualitativ, ein abnormer Zwischenstoffwechsel und spezifische Krankheitsbilder, die z. T. in schweren geistigen und körperlichen Behinderungen münden. Gegenwärtig wird geschätzt, dass ca. 2 % aller Neugeborenen davon betroffen sind. Durch Amniozentese (Fruchtwasseruntersuchung im ersten Drittel der Schwangerschaft) und eine DNA-Analyse des Fruchtwassers können heute einige Stoffwechselerkrankungen pränatal diagnostiziert werden (s. u.).

Die Fragen der Vererbbarkeit psychischer Erkrankungen blieben weiterhin ungeklärt. In wissenschaftlichen Abhandlungen wurde Anfang der 60er Jahre z. B. der „Erbgang" für Schizophrenie völlig widersprüchlich beurteilt. Zum einen galt er als nicht erwiesen, so Arnold und Hofmann von der Psychiatrisch-Neurologischen Universitätsklinik in Wien (Arnold et al. 1963: 593), zum anderen wurde er auf Grundlage von Zwillings- und Familienuntersuchungen als weitgehend gesichert beurteilt, so der Humangenetiker Haberlandt aus Tübingen (Haberlandt 1964: 169). Für die Epilepsie gelang es nicht, spezielle „Erbtypen" nachzuweisen. Lediglich die durch vererbte Stoffwechselstörungen bedingte Oligophrenie (Intelligenzdefekt in der frühen Kindheit) konnte durch die medizinische Genetik diagnostiziert werden. Dieses neue Wissen um die „empirische Erbprognose" sollte für eine gezielte Ehe- und Familienberatung nutzbar gemacht werden. Trotz intensiver Bemühungen, die Vererbbarkeit psychischer Krankheiten humangenetisch nachzuweisen, konnte bis heute kein Nachweis erbracht werden. Dennoch wurde und wird weiterhin daran geforscht. Ab den 80er Jahren berichteten die Medien immer wieder über die „Entdeckung" bestimmter Gene, die für die Vererbbarkeit bestimmter psychischer Erkrankungen ausschlaggebend seien. Die Meldungen, welche diese Erkenntnisse dementierten, wurden in wesentlich geringerem Ausmaß popularisiert. Geblieben ist aber die Idee vom „Schizophrenie-Gen", „Depressions-Gen" oder „Schwulen-Gen" etc. in den Köpfen der Menschen.

Neben diesen eugenischen Anwendungsmöglichkeiten wurde weiterhin die erbbiologische Vaterschaftsbegutachtung als eines der wichtigsten und erfolgreichsten Anwendungsgebiete der Humangenetik beurteilt (Haberlandt 1964: 170).

3.2 Verhinderung der Geburt von Kindern mit „angezeugten" Missbildungen: „Pränatale Diagnostik" und Aufstieg der „Medizinischen Genetik"

Die Ursachen angeborener Missbildungen, die die „Pränatale Pathologie" entdeckte, müssen begrifflich exakt als „angezeugte Missbildungsursachen" bezeichnet werden, da die daraus hervorgehende pränatale Diagnose es ermöglicht, über die Geburt von missgebildeten Kindern zu entscheiden. Pränatale Diagnostik ist die Kombination von Amniozentese[47], Zytogenetik[48] und Kerngeschlechtsbestimmung[49] und wurde als „konsequente Weiterentwicklung des Prinzips der Frühdiagnose und der Krankheitsprophylaxe" betrachtet (Papp et al. 1973: 108). Sie galt als fortschrittliche Schwangerenvorsorge, wobei die Prophylaxe aber nicht auf die Verhinderung von Krankheiten, sondern auf die Verhinderung potenzieller, zukünftiger PatientInnen abzielte. Dazu sollte man „die Amniozentese dann durchführen, wenn die genetische Untersuchung schon, und die Schwangerschaftsunterbrechung noch möglich ist" (ebd.). Dafür galten die Tage zwischen der 14. und 16. Schwangerschaftswoche als optimaler Zeitpunkt.

Zur Realisierung einer zeitlich sinnvollen genetischen Vorsorgeuntersuchung in der Schwangerschaft sollten die humangenetischen Diagnoseverfahren dermaßen vereinfacht werden, dass sie ohne Risiko routinemäßig durchgeführt werden konnten (ebd.: 110). In der Praxis etablierte sich ab den 70er Jahren der Nachweis bzw. Ausschluss des Down-Syndroms als Schwerpunkt der Pränatalen Diagnostik (ebd.: 109). Diese wurde seit den 60er Jahren mehr oder weniger, ab den 70er Jahren systematisch an Frauen-

---

47 Amniozentese bedeutet das Durchstechen des Amnions zur Gewinnung von Fruchtwasser für diagnostische Zwecke.
48 Zytogenetik ist die biochemische Untersuchung des Fruchtwassers.
49 Eine Kerngeschlechtsbestimmung wird dann durchgeführt, wenn die Mutter nachweislich oder aufgrund der Familienanamnese wahrscheinlich Überträgerin eines mutierten Gens ist, z. B. „bei hereditären Muskeldystrophien, bei Hämophilie A und B, dem Lesch-Nyhan-Syndrom, der Mukopolysacharidose Typ Hunter, der testikulären Feminisierung usw." (Papp et al. 1973: 109). Im Falle eines männlichen Fötus wird zu 50 % vom Risiko einer Erkrankung ausgegangen.

kliniken praktiziert und stellt die Triebfeder für den großen Aufschwung der medizinischen Genetik in den 70er Jahren dar. Ihr Einsatz war von Beginn an auch eugenisch motiviert. In einem Bericht über „5 Jahre pränatale Diagnose in Graz" (Zierler et al. 1981: 75ff)[50], welche die Jahre 1974–79 erfasste, wurden fünf Missbildungsformen genannt, auf welche Embryonen im Rahmen der Pränatalen Diagnostik getestet wurden: numerische und strukturelle Chromosomenanomalien, Neuralrohrverschlussstörungen, angeborene Stoffwechseldefekte und innere Fehlbildungen. Als genetisch begründete Indikation zur pränatalen Diagnose wurden die Alters- und die familiäre Indikation genannt. Die Altersindikation geht von einem erhöhten Risiko für chromosomal abnormale Kinder für Gebärende ab dem 35. Lebensjahr aus. Die familiäre Indikation davon, dass in Familien, in denen bereits angeborene Missbildungen (Chromosomenanomalien, Neuralrohr- und Stoffwechseldefekte) aufgetreten sind, ein Risiko für Missbildung bei weiteren Nachkommen besteht (Zierler et al. 1981: 75).[51] Bei Vorliegen dieser Faktoren wurde zuerst vor der 12. Schwangerschaftswoche eine humangenetische Beratung an der „Genetischen Beratungsstelle" durchgeführt, bei der eine „exakte Anamnese" zur „Abwägung des genetischen Risikos für das sich entwickelnde Kind" durchgeführt und die Eltern über das genetische Risiko, die pränatale Untersuchung und die sich daraus ergebenden Konsequenzen informiert wurden. Durch eine Ultraschalluntersuchung in der 14. oder 15. Schwangerschaftswoche wurde der optimale Punktationszeitraum für die Amniozentese festgelegt. Die Punktation wurde in Lokalanästhesie durchgeführt. Eine Woche nachher erfolgte neuerlich eine Sonographie zur Kontrolle der Fruchtwassermenge sowie der kindlichen Motilität und Herzaktion.

„Bei einem pathologischen Ergebnis werden die Eltern so rasch wie möglich hievon verständigt und ihnen in einem persönlichen Gespräch die Folgen des abnormen Befundes für das Kind erläutert und, wenn notwendig, der Schwangerschaftsabbruch empfohlen" (Zierler et al. 1981: 76).

---

50 Originalarbeit von H. Zierler, W. Rosenkranz, R. Winter und H. Becker aus dem Institut für „Medizinische Biologie" und Humangenetik der Universitätsklinik für Frauenheilkunde und dem Pathologisch-Anatomischen Institut der Universität Graz.
51 Anlass zur Fruchtwasseruntersuchung im Berichtszeitraum 1974 bis 1979 waren an der Universitäts-Frauenklinik Graz unter 402 genetischen Indikationen 292 Mal fortgeschrittenes mütterliches Alter (72%), 76 Mal Chromosomenanomalie eines vorangegangenen Kindes, Elternteils oder nahen Verwandten (19%), 23 Mal Neuralrohrverschlussstörung eines vorangegangenen Kindes (5,7%), 7 Mal eine angeborene Stoffwechselerkrankung (1,7%) und 4 Mal ein schweres X-chromosomal rezessiv vererbtes Leiden (1%). Von 532 Fruchtwasseruntersuchungen führten 19 (6,3%) zu pathologischen Ergebnissen (Zierler et al. 1981: 76).

Im Falle eines Schwangerschaftsabbruchs wurde für die Forschung alles vollständig dokumentiert (Foto, Obduktion, Biopsie für Fibroplastenkultur). Aufgrund der Erfahrung seiner fünfjährigen Praxis beurteilte das ForscherInnenteam die pränatale Diagnose auf Basis einer Fruchtwasseruntersuchung im zweiten Schwangerschaftsdrittel als Verfahren mit einer hohen Treffsicherheit und geringem Risiko sowie als „wertvolle Erweiterung der genetischen Familienberatung" (ebd.: 79). Diese überaus positive Beurteilung ist angesichts der Tatsache verwunderlich, dass im Berichtszeitraum 1974 bis 1979 an der Universitäts-Frauenklinik Graz bei 532 Fruchtwasseruntersuchungen nur 19 pathologische Ergebnisse festgestellt wurden, d. h. nur 6,3 % aller Schwangerschaften, die aufgrund der Alters- oder familiären Indikation humangenetisch getestet wurden, wiesen Missbildungen des Fötus auf. Dabei wurde die Tatsache, dass pränatale Diagnose und „genetische Familienberatung" „Eltern mit einem erhöhten Risiko für die Geburt eines behinderten Kindes" die Möglichkeit eröffneten, „eine neuerliche Schwangerschaft einzugehen", als besonders wertvoll hervorgehoben. Nach Einschätzung des Forschungsteams eröffneten pränatale Diagnose, medizinische Genetik und genetische Familienberatung die Möglichkeit, dass

> „nicht nur Schwangerschaften gerettet und viel menschliches Leid erspart werden, sondern überdies besonders durch die ‚Altersindikation' erhebliche Kosten für die einzelne Familie und auch für die Gemeinschaft gespart werden" (Zierler et al. 1981: 79).

Der „Fortschritt", der auf Grundlage der Zusammenarbeit und des Zusammenwirkens von Erkenntnissen der „Pränatalen Pathologie", der „Medizinischen Genetik", der Pädiatrie und geburtsmedizinischer Techniken produziert wurde, stellt den Eltern seit Mitte der 70er Jahre eine Technologie zur Verfügung, mit deren Hilfe sie so lange Kinder zeugen und selektieren können, bis ein entsprechend gesundes Kind erwartet werden kann. Ihnen wurde die Verantwortung dafür übertragen, die Geburt behinderter Kinder zu verhindern, was jedoch nur durch invasive Eingriffe in den Körper der schwangeren Frau erreichbar ist. Die Medizin offeriert dazu die Testverfahren und die Möglichkeit der Durchführung eines Schwangerschaftsabbruches im Falle des Vorliegens eines positiven Testergebnisses. Ein Schwangerschaftsabbruch aus eugenischer Indikation kann in Österreich bis zum Geburtstermin durchgeführt werden. Ein Abbruch im zweiten Schwangerschaftsdrittel verlangt von der Mutter, dass sie nach der Verabreichung wehentreibender Mittel ihr Kind vaginal zur Welt bringen muss. In Bezug auf das erwartete Kind ist es von der Höhe der Schwangerschaftswoche, in welcher der Abbruch durchgeführt wird, abhängig, ob das potenziell behinderte Kind im Mutterleib getötet (Giftinjektion) wird, oder ob man es, im Falle, dass es nach der Geburt noch lebt, sterben lässt.

Dieser „Fortschritt" stellt aber nicht nur die Eltern vor schwierige, riskante und schmerzhafte Entscheidungen. Er bietet auch der Gesellschaft seit Mitte der 70er Jahre eine Technologie, mit der durch frühzeitige Vernichtung zukünftiger PatientInnen Kosteneinsparungen im Gesundheits- und Sozialbereich möglich gemacht werden sollen. Diesbezüglich verwies das Forschungsteam aus Graz auf entsprechende Berechnungen in Deutschland und Skandinavien, die bestätigten, dass

> „die routinemäßige Durchführung von Fruchtwasseruntersuchungen bei Schwangeren über 37 Jahren wesentlich weniger Kosten verursacht, als die Pflege und Heilbehandlung der zu erwartenden mongoloiden Kinder" (Zierler et al. 1981: 76).

Dass statt der medizinischen Eingriffe auch soziale Maßnahmen den gewünschten Erfolg bringen könnten, welche es Frauen ermöglichen, ihre Kinder auch schon vor dem 35. Lebensjahr zu bekommen, ohne dass sie auf berufliche Existenzsicherung verzichten müssen, wurde nicht erwogen, obwohl im Berichtszeitraum 72 % aller Fruchtwasseruntersuchungen aufgrund der „Altersindikation" getätigt wurden. Vielmehr zog das Forschungsteam den Schluss, dass die „relativ hohe Anzahl pathologischer Ergebnisse" bei älteren Schwangeren in ihrem Untersuchungskollektiv die Forderung rechtfertige, jeder 35-jährigen schwangeren Frau die Amniozentese zur Pränatalen Diagnostik anbieten zu können. Die „Medikalisierung sozialer Fragen" sollte damit auch Ende des 20. Jahrhunderts die Möglichkeit bieten, neu gewonnenes Behandlungsterrain auszubauen und zu erhalten.

Innerhalb von 20 Jahren, von Beginn der 80er Jahre bis Ende der 90er Jahre etablierte sich die pränatale Diagnose zum reproduktionsmedizinischen Routineeingriff mit hohem gesellschaftlichen Kredit. Gegenwärtig wird im Rahmen der Pränatalen Diagnostik nach folgenden Erkrankungen gesucht: mit Hilfe biochemischer Tests nach Anencephalie und Spina bifida, mit Hilfe der Chromosomenanaylse nach Down-Syndrom, Edwards-Syndrom, Pätau-Syndrom und Anomalien der Geschlechtschromosomen, mit Hilfe der DNA-Analyse nach Zystischer Fibrose (Mukoviszidose), Chorea Huntington und Duchennscher Muskeldystrophie. Von den heute geschätzten 5.000 monogenen Krankheiten gelten 2.000 – in den meisten Fällen aber äußerst seltene Krankheiten – als diagnostizierbar. Die humangenetischen Labore führen bis zu 270 Gen-Tests durch (vgl. Riewenherm 2001: 123ff). Dabei dominieren kommerzielle Interessen. Die Biotech-Unternehmen konkurrieren um und erhalten Patente auf DNA-Sequenzen. Sobald eine Firma ein Gen „entdeckt" und „besitzt", wirbt sie darum und insistiert darauf, dass möglichst viele Menschen getestet werden. Die Hauptindikation für genetische Fruchtwasseruntersuchungen bleibt aber bis heute das Down-Syndrom. Die pränatale

„Fahndung" nach Föten mit Trisomie 21 auf Basis der Altersindikation entwickelte sich dabei zum Einfallstor und zur Grundlage für jede weitere humangenetische Forschung. Diese Entwicklung kritisierte der Vorstand des Instituts für Medizinische Genetik an der Universität Zürich, Prof. Werner Schmid (1930–2002)[52], in einem Artikel in der „Wiener Klinischen Wochenschrift" zu „Schulschwierigkeiten und Genetik" (1982: 317ff). Bemerkenswert ist dabei, dass fachinterne Kritik von in Österreich tätigen klinischen ForscherInnen kaum vorhanden ist. D. h. hierzulande scheinen selbstkritische Studien und/oder Publikationen im Bereich medizinisch-klinischer Forschung tabuisiert zu sein. Es wird meist nur von den Erfolgen berichtet. Kritische Stimmen sind, mit wenigen Ausnahmen, größtenteils „Wissenschaftsimport" aus dem deutschsprachigen Ausland – so auch der Artikel von Schmid, in dem er die zunehmende und routinemäßige „Fahndung" nach Kindern mit Trisomie 21 in der Schwangerenvorsorge in Frage stellt. Er berichtete, dass auch in der Schweiz bis Ende der 80er Jahre bei über 92 % der genetischen Fruchtwasseruntersuchungen das Down-Syndrom im Vordergrund stand und dass damit die Altersindikation zum Einfallstor für die Erforschung weiterer Diagnosen genutzt wurde und wird:

„[…] im Schlepptau dieser Problematik (Diagnose Down-Syndrom, M.W.) bekommen wir viele andere genetische Fälle zu Gesicht, bei denen sonst weder die Familien noch deren Ärzte an eine ganz konventionelle genetische Beratung gedacht hätten" (Schmid 1982: 318).

Wenn es diese Möglichkeit zur Pränatalen Diagnostik des Down-Syndroms nicht gäbe und wenn Ärzteschaft und Öffentlichkeit nicht darauf drängten, diese durchzuführen, müsste, so Schmid, bei den genetischen Dienstleistungen das meiste entfallen. Da es zudem keine großen therapeutischen Möglichkeiten des „Genetic Engineering" gebe, bleibe die Haupttätigkeit der „Medizinischen Genetik" die der Pränatalen Diagnostik. Diese aber konzentriere sich im Wesentlichen auf die Verhinderung der Geburt von Kindern mit Down-Syndrom.

Von österreichischen Forschungsteams wurde der Einsatz der Pränatalen Diagnostik immer wieder mit der Kostenreduktion begründet – so z. B. im Fall der Diagnose Chorea Huntington, einer „Erbkrankheit", bei der den zukünftigen Eltern abgeraten wird Kinder zu zeugen, sofern ihre eigenen Eltern oder Großeltern erkrankt waren. Die Pflegemaßnahmen würden die Gesellschaft, den Steuerzahler, „pro Jahr zirka 120 Millionen Schilling" kosten. „Ein namhafter Betrag für eine einzige monogen bedingte

---

[52] Werner Schmid war ab 1967 Priv. Doz. für „Genetische Medizin" und ab 1978 Ordinarius des neu gegründeten „Instituts für Medizinische Genetik" an der Universität Zürich.

Erkrankung, wenn man bedenkt, dass heute nach Angaben von McKusick (1983) zirka 3.000 monogen bedingte Krankheiten existieren", so der Gynäkologe Dr. Kölbl (Wien) bei einer Sitzung der „Gesellschaft der Ärzte in Wien" am 13. März 1987 (Kölbl 1987: 358). Zur Kostenreduktion im Pflegebereich wurde der Einsatz „hämorheologischer Screening-Methoden" gefordert. Es wurde mit diesen Zahlen, die weder Hinweise auf die Häufigkeitsrate enthielten noch darüber informierten, wie viele davon diagnostiziert werden können, der Eindruck erweckt, als bestünde im Hinblick auf ca. 3.000 monogen bedingte Krankheiten im Dienste des Staatshaushaltes dringender Handlungsbedarf.

Die Anwendung pränataler Diagnoseverfahren erscheint in den meisten Texten als selbstverständlich und als Gebot der Vernunft, das infolge des wissenschaftlichen Fortschrittes nicht mehr in Frage gestellt werden kann. Dieses Selbstverständnis und diese Selbstverständlichkeit dienen der Abwehr von Zweifeln und Infragestellungen. Wird der medizinische Einsatz Pränataler Diagnostik in den recherchierten Texten doch gerechtfertigt, dann in erster Linie damit, dass damit zur wissenschaftlichen Erkenntnis genetischer Erkrankungen beigetragen werde, dass sie praktisch durchgeführt werden sollte, weil sie medizinisch machbar sei, dass sie einen Beitrag leiste, das Leid zukünftiger PatientInnen und ihrer Familienangehörigen zu verhindern, und dass sie eine sinnvolle Möglichkeit zur Kostenreduktion im Gesundheits- und Sozialbereich darstelle. Dass der Einsatz humangenetischer und reproduktionsmedizinischer Techniken zur Produktion gesunder Kinder für die betroffenen Eltern und für die Gesellschaft auch negative Folgen haben kann, bleibt völlig unbeleuchtet.

Es gilt als vernünftig, das zu machen, was gemacht werden kann. Dass die Pränatale Diagnostik zum Einsatz kommen soll, wird nie in Zweifel gezogen. Der Mainstream der klinischen Forschung zielt auf den wissenschaftlichen Einsatz und die Anwendung genetischer Erkenntnisse ab. Die Realisierung der entwickelten Verfahren in der Schwangerenvorsorge ist eine Belohnung für geleistete Arbeit durch Anerkennungsmaßnahmen, welche in der Institution Wissenschaft sowohl symbolisches (fachliche Autorität, Entscheidungsmacht etc.) als auch ökonomisches Kapital (Forschungsfinanzierung, Stellen, Einkommen) einbringen. Gesellschaftlich wurde die Einführung Pränataler Diagnostik damit gerechtfertigt, damit zur Kostenreduktion im Gesundheitssystem beizutragen, ohne aber zu vergleichen, welchen Kostenumfang die humangenetische und reproduktionsmedizinische Forschung verursachten.

Dass im Jahr 2000 weltweit noch immer ca. 97 % aller Kinder gesund zur Welt gekommen sind, dass somit bei den nicht gesunden Kindern von nur etwa 3 % angeborenen Fehlbildungen ausgegangen werden kann und dass davon wiederum nur 1,5 % genetisch bedingt sind, wurde in Zusammenhang mit einer ökonomischen Legitimierung der eigenen Forschungsprojekte nicht diskutiert. Ganz im Gegenteil gewinnt man beim Lesen mit der

Zeit den Eindruck, es verhalte sich genau umgekehrt und es drohe fast allen Kindern ein Fehlbildungsrisiko. Die wissenschaftliche Spezialisierung qualifiziert offensichtlich einen „Fortschritt" generierenden „Einbahnblick", wobei die Machbarkeit als Legitimation dient und für Professionalisierungsinteressen eines Faches und Karriereinteressen von Wissenschaftlern funktional ist. Die Ideologie, dass der Fortschritt der Wissenschaften auch dem Fortschritt der Gesellschaft dient, dass gemacht werden muss, was gemacht werden kann, verdeckt den Blick auf die Einschätzung der Technikfolgen für die Betroffenen und die Gesellschaft. Sie zwingt dazu, im Fortschritt der Wissenschaften nur die Seite des Erfolges wahrzunehmen und zu präsentieren. Sie behindert eine soziale Bewertung der eingesetzten Mittel, d. h. eine Gegenüberstellung der finanziellen Aufwendungen für Forschung und Entwicklung humangenetischer Diagnoseverfahren und der Ausgaben für Pflege und Betreuung von Menschen mit angeborenen Fehlbildungen.

Da nur ein verschwindender Anteil aller angeborenen Behinderungen genetisch bedingt ist, ist die Frage des adäquaten Mitteleinsatzes opportun. Geisteswissenschaftliche Fächer werden in ähnlichen Fällen gerne mit dem Vorwurf konfrontiert, „Orchideenfächer" zu sein. Wie weit entfernt man davon im Fall der medizinischen Genetik ist, deutet auf die Machtverhältnisse in der Wissenschaft hin. Es werden zwar stets Kosten-Nutzen-Argumente herangezogen, um die eigene Forschung zu rechtfertigen, aber die Kosten der eigenen Forschung werden in keine Relation zu den Erkrankungsrisiken gesetzt. Würden die gleichen Argumente, nämlich zukünftige PatientInnen zu verhindern, entsprechend auf die Auswirkungen des Autoverkehrs angewandt, dem nachweislich mehr Menschen zum Opfer fallen als so genannten „Erbkrankheiten", und würde man dafür präventiv die Einstellung des Autoverkehrs fordern, würde man größtenteils auf Unverständnis stoßen. In einigen wenigen Fällen wird der Einsatz Pränataler Diagnostik damit begründet, individuelles Leid und das Leid von Angehörigen genetisch behinderter Kinder lindern zu wollen. Auch dabei wird wiederum selbstverständlich vorausgesetzt, was Leid ist und dass die Verhinderung von Leiden keiner Rechtfertigung bedarf. Auch steht dieses Argument im Missverhältnis dazu, dass die sozialen, psychischen und körperlichen Folgen der Pränatalen Diagnostik in die Beurteilung medizinischer Biotechnik nicht einbezogen werden. Wer diese nicht als „Segen" begreift, gilt gemeinhin als irrational und unaufgeklärt.

3.3 Genetische Familienberatung als Eckpfeiler der Präventivmedizin

In den 60er Jahren wurden die ersten Lehr- und Handbücher der Humangenetik (Lenz 1961; Vogel 1961; Fritz-Niggli 1961; Gedda 1961; Becker 1964; Fuhrmann 1965 etc.) in der „Wiener Klinischen Wochenschrift" rezensiert, darunter ein Buch zur „Genetischen

Familienberatung" (Fuhrmann und Vogel 1968). Dabei monierte der Rezensent Felix Mainx, Ordinarius für Medizinische Genetik an der Universität Wien, dass „für die Einholung einer fachkundigen Beratung in praktischen Fragen der genetischen Familienberatung in der Bundesrepublik 15, in der Schweiz 2 Universitätsinstitute für Humangenetik zur Verfügung" stünden, man in Österreich diesbezüglich aber mit einem „Vakuum" konfrontiert sei (Mainx 1969: 52). Doch kaum sechs Jahre später wurde in einem Bericht von Dr. Schnedl und Dr. Wagenbichler von der I. Universitäts-Frauenklinik und dem Histologisch-Embryologischen Institut der Universität Wien, bei der wissenschaftlichen Sitzung der „Gesellschaft der Ärzte in Wien", die „genetische Beratung" als „wesentlicher Bestandteil der Präventivmedizin" vorgestellt (Schnedl, Wagenbichler 1976: 76). Wie in der genetischen Beratung Risiken bestimmt wurden, war nicht Teil des Berichts. Festgehalten aber wurde, dass genetisch bedingte Leiden nicht therapeutisch, sondern nur präventiv – durch Pränatale Diagnostik oder Verzicht auf Kinder – beeinflusst werden könnten. In den wenigen Fällen, in denen von Kindern abgeraten worden sei, sei man aber „auf großes Verantwortungsbewusstsein der Patienten gestoßen" (ebd.). Egal ob „Erbpflegerische Eheberatung" oder „humangenetische Familienberatung", das eugenische Projekt vom „erbgesunden" Kind konnte weiterhin nur auf Basis von Vernichtung oder Verhinderung medizinisch durchgesetzt werden.

Der humangenetischen Beratung wurde aber nicht nur im Bereich der Präventivmedizin eine „wesentliche" Bedeutung zugeschrieben, sondern auch im Bereich „verantwortungsbewusster Gesundheitspolitik" (Rett 1982: 315). Andreas Rett lobte Anfang der 80er Jahre die Fortschritte auf dem Gebiet der Abklärung von Missbildungsursachen, die es ermöglichen würden,

> „dass für viele Familien das schicksalhafte und unvermeidbar scheinende Entgleisen genetischer Prozesse in ihren Zusammenhängen erkannt und somit auch verhindert werden kann" (Rett 1982: 316).

Den Erkenntnissen der „Pränatalen Pathologie" sei es zu verdanken, dass es der Medizin gelungen sei, die Anzahl der Familien, in welchen mehr als ein geistig behindertes Kind geboren werde, seit Beginn der 70er Jahre „drastisch" zu senken. So seien zwischen 1956 und 1970 noch 600 Familien registriert worden, die mehrere behinderte Kinder hatten, zwischen 1970 und 1982 habe sich diese Zahl auf 56 Familien reduziert. Darunter gebe es keine Familie mehr mit mehr als zwei geistig behinderten Kindern (ebd.). Als Vorstand der „Abteilung für entwicklungsgestörte Kinder" am Neurologischen Krankenhaus der Stadt Wien, an dem er „mehr als 2600 mongoloide Kinder, Jugendliche und Erwachsene kennen und deren Leben zum Teil über 35 Jahre verfolgen" habe können, stand für Andreas Rett außer Frage, dass das Leben solcher Menschen und ihrer Familien auch unter besten äußeren Bedingungen „ein unendlich schweres Leben ist" (ebd.). Die Idee der völligen Integration von Behinderten beurteilte Rett als eine Utopie, die bei körper- und sinnesbehinderten Kindern weitgehend möglich, bei geistig behinderten Kindern aber kaum durchführbar sei. Alles, was der Mensch im so genannten normalen sozialen Leben brauche, sei bei geistig behinderten irreversibel gestört:

> „Es sind die spezifischen Ausfälle im Bereich des abstrakten Denkens, das teilweise totale Fehlen dessen, was man im Sinne von I. Kant als ‚Vernunft', als ‚Erkennen des Notwendigen' definieren kann, die Unfähigkeit zum logischen Schluß, zur Sublimation von Gefühlen" (ebd.: 317).

Aufgrund der Legalisierung des Schwangerschaftsabbruches in Österreich, durch die „das Schicksal Tausender gesunder Früchte der persönlichen Entscheidung der Frau" überlassen sei, lehnte Rett jede weitere Infragestellung des Schwangerschaftsabbruches aus genetischer Indikation ab. Nicht nur von politischer Seite, sondern auch von Seiten der Betroffenen sollte es keinen Widerspruch geben:

> „Dass aber in einzelnen Fällen selbst bei Vorliegen des chromosomalen Befundes einer Trisomie 21 der Schwangerschaftsabbruch verweigert wird, ist kaum mehr zu verstehen" (ebd.: 316).

Anhand dieser Argumentation wird deutlich, dass die Entscheidungen werdender Mütter, die sich nicht dem medizinischen Fortschritt unterordnen, als irrational verurteilt werden, als Handlungen, die nicht dem Gebot der Vernunft entsprechen. Sie zeigt, was die Rede von der Freiheit der Entscheidung verdeckt: dass nämlich, und zwar in einem doppelten Sinne, bereits entschieden ist. Zum einen sanktioniert/e die alte wie die neue eugenische Medizin auch ein gesellschaftliches Urteil, nach dem der Wert des Menschen an seiner Fähigkeit zur selbständigen Existenzsicherung, d. h. Arbeits- und Leistungsfähigkeit, gemessen wird. Da Entscheidungen nicht im gesellschaftsfreien Raum stattfinden und die Möglichkeit zum „gesunden Kind" auch den „sozialen Druck" zum gesunden Kind erzeugt, stellt das Konstrukt der „autonomen Entscheidungsfindung" eine wichtige Ideologie im Zusammenhang mit dem psychologischen Management von PatientInnen im ausgehenden 20. Jahrhundert dar. Zum anderen werden von der reproduktionsmedizinischen und humangenetischen Forschung Bedürfnisse produziert und definiert, von denen gleichzeitig behauptet wird, dass nur die eigene Profession sie befriedigen kann. Die klinischen Spezialisten begründen, warum die medizinischen Errungenschaften gesellschaftlich gebraucht werden, und bestimmen darüber hinaus, wer sie braucht. Dabei monopolisieren sie die Macht, Krankheiten zu definieren, Diagnosen zu erstellen und Behandlungen durchzuführen (vlg. Samerski 2002: 63ff).

Die „Humangenetische Familienberatung" beruft sich auf ein Beratungsmodell der „informierten Einwilligung" oder „informierten Zustimmung" und der „nicht-direktiven Beratung". Mit dem „Informed Consent" wurde ein Modell adaptiert, das ab Mitte der 60er Jahre auf Basis von Richtlinien der Public Health Services die „informierte Zustimmung" des Versuchsobjektes für ein medizinisches, nicht-therapeutisches Experiment erforderlich machte (ebd.: 81ff). Ursprünglich sollte diese Regelung einen Rechtsschutz von PatientInnen vor ungewollten medizinischen Übergriffen erwirken, Humanexperimente ermöglichen und zugleich Rechte des/der Einzelnen wahren. Doch diese Vorbedingung übertrug den PatientInnen auch die Verantwortung, sich vor „Übergriffen eines staatlich sanktionierten Expertenmonopols zu schützen" (ebd.: 82). Diese Regelung fand zunehmend breitere Anwendung.

Der technische Fortschritt in der Medizin verbreitete und steigerte die Eingriffsmöglichkeiten des experimentierenden Klinikers. Zugleich wurde dieser vor gänzlich neue Entscheidungen über Leben und Tod der PatientInnen gestellt (Organverpflanzung, Atemmaschinen, Dialyse etc.). In Zusammenhang mit dieser Problematik wurde von Seiten der Medizin erstmals die professionelle Entscheidungsautonomie in Frage gestellt. Zeitgleich kam die Medizin seit den 70er Jahren von Seiten der Frauengesundheitsbewegung und der PatientInnenrechtsbewegung unter Druck, die gegen die Expertenherrschaft die Möglichkeit zu „selbstbestimmten Entscheidungen" forderten. Die Argumente der Medizin, wonach die „Humangenetische Beratung" die Möglichkeit einer „selbstbestimmten Entscheidung" eröffnet und diese neue Form der „Freiwilligkeit" ein Fortschritt gegenüber dem Zwang der alten Eugenik ist, beziehen sich auf das emanzipatorische Verständnis von Entscheidungsfindung. Die Einführung von Entscheidungsrechten im Bereich der humangenetischen Beratung wird dabei als Erfolgsgeschichte von Emanzipationsbewegungen uminterpretiert. Zugedeckt wird dabei der andere Entstehungszusammenhang des „Informed Consent", in dessen Tradition die Medizin zunehmend die rechtliche, ethische und soziale Verantwortung eines immer intensiveren medizinischen Dienstleistungskonsums auf die Betroffenen abwälzen konnte. Die Entwicklung zu mehr Selbstbestimmung hat zwar auch zur Sensibilisierung der Medizin beigetragen, zugleich dienten die PatientInnenrechte der Entlastung der Medizin und damit ihrer konzeptionellen Expansion. In der Verabsolutierung dieser Rechte liegt die Gefahr, dass sich die Medizin heute zunehmend auf Kosten der PatientInnen ihrer Verantwortung entledigt und damit entlastet (vgl. Dörner 2002: 355). Aus dieser Verantwortung, die der alten Eugenik zum Verhängnis geworden war, konnte sich die Humangenetik mit Hilfe der „informierten Zustimmung" der PatientInnen befreien. Heute muss und kann sich der/die PatientIn eigenverantwortlich und selbstgesteuert in vorgegebene Verhältnisse einpassen. Diese allgemeine Entwicklung von „entschiedenen Ärzten" zu „entscheidenden Patienten" (Samerski 2002: 76) ist eine der Grundvoraussetzungen, mit der sich die Humangenetik von der sozialen Ächtung der alten Eugenik befreien konnte.

Um Risiken, die zu Missbildungen führen, erkennen, abschätzen und den Betroffenen verständlich erklären zu können, forderte Andreas Rett neben dem Einsatz einer genetischen Medizin weiterhin auch jene der klinisch-praktischen Medizin und der Pädagogik. Er begründete dies damit, dass die Effektivität der humangenetischen Beratung von einer interdisziplinären Zusammenarbeit von Pädiatern, Psychologen und Pädagogen abhänge. Vor allem das Wissen um die Möglichkeiten und Grenzen der pädagogischen und sozialen Entwicklung des behinderten Kindes beurteilte er als eine grundlegende Voraussetzung der humangenetischen Beratung (Rett 1982: 316). Der humangenetisch tätige Arzt sollte demnach über ein breites Wissen im biologischen Sinne verfügen, ebenso über Kenntnisse klinischer, sozialer, psychologischer und pädagogischer Symptome und Syndrome und die Fähigkeit besitzen, sich gegenüber Eltern aller sozialen und intellektuellen Kreise verständlich machen zu können.

Der routinemäßige Einsatz einer angewandten Humangenetik zur Verhinderung der Geburt behinderter Menschen wurde ab den 50er Jahren in der „Wiener Klinischen Wochenschrift" kaum kritisiert. Lediglich ein einziger Artikel setzte sich zu Beginn der 80er Jahre kritisch mit dieser Entwicklung auseinander. In diesem argumentierte Prof. Werner Schmid vom „Institut für Medizinische Genetik" der Universität Zürich (vgl. Anm. 54 in diesem Kapitel), dass die medizinische Genetik derzeit – also 1982 – den großen Teil ihrer Mittel dazu verwende, die Geburt mongoloider Kinder zu verhindern (Schmid 1982: 318). Der Grund aber, weshalb die überwältigende Mehrheit der Bevölkerung das Problem des Down-Syndroms als dermaßen schwer wiegend empfinde, liege darin, dass der „Wertmaßstab bereits bei Kindern immer ausschließlicher bei deren schulischen Errungenschaften" angelegt werde (ebd.). Schmid kritisierte die Auslesementalität, die im 20. Jahrhundert wesentlich durch das Schulsystem durchgesetzt worden sei.

Als Beispiel für die Auswirkungen einer konstanten Auslese ab dem frühesten Kindesalter zitierte er eine Studie aus dem Kanton Zürich, welche die Gründe für das Schulversagen bei einem Jahrgang[53] von elfjährigen Kindern erforscht hatte. Diese Untersuchung

---

53 1.250 Schüler des Geburtsjahrganges 1965 aus Winterthur.

habe gezeigt, dass bis zum Alter von elf Jahren bei 33,8 % der Kinder schulische Sondermaßnahmen ergriffen worden waren. Bereits beim Schuleintritt waren 18 % zurückgestellt worden. Bereits 14 % hatten eine Klasse wiederholen müssen. „Dass man bei einem derart rauhen Selektionsklima die 0,7 % geistig Schwächsten in eine heilpädagogische Hilfsschule absondern muß", verstehe sich unter diesen Verhältnissen von selbst (ebd.: 319). Wenn Kinder so früh in der Schule scheiterten, würden stets psychosoziale Risikofaktoren als Gründe angeführt, also irgendwelche von der „Norm" abweichenden Bedingungen zu Hause. Die Studie aus der Schweiz habe zeigen können, dass drei Faktoren, die in diesem Zusammenhang stets genannt würden, eine relativ geringe Rolle spielten, nämlich familiär-intellektuelle Minderbegabung, primär schlechte finanzielle Voraussetzungen und medizinische Faktoren wie minimale Hirnschädigungen rund um die Geburt. Schmid plädierte angesichts dieser Ergebnisse im Interesse der normalen und der tatsächlich behinderten Kinder dafür, die Schule nicht mehr länger als ein Instrument der Selektion zu benutzen, sondern sie auf ihre Hauptaufgaben, die Erziehung und Bildung, zurückzuführen.

> „Man muß wieder den Gedanken ertragen können, dass in einer gemeinsamen Schulklasse Kinder ganz unterschiedlicher Fähigkeiten und emotioneller Reife beisammen sein können" (Schmid 1983: 318).

Durch die frühe Selektion und die Überselektion produziere man „Pseudodebile in Massen", entmutige vorwiegend Kinder, die bereits zu Hause unter schwierigen Bedingungen leben müssten, schaffe Bildungsfeindlichkeit und erzeuge Aggressionen gegen die Welt der Erwachsenen (ebd.: 320). An dieser Kritik wird deutlich, dass der schulischen Auslese, die sich im 20. Jahrhundert durchgesetzt hat, am Ende des 20. Jahrhunderts ein Schicksalseffekt zukommt, der über Lebenschancen, Integration und Desintegration der Kinder entscheidet. Bildung und Ausbildung sind in ihrer inkorporierten Form zur vorteilhaftesten und gewinnträchtigsten Ressource im kulturellen Klassenkampf der Gegenwart geworden. Der Wunsch, den eigenen Kindern durch eugenische Selektion optimale Startchancen im Bildungssystem zu gewährleisten, macht die „Genetische Medizin" und die Reproduktionsmedizin u. a. zum verlängerten Arm der „Ausleseschule" des 20. Jahrhunderts.

Die leibliche Ausstattung des Kindes wird zu einer Basisinvestition, welche heute vor allem Mütter nicht mehr nur auf der Ebene geschlechtlicher Arbeitsteilung, sondern auch in Bezug auf ihren eigenen Körper zu tätigen haben (vgl. Wolf 1999: 109ff). Ihnen hat die neue Eugenik als angewandte Humangenetik die „freie Entscheidung" hinsichtlich der Selektion ihrer Kinder am Lebensanfang überantwortet. Mütter werden in unserer Gesellschaft und Kultur aufgrund einer Spaltung der Lebensräume in eine Sphäre des Öffentlichen und Privaten als aktive Mitglieder der Gesellschaft tendenziell entmündigt. Aufgrund der geschlechtshierarchischen Arbeitsteilung, welche die lebenslange Existenzsicherung von der Lohnarbeit abhängig macht, da alle sozialstaatlichen Absicherungen gegen existenzielle Lebensrisiken (Krankheit, Invalidität, Arbeitslosigkeit, Alter) von der Höhe des Lohns abhängig sind, bedeutet Mutterschaft zudem nicht nur Abhängigkeit von einem Lohn beziehenden Ehemann oder von Zuwendungen des Sozialstaates, sondern stellt zunehmend selbst ein Lebensrisiko für Frauen dar. Diese Spaltung zwischen Familie und öffentlicher Kultur (Nadig 1989: 141–161) zwingt Frauen, zwischen gesellschaftlich-öffentlichen Aktivitäten wie Erwerbsarbeit und Muttersein zu entscheiden. Mütterliche Praxis wird marginalisiert: Nahezu alle Geburten finden in Spitälern statt, in denen Mütter zwar in einer fremden Umgebung für eine Woche versorgt, nach ihrem Aufenthalt aber sich selbst überlassen werden (vgl. Wimmer-Puchinger 1993). Zu Hause sind sie meist mit ihrem Kind isoliert, Kommunikationsformen der primären Mütterlichkeit werden aus dem öffentlichen Bereich und der Berufswelt als defizientes Verhalten ausgeschlossen.

Diese gesellschaftlichen Verhältnisse und die Verwissenschaftlichung der Reproduktion machen *Mutterschaft zu einer individuellen physischen und psychischen Leistung*. Maßstab einer gelungenen physischen und psychischen individualisierten Mutterschaft ist das „perfekte Kind". Dieses erst macht die Mutter zu einer „perfekten Mutter". Je mehr Mütter aufgrund der geschlechtlichen Arbeitsteilung zwischen gesellschaftlich notwendiger Arbeit und der beschriebenen individualisierten Norm von Mutterschaft gezwungen sind, auf eine Teilhabe an der öffentlichen Welt und Kultur zu verzichten, umso mehr verschaffen sie sich eine illusionäre Kompensation durch eine emotionale Überbesetzung ihrer Kinder, die zum Selbstobjekt werden (vgl. Nadig 1989: 154). Auf die Frage, was Mutterschaft heute bedeutet, und welche potenziellen Probleme darin für die Mutter-Kind-Beziehung gegeben sind, verweist Rotraud Hoeppel in einem Aufsatz zum Thema „Mütter und Kinder zwischen Allmacht und Ohmacht" (Hoeppel 1992: 247–251) auf das Ideal der modernen Mutter: die zum Wohle des Kindes emanzipierte Mutter, welche aufgrund eigener Berufstätigkeit autonom ist und dem Kind gerade deswegen Entwicklungschancen bietet, weil sie sich nicht aufopfert. Dieses moderne Ideal kollidiere u. a. aber mit den persönlichen Erfahrungen der heutigen Mütter als Töchter von Müttern. Diese werden meist dahin gehend verarbeitet, den Wunsch nach einer perfekten Mutter aus der eigenen Kindheit in die Möglichkeit zu verwandeln, „selbst eine vollkommene Mutter zu werden" (ebd.: 248). Diese narzisstische Motivation verstärkt nun die Konfliktlage für Frauen im zeitgeschichtlichen Kontext einer medikalisierten Reproduktion, die das Versprechen nach gesunden und „vollkommenen" Kindern ventilieren und damit auch den Müttern versprechen, „vollkommene" Mütter sein zu können, wenn sie ihr Mutter-Werden wissenschaftlich gestalten (lassen). Auch im Bild der modernen, „wissenschaftlichen Mutterschaft" bleibt, „trotz aller Selbstverwirklichungsmetaphern die Idee einer vollkommenen Harmonie impliziert". Doch diese, im 20. Jahrhundert vor allem auch durch die Machbarkeitsideologie der Reproduktionsmedizin gestärkte, Illusion muss scheitern,

> „weil kein Kind so perfekt ist, dass es der Mutter beweisen könnte, dass sie eine perfekte Mutter ist. Die Machbarkeitsideologie endet also in der Konfrontation mit dem wirklichen Kind. Die daraus folgende narzißtische Kränkung wird nicht produktiv bewältigt, sondern ruft vielmehr immer neue Anstrengungen hervor, dem Anspruch doch noch zu genügen" (Hoeppel 1992: 249).

Zur Aufrechterhaltung dieser Anstrengung, das „perfekte Kind" doch noch zu erhalten, stellen nicht nur die Reproduktionsmedizin, sondern auch andere humanwissenschaftliche Disziplinen (Psychologie, Psychotherapie, Pädagogik) wissenschaftlich legitimierte Verfahren, Methoden und Techniken bereit. Der Preis dieser kulturellen und individuellen Idealisierung der Mutter-Kind-Beziehung ist die Abspaltung von Trauer und die Tabuisierung von Aggression. Trauer und Aggression können weder auf Seiten des Kindes noch auf Seiten der Mutter, aber auch nicht auf Seiten der Kultur integriert werden. Wenn diese Gefühle aber negiert werden, bleibt die Allmacht der perfekten Mutter-Kind-Beziehung, die ein „perfektes Kind" und eine „perfekte Mutter" zur Voraussetzung hat, die Ohnmacht gegenüber dem Scheitern einer Illusion.

4. Herstellung physisch und psychisch gesunder Nachkommen durch eine eugenisch motivierte und legitimierte Gynäkologie, Geburtsmedizin, Pädiatrie und Humangenetik als interdisziplinär kooperierende Reproduktionsmedizin

Die Erkenntnisfortschritte auf dem Gebiet der Erforschung weiblicher Fruchtbarkeit wurden auf Basis von Sterilitäts- und Sterilisationsbehandlungen wie der Hormonforschung entwickelt. Die Forschung zur hormonellen Steuerung der weiblichen Fruchtbarkeit wurde in den ersten Jahrzehnten des 20. Jahrhunderts im Tierexperiment geleistet. Die Einführung der medizinisch kontrollierten Empfängnisverhütung stand dabei von Beginn an auch im Zusammenhang mit eugenischen Zielen (vgl. Kap. I.2.). Doch erst in den 30er und 40er Jahren, in der Zeit des Nationalsozialismus, wurden Studien in Zusammenarbeit mit der Pharmaindustrie, welche die Hormone lieferte, im Wesentlichen mit der Firma Schering, in größeren Maßstäben und Menschenversuchsreihen durchgeführt (vgl. Anm. 50 in Kap. II.). Nach 1945 kam es zu einem kurzfristigen Forschungsstopp, da viele Wissenschaftler und Gynäkologen von Schering in die hormonellen Sterilisationsexperimente der nationalsozialistischen Vernichtungspolitik involviert gewesen waren. Demgegenüber setzten Gynäkologen und Geburtsmediziner, die an den Kliniken und Krankenhäusern mit der Durchführung von Sterilisationen in Zusammenhang mit dem „Gesetz zur Verhütung erbkranken Nachwuchses" betraut waren, ihre Arbeit unbehelligt fort. Mit Beginn der 50er Jahren setzte eine neue Forschungswelle in den USA ein, deren Ziel die hormonelle Sterilisierung von Frauen aus der so genannten „Dritten Welt" war (vgl. Bergmann 2001: 46). Die österreichischen Studien zum Einsatz von Hormonen in der Frauenheilkunde rekurrierten auf internationale Versuchsreihen, die sich ihrerseits auf die Ergebnisse der Experimente der NS-Medizin stützten. Die in den 30er und 40er Jahren einsetzende Menschenversuchswelle mit eisprunghemmenden und eisprungauslösenden Hormonen wurde nach dem Nationalsozialismus an den Kliniken fortgeführt und ermöglichte den Aufstieg der Reproduktionsmedizin, welche neben Schwangerschaft und Geburt zunehmend auch die Zeugung ins Zentrum des wissenschaftlichen Zugriffes stellte. Hormonelle Empfängnisverhütung sollte die Zeugung verhindern, hormonell gelenkte, künstliche Befruchtung die Zeugung ermöglichen. Aus Perspektive der Reproduktionsmedizin wurde der Mensch zum Menschen durch die Zeugung. Deren Folgen – Schwangerschaft, Geburt, Wochenbett – wurden auf Objekte medizinischen Managements reduziert und einer medizintechnischen Dauerüberwachung unterstellt. Je mehr die medikalisierte Zeugung ins Zentrum des Forschungs- und Behandlungseifers trat, umso invasiver wurde der Zugriff auf die generativen Prozesse weiblicher Fruchtbarkeit. Die Fruchtbarkeit des Mannes verschwand dagegen als Gegenstand der Forschung. Gerade noch fünf Artikel wurden bei den für diesen Abschnitt der Studie in der „Wiener Klinischen Wochenschrift" der Jahrgänge von 1945 bis 2000 durchgeführten Recherchen zu Fragen männlicher Reproduktionsprobleme (Sterilität, Infertilität, Fertilitätsstörungen und Impotenz)[54] gefunden. Demgegenüber widmeten sich über hundert Publikationen den Fragen weiblicher Reproduktionsprobleme.[55]

4.1 Produktion der „hormonalen" Frau im Dienste der klinischen Zeugung ohne Frau: Steuerung der Ovulation, Zeugung im Labor und operative Herstellung der Schwangerschaft

Obwohl im Nationalsozialismus intensiv und mit Hilfe von Menschenversuchen im großen Stil zur Sterilitätsbehandlung geforscht worden war, ließen die Erfolge in diesem Bereich auf sich warten. Noch 1954 hielt der Ordinarius der II. Universitäts-Frauenklinik in Wien, Hugo Hußlein (1908–85) fest, dass die Hauptstärke der Sterilitätsbehandlung in der Diagnostik liege, die Schwierigkeiten einer kausalen Therapie aber noch immer sehr groß seien und die Beurteilung der Behandlungserfolge sehr unsicher blieben. Es gebe bis dato keine Beweise, dass es mit irgendeiner endokrinen Therapie möglich sei, eine Ovulation zu erzwingen (1954: 791). Eine von der Gynäkologie konstatierte Zunahme an Sterilitätsproblemen führte er darauf zurück, dass viele junge Frauen, die in den Kriegs- und Nachkriegsjahren in ihren Entwicklungsjahren standen, auffallend häufig Infantilismus oder Hypoplasie der weiblichen Genitalien aufwiesen, und dass zunehmend Frauen erst dann ein Kind wollten, wenn sie sich eine wirtschaftliche Existenz geschaffen hätten. Mit fortgeschrittenem Alter sinke aber die Fertilität der Frauen.

Von den Sterilitätsursachen – anatomisch-mechanische, funktionelle und psychogen bedingte – galten die anatomischen Verhältnisse als am leichtesten abzuklären. Dazu hatte im Wesentlichen die Gynäkologie als „Chirurgie des Unterleibs" beigetragen, die auch die Frauenheilkunde des 20. Jahrhunderts auszeichnete. Die „Gesellschaft für Gynäkologie und Geburtshilfe in Österreich" betonte in ihrem Rückblick auf eine 100-jäh-

---

[54] Tulzer 1954; Bandhauer 1968; Ludvik 1971; Lunglmayr 1980; Maier 1989.
[55] 21 zu Fragen der Sterilitätsbehandlung, 14 zu Fragen der Empfängnisverhütung, 32 zu Fragen der Schwangerenvorsorge und Schwangerschaftsüberwachung, drei zum Schwangerschaftsabbruch und 37 zu Fragen der Geburt.

rige Geschichte (Schaller et al. 1988: 121ff) vor allem die Fortschritte im Bereich der operativen Gynäkologie, die sich um die Jahrhundertwende in dem „gynäkologischen Chirurgen" Rudolf Chrobak (1843–1919) personifiziert hatten. Dessen Persönlichkeit charakterisierten die Autoren als „edelste Arztgestalt Wiens um die Jahrhundertwende" (ebd.: 124). In einem Artikel über die „Großen Männer im Umfeld der I. Universitäts-Frauenklinik Wien seit 1888" wurden die Fortschritte der operativen Gynäkologie auch vom Gynäkologieordinarius Eduard Gitsch (geb. 1920), Vorstand eben dieser Klinik in den 80er Jahren, hervorgehoben (Gitsch 1988: 134). Gitsch pries Friedrich Schauta (1849–1919), der die „Radikaloperation" des Uterus entwickelte, als genialen Operateur, der in einer Zeit gewirkt habe, in der

> „man als Gynäkologe Autodidakt sein mußte, weil es keine Stelle gab, wo man Operieren im heutigen Sinne erlernen konnte, da überall erst die ersten Schritte zu einer operativen Gynäkologie gesetzt wurden. [...] Diese Leistungen sind umso mehr zu bewundern, wenn man die damalige primitive Ausrüstung und die nicht vorhandenen, heute für uns so selbstverständlichen Begleitumstände, wie ideale Narkose, Blutersatz und entsprechende instrumentelle und räumliche Ausrüstung berücksichtigt" (Gitsch 1988: 134).

Welche Folgen diese autodidaktischen Operationsexperimente mit primitiven Ausrüstungen für die Patientinnen hatten, war in dieser Erfolgsgeschichte der „Großen Männer" kein Thema. Gitsch bezeichnete I. A. Amreich, einen Schüler Schautas, als letzten „Bannerträger der vaginalen Operationskunst vor dem zweiten Weltkrieg" (ebd: 136). Prof. Amreich, der 1939 an die I. Universitäts-Frauenklinik in Wien und 1943 an die II. Universitäts-Frauenklinik berufen wurde, und seinem Assistenten Dr. Emil Kiss wurde im August 1940 vom „Erbgesundheitsgericht Wien" die chirurgische Ausführung der Unfruchtbarmachung und Schwangerschaftsunterbrechung in Zusammenhang mit dem „Gesetz zur Verhütung erbkranken Nachwuchses" übertragen, wodurch sich auch Möglichkeiten zur gynäkologischen Forschung boten.

In Zusammenhang mit den funktionellen Ursachen hatte die gynäkologische Endokrinologie in den 30er und 40er Jahren große Erkenntnisfortschritte erarbeitet und das Wissen wesentlich erweitert. Als wesentlichste Erkenntnis dieser Forschungsrichtung formulierte Hugo Husslein (1908–85), Mitte der 50er Jahre noch Dozent für Geburtshilfe und Gynäkologie mit Spezialgebiet Hormontherapie, „dass die Sexualvorgänge, deren Kernstück der Zyklus ist", kein autonomes System darstellen, sondern von „einem diencephal-hypophysären Zentrum gesteuert werden, das selbst wieder Impulse aus dem gesamten endokrinen System, aus dem neurovegetativen System, von der Psyche her und über die Psyche aus der Umwelt empfängt" (Husslein 1954: 790). Die medizinischen Erkenntnisse der endokrinen, neurovegetativen und psychischen Ursachen der Sterilität wurden, wie bereits gezeigt werden konnte, wesentlich auch an Frauen erforscht, die in „Konzentrationslagern" inhaftiert waren. Vor dem Hintergrund dieser Erkenntnisfortschritte forderte Hugo Husslein, Unfruchtbarkeit als ganzheitliches Problem zu analysieren und zu behandeln und psychische Momente in die Diagnosestellung mit einzubeziehen, da sie eine überragende Rolle bei der Verursachung von Sterilität spielen könnten. Dies zeige sich besonders bei einer psychogen bedingten Sterilität, bei der weder beim Mann noch bei der Frau organpathologische oder dysfunktionelle Veränderungen aufgedeckt werden könnten. Auf Seiten der Frauen nannte Hugo Husslein Berufstätigkeit und Sorge um die Existenz als mögliche psychogene Ursachen einer Sterilität, ein seit Mitte des 19. Jahrhunderts gängiges bürgerliches Argument gegen die Berufstätigkeit von Frauen.[56]

Aber auch die Behandlung funktioneller Sterilitätsursachen kam über das Experimentieren nicht hinaus. Ende der 40er Jahre vermerkte der Ordinarius für Gynäkologie und Geburtsmedizin an der I. Universitäts-Frauenklinik in Wien, Tassilo Antoine (1895–1980)[57], dass sich der Stand des Wissens von der Fruchtbarkeit der Frau verbessert habe (Antoine 1947: 725). Antoines Forschungsschwerpunkte waren u. a. Ursachen und Behandlungsmöglichkeiten der Sterilität bei Mann und Frau. Im Zusammenhang mit der Durchführung des „Gesetzes zur Verhütung erbkranken Nachwuchses" wurden ihm 1940 – in seiner damaligen Funktion als Primararzt an der gynäkologischen Abteilung des Krankenhauses der Stadt Wien-Lainz – und seinem Assistenten Dr. Josef Frowein die „chirurgischen Ausführungen der Unfruchtbarmachung und Schwanger-

---

56 Der Zugang zu Erwerbsarbeit und Bildung werden in der bürgerlichen Gesellschaft mit dem Sexualleben der Geschlechter begründet. Eine Erklärung, die sich im Laufe des neunzehnten Jahrhunderts durchsetzte – „… daß die Betätigung des Gehirns bei den abgesonderten weiblichen Wesen zwangsläufig zu einer Abspannung der anderen Organe führen müsse. Die Anstrengung der weiblichen Gehirne ermatte vor allem die generativen Organe und zerrütte ihr harmonisches Zusammenspiel. (…) Die Richtung der Gefährdung weist also kausal von einer Überreizung des Gehirns in die daraus resultierende Ermattung der Zeugungsorgane" (Honegger Claudia: 1991: 151) – kehrt im zwanzigsten Jahrhundert in psychosomatischen Diagnosen wieder.

57 Tassilo Antoine habilitierte sich 1937 im Fach Frauenheilkunde und wurde danach Primararzt an der gynäkologischen Abteilung des Krankenhauses der Stadt Wien-Lainz und blieb dort bis 1940. Er wurde 1940 als Universitätsprofessor für Gynäkologe und Geburtshilfe nach Innsbruck und 1943 nach Wien berufen; Antoine und seinem Assistenten Dr. Josef Frowein wurden u. a. die „chirurgischen Ausführungen der Unfruchtbarmachung und Schwangerschaftsunterbrechung" im Zusammenhang mit der Durchführung des „Gesetzes zur Verhütung erbkranken Nachwuchses" übertragen. Seine Forschungsschwerpunkte waren die Frühdiagnose des Uteruskarzinoms, die Sterilität bei Mann und Frau und der Einsatz moderner Wehenmittel. Antoine blieb bis zu seiner Emeritierung 1967 Vorstand der I. Universitäts-Frauenklinik in Wien. 1959/60 war er Rektor der Universität Wien.

schaftsunterbrechung" übertragen. Den Erkenntnisfortschritt ortete Antoine im neuen Wissen um die „Dauer der Befruchtungsfähigkeit der Spermien", der „Dauer der Befruchtbarkeit des Eies" und dem „Zeitpunkt der Ovulation" (ebd.). Er vermerkte, dass zwar nach wie vor abweichende Meinungen hinsichtlich der begrenzten periodischen Fruchtbarkeit der Frau vorherrschen, mit Sicherheit könne aber von einem Optimum der Fertilität um den Follikelsprung ausgegangen werden. Doch die Erkenntnis, dass damit der günstigste Tag für die Zeugung der Tag der Ovulation ist, konfrontierte die Wissenschaft neuerlich mit unlösbaren Fragen. Denn es blieb ungeklärt, wann der Tag der Ovulation ist. Dieser sei nie gewiss, da er durch unterschiedliche Einflüsse verschoben werden könne. Um in diesen Fragen endgültige Sicherheit zu schaffen, bedürfe es

> „weiterer Untersuchungen an einem großen Material [...] um die widersprechenden Befunde zu erklären, die mit einwandfreien Methoden und von anerkannten Wissenschaftlern erworben wurden" (Antoine 1947: 727).

Kaum mehr als zehn Jahre später, Ende der 50er Jahre, erachtete der Leiter der gynäkologischen Abteilung des Lainzer Krankenhauses in Wien, Hermann Knaus (1892–1970)[58], die Frage, wann der Tag der Ovulation sei, als beantwortet. Er hielt fest, dass mit dieser Erkenntnis,

> „der Eintritt einer Schwangerschaft nicht mehr wie bisher die Folge einer unbedachten Handlung, sondern [...] die Zeugung eines neuen Lebens damit zur berechenbaren und daher bewußten Tat erhoben" werden könne (Knaus 1959: 847).

Der Lehrstreit hinsichtlich der Feststellbarkeit des Ovulationszeitpunktes – Professor Antoine schrieb noch 1968, dass „es bis heute keine einzige Methode [gibt], die uns das genaue Datum des Follikelsprungs mit Sicherheit angibt" (485) – wurde überholt von der Entdeckung und dem Einsatz eines follikelstimulierenden Hormons (FSH),

---

58 Hermann Knaus habilitierte sich für die Fächer Gynäkologie und Geburtshilfe an der Universität Graz. Ab 1934 war er Vorstand an der Frauenklinik der Deutschen Universität in Prag. Nach 1945 arbeitete er trotz mehrerer Berufungen an der „Gynäkologisch-geburtshilflichen Abteilung" des Krankenhauses Wien-Lainz. Grundlegend für das wissenschaftliche Werk Knaus' war „die Aufdeckung des Progesteronblocks am Uterus des schwangeren und scheinschwangeren Kaninchens sowie der Funktion des Corpus luteums auch beim Menschen mit dem Nachweis der Konstanz seiner Funktionsdauer. Damit war die Möglichkeit eröffnet, den Ovulationstermin der Frau zu bestimmen. Zusammen mit der Erkenntnis über die zeitlich begrenzte Fruchtbarkeit der menschlichen Gameten war die Grundlage für eine exakte Berechenbarkeit des individuellen Konzeptionstermins gegeben" (Burghardt 1988: 141).

das man zuerst aus dem Harn trächtiger Stuten (PMS)[59] und dem Harn schwangerer Frauen (HCG)[60] gewann. Dieses Hormon sollte das Heranreifen der Follikel, den Follikelsprung und die Gelbkörperbildung bei „amenorrhoischen und ovulationslosen Frauen" durchsetzen. Eine erfolgreichere Behandlung hypogonadotroper Amenorrhoen wurde aber erst nach dem Einsatz neu entwickelter FSH-Präparate erreicht, die aus Leichenhypophysen, tierischen Hypophysen oder dem Harn alter Frauen erzeugt wurden (vgl. Tscherne 1968: 486f.). Als Voraussetzung einer erfolgreichen Ovulationsauslösung durch FSH-Präparate galt, dass das Ausbleiben der Ovulation eine hypophysäre oder diencephale Ursache hat und reaktionsfähige Ovarien vorhanden waren. Diese neue Möglichkeit, „eine generative Tätigkeit des Ovars künstlich zu induzieren", wurde Ende der 60er Jahre als größter Fortschritt betrachtet (Antoine 1968: 486).

Die Medizin konnte den Zeitpunkt der Ovulation zwar nicht feststellen, aber sie konnte sie künstlich produzieren. Bis heute ist es jedoch nicht möglich die Anzahl der Follikelsprünge zu beeinflussen. Dieses Problem führte zu einem eklatanten Anstieg der Mehrlingsschwangerschaften bei künstlicher Befruchtung. Der „Fortschritt" brachte also neue Probleme mit sich, und es wurden neue Forschungsreihen durchgeführt, um die richtige Dosierung der Hormongaben in den Griff zu bekommen. Auch die Frage des Ovulationszeitpunktes bei hormonell induzierten Zyklen blieb virulent und wurde in klinischen Studien untersucht (Schneider et al. 1980: 559ff).[61] Aufgrund der hohen Abortfrequenz bei künstlicher Befruchtung folgten klinische Studien zum Einsatz von Hormonen zur Abortprophylaxe (Schneider et al. 1981: 715–717).[62] Hormone wurden in der Gynäkologie und Geburtsmedizin zum Allheilmittel. Die Logik des Reproduktionsprozesses schien sich auf Seiten der Frauen in einem medizinisch-chemischen Management weiblicher Fruchtbarkeit verdichten zu lassen.

Sexualhormone wurden aber vor allem deswegen ein starkes Konzept, weil mit ihnen spezifische Interessen verschiedener Forschergruppen gebündelt und vereinfacht werden konnten (vgl. Oudshoorn 2002: 261). Die Verwandlung weiblicher Sexualhormone in chemische Substanzen bot die Grundlage einer Vernetzung von Laborwissenschaftlern mit Gynäkologen und pharmazeutischen Unternehmen. Indem Hormone zu Medikamenten wurden, konnten diese Netzwerke auf andere medizinische Berufsstände und Interessenten außerhalb von Labor und Klinik ausgeweitet werden. Ihre

---

59 Pregnant Mare Serum (PMS)
60 Human Chorionic Gonadotropin (HCG)
61 Artikel „Zur Diagnostik des Ovulationszeitpunktes in clomipheninduzierten Zyklen" aus der I. Universitäts-Frauenklinik in Wien von Dr. W. H. F. Schneider, Dr. G. Gerstner, Dr. R. Schmid und Dr. G. Wick.
62 Originalarbeit von Dr. W. H. F. Schneider, Dr. K. Phillip und Dr. R. Schmid aus der I. Universitäts-Frauenklinik Wien (Vorstand: Prof. E. Gitsch).

Vermarktung provozierte einen Anstieg der Indikationen, in deren Rahmen Sexualhormone verabreicht und getestet wurden. Dass weibliche Sexualhormone im Vergleich zu männlichen um ein Vielfaches intensiver erforscht und öfter eingesetzt wurden, liegt daran, dass die Forschung im Bereich der Frauenheilkunde an einer bereits etablierten klinischen Struktur anknüpfen konnte. D. h. dass ein medizinisches Fachgebiet für die Erforschung und Behandlung der reproduktiven Funktionen des weiblichen, aber nicht des männlichen Körpers etabliert war. Der institutionelle Kontext gynäkologischer und geburtsmedizinischer Abteilungen in Kliniken und Krankenhäusern stellte eine Klientel mit unterschiedlichsten Krankheiten zur Verfügung, an der mit Hormonbehandlung experimentiert werden konnte. Diese Situation dauerte bis Ende des letzten Jahrhunderts an, da es kaum Kliniken gab und gibt, welche das männliche Reproduktionssystem erforschen und behandeln.

„Durch die Institutionalisierung von Praktiken in einem medizinischen Fachgebiet wird der weibliche Körper in einen leicht verfügbaren Lieferanten für Forschungsmaterialien verwandelt, in ein geeignetes Versuchskaninchen und in eine gut organisierte Abnehmerschaft für die Produkte der Wissenschaft" (Oudshoorn 2002: 263).

Die Sexualendokrinologie evozierte im 20. Jahrhundert die Einführung eines chemischen Modells von Geschlecht und Körper. Das Geschlecht sollte dabei anhand der chemischen Substanzen des Körpers identifiziert werden können. Dagegen versuchten die Anatomen des 19. Jahrhunderts das Geschlecht in bestimmten Organen zu lokalisieren (vgl. Honegger 1993). So wurde das weibliche Geschlecht im Uterus, später in den Ovarien verortet. Die biomedizinische Wissenschaft lokalisierte Männlichkeit in den Hoden. Die Sexualendokrinologie des 20. Jahrhunderts verstärkte das dualistische Geschlechtermodell und stellte es zugleich in Frage. Denn die Vorstellung von den Keimdrüsen als Ursprung von Männlichkeit und Weiblichkeit würde durch die Analyse der Sekretion gleichsam aufgeweicht.

„Die Sexualendokrinologie konzentrierte sich jedoch nicht so sehr auf die Keimdrüsen an sich, sondern auf ihre Sekretionen: die chemischen Substanzen. Auf diese Weise transzendierte die Sexualendokrinologie das anatomische Modell von Geschlecht und Körper, worin das Geschlecht in einem spezifischen Organ lokalisiert ist. Das chemische Modell erlaubte den Wissenschaftlern, die Aufmerksamkeit von den Keimdrüsen als den Organen, in denen das Geschlecht lokalisiert ist, abzuziehen. Die Sexualendokrinologen schlossen die Hypophyse in das hormonelle Körpermodell mit ein, und weiteten somit die ‚Essenz' des Geschlechts von den Keimdrüsen auf das Gehirn aus. Im hormonalen Modell ist das Geschlecht also nicht länger auf ein bestimmtes Organ beschränkt, sondern entwickelt sich in einem komplexen Feedback-System zwischen den Keimdrüsen und dem Gehirn" (Oudshoorn 2002: 268).

Das Geschlecht wurde im Kontext der biomedizinischen Wissenschaften des 20. Jahrhunderts zu einem Gegenstand, der mit Labortechniken vermessen, quantifiziert und manipuliert werden sollte und konnte. Gynäkologie und Geburtsmedizin setzten in ihrem Streben nach Professionalisierung, Sicherung von Behandlungsterrain, Anerkennung und Macht in der zweiten Hälfte des 20. Jahrhunderts ganz wesentlich auf die Entwicklung der Labormedizin. Exemplarisch dafür steht die Aussage von Prof. Eduard Gitsch (geb. 1920) in seiner Antrittsvorlesung an der I. Universitäts-Frauenklinik in Wien im Jahr 1968:

„Die sich anbahnende Besserung der Dotierung in den letzten Jahren, der auch ich die Gewährung meiner Wünsche um die Errichtung neuer Laboratorien verdanke, berechtigt zu der Hoffnung auf eine zunehmende Intensivierung der Förderung von Wissenschaft und Forschung. Erfüllt sich diese, so wird es auch gelingen, auf dem Fundament unserer traditionsreichen Vergangenheit aufbauend, über die laufende Entwicklung in der Gegenwart einen weiteren, von Erfolg begleiteten Leistungsanstieg in der Zukunft zu erzielen" (Gitsch 1968: 974).

Wie im Bereich der neuen Eugenik als angewandter Humangenetik sollte auch der Fortschritt der Reproduktionsmedizin im Labor hergestellt werden. Im Gegensatz zum anatomischen Geschlechtermodell wurde die Frau im endokrinologischen Geschlechtermodell zu einer Kategorie mit „multidirektionalen Möglichkeiten". In dem dabei etablierten quantitativen Modell des Geschlechtsunterschiedes wurden Weiblichkeit und Männlichkeit nach der Menge der vorhandenen männlichen oder weiblichen Sexualhormone in einem Körper bestimmt. Nelly Oudshoorn hat in ihren Studien herausgearbeitet, welche radikal neuen Möglichkeiten die Sexualendokrinologie dem gynäkologischen Berufsstand bot (Oudshoorn 2002: 259–278). Sie lieferte Werkzeuge, mit denen in Spezialbereiche des Reproduktionsprozesses eingegriffen werden konnte, die vor der „hormonalen Ära" als unzugänglich erachtet wurden (ebd.: 271). Die damit einhergehende Einführung diagnostischer Techniken und hormonaler Medikamente veränderte nicht nur die medizinische Praxis, sondern auch Frauen und ihren Körper. Sie wurden immer noch tiefer greifenden medizinischen Interventionen unterworfen bis zu dem Punkt, an dem die weibliche Sexualität von der Reproduktion getrennt werden konnte. Zugleich wurden neue Machtverhältnisse in der Wissenschaft durchgesetzt.

„Die Einführung des hormonalen Modells erhöhte die medizinische Autorität der Gynäkologen über Störungen, die traditionell zu anderen medizinischen Fachgebieten gehört hatten, wie zum Beispiel zur Psychiatrie. Das hormonale Modell befähigte die Gynäkologen, den weiblichen Körper immer tiefer in die gynäkologische Klinik zu ziehen" (ebd. 2002: 273).

Zugleich mussten die Gynäkologen ihre neue Macht mit den Laborwissenschaftlern teilen. Doch die neue Macht ist größer, da das hormonelle Geschlechtsmodell es ermöglicht, das Geschlechtsleben der Frauen von der Menstruation bis zur Menopause unter medizinische Kontrolle zu bringen. Aus den Publikationen der „Wiener Klinischen Wochenschrift" geht hervor, dass neben klinischen Studien zur hormonellen Erzeugung künstlicher Ovulationen klinische Studien zu Langzeitbehandlungen mit Hormonen hinsichtlich unterschiedlicher Indikationen durchgeführt wurden:

- als reine Substitutionstherapie bei mit „Infantilismus" verbundener Amenorrhöe, die auf einer Anovarie oder auf funktionsunfähigen Ovarien beruht, wobei untersucht wurde, ob die Östrogenzufuhr zur Entwicklung der weiblichen Sexualorgane und der sekundären Geschlechtsmerkmale diese „bis zur Norm" führen;
- als Langzeitbehandlung mit Ovulationshemmern, einer Kombination aus Östrogenen und Gestagenen zur Behandlung zyklusbedingter Störungen, schwerer Dysmenorrhöen und Endometriosen sowie zur Abheilung schwerer Aknefälle;
- als Östrogen-Androgen-Kombinationszufuhr bei klimakterischen Störungen;
- als Testosteronzufuhr beim Karzinom (Mammakarzinom, Ovarial- und Uteruskarzinom);
- als Östrogen-Androgen-Zufuhr zur Ausnützung der extragenitalen Wirkung der Hormone, z. B. zum Stoppen des übermäßigen Größenwachstums bei jungen Mädchen;
- als Cortisonderivat-Zufuhr zum Abbau von Virilisierungserscheinungen, die sich in der Unterentwicklung des weiblichen Geschlechtsapparates und dem Nichteintreten der Menarche zeigen (Hohlweg/Reiffenstuhl 1965: 878–881).[63]

Voraussetzung für den Aufstieg der Labormedizin war aber die Möglichkeit, auf eine vorhandene Struktur zurückgreifen zu können, welche das klinisch institutionalisierte gynäkologisch-geburtsmedizinische Fachgebiet bot. D. h. das eine hätte ohne das andere nicht durchgesetzt werden können. Auf der Ebene der künstlichen Zeugung blieb die Kombination hormoneller und geburtsmedizinischer Interventionen Voraussetzung der Behandlung.

---

63 Artikel über die „Langzeitbehandlung mit Hormonen in der Gynäkologie" aus der Universitäts-Frauenklinik in Graz (Vorstand Prof. Navratil) von Dr. W. Hohlweg und Dr. G. Reiffenstuhl.

So waren Forschung und Humanexperimente auf dem Gebiet der operativen Gynäkologie und der Endokrinologie gleichermaßen grundlegend für den Aufstieg der Zeugungstechniken der Reproduktionsmedizin. In den Jahrzehnten nach 1945 wurden vor dem Hintergrund und angeregt durch das neue Wissen um die Fruchtbarkeits- und Befruchtungsvorgänge die Ursachen der „ehelichen Sterilität" auf allen Ebenen weiter untersucht. Die künstliche Befruchtung wurde Mitte der 50er Jahre aber noch in Frage gestellt, und zwar aus eugenischen Gründen. So kritisierte Dr. H. Tulzer aus der II. Universitäts-Frauenklinik in Wien (Vorstand Prof. Zacherl) in einem Artikel über „Die männliche Sterilität", dass die künstliche Befruchtung in vereinzelten Fällen, vorwiegend bei Störungen der Samenabsetzung, zwar zum Erfolg führen könne, aber:

„Eine andere Frage ist es, ob denn überhaupt verantwortet werden kann, solchen vielfach psychoneurotischen bzw. selbst mit Mißbildungen behafteten Männern zu einer Nachkommenschaft zu verhelfen. Es muß jedenfalls die Anschauung, in ihr ein Allheilmittel, womöglich auch gegen weibliche Infertilität, zu besitzen, entschieden abgelehnt werden. Ebenso ist die Insemination mit Spendersamen aus ethischen Gründen indiskutabel" (Tulzer 1954: 835).

In der Sterilitätsbehandlung wurde in den 60er Jahren aber bereits mit hormoneller Therapie der Ovulationsstörung, insbesondere der Gonadotropinbehandlung[64], und der homologen Insemination mittels Portiokappe bei Oligospermie[65] des Mannes experimentiert (Bickenbach/Döring 1964/2. Auflg.).[66] Gynäkologische Erfahrungen mit der Karzinombehandlung des Gebärmutterhalses durch Elektrokonisation (Entfernung eines Gewebekegels im Gebärmutterhals) führten zu weiteren Erkenntnissen anatomischer Sterilitätsursachen. So wurden damit behandelte Frauen im zeugungsfähigen Alter nach langjähriger steriler Ehe schwanger (Boruth/Müller 1962: 677).[67]

Aber auch psychosomatische Ursachen von Amenorrhöen und Folgesterilität wurden unter Bezugnahme auf Erkenntnisse der NS-Medizin diskutiert. So habe Bass 1937

„im Konzentrationslager Theresienstadt etwa 800 Frauen untersucht. In der einen Gruppe A waren Frauen, die ständig in Lebensangst und in Lebensgefahr waren, und in der anderen

---

64 Als Gonadotropin wird das luteinisierende Hormon bezeichnet; bei fehlender Sekretion entwickelt sich eine Amenorrhöe.
65 Starke Verminderung der Spermien im Ejakulat.
66 Die Publikation wurde von Prof. Eduard Gitsch für die WKW rezensiert.
67 M. Boruth, Chefarzt an der Privat-Frauenklinik Bogenhausen-München widmete diesen Artikel über „Die Cervix uteri als Ursache der ehelichen Sterilität" Prof. H. Knaus zum 70. Geburtstag.

Gruppe auch Lagerinsassen, die mehr dem Aufsichtspersonal angehört haben. Die Häufigkeit der sekundären Amenorrhöe in der ersten Gruppe war zwischen 60 und 70 %, in der zweiten lediglich 25 %" (Husslein 1977: 11).

Damit seien auch „emotionale Labilität" oder ein „Zustand ständiger psychischer Erregung" als psychische Faktoren zu berücksichtigen.

An den Sterilitätsambulanzen der Universitäts-Frauenkliniken (vgl. Zeibekies 1976: 729ff)[68] wurden seit den 40er Jahren klinische Studien zur Produktion wissenschaftlichen Wissens über Fruchtbarkeit, Unfruchtbarkeit und Befruchtungsmöglichkeiten durchgeführt. Die Sterilitätsambulanzen sind dabei im Rückblick aber mehr als Forschungsabteilungen der Gynäkologie denn als Behandlungszentren zu beurteilen. Denn ihre Existenz ließ sich angesichts der bescheidenen Behandlungserfolge kaum rechtfertigen. Erst ab den 80er Jahren entwickelte sich eine interdisziplinäre Zusammenarbeit von Andrologie und Gynäkologie mit dem Ziel, die Behandlung von Mann und Frau aufeinander abzustimmen. Denn wenn auf Seiten der Frau mittels Hormongaben ein ovulatorischer Zyklus künstlich produziert wurde, musste beim therapeutisierten, subfertilen Ehemann ein optimaler Spermiogrammbefund erwartet werden können (Grünberger et al. 1980: 345).[69] Neue operative Techniken zur Behandlung des Eileiterverschlusses (Laseroperation) wurden klinisch erprobt und eingeführt (Grünberger 1981: 716ff).[70]

Die In-vitro-Fertilisation (IVF) und der nachfolgende Embryotransfer wurden als Möglichkeit der Sterilitätstherapie erst seit Beginn der 80er Jahre diskutiert und gefordert. Legitimiert wurde der Einsatz der IVF als Sterilitätsbehandlung der Humanmedizin damit, dass sie ein Verfahren darstelle, das in der Tiermedizin bereits erfolgreich durchgeführt worden sei und seine Nutzanwendung zukünftig in der Zucht erwarten lasse.[71]

---

68 Originalarbeit von N. Zeibekies, P. Kemeter und F. Friedrich aus der II. Universitäts-Frauenklinik Wien (Vorstand Prof. H. Husslein), „Bericht über 6 Jahre Sterilitätsambulanz (1969–1974)".

69 Originalarbeit aus der I. Universitäts-Frauenklinik Wien (Vorstand Prof. E. Gitsch) und der Urologischen Universitätsklinik Wien (Vorstand Prof. Rummelhardt) zur „Behandlung der sterilen Ehe – Eine interdisziplinäre Aufgabe" von Dr. W. Grünberger, Dr. W. H. F. Schneider, Dr. U. Maier, Dr. W. Stackl und Dr. G. Lunglmayr.

70 Forschungsbericht „Zur Diagnostik des Ovulationszeitpunktes in clomipheninduzierten Zyklen" aus der I. Universitäts-Frauenklinik Wien (Vorstand Prof. E. Gitsch) von W. H. F. Schneider, G. Gerstner, R. Schmid und G. Wick.

71 Eine parlamentarische Anfrage hinsichtlich des Standes der Biotechnologien in Österreich (d. h. Gen-, Repro- und Biotechnologie), wurde im Bericht des Bundesministers für Gesundheit und öffentlichen Dienst, Dr. Franz Löschnak, auch unter Bezugnahme auf die Fortschritte auf dem Gebiet der Veterinärmedizin beantwortet. So wurde festgehalten, dass die „künstliche Besamung" in der Veterinärmedizin schon seit Jahrzehnten durchgeführt werde und der Bekämpfung von „Decksseuchen" wie „tierzüchterischen" Aspekten diene und dabei große

Diese in der Tiermedizin erprobte Technologie sollte nun mit zeitlicher Verzögerung auch in der Humanmedizin zum Einsatz gebracht werden, so Prof. Janisch, Vorstand der II. Universitäts-Frauenklinik in Wien (vgl. Janisch 1982: 524). Als Indikation für eine IVF galten eine Schädigungen der Tuben bzw. deren beidseitiges Fehlen, Tubenendometriose[72], idiopathische[73] Sterilität und abnorme Samenqualität im Sinne einer Oligospermie (ebd.). Die Erfolgsrate einer IVF-Behandlung wurde Anfang der 80er Jahre als äußerst gering beurteilt. So vermerkte Prof. Janisch, dass bei Angaben zu IVF-Erfolgsraten zu prüfen sei, worauf sich derartige Zahlen bezögen. Er ging davon aus, dass in Österreich in Bezug auf die behandelten Zyklen im Jahr 1982 eine Schwangerschaftsrate zwischen 5% und 10% erzielt habe werden können. Weltweit wurde Anfang der 80er Jahre die Anzahl der ausgetragenen Schwangerschaften nach erfolgreichem Embryotransfer auf 3% bis 5% geschätzt. Die IVF-Behandlung stellt eine Kombination aus labormedizinischen und gynäkologisch-chirurgischen Eingriffen dar. Der Vorteil einer hormonellen Stimulierung der Zyklen wurde darin gesehen, den Ablauf der künstlichen Zeugung chemisch steuern und den Zeitpunkt des chirurgischen Eingriffes zur Follikelpunktion im Voraus festlegen zu können. Auch die Möglichkeit, durch hormonelle Hyperstimulation und Follikelpunktion mehrere reife Eizellen zu gewinnen, wurde positiv beurteilt. Labormedizinische Techniken sollten wiederum den Zeitpunkt zur optimalen Gewinnung von Eizellen durch die Messung des Anstieges von luteinisierendem Hormon (LH) im Harn bei im Abstand von drei Stunden entnommenen Harnproben eruieren.[74]

Erfolge erzielt worden seien. „Hierbei handelt es sich vor allem um die tiefgefrorene Lagerung von Tiersamen wertvollster Vatertiere und die Insemination durch Tierärzte" (BMFG 1987: 4). Es wird davon ausgegangen, dass die Züchtungserfolge vom „väterlichen Erbgut" abhängen. Diese Ziele und Ideologien werden auf der Basis veterinär- und humanmedizinischer Zusammenarbeit auf die Anwendung am Menschen transferiert. „Auf dem Veterinärgebiet werden seit etlichen Jahren auch Untersuchungen mit In-vitro-Befruchtungen und Embryotransfer durch die Klinik für Geburtshilfe, Gynäkologie und Andrologie sowie für das Institut für Tierzucht und Genetik der Veterinärmedizinischen Universität Wien sowie durch die Bundesanstalt für Fortpflanzung und Besamung von Haustieren in Wels, welche teils der medizinischen Grundlagenforschung, teils tierzüchterischen Aspekten dienen, durchgeführt" (ebd.: 6). Mitte der 80er Jahre konnte auf die parlamentarische Anfrage keine Auskunft erteilt werden, nach welchen Kriterien der Spendersamen ausgewählt wurde: „Konkrete Kriterien für die Auswahl der Spender in der Humanmedizin sind mir nicht bekannt. Die allgemeinen Sorgfaltsregeln für ärztliches Handeln sind im gegebenen Zusammenhang voll zu beachten" (ebd.: 8). Österreichische Studien haben demgegenüber ergeben, dass die Samenspender bzw. -verkäufer aus dem Kollegenkreis und dem studentischen Milieu der Reproduktionsmedizin stammen (vgl. Bernat/Schimek 1988: 117).

72 Tubenendometriose = Eileiterentzündung.
73 Unter idiopathischer Sterilität wird jene Form der Unfruchtbarkeit verstanden, die von sich aus, also nicht durch äußere Einwirkungen entstanden ist.
74 LH ist ein hypophysäres Gonadotropin, das bei Frauen in Zusammenwirkung mit einem follikelstimulierenden Hormon (FSH) zur Follikelreifung und Auslösung der Ovulation führt. Um den 14. Tag des Genitalzyklus ist die Konzentration des LH im Blut deutlich erhöht.

Größe und Anzahl der heranreifenden Follikel wurden wiederum durch Ultraschallmessungen bestimmt und die Ovulation durch die Verabreichung von 5.000 Einheiten HCG (Human Chorionic Gonadotropin)[75] chemisch dann ausgelöst, wenn der Follikeldurchmesser mindestens 20 mm und der Serum-E2-Spiegel ungefähr 300 bis 400 pg pro Follikel erreichte. 36 Stunden nach der HCG-Injektion wurde dann die Eientnahme mittels Laparoskopie (Bauchspiegelung)[76] durchgeführt. Mögliche Fehlerquellen beim künstlichen Zeugungsvorgang waren, dass die Oozyte (unreife Eizelle) im Follikel nicht reif waren und somit keine Befruchtung vorgenommen werden konnte oder vorher bereits eine Spontanovulation stattgefunden hatte, womit dann keine Eizellen mehr gefunden werden konnten. Janisch beurteilte das IVF-Verfahren Anfang der 80er Jahre als unfertige Technik, die noch weit davon entfernt sei, ein einheitliches Verfahren zu sein, da es vor allem an Erfahrungen mangle, um alle Fragen und Lücken des Wissens in diesem Zusammenhang zu beantworten. Um diese Erfahrungen zu machen, sollte und musste das „unfertige Verfahren" aber angewendet werden.[77] Gesetze, welche

---

75 HCG wird im Mutterkuchen schon sehr früh in der Schwangerschaft gebildet und hat eine ähnliche Wirkung wie das LH und FSH. HCG regt die Produktion verschiedener Hormone an (Östrogen, Testosteron, Kortisol etc.) bis diese über die fetoplazentare Einheit selbst produziert werden. HCG wird über den Urin ausgeschieden. HCG wird aus dem Urin schwangerer Frauen entnommen und in Kombination mit anderen Medikamenten (z. B. Clomphen und Pergonal) für die Auslösung einer „Superovulation" eingesetzt. Im Handel wird HCG unter dem Namen Pregnyl vertrieben.

76 Die Laparoskopie ist ein chirurgischer Eingriff, um das Innere des Bauchraumes zu untersuchen. Bei der Eientnahme mittels Laparoskopie wird nach Anlegen eines Pneumoperitoneums (mittels CO2), das den Unterleib mit Kohlensäure aufbläst, unter Lokalanästhesie die Bauchdecke mit einem Laraskop (lange Nadel mit zwei Wechseloptiken, davon eine zur direkten Punktion) oberhalb des Nabels durchstoßen, um die, auf Basis einer mit Hormonen künstlich produzierten „Superovulation", Eier aus dem Eierstock zu entnehmen.

77 1986 ging aus einer Umfrage des Ludwig-Boltzmann-Institutes zur Erforschung und Behandlung der weiblichen Sterilität hervor, dass im Jahr 1986 insgesamt acht Institutionen in Österreich IVF durchführten: Die vier Universitäts-Frauenkliniken (Wien, Graz, Innsbruck und die Gynäkologisch-Geburtshilfliche Abteilung des Krankenhauses der Stadt Wien-Lainz), zwei private Fertilitätszentren in Wien sowie die Landesfrauenklinik Klagenfurt (vgl. BMFG 1987: 6). Zum Zeitpunkt der Erhebung wurden ca. 1.400 Behandlungsfälle angegeben (bei 1.900 Zyklen). Daraus ergaben sich lediglich 197 „klinische Schwangerschaften", d. h. dass der Nachweis von HCG im Harn der behandelten Frau, das eine Schwangerschaft anzeigt, bereits als positiver Befund ausgewiesen wurde. Wie viele von den 197 „klinischen Schwangerschaften" tatsächlich zur Geburt eines Kindes führten, wird nicht angegeben. Der Bericht hielt lediglich fest, dass die Erfolgsrate gering sei (vgl. ebd.). Als Indikation galten „tubare Sterilität", „andrologische Faktoren" (d. h. dass von Beginn an eine körperliche Fehlfunktion des Mannes im Körper der Frau behandelt wurde), Endometriose und idiopathische Sterilität. Es ist bemerkenswert, mit welcher Selbstverständlichkeit die Gynäkologie ab den 80er Jahren so zweifelhafte Behandlungsexperimente wie die IVF im Körper der Frauen durchführte, obwohl sie für die überwiegende Mehrheit der Frauen (85%– 90%) erfolglos blieben und mit physischen wie psychischen Folgeschäden gerechnet werden musste. Diese Bereitschaft steht in auffallendem Gegensatz zur Weigerung des gynäkologischen Establishments, Schwangerschaftsabbrüche an Frauenkliniken und Krankenhäusern auf

die künstliche „Humanreproduktion" regelten, gab es in den 80er Jahren noch nicht.[78] Neben der IVF wurde ab 1986 der intratubare Gametentransfer (GIFT) als eine weitere Technik zur künstlichen Befruchtung erprobt (Reinthaller et al. 1986: 809). Dabei wurden – nach überprüfter Eileiterdurchlässigkeit, ovarieller Stimulierung und laparoskopischer Follikelpunktion – Eizellen und Spermien mit Hilfe eines Katheders in die Tuben transferiert.

Das Humanexperiment an „Kinderwunschpatientinnen" schien dabei so lange legitim, wie die künstliche Zeugung im Glas nicht als Hilfsmittel für andere Techniken eingesetzt wurde. Die ethischen Probleme, welche Janisch im Klonen als genetischer Manipulation der Nachkommen und in der Leihmutterschaft, dem Austragen des Embryos durch Fremdmütter, ortete, wollte er nicht in einen Zusammenhang mit der IVF bringen. Klonen und Leihmutterschaft hätten „in der Tat kaum Bezug zur In-vitro-Fertilisierung an sich" und könnten „daher nicht als Argumente gegen diese Methode angewendet werden" (ebd.: 526). Daher sollte die Behandlung, wie jede andere medizinische Vorsorge, auch bei Erkrankungen im Bereich der Reproduktion erlaubt sein. Die Auseinandersetzung mit ethischen Einwänden war funktional, um davon abzulenken, dass die Behandlung aufgrund ihrer eklatant hohen Misserfolgsrate aus klinischer Perspektive wohl kaum als „medizinische Vorsorge" beurteilt werden konnte. Die Frage, inwiefern die IVF-Technik, jenseits eines bescheidenen Behandlungserfolgs, gesundheitsschädigende Auswirkungen auf die damit behandelten Frauen hat, wurde dagegen in die wissenschaftliche Beurteilung der Technik nicht aufgenommen, ebenso wenig die Auswirkungen dieser Technik auf Kultur und Gesellschaft. Die Technik an und für sich wurde als ethisch unbedenklich beurteilt. Die Verantwortung dafür, was mit ihr gemacht werden kann (und gemacht werden wird), wurde abgelehnt. Der Arzt sollte nur mehr für sein Wissen und Können verantwortlich gemacht werden. Die Übernahme der medizinischen Verantwortung für die Folgenutzung und -wirkung der IVF-Technik wurde abgespalten. Das lässt auch die Argumentation, dass jede Technik nur für sich selbst ethisch beurteilt werden kann, logisch scheinen. Dieser Abspaltung von Verant-

---

Basis der „Fristenregelung" (ab 1975) durchzuführen. Dies wurde stets mit dem Argument begründet, dass die Fristenregelung gegen das Gewissen des Arztes verstoße und dieser nicht gezwungen werden dürfe, Abtreibungen durchzuführen. Im Falle der IVF-Experimente scheint also die Beeinträchtigung der Gesundheit und des Wohlergehens der Frauen das ärztliche Gewissen nicht zu belasten. Zum anderen wäre es möglich – wie in anderen Ländern auch – an den gynäkologischen Abteilungen der Kliniken und Krankenhäuser Ärzte einzustellen, für welche die Durchführung des Schwangerschaftsabbruches kein Problem darstellt.

[78] Erste Vorschläge wurden in Österreich von der „Gen-Ethik-Kommission" und in einem Gutachten für In-vitro-Fertilisation der Österreichischen Rektorenkonferenz gemacht. Weshalb gerade die Rektoren der österreichischen Universitäten, deren vordergründigste Aufgabe die Leitung einer Universität darstellt, als Experten für Fragen der „künstlichen Humanreproduktion" betrachtet wurden, ist nicht nachvollziehbar.

wortung kam ab Ende der 70er Jahre nicht nur der Einsatz von Ethikkommissionen entgegen, an die das professionelle Gewissen arbeitsteilig abgegeben wurde, sondern auch die Vergabe von Publikationen zu ethischen Fragen in der Reproduktionsmedizin an fachfremde Intelligenz (Philosophen und Theologen). So wurden auch in der „Wiener Klinischen Wochenschrift" Artikel zu ethischen Fragestellungen meist von Nichtmedizinern verfasst. Kritische Inhalte fanden jedoch keine Aufnahme in die Reflexion der Probleme hinsichtlich der Einführung der IVF-Behandlung auf Seiten der klinischen Wissenschaftler.

Diese medikalisierte Verantwortungslosigkeit des klinischen Forschers und Arztes wurde durch das neue Konzept der „Patientenautonomie" bestätigt (vgl. Samerski 2002: 76ff). Diesbezüglich behandelte der evangelische Theologe und Akademische Rat der „Medizinischen Poliklinik" der Universität München, Dr. Piechowiak, in einer Originalarbeit zu „Extrakorporale Befruchtung und Embryotransfer: Ein medizinisch-ethisches Thema?" Fragen der „informierten Zustimmung" in Zusammenhang mit der IVF-Sterilitätsbehandlung.

> „Der in der Verfügung über sich selbst freie, eben hinsichtlich der Werte Gesundheit und Leben autonom entscheidende Patient befindet außerhalb der vom Strafrecht gesetzten Grenzen allein über die Moralität der Ziele und der zu ihnen führenden Mittel. Er bedarf damit auch, streng genommen, nicht mehr des Arztes, der nach bestem Wissen und *Gewissen* handelt, sondern lediglich nach bestem Wissen und Können" (Piechowiak 1984: 273).

Piechowiak kritisierte, dass mit dieser ethischen Position nur noch Wissen und Können einklagbar seien und damit keine normative Ethik mehr greifen könne, weil der von der Medizin propagierte „autonome" Mensch weder Güter noch menschliches Leben achten und sich weder dem Diktat des größten Glücks noch dem der größten Zahl verpflichten müsse. Nach dem Zerfall gemeinsamer Glaubensüberzeugungen würden nun unter dem ethischen Postulat der Autonomie auch die bisher gemeinsam gehaltenen Moralvorstellungen gesprengt.

> „Damit beginnt die ethische Autarkie ihre aggressive, verletzende und letztlich gemeinschaftsfeindliche Seite zu zeigen. Wo die Pflicht der Rechtfertigung des eigenen Handelns an Hand ethischer Maßstäbe negiert wird, ist Verantwortung nicht mehr möglich; es herrscht Verantwortungslosigkeit im ursprünglichen Sinn des Wortes. Und zwischen der Subjektivität des persönlichen Gewissens und der technischen Rationalität des gesellschaftlichen Handelns in Wissenschaft und Wirtschaft, wird die ‚Frage nach den Zielen der gesellschaftlichen Entwicklung ortlos'" (Piechowiak 1984: 274).

Doch die IVF-Forschung ließ sich von diesen warnenden Einwänden nicht aufhalten. Vielmehr war die Gynäkologie bemüht, den Einsatz eines erfolglosen Behandlungsverfahrens zu legitimieren. Zudem führten die IVF-Versuche an „Kinderwunschpatientinnen" relativ rasch zur Suche nach pathologischen Eizellen, um Gründe für die geringen Behandlungserfolge angeben zu können. Dass die Eizellen durch die Hormongaben selbst geschädigt werden könnten, blieb dagegen unerwähnt. Allein die Kryokonservierung von Spermien wurde als mögliche Ursache einer durch die künstliche Zeugung selbst hervorgebrachten Fehlbildung untersucht. Dr. Fink und Dr. Zech vom Institut für „In-Vitro-Fertilisierung und Embryo-Transfer" in Bregenz stellten fest, dass die Tiefgefrierkonservierung von Humansperma aufgrund der eingesetzten „Gefrierschutzmittel" eine schädigende Wirkung auf die Spermaqualität ausübe, vor der es das Humansperma zu schützen gelte (Fink et al. 1991 : 707).

Die Zunahme von Mehrlingsschwangerschaften durch die IVF wurde 1991 erstmals als eine bedenkliche Folge der Zeugungsmedizin thematisiert, zumal sie gesundheitsschädigende Auswirkungen auf die Kinder, eine „Erhöhung der Frequenz an maternalen Komplikationen" und eine höhere „perinatale Mortalität und Morbidität" aufweise, wie Fallberichte aus der II. Universitäts-Frauenklinik und der Universitäts-Kinderklinik Wien zeigten (Radivojevic 1991 : 715).[79] Die Versuche, trotz Sterilität durch IVF künstlich ein Kind zu zeugen, weisen also nicht nur eine eklatante Misserfolgsrate auf, sondern können selbst Fehlbildungen und Schädigungen erzeugen, welche ja gerade durch die biotechnische Ersetzung des natürlichen Fortpflanzungsprozesses verhindert werden sollten. Die biotechnische Lösung des biotechnisch erzeugten Problems der Mehrlingsschwangerschaften wurde in der Tötung von Embryonen im Mutterleib gesucht.

> „In unserer technisierten Welt, wo alles machbar zu sein scheint, wurde deshalb als logische Konsequenz zur Vermeidung der beschriebenen Komplikationen in der Reproduktionsmedizin der Fetozid gefordert.[80] Da es sich hierbei aber um einen unselektiven Fetozid von ge-

---

79 Artikel zu „Entbindung von Vierlingen nach In-vitro-Fertilisierung: Perinatologische und ethische Aspekte" von K. Radivojevic, M. Rosenkranz, J. Deutiner, A. Reinthaller, A. Pollak und E. Müller-Tyl.
80 Der Autor verweist auf Publikationen, die diese Tötungstechnik schon seit 1965 diskutieren : Barter et al. (1965) : The prevention of prematurity in multiple pregnancy. Am J Obstet Gynexol 91 : 787–796. Alberg et al. (1978) : Cardiac puncture of fetus with Hurler's disease avoiding abortion of unaffected cotwin. Ancet (91) : 990. Rodeck et al. (1982) : Selective fetocide of the affected twin by fetoscopie air embolism. Prenat Diagn 2 : 189. Berkowitz et al. (1988) : Selective reduction of multifetal pregnancies in the first trimester. N England J Med 318 : 1043–1047. Evans et al. (1988) Selective first trimester termination in octuplet and quadruplet pregnancies : clinical and ethical issues. Obstet Gynecol 71 : 289. Gigon et al. (1988) : Selektiver Abort unter sonographischer Kontrolle einer Mehrlingsschwangerschaft. Geburtshilfliche Frauenheilkunde 49 :

sundem Leben handelt, wird er von uns absolut abgelehnt. Hepp betont, dass man hierbei auf der schon lange schief stehenden Leiter der Sterilitätsmedizin und Familienplanung eine weitere Stufe abgeglitten ist. Es wurde eine neue Dimension der Abruptio erreicht. Nicht nur die Zumutbarkeit für das Leben und die Gesundheit der Mutter bzw. gegenüber dem Leben des Kindes allein sind ethisch abzuwägen, sondern auch das gesunde intrauterine Leben gegenüber dem seiner gesunden Geschwister" (Radivojevic 1991: 715).

Das Forscherteam beurteilte den „selektiven Fetozid" als ein spezifisches Problem, da die Mutter ihre „Kinder" bereits mit Hilfe des Ultraschalls gesehen habe und durch den Eingriff die ganze Schwangerschaft aufs Spiel setze. Zudem werde sie irgendwann ihren Kindern die Umstände ihrer Herkunft erklären müssen. Die Kosten des technischen Fortschrittes wurden also klar verteilt. Selbst das medizinisch erzeugte Problem der Mehrlingsschwangerschaft sollte die Mutter verantworten. Die Reproduktionsmedizin stellt Wissen samt Techniken zur Verfügung, welches die betroffenen Frauen, das wird eingestanden, in eine prekäre Lage bringt. Gegenüber dem „unselektiven Fetozid", der absolut abgelehnt wurde, galt der „selektive Fetozid", d. h. die Tötung des Embryos im Falle eines pathologischen Befundes und damit eugenische Selektion, als angemessen. Aufgrund der Ablehnung des „unselektiven Fetozids", wollte die Zeugungsmedizin Mehrlingsschwangerschaften dadurch verhindern, dass nur mehr drei Embryonen erzeugt und übertragen werden. Aber auch das Einfrieren von Eizellen im Pronucleusstadium bzw. von Embryonen wurde als Lösung erachtet, die jedoch erst gesetzlich ermöglicht werden musste. Denn das Österreichische Fortpflanzungsmedizingesetz erlaubt nur so viele Embryonen zu erzeugen, wie für den Transfer geplant sind. Zur Verhinderung von „Hockrisikoschwangerschaften" wurde angesichts der Lage der Dinge angeraten, nicht mehr als zwei und nicht wie derzeit vier befruchtete Eizellen zu transferieren. Das würde zwar die Erfolgsrate der IVF verringern müsste aber angesichts der Folgewirkungen von Mehrlingsschwangerschaften akzeptiert werden (ebd.: 716). Jene Kliniker, welche die selektive Reduktion von Föten bei multifötalen Schwangerschaften für gerechtfertigt hielten, begründeten dies mit dem Überleben der Kinder, da das Mortalitätsrisiko bei Mehrlingsschwangerschaften mit mehr als vier Föten extrem hoch ist.

Zusammenfassend kann gesagt werden, dass die medizinische Herstellung einer Schwangerschaft durch künstliche Zeugung in vitro eine einschneidend neue Reproduktionstechnologie der zweiten Jahrhunderthälfte darstellt, die aus medizinischer Forschung

---

252. Rogers et al. (1989): IVF: The Future. In: Fishel et al. (eds): In-vitro-fertilization. Past-present-future. Academic press, Oxford, pp 229.

der ersten Hälfte des Jahrhunderts hervorgegangen ist und deren Entwicklung ganz wesentlich durch wissenschaftlichen Ehrgeiz und Experimentierfreude motiviert war und bleibt. In dieser meist erfolglosen Entwicklungsgeschichte der Sterilitätstherapie war die Verletzungsbereitschaft der Forscher im Dienste des wissenschaftlichen Fortschrittes groß, wie in den letzten beiden Kapiteln gezeigt werden konnte. Legitimiert wurden die Experimente stets mit dem Hinweis darauf, man wolle Unfruchtbarkeit behandeln und damit auch den Geburtenrückgang eindämmen. Dieses bevölkerungspolitische Argument verblasste in den Auseinandersetzungen in der zweiten Hälfte des 20. Jahrhunderts und wurde durch die intensive Diskussion technischer Fragen ersetzt.

Medizinisch-technische Forschung und Praxis zur Sterilitätsbehandlung waren und blieben u. a. auch eugenisch legitimiert. Noch in den 50er Jahren wurde die künstliche Befruchtung in der „Wiener Klinischen Wochenschrift" aus eugenischen Gründen abgelehnt. Es sollte nicht Männern, welche vielfach psychoneurotisch bzw. selbst mit Missbildungen behaftet seien, mit medizinischen Mitteln zu einer Nachkommenschaft verholfen werden (Tulzer 1954: 835). Auch der Einsatz medizinischer Verfahren als Allheilmittel gegen weibliche Infertilität wurde noch abgelehnt. In dieser Kritik ist bereits angezeigt, dass die IVF als Zeugungstechnik nur auf der Grundlage einer Selektion der Eltern durchgesetzt werden kann. Kaum drei Jahrzehnte später, zu Beginn 80er Jahre, pochte die ReProduktionsmedizin bereits auf die Legitimität der IVF, die, sofern sie nicht als Hilfsmittel für andere Techniken eingesetzt werde, wie jede andere medizinische Vorsorge auch bei Erkrankung im Bereich der Reproduktion erlaubt sein müsse. Wie in der Verhütungsmedizin, welche weibliche Fruchtbarkeit wie eine Krankheit behandelt, wird in der Zeugungsmedizin die Kinderlosigkeit bei bestehendem Kinderwunsch als Krankheit behandelt und die Zeugung im Glas als Lösung propagiert. Dies geschieht, obwohl im Jahr 1982, bezogen auf die behandelten Zyklen, lediglich eine Schwangerschaftsrate zwischen 5 % und 10 % vermerkt wurde, bezogen auf die Anzahl der ausgetragenen Schwangerschaften nach erfolgreichem Embryotransfer sogar nur Erfolge zwischen 3 % und 5 % vermerkt wurden. Bis heute weist die IVF eine anhaltend hohe Misserfolgsrate auf.[81]

---

81 Für die betroffenen Frauen, die mit Hilfe der IVF-Technik ihren Kinderwunsch realisieren wollen, ist die Geburt eines lebenden Kindes zur Beurteilung des Erfolgs der IVF-Behandlung ausschlaggebend. Die IVF-Kliniken rechnen aber auch „klinische Schwangerschaften" (Nachweis von Schwangerschaftshormonen im Harn), Fehl- und Totgeburten in ihre Erfolgsstatistiken mit ein. In mehreren europäischen Ländern, nicht jedoch in Österreich, sind mittlerweile die IVF-Kliniken verpflichtet, ihre Behandlungsergebnisse einem zentralen IVF-Register zu melden, so z. B. in Deutschland dem „Deutschen IVF-Register" (DIR: http://www.deutsches-ivf-register.de). In diesem IVF-Register wird auch die so genannte „baby-take-home-rate" ermittelt, d. h. die Anzahl von tatsächlich lebend geborenen Kindern pro Anzahl der durchgeführten Be-

Über die Praxis der Selektion der Eltern wurde in der „Wiener Klinischen Wochenschrift" keine Forschung publiziert. Demgegenüber zeigten Untersuchungen zur IVF-Praxis in anderen Ländern wie z. B. Großbritannien, dass die IVF und die mit ihr verbundenen Praktiken und Technologien von eugenischer Logik unterstützt und durchsetzt sind. Demnach sind die selektiven Praktiken der IVF direkt und indirekt mit klassenspezifischen, heterosexistischen und rassistischen sozialen Teilungen verbunden (vgl. Steinberg 1997: 33–48). Diesen Erkenntnissen liegen Studien zugrunde, welche die Kriterien erhoben und untersuchten, nach denen IVF-PraktikerInnen potenzielle PatientInnen für eine Behandlung auswählten oder ausschlossen. Das Ergebnis der Umfrage zeigte, dass eine äußerst gemischte Indikationsstellung zur Anwendung kam, in der mehr oder weniger soziale, prognostische und medizinische Aspekte enthalten waren. Die zentralsten Selektionskriterien waren: Intelligenz, Sexualität, Lifestyle, Alter, finanzielle Verhältnisse und Einstellung zur IVF-Behandlung. Es konnte nachgewiesen werden, dass mit Hilfe des Einsatzes der IVF-Reproduktionstechnik Heterosexualität und Heterosexismus reproduziert wurden. So wurde eine IVF-Behandlung nur verheirateten Frauen oder Frauen, die in einer Langzeitbeziehung mit einem männlichen Partner stehen, zugebilligt. Alle anderen Frauen wurden als „ethically dubious women" (ebd.: 37) ausgeschlossen.

Weitere Kriterien waren geistige und psychische Stabilität der Eltern, die ebenfalls an ihren Fähigkeiten zu stabilen Beziehungen abgelesen wurde. Die Studie konnte zudem nachweisen, dass die IVF-Behandlung eine traditionelle Klassenteilung reproduziert. Da die meisten Paare mehrere Behandlungszyklen durchlaufen mussten, um eine, wenn auch nur äußerst geringe Chance auf ein lebend geborenes Kind zu haben, war die Möglichkeit, die Behandlungskosten zu bezahlen, ein Selektionskriterium. Das erklärt den dominanten Anteil weißer PatientInnen aus der Mittelklasse an den IVF-Behandlungen. Damit steht die IVF in der Tradition der Entwicklungsgeschichte der Medizin, die über die Medikalisierung sozialer Fragen immer auch eine soziale Kontrolle gegenüber der Arbeiterklasse ausübt/e und den Moralkodex der Mittelklasse bestätigt/e. Zum Dritten zeigte die Untersuchung von Steinberg, dass die IVF eine individualisierende Sicht auf Krankheit und Behinderung reproduziert. So wurde von IVF-BehandlerInnen bedenkenlos genetisches Screening von durch IVF gezeugten Föten befürwortet und all jenen PatientInnen empfohlen, die einer Risikogruppe zugeteilt werden. Diese medizinische Konzeption von Risikogruppen individualisiert im Rahmen des diagnostischen Diskurses die Behinderung und marginalisiert die sozialen Haltungen, Bedingungen und Ungleichheiten, welche behinderte Menschen behindern. Nur eine Selektion aus

handlungen in Prozent. Für das Jahr 2001 publizierte das DIR für alle IVF-Kliniken Deutschlands eine „baby-take-home-rate" bei IVF-Behandlungen von 15,73 %. Das heißt, dass der Misserfolg anhaltend hoch ist.

religiösen und rassischen Gründen wurde, so Steinberg, von den IVF-BehandlerInnen in England mit dem Verweis auf die Multikulturalität und Multireligiosität des Landes abgelehnt. Dagegen beurteilten sie die Unterschiede in der Wahl der Sexualität oder des Lifestyle, die unterschiedlichen Klassenlagen oder weitaus weniger demokratisch.

"Nevertheless, all of these clinics discriminate on the grounds of sexuality and domestic arrangements, and [...] these clinics increasingly select patients and embryos on genetic grounds" (Steinberg 1997: 42).

Diese Haltung der IVF-Ärzte interpretierte Steinberg dahin gehend, dass eine rassische Selektion zu sehr an die Selektionspraktiken des Nationalsozialismus erinnern würde und in den Publikationen der IVF-Forscher und -Techniker eine Verbindung zur „Nazi Eugenik" explizit zurückgewiesen werde. Die Reproduktion heterosexueller Familieneinheiten und genetisch „gesunder" Nachkommen scheine demnach weniger Kritik hervorzurufen als eine rassische Selektion. Selektionen nach sexuellen und genetischen Kriterien erschienen als nicht-diskriminierend und legitim, da sie eben nicht Teil des berüchtigten Diskurses der „Rassenhygiene" sind. Doch diese Auffassung,

"that heterosexist and genetic screening are understood as conceptually (and materially) separate from racism, indeed as having entirely different logics and ethos" (ebd.),

würde nicht notwendigerweise die Abwesenheit von Rassismus im Selektionsprozedere der IVF anzeigen. Zum einen würden die Kosten einer IVF-Behandlung vor allem „women of colour" disproportional ausschließen. Zum anderen müsse diese Frage in den Kontext einer Geschichte der Medizin gestellt werden, die für ihre soziale Kontrolle und ihren institutionalisierten Rassismus vor allem auf dem Gebiet der Geburtsmedizin und Gynäkologie bereits einer breiten Kritik unterzogen worden sei. Und nicht zuletzt würden auf (fast) allen in den Medien präsentierten Geburtstagspartys von IVF-Kindern weiße PatientInnen, Kinder und Ärzte gezeigt werden.

Vergleichbare Erhebungen übe die Selektionspraktiken an Österreichs IVF-Zentren stehen noch aus. Es ist jedoch nahe liegend, dass die medizinische Auslese der zur IVF-Behandlung zugelassenen Frauen und Paare durchaus mit denen anderer europäischer Länder vergleichbar ist. Zudem legt das österreichische „Fortpflanzungsmedizingesetz" von 1991 die sexuellen Kriterien fest und erklärt in § 2 (1) eine medizinisch unterstützte Fortpflanzung nur „in einer Ehe oder eheähnlichen Gemeinschaft" als zulässig.

Hinsichtlich rassistischer Implikationen zeigt ein internationaler Vergleich von Verhütungs- und Zeugungstechniken aber zugleich auch, dass den Frauen und Kindern der verschiedenen „races" völlig unterschiedliche Werte beigemessen werden (vgl. Roberts 2002). „Women of colour" werden weltweit durch die westliche Medizin mehrheitlich nicht nur für die Erforschung von Verhütungsmethoden benutzt (vgl. Kunz 1989: 119ff), sondern zur Verhütung gedrängt, sofern sie in den Genuss bestimmter finanzieller Leistungen von Entwicklungshilfeprogrammen kommen wollen. Mehr als 15 Millionen Frauen leben in den so genannten Entwicklungsländern mit hormonalen Langzeitverhütungsmitteln (Norplant Implantate), die für drei bis fünf Monate sterilisierend wirken (vgl. Bock von Wülfingen 2001: 7) und erhebliche gesundheitsschädigende Folgewirkungen haben (ebd.: 127ff). Anders als aus europäischer Sicht nahe liegend, ist weltweit nicht die Pille, sondern die Sterilisation die am häufigsten angewandte Methode der Verhütung. Über 100 Millionen Frauen im gebärfähigen Alter weltweit – und überwiegend in den so genannten Entwicklungsländern – sind sterilisiert (WHO 1992: 1). Im Gegensatz dazu ist der Wert biotechnisch gezeugter Kinder sehr hoch, denn die westlichen Gesellschaften scheuen keine Kosten, Anstrengungen und technologischen Innovationen, um wenigen, meist weißen Paaren aus der Mittelklasse zu Kindern zu verhelfen. Unmissverständliche Botschaft dieser Praxis ist, dass weiße Kinder wertvoll genug sind, um Millionen von Euro oder Dollars für sie auszugeben, „children of colour" aber vorwiegend nur als Objekte von Maßnahmen der Geburtenkontrolle und der Reformen der Entwicklungshilfe oder des Wohlfahrtswesens in den Blick geraten (vgl. Roberts 1997). Die medizinischen Zeugungstechniken bestätigen damit den Moralkodex der Mittelschicht. Diese investiert heute nicht mehr nur über Erziehung und Bildung in die Zukunft ihrer Kinder, sondern auch über künstliche Herstellung und pränataldiagnostische Selektion eines Kindes.

Ethische Zweifel und Kritik in Zusammenhang mit dem Einsatz der IVF, die genetische Manipulationen und das Austragen des Embryos durch Fremdmütter ermöglicht, wurden in der „Wiener Klinischen Wochenschrift" mit dem Argument zurückgewiesen, dass genetische Manipulation und Leihmutterschaft kaum einen Bezug zur IVF an sich hätten und nicht als Argument gegen die Methode anwendbar seien. Dass die IVF aber auch eine Schnittstelle zwischen Reproduktionsmedizin und Gentechnik darstellt sowie Grundlage der noch verbotenen „Präimplantationsdiagnostik" (PID)[82] ist, bei der

---

82 Bei der PID ist eine künstliche Zeugung in vitro vorausgesetzt. Der im Glas künstlich erzeugte Embryo wird einer umfassenden Gendiagnostik unterzogen und nur dann in die Gebärmutter der Mutter oder Leihmutter implantiert, wenn die Gen-Checks einen negativen Befund ergeben. Prof. Wilfried Feichtinger, Betreiber eines IVF-Instituts in Wien, denkt daran, „mit Kollegen in Österreich eventuell ein Institut für Präimplantationsdiagnostik zu gründen. Wir wissen, dass speziell im höheren Alter von infertilen Paaren bis zu mehr als 70 Prozent der Keimzellen kranke Chromosomen aufweisen. Das kann man doch nicht riskieren" (Der Standard 13. Juni 2002: 38). In diesem Argument wird unmissverständlich der Prozess deut-

nach einer künstlichen Zeugung in vitro der Embryo erst nach einem Gen-Check mit negativem Ergebnis in die Gebärmutter einer Frau implantiert wird (Selektion in vitro), wurde ebenso geleugnet wie ihre Nützlichkeit für Embryonenforschung und reprogenetische Methoden. Die IVF hat aber bis heute weltweit das „Material" für Forschung und Experimente an „überzähligen Embryonen" geliefert. Obwohl in Österreich laut Fortpflanzungsmedizingesetz nur so viele Embryonen medizinisch erzeugt werden dürfen, wie in die Gebärmutter transferiert werden, zeigte die Forderung der ForscherInnen nach Legalisierung der Embryonenforschung, dass auch hierzulande „überzählige" Embryonen für Forschungszwecke erzeugt worden sein müssen. Doch aus der Sicht forschender ReproduktionsmedizinerInnen gilt die Technik „an und für sich" als ethisch unbedenklich. Nur ihre Anwendung sollte kontrolliert werden.

Aber auch die – jenseits bescheidener Behandlungserfolge – möglicherweise gesundheitsschädigenden Auswirkungen der IVF-Technik auf die damit behandelten Frauen werden bagatellisiert, die Auswirkungen auf Kultur und Gesellschaft nicht erwogen. Die Zeugungsmedizin zeichnet nur mehr für Wissen und Können verantwortlich, womit noch immer Wissen und Können einklagbar wären. Doch auch die Kritik an der anhaltenden Misserfolgsrate wird abgewehrt, Verbesserungen werden in Aussicht gestellt und der medizintechnische Misserfolg mit dem Verweis auf pathologische Eizellen erklärt. Die Zeugungsmedizin erkannte lediglich Mehrlingsschwangerschaften als problematische Nebenwirkung der IVF an, begegnete diesem Problem aber wiederum mit einer medizintechnischen Lösung, dem Fetozid.

Der ausschließliche Blick auf den Embryo als zu prüfenden oder schützenden, als herzustellenden oder abzutreibenden, als lebens- und entwicklungsfähigen oder sterbenden verstellte zunehmend den Blick auf die Frau, deren körperlicher Einsatz noch immer auf dem Spiel steht. Da Eizellen für die in vitro erzeugten Embryonen und den Embryotransfer in die Gebärmutter einer Frau wie für die Embryonenforschung nur über den Körper der Frau zu bekommen sind, bleibt die IVF die Basistechnologie für alle weiteren Innovationen im Bereich von Fortpflanzungsmedizin und Humangenetik. Auch dafür ist die Blickfixierung auf den „Fetal outcome" funktional. Denn wenn es auch vordergründig darum geht, einem Paar zu einem „eigenen Kind" zu verhelfen, muss die IVF hintergründig als Basistechnologie für andere Zwecke aufrechterhalten werden: Zum einen wird der Körper der jeweiligen Frau – mitsamt medizinischer Vor-

---

lich, innerhalb dessen medizinisch erzeugte Probleme neue medizinische Lösungen auf den Plan rufen, die ihrerseits wieder neue Probleme erzeugen. Die Präimplantationsdiagnostik soll die Probleme lösen, welche die Einführung der IVF hervorgebracht haben. Die nach wissenschaftlichen Gesichtspunkten produzierten Embryonen sollen im Gegensatz zu den durch Zufall entstandenen auf jeden Fall Qualität garantieren können.

geschichte – von WissenschaftlerInnen als „living laboratory" (Rowland 1992: Buchtitel) zu Forschungszwecken gebraucht. Zum anderen wird er als Rohstofflieferant zur Behandlung männlicher Fruchtbarkeitsstörungen (ICSI), zur Eizell-Spende, zur Selektion angeblich gesunder Nachkommen mittels der hierzulande noch verbotenen Präimplantationsdiagnostik und zur Erzeugung von Embryonen zur Embryonenforschung genutzt. Darüber hinaus sind nicht zuletzt die unternehmerischen Interessen des „Fruchtbarkeitsgeschäftes" auffallend.

Auch die österreichische Medizin will ihre Kundschaft in der internationalen Konkurrenz um den Export von Biotechnologie und um den Millionen-Dollar-Markt von kinderlosen Ehepaaren nicht verlieren. Dieser reproduktionsmedizinische Zugriff auf den Frauenkörper als Basis der biotechnischen Grundlagenforschung und ihres wissenschaftlichen Fortschrittes in der Medizin gilt es unter allen Umständen zu erhalten. Denn die IVF ist angesichts der hohen und anhaltenden Misserfolgsrate begründungsbedürftig. „The state of ART"[83], so der Titel eines internationalen Symposiums im Jahr 2001[84], bleibt international hinter allen Erwartungen zurück. Diese Einsicht kollidiert jedoch mit dem – wie Robyn Rowland es nennt – „masculine dream of quality control" im „genetic engineering" (1992: 81), der es nicht zulässt, dem länderübergreifenden IVF-Experiment an Frauen ein Ende zu setzen.

Eines der Hauptziele dieses maskulinen Traumes war und ist der Ersetzung des weiblichen Vermögens „Leben zu geben" durch die Erzeugung des „besseren Lebens" überhaupt. Das aber bedeutet, „dass das gesamte männliche Denken, sofern es streng zielgerichtet und instrumentell verfährt, Kompensationscharakter hat" und letztendlich darauf abzielt, „die Stelle des Gegebenen zu vertreten, jedes Geschenk zur Waffe zu machen und somit alles, was wächst, zu vernichten" (Kamper 1984: 101). Diese Anstrengungen zur Optimierung des Lebendigen würden also letzten Endes dessen Zerstörung implizieren (vgl. Wolf 2000) – eine Befürchtung, die sich im Kontext bisheriger Ergebnisse der Biotechniken am Menschen zunehmend als begründet erweist. Der Imperativ des Fortschritts auf dem Gebiet der Biowissenschaften und -techniken bedeutet vor diesem Hintergrund u. a. eine Verselbständigung unreflektierter männlicher Selbstbehauptung, die im 20. Jahrhundert nicht mehr nur auf dem Schlachtfeld, sondern auch auf dem Feld der Naturwissenschaften betrieben wird. Dies zeigt sich in der Entwicklungsgeschichte der Fortpflanzungsmedizin, welche auf einem Erkenntnisprogramm basiert, das – wie die naturwissenschaftliche Medizin generell – „über das Experiment an Mensch und Tier mit einer spezifischen Beziehung zum Lebendigen Wissen gewinnt" (Berg-

---

83 ART = die Abkürzung für Assisted Reproductive Technologies.
84 The state of ART symposium, 23 November 2001 – Melbourne, Australia.

mann 2001: 28). Verdinglichung und Gewaltanwendung, welche inhärenter Teil des Forschungsprozesses sind, bedürfen „der Bereitschaft zur Schmerzzufügung und zum Töten, die nur unter der Voraussetzung einer absoluten Stillegung von Gefühlen des Experimentators praktisch werden kann" (ebd.). Zugleich wird der Imperativ des Fortschritts der Wissenschaft für gleichbedeutend mit dem Fortschritt der Menschheit gehalten. Die Vormachtstellung der medizinischen Wissenschaft beruht auf dem Versprechen, die Welt von Krankheit und Leid zu heilen. In diesem Versprechen steckt, so die Kulturhistorikerin Anna Bergmann, ein säkularer Gottesersatz, und die „medizinische Opferlogik" verfolge „ein Heilsversprechen, das zweckrational einzelne Opfer gegenüber einem Ganzen legitimiert: ‚der Zweck heiligt die Mittel'" (1998: 178). Diese beiden Hypothesen lassen sich an der Einführungs- und Erprobungsphase der IVF konkretisieren. Die anhaltend hohe Misserfolgsrate der Fortpflanzungstechniken verweist darauf, dass, je nachdem wie die Statistiken interpretiert werden[85], rund 85 % der Frauen, die sich im Jahr 2001 in Deutschland einer IVF unterzogen, ohne Baby nach Hause gingen (Riewenherm 2001: 62). Zugleich kann die Frau während eines Behandlungszyklus in unterschiedlicher Weise verletzt werden bis hin zu Todesfällen. Als Risiken gelten das so genannte ovarielle Hyperstimulations-Syndrom (OHSS), das

> „mit der – in schweren Formen äußerst schmerzhaften – zystischen Vergrößerung der Eierstöcke, mit einer erhöhten Durchlässigkeit der Blutkapillaren, mit Wasseransammlungen im Bauchraum sowie mit Blutdruck- und Blutdichteveränderungen verbunden [ist]. [...] Zusätzlich können Sekundärkomplikationen wie Thrombosen, Atemnot sowie akutes Leber-Nieren-Versagen auftreten. In Einzelfällen kann es dabei auch zu Todesfällen kommen" (Kollek 2000: 58).

Die statistischen Angaben zur Häufigkeit eines OHSS sind nicht eindeutig, da sie „von der Definition der Erscheinungsform, den Risikofaktoren der untersuchten Gruppe, dem Stimulationsprotokoll und anderen Faktoren abhängig" sind (ebd.). Insgesamt wird aber aufgrund der wachsenden Anzahl von IVF-Behandlungszyklen auch eine wachsende Anzahl von OHSS-Fällen verzeichnet. Regine Kollek zitiert dazu einen Artikel aus der Zeitschrift „Human Genetics" von 1999, in dem das OHSS „sogar als eine durch Ärzte in gesunden Patientinnen verursachte Epidemie" bezeichnet wird (Roest 1999: 2183 zit. in: Kollek 2000: 58).

---

85 IVF-Teams messen den Erfolg an unterschiedlichen Parametern, was eine klare Aussage unmöglich macht. Manche rechnen als Erfolg eine biochemisch herbeigeführte Schwangerschaft (Anstieg der HCG-Werte) mit ein, andere die Spontanaborte, andere die „klinischen" Schwangerschaften (wenn sich der Embryo mindestens fünf Wochen in der Gebärmutter eingenistet hat), wieder andere sogar die Totgeburten (Fehlgeburt nach der 20. SSW).

Die Hormonbehandlung kann, als weitere Nebenwirkung einer IVF, Krebs erregend wirken. Es werden eibläschenstimulierende Hormone (FSH) – meist Clomifen, „Menopausenhormone" (HMG = humanes Menopausen-Gonadropin) und „Schwangerschaftshormone" (HCG)[86] – gleichzeitig eingesetzt. Um die körpereigene Hormonproduktion zu drosseln, werden zusätzlich Medikamente gegeben (z. B. Buserelin). Diese beeinflussen die Hypophyse, um die körpereigene Produktion der Ovulation zu verhindern, sozusagen eine „chemische Menopause" herzustellen. Ziel dieses Medikamentes ist es, „einen gestörten Rhythmus durch einen normalen zu überlagern, wieder jungfräulichen Boden zu gewinnen", so ein französischer IVF-Spezialist (Laborie zit. in: Klein 1989: 232). Als „normal" gilt auf jeden Fall der künstliche Rhythmus. Die Krebsfolgen dieser, in einem engen Zeitrahmen und im Laufe von mehreren Behandlungszyklen verabreichten, „explosiven" Hormoncocktails und Medikamente werden vom reproduktionsmedizinischen Mainstream im deutschsprachigen Raum immer noch in Zweifel gezogen[87], in anderen Ländern aber bestätigt. Die Untersuchungsergebnisse von Renate Klein und Robyn Rowland über die nachteilige Wirkung von Hormonbehandlungen (Klein/Rowland 1988) wurden beispielsweise in einer Weisung der amerikanischen ‚Food and Drug Administration' (Behörde für Nahrungsmittel und Pharmaka) insofern bestätigt, als „die Hersteller von Clomid und Pergonal (zwei häufig verwandte Fruchtbarkeitspillen) dem Produkt eine Warnung über das erhöhte Risiko von Eierstockkrebs beilegen müssen" (Klein 1994: 82).

Weitere mögliche Nebenwirkungen von IVF-Behandlungen stellen Blutungen, Darmverletzungen und Bauchfellentzündungen in Zusammenhang mit der Eizellentnahme (Follikelpunktion) dar. Auch sind einige Todesfälle während einer laparoskopischen Eientnahme bekannt geworden (Klein 1989: 219).

---

86 HMG ist unter dem Namen Pergonal im Handel, wird aus dem Harn von Frauen nach der Menopause entnommen und ist ein Hormongemisch aus follikelstimulierenden (FSH) und luteinisierenden Hormonen. Damit soll die Follikelreifung angeregt werden. Eine Überstimulation kann zur Vergrößerung der Eierstöcke führen, die dabei platzen können. Das Hormon wird sowohl bei Unfruchtbarkeitsbehandlungen, die oft zu Mehrlingsschwangerschaften führen, als auch bei IVF verabreicht. Demgegenüber ist Clomifen ein synthetisches Östrogen, das ebenso zur Erreichung einer Superovulation eingesetzt wird.
87 So meinte z. B. der Berliner Fortpflanzungsmediziner Prof. Kentenich in einem Interview aus dem Jahr 2000, dass es zwar Untersuchungsergebnisse über die Auswirkungen des Medikaments Clomifen Citrat auf Frauen gebe, dass es sich dabei aber um eine kleine Gruppe handle und es daher zweifelhaft sei, ob die negativen Ergebnisse überhaupt zuverlässig seien. Weiters erklärte er, dass bezüglich der gebräuchlichsten Medikamente – den HMG- und FSH-Präparaten – nach seinen Kenntnissen kein solcher Zusammenhang vorliege, dass es also keine negativen gesundheitlichen Folgen bis hin zu Krebs gebe. Dennoch werde an seinem Institut Clomifen Citrat in nur sechs bis acht Zyklen angewendet, denn es gebe keinen Hinweis, dass das Medikament bei sechs-, acht- oder zehnmaliger Anwendung Krebs erregend sei. (Riewenherm 2000a: 17).

Die IVF führt als weitere Nebenfolge gehäuft zu Fehlgeburten, Mehrlingsschwangerschaften und Frühgeburten und damit zu einem hohen Anteil an Babys mit niederem Geburtsgewicht. Beträgt die Mehrlingsrate bei Schwangerschaften ohne Hormongaben 1,2 %, so werden nach einer IVF zwischen 22 % und 29 % Zwillinge und 4 % bis 5 % Drillinge geboren (Kollek 2000: 64), die Fehlgeburtsrate wird mit 25 % angegeben (Graumann 2000: 13). Ein eklatant höherer Anteil von IVF-Babys wird mit Kaiserschnitt entbunden[88], bis heute die Geburtstechnik mit der höchsten Müttersterblichkeit. Die psychosozialen Folgewirkungen von Mehrlingsgeburten auf die Mutter-Kind-Beziehung und die Partnerschaft werden in die medizinische Beurteilung der Technik nicht einbezogen. Die verursachten psychischen und sozialen Leiden für die Mehrzahl der Frauen und Paare – immerhin gehen nach oft mehreren Behandlungszyklen ca. 85 % bis 91 % ohne Baby nach Hause – sind wenig erforscht und öffentlich tabuisiert.

Darüber hinaus wird seit Mitte der 90er Jahre die ICSI-Technik (Intrazytoplasmatische Spermainjektion)[89] eingesetzt, mit der nunmehr sogar eine „in den meisten Fällen […] eingeschränkte Fruchtbarkeit der Männer (eingeschränktes Spermiogramm), […] über den Körper der Frau" behandelt wird (Riewenherm 2000: 5), was – angesichts der Risiken und Folgewirkungen der IVF – unmissverständlich dem medizinischen Prinzip der Schadensvermeidung widerspricht.

Die meisten Frauen unterziehen sich mehreren Behandlungszyklen, was das Risiko, krank daraus hervorzugehen, erhöht. Sollte die Behandlung nicht fruchten und die Frau nicht schwanger werden, eine Fehlgeburt erleiden, kein Baby mit nach Hause nehmen oder physische und psychische Erkrankungen entwickeln, dann wird der Frau die Schuld zugeschrieben. Die IVF wird als „gute klinische Praxis" verteidigt, die dem „Stand der Wissenschaften" entspreche, dergegenüber das menschliche Versagen der Frauen als Fehlerquelle erforscht wird. Auch auf Hormoncocktails zur Stimulation von Schwangerschaften zurückzuführende Anomalien bei Kindern werden den Frauen, vorzugsweise ihrem Alter, zugeschrieben, obwohl gerade Chromosomenanomalien von kritischer Seite auf Stimulation mittels Clomifen zurückgeführt werden (Rowland 1992: 51). Zwei Aussagen mögen hier exemplarisch für diese Schuldverschiebung angeführt sein: ein französisches Forscherteam stellte fest, dass

---

88 Z. B. lag die Kaiserschnittrate 1988 in Australien bei IVF-Babys bei 43,1 % im Vergleich zu 15 % bis 18 % bei der allgemeinen Bevölkerung.
89 Dabei werden aus dem Ejakulat (oder Hoden) unfruchtbarer Männer isolierte Spermien direkt in die Eizelle injiziert.

„die hohe Rate der Chromosomenanomalien [...] sich durch die Beschaffenheit dieser *Gruppe von Fertilisationsversagerinnen*, das oftmals fortgeschrittene Alter der Mütter und den Einsatz von Superovulations-Therapien erklären" lässt (zit. in: Klein 1989: 227).

Auch der Präsident der „Australian Fertility Society" gab zu bedenken, dass Probleme zwar durch Labortechniken erzeugt werden könnten, „aber [sie seien] ‚mit höherer Wahrscheinlichkeit auf einen Faktor in den Frauen selbst' zurückzuführen" (zit. in: Klein 1989: 228).

Aus der Perspektive der schwangerschaftserzeugenden Reproduktionsmedizin hat der „Faktor Frau" im letzten Drittel des 20. Jahrhunderts einen ebenso krankmachenden Einfluss auf die Unfruchtbarkeit, wie er dies auf die Fruchtbarkeit hatte. Die „Krankheit Frau" (Fischer-Homberger 1982) ist die „Präidee", welche der Entwicklungsgeschichte der modernen Medizin im Allgemeinen und der Gynäkologie, Geburts- und Zeugungsmedizin im Besonderen unterlegt ist (Honegger 1991). Im Anschluss an diese Präidee wird menschliches Leben zunehmend als lebensgefährliche, durch Frauen sexuell übertragene Krankheit konzipiert, die es erforderlich macht, die Fruchtbarkeit der Frauen zu rationalisieren und zu kontrollieren, um die Krankheit in den Griff zu bekommen und das Leben zu „verbessern" (vgl. Borkowsky 1988; Zimmermann 1993; Schücking 1994; Schindele 1995; Bergmann 2001). Die Konzeption der „unfruchtbaren Frau" reicht in unserer Kultur bis zur Entschlüsselung des Lebensgeheimnisses der Genealogie in der griechischen Antike zurück, die das Weibliche als zeugungsunfähig voraussetzt und die „Lebensquelle" begrifflich-metaphysisch als männliche begründete (Treusch-Dieter 1990: 22f). Für diese abendländische Über-Zeugungs-Geschichte und die Aufrechterhaltung des kulturellen und gesellschaftlichen Machtverhältnisses zwischen den Geschlechtern ist die Verlagerung der Zeugung vom Bett unter das Mikroskop, die sich seit Beginn der 80er Jahre vollzieht, eminent wichtig.

Von den IVF-MedizinerInnen wird, zur Rechtfertigung ihrer medizintechnischen Eingriffe stets auf die Selbstbestimmungsfähigkeit der Frau verwiesen. Das ideologische Konstrukt der „informierten Zustimmung" (vgl. Samerski 2002) nutzen auch die IVF-TechnikerInnen, um sich eigener Verantwortung zu entziehen. Aus feministischer Perspektive werden aber auch medizintechnische Eingriffe in Frage gestellt, welche für alle Betroffenen gesundheitsschädigende Folgewirkungen zeitigen und nur für eine Minderheit den gewünschten Erfolg bringen. Das Strafrecht beurteilt z. B. einen Eingriff in die körperliche Unversehrtheit auch bei Einwilligung der Betroffenen als Körperverletzung, wenn dieser gegen die guten Sitten verstößt. Damit macht das Recht deutlich, dass Selbstbestimmung zwar eine notwendige Rechtfertigung darstellt, aber keine hinreichende. Auch im Falle der IVF ist der Schaden für die Mehrheit der Behandelten größer als der Erfolg für eine kleine Minderheit.

Dass die IVF als überwiegend erfolglose Behandlungstechnik weiter betrieben wird, hat weniger psychologische als kulturell tief liegende Gründe. Zum einen nimmt die IVF eine kollektive mythische Struktur wieder auf, zumal in allen Mythen ein Kind dann göttlich ist, wenn eine ungewöhnliche oder unnatürliche Zeugung vorliegt (vgl. Lenzen 1993: 112). Das wäre eine Ursache für die hohe Aufmerksamkeit, welche die Kirche als Hüterin des Göttlichen, die Medizin als geistige Zeugungstechnik und die „KinderwunschpatientInnen" als mögliche „Gotteseltern" diesen künstlichen Zeugungsverfahren entgegenbringen. Vom christlichen Standpunkt wird die IVF hinsichtlich tiefer liegender Ursachen toleriert, weil sie die keusche und lustlose Form der Zeugung ermöglicht und die von der Kirche über Jahrhunderte kultivierte instrumentale Sexualvernunft bestätigt (vgl. Nusser 2002). Gleichzeitig wird sie aber auch abgelehnt, da sie die Grenzen der göttlichen Schöpfung überschreitet. Alte Kulturen tabuisierten die Vorstellung, dass Leben ohne Gott entstehen kann. An diese Konzeption der göttlichen Schöpfung war das Verbot gebunden, dass der Mensch nicht über das Leben und damit auch nicht über den Tod entscheiden kann.

Die Zeugungstechniken der modernen Medizin überschreiten diese Grenze und betreten damit das Feld der Theologie. Die IVF ist aber nicht nur deswegen mythisch-theologisch unterlegt, weil sie eine „Vergöttlichung des Kindes", eine jungfräuliche Mutter und eine „geistigen Zeugung" durch die modernen „Götter in Weiß" impliziert, sondern auch deswegen, weil die IVF wie ein Initiationsritus funktioniert (vgl. Franklin 2002: 365–392). Der Ritus repräsentiert einen Übergang von einem anerkannten sozialen Status zu einem anderen. Er ist für Mitglieder einer bestimmten Gruppe unausweichlich und verlangt von den Initianden bestimmte Leistungen. Auch die IVF wird von Frauen, die ungewollt kinderlos sind, als „schon beschlossene Entscheidung" erfahren. Allein die Tatsache, dass es das Angebot der künstlichen Zeugung gibt, wird von ihnen als unausweichliche Herausforderung beschrieben (ebd.). Sie entscheiden sich trotz des Wissens um die höchst wahrscheinliche Erfolglosigkeit und Schädlichkeit der Eingriffe für eine IVF, um die Unsicherheit, welche die Unfruchtbarkeit produziert, zu lösen. Sie wollen sich im Initiationsritus der IVF bewähren und sind bereit, Hindernisse zu überwinden. Das Problem dabei ist, dass die IVF meist keinen Übergang ermöglicht, sondern einen neuen Zustand des Übergangs auf Dauer darstellt.

Durch die medizinischen Eingriffe kommen die Patientinnen ihrem Ziel näher (Eientnahme, IVF, Implantation, chemische Schwangerschaft oder gar klinische Schwangerschaft), aber nur eine Minderheit kann tatsächlich den Statusübergang zu Mutter erreichen. Alle Eingriffe verstärken den Wunsch. Die Verzweiflung von Patientinnen, welche die Zeugungsmedizin als Legitimation ihrer Eingriffe bemüht, entsteht dann erst als Folge der erfolglosen Eingriffe. Da mit der IVF keine Behandlungstechnik, sondern eine

Forschungstechnik eingesetzt wird, überträgt die Medizin die Struktur und die Mentalität wissenschaftlicher Forschung, in der unzählige Experimente, jahrzehntelange Forschungsarbeit, Entschlossenheit, das Streben nach schwer fassbaren Zielen, die sorgfältige Balance zwischen der Hoffnung auf Erfolg und der Vorbereitung auf den Misserfolg selbstverständlich sind, auf die PatientInnen. Die Mentalität der ForscherInnen wird also auf Seiten der Patientinnen erzeugt und vorausgesetzt. Wie in der wissenschaftlichen Forschung kann auch auf Seiten der Patientinnen die Verfolgung des Ziels zum Selbstzweck werden. Am Ende haben die Patientinnen auf jeden Fall etwas geleistet, egal ob sie zu den wenigen gehören, die ein IVF-Baby zur Welt bringen, oder ohne Kind nach Hause gehen. Im Rahmen von IVF-Experimenten lernen ungewollt kinderlose Frauen die Natur als schlecht konstruierte Maschine zu verstehen, der die Technologie helfen soll, das zu machen, was die Natur ohnehin macht. Neben dem mechanischen Bild von der Natur wird ein naturalistisches Bild von der Technik gezeichnet. Die Anwendung einer Forschungstechnik erzeugt auf Seiten der ungewollt kinderlosen Frauen den *Glauben* an den wissenschaftlichen Fortschritt und die Hoffnung, diesen Fortschritt verkörpern zu können. Die Implikationen der IVF sind also auch vor dem Hintergrund der gesellschaftlich größtenteils unkritischen „Investitionen" in den wissenschaftlichen Fortschritt, der noch immer das kulturell dominanteste Glaubenssystem darstellt, mythisch-theologische, weil der Glaube an Gott in der Moderne durch den Glauben an die Wissenschaft ersetzt wurde.

4.2 Empfängnisverhütung im Körper der Frau: Familienplanung durch hormonelle Sterilisierung der Frau, „Förderung des Wunschkindes" und „Beherrschung der Bevölkerungsexplosion"

Der Auf- und Ausbau von Familienberatungsstellen stand in engem Zusammenhang mit der Medikalisierung der Reproduktion bzw. war das Instrument zur Verbreitung eines medikalisierten Verständnisses vom Reproduktionsprozess. Dabei lehnte das reproduktionsmedizinische Establishment den Schwangerschaftsabbruch weiterhin ab bzw. akzeptierte ihn nur in dem Falle, in dem das Leben der Mutter bedroht war. Selbst diese Regelung war, wie bereits in den Jahrzehnten vor dem Nationalsozialismus, immer wieder Gegenstand von Kritik. So monierte Hans Zacherl (1889–1968), Ordinarius an der II. Universitäts-Frauenklinik in Wien, dass zunehmend „die unglaublichsten Leiden zur Indikationsstellung herangezogen" und zur Interruptio überwiesen werden. Um diesen Missbrauch der Indikation einzudämmen, forderte Zacherl, wie schon Julius Tandler in den 20er Jahren, die Einrichtung einer Fachexpertenkommission, die über die Indikation befinden sollte (Zacherl 1955: 103). Er wollte die von ihm als „Interruptionsseuche" bezeichnete Abtreibungspraxis nach medizinischer Indikation auch aus bevölkerungspolitischen Erwägungen stoppen, „weil gerade im Mittelstand der Wille zum Kind im Sterben" liege (ebd.: 104). Zum „Nutzen, Vorteil und im Sinne der Erhaltung unseres Volkes" forderte er, dass sich in der Frauenheilkunde eine „konservative, schwangerschaftserhaltende Einstellung der führenden Geburtshelfer durchsetzen" müsse (ebd.: 105). Die Ablehnung der Abtreibung korrespondierte auf Seiten der führenden Geburtsmediziner an Österreichs Universitätskliniken der 50er Jahre weiterhin mit eugenischen und bevölkerungspolitischen Motiven, was sich auch in den darauf folgenden Jahrzehnten kaum änderte. So fanden sich zu den in Österreich Ende der 60er und Anfang der 70er Jahre geführten Debatten um die Legalisierung des Schwangerschaftsabbruches, die 1974 zur Fristenregelung[90] führten, in der „Wiener Klinischen Wochenschrift" keine Publikationen. Dies ist u. a. auch Ausdruck der Ablehnung des Schwangerschaftsabbruches auf Seiten des geburtsmedizinischen Establishments. So sprachen sich die Vorstände aller vier österreichischen Universitäts-Frauenkliniken und der in Salzburg geplanten fünften Frauenklinik wegen der Gefahr der gesundheitlichen Schäden für Frauen und wegen der sinkenden Geburtenrate gegen die Fristenregelung aus[91] (vgl. Mesner 1994: 237). Die Ärztekammer kündigte bereits vor dem Inkrafttreten des neuen Gesetzes am 1. Jänner 1975 ihren Widerstand gegen die Durchführung an. Trotz Einführung der Fristenregelung blieb es in den letzten drei Jahrzehnten bei einer mangelnden Durchführung und seiner Boykottierung, vor allem in den westlichen Bundesländern. Die Klinikvorstände, welche bis heute die Durchführung der Fristenregelung verweigern, berufen sich auf die gesetzliche Bestimmung, die es der Gewissensentscheidung des Arztes überlässt, ob er Schwangerschaftsabbrüche nach der Fristenregelung durchführt.[92] Noch heute wird die Berufung auf die Fristenre-

---

90 Das Gesetz wurde 1974 beschlossen und trat mit 1. Jänner 1975 in Kraft. Es ist Teil des Strafgesetzes. Nach § 97 (1) ist „die Tat nach § 96 nicht strafbar, 1. Wenn der Schwangerschaftsabbruch innerhalb der ersten drei Monate nach Beginn der Schwangerschaft nach vorhergehender ärztlicher Beratung von einem Arzt vorgenommen wird; oder 2. Wenn der Schwangerschaftsabbruch zur Abwendung einer nicht anders abwendbaren Gefahr für das Leben oder eines schweren Schadens für die körperliche oder seelische Gesundheit der Schwangeren erforderlich ist oder eine ernste Gefahr besteht, dass das Kind geistig oder körperlich schwer geschädigt sein werde, oder die Schwangere zur Zeit der Schwängerung unmündig gewesen ist und in allen diesen Fällen der Abbruch von einem Arzt vorgenommen wird; oder 3. wenn der Schwangerschaftsabbruch zur Rettung der Schwangeren aus einer unmittelbaren, nicht anders abwendbaren Lebensgefahr unter Umständen vorgenommen wird, unter denen ärztliche Hilfe nicht rechtzeitig zu erlangen ist".
91 Die Ablehnung wurde in einem Schreiben vom 19. Juni 1973 von Ernst Navratil, Hugo Husslein (Wien), Eduard Gitsch, Otto Dapunt (Innsbruck) und Günther Reiffenstuhl (Salzburg) an Bundeskanzler Bruno Kreisky und Justizminister Christian Broda begründet (vgl. Mesner 1994: 304, Anm. 14 und 15).
92 Dies führte dazu, dass Schwangerschaftsabbrüche in Österreich im Wesentlichen in einigen wenigen Privat-

gelung von den Klinikern der Gynäkologie und Geburtsmedizin ganz offensichtlich als Affront empfunden, der mit Unterstellungen gegenüber Frauen, die einen Schwangerschaftsabbruch durchführen lassen wollen, beantwortet wird. Beispielhaft dafür steht die Aussage des Leiters der Abteilung für Endokrinologie und Sterilitätsbehandlung am AKH Wien und Vorsitzenden des Ethikbeirates des österreichischen Bundeskanzleramtes, Univ.-Prof. Dr. Dr. Huber. Gegenüber der Fristenregelung erachtet er sowohl die eugenische Indikation als auch die Embryonenforschung als weniger problematisch. Der Frage, bis wann am Embryo geforscht werden darf, räumt Huber keinen großen Stellenwert ein, und zwar

> „angesichts der Tatsache, dass in Europa praktisch jede Frau das Recht hat, bis zur 12. Woche mit dem Embryo zu machen, was sie will. Zu diesem Zeitpunkt hat der Embryo bereits ein Nervensystem. Daher ist es nicht einzusehen, dass man den Embryo nicht dazu verwenden können soll, wo er jemandem hilft. [...] Nimmt man das Beispiel einer Frau, die einen Urlaub auf den Malediven gebucht hat, denselben aber nicht schwanger antreten möchte und das Kind daher abortiert, so kann man das doch nicht mit dem Problem eines Vaters von fünf Kindern vergleichen, der eine zerstörte Leber hat. Ihn könnte man heilen, indem man aus einem vierzelligen Embryo Stammzellen entnimmt, der nicht vergleichbar ist mit einem Embryo in der 12. Woche. Da ist doch ein himmelhoher Unterschied" (Huber 2001: 44).

Der Schwangerschaftsabbruch auf Basis der Fristenregelung wird vom gynäkologischen Establishment in Österreich abgelehnt, weil nach wie vor unterstellt wird, dass dabei der Arzt zum Diener weiblicher Launen herabgesetzt wird. Eindrucksvoll führt Huber dieses sexistische Urteil an einem Beispiel vor, das nach einer in der Geburtsmedizin tradierten Interpretation, wonach „materinitiy" zugleich „vulnerability" und „paternity" zugleich „virility" bedeutet, konzipiert ist. In diesem Mythos der Geburtsmedizin wurde Mutterschaft stets als Quelle der Gefährdung des kommenden Kindes konnotiert – bis hin zu einer unterstellten Verletzungsbereitschaft. Gegen diese „böse Mutter" organisiert sich nicht nur die als männlich vorgestellte und organisierte Geburtsmedizin zur Rettung des Kindes vor Säuglingsmortalität und -morbidität. Die Gleichsetzung von „paternity" und „virility" impliziert stets auch die Vision des lebensschenkenden und erhaltenden väterlichen Beitrags zum Reproduktionsprozess. Im dem von Huber exemplarisch vorgeführten

---

praxen in den Bundesländern, einigen Spitälern in Wien und in einem „Ambulatorium für Schwangerenhilfe" seit Ende der 70er Jahre in Wien durchgeführt werden. Diesem Ambulatorium wurde das Gründungskapital durch das International Pregnancy Advisory Service (IPAS) zur Verfügung gestellt, einer international agierenden US-amerikanischen Organisation, die sich mit der Durchführung von Schwangerschaftsabbrüchen befasst und deren Hauptziel die Erwirtschaftung von Gewinnen ist (vgl. Mesner 1994: 237ff).

Fall wird der Embryo zur Lebensrettung instrumentalisiert, zur Rettung des Lebens eines Vaters von fünf Kindern. Dass in diesem Beispiel Hubers nicht das Leben einer Mutter von fünf Kindern gerettet werden soll oder möglicherweise der Vater es ablehnt, mit einer schwangeren Frau auf den Malediven zu urlauben, ist vor dem Hintergrund der sexistischen Tradition in der Geburtsmedizin kein Zufall. Diese lehnt den Schwangerschaftsabbruch aber nicht nur deswegen ab, weil sie sich nicht zum Diener weiblicher Launen degradieren lassen will, sondern weil der Schwangerschaftsabbruch keinen medizinischen Zweck hat, wie z. B. Embryonenforschung und eugenische Indikation.

Auf jeden Fall aber erfuhr der Schwangerschaftsabbruch bei Verdacht auf Vorliegen einer Behinderung des Kindes eine Akzeptanz von 69,9 % bei den 20- bis 54-Jährigen der österreichischen Bevölkerung, wie eine Studie zum Konzeptionsverhalten und der Einstellung zum Schwangerschaftsabbruch 1997 zeigte (vgl. Tazi-Preve et al. 1999: 73). Dieser vorherrschenden sexistischen Mentalität entsprechend, erschienen kaum Artikel zum Schwangerschaftsabbruch: einer 1955 und ein zweiter erst im Jahr 1982, also fast 30 Jahre später. Letzterer behandelte Fragen des hormonellen Eingriffes im Rahmen des Schwangerschaftsabbruches aus eugenischer Indikation, also behandlungstechnische Fragen an dem in der Geburtsmedizin akzeptierten Eingriff zur Selektion missgebildeter Kinder. An hundert Frauen mit „missed abortion", Blasenmolen oder missgebildeten Föten wurden sechs verschiedene Dosierungsschemata „zum Zweck der Ausstoßung des Uterusinhalts [...] erprobt" (Gruber 1982: 559).[93] Alle Dosierungsschemata wurden als „Therapieerfolg" beurteilt, da sie in den meisten Fällen innerhalb von 24 Stunden wirksam wurden. Prostaglandine wurden zur „Beendigung pathologischer Schwangerschaften" im II. Trimenon empfohlen (ebd.: 560). Gründe für die zunehmende Akzeptanz der Abtreibung ab den 80er Jahren waren ausschließlich die Fortschritte in der Pränatalen Diagnostik.

> „Infolge Verbesserung der pränatalen Diagnostik fetaler Mißbildungen hat der Schwangerschaftsabbruch vor allem im mittleren und späten II. Trimenon zunehmend an Bedeutung gewonnen" (Rath et al. 1985: 487).[94]

Die Originalarbeit erörterte jene Praktiken des Schwangerschaftsabbruches, die ein Ärzteteam zwischen der 17. und 26. Schwangerschaftswoche mittels hormoneller Ein-

---

93 Artikel zu „Prostaglandine zur Beendigung pathologischer Schwangerschaften im II. Trimenon" aus der II. Universitäts-Frauenklinik in Wien von Dr. W. Gruber.
94 Originalarbeit zur „Zervixreifung und Weheninduktion beim Schwangerschaftsabbruch im mittleren und späten II. Trimenon mittels intrazervikaler und extraamnialer Prostaglandingel-Applikation" aus der Universitäts-Frauenklinik Göttingen (Vorstand W. Kuhn) von W. Rath, R. Ulbrich und W. Kuhn.

griffe – Prostaglandingel-Applikation zur Zervixreifung und Weheninduktion – erprobte. Bei der Versuchsreihe an der Universitäts-Frauenklinik Göttingen (BRD) wurden 46 von 64 Abbrüchen aufgrund einer „eugenischen Indikation durchgeführt. Besonders hoch war der Anteil sonographisch diagnostizierter, fetaler Mißbildungen" (ebd.: 487). Die Publikation fachinterner Diskussionen von Techniken des Schwangerschaftsabbruches korreliert in Österreich ganz klar mit der Durchsetzung der Pränatalen Diagnostik in den 80er Jahren. Denn auch weiterhin wurden Schwangerschaftsabbrüche, wenn überhaupt, nur in Zusammehang mit der eugenischen Indikation besprochen. Der „Schwangerschaftsabbruch nach Pränataler Diagnostik" (Häusler et al. 1996: 169ff) erhielt vom medizinischen Establishment eine Akzeptanz, welche der Fristenregelung bis heute nicht eingeräumt wird. Der Schwangerschaftsabbruch wurde von der klinischen Medizin in Österreich somit nur in Zusammenhang mit der medizinischen oder eugenischen Indikation erforscht und durchgeführt. Exemplarisch für diese Praxis ist der Umgang mit dem Schwangerschaftsabbruch an der Geburtshilflich-Gynäkologischen Universitätsklinik in Innsbruck. Schwangerschaftsabbrüche nach der Fristenregelung werden mit dem Hinweis auf das Gewissen der Ärzte nicht durchgeführt. Schwangerschaftsabbrüche nach eugenischer Indikation werden bei schwersten Missbildungen, welche die Lebensfähigkeit des Kindes in Frage stellen, so Dr. Alexander Alge von der Innsbrucker Frauenklinik bei einer Podiumsdiskussion zur eugenischen Indikation im Juni 2001[95], bis zum Geburtstermin durchgeführt (Alge 2001).

Dieser ablehnenden Haltung gegenüber dem Schwangerschaftsabbruch steht die Propagierung von Empfängnisverhütungsmitteln, in erster Linie der Pille, gegenüber. Wie bereits erwähnt, wurden die ersten Versuche zur hormonellen Sterilisierung in Tierexperimenten an Kaninchen (Haberland in Innsbruck, Knaus in Graz) durchgeführt und ab den 30er Jahren, vor allem während des Nationalsozialismus, im Menschenversuch erprobt. Der Menschenversuch zur „hormonellen Sterilisierung der Frau" wurde in den Publikationen der WKW aber ins Ausland exterritorisiert. So schreibt Hans Kopera vom „Institut für Experimentelle und Klinische Pharmakologie" im Jahr 1976, dass „erste Versuche am Menschen […] in Boston und ausgedehntere in Zusammenarbeit mit Rock, Garcia und Rice-Wray an Frauen in Puerto Rico und Haiti durchgeführt" wurden (Kopera 1976: 719). Weder Menschenversuch noch eugenische Auswahl des „Forschungsmaterials" – die Pille wurde eben nicht an weißen Amerikanerinnen, sondern farbigen Puerto-Ricanerinnen getestet – wurden in der Publikation in Frage gestellt, sondern widerspruchslos in die Erzählung einer Fortschrittsgeschichte der hormonellen Kontrazeptiva eingefügt. Auch die Einsicht in die karzinogenen Nebenwirkungen, wel-

---

95 http://www2.uibk.ac.at/ipoint/news/uni_und_gesellschaft/20010618.html (2007_12_11)

che bereits 1970 dazu führte, dass in Amerika eine Reihe von Präparaten aufgrund einer Weisung der Gesundheitsbehörde vom Markt genommen wurde (vgl. Kunz 1989: 127), fand keinen Eingang in die Beurteilung der hormonellen Verhütungsmethode.

Die Akzeptanz der und der Einsatz für die Pille seitens der klinischen Gynäkologie und Geburtsmedizin in Österreich waren von Beginn an durch die Ablehnung des Schwangerschaftsabbruchs motiviert. Aufklärung über Verhütung wurde als „einzige erfolgversprechende Prophylaxe der Abtreibung" und der ärztliche Einsatz für die Empfängnisverhütung als „prophylaktische Medizin" akzeptiert (Döring 1968: 441).[96] Zudem wurde einer medizinisch geleiteten Geburtenregelung die Möglichkeit zugesprochen, nicht nur die Abtreibungsquote zu senken, sondern auch die Geburten der körperlichen und seelischen Leistungsfähigkeit der Mutter und den Lebensumständen der Familie anzupassen, weil sie die Abstände zwischen den Geburten planbar mache (ebd.: 440). Darüber hinaus beurteilte Hugo Husslein (1908–85)[97], seit Mitte der 60er Jahre Professor für Geburtshilfe und Gynäkologie mit Spezialgebiet Hormontherapie, Vorstand der II. Universitäts-Frauenklinik in Wien und Gründer der „Österreichischen Gesellschaft für Familienplanung", die hormonelle Sterilisierung der Frau als Instrument zur Eindämmung der „Bevölkerungsexplosion" in der so genannten „Dritten Welt". Nach Hugo Husslein ist

„die Senkung der Geburtenrate durch geeignete Methoden der Geburtenkontrolle [...] für die Entwicklungsländer die einzige Chance, mit ihrer Bevölkerungsexplosion fertig zu werden" (Husslein 1968: 95f).

Gegenüber dem Einsatz empfängnisverhütender Mittel in der „Dritten Welt" beurteilte er ihren Einsatz in der westlichen Welt als Möglichkeit, Methoden der Geburtenregelung durchzusetzen, welche „ärztlich und ethisch vertretbar sind" (ebd.: 96). Die Sinnhaftigkeit der Entwicklung und des Einsatzes von Kontrazeptiva wurde in der „Beherrschung der Bevölkerungsexplosion" und der „Familienplanung" gesehen (Kopera 1976: 727). Medikamentöse Empfängnisverhütung sollte keineswegs jedes, „sondern nur das überschießende Bevölkerungswachstum vermindern helfen, das Bekommen von Wunschkindern jedoch erleichtern und fördern" (ebd.).

---

96 Prof. Döring (Frauenklinik München) in einem Vortrag beim „21. österreichischen Ärztekongress der Van-Swieten-Gesellschaft" in Wien (28. Oktober 1967). Sein Vortrag „Probleme der Geburtenregelung" wurde in der WKW im Mai 1968 publiziert (440–442).
97 Husslein promovierte 1933 zum Doktor der gesamten Heilkunde. Von 1939 bis 1943 war er Assistent bei Prof. Hermann Knaus in Prag. Er habilitierte sich 1949 und wurde 1964 als Nachfolger Zacherls zum ordentlichen Professor für Geburtshilfe und Gynäkologie und zum Vorstand der II. Universitäts-Frauenklinik in Wien. Husslein war der Gründer der „Österreichischen Gesellschaft für Familienplanung".

Hugo Hussleins Einsatz für die hormonelle Sterilisierung und die Hormontherapie in der Gynäkologie steht in Zusammenhang mit seinem hauptsächlichen Forschungsschwerpunkt, der Hormonforschung. Hugo Husslein war von 1939 bis 1943 Assistent bei Prof. Hermann Knaus an der Frauenklinik der Deutschen Universität in Prag. Dort entstanden seine ersten Arbeiten zu seinem Forschungsbereich, der Hormontherapie in der Gynäkologie. Nach Kriegsende war er Assistent an der II. Universitäts-Frauenklinik in Wien. Diese Jahre

> „erbrachten eine unerhört fruchtbare wissenschaftliche Ernte. Arbeiten über den follikulären Zyklus und seine Störungen, über die Bedeutung des Follikelhormons für die Entstehung des Korpuskarzinoms, die Rolle des Schilddrüsenhormons, der Nebennierenhormone und des follikelstimulierenden Hormons im Ablauf des ovariellen Zyklus, die therapeutische Anwendung von Östrogenen, Gestagenen und Androgenen, die Diagnose und Therapie der Amenorrhoe und der weiblichen Sterilität, wiesen den weitgesteckten Rahmen des Forschungsgebietes Hussleins auf, der sich 1949 mit einer Untersuchung über ‚Hyperplasia endometrii im Senium' habilitiert hatte" (Professor Husslein – 70 Jahre. In: WKW 1978: 517).

Seine Hauptinteressen in der Geburtsmedizin galten der hormonellen „Geburtsleitung am Termin" und „der Prüfung der Geburtsreife des Uterus". Ab 1956 war Husslein Vorstand der Semmelweis-Frauenklinik in Wien, setzte sich konsequent für die Schwangerenbetreuung durch Errichtung eigener Schwangerenberatungsstellen und für die Herausgabe eines „Schwangerenpasses" ein. Er war „Wortführer der österreichischen Gynäkologen im Kampf gegen die Freigabe der Abtreibung". 1964 wurde er als Nachfolger Zacherls zum ordentlichen Professor für Geburtshilfe und Gynäkologie und zum Vorstand der II. Universitäts-Frauenklinik in Wien berufen. Husslein war der Gründer der „Österreichischen Gesellschaft für Familienplanung".

Die Familienberatung sah Hugo Husslein als Instrument zum Kampf gegen den Schwangerschaftsabbruch und zur Bekanntmachung der hormonellen Empfängnisverhütung. Er betrachtete die „rückhaltlose Verbreitung aller Kenntnisse über die Möglichkeiten der Empfängnisverhütung" als ärztliche Pflicht, um den zunehmenden Einsatz der „Schwangerschaftsunterbrechung" als Mittel der Geburtenregelung einzudämmen (ebd.: 96). Über Hussleins Position wurden zwar dahin gehend Bedenken geäußert, dass die Geburtenkontrolle, so sie nur in den westlichen Ländern zum Einsatz komme, „zum Untergang der weißen Rasse führen wird" (Denk 1968: 96).[98] Doch die Aussicht,

---

98 Dr. Denk verwies in einer Diskussion zum Vortrag von Husslein „Zur Frage der Geburtenkontrolle" bei der Wissenschaftlichen Sitzung der „Gesellschaft der Ärzte in Wien" (12. Januar 1968) auf diese Problematik (Protokoll in der WKW 1968: 95ff).

die Fortpflanzungsfähigkeit zu beherrschen, zerstreute alle Zweifel. Hermann Knaus (1892–1970)[99], Ende der 60er Jahre Leiter der gynäkologischen Abteilung des Lainzer Krankenhauses in Wien, forderte in Anlehnung an die Position Hugo Hussleins, dass „jedes Mädchen und jede Frau an jedem Tag des Zyklus" wissen müsse, „ob sie sich im Zustand der Empfängnisfähigkeit oder der natürlichen Unfruchtbarkeit befindet" (Knaus 1968: 96). Als idealer Zeitpunkt für eine ausführliche Aufklärung, in deren Rahmen Frauen dieser von Knaus geforderte, rationale Umgang mit ihrer Fruchtbarkeit beigebracht werden sollte, wurde das Wochenbett vorgeschlagen. Denn Frauen seien zu diesem Zeitpunkt „besonders aufgeschlossen", um auf das Einhalten „optimaler Geburtenabstände" hingewiesen werden zu können (Döring 1968: 442).

Demgegenüber kamen soziologische Untersuchungen bereits 1970 zum Schluss, Mädchen in Fragen der Empfängnisverhütung bereits ab dem 14. Lebensjahr aufzuklären (Rosenmayr 1970). Die Studie zeigte, dass die Verbreitung von Verhütungsmethoden in Österreich schichtabhängig war. Je höher die berufliche Qualifikation der Befragten, umso seltener wurde der Koitus intrerruptus praktiziert. Im Vergleich zu diesen schichtenspezifischen Verhütungspraktiken griffen Jugendliche aber allgemein auf insuffiziente Methoden zurück. Andere soziologische Studien zur sexuellen Sozialisation vermerkten einen früheren Koitusbeginn der Mädchen und erklärten ihn damit, dass Frauen im Allgemeinen und zunehmend eine eigene sexuelle Aktivität zuerkannt werde und der früher einsetzende Sexualverkehr einen dadurch ermöglichten Reifevorsprung der Mädchen zum Ausdruck bringe. Die Geburtsmedizin leitete aus den soziologischen Diagnosen zum gesellschaftlichen Wandel neue Aufgaben für die Medizin ab, die nun nicht mehr die Beschränkung der Sexualität auf die Ehe zu fordern, sondern Hilfen zur Empfängnisverhütung anzubieten hätte (Prunner et al. 1976: 270).[100] Auch hier wird deutlich, wie untrennbar der Einsatz und die Propagierung bestimmter Techniken und Technologien in der Reproduktionsmedizin mit gesellschaftlichen Sinnzusammenhängen und deren Wandel verbunden ist.

Die Ärzte legitimierten die Einführung von Maßnahmen der Empfängnisregelung Anfang der 70er Jahre damit, dass die Fortschritte in der Geburtsmedizin die Sicherheit für Mutter und Kind bedeutend erhöht hätten. Die Mutter brauche also keine zusätzlichen Schwangerschaften mehr auszutragen, um die gewünschte Kinderzahl zu erreichen. Die „Verschwendung von Schwangerschaften" (Husslein 1970: 553) sei damit auf ein Minimum reduziert worden. Die „Rationalisierung der Menschenproduktion",

---

99 Vgl. Anm. 58 in diesem Kapitel.
100 Prunner und Beck in einem Artikel „Zur Anwendung von Empfängnisverhütungsmitteln durch Jugendliche" aus der II. Universitäts-Frauenklinik in Wien (Vorstand: Prof. Husslein).

welche Rudolf Goldscheid zu Beginn des Jahrhunderts konzipierte (1913), rückte durch die Entwicklung und den Einsatz hormoneller Sterilisationsmethoden ab den 70er Jahren zunehmend in den Bereich des Realisierbaren. Goldscheids Vision, Zeugung und Geburt durch ein „wissenschaftliches Management der Reproduktion" dem Naturprozess zu entreißen, und eine durch Biotechniken im Labor hergestellte „Natur" in der Natur wie in der Gesellschaft durchzusetzen, zielte auf eine „Qualitätsproduktion" von Kindern ab (vgl. Kap. I.1.). Auch das Ziel einer medikalisierten Empfängnisverhütung waren „gesunde Mütter, gesunde Kinder und eine der Leistungsfähigkeit der Mutter angemessene Kinderzahl" (Döring 1968: 442). Aufgabe der Familienplanung sollte es daher sein,

„die Bevölkerung umzuerziehen und darüber aufzuklären, dass Empfängnisregelung nicht nur kein Tabu mehr ist, an dem nicht gerüttelt werden darf, sondern vielmehr aus vielen Gründen dringend erforderlich ist [...]" (Husslein 1970: 553).

Das Vorurteil, das zu Beginn der 70er Jahre nach Einschätzung der klinischen Gynäkologie in der Bevölkerung gegen die Empfängnisregelung noch vorherrschte, wurde als Widerspruch zur Praxis des Schwangerschaftsabbruches gewertet, von dem angenommen wurde, dass er in Österreich trotz strengster Strafbestimmungen durchgeführt werde. Hugo Husslein berechnete, dass die natürliche Geburtenrate bei unkontrollierter Fertilität zwischen 50 % und 54 % liegen müsse. Angesichts einer Geburtenrate von 17,8 %, die Anfang der 70er Jahre errechnet wurde, ging er davon aus, dass in Österreich in großem Umfang Geburtenregelung betrieben werde.[101] Er führte den Rückgang der Geburtenrate aber nicht auf die Anwendung der Pille zurück, sondern auf die veränderte Einstellung zu Schwangerschaft und Kinderanzahl. Verhütungsmittel oder Abortus beurteilte er lediglich als Mittel, diese Einstellung zu realisieren (Husslein 1971: 141). Hugo Husslein vermutete, dass in Österreich etwa 100.000 Schwangerschaftsabbrüche pro Jahr durchgeführt würden. Dagegen wollte er mit Hilfe der hormonellen Sterilisierung „das Recht einer jeden Frau" realisieren, „die Zahl der Kinder so weit als möglich selbstverantwortlich zu bestimmen" (Husslein 1970: 554). Es bedürfe eines „intensiven Aufklärungs- und Erziehungsprozesses", damit die „wirksame Kontrazeption" zukünftig „anstelle des Abortus" angewandt werde. Die Legalisierung des Abortus aber sei abzulehnen zum Schutz des keimenden Lebens und zum Schutz der weiblichen Frucht-

---

101 Der Begriff „Geburtenrate" bezeichnet eine in der Demographie verwendete Einheit, die auf den – meist in Prozent angegebenen – Anteil der in einem Jahr lebend geborenen Kinder pro Tausend Personen verweist.

barkeit. Denn wenn der „gesetzliche Schutz der Schwangerschaft verloren geht, dann geht in den Menschen allmählich auch die Vorstellung von der Schutzbedürftigkeit des keimenden menschlichen Lebens verloren" (Husslein 1971: 141). Darüber hinaus führe der legale Abortus zum Ansteigen der Sterilitätsrate und zu geburtshilflichen Komplikationen, wie dies von der Medizin in Ländern mit legalisiertem Abortus bereits genauestens registriert worden sei. Hormonelle Sterilisierung wurde aber auch zur Verhütung der Fortpflanzung chronisch kranker Frauen empfohlen und eingesetzt. So sollten Eltern mit anfallskranken Kindern in der medizinischen Beratung direkt auf die Sexualität ihrer heranwachsenden Kinder angesprochen und auf die Möglichkeit der Antikonzeption für ihre Kinder hingewiesen werden (Groh 1978: 371).

Im Zusammenhang mit der Weiterentwicklung oraler Kontrazeptiva, die auf hormonelle Sterilisation der weiblichen Fruchtbarkeit abzielten, wurde ab Mitte der 70er Jahre von Untersuchungsreihen bezüglich der Wirkungsweise verschiedener Hormone, ihrer Ovulationshemmpotenz, der Nebenwirkungen der Hormoneinnahme sowie der hypophysären Reaktionslage unter dem Einfluss oraler Kontrazeptiva berichtet.[102] Die Kritik an den schädlichen Nebenwirkungen der Hormone wurde als „verzerrte Darstellung" zurückgewiesen, da sie die möglichen Gefahren von Alternativlösungen nicht berücksichtige (Kopera 1976: 721). Demgegenüber beurteilten die Kliniker die Nebenwirkungen der Pilleneinnahme als nicht mit Sicherheit als Folgen der Hormonzufuhr zu identifizieren. Magenbeschwerden, Zwischenblutungen, Brustsymptome, Kopfschmerzen, zentralnervöse Erscheinungen, Gewichtszunahme, Chloasma (fleckige Pigmentierung im Gesicht), Pseudoamenorrhöe galten zwar als unerwünschte Nebenwirkungen der Pille, es wurde ihnen jedoch keine medizinische Bedeutung zuerkannt (ebd.: 722f). Als medizinisch beachtenswert galten Infektionen, Gallenwegserkrankungen, Blutdrucksteigerung, Veränderung von Labortests, Wasserretention, Beeinflussung der Laktation, Beeinflussung des Kohlenhydratstoffwechsels, Leberfunktionsstörungen, Hauterkrankungen. Als schwere Nebenwirkungen bestätigte die Medizin persistierende Anovulation, thromboembolische Erkrankungen (bei erhöhtem Alter, bestimmter rassischer Zugehörigkeit und Zigarettenraucherinnen), Hirndrucksteigerung, Lebertumore und fötale Missbildungen (ebd. 723ff).

Als vorteilhafte Nebenwirkungen betrachtete man die Besserung und Beseitigung von Zyklusstörungen, Eisenmangelanämie, Akne sowie psychischer Belastungs-Syndrome durch die Furcht vor Schwangerschaft. Trotz dieser Nebenwirkungen wurde von Seiten der klinischen Pharmakologie Mitte der 70er Jahre der Kombinationsbehandlung

---

102 (Kopera 1976; Schneider et al. 1977; Gitsch et al. 1981; Schneider et al. 1981; Kopera 1984; Auff et al. 1986).

(eine Pille, die aufgrund einer Kombination von Östrogen und Progesteron wirkt) eine weitest gehende Unschädlichkeit bescheinigt. Die wissenschaftliche Diskussion der Nebenwirkungen wurde beschwichtigend abgewehrt: „Die Mortalität der Pille gleicht der, welche für das Cricket- und das Fußballspiel errechnet wurde. Autofahren ist sicher gefährlicher als die Einnahme der Kombinationspille" (Kopera 1976: 727). Acht Jahre später räumte derselbe Autor der Hormontherapie in den Wechseljahren eine hohe Wirkung auf die Psyche ein:

> „The results of investigations performed over the past decades have clearly proved that oestrogens affect psychic functions in the human. [...] However, many details are still obscure, poorly understood and require elucidation by further in-depht research" (Kopera 1984: 460).

Zur Durchsetzung der „Hormonersatztherapie" in der Menopause galten psychische Wirkungen der Hormone auf Psyche und Sexualverhalten als erwünscht, also wurde den Hormonen diese Wirkung auch zugeschrieben. Die medizinische Auslegung der Wechseljahre als „Hormonmangelerkrankung" begann in den 80er Jahren. Dabei wurde der Hormonspiegel einer Frau in ihrer zyklischen Lebensphase als Norm etabliert und die Verabreichung von Hormonen in den Wechseljahren als Normalisierung ausgegeben. Die gynäkologische Behandlung der neu konzipierten Krankheit wurde als Teil der Präventionsmedizin aufgebaut. Von der Pharmaindustrie wurde sie als expandierender Absatzmarkt entdeckt und produziert. Die von der Medizin propagierte Präventionsbehandlung zielt bis heute auf alle gesunden Frauen ab, denen nahe gelegt wird, dass sie Osteoporose und Herz-Kreislauf-Erkrankungen durch Hormoneinnahmen präventiv verhindern könnten. Sie werden von der Präventivmedizin zu aktiven Managerinnen ihres Körpers erzogen. Frauen, die in der Menopause Hormone einnehmen, gelten als „mündige" Patientinnen, die ihre Lebensgestaltung aktiv in die Hand nehmen. Hormone, die im 20. Jahrhundert zur Beherrschung der weiblichen Natur konzipiert und eingesetzt wurden, sollten Ende des 20. Jahrhunderts nun nicht mehr nur die Konzeption verhindern, sondern auch den Alterungsprozess verlangsamen. Zielte die Pille darauf, die natürliche Zyklizität weiblicher Fruchtbarkeit zu unterbinden und sie wie eine Krankheit medikamentös zu behandeln, so gilt der zuvor eliminierte hormonelle Zustand in den Wechseljahren nunmehr als anzustrebende Norm (vgl. Röring 1994: 36ff). Trotz der Kritik an der „Hormonersatztherapie" wegen ihrer Risiken und Nebenwirkungen[103] wurden Hormone als „soziales Doping" von Frauen ab vierzig gesellschaftsfä-

---

103 Als Risiken und Nebenwirkungen der „Hormonersatztherapie" gelten Kopfschmerzen, Magen-Darm-Be-

hig. Die „Hormonersatztherapie" für die Wechseljahre wurde in nur zwanzig Jahren als „Lifestyledroge" der Mittelklasse durchgesetzt.[104]

Obwohl nachweislich bei über 20% der Frauen die Menopause zu keinerlei Beschwerden führt, der empirische Nachweis eines Zusammenhanges zwischen vasomotorischen Symptomen und hormonellen Veränderungen bis jetzt nicht erbracht wurde und sozialkulturelle Studien eine weitgehende Abwesenheit der Symptome aufzeigen, je besser der soziale Status der Frauen ist (vgl. Lademan 2002: 143ff), wird von Seiten des „malestream" in Gynäkologie und Pharmazie nachhaltig an der Vermarktungsstrategie der „Hormonersatztherapie" festgehalten. Die erfolgreiche Durchsetzung der hormonellen Verhütung und des Konzepts der „Hormonmangelkrankheit" schuf einen unerschöpflichen Absatzmarkt für pharmazeutische Produkte, deren Vergabe den verschreibenden Ärzten eine Langzeitklientel sicherte. Gleichzeitig etablierte sie die Natur der Frau als behandlungsbedürftige Entität, die mit Hormonen in den Griff zu bekommen ist. Dazu wird zunehmend die gesamte Lebensspanne der Frau hormonisiert. Beschwerden der Anwenderinnen werden nicht auf die Hormongaben, sondern auf individuelle Probleme der Frauen zurückgeführt. So wurden die Klagen vieler Frauen, aufgrund der Pilleneinnahme zur hormonellen Verhütung das sexuelle Verlangen zu

---

schwerden, Gewichtszunahme, Wadenkrämpfe, Gebärmutterschleimhautkrebs, Brustkrebs. Die Rate der Gebärmutterentfernungen wegen Tumoren und Myomen ist bei Frauen, die in der Menopause Hormone einnehmen, deutlich höher. Im Sommer 2003 warnte die „Österreichische Krebshilfe" unter Bezugnahme auf eine britische Langzeitstudie vor Hormonersatz in den Wechseljahren: „Bei dieser Untersuchung konnte nun nach einer Beobachtungszeit von 2,6 Jahren gezeigt werden, dass sich das Risiko der Brustkrebserkrankung für jene Frauen, die unter einer „Hormonersatztherapie" stehen, um insgesamt 66 Prozent gegenüber Frauen, die nie eine „Hormonersatztherapie" genommen haben, erhöht" (vgl. http://science. orf.at/science/news/85545). Lediglich der in Österreich als „Hormonpapst" bezeichnete Gynäkologe und Endokrinologe Johannes Huber, zugleich Vorsitzender des Ethikbeirates des Bundeskanzleramtes, bezweifelt die Studie und beurteilte die Lage in Österreich völlig anders. Demgegenüber erklärte der Wiener Krebsspezialist und Leiter der Klinischen Abteilung für Onkologie am Wiener AKH, Christoph Zielinski, bei einer Pressekonferenz im Rahmen der „Jahrestagung österreichischer Fachleute für Brusterkrankungen" im Alten Wiener AKH (25.–27. September 2003, Thema „Brustkrebs und Hormone 2003") dezidiert: „Wir brauchen keine neue Studie. Wir brauchen keine neue Studie in Österreich. Wir brauchen keine neue Analyse. Wer das nicht lesen kann, kann Englisch nicht lesen. Wir müssen das umsetzen. [...] Ich halte das (Entwicklung bei der „Hormonersatztherapie", Anm.) für ein ganz großes medizinisches Drama. Ich halte das für eine der größten Verirrungen in den letzten 20 Jahren" (vgl. http://science.orf. at/science/news/88265)

104 Die Nachfrage nach und die Akzeptanz des „Hormon-Dopings" wird in der sozialwissenschaftlichen Forschung auf die gesellschaftlichen Bedingungen zurückgeführt, die von Frauen spätestens ab den 80er Jahren mehr Flexibilität zwischen Berufs-, Hausfrauen- und Mutterrolle verlangen, ihnen selbstverständlich Doppel- und Dreifachbelastungen zumuten und die Standards für die gesellschaftliche Anerkennung von Frauen steigern. Sie müssen im Beruf mehr leisten als Männer, sie müssen attraktiv bleiben und Emanzipation durch Betonung von Weiblichkeit ausgleichen, um anerkannt zu werden und zu bleiben.

verlieren und depressive Verstimmungen nicht mehr loszuwerden, mit dem Hinweis auf sexuelle Probleme der Betroffenen abgewehrt (vgl. Dose 1990: 35). Widerstände von Frauen gegen die Pille wurden schon ab Mitte der 70er Jahre pathologisiert[105] und als irrational betrachtet. Die über Nebenwirkungen klagenden Frauen wurden als psychologisch behandlungsbedürftige Neurotikerinnen dargestellt (ebd.: 36).

Bereits Ende der 70er Jahre war die hormonelle Verhütung, nicht zuletzt aufgrund der Propagierung und Vertreibung durch die Gynäkologie, als Norm etabliert. Mitte der 70er Jahre bescheinigten experimentelle und klinische Pharmakologie der Pille noch „Unbedenklichkeit" (vgl. Kopera 1976). Nur zehn Jahre später, 1986, erschien in der „Wiener Klinischen Wochenschrift" ein Fachartikel, der auf Basis kritischer Literatur entstanden war und in dem von Seiten der Neurologie eingeräumt wurde, dass bei Frauen, die orale Kontrazeptiva einnehmen, das Risiko zerebraler Gefäßerkrankungen erhöht sei und auch ein erhöhtes Mortalitätsrisiko bestehe (Auff et al. 1986: 304ff).[106] Die Autoren der Neurologischen Universitätsklinik Wien empfahlen daher bereits Mitte der 80er Jahre, dass Frauen über 44 Jahren generell auf hormonelle Verhütung mittels Pille verzichten und Frauen zwischen dem 35. und 45. Lebensjahr nur dann die Pille einnehmen sollten, wenn sonst keine Risikofaktoren vorlägen, d. h. wenn sie Nichtraucherinnen sind. Selbst jüngere Frauen sollten aber darauf verzichten, wenn sie rauchten.

Um den Schwangerschaftsabbrüchen, deren große Anzahl immer nur vermutet, aber nie nachgewiesen werden konnte, eine Geburtenbeschränkung auf dem Weg der Empfängnisverhütung entgegenzusetzen, forderte Hugo Husslein ein „Familienplanungsgesetz", „das dem Arzt Sicherheit gibt und ihn schützt" und das alle möglichen Methoden der Kontrazeption und deren gesetzliche Fundierung ausschöpft (Husslein 1971: 142). Von Gesetz wegen sollte also der Arzt, der Empfängnisverhütung propagierte, vor einer möglichen Strafanzeige geschützt werden. Denn der § 44 des Allgemeinen Bürgerlichen Gesetzbuches (ABGB) legte als einzigen Zweck der Ehe die Zeu-

---

105 Ralph Dose zeigte in einer Arbeit über „Die Implantation der Antibabypille in den 60er und frühen 70er Jahren", wie von Seiten der Medizin die Konflikte und Beschwerden der Frauen individualisiert und pathologisiert sowie die Nebenwirkungen der Pille bagatellisiert wurden. Beispielsweise unterstellte man den Frauen, welche die Pilleneinnahme „verweigerten", „1. Furcht vor Identitätsverlust […] 2. Furcht vor Eigenverantwortung und Macht […] 3. Furcht vor Beeinträchtigung des Kinderwunsches […] 4. Furcht, genital nicht in Ordnung zu sein […] 5. Orale Ängste […] 6. Verunsicherungen auf dem Gebiet von Zärtlichkeit und Hingabe […] 7. Störungen des sexuellen Erlebens […] 8. Moralische und religiöses Erleben […] 9. Erleben der Menstruationsblutung und Ovulationshemmer" unterstellt (vgl. Dose 1990: 35).
106 „Zum Stellenwert der oralen Kontrazeptiva als Risikofaktor zerebraler Gefäßerkrankungen" von E. Auff, K. Zeiler, F. Holzner, S. Wimmer und L. Deecke (Neurologische Universitätsklinik Wien, Vorstand: Prof. Deecke).

gung von Kindern fest. Damit konnten alle Mittel, die diesen Zweck unterminieren, als Eingriff und Einrichtung gegen die Ehe und gegen die Sittlichkeit interpretiert werden. Die Anwendung von Verhütungsmitteln ermögliche es, dass „die durch die Ehe sanktionierte geschlechtliche Vereinigung nur mehr der ungezügelten Befriedigung der Sinneslust und des Geschlechtstriebes dient" (ebd.). So lange, wie die Rechtsprechung im Dienste der Sittlichkeit verlange, „dass der Sinn der Sexualität ausschließlich in der Zeugung zu sehen sei", herrsche auf dem Gebiet der „Familienplanung" Rechtsunsicherheit. Zeitgleich zur Diskussion um die Legalisierung des Schwangerschaftsabbruches, den Hugo Husslein und mit ihm alle Klinikleiter an Österreichs Universitäts-Frauenkliniken ablehnten, wurde ein „Familienplanungsgesetz" gefordert, das der Verbreitung der medizinischen Empfängnisverhütung zum Durchbruch verhelfen sollte.

Hinsichtlich der Methoden der Kontrazeption wurden neben der Pille auch das Intrauterinpessar (IUP) und die Sterilisation diskutiert. Obwohl das Intrauterinpessar Anfang der 70er Jahre nach Schätzungen von Hugo Husslein „millionenfach auf der ganzen Welt Anwendung" fand und die WHO aufgrund jahrelanger Beobachtungen das IUP als ungefährliches Geburtenregelungsmittel empfohlen habe, blieb seine Einfuhr, Anpreisung und Anwendung in Österreich verboten. Grund dafür war, dass das IUP in seiner Wirkung als Schwangerschaftsabbruch beurteilt wurde. „Eine harmlose einmalige ärztliche Manipulation gibt Sicherheit für Jahre. […] Obwohl wir es nicht genau wissen, spricht vieles dafür, dass das IUP im Sinne einer Nidationshemmung wirkt" (Husslein 1971:143). Da der österreichische Gesetzgeber die Frage, „wann das menschliche Leben beginnt" – bei der Befruchtung oder ab der Nidation – dahin gehend beantwortete, dass bereits im Augenblick der Befruchtung eine Schwangerschaft vorliegt, blieb die Einführung des IUP untersagt. Von Seiten der Rechtsprechung wurde im Zusammenhang mit der Legalisierung des Schwangerschaftsabbruches vorgeschlagen, den Begriff „Leibesfrucht" an die Nidation zu binden. Das ermöglichte es, das IUP nicht mehr als Abortivum, sondern als Präventivmittel einzuschätzen und einzusetzen und ab Mitte der 70er Jahre anzuwenden. Der Pille wurde aber weiterhin gegenüber dem Intrauterinpessar (IUP) aus medizinischen Gründen der Vorzug gegeben. Auf Basis von Untersuchungsreihen an Frauen mit Kupfer-T-200-Pessar-Einlage wurden Anfang der 80er Jahre Nebenwirkungen des Pessars eingestanden (Salzer et al. 1981:358). Etwa die Hälfte der Frauen hatte Beschwerden (Blutungsstörungen, Hyperamenorrhöe, Schmerzen, Adnexitis, Zervizitis, schlechter Sitz des IUP, Kohabitationsbeschwerden, Unauffindbarkeit des Fadens, Kupferallergie, Erosio portionis, Kollumkarzinom, Ovarialzysten, PAP III[107]), so das Forschungsteam aus der I. Universitäts-Frauenklinik in Wien

---

107 Ein PAP-Abstrich ist ein Zellabstrich, der zur Krebsvorsorge vom Gebärmuttermund entnommen wird.

(ebd.: 355). Auch die Wirksamkeit anderer Intrauterinpessare wurde „an vielen Kollektiven ausreichend untersucht" (Altmann et al. 1981: 556). An der Familienberatungsstelle der II. Universitäts-Frauenklinik in Wien teste die Gynäkologie die Wirkungen von zwei verschiedener IUPen an „93 regelmäßig menstruierenden Frauen". Diese seien nach „dem Prinzip der Freiwilligkeit" ausgesucht worden, die Intrauterinpessare nach Randomisierungslisten[108] ausgewählt und „ohne dass die Klientinnen über den Typ des eingeführten Pessars unterrichtet wurden" (ebd.). Die Studie ergab keine eindeutigen Vorteile für eines der beiden IUPe. Dies wurde darauf zurückgeführt, dass bei dem neueren Modell, der Nova T, für eine „korrekte Plazierung im Fundus" keine ausreichende Erfahrung mit dem Einführverfahren" bestand. Sobald die Einführtechniken ausreichend erprobt seien, könnten zukünftig aber zweifellos Vorteile – vor allem seltenere Zervixperforation durch den vertikalen Schenkel des neuen IUP – erwartet werden. Dafür aber bedurfte es weiterer Forschungen, die, auf Basis große Untersuchungsreihen an Kliniken, verlässlichere Daten liefern sollten.

Auch die Sterilisation war als Verhütungsmethode in Österreich durch § 90 des Strafgesetzbuches (StGB) auf den Fall der „ausdrücklichen Zustimmung" beschränkt. Ohne Zustimmung galt die Sterilisation als „schwere Körperverletzung".[109] Veränderungsvorschläge von Seiten der Medizin zielten darauf ab, die medizinische Indikation zur Sterilisierung an jener für den Abortus zu orientieren, zugleich aber eine Ausweitung hinsichtlich prophylaktischer Überlegungen und sozialer Gesichtspunkte vorzunehmen. „Mit einer solchen gemischt-medizinisch-prophylaktisch-sozialen Indikation könnten praktisch alle die Frauen erfaßt werden, bei denen eine Sterilisation in Frage käme" (Husslein 1971: 144). Als medizinische Indikation zur Sterilisierung wurden die Erkrankung lebenswichtiger Organe, die Unzumutbarkeit weiterer Schwangerschaften aus psychiatrischen Gründen und die Sterilisation aus genetischen Gründen

---

Diese Zellen werden mikroskopisch untersucht und das Untersuchungsergebnis wird dann in verschiedene Klassen eingeteilt (I–IV), wobei ein hoher Wert auf die Möglichkeit einer Krebserkrankung hinweist. Der Name dieses Klassifizierungssystems geht auf den griechischen Begründer der Zytodiagnostik, Papanicolaou, zurück.

108 randomisieren [engl.-amerik.]: (aus einer Gesamtheit von Elementen) eine vom Zufall bestimmte Auswahl treffen (Statistik); willkürlich anordnen.

109 Nicht rechtswidrig war die Sterilisation wenn folgende Kriterien zutrafen: die betroffene Person war älter als 25 Jahre, willigte selbst ein und der Eingriff verstieß nicht gegen die „guten Sitten". Über die Sterilisation bei Menschen mit geistiger Behinderung gab es keine eigene Bestimmung, lediglich die „Gute-Sitten-Klausel" war dazu da, diese heikle Materie zu „regeln". Diese wurde dahingehend konkretisiert, dass folgende Gründe eine Sterilisation rechtfertigen können: 1. „Genetische Indikation": Gefahr von erheblicher Schädigung des Nachwuchses und 2. „medizinisch-soziale Indikation": Gefahr erheblicher Gesundheitsschäden durch die mit der Geburt verbundenen Belastungen (vgl. Kopetzki 1995, S. 861).

bei Morbus Down, angeborenem „Schwachsinn" u. a. m. anerkannt, so Dr. Burmucic von der Geburtshilflich-Gynäkologischen Universitätsklinik in Graz (1987: 753).[110] Allerdings wurde nicht ausgeführt, wie die Einwilligung im Falle der erwähnten genetischen Gründe erfolgen sollte. In Österreich konnte die Sterilisation bei nicht entscheidungsfähigen Personen auf Basis der Zustimmung vertretungsbefugter Personen und unterstützt durch eine medizinische Indikation durchgeführt werden. Untersuchungen zur Praxis dieser Regelung zeigten, dass die Sterilisation geistig behinderter Menschen bis Ende des 20. Jahrhundert so aktuell blieb wie während des Nationalsozialismus, dass es den Argumenten der ärztlichen Gutachter bei der medizinischen Indikationserstellung größtenteils an wissenschaftlicher Korrektheit mangle und die Medizin noch immer „pseudowissenschaftliche Argumente für ein soziales Urteil" liefert (Berger/Michel 1997: 930).[111]

Die Medizin sprach sich dagegen aus, die medizinische Indikation in einem Indikationskatalog festzulegen. Es sollte weiterhin der individuellen Beurteilung eines Facharztes obliegen, ob sie den sog. „guten Sitten" enspricht. Auch die Indikation zur Sterilisation aus Gründen der Familienplanung sollte dem Vertreter des Fachgebietes vorbehalten bleiben. Vom medizinischen Standpunkt aus galten ein höheres Alter der Frau und die Kinderzahl, die Familiensituation und das Partnerverhältnis als ausschlaggebend für eine Indikationsstellung (Burmucic 1987: 753). Bei verheirateten Frauen wurde „aus zivilrechtlichen Gründen und wegen der potentiellen Gefahr für die Partnerschaft das schriftliche Einverständnis des Ehemannes" verlangt (ebd.: 754). Auch im Falle der Sterilisation wurde der Frau von Seiten der Medizin, ebenso wie beim Schwangerschaftsabbruch, kein alleiniges Entscheidungsrecht über ihre Generativität zugestanden. Noch 1987 betrachtete die Reproduktionsmedizin weibliche Generativität als Fähigkeit, auf welche der männliche Ehepartner ein Anspruchsrecht geltend machen

---

[110] Originalarbeit zu „Die Sterilisation der Frau unter besonderer Berücksichtigung der laparoskopischen Tubensterilisation" (WKW 1987: 751–754).

[111] Die wiederkehrende Kritik von BehindertenvertreterInnen an dieser Praxis führte dazu, dass im Kindschaftsrechtsänderungsgesetz 2001 folgende Änderungen im ABGB (§ 146d) festgelegt wurden: „Weder ein minderjähriges Kind noch die Eltern können in eine medizinische Maßnahme, die eine dauernde Fortpflanzungsunfähigkeit des minderjährigen Kindes zum Ziel hat, einwilligen". Bei volljährigen, voll handlungsfähigen Personen darf eine Sterilisation nur unter der Voraussetzung der persönlichen Zustimmung des/r Betroffenen durchgeführt werden. Eine Ausnahme liegt laut § 282 Abs 3 ABGB bei der Bestellung eines Sachwalters vor, wobei sehr enge Grenzen definiert wurden, bei der eine eventuelle ersatzweise Zustimmung mit Zustimmung des Pflegschaftsgerichtes erfolgen kann (vgl: „Zwangssterilisation – Menschenrechtsverletzung oder medizinische Notwendigkeit"? (vgl. http://bidok.uibk.ac.at/library/trompisch-sterilisation.html und http://bidok.uibk.ac.at/library/haidlmayr-einleitung_zwangssterilisation.html [2004_02_15])

konnte. Auf Grundlage einer „Einwilligungserklärung" mussten die Unterzeichnenden auf alle weiteren Ersatzansprüche gegenüber dem Operateur verzichten.

Den natürlichen Familienplanungsmethoden – Kalendermethode, Basaltemperaturmessung, Selbstbeurteilung der Zervikalsekretion, symptothermische Methode – wurde weder ein hoher Stellenwert noch eine Durchsetzungsfähigkeit eingeräumt, da sie „Motivation und Intelligenz" sowie die Bereitschaft, sich beraten zu lassen, voraussetze, so der Vorstand der II. Universitäts-Frauenklinik in Wien (Janisch 1980: 555). Die hormonelle Sterilisierung der Frau wurde von der Medizin demnach auch als ein Verhütungsverfahren konzipiert, das einer von der Medizin als niedrig beurteilten weiblichen Intelligenz entsprechen sollte. Die Wissenschaft liefert in dieser Selbstüberschätzung „intelligente Produkte" für „dumme Userinnen". Zudem wurde darauf hingewiesen, dass natürliche Verhütungsmethoden Missbildungen provozieren könnten. So lasse der Tierversuch vermuten, dass Befruchtungen mit überalteten Spermien zu chromosomalen Aberrationen führen. Sofern Ehepaare sexuelle Enthaltsamkeit während der fruchtbaren Tage der Frau praktizieren, müssten sie also auf diese potenziellen Risiken der natürlichen Empfängnisverhütung aufmerksam gemacht werden.

Zusammenfassend lässt sich feststellen, dass die Medikalisierung der Empfängnisverhütung – durch den Einsatz führender Fachvertreter der Frauenheilkunde für eine hormonelle Sterilisierung der Frau – in erster Linie auf eine Eindämmung des Schwangerschaftsabbruches abzielte. Im Zusammenhang mit dem stetigen Geburtenrückgang vermutete das geburtsmedizinische Establishment, dass die Abtreibungsrate in Österreich außergewöhnlich hoch sei. Obwohl diesbezüglich kein Nachweis erbracht wurde, nahmen leitende Kliniker die geschätzten Zahlen zum Anlass, um gegen den Schwangerschaftsabbruch und für die hormonelle Sterilisierung mobil zu machen. Zugleich sollte die medikalisierte Empfängnisverhütung die Frauen an die reproduktionsmedizinische Versorgung binden und längerfristig eine Klientel für die Ärzte sicherstellen. Zum Dritten sollten Erkenntnisfortschritte in der Hormonforschung angewendet und erprobt werden.

Die Fruchtbarkeitskontrolle ist eine der ältesten und wichtigsten Reproduktionstechnologien und hatte um 1900 bereits eine wechselvolle Geschichte hinter sich (vgl. Trallori 1990; Staupe 1993; Jütte 1993 und 2003). Im 20. Jahrhundert wurden – abgesehen von der eugenischen Indikation – der Schwangerschaftsabbruch bis Mitte der 80er Jahre, die Empfängnisverhütung bis in die 70er Jahre vom reproduktionsmedizinischen Establishment in Österreich aus bevölkerungspolitischen, patriarchalen und christlich-katholischen Gründen vehement abgelehnt. Ab den 70er Jahren wurde die Empfängnisverhütung als Instrument gegen den Schwangerschaftsabbruch akzeptiert. An der Ablehnung des Schwangerschaftsabbruches wurde weiterhin festgehalten. Dies führte zu einer euphorischen Propagierung der hormonellen Sterilisierung als „einzige erfolgversprechende Prophylaxe der Abtreibung", die als „Seuche" verurteilt wurde. Mit dem Einsatz von Verhütungsmitteln als medizinisch geleiteter Geburtenregelung sollte die Abtreibungsquote gesenkt und die Geburten der körperlichen und seelischen Leistungsfähigkeit der Mutter und den Lebenumständen der Familie angepasst werden.

Der Schwangerschaftsabbruch wurde in Österreich erst ab Mitte der 80er Jahre auf Grundlage der allgemeinen Durchsetzung der eugenischen Indikation nach Pränataler Diagnostik gesellschaftsfähig. Dagegen forschte man hierzulande an der Entwicklung der hormonellen Sterilisierung der Frau als Verhütungsmethode bereits seit den 20er Jahren. Diese Forschung war stets auch eugenisch motiviert. In der Einführungsphase der Pille ab Mitte der 60er Jahre begründete die Medizin die Sinnhaftigkeit der Entwicklung und des Einsatzes der Kontrazeptiva mit der „Beherrschung der Bevölkerungsexplosion" und der „Familienplanung". Familienplanung sollte die rationale Zeugung von „Wunschkindern" ermöglichen – von Kindern also, denen aufgrund ihrer Erwünschtheit, so die unausgesprochene Erwartung, seitens der Mütter auch die angemessene Sorge und Verantwortung für ihre Gesundheit entgegengebracht würde.

Die sozialen und psychischen Auswirkungen der hormonellen Sterilisierung auf Frauen wurden dagegen kaum, die körperlichen und gesundheitsgefährdenden Auswirkungen bagatellisierend diskutiert. Kritik an den Nebenwirkungen der Pille wurde abgewehrt und den Betroffenen stattdessen psychische Probleme unterstellt. Im Gegensatz dazu wurden Hormonen, welche in der Menopause verabreicht werden sollten, positive Wirkungen auf Psyche und Sexualverhalten zugestanden, da sie dort ja auch für den Verkaufserfolg notwendig sind. Der Erfolg und die Faszination, ein nahezu 100%ig wirksames Verhütungsmittel entwickelt zu haben, legitimierten zugleich seinen Einsatz. Was die medizinische Gestaltung der Schwangerschaftsverhütung mittels hormoneller Sterilisierung betrifft, kann von Erfolg aber nur hinsichtlich des Effekts, nicht hinsichtlich der Sicherheit für die Gesundheit der Frauen und der kreativen Gestaltung einer neuen sexuellen Kultur zwischen Frau und Mann gesprochen werden. Die Entwicklung der hormonellen Sterilisierung hat ganz wesentlich dazu beigetragen, tradierte Sexualpraktiken fortzuführen. Sie hat verhindert, eine Sexualität zwischen Männern und Frauen zu entfalten, die nicht spezifisch der Zeugung dient und die sexuelle Potenz beider Geschlechter respektiert. Vielmehr ermöglichte die durch die Pille sterilisierte Zeugungspotenz der Frau den Geschlechtsakt beizubehalten, der zur Zeugung führt.[112]

---

112 Entgegen der Meinung, die Neue Frauenbewegung habe diese Entwicklung begrüßt, gab es in weiten Teilen der Frauenbewegung schon seit Ende der 60er Jahre massive Kritik an den medizinischen

Für alle hormonellen Sterilisierungsmethoden wurden wiederholt und in unzähligen Studien iatrogene Schädigungen nachgewiesen[113], die meist erst nach massiven Protesten zur Rücknahme der Präparate vom Markt führten.[114] Darüber hinaus können die Langzeitfolgen hormoneller Sterilisierung erst nach vielen Jahren tatsächlich eingeschätzt werden. So bezeichnete ein bekannter Neurologe der „Kentucky School of Medicine" den Einsatz der Pille auch als den größten Menschenversuch an Frauen.

> „The pill allows experiments on the general population that would never be allowed as a planned experiment" (Clark in Seaman 1995: 14).

Bis heute bleibt das medizinische Fachwissen über die hormonelle Sterilisierung äußerst vage. Aber nicht nur die gesundheitlichen Auswirkungen auf Frauen sind bedenklich, auch die sozialen und kulturellen Auswirkungen der Pille sind zu bedenken. Die Pille erscheint als das Mittel der Befreiung der Frau aus dem Schicksal ihrer Natur. Konkret erscheint sie als Instrument zur Vermeidung von Angst vor einer Schwangerschaft und der Bindung an den Mann, zur Ermöglichung einer Ausbildung und Berufsausübung, zur Planung von Wunschkindern. Vor diesem Hintergrund erscheint ein Verzicht auf Empfängnisregelung zu Angst, Bildungslosigkeit, Arbeitslosigkeit, Zufallskindern und Zwangsbindungen zu führen. Die Pille ermöglichte zwar Sexualität ohne Angst vor Schwangerschaft, gleichzeitig verpflichtete sie Frauen aber auch zum täglichen Eingriff in ihren Lebenszyklus.

> „Es handelt sich also um eine verhaltenssteuernde Verfahrenstechnik für die Vermeidung von Nachwuchs, die sich an Frauen in und außerhalb von ehelichen Bindungen wendet, Fruchtbarkeit und Kinderzeugung als Verursacher alles Negativen wie Angst, Dummheit und Sklaverei sieht, gegen die der männliche Arzt als Übervater entschlossen zur Tat schreitet" (Lenzen 1985: 105).

Fruchtbarkeitskontrollen, sowohl der Pille als auch der Abtreibung (Vgl. z. B. Rivolta Femminile: Weibliche Sexualität und Abtreibung [1971]. In: Michaela Wunderle [Hg.]: Politik der Subjektivität. Texte der italienischen Frauenbewegung. Frankfurt/M: Suhrkamp 1977: 105ff). Diese Kritik wollte gegen eine patriarchalistisch-medizinisch kontrollierte Fruchtbarkeit der Frau eine andere sexuelle Kultur zwischen Frau und Mann entwickeln: „In einer solchen Zivilisation wäre klar, dass derjenige sich um empfängnisverhütende Mittel zu kümmern hat, der die Sexualität zur Zeugung gebrauchen will, und dass die Abtreibung nicht für die freie Frau ‚die Lösung' darstellt, sondern für die vom patriarchalischen System kolonisierte Frau" (ebd.: 108).

113 Vgl. Rowland 1992; Bock von Wülfingen 2001; Hicks 1994; Seaman 1995; Guymer 1998.
114 Vgl. Akhter 1995.

Zugleich erscheint sie wie ein gegen den Körper geschlossener lebenslänglicher Vertrag[115], der die weibliche Sexualität konditioniert und verdreht, eine soziale Selbstverständlichkeit des zur Schwangerschaft führenden Vaginalverkehrs tradiert und stärkt und psychischen Druck ausübt, diesen auch auszuführen. Wenn die Pille das erste Verhütungsmittel ist, das eine Trennung der Sexualität von der Fortpflanzung ermöglichte, dann ist sie auch jenes Mittel, das bei Heterosexuellen im Wesentlichen den dem männlichen Orgasmus dienenden Vaginalverkehr gewährleistet und die Tabuisierung der Klitoris aufrechterhält, die aber für Lust und Orgasmus der Frau ausschlaggebend ist. Mit dem Einsatz der Pille konnte zudem die Verantwortung für die Sexualität endgültig auf die Frau übertragen und eine männliche Sexualität, auch bei Frauen, vorausgesetzt werden.

Doch die Pille dient nicht nur der Privilegierung des genitalen Akts, der mit dem Orgasmus des Mannes in der Vagina der Frau abgeschlossen wird. Durch die hormonelle Sterilisierung wurde und wird die Sexualität der Frau depotenziert und mit der männlichen gleichgeschaltet. Idee und Realität der Pille sind dabei, so Anna Bergmann und Bettina Recktor, eine hochgradig aggressive Phantasie: Sie zerstört vom Gehirn aus den gesamten weiblichen Zyklus. Der Körper wird in den Status einer manipulierten, dummen Maschine versetzt, die durch Hormone getäuscht wird und deren eigener Rhythmus ad absurdum geführt wird. Die generative Potenz von Frauen wird durch diese Verhütungsmethode pathologisiert und wie eine epidemische Krankheit behandelt. Männer sind bis heute nicht bereit, die physischen und psychischen Nebenwirkungen einer für sie entwickelten hormonellen Sterilisierung zu akzeptieren[116], da eine vergleichbare Eliminierung ihrer Potenz als eine tiefe Kränkung ihrer Männlichkeit abgewehrt wird (Bergmann/Recktor 1992: 61ff). Doch die in der hormonellen Sterilisierung weiblicher, generativ-sexueller Potenz implizierte Kränkung der Frauen wird individualisiert, und angesichts der Effektivität der Mittel werden Beschwerden und Klagen von Frauen, die hormonell verhüten, als irrationales, emotionales und individuelles Problem

---

115 Der Pillenhersteller Wyeth wirbt für seine „Minesse"-Pille mit einem persönlichen „Minessenger". Die Pille-essende Frau erhält drei Monate lang täglich einen SMS-Reminder auf ihr Handy, der sie fragt: „Heute schon die Pille genommen?" (www.minesse.at oder www.meine-pille.at)

116 Die österreichische Tageszeitung „Der Standard" berichtete in einem Artikel, dass für die Testphase eines Hormon-Verhütungsmittels für den Mann (Implantate) nicht einmal genügend Probanden gefunden wurden. Das Präparat befindet sich in der Entwicklungsphase und sollte an Freiwilligen getestet werden. Das Verhütungsmittel „macht neben einem Implantat unter die Haut, das Progestin ins Blut entlässt, auch noch regelmäßige Hormonspritzen erforderlich, die dafür sorgen, dass weniger Spermien produziert werden". Die Wissenschaftlerinnen erklären sich das mangelnde Interesse der Männer damit, dass sich Männer einfach nicht für Verhütung verantwortlich fühlen (vgl. Der Standard, 21. Mai 2004, 13:26 MEZ, http:// diestandard.at: „Wenig Interesse an Hormon-Verhütung für den Mann").

bagatellisiert. Mit der Zerstörung des weiblichen Zyklus wird zudem die weibliche Sexualität der männlichen, „zyklusfreien" technisch gleichgeschaltet. Die Pille

> „kastriert die sexuelle Potenz von Frauen auf eine sehr doppeldeutige Weise: sie zerstört die Potentialität der Schwangerschaft, und zwar indem der hormonelle Zustand einer Dauerschwangerschaft simuliert wird." Dieser Mechanismus repräsentiere das jungfräuliche Prinzip der „unbefleckten Empfängnis": „die Antibabypille fabriziert einen permanent befruchteten, aber ohne Sexualität hervorgerufenen schwangeren Frauenkörper" (Bergmann/Recktor 1992: 64).

Die Reproduktionsmedizin sah ab den 70er Jahren ihre Aufgabe nicht mehr darin, die Beschränkung der Sexualität auf die Ehe zu fordern, sondern Hilfen zur Empfängnisverhütung anzubieten. Mit der Entwicklung und Propagierung der Pille arbeitete die klinische Gynäkologie in diese neue Aufgabe, die auch eine Befreiung und Freisetzung der Frau aus der Bindung an ihre reproduktive Natur und die bürgerlich-patriarchale Geschlechterordnung durch den wissenschaftlichen Fortschritt implizierte, die traditionell männlichen Privilegien ein: die Wahrung der männlich sexuellen Befriedigungsmöglichkeit, der männlich sexuellen Potenz und der Kontrolle ihrer weiblichen Fruchtbarkeit. Die Reproduktionsmedizin sicherte in der Entwicklung und im Einsatz der hormonellen Sterilisierung die Privilegien männlicher Sexualität und übernahm im Gegenzug die Kontrolle der weiblichen Fruchtbarkeit.

Solange Tradition und Eherecht den Sinn der Sexualität in der Zeugung festgeschrieben hatten, waren diese männlichen Privilegien durch das Eherecht gewahrt und durch die Medizin bestätigt worden. Der Einsatz medizinischer Empfängnisverhütung ermöglichte in der zweiten Hälfte des 20. Jahrhunderts zunehmend die Trennung von Sexualität und Zeugung und erforderte die Einarbeitung männlicher Privilegien in die dafür eingesetzte Technologie. Die medikalisierte, hormonelle Fruchtbarkeitskontrolle ist eine Reproduktionstechnologie, die sowohl die Wahl hinsichtlich der Anzahl der Kinder als auch deren Qualität ermöglichen sollte. Zugleich wurde durch den Einsatz der hormonellen Sterilisierung jene patriarchale Sozialstruktur tradiert und untermauert, die Frauen nur dann einen Zugang zu Bildung, Beruf und eigenständiger Existenzsicherung ermöglicht, wenn sie ihre Fruchtbarkeit kontrolliert und ihre Lebensgestaltung einer männlichen Normbiographie angleicht. Die Zyklizität weiblicher Fruchtbarkeit wurde als Abweichung reproduktionsmedizinisch nicht nur neu konzipiert, sondern tatsächlich hergestellt (Menstruation, Schwangerschaft, Stillen, Menopause). Mittels Hormonbehandlung und Chirurgie kann das an den Körper gebundene Leben der Frau verändert werden. Das kontinuierliche Prinzip männlicher Fruchtbarkeit wurde zum menschlichen

Prinzip schlechthin erhoben. Die Zyklizität weiblicher Fruchtbarkeit behindert die Lebensgestaltung von Frauen in der linearen Zeit der modernen Industriegesellschaft, die in die Lebensrhythmen aller Menschen eingreift, aber nur dem kontinuierlichen Prinzip männlicher Fruchtbarkeit entspricht.[117] Weibliche Zyklizität wird zunehmend als biologischer Ballast abgewertet, der die berufliche und persönliche Entwicklung behindert (vgl. Hardach-Pinke 1982; Wolf 1987). Ebenso behinderte sie die Entwicklung alternativer sozialer Strukturen, die den reproduktiven Potenzialen, Möglichkeiten und Notwendigkeiten des weiblichen Lebenslaufes entsprechen würden. Und sie verhinderte zunehmend die Wahl von Frauen, ihre Reproduktion nicht zu kontrollieren. Als emanzipiert gilt heute die Frau, welche eine instrumentelle Kontrolle ihrer reproduktiven Natur auszuüben versteht. Die „Dialektik der Freiheit" wird hier besonders sinnfällig. Kontrolle ist die andere Seite der Befreiung. Verhütungsmethoden, die von der Reproduktionsmedizin privilegiert werden, allen voran die Pille, aber auch die Spirale (Intrauterinpessar) und die Sterilisation, sind nicht nur Methoden, die einen körperlichen Eingriff erfordern und selbst Eingriffe in den Körper darstellen. Sie schalten zugleich jede Möglichkeit der bewussten Mitgestaltung durch die Anwenderinnen aus und bauen, weil sie „wartungsintensiv" (Amendt 1985) sind, die Abhängigkeit vom Gynäkologen aus, der die pharmazeutischen Produkte verteilt und die regelmäßigen Kontrolluntersuchungen durchführt. Die, von der Gynäkologie entwickelten, Verhütungstechniken gewährleisten die Abhängigkeit von der medizinischen Versorgung und reduzieren eigene Aktivität und Autonomie in der Handhabung, was in aller Deutlichkeit ein Licht auf das darin vorherrschende Frauenbild wirft. Den Frauen wird eigenständiges Handeln nicht zugemutet, es wird unterstellt, dass es ihnen an „Motivation und Intelligenz" fehle, Verhütungsmethoden wie die Kalendermethode, die Basaltemperaturmessung, die Selbstbeurteilung der Zervikalsekretion oder die symptothermische Methode anzuwenden. Empfängnisverhütende Mittel für Männer waren in den fachinternen Auseinandersetzungen in der WKW kein Thema. Im Prozess der Medikalisierung der Reproduktion, und damit in der wissenschaftlichen Entwicklung und Produktion von schwangerschaftsverhütenden Reproduktionstechniken bleiben Patriarchalismus und Sexismus bis heute konstitutive Momente. Reproduktionstechnologien und -techniken sind weder in ihrer Entwicklung noch in ihrer Anwendung geschlechtsneutral. Techniken resultieren aus einem geschichtlichen und gesellschaftlichen Projekt, in ihre Entwicklung gehen die herrschenden Ideologien und Interessen ebenso ein, wie die Anwendung der Techniken

---

117 Weitgehende Berücksichtigung findet derzeit noch die natürliche Notwendigkeit des Essens und Schlafens. Aber auch das Altern wird zunehmend medikalisiert. Aktiv und berufstätig bis ins hohe Alter ist die Devise zu Beginn des 21. Jahrhunderts.

in der Weise auf Gesellschaft und Geschlechterverhältnisse zurückwirken, dass patriarchale und sexistische Strukturen in die gesellschaftliche Gestaltung der Reproduktion eingewoben bleiben und die männliche Freiheit vom Reproduktionsprozess garantieren. Da die Reproduktionstechniken selbst nicht geschlechtsneutral sind, ist auch eine so genannte „selbstbestimmte" Handhabung dieser Techniken für Frauen nicht möglich. Zentrale Fragen nach der Gestaltung des Zusammenlebens von Frauen und Männern werden heute durch biotechnische Vorgaben durchgesetzt (vgl. Beck-Gernsheim 1991: 33ff). In diese biochemischen Vorgaben fließen auch jene eugenischen Ideale ein, die als ideales Verhütungsverfahren eine Situation projektieren, „in der die Menschen normalerweise unfruchtbar sind und etwas Besonderes tun müssen, wenn sie bei bestimmter Gelegenheit fruchtbar werden wollen" (Pirie zit. in: Jungk 1988 [1962]: 310). Diese „bestimmte Gelegenheit" soll heute dazu genutzt werden, präimplantationsdiagnostische Selektion auf Zellstufe vorzunehmen, bevor künstlich gezeugte Embryonen in die Gebärmutter einer Frau transferiert werden, die normalerweise durch Verhütungsmittel unfruchtbar gehalten wird.

Hinsichtlich bevölkerungspolitischer Interessen sahen die Ärzte die Einführung von Maßnahmen der Empfängnisregelung Anfang der 70er Jahre dadurch als gerechtfertigt an, dass die Fortschritte in der Geburtsmedizin die Sicherheit für Mutter und Kind in einem Ausmaß erhöht haben, dass Mütter keine zusätzlichen Schwangerschaften mehr austragen müssten, um die gewünschte Kinderzahl zu erreichen. Mit Hilfe der medikalisierten Empfängnisverhütung sollten die „Verschwendung von Schwangerschaften" reduziert und „gesunde Mütter, gesunde Kinder und eine der Leistungsfähigkeit der Mutter angemessene Kinderzahl" erreicht werden. Die medizinische Rechtfertigung enthielt auch eugenische Interessen, zumal die hormonelle Sterilisierung ausdrücklich auch zur Verhütung der Fortpflanzung chronisch kranker Frauen eingesetzt werden sollte. In dieser Legitimation des medizinischen Einsatzes hormoneller Kontrazeptiva kehren die eugenischen Motive wieder, welche ihre Entwicklung seit den Anfängen begleiten. So wurden bereits die Forschung zur hormonalen Sterilisierung des weiblichen Tierkörpers und deren Ziel, die praktische Anwendung am Menschen, in den 20er Jahren an der Universitätsklinik Innsbruck damit begründet, mit Hilfe einer zeitweiligen hormonalen Sterilisierung der Frau zur Vermeidung „minderwertiger" Nachkommenschaft beitragen zu wollen.

Die medizinisch kontrollierte Empfängnisverhütung blieb aber auch auf dem Gebiet der Sterilisation mit der Wahrung männlicher Privilegien und mit eugenischen Motiven befasst. Dabei verdrängten die Idee der Sterilisierung von „Minusvarianten" ab den 20er Jahren und die Realisierung der Sterilisierung „Minderwertiger" ab den 30er Jahren das Vorhaben der hormonellen Sterilisierung. Denn nur die „chirurgische

Unfruchtbarmachung" garantierte eine tatsächliche, anhaltende Sterilität von Frauen. Da die Sterilisation als fruchtbarkeitskontrollierende Reproduktionstechnik durch die Praktiken nationalsozialistischer Reproduktionsmedizin in Verruf kam, wurde sie in der zweiten Jahrhunderthälfte erst ab den 70er Jahren wieder als Mittel der Wahl einer „Familienplanung" in den Fachartikeln diskutiert. Darin sollte die Indikation zur Sterilisation aus Gründen der Familienplanung dem Vertreter des Fachgebietes vorbehalten bleiben. Vom medizinischen Standpunkt aus galt eine Sterilisation bei höherem Alter der Frau und einer höheren Kinderzahl bei entsprechender Familiensituation und Partnerverhältnis als ausschlaggebend für eine Indikation. Es wurden also soziale Kriterien, nach denen Frauen bis zu einem bestimmten Alter eine gewisse Anzahl von Kindern geboren haben sollten, einer medizinischen Indikationsstellung zugrunde gelegt. Aus psychiatrischen Gründen wurden zudem die Erkrankung lebenswichtiger Organe und die Unzumutbarkeit weiterer Schwangerschaften als medizinische Indikation anerkannt. Diese Indikationsstellung wurde als eine „gemischt-medizinisch-prophylaktisch-soziale Indikation" vorgestellt, mit der praktisch alle Frauen erfasst werden könnten.

Bei verheirateten Frauen wurde aus zivilrechtlichen Gründen und wegen der potenziellen Gefahr für die Partnerschaft ein schriftliches Einverständnis des Ehemannes verlangt. Obwohl die Empfängnisverhütung im Körper der Frau stattfindet, hat sie also keinerlei Entscheidungsrecht. Im Falle der Sterilisation einer nicht entscheidungsfähigen Person, genannt werden Sterilisation aus genetischen Gründen bei Morbus Down und angeborenem „Schwachsinn", konnte dies auf Basis der Zustimmung vertretungsbefugter Personen und unterstützt durch medizinische Indikation durchgeführt werden. Entscheidungsfähige und nicht entscheidungsfähige Frauen wurden vom medizinischen Standpunkt also gleich behandelt, der Unterschied lag in der auch eugenisch motivierten Indikationsstellung, mit der von einer gesunden Frau eine gewisse Anzahl von Kindern gefordert wird, von der kranken Frau aber der Verzicht auf Fortpflanzung.

4.3 Schwangerenscreening und Fötometrie: Immunologische und sonographische Überwachung der Schwangeren, Vermessung und Prüfung der fötalen Entwicklung und Normalisierung des eugenisch legitimierten Schwangerschaftsabbruches

Fragen nach schädigenden Auswirkungen der Berufstätigkeit werdender Mütter auf Schwangerschafts- und Geburtsverlauf und die gesunde Entwicklung des Fötus, dominierten in den Nachkriegs- und 50er Jahren im Bereich der Schwangerenvorsorge die medizinische Diskussion. Zudem wurden noch Fragen der richtigen Ernährung der schwangeren Frau erörtert. Unmittelbar nach der Befreiung Österreichs vom Nationalsozialismus und dem Ende des Zweiten Weltkrieges wurde von Seiten der Medizin die Berufstätigkeit der Frau während der Schwangerschaft sofort wieder als gesundheitlich bedenkliches Risiko diskutiert. Hatte die NS-Medizin noch die Meinung vertreten, dass die Frau biologisch „der Doppelleistung Arbeit und Mutterschaft im allgemeinen fähig" sei, so z. B. Herrmann Siegmund, Leiter der 1943 neu gegründeten Ignaz Semmelweis-Frauenklinik in Wien (Siegmund 1944: 374), so beurteilte die Nachkriegsmedizin gerade diese Berufstätigkeit der Frau als eine Gefahr für deren Fortpflanzungsfähigkeit und als eine Gefährdung der Gesundheit der Nachkommen. Prof. Hans Heidler (1889–1955)[118], Nachfolger Siegmunds und Leiter der Ignaz Semmelweis-Klinik in den Nachkriegsjahren, kam in einer Originalabhandlung zum Schluss, dass sich „der *Hausfrauenberuf* mit der Fortpflanzungstätigkeit noch recht gut vereinen lasse" und „die gesunde Frau dieser *doppelten Belastung* durchaus gewachsen" sei (Heidler 1947: 806). Sofern zu Hausarbeit und Mutterschaft aber noch Erwerbsarbeit dazukomme, sei mit Störungen zu rechnen.

„Für die Fortpflanzungsfähigkeit erscheint die *Heimarbeit* trotz der oft schlechten hygienischen Verhältnisse, trotz der Unmöglichkeit einer Kontrolle, trotz der beschränkten Arbeits- und Wohnräume, die ja vielfach dieselben sind, noch günstiger als die Tätigkeit in der Fabrik und an der Maschine" (Heidler 1947: 806).

Das medizinische Establishment präsentierte sich erneut als politische Macht, indem die medizinischen Eingriffe in die Kultur den Wiederaufbau durch die Wiederherstellung einer bürgerlichen Geschlechterordnung unterstützten (vgl. Wolf 1995: 62ff). Berufstätigkeit der Frauen lehnte die Medizin aber nicht nur ab, um die weibliche Reproduktionsfähigkeit und die Gesundheit der Nachkommen zu schützen. Neben der Doppelbelastung wurde die außerhäusliche Beschäftigung zudem als eine für die Nachkommen schädliche Trennung von Mutter und Kind beurteilt. Im Bereich der Erwerbstätigkeit schrieb man den unterschiedlichen Giften in den gewerblichen Betrieben (Blei, Quecksilber, Phosphor und Tabak) nachwuchsschädigende Wirkungen zu. Die Tatsache, dass die überwiegende Mehrheit der Arbeiterinnen, z. B. Textilarbeiterinnen, ihre Arbeit im Stehen verrichten mussten, wurde als Ursache von Geburts- und Wochenbettkomplikationen kritisiert, die Schwierigkeit, die Säuglinge zu stillen, als Ursache der erhöhten Säuglingssterblichkeit bei berufstätigen Frauen. Das medizinische Establishment forderte daher eine „völlige Loslösung" der Frau vom außerhäuslichen Berufsleben. Be-

---

118 Hans Heidler habilitierte sich 1926 für Frauenheilkunde, war bis 1935 Assistenzarzt, von 1938–1940 leitete er die Ambulanz für Frauenkrankheiten am Franz-Joseph-Spital in Wien, ab 1945 war er Vorstand der Semmelweis Frauenklinik in Wien.

gründet wurde diese Forderung aber im Wesentlichen nicht auf der Grundlage eigener wissenschaftlicher Studien, sondern im Rückgriff auf weltanschauliche Maßstäbe der Dominanzkultur. Wie nach dem Ersten Weltkrieg galt in dieser auch nach dem Zweiten Weltkrieg als Gebot der Stunde, dass die heimkehrenden Soldaten ein Anrecht auf die Arbeitsplätze hätten, die während des Krieges von den Frauen eingenommen worden waren.

Im Bereich der Ernährung wurde eine zweckmäßige Ernährung der Schwangeren und frühzeitige Gewichtskontrolle als prophylaktische Maßnahme zur Vermeidung von Spättoxikosen propagiert (Hußlein 1955: 129). Zahnärzte forderten eine „pränatale Fürsorge", „um auch im Milchgebiss einen maximalen Erfolg zu erreichen", da sie den Beginn der Zahnentwicklung bereits in der siebten Schwangerschaftswoche ansetzten (Driak 1959: 947). Die „pränatale Prophylaxe" bestand dabei aus richtig zubereiteter Mischkost und einer vitamin- wie mineralstoffreichen Nahrung, die für die Zahn- und Knochenbildung als notwendig erachtet wurde (ebd.). Als normale wöchentliche Gewichtszunahme der Schwangeren, die von ihr selbst wöchentlich kontrolliert werden sollte, galten 400 Gramm.

Die Geburtsmedizin beurteilte die medizinische Schwangerenberatung als völlig unzureichend und engagierte sich für deren umfassende Reform und deren Ausbau. Die Notwendigkeit einer medizinischen Schwangerenbetreuung wurde, wie bereits um die Jahrhundertwende, mit dem Geburtenrückgang[119] begründet, der seinerseits in den 50er Jahren mit der hohen Frühgeburtenfrequenz und der, damit einhergehenden, Säuglingssterblichkeit in Verbindung gebracht wurde (Husslein 1958: 725). Dagegen sollte eine Wiedererrichtung von Schwangerenberatungsstellen helfen, die an die bereits vorhandenen Mütter- und Säuglingsberatungsstellen angekoppelt werden sollten (ebd.). Dieses Ziel, die medizinische Säuglings- und Mütterfürsorge, ein Behandlungsbereich der Pädiatrie, auf die Schwangerschaft auszudehnen, um die Frühgeburtenrate zu senken und der Geburtsmedizin im Bereich der öffentlichen Fürsorge Behandlungsterrain zu schaffen, verfolgte die Geburtsmedizin seit dem Ersten Weltkrieg. Der beharrliche Einsatz für die Schwangerenberatung ab Mitte der 50er Jahre sollte ab Mitte der 70er Jahre von Erfolg gekrönt werden. Für eine medizinisch überwachte Schwangerschaft wurden unterschiedlichste Untersuchungen konzipiert, z. B. Prüfungen der Wassermann-Reaktion (hinsichtlich Lueserkrankung), routinemäßige Lungenuntersuchung (hinsichtlich Lungentuberkulose), Blut- und Harnuntersuchungen, Blutdruckkontrolle und Gewichtsbe-

---

119 Die Geburtenrate in Österreich wurde als „auffallend niedrig" beurteilt. Nur West-Berlin und Schweden hätten eine noch niedrigere Geburtenrate; die Müttersterblichkeit sei zwar gesunken, aber dennoch höher als in anderen Ländern; die Säuglingssterblichkeit wurde mit 4,9 % angegeben (Husslein 1958: 723ff).

stimmung. Die Schwangerenberatung sollte die Gesundheits-Vorsorge, die von Ärzten und Hebammen geleistet wird, und die Sozialfürsorge, die von Fürsorgerinnen zu leisten ist, umfassen (Tabelle 8 in: Husslein 1958: 725):

A) Gesundheits-Vorsorge
Arzt, Hebamme
Früherkennung von
Geschlechtskrankheiten, Lungenkrankheiten,
Herz- und Kreislaufschäden,
Anämie, gestörte Rh-Verhältnisse,
Karzinom, Diabetes, Plazenta praevia,
drohende Geburtskomplikationen

Verhütung von
Eklampsie durch Früherkennung und Frühbehandlung der Präeklampsie.

Vorbereitung zur
schmerzarmen Geburt.

B) Soziale Fürsorge
Sozialfürsorgerin
Wirtschaftliche Betreuung,
Wohnungsfragen,
Arbeitsberatung,
Rechtsberatung

Um auf Seiten der Frauen eine allgemeine Bereitschaft zur medizinischen Schwangerschaftskontrolle zu fördern, sollte der Staat durch finanzielle Anreize eine Verhaltensänderung durchsetzen. Neben Aufklärungsschriften konzipierte Husslein dazu „eine Art Schwangerschaftsblatt",

„in dem alle erforderlichen Untersuchungen aufgeführt und auch der zweckmäßige Zeitpunkt dieser Untersuchungen angegeben ist. [...] An Ende der Schwangerschaft erhält die Schwangere gewissermaßen als Belohnung für das in allen Punkten ausgefüllte Schwangerenblatt eine geldliche Zuwendung" (Husslein 1958: 726).

Dieses „Schwangerenblatt" war ein Vorlaufmodell von dem am 1. Januar 1975 in Österreich eingeführten „Mutter-Kind-Passes", nach dem jene Frauen Anspruch auf eine „erhöhte Geburtenbeihilfe"[120] erwerben konnten, welche die darin vorgeschriebenen

---

120 Die erhöhte Geburtenbeihilfe betrug bei Einführung 1975 öS 16.000,-. Ihre Auszahlung wurde an den Nachweis der im MKP vorgeschriebenen ärztlichen Untersuchungen von Mutter und Kind gebunden. Anfangs wurde sie in zwei Raten zu jeweils öS 8.000,- ausbezahlt. Die erste Rate konnte beantragt werden, sofern die werdende Mutter während der Schwangerschaft vier ärztliche Untersuchungen an sich selbst und eine ärztliche Untersuchung des Neugeborenen vornehmen ließ. Die zweite Rate wurde dann

medizinischen Untersuchungen der Schwangeren und Föten während der Schwangerschaft, des Neugeborenen und des Säuglings vornehmen ließen. Ende der 50er Jahre beschränkte sich der Anreiz noch auf Naturalien. So wurde in Niederösterreich, laut einer Originalarbeit von Dr. H. Kölbl von der Mutterschafts- und Säuglingsfürsorge aus dem Amt der niederösterreichischen Landesregierung, all jenen Müttern bei der Geburt eines Kindes ein Säuglingswäschepaket ausgehändigt, welche frühzeitig, d. h. ab dem dritten Schwangerschaftsmonat, eine Schwangerenuntersuchung vornehmen ließen und beim Bürgermeisteramt ihrer Heimatgemeinde einen Lungenröntgen-, Harn- und Wassermannbefund vorlegten (Kölbl 1958: 535).

Neben der Intensivierung der medizinischen Schwangerschaftsüberwachung sollten durch einen „Aufklärungsfeldzug" (Picha 1975: 265) die Maßnahmen der Schwangerenvorsorge und die klinische Geburt auch auf dem Land durchgesetzt werden, so der Vorstand der Geburtshilflich-Gynäkologischen Abteilung des Krankenhauses Mistelbach, Prim. Doz. Dr. Picha. Er beanstandete, dass Anfang der 70er Jahre fast ein Fünftel der Frauen vom Land während der Schwangerschaft bei keinem Arzt gewesen seien, weitere 13 % hätten lediglich einen Hausarzt konsultiert. Immer noch herrsche am Land die Ansicht, eine Geburt sei eine natürliche Sache und man benötige dafür keinen Arzt (ebd.). Hatten im städtischen Bereich Säuglings-, Mütter- und Schwangerenberatungsstellen, die Nähe von Kliniken und Krankenhäusern und die Übernahme der Entbindungskosten im klinischen Bereich durch die Krankenversicherung seit den 50er Jahren die Klinikgeburt und mit ihr die prophylaktische Schwangerenuntersuchung durchgesetzt, so blieben die Entwicklungen auf dem Land bis in die 70er Jahre hinter diesen

---

ausbezahlt, wenn die Mutter im ersten Lebensjahr des Kindes weitere vier ärztliche Untersuchungen am Kind vornehmen ließ. Nach sieben Jahren, am 1. Januar 1982 erfolgte die erste Änderung. Die Geburtenbeihilfe wurde nunmehr in drei Raten ausgezahlt und für die Untersuchungen des Kindes im zweiten Lebensjahr ein dritter Teilbetrag in Höhe von öS 3.000,– ausbezahlt. Bei Nachweis der vorgeschriebenen ärztlichen Untersuchungen konnte sie beim zuständigen Finanzamt am Ende der ersten Lebenswoche des Neugeborenen (öS 8.000,–), nach Vollendung des ersten Lebensjahres (öS 8.000,–) und nach Vollendung des zweiten Lebensjahres des Kindes (öS 3.000,–), beantragt werden. Dazu musste eine ärztliche Bestätigung über die in den jeweiligen Zeiträumen vorgeschlagenen ärztlichen Untersuchungen dem Antrag beigelegt werden. Bereits 1984 wurden die Teilbeträge aus fiskalischen Gründen auf öS 5.000,– gekürzt. Im Jahr 1987 wurden die „Mutter-Kind-Pass"-Untersuchungen auf das dritte und vierte Lebensjahr des Kindes ausgedehnt, um die Lücke zum Beginn der schulärztlichen Untersuchungen zu schließen. Dazu wurde eine Sonderzahlung zur Geburtenbeihilfe in der Höhe von öS 2.000,– eingeführt. Zudem wurden 1987 zwei fakultative Ultraschalluntersuchungen während der Schwangerschaft in den „Mutter-Kind-Pass" aufgenommen (zwischen der 16. und 20. SSW und zwischen der 30. und 34. SSW). Die Durchführung, die vom Gesundheitsministerium finanziert wurde, musste für den Erhalt der Beihilfezahlungen nicht nachgewiesen werden. Die Kosten der MKP-Untersuchungen wurden zu zwei Dritteln aus Mitteln des Familienlastenausgleichsfonds und zu einem Drittel von den Krankenkassen getragen.

medizinischen Errungenschaften zurück. Die Einführung des „Mutter-Kind-Passes" im Jahre 1975 wurde als erster Schritt in diese Richtung, hin zur medizinischen Rationalisierung von Schwangerschaft und Geburt, gewürdigt. Die medizinischen Eingriffe, die er durchzusetzen verhalf, sollten aber nicht nur die Frauen am Land, sondern vor allem auch die niederen Sozialklassen erfassen, da die sozio-ökonomischen Faktoren der Frühgeburtlichkeit medizinisch gelöst werden sollten.[121] So betonte Dr. Kucera von der I. Universitäts-Frauenklinik in Wien, dass durch die erhöhte Geburtenbeihilfe vor allem Frauen aus niederen Sozialklassen, die kaum geburtsmedizinische Präventionsmaßnahmen in Anspruch nahmen, zu einer intensiven präventiven Überwachung veranlasst werden sollten. Im Gegensatz dazu schienen Frauen aus höheren Sozialklassen, z. B. Akademikerinnen, zwar zu intensiven Kontrollen bereit zu sein, zugleich beurteilten die Ärzte deren medizinische Beeinflussbarkeit aber als sehr gering (Kucera 1977: 310). Wie bereits im ersten Drittel des 20. Jahrhunderts verbreitete sich die Medikalisierung der Reproduktion von den Städten und Universitätskliniken in die ländlichen Bezirksstädte und diente auch weiterhin dazu, soziale Probleme mit medizinischen Mitteln zu lösen.

Die medizinische Schwangerenuntersuchung zielte darauf ab, Frühgeburten zu verhindern, die u. a. als Ursache von Säuglingssterblichkeit und Fehlbildungen galten. Dazu setzte die Reproduktionsmedizin ab Ende der 60er Jahre neue Verfahren zur Überwachung „gefährdeter Schwangerschaften" ein: Ultraschall-Schnittbildtechnik, Kardiotokographie, hormonelle Diagnostik und Fruchtwasseruntersuchungen (Amniozentese). Mit Hilfe neuer immunologischer Methoden wurde die Hormonausscheidung im Harn (HCG) ohne Laboreinrichtungen kontrolliert. Diese Untersuchung erlaubt die frühzeitige Erkennung gefährdeter Schwangerschaften, die möglicherweise zu einem Abortus führen (vgl. Spona 1972: 526ff). Es wurde davon ausgegangen, dass sich bei pathologischen Schwangerschaften die Konzentration des HCG im Urin verringert und das auf eine drohende Frühgeburt schließen lasse. „Gefährdete Schwangerschaften" sollten so frühzeitig erkannt werden. Diese „hormonale Überwachung" der Schwangerschaft konnte zunehmend durch HPL-Untersuchungen (humanes Plazentoktogen), d. h. Hormonbestimmung mit Hilfe von radioimmunologischen Methoden, erweitert werden (Gitsch et al. 1973: 585). Damit sollte die Plazentafunktion bzw. der Zustand der fetoplazentaren Einheit beurteilt werden können. Das Verfahren wurde bereits ab der siebten Schwangerschaftswoche eingesetzt, womit „die bestehende Lücke in der Über-

---

121 Der soziale Status wurde anhand von vier Gruppen markiert: 1. Akademiker und Berufe in ähnlichen Führungspositionen. 2. Angestellte, Beamte und selbständige Kaufleute. 3. gelernte Arbeiter, Facharbeiter und Handwerker. 4. ungelernte Arbeiter und Hilfsarbeiter (Kucera 1977: 308).

wachung der Schwangerschaft bis zur 18. Schwangerschaftswoche" überbrückt werden sollte, „da erst ab diesem Zeitpunkt andere zusätzliche Methoden, wie das Östriol, eingesetzt werden können" (ebd.: 588). Östriol ist ein Gonadotropin, das in den mütterlichen Kreislauf abgegeben wird, und das für gute metabolische Bedingungen (fetoplazentarer Stoffwechselaustausch) in der Schwangerschaft sorgt, wie es auch Wachstum und Funktion von Ovar, Uterus und Föten stimuliert. In der Schwangerschaft wurden die Östriolwerte als Parameter für die Funktion der fetoplanzentaren Einheit erachtet.

Im Rahmen der neuen medizinischen Schwangerenvorsorge wurde aber nicht nur das Hormonprofil über Harn- und Blutuntersuchungen kontrolliert, sondern es wurden auch Versuche unternommen, Hormone zu verabreichen, um einen drohenden Abort zu verhindern oder bei Amenorrhöe eine Schwangerschaft zu erzielen.[122] Zur Feststellung von „Normalwerten", die dann als Orientierung für die medizinische Schwangerenvorsorge dienen sollten, wurden in Versuchsreihen an der II. Universitäts-Frauenklinik in Wien (Vorstand Prof. Hugo Husslein) durch wöchentliche Blutabnahmen Hormonprofile erstellt und die Schwangerschaften gleichzeitig durch Ultraschall kontrolliert (Friedrich et al. 1978: 534ff). Diese Ultraschallkontrolle diente der Feststellung von Nebenwirkungen einer Hormontherapie in der Schwangerschaft. Diese Versuche wurden unternommen, obwohl die Argumente, die gegen eine Verabreichung von Hormonen in der Schwangerschaft sprechen, bekannt waren. So galt als erwiesen, dass durch die Gabe von „Diäthylstilböstrol" (DES) die geschlechtliche Entwicklung weiblicher Embryonen derart gestört wurde, „dass Müllersches Gangepithel im Bereich der Scheide zurückblieb und auf diesem Boden später bei jungen Mädchen ein Karzinom entstand" (ebd.: 543). Nachgewiesen waren auch „intrauterine Virilisierung von Mädchen" und ein erhöhtes Missbildungsrisiko. Auswirkungen auf die hypothalamischen Zentren, welche das Sexualverhalten mitbestimmen, wurden nicht untersucht. Entgegen diesen bekannten Nebenwirkungen des DES kamen die Wissenschaftler bei der Versuchsreihe an 20 hormonbehandelten und 14 hormoninduzierten Schwangerschaften an der II. Universitäts-Frauenklinik in Wien zu dem Ergebnis, dass „bisher keine erhöhte Mißbildungsrate angegeben" werden könne (ebd.: 543). Zugleich bleibt damit aber auch offensichtlich, dass die Hormontherapie ein Humanexperiment darstellt, dessen Ausgang, vor allem die Langzeitwirkungen auf die Gesundheit von Müttern und ihren Kindern, nicht berücksichtigt werden konnte.

---

122 Bei Blutungen während der Schwangerschaft wurde ein künstliches Hormon aus Östradiolvalerianat und Hydroxyprogesteronkapronat verabreicht. Bei amenorrhöischen Frauen wurden Gonadotropin und Clomiphen verabreicht, um Schwangerschaften zu erzielen.

Neben der Hormonprofilmessung und den Hormontherapieversuchen wurde in der medizinischen Schwangerenvorsorge auch begonnen, mit Kardiotokographen die Herzschlagfrequenz des Fötus und die Wehentätigkeit der Schwangeren zu überwachen (Müller-Tyl et al. 1974: 335). „Cardio-toko-graphie" ist die fortlaufende Schreibung der fötalen Herztätigkeit bzw. der fötalen Herzfrequenz (FHF) und der Uterustätigkeit, also der Wehen. An der I. Universitäts-Frauenklinik in Wien wurde der „Herztonlautsprecher" seit dem Jahr 1949 zur Untersuchung gefährdeter Schwangerschaften und bei schwierigen Geburten eingesetzt, um den Zustand des Fötus zu überwachen (Palmrich et al. 1968: 382). Die Tokographie erlangte in der Geburtsmedizin vor allem während der Geburt Bedeutung, wurde aber auch während der Schwangerschaft eingesetzt, um einen beginnenden Abortus anzuzeigen. Zur Registrierung der Wehentätigkeit während der Geburt kam sie erst später zur Anwendung.

Neben der Kontrolle des Hormonstatus und der Herzschlagfrequenz des Fötus sowie der Wehentätigkeit der schwangeren Frau erreichte die Ultraschallmessung in der Schwangerschaft die höchste Popularität in der medizinischen Schwangerenvorsorge. Mit der neuen Ultraschalldiagnostik wurde „die Biometrie des Feten" in den Vordergrund gestellt, die sowohl der Diagnostik als auch der Prognostik diente. In den ersten Schwangerschaftswochen wurde sie zur Feststellung einer Schwangerschaft und einer Zwillingsschwangerschaft sowie zur Vermessung des Wachstums[123] des Fötus eingesetzt (Reinold 1975: 62ff). Im Laufe der Schwangerschaft diente die Ultraschallmessung auch der intrauterinen Gewichtsschätzung für die Bestimmung der Graviditätsdauer (Kratochwil 1981: 183ff) und der Bestimmung der Plazentalage (Reinold 1974: 635f). Zum Hauptschwerpunkt der Ultraschalldiagnostik entwickelte sich aber die Fötometrie, d. h. die Messungen von Kindeslänge, Thoraxquerdurchmesser, biparietalem Schädeldurchmesser etc. Die intrauterinen Messungen verschiedenster Parameter des Kindes sollten die Errechnung des Körpergewichts und der Kindslage ermöglichen und wurden zunächst zur Prognostik des Geburtsverlaufes eingesetzt (Stöger 1974: 494ff), sehr bald aber zur „Erkennung von gröberen Mißbildungen" (Reinold 1974: 636).

Was die Geburtsmedizin im Dienste einer Senkung der Säuglingssterblichkeit schon seit Jahrzehnten forderte, nämlich die Klinikgeburt und eine diesbezüglich prophylaktische medizinische Schwangerenkontrolle, wurde durch den Einsatz dieser neuen Techniken durchgesetzt. Die Klinikgeburt konnte sich auf dieser technologischen Basis endgültig als obligatorischer medizinischer Eingriff in die Natur und Kultur der Re-

---

123 Durch die Vermessung des Gestationssackes werden Rückschlüsse auf das Wachstum gezogen und damit anamnestische Hinweise auf einen drohenden Abort gewonnen.

produktion etablieren. Als „gefährdete Schwangerschaften" galten jene, „bei denen der Verdacht oder ein konkreter Hinweis auf eine Gefährdung für das Kind oder/und die Mutter" bestand, so Dr. Reinold von der I. Universitäts-Frauenklinik in Wien (Reinold 1974: 633). Da es aber als „eine der Hauptaufgaben der Schwangerschaftsbetreuung" erachtet wurde, „frühzeitige Hinweise auf eine mögliche Gefährdung zu erkennen" (ebd.), gerieten sehr rasch alle Schwangerschaften unter Kontrolle. Die „routinemäßige Schwangerenbetreuung" wurde als allgemeines Screening konzipiert und propagiert,

> „um jene Fälle, bei denen eine mögliche Gefährdung besteht und die mit einem erhöhten Risiko belastet sind, sowohl am Beginn der Schwangerschaft als auch in ihrem weiteren Verlauf rechtzeitig herauszulesen und sie einer entsprechenden intensiven und gezielten Überwachung zuzuführen, die schließlich in dem von Husslein und Baumgarten empfohlenen Intensiv-Kreißsaal gipfelt" (Reinold 1974: 634).

Die medizinische Schwangerenvorsorge im Dienste einer Senkung der Säuglingsmortalität und -morbidität hat aber nicht nur die obligatorische Klinikgeburt zur Folge, sondern auch den Schwangerschaftsabbruch. Da die Schwangerschaftsüberwachung überwiegend nur selektive Diagnosetechniken zur Anwendung bringen konnte, beendete bei positivem pränataldiagnostischem Befund der Schwangerschaftsabbruch aus eugenischer Indikation größtenteils die „gezielte Überwachung". Ultraschall- und Fruchtwasseruntersuchung (Amniozentese)[124] wurden ursprünglich zur Verringerung der vorgeburtlichen Mortalität der Kinder entwickelt und eingesetzt und erst danach für die Suche nach missgebildeten Föten professionalisiert. Durch die Bestimmung der Konzentration unterschiedlicher Stoffe im Fruchtwasser sollten zunächst Aussagen über die fötale Reife erzielt werden, um eine termingerechte Geburt zu lenken. Bald wurde die Fruchtwasseruntersuchung aber zur Pränatalen Diagnostik eingesetzt. Voraussetzung für den Eingriff, bei dem mit einer Punktionskanüle die Bauchdecke durchstoßen wird, um Fruchtwasser, das auch fötale Zellen enthält, aus der Fruchtblase zu entnehmen und einer chromosomalen Untersuchung zu unterziehen, ist die ultrasonographische Darstellung vom Fötus im Mutterleib. Trotz der Ultraschallkontrolle kann dabei der Fötus verletzt werden, was zu einem frühzeitigen Abortus führen kann. Anfänglich sollte, wie

---

124 Der Eingriff erfolgt zwischen der 15. und 18. Schwangerschaftswoche unter Lokalanästhesie. Mit einer Spinalpunktionsnadel (Außendurchmesser von 0,8 mm) werden 20 ml Fruchtwasser entnommen. Zu diesem Zeitpunkt der Schwangerschaft beträgt die gesamte Fruchtwassermenge zwischen 170 und 200 ml. 15 ml werden genetisch untersucht, bei 5 ml wird radioimmunologisch der Alphafetoproteinspiegel bestimmt. Bei für die Punktion ungünstiger Uterusform werden Wehenmittel verabreicht, welche die Gebärmutter in eine kugelige Form zurückführen (vgl. Winter 1983: 70).

bereits erwähnt, dieses Verfahren einer Senkung der perinatalen Mortalität der Kinder dienen. Mit zunehmender Erfahrung kamen aber Ursachen von Fehl- und Missbildungen von Föten ins Blickfeld und somit die Fruchtwasseruntersuchungen verstärkt in jenen Fällen zum Einsatz, bei denen eine vorzeitige Beendigung der Schwangerschaft, aufgrund erwarteter oder drohender Fehlbildungen erwogen wurde. Solche Gründe waren EPH-Gestose[125], Rhesusinkompatibilität, Diabetes mellitus, intrauterine Wachstumsretardierung und ganz allgemein „Zeichen eines chronischen fetalen Gefahrenzustandes" (Bichler et al. 1975: 507). Bereits Ende der 70er Jahre bezeichnete eine Forschergruppe der I. Universitäts-Frauenklinik und des Histologisch-Embryologischen Instituts der Universität Wien die Fruchtwasseruntersuchung als Routineverfahren der Pränatalen Diagnostik:

> „Die pränatale Diagnostik bestimmter genetischer Erkrankungen stellt heute eine Routinemethode dar, welche all jenen Müttern angeboten werden sollte, die mit einem erhöhten genetischen Risiko behaftet sind. Es erscheint daher notwendig, die derzeitigen Möglichkeiten einer möglichst großen Zahl von Schwangeren zukommen zu lassen" (Husslein Peter, Schnedl, Wagenbichler 1979: 803).

Zytogenetische und biochemische Untersuchungen des Fruchtwassers versprachen präzise Aussagen über mögliche Fehlbildungen des Fötus. Da die Kosten für diese Untersuchungen aber sehr hoch und diese daher nicht als Routinemaßnahme durchgesetzt werden konnten, bemühte sich die geburtsmedizinische Forschung, „Risikogruppen zu erarbeiten, um bei vertretbarem Aufwand eine möglichst hohe Senkung der Inzidenz genetischer Erkrankungen zu erreichen" (ebd.). Hinsichtlich der Pränatalen Diagnostik mittels Fruchtwasseruntersuchung wurde allein die Gefahr der erhöhten Fehlgeburtenrate diskutiert, aber nicht die Gefahr einer erneuten eugenischen Selektion auf dem neuesten Stand technologischer Entwicklung. Bei der „Risikoabwägung zwischen der Gefahr, ein geschädigtes Kind auf die Welt zu bringen, und möglichen Komplikationen

---

125 Als „edema-proteinuria-hypertension gestosis" (EPH) werden Spätgestosen bezeichnet, die im letzten Drittel der Schwangerschaft, während der Geburt oder im Wochenbett als Eklampsie auftreten. Gestose ist der Ausdruck einer schwangerschaftsspezifischen Krankheit, die auf Stoffwechselentgleisungen aufgrund der Belastung einer Gravidität verweist. Eine Eklampsie kündigt sich meist durch Kopfschmerzen, Augenflimmern, Magenkrämpfe und Ödeme an und kann zu einem eklamptischen Anfall mit plötzlichen tonisch-klonischen Krämpfen und Bewusstlosigkeit führen. Die Säuglingseklampsie kündigt sich zuerst durch tonische, dann klonische Krampfanfälle mit Bewusstseinsverlust, vorgewölbten Fontanellen, erhöhtem Liquordruck und Pfötchenstellung an, hat im Allgemeinen eine gute Prognose, kann im Krampfstadium aber zum Tod führen.

der Amniozentese" wurde dem „diagnostischen Eingriff" bei der „präpartalen Diagnose fetaler Mißbildungen" in einer Originalarbeit von Dr. Winter aus der Geburtshilflich-Gynäkologischen Universitätsklinik Graz (Vorstand Prof. Burghardt) eindeutig der Vorzug gegeben (Winter 1983: 67). Der Schwangerschaftsabbruch auf Grundlage der Pränatalen Diagnostik und daraus resultierenden eugenischen Selektion wurde nicht in Frage gestellt. Lediglich die Tatsache, dass „Erbkrankheiten" nicht heilbar sind, galt als Problem, über das „jeder Arzt, der genetische Risikoschwangerschaften betreut", Bescheid wissen sollte (ebd.: 68). Im Klartext heißt das, dass jedem Arzt klar sein muss, dass die Geburt eines mit hoher Wahrscheinlichkeit „erbkranken" Kindes nur durch Vernichtung des potenziellen, zukünftigen Patienten mit Hilfe des Schwangerschaftsabbruches verhindert werden kann. Aufgrund der Unheilbarkeit von „Erbkrankheiten" wurde „der genetischen Beratung und der präpartalen Diagnostik im Rahmen der Präventivmedizin, besondere Bedeutung" zugeschrieben (ebd.). Denn nicht nur den behandelnden Ärzten, auch den betroffenen Eltern musste erklärt werden, dass „Erbkrankheiten" nicht geheilt werden können.

Als Ort für diese Information wurde seit Ende der 50er Jahre die humangenetische Familienberatung konzipiert und ab Mitte der 70er Jahre an den verschiedenen Universitätskliniken institutionalisiert. Die Medizin begründete die Eingriffe in die Kultur und Natur der generativen Reproduktion weiterhin sozioökonomisch, sozial- und bevölkerungspolitisch und durch den Hinweis auf individuelle Leidvermeidung. Sowohl Ende der 50er und Anfang der 80er Jahre als auch am Ende der 90er Jahre wurde der medizinischen Aufklärung im Rahmen von Information und Beratung grundlegende Bedeutung zugewiesen. So sollte z. B. 1958 „durch entsprechende intensive Aufklärung, also auf dem Wege der Prophylaxe, gerade hier eine Milderung des so drückenden Problems der angeborenen Mißbildung erreicht werden [...]", so Andreas Rett (1924–97), Kinderarzt und späterer Leiter der Abteilung für entwicklungsgestörte Kinder am neurologischen Krankenhaus Rosenhügel in Wien (Rett 1958: 42).[126] In den 80er Jahren sollte z. B. eine humangenetische Beratung an der Genetischen Beratungsstelle eine „exakte Anamnese" zur „Abwägung des genetischen Risikos für das sich entwickelnde Kind" durchführen, und die Eltern sowohl darüber als auch über die pränatale Untersuchung und die aus diesen sich ergebenden Konsequenzen informieren.

---

126 Rett setzte sich nicht nur für Toleranz gegenüber Behinderten ein. Er empfahl und führte auch die Sterilisation von Behinderten durch. Andreas Rett habe, so die Behindertensprecherin der Grünen in Österreich, Theresia Haidlmayr, in Wien über 20.000 behinderte Menschen „behandelt" (vgl. Anm. 18 in diesem Kapitel).

„Bei einem pathologischen Ergebnis werden die Eltern so rasch wie möglich hievon verständigt und ihnen in einem persönlichen Gespräch die Folgen des abnormen Befundes für das Kind erläutert und, wenn notwendig, der Schwangerschaftsabbruch empfohlen" (Zierler et al. 1981: 76).

Der Begriff Verhütung wurde durch jenen der Prophylaxe ersetzt, der Begriff der „erbbedingten Erkrankung" durch jenen des „genetischen Risikos". Auf die Diagnose folgte nach 1975 im Falle der Entdeckung eines „genetischen Risikos" die Empfehlung zum Schwangerschaftsabbruch. Die seit 1975 gültige Abtreibungsregelung führte nicht nur eine Frist von zwölf Wochen (beginnend mit der Einnistung) ein, innerhalb der ein Schwangerschaftsabbruch straffrei veranlasst und durchgeführt werden kann, sondern stellte Abtreibung auch bei medizinischer, eugenischer und ethischer Indikation straffrei. Der § 97 (1) 2 des heute gültigen Strafrechts beinhaltet eine eugenische Indikation ohne zeitliche Einschränkung, d.h. ein Schwangerschaftsabbruch kann nach entsprechender Indikation bis zum Geburtstermin durchgeführt werden.

Als Voraussetzung für eine Fruchtwasseruntersuchung wurden drei Gründe angeführt: Zum einen sollte die befürchtete Erkrankung diagnostizierbar sein, zum anderen das Risiko, ein krankes Kind zu gebären, das Basisrisiko der Normalbevölkerung übersteigen, und dazu sollten die Gefahren, welche der Eingriff mit sich bringt, geringer sein, als die Chance einer Diagnose pathologischer Symptome. Ein Risiko galt aus verschiedenen Gründen als gegeben, nämlich bei erhöhtem mütterlichem und väterlichem Alter, bei einem früher geborenen Kind mit chromosomalen Fehlbildungen, beim Verdacht auf X-rezessive Erbleiden und Stoffwechseldefekte, bei Diabetes mellitus, bei Eltern, die Träger balancierter Strukturaberrationen sind, bei vorangegangenem Kind mit Neuralrohrdefekt, Anenzephalie oder Missbildungs-Syndrom und bei geburtshilflichen Indikationen. Das erhöhte Alter der Eltern galt als mögliche Ursache von Trisomie 21 (Down-Syndrom[127]), Trisomie 18 (Edwards-Syndrom[128]) und Trisomie 12 (Pätau-Syndrom[129]). Bei Trisomie 18 wurde die Mortalitätsrate der Kinder im ersten Lebensjahr

---

127 Das Trisomie-21-Syndrom weist intra- und extrauterine Fehlentwicklungen von fast sämtlichen Geweben und Organen auf. Sie wachsen langsamer und bleiben unreif, altern schneller und weisen Missbildungen auf.
128 Das Trisomie-18-Syndrom weist Missbildungen an Ohren, Kiefer und Extremitäten sowie schwere Schädigungen der körperlichen und geistigen Entwicklung auf.
129 Mit dem Begriff Trisomie 12 wird ein schweres Missbildungs-Syndrom auf der Grundlage einer numerischen Chromosomenaberration bezeichnet (Arhinenzephalie, Mikrophtahlmie, Polydaktylie, Wolfsrachen, Hasenscharte, Iriskolobom, Ohrmuscheldeformitäten, Herzfehler, kapillare Hämangiome, atypisches Papillarleistenmuster).

bei 90% angesetzt, bei Trisomie 12 davon ausgegangen, dass die meisten Schwangerschaften mit Abortus im ersten oder zweiten Drittel enden.

Das Risiko von Chromosomenveränderungen wurde von Dr. Winter in einer Originalarbeit zu „Präpartale Diagnose fetaler Mißbildungen aus der Sicht des Geburtshelfers" Anfang der 80er Jahre in der mütterlichen Altersgruppe von 35 bis 37 Jahren um 1,1% höher veranschlagt als bei der Normalbevölkerung, das Wiederholungsrisiko bei der vorhergehenden Geburt eines chromosomal abnormen Kindes mit 1%. Daraus leitete er die Forderung ab, dass alle Schwangeren dieser Gruppe präpartal diagnostiziert werden sollten (Winter 1983: 68). Hinsichtlich der 200 Stoffwechselerkrankungen, die Anfang der 80er Jahre bekannt waren, galten nur 60 als diagnostizierbar. Bei den Stoffwechselerkrankungen wurde von einem 25- bis 50%igen Wiederholungsrisiko ausgegangen. Auch hier sollten Frauen beim Eintritt einer neuerlichen Schwangerschaft der genetischen Beratung zugewiesen werden (ebd.). Obwohl sowohl das „Altersrisiko" als auch das „Wiederholungsrisiko" im Falle chromosomal abnormer Kinder äußerst gering waren (und sind), wurde von Seiten der Geburtsmedizin eine präpartale Diagnose und humangenetische Beratung gefordert. Grundlagen dieser Forderung waren Erhebungen zur Indikationen einer präpartalen Diagnose aus den Jahren 1974 bis 1979 an der Geburtshilflich-Gynäkologischen Universitätsklinik Graz.[130] Auffallend dabei ist, dass die Altersindikation am signifikantesten gestiegen ist, von null Untersuchungen im Jahre 1974 auf 191 Untersuchungen im Jahre 1979.

Die Gefahren des Eingriffes im Rahmen einer präpartalen (= pränatalen) Diagnose, vor allem eines Abortus infolge der Fruchtwasserpunktion, wurde als gering bzw.

---

130 Tabelle 3. Indikationen zur präpartalen Diagnose. In: Winter 1983: 71.

Indikation	1974	1975	1976	1977	1978	1979	Insgesamt	%
Altersindikation	0	18	18	63	118	191	408	59,6
Vorangegangenes Kind mit Down-Syndrom oder chromosomal bedingten Fehlbildungen	3	8	13	12	24	30	90	13,1
X-rezessive Erbleiden	0	0	0	1	1	3	5	0,7
Stoffwechseldefekte	0.	1	1	3	2	0	7	1,0
Diabetes mellitus	1	8	3	8	9	4	33	4,8
Eltern als Träger balancierter Strukturaberrationen	0	0	1	2	2	5	10	1,5
Vorangegangenes Kind mit Dysraphie	0	0	5	3	8	16	32	4,6
Geburtshilfliche und andere Indikationen	0	5	5	4	6	7	27	3,9
Übungsfruchtwässer	6	24	43	0	0	0	73	10,6
Insgesamt	10	64	89	96	170	256	685	

„höchst unwahrscheinlich" (Winter 1983: 76) erachtet. Zugleich räumte Winter aber ein, dass das Risiko umso geringer sei, je erfahrener der Operateur sei. Daher sollten Punktionen nur in spezialisierten Zentren mit einer jährlichen Punktationsfrequenz von mindestens 300 bis 500 Amniozentesen durchgeführt werden. Zudem sei es vorzuziehen, dass die Schwangeren anreisten statt dass das Fruchtwasser versandt werde. Auch wenn dies heute über Kontinente hinweg möglich sei, sei „der sicherste Transportbehälter der mütterliche Uterus" (ebd.: 71). Zur Etablierung der pränataldiagnostischen Techniken bedurfte es der Sicherung von Patientinnengut und der Sicherung der Möglichkeit, praktische Erfahrungen zu machen – daher auch die Forderung nach Diagnose und Beratung trotz verschwindend geringer Risikozahlen und die Forderung nach Konzentration der Patientinnen in Spezialkliniken.

Da alle diese in der medizinischen Schwangerenvorsorge eingesetzten Verfahren, wie Ultraschall, Kardiotokographie und Amniozentese, vor allem der Diagnostik dienlich waren und kaum der Therapie, ging es also geburtsmedizinisch ganz traditionell weiterhin darum, einen Zeitpunkt im Schwangerschaftsverlauf zu erreichen, zu dem ein lebensfähiges Kind geboren werden kann. Dennoch plädierten die Ärzte für eine Überwachung der Schwangerschaft: „So leicht es sich aber vielleicht auch sagen lässt: Zu oft kann eine Patientin nicht überwacht werden" (Reinold 1974: 638). Die Möglichkeiten, durch diese Überwachung die Geburt „geschädigter" und „missgebildeter" Kinder zu verringern, d. h. auf Grundlage einer eugenischen Indikation abzutreiben, wurden von Jahr zu Jahr höher veranschlagt. So galt es z. B. als möglich, durch Ultraschall anenzephale Föten ab der 13. Schwangerschaftswoche zu erfassen. In Österreich rechnete die Geburtsmedizin bei einer Geburtenzahl von 80.000 Kindern pro Jahr mit etwa 89 Anenzephali. Auf Grundlage von Ultraschalluntersuchungen in jedem Schwangerschaftsdrittel sollte diese Frequenz deutlich herabgesetzt werden (Winter 1983: 70). Bereits 1987 nahm der Gesetzgeber zwei obligatorische Ultraschalluntersuchungen in das Programm des „Mutter-Kind-Passes" auf. Mit diesen Hochrechnungen, welche die Angst vor der Gefährdung gesunder Nachkommen ventilierte, und den Darstellungen der Möglichkeiten präpartaler Diagnosen zur Senkung der Geburt missgebildeter Kinder, sollte, so Winter, aber nur gezeigt werden, was die Medizin heute alles kann. Denn,

> „der Wunsch für einen Schwangerschaftsabbruch muß von den Eltern kommen. Es ist nicht Sache des Arztes, zu entscheiden, ob ein Leben lebenswert ist oder nicht. Die medizinische Wissenschaft ist heute lediglich imstande, eine kindliche Fehlentwicklung so früh aufzudecken, dass eine nach der derzeitigen Gesetzeslage mögliche Entscheidung realisiert werden kann" (Winter 1983: 76).

In dieser Argumentation zeigt sich deutlich, wie die reproduktionsmedizinische und humangenetische Forschung Diagnosepraktiken fordert und Bedürfnisse produziert wie definiert, die nur die eigene Profession zu befriedigen verspricht, sich zugleich aber von der Verantwortung auf Kosten der PatientInnen entlastet. Die Medizin definiert und diagnostiziert, werdenden Müttern oder Eltern wird auf Grundlage dieses medizinischen Diagnosemonopols die Entscheidung über Leben und Tod ihres Kindes zugemutet. Erst über dieses elterliche Einverständnis erfolgt dann der

> „Schwangerschaftsabbruch mittels Prostaglandine. Nach Ausstoßung des Feten wird anhand einer Gewebekultur aus fetalem Material die präpartale Diagnose überprüft. Jede Mißbildung wird fotographisch dokumentiert" (ebd.: 70).

Die Eltern haben also zu entscheiden, ob der wissenschaftliche Fortschritt unter moralischer Entlastung des Arztes im Körper der Frau zur Anwendung kommt. Die Frau als werdende Mutter muss dann bei einem durch Wehenmittel eingeleiteten Abortus den vermutlich missgebildeten Fötus „ausstoßen". Was diese, durch Prostaglandine künstlich herbeigeführte, Frühgeburt eines für den Tod bestimmten „missgebildeten Feten" für die Frau bedeutet, war für die klinische Forschung kein Thema. Vielmehr wurde geschlossen, dass „auf Grund der bisherigen Ergebnisse [...] durch diese Organisationsform kein Nachteil für die Mutter oder die Schwangerschaft ersichtlich" wurde (ebd.: 71). Mit dieser lapidaren Nebenbemerkung wurde jede Frage danach, was hier der Fortschritt der Medizin den Frauen zumutet, marginalisiert. Von klinischem Interesse war lediglich die Frage, ob das „Priming der Portio mit Prostaglandinen" intramuskulär oder intramural erfolgen sollte (Brabec 1982: 554ff). Die Fixierung auf die Diskussion „einwandfreier Methoden" diente der Verschiebung von Verantwortung hinsichtlich der Technikfolgen.

Kritische Stimmen gegenüber der zunehmenden Überwachung der Schwangerschaft wurden in der „Wiener Klinischen Wochenschrift" kaum publiziert. So konnte für die letzen drei Jahrzehnte des 20. Jahrhunderts im Rahmen meiner Studie nur ein Artikel recherchiert werden, welcher das obligate Schwangerenscreening mit Ultraschall in Frage stellte. In einer „kritischen Literaturanalyse" beurteilte Dr. Christian Köck aus Wien, heute Professor für Gesundheitspolitik und Gesundheitsmanagement an der Universität Witten-Herdecke, Ende der 80er Jahre das Ultraschallscreening für alle Schwangeren als gesundheitspolitisch nicht effiziente Maßnahme (Köck 1989: 341ff). Köck kritisierte die Beweggründe, ein Ultraschallscreening für alle Schwangeren durchzuführen. Diese bestünden in der „Hoffnung auf Senkung der perinatalen Mortalität und Morbidität" und einer „Verminderung der Prävalenz schwerer kongenitaler Mißbildungen" (ebd.: 342). Er bewertete beide Gründe als wissenschaftlich nicht erwiesen.

Hinsichtlich der ersten Frage mangle es an ausreichend großen Studien, die darüber aufklärten, „ob die Kenntnis des genauen Geburtstermins eine primär akademische Fragestellung ist oder tatsächlich zur Senkung der perinatalen Mortalität und Morbidität" beitrage (ebd.: 344). Auch bezüglich der Diagnose von Missbildungen gäbe es keine Studien, die den Erfolg des obligaten Screenings aller Schwangeren untersucht habe. Dagegen würden aber bereits erbrachte Studien zeigen, dass Ultraschalluntersuchungen aufgrund der geringen Prävalenz von mit Ultraschall diagnostizierbaren Missbildungen und der fehlenden Kosten-Nutzen-Rechnung für Missbildungsscreenings nur bei großer Erfahrung des Untersuchers und bei Frauen mit hohem Missbildungsrisiko angewandt werden sollten. Am problematischsten aber sei die Tatsache, dass selbst bei erfahrenen Untersuchern „der positive Voraussagewert (PVP) eines Tests wegen der niedrigen Prävalenz von Mißbildungen sehr niedrig" sei:

> „In der Gruppe der 1984 in Österreich Geborenen wurden vom Statistischen Zentralamt 584 Fälle angeborener Mißbildungen registriert; dies entspricht einer Prävalenz von 0,6 %. Nimmt man die Sensitivität und die Spezifität eines Ultraschallscreenings für Mißbildungen mit 98 % bzw. 95 % an, kann mit Hilfe von Bayes' Theorem 0,1056 als der positive Voraussagewert einer Untersuchung errechnet werden. Das heißt: die Wahrscheinlichkeit, dass bei einem positiven Befund tatsächlich eine Mißbildung vorliegt, liegt nur bei 10 %" (Köck 1989: 344).

Selbst wenn von einer höheren Missbildungsrate ausgegangen wird, bleibt nach den Erhebungen von Christian Köck der positive Voraussagewert gering. Selbst bei der völlig unzulässigen Annahme,

> „dass alle auftretenden Mißbildungen im Rahmen eines Ultraschallscreenings erfaßbar wären, ist es bei einem positiven Befund noch immer dreimal so wahrscheinlich, dass die ‚entdeckte' Mißbildung gar nicht vorliegt" (ebd.).

Auf Basis seiner Untersuchungen warf er die Frage auf, welche klinischen Konsequenzen aus diesen Ergebnissen gezogen werden müssten und welchen Rat und Befund man einer Mutter bei einer Missbildungsdiagnose mittels Ultraschall seriöserweise überhaupt mitgeben könne.

Kliniker der Kinderheilkunde und der Geburtsmedizin der Universität Graz warfen dieser umfassenden Studie, die unter dem Titel „Risiko Säuglingstod. Plädoyer für eine gesundheitspolitische Reform"[131] publiziert wurde, vor, dass unvollständig recherchiert

---

[131] Von Ch. Köck, J. Kytir und R. Münz, erschienen 1988 bei Franz Deuticke in Wien.

und teilweise falsch interpretiert worden sei (Stöckler, Ipsiroglu, Häusler 1989: 527ff).[132] Die von Köck erhobenen und ausgewerteten Studien wurden nochmals gesichtet und der Nachweis, dass ein Ultraschallscreening aller Schwangeren nicht zur Verbesserung der perinatalen Mortalität und Morbidität führt, auf methodische Probleme des Untersuchungsdesigns dieser Studien zurückgeführt. Z. B. sei der Randomisierungscode aus ethisch-medizinischer Indikation gebrochen worden und das untersuchte PatientInnenkollektiv zu klein gewesen. Damit sollte die Verwendung der Studien für gesundheitspolitische Stellungnahmen in Misskredit gebracht werden. Hinsichtlich der Missbildungen wurde für Österreich eine wesentlich höhere Missbildungsrate veranschlagt. Dieser Einwand aber konnte die Kritik von Christian Köck, dass bei einem positiven Befund die „entdeckte Missbildung" noch immer dreimal so wahrscheinlich nicht vorliege, nicht entkräften. Es wurden von Köcks Kritikern auch keine Argumente und Belege für den gesundheitspolitischen Nutzen des Ultraschallscreenings eingebracht. Es schien ausreichend zu sein, eine Kritik als „oberflächlich" und „subjektiv" abzuwerten, um das von Seiten der Mainstream-Gynäkologie und -Pädiatrie gewünschte obligate Ultraschallscreening aller Schwangeren gesundheitspolitisch als wertvoll zu beurteilen. Mehr noch wurde sieben Jahre später in einem Artikel zum „Schwangerschaftsabbruch nach Pränataler Diagnostik" von u. a. denselben Autoren die Notwendigkeit unterstrichen, in Österreich eine standardisierte und qualitativ hochstehende Ausbildung in Pränataler Diagnostik einzurichten (Häusler et al. 1996: 169ff). Unmissverständlich zeigen sich hier die Professionalisierungsinteressen eines Faches, das dazu Erfolge propagiert und Misserfolge verschweigt.

Die Mitte der 90er Jahre von Häusler et al erhobene Forderung nach einer spezialisierten Ausbildung in Pränataler Diagnostik wurde aus einer Studie abgeleitet, welche klären sollte, wie oft das Angebot pränataler Screenings mit Hilfe von Ultraschall und invasiver Tests einen Schwangerschaftsabbruch nach sich gezogen hatte. Die Daten dafür stammten aus dem „Steirischen Fehlbildungsregister"[133], das mit den Daten des EUROCAT (European Registration of Congenital Anomalies)[134] verglichen wurde. In sieben Jahren, zwischen 1985 und 1992, wurden in diesem Register 3.098 Embryonen/ Föten/Kinder (EFK) mit angeborenen Fehlbildungen aller Schweregrade (Prävalenz 2,88%) registriert. 492 EFK waren demnach schwergradig, 1.619 mittelgradig und 1.987

---

132 Dr. Stöckler und Dr. Ipsiroglu von der Universitäts-Kinderklinik und Dr. Häusler von der Universitäts-Frauenklinik in Graz.
133 http://www.verwaltung.steiermark.at/cms/dokumente/10005229/3733dbeb/Kap05.pdf
134 Vgl. http://www.eurocat.ulster.ac.uk/; ein „World Atlas of Birth Defects", der vom „International Center for Birth Defects" in Zusammenarbeit mit EUROCAT und dem Human Genetic Program der WHO erstellt wurde, listet alle angeborenen Krankheiten auf: http://www.icbd.org/pdf/Atlas_indice.PDF

geringgradig fehlgebildet.¹³⁵ Nicht erfasst wurden die von Christian Köck 1989 kritisierten Fehldiagnosen, also jene, bei denen eine „entdeckte" Missbildung gar nicht vorlag. Infolge diagnostizierter Fehlbildungen seien 5,3 % bis 6,7 % Schwangerschaftsabbrüche durchgeführt worden. Etwa zwei Drittel der schwer wiegenden Fehlbildungen wurden nicht oder zu spät diagnostiziert. Die Kritik, dass die pränatale Diagnose zum Schwangerschaftsabbruch führe, wiesen die Autoren zurück, da nur rund 5,8 % der Schwangerschaften mit einem fehlgebildeten Embryo, Fötus oder Kind im Untersuchungszeitraum vorzeitig beendet worden wären (181 von 3.098). Bezogen auf die schweren Fehlbildungen (492 Fälle) seien es 36,8 % gewesen. Den gesundheitspolitischen Auftrag der Pränatalen Diagnostik orteten die Autoren daher darin, zur Verfügung stehende Methoden effizienter einzusetzen und Entscheidungsgrundlagen für den Schwangerschaftsabbruch zur Verfügung zu stellen. Den Schwangeren sollte dadurch die Möglichkeit gegeben werden, bei schwersten und bei weniger gravierenden Fehlbildungen einen Schwangerschaftsabbruch vornehmen zu lassen. Da bis 1996 „das Ziel der Pränatalen Diagnostik, zumindest schwerwiegende Fehlbildungen möglichst frühzeitig zu diagnostizieren, nicht erreicht wurde", wurde eine Verbesserung der Ausbildung in Pränataler Diagnostik gefordert, da sonst die Gefahr bestehe, dass diese sich als „zu teuer und ineffizient selbst disqualifiziert" (Häusler et al. 1996: 172). Das reproduktionsmedizinische Establishment bediente sich damit der Kritik an der Ineffizienz ihrer teuren Verfahren, um ihr Projekt fortzuführen und auszubauen. Pränatalmedizin, Perinatalmedizin und Neonatologie wurden als neue Behandlungsfelder forciert und gefordert, sie zu Ausbildungsbereichen zu machen.

Ethische Fragen Pränataler Diagnostik wurden marginalisiert. In der „Wiener Klinischen Wochenschrift" finden sich von den 50er Jahren bis heute lediglich zwei Texte, die eine ethische Problematik in Bezug auf den Schweregrad und den Zeitpunkt, der einen Schwangerschaftsabbruch rechtfertigt, diskutieren. In einer Originalarbeit von Dr. A. M. Holschneider von der Universitäts-Kinderklinik München über „Soziologische, juristische und moraltheologische Aspekte der Selektion" wurde 1977 noch vehement gefordert, dass der Patient darauf vertrauen können müsse, „dass der Arzt mit dem maximalen Einsatz seiner oft nur unzulänglichen Mittel ihm helfen wird, sein Leiden zu ertragen" (Holschneider 1977: 438).

Entgegen allen sozial-darwinistischen und gesellschaftlichen Forderungen wurde der Arzt – im Sinne eines Heilauftrages dem Patienten oder dessen Eltern gegenüber – verpflichtet, dem Patienten nach bestem Wissen und Vermögen zu helfen. „Die richtige

---

135 Die gemeldeten Fehlbildungen werden nach dem Katalog der British Paedriatic Association codiert, welcher auf einem ICD-9-Code der WHO basiert (ebd.:170).

Entscheidung liegt zwischen den Extremen ausgedehnter Selektion und dem Wunsch, jedes schwerstgeschädigte und lebensunfähige Leben unbedingt am Leben erhalten zu wollen" (ebd.). Als Mittelweg erachtete Hohlschneider, dass die existenzielle Entscheidung für jedes Kind individuell und neu getroffen werden sollte. Die Verantwortung für die Entscheidung überantwortete er allein dem „Gewissen des Arztes", das dieser nicht an medizinische, juristische, soziologische oder theologische Richtlinien delegieren dürfe. So habe z. B. Lorber 1972 in Zusammenhang mit dem Vorliegen einer Spina bifida[136] Selektionskriterien ausgearbeitet.[137] Ein Schwangerschaftsabbruch schien demnach bei Vorliegen folgender Gründe legitim:

„1. Schwere Lähmung der unteren Extremität 4. bis 5. Grades, d. h. Lähmung der Hüftbeuger, Hüftabduktoren und Quadrizepsmuskulatur. 2. großer Kopfumfang, zumindest 2 cm oberhalb der 90er Perzentile. 3. das Vorliegen einer Kyphose. 4. zusätzlich angeborene Fehlbildungen oder größere geburtshilfliche Schädigung" (Lorber zit. in: Holschneider 1977: 436).

Holschneider lehnte diese Ausarbeitung und die Orientierung an allgemeinen medizinischen Selektionskriterien ab und setzte zur Gänze auf die gewissenhafte Entscheidung des Arztes im individuellen Fall. Diese Position entlastet die Pränatalmedizin zwar von der Problematik, allgemeine Selektionskriterien zu verfassen und damit mit den Selektionskriterien des „Gesetzes zur Verhütung erbkranken Nachwuchses" vergleichbar zu werden. Zugleich bleibt die medizinische Indikationserstellung damit aber einem sozialen Urteil überlassen. Knapp 20 Jahre später, 1996, erörterte der Pädiater und Neonatologe Christian Popow von der Universitäts-Kinderklinik Wien die Problematik, welche Missbildungen eine Entscheidung zum Schwangerschaftsabbruch aus Sicht der Medizin rechtfertigten und bis zu welcher Schwangerschaftswoche eine vorzeitige Schwangerschaftsbeendigung durchgeführt werden dürfe, „ohne das Kind durch das ungewollte Überleben des Schwangerschaftsabbruchs und die Risiken extremer Frühgeburtlichkeit noch mehr zu beeinträchtigen" (Popow 1996: 54). Auch prüfte er die Frage, welches Recht stärker zu berücksichtigen sei, das der Eltern auf Lebensqualität oder das des Kindes zu leben? Damit wird also davon ausgegangen, dass ein Schwangerschaftsabbruch bei zu erwartenden Missbildungen die Lebensqualität der Eltern erhöht. Dass diese Entscheidung und der Abbruch auch zu einer traumatisierenden Erfahrung der werdenden Mutter bzw. der Eltern werden können, wurde damit ausgeschlossen. Ins-

---

136 Als Spina bifida wird eine angeborene Spaltbildung der Wirbelsäule bezeichnet.
137 J. Lorber: Spina bifida cystica. Results of treatment of 270 consecutive cases with criteria for selection for the future. Arch. Dis. Childh. 47, 854–873 [1972] (zit. in: Holschneider 1977: 436).

gesamt kam Popow, wie bereits Holschneider, in der Beantwortung der Fragen zu dem Schluss, dass alle diese Fragen nur individuell zu beurteilen und zu beantworten seien. Im Gegensatz zu Hohlschneider, der die Verantwortung für die Entscheidung dem „Gewissen des Arztes" unterstellte, erklärte Popow 20 Jahre später, dass diese Entscheidung nunmehr von den jeweiligen Eltern zu treffen und zu verantworten sei.

> „Inwieweit ein Schwangerschaftsabbruch bei der Diagnose einer genetisch bedingten Erkrankung (wie Zystische Fibrose, Muskeldystrophie, Stoffwechselerkrankungen mit schlechter Prognose) oder einer schweren, lebensbeeinträchtigenden Malformation (z. B. schwer korrigierbarer Herzfehler, Myelomeningocele) gerechtfertigt ist, muß ebenfalls aus kindlicher und elterlicher Sicht beurteilt werden" (Popow 1996: 54).

In dieser Argumentation zeigt sich der bereits angesprochene Wandel von „entscheidenen Ärzten" zu „entscheidenden Patienten", der Mitte der 60er Jahre durch das Modell des „informed consent" in Gang gesetzt wurde – ein Modell, das auch die Pränatalmedizin zur Entlastung von Verantwortung für sich adaptierte.
Im Bereich der „Mutter-Kind-Pass"-Untersuchungen (MKP) war Österreich eines der ersten europäischen Länder, das Ultraschalluntersuchungen in das Schwangerenvorsorgeprogramm aufnahm (seit 1987), und es bleibt z. B. das einzige Land, das ein obligates Toxoplasmosescreenig[138] durchführt. Bei ausreichender „Compliance" (= Einwilligung, Erfüllung) wurden die Schwangeren bis 1996 finanziell belohnt (vgl. Anm. 121). Diese Compliance konnten sie dadurch erweisen, dass sie alle vorgeschriebenen „Mutter-Kind-Pass"-Untersuchungen durchführen ließen. Wer „non-compliant" war, erhielt die erhöhte Geburtenbeihilfe nicht. Die Einwilligung in eine geburtsmedizinische Überwachung der Schwangerschaft wurde also erzieherisch erreicht – durch finanzielle Belohnung bzw. Bestrafung. Diese Bevormundung durch den Staat ist in Österreich unüblich und geht auf den Einfluss der Medizin, den diese im Bereich der Politik hatte und hat, zurück. So kritisierte Christoph Brezinka, Geburtsmediziner an der Universitätsklinik für Frauenheilkunde in Innsbruck, in einer Studie zu „Schwangerschaft in Österreich: Medizin, Kostenrechnung und Sozialgesetzgebung in der Schwangerenvorsorge, Geburt und Karenzzeit" Ende der 90er Jahre, dass MKP-Untersuchungen nicht unbe-

---

[138] Toxoplasmose [griech.], meldepflichtige, durch Toxoplasma gondii (ein etwa 10 μm großes Sporentierchen) hervorgerufene Infektionskrankheit des Menschen und zahlreicher Tierarten. Die Erscheinungen der akuten Toxoplasmose des Erwachsenen sind u. a. Unwohlsein, Fieber, Gelenkschmerzen, Lymphknotenschwellungen, am Auge Ader- und Netzhautentzündung sowie Gehirnhautentzündung. Bei Haustieren (Schafen, Kälbern und Ferkeln) kommt es zu Fehlgeburten und erhöhter Sterblichkeit. (c) Meyers Lexikonverlag.

dingt empirisch gesicherte Präventivmaßnahmen während der Schwangerschaft und den ersten Lebensjahren des Kindes darstellten. Mehr zeige es das „Profil der Macht, Beharrlichkeit und Hartnäckigkeit einzelner ärztlicher Fachgruppen und manchmal auch von Einzelpersonen" in Österreich (Brezinka 1997: 28), die sowohl von Professionalisierungs- als auch von ökonomischen Interessen geleitet seien.

So erweiterte sich die Zahl der an der MKP-Untersuchung beteiligten Fachgruppen kontinuierlich. Im Forderungskatalog zur Erweiterung der „Mutter-Kind-Pass"-Untersuchungen, der 1994 dem Obersten Sanitätsrat vorgelegt wurde, verlangten die unterschiedlichen Fachvertreter eine Ausdehnung der Untersuchungen des Kindes bis zum 5. Lebensjahr, eine Zahnuntersuchung im 3. Lebensjahr, ein strukturiertes Gespräch hinsichtlich psychologischer Faktoren bei der ersten Schwangerschaftsuntersuchung und die Zuziehung weiterer Tests (Glucosetoleranztest in der Schwangerschaft, Streptokokken/Chlamydienuntersuchung am Ende der Schwangerschaft) und weiterer Screenings (Mucoviszidosescreening, Neuroblastomscreening im 7. Lebensmonat, Hörscreening bei Neugeborenen). Aufgrund von Sparmaßnahmen wurde aber 1996 die erhöhte Geburtenbeihilfe abgeschafft. Dies führte im Jahr 1997 zu einem Rückgang der MKP-Untersuchungen, der je nach Bundesland zwischen 0,9 % (Wien) und 7,3 % (Niederösterreich) variierte.[139] Um die „Compliance" der werdenden Mütter zu erhalten, wurde ein „Mutter-Kind-Paß-Bonus"[140] in der Höhe von 2.000,- Schilling eingeführt, der nur dann ausbezahlt wurde, wenn die vorgeschriebenen Untersuchungen durchgeführt wurden. Die Höhe des Betrages entsprach damit der Summe der allgemeinen Geburtenbeihilfe, die vor 1996 bereits ohne MKP-Untersuchungen ausbezahlt worden war. Doch selbst dieser geringfügige Anreiz wurde im Jahr 2001 abgeschafft und das Bonussystem in ein Entzugssystem umgewandelt. Für Kinder, die nach dem 1. Januar 2002 geboren wurden, erhalten nunmehr alle Familienbeihilfeberechtigten nur mehr dann ein Kinderbetreuungsgeld, das in voller Höhe zur Auszahlung kommt, wenn die MKP-Untersuchungen durchgeführt wurden. Damit ist das Anreizsystem endgültig durch ein Bestrafungssystem ersetzt. Nunmehr erhält die zukünftige Mutter nicht einmal mehr das volle Kinderbetreuungsgeld, das allen Müttern ausbezahlt wird, wenn sie die Untersuchungen nicht vornehmen lässt. Die Reproduktionsmedizin gehört damit zu den wenigen medizinischen Fächern, dies es geschafft hat, sich das „Patientengut" mit staatlichen Belohnungs- oder Zwangsmaßnahmen vorführen zu lassen.

---

139 Gesundheitsbericht Wien 1997: 4ff. In: https://www.magwien.gv.at/who/gb/97/3_1.pdf
140 Dieses Bonussystem sieht vor, ab 1. Januar 1997 2.000,- Schilling zu bezahlen, sofern die Untersuchungen absolviert werden. Den Anspruch geltend machen kann die Mutter zu dem Zeitpunkt, zu dem das Kind das 1. Lebensjahr vollendet hat und das zu versteuernde Einkommen der Eltern 448.800,- Schilling nicht übersteigt.

Zusammenfassend kann gesagt werden, dass die medizinische Überwachung der Schwangerschaft in der zweiten Hälfte des 20. Jahrhunderts zu einem tragenden Bestandteil der Reproduktionsmedizin avancierte, aus der die überwachte Klinikgeburt (s. u.) und der Schwangerschaftsabbruch auf Basis einer eugenischen Indikation hervorgingen. War die medizinische Schwangerenbetreuung in älteren geburtshilflichen Lehrbüchern noch ein marginales Gebiet der Geburtsmedizin, so änderte sich dies mit Einführung der „Mutter-Kind-Pass"-Untersuchungen rasch (vgl. Schücking 1994: 22ff). Heute wird die Schwangerschaft durch eine Vielzahl medizinischer Eingriffe kontrolliert. Die dabei zum Einsatz gebrachten medizinischen Techniken transformierten die medizinische Schwangerenvorsorge zugleich zu einem Instrument Pränataler Diagnostik. Medizinische Schwangerenvorsorge und Pränatale Diagnostik sind dadurch eine mittlerweile untrennbare Verbindung eingegangen.

Bestand die Schwangerenvorsorge in den ersten Jahrzehnten des letzten Jahrhunderts im Wesentlichen noch aus sozialen Maßnahmen, welche die Gesunderhaltung der Mutter im Dienste der Gesundheit der Nachkommen zum Ziel hatten, so wurden mit der Aufnahme der „Geschlechtskrankenbekämpfung" in die Schwangerenfürsorge seit den 20er Jahren erstmals medizinische Eingriffe, nämlich serologische und klinische Untersuchungen, in die Wege geleitet, die als präventive Maßnahmen ebenfalls auf eine Senkung der Säuglingsmortalität und -morbidität abzielten. Diese medizintechnischen Untersuchungen wurden auf Grundlage der Adaptierung verschiedener Technologien, deren Entwicklung nicht in Zusammenhang mit der medizinischen Schwangerenvorsorge stand, zunehmend erweitert. Einfallstor und Grundlage aller weiteren medizinischen Eingriffe (z. B. Amniozentese) war die ursprünglich zur Sondierung von U-Booten entwickelte und im Ersten Weltkrieg bereits eingesetzte Ultraschalltechnologie (vgl. Gugerli/Orland 2002). Diese leitete eine entkörpernde Umdefinition von Schwangerschaft ein, da sowohl die Interaktion des Arztes, mehr noch aber die der Schwangeren mit dem Bildschirm die werdende Mutter entkörpert (vgl. Duden 2002: 102ff). Die Visualisierung des Embryos bzw. Fötus provozierte zugleich dessen Isolierung und Herauslösung aus dem Uterus, obwohl er weiterhin ohne physische Verbindung mit der Mutter nicht existieren kann. Seine sonographische Darstellung war eine Bedingung der Möglichkeit, ihn als Subjekt zu imaginieren und die Wahrnehmung der schwangeren Mutter zu eliminieren (vgl. Krieger 1995: 8ff).

Das Bild des Fötus, der zusammenhanglos allein in seiner Fruchtblase schwebt, ist heute Teil der allgemeinen Alltagsästhetik geworden.[141] Verena Krieger bezeichnet

---

141 Paradigmatisch dafür stehen die Bilder von Lennart Nilsson „Ein Kind entsteht. Bilddokumentation über die Entwicklung des Lebens im Mutterleib" (München 1991). Nilsson hatte bereits 1965 Im „Life" Magazin und im „Stern" die ersten Farbfotografien von 18-wöchigen Föten veröffentlicht (vgl. Krieger 1995: 9).

diesen durch Ultraschall dargestellten und unsere Vorstellung bestimmenden Fötus als „Kosmos-Föten", der von der Fruchtblase wie von einer Gloriole umgeben ist, dessen Mikrokosmos er zugleich abgibt und der in sich die ganze Welt umfängt. Er erscheint allein und als Zentrum der Schöpfung. Durch diese Kosmologisierung des Embryos wird der geschlechtliche Beitrag aus dem Reproduktionsvorgang ausgeblendet, ebenso wie die existenzielle leibliche Verbindung mit der Mutter. Die Parthenogenese der menschlichen Frucht ist der darin inszenierte, neue Schöpfungsmythos (vgl. ebd.: 16).

Aufbauend auf der Durchsetzung dieser Subjektvorstellung vom Embryo verstärkt die Humangenetik die Idee eines autonomen fötalen Wachstums als einen von der leiblichen Mutter völlig unabhängigen Prozess. Die medizinische Schwangerenvorsorge hat auf Grundlage der von ihr eingesetzten Technik einen grundlegenden Wandel der gesellschaftlichen und individuellen Wahrnehmung von Schwangerschaft hervorgebracht. Die geschlechtseigentümliche Erfahrung wurde durch Techniken wie Sonographie und chemische Tests eliminiert, die heute in der Erfassung und Bestätigung einer Schwangerschaft absolute Priorität erfahren und zum „Glauben an die Wirklichkeit biologischer Tatsachen" (Duden 1990: 2) sozialisieren. Die immunologische und sonographische Schwangerenkontrolle ist die Ursache dessen, dass dem Embryo bzw. Fötus zunehmend der Status eines eigenständigen, autonomen Patienten zuerkannt wurde. In Kombination mit der humangenetischen Diagnostik radikalisierte sich diese Vorstellung „vom Embryo als einem separaten, individuellen Wesen und vom foetalen Wachstum als einem autonomen, von der uterinen Umgebung weitgehend unabhängigen Prozess der Entwicklung einer genetischen Anlage" (Duden 2002b: 14). Diese Vorstellung vom menschlichen Embryo, welche die Medizin in der zweiten Hälfte des 20. Jahrhunderts in Gang setzte, widerspricht zugleich zur Gänze der leiblichen Erfahrung einer schwangeren Frau. Die Körperhistorikerin Barbara Duden bezeichnet diese historische Veränderung, bei der die Entwicklung einer in der Gebärmutter eingenisteten und befruchteten Keimzelle zum Embryo und zum Fötus in Ultraschallbildern visualisiert und über immunologische Tests diagnostiziert wird, als „entative Schwangerschaft" (Duden 2002b: 13).

Wurden diese Techniken anfangs zur Feststellung einer (Zwillings)Schwangerschaft, zur Vermessung des Wachstums, zur intrauterinen Gewichtsschätzung, für die Bestimmung der Graviditätsdauer und der Plazentalage sowie zur Prognostik des Geburtsverlaufes eingesetzt, so erweiterte sich ihr Hauptschwerpunkt zunehmend auf die Diagnostik unterschiedlicher Parameter zur Beurteilung des gesundheitlichen Zustandes des Fötus und der Erkennung gröberer Missbildungen. Bereits Ende der 70er Jahre galt die Pränatale Diagnostik als Routinemethode der medizinischen Schwangerenvorsorge und schon Ende der 80er Jahre wurde ihr von Seiten des reproduktionsmedizinischen Establishments der Erfolg zugeschrieben, in Österreich zu einer eklatanten Verringerung

„geschädigter" und „missgebildeter" Kinder beigetragen zu haben. Mit diesen Erfolgsmeldungen wurden die Zweifel an der Notwendigkeit und Nützlichkeit des allgemeinen Ultraschallscreenings in der Schwangerschaft, die selbst innerhalb der Medizin bestanden, tabuisiert. Denn bereits Mitte der 80er Jahre verwiesen Vergleichsstudien aus zwölf EU-Ländern darauf, dass eine hochtechnisierte Schwangerenkontrolle keine herausragenden Ergebnisse und die Sonographie der klinisch unauffälligen Schwangerschaft keinerlei positive Einflüsse garantiert (vgl. Schücking 1994: 26ff).

Ganz im Gegensatz zu diesen Einsprüchen wollte die österreichische Geburtsmedizin die von ihr propagierten Erfolge durch die Einführung einer obligaten Ultraschalluntersuchung in jedem Schwangerschaftsdrittel noch steigern. Die medizinische Schwangerschaftskontrolle wurde insgesamt über ein typisches Verlaufsmuster realisiert. Die zunächst für Risikogruppen eingeführten biomedizinischen Überwachungstechniken wurden im Verlauf der Anwendung auf immer mehr Gruppen ausgedehnt. Am Ende gelten alle Schwangeren als Patientinnen. Den Einsatz der Techniken rechtfertige aber nicht mehr nur das Argument, die Gesundheit der kommenden Kinder zu erhalten, sonder auch die Effizienz der medizintechnischen Eingriffe. D. h. medizinische Eingriffe in die Natur und Kultur der Reproduktion werden nicht nur getätigt, weil sie als notwendig von der Medizin propagiert und durchgesetzt werden, sonder auch deswegen, weil sie möglich sind.

Trotz der Unsicherheiten der Diagnose selbst bei erfahrenen Untersuchern wurde der positive Voraussagewert (PVP) eines Tests wegen der niedrigen Prävalenz von Missbildungen sehr niedrig veranschlagt, und trotz des geringen „Altersrisikos" (Gefahr der Zunahme der Trisomie 21 bei Kindern von Müttern und Vätern ab dem 35. Lebensjahr) und „Wiederholungsrisikos", bereits ein Kind missgebildet geboren worden war, wurde der Einsatz der Pränatalen Diagnostik von medizinischer Seite kaum kritisiert. Dass sie die von ihr selbst propagierten Ziele nicht erreichte, wurde von der pränatalen Medizin nur dahin gehend als Gefahr beurteilt, dass sich dadurch die PD als zu teuer und ineffizient selbst disqualifizieren könnte. Gegen diese relative Erfolglosigkeit wurde eine Verbesserung in der Ausbildung und mehr Forschung gefordert. Trotz dieser Anstrengungen der Reproduktionsmedizin, das Verfahren als Routinemaßnahme durchzusetzen, verlangen aber auch die heute eingesetzten Tests immer noch eine Entscheidung auf Basis statistischer Wahrscheinlichkeitskalkulationen. Bezogen auf die „Entdeckungsrate" – gemeint sind Ungeborene mit einer Chromosomenveränderung, meist einer Trisomie 21 – bleiben die eingesetzten Tests mit „falsch positiven" Testergebnissen behaftet. Dem „Erst-Trimester-Test"[142] wird eine „Entdeckungsrate" von 40% bis 80%, dem

---

142 Beim „Erst-Trimester-Test" wird die sonographische Fötometrie – gemessen wird die Nackentransparenz

„Triple-Test"[143] von 60% bis 65% bescheinigt (Snijders et al. 1998 in Samerski 2001: 50). Je nach Höhe der Wahrscheinlichkeitszahl wird eine Fruchtwasseruntersuchung oder eine Chorionzottenbiopsie empfohlen, bei der Ergebnisse der Zelluntersuchungen erst nach zwei bis drei Wochen vorliegen. Beide Eingriffe erhöhen das Abortrisiko. Die Entscheidung für eine derartige Untersuchung wird der werdenden Mutter (dem Paar) zugemutet. Bei all den Entscheidungen ist die Frage, ob die Schwangerschaft fortgeführt oder abgebrochen wird, virulent.

Eine Untersuchung hat keinen Sinn, wenn eine Frau die Bereitschaft zum Abbruch nicht hat. Selektion behinderter oder „erbkranker" Föten durch Schwangerschaftsabbruch wird damit zur individuell zu verantwortenden Einzelentscheidung. Soziale Fragen, wie die nach Integration und Möglichkeit einer Lebensgestaltung mit psychisch, körperlich und/oder geistig beeinträchtigten Menschen, werden durch die Medikalisierung und Eugenisierung individualisiert. Die individuelle Autonomie wird nicht mehr unterdrückt wie bei der alten Eugenik. Die neue Eugenik erfährt durch die Rationalisierung, Technisierung und Professionalisierung die Möglichkeit, sich nun über viele kleine und individuelle Vorsorgeentscheidungen zu einer alltäglichen, gesellschaftlich legitimierten Praxis zu etablieren (vgl. Kollek 2000: 154). Ein gesellschaftliches Bestandsproblem soll damit im Inneren des Kliniksystems, auf Basis der „informierten Zustimmung" schwangerer Frauen gelöst werden. Mit dem „gesellschaftlichen Mordauftrag werden Mütter geistig Behinderter beladen und alleingelassen", schreib Dietmut Niedecken in ihrer Studie über den gesellschaftlichen, medizinischen und therapeutischen Umgang mit geistig behinderten Kindern (1989: 55). Dieser Auftrag steckt auch in der Selektion genetisch defekter Embryonen, deren Defekte ja größtenteils zu den so genannten geistigen Behinderungen führen. Die Diagnose entlastet einerseits von Schuldgefühlen – die Eltern können nichts dafür, die Ursache liegt in den Genen, der Vererbung, Geburtskomplikationen etc. Doch die Schuldgefühle haben ihre Ursache, so Niedecken, weniger in den Phantasien, das Gebrechen verursacht zu haben, als in den unbewussten Tötungsphantasien, die tabuisiert sind. Auch auf Seiten der Ärzte ortet sie diese tabuisierte Motivation, Patienten loszuwerden, welche ihnen so drastisch die Grenzen der ärztlichen Macht vorführen (ebd.: 56).

Diese „Dialektik der Freiheit" wird mit der Ideologie einer „informierten Zustimmung", bei der Frauen angeblich erstmals „selbstbestimmt" über ihren Körper verfügen

---

des Fötus – mit Blutwerten und dem Alter der werdenden Mutter zu einer Wahrscheinlichkeitszahl hinsichtlich des Vorliegens eines Down-Syndroms verrechnet. Eine erhöhte Wahrscheinlichkeitszahl führt zur Zuweisung zu einer Fruchtwasseruntersuchung oder Chorionzottenbiopsie.

143 Durch Ultraschall und die Analyse von drei Blutwerten unter Berücksichtigung des Alters der werdenden Mutter werden Frauen für die Fruchtwasseruntersuchung ausgewählt.

können, von der Medizin auf die Betroffenen abgewälzt. Und sie wird nur von jenen werdenden Müttern am eigenen Leibe erfahren, die im Falle positiver Testergebnisse vor die Wahl gestellt sind, das Leben ihres Kindes aufgrund des diagnostischen Eingriffes zu gefährden oder das Risiko einer Behinderung in Kauf zu nehmen: werdende Mütter, die im Falle positiver Testergebnisse durch die Fruchtwasseruntersuchung die Entscheidung zu treffen haben, ob sie ihr Kind am Leben oder durch die Medizin töten lassen. Der überwiegende Teil der Bevölkerung erfährt diese „Dialektik der Freiheit" nicht am eigenen Leibe. Sie bewertet die neuen reprogenetischen Techniken der medizinischen Schwangerenvorsorge daher durchaus als Instrument vernünftiger und rationaler mütterlicher Praxis. So findet in Österreich der Schwangerschaftsabbruch infolge eines positiven Testergebnisses bei der Pränataldiagnostik bei 20- bis 54-Jährigen eine Akzeptanz von 69,9 %, wie eine Studie zum Konzeptionsverhalten und der Einstellung zum Schwangerschaftsabbruch 1997 gezeigt hat (Tazi-Preve et al. 1999: 73). In einer deutschen Studie haben der Aussage „Personen mit einem hohen Risiko für schwere Fehlbildungen sollten keine Kinder bekommen, es sei denn, sie machen Gebrauch von der pränatalen Diagnose und dem selektiven Schwangerschaftsabbruch" 64,8 % der befragten Schwangeren, 61,5 % der erwerbstätigen Bevölkerung, aber nur 11,2 % der Humangenetiker zugestimmt (Nippert 1997: 122).

Das Spektrum der zur Wahl stehenden Alternativen bleibt für die mütterliche Praxis gesellschaftlich und politisch sehr beschränkt. Da unsere Entscheidungen stets unter begrenzenden gesellschaftlichen Bedingungen stattfinden, gilt die feministische Kritik nicht der Entscheidungsfähigkeit der Patientinnen, sondern der begrenzenden Aussagekraft statistischer Modelle, mittels derer die Medizin den werdenden Müttern zu einer „informierten Entscheidung" verhelfen will. Trotz breit angelegter Nutzenabwägungen und Kostenberechnungen von Seiten der Reproduktionsmedizin werden soziale Maßnahmen, welche es Frauen ermöglichen, ihre Kinder auch schon vor dem 35. Lebensjahr zu bekommen, ohne dass das ihren Verzicht auf berufliche Existenzsicherung zur Folge hat, nicht erwogen, obwohl bis heute die überwiegende Mehrheit aller Fruchtwasseruntersuchungen aufgrund der „Altersindikation" getätigt werden. Es wird sogar ganz im Gegenteil ein Anspruch auf Pränatale Diagnostik für Frauen ab dem 35. Lebensjahr propagiert. Damit beschränkt sich die Haupttätigkeit der Pränatalen Diagnostik bis heute auf die Verhinderung einer Geburt von Kindern mit Down-Syndrom.[144]

---

144 Behindertenvertreter sehen in den Vorschlägen der „Gesellschaft für Ultraschall in der Medizin", im Rahmen des „Mutter-Kind-Passes" ein First-Trimester-Screening zu machen, eine „Rasterfahndung nach behindertem Leben" und eine Gefahr für das „Lebensrecht behinderter Menschen" (Der Standard 8. Juni 2002: 8). Zwischen der 11. und 14. Schwangerschaftswoche sollen mögliche Chromosomenschäden der Ungeborenen sowie Eileiterschwangerschaften entdeckt werden.

Dass der Schwangerschaftsabbruch aus „eugenischer Indikation" nach der Pränatalen Diagnostik mit eugenischer Selektion im Zusammenhang steht, wurde von Seiten der Medizin, nachdem der Begriff der Eugenik endgültig durch den der Humangenetik ersetzt worden war, seit den 70er Jahren konsequent zurückgewiesen. Diese Abgrenzung wird mit der Entscheidungsfreiheit der Betroffenen, mit den individualmedizinischen Zielen der Pränatalen Diagnostik und mit der „Natürlichkeit" von Selektion begründet. So sieht der Vorsitzende des Ethikbeirates des österreichischen Bundeskanzleramtes, Prof. Dr. Dr. Johannes Huber, Gynäkologe und Theologe, in der humangenetischen Pränatalen Diagnostik keine Selektion, sondern die Vorwegnahme eines „natürlichen Todes":

> „Es geht hier nicht um Selektion von Behinderten und Nicht-Behinderten, sondern um die Verhinderung von schwerstem, nicht mit dem Leben zu vereinbarendem Leben" (Huber 2001: 44).

Hier wird in aller Deutlichkeit ausgesprochen, dass seitens der Medizin Selektionen vorgenommen werden, welche die Geburt eines Kindes verhindern. Es handelt sich dabei um Kinder, deren „Leben" medizinisch als eines beurteilt wird, das „nicht mit dem Leben" zu vereinbaren ist. Diese Rede-Wendung erweckt den Eindruck, als sei hier „reine Natur" am Werk, also ein Leben, das nicht mit dem Leben zu vereinbaren, statt einem Leben, das nicht mit der Gesellschaft zu vereinbaren ist. Eingeführt wird neben der Kategorie Behinderte und Nicht-Behinderte, deren Lebensgestaltung von der Gesellschaft behindert oder nicht behindert wird, eine dritte Kategorie des „mit dem Leben zu vereinbarenden Lebens", in der angeblich die Natur nur mehr auf die Natur verweist. In dieser ideologischen Wendung wird die Medizin zum Vollzugsorgan der „Natur", zum verlängerten Arm der „Natur". Auf Basis der Naturalisierung der Tötung wird es möglich, dermaßen gespalten zu sprechen: dass es sich bei der medizinischen Selektion und Verhinderung des Lebens eines Kindes nicht um eine medizinische Selektion und Verhinderung handelt, sondern um die Vorwegnahme eines „natürlichen" Todes.

Aber auch der Hinweis auf den individualmedizinischen Ansatz von Pränataler Diagnostik und selektivem Schwangerschaftsabbruch dient der Abgrenzung gegenüber der alten Eugenik. Hervorgehoben werden dazu stets jene Aspekte der alten Eugenik, die mit Hilfe staatlicher Sanktionen zur „Heilung des Volkskörpers" beitragen sollten. Wie in den letzten beiden Kapiteln dieser Arbeit gezeigt werden konnte, haben eugenisch orientierte Ärzte die medizinischen Eingriffe in die generative Reproduktion immer auch damit begründet, Leid von potenziell Betroffenen und deren Angehörigen verhindern zu wollen. Sie wollten sowohl der Gesunderhaltung des Volkskörpers als auch der Gesunderhaltung des individuellen Körpers dienen. Mit Hilfe dieser, einen Teil der eugenischen Geschichte verschweigenden, Abgrenzung werden die eugenischen Momente aus der naturwissenschaftlich reproduktionsgenetischen Medizin herausdefiniert, um sie zur Individual-, und damit zur „eugenikfreien" Medizin zu erklären, die nur ein individuelles Leid und das Leid der Familie mit einem missgebildeten Kind verhindern will und als deren oberstes Gebot die „Entscheidungsfreiheit" der Betroffenen propagiert wird. Die reproduktionsgenetische Medizin betont, dass der Schwangerschaftsabbruch nur auf Wunsch der Eltern durchgeführt wird und dass auch die Entscheidung, ob ein Leben lebenswert ist oder nicht, die Eltern zu verantworten haben. Die reproduktionsmedizinische Wissenschaft inszeniert sich als eine völlig uneigennützige Instanz, welche bestrebt ist, kindliche Fehlentwicklung deswegen so früh aufzudecken, damit die Eltern eine der Gesetzeslage entsprechende Entscheidung zum Schwangerschaftsabbruch realisieren können.

Dieses Insistieren auf die „informierte Zustimmung" und das Selbstbestimmungsrecht der Betroffenen wird für die Zurückweisung von Vorwürfen hinsichtlich eugenischer Verfahren und Ziele der Pränatalen Diagnostik funktionalisiert und dient der Legitimation der biomedizinischen Praxis sowie der Verweigerung kritischer Hinterfragung durch das medizinische Establishment. Es ermöglicht die Entlastung von eigener Verantwortung und dient sogar einer Ausdehnung medizinischer Macht. Zudem wird in Zusammenhang mit einem selektiven Schwangerschaftsabbruch den Frauen vom medizinischen Establishment in Österreich erstmals ein Entscheidungsrecht explizit zugestanden. Erinnert sei an die vehemente Ablehnung des Schwangerschaftsabbruches auf Basis der Fristenlösung, die im hegemonialen Diskurs der Geburtsmedizin als eine Degradierung der ärztlichen Profession empfunden wurde, weil sie Ärzte zu Handlangern von individuellen Bedürfnissen von Frauen herabsetze. Diese Ablehnung führte dazu, dass trotz der Legalisierung des Schwangerschaftsabbruches auf Grundlage einer Fristenregelung vor fast 30 Jahren (1975), in Österreich bis heute Durchführungsbestimmungen zum Schwangerschaftsabbruch fehlen. So zeigte eine 1995 durchgeführte Befragung in allen Krankenhäusern mit gynäkologischen Abteilungen, dass nur in 17 Krankenhäusern Schwangerschaftsabbrüche nach der Fristenregelung, in 58 nur nach medizinischer Indikation und in 25 überhaupt keine durchgeführt wurden.[145] Da es in Österreich keine Registrierungspflicht für Schwangerschaftsabbrüche gibt, liegen über ihre Anzahl nur Schätzungen vor. Das Institut für Demographie der Österreichischen Akademie der Wissenschaften geht für das Jahr 2001 von 16.000 bis 24.000 Abbrüchen aus[146] (Tazi-Preve u. a. 2001: 442).

In überwiegendem Ausmaß erhält die Frau vom Mainstream der österreichischen Reproduktionsmedizin erst im Falle einer pränatal diagnostizierten Schwangerschaft

---

145 Erhebung im Zuge der Erstellung des Österreichischen Frauengesundheitsberichtes (Wimmer-Puchinger u. a. 1995). Angaben auch unter: http://www.oegf.at/dokumente/enquete.pdf (S. 61).
146 Die Zahlen wurden aus Vergleichen mit europäischen Ländern erarbeitet, deren Fertilität und Verhütungsvehalten mit österreichischen Verhältnissen vergleichbar ist

mit einem „missgebildeten" Fötus den Status des autonom entscheidenden Subjekts zuerkannt. Eine Entscheidung zum Schwangerschaftsabbruch auf Basis einer eugenischen Indikation wird an allen gynäkologischen Abteilungen der österreichischen Krankenhäuser unterstützt. Die Frau kann im Falle eines gesellschaftlich unerwünschten missgebildeten Kindes erstmals selbstbestimmt über ihren Körper entscheiden. Als Legitimation für den selektiven Schwangerschaftsabbruch führt das reproduktionsmedizinische Establishment stets die Fristenlösung an. So erachtet der Vorsitzende des Ethikbeirates des österreichischen Bundeskanzleramtes, Univ.-Prof. Dr. Dr. Johannes Huber, sowohl die eugenische Indikation als auch die Embryonenforschung als weniger problematisch als die Fristenregelung. Denn „angesichts der Tatsache, dass in Europa praktisch jede Frau das Recht hat, bis zur 12. Woche mit dem Embryo zu machen, was sie will" (Huber 2001: 44), weist er jede Kritik, dass es sich beim selektiven Schwangerschaftsabbruch um eine neue Eugenik handle, zurück. Mit diesem Argument, das paradigmatisch für die Legitimation des selektiven Schwangerschaftsabbruches auf Seiten der herrschenden Reproduktionsmedizin ist, sollen die ethische Diskussion abgewehrt und die Problematik der sozialen Technikfolgen verschoben werden.

Die Eltern haben hier also zu verantworten, ob der wissenschaftliche Fortschritt unter moralischer Entlastung des Arztes im Körper der Frau zur Anwendung kommt, für den die werdende Mutter mittels Wehenmitteln den missgebildeten Fötus „ausstoßen" muss. Selbstbestimmung durch Medikalisierung ist eine dominante Ideologie der zweiten Hälfte des 20. Jahrhunderts. Eingeleitet wurde sie, wie bereits erörtert, durch die Pille als medikalisierter Empfängnisverhütung. Mit ihrer Hilfe wurde durchgesetzt, Naturvorgänge im Bereich der generativen Reproduktion als Entfremdung begreifen zu lernen. Demgegenüber erscheint eine chemisch verhinderte oder technisch hergestellte Schwangerschaft als Gebot der Vernunft, die, innerhalb von nur drei Jahrzehnten, heute jede gesellschaftliche Anerkennung und Achtung erfährt. Die Pille sozialisierte alle Frauen (nicht nur die Anwenderinnen) zum Glauben, dass Zeugung und Schwangerschaft soweit planbar sind, dass die Kinder in ihr Leben passen. Die Pränatale Diagnostik sozialisiert Frauen zum Glauben, dass sie über medizinische Eingriffe in ihren Körper die Gesundheit ihres erwarteten Kindes kontrollieren und die Angst vor sozialen Konsequenzen im Falle der Geburt eines behinderten Kindes in den Griff bekommen können.

Dies ist auch in dem Kontext zu sehen, dass ganz allgemein die Geburt eines Kindes für Frauen heute ein Existenzrisiko darstellt, da die Möglichkeiten einer Vereinbarkeit von Beruf und Familie begrenzt sind und von Familienunterstützung durch Großeltern oder ökonomischen Mitteln abhängig bleiben. Diese realistischen Soziaängste, durch die Betreuung und Erziehung eines Kindes beruflich an den Rand zu geraten und bei Verlust des Berufes das eigene und gemeinsame Leben nicht ausreichend absichern zu können, werden durch die Gedanken an ein behindertes Kind, das abhängiger ist und mehr Betreuung und Pflege bedarf, noch gesteigert. Durch die Entdeckung von immer weiteren, wenn auch noch so seltenen genetischen Defekten verstärkt die Medizin die Ängste und bietet sich zugleich zu deren Lösung an. Angstproduktion und Schutzangebot sind bewährte Strategien der Professionalisierung. Die Pränatale Medizin schafft erst die Bedürfnisse, die auf das, was sie anzubieten hat, zugeschnitten sind, sie monopolisiert die Mittel der Befriedigung und erklärt die geforderte „informierte Zustimmung" als autonome Entscheidung oder als Akt der Selbstbestimmung, um dem Vorwurf, Teil der neuen Eugenik zu sein, zu entkommen. Doch solange Menschen Entscheidungen treffen, können diese nicht jenseits gesellschaftlicher Normen getätigt werden – Normen, die wiederum durch die Medikalisierung der Reproduktion mitbestimmt wurden und werden. D. h. es werden nur dann Selbstbestimmungsmöglichkeiten unterstützt, wenn sie den gesellschaftlich dominanten Vorstellungen entsprechen. So wird z. B. auf der einen Seite werdenden Müttern im Zusammenhang mit vorgeburtlicher Selektion ein Selbstbestimmungsrecht eingeräumt, auf der anderen Seite aber Frauen mit Assistenzbedarf eine selbstbestimmte Lebensführung nur dann gewährt, wenn sie nicht mit Mehrkosten verbunden ist (vgl. Faber 2002: 89).[147]

Auch hinsichtlich der unterstellten „autonomen Entscheidungsfindung" ist festzuhalten, dass die Pränatale Diagnostik nur eine bestimmte Form von Autonomie ventiliert. Anne Waldschmidt, Professorin im Fachbereich Pflegemanagement an der Fachhochschule Nürnberg und Gründungsmitglied des Netzwerkes gegen Selektion durch Pränataldiagnostik, deren Forschungsschwerpunkte u. a. Selbstbestimmung und Bioethik sind, differenziert drei Autonomiekonzeptionen und fragt danach, welche durch Pränatale Diagnostik forciert werden (Waldschmidt 2002: 105ff). Zum einen verweist sie auf die „Selbstbeherrschung", eine politische Konzeption von Autonomie, die auf den Auf- und Ausbruch aus personalen und politischen Abhängigkeitsverhältnissen abzielt und um Freiheit und Mündigkeit kämpft. Das Individuum soll zum Souverän seiner selbst werden, der Einzelne sich von Vernunft leiten lassen und nicht von Trieben oder Interessen. Der Mensch hat sich nach vernünftigen Maßstäben zu regieren. Leid gilt es durch Selbstdisziplinierung zu überwinden. Eine zweite Möglichkeit ist die der „Selbstthematisierung", eine hermeneutische Konzeption von Autonomie, die auf Selbstentfaltung abzielt und über Selbstthematisierung zu einer eigenen, persönlichen Wahrheit gelangen will. Diese Position ermöglicht einen akzeptierenden Umgang mit Leid, dem ein eigener Sinn verliehen wird. Zum Dritten zielt die „Selbstinstrumentalisierung" als technische

---

147 Brigitte Faber weist darauf hin, dass in Deutschland Frauen und Mädchen mit Assistenzbedarf nach wie vor kein Recht auf die Pflege durch Frauen haben und akzeptieren müssen, dass selbst bei der Pflege im Intimbereich völlig fremde Männer zum Einsatz kommen (Faber 2002: 89).

Konzeption von Autonomie darauf ab, persönliche Interessen und eigenes Lebensglück selbst rationell und wirksam zu verfolgen. Der eigene Leib wird von, vom Verstand gesetzten, Zwecken instrumentalisiert, er soll funktionieren, dem Lebensglück dienen und prestigefördernde Effekte erzielen. Der Mensch wird sich selbst zum Material für seine Zwecke. Reproduktionsmedizinische Praktiken, wie die Pränatale Diagnostik und die IVF fördern diese Autonomiekonzeption der Selbstinstrumentalisierung (vgl. ebd.: 112). Eine humangenetische Beratung, auch wenn sie den Anspruch hat, über Information nur Entscheidungshilfen anbieten zu wollen, ist Teil dieser Problematik, weil Autonomie eben unterschiedliches bedeutet und nicht an und für sich schon positiv ist.

Die Pränatale Diagnostik wird in den fachinternen Diskussionen der Reproduktionsmedizin mit den Argumenten der Selbstbestimmung, Leidvermeidung und Forschungsfreiheit legitimiert. Die medizinische Beurteilung und Bewertung der Pränatalen Diagnostik bleibt auf die Diskussion „einwandfreier Methoden" fixiert, die physischen, psychischen und sozialen Technikfolgen komplett ausgeblendet. Die Auseinandersetzung mit der Tatsache, dass es sich bei der Pränatalen Diagnostik um eine selektive Diagnostik handelt, welche nicht Ausgangspunkt einer Krankenbehandlung ist, sondern dazu erstellt wird, potenzielle Krankheitsträger zu vernichten, wird vermieden. Diese Problematik wurde mit dem Hinweis, dass allen Ärzten klar sein müsse, dass es in diesem Fall kaum bzw. keine Therapiemöglichkeiten gäbe, abgeschlossen. Physische und psychische Folgewirkungen wie Fehlgeburten, Schwangerschaftskomplikationen und Verletzungen der werdenden Mutter und des Fötus wurden in kein Verhältnis zur medizinischen Forderung nach einer breiten Anwendung der PD gestellt, ebenso wenig die Folgewirkungen medizinischer Eingriffe in die Kultur der Reproduktion. Dazu gehören die Tatsachen, dass die PD eine radikale Änderung des Schwangerschaftserlebens und damit der Mutter-Kind-Beziehung durch die Herstellung einer „Schwangerschaft auf Abruf" (Rothman 1989) provoziert und dass die selektive Diagnostik im zweiten Drittel der Schwangerschaft, in dem die werdende Mutter bereits Kindsregungen wahrnehmen kann, zur neuen problematischen Norm einer verantwortlichen Mutterschaft wird (vgl. Duden 2002: 92ff; Wolf 2004). Fragen, welche eine werdende Mutter in einer, durch die Pränatale Diagnostik hergestellten, Schwangerschaft auf Probe beschäftigen, die möglicherweise traumatisierende Erfahrung des Abbruches in einer hohen Schwangerschaftswoche (in der Regel nach der 20. SSW) sowie die physischen und psychischen Folgekosten einer solchen Entscheidung und Erfahrung werden in die Beurteilung der PD von Seiten des reproduktionsmedizinischen Mainstream nicht einbezogen.[148]

---

148 Beeindruckend verarbeitete und schilderte die Dokumentarfilmerin Katja Baumgarten die Belastungen und folgenschweren Entscheidungen einer werdenden Mutter, welche die Pränatale Diagnostik abver-

Auch die medizinischen Eingriffe in die Veränderung der sozialen Bewertung und Wahrnehmung von Krankheit und Leid, die Veränderung des gesellschaftlichen Verhältnisses zu Menschen mit Beeinträchtigungen und die Durchsetzung der sozialen Norm vom gesunden, leistungsfähigen und schönen Menschen werden bei der Bewertung der neuen Diagnosemöglichkeiten nicht berücksichtigt. Auch wenn eingeräumt werden kann, dass Ärzte mit Hilfe der PD u.a. auch helfen wollen, Leid von Betroffenen und Anghörigen zu verhindern, so fehlt dennoch die Diskussion darüber, was als Leid beurteilt wird und welches Leid vermieden werden soll. Diese Problemati wird an die Ethik abgegeben, die ihrerseits eine individualfallbezogene Entscheidung propagiert. Doch Leid ist kein objektiv messbarer Tatbestand, sondern ein Empfinden und ein qualitatives, sozial überformtes Phänomen (vgl. Waldschmidt 2002: 106ff). D. h. es ist unabdingbar, die Frage zu stellen, welches Leid durch eine Legitimierung Pränataler Diagnostik gesellschaftlich für wert befunden wird, durch medizinische Eingriffe abgemildert zu werden. Denn darüber, welches Leid gesellschaftlich anerkannt wird, entscheiden wissenschaftliche, versicherungstechnische, sozialpolitische und ökonomische Interessen.[149] Heute gelten vor allem Abhängigkeit und Angewiesenheit auf Unterstützung als leidvoll. Behinderung wird gleichgesetzt mit diesem Leid, das zugleich als unzumutbar und als Gegenteil von Selbstbestimmung definiert wird (vgl. Faber/Puschke 2002: 68). Gesamtgesellschaftliche Konflikte werden bestimmten sozialen Gruppen, wie werdenden Müttern und Behinderten, zu lösen auferlegt. Dabei zeigte sich am Ende des 20. Jahrhunderts in unserer Gesellschaft mit aller Deutlichkeit, dass sozial jene Leidformen als investitionswürdig beurteilt werden, die das Leid individualisieren und medikalisieren können. Damit wird die soziale Lösung eines Bestandsproblems der Gesellschaft explizit und implizit an die Reproduktionsmedizin delegiert, die das Problem im Inneren des Kliniksystems entsorgen soll.

Die Pränatale Diagnostik eliminiert dazu nicht nur potenzielle PatientInnen und stigmatisiert Menschen, die mit Behinderungen leben müssen, sondern normiert auch

---

langt. Die Protagonistin war bei ihrer vierten Schwangerschaft nach der Ultraschalluntersuchung mit der Diagnose konfrontiert, dass die zahlreichen, sonographisch „entdeckten" Missbildungen ihres Kindes auf eine Trisomie 18 schließen ließen. In dem Dokumentarfilm „Mein kleines Kind" sprach sie ihre widersprüchlichen Gefühle und Gedanken, die sie über Wochen beschäftigten, auf Band. Sie konnte sich nicht zu einem Schwangerschaftsabbruch entschließen, trug das Kind aus und gebar es – wie ihre anderen Kinder – zu Hause. Ihr kleines Kind Martin starb bald nach der Geburt an der Brust seiner Mutter (ZDF, 2. November 2003).

149 So hat z. B. die Studie von Irmgard Nippert gezeigt, dass sich neben den bisherigen Leistungskriterien wie Intelligenz, Schönheit, Gesundheit und körperlicher Fitness nun auch Vorstellungen der genetischen Fitness durchsetzen. So beurteilten 54,9 % der befragten Frauen ein möglicherweise genetisch bedingtes Übergewicht als akzeptablen Abtreibungsgrund (Nippert 1999: 78).

den gesellschaftlich akzeptierten „verhältnismäßigen Menschen" über Gesundheit, Leistungsfähigkeit und Schönheit. Zumal Behinderung ein soziales Problem darstellt (vgl. Rommelspacher 1999: 7ff) und Menschen mit Behinderungen von der Gesellschaft durch Ausgrenzungsprozesse auf der materiellen, kulturellen und symbolischen Ebene behindert werden, wird die Pränatale Diagnostik gesellschaftlich als ein Instrument zur Lösung eines sozialen Problems akzeptiert und eingesetzt. Individuell verstärkt die Internalisierung von Normalitätsvorstellungen die Abwehr gegenüber Menschen, welche diesen Normen nicht entsprechen, da sie die eigenen Ängste vor dem Versagen und dem Verdrängten aktiviert und diese Ängste am „abweichenden" Anderen abgewehrt werden müssen. Doch sowohl für gesellschaftliche als auch für individuelle Normalisierungsbemühungen stellt die Pränatale Diagnostik einen äußerst schwachen und durchaus irrationalen Versuch dar, soziale Probleme zu lösen, Normalitätsängste zu beruhigen oder Leid zu verhindern. Angesichts der Tatsache, dass nur 5 % der Schwerbehinderungen (ab einem Behinderungsgrad von 50 %) angeboren und davon wiederum nur 0,5 % durch PD identifiziert werden können, dass also nur ein Bruchteil der Behinderungen, die im Leben als Behinderung gelten, pränatal diagnostizierbar sind, dass ca. 95 % der angeborenen Fehlbildungen auf Geburtsschäden zurückgehen und dass über 95 % der schweren Behinderungen im Laufe des Lebens aufgrund von Unfällen und Erkrankungen entstehen (vgl. Reprokult 2002: 131), ist der gesellschaftliche Kredit, den die Pränatale Diagnostik als reproduktionsmedizinische Technik erfährt, schwer begründbar. Es macht aber deutlich, dass tiefer liegende Ursachen eine Rolle spielen.

Auf jeden Fall dient der breite Einsatz der Pränatalen Diagnostik der Suggestion, dass unser Leben in seiner Gesamtheit der Entscheidungsgewalt des Menschen unterliegt und die Unverfügbarkeit der menschlichen Natur wissenschaftlich-technisch verfügbar gemacht werden kann. Zudem nährt sie die Illusion einer „narzisstischen Eugenik", die anbietet, das „Selbstideal in den Anderen hinein entwerfen, ihn ganz nach dem eigenen Bild schaffen zu können" (Rommelspacher 2002: 22). Kulturgeschichtlich resultiert der Wunsch nach dem Fortleben im Anderen aus dem Wunsch nach der Überwindung der Endlichkeit menschlicher Existenz und nach Unsterblichkeit. Zugleich verweist dieser Wunsch auf die spezifische Problematik eines männlichen reproduktiven Bewusstseins, die aus der Ungewissheit der Vaterschaft hervorgeht und bis weit ins 20. Jahrhundert hinein die Frage der Abstammung virulent hielt. In jedem Fall dient die Vorstellung des Fortlebens im anderen der narzisstischen Bestätigung und der Verminderung von Ängsten angesichts der Gewissheit des Todes. Die Moderne ist u. a. davon gekennzeichnet, das Sterben und den Tod zu verdrängen (vgl. Gronemeyer 1996). Da beide unausweichlich bleiben, sollen sie aus dem Leben verbannt und die Lebensspanne gesichert werden. Aber gerade wegen dieses Bemühens ist das unterdrückte oder unbewusst gemachte Wissen der Sterblichkeit in den gesellschaftlichen Institutionen und Ritualen anwesend, die allem Anschein nach ausdrücklich dem Leben dienen (vgl. Baumann 1994). Denn das Gewahrsein eigener Sterblichkeit ist die entscheidende Bedingung, welche die Dauer des Lebens zu einer Aufgabe werden lässt – ebenso wie das Gewahrsein, dass der andere anders ist, auch die Möglichkeit eröffnet, sich nicht endlos zu wiederholen. Von daher kultiviert der Versuch einer wissenschaftlichen Neuordnung der Reproduktion zur Perfektionierung der Fortpflanzung und „Vervollkommnung" der Nachkommen weiterhin den Wunsch nach dem Fortleben im anderen, der für die Verdrängung der Wahrnehmung menschlicher Verletzlichkeit und Endlichkeit funktional ist, anstelle der Neugier auf den anderen.

Aber Pränatale Diagnostik findet nicht nur aufgrund ihrer Suggestionskraft Zustimmung, dass menschliches Leben zur Gänze der Entscheidungsgewalt des Menschen unterliegt. Zugleich ist reproduktionsgenetische Medizin wie alle medizinische Forschung motiviert und strukturiert von Professionalisierungsinteressen, die auf den Gewinn an symbolischem wie ökonomischem Kapital abzielen. Dieses eigennützige Interesse wird als uneigennütziges dargestellt, indem die Freiheit der Wissenschaft als Bedingung der Möglichkeit propagiert wird, nichts ungetan zu lassen, was wissenschaftlich und technisch der Leidvermeidung auf Basis einer „Verbesserung" des Menschen dient, immer neue Grenzen zu überwinden und neue Horizonte zu eröffnen. Diese Formel ermöglicht zugleich, die medizinischen Techniken, die entwickelt wurden, einzusetzen, um mit ihnen Macht, Einfluss und Behandlungsterrain zu sichern. Sie ermöglicht auch, wie der Biochemiker und Gentechnikkritiker Erwin Chargaff (1905–2002)[150] kritisierte, Profite in Form von institutioneller Anerkennung, Forschungsförderung und Patentierung von wissenschaftlichen „Entdeckungen" einzuholen.

> „Die bei vielen Wissenschaftlern ständig wachsende Überzeugung, dass sie aufgerufen sind, an die Stelle der Natur zu treten, hat ihren klarsten und brutalsten Ausdruck im Begriff der Gentechnik, des ‚genetic engineering' gefunden. […] wir zerteilen und verbinden, wir basteln und popeln, als könnten wir Prozessen, die im Laufe von Jahrmillionen entstanden sind, flott entgegenwirken. […] Wer hätte in den frühen Tagen der DNA-Forschung gedacht, dass es

---

[150] Erwin Chargaff wurde in Czernowitz geboren, studierte Chemie an den Universitäten Wien und Yale, war ab 1930 Assistent für Chemie an der Universität Berlin. Er flüchtete 1933 vor den Nationalsozialisten zuerst nach Paris, 1935 nach Amerika. Er war ab 1952 Professor für Biochemie an der Columbia University in New York und leitete dort ab 1970 das Department of Biochemistry. Chargaff galt neben J. D. Watson und F. Crick als einer der Pioniere auf dem Gebiet der Erforschung der DNS (vgl.: Wider den Gen-Rausch. Eine Jahrhundertbegegnung. Doris Weber im Gespräch mit Erwin Chargaff. Oberusel: publik forum 1999).

bald schon möglich sein würde, Wohlergehen oder Krisis einer wissenschaftlichen Disziplin an den Börsenkursen der sie ausbeutenden Firmen abzulesen?" (Chargaff 2000: 179).

Trotz der Macht, welche medizinische Wissenschaft, Forschung und Entwicklung gegenüber der Arbeit anderer Wissenschaften genießt, bleibt sie abhängig von der Finanzierung ihrer Forschung, wodurch sich auch die Autonomie der Wissenschaft, nicht nur die der Betroffenen, als ideologische Konstruktion erweist.

Gegenüber der alten Eugenik und ihren Forderungen nach Verhaltensänderungen im Sexualleben und in Geschlechterbeziehungen eröffnen die neuen Techniken der Pränatalen Diagnostik Wahlmöglichkeiten. Man kann den Ehepartner nach Kriterien der Liebe wählen, zugleich die Familiengröße bestimmen und die genetische Qualität der Nachkommen bewahren und fördern (vgl. Weingart 1992: 47). Auch ermöglicht die fötale Zelluntersuchung zur Diagnostik biochemischer Veränderungen und Chromosomenabweichungen, die Sterilisation durch eine Schwangerschaft auf Probe zu ersetzen. Die neuen Techniken schränken nicht ein, sondern eröffnen Wahlmöglichkeiten. Sie sind durch und durch modern. In dem immer dichteren Netz von medizinischen und eugenischen Eingriffen in die Natur und Kultur der Reproduktion erarbeiten Geburtsmediziner, Pädiater und Humangenetiker die Synthese eines Wissens, das eine Rationalisierung der generativen Reproduktion ermöglicht und eine den natürlichen Prozessen überlassene Reproduktion als Risiko diskreditiert. Rationalisierung der Fortpflanzung, die werdende Mütter an und in ihrem Körper zu leisten haben, wird zu einem Synonym für die „Verbesserung" des „Fetal outcome". Kontrollen durch den Ehemann (privater Patriarchalismus) und den Staat (öffentlicher Patriarchalismus) werden scheinbar durch die Wahlmöglichkeiten der Reproduktionsmedizin zurückgedrängt. Zudem gibt es keine sichtbaren Opfer.

> „Die pränatale Aussonderung von genetisch Mangelhaftem entbehrt nicht des pikanten Aspekts, dass es dabei keine realen Opfer gibt und daher Widerstand ausbleiben muß; therapeutische Abtreibungen sind ebenso gut aus eugenischer wie medizinisch vorbeugender Sicht zu begründen. Die fortschreitende Zucht einer glücklich domestizierten Menschenrasse wird also zu keinem definierbaren Zeitpunkt die freie Entscheidung des Einzelnen antasten, denn in der genetischen Planwirtschaft von Gentechnikern, Arbeitgebern und Versicherungsgesellschaften ist unsere individuelle Existenz beendet, noch bevor sie begonnen hat" (Malière in: Trojan 1995: 123).

Der harte Arm des Gesetzes wird mit Hilfe der modernen Naturwissenschaft durch die ausgestreckte Hand des Humangenetikers und Reproduktionsmediziners ersetzt.[151] Die neuen Reproduktionstechniken, die seit den 60er Jahren im Einsatz sind, sind die wirksamsten Biotechniken des 20. Jahrhunderts, um eine Kontrolle der Beziehungen durch körperliche Eingriffe zu ersetzen, und erscheinen von daher als Befreiungstechniken. Die Pränatale Diagnostik, die ab Mitte der 60er Jahre zum Einsatz kam, markiert also den Übergang von der alten Eugenik als „selektionistische Sozialtechnologie" zur neuen Eugenik als „molekularbiologisches technological (bzw. genetic) fix". In der Alltagsroutine manipulativer Laborarbeit an chemisch-physikalischen Partikeln wird die eugenische Vorgeschichte in der eleganten Vorsorge vor Anormalität und sozialem Unglück absorbiert (vgl. Trallori 1992: 12). Joshua Lederberg (geb. 1925), Mikrobiologe und Genetikprofessor (University of Wisconsin, Stanford School of Medicine, Rockefeller University in New York), erhielt 1958 als 33-Jähriger den Nobelpreis für Medizin[152] und ist heute professor-emeritus of molecular genetics and informatics. Er benannte unmissverständlich schon Anfang der 60er Jahre diesen naturwissenschaftlichen Fortschritt, den die Eugenik mit Hilfe der Humangenetik erfahren werde: „Die neueren Fortschritte der Molekularbiologie bieten uns bessere eugenische Mittel, dieses Ziel (der genetischen Verbesserung, M.W.) zu erreichen" (1988 [1962]: 295). Vor allem sei mit den neuen Mitteln in ein oder zwei Generationen eugenischer Praxis möglich, was bisher zehn oder hundert Generationen gebraucht hätte. „Wie unbeholfen waren noch vor fünf Jahren unsere Anstrengungen bei der Behandlung des Mongolismus, bevor wir die Chromosomengrundlage dieser Krankheit verstanden" (ebd.). Lederberg sah die Bedeutung der Molekularbiologie für die menschliche Biologie in naher Zukunft darin, die menschliche Entwicklung technisch zu leiten. Dies nennt er „Euphänik". Eugenik wie „Euphänik" beurteilte er als die biologischen Gegenstücke zur Erziehung. Die „verwirrende Geschichte utopischer Erziehungsmethoden" warne davor, „die menschliche Persönlichkeit auf unsicheren philosophischen Grundlagen neu zu schaffen". Demgegenüber beurteilte er die Molekularbiologie als einziges Mittel, die Ziele menschlicher Existenz mit der Verantwortlichkeit für die menschliche Natur zu verbinden (ebd.: 298). Der naturwissenschaftliche Fortschritt beförderte tatsächlich ein neues Entwicklungsstadium in der Geschichte der Eugenik,

---

151 Diese Haltung wurde zum Teil auch absichtsvoll gefördert. So diskutierten bei einer Tagung in Bremen im Jahr 1984 Humangenetiker darüber, wie die humangenetische Beratung auf größere Bevölkerungsteile ausgeweitet werden könne. Angesichts einer von ihnen wahrgenommenen Sensibilität der Öffentlichkeit in Bezug auf Datenerfassung wurde ein äußerst behutsames Vorgehen empfohlen. „Wir sollen vermeiden, uns aufzudrängen. Es ist alles zu unterlassen, welches die genetische Beratung in Mißkredit bringen kann" (zit. in: Heim 1986: 160).

152 Lederberg wurde der Nobelpreis für die Entdeckung der recombination and the organization of the genetic material of bacteria zuerkannt (vgl. http://www.nobel.se/medicine/laureates/1958/index.html).

in dessen Rahmen pränatale Eingriffe in die Natur der generativen Reproduktion wissenschaftlich als vernünftig geboten und ethisch wie politisch als freie Entscheidung gelten. Als Kriterium des Wandels von der alten zur neuen Eugenik beurteilt der Wissenschaftssoziologe Peter Weingart aber auch jene ethisch und politisch motivierten Entscheidungen, welche die erzwungenen Entscheidungen, die mit dem Fortschritt der Wissenschaften und ihren neuen Erkenntnissen einhergehen, in der Verantwortung der Einzelnen belassen. Diese Entscheidungsmöglichkeit

> „kennzeichnet gleichsam die ‚demokratische Humangenetik' im Unterschied zur ‚autoritären Eugenik'. [...] Gegenüber den schon archaisch anmutenden staatlichen Zwangsmaßnahmen kann sich die Humangenetik auf eine über die Verwissenschaftlichung von Erhalten erfolgte ‚Feineinstellung' der selbstregulativen Verhaltenssteuerung verlassen" (Weingart 1992: 49).

Diese allgemeine Bereitschaft zu präventiven Maßnahmen ist zugleich aber auch als Erfolg der alten Eugenik zu werten, die als Rationalisierungs- und Sozialisationsprojekt zur Entwicklung einer „eugenischen Vernunft" im Reproduktionszusammenhang beigetragen hat. Die Verabschiedung einer autoritären Eugenik hängt dennoch nicht nur mit dem Fortschritt wissenschaftlicher Erkenntnisse auf dem Gebiet der Humangenetik zusammen, sondern mit der allgemeinen Demokratisierung der Gesellschaft in der zweiten Hälfte des 20. Jahrhunderts. Peter Weingart sieht daher auch nicht in der oft bemühten Gefahr des politischen Missbrauchs der Humangenetik das zukünftige Problem. Vielmehr ortet er die Gefahren in zwei Mechanismen, die heute aktuell wirksam sind: die globalen Marktstrategien der Pharmakonzerne und das auch im Bereich der Reproduktion dominierende Konsumverhalten der breiten Öffentlichkeit (Weingart 2000: 111). Die alte Eugenik wandte sich konfrontativ gegen herrschende Sexual- und Ehemoral, konnte eine Rationalisierung der Fortpflanzung nur auf der Ebene von Aufklärung und Sozialisation durchsetzen und kam durch die angewandte Eugenik des Nationalsozialismus gesellschaftlich in Misskredit. Demgegenüber werden heute die ethischen und politischen Widerstände gegen selektive, biomedizinische Techniken durch die Verbindung zweier gesellschaftlicher Grundwerte neutralisiert:

> „[...] dem nahezu absoluten Recht auf die Reproduktion und dem ebenso uneingeschränkten Wert der Verbesserung der Gesundheit, in dessen Namen das Prinzip des ‚anything goes' gilt" (ebd: 114).

Gesundheit ist aber nicht nur ein Imperativ der gegenwärtigen Gesellschaft, sondern im Kontext der Individualisierung zu einer Grundbedingung der Möglichkeit menschlicher

Existenz geworden, die als persönliches Leistungskriterium und Merkmal eines verantwortungsbewussten Verhaltens figuriert.

4.4 Die Verbesserung des „Fetal outcome": Geburtsmedizin als elektrotechnisches und biochemisches Intensivüberwachungssystem

Nicht nur der Ausbau der medizinischen Schwangerenvorsorge, sondern auch eine Verbesserung der klinischen Geburtsleitung sollte die Säuglingsmortalität und -morbidität senken. „Die gesunde Mutter in der gesunden Familie" wurde auch in der zweiten Hälfte des 20. Jahrhunderts als Ziel von Gynäkologie und Geburtsmedizin betont (Husslein 1964: 469). Diesen Zielen entsprechend hielt die Medizin einen Rückgang der Säuglingssterblichkeit und die Verbesserung des „Fetal outcome" dem Fortschritt der geburtsmedizinischen Techniken zugute. Dieser Begriff wurde ab den 80er Jahren für die Bezeichnung des Gesundheitszustandes eines Neugeborenen gebräuchlich. Outcome-Studien avancierten dabei zu einem Instrument, mit dem die Leistungsbeurteilung von geburtsmedizinischen Methoden durchführbar sein sollte. Die Qualität des „Fetal outcome" wurde zum Parameter geburtsmedizinischen Fortschritts.

Bis in die 60er Jahre suchte die Geburtsmedizin nach Gründen für die höhere Säuglingsmortalität, die Österreich gegenüber den meisten anderen europäischen Ländern aufwies.[153] Die Geburtsmedizin beurteilte die Totgeburtenrate als annähernd gleich, schätzte die Säuglingssterblichkeit infolge von Frühgeburten aber als eklatant höher ein als in den Ländern mit niedriger Säuglingssterblichkeit. Weil dabei die Erst-

---

153 Orel (1965:677) verweist auf folgende Daten:
Säuglingssterblichkeit in den Jahren 1954/1955 in ‰:

	1954	1955		1954	1955
Schweden	18	17	Deutsche Bundesrep.	43	42
(Norwegen	21	–	Luxemburg	44	39
Niederlande	21	20	Griechenland	42	44
England und Wales	25	25	Österreich	48	45
Dänemark	27	25	Spanien*	48	50
Schweiz	27	26	Belgien	49	49
Finnland	31	30	Saarland	49	–
Schottland	31	30	Westberlin	51	46
Nordirland	33	32	Italien	53	49
Irland	38	37	Malta	67	–
Frankreich	41	39	Portugal	86	91

* Ohne die vor der Registrierung in den ersten 24 Stunden verstorbenen Neugeborenen.

tagssterblichkeit von unehelich geborenen Kindern in Österreich eklatant höher war als die der ehelich geborenen Kinder, bewertete man die, im europäischen Vergleich, erhöhte Säuglingssterblichkeit von Seiten der Medizin als „Spätabtreibung". Die „seelische Einstellung des Volkes zum Kind" beurteilte der Pädiatrieprofessor Herbert Orel (1898–1976) als eine Ursache dieses Problems in Österreich (Orel 1965: 680). Das problematische Verhältnis zu den Kindern sah er wiederum als Folge des Katholizismus, der die Geburtenkontrolle verbiete. Damit verdanke aber so manches Kind einem „Malheur" sein Leben und uneheliche Kinder würden in Österreich noch immer diskriminiert (ebd.: 679).

„[...] viele Ehepaare, vor allem aber die Unverheirateten, wünschen sich keine Kinder; versagen antikonzeptionelle Maßnahmen, dann kommt es zur Frühabtreibung, vor allem bei Verheirateten, oder zu Spätabtreibung bei den Ledigen, zur Schädigung der Frucht, zur Frühgeburt und damit zum Tod des Kindes. In besonders krassen Fällen zum Kindesmord, bei uns auch öfter als etwa in Holland oder in Schweden" (Orel 1965: 680).

Als weitere Ursache der erhöhten Säuglingssterblichkeit kritisierte der Kinderarzt Hans Czermak (1913–89)[154] von der Universitäts-Kinderklinik in Wien die unzureichende Gesundheitsvorsorge für Mutter und Kind.[155] Dagegen wandte der Pädiatrieprofessor Herbert Orel ein, dass der Großteil der Entbindungen bereits in Entbindungsanstalten erfolge. So seien in Wien im Jahre 1954 bereits 94,8 bzw. 95,5 % aller Entbindungen als Anstaltsentbindungen angegeben und Anstalten würden als „ausgezeichnet geführt" qualifiziert werden (ebd.: 677). Dass diese Verbreitung der Klinikentbindung möglicherweise selbst Ursache einer hohen Säuglingssterblichkeit sein könnte, wurde nicht bedacht, obwohl in den geburtsmedizinischen Publikationen ständig Vergleiche mit Holland angestellt wurden, das die niedrigste Säuglingssterblichkeit in Europa aufwies und wo im Vergleichsjahr 1954 nur 23,4 % aller Entbindungen in Anstalten durchgeführt worden waren (ebd.). Zusammen mit der medizinischen Beurteilung der hohen Säuglingssterblichkeit als Spätabtreibung und der positiven Selbsteinschätzung der geburtsmedizinischen Arbeit in den Entbindungsanstalten in Österreich wurde die Säuglingsmortalität also als gesellschaftliches und nicht als medizinisches Problem beurteilt. Das

---

154 Hans Czermak war Kinderarzt und Sozialmediziner, Universitätsprofessor und Primar in Wien. Werke: Gesundheitspolitik 1969. Gesundheitsverhältnisse der Kinder in Österreich 1970. Mitautor: Säuglings- und Kleinkinderfürsorge 1953. Kinderheilkunde 1958. Gesundheitsprobleme der Jugend 1963. Psychohygiene und Mutterberatung 1972.
155 Vortrag in der Gesellschaft für Kinderheilkunde zum Thema „Der derzeitige Stand der Säuglingssterblichkeit in Oesterreich" (zit. in: Orel 1956: 678).

aber würde bedeuten, dass der Kampf gegen die Säuglingssterblichkeit tatsächlich nur über die Veränderung sozialer Voraussetzungen gewonnen werden könnte. Auch die Erhebung der Totgeburtenrate in Österreich, für den Zeitraum von 1984 bis 1993 zeigte, dass 60 % aller totgeborenen Kinder in eine Geburtsgewichtsklasse unter 2.500 Gramm fielen, „was effektive Strategien zur Prävention von niederem Geburtsgewicht beziehungsweise fetaler Unreife notwendig" mache, so Dr. Waldhoer et al. vom Departement of Epidemiology, Institute of Tumor Biology – Cancer Research der Universität Wien (Waldhoer et al. 1996: 643). Eine andere Studie, welche Geburtsgewicht, Totgeburtenrate und Säuglingssterblichkeit zwischen unehelich und ehelich Geborenen in Österreich während der Jahre von 1987 bis 1996 verglich, führte zum Ergebnis, dass uneheliche Säuglinge ein signifikant niedrigeres Geburtsgewicht aufwiesen, die Totgeburtenrate bei unehelichen Kindern im gewichteten Mittel um 20,4 % und die der mittler gewichteten Säuglingssterblichkeit bei unehelichen Neugeborenen um 24 % höher lag, so Dr. Schillinger et al. von der Universitätsklinik für Notfallmedizin u. a. (Schillinger 2000: 882). Es ist also ein Zusammenhang von Legitimität der Kinder und volksgesundheitlichen Parametern gegeben. Vermutet, aber noch nicht untersucht, ist eine dafür verantwortliche, schwächere soziale Stellung der ledigen Mütter. Vieles würde also auch heute noch dafür sprechen, sozial zu intervenieren.[156] Stattdessen prophezeite die Geburtsmedizin aber eine Gefährdung der Gesundheit von Mutter und Kind, nachdem der Gesetzgeber im Jahre 1996 die Geburtenprämie gestrichen hatte, die nur in dem Falle ausbezahlt wurde, dass die werdende Mutter die vorgeschriebenen medizinischen „Mutter-Kind-Pass"-Untersuchungen durchführen ließ (vgl. Waldhör et al. 1997: 804). In nur sechs Jahren hat diese Kritik dazu geführt, dass seit 2004 weder eine Geburtenprämie ausbezahlt wird noch das Kindergeld im zweiten Karenzjahr, sofern die Mutter nicht die obligaten medizinischen Untersuchungen an ihrem Kind nachweisen kann. Durch diesen Entzug des Kindergeldes wäre die große Mehrheit von Müttern und Kindern armutsgefährdet – eine Armut, die wiederum als Ursache für die Gefährdung der Gesundheit der Kinder veranschlagt wird. Müttern, die sich diesem Zwang zur medi-

---

156 Als demographische Risikofaktoren gelten Mehrlingsschwangerschaften, Alter der Mutter (Schwangerschaften vor dem 18. und nach dem 35. Lebensjahr der Mutter), Anzahl der Geburten (bei vierten und späteren Geburten steigt die Frühgeburtenhäufigkeit) und der Abstand zur letzten Geburt (weniger als eineinhalb oder mehr als 10 Jahre Abstand zur letzten Geburt). Als soziale Risikofaktoren gelten Unehelichkeit, niederes Bildungsniveau der Mutter (steigende Bildung verringert das Frühgeburtenrisiko), berufliche Stellung der Mutter (Arbeiterinnen haben die höchste Frühgeburtenrate). Zugleich entscheidet aber der soziale Kontext, in dem die Schwangere lebt, über die Wirksamkeit der demographischen Risiken (vgl. Köck 1988: 63ff). All diese Risiken können also mit einem noch so professionellen Einsatz von Medizintechnik nicht gesenkt werden.

zinischen Kontrolle nicht unterstellen, wird damit vorgeworfen, ihre Kinder zu gefährden.

Doch in der Medizin ging es eben auch darum, gewonnenes Behandlungsgebiet zu sichern. So plädierten die Pädiater für den Aufbau von Säuglingsabteilungen und Frühgeborenenzentren (Gross 1958: 485). Die Geburtsmedizin setzte neben der Wiedererrichtung der Schwangerenberatung und -überwachung auf die Verbesserung der medizinischen Geburtsleitung. So führte sie die Senkung der Müttersterblichkeit bereits zu Beginn der 60er Jahre auf die Fortschritte der Geburtsmedizin zurück (Froewis et al. 1960: 925ff)[157], ohne dies belegen zu können und ohne andere Faktoren zu berücksichtigen.[158] Die Müttersterblichkeit reduzierte sich von 327,9 Sterbefällen auf 100.000 Lebendgeborene im Jahr 1946 auf 87,3 Sterbefälle auf 100.000 Lebendgeborene im Jahr 1960, d. h. sie verringerte sich in den 15 Jahren nach dem Zweiten Weltkrieg um fast 75 %.[159] Als Ursache der Müttersterblichkeit dominierten in den unmittelbaren Nach-

---

157 Husslein publizierte eine Tabelle über die „Mütterliche Gesamtsterblichkeit (Österreich)" ohne Angaben der Quellen (Husslein 1958: 723) und begründet den Rückgang mit dem Fortschritt der Geburtsmedizin.

1936–38	5,5 ‰
1947–49	2,3 ‰
1950–52	1,6 ‰
1953	1,3 ‰
1954	1,1 ‰
1955	1,2 ‰

158 Gegenüber dieser Selbstüberschätzung der Geburtsmedizin zeigen historische Untersuchungen, dass das Sterberisiko der Frauen durch Schwangerschaft und Geburt erheblich geringer anzusetzen ist. So habe z. B. in Preußen im 19. Jahrhundert, in einer Zeit extrem hoher Sterblichkeit (1816–74) der Anteil der Müttersterblichkeit an der Gesamtsterblichkeit der Frauen nur 1,5 % ausgemacht und sei bis zum Ende des Jahrhunderts auf 1 % gesunken. In den Zeiten der Industrialisierung sei aber das Sterberisiko der 25- bis 40-jährigen Frauen höher als jenes der Männer. Diese „Übersterblichkeit" der Frauen im fruchtbaren Alter sei aber durch die Doppel- und Dreifachbelastung der verheirateten Frauen – als Ehefrau, vielfache Gebärerin und mehrfache Mutter, Hausfrau, Mitarbeiterin im Gewerbe oder am Bauernhof oder als Arbeiterin in der Fabrik – bedingt. Verursacht wurde diese in agrarischen Gebieten durch die Intensivierung der Landwirtschaft und in den Städten von der Fabriksarbeit der Frauen. Entgegen der weit verbreiteten Meinung – die eben auch das Selbstbild der Geburtsmedizin bestimmt – sei historisch betrachtet der Tod der Frau im Wochenbett überbewertet. Vielmehr hätten Ehefrauen und Mütter bis ins späte 19. Jahrhundert hinein durch andauernde Arbeit ihre Lebenskraft vorschnell erschöpft (vgl. Labisch 1998: 520; Imhof 1979: 487–510).

159 1946 starben insgesamt 365 Mütter bei der Geburt, 1960 noch 110, 1970 noch 29, 1980 noch 7, 1990 noch 6 und im Jahr 2001 noch 5 (vgl. Jahrbuch der Gesundheitsstatistik 2003: 68). Bezogen auf die Todesursachen insgesamt macht die Müttersterblichkeit einen verschwindend geringen Anteil aus. Im Jahre 1974 war bei 0,3 Todesfällen auf 100.000 Einwohner die Todesursache die Müttersterblichkeit, im Jahre 2001 bei 0,1 Todesfällen (vgl. ebd.: 78/79).

kriegsjahren Fehlgeburten die aber ab 1949 signifikant zurückgingen[160] (vgl. Jahrbuch der Gesundheitsstatistik 2003: 68) und auf den geschwächten Allgemein- und schlechten Gesundheitszustand der Frauen infolge der Kriegswirtschaft (Ernährungsmangel, Doppel- und Dreifachbelastung der Mütter etc.) zurückgeführt werden können.[161] Größtenteils wird heute davon ausgegangen, dass der Rückgang der Müttersterblichkeit vor allem mit der Verbesserung der Lebensbedingungen im Zusammenhang steht. So haben statistische Studien zur Veränderung der perinatalen Sterblichkeit im Laufe des 20. Jahrhunderts am Beispiel Großbritanniens ergeben, dass der Rückgang der Mütter- und Säuglingssterblichkeit nicht mit der Hospitalisierung der Geburt zusammenhängt. Die Forscherin Marjorie Tew konnte vielmehr zeigen, wie Statistiken im Parla-ment, in der Verwaltung und den Ärztekammern benutzt werden, um Kausalzusammen-hänge zwischen Senkung der Sterblichkeit und medizinischen Leistungen herzustellen. Doch nur ein verschwindender Anteil der medizinischen Interventionen fiel hinsichtlich der Veränderung der Mortalität und Morbidität ins Gewicht. Zugleich zeigte sich, dass viele Interventionen schadeten. Mehr noch kam sie zum Schluss, „die Geburtsmediziner erwarteten, dass ihre Interventionen Leben gerettet haben. Die Perinatalstatistiken (1958 und 1970) und viele Studien zeigen höhere Mortalität, wenn derartige Interventionen sich häufen, als dann, wenn sie unterlassen werden" (Tew 1990: VII, zit. in: Duden 1998: 162). Für Österreich hat Christian Köck diesen Zusammenhang von „Ärztedichte, Medizintechnik und Säuglingssterblichkeit" am Beispiel eines Vergleichs zwischen Osttirol und dem Wiener Stadtbezirk Alsergrund aufgezeigt (vgl. Köck 1988: 115ff). Der Stadtbezirk, der ein hohes Maß an medizinisch-technischer Versorgung, an guter Erreichbarkeit ausreichender medizinischer Einrichtungen und eine hohe Ärztedichte aufwies, hatte ein höheres Säuglingssterblichkeitsniveau. Und das, obwohl der städtische Bereich hinsichtlich bekannter Risikofaktoren – Kinderzahl pro Frau, Wohlstandsniveau, Bildungsniveau – privilegiert war und die Schwangerenvorsorge in Osttirol größtenteils nicht von Fachärzten, sondern von Hebammen und Praktischen Ärzten durchgeführt wurde. Der Mainstream in der Geburtsmedizin beurteilte dagegen den geburtsmedizinischen Fortschritt, und dabei wiederum den Einsatz neuer Methoden der medizinischen Geburtsleitung und -überwachung, als Motor zur Senkung der Säuglingssterblichkeit.

---

160 Im Jahr 1946 starben 161 Mütter bei der Geburt infolge einer Fehlgeburt, im Jahr 1949 nur mehr 62, im Jahr 1960 nur mehr 24 Mütter. D. h. dass sich Fehlgeburt als Todesursache der Müttersterblichkeit bereits 1949, also innerhalb von drei Jahren, um mehr als 61 % verringerte (in den 15 Jahren zwischen 1946 und 1960 insgesamt um 85 %). Demgegenüber reduzierten sich andere Ursachen der Müttersterblichkeit, z. B. Toxikosen, Blutungen, Sepsis und andere Komplikationen bei weitem nicht in diesem Ausmaß.
161 Dasselbe Bild einer erhöhten Fehlgeburtsrate zeigte sich auch während und am Ende des Ersten Weltkrieges (vgl. Auguneder 1987: 153).

Im Wesentlichen beruhte dieser Fortschritt auf elektrotechnischen und biochemischen Innovationen, von denen die Geburtsmedizin selbst abhängig wurde: durch Wehenmittel eingeleitete und geleitete Geburten, Medikamente zur Schmerzlinderung und Schmerzbefreiung, permanente kardiotokographische Geburtsüberwachung (CTG) und fötale Blutgasanalyse (FBGA). Diese neuen Verfahren setzten die Geburtsmediziner auch als Argument gegen die Hausgeburt ein. Den Hebammen wurde vor allem die Kompetenz bei der Medikamentengabe abgesprochen.

> „Wenn [...] der Versuch unternommen wird, die Möglichkeiten einer medikamentösen Beeinflussung der Geburt darzustellen [...], so geschieht dies aus der Beobachtung heraus, dass noch immer in der geburtshilflichen Praxis, besonders aber in der Hausgeburtshilfe, Wehenmitteldosen verabreicht werden, die das Vielfache derjenigen Menge überschreiten, welche heute erfahrungsgemäß als höchst zulässig betrachtet werden muß" (Heyrowsky 1948: 191).

An der Hausgeburtshilfe kritisierte das reproduktionsmedizinische Establishment seit Beginn der 50er Jahre die angeblich unsachgemäße Anwendung von Wehenmitteln durch die Hebammen (Kolonja 1952: 91) – ein Argument, das bis heute vorgebracht wird.[162] Diese Kritik erweckt den Eindruck, als gäbe es bereits ein gesichertes Wissen, über das die Ärzte verfügen. Demgegenüber wurde seit den 50er Jahren an den Frauenkliniken aber gerade hinsichtlich der Dosierung der Wehenmittel experimentiert und geforscht. Für die medikamentös geleitete Geburt lagen nicht nur keine Erfahrungswerte vor, sondern zudem wurden auch schmerzlindernde Mittel getestet und eingesetzt, um die vermehrten Geburtsschmerzen, die eine durch Prostaglandine geleitete Geburt verursachte, zu betäuben.

Unmittelbar nach der Befreiung vom Nationalsozialismus diskutierte die Geburtsmedizin noch die Indikationen für eine Klinikgeburt und eine Hausgeburt, die eine niedrigere Mortalität aufwies[163], als ernsthafte Entbindungsmöglichkeit. Uterusruptur und absolut verengtes Becken wurden als zwingende Indikation für eine Klinikgeburt

---

162 So kritisierten die Ärzte die im Jahr 2002 neu eingeführte Rezeptbefugnis für Hebammen. Aufgrund der Novellierungen des Hebammen-, des Rezeptpflicht- und des Krankenanstaltengesetzes dürfen Hebammen seither Rezepte für jene Arzneimittel ausstellen, die sie für die Ausübung ihres Berufes benötigen. Die angestellten Ärzte in der „Österreichischen Ärztekammer" (ÖAK) lehnten diese Rezeptbefugnis mit der Begründung ab, diese Neuerung untergrabe das erprobte System ärztlicher Kontrolle und Qualitätssicherung in Österreich, so die Obfrau Gabriele Kogelbauer. In: Wiener Zeitung, 21. März 2002: 6.

163 Dies gilt selbst dann, wenn jene Fälle abgezogen werden, die während einer Hausgeburt zur Einlieferung in die Klinik führten (sekundär klinische Geburten) und nur die primär klinischen Geburten mit den Hebammengeburten verglichen werden (Antoine 1946: 224).

erachtet, da die Unmöglichkeit, in diesen Fällen ein Spital zu erreichen, als ein Todesurteil für die Mutter galt (Antoine 1946: 223). Schwangere mit einem engen Becken, mit Placenta praevia und Eklampsie[164] sollten auch in die Klinik, ebenso werdende Mütter mit Wehenschwächen und ältere Erstgebärende. Trotz dieser eingegrenzten Indikation setzte die Geburtsmedizin in den darauf folgenden Jahrzehnten die Klinikentbindung durch und verdrängt die Hausgeburt endgültig (vgl. Rottensteiner 2001).[165] Mit dem Argument, dass nie tatsächlich vorhersehbar sei, ob es im Verlauf der Geburt zu Komplikationen komme, wurde die Durchsetzung einer allgemeinen Klinikentbindung gerechtfertigt. Dasselbe Argument legitimierte dann auch den Einsatz aller weiteren geburtsmedizinischen Techniken in der Klinik. Die neu entwickelten Methoden der Geburtseinleitung wurden als Möglichkeit erachtet, Unsicherheiten in der Bestimmung des Geburtstermins beseitigen zu können.

Zur Etablierung dieses geburtsmedizinischen Betätigungsfeldes mussten aber auch in der zweiten Hälfte des 20. Jahrhunderts weiterhin nicht-ärztliche Professionen von der Geburtshilfe ferngehalten werden. So die zunehmend auch von nicht-ärztlichen Professionen erfolgreich übernommene Geburtsvorbereitung. Schon 1962 verwiesen Studien darauf, dass Heilgymnastik, Atemübungen, Entspannungsübungen und Üben des Verhaltens beim Geburtsvorgang zur Verkürzung der Geburtsdauer bis zu einem Drittel geführt hätten, so Dr. Prassé von der Frauenklinik Gersthof der Stadt Wien (Prassé 1962: 155).

Im Bereich der psychischen Betreuung der Gebärenden begannen sich Psychotherapeuten und Psychoanalytiker in das Geschehen einzumischen. Doch diese Einmischungen wies die Geburtsmedizin vor vierzig Jahren noch vehement zurück. So wertete Hugo Husslein, Professor für Geburtshilfe und Gynäkologie sowie Vorstand der II. Universitäts-Frauenklinik in Wien bei seiner Antrittsvorlesung 1964 diese Bemühungen um die angst- und schmerzfreie Geburt als nichts Neues ab. Denn alle Geburtshelfer hätten zu jeder Zeit versucht, einen Vertrauenskontakt zu den Schwangeren herzustellen. Dass diese individuelle Psychoprophylaxe durch die Klinikentbindungen zunehmend schwierig

---

164 Der Begriff Eklampsie bezeichnet die unmittelbar vor oder während der Geburt plötzlich auftretende, mit Bewusstlosigkeit einhergehenden lebensbedrohenden Krampfanfälle der Schwangeren.
165 Seit 1970 beträgt der Anteil der Anstaltsgeburten in Österreich über 90 %: 1970: 99,8 %, das sind 100.280 Anstaltsgeburten gegenüber 13.162 Geburten, die nicht in einer Anstalt stattfanden; 1980: 96,1 %, das sind 88.057 Anstaltsgeburten gegenüber 3.417 Geburten, die nicht in einer Anstalt stattfanden; 1990: 97,7 %, das sind 88.752 Anstaltsgeburten und 2.027 Geburten. die nicht in einer Anstalt stattfanden; 2002: 98,3 %, das sind 77.445 Anstaltsgeburten und 1.292 Geburten, die nicht in einer Anstalt stattfanden (vgl. ISIS [=Integriertes Statistisches Informationssystem] der Statistik Austria: http://www.statistik.at/isis/current/isis_gui.shtml).

wurde, beurteilte er allein als organisatorisches Problem. Zudem kritisierte Hugo Husslein schon Anfang der 60er Jahre, dass das Thema in den Medien in die Höhe gespielt werde. Auch konstatierte er erstaunt, dass beim ersten Psychoprophylaxe-Kongress schon Psychotherapeuten und -analytiker die Wortführer gewesen seien. All diese Vorkommnisse galten ihm als Ursache einer Entwicklung, die nahe legte, dass ein Geburtsmediziner allein nicht im Stande sei, den Geburtsvorgang zu bewältigen (1964: 466). Um diesen Trend abzuwehren und zu verhindern, dass der Geburtsmediziner zum „technischen Handlanger herabgewürdigt" werde, forderte Hugo Husslein, dass die Psychoprophylaxe in seinen Händen bleiben müsse. Den im Laufe des 20. Jahrhunderts von der Geburtsmedizin gegen traditionelle Geburtshilfe der Hebammen durchgesetzten Alleinbetreuungsanspruch galt es mit allen Mitteln zu erhalten. Den Einsatz von Psychopharmaka beurteilte Husslein als ein Mittel, diese Macht zu bewahren, da auch sie das „Schmerz-Angst-Spannungs-Syndrom" ausschalteten sowie „Spannungen im Weichteilbereich zu beheben" vermöchten und damit zu einer „überzeugenden Geburtsverkürzung" beitragen könnten (ebd.: 467). Die mittels Psychopharmaka beruhigte Gebärende avancierte zur Grundlage der Fortschritte auf dem Gebiet der Geburtsmedizin: Psychopharmaka hätten eine „Beruhigung des Kreißsaalmilieus" ermöglicht und zur „Verminderung der Operationsfrequenz" beigetragen, so Hugo Husslein (ebd.). Der Einsatz von Psychopharmaka in der Geburtsmedizin diente also auch professionspolitischen Interessen, nämlich dem Ausschluss nicht-ärztlicher Professionen aus der Geburtsvorbereitung und -begleitung.

Der anhaltenden Euphorie auf Seiten des geburtsmedizinischen Establishments, mit Pharmakologie und Technologie die Geburt erfolgreich zu leiten, hielt Alfred Rockenschaub (geb. 1920)[166], Leiter der Ignaz Semmelweis-Klinik in Wien, entgegen, dass sie „mit einer Reihe fiktiver Parameter arbeitet" (1975: 697) und die Methoden vom praktischen Standpunkt aus überbewerte. Doch die fachinterne Kritik an dem hormonell gesteuerten, psychopharmakologisch beruhigten, technisch überwachten Umgang der Geburtsmedizin mit der Geburt wurde im Mainstream der „scientific community" als Affront gewertet und in der „Wiener Klinischen Wochenschrift" marginalisiert. Ganz im Gegensatz zur Kritik und Position Alfred Rockenschaubs forderten die Geburtsmediziner die gesamtgesellschaftliche Durchsetzung der Klinikentbindung und ihrer Verfahren. Interesse daran hatten Mitte der 70er Jahre vor allem die Primarärzte der geburtshilflichen Abteilungen der Bezirkskrankenhäuser und Spitäler, da die klinische Entbindung

---

166 Alfred Rockenschaub war von 1965 bis 1985 Leiter der „Ignaz Semmelweis-Frauenklinik der Stadt Wien", von 1975 bis 1987 war er Leiter des „Ludwig-Boltzmann-Institutes für Geburtenregelung und Schwangerenbetreuung" in Wien, seit 1961 Dozent für Geburtshilfe/Gynäkologie an der Universität Wien, seit 1965 Lehrer an der Hebammenlehranstalt/Hebammenakademie in Wien.

in Wien und den Landeshauptstädten mit Universitätskliniken bereits Ende der 50er Jahre realisiert war. So forderten z. B. der Primar Doz. Dr. Picha und Dr. Röckl aus der Geburtshilflich-Gynäkologischen Abteilung des Krankenhauses Mistelbach in einer Originalarbeit zu „Geburtshilflichen Problemen im ländlichen Raum" (1975: 264ff) einen „Aufklärungsfeldzug [...] ähnlich wie bei der Krebsvorsorgeuntersuchung der Frau" (Picha et al. 1975: 265). Die Hebammen sollten dabei zur Einsicht gebracht werden, dass eine Hausgeburt allen Erkenntnissen der modernen Geburtshilfe widerspreche.

„Meines Erachtens hat die Hausgeburt heute ihre Daseinsberechtigung im allgemeinen verloren. Wer dies nicht wahrhaben will, an dem ist die ganze Entwicklung der modernen Geburtshilfe spurlos vorübergegangen" (Picha 1975: 265).

Trotz massivem Einsatz für eine Klinikentbindung durch den geburtsmedizinischen Mainstream, verstummte die fachexterne Kritik an ihr nicht. Auf diese anhaltenden Zweifel antwortete die Geburtsmedizin mit der Vereinnahmung hausgeburtshilflicher Praktiken. Die Klinikgeburt sollte von der Hausgeburt lernen, um sie endgültig zu ersetzen: „Sicherheit zu gewährleisten, ohne die emotionale Atmosphäre zu belasten" (Dudenhausen et al. 1983: 105), galt als Leitbild dieser neuen Strategie. Die Klinikgeburt sollte familienfreundlicher gestaltet werden. Die Kreißsäle wurden als Wohnzimmer möbliert und die technische Apparatur hinter bunten Vorhängen oder Paravents positioniert und alternativmedizinischer Beistand in die klinische Routine eingepasst.

Die herrschende Geburtsmedizin hielt am Weg der umfassenden Medikalisierung von Geburt fest. Die Risiken der Müttersterblichkeit, Mutterschaft über 40 und häufige Schwangerschaften sollten durch eine Intensivierung der Schwangerenvorsorge und Empfängnisverhütung eingedämmt werden, so Dr. Beck und Dr. Stöger von der II. Universitäts-Frauenklinik in Wien (Beck 1976: 309ff). Gegen die Müttersterblichkeit im Zusammenhang mit der geburtshilflichen Operationsfrequenz wurde schon früher eine gut funktionierende Krankenhausorganisation gefordert (vgl. Spielmann 1961: 600ff). Für die Geburtseinleitung am Geburtstermin experimentierten die Geburtsmediziner mit verschiedenen Hormongaben (vgl. Seidl et al. 1976: 315ff; Husslein Peter 1982a: 542ff; Husslein Peter 1984: 3ff; Kofler et al. 1990: 696ff), um einer Überstimulierung und deren schädigenden Auswirkungen auf Mutter (schmerzhafte Kontraktionen) und Kind (Herzfrequenzalterationen[167], variable

---

167 Alterationen sind krankhafte Veränderungen, in diesem Fall der Herzschlagfrequenz des Fötus während der Wehen.

Dezelerationen[168] oder fötale Bradykardien[169]) vorzubeugen oder sie durch andere Medikamente in den Griff zu bekommen. Da die Ursachen des Wehenbeginns beim Menschen bis heute ungeklärt bleiben, Frühgeburten aber die größten geburtshilflichen Probleme darstellen[170], wurde der Erforschung dieser Frage große praktische Bedeutung zugewiesen (vgl. Husslein Peter 1982: 541). Operative Geburtsbeendigungen wurden hinsichtlich ihrer Auswirkungen auf Zerebralschädigung des Kindes erforscht und verglichen (vgl. Naske et al. 1976: 319ff), die tokolytischen Effekte und kardiovaskulären[171] Nebenwirkungen von wehenhemmenden Substanzen untersucht (vgl. Reinold 1979: 805ff). Medizinische Aufzeichnungen über die Entwicklung der Geburtsmedizin zwischen 1956 und 1976 an der II. Universitäts-Frauenklinik in Wien (Vorstand Hugo Husslein) zeigten, dass die Frühgeburtenrate konstant blieb, jedoch die Häufigkeit „leichter" Frühgeburten vermindert werden, die medizinische Schwangerenbetreuung bei gleich gebliebener Geburtenzahl auf das Dreifache (vgl. Fröhlich 1978: 548) und die Frequenz operativer Entbindungen auf das Doppelte gesteigert werden konnte (ebd.: 547).[172] Um das Ziel einer Senkung der perinatalen Morbidität und Mortalität zu erreichen, wurden die Schwangerschaften zunehmend operativ beendet, so Dr. Dadak und Dr. Lasnik von der II. Universitäts-Frauenklinik in Wien (vgl. Dadak et al. 1985: 880). Zur Verbesserung des „Fetal outcome" (ebd.)[173] wurde die Schwangerenüberwachung intensiviert. So untersuchte die Geburtsmedizin schon seit 1964 in besonderen Fällen das Fruchtwasser ab der 16. Schwangerschaftswoche zytogenetisch, seit 1965 wurde im Risikofall ab der 37. Woche eine Amnioskopie oder Kardiotokographie durchgeführt und Ultraschalldiagnostik sowie biochemische Untersuchungen zur Erfassung der Plazentainsuffizienz eingesetzt. An der II. Universitäts-Frauenklinik in Wien gab es bereits seit 1967 einen Entbindungsraum, der es ermöglichte, „eine Geburt exakt apparativ zu überwachen". In diesem „Intensivkreißsaal" (IKS), dem ersten dermaßen ausgestatteten in Europa (!), so die Autoren,

---

168 Als Dezeleration wird die Verlangsamung der Herzschlagfrequenz der Leibesfrucht unter den Wehen bezeichnet.
169 Als Bradykardien werden die Herzaktionen von Föten mit Basisfrequenz <120/Min. (verlangsamte Herzschlagfolge) bezeichnet.
170 Von 10% Frühgeburten wurden ca. 75% als Ursache einer perinatalen Mortalität veranschlagt.
171 Kardiovaskulär ist ein Begriff zur Bezeichnung des Herz-Kreislauf-Systems.
172 Heribert Fröhlich(1932–1995), Promotion an der Universität Graz 1956, Habilitation 1974, ernannt zum A.o. Univ.-Prof. 1979, ab 1981 Primararzt der Landesfrauenklinik Linz, von 1986–1987 Vorsitzender der „Österreichischen Gesellschaft für Prä- und Perinatale Medizin".
173 Outcome-Studien werden als Instrument betrachtet, mit denen eine Leistungsbeurteilung von Methoden durchführbar sein sollte; die Qualität des „Fetal outcome" stellt somit also die Leistungsbeurteilung der Geburtsmedizin dar.

„wurde in der Folgezeit einerseits die Forschung (Wehentätigkeit, Herzfrequenz, Telemetrie, Uterusmotilität usw.) in der Geburtsmedizin vorangetrieben, zum anderen versucht, die eigenen Erkenntnisse bei der Überwachung von Risikogeburten anzuwenden und auszubauen" (Dadak et al. 1985: 880).

Schon Ende der 70er Jahre verzichtete man nur mehr in Ausnahmefällen (bei primärer Sectio und bei Einlieferung der Gebärenden mit Austreibungswehen) auf eine Registrierung der Wehentätigkeit und fötalen Herzfrequenz.

„Die räumliche Trennung, hier IKS (Intensivkreißsaal, M.W.), hier ‚normaler Kreißsaal', ist seit 1974 nicht mehr gegeben, und jedes Gebärbett ist ein ‚Intensivbett'" (Dadak et al. 1985: 880).

Die routinemäßige Anwendung der Geburtsüberwachung wurde als Möglichkeit einer modernen Geburtsmedizin begrüßt, weil sie aktives Vorgehen der Ärzte bei der Geburt möglich machte. Auch die Geburtsmediziner an der I. Universitäts-Frauenklinik in Wien beurteilten den Einsatz dieser Überwachungsverfahren im Beobachtungszeitraum von 1969 bis 1979 als eine noch nie da gewesene, „tiefgreifende, umfangreiche und auch rasante Änderung der geburtshilflichen Aspekte" in der „geschichtlichen Entwicklung der Geburtshilfe" (Reinold et al. 1980: 565). Von einer auf die Kräfte der Natur vertrauende Geburtshilfe sei, so Dr. Reinold et al., zu einer prospektiven, aktiven Geburtsleitung übergegangen worden (1980: 568). Eine anonyme Umfrage an der geburtshilflichen Abteilung des Wilhelminenspitals der Stadt Wien, an der nach Angaben von Dr. Endl und Dr. Lingard 1979 schon 98% der Geburten apparativ überwacht und 30% aller Gebärenden in Epiduralanästhesie[174] entbunden wurden, bestätigte in den Augen der Autoren die Euphorie bezüglich der apparativen Geburtsmedizin. Die 350 Schwangeren und 240 Wöchnerinnen, die befragt wurden, hätten die apparative Geburtsüberwachung positiv bewertet, und jede zweite Schwangere wünsche eine schmerzlose Geburt (Endl et al. 1981: 197).

Die Darstellung des Wandels der Geburtsmedizin seit den 60er Jahren ebenso wie die Forschungsberichte zu den neuen und neuesten geburtsmedizinischen Techniken sind immer als Erfolgsgeschichte konzipiert. Einen einzigen kritischen Versuch gab es

---

174 Epiduralanästhesie (Periduralanästhesie) ist eine rückenmarksnahe Betäubung. Eine vorübergehende Unterbrechung der Erregungsleitung wird durch Injektion eines Lokalanästhetikums in den Periduralraum des Wirbelkanals erreicht. Sie ist eine regionale Anästhesiemethode, in deren Mittelpunkt das Rückenmark und die Wurzeln der Spinalnerven stehen.

im Zusammenhang mit der Amniotomie, der Wehenaktivierung durch Öffnung der Fruchtwasserhülle (vgl. Motter et al. 1984: 446ff). Diesbezüglich ergab eine Untersuchung an der Geburtshilflich-Gynäkologischen Universitätsklinik Graz, dass sich dann eine Steigerung der Komplikationen ergab, je früher die Fruchtwasserhülle geöffnet wurde. Die zu frühe Öffnung der Fruchtwasserhülle provozierte eine höhere operative Entbindungsfrequenz, die Intervention von Neonatologen[175] war häufiger notwendig und Komplikationen durch Nabelschnurumschlingungen waren größer. Nur eine Verkürzung der Geburtszeit, wofür die Amniotomie eigentlich eingesetzt wurde, konnte nicht festgestellt werden (ebd.: 448). Zur Untermauerung der Untersuchungsergebnisse verwies Dr. Motter auf internationale Studien, die einen Anstieg von zerebralen Geburtstraumen nachwiesen, je mehr Zeit zwischen Amniotomie und Geburt vergangen war. Vor dem Hintergrund seiner Forschungsergebnisse empfahl er, bei der aktiven Geburtsleitung mittels frühzeitiger Amniotomie Zurückhaltung zu üben. Sie sollte nicht mehr als erstes Mittel der Wahl gelten, um eine Geburt programmiert einzuleiten oder zu beschleunigen (ebd.: 450). In der Regel aber kamen Bedenken und Zweifel in den Fachartikeln nicht vor, Misserfolge wurden kaum behandelt, fachinterne Kritik marginalisiert und verfolgt. Wer sich in dieser geburtsmedizinsichen „scientific community" der 70er und 80er Jahre einen Namen machen wollte, musste Forschungen zur apparativen, technisch und pharmakologisch geleiteten Geburtsmedizin machen und die Forschungsberichte im Stil des Erfolgsberichtes verfassen. Der Einsatz von immer mehr Technologie schien den Erfolg stetig zu steigern. Wie bei einem Training um den Weltmeistertitel wurden und werden alle Anstrengungen im Dienste einer Ersetzung der Geburt durch medizinische Techniken positiv bewertet. Die wissenschaftliche Auseinandersetzung geriet spätestens ab den 80er Jahren endgültig zum Selbstzweck. Der Einsatz weiterer Technologien steigerte die Möglichkeiten, Geburten technisch immer noch verfeinerter zu überwachen. Die Einführung der „Computeranalyse des Kardiotokogramms" (CTG) sollte in „Echtzeit" während der Geburt die exakten Daten über die Kontraktionstätigkeit des Uterus und der kindlichen Herzaktion liefern. Das Überwachungssystem sollte die „Störung der Wehentätigkeit des Uterus" rasch erkennen und eine Alarmmeldung auslösen (Seidl 1978: 3). Ende der 70er Jahre galt die

> „früher geübte Beschränkung der kardiotokographischen Überwachung auf Gebärende mit erhöhtem Risiko [als] nicht mehr gerechtfertigt. Heute wird zu Recht gefordert, dass jeder Kreißsaal als Intensivüberwachungsstation angesehen werden müsse" (Seidl 1978: 3).

---

175 Als Neonatologie gilt die Physiologie und Pathologie der Neugeborenenperiode.

Die Überwachungsmethoden, anfangs nur für Risikogeburten eingesetzt, wurden bald auf normale Geburten angewandt, da die Medizin begann, jede Geburt als eine große Belastung für Mutter und Kind zu beurteilen. Letztendlich aber legitimierte das Argument, dass es auch bei normalen Schwangerschaften zu Geburtskomplikationen kommen könne, jeglichen Mitteleinsatz. Die neuen Verfahren der aktiven Geburtsleitung wurden kaum kritisiert. Die marginalen kritischen Auseinandersetzungen mit neuen Geburtstechnologien wurden in der „Wiener Klinischen Wochenschrift" vom herrschenden Mainstream stets als ideologieverdächtig zurückgewiesen. Diese Zurückweisung bezog sich kaum auf Fachartikel in der Zeitschrift selbst, da die Autoren den Einsatz technischer und pharmakologischer Mittel und Experimente dort größtenteils als Erfolge präsentierten. Sie bezog sich auf entweder nicht genannte KritikerInnen oder aber auf eine kritische Stimmung, die vor allem in den 80er Jahren wahrgenommen wurde. Die emotionale Heftigkeit, mit der Kritik als ideologisch, emotional, irrational und unvernünftig zurückgewiesen, abqualifiziert und diskreditiert wurde, erweckt den Anschein, als wäre die Geburtsmedizin in diesen Jahren mit einer Phalanx an Kritik und Infragestellungen konfrontiert gewesen. Die deutschen Geburtsmediziner Univ. Prof. Joachim Dudenhausen[176] und Univ. Prof. Erich Saling[177] sprachen in einem Artikel, der Haus- und Klinikgeburten verglich, von einer „ideologiefreien Stellungnahme" (1983: 705) gegen diese Kritik, was von vornherein unterstellt, dass Kritik nur ideologisch sein kann, technische Medizin dagegen aber wertfrei sei.[178] Wie die nicht genannten Kritiker verglichen auch Dudenhausen und Saling die Ergebnisse der perinatalen Sterblichkeit in Deutschland mit jener in Holland, da Holland regelmäßig als Beispiel von Befürwortern

---

176 Joachim Dudenhausen wurde 1974 Facharzt für Frauenheilkunde und Gynäkologie, 1977 habilitierte er sich an der FU Berlin, 1989 wurde er zum C3-Professor der Freien Universität Berlin und Direktor der Klinik für Geburtsmedizin im Virchow-Klinikum ernannt, ab 1997 arbeitete er für die Charité, Campus Virchow-Klinikum. 1997 erfolgte die Berufung zur C4-Professur der Humboldt-Universität zu Berlin. 2001 wurde Dudenhausen Dekan der Charité. Dudenhausen forschte und publizierte gemeinsam mit Erich Saling seit Ende der 60er Jahre zu Fragen der Risikoschwangerschaft und Risikogeburt (vgl. Schriftenverzeichnis: http://www.charite.de/rv/gebhilfe/texts/mitarbeiter/dudenhausen.htm).
177 Erich Saling promovierte 1952 mit einer Literaturarbeit über „Lues als Abort und Frühgeburtsursache"; sein Forschungsbereich ist die Gynäkologie und darin die Schwangerschaft und ihre Bedrohung sowie vor allem die Rettung des Kindes davor. Er habilitierte sich 1963, wurde 1968 apl. Professor; ab 1976 Leiter des Instituts für Perinatale Medizin an der FU Berlin und Chefarzt der Abtlg. für Geburtsmedizin der städtischen Frauenklinik Berlin-Neukölln. 1987 erfolgte die Ernennung zum C4-Universitäts-Professor der FU Berlin, seit 1991 ist er emeritierter Universitätsprofessor für Perinatale Medizin d. Charité, Humboldt-Universität zu Berlin. 1993 gründete Erich Saling das „Erich-Saling-Institut für Perinatale Medizin e.V.".
178 Der Artikel erschien als Editorial „Hausgeburt oder Klinikgeburt – eine ideologiefreie Stellungnahme" auf Anforderung der „Wiener Klinischen Wochenschrift" (ebd.: 707), so als würde der Wissenschaftsimport aus dem deutschen Nachbarland die Ideologiefreiheit gewährleisten.

der Hausgeburt verwendet wurde. Anhand dieses Vergleichsbeispieles warnten sie vor Vereinfachungen. Im Dienste dieser Warnung wurde damit argumentiert, dass auch in Holland die Hausgeburtenrate zurückgegangen sei, nämlich von 72 % im Jahre 1952 bis auf unter 40 % im Jahre 1980. Auch wenn die Autoren eingestanden, dass die perinatale Sterblichkeit in den Niederlanden tatsächlich besser sei als in Deutschland (vgl. ebd.: 706), führten sie dies in ihrer Interpretation nicht auf die Praxis der Hausgeburt zurück, was sie weder erklärten noch begründeten. Gleichzeitig behaupteten sie:

> „Es ist sehr wahrscheinlich, dass die holländische perinatale Sterblichkeit noch niedriger wäre, wenn es weniger Hausgeburten gäbe, oder anders formuliert: Holland hat seine guten Zahlen nicht wegen, sondern trotz der Hausgeburten" (ebd.).

Zur Untermauerung ihrer Vermutung bezogen sie in einem zweiten Schritt Studien in die Argumentation mit ein, die nicht für diesen Vergleich durchgeführt wurden. Der Einsatz der Geburtsmediziner gegen ihre nicht genannten Kritiker war in jeder Hinsicht unverhältnismäßig und überzogen. Angesichts der Tatsache, dass zur Zeit der Publikation des Artikels in der „Wiener Klinischen Wochenschrift" auch in Deutschland 99 % aller Geburten an Entbindungskliniken stattfanden, worauf die Autoren selbst hinwiesen (Dudenhausen 1983: 705), und kritische Texte in der „Wiener Klinischen Wochenschrift" nicht publiziert wurden, war weder Ansehen noch Einfluss oder Geschäft der Geburtsmedizin bedroht. Zwar gab es in den 80er Jahren vermehrt kritische Stimmen gegen die Technisierung der Geburt von Seiten der Frauengesundheitsbewegung, doch blieb diese gegen den flächendeckenden Einfluss des geburtsmedizinischen Establishments marginal und auf politisierte und/oder gebildete Frauen beschränkt.

Es ist nahe liegend, dass die ganze Auseinandersetzung mit einer in der Praxis und in der Fachpresse kaum vorhandenen Opposition daher vielmehr einer Selbstrechtfertigung diente, die aber angesichts der Datenlage gar nicht angetreten hätte werden müssen. Worum ging es dabei eigentlich? Weshalb führte eine in der klinischen Praxis und im geburtswissenschaftlichen Establishment etablierte Geburtsmedizin diesen Verteidigungsdiskurs, obwohl der ganze Behandlungsbereich schon gewonnen war? In jedem Fall diente und nützte die Strategie der lautstarken Gegenwehr bei vereinzelt und verschwindend aufflackernden Einsprüchen der öffentlichen Selbstdarstellung und Auflistung von Erfolgsgeschichten der Geburtsmedizin. Sie war darin Teil des Selbstzweckes, zu dem der wissenschaftliche Fortschritt geführt hatte. Vor allem aber diente sie der Schaffung eines neuen Fachgebietes, der Perinatalen Medizin, auf die vor allem der deutsche Geburtsmediziner Erich Saling seit den 60er Jahren konzentriert hinarbeitete. Er präsentiert sich heute mit unzähligen Säuglingen auf dem Arm auf der Institutshomepage des „Erich-Saling-Instituts für perinatale Medizin e.V." als „Vater der perinatalen Medizin"[179], „die sich um Mutter und Kind in der Zeit vor, während und nach der Geburt kümmert" (ebd.). Er gründete 1967 die erste nationale „Gesellschaft für Perinatale Medizin" in Berlin, 1968 die erste internationale Gesellschaft und 1973 die erste internationale Zeitschrift auf dem Gebiet. Saling versuchte mit allen für die Schaffung einer Fachrichtung notwendigen Methoden und Mitteln, einen neuen Gynäkologentypus zu kreieren (vgl. Lenzen 1993: 39). Die etablierte Geburtsmedizin versuchte das zu verhindern. Zum Zeitpunkt der Publikation der von der „Wiener Klinischen Wochenschrift" angeforderten Stellungnahme zur Frage von Hausgeburt und Klinikgeburt in den 80er Jahren wurde die Gründung eigenständiger geburtshilflicher Abteilungen von der „Deutschen Gesellschaft für Gynäkologie und Geburtshilfe" als Abspaltung kritisiert (ebd.). Die perinatale Medizin musste ihrerseits andere Fachrichtungen (Okkupation der Ultraschalldiagnostik durch Radiologen, Anwesenheit von Pädiatern und Neonatologen bei der Geburt), die den Alleinvertretungsanspruch der Perinatologen in Sachen Geburtshilfe gefährdeten, abwehren. Der Aufgabenbereich, den das neu zu etablierende Fach erobern wollte, war umfassend:

„Dieser Bereich erstreckt sich auf den Zeitraum vom Beginn der Schwangerschaft – vernünftigerweise sogar von der geplanten Schwangerschaft an – bis zur Geburt des Kindes sowie – bei gesunden und mit geringen Risiken behafteten Neugeborenen – bis zu deren Entlassung aus der Frauenklinik" (Saling 1988 zit. in: Lenzen 1991: 41).

Zudem kam die Perinatalmedizin Mitte der 80er Jahre von technikkritischen Stimmen aus der Medizin unter Druck. Um die fachinternen Kritiker abzuwehren wurde tief unter die Gürtellinie gegriffen. Saling desavouierte Ende der 80er Jahre bei der Eröffnungsrede des „13. Deutschen Kongresses für Perinatale Medizin" den Autor eines kritischen Artikels in der „Medical Tribune" als „Psychoseligkeits-Verfechter", der Stimmung für Hausgeburt, „Natürlichkeitsgeburt" oder „Gefühlseuphorie" mache (Saling 1988 zit. in: Lenzen 1991: 37). Seinen Kampf um die Kreation einer neuen gynäkologischen Fachrichtung führte er mit allen zur Verfügung stehenden ideologischen Mitteln. 1989 wurde der fast 30-jährige Einsatz für die Schaffung eines eigenen Faches mit der Einrichtung eines Lehrstuhles belohnt, der mit einem langjährigen Schüler Salings besetzt wurde.

Eine Auseinandersetzung ähnlicher Art fand sich zwei Jahre später in der „Wiener Klinischen Wochenschrift", als die World Health Organisation (WHO) eine Konferenz zur „bedarfsgerechten Geburtstechnologie" im April 1985 in Fortaleza (Brasilien) ini-

---

179 http://www.saling-institut.de/german/02saling/01einfuerung.html

tiierte. Darauf Bezug nehmend wurde den Tagungsteilnehmern von namhaften österreichischen Gynäkologen „unsachliche und emotionsgeladene" Diskussion unterstellt und die Ablehnung der medizinischen Geburtsüberwachung als naive Vorstellung diskreditiert. Demgegenüber gaben die Autoren an, eine so genannte „faktenbezogene ideologiefreie Stellungnahme" zur elektronischen Geburtsüberwachung zu publizieren, um – so die Autoren Prof. Gitsch, Vorstand der I. Universitäts-Frauenklinik in Wien, und Doz. Dr. Peter Husslein – die Diskussion „wieder auf eine sachliche Basis" zurückzuführen (Gitsch/Husslein Peter 1986: 297). In dieser Stellungnahme wurde festgestellt, dass es keine Beweise für eine „Gleichwertigkeit der intermittierenden Auskultation[180] gegenüber einer kontinuierlichen apparativen Geburtsüberwachung" (ebd.) gäbe. Da auch Beweise für die Überlegenheit der elektronischen Dauerüberwachung auf Basis prospektiv randomisierter Studien fehlten[181], führten die Autoren indirekte Hinweise dafür an. Dann erst wurden der Grund der Stellungnahme und stellvertretend auch die Kritiker namentlich benannt:

„Die sich in letzter Zeit häufenden Veröffentlichungen von Gegnern der apparativen Geburtsüberwachung in den Massenmedien zwingen uns, uns auch mit solchen, zum Teil demagogischen, aber auf Grund der großen Leserzahl der entsprechenden Publikationsorgane als wirkungsvoll anzusehenden Veröffentlichungen auseinanderzusetzen" (Gitsch/Husslein Peter 1986: 299).

Die Auseinandersetzung sollte am Beispiel der, nach Ansicht der Autoren, wahrscheinlich repräsentativsten Veröffentlichung von Alfred Rockenschaub, in der er über die geburtshilfliche Arbeit an der Semmelweis-Klinik von 1965 bis 1985 berichtete[182], stattfinden. Diese Studie wurde als Beispiel des Abschweifens „von der internationalen Entwicklung der Geburtshilfe" und einer unterlassenen kardiotokographischen Überwachung kritisiert. Die wissenschaftlichen Untersuchungen, die Rockenschaub angeführt hatte, um sich nachhaltig gegen apparative Geburtsmedizin an seiner Klinik auszusprechen, disqualifizierten die Autoren als nicht stichhaltig. Die Untersuchungsergebnisse, auf die sich die apparative Geburtsmedizin berief, wurde demgegenüber als ausreichend

---

180 Auskultation meint das Abhören von Geräuschen, die im Körperinneren, besonders im Herzen (Herztöne) und in den Lungen (Atemgeräusche) entstehen, in diesem Fall das zeitweilige (intermittierende) Abhören des kindlichen Herzschlages mit einem Spezialstethoskop Pinar, wie es die Hebammen verwenden.
181 Eine randomisierte Studie trifft aus einer Gesamtheit von Elementen eine zufällige Auswahl.
182 Rockenschaub: Geburtshilfliche Erfahrung an der Semmelweis-Frauenklinik. In: Probleme der Säuglingssterblichkeit in Österreich (BM f Gesundheit und Umweltschutz), Enquete über Probleme der Säuglingssterblichkeit in Österreich, Wien, 5. März 1984.

qualifiziert eingestuft. Rockenschaub erwiderte, dass für die Kritik an der Geburtshilfe der Semmelweis-Klinik die falsche Quellenlage herangezogen worden war, interpretierte die Daten in anderer Weise als seine Kritiker und verwies darauf, dass sich trotz des Einsatzes der Überwachungsmethoden an Österreichs Kliniken am linearen Abfall der Totgeburtenrate und Säuglingssterblichkeit nichts geändert habe, dass sie durch deren Einsatz nicht abrupt gesenkt habe. Alles spreche also dafür, dass die Senkung der Säuglingsmortalität der allgemeinen Hebung des Lebensstandards zu verdanken sei. Rockenschaub beurteilte die Stellungnahme von Prof. Gitsch und Doz. Dr. Peter Husslein als einen Versuch, die Opposition, die sich der Entwicklung zur Einheitsgeburtsmedizin in Wien bisher widersetzt habe, zu diskreditieren.

An dieser Auseinandersetzung zeigt sich deutlich, dass die scientific comunity umso mehr auf Autoritäten, die ihrem Normensystem zuwiderhandeln, mit Sanktionen reagiert, je exklusiver sie strukturiert ist – wie dies beim geburtsmedizinischen Establishment der Fall ist – und je alternativloser sie die Mitglieder an sich zu binden versteht. Diese Sanktionen resultieren vor allem im Versuch der (Zer-)Störung des „symbolischen Kapitals" des Kontrahenten (z. B. die Unterstellung mangelnder Wissenschaftlichkeit). All diese Maßnahmen dienen in erster Linie dem Prinzip der sozialen Selbsterhaltung.

In derselben Ausgabe der „Wiener Klinischen Wochenschrift", in der diese Kontroverse zwischen Befürwortern und Kritikern der apparativen Geburtsmedizin publiziert wurde[183], wurde eine Umfrage zur „sanften Geburt" unter österreichischen Gynäkologen aus dem Institut für Sozialmedizin der Universität Wien und der Geburtshilflich-Gynäkologischen Abteilung des A. ö. Krankenhauses Stockerau veröffentlicht (Gredler et al. 1996: 315–319). In dieser wurde eine Analyse der erhobenen Daten präsentiert, nach der sich die österreichischen Gynäkologen „vielfach aus wirtschaftlichen Überlegungen, nicht zuletzt auch aus Wettbewerbsgründen, dem Trend ‚zur sanften' Geburt angepaßt haben dürften" (Gredler 1986: 318). Im Gegensatz dazu wurde aber nicht erhoben, was die Gynäkologen zur Anpassung an die apparative Geburtsmedizin bewogen hatte. Dies schien offenbar kein Problem zu sein. Entwicklungen, die sich gegen den Mainstream stellten, wurden dagegen sofort kritisch in Frage gestellt und erforscht. Kurze Zeit später publizierte Prof. Alfred Rosenkranz[184], Leiter der Kinderklinik der Stadt Wien-Glanzing, eine weitere Studie, in der wiederum die Vorteile einer durch Kardiotokographie überwachten Geburt nachzuweisen versucht wurde (vgl. Rosenkranz et al. 1987: 69ff). Es

---

183 Vgl. WKW 1986/10.
184 Prof. Alfred Rosenkranz übernahm 1964 die Leitung der Kinderklinik Wien-Glanzing, die 1915 als „Reichsanstalt für Mütter- und Säuglingsfürsorge" gegründet wurde. Rosenkranz gründete 1974 die erste neonatologische Intensivstation in Österreich.

wurden kontinuierlich überwachte mit nicht überwachten Geburten in Hinblick auf die Mortalität und Morbidität der Kinder verglichen. Die Autoren fassten die Ergebnisse dahin gehend zusammen, dass Geburtsmethoden, welche aus

> „prinzipiellen und philosophischen Erörterungen die kontinuierliche Überwachung ablehnen, wie dies bei einer falsch verstandenen ‚sanften Geburt' der Fall sei", ein erhöhtes Risiko für das Kind darstellten (Rosenkranz et al. 1987: 74).

Aus dieser Aussage geht deutlich hervor, dass medizinische Einwände abgelehnt werden und der so genannte Stand der wissenschaftlichen Forschung den Einsatz der Technologien nicht nur rechtfertigt, sondern notwendig macht. Einwände werden daher als „philosophisch" disqualifiziert und es wird unterstellt, dass sich fachfremde Laien in die Diskussion einmischten, die nichts davon verstünden. Fachinterne Kritik wurde damit aus der „scientific community" ausgeschlossen.

Die Studie von Prof. Alfred Rosenkranz und Mitarbeitern und der darin bestätigte Einsatz für die apparative Geburtsmedizin wurde in der Presse unter dem Titel „Sanfte Geburt' birgt enorme Risken für Säuglinge. Die Sterblichkeitsrate ist sieben Mal höher" publik gemacht.[185] In einem Brief an die Herausgeber der „Wiener Klinischen Wochenschrift" kritisierte Dr. Christian Köck (geb. 1958)[186] das Forschungsdesign dieser Studie, da sie keine der für eine wissenschaftliche Studie erforderlichen methodischen und statistischen Grundbedingung erfülle und die Daten keinerlei statistischer Signifikanzprüfung unterworfen worden seien (vgl. Köck 1987: 469). Nach Köck konnten aus der Studie von Rosenkranz et al. keine verallgemeinerbaren Aussagen über Risiken für jene Kinder getroffen werden, deren Geburt nicht kontinuierlich überwacht wird. Diese Kritik wehrten die Autoren der Studie damit ab, dass sie bestimmte methodische Forderungen als irreal beurteilten, z. B. die Vergleichbarkeit der Untersuchungsgruppen. 1988, also ein Jahr nach der Auseinandersetzung zwischen Köck und Rosenkranz et al., wurde erneut eine Studie publiziert, diesmal aus der Gynäkologisch-Geburtshilflichen Abteilung des Wilhelminenspitals in Wien, welche auf Basis einer retrospektiven Analyse kontinuierlich überwachter Geburtsverläufe abermals die Nützlichkeit der Kardiotokographie und der Blutgasanalyse zur Aufdeckung eines fötalen Distress intra partum

---

185 Die Presse vom 16. März 1987, S.14 und Profil Nr. 13 vom 13. März 1987.
186 Christian Köck promovierte an der Universität Wien zum Dr. med. und absolvierte dort auch die Ausbildung zum Allgemeinmediziner und Psychotherapeuten. 1990 bis 1995 Vorstand des Wiener Krankenanstaltenverbundes für die Bereiche Organisationsentwicklung und Qualitätsmanagement. Seit 1998 ist er Professor für Gesundheitspolitik und Gesundheitsmanagement an der Universität Witten/Herdecke und seit 2001 Dekan der dortigen Medizinischen Fakultät.

nachweisen wollte und damit die in Österreich gebräuchlichen Geburtsüberwachungsmethoden bestätigte (Schröck 1988: 145ff). Das geburtsmedizinische Establishment in der „Wiener Klinischen Wochenschrift" vertrat in jedem Fall die apparative Geburtsmedizin.

Zusammenfassend kann festgestellt werden, dass neben der „Pränatalen Pathologie", der medikalisierten Zeugung, Empfängnisverhütung und Schwangerschaftsvorsorge die Geburtsmedizin ein weiterer Teil der Reproduktionsmedizin ist, welcher sich der Senkung der Säuglingssterblichkeit und der Verbesserung des „Fetal outcome" widmet. Säuglingsmortalitäts- wie -morbiditätsrate dienen auch hier als Parameter zur Leistungsbeurteilung. Zusammen mit der medizinischen Einschätzung der hohen Säuglingssterblichkeit in Österreich als Spätabtreibung und der positiven Selbstbewertung der geburtsmedizinischen Arbeit in den Entbindungsanstalten wird die Säuglingsmortalität also als gesellschaftliches und nicht als medizinisches Problem beurteilt. Das aber würde bedeuten, dass der Kampf gegen die Säuglingssterblichkeit nur über die Veränderung sozialer Voraussetzungen zu gewinnen ist. Doch die Geburtsmedizin zielte neben der Wiedererrichtung der Schwangerenberatung und -überwachung ausnahmslos auf die Durchsetzung der medizinisch-technischen, d. h. apparativen und pharmakologischen Geburtsleitung ab. Das Argument, dass nie tatsächlich vorhersehbar sei, ob es im Verlauf der Geburt zu Komplikationen kommt, wurde nicht für die Rechtfertigung einer obligaten Klinikentbindung instrumentalisiert, sondern für alle weiteren medizinisch-technischen Eingriffe in den Geburtsablauf.

Vor allem galt es, neu gewonnenes Behandlungsgebiet gegen andere Professionen abzuschirmen. So wurde in den 70er und 80er Jahren vom geburtsmedizinischen Establishment vor allem gegen alternative Methoden der Geburtsvorbereitung polemisiert. Vor allem die Psychoprophylaxe sollte durch den Einsatz von Psychopharmaka in den Händen der Geburtsmediziner bleiben. Der Einsatz von pharmazeutischen Mitteln diente u. a. also auch Professionsinteressen der Geburtsmedizin: Mit Psychopharmaka und schmerzlindernden Medikamenten sollten alternative Methoden des Umgangs mit der Angst von Gebärenden aus der Geburtshilfe ferngehalten werden, die Schmerzmittel dienten darüber hinaus noch dazu, die durch Wehenmittel eingeleitete Geburt zu praktizieren, da die Wehenmittel heftigere Geburtsschmerzen verursachen. Fachinterne Kritik an dem hormonell gesteuerten, psychopharmakologisch beruhigten, technisch überwachten Umgang der Geburtsmedizin mit der Geburt blieb marginal.

Der als „Intensivkreißsaal" (IKS) ausgestattete Entbindungsraum wurde Ende der 60er Jahre als der erste dermaßen ausgestattete Kreißsaal Europas hervorgehoben und begrüßt. Legitimiert durch eine hohe Säuglingssterblichkeit schien in Österreich der

Einsatz aller technischen Mittel gerechtfertigt und der Fortschritt der Geburtsmedizin den europäischen schien Standard zu überflügeln. Der „Intensivkreißsaal" bot optimale Forschungsbedingungen, um die neuen Verfahren der Geburtsleitung und -überwachung zu erproben. Bereits Ende der 70er Jahre wurde nur mehr in Ausnahmefällen auf die technischen Eingriffe verzichtet. Die Trennung von „Intensivkreißsaal" und normalem Kreißsaal wurde aufgehoben und jedes Gebärbett als „Intensivbett" geführt. Diese routinemäßige Anwendung intensiver Geburtsüberwachungsverfahren wurde ebenso wie die zunehmend operative Beendigung der Schwangerschaften als aktives Vorgehen bei der Geburt positiv bewertet. Denn all die geburtsmedizinischen Innovationen wurden mit dem Verweis auf eine intendierte Senkung der perinatalen Morbidität und Mortalität einer Kritik entzogen. Kritik wird zur öffentlichen Selbstdarstellung und Auflistung der Erfolgsgeschichte der Geburtsmedizin benutzt und in den Dienst von Forderungen nach deren Ausbau und Intensivierung gestellt. Dies geschah stets mit dem Verweis auf die Senkung der Säuglingssterblichkeit, die im Ländervergleich immer als Synonym und Indikator für Lebensqualität, Zivilisationsstand und wissenschaftlichen Fortschritt fungierte. Die Müttersterblichkeit war im Vergleich dazu kaum Thema, ihr Rückgang wurde aber ohne wissenschaftlichen Nachweis auf Erfolge der Geburtsmedizin zurückgeführt.[187]

Angesichts dieser breiten Zustimmung, die an der Publikationslage ganz offensichtlich wurde, erscheint die massive Zurückweisung der spärlichen Kritik an der apparativen Geburtsmedizin unverhältnismäßig. Die fachinternen Kontroversen um die Angemessenheit medizinischer Verfahren war dominiert von Hinweisen auf und Zweifeln an der wissenschaftlich-statistischen Qualität von Studien, obschon das Studium der Statistik bis heute nicht als Grundqualifikation angehender Kliniker gefordert ist. Angesichts dieser Inkompetenz auf dem Fachgebiet der Statistik ist der Rückgriff auf Zahlen in der Wahl der Waffen bei medizinisch-fachlichen Kontroversen auch als Abkürzung zu interpretieren. So meint auch der Biochemiker Erwin Chargaff im Rückblick auf seine beruflichen Erfahrungen in der Wissenschaft, dass eine der beliebtesten Abkürzungen die Statistik sei,

„jene Wissenschaft, die das Krumme gerade macht und die Parallelen dazu bringt, sich zu schneiden. Es gibt natürlich höchst legitimen Einsatz der Statistik, aber ich habe zu meiner

---

[187] Österreich lag hinsichtlich der Müttersterblichkeit im Jahr 1990 unter dem europäischen Durchschnitt. Auf 100.000 Lebendgeborene starben in Österreich zehn, im europäischen Durchschnitt 59 Mütter. In Österreich verstarben in den 90er Jahren im Durchschnitt nur vier Mütter pro Jahr (Tazi-Preve et al. 1999: 72). Die Müttersterblichkeit ging bereits zwischen den 50er und 70er Jahren zurück. 1950 wurden auf 100.000 Lebendgeborene 365 mütterliche Sterbefälle verzeichnet, 1970 noch 29 und 1999 noch einer (Jahrbuch der Gesundheitsstatistik 1999: 68).

Zeit unglaublichen Mißbrauch erlebt. Wenn zusammengelogene Durchschnittswerte ein wenig kosmetische Chirurgie benötigen, ist die Statistik das schärfste Skalpell" (Chargaff 2000: 211).

Der unbeirrte Einsatz für eine apparative Geburtsmedizin, der mit den Waffen der Statistik geführt wurde, ist damit auch beispielgebend für die Strategie der Selbstimmunisierung medizinischer Wissenschaft. Dabei ist selbstkritische Reflexion nicht erwünscht. Statistische Erhebungen werden forciert, um die Angemessenheit dessen, was man machen will, zu bestätigen. So wurden auch die Kritiker der apparativen Geburtsmedizin mit Zahlen konfrontiert, die diese dann zu widerlegen bemüht waren. Beide Seiten fixierten sich in ihrer Argumentation auf die Daten der Säuglingssterblichkeit im nationalen und internationalen Vergleich, wobei das geburtsmedizinische Establishment behauptete, dass die Sterblichkeitsrate dank des apparativen Einsatzes ständig sinke. In den Publikationen außer Acht gelassen, d. h. nicht geprüft wurden jene Aspekte, mit welchen diese Angaben in Zweifel gezogen werden konnten und können: dass z. B. die Säuglingssterblichkeit bereits vor der Einführung der medizinischen Schwangerenvorsorge wie der verallgemeinerten apparativen Geburtsüberwachung gesunken war; ob ein Rückgang der Säuglingssterblichkeit mit der Möglichkeit des Schwangerschaftsabbruches zusammenhing, der infolge pränatal diagnostizierter Missbildungen durch die eugenische Indikation legitimiert war; ob die Senkung der Säuglingssterblichkeit mit einer Steigerung der Spätmortalität der Säuglingsmorbidität einhergeht, die auf die Versuche der Perinatalen Geburtsmedizin zurückzuführen ist, Frühgeborene mit einem Geburtsgewicht zwischen 500 und 2.500 Gramm am Leben zu halten.

Die Säuglingssterblichkeit (im ersten Lebensjahr gestorbene pro 1.000 Lebendgeborene) war in Österreich zwischen 1945 und 1974 aber bereits um wesentlich mehr gesunken, als dies in den 25 Jahren der obligaten medizinischen Schwangerenvorsorge wie der apparativen und biochemischen Geburtsmedizin zwischen 1974 und 1999 der Fall war.[188] Es müssen also auf jeden Fall auch andere Faktoren für den Rückgang der Säuglingssterblichkeit ausschlaggebend gewesen sein. So war es z. B. ab 1957 für Mütter in Österreich erstmals möglich, im Anschluss an die Mutterschutzfrist einen sechsmonatigen unbezahlten Karenzurlaub zu nehmen. Ab 1960 wurde dieser auf ein Jahr erweitert und ein einkommensabhängiges, ab 1974 ein einkommensunabhängiges Karenzgeld ausbezahlt. Es kann also ebenso angenommen werden, dass der allgemeine Anstieg

---

188 Von 1946 1950 wurden 75,6 gestorbene Säuglinge auf 1.000 Lebendgeborene gezählt, 1974 nur mehr 23,5 tote Säuglinge auf 1.000 Lebendgeborene. Zwischen den Jahren 1974 und 1999 verringerte sich diese Zahl von 23,5 auf 4,4 tote Säuglinge bei 1.000 Lebendgeborenen (Jahrbuch der Gesundheitsstatistik 1999: 59).

des Lebensstandards ab den 50er Jahren und diese sozialen Sicherungsmaßnahmen für werdende Mütter ab Beginn der 60er Jahre zum Sinken der Säuglingssterblichkeit beitrugen. 1974, im Jahr der Einführung des „Mutter-Kind-Passes" (MKP), betrug die Säuglingssterblichkeit 23,5‰. Der Rückgang der Säuglingssterblichkeit auf 6,5‰ im Jahr 1995[189] wurde vom geburtsmedizinischen Establishment aber nur der umfassenden medizinischen Schwangerenvorsorge sowie der medizinischen Geburtsüberwachung und -leitung zugeschrieben, ohne dass dazu Untersuchungen vorliegen. Doch zeitgleich mit der Einführung des „Mutter-Kind-Passes" wurde in Österreich 1974 der Schwangerschaftsabbruch legalisiert (Fristen- und Indikationenlösung), der ab 1. Januar 1975 durchgeführt werden konnte. Es kann also durchaus angenommen werden, dass die Möglichkeit zur legalen Abtreibung auch die Säuglingssterblichkeit verringert hat.[190] Damit würden die Gründe für die „Spätabtreibung", die von der Medizin selbst als Erklärung für den hohen Anteil an Frühgeburten in Österreich vorgetragen (s. o.) und dann wieder für die hohe Säuglingssterblichkeit veranschlagt wurden, entfallen.

Die apparative Geburtsmedizin ermöglicht es, mittlerweile schon „Frühchen" unter 1.000 Gramm am Leben zu erhalten und damit die Mortalitätsziffern zu senken. Ob infolgedessen die Spätmortalität oder die Säuglingsmorbidität, also die Anzahl fehlgebildeter Kinder zugenommen habe, diese Frage wurde in die medizinische Beurteilung der apparativen Geburtsmedizin nicht einbezogen. Erhebungen in anderen Ländern, z. B. in Schweden, zeigen in diesem Zusammenhang aber deutlich, dass die Zahl von früh und zerebral geschädigten Kindern seit den 70er Jahren angestiegen ist. Andere Erhebungen ergaben, dass von den 600 Gramm schweren Frühgeborenen keine Fälle ohne Schädigung vorliegen. Als „ohne Schäden" gilt ein nach zwei Jahren neurologisch unauffälliger Befund. Auch bei den 901 bis 1.000 Gramm schweren Frühgeborenen wurde nach zwei Jahren nur ein Drittel als ungeschädigt beurteilt (vgl. Lenzen 1993: 54). Diese „Nebenfolgen" der Senkung der Säuglingssterblichkeit, die mittels der modernsten Techniken der Geburtsmedizin – apparative und biochemische Intensivüberwachung – auch eine Steigerung der Säuglingsmorbidität bewirken können, werden zur Beurteilung des geburtsmedizinischen Fortschrittes in Österreich nicht in Betracht gezogen.

Die Diskussion dieser Frage wurde den Ethikern übertragen, welche die Verantwortung für die Folgen rasch den Eltern weiterreichten. Diese verteilen dann die Verant-

---

189 500 tote Säuglinge bei 88.669 Geburten (vgl. Brezinka 1997: 26).
190 Christian Köck erörterte, weshalb sich dieser Zusammenhang relativ einfach begründen lasse: „Die Legalisierung des Schwangerschaftsabbruchs vermindert die Zahl jener Neugeborenen, die erhöhten Risiken ausgesetzt sind. Dazu zählen Geburten von Müttern im Alter von weniger als 18 Jahren, Erstgebärende über 35 Jahre, Frauen, die bereits mehrere Kinder zu Welt gebracht haben, und ganz allgemein Frauen, die einer Schwangerschaft ambivalent oder ablehnend gegenüberstehen" (Köck 1988: 89).

wortlichkeiten: Die „verbesserte apparative und biochemische Intensivüberwachung des Feten während der Schwangerschaft und unter der Geburt und die Intensivüberwachung des Neugeborenen" hat dazu geführt, dass die Grenze der Überlebenschancen bis zur 25. Schwangerschaftswoche und bis herab zu 500 Gramm Geburtsgewicht verlegt werden konnte, so der Vorstand der Klinik und Poliklinik für Gynäkologie und Geburtshilfe des Bereiches Medizin an der Charité der Humboldt-Universität zu Berlin, Prof. Bayer, in einem Fachartikel über „Medizinische, moralisch-ethische und juristische Probleme in der modernen Geburtshilfe" (1990: 355). Bei unreifen oder untergewichtigen Föten liege das Entscheidungsproblem – „leben oder nicht leben lassen; – Schaden abwenden oder entwickeln lassen; – geschädigt leben lassen oder sterben lassen – wenn nicht gar abtöten" im Wesentlichen beim Neonatologen. Bei missgebildeten und erkrankten Föten liege die Entscheidung nicht allein beim Arzt, sondern auch bei Patientinnen, deren Partnern und die Familien (ebd.). Die Eltern werden also mit historisch völlig neuen Anforderungen überlastet, die der „Fortschritt" der Geburtsmedizin an sie abgetreten hat. Und da die Entscheidung von Neonatologen, ein gefährdetes Frühgeborenes zu behandeln oder nicht, meist rasch und unter großem Zeitdruck zu erfolgen hat, wird diese *auch* eugenisch unterlegt, zumal das medizinische Ziel auch hier das gesunde Kind bleibt. Dies muss zwangsläufig zu Entscheidungen führen, geschädigte Frühgeborene als Leben zu beurteilen, das „als nicht mit dem menschlichen Leben zu vereinbaren gilt", und sie „sterben zu lassen". Die Entscheidung, eine lebensverlängernde Therapie zu beenden, ist trotz vieler Unsicherheiten zu fällen, zumal eine selektive Nichtbehandlung mögliche neue Behandlungen in der Zukunft versagt.

Die Körperhistorikerin Barbara Duden bezeichnet die klinische Geburt an der Wende zum 21. Jahrhundert als einen „flächendeckenden Verwaltungsakt" eines „weheneingeleiteten Schwangerschafts-Abbruchs" (1998: 165). Diese neue „biokratische Prozedur" greift nicht nur technisch ein, sondern sie schafft Rituale und Überzeugungen, die den Mythos über eine Gefahr in Bewegung halten, die mit medizinischer Hilfe technisch und pharmakologisch gebannt werden kann.

„Denn mit jeder dieser risikoorientierten Zeremonien wird jeder Gebärenden das medizinische Urteil verkündet, mit welcher Wahrscheinlichkeit die Gefahr, vor deren Folgen sie gefeit werden soll, schon in ihr steckt. Jede der rituell beschworenen Ängste liefert die Frau einer neuartigen Hilflosigkeit aus: nicht auf ‚ihre Natur', nicht auf die Hebamme oder die Mutter Gottes kann sie hoffen; sie kann sich nur dem zusätzlichen Risiko der angebotenen Routinen unterwerfen" (Duden 1998: 167).

Medizinisch-technische Geburtsleitung und pharmakologische Steuerung der Gebärenden sind die neuen Gefahren abwehrenden Rituale, welche die Ängste der Gebärenden und der Ärzte beruhigen sollen. Aus der Hoffnung, dass alles gut gehen möge, ist eine Risikokalkulation geworden, die von einem neuen Glauben ersetzt wurde, dem Glauben an die wissenschaftliche Beherrschbarkeit der Geburt. Dieser Glaube wird durch die Suggestionsmacht der Rituale und die Statistiken zur Säuglingsmortalität und -morbidität hergestellt und erhalten. Diese Statistiken avancierten zur Ikone des reproduktionsmedizinischen Fortschrittes, ein medizinisch-technischer Fortschritt, der zugleich für einen zivilisatorischen gehalten wird. Seit den 50er Jahren setzte sich mit der Hospitalisierung der Geburt endgültig durch, was über Jahrzehnte vorher wissenschaftlich verfolgt und ab Mitte der 70er Jahre mit Hilfe der obligaten, medikalisierten Schwangerenvorsorge besiegelt wurde: aus der Entbindung einer Frau wurde endgültig die Geburt eines Kindes. Den Subjektstatus, den ein Fötus im Mutterleib über pränatale Visualisierung und Überwachung bereits erhalten hat, wurde durch die medizinisch-technische Geburtsleitung, welche Überleben und Qualität des Kindes gewährleisten soll, untermauert. Mutter und Kind werden bei der Geburt nicht mehr getrennt, die Mutter nicht mehr entbunden, weil sie in der wissenschaftlichen Wahrnehmung gar nicht mehr als zusammengehörig erscheinen. Was heute als Geburt verstanden wird, entspricht nur mehr einer Sicht des Kindes. Die Mutter ist reduziert auf eine für das Kind notwendige materielle Umgebungsbedingung. Nicht die Mutter wird durch den Akt der Geburt als Subjekt konstituiert, sondern das zukünftige Kind (vgl. Jansen 1994: 216). Die Frau als Mutter verschwindet und wird von der Reproduktionsmedizin als Materie und Ressource erst hervorgebracht: ein Körper ohne Mutter.

Auf der anderen Seite verstärkt die Medikalisierung der Geburt die Vorstellung mütterlicher Verantwortlichkeit. Die Medizin bietet Techniken, Apparate und Medikamente, welche die Geburt sicher zu machen und den „Fetal outcome" zu optimieren versprechen. Damit einher geht die Norm, dass eine vernünftige und verantwortungsvolle Mutter diese Angebote in Anspruch nimmt, was gleichgesetzt wird mit dem Ideal, dass die Mutter alles für ihr Kind getan hat. Wenn man davon ausgeht, dass Geburt einen Übergangsritus (rite de passage) darstellt, der eine Frau zu einer Mutter macht, dann zeigt sich, dass die verschiedenen klinischen Rituale, welche die medikalisierte Geburt kennzeichnen, auch das Ziel haben, Frauen zu den grundlegenden Überzeugungen und Glaubenssystemen einer männlich dominierten Kultur zu sozialisieren (vgl. Davis-Floyd 1992). Die Medizintechnologie, die heute im Bereich der Geburtsmedizin zum Einsatz kommt, wurde in unserer Kultur über die letzten zwei Jahrhunderte von männlichen Geburtsmedizinern als eine „Chirurgie des Unterleibes" ausgearbeitet (vgl. Metz-Becker 1997; Wolf 1998). Im 20. Jahrhundert wurden zudem die von männlichen Wissenschaftlern in anderen Zusammenhängen entwickelten, Technologien für die Geburtsmedizin adaptiert.[191] Der Einsatz dieser Medizintechnologien zielt zur Gestaltung des Übergangs von der Frau zur Mutter in unserer Kultur darauf ab, gebärende Frauen mit der Überzeugung zu beeindrucken, dass die Technologie der Natur überlegen ist. Zugleich wird die werdende Mutter durch die Medizintechnologie entmutigt, da sie ihr die in der Technologie symbolisierte männliche Macht und die weibliche Abhängigkeit und Unzulänglichkeit vor Augen führt.

> "As a rite of passage for the woman, therefore, medicalized childbirth ‚gives birth' to a mother who typically has just had her own dependency underlined, at a time when she is about to undertake what may be the most demanding task of her life" (vgl. Fox/Worts 1999: 331).

Mit den Geburtsritualen wird aber kulturell nicht nur eine Mutter zur Welt gebracht, denn Geburt ist zugleich der Übergang eines Kindes aus der leiblichen Verbindung mit der Mutter in die Gemeinschaft und Gesellschaft. Die medikalisierte Geburt setzt damit neben der kulturellen Gestaltung des Übergangsritus von der Frau zur Mutter auch die soziale Kontrolle des zentralen Prozesses durch, über den sich die Gesellschaft selbst reproduziert.

> "It is a response to a critical contradiction – that society is dependent for the physical reproduction of its citizenry and workers on a process that is both subject to the vagaries of nature and occurring in the bodies of individual women. Attempts to control the process are not, then, surprising" (Fox/Worts 1999: 331).

Da die Geburtsmedizin nur in Form von Medizintechnologie und Pharmakologie streng begrenzte Unterstützung und Hilfe bietet, transportiert die medikalisierte Geburt zugleich die Botschaft, dass Frauen allein zuständig sind für lange Versorgung und Pflege ihres Kindes. Die in Österreich mit großem Aufwand betriebene medizinisch-technische und ärztliche Betreuung erweckt den Eindruck, es werde alles für Mutter und Kind getan. Zugleich versetzt dieses Angebot werdende Mütter gegenüber dem medizinischen Angebot in eine passive Haltung und überlässt sie nach den paar Tagen in der Klinik völlig sich selbst. Gerade in Ländern mit einer niedrigen Säuglingssterblichkeit ist aber die Unterstützung der Mütter in der Familie die tragende Säule der sozialen Fürsorge für Mutter und Kind. So unterstützen „maternity-nurses" in Holland schon seit

---

191 Ultraschall wurde in der Militärforschung zur Sondierung von U-Booten entwickelt und im Ersten Weltkrieg bereits eingesetzt.

1902 Mütter vor und nach der Geburt im Haushalt und bei der Versorgung ihrer Kinder (vgl. Köck 1988: 128). Ziel ist, die Mütter bei ihren familiären Pflichten zu entlasten.

Bonnie Fox und Diana Worts hielten in ihrem Beitrag zu einer „Soziologie der Geburt" fest, dass die wichtigste Botschaft, welche die medikalisierte Geburt übermittelt, die von Mutterschaft als privater Verantwortung ist. Sobald ein gesundes Kind geboren ist, bricht die medizinische Unterstützung ab und die frühe Mutter-Kind-Zeit ist in unserer Kultur gekennzeichnet durch die soziale Isolierung von Mutter und Kind (vgl. Nadig 1989). Diese Individualisierung mütterlicher Verantwortung, die durch die medikalisierte Geburt mit verursacht wird, wird auf Basis wissenschaftlicher Untersuchungen mittlerweile auch als Ursache von Nachgeburtsdepressionen kritisiert. In der Studie von Bonnie Fox und Diane Worts hat sich zudem gezeigt, dass werdende Mütter, die in einem unterstützenden sozialen Netzwerk oder mit einem unterstützenden Partner leben, d. h. Partner, die sowohl die Kindererziehung als auch die Hausarbeit mit ihren Partnerinnen teilen, während der Geburt signifikant weniger nach schmerzlindernden Medikamenten und Techniken verlangten (ebd.: 337). Die Individualisierung mütterlicher Verantwortlichkeit, welche in unserer Kultur und Gesellschaft u. a. ein Produkt der geschlechtshierarchischen Arbeitsteilung, der Medikalisierung von Schwangerschaft und Geburt sowie des Mangels an sozialer Unterstützung und Kollektivierung mütterlicher Praxis darstellt, sind die sozialen Bedingungen, welch die Nachfrage nach Medizintechnologie auf Seiten der werdenden Mütter ventilieren.

4.5 „Children's health, tomorrows wealth"[192]: Neugeborenenscreening, Früherkennungsuntersuchungen, Präventionsmaßnahmen und die Kreation neuer Fachrichtungen

Die Durchsetzung der hospitalisierten Geburt als klinisch-technische Beendigung einer Schwangerschaft konstituiert über die soziale Kontrolle der Geburt das Kind als Subjekt, das zuerst – sowohl im Mutterleib als auch während und nach der Geburt – als neuer Patient wahrgenommen wurde. Die Visualisierungstechniken, mit welchen Gynäkologie und Geburtsmedizin die medizinisch-technischen Eingriffe in Schwangerschaft und Geburt nach dem Zweiten Weltkrieg erweiterten, dehnten zum einen den Eingriffs- und

---

192 Prof. Ronald Kurz zitierte in seiner Antrittsvorlesung an der Universitäts-Kinderklinik in Graz zum Thema „Unsere Verantwortung für die Kinder" im Jahr 1985 den Titel eines Vortrages von Prof. Berger (Universitäts-Kinderklinik Innsbruck) zu „Children's health – Tomorrows wealth", den dieser am Weltgesundheitstag 1984 gehalten hatte (Kurz 1986: 603). Kurz wollte damit darauf verweisen, dass auch bei steigenden Kosten niemand den Kindern die Hilfe vorenthalten dürfe.

Machtbereich der Frauenheilkunde aus. Zum anderen provozierten sie eine neue Konkurrenz mit der Kinderheilkunde, die ihre Patienten im Mutterleib erstmals vor Augen geführt bekam. Die Pädiatrie versuchte im letzten Drittel des 20. Jahrhunderts ihren Einflussbereich in die vorgeburtliche Zeit ihres Patienten zu erweitern, wie in der Folge gezeigt wird. Noch Ende der 40er Jahre forderte der Schweizer Pädiater Prof. Glanzmann, in einem Vortrag bei der Österreichischen Ärztetagung in Salzburg, dass von der Geburt bis zum Eintritt der Pubertät das Wohlergehen und die angemessene Entwicklung des Kindes idealerweise von der Pädiatrie überwacht und begleitet werden sollte.

„Das Neugeborene in seine Obhut zu nehmen, sein Leben zu sichern, ist eine der ersten Aufgaben des Pädiaters. Die zweite Aufgabe beruht darin, über ein optimales Wachstum, beste Entwicklung des Säuglings und Kindes bis zur Pubertät zu wachen" (Glanzmann 1948: 105).

Doch wie die Geburtsmedizin, so sah auch die Pädiatrie nach dem Zweiten Weltkrieg ihre Aufgabe nicht nur in der Kinderheilkunde bis zur Pubertät, sondern in einer Senkung der Säuglingssterblichkeit. Die Senkung der Säuglingssterblichkeit von 50 % auf unter 10 % in den ersten vier Jahrzehnten des letzten Jahrhunderts beurteilte der Primarius des Kinderspitals im Landeskrankenhaus Salzburg, Gottfried Zederbauer, unmittelbar nach dem Zweiten Weltkrieg als großen Erfolg der „prophylaktischen Kinderheilkunde". Den Rückgang der Sterblichkeitsrate führte er auf die „Hebung des Stillwillens" durch die Pädiater zurück (Zederbauer 1946: 600). Im Gegensatz zu diesen Jahrzehnten, in denen die pädiatrische Diskussion dominiert war von Fragen der Verhinderung und Behandlung von Ernährungsstörungen im Säuglingsalter und der frühen Kindheit (vgl. Kap. I.3. in dieser Arbeit), waren wissenschaftliche Abhandlungen über das Stillen und künstliche Säuglingsernährung im Vergleich zur ersten Jahrhunderthälfte marginal. Hinsichtlich der Laktationshemmung wurde in den 50er Jahren mit Hormongaben an stillende Mütter experimentiert.[193]

Der Grund für den Rückgang des wissenschaftlichen Interesses der Pädiater am Stillen lag in der erfolgreichen Entwicklung einer künstlichen Säuglingsnahrung durch Georg Bessau an der Universitätsklinik Berlin Ende der 30er Jahre, die im Darm die gleiche

---

193 So berichtete der Ordinarius für Geburtsmedizin an der II. Universitäts-Frauenklinik in Wien, Hans Zacherl (1889–1968), bei einer Sitzung der „Oesterreichischen Gesellschaft für Gynäkologie und Geburtshilfe" am 14. April 1959 über einen Versuch zur Laktationshemmung mittels östrogenen Wirkstoffen in den Jahren 1954 bis 1956. Er beurteilte den Erfolg als „ausgezeichnet" (Zacherl 1959: 523). In der Diskussion wurde dagegen wiederholt die Verabreichung derart großer Mengen an Östrogenen (40 bis 60 mg) beanstandet, welche ganz offensichtlich wesentlichen Einfluss auf das Einsetzen der Menstruation post partum hatte.

Flora erzeugt wie die Muttermilch (vgl. Peiper 1951: 347). Damit waren die Ursachen der Ernährungsstörungen bei künstlicher Ernährung und die Notwendigkeit, Mütter zum Stillen anzuhalten, damit ihre Neugeborenen gesund blieben und überlebten, beseitigt, obwohl Mütter nach wie vor zum Selbststillen aufgefordert wurden.[194] Die wenigen wissenschaftlichen Texte, die sich noch mit Fragen der Säuglings- und Kinderernährung befassten, bezogen sich auf Vitaminmangelerkrankungen (vor allem Vitamin D und Vitamin K) und deren Prophylaxe sowie auf die Erforschung der Auswirkungen von Umweltgiften in der Muttermilch und Babynahrung (Blei[195], radioaktives Cäsium nach Tschernobyl). Neben der lebensspendenden Muttermilch wurden zunehmend auch die lebensgefährdenden Aspekte natürlicher Ernährung thematisiert. Aus der zunehmenden Umweltverschmutzung resultierte die Problematisierung der verseuchten äußeren wie inneren Natur als Gefahr für die kommende Generation.

Nachdem aufgrund ernährungswissenschaftlicher Fortschritte Ernährungsstörungen und die pädiatrische Still- und Ernährungsberatung in der Mütterberatung an Gewicht verloren, wurde eine Professionalisierung und Institutionalisierung der pädiatrischen Säuglingsfürsorge in Krankenhäusern gefordert. In den 50er Jahren entfachte sich diesbezüglich ein heftiger Disput um die Säuglingsfürsorge in Österreich, nachdem die Neugeborenenbetreuung an den österreichischen Gebäranstalten mit jener von Schweden, einem Land mit eklatant niedrigerer Säuglingssterblichkeitsrate als Österreich, verglichen worden war (vgl. Czermak 1951: 148). Dabei kritisierte Dr. Hans Czermak (vgl. Anm. 152 in diesem Kapitel), Kinderarzt an der Universitäts-Kinderklinik Wien (Vorstand Prof. Reuss), den Mangel an fachärztlich geleiteten Kinderabteilungen und Neugeborenenstationen in den Provinzspitälern und brachte diese von ihm als mangelnde Säuglingsfürsorge bewertete Situation in Zusammenhang mit der für europäische Länder auffallend hohen Säuglingssterblichkeit in Österreich.

---

194 So steht in dem Büchlein der „Mutter- und Säuglingsfürsorge Tirol" aus dem Jahr 1961, das die Mütter zu den in den ersten Lebenswochen empfohlenen wöchentlichen Untersuchungen ihres Kindes bei der Mütterberatung mitzunehmen hatten, um das Gewicht des Kindes eintragen zu lassen: „Liebe Mütter! Stillet eure Kinder selber! Das ist das erste und das wichtigste Gebot in der Säuglingspflege. Die Brustkinder gedeihen besser und erkranken weniger häufig und weniger schwer als die mit Tiermilch genährten. Schon manches Kind hat mit vorzeitigem Tod das Unverständnis oder die Leichtfertigkeit seiner Mutter gebüßt, die es nicht stillen wollte, obwohl sie dazu imstande gewesen wäre" (1961: 2).
195 So zeigte eine Studie, die den Bleigehalt in der Muttermilch in verkehrsreichen mit dem in verkehrsarmen Gegenden in Tirol verglich, einen hochsignifikanten Unterschied. Der Bleigehalt in der Muttermilch bei Müttern, die in verkehrsbelasteten Regionen lebten, war sieben Mal höher als bei anderen Müttern. „Umgerechnet auf den Milchbedarf eines 5 kg schweren Säuglings wurde die WHO-Grenze bei einem Drittel der Milchproben überschritten" (Lechner et al. 1988: 519).

„Es kann nicht oft genug gesagt werden, dass in Oesterreich noch immer Tausende von Kindern zugrunde gehen und noch mehr erkranken, welche bei einer Befürsorgung, die in anderen Ländern eine Selbstverständlichkeit ist, am Leben und gesund hätten erhalten werden können" (Czermak 1951: 150).

Gegen diese von Hans Czermak wiederholt vorgetragene Kritik wurde die Qualität der Entbindungsanstalten betont und die Einschätzung, dass der Rückgang der Säuglingssterblichkeit auf den engagierten Einsatz der Kinderärzte zurückzuführen sei, als „kühn" abgelehnt (Orel 1956a: 849). Gegen das Urteil einer mangelnden Säuglingsfürsorge wurde von Czermaks Kritikern die hohe Säuglingssterblichkeit in Österreich auf die hohe Frühgeburtenrate zurückgeführt und diese mit versuchten „Spätabtreibungen" in Verbindung gebracht (Orel 1956: 679). Czermak wiederum wies diese Begründung als „ungeheuerliche Behauptung" zurück, da ihr jeder Nachweis fehle (Czermak 1956: 892). Für eine Senkung der Säuglingssterblichkeit forderte daher Czermak eine medizinische Schwangerenfürsorge und eine gründliche Mütterschulung, welche die Mütter lehre, wie die Säuglinge richtig ernährt und gepflegt werden sollen. Darüber hinaus verlangten die Pädiater vehement die Schaffung von Säuglingsabteilungen in den Landesspitälern, um „die Mortalität der termingerecht geborenen Säuglinge" zu verringern, so Dr. Herbert Gross aus der Universitäts-Kinderklinik in Wien (Vorstand Prof. Kundratitz) (Gross 1958: 485). Im Rahmen der Gesundheitsfürsorge forderte Dr. Kölbl vom Amt der niederösterreichischen Landesregierung, Abteilung Mutterschafts- und Säuglingsfürsorge, für die Kinderheilkunde eine „Führerstelle" (Kölbl 1958: 533).[196] Die Mütterberatung durch die Kinderärzte erachtete er Ende der 50er Jahre als das am meisten Erfolg versprechende Instrument im Dienste „der Gesundheit unserer heranwachsenden Generation". Dabei sollte bei „Gesundenuntersuchungen der Säuglinge auf eventuell angeborene Mißbildungen" spezielles Augenmerk gelegt werden (ebd.). Der Einsatz der Pädiatrie für die Gesundheit der nachkommenden und heranwachsenden Generation führte ab den 50er Jahren im Wesentlichen dazu, immer mehr frühgeborene Säuglinge am Leben zu erhalten, über Früherkennungsuntersuchungen Erkrankungen zu diagnostizieren und zu behandeln zu versuchen, durch Reihenuntersuchungen den Entwicklungsgang zu überwachen und nötigenfalls zu korrigieren, über Impfungen Krankheiten zu verhindern und die Erziehung zum gesunden Menschen als prophylaktische Kinderheilkunde fortzuführen.

---

196 Diese medizinische Leitungsposition in Stellen der Gesundheitsfürsorge wurde von Ärzten seit Beginn des Jahrhunderts immer wieder gefordert (vgl. auch Weiß 1918: 1112). Denn gerade in den Fürsorgestellen war die ärztliche Hierarchie durch nicht-medizinische Berufsgruppen immer wieder bedroht.

Das prophylaktische Programm der Pädiatrie konzentrierte sich von den 50er bis in die 70er Jahre noch auf Impfungen. Zwischen 1946 und 1952 wurden in den Zahlen der amtlich bekannt gegebenen Erkrankungs- und Todesfälle in Österreich, so der Vorstand der Universitäts-Kinderklinik in Wien, Karl Kundratitz (1889–1975), noch immer Todesfälle aufgrund von Diphtherie, Scharlach, Keuchhusten, Poliomyelitis und Tetanus gemeldet (Kundratitz 1953: 754). Für die klinischen Pädiater dieser Zeit galt es als selbstverständlich und unbezweifelbar, Kinder vor diesen gefahrvollen Infektionskrankheiten zu schützen. Sie beurteilten die Impfschäden als singuläre Erscheinungen, die nicht davon abhalten dürften, den Kindern den größtmöglichen Impfschutz zu gewähren. Zur Vermeidung der Impfschäden setzten sie auch darauf, durch Forschung und Experimente die Qualität der Impfstoffe zu verbessern. Geimpft werden sollte,

„um einerseits die Kindersterblichkeit herabzusetzen, die Zahl der Invaliden nach Infektionskrankheiten zu vermindern, die Ausgaben für Krankenhausbetten einzuschränken und um andererseits eine Immunitätslücke in bestimmten Altersklassen einer Bevölkerung auszufüllen, damit die Ausbreitung oder sogar die Entwicklung einer Epidemie verhindert wird" (Henneberg 1958: 498).[197]

Die Forschung arbeitete aber nicht nur an der Verbesserung des Impfserums, sondern entwickelte weitere Impfstoffe für neue Schutzimpfungen. Diese wurden im Rahmen der Untersuchungen für den „Mutter-Kind-Pass" empfohlen, der Ende der 90er Jahre alle Impfungen auflistete, welche vom dritten Lebensmonat des Kindes bis zum Schulaustritt im 15. Lebensjahr durchgeführt werden sollten.[198] Die Schutzimpfungen wurden stets mit einem Verweis auf den Schutz der Kinder, ausführlich aber immer mit ökonomischen Gründen gerechtfertigt. Hier soll nicht die Kritik von ImpfgegnerInnen

---

197 Die Originalabhandlung „Probleme der Schutzimpfung" von Georg Henneberg (Berlin) ist die Publikation seines Vortrages, den er beim „11. Österreichischen Ärztekongress" der „Van-Swieten-Gesellschaft" in Wien im September 1957 gehalten hatte, in der „Wiener Klinischen Wochenschrift" (WKW 1958/27).
198 Ab dem 3. Lebensmonat wird die haemophilus influenza b-Impfung empfohlen, ab dem 3., 4. und 5. Lebensmonat die Diphterie-Pertussis-Tetanus-Impfung (DPT); ab dem 4., 5. Lebensmonat die Diphterie-Tetanus-Impfung (DT) wenn ohne Pertussis; ab dem 4. Lebensmonat die Polio-Oral-Impfung, bei der drei Impfungen im Mindestabstand von sechs Wochen notwendig sind; ab dem 14. Lebensmonat die erste Masern-Mumps-Röteln-Impfung (MMR), im 16. bis 18. Lebensmonat eine „Diphterie-Pertussis-Tetanus-Auffrischungsimpfung (DPT); im 7. Lebensjahr eine Polio-Oral-Auffrischungsimpfung und die zweite Masern-Mumps-Röteln-Impfung (MMR); im 13. Lebensjahr eine Röteln-Imfung für Mädchen; im 14. bis 15. Lebensjahr Auffrischungsimpfungen wie z. B. Polio-Oral-Impfung, Diphterie-Tetanus-Auffrischungsimpfung (vgl. Mutter-Kind-Pass, Republik Österreich, Bundesministerium für Gesundheit, Sport und Konsumentenschutz 1995: 69).

eingeholt (vgl. Ruesch 1985: 128ff)[199], sondern gezeigt werden, dass Kindheit als gesamte Lebensphase einem prophylaktischen Zugriff der Medizin unterworfen wurde, von dem die geburtsmedizinischen und pädiatrischen Eingriffe in die Schwangerschaft und Geburt zur Senkung von Säuglingsmortalität und -morbidität sowie die eugenische Selektion am Lebensbeginn eben nur einen Teil darstellen. Die dabei stets ausführlich erörtere ökonomische Rechtfertigung des Einsatzes medizinisch-technischer und pharmakologischer Mittel verweist darauf, dass die Präventivmedizin sich auch als „ökonomische Prophylaxe" etablieren konnte, welche Gesundheits- und Sozialausgaben reduzieren helfen sollte. Beispielhaft für diese „ökonmische Prophylaxe" der Medizin sei hier die Diskussion um die Mumps- und Masernimpfung angeführt. Mumps Meningitis (MM) gilt als häufigste entzündliche Erkrankung des Zentralnervensystems im Kindesalter. 40 % der Betroffenen seien Schulkinder, die zirka vier Wochen von der Schule fernbleiben müssten, so Dr. Harasek aus der Abteilung für Kinderinfektionskrankheiten und interne Kinderkrankheiten im Wilhelminenspital der Stadt Wien.

> „Die Häufigkeit der MM macht sie auch zu einem finanziellen Problem. In Wien wurden im Durchschnitt der Jahre 1971 bis 1975 für Hospitalisierung von Kindern mit MM jährlich 4,2 Mill. Schilling ausgegeben. Die Mumpsimpfung eines kompletten Jahrganges Wiener Kinder (ca. 18.000) kostet jedoch nur 2,8 Mill. Schilling" (Harasek 1978: 7).

Medizinisch und sozio-ökonomisch galt damit die Mumpsimpfung als vertretbar. Auch sollte berücksichtigt werden, dass berufstätige Mütter im Krankheitsfall der Kinder vom Arbeitsplatz fernbleiben müssen. Um nicht die Belastung auf den Arbeitgeber zu verschieben, wurde seit 1977 Pflegeurlaub genehmigt (ebd.: 9). Bedenken gegen diese prophylaktischen Maßnahmen wurden als irrational zurückgewiesen. Beispielgebend dafür stand die Aussage von Univ. Prof. Gerhard Wiedermann vom „Department for Pathophysiology" an der Universität Wien:

> „In dieser Situation muß man sich auf eine ernst zu nehmende Diskussion und auf die unabdingbare Notwendigkeit einer quantitativen Aussage besinnen, falls überhaupt ein wissenschaftlicher Aussagewert zustande kommen soll" (Wiedermann 1979: 144).

Der Einsatz von exakten mathematisch fundierten Methoden sollte, so Prof. Wiedermann, Vorstand des Institutes für Spezifische Prophylaxe und Tropenmedizin der Univer-

---

199 Im Anhang des Buches befindet sich eine Bibliographie über die Impfschäden, insbesondere über die Schäden durch Salk- und Sabin-Impfstoffe, die bei der Polioimpfung eingesetzt werden.

sität Wien, eine wissenschaftlich exakte Beurteilung von Nutzen und Risiko der Schutzimpfungen legitimieren. Zugleich berechnete aber auch er den ökonomischen Nutzen von Schutzimpfungen gegen Kinderkrankheiten. So habe die vollständige Durchimpfung des Geburtenjahrganges 1975 gegen Masern, bei Berücksichtigung eines allfällig notwendigen Pflegeurlaubes, eine Ersparnis von 67 Millionen Schilling gebracht (ebd.: 147). Wie auch die Forschung zur „Pränatalen Pathologie" und die daraus abgeleiteten Maßnahmen zur medizinischen Schwangerenvorsorge, so wurden auch die Entwicklung neuer Schutzimpfungen und die Durchimpfung aller Kinder als grundlegender Bestandteil einer prophylaktischen Medizin gewertet und vor allem ökonomisch legitimiert. Aufgrund ihres Einsatzes und der Durchführung von Schutzimpfungen ab dem Säuglingsalter beanspruchte die Kinderheilkunde ab Mitte der 80er Jahre, wie bereits die Geburtsmedizin, das Verdienst für sich, eine Senkung der Morbidität und Mortalität im Säuglings- und Kindesalter erwirkt zu haben. Zugleich stellten die Pädiater Mitte der 80er Jahre aber fest, dass die Behandelbarkeit von infektiösen Kinderkrankheiten dazu geführt habe, dass Schädigungen, die nicht geheilt werden können, unproportional höher wahrgenommen werden, so der Vorstand der Universitäts-Kinderklinik Graz, Prof. Ronald Kurz[200], in einer Originalarbeit über die Verantwortung der Pädiatrie für die Kinder.

> „Die Behandelbarkeit des Großteils der Erkrankungen im Kindesalter bringt einen Wandel der Krankheitserscheinungen und der Behandlungsprobleme mit sich, weil Behinderung und chronische Krankheiten relativ stärker in den Vordergrund rücken: Behinderungen nach Unfällen, Schwangerschafts- und Geburtskomplikationen, Stoffwechselstörungen, Hirnerkrankungen; chronische Krankheiten durch angeborene oder erworbene Schädigung von Organfunktionen, die über längere Zeit oder nicht mehr vollständig geheilt werden können. Ein neues Phänomen tritt in den Vordergrund: die starke Beachtung psychischer Störungen und Verhaltensstörungen, die es vermutlich immer gegeben hatte" (Kurz 1986: 602).

Ab dem Zeitpunkt, ab dem also durch Impfungen und Medikamente, vor allem Antibiotika, die meisten Infektionskrankheiten und Mangelzustände von Säuglingen und Kindern geheilt bzw. gelindert werden konnten, erfuhren jene Krankheiten wie angeborene Missbildungen oder Verhaltensauffälligkeiten erhöhte Aufmerksamkeit. Diese waren mit naturwissenschaftlich-medizinischen Mitteln nicht heilbar und bedurften mehr

---

[200] Prof. Ronald Kurz habilitierte sich 1976 für das Fach Kinderheilkunde an der Universitäts-Kinderklinik in Innsbruck. Bis 1984 war er ao. Prof. am Department für pädiatrische Fragen an der Universitäts-Kinderklinik in Graz und ab 1984 deren Vorstand. Bis zu seiner Emeritierung im Jahr 1995 leitete er die Klinische Abteilung für Allgemeine Pädiatrie der Universitätsklinik für Kinder- und Jugendheilkunde an der Universität Graz.

Pflege und Versorgung als medizinische Intervention oder sie verlangten Alternativen zur schulmedizinischen Behandlung, wie z. B. Psychotherapie.

Doch wie die Geburtsmedizin mit ihrem neuen Fach der Perinatologie lancierte und etablierte auch die Pädiatrie in ihrem Kampf gegen Säuglingssterblichkeit und angeborene Missbildungen ab den 70er Jahren ein neues Fach: die Neonatologie, welche die Physiologie und Pathologie des Neugeborenen erforscht. Das Forschungsgebiet umfasste den Zeitabschnitt von der 28. Schwangerschaftswoche bis zum zehnten Lebenstag des Kindes. Mit diesem neuen Aufgabengebiet wollte die Pädiatrie auf Basis der Errichtung von Intensiv-Neonatologie-Zentren „eine entscheidende Reduktion der in Österreich so hohen, neonatalen Morbidität und Mortalität" erreichen, so Prof. Alfred Rosenkranz, Leiter der Kinderklinik Wien-Glanzing und Gründer der ersten neonatologischen Intensivstation in Österreich im Jahr 1974 (Rosenkranz 1973: 636). Wieder wurde die Säuglingssterblichkeit in Österreich mit jener in Schweden verglichen. So berechnete Prof. Rosenkranz ohne Angabe des Erhebungszeitraumes die österreichische Säuglingsmortalitäts- und -morbiditätsrate mit 25,2‰, die schwedische mit 11,0‰, die perinatale Sterblichkeit mit 26,2‰ in Österreich und 16,5‰ in Schweden (ebd.: 637). Auf Grundlage von Erhebungen, nach denen in der ersten Lebenswoche mehr Kinder versterben als innerhalb der darauf folgenden fünf Jahre, wobei die Todesrate am ersten Lebenstag am höchsten angegeben wurde, forderte und rechtfertigte er die Einrichtung und den Einsatz einer Perinatalen Medizin (Rosenkranz 1974: 297). Dieser Vorstoß der Pädiatrie machte nicht nur der Gynäkologie „Patientengut" streitig und kam in Konkurrenz mit jenen Vertretern der Perinatalmedizin, die ein eigenes Fach im Rahmen der Geburtsmedizin zu etablieren versuchten, sondern sie trug auch zur Akkumulation jener „penetrierenden Untersuchungsmethoden" (Lenzen 1993: 42) bei, welche die Geburtsmedizin seit Mitte des 19. Jahrhunderts in Anwendung brachte.

Nunmehr begannen auch die Neonatologen mit den von der Geburtsmedizin entwickelten oder angewandten Verfahren in den weiblichen, schwangeren Körper einzudringen, um das Leben des „Patienten im Mutterleib" zu überwachen, seine Gesundheit während und nach der Geburt zu kontrollieren und sein Leben zu sichern. Ohne lokale Erhebungen wurden Angaben zu Risikoschwangerschaften aus dem „internationalen Schrifttum" übernommen und 20% Risikoschwangerschaften veranschlagt. Mit der Übertragung dieser Schätzungen auf Österreich wurden 20.000 Risikogeburten jährlich veranschlagt. Da im internationalen Schrifttum davon ausgegangen wurde, dass aus 10% bis 30% dieser Risikoschwangerschaften auch Risikokinder hervorgehen, wurde mit 2.000 bis 6.000 Risikokindern jährlich gerechnet (Rosenkranz 1973: 637). Diese Hochrechnungen rechtfertigten aus der Sicht der Pädiatrie den Aufbau von Intensiv-Neonatologie-Zentren. Frühgeborene, Kinder aus Risikoschwangerschaften,

Kinder mit niedrigen Apgarwerten[201], Neugeborene mit Asphyxie bzw. Atemnot-Syndrom, so genannten Geburtstraumen und Neugeborene, die einer prä- oder postoperativen Behandlung unterzogen werden sollten, waren das neue Patientengut, das in diese neuen Zentren aufgenommen werden sollten. Für die Neonatologie-Zentren wurde eine personelle Versorgung der Patienten rund um die Uhr gefordert, im Idealfall sollte pro Intensiv-Fall eine Schwester ständig zur Verfügung stehen. Die apparative Ausstattung zielte darauf ab, unterschiedlichste diagnostische und therapeutische Notfallsmaßnahmen zu ermöglichen (z. B. Beatmungsgeräte mit Monitoring- und Alarmsystem, Inkubatoren, fahrbare Röntgengeräte). Jedes Zentrum sollte mit einem eigenen Labor ausgestattet sein, in dem zu jeder Tages- und Nachtzeit unterschiedlichste Analysen durchgeführt werden können (ebd.: 638).

Diese Konzeption eines Neonatologie-Zentrums durch die Pädiatrie stellt eine konsequente Verlängerung des von der Geburtsmedizin konzipierten „Invensivkreißsaals" dar. Die Kritik, dass die Intensivbehandlung von Früh- und Neugeborenen die Rate von Hirnschäden bei den überlebenden „Frühchen" erhöhe, wurde mit dem Hinweis auf eine Londoner Studie aus dem Jahr 1971 zurückgewiesen, nach der 87 % von Frühgeborenen mit Geburtsgewichten von 1.500 Gramm oder weniger sich geistig und körperlich völlig normal entwickelten (Rosenkranz et al. 1974: 297). Dennoch sollte eine Intensivtherapie nicht nur die Mortalität senken, sondern auch die Morbidität abwehren (Pollauf et al. 1975: 293). Schon Ende der 70er Jahre sprachen die neuen Zentren von ersten Erfolgen. So vermerkte Primarius Hohenauer von der Neonatologie am LKH Linz eine Senkung der Säuglingssterblichkeit um 40 % – von 26,7 ‰ auf 16,2 ‰ (vgl. Hohenauer 1978: 10). Er wertete diesen Rückgang ausnahmslos als Erfolg der apparativen Medizin. Hohenauer betonte ausdrücklich, dass es lange so schien, als ob nur durch „das Erreichen eines ähnlichen sozio-ökonomischen Status" wie in Schweden „den schwedischen nationalen Statistiken nahezukommen" sei. Nun aber habe sich gezeigt, „dass die zeitgemäße Verbesserung der perinatalen Versorgung viel rascher in die Nähe des gleichen Zieles führen kann" (ebd.: 12). Die Reproduktionsmedizin setzte also weiterhin auf eine Medikalisierung der sozialen Frage, mit der sie nicht zuletzt auch ihre Vormachtstellung behaupten wollte. Auch die neue Neonatologie-Station der Universitäts-Kinderklinik Innsbruck meldete Erfolgszahlen. Auch hier wurde die Senkung der Säuglingssterblichkeit auf 13,0 ‰ im Berichtszeitraum 1968 bis 1978 auf die Einrichtung der Neonatologie an der Universitätsklinik für Kinderheilkunde zurückgeführt. Ebenso habe die neonatale

---

201 Mit dem Apgar-Index wird die Vitalität des Neugeborenen anhand bestimmter Befunde (Herzschlag, Atmung, Muskeltonus, Reflexe, Hautfarbe) nach einer, fünf und zehn Minuten nach beendeter Geburt beurteilt. Er wurde von der amerikanischen Ärztin Virginia Apgar 1953 als Punktesystem ausgearbeitet.

Mortalität in Innsbruck mit 8,0‰ und die perinatale Mortalität mit 14,8‰ den niedrigsten Stand erreicht (Frisch 1980: 4). Auf Basis von Nachkontrollen konstatierte Frisch ein „defektfreies Leben" in über 80% der Risikofälle. Die verstorbenen Neugeborenen wurden einer Autopsie unterzogen, um daraus neue Empfehlungen hinsichtlich der medizinischen Schwangerenbetreuung und Geburtsmedizin abzuleiten: Intensivierung der Schwangerenvorsorge[202], rasche Zuweisung von Schwangeren an die Universitäts-Frauenklinik bei Auftreten von Risikosymptomen[203], rigorosere Zuweisung der graviden Mutter an die Universitäts-Frauenklinik Innsbruck bei bekanntem oder zu erwartendem Risiko für das Kind; eine Verbesserung der Erstversorgung von Neugeborenen (primäre Reanimation) im Kreißsaal; die Gründung eines Abhol- und permanenten Bereitschaftsdienstes für Risikoneugeborene; die sofortige Transferierung (auch nachts!) von Risikokindern[204] aus der Entbindungsanstalt an die spezialisierte neonatologische Abteilung der Kinderklinik; die Schaffung pädiatrischer Primariate an den verschiedenen Krankenanstalten mit geburtshilflichen Abteilungen (ebd.). In den Argumentationen für den Einsatz neonatologischer Pädiater zeigte sich, ebenso wie bei der Perinatologie, deutlich, wie eine Fachrichtung kreiert und lanciert wird. Die Senkung der Säuglingsmortalität wurde als Begründung und politisches Argument verwendet. Der Vergleich mit anderen Nationen führte dazu, die Säuglingssterblichkeitsraten zunehmend als Indikator für den Entwicklungsstand einer Nation zu verwenden, der selbst wiederum vom wissenschaftlichen Fortschritt der Medizin abhängig gemacht wurde.

Da die Säuglingssterblichkeit ab den 80er Jahren aber kaum mehr weiter reduziert werden konnte, kann der Aspekt der Senkung der Mortalitätsraten immer weniger zur Legitimation herangezogen werden. Deshalb argumentiert die Pädiatrie zunehmend mit der *Senkung der Morbiditätsziffer*. Die intensiv-neonatologischen Eingriffe führten aber zugleich dazu, dass immer mehr frühgeborene Kinder überlebten und aufgrund des bei Frühgeborenen häufig auftretenden Hyalinmembran-Syndroms[205] beatmet werden mussten. Das Überleben der

---

202 Risikovorsorge von frühgeburtsgefährdeten Schwangerschaften zur intensiven Überwachung des Fötus.
203 EPH-Gestose, Blutgruppenunverträglichkeit, Blutungen in der 2. Schwangerschaftshälfte, Diabetes mellitus, Mehrlinge etc.
204 Als Risikokinder gelten Frühgeborene, Kinder mit Asphyxie, zunehmender Atemnot, Infektionszeichen, Hypoglykämie, Zyanose u. a.
205 Das „Hyalinmembran-Syndrom (Atemnot-Syndrom) ist eine akute Lungenfunktionsstörung bei (meist frühzeitig geborenen und frühreifen) Neugeborenen". Die Lungen können sich nicht erweitern oder ausdehnen. Charakteristisch für das HMS sind schnelle, flache Atmung, die blaue Verfärbung der Haut (bes. Lippen und Finger) infolge des Sauerstoffmangels (Zyanose) und die Bildung eines „Hyaline Membrans" (Auskleidung der Bronchiolen und Lungenalveolen von Neugeborenen mit hyalinen Massen, d. s. geronnene Eiweiß- und Kohlenhydratkomplexe, die den postnatalen Gasaustausch unmöglich machen). Synonyme sind: respiratory distress syndrome, respiratory distress syndrome of the newborn.

so genannten „Respiratorbabys" führte dazu, dass das „neonatologische Intensivkrankengut" schlechter wurde und eine „stetige Senkung der Mortalität" nicht erzielt werden konnte, so Dr. Marina Marcovich et al. in einem Bericht über „5 Jahre Intensiv-Neonatologie-Zentrum an der Kinderklinik der Stadt Wien-Glanzing" (Marcovich 1981: 610). Die häufigste Todesursache der beatmeten Kinder bleibe daher nach wie vor die Hirnblutung.

Dass die Mortalität nicht weiter gesenkt werden konnte, wurde darauf zurückgeführt, dass Kinder mit einer sehr schlechten Prognose, die früher den Routinetransport nicht überlebt hätten, und sehr unreife Frühgeborene, die bisher als nicht lebensfähiger Abort galten, zunehmend Aufnahme in das Intensiv-Neonatologie-Zentrum fanden (ebd.: 612). Um die Säuglingssterblichkeit zu senken, wurde versucht, die Frühgeburtlichkeit zu bekämpfen, also ein an den Geburtstermin herankommendes Gestationsalter zu erreichen. Dazu wurde die Überwachung der Lungenreife zur Verhinderung des Hyalinmembran-Syndroms (z. B. durch Foamtest etc.) wesentlich häufiger durchgeführt um die Lungenfunktion medikamentös zum Ausreifen zu bringen. Um bei reifgeborenen Kindern eine perinatale Hypoxie zu vermeiden, forderten Neonatologen eine exakte Schwangerschafts- und Geburtsüberwachung, eine Geburtsleitung bei Risikokindern in eigenen Risikokreißsälen und eine konsequente Schulung von Geburtsmedizinern und Hebammen für die Erstversorgung reanimationsbedürftiger Neugeborener (ebd.) Der Einsatz und die Bemühungen auf perinatologischem Gebiet wurden damit gerechtfertigt, dass sich 80 bis 90 % aller maschinell beatmeten Neugeborenen völlig normal entwickeln würden (ebd.: 613). In den Diskussionen des neonatologischen Aufgabenbereiches erfährt man nichts über den Verbleib und den Zustand von den 10 bis 20 % sich nicht normal entwickelnden Neugeborenen, auch nicht darüber, ab wann diese als nicht normal gelten. Demgegenüber berichtete science-ORF im Jahr 2003 im Zusammenhang mit einem Symposium in Wien zum Thema „Das extrem kleine Neugeborene", dass immer mehr extreme Frühgeburten, d. h. mit einem Geburtsgewicht zwischen 400 und 1.500 Gramm zur Welt kommen. So hat zwischen 1992 und 2002 die Anzahl der Frühgeborenen mit einem Geburtsgewicht unter 1.000 Gramm um 52,2 % (von 251 aus 382 „Frühchen" unter 1.000 Gramm) zugenommen. Die Ärzte führten dies auf die Fortschritte der Neonatologie und auf die Mehrlingsschwangerschaften infolge von IVF-Behandlungen zurück. Auch wurde vermerkt, dass der „Frühstart ins Leben" häufig mit erheblichen späteren Behinderungen und Beeinträchtigungen bezahlt wird. Aus diesem Grund hat beispielsweise die Schweiz auf Empfehlung der Schweizer Gesellschaft für Neonatologie beschlossen, Kinder, die vor der 24. Schwangerschaftswoche zur Welt kommen, nicht intensivmedizinisch zu behandeln.[206] In Österreich wurde dagegen, da Frühgeburten auch als Folge

---

206 Die WHO erklärt demgegenüber Kinder ab der 28. Schwangerschaftswoche als lebensfähig.

von Unterleibsinfektionen verhindert werden sollten, zusätzlich ein konsequentes Infektionsscreening der Schwangeren empfohlen.[207] Die von der Reproduktionsmedizin selbst verursachten Komplikationen müssen hingenommen werden, um die individualisierende Sicht auf Schädigungsursachen durch breite Screeningprogramme zu bestätigen.

Die Diskussion um die Erforschung der Ursachen, die zu Frühgeburten führen, nahm weniger Raum ein. Dabei wurde zur Erklärung auf nicht lebensfähige Missbildungen und soziale Faktoren hingewiesen. So hat eine der wenigen diesbezüglichen Erhebungen an der Geburtshilflich-Gynäkologischen Abteilung des Kaiser-Franz-Josef-Spitals zu Beginn der 60er Jahre ergeben, dass vor allem der Wohnungsmangel einen der wesentlichen negativen Sozialfaktoren darstellt, der zu Frühgeburten führt (Spielmann et al. 1961a: 367) Als weiterer einflussreicher Sozialfaktor erwies sich der Beruf des Ehemannes, der wesentlich den Sozialstatus und den Lebensstandard bestimmte. Dabei zeigte sich, dass Ehefrauen von Hilfsarbeitern eine wesentlich höhere Frühgeburtenhäufigkeit aufwiesen[208] als Ehefrauen von Beamten und Angestellten.[209] In der Gruppe jener mit niederem sozialem und ökonomischem Status schien es zu einer Summierung negativer Sozialfaktoren zu kommen. 1984, mehr als 20 Jahre später, wurden bei einer wissenschaftlichen Sitzung zur Senkung der Säuglingssterblichkeit der „Gesellschaft der Ärzte in Wien", Forderungen von Janisch et al. aus der II. Universitäts-Frauenklinik in Wien diskutiert, die darauf verwiesen, dass den sozialen Ursachen der Säuglingssterblichkeit nach wie vor eine Bedeutung zugemessen wurde. Es wurde mehr Eigenverantwortung für die eigene und die kindliche Gesundheit gefordert, Aufklärung gegen Nikotin- und Alkoholmissbrauch in der Schwangerschaft und eine gesunde Ernährung propagiert. Neben der Beherrschung der Drogenszene sollte vor allem für eine Verbesserung der Wohnkultur und der Luftqualität gesorgt werden (Janisch et al. 1984: 481). Im Verhältnis zu Forschung und Entwicklung medizinisch-technischer Lösungen zur Senkung der Mortalitätsrate von Neugeborenen und Säuglingen bis zum ersten Lebensjahr blieb die Diskussion und Prävention sozialer Faktoren jedoch marginal.

Die Pädiatrie hat sich aber nicht nur der Frühgeborenen durch den Aufbau von Intensiv-Neonatologie-Zentren angenommen. Auch die „reifen Neugeborenen" wurden

---

207 Vgl. http://science.orf.at/science/news/89405 (2004_06_12)).
208 Bei Ehefrauen von Hilfsarbeitern bestehe eine Erhöhung der Frühgeburtenrate um das Doppelte; Hilfsarbeiterinnen selbst machten 22,6 % der Gebärenden im Berichtszeitraum 1947 bis 1959 aus; 29 % davon waren Mütter von Frühgeborenen.
209 Ehefrauen von Beamten und Angestellten, die mit 20,4 % im Material des Berichtszeitraumes 1947 bis 1959 vertreten waren, seien nur mit 1,4 % unter den Müttern Frühgeborener. Beamtinnen und Angestellte selbst machten 6,7 % am Material des Berichtszeitraumes 1947 bis 1959 aus und hatten überhaupt keine Frühgeburten.

zunehmend Routineuntersuchungen unterworfen. Dr. Rosegger et al. von der Geburtshilflich-Gynäkologischen Universitätsklinik Graz beanstandeten, dass sich gut 90 % der Publikationen mit neonatologischen Problemen von Frühgeborenen befassten und „kleine Befunde" (Geburtstraumen, Deformierungen etc.) bei reifen Neugeborenen vernachlässigten. Das Forscherteam aus Graz präsentierte eine normierte Checkliste[210], mit deren Hilfe Neugeborene nach ihrer Ankunft auf dieser Welt inspiziert werden sollten. Der erste menschliche Umgang mit dem Neuankömmling wird damit zur Inspektion nach normierten Checklisten. Diese „Fahndung nach Normvarianten" wurde in ein immer breiteres Programm zur Früherkennung von Krankheiten eingegliedert, in dessen Rahmen unterschiedliche und von Jahr zu Jahr zunehmend mehr Früherkennungsuntersuchungen vorgenommen wurden. Mit ihrer Hilfe sollten frühzeitig Störungen in der körperlichen, geistigen und sozialen Entwicklung erkannt und die betroffenen Säuglinge einer Therapie zugeführt werden. In den ersten Lebenstagen wurde und wird auf der Grundlage einer eingehenden kinderärztlichen Untersuchung des Neugeborenen von Spezialisten verschiedener medizinischer Fächer nach angeborenen Stoffwechselkrankheiten und Hüftgelenksluxation gesucht. Die obligate Hüftsonographie wurde seit 1984 in das routinemäßige klinische Neugeborenenscreening integriert. Die Ergebnisse dieser Screenings führten zur Forderung nach einem generellen Neugeborenenscreening, da eine Beschränkung auf Risikokinder alle klinisch stummen Dysplasiehüften nicht behandelbar machen würden. Die Orthopädie forderte eine flächendeckende Installierung des Hüftscreenings bei Neugeborenen. Sie warnte davor, dieses Programm an den primären Kosten scheitern zu lassen, da die Behandlungsmöglichkeiten die Sekundärkosten reduzieren würden, so Dr. Dorn et al. von der Orthopädischen Abteilung der Landeskrankenanstalten Salzburg (Dorn et al. 1990: 4).

Zur Aufdeckung biochemischer Anomalien, den erbbedingten Stoffwechselstörungen (inborn errors of metabolism), wurde ab Mitte der 60er Jahre mit einem „Programm zur Früherfassung angeborener Stoffwechselanomalien" in Wien begonnen. Bereits 1968 waren alle Bundesländer eingebunden und 74 % aller Neugeborenen Österreichs den

---

210 Die häufigsten so genannten „kleinen Befunde/Normvarianten", nach denen bei der Untersuchung gesunder, reifer Neugeborener routinemäßig gefahndet wurde: Schädel: Stauungen, Suffusionen, Caput succedaneum, Kefalhämatom, Zangenmarken, Konfiguration (Molding). Gesicht: Stauung, Subkonjunktivale Blutung, Konjunktivitis, Asymmetrie, Fazialisparese, Zungenbändchen. Stamm: Kalvikularfraktur, prominentes Xiphoid, Nabelprobleme, Steißbeindelle. Genitale: männl.: Hodenmaldeszensus, Hydrozele, Vorhautschürze, Hypospadie; weibl.: Fluor, Blutungen, hyperplastische Anteile. Untere Ext.: Hüftprobleme (Klicks, Faltendifferenz, Luxation); Fußdeformierungen: Haken-, Sichel-, Klumpfuß u. a. Haut: Erythema toxicum, Schuppung, Suffusionen, Naevi, Hämangiome, Milia, Brustdrüsenschwellung, Storchenbiß. Anderes: Schniefen – Rhinitis, Stridor, Herzgeräusche (Tabelle 1 in Rosegger 1990: 295).

Screening-Untersuchungen unterworfen, obwohl diese gesetzlich nicht vorgeschrieben waren. Zunächst wurde nur auf Phenylketonurie[211] getestet, ein Jahr später kamen Galaktosämie[212], Ahornsirupkrankheit[213], zwei Jahre später Homozystinurie[214] und Histidinämie dazu. Damit führe das Team der Universitätsklinik Wien, so der Leiter des Departments für Neonatologie und angeborene Störungen an der Universitäts-Kinderklinik Wien, Prof. Dr. Otto Thalhammer, voller Stolz, nun „als einziges der Welt" (!) routinemäßige Blutuntersuchungen auf fünf Krankheiten durch (Thalhammer et al. 1970: 1). Thalhammer beurteilte diese Vorreiterrolle Österreichs beim Screenen angeborener Stoffwechselstörungen als medizinische Höchstleistung und fügte hinzu, dass Österreich damit, so die Äußerung ausländischer Experten, zu der „Spitzengruppe der Kulturstaaten" gehöre (ebd.: 5). An einer sechsten Krankheit, der Tyorinose, wurde zwecks Diagnose gearbeitet. Die Einführung dieses „Österreichischen Programms zur Früherfassung angeborener Stoffwechselanomalien" ermöglichte nicht nur eine teilweise präventive Therapie bei einigen entdeckten Fällen, sondern führte auch zur Aufdeckung einer großen Zahl bis dahin unbekannter metabolischer Defekte. Zum ersten Mal konnten auch genaue Aussagen über die Häufigkeit in unterschiedlichen Popula-

---

211 Phenylketonurie ist eine Stoffwechselkrankheit, die durch das Fehlen bestimmter Aminosäuren bedingt ist. Sie ist eine autosomal-rezessive Stoffwechselerkrankung, ein Gen auf dem langen Arm des Chromosoms 12 ist mutiert; damit wird das überschüssige Phenylalanin, eine essenzielle Aminosäure, die im gesunden Organismus mit Hilfe des Enzyms Phenylalanin-Hydroxylase zu der Aminosäure Tyrosin abgebaut wird, nicht mehr abgebaut. Die Metabolisierung findet nicht statt. „Unbehandelte Kinder zeigen schwere geistige Defekte, epileptische Anfälle, Hypertonie der Muskeln, Hirnkleinwuchs, Pigmentstörungen auf der Haut, ekzemähnliche Hautveränderungen, allgemeine Übererregbarkeit und, wie erwähnt, einen unangenehmen Geruch" (In: http://www.m-ww.de/krankheiten/erbkrankheiten/phenylketonurie.html). Die Therapie besteht bei Neugeborenen in einer phenylalaninarmen Spezialdiät (mindestens bis zum Eintritt der Pubertät). Durch Amniozentese und DNA-Analyse des Fruchtwassers kann die PK heute in der Pränatalen Diagnostik erkannt werden.
212 Galaktosämie ist eine Stoffwechselkrankheit, die autosomal rezessiv vererbbar ist, und bei der die durch Nahrung aufgenommene Galaktose nicht verstoffwechselt werden kann. Die PatientInnen entwickeln einen Katarakt (grauer Star) mit Trübung der Augenlinse. Die Galaktosämie führt zu Leberschädigungen mit Funktionseinschränkungen. Die Therapie besteht in milchfreier Ernährung.
213 Bei der Ahornsirupkrankheit wird „die für ein normales Wachstum notwendige Eiweißzufuhr [...] nicht vertragen. Die betroffenen Kinder erkranken bereits wenige Tage nach der Geburt (3.–5. Lebenstag). Es ist das Bild einer progredienten Enzephalopathie mit Lethargie, Trinkschwäche bis Somnolenz oder gar Koma und Zeichen des Hirnödems, Muskelhypertonie und Krampfanfällen. Der Saugreflex geht verloren. Die Kinder fallen durch ihr schrilles Schreien (high-pitched cry) auf" (vgl: http://www.neoscreening.de/KB/KB_Ahorn.htm).
214 Homozystinurie ist eine autosomal-rezessiv vererbte Stoffwechselstörung. PatientInnen zeigen Probleme mit der Augenlinse, Hochwuchs und auffällig lange und dünne Finger. Besonders gefährlich ist die Bildung von Blutgerinnseln in den Blutgefäßen, die unbehandelt im frühen Erwachsenenalter zum Tod führen. Therapie erfolgt durch die Gabe von Vitamin B6 oder einer speziellen Diät.

tionen getroffen werden. Da die Diagnose vor dem Auftreten der klinischen Symptome erfolgen musste, kehrte sich der Vorgang der Diagnosestellung praktisch um:

„Der üblicherweise der Bestätigung einer klinischen Diagnose dienende biochemische Befund wird an den Anfang gestellt, und die Entwicklung klinischer Symptome muß durch die Therapie verhindert werden" (Thalhammer 1988: 641).

Diese Umkehr des Diagnosewegs führte zur Aufdeckung neuer Störungen. „Man lernt ja bekanntlich die Wege des Normalen nur durch die Analyse des Abnormalen" (ebd.: 642). Anfang 1990 beurteilte Dr. Widhalm von der Universitäts-Kinderklinik in Wien (Vorstand Prof. Urbanek) in einer Bilanz zu „25 Jahre Neugeborenenscreening in Österreich" die präventive Früherfassung durch unselektives Neugeborenenscreening als durchwegs positiv:

„Neben der Vermeidung von Leid für den Betroffenen und die Familie" sei es für die Gesellschaft wesentlich billiger, „für eine Reihe von angeborenen Stoffwechselerkrankungen zu screenen und die betroffenen Patienten zu behandeln, als eine Anstaltspflege von behinderten Menschen zu finanzieren" (Widhalm 1992: 513).

Durch obligates Screening nach Stoffwechselanomalien wurde in den 25 Jahren zwischen 1966 und 1991 die Häufigkeit des Auftretens bestimmter Stoffwechselerkrankungen erfasst.[215] Für diese Screenings vermerkte Dr. Stöckler von der Universitäts-Kinderklinik in Graz jene Stoffwechselerkrankungen als geeignet, welche

---

215 Tabelle 2. Österreichisches Screening-Programm zur Früherfassung von angeborenen Stoffwechselanomalien 1. März 1966 bis 30. Juni 1991 (in: Widhalm 1992: 511).

Stoffwechselstörung	Getestete Kinder	Entdeckte Fälle	Häufigkeit
Phenylketonurie	2.109.128	216	1:9.764
Hyperphenylalaninämie	2.109.128	57	1:37.002
Atypische PKU (BH4-Störungen)	943.451	3	1:321.150
Argininosuccinasemangel	1.551.073	19	1:81.635
Galaktosämie	2.107.711	73	1:28.873
Gal-UDP-transferasemangel		57	1:36.977
Galaktokinasemangel		14	1:150.551
Epimerasemangel		1	
Phosphoglukomutasemangel		1	
Hypothyreose	1.173.029	232	1:5.056
Biotinidasemangel	373.559	15	1:26.683
Ahornsiruperkrankung	1.130.413	3	1:376.804
Homozystinurie	861.362	2	1:430.681
Gesamt		620	

„häufig sind (bevölkerungsgenetische Relevanz), für die es eine kausale Therapie mit phänotypischer restitutio ad integrum gibt (präventive und gesundheitsökonomische Relevanz) und für die es einen kostengünstigen und effektiven Suchtest gibt, der für die zu untersuchende Bevölkerung akzeptabel ist (praktische und technische Relevanz)" (Stöckler 1992: 493).

Alle diese Kriterien würden von der Phenylketonurie und der Hypothyreose[216] erfüllt. Bei keiner Stoffwechselerkrankung konnte aber der zugrunde liegende Gendefekt korrigiert werden. Diäten bleiben bis heute die wichtigsten und einzigen Therapiemöglichkeiten. Bestimmte Stoffwechselerkrankungen, z. B. die Galaktosämie, haben aber trotz strikter Einhaltung der Diät schlechte Langzeitergebnisse, so Dr. Scheibenreiter et al. von der Universitäts-Kinderklinik Wien (Scheibenreiter et al. 1992: 514). Auch die Zahl der nicht oder mit ungenügendem Therapieerfolg behandelbaren Stoffwechselerkrankungen blieb in der Überzahl. Für diese Stoffwechselerkrankungen, die zugleich mit schweren geistigen und körperlichen Beeinträchtigungen einhergehen, sollte die pränatale Diagnose eingesetzt werden: „Für Familien, die bereits ein erkranktes Kind haben, stellt dies oft die einzige Möglichkeit dar, das Risiko einer weiteren Schwangerschaft auf sich zu nehmen" (Stöckler 1992: 495). Dass dieses Risiko nur mit einem Schwangerschaftsabbruch auf Grundlage einer eugenischen Indikation gelöst werden kann, wird nicht diskutiert. Auch wurden keine Angaben vorgelegt, wie hoch die Abbruchrate infolge des Eingriffes zur Diagnosestellung ist. Mitte der 90er Jahre wurde das „Österreichische Stoffwechselregister" eingerichtet, an dem angeborene Stoffwechselerkrankungen von den einzelnen Kliniken gemeldet und registriert werden, um die Häufigkeit und regionale Verteilung zu erheben, so Dr. Fang-Kirchner vom „Institut für Medizinische Chemie" an der Universität Wien (vgl. Fang-Kircher 1997: 89). Andere angeborene Missbildungen werden seit Beginn der 80er Jahre in manchen Bundesländern in so genannten „Fehlbildungsregistern" erfasst (vgl. Rosanelli et al. 1986: 609).

---

216 Die Neugeborenen-Hypothyreose ist eine der häufigsten angeborenen Stoffwechselkrankheiten, bei der die Schilddrüsenhormonunterversorgung schon während der Schwangerschaft beginnt oder direkt nach der Geburt. Die angeborenen Störungen können sich auch erst in den folgenden Jahren oder im Erwachsenenalter bemerkbar machen. „Wie schwer die Symptome ausgeprägt sind, ist vom Beginn der Störung, dem Ausmaß des Hormonmangels und vom Beginn der Therapie abhängig. Der Mangel an Schilddrüsenhormonen hat, neben den schon beschriebenen Symptomen zusätzlich Auswirkungen auf das Wachstum und die Entwicklung von Kindern. Das Vollbild der Neugeborenen-Hypothyreose muß sich nicht entwickeln, wenn die Therapie frühzeitig einsetzt. [...] Je früher die Therapie einsetzt, desto besser, denn die körperliche Fehlentwicklung sollte möglichst früh beeinflußt werden. Eine Verzögerung von wenigen Wochen führt schon zu schlechteren Ergebnissen der mentalen und psychomotorischen Entwicklung. Unter der Gabe von Levothyroxin normalisieren sich die T4- und TSH-Spiegel innerhalb weniger Tage (in: http://www.medizinfo.de/endokrinologie/schilddruese/hypothyreose.htm#neugeborene).

Neben diesen Screenings nach Hüftgelenksluxation und Stoffwechselanomalien forderte der Kinderarzt Dr. Glatzl von der Universitäts-Kinderklinik Innsbruck (Vorstand Prof. Berger) auch eine Diagnose von Intersexformen für die ersten Lebensmonate, um daraus einen Therapieplan „praktisch für das ganze Leben" ableiten zu können (Glatzl 1987: 295). Die Therapie sollte aus primär hormoneller Medikation, chirurgisch-plastischen Eingriffen und psychotherapeutischen Maßnahmen bestehen, damit möglichst frühzeitig eine „normale Geschlechtsrolle des Kindes erreicht" wird, die später im Rahmen der kognitiven Entwicklung in eine „möglichst normale Geschlechtsidentität" einmünden könne (ebd.). Insgesamt wurden in die Neugeborenenscreenings im Vergleich mit anderen europäischen Ländern sehr viele, wenn auch nicht alle von der Medizin geforderten Tests aufgenommen.

Nach diesen obligaten Routinescreening des Neugeborenen sollte das Kind im Zuge der „Mutter-Kind-Pass"-Untersuchungen bis zum vierten Lebensjahr regelmäßig dem Arzt vorgestellt werden. Das Anspruchsrecht auf den zweiten und dritten Teil einer erhöhten Geburtenbeihilfe konnte eine Mutter von 1975 bis 1996 nur dann erwerben, wenn sie die vorgeschriebenen Untersuchungen ihres Kleinkindes im ersten und zweiten Lebensjahr durchführen ließ. Dazu listete der „Mutter-Kind-Pass" alle empfohlenen Untersuchungen auf. Die Mütterberatung sollte darüber hinaus die Säuglingsfürsorge medizinisch anleiten, so Hofrat Dr. Kölbl aus dem Amt der niederösterreichischen Landesregierung (Abteilung Schwangeren-, Mütterberatung und Säuglingsfürsorge) in einem publizierten Vortrag zu „Neuzeitliche (!) Schwangeren-, Mutterberatung und Säuglingsfürsorge" (1973: 3ff).[217] In der Mütterberatung hatten die Kinderärzte weiterhin den Ernährungszustand des Säuglings zu überwachen und zu beurteilen (Ist- und Sollgewicht, Trinklust, Erbrechen, Stuhlbeschaffenheit, Stillpropaganda etc.), Rachitis- und Anämieüberwachung durchzuführen, die neurophysiologische Entwicklung zu überprüfen, Miss- und Hemmungsbildungen zu kontrollieren, die Funktionsfähigkeit der Sinnesorgane zu prüfen (Augen, Gehör, Sprechen), über zeitgerechte Schutzimpfungen (Diphtherie, Tetanus, Pertussis, Polio, Masern, Pocken) aufzuklären, immunologische Mangelzustände zu erkennen und diabetische wie endokrine Störungen frühzeitig zu erkennen (Kölbl 1973: 8).

Trotz der zunehmenden Routineuntersuchung der Neugeborenen, der intensiven neonatologischen Überwachung der Frühgeborenen und der für die Auszahlung einer erhöhten Geburtenbeihilfe bis 1996 verpflichtenden „Mutter-Kind-Pass"-Untersuchung, vermerkte die Medizin mit Beginn der 80er Jahre eine beträchtliche Häufigkeitszu-

---

217 Der Vortrag wurde auszugsweise bei einer wissenschaftlichen Sitzung der „Gesellschaft der Ärzte in Wien", am 26. Januar 1973 gehalten und im selben Jahr in der WKW publiziert.

nahme des „Sudden Infant Death Syndroms" (SIDS). Bereits 1987 galt sie als häufigste Einzeltodesursache bei unter einjährigen Säuglingen in Österreich (vgl. Köck und Kytir 1989: 533). Als „Sudden Infant Death Syndrom" werden alle Todesfälle bezeichnet, bei denen Säuglinge plötzlich und auf Basis einer Anamnese auch unerwartet sterben und auch die Obduktion keine Hinweise auf Todesursachen erbringt. Im Kontext flächendeckender Früherkennungsbemühungen zur Senkung der Säuglingsmortalität und -morbidität entwickelte sich damit eine neue Symptomatik, die sich allen Präventionsbemühungen entzog. Erhebungen zur Erklärung dieser Todesfälle zeigten, dass die österreichischen Bundesländer völlig unterschiedlich davon betroffen waren. So nahm die Anzahl der SIDS-Fälle z. B. in Kärnten im Vergleich der Perioden 1980 bis 1983 und 1984 bis 1987 um das zehnfache zu, in Vorarlberg, Salzburg und Oberösterreich aber nur um das Doppelte (vgl. ebd.: 535). Hier vermutete man zuerst Missklassiikationen. Angenommen wurde, dass die Zunahme der SIDS-Diagnose eine Publizität und damit eine Zunahme von diagnostizierten Fällen bewirkte. Klärung sollte eine obligate Obduktion bei einem Todesfall im ersten Lebensjahr bringen (vgl. ebd.: 538).

Eine Untersuchung der gemeldeten SIDS-Todesfälle der Jahre 1980 bis 1987 hinsichtlich sozio-demographischer Verteilung und dem Geburtsgewicht brachte die Einsicht, dass das Alter der Mutter (sehr junge Mütter), eine uneheliche Geburt, eine geringe Schulbildung der Mutter und ihre berufliche Stellung als Arbeiterin, die statistische Sterbewahrscheinlichkeit erhöhen (vgl. Köck und Kytir 1989a: 542). Hinsichtlich des Geburtsgewichtes zeigte sich, dass Säuglinge, die bei der Geburt unter 3.000 Gramm gewogen hatten, die SIDS-Fälle dominierten. Säuglinge, die das erste Lebensjahr überlebten, wogen bei der Geburt im Durchschnitt 3.290 Gramm. Das Risiko, an SIDS zu versterben, galt damit bei einer Geburtsgewichtsklasse zwischen 1.500 bis unter 2.500 Gramm als 3,3 Mal höher als bei Normalgeburten (2.500 Gramm oder mehr). Dennoch war das Risiko für diese untergewichtigen Frühgeborenen, an einer anderen Krankheit als SIDS zu versterben, immer noch wesentlich höher (vgl. ebd.: 542). Andere Studien erbrachten den Nachweis, dass es in Wohnorten mit geringer Luftqualität vermehrt zu SIDS-Fällen kam (vgl. Löscher et al. 1990: 115). Zugleich wurde aber weiterhin die Verlässlichkeit der Diagnosestellung „SIDS" angezweifelt. Die große Streubreite führten die Forscher auf eine lokal unterschiedliche Verwendung der Bezeichnung „SIDS" zurück (vgl. Kerbl et al. 1995: 237). Diese vermutete Ungenauigkeit wiederum führe zu den Schwierigkeiten, geeignete Präventionsprogramme zu erstellen. Deshalb wurde österreichweit eine einheitliche Diagnosestellung auf Basis einer lückenlosen Obduktion aller ungeklärten Säuglingstodesfälle gefordert. Trotz der Tatsache, dass 20 Jahre SIDS-Forschung nicht zur Klärung des pathophysiologischen Mechanismus geführt hatten, wurden ab dem Jahr 2000 SIDS-Präventionskampagnen unter dem Motto „Sicheres

Schlafen" durchgeführt. Als Hauptrisikofaktoren galten Rauchen, Bauchlage, Überwärmung und flaches „betten" (vgl. Ipsiroglu et al. 2000: 190). Überwachungsgeräte, die lediglich die Atmung erfassen, wurden dabei nur als brauchbar empfohlen, wenn sie zugleich die Herzfrequenz erfassten, da die Effektivität der Atemmonitore bezweifelt wurde. Dagegen vermuteten die Forscher eher kardiovaskuläre Ursachen (vgl. ebd.: 191). Gleichzeitig warnten sie angesichts der medizinischen Hilflosigkeit in prognostischer und therapeutischer Hinsicht vor der großen Bereitschaft,

> „pathogenetische Hypothesen in den Rang gesicherten Wissens zu heben und präventive Strategien zu verfolgen, deren Wirksamkeit fragwürdig ist" (Paky 2000: 193).

Zugleich verwiesen sie auf den Zusammenhang, dass gerade ab dem Zeitpunkt des Aufbaus von Intensiv-Neonatologie-Zentren der plötzliche Kindstod zur häufigsten, isolierten Todesursache des ersten Lebensjahres in der zweiten Hälfte des 20. Jahrhunderts avancierte.

> „In einer Zeit, in der die Neonatologie den Kinderschuhen entwachsen war und sich die Kinderärzte mit den Spätfolgen ihrer Arbeit auseinanderzusetzen begannen, blieb ihnen nicht verborgen, dass ein nicht unbeträchtlicher Teil ihrer ehemaligen Patienten nach erfolgreicher Therapie dem pK zum Opfer fiel" (Paky 2000: 194).

Die Forscher kritisierten die verschiedenen Präventivmaßnahmen, da deren Effektivität nicht erwiesen war. So würden trotz mehrfacher Entkräftung etablierte Hypothesen, wie z. B. Schlaf-Apnoe, weiter tradiert. Risikofaktoren, deren präventive Umsetzung schwierig seien, wie z. B. sozio-ökonomische, würden dagegen ein Schattendasein führen. Faktoren, die sich für eine individuelle Beeinflussung anbieten, würden demgegenüber zu den wichtigsten Faktoren aufrücken, wie z. B. die zum Dogma avancierte Gefahr des Schlafens von Babys in Bauchlage (ebd.: 195). Unter Berücksichtigung sozialer Einflussfaktoren kritisierte Paky, dass weiterhin am Dogma der „Zufälligkeit" festgehalten und die Frage der elterlichen Obsorge tabuisiert bleibe. Dagegen hätten Studien gezeigt, „dass ein nicht unbeträchtlicher Teil der pK-Opfer in Wirklichkeit Fälle von Kindesmord sind" (ebd.: 196).[218] Da sich in den Analysen von SIDS-Fällen gerade die sozio-

---

218 So hätten z. B. in einer englischen Studie mit verdeckter Video-Überwachung von Kindern mit akuten lebensbedrohlichen Ereignissen gezeigt, dass „ein erschreckend hoher Prozentsatz von Betreuern während des Spitalsaufenthaltes lebensbedrohliche Ereignisse bei ihrem Kind selbst herbeigeführt hatte und sich unter den Geschwistern dieser Kinder viele pK-Opfer befanden" (Paky 2000: 196).

ökonomischen Belastungsfaktoren als bedeutsam erwiesen hätten, forderte Paky, die Frage der elterlichen Obsorge als zentralen Punkt in der Genese des pK aufzunehmen.

Zusammenfassend kann gesagt werden, dass sich die Pädiatrie, wie die Geburtsmedizin, ganz wesentlich auch dem Ziel einer Senkung der Säuglingsmortalität und -morbidität gewidmet hat, wobei ab den 80er Jahren der medizinische Kampf gegen angeborene Missbildungen nachhaltig die Massnahmen zur Senkung der Säuglingssterblichkeit überholte. Zugleich haben die dafür entwickelten Verfahren zur Früherfassung von Risikofaktoren dazu beigetragen, das das kommende Kind als durch die Natur gefährdetes und darin Kultur und Gesellschaft gefährdendes wahrzunehmen. Eine Gefahr, die zu bannen sich wiederum die Medizin – in diesem Falle die Pädiatrie – anbot. Zugleich haben sich die neuen und invasiven Medizin-Technologien, die es ermöglichten, immer noch kleinere Frühgeborene am Leben zu erhalten, als neue Gefährdungsquelle erwiesen. Denn im Dienste einer Senkung der Säuglingsmortalität werden keine Mittel und Wege gescheut, dier ihrerseits wiederum Ursache von Säuglingsmorbidität darstellen. Der Einsatz der Pädiatrie für die nachkommende Generation stand in der zweiten Jahrhunderthälfte unter dem Motto „Children's health – tomorrows wealth" (Berger 1984, Kurz 1986) welche die Pädiatrie im letzten Drittel des 20. Jahrhunderts propagierte. Damit wollte sie deutlich machen, dass trotz steigender Kosten im Gesundheitssystem niemand den Kindern medizinische Hilfe vorenthalten dürfe, da sich diese Kosten zukünftig dann amortisieren, wenn gesunde Kinder zu gesunden Erwachsenen herangewachsen sind. Mit dieser Losung wird die „Verwaltungskunst des organischen Kapitals", welche eine medikalisierende Bevölkerungspolitik in den ersten Jahrzehnten des 20. Jahrhunderts in Gang setzte, auf dem neuesten Stand naturwissenschaftlicher Kenntnisse und klinischer Fertigkeiten forgeführt, das Konzept von Kindheit als rentabelstes Investitionsobjekt des Sozialstaates untermauert und die Notwendigkeit medizinischen Fortschrittes legitimiert.

4.6 Medizinisch angeleitete Erziehung als Instrument einer prophylaktischen Psychiatrie

Wie bereits in den Jahrzehnten vorher wird die Erziehung der Kinder auch nach dem Zweiten Weltkrieg als wesentliches Aufgabengebiet der Kinderheilkunde betrachtet. Erziehungsziele werden neu formuliert:

> „Das Ziel der Erziehung soll die freie, verantwortungsbewußte Persönlichkeit sein und nicht ein Massenmensch, der in seinem Wahn und seiner Gewissenlosigkeit andere und schließlich

sich selbst zugrunderichtet. Die Mutter soll die Kinder wieder beten lehren, Ehrfurcht vor Gott, vor den Eltern und allem, was Menschenantlitz trägt, Ehrfurcht vor der Größe der Natur. Dann wird im Schoße der Familie eine Humanitas wieder heranreifen, die allen Stürmen trotzt" (Glanzmann 1948: 109).

In diesen von Seiten der Pädiatrie konzipierten Erziehungszielen wurden die unmittelbare NS-Vergangenheit und die darin enthaltene massenhafte Zustimmung zu einem mörderischen System als Ergebnis fehlerhafter Erziehung interpretiert, die durch eine Rückkehr zu religiöser Erziehung überwunden werden sollte. Erziehung wurde von der Pädiatrie als vorbeugende Tätigkeit beurteilt, und als solche als umso wirkungsvoller, je früher im Leben sie beginnt. Gerade die „kriegs- und nachkriegssoziologischen Ursachen" hätten eine Verwahrlosung der Kinder und Jugendlichen bewirkt, so der Psychiatrieordinarius Erwin Stransky, welche die Frage aufwerfe, ob aus solcher Jugend „noch Plusvariantisches herauszuholen sein wird" (Stransky 1949: 324).

Die von der Psychiatrie gegen diese Zeiterscheinungen eingeführte psychischen Hygiene als „prophylaktische Psychiatrie", konnte zwar den „Erblichkeits- und Konstitutionsfaktor" nur in geringem Maße beeinflussen, wie Prof. Hans Hoff (1897–1969), Vorstand der Psychiatrisch-Neurologischen Klinik der Universität Wien, in einem Artikel über „Internationale Probleme der Psychischen Hygiene" einräumte (Hoff 1961: 221). Dennoch sollte die psychische Hygiene diese Faktoren in Rechnung stellen. Eine wesentlich größere psychohygienische Bedeutung räumte Hoff aber dem Lebensschicksal des Patienten ein, das in der psychodynamischen Entwicklung seiner Persönlichkeit Ausdruck finde. In Zusammenhang mit dem Einfluss des sozialen Wandels auf die Psychohygiene beurteilte er den Wandel von der patriarchalischen Autoritätsfamilie zur Gattenfamilie, in der demokratischer Gleichberechtigung aller Familienmitglieder herrscht, als bedeutsam. Dieser Wandel wurde aber, so Hoff, durch eine Zunahme weiblicher Erwerbstätigkeit bedingt, die einerseits zu einem größeren Wohlstand und damit zu einer Hebung des Bildungsniveaus führte, zugleich aber den Kindern die mütterliche Versorgung entzog. Auch wenn Hoff einräumte, dass es nicht auf die Zeit ankomme, die eine Mutter mit ihren Kindern verbringe, sondern auf die Qualität der Mutter-Kind-Beziehung, hielt er fest, dass „Die Bedeutung der Mütter für die seelische Gesundheit des heranwachsenden Kindes [...] gar nicht hoch genug veranschlagt werden" kann (ebd.: 222).

Auf väterlicher Seite vermerkte Hoff im Zusammenhang mit dem Wandel der Familienstruktur vor allem, dass autoritäre Familien weniger würden, was er als Verlust des „herrschenden Vaters" und damit eines Identifikationsobjektes, an dem man sich orientieren konnte, beurteilte. Diese, als Zersetzung der väterlichen Autorität, wahrgenommene Entwicklung wurde als Gefahr problematisiert, welche den Menschen auf die schiefe Bahn zu bringen drohte. Kindliche Fehlentwicklungen wurden als Folge eines Mangels an patriarchal-autoritärer Macht beurteilt (ebd.: 223). Diese medizinische Sicht auf die Erziehung half nicht nur, die ersten, eine bürgerliche Gesellschaftsordnung bedrohenden, Jugendbewegungen zu erklären (Hoff erwähnte mehrmals die „Halbstarken"-Gruppen in Wien). Sie stärkte vor allem auch den Wiederaufbau männlicher Vormachtstellung im Privaten nach der Niederlage der Männer im Krieg, die auch als „Niederlage des männlichen Geschlechts" empfunden wurde. Sie unterstützte auch das gesellschaftliche und politische Ziel, den ökonomischen Wiederaufbau des Landes durch den Wiederaufbau und die gesamtgesellschaftliche Durchsetzung einer bürgerlichen Geschlechterordnung zu bewerkstelligen (vgl. Wolf 1998: 117–134).

Nach dem Zweiten Weltkrieg wiederholte sich damit, wie bereits nach dem Ersten Weltkrieg, der Versuch, die aufgrund der kriegsbedingten Abwesenheit der Männer gewonnene Autorität der Mütter in den Familien in Frage zu stellen und die Macht der Väter wieder zu installieren. Der Erste Weltkrieg provozierte eine ebensolche Diskussion bezüglich der Frage, ob Mütter genug Autorität besäßen, um leitende Erziehungsaufgaben zu übernehmen. Obwohl infolge des Krieges die Kindererziehung von fast ganz Europa in den Händen der Mütter lag, wie der Psychiater und Psychoanalytiker Alfred Adler (1870–1937)[219] in seinem Artikel „Die Frau als Erzieherin" vermerkte, beurteilte er eine leitende Erziehung durch die Mutter als unmöglich. Trotz kriegsbedingter Abwesenheit der Männer sah Alfred Adler den Einfluss des Vaters – entsprechend dem „männlichen Übergewicht in der gegenwärtigen Kultur" – im zweiten Jahrzehnt des 20. Jahrhunderts als noch nicht ausgeschaltet an. Denn die Kinder würden in den Worten der Mutter die Stimme des Vaters hören, sofern die Mütter das Streben der Kinder, dem Vater Achtung zu schenken, ausgebaut hätten. Aus psychoanalytischer Perspektive wurde der abwesende Vater als symbolisch anwesender rehabilitiert. Denn „die Erziehung durch die Frau" ist „regelmässig dem Einfluß des Mannes und der männlichen Kultur unterworfen" sie steht „unter dem männlichen Diktat" (Adler 1916: 343f).

Die Kriegszeiten beurteilte Adler deswegen als Problem, weil Frauen unvorbereitet die Führung in der Erziehung übernehmen müssten. Denn wie sollten Frauen nun, „entgegen ihrem innersten Wesen, selbständig ein Werk vollbringen helfen, das dem Sieg des männ-lichen Prinzips zum Ausdruck verhilft" (ebd.: 344). Unruhe und Schwankungen in

---

219 Alfred Adler gilt als Begründer der „Individualpsychologie". Im Gegensatz zu Freud beurteilte er seelische Störungen (Psychoneurosen) nicht aus den Reaktionen auf verdrängte sexuelle Komplexe. Nach Adler gelten „Minderwertigkeitskomplex" (Begriff von Adler) bzw. übersteigerter Geltungstrieb infolge missglückter Anpassung an die Gemeinschaft als deren Ursachen.

der Leitung der Familie durch die Frau wurden als Ursache einer allgemeinen emotionalen Unsicherheit bei den Kindern kritisiert. Die widerspruchsvolle und zaghafte Führung durch die Mutter sei eine Verstärkung des Antriebs zur Revolte beim Kind. Sobald Mütter aber die Lage durch eine starke Haltung überkompensierten, wurde darin vor allem die Provokation einer heimlichen Auflehnung beim Knaben erkannt.

Obwohl „die überlegene Autorität des Mannes […] der richtungsgebende Punkt im Tun und Lassen des Kindes […] in unserer Kultur" bleiben sollte, forderte Adler, die Bildung einer „weiblichen Erziehungskunst". Diese würde vor allem durch ein weibliches Minderwertigkeitsgefühl behindert, das sowohl ihre Zaghaftigkeit als auch die Überspannung ihrer Autoritätsgelüste bedinge. Um das Selbstvertrauen der Frauen zu stärken, sollte „die herrschende Entwertungstendenz gegenüber dem Erziehungswerk der Frauen als unberechtigt und sozial schädlich nachgewiesen werden" (ebd.: 345). Vieles würde der Unfähigkeit der Frau in der Erziehung angelastet werden, wie die schlechten Schülerleistungen und die steigende Kriminalität der Jugendlichen im Kriege, doch dafür seien auch andere Gründe nachgewiesen worden. Da der „Gegenspieler" bei der Vernachlässigung der Schule durch den Schüler und seinem Ausflug ins Kriminelle „der abwesende Vater" sei, könne die Mutter nur einflusslos bleiben.[220] Den kulturellen Missständen könne die Frau nicht besser Abhilfe schaffen als die Polizei. Jenseits dieser kulturellen Behinderung der weiblichen „Erziehungskunst" betonte Adler jene schädlichen Haltungen von Müttern, die „den Wert der Frau als Erzieherin leicht beeinträchtigen können" und die sich alle aus dem weiblichen Minderwertigkeitsgefühl entwickelten: 1. Mütter, die als Mädchen mit einer dauernden Missachtung der Frauenrolle herangewachsen sind; 2. Mütter, die nicht an die eigene Kraft glauben, im Unglauben an den erzieherischen Wert der Frau aufgehen und nur an den Mann glauben; 3. Mütter, welche die „männliche Aggression" erspäht haben und sie übertreiben. Bei allen dreien führe die Abwesenheit des Mannes zu erheblichen Problemen. Erstere vermittle den Eindruck, als ob ihr die Erziehung der Kinder unglaubliche Schwierigkeiten bereite, die Kinder würden ihre Ansprüche maßlos steigern oder zur rachsüchtigen Revolte neigen. Diese Kinder würden dem Vater dann als „lebendiger Beweis" gegen weiteren

---

220 Ein vorläufiger Einblick in die Ursachen der Zunahme von Schuldelikten und kriminellen Handlungen in den Krieg führenden Ländern habe gezeigt, dass die Täter auch vorher kein auffallendes Maß an Mut und Aktivität besessen hätten und meist nur durch strenge Überwachung und Furcht erweckenden Antrieb zu regelmäßigen Arbeiten anzuhalten gewesen seien. „Diesen Deserteuren und Drückebergern aus der Kinderstube" drohe „nun das Schicksal des unselbständigen Schwächlings" (ebd. 346). Daher entsage er dem Wettkampf auf sozialem Gebiet und nütze die neue Freiheit, um eine „Sklavenrevolte" anzuzetteln. Die „ursprüngliche Feigheit" würde zur Unterordnung unter einen führenden Geist motivieren, der wiederum zur eigenen Deckung zur „Bandenbildung" anstifte (ebd.).

Kindersegen gelten. Die Erziehungsmittel des zweiten Typs erörterte er als „quälendes, verzweifelndes Jammern, kraftloses Gezeter und hohles Poltern". Die Kinder würden damit den Beweis liefern, dass nur der Mann zur Erziehung tauge. Die dritte Mutter trage Züge von Herrschsucht und besonderer Strenge und „die Prügelstrafe wird zum dauernden Pol der Erziehung". Kinder würden feige und zaghaft. Die Abwesenheit des Mannes verstärke diese Härte und steigere den Trotz des Kindes (348f).

Diese Diskussion über die Bedeutung der Erziehungsautorität des Vaters, die in Kombination mit dem Einklagen der mütterlichen Präsenz im Haushalt zugleich das – nach beiden Kriegen angewandte – Recht auf Arbeitsplätze für heimkehrende Männer ideologisch bestätigte, und die während des Ersten Weltkrieges von psychoanalytisch orientierten Kinderärzten ventiliert wurde, fand nach dem Zweiten Weltkrieg in den 50er Jahren ihre Fortsetzung. Erstaunlich daran ist nicht der Versuch, die männliche Vormachtstellung im Privaten wie im Öffentlichen zu rehabilitieren und soziale Krisenerscheinungen auf einen Verlust männlicher Autorität zurückzuführen. Es überrascht vielmehr die Tatsache, dass die Kinderärzte und -psychiater oder Kinderpsychologen, die sich für die Re-Autorisierung der Väter einsetzten, davon ausgingen, dass diese, sofern überhaupt, völlig unbeschadet vom Krieg heimkehren würden. Dass ganz im Gegenteil zu ihrer These nicht der soziale Wandel und die Zunahme der Frauenarbeit Ursachen des Verlusts väterlicher und männlicher Autorität waren, sondern deren physische und psychische Schädigung durch die Kriegsteilnahme, wurde in den Publikationen der Kinderpsychiater und -psychologen in den 50er Jahren nicht erwogen. Diese Auslassung ist getragen von der Ideologie männlicher Unverletzlichkeit. Gegenüber der wiederkehrenden Thematisierung und Theoretisierung des „abwesenden Vaters" in der psychoanalytisch orientierten pädiatrischen Literatur fehlt die Thematisierung des Mannes als Opfer (von Krieg und Gewalt) und damit auch die Problematik des „traumatisierten Vaters".

Zugleich wurden beide Elternteile aber wieder, wie bereits in den ersten Jahrzehnten des 20. Jahrhunderts, als potenzielle Gefährdung der Nachkommen auf seelischem Gebiet betrachtet und zum Gegenstand wissenschaftlicher Forschung und Entwicklung gemacht. Dies stand im Zusammenhang mit dem Aufbau der psychischen Hygiene als „prophylaktischer Psychiatrie" (Hoff 1961) und dem damit zusammenhängenden Ausbau psychologischer Beratung und Psychotherapie. Diese Entwicklung setzte eine breite Psychologisierung der Eltern-Kind-Beziehung in der zweiten Hälfte des 20. Jahrhunderts in Gang. Die medizinischen Eingriffe in das „biologische Erbe" wurden in der zweiten Jahrhunderthälfte zunehmend durch medizinisch-psychologische Eingriffe in das „psychische Erbe" erweitert. Denn, so Friedrich Stumpfl[221], während der NS-Zeit

---

221 Friedrich Stumpfl studierte Medizin und Anthropologie in Wien, war von 1939 bis 1945 Professor am

Professor am neu errichteten Institut für Erbbiologie der Universität Innsbruck und nach 1945 in der Erziehungsberatung und Gerichtspsychiatrie tätiger Dozent der Universität Innsbruck,

> „es besteht [...] eine grundsätzliche Korrigierbarkeit des Anlagematerials, die normalerweise in der intakten Familienordnung selbst erfolgt und in sozialen Störungsfeldern durch Heilpädagogik oder Kinderpsychiatrie möglich ist" (Stumpfl 1958: 552).

Die bis in die 50er Jahre dominierenden infektiösen Kinderkrankheiten wurden von der Pädiatrie mit pharmakologischen Mitteln (Schutzimpfungen und Antibiotika) unter Kontrolle gebracht. Angeborene Missbildungen und Verhaltensauffälligkeiten von Kindern traten dadurch vermehrt in den Mittelpunkt ärztlicher Wahrnehmung von Erkrankungen im Kindesalter. Die „Pränatale Pathologie" und die Geburtsmedizin widmeten sich dem Ziel, die Säuglingsmortalität und -morbidität zu senken. Die Psychiatrie wollte mit Maßnahmen der Psychischen Hygiene als prophylaktischer Psychiatrie die Weitergabe und das Entstehen von Verhaltensauffälligkeiten bei Kindern verhindern. Aus der Perspektive dieser prophylaktischen Psychiatrie galten die Erzieher selbst als eine grundlegende Ursache jeder Fehl-Erziehung. So wurde vom Vorstand der Universitäts-Kinderklinik in Wien, Karl Kundratitz (1889–1975), eine neurotisierende Erziehung – maßlos oder zwiespältig – als Ursache von Erziehungsverwirrungen und eine distanzlose Erziehung als Ursache fehlender Distanz des Wollens und der Gefühle beurteilt. Eine Wunscherziehung führte seiner Analyse nach dazu, die Wirklichkeit des kindlichen Charakters zu verfehlen und das Wunschbild der Eltern zu verfolgen. Die Auswirkungen solcher Fehl-Erziehungsformen würden sich, so Kundratitz, wie eine „ewige Krankheit" forterben (Kundratitz zu Schiff 1949: 460).

In den 50er Jahren wurden, anders als in den 30er und 40er Jahren, vorwiegend die negativen Auswirkungen des „sozialen Erbes" und „psychischen Erbes" auf das Verhalten der kommenden Generation diskutiert. Die Thematisierung der Psychosomatik im Kindesalter gewann an Einfluss und psychosomatisch orientierte Kinderärzte betonten, dass psychische Faktoren für die Entstehung vieler körperlicher Erkrankungen im Kindesalter eine große Rolle spielen. Aus tiefenpsychologischer Perspektive wurde versucht, die biologischen Reifungsgesetzlichkeiten der Psyche mit dem Reifungsprozess

---

Institut für Erbbiologie der Universität Innsbruck und arbeitete ab 1945 an der Erziehungsberatungsstelle der Kinderklinik Innsbruck sowie als Leiter der Kinderpsychiatrischen Station. Von 1947 bis 1949 war er Assistent am Institut für Vergleichende Erziehungswissenschaft in Salzburg, von 1949 bis 1953 Nervenarzt und Psychotherapeut in Wien, ab 1954 Gerichtspsychiater und Dozent an der Universität Innsbruck.

des Körpers zu verknüpfen und jeder Entwicklungsphase eine spezifische Bedeutung für eine etwaige Erkrankung zuzuweisen (Hoff et al. 1955: 756). Die Probleme, die sich früher dem Kinderarzt hinsichtlich Ernährungsstörungen und Infektionskrankheiten gestellt hätten, beurteilte Hans Asperger (1906–80)[222], Ordinarius für Kinderheilkunde an der Universität Wien, als gelöst, „nur die direkt das Nervensystem angreifenden oder als Komplikationen dieses Systems ergreifenden Infektionskrankheiten sind häufiger und gefährlicher geworden" (Asperger 1967: 907). Als einen solchen Infektionsherd beurteilte Asperger die mütterliche Fehl-Erziehung. Der Pädiater komme nicht umhin,

„die in der Unsicherheit und im Fehlverhalten der Mütter liegenden Störungen des Kindes zu verstehen und die Mütter erzieherisch zu beraten, sie dahin zu führen, dem Kind die richtigen Entwicklungsreize zu bieten" (Asperger 1967: 907).

Ende der 60er Jahre war die psychologisch orientierte Kinderheilkunde wieder bei der für das gesamte 20. Jahrhundert dominierenden Erklärung von Ursachen kindlicher Verhaltensauffälligkeiten angelangt. Darin resultieren kindliche Störungen zusammengefasst und zugespitzt aus der Kombination „väterlicher Abwesenheit" und „mütterlicher Anwesenheit". Aufgrund der Hauptzuständigkeit der Mütter für Versorgung, Pflege, Ernährung und Erziehung der Kinder wurde ein vielfältiges mütterliches Fehlverhalten eruiert und unterstellt. Demgegenüber schien die väterliche „Anwesenheit" allein schon auszureichen, um einen positiven Einfluss auf die Erziehung auszuüben. Die Pädiatrie stellte sich an die Stelle des von ihr konzipierten „abwesenden Vaters", um die Erziehung der „anwesenden Mutter" wissenschaftlich anzuleiten. Um diese Aufgabe auszufüllen, müsse der „Berufung" eines Arztes zum Kinderarzt eine „endogene" Affinität zum Pädagogischen vorausgehen.

Darüber hinaus forderte Asperger aber auch den Auf- und Ausbau der Kinderpsychiatrie, die, wie es in den angelsächsischen und westeuropäischen Ländern geschehe, diese neue Problematik von Verhaltensauffälligkeiten im Kindesalter bewältigen und durch Erforschung wie Behandlung kindlicher Verhaltensauffälligkeiten vorantreiben sollte. Als dritten „Quellstrom" der Behandlung dieser Probleme konzipierte Asperger die Heilpädagogik, die vor allem in Österreich Tradition[223] geworden sei und großen Einfluss auf

---

222 Hans Asperger (1906–80) war Kinderarzt. Ab 1934 arbeitete er an der Psychiatrischen Klinik Leipzig, habilitierte sich 1944 u. erhielt 1957 einen Ruf auf den Lehrstuhl für Kinderheilkunde an die Universitäts-Kinderklinik in Innsbruck. 1962 ging er nach Wien. Ab 1964 war er Leiter der heilpädagogischen Station der SOS-Kinderdörfer in Hinterbrühl. Werk: Heilpädagogik. Einführung in die Psychopathologie des Kindes, 1952.
223 Eine „Heilpädagogische Abteilung der Kinderklinik" wurde in Wien bereits 1911 von dem Pädiater Cle-

die soziale Fürsorge und die Schulorganisation ausübe. In diesem neuen Zuständigkeitsmodell für abnorm reagierende Kinder – „Kinderpsychiatrie – Pädiatrie – Heilpädagogik" – sollte „naturgemäß der Arzt die führende Rolle innehaben" (Asperger 1975: 581). Die Behandlung der „Defektzustände auf neurologischem, intellektuellem, charakterlichem Gebiet" und der „Sinnesdefekte" würde aber stets auch der Anbahnung eines guten Kontaktes mit dem Kind und der menschlichen Anteilnahme bedürfen – und sei damit „letztlich Menschenführung, Paid-agogik!" (Asperger 1967: 908). Die Behandlung dieser Defektzustände erfordere ein ausgebautes Sonderschulwesen, das die Schaffung von – den Besonderheiten der Kinder gemäßen – Gruppierungen ebenso wie eine Teamarbeit der unterschiedlichen Berufsgruppen (Sonderschullehrer, Sonderkindergärtnerin, Physiotherapeuten, Psychologen, Sondererzieher, Fürsorgerin) ermögliche. Es müsse aber klar sein, „dass die in den beschriebenen Institutionen geübten heilpädagogischen Methoden auf den Fundamenten biologischen, medizinischen Wissens ruhen" (ebd.).

Daher forderte er sowohl eine subtile ärztliche Diagnose als auch eine biologische Fundierung der Behandlungsmethoden. Zudem wollte er die Entwicklungen zum Aufbau einer „Kinder- und Jugendpsychiatrie" auch in Österreich vorantreiben, die in anderen Ländern die beiden medizinischen „Quellflüsse" – die Psychiatrie und Pädiatrie – zusammenführe. Die Einrichtung eines neuen Faches, die „Kinder- und Jugendpsychiatrie und medizinische Heilpädagogik", sei den Gesundheitsbehörden bereits nahe gelegt. Er begründete den Einsatz dieser Einrichtungen damit, dass eine frühest mögliche Untersuchung und Behandlung von „Risikokindern" gezeigt habe, dass die Prognose aller kindliche Störungen, besonders der hirnorganisch verursachten, viel besser sei, je früher mit therapeutischen Maßnahmen begonnen werde. Diese Maßnahmen sollten physiotherapeutische, beschäftigungstherapeutische und heilpädagogische Methoden zusammenführen, um „eine ‚soziale Behandlung'" durchzuführen, bei der „die Eltern zu Therapeuten erzogen werden" sollten (Asperger 1975: 582). Pädiater waren von Asperger im Rahmen dieser therapeutischen Maßnahmen mehrfach gefordert:

„Zuwendung zu sozialen Problemen, besonders den Mutter-Kind-Beziehungen, Einwirkung auf die Mutter als unabdingbare Voraussetzung einer erfolgreichen Behandlung, selbst bei ‚psychosomatischen' Störungen des Kindes, Verstehen der Entwicklungsgesetzlichkeit vom ‚großhirnlosen' Neugeborenen bis zur menschlichen Person, Verstehen der Notwendigkeit einer Frühdiagnose und Frühtherapie" (Asperger 1975: 582).

---

mens von Pirquet im Zuge der Eröffnung der Wiener Kinderklinik eingerichtet und sei daher älter als die amerikanischen kinderpsychiatrischen Institutionen, deren erste 1926 als Child-Guidance-Clinic in Chikago errichtet wurde (Asperger 1967: 908).

Aber auch die Entwicklungsverzögerung und -störungen im Kindesalter, also in jenen Jahren, in welchen die Kinder noch in der Familie leben, sollten erhoben und behandelt werden.

„In der ganzen Welt sucht man nach Wegen, die Altersstufe von 1 bis 6 Jahren zu erfassen. In ihr lassen sich die Behinderten und Rückständigen bereits sicher erkennen",

so der Kinderpsychiater Franz Wurst (geb. 1991) aus Kärnten (geb. 1920) in einer Originalabhandlung über „Neue Wege der Gesundheitsfürsorge für das behinderte Kind auf dem Lande" (1964: 618).[224] Als eine der ersten Initiativen führte Wurst 1951 das System der „Familienuntersuchung" ein, in gewissem Sinne ein Vorgängermodell der „Mutter-Kind-Pass"-Untersuchungen, um auch auf dem Lande neue Wege der Gesundheitsfürsorge zu etablieren. Die Fürsorgeärzte wurden eigens für die Früherfassung behinderter Kinder geschult, die Mütter jährlich zu Untersuchungen ihrer Kinder eingeladen und die Eltern in die „Heilpädagogische Beratungsstelle" bestellt.

„Es wurden in allen Gesundheitsämtern Beratungsstellen eingerichtet, in denen das Team, bestehend aus Arzt, Psychologen und Sozialberater, durchschnittlich 1mal monatlich Sprechtage hält. So wuchs die Zahl der gemeldeten behinderten Kinder rasch an" (Wurst 1964: 618).

Politiker und Behörden wurden durch diese Akkumulation von Behinderten im System der „Familienuntersuchung" auf das Behindertenproblem aufmerksam gemacht und unterstützten dann die pädiatrischen Forderungen nach neuen Einrichtungen, wie z. B. einem Sonderkindergarten für die stationäre heilpädagogische Arbeit am behinderten Kleinkind und einer ambulanten Erziehungshilfe für behinderte Kinder. In diesen Einrichtungen wurden zunehmend spezifischere Behandlungsmethoden etabliert, wie etwa die logopädische Ambulanz, der heilpädagogische Lernhort oder Legasthenikerkurse etc. (ebd.: 619).

Das pädiatrische Konzept der „Erziehung als prophylaktischer Psychiatrie" fördert zum einen den Auf- und Ausbau medizinisch geführter Einrichtungen zur Früherfassung und Behandlung von Behinderungen, Entwicklungsverzögerungen und -störungen, aber auch die Selektion von abnormalen Kindern und deren Separierung in Sondereinrichtungen. Auch hier wird über die Feststellung des Abnormalen das Normale hergestellt.

---

224 Franz Wurst wurde im Jahr 2002 wegen sexuellem Mißbrauch von Kindern und Jugendlichen (90 Opfer haben sich damals gemeldet) und wegen Anstiftung zum Mord zu 17 Jahren Haft verurteilt. Das Urteil ist ein Jahr später auch vom Obersten Gerichtshof bestätigt worden.

5. Der „wissenschaftliche Fortschritt" als unausweichliches Schicksal, der leibliche Vater als Statist der Reproduktionsmedizin und die auf Dauer gestellte Simulation der sexuellen Initiation

Zusammengefasst fügen sich diese in der zweiten Jahrhunderthälfte etablierten präventiv-medizinischen Eingriffe in generative Prozesse und reproduktive Kultur – biotechnische, biochemische und apparative Überwachung und Leitung der Fortpflanzungskontrolle, der Zeugung, der Schwangerschaft und der Geburt durch Gynäkologie und Geburtsmedizin, pränatal-selektive Diagnostik in der medizinischen Schwangerenvorsorge durch Gynäkologie und medizinische Genetik, pädiatrisches Screening und Früherkennungsuntersuchungen der Neugeborenen, pädiatrische, augenärztliche, orthopädische etc. Untersuchungen des Kindes im Rahmen der „Mutter-Kind-Pass"-Untersuchungen bis zum Schuleintritt und die Übergabe seiner Gesundheitsbegleitung an den Schularzt, pädiatrisch-psychiatrische Erziehung als prophylaktische Psychiatrie – nicht nur problemlos ineinander, sondern bestätigen und verstärken sich gegenseitig. Sie sind mehr oder weniger immer auch eugenisch motiviert und/oder durchsetzt.

Der medizinische Zugriff auf die auf generative Prozesse im Körper der Frau erfährt – entsprechend der Integration jener Techniken, die aus dem wissenschaftlichen Fortschritt nicht-medizinischer Fächer wie etwa Biochemie, Physik, Molekularbiologie hervorgehen – eine Technisierung. Diese neuen Techniken vermögen es, die Ideale und Ideen der alten Eugenik zu rationalisieren. Doch sofern der Einsatz von Reproduktionstechniken überhaupt gerechtfertigt wurde, sowohl jene der Verhütung oder Verhinderung von Fortpflanzung als auch jene der Zeugung, der Schwangerschaftsüberwachung und Geburtsleitung, ist diese Rechtfertigung immer *auch* mit eugenischen Motiven legiert. Wurde bis in die 60er Jahre noch offensiv um eine Rehabilitierung der Eugenik gekämpft, so wurde ab den 60er Jahren der Begriff Eugenik nach dem Begriff „angewandte Humangenetik" in Klammer gesetzt und verschwand ab den 80er Jahren aus dem in den Publikationen gebrauchten Fachvokabular. Ab den 90er Jahren wurde von Seiten der Reproduktionsmedizin und -genetik jeglicher Zusammenhang mit der Eugenik zurückgewiesen.

Doch die Entscheidungen darüber, wer in diese Welt geboren werden darf, bleiben eingebettet in eine eugenische Vernunft, die Teil unseres kulturellen Erbes ist. Sie ventiliert nachhaltig die Illusion, dass biotechnische Innovationen die soziale Unterstützung, vor allem die Pflege von nicht mehr heilbaren PatientInnen überflüssig machen. Die technischen Innovationen konstituieren aber keine neuen Wahlmöglichkeiten. Sie ersetzen lediglich ein Set sozialer Zwänge durch ein anderes (vgl. Hubbard 1985). Es zeigt sich, dass in der Entwicklungsgeschichte der Eugenik durchaus historische Kontinuitäten vorherrschen und der Wandel von der alten Eugenik zur neuen Eugenik durch eine Rationalisierung eugenischer Maßnahmen im Wechselspiel mit der Rationalisierung reproduktionsmedizinischer Maßnahmen evoziert wurde. Die – auf Basis technischer und biochemischer Innovationen und molekularbiologischer Einblicke in die Vererbung – invasive Rationalisierung der Reproduktion in der zweiten Hälfte des letzten Jahrhunderts wurde für die Vermeidung einer kritischen Selbstreflexion und für die Selbstreinigung von den medizinischen Verbrechen in der Zeit des Nationalsozialismus funktionalisiert. Dabei wurde die Entwicklung der auch eugenisch legierten Reproduktionsmedizin in der zweiten Jahrhunderthälfte von vier Tendenzen dominiert: 1. von der Entlastung von medizinischen Verbrechen durch Individualisierung und Pathologisierung, konkret dadurch, dass die angewandte Eugenik der NS-Zeit auf eine persönliche und individuelle Verführbarkeit von Ärzten durch die Verführungskräfte von Psychopathen oder die Perversion einzelner Wissenschaftler zurückgeführt wurde; 2. durch das Ausblenden der wissenschaftsimmanenten Ursachen, welche zu den Verbrechen der Medizin führten; 3. durch eine nie zurückgenommene Zustimmung zur „Auslesemedizin" des Nationalsozialismus und eine fortgesetzte eugenische Sichtweise auf Reproduktion, Gesundheit und Krankheit unter Zu-Hilfe-Nahme neuer, naturwissenschaftlicher Erkenntnisse; 4. durch den Schutz des Fortschritts der Reproduktionsmedizin und -genetik auf Grundlage der Postulierung von Diskontinuitäten in der Entwicklungsgeschichte der Eugenik.

Die Konfrontation mit den Verbrechen der Medizin führte unmittelbar nach der Befreiung Österreichs vom Nationalsozialismus in der Medizin zur Forderung, dass sich diese von der Tagespolitik fernzuhalten und ausschließlich wissenschaftliche Fragen zu erörtern habe. Reproduktionsmedizin – hier auf den Gebieten der Vererbungsforschung, Frauen- und Kinderheilkunde – solle lediglich zeigen, was sie kann, und die Entscheidung darüber, ob gemacht werden soll, was gemacht werden kann, der Gesellschaft und den Betroffenen zu überlassen. Die Verwicklung eines großen Anteils von Medizinern in die medizinischen Verbrechen während der NS-Herrschaft sollten mit den Konzepten der „reinen" Wissenschaft und einer „christlichen Ethik" überwunden werden. Sie lenkten in der österreichischen Medizin der Nachkriegszeit und der 50er Jahre den „Blick nach vorn" und vertagten einen selbstkritischen Rückblick auf die Wende zum 21. Jahrhundert.

Doch recht bald wurden diese Vorsätze durch eine Diskussion der sozialen Nachkriegslage, die in vielem der Diskussion nach dem Ersten Weltkrieg glich, unterminiert. In dieser Diskussion wurde prognostiziert, dass Österreich aufgrund der Kriegsfolgen auf Jahrzehnte hinaus mit einem hohen Prozentsatz von Versehrten und Leidenden zu rechnen habe. Dies würde das Sozialbudget in einem solchen Ausmaß überlasten, dass eine Sanierung vom „Uebel der Erbkrankheiten" auf ethisch einwandfreie Weise als vordringliche Aufgabe der Medizin ins Auge gefasst werden müsse. Vorerst wurde dies noch durch einen Rückgriff auf das Erziehungsprojekt der alten Eugenik versucht. Die Lehren der Erbbiologie sollten dabei in geeigneter Form in das sittliche Verantwortungsbewusstsein des Volkes eingepflanzt werden und insbesondere bei der Eheschließung Berücksichtigung finden. Bereits Ende der 40er Jahre erhoben sich Stimmen in der Medizin, welche die Eugenik rehabilitieren wollten, bereits in den 50er Jahren wurde über die freiwillige Sterilisierung „Minderwertiger" diskutiert. Doch dieser Rückgriff auf Maßnahmen und Praktiken der alten Eugenik verschwanden zunehmend hinter den neuen Maßnahmen und Praktiken, welche aus dem Fortschritt der Wissenschaften auf dem Gebiet der Reproduktionsmedizin und Molekularbiologie hervorgingen.

Dieser Fortschritt, der im Laufe der zweiten Hälfte des 20. Jahrhunderts aus den sich wechselseitig verstärkenden und zum Teil bedingenden Innovationen auf dem Gebiet der Reproduktionsmedizin und -genetik hervorging und in einer umfassenden Medikalisierung der Reproduktion mündet, wurde von zwei Aspekten motiviert und dominiert, die in der Argumentation von beiden den Einsatz jeglicher Mittel legitimieren: dem medizinischen „Kampf gegen die Säuglingsmortalität und -morbidität" und dem medizinischen Kampf um den Auf- und Ausbau von neuen Behandlungsgebieten und Fächern um den wissenschaftlichen Fortschritt und um die wissenschaftliche Konkurrenzfähigkeit. Beide sind aufs Engste miteinander verknüpft, da die Erfolge des „Kampfes gegen die Säuglingsmortalität und -morbidität" über den statistischen Vergleich mit anderen Nationen geführt und zunehmend nur noch als „Wissenschaftsranking" gelesen wird, das Auskunft gibt über die Qualität, den Standard und den Fortschritt der medizinischen Wissenschaften in einem jeweiligen Land. Dieser medizinische Blick auf statistische Daten interpretiert den Rückgang der Säuglingssterblichkeit seit Beginn der 50er Jahre ausnahmslos als Erfolgsgeschichte der Medizin. Innerhalb der Medizin aber konkurrieren Geburtsmedizin und Pädiatrie um den Anteil am Erfolg. Dieser wissenschaftliche Wettbewerb um wissenschaftlichen Fortschritt ersetzte in der zweiten Hälfte des 20. Jahrhunderts auch die nationalen Motive der alten Eugenik. Nunmehr wurden die Qualität der Bevölkerung und der Status eines Landes im internationalen Vergleich am wissenschaftlichen Fortschritt der Medizin abgelesen, zu dessen bedeutendster Ikone die Statistiken zur Säuglingssterblichkeit avancierten.[225] Um die Senkung der Säuglings-

---

[225] Dies zeigt sich auch in den Bezugspunkten des „Jahrbuches der Gesundheitsstatistik" (Statistik Austria): Im internationalen Teil wird neben den Gesundheitsausgaben, der Gesamtfertilitätsrate, der Lebenserwar-

morbidität wurde erst seit den 80er Jahren konkurriert. Es ist jedoch zu erwarten, dass diese Konkurrenz um die Qualität des „Fetal outcome" die Konkurrenz um die Quantität ersetzen wird, nachdem sich die Säuglingssterblichkeit in den ökonomisch relativ wohlhabenden Ländern Europas seit Jahren auf etwa vier Promille eingependelt hat und sich offensichtlich nicht mehr senken lässt, die Säuglingssterblichkeit in Österreich kein gravierendes gesundheitspolitisches Problem darstellt (vgl. Köck 1988: 137) und somit als so etwas wie ein natürliches Restrisiko menschlichen Lebens akzeptiert werden muss.

Der Kampf gegen die Säuglingssterblichkeit verselbständigte sich in der zweiten Jahrhunderthälfte zunehmend. Alle Techniken, die ein gesundes Kind versprechen, wurden befürwortet und eingesetzt: sonographische und immunologische Überwachung *aller* Schwangerschaften und elektrotechnische und biochemische Intensivüberwachung *aller* Geburten durch die Geburtsmedizin, Neugeborenenscreening zur Entdeckung angeborener Krankheiten bei *allen* Neugeborenen und Aufbau von Intensiv-Neonatologien, die Überleben und Gesundheit von immer noch früher Geborenen sichern soll, durch die Pädiatrie. Fachinterne Kritik an dieser invasiven Medizintechnologie im Bereich der menschlichen Reproduktion, die Infragestellung der Angemessenheit der Mittel blieben in der reproduktionsmedizinischen „scientific community" marginalisiert und tabuisiert. Die wenigen vorgetragenen Zweifel wurden vehement zurückgewiesen und sind in ihrer Heftigkeit angesichts der singulären Einwände überdimensional. Dabei wurde der Kampf um wissenschaftliches Kapital, um Anerkennung und um die Bewahrung oder Veränderung des wissenschaftlichen Feldes mit jener traditionellen und zentralen Handlungsfigur männlich-homosozialer „Wissenschaftsspiele" (Pierre Bourdieu) geführt, welche die gegnerischen Kompetenzen und Erfolge abwertet, eigene Kompetenzen und Erfolge auf-wertet und sie vor Kritik abschottet. Fachinterne Kritik wurde stets zum Anlass genommen, die eigene Arbeit als Fortschritt und Erfolg zu präsentieren, aber nicht dazu, sie einer kritischen Selbstreflexion zu unterziehen.

Dieser wissenschaftliche Einsatz steht unter dem Diktat des „Weitermachens". Unbeeindruckt von der Kritik und ungeachtet der Misserfolge galt es, an der eigenen Sache dranzubleiben und sich durch nichts davon abbringen zu lassen. Gestützt wurde diese Dynamik durch die dem wissenschaftlichen Feld inhärente Konkurrenz um Anerkennung und Macht, die sich ab den 70er Jahren durch den enormen Ausbau von Wissenschaft und Forschung und die Zunahme an Konkurrenten potenzierte. Rivalität blieb auch in diesen Jahrzehnten eine Schlüsselkategorie wissenschaftlicher Unternehmungen.

---

tung, den Todesursachen und der Krebsmortalität stets auch die Säuglingssterbeziffer mit ausgewählten Ländern verglichen (2001: 411ff).

Das unbeirrte Weitermachen scheint der Weg zum Erfolg zu sein und dazu, „sich einen Namen zu machen". Unter den unzähligen für diese Arbeit recherchierten und analysierten Fachartikeln zur Medikalisierung der Reproduktion gab es lediglich zwei Arbeiten, in welchen explizit der Verzicht auf den Einsatz bestimmter geburtsmedizinischer Technologien und die Rücknahme von Medikamenten gefordert wurde. Zum einen wurde 1964 im Zusammenhang mit dem Contergan-Skandal eine Rücknahme der schwerste Missbildungen verursachenden Schlafmittel gefordert. Zum anderen wurde 1984 empfohlen, auf eine aktive Geburtsleitung im Sinne einer Wehenaktivierung durch Öffnung der Fruchtwasserhülle (Amniotomie) zu verzichten, da nachgewiesen worden war, dass sie weniger zu einer angestrebten Verkürzung der Geburtszeit als vielmehr zu einer Steigerung von Komplikationen führte. Die überwiegende Mehrheit der Autoren aber teilte die Haltung, einmal eingeschlagene Wege zur Medikalisierung der Reproduktion nicht zu verlassen und Komplikationen und Opfer durch Verbesserung der gewählten Mittel zu überwinden. Technologische Erfolgsoptimierung bleibt bis heute die zur Routine erstarrte Antwort auf Einsprüche und Kritik. Die Richtung zu wechseln und das Eingeständnis von Fehlern ist in der wissenschaftlichen Fachdiskussion der reproduktionsmedizinischen „scientific community" tabuisiert.

Fachexterne Kritik wird generell als irrational, emotional, provinziell und primitiv beurteilt und stets mit wissenschaftlichen Aufklärungswellen beantwortet. Dieser Habitus des „kulturell Überlegenen" ist ein essenzieller Bestandteil des Zugriffes des medizinischen Establishments auf die Reproduktion. Der medizinische Eingriff in generative Reproduktion und reproduktive Kultur gilt als Selbstverständlichkeit, als Gebot der Stunde und der Vernunft – einer Vernunft, welche Eingriffe und Zugriffe auf die Reproduktion rein instrumentell vollzieht, und dem naturwissenschaftlichen Fortschritt verpflichtet bleibt. *Der Wissenschaftliche Fortschritt wird heute zum unausweichlichen Schicksal.* Ihm darf man nicht entkommen. Reproduktionsmedizin und -genetik affirmieren damit die, durch die moderne Wissenschaft bekämpfte, Position der Natur. Wie der Mensch ehemals der Natur nicht entkommen konnte, so kann er heute dem wissenschaftlichen Fortschritt nicht entkommen.

Der leibliche Vater wird in den recherchierten Texten nur mehr bei der Diskussion um die Qualitätsminderung des Spermas durch Kryokonservierung in einen Zusammenhang mit der Reproduktion gestellt. An seiner Stelle steht der Gynäkologe, der als Reproduktionsmediziner Sexualität, Verhütung, Zeugung und Geburt im Körper der Frau rationalisiert und in Zusammenarbeit mit dem Pädiater und dem Reproduktionsgenetiker die Qualität des „Fetal outcome" sicherstellen will. Der medikalisierte Zugriff auf die Reproduktion ist also zugleich ein konsequent „vergeschlechtlichter", d. h. dass im Rationalisierungsprozess und den Biotechniken selbst, Interessen und hegemoniale Konzepte von Weiblichkeit und Männlichkeit durchgesetzt werden. Die Analysen haben gezeigt, dass die männlich[226] dominierte Reproduktionsmedizin im letzten Jahrhundert die Reproduktion im Körper der Frau kontrollieren, verhüten, verhindern oder veranlassen will. D. h. es geht stets auch darum, die männliche Macht über den Reproduktionsprozess zu erhalten. Hergestellt wird dazu ein „Körper ohne Frauen", ein Körper als Material und Ressource, der für die Reproduktion einer männlichen Vernunft erforscht und behandelt wird. Sinnbildlich dafür steht das Bildmaterial in den recherchierten Artikeln zum Diskursfeld der Reproduktionsmedizin. Es besteht zum einen aus fotografischen Abbildungen des Unterleibes von Frauen (Frontalblick auf den Schoß der Frau) und zum anderen aus Porträtfotos der ausnahmslos männlichen Klinikvorstände der Frauen- und Kinderkliniken Österreichs.

Die *Reproduktionsmedizin kultivierte* in Bezug auf künstliche Befruchtung *Mutterschaft als Obsession*, in Bezug auf Verhütung, Schwangerschaft und Geburt *als Gefahr* und *verstärkte* in allen Eingriffen *die Bedeutung der biologischen Elternschaft*. Das Kind wurde zum Produkt wissenschaftlichen Einsatzes von Reproduktionsmedizin und -genetik sowie Pädiatrie, es wird bereits vor der Zeugung als potentieller Patient betrachtet, der möglichst früh seinen organischen und sozialen Bindungen entrissen werden soll, um seine Gesundheit und optimale Entwicklung zu gewährleisten. Der leibliche Vater wurde zum Statisten gemacht, im Hintergrund gehalten, und ist für die Reproduktionsmedizin gerade noch als Samenspender relevant. Das Verhältnis zu den leiblichen Vätern zeichnet sich von Seiten der Reproduktionsmedizin als eines der impliziten Kooperation- und Rivalität zugleich aus, das u.a. der Herstellung einer hegemonialer Männlichkeit durch Wissenschaft produzierende Männer dient, mit denen sich diese nicht nur gegenüber Frauen, sondern vor allem auch gegenüber den anderen Männern in eine bestimmte Position im Geschlechterverhältnis bringen. Mit ihr werden bestimmte Männlichkeiten – vor allem die des instrumentell handelnden Wissenschaftlers – privilegiert, wie dies heute auch im Angebot des nobelpreistragenden Samenspenders sinnfällig wird.

---

226 Wenn hier die medizinische Wissenschaft als männliche Institution definiert wird, ist damit nicht gemeint, dass Persönlichkeitsmerkmale von Männern darauf abfärben, sondern dass sich die Praktiken wissenschaftlicher Organisationen mit Bezug auf den Reproduktionsbereich strukturieren. Sie setzen sich in ein bestimmtes Verhältnis zum Reproduktionsbereich, der durch körperliche Bedürfnisse, Notwendigkeiten, Strukturen und menschliche Reproduktionsprozesse bestimmt und in Geschlechterprozessen organisiert ist. D.h. dass selbstverständlich auch Frauen innerhalb dieser Praktiken des wissenschaftlich-medizinischen Feldes in deren Sinne agieren können. Und da Patriarchalismus ein ideologisches und kein biologisches System darstellt, können auch Klinikerinnen ein ebenso patriarchalistisches Verhältnis zum Reproduktionsbereich einnehmen. Dennoch ist festzuhalten, dass von den hunderten hier analysierten Fachartikeln lediglich etwa zehn von Forscherinnen verfasst und während der letzten 20 Jahre publiziert wurden und diese großteils aus dem Bereich der molekularen Medizin sind.

Gleichzeitig übergibt die Reproduktionsmedizin mit der Pille der Frau das Mittel zur Steuerung und Kontrolle der Fruchtbarkeit. Die damit zu gewinnende Freiheit von der Bevormundung durch einen privaten Patriarchalismus, dem gegenüber Frauen hinsichtlich ihrer reproduktiven Entscheidungen tatsächlich an Macht gewinnen, wurde aber durch die Bevormundung durch einen öffentlichen Patriarchalismus eliminiert, der ihre generative Potenz flächendeckender und invasiver kontrolliert, als dies der private Patriarchalismus je vermocht hatte. Die von der Reproduktionsmedizin favorisierten Verhütungsmethoden privilegieren bei den Frauen die Entscheidungsmacht, bei den Männern jene sexuellen Praktiken, die ihrer Lust dienen und ihre Freiheit vom Reproduktionsprozess gewährleisten. Die Dialektik der Freiheit verursacht bei den Männern aber auch den Verlust von Verantwortung, Entscheidungs- und Einflussmöglichkeiten, die nunmehr stellvertretend von der Reproduktionsmedizin übernommen werden. Frauen entscheiden mit dem Gynäkologen und Geburtsmediziner[227] über ihre Empfängnisverhütung und -regelung, über den optimalen Zeitpunkt der Zeugung, über die Fortsetzung einer Schwangerschaft oder deren Abbruch, je nach Testbefund pränataler Untersuchungen über Art und Weise, Ort und Zeit der Geburt und regelmäßige Gesundheitschecks ihrer Kinder. Dieter Lenzen, der die kulturellen Implikationen dieses Wandels interpretierte, kommt zum Schluss, dass die Gynäkologen im letzten Jahrhundert die „rituelle Funktion der sexuellen Initiation" übernommen haben, welche in archaischen Gesellschaften Priestern, Medizinmännern oder Frauen zukam (1985: 109ff).

„Der deflorierende oder eben dieses nicht mehr vollziehende (Ehe-)Mann imitiert nur noch etwas, was der Vertraute der Braut, der Frauenarzt in der Verborgenheit […] oder der Intimität seines Sprechzimmers längst mir ihr durchexerziert hat" (Lenzen 1985: 109).

Die Simulation der sexuellen Initiation schafft eine Wirklichkeit zweiter Ordnung, bei der die penetrierende Hand des plastikbehandschuhten Arztes an die Stelle der „Wirklichkeit" tritt.

„Vor den pillengesicherten Coitus mit dem Freund, Verlobten, Ehemann hat der Gesetzgeber den rezeptehütenden Gynäkologen gestellt, der die freimachende Droge nur austeilt unter der Bedingung einer manuellen Spezies des *ius primae noctis*" (Lenzen 1985: 109).

---

227 Trotz Zulassung von Frauen zum Medizinstudium zu Beginn des 20. Jahrhunderts dominieren in der zweiten Hälfte des 20. Jahrhunderts immer noch Männer die Berufsgruppe der Gynäkologen und Geburtsmediziner. Bis heute gibt es in Österreich im Fach Gynäkologie und Geburtshilfe keine Frau als Klinikvorstand. An der Frauenklinik der Universität Innsbruck wurden bis in die 80er Jahre keine Frauen zur Facharztausbildung zugelassen.

Er sei der Zauberer oder Initiator, der den Übergang von der ersten Phase des Lebenszyklus der Frau in die zweite vollziehe.

„Er macht aus dem unwissenden, unaufgeklärten, inseminationsgefährdeten Mädchen eine wirkliche, ovulationsgehemmte Frau. Ihr Partner ist nur ein Imitator" (ebd.: 110).

Der Gynäkologe verfügt über die Mittel, die Techniken, die Methoden der Verhinderung, Verhütung und Regelung. Und er regelt und richtet auch die öffentliche Moral, die nach wie vor, so ist hinzuzufügen, eine patriarchale ist. „Wenn es von ihm verlangt wird, kämpft er – wie gesehen – auf der Seite des Proletariats ebenso wie auf der der Rassisten oder der der Frauenemanzipation" (ebd.).

Nach Dieter Lenzen folgt der Frauenarzt jener westeuropäischen Tradition, in welcher mittels rituellen Handlungen zugleich initiierende und geburtenregelnde Funktionen ausgeführt wurden. Die Person des Initiators unterliegt historisch mehreren Ersetzungs-verhältnissen. Demnach ist der Bräutigam als Initiator vom Brautvater als Initiator abgelöst worden, der Brautvater von der Knabenschaft, die Knabenschaft vom Pfarrer und der Pfarrer vom Gynäkologen. Allen Riten aber ist gemeinsam, dass die Frauen nicht für mündig gehalten wurden, reproduktive Entscheidungen zu treffen. Suchte sich der Bräutigam durch Frauenraub oder -kauf seine Nachkommenschaft zu sichern, so betrachteten die Brautväter ihre Töchter als Eigentum. Der Brautvater steuerte Brautwerbung und Gattenwahl zur Sicherung der Endogamie, welche die Zusammenführung von Grundeigentum gewährleistete. Mit dem Brauch der Nachtfreierei, welche die Position des Brautvaters als Initiator ablöste, versuchte die Knabenschaft des Dorfes die freie Gattenwahl durchzusetzen.[228] In jüngerer Vergangenheit wurde diese Position der initiierenden und geburtenregelnden Funktion durch einen Besuch der Brautleute beim Pfarrer ersetzt, der sowohl Einfluss auf die Regelung der Nachkommenschaft im Sinne größtmöglicher Fruchtbarkeit als auch auf die Initiation hat. So war in manchen Regionen z. B. die Jungfernschaft der Braut ausschlaggebend dafür, ob die Braut berechtigt war, im vollen Brautschmuck zur Trauung zu erscheinen und die große Glocke läuten zu lassen.

---

228 So rangen z. B. im spätmittelalterlichen Brauchtum der Nachtfreierei (in den ländlichen Gebieten Österreichs bis in die 50er Jahre in abgewandelter Form durchaus noch Praxis) die ledigen Burschen des Dorfes dem Brautvater die Heiratsgenehmigung für seine Tochter durch kollektive Übergriffe auf seinen Hof oder dadurch ab, dass der von der Frau akzeptierte Bräutigam nackt neben sie in ihre Kammer gelegt und der herbeigeholte Vater zur Zustimmung gezwungen wurde (vgl. Lenzen 1985: 111). Die jungen Männer unterbanden durch ihre Anwesenheit sowohl den außerehelichen Geschlechtsverkehr als auch exogame Verbindungen der Mädchen des Dorfes.

Männer regelten also in all diesen Brauchtümern das generative Verhalten der Frauen. Aber es ist nicht mehr der (Ehe)Mann, der den Übergang der Braut zur Frau ermöglicht. An seine Stelle treten Brautvater, Junggesellenschaft, Pfarrer und Frauenarzt. Dieter Lenzen sieht nun in einer tiefenpsychologischen Deutung den Gynäkologen an der Stelle des Brautvaters, der die Braut dem Ehemann übergeben soll. Doch indem der Gynäkologe als Verwalter der Empfängnisregelung zuerst für die Verhinderung von Fruchtbarkeit und Verehelichung, dann möglicherweise noch für die Erzeugung von Fruchtbarkeit steht, wird dieser Übergaberitus nie ausgeführt. Die Möglichkeit einer Schwangerschaft bleibt auf Dauer von seiner Zustimmung abhängig. Da die Verbreitung hormoneller Ovulationshemmer den Frauen im Falle eines Kinderwunsches heute eine wesentlich längere Wartezeit aufnötigt, bevor die Zeugung eines Kindes versucht oder erfolgreich vollzogen wird, ist nicht nur die Verhütungspraxis nicht durch den männlichen Partner organisiert, sondern auch die Kinderzeugung (vgl. ebd.: 117). Der Übergang von Verlobten in ein selbstverständlich Kinder zeugendes Paar, welches das Hochzeitszeremoniell, das durchsetzt war von Fruchtbarkeitssymboliken, vollzog, findet unter den rituellen Handlungen der Gynäkologie nicht mehr statt. Die Medikalisierung der Reproduktion macht den (Ehe)Mann zum Statisten des Gynäkologen, der als Initiator auftritt, die Reproduktion regelt, verhindert oder ermöglicht und in allen Phasen überwacht. Die medizinischen Eingriffe in die generative Reproduktion verhindern die Transition des Mannes zum Vater. Die Abwesenheit des Vaters wird von der Medizin zugleich hergestellt und beklagt.

Die reproduktionsmedizinische Ermächtigung der Frauen gegenüber ihrem Mann mündet aber nicht in einer Reproduktionsfreiheit der Frauen, sondern in einer umfassenden medizinischen Kontrolle ihrer generativen Potenz und behindert auch auf ihrer Seite die Tran-sition von der Frau zur Mutter, da es ihr unmöglich gemacht wird, sich von ihm zu distanzieren (wie sie es vom Brautvater tat), sondern gezwungen ist, zur regelmäßigen Untersuchung ihrer Reproduktionsfunktionen zu erscheinen und die chemischen Mittel für ihre Entscheidungsmacht zu erhalten (Lenzen 1985: 116).

Mit der eugenisch und medizinischen Konzeption von Mutterschaft als anwesendem Material und Ressource und des Vaters als abwesendem Samenspender vermochte die Reproduktionsmedizin des letzten Jahrhunderts jene patriarchale Vision zu befördern und bestätigen, dass der Mann sich selbst reproduzieren kann. Vertreten durch die Wissenschaft kann er sich nunmehr selbst aus seinem Wissen erzeugen. Diese Vision war schon immer mit der Diskussion um die Privilegierung einer ausgewählten Gruppe von Männern verbunden, die als legitime Reproduzenten der Nachkommen in Frage kommen, wie dies die Analysen des reproduktionsmedizinischen Diskurses in dieser Arbeit gezeigt haben. Wurden im ersten Drittel des 20. Jahrhunderts idealerweise die

Wissenschaftler selbst als die auserwählten Zeuger bewertet, so waren es während des Nationalsozialismus die Angehörigen der „SS" und ab den 60er Jahren wiederum die Wissenschaftler selbst.

In Analogie zum Tierreich wurde eine strenge Auslese unter den Männern als Voraussetzung für die Höherentwicklung betrachtet. Man erwartete sich davon eine bessere Qualität der Nachkommen. Männer, welche außergewöhnlichen Leistungen für die Gesellschaft erbracht hatten, sollten demnach mehr zur Reproduktion beitragen als andere. So schwebte z. B. dem Philosophen und Fachmann für Sexualethik, Christian Ehrenfels (1859–1932), eine polygame Sexualordnung vor. Mit den Eugenikern verband ihn, so Peter Weingart, das Anliegen, die Sexualmoral zu ändern und eine der Haustierzucht analoge Reproduktionslogik zu propagieren (Weingart 1997: 117).[229] Davon ausgehend, dass gegenüber der weiblichen Zeugungspotenz die männliche überwiege, steigere eine strenge Lebens- und Zeugungsauslese unter den Männern – der „virile Auslesefaktor" – die Ausleseschärfe beim Menschen um das Dreifache, so Ehrenfels. Da durch die Monogamie dieser Faktor aber praktisch außer Kraft gesetzt sei, sollte eine Liberalisierung der monogamen Ehe Abhilfe schaffen. Ehrenfels schlug vor, Frauenvereinigungen zu gründen, in denen Männer nach Wunsch des jeweiligen Paares befristet zu Gast wären. Dadurch könnten die rassisch leistungsfähigeren Männer zu Vätern von tausenden Kindern werden und damit die Verbesserung der Rasse gewährleisten. Da eine derartige Umgestaltung der herrschenden Geschlechterordnung aber als unerreichbar eingestanden wurde, sah man in der „technischen Lösung" einer künstlichen Befruchtung einen kulturell und gesellschaftlich gangbaren Weg (vgl. Weingart 1993: 172). Die Auslese der leistungsfähigsten Männer wurde in allen Utopien von Experten vorgenommen. Der Versuch einer Verwirklichung dieser Utopien blieb dem Nationalsozialismus vorbehalten, der in der „SS" eine Formation von „nordischen Männern" sah und für den „SS-Mann" Pflichten für Verlobung und Heirat ausarbeitete („SS"-Befehl ANr. 65 von 1931), welche durch die Medizin sanktioniert wurden.

Erst in den Utopien der 60er Jahre wurde die Idee der Samenwahl und künstlichen Befruchtung entwickelt, welche eine Reglementierung der Geschlechterbeziehungen im Dienste einer „Verbesserung" der Nachkommen nicht mehr nötig machte. Paradigmatisch dafür stehen die Diskussionen auf einem internationalen Kongress 1962 in London. Die Stiftung des Schweizer Pharmakonzerne CIBA lud international bekannte Biologen ein, um über den Menschen und seine Zukunft – „Man and his future" – zu diskutieren (vgl. Joas 1988). Die Kongressteilnehmer betrachteten sich selbst als Teil

---

229 Christian von Ehrenfels: „Die konstitutive Verderblichkeit der Monogamie", Archiv für Rassen- und Gesellschaftsbiologie. 1907, Bd.4. 813.

und Repräsentanten einer männlichen Wissenschaftlerelite, welche die biologischen Probleme der Menschheit lösen würden. Hinsichtlich der biologischen Zukunft des Menschen wurde das Verfahren der Eutelegenese oder Samenwahl propagiert. Dieses werde sich, so der Genetiker Hermann Joseph Muller (1890–1967), 1946 mit dem Nobelpreis ausgezeichnet, als praktischstes, wirksamstes und befriedigendstes Hilfsmittel der genetischen Therapie erweisen, da das Samenmaterial primär nach den Gesichtspunkten seiner eugenischen Möglichkeiten ausgewählt werde (Muller 1988 [1962]: 287). Die künstliche Befruchtung bilde die Basis für eine eugenische Reform, welche die alte Eugenik nicht zu realisieren vermocht habe, da diese nur darauf setzen konnte, die Bevölkerung erziehen, damit besser Befähigte größere Familien anschafften als geringer Befähigte (ebd.: 285).

In der Diskussion der Symposiumsbeiträge feierten die Diskutanten die neuen Möglichkeiten übermütig. Der amerikanische Physiologe Hudson Hoagland (1899–1982) insistierte darauf, dass er und Gregroy Pincus[230] wahscheinlich die Ersten gewesen waren, die mit einer menschlichen Samenbank gearbeitet hätten, und bereits 1940 menschliche Samen wiederbelebt hatten, welche in flüssigem Stickstoff geschüttet und sehr rasch wieder erwärmt worden waren. Er verwies auch darauf, dass mit dem neuen Verfahren Frauen nun von „längst verstorbenen Samenspendern Kinder bekommen" könnten: „Sie hätten beispielsweise die Wahl zwischen einem Shakespeare, einem Newton oder sogar einem Rudolf Valentino als Vater für ihren Nachwuchs" (zit. in: Joas 1988: 307).

Auf die Kritik, dass H. J. Muller mittlerweile die Liste der Samenspender geändert habe, die er „als Väter für einen großen Teil kommender Generationen wählen würde" (ebd.), wurde geantwortet: „Bestimmt hat Muller seine Ansichten geändert; vor zwanzig Jahren fragte er in seinem Buch Out of the Night: Wo ist die Frau, die nicht stolz und glücklich wäre, in ihrem Leib einen Nachkommen von Lenin oder Darwin zu tragen? Ich glaube nicht, dass Muller Lenin und Darwin heute noch gemeinsam nennen würde" (ebd.). Die Unsicherheit bezüglich der Frage, wer denn nun, Anfang der 60er Jahre, die legitimen und auserwählten männlichen Zeuger sein sollten, räumte der britische Genetiker J. B. S. Haldane (1892–1964) mit dem Verweis aus: *„Die Elite, unter der ich grob gesprochen Menschen wie uns hier verstehe, die man für interessant genug hält, um sie aus weit entfernten Orten einzuladen [...]"* (Haldane 1988 [1962]: 387). Diese Selbsteinschätzung, dass letztlich die männlichen Wissenschaftler selbst die eugenisch wertvollsten Zeuger der kommenden Generation darstellten, wurde in den darauf folgenden Jahrzehnten

---

[230] Der Physiologe Gregory Pincus (1903–1967) gilt als „Vater der Pille", da er das erste orale Kontrazeptiva entwickelte.

auch in die Praxis umgesetzt. Immer wieder wurden Fälle publik, bei denen Ärzte Spendersamen aus dem kollegialen Umfeld verwendeten. So stand z. B. 1992 ein amerikanischer Gynäkologe vor Gericht, weil er Frauen mit seinem eigenen Samen künstlich befruchtet hatte (vgl. FINRAGE 15–16/1992: 262). Internationale Studien haben gezeigt, dass die Samenspender bzw. -verkäufer aus dem Kollegenkreis und dem studentischen Milieu der Reproduktionsmedizin stammten (Corea 1986). Auch für Österreich wurden diese Ergebnisse bestätigt (Bernat/Schimek 1988: 117). Die Eugenisierung der Reproduktion bedarf, diesen Idealen und Praktiken folgend, der künstlichen Zeugung durch Insemination oder IVF. Sie ist die in der zweiten Jahrhunderthälfte durchgesetzte Basistechnologie, die auf Grundlage der Konzeption des mütterlichen Körpers als Material und Ressource und des leiblichen Vaters als abwesendem Samenspender eugenische Ziele mit Hilfe reproduktionsgenetischer Techniken realisieren kann.

Die Konzeption des Vaters als Statist der Reproduktionsmedizin ist damit auch einer Regelung von Konkurrenz unter Männern um den Zugang zur Reproduktion geschuldet. Analog zur Regelung der Gattenwahl und Fortpflanzung durch den Brautvater, die er im Dienste der Zusammenführung von Grundeigentum führen sollte, dienen die reproduktionsmedizinischen Eingriffe in die generative Reproduktion im übertragenen Sinne auch einer Zusammenführung von Grundeigentum: der Wahrung und dem Ausbau von symbolischem, kulturellem, sozialem und ökonomischem Kapital durch die Sicherung des Zugriffes auf den Frauenkörper als Material und Ressource des wissenschaftlichen Fortschrittes.

Im Kontext der Kontinuität weiterhin gegebener gesellschaftlicher Machtverhältnisse zwischen den Geschlechtern und angesichts von neuen biotechnischen Formen der möglichen Kontrolle von Müttern durch potenzielle Väter ist es vorstellbar, dass neue Formen von Herrschaft durch Allianzen von Wissenschaft, Staat und durch Biotechniken frustrierte Väter entstehen.

Resümee

Die eugenischen Eingriffe in die reproduktive Kultur durch die Medizin evozieren im Verlauf des zwanzigsten Jahrhunderts den Aufstieg der eugenischen Vernunft. Sie ist Paradigma der heute zur Verfügung stehenden neuen Bio-Techniken der Zeugung und Selektion und diese sind ihr bestes Mittel. Im Hinblick auf die Transformation der reproduktiven Kultur unserer Gesellschaft erweist sich das vergangene Jahrhundert als Übergangsraum von einer Zeit, in der mittels „Aufklärung" in den gesellschaftlichen Verhältnissen eine bestimmte Vernunft realisiert werden will zu einer Zeit, in der mittels „Biotechniken" auf die praktische Verwirklichung dieser Vernunft gesetzt wird. Die eugenische Vernunft zielt im Kern auf eine Trennung und Rationalisierung von Sexualität und Generativität, um die Zeugung und/oder Geburt von Kindern mit „Erbkrankheiten" oder „Gen-Defekten" zu verhindern, die möglicherweise ein Leben lang von der Versorgung anderer abhängig bleiben. In dieser naturwissenschaftlichtechnischen Vernunftform sind Vorstellungen von Gesundheit, Wohlbefinden, Lebensqualität und Fitness mit Urteilen hinsichtlich sozialer Akzeptiertheit miteinander verbunden. Die eugenische Vernunft fungiert dabei als Bann gegen die Angst vor der Kontingenz, Verletzlichkeit und Endlichkeit menschlicher Existenz. Eine Angst, die u.a. daraus resultiert, dass der Mensch aufgrund der Tatsache dass er ein lebendiges Wesen ist, die Möglichkeit in sich trägt, die Fertigkeiten und Fähigkeiten einer selbständigen Lebensführung zu verlieren und existenziell von der Betreuung, Zuwendung und Versorgung anderer abhängig zu werden. Die Ver(natur)wissenschaftlichung von „Kulturen des Sorgens" hat diesbezüglich im letzten Jahrhundert die tradierten Formen der sorgenden Zuwendung zu Menschen, die existenziell von der Versorgung anderer abhängig sind, transformiert und neue Hoffnungen ventiliert, die zusammengefasst darauf zielen, den von anderen Menschen unabhängigen Menschen, den von Fürsorge entbundenen Menschen zu ermöglichen. So dominiert die eugenische Vernunft heute auch die reproduktive Kultur unserer Gesellschaft. Sie prägt die kulturelle Wahrnehmung generativer Prozesse und stellt eine Matrix des Denkens, Fühlens und Handelns sowie einen Raster des Zuordnens und Einschätzens von Menschen zur Verfügung. Der Aufstieg der eugenischen Vernunft korreliert und korrespondiert, wie mit dieser Studie gezeigt werden kann, mit wesentlichen Faktoren des sozialen Wandels, welche das Verhältnis von Individuum – Natur – Gesellschaft neu konzipieren und realisieren. Auf einige dieser Allianzen wird für das Resümee der Studie hier eingehend Bezug genommen.

„Hauptsache gesund": Die sanitäre Perspektive auf Menschen und Gesellschaft

Die klinische Forschung, die in dieser Untersuchung ins Zentrum der Analyse gestellt wird, ist nicht die einzige Wissenschaft, die einen eugenischen Diskurs führt, aber die erfolgreichste. Dieser Erfolg begründet sich zu Beginn des letzten Jahrhunderts in einer Wissenschaftsentwicklung, mit der die Medizin zur Lösung der „Sozialen Frage" beizutragen verspricht, die Gesellschaft die Medizin als „Entsorgungseinrichtung" zur Eliminierung ihrer schwächsten Mitglieder zu adressieren und der moderne Wohlfahrtsstaat auf Grundlage des Versicherungsprinzips die Medizin als Instrument im Kampf um Gesundheitsförderung und eine biopolitische Regulierung der Bevölkerung einzusetzen beginnt. Die Einführung der Krankenversicherung ist zudem die Grundlage für einen anderen, langfristigen Effekt, auf dem der Aufstieg der eugenischen Vernunft aufruht: dem der „Medikalisierung der Gesellschaft", deren ökonomische Garantie sie darstellt (vgl. Tennstedt 1981: 173; Illich 1995). Der Erfolg begründet sich im Weiteren in der Durchsetzung des Paradigmas der präventiven Medizin, das im Laufe des letzten Jahrhunderts neben jenem der kurativen Medizin zunehmend an Bedeutung gewinnt. Krankheiten sollen demnach schon vor ihrem Entstehen verhindert werden. Die Eugenik steht dabei nicht nur beispielgebend für die Konzeption der Prävention, sondern hat wesentlich auch zu deren Entwicklung und Realisierung beigetragen. Schon zu Beginn des letzten Jahrhunderts erwartet sich der deutsche Sozialhygieniker und engagierte Eugeniker, Alfred Grotjahn (1869–1931), „dass es einer weitgehenden öffentlichen Gesundheitspflege dereinst gelingen wird, das (…) Entstehen neuer Reihen minderwertiger Leben zu verhindern" (1914a: 17). Prävention soll im Alltagsverständnis einer vorausschauenden Verhinderung von Missständen dienen, im medizinischen Verständnis die Entstehung von Krankheiten abwehren und im eugenischen Verständnis die Geburt „(erb)kranker" Kinder verhindern. Dabei entfaltet sich Prävention sowohl als Schutz wie als Kontrolle. Dieser „Doppelcharakter der Prävention" (Kaupen-Haas et al 1995) wirkt seinerseits auf die Medizin zurück, die das Präventionsdenken im Bereich der reproduktiven Kultur durchsetzt. Menschen werden beeinflusst, um ihr Verhalten im Dienste einer von der Medizin definierten Gesundheit zu steuern. Dabei haben alte wie neue Eugenik nicht nur jene klinischen Fächer als Mittel für die Erreichung ihrer Ziele genutzt, welche die so genannte Reproduktionsmedizin bilden (Gynäkologie und Geburtsmedizin mit Zeugungsmedizin und Pränatalmedizin, Perinatalmedizin, Pädiatrie mit Neonatologie,

Embryologie und Humangenetik), sondern diese haben ihrerseits zu eugenischen Argumenten gegriffen, um ihre wissenschaftlich-disziplinären Ziele zu legitimieren und ihre professionellen Interessen zu behaupten. Wie Eugenik und reproduktionsmedizinische Fächer sich wechselseitig stärken und ihren Aufstieg befördern, wie die wechselseitigen Durchdringungsprozesse zustande kommen und wie darin die reproduktive Kultur von Grund auf umgestaltet wird, wird in der vorliegenden Studie systematisch nachgezeichnet. Leitlinie dieser konkurrierenden Allianzen der reproduktionsmedizinischen Fächer ist das Versprechen der erfolgreichen Prävention.

Als Schutz- wie als Kontrolltechnik erfüllt die Prävention zunehmend aber auch eine gesellschaftliche Steuerungsfunktion. Sie hat im Verlauf des letzten Jahrhunderts unsere Gesellschaft u.a. in eine *„prophylaktische"* transformiert und eine sanitäre Perspektive auf den Menschen durchgesetzt, die u.a. aus der Säkularisierung christlich-religiös gebundener Heilserwartungen hervorgeht. Nunmehr gilt es, Krankheiten durch eine gesunde Lebensführung zu verhindern, so wie ehemals der ewigen Verdammnis durch eine sündenfreie Lebensführung entgangen werden konnte. Der Unterschied liegt darin, dass heute das Heil nicht mehr im Jenseits, sondern im Diesseits erwartet wird. Und die individuelle Gesundheit wird zur Bedingung der Möglichkeit für dieses Glück im Diesseits. Mit Ende des zwanzigsten Jahrhunderts hat sich Gesundheit in unserer pluralistischen, westlichen Gesellschaft als Bezugspunkt eines allgemeinen Wertkonsenses durchgesetzt. Sie gilt als Grundlage der Lebensführung und als Voraussetzung für viele, nachgeordnete Lebenschancen und -orientierungen. Gesundheitswissenschaften, Gesundheitspolitik und Gesundheitspflege werden heute getragen vom Ziel, die Primärprävention auszubauen. Ausgehend von der Frage, „Was hält den Menschen gesund", wird dazu die Lebenswelt nach Gesundheitsgefahren und -potentialen durchforscht. Im Kontext einer Gesundheitssoziologie,[1] die „Gesundheit als gesellschaftliche Querschnittsaufgabe etablieren will" (Jobst 2000: 132), einer WHO-Politik, die auf staatlich koordinierte und kontrollierte Präventionsprogramme setzt, um bereits die Entstehung von Krankheiten zu bekämpfen (vgl. Gerhardt 1991: 240), vom Wertkonsens der lebenslangen Gesundheit in der österreichischen Bevölkerung aus und im Kontext der Etablierung eines Fitness- und Wellnessmarktes, eines sich durchsetzenden Jugendlichenkultes und Juvenilitätshabitus in allen Altersgruppen erweisen sich die eugenisch durchsetzten Biotechnologien der Zeugung und Selektion als zeitgerechte, wissenschaftlich-technische Antworten auf eine der Zielformeln des zwanzigsten Jahrhun-

---

1 Dieser Entwicklung zur Prävention entsprechend, hat sich die Sektion „Soziologie der Medizin" (Sociology of Medicine) der International Sociological Association (ISA) im Jahr 1986 in „Soziologie der Gesundheit" (Sociology of Health) umbenannt.

derts: der von der „Gesundheit als höchstem Gut". Die Vielzahl der Bemühungen um den „gesunden Menschen" münden dabei in einer „sanitären Perspektive" (Jobst 2000) auf Menschen und Gesellschaft, die gesundheitsadäquate Verhaltensanforderungen an den Einzelnen stellt und kontrolliert. Diese sanitäre Perspektive erweitert und übertrifft die schulmedizinischen Eingriffe im Krankheitsfall, von Ivan Illich als „Medikalisierung der Gesellschaft" (1975) bezeichnet, weil sie breiter und tiefgreifender in die gesellschaftlichen Gestaltungsprozesse – und mit ihnen in die reproduktive Kultur – eingreift. Die medikalisierende Sozialdisziplinierung, die auf Körperinspektion zielt, verfeinert mit Hilfe der Biotechniken der Zeugung und Selektion ihre Inspektionstechniken. Diese wiederum gewinnen an Ansehen vor dem Hintergrund der neueren sanitären Sozialdisziplinierung. Warum aber hat der Gesundheitsdiskurs im zwanzigsten Jahrhundert eine solche Karriere gemacht? Er steht in einem Zusammenhang mit den gesellschaftlichen Individualisierungsprozessen, die den Wert des Menschen zunehmend nur mehr von seinem Marktwert her bestimmen. Die Sozialisationsziele der Leistungsgesellschaft – Selbstkontrolle, Leistungsfähigkeiten und -bereitschaft – können nur vom gesunden Menschen erreicht werden. Dabei gerät der gesunde Körper – schön, ebenmäßig, jugendlich, schlank und fit – zum äußeren Zeichen gelungener Internalisierung gesellschaftlich anerkannter Sozialisationsziele. Mit Hilfe eugenisierter Biotechnologien der Zeugung und Selektion sollen im Bereich der Reproduktion gesellschaftlich „verhältnismäßige" Menschen nicht nur über Erziehung und Sozialisation, sondern durch Eingriffe in den mütterlichen Körper und biotechnische Manipulationen am Mutter-Kind-Feld selbst hergestellt werden. Die aus Erziehung und Sozialisation hervorgehende „zweite Natur" muss, soll und kann auf immer mehr Menschen verzichten, die in ihrer angeborenen Unvollkommenheit den rationalisierten Ablauf stören. Die Krise der Gegenwart bedarf nämlich weniger einer Pädagogik gegen die „Unproduktiven" und „Leistungsverweigerer", auch nicht mehr eines Rückgriffs auf eine pädagogisch und politisch disziplinierte industrielle Reservearmee von Frauen und AusländerInnen; die Krise der Gegenwart resultiert aus einer Ökonomie, deren Rationalisierung immer mehr „überflüssige" Menschen produziert (vgl. Baumann 2005). Die Neuen Biotechniken der Zeugung und Selektion, die dem Menschen versprechen, sein Schicksal in den Griff zu bekommen, versuchen nunmehr die Krise der „zweiten Natur" als vollendete Industrialisierung zu lösen. „Die Tötung des Fremden [...] wird zu einem Lösungsmittel der sozialen Frage: Kann und darf ich mich anderen Menschen zumuten? Ist der Fremde, Behinderte, Pflegebedürftige einer funktionstüchtigen Gesellschaft zumutbar? Die ‚Tötung' könnte so wieder zum Ordnungsmittel im Zusammenleben gesellschaftlicher Gruppen werden" (Rest 1992: 60). Mit dieser „Geburt der Freiheit aus der Entfremdung" (Gehlen) wird jede andere Geburt wegrationalisiert, und die Menschen beginnen sich von sich selbst zu entlasten. Dabei werden körperliche und mentale Fitness im Menschenbild analogisiert. „Gesundheit als höchstes Gut" steigt zu der von allen geteilten Ethosform der individualisierten Gesellschaft auf. In einer individualisierenden Gesellschaft, in der jeder für sich selbst verantwortlich gemacht wird, wird Gesundheit zur Basis menschenwürdiger Lebensgestaltung.

Im Kontext dieser Entwicklung steht heute auch der allgemeine soziale Druck, Pränatale Diagnostik, Embryoscreening und Humangenetische Beratung in Anspruch zu nehmen, ohne aber die sozialen Folgeprobleme zu bedenken, die – durch die Gen-Diagnostik an potentiellen Eltern und am Embryo – produziert werden. Wir befinden uns in der paradoxen Lage, dass Gesundheit durch die Versprechungen der neuen Biotechniken der Zeugung und Selektion zur irdischen Heilserwartung avanciert ist, gleichzeitig durch die Gendiagnostik aber immer mehr „Risikogruppen" identifiziert wurden und werden. Die schleichende Ausweitung und Inflation der Gen-Defekte führte und führt weiterhin dazu, dass nahezu alle RisikoträgerInnen sind. Trotz dieser Kollektivierung ist das Kennzeichen präventiver Mentalität aber die Individualisierung, denn Ziel und Zweck der Kenntnis des eigenen Genoms soll die verantwortliche Lebensführung sein. Dabei zielt die mit den Genen gemachte Medizin und Politik nicht auf den „perfekten Menschen", sondern auf den „defekten Menschen" (vgl. Treusch-Dieter 2002). Zur Herstellung des „normalen" Menschen wird der „defekte Mensch" zum Abnehmer eines Gesundheitsangebots, das seine Krankheitsnachfrage erst produziert – Krankheiten, die im Laufe des vergangenen Jahrhunderts zunehmend auf multifaktorielle Schädigungen der Gene zurückgeführt wurden. Diese durch eugenische Eingriffe in die reproduktive Natur und Kultur produzierte Krankheitsnachfrage hat die „eugenische Mentalität" gesellschaftsfähig gemacht. Mit ihr setzte sich die eugenische Selektion am Lebensbeginn, die eine „Qualität" der Nachkommen oder – im heutigen Sprachgebrauch – einfach „nur" gesunde Kinder garantieren können will, in unserer Gesellschaft bis Ende des 20. Jahrhunderts als allgemeine Einflussgröße von Kindheit und Mutterschaft durch.

Doch Gesundheit ist kein lebenslänglicher Besitz, sie ist ständig gefährdet. Menschliche Leben ist und bleibt lebensgefährlich. Und je mehr in einer individualisierenden Gesellschaft jeder einzelne von seiner Gesundheit abhängig gemacht wird, um so größer wird die Angst vor Krankheiten. Die Angst vor Krankheiten treibt wissenschaftliche Forschung voran, Erkenntnisfortschritte in der Medizin erzeugen wiederum geradezu irrationale Ängste vor jeder Art von Krankheit. Am Ende beginnen die Menschen unter der Gesundheit zu leiden (vgl. Bruckner 1999: 165). Andere, lang geteilte Ethosformen – z.B. die der Fürsorge, der Pflichterfüllung, der Solidarität, der Ehre, des Respekts, der Achtung – verschwinden. Allerdings ist es fraglich, ob sich eine Gesellschaft allein mit dem Ethos des menschlichen Wohlbefindens zusammenhalten lässt.

Die Ideale von Gesundheit und Wohlstand lassen sich darüber hinaus auch als Mittel sozialer Diskriminierung lesen. Gesundheit gilt heute nicht mehr als irdischer Beweis göttlicher Gnade, sondern als Ergebnis eines genetischen Bauplans und einer durch wissenschaftliche Vernunft gekennzeichneten erfolgreichen Lebensführung. Gesundheit zeigt demnach analog zum ökonomischen Kapital, wer im Leben erfolgreich ist oder scheitert, wer den sozialen Status halten kann oder einbüssen muss, wer den sozialen Aufstieg nicht schafft, wer durch Arbeit nicht reich, sondern arm oder krank wird. Der Erfolglose oder Kranke gilt nicht mehr als von Gott verworfen oder verstoßen, sondern figuriert als Sinnbild misslungener Erziehung und Sozialisation oder eben misslungener Medikalisierung des Lebenslaufes, bei der Schwangerenvorsorge, Pränatal- oder Präimplantationsdiagnostik zentrale Bestandteile sind. Das heute richtungsweisende bürgerliche Gesundheitsideal wird, wie Alfons Labisch dies in seiner Studie zum „Homo Hygienicus" (1992) ausgearbeitet hat, im Verlauf des 19. Jahrhunderts zum endgültigen Mittel sozialer Diskriminierung, sowohl gegenüber dem Adel wie gegenüber den Armen der Industrialisierung. „Der Arme, der arme Kranke waren nicht mehr gottgewollte Objekte der Barmherzigkeit, sondern der moralisch verwerfliche Bodensatz einer Gesellschaft, die jedem dieselben Chancen bot" (ebd. 112). Von Seiten des Bürgertums werden nicht die gesundheitsgefährdenden und lebensbedrohlichen Arbeits- und Lebensverhältnisse als Ursache von mit Armut und Krankheit gezeichneten Leben der Arbeiter gesehen, sondern das auffällige Verhalten der Unterschichten wird zum Thema bürgerlicher Debatten. Ausgangspunkte der historischen Ausbildung einer eugenischen Vernunft ist zum einen also die Industrialisierung, die im 19. Jahrhundert die Angst vor der unkontrollierten und unkontrollierbaren Masse hervorbringt. Die Masse soll nicht nur als politische und gesellschaftliche, sondern auch als gesundheitliche Gefahr unter Kontrolle gebracht werden. Zum zweiten setzt das Bürgertum den „sauberen Sex" als „imaginären Punkt" seiner Selbstdefinition an die Stelle des „blauen Blutes" des Adels (vgl. Foucault 1988), was u.a. darauf verweist, dass der Rassenbegriff mit dem Klassenbegriff aufs engste verkoppelt ist. So gesehen sind die Anfänge der Entwicklung einer eugenischen Vernunft identisch mit dem bürgerlichen Klassenbewusstsein. Die Arbeiterklasse übernimmt sie im Sinne ihrer Absicherungsinteressen. Die sozialpolitische Absicherung des Krankheitsrisikos führte in der Arbeiterschaft zu neuen Normen, die im Begriffspaar „Erwerbsarbeit und Arbeitsbereitschaft" gebündelt waren (vgl. Labisch: 155). Qualitative Gesundheitsvorstellungen werden vor allem von der politisch aktiven Arbeiterschaft von der bürgerlichen Welt in die Welt der Arbeiter transferiert.

Im Laufe des zwanzigsten Jahrhunderts wird dieses bürgerliche Klassenbewusstsein von der Aufstiegsmentalität der neuen Mittelschicht adaptiert. Die eugenisch-medizinischen Eingriffe in die reproduktive Kultur fungieren darin auch als „Erziehung zum sozialen Aufstieg" unter den Bedingungen der Aussonderung. Beispielgebend dafür stehen die – im ersten Kapitel dieser Studie – erörterten Ausführungen des Psychiatrieordinarius der Universität Wien, Julius Wagner von Jauregg (1857–1940) in einem Vortrag „Ueber Eugenik" in der Sitzung des „Österreichischen Bundes für Volksaufartung und Eugenik" am 10. Dezember 1930 (publiziert in WKW 1931/1. 1–6). Fortpflanzen sollen sich demnach jene „Träger mit günstigen Eigenschaften", die sich der menschlichen Gesellschaft anpassen und ihr Nutzen bringen und „imstande waren, sich auf eine höhere soziale Stufe zu erheben. (…) Der Knecht, der es zum selbständigen Landwirt bringt; der Industrie-Arbeiter, der zum Leiter einer Abteilung in seinem Betriebe vorrückt, der kleine Beamte, der es durch besondere Leistungen zu einer seiner Kategorie sonst verschlossenen angesehenen Stellung bringt" (Wagner-Jauregg 1931: 6). Die Kriterien zur Identifikation von „Trägern mit günstigen Eigenschaften" entstammen einem Denken, nach dem die Fähigkeit zum sozialen Aufstieg über die Qualität des Menschen entscheidet, weil diesen Menschen unterstellt wird, sich durch Wissenschaft, Erziehung, Bildung und harte Arbeit dem gesellschaftlichen Fortschritt zu verpflichten. Die Kriterien sind aber auch getragen von der Angst abzustürzen, schwach zu werden, die Kontrolle zu verlieren. Denn der wirtschaftliche oder soziale Status dieser sich erst im zwanzigsten Jahrhundert bildenden Klasse kann nicht vererbt, sondern muss in jeder Generation durch Bildung neu erarbeitet werden (vgl. Ehrenreich 1992). Das kulturelle, soziale und symbolische Kapital der Mittelschicht ist vergänglich und kann nur über ständige Selbstdisziplin akkumuliert und erhalten werden. Die Angst, diese Selbstdisziplin zu verlieren, wird nicht nur auf psychisch kranke, süchtige und körperlich wie geistig behinderte Menschen projiziert, sondern auch auf Menschen der unteren Schichten. Die Funktion der eugenischen Vernunft ist es damit auch, die Angst, selbst zu Versagern/innen zu werden, zu bannen. „Die Abwehr in der Betonung des Anders-Seins gründet also in der Angst, durch das Siebmaß der Normalität durchzufallen, beim gesellschaftlichen Rechnen 'mit ganz normalen Menschen in Mittelgröße' (Bertold Brecht) ausgesondert zu werden, nicht dazuzuzählen. Angst davor, aufzufallen und damit rauszufallen" (Niedecken 1989: 18). Wer nicht im Stande ist, den kulturellen Standards des „verhältnismäßigen Menschen" zu entsprechen, der fällt raus, indem er keine soziale Anerkennung erfährt, gesellschaftlich minderbewertet und sozial beschämt wird. Diese soziale Scham wird in sozialen Beziehungen durch das geringe Maß an Anerkennung, das man in diesen erfährt, hervorgebracht. „Im Schamgefühl vergegenwärtigt sich eine Person, in einer Verfassung zu sein, die sie selbst als defizitär, als mangelhaft und auch als entwürdigend empfindet. Darin ist Scham normativ: sie setzt ein Idealbild des eigenen Selbst voraus, gegen das die Person dann beschämend abfallen kann" (Neckel 1991: 16). Angst bleibt also sowohl ein Motor für naturwissenschaftliche Erkenntnisproduktion im Bereich der

Biotechnologien von Zeugung und Selektion wie auch für die Akzeptanz der daraus hervorgehenden Techniken im Alltag. Zugleich zeigt sich darin, dass diese Angst ein gesellschaftliches Produkt ist, ein System von Angsterzeugung und Schutzangebot. Es zeigt sich darin auch das Paradox der Macht, dass sie die Angst vor der Notlage erzeugt, zu deren Abwendung „die schützende Hand der Macht" sich anbietet (vgl. Horkheimer/Adorno 1994: 209). Insgesamt wird mit der Eugenisierung und Medikalisierung der reproduktiven Kultur die Angst verstärkt, zu VersagerInnen zu werden, zu Menschen, die an jeweils geforderten gesellschaftlichen Aufgaben scheitern.

Doch hinsichtlich der Eingrenzung der Gruppe, die es auszusondern gilt, herrscht während des gesamten zwanzigsten Jahrhunderts keine Einigkeit. Denn wer entscheidet darüber, wer bleiben darf, so wie er ist, was und wer der Korrektur bedarf, welche Defekte tolerierbar sind und welche nicht, was verbessert werden soll und in welche Richtung, wer in seiner Gewordenheit der Gesellschaft zumutbar ist und wer nicht. Die Grenzen von „krankhafter Behinderung" und „sozialer Unwertigkeit" bleiben bis heute fließend und damit auch die Grenzziehung zwischen „genetischer" und „sozialer" Indikation zur Verhinderung potentiell zukünftiger PatientInnen, die bis heute nur durch Vernichtung und nicht durch Heilung erfolgt.

Die „Stufenleiter sozialer Brauchbarkeit", die sich in der Mitte des zwanzigsten Jahrhunderts ausspannt „zwischen den sozial völlig geordneten mittleren Beamten und den arbeitsscheuen Gelegenheitsarbeitern, dem beruflich tüchtigen und strebsamen Eigenheimbesitzer und dem mittellosen Vagabunden, der Frau und Mutter im geordneten Hauswesen und der Prostituierten, der nicht bestraften kleinen Amtsperson und dem polytropen Rückfallverbrecher oder dem querulierenden Wohlfahrtsparasiten" (Stutte 1949 zit. in Sierck et al 1989: 83), hat sich bis heute inhaltlich wenig, rhetorisch einiges verändert. Denn Leistungsfähigkeit und -bereitschaft, Beschäftigungsfähigkeit und -bereitschaft so wie die Fähigkeit, selbständig und unabhängig sein Leben zu gestalten, bleiben die Leitwerte, an denen gemessen wird, ob das zukünftige Leben eines Menschen aus medizinischer Sicht „mit dem Leben zu vereinbaren" ist (vgl. Kap. IV). Lediglich die bio- und sozialtechnische An- und Einpassung des „Produktionsfaktors Mensch", erweitert und verfeinert sich durch die biotechnischen Möglichkeiten von Diagnostik und Vernichtung von als „minderwertig", „lebensunwert" oder „genetisch defekt" bestimmtem menschlichem Leben.

Eugenische Eingriffe in die reproduktive Natur und Kultur, in Geschlechter- und Generationenbeziehungen bleiben bis hin zur humangenetischen Beratung der Gegenwart u.a. Sozialtechniken des sozialen Aufstiegs unter den Bedingungen von Aussonderung und Selbsteugenisierung. Die sich daraus entwickelnde und gegenwärtig gesellschaftlich vorherrschende eugenische Vernunft bestätigt den Moralkodex der

Mittelschicht und orientiert sich an der Konstruktion des „normalen Arbeitnehmers", einer versicherungstechnischen Kategorie zur „administrativen Ausgrenzung sozialer Problemträger" (Stone 1995: 21). In der subjektiven Aneignung dieser eugenischen Vernunft verwandelt sich der Zwang zur Herstellung des „verhältnismäßigen Menschen" zur Notwendigkeit der Selbsteinpassung und der Einpassung seiner Kinder. Ein Preis der Individualisierung im letzten Jahrhundert ist damit auch die (Selbst-)Eugenisierung. Nur der biotechnisch geprüfte und überprüfte Mensch wird frei sein, so das Versprechen der neuen Biotechniken der Zeugung und Selektion.

Sozialstaatliche Entprivatisierung der Reproduktion und die Transformation des privaten in einen öffentlichen Patriarchalismus.

Eine weitere Ursache des Erfolgs eugenischer Eingriffe in die generative Reproduktion durch die Medizin liegt – wie mit der Studie gezeigt werden kann – darin, dass die eugenische Konzeptionen von Vererbung und die Medikalisierung von Generativität eingebettet bleiben in eine bürgerlich-patriarchale Fassung der Geschlechter- und Generationenordnung, welche immer schon auf eine Kontrolle der Reproduktion „legitimer" Nachkommen zielt. Eugenische Konzepte und Techniken sind also nicht nur von rassistischen und klassenspezifischen Elementen dominiert, wie bisherige Untersuchungen darstellen können, sondern sie sind auch „vergeschlechtlicht".

Die den Frauen im 20. Jahrhundert „zugewachsenen" reproduktiven Aufgaben sind Produkte eines bürgerlichen Patriarchalismus, der die Produktivität der Frauen naturalisiert und privatisiert hat. Das Private, die Reproduktion der Gattung, die Hausarbeit und mit ihnen die Mutter selbst erscheinen dem öffentlichen Blick entzogen und vor der Öffentlichkeit verborgen. Das Undurchschaubare und Verborgene wird in unserer Kultur aber auch mit dem Irrationalen verbunden und schließlich mit dem Unheimlichen und dadurch Mächtigen konnotiert (vgl. Klinger 1999). Dieser Unsichtbarkeit, Irrationalität und Bedrohung des weiblich besetzten Privaten werden die angebliche Sichtbarkeit, Rationalität und Sicherheit des männlich besetzten Öffentlichen gegenübergestellt. Diese Spaltung in Rationalität und Irrationalität ist einer der Gründe, weshalb die Produktivität von Frauen von Seiten der kapitalistischen Ökonomie, des Staates und der Naturwissenschaft als „Natur" beansprucht wird.

Die bürgerliche Geschlechterordnung regelte so auch jene Angelegenheiten menschlichen Lebens, die mit der Leiblichkeit und Lebendigkeit menschlicher Existenz verbunden und zu einem gewissen Teil dem menschlichen Gestaltungswillen entzogen bleiben: Geburt und Tod, Natalität und Mortalität und die damit verbundene Sexualität und Zeugung, Schwangerschaft und Geburt, Ernährung, Erhaltung und Regeneration menschlichen Lebens. Die bürgerliche Geschlechterordnung dient damit nicht nur den Zwecken ökonomischer Aneignung weiblicher Produktivität und symbolischer Ordnungsstiftung, sondern ganz wesentlich auch der Bewältigung von Kontingenz und Endlichkeit menschlicher Existenz. Sie delegiert den Umgang mit den Belangen der Leiblichkeit, die generative und regenerative Reproduktion von menschlichem Leben und menschlicher Gesellschaft, die Sorge um das „leibliche Wohl", um Geburt und Tod an die Ehefrau, Hausfrau und Mutter. Diese wird für die Übernahme dieser Aufgaben aber nicht geachtet und anerkannt in dem Sinne, dass sie dafür ausreichend Mittel für eine selbständige Existenzführung erhält. Der Mann identifiziert sich mit den gesellschaftlich geachteten Eigenschaften der Aktivität des Geistes und der Vernunft. Er verachtet und fürchtet die Frau als Sinnbild der Stagnation und des Vergänglichen, des Lebens und Todes. Psychisch wird die gesellschaftliche Organisation gesellschaftlich notwendiger Arbeit durch Geschlechtertrennung und diese wiederum mit Abspaltung vollzogen. Die von Männern geschaffene und gestaltete Welt des Öffentlichen dient damit auch der Bewältigung von Angst vor Vergänglichkeit, Kontingenz und Endlichkeit, Geburt und Tod. Die Abhängigkeit von Frauen zur Produktion und Reproduktion menschlichen Lebens soll ausgelöscht werden, weil sie an diese Angst erinnert. Exklusive männliche Vergemeinschaftung im öffentlichen Bereich will die Angst bannen und die Selbsthervorbringung des Mannes aus dem Geist des Mannes suggerieren (vgl. Kreisky 1995).

Die Gliederung der bürgerlichen Gesellschaft durch die Ausgestaltung eines öffentlichen und eines privaten Bereiches wird durch den Staat bewerkstelligt. Er organisiert mit politischen und rechtlichen Mitteln die (Re-)Produktion von Gesellschaft und ersetzt im 20. Jahrhundert den bürgerlich-privaten Patriarchalismus durch einen wohlfahrtsstaatlichen Patriarchalismus – ein Wandel, der vom angloamerikanischen Feminismus als Übergang vom „privaten" zum „öffentlichen Patriarchat" gekennzeichnet wird, um die im 20. Jahrhundert sich etablierende Arbeitsteilung zwischen Staat und Frauen zu kennzeichnen, welche die Arbeitsteilung zwischen Männern und Frauen in Ehe und Familie abzulösen beginnt (vgl. Brown 1981; Walby 1990: 91ff.; Fraser 1994: 222ff.).[2] Diese Transformation des privaten in einen öffentlichen Patriarchalismus ist einer der wesentlichsten Makroprozesse gesellschaftlichen Wandels im 20. Jahrhundert, der im Kern durch die Entprivatisierung der Reproduktion und den Aufstieg des Sozialstaa-

---

[2] "Private patriarchy is based upon the household, with a patriarch controlling women individually and directly in the relatively private sphere of the home. Public patriarchy is based in sites other than the household, although this may still be a significant patriarchal site. Rather, institutions conventionally regarded as part of the public domain are central in the maintenance of patriarchy" (Walby 1990: 94).

tes hervorgebracht wird. Das neu entwickelte Verhältnis von Patriarchat, Kapital und Staat im spätkapitalistischen Sozial- oder Wohlfahrtsstaat des 20. Jahrhunderts zeichnet sich durch eine Indienstnahme der Frauenarbeit – sowohl als Lohn- wie als Haus-, Erziehungs-, Versorgungs- und Pflegearbeit – und durch eine Kontrolle der generativen Potenz von Frauen aus.[3] Durch Fürsorgegesetze und -maßnahmen werden Frauen aus direkten Abhängigkeiten von Ehemännern und Vätern ein Stück weit befreit, gleichzeitig aber in den Dienst des Staates als „abstraktem Ehemann und Vater" gestellt, der sich den Zugriff auf ihre Fruchtbarkeit und Arbeitskraft sichert und Mütter für Gesundheit und private Erziehung der Kinder verantwortlich macht (Stichwort „Sozialstaatsmütter"). Er unterstützt und organisiert die Verwissenschaftlichung des Privaten unter den Aspekten „Hilfe", „Unterstützung" und „Verbesserung" der Nachkommen, indem er sozialstaatliche Leistungen nur dann bewilligt, wenn von Seiten der Mütter medikalisierten Kontroll- und Disziplinierungsmaßnahmen zugestimmt wird und sofern sie die Defizite und Probleme, derentwegen sie Hilfe beanspruchen, sich selbst zurechnen. Er adaptiert Patriarchalismus und männliche Vormachtstellung und realisiert die Allianzen mit der Reproduktionsmedizin, um Produktion und Reproduktion menschlichen Lebens, entsprechend dem neuesten Stand naturwissenschaftlichen Wissens, zu kontrollieren und qualifizieren.

Wissenschaft und Wohlfahrtstaat des 20. Jahrhunderts erweisen sich also beide als vergeschlechtlichte Institutionen, die aus jenen Praktiken hervorgehen, mit denen sich Männer in ein bestimmtes Verhältnis zum Reproduktionsbereich setzen und die männlichen Zusammenhänge gegenüber diesem privilegieren und etablieren. Die Allianzen von wissenschaftlichem und sozialstaatlichem Androzentrismus im Blick auf die reproduktive Kultur ermöglichte die Übertragung der „patriarchalen Dividende" des privaten Patriarchalismus auf den öffentlichen Patriarchalismus. Der Entfamilialisierung der Produktion und der Privatisierung der Reproduktion durch den ökonomischen Wandel im Laufe des 18. und 19. Jahrhunderts folgt im 20. Jahrhundert die Entprivatisierung der Reproduktion durch ihre Verwissenschaftlichung und Verstaatlichung. Die Herstellung der Privatform durch die Hausfrau und Mutter wird verwissenschaftlicht, und obwohl der private Patriarchalismus in einen öffentlichen transformiert ist, soll sie bis heute das Private weiterhin (wieder-)herstellen, d.h. das Paradox einer „entprivatisierten Privatform" gestalten. Die eugenische Vernunft, die den sozialen Sinn der generativen

---

3 Gegen diesen, die „patriarchale Dividende" modernisierenden Sozialstaat werden von Seiten feministischer Politik und Politikwissenschaft nicht weniger Staat gefordert, sondern Konzepte für einen geschlechtergerechteren Sozialstaat und für eine emanzipative Sozialpolitik ausgearbeitet (vgl. z. B. Fraser 2001: 67–101).

Reproduktion zunehmend bestimmt, ist Teil und Produkt dieser widerspruchsvollen Geschichte. Eine nach eugenischer Vernunft handelnde Mutter wird dabei als Norm, Selektion am Lebensbeginn als eine allgemeine Aufgabe mütterlicher Praxis und als eine allgemeine Einflussgröße von Kindheit hervorgebracht.

Männliche Reproduktionszyklen und Life-Sciences als Verselbständigung männlicher Selbstbehauptung

Die Humanwissenschaften haben mit Hilfe staatlicher Ermächtigung bzw. Nutzung ihrer Erkenntnisse im 20. Jahrhundert wesentlich in die Gestaltung des privaten Lebens eingegriffen. Sie selbst setzen sich als Wissenschaften erst erfolgreich durch, nachdem die Problematisierung des Menschen im 19. Jahrhundert auf dreifacher Ebene gelungen ist: auf politisch-staatlicher, auf kollektiv erfahrener und auf wissenschaftliche Fragestellungen und Erklärungen herausfordernder Ebene. Damit „ist etwas entstanden, was ein gemeinsames Bezugsfeld von Handlungsmöglichkeiten und einzubringendem Wissen eröffnet, in dem Wissen auch genutzt werden kann" (Evers/Nowotny 1989: 357). Und das „private Leben" ist im letzten Jahrhundert zu einem der prominentesten Forschungsgegenstände der Humanwissenschaften geworden. Im Zusammenhang mit den eugenischen Eingriffen in die reproduktive Kultur durch die Medizin haben sich dabei eine männlich dominierte Wissenschaft und Profession in ein spezifisches Verhältnis zu einem weiblich dominierten sozialen Handlungsfeld gesetzt, in dem für leibliche Belange und die Produktion und Reproduktion menschlichen Lebens gesorgt wird. Die historisch durch den sozioökonomischen Wandel in der Moderne hervorgebrachte weibliche Lebenswelt des Privaten wird dabei durch männliches Expertenwissen kolonisiert, also zu einer Kolonie gemacht, die wissenschaftlichen und wirtschaftlichen Profit abwerfen soll. Und sie wird kolonialisiert in dem Sinne, dass sie in eine Abhängigkeit von diesem Expertenwissen gebracht wird, welches mittlerweile zu einer nicht umgehbaren gesellschaftlichen Realität geworden ist.

Haltungen, die hier als männlich oder weiblich gekennzeichnet werden, verweisen nicht auf homogene Gruppen von Männern und Frauen. Vielmehr werden damit soziale Positionen im Geschlechterverhältnis, bzw. soziale Praktiken benannt, durch welche Männer und Frauen diese Position einnehmen. Wesentlich dabei ist, dass das daraus hervorgebrachte soziale Geschlecht erstens in eben dem Ausmaß existiert, in dem die Natur das Soziale nicht bestimmt (vgl. Connell 2001: 92), und zweitens aus einer Ordnung sozialer Praxis resultiert, in welcher die alltägliche Lebensgestaltung aller Menschen im Verhältnis zu einem Reproduktionsbereich, der von leiblichen Notwendigkeiten und Belangen bestimmt ist, in Geschlechterprozessen organisiert wird. Männlichkeit und Weiblichkeit sind damit Auswirkungen, welche diese sozialen Positionierungen und Praktiken gegenüber dem Reproduktionsbereich auf die körperliche Erfahrung, auf Persönlichkeit und Kultur zeitigen.

Von einer männlichen Wissenschaft zu sprechen meint daher nicht, dass Persönlichkeitsmerkmale von Männern auf die Art und Weise der Produktion wissenschaftlichen Wissens und den daraus hervorgebrachten Techniken selbst abfärben. Es verweist vielmehr darauf, dass sich die Praktiken wissenschaftlicher Organisationen und Wissensproduktion mit einem androzentrischen Bezug auf den Reproduktionsbereich strukturieren und dabei bestimmte Formen von Männlichkeit privilegieren. Das Feld der Wissenschaften bleibt im 20. Jahrhundert, trotz der marginalen Anwesenheit von Frauen, ein männlich dominiertes soziales Universum. Die Entwicklungsgeschichte der biomedizinischen Zeugungs- und Selektionstechniken ist Teil dieser akademischen Männerkultur. Es ist davon auszugehen, dass das in diesem Feld produzierte Wissen und die daraus hervorgebrachten Techniken, in einem androzentrischen Sinne vergeschlechtlicht sind. D.h., dass eine systematische Privilegierung von Perspektiven, Normen, Werten, Sicht- und Denkweisen der generativen Reproduktion von jenen Männern eingearbeitet ist, die im wissenschaftlichen Feld des zwanzigsten Jahrhunderts als Wissenschaftler tätig werden können. In der Regel sind dies männliche Angehörige des Bildungsbürgertums und der Mittelschicht, die eine Entgegensetzung von Produktion und Reproduktion als Grundlage der sozialen Ordnung und der Geschlechterordnung sanktionieren (vgl. Honegger 1991). Die von ihnen wissenschaftlich vermittelte Kontinuität männlicher Macht wird aber durch die von ihnen erhobenen Grundsätze und Ansprüche wissenschaftlicher Forschung – allen voran Objektivität, Universalität und Wertfreiheit – verschleiert. Dieser Anspruch auf Objektivität stellt u. a. aber eine kultivierte Abwehr des Subjektiven, ein – im Namen des wahren Wissens ausgetragener – Kampf um Kontrolle und Macht, ebenso wie eine wissenschaftspolitische Strategie zur der Legitimierung der eigenen Disziplin dar (vgl. List 1993, Harding 1994). Kurzum „so etwas wie eine objektive, wertfreie Wissenschaft gibt es nicht. Die Wissenschaft einer bestimmten Ära ist Teil ihrer Politik, ihrer Ökonomie und Soziologie: Sie wird von diesen erzeugt und hilft ihrerseits bei deren Erzeugung" (Hubbard 1989: 304). Auch die wissenschaftlichen Universalitätsansprüche sind zu relativieren, zumal Wissenschaft nur die Wissensform *einer* bestimmten Epoche und *eine* Form kultureller und sozialer Praxis neben anderen ist. Damit aber bleibt sie bestimmt von der historischen Gegebenheit unterschiedlicher Wertorientierungen wissenschaftlichen Handelns (vgl. Haraway 1995: 73ff; Harding 1994: 207ff). Die Naturwissenschaften des zwanzigsten Jahrhunderts stellen dabei eine auf instrumentelle Verfügung reduzierte Vernunftform der modernen Wissenschaft dar (vgl. Beer 1989; List 1993: 90ff). In diesem Sinne sind biomedizinische Zeugungs- und Selektionstechniken als durch und durch soziale Produkte zu beurteilen, für deren Produktion die „sozialen Bedingungen der Produktion des Produzenten" (Bourdieu 1993: 369) ausschlaggebend sind.

Darauf Bezug nehmend werden für das Resümee Produkte wie Produzenten des „wissenschaftlichen Fortschritts" im Bereich der Biotechniken der Zeugung und Selektion *erstens* in einen Zusammenhang mit den kulturellen Mythen männlicher Potenz und Produktivität gestellt, die als kulturgeschichtliches Erbe der abendländischen Geschichte und Kultur weiterhin wirksam sind. *Zweitens* sind diese Produkte und Produzenten in einen Zusammenhang mit den dominanten ökonomischen Strukturen des letzten Jahrhunderts zu bringen und *drittens* vor dem Hintergrund der Produktionsbedingungen im wissenschaftlichen Feld zu beurteilen. Vorweggenommen lässt sich argumentieren, dass der Fortschrittsbedarf auf dem Gebiet der bio-medizinischen Zeugungs- und Selektionstechniken u. a. einer Verselbständigung unreflektierter männlicher Selbstbehauptung geschuldet ist, die im 20. Jahrhundert auch auf dem Feld der Natur- und Technowissenschaften ausgetragen wird.

Die Entwicklungsgeschichte der neuen Biotechniken der Zeugung und Selektion stehen in einem Zusammenhang mit der in der Kulturgeschichte des Abendlandes kulturwissenschaftlich nachgezeichneten *Konkurrenz um das lebensspendende Prinzip*, welche Männer gegenüber der sexuellen Potenz und der Produktivität von Frauen ausgetragen haben (vgl. von Braun 1988). Diese zeigt sich z. B. in den epochenübergreifenden Zeugungstheorien, die den Zeugungsbeitrag der Frauen negieren und in Konzeptionen männlicher Genealogien, die das väterliche Erbe – das symbolische wie ökonomische, das kulturelle wie soziale – regulieren. In ihnen wird die in Kulturen der Frühgeschichte anerkannte Dualität des Schöpfungsaktes, der durch männliche wie weibliche Schöpfungskraft gleichermaßen bedingt erscheint und in den Mythen dieser Zeit noch Anerkennung findet – in ein Konkurrenzverhältnis der Geschlechter und ein Monopol des Mannes auf die Schöpfungskraft umgeschrieben (vgl. Treusch-Dieter 1985). Die schöpferische Differenz der Geschlechter wird in unserer Kulturgeschichte auf ein Monopol des Mannes auf das Sexualwesen, als Synonym für das Leben spendende Prinzip, reduziert. Seit der griechischen Antike wird dieser Strukturplan männlicher Produktionsweisen, der die Potenz und Produktivität des einen Geschlechts negiert und für die des anderen Geschlechts vereinnahmt, in die Geschlechterdifferenz eingeschrieben (vgl. Treusch-Dieter 1990).

Das für die patriarchale Konkurrenz um die „Schöpfungs- und Schaffenskraft" grundlegende Arbeitsprogramm wird, so die Kultursoziologin Gerburg Treusch-Dieter in ihrem Aufsatz über „Strukturprobleme der Geschlechterdifferenz" (1990: 9–54), bereits im 5. und 4. Jahrhundert v.Chr. in den „Eumeniden" von Aischylos formuliert: „Die Mutter, sag ich dir, hat, was gezeugt ist, nicht erzeugt / Die Menschen irren, die der Ähnlichkeit der Worte glauben. Sie nährt den Keim, bewacht die Frucht / Doch zeugen tut allein der Mann. Er schafft, sie hütet: Gibt dem Gast / den ihr der Vater schenkt / Herberge in ihrem Leib / Und schützt derart das anvertraute Pfand / des Vaters Kind / für Gott, der es bewahren will" (Aischylos 1977: 658). Der griechische Philosoph Aristoteles (348–322 v.u.Z.) arbeitet darüber hinaus den Zusammenhang von Erzeugung und Zeugung aus und teilt auch alles Erzeugte dem Männlichen zu. Zeugung wird von ihm als Produkt, Spiegel und Reflex männlicher „téchne" konzipiert, bei der das Wissen als gestaltende Kraft im Zuge der handwerklichen Herstellung eines Produktes die Materie formt. „Alles spielt sich so ab, wie es vernünftig ist: da das Männchen Gestalt und Bewegungsquelle, das Weibchen Körper und Stoff hergibt, so ist die Arbeit geteilt" (Aristoteles 1959: 62). Demnach kann das Weibliche nur reproduzieren, was vom Männlichen produziert wird. Das Männliche avanciert also in Aristoteles Zeugungstheorie vom Schöpfer alles Lebendigen auch zum Schöpfer aller Dinge, das Paradigma des Zeugens wird zum Paradigma des Erzeugens. Dieses Strukturprinzip, welches Männlichkeit und Weiblichkeit in Produktivität und Reproduktivität aufspaltet setzt sich in unserer Kulturgeschichte als eine Struktur langer Dauer durch.

Im Zuge der Produktivkraftentwicklung, welche den Entwicklungsstand der materiellen Produktion als Auseinandersetzung des Menschen mit der Natur aufzeigt, wird der technische Fortschritt beim Erzeugen stets aufs neue in die Wissensgeschichte der Zeugung und den Zugriff auf die Reproduktion der Gattung eingearbeitet. Damit werden die – mit der Produktivkraftentwicklung analogisierten – *Gebrauchsweisen des Körpers* (für die Erzeugung) und die *Konstruktion des biologischen Körpers* (für die Zeugung) historisch stets gleichzeitig transformiert. Die Transformation der Schöpfung aller Dinge führt auch zur Transformation der Schöpfung alles Lebendigen. Beide aber – Erzeugung und Zeugung, die männliche Produktion von Dingen und von Leben – sollen die Grenzen der äußeren und inneren Natur, die den männlichen Gestaltungswillen beschränken, überwinden.

Dieses Strukturprinzip der Geschlechterdifferenz – von männlicher Produktivität und weiblicher Reproduktivität – bleibt auch für die Eugenik des zwanzigsten Jahrhunderts richtungsweisend. Die Eugeniker um 1900 beziehen sich auf Darwins Theorie der „sexuellen Zuchtwahl" (1871), bei der er die Frage der Zeugung in den Zusammenhang mit einem siegreichen Daseinskampf stellt. Die Rivalität unter Männern (Männchen) um die besten Fortpflanzungschancen wird von Darwin als „Höherzüchtung" beurteilt, da dabei entscheidende Qualitäten wie Mut, Kampflust, Ausdauer, Kraft und Größe entwickelt werden müssten. Die „sexuelle Selektion" führt, so die Kulturhistorikerin Anna

Bergmann, in Darwins Theorie zu einem steten Aufstieg des „Männlichen", während das „Weibliche" in Stagnation münde: „Kampf' ist in diesem Modell der einzige Motor für Entwicklung, Modifikation und Variabilität. Die Konnotation von Kampf, männlicher Zeugung und Evolution stilisieren das maskuline Geschlecht zum eigentlichen Gebärer von Natur: Das Männchen (der Mann) ist es, welches durch Aktivität und im wortwörtlichen Sinne Aggression (*aggredi*) der Natur zu ihrem Fortschritt verhilft, ihr Zukunft gibt, ja, die ihre Existenz dem männlichen Geschlecht verdankt – wobei Natur und männliches Subjekt eins zu sein scheinen" (Bergmann 1992: 108). In der Darwinschen Zeugungstheorie steht Männlichkeit für Fortschritt, der durch Vernichtung erreicht wird. Virilität wird überhöht und weibliche Potenz und Kreativität negiert. Fortpflanzung erschöpft sich im letzten Jahrhundert zunehmend im männlichen Prinzip des Fortschrittes. Philosophisch-patriarchale Zeugungsprinzipien der Antike werden also mit Hilfe der Biologie des 19. Jahrhunderts naturalisiert und eine „aggressive Männerkultur als naturwissenschaftlich-logisches Gesellschaftsmodell begründet (ebd). Die Darwinschen Geschlechter-Charaktere entsprechen aber zur Gänze der ab 1800 sich durchsetzenden bürgerlichen Geschlechterordnung, die den ökonomischen Wandel von der Agrar- und Handwerks- zur Industriegesellschaft begleiten, und Männlichkeit mit Rationalität und Aktivität, Weiblichkeit mit Emotionalität und Passivität verbinden (vgl. Honegger 1991). Darwins Formen von Männlichkeit und Weiblichkeit stellen damit nicht die Entdeckung einer geschlechtlichen Natur dar. Vielmehr wird bei ihm die Natur aus einer bürgerlich-patriarchalen Perspektive beschrieben, interpretiert und vergeschlechtlicht.

Zugleich werden sozio-ökonomische Verhältnisse und die daraus hervorgebrachten Verhaltensweisen naturalisiert. Die mit der Produktivkraftentwicklung analogisierte *Gebrauchsweise des Körpers* (zur Erzeugung) und die *Konstruktion des biologischen Körpers* (zur Zeugung) geben der männlichen Sicht der geschlechtlichen Arbeitsteilung im Zuge des Aufstiegs der kapitalistischen Ökonomie und der Durchsetzung einer bürgerlichen Geschlechterordnung ein vermeintlich natürliches Fundament. Vergeschlechtlichte gesellschaftliche Verhältnisse und Verhaltensweisen werden also von männlichen Wissenschaftlern in die Natur projiziert. Diese männlichen Projektionen sind der Naturalisierung männlicher Potenz und Produktivität vorausgesetzt. Denn in der Folge wird die patriarchal-bürgerliche Geschlechterordnung unter Verweis auf die Natur als „natürlich" erklärt und legitimiert. Der aus dieser doppelten Bewegung – der Projektion gesellschaftlicher Verhältnisse wie sozialer Verhaltensweisen in die Natur und der Naturalisierung gesellschaftlicher Verhältnisse und sozialer Verhaltensweisen – hervor gebrachte Strukturplan männlicher Produktionsweisen, wird also nicht nur auf der Ebene der Biologie und der bürgerlichen Geschlechterordnung des achtzehnten und neunzehnten Jahrhunderts konzipiert, sondern v. a. auf Basis einer neuen geschlechtshierarchischen Arbeitsteilung im Zuge der Industrialisierung (als Entfamilialisierung der Produktion) und des Aufbaus der bürgerlichen Gesellschaft durchgesetzt. Das aus der Industrialisierung hervor gehende Lohnarbeitssystem bewertet Arbeit unterschiedlich. Die Produktion wird den Gesetzen des Geldes unterworfen, der Erwerbsarbeit damit ein Tauschwert, mütterlicher Praxis und Hausarbeit hingegen nur ein Gebrauchswert zugewiesen. Letztere sollen – der bürgerlichen Geschlechterideologie entsprechend – der selbstlosen Reproduktion der Gattung dienen. Sie werden seither mit Gewalt tauschwertlos gehalten. Die bürgerliche Geschlechterordnung ist u. a. also bedingt durch diesen alten Strukturplan männlicher Produktionsweisen bzw. das abendländische Wunschbild von einem männlichen Reproduktionszyklus, dem Ideal der Männer, sich selbst zu vermehren. Der Realisierung dieses Ideals bleibt eine Überwindung der gesellschaftlichen und menschlichen Bindung an und Abhängigkeit von der Natur vorausgesetzt. Bis heute aber bleiben männliche Reproduktionszyklen weiterhin an Natur als „organische Schranke" gebunden: in der Bindung der Ernährung an den Boden, der „téchne" an die „physis" und der Generationenfolge an die weibliche Gebärfähigkeit (Treusch-Dieter 1990: 21).

Das abendländische Wunschbild von einem männlichen Reproduktionszyklus zeigt sich auch in der Konzeption männlicher Genealogien, die über Ehe- Familien- und Erbrechte geregelt werden und zum Sinnbild eines den Tod überdauernden Zusammenhangs männlicher Zeugungskraft avancieren. Männliche Genealogien enthalten in den Bildern des Stammvaters und Stammhalters sowohl das Wunschbild männlicher Schöpfungskraft wie auch die Vision der Wiederholung bzw. Selbsthervorbringung des Männlichen, der Überwindung der Endlichkeit auf Grundlage einer Bindung und Verbindung von Vater und Sohn, vom Weiterleben des Vaters im Sohn oder von der Wiedergeburt des Vaters im Sohn. Ganz wesentlich aber haben männliche Genealogien historisch die Funktion, die Entfremdung des Mannes vom Zeugungsprozess zu vermitteln. Denn Frauen und Männer sind aufgrund ihrer generativen Natur unterschiedlich in generative Prozesse eingebunden und diese Differenz galt und gilt es gesellschaftlich zu vermitteln. Die Momente der Frauen sind in jeder Hinsicht sichtbarer und offensichtlicher als jene der Männer. Ihre Potenz besteht darin, Kindern das Leben zu geben und zu wissen, ob und wen sie geboren haben. Durch Schwangerschaft und Geburt verfügen Frauen über eine leiblich erfahrbare und unmittelbare Verbindung zwischen den Generationen. Ihr Reproduktionsbewusstsein ist eines der Kontinuität in der Gattung. Männer sind von Natur aus davon ausgeschlossen, sie wissen nicht, ob und wen sie gezeugt haben, sie verfügen über keine leiblich erfahrbare Verbindung zwischen den Generationen. Ihr Reproduktionsbewusstsein ist daher eines der Diskontinuität (vgl. O'Brian 1997: 75ff).

Die Kehrseite dieses natürlichen Ausschlusses und der männlichen Erfahrung von Diskontinuität in der Gattung ist die Erfahrung der Freiheit, die aber zugleich eine erzwungene Freiheit bleibt. Die patriarchalen Strukturen, welche die Gestaltung der generativen Reproduktion in der Kultur- und Gesellschaftsgeschichte durchziehen, verweisen daher immer auch darauf, dass sich Männer historisch, kollektiv und konzentriert dem Problem ihrer erzwungenen Freiheit gewidmet haben. Die dabei hervorgebrachten Institutionen, allen voran Ehe und Familie, dienen bis ins letzte Drittel des 20. Jahrhunderts der Sicherung und Tradierung männlicher Genealogien und Vorstellungen männlicher Potenz, Macht und Überlegenheit (ebd: 86). Gegen die Erfahrung der Diskontinuität im Reproduktionsprozess wird von Männern kulturgeschichtlich die rechtliche Aneignung des Kindes gesetzt, die sich in unserer Kultur in der Rechtsgeschichte vom Vaterrecht und der mütterlichen Sorge manifestiert (vgl. Flügge 1996: 39ff). Vertragsbindungen kontrollieren die Ungewissheit der Vaterschaft. Eine Kontrolle, die bis in die achtziger Jahre des 20. Jahrhunderts, in denen neue biowissenschaftliche Methoden der Vaterschaftsdiagnostik eingeführt werden (vgl. Fischer, Speiser 2000: 107), nur auf der Ebene des Gesellschaftlichen, Ideologischen und Rechtlichen vorgenommen werden kann. Die aus väterlichen Rechten hervorgehende Hierarchisierung der Vertragsbindung gegen die Geburtsbindungen aber negiert, „daß menschliches Leben nicht nur in Kultur und Gesellschaft, sondern auch in natürlichen Prozessen verankert ist" (Holland-Cunz 1998: 68).

Doch bereits um 1900 beginnen Naturwissenschaftler, diese rechtlich und ideologisch gesicherten männlichen Genealogien in den von der Biologie neu konzipierten biologischen Zusammenhang zwischen den Generationen einzuarbeiten. Nun wird in einer geistigen oder biologischen Substanz, die angeblich von Generation zu Generation weitergegeben wird, das väterliche Erbe „entdeckt". Paradigmatisch dafür steht der Entwurf einer „unsterblichen DNS", welchen der Zoologe und Vererbungsforscher August Weismann (1834–1914) im Jahre 1881 publizierte. Er arbeitet in seiner Schrift „Die Ewigkeit des Lebens" (1881), die für das Zeitalter von Biologie und Humangenetik richtungsweisende Unterscheidung aus, zwischen der sterblichen und unsterblichen Hälfte des Individuums, dem Körper (Soma) im engeren Sinne und den Keimzellen. Demnach gilt der Körper als dem Tod unterworfen, die Keimzellen aber gelten als potentiell unsterblich (1881: 22 zit. in Bergmann 1992: 11). Nach seiner Theorie kann das Keimplasma nur durch Zellteilung und in seiner Gesamtheit nur in der Keimbahn (vom Ei bis zu den Keimzellen der folgenden Generation) weitergegeben werden. Diese Annahme einer Kontinuität des Keimplasmas negiert die Vererbung sozial erworbener Eigenschaften und entwirft die biologischen Keimbahnzellen als potenziell unsterblich. Die Keimbahn wird damit zur neuen Grundlage der Kontinuität in der Generationenfolge. Der männliche Geist, der in patriarchalen Zeugungs- und Erzeugungskonzeptionen der abendländischen Philosophie zum symbolischen Schöpfer des Lebens avanciert, wird von der Biologie des 20. Jahrhunderts in die Konzeption der DNS eingearbeitet, welche nunmehr das ewige Leben ermöglichen soll. Die als unsterblich konzipierte DNS erübrigt zwar „den symbolischen Ursprung des Männlichen ebenso wie die durch ihn repräsentierte Fortpflanzung" (Treusch-Dieter 2002: 2). Doch die traditionelle Vorstellung, dass der männliche Samen Form und Seele gebe (vgl. Pomata 1995), wird in die Konstruktion des Gens übertragen. Vorher gilt der Samen als ein den Sinneswahrnehmungen entzogenes, geistiges Zeugungsprinzip, das zwar als unsichtbar aber zugleich das Bild oder die Gestalt des zu formenden Wesens in sich enthaltendes beurteilt wird. Die (Human-)Genetik konzipiert nunmehr das Gen als ebensolches Zeugungsprinzip, das – als materiell und immateriell zugleich – eine geistige Vaterschaft auf der Grundlage der geschlechtslosen Fortpflanzung und damit einer „unbefleckten Empfängnis" ermöglichen soll. Das abendländische Wunschbild von einem „männlichen Reproduktionszyklus", das auf der Ebene des Ideologischen, des Gesellschaftlichen, des Rechts und der Ökonomie bis Mitte des letzten Jahrhunderts mit Erfolg durchgesetzt wird, soll mit Hilfe der neuen Biotechniken der Zeugung und Selektion nunmehr endlich auch auf der Ebene der „neuen Natur" realisiert werden.

Das abendländische Wunschbild von einem männlichen Reproduktionszyklus steht im zwanzigsten Jahrhundert aber auch aufs engste im Zusammenhang mit einer grundlegenden Struktur der kapitalistischen Ökonomie, die „in der Ideologie einer nicht-reproduktiven Produktivität verwurzelt ist" (Sloterdijk 1993: 79). Die kapitalistische Ökonomie verleugnet nämlich den Vorrang der Reproduktion durch die Ausbeutung der Natur von Grund auf. Der industrielle Prozess hat in den letzten zwei Jahrhunderten, so der Kulturphilosoph Peter Sloterdijk in seinem Essay „Im selben Boot. Versuche über die Hyperpolitik" (1993), im Großen und Ganzen mehr natürliche und menschliche „Reserven" abgebaut, als er selbst erzeugen oder regenerieren konnte und kann. Dies stimmt selbst dann, wenn anstelle von Reproduktion und Regeneration die „Natur" heute selbst industriell erzeugt werden soll. Dieser durchgesetzte, ökonomische und gesellschaftliche Umgang mit der äußeren Natur wird im Laufe des 20. Jahrhunderts durch Biologie und Biomedizin auch auf die innere, d.h. menschliche Natur selbst angewandt. Die Gestaltung der generativen Produktion und Reproduktion von Gesellschaft soll dabei zu einer Sache des biotechnischen Managements werden. So wie der industriezeitalterliche Individualismus, der aus einer alles beherrschenden Ökonomie hervortritt, den „Vorrang der Wiederholung vor der Erneuerung im Lebensprozess der Gesellschaft" (Sloterdijk 1993: 77) aufheben will, so wollen die Neuen Biotechniken der Zeugung und Selektion die stetige Erneuerung des menschlichen Lebens ermöglichen. Beide, kapitalistische Ökonomie und Biotechnologie der Zeugung und Selektion, orientieren sich damit nicht mehr an der Leitidee der Wiederholung des Menschen durch den Menschen, sondern an der – durch den industriezeitalterlichen Individualismus provozierten – Herstellung des neuen und letzten Menschen: „Der letzte Mensch ist vielmehr der Mensch ohne Wiederkehr. Er wird in eine Welt eingebaut, die keinen Vorrang der Reproduktion mehr anerkennt. Individuen dieses Typs sind ihrem Selbstverständnis und mehr noch ihrer Stellung im Generationenprozess nach sowohl Neue als Letzte" (Sloterdijk 1993: 77). Die biologische Durchsetzung des industriezeitalterlichen Individualismus im Bereich der Reproduktion der Gattung bedeutet, dass Menschen – wie die Waren auch – stets aus neuen Produktionsprozessen hervorgehen. Die aus der Kontinuität der Gattung entbundenen Nachkommen könnten dann wohl in dem, von Peter Sloterdijk beschriebenen, „Gefühl der Nicht-Wiederkehr" leben: „Das zu Ende individualisierte Individuum [...] führt sein Leben als Endverbraucher seiner selbst und seiner Chancen" (ebd.). Die Neuen Biotechniken der Zeugung und Selektion sind damit sowohl Folge des industriezeitalterlichen Individualismus als auch dessen technische Umsetzung am Menschen.

Für einen letzten Aspekt, der für den Nachweis der Vergeschlechtlichung von Neuen Biotechniken der Zeugung und Selektion erörtert werden soll, werden Bedingungen thematisiert und problematisiert, unter denen Forschung heute betrieben wird. So ergibt sich der Fortschrittsbedarf im Feld der Neuen Zeugungs- und Selektionstechniken wesentlich aus der Konkurrenz um symbolisches und ökonomisches Kapital im Feld der Wissenschaften. Denn angesichts der Tatsache, dass die künstliche Zeugung im Reagenzglas (IVF) seit ihrer Einführung zu Beginn der 80er Jahre anhaltend hohe Misserfolge verzeichnet (Riewenherm 2001: 62), dass nur ca. 5 % aller wirklich schweren Behinderungen (ab einem Grad von 50 %) vererbt oder angeboren sind und davon lediglich 0,5 % pränataldiagnostisch „entdeckt" werden können (vgl. Reprokult 2000: 130), ist davon auszugehen, dass es hintergründig mehr um die Herstellung einer gesellschaftlichen Akzeptanz von Technologien geht, die wesentlich wissenschaftlichen und marktwirtschaftlichen Interessen dienen. So werden höchst zweifelhafte Forschungen im Bereich der Neuen Biotechniken der Zeugung und Selektion weitergeführt, obwohl die realisierbaren Möglichkeiten, trotz intensiver Forschungsarbeiten und Humanexperimenten im großen Stil, weit hinter den Erwartungen zurückbleiben (vgl. Kollek 2000; Samerski 2002). So ist die Keimbahntherapie, bei der das „Erbgut" gentechnisch verändert werden soll, technisch bis heute nicht möglich und ethisch umstritten, weil der Eingriff nicht mehr rückgängig gemacht werden kann und in der Generationenfolge weitervererbt wird. Auch reproduktives Klonen – am Menschen bisher wahrscheinlich noch nicht angewandt – bleibt im Tierversuch größtenteils erfolglos, da

Hunderte Eizellen notwendig sind, um überhaupt ein geklontes Tier zu erzeugen. Von den wenigen geklonten Tieren, die bis zur Geburt gebracht werden konnten, starben über 50 % unmittelbar nach der Geburt an multiplen Krankheitsursachen. Anwendung am Menschen findet dagegen bereits „therapeutisches Klonen". Dabei werden z. B. Nachkommen erzeugt, die als Organspender (z. B. Knochenmark) für Verwandte dienen sollen.

Vor dem Hintergrund der anhaltenden Misserfolge und des zweifelhaften „Fortschrittes" von biomedizinischen Zeugungs- und Selektionstechniken ist offensichtlich, dass es im Feld der Wissenschaften heute weniger denn je um „reine Erkenntnis" geht. Biotechnische Forschung findet im Kontext internationaler Konkurrenz der wissenschaftlich führenden Nationen und in einer Atmosphäre des Wettlaufes um Forschungsgelder und Patente, wie um zahlende Klientel statt. So wird z.B. im Regierungsübereinkommen der österreichischen Rechts-Regierung im Jahr 2001 die Forschungsförderung für Bio- und Gentechnologie damit begründet, das Land auf dem Gebiet der Wissenschaft international konkurrenzfähig machen zu wollen. Mit dem staatlich geförderten Genomforschungsprogramm, dem erhebliche Bedeutung für den Erkenntnisfortschritt in der Wissenschaft und für die Innovationsfähigkeit einer Vielzahl von Wirtschaftsbereichen mit hoher Wertschöpfung unterstellt wird, will die Zukunftsfähigkeit Österreichs auf dem zentralen Feld der Biowissenschaften im 21. Jahrhundert gesichert werden (Gen-Au 2001 : 1). Ziel des Programms sei die Stärkung der Wettbewerbsfähigkeit der österreichischen Wirtschaftszweige, insbesondere die Aus- und Neugründung von Unternehmen im Biotechnologiebereich (ebd.: 3). Auch für das europäische Genomprojekt ist das zwingendste Argument für die Beteiligung an der Genomforschung die befürchteten Konsequenzen, welche eine Nichtbeteiligung Europas zur Folge hätten, z.B. Nachteile im Bereich der Medizin, Biologie und Technologie (vgl. Kevles 1993: 41). Humangenetische Forschung funktioniert damit u. a. wie die Börse, an der man ständig seinen eigenen Wert hinauf treiben muss.

Der französische Soziologe Pierre Bourdieu hat in seiner Studie zur „Klinischen Soziologie des wissenschaftlichen Feldes" (1998) wissenschaftliches Kapital als eine besondere Art symbolischen Kapitals vorgestellt, das auf einer Anerkennung beruht, den eine scientific community der Forschung einzelner Forscher gewährt. Um im wissenschaftlichen Feld mitzuspielen, sei der Einstieg in eine Art „Wissenschaftsglauben" unumgänglich, den er als „interesseloses Interesse" charakterisiert. Dieser „Wissenschaftsglaube" scheint geregelt durch eine „antiökonomische Ökonomie" und einen „geregelten Wettbewerb" (Bourdieu 1998: 27). Doch auch dann, wenn das wissenschaftliche Interesse als uneigennützig präsentiert wird, sei es doch bei allen antiökonomischen Ökonomien gerade die Uneigennützigkeit, die sich auszahle. Daher ist die Strategie der Akteure im wissenschaftlichen Feld immer doppelgesichtig, nämlich interessegeleitet und interesselos, eigennützig und uneigennützig zugleich. Dies ist besonders evident im Bereich der biomedizinischen Zeugungs- und Selektionstechniken, die in dem uneigennützigen Vorwand auftritt, leidenden Menschen – so genannten „Kinderwunschpaaren" helfen zu wollen, oder – durch die Verhinderung der Geburt von Kindern mit „Gen-Defekten" – zukünftiges Leid von Betroffenen und Angehörigen abzuwehren. Doch im wissenschaftlichen Feld müssen Wissenschaftler vor allem strategisch, d.h. auf ihre Karriere orientiert, arbeiten und Fördermittel für Forschungsprojekte lukrieren. Die interne wissenschaftliche Konkurrenz um Forschungserkenntnisse beruht zwar auf angeblich harten empirischen Fakten, doch das Ideal der „reinen Wissenschaft" wird durch äußere Zwänge durchkreuzt und annulliert, weil *die antiökonomische wissenschaftliche Ökonomie zur Gänze im ökonomischen wurzelt, der ökonomischen Macht und den durch und durch politischen Strategien, diese Macht zu erobern oder zu bewahren, aufgeliefert bleibt.*

Mit Patentlizenzen und Biotechnologieunternehmen, Samenbanken und Leihmütteragenturen, IVF-Kliniken und Nabelschnurblutbanken erweitern sich die von Bourdieu identifizierten Formen wissenschaftlichen Kapitals – nämlich „weltliche Macht" (Besetzung herausgehobener Stellen, Leitung von Abteilungen, Mitgliedschaft in Kommissionen, Gutachtertätigkeiten) und „persönliche Macht" (anerkannte Beiträge zum Fortschritt der Wissenschaft, durch Erfindung oder Entdeckungen) – um die des ökonomischen Kapitals.

In Verbindung mit der Tatsache, dass Männer in unserer Kultur dazu sozialisiert sind, die gesellschaftlichen Spiele und Einsätze anzuerkennen, bei denen es um Herrschaft – also um das Vermögen, Menschen als Mittel zu verwenden – geht (vgl. Bourdieu 1997: 92ff), ist der Wettkampf auf dem Gebiet der Biotechniken der Zeugung und Selektion zusammengefasst auch einer Verselbständigung unreflektierter männlicher Selbstbehauptung geschuldet. Die Herausbildung der Wissenschaftskultur als Männerkultur dient u. a. immer schon der männlichen Selbstbejahung und Selbststilisierung. Die Wissenschaftskultur ist bis heute männlich homophil und heterophob geblieben und erweist sich als Institution zur Verwaltung männlicher Bedürfnisse, so wie als eine phallisch-narzisstische Kosmologie, in der die Konkurrenz unter Männern Treibstoff der Forschung bleibt: „There are no prizes for coming second in the annals of science." (vgl. White 2001: Klappentext). Biotechnische Forschung und Entwicklung werden in dieser Wissenschaftskultur zum Selbstzweck einer Wissenschaft, die unter dem Zwang wissenschaftlicher Fortschritte, symbolischer und ökonomischer Gewinne weitergetrieben wird. Bei dieser männlichen Konkurrenz um Macht, wird für den Fortschritt der biomedizinischen Zeugungs- und Selektionstechniken der mütterliche Körper als Objekt männlicher Selbstbehauptung vorausgesetzt und hergestellt zugleich.

Damit sind die Adressaten einer sich verselbständigenden männlichen Selbstbehauptung in den Bio-Wissenschaften v. a. die Männer selbst, Männer, die um der männlichen Selbstbehauptung willen alles aufs Spiel setzen. Je mehr man aber vergisst, „daß der Mann auch ein Kind ist, das Mann spielt" (Bourdieu 1997: 92), umso mehr erhalten seine Spiele gesellschaftliche Glaubwürdigkeit und Kredit. Daher bestätigen die neuen Biotechniken der Zeugung und Selektion zusammengefasst die herrschenden Geschlechterverhältnisse nicht deshalb, weil sie so effizient sind und männliche Wunschbilder von Zeugung und Erzeugung zu realisieren vermögen, sondern weil es ihnen möglich ist und möglich gemacht wird, Frauen als Mittel zu verwenden: Für die Austragung der wissenschaftlichen Konkurrenz unter Männern um Einfluss und Macht und weil sie die Herrschaft von Wissenschaft und Technik gegenüber dem Reproduktionsbereich nutzen und verfestigen zugleich.

Menschliches Leben als sexuell übertragene Krankheit und die eugenische Organisation von Kindheit

Das Bild von Kindheit, das die eugenisch motivierten Eingriffe in die generative Reproduktion hervorbringt, ist von Vorstellungen der Gefährdung geprägt. Exogene und endogene Einflüsse werden als Faktoren ausgearbeitet, die Gesundheit und damit Lebenschancen der Kinder gefährden. Dabei wird das Kind aus der Perspektive von Erwachsenen als zukünftiger Erwachsener gesehen, für dessen erfolgreiche Lebensgestaltung „optimale Startchancen" am Lebensanfang ausschlaggebend gemacht werden. Der auf die zukünftige Erwachsenheit der Kinder zentrierte eugenische Blick auf die Kindheit ist antizipatorisch und teleologisch. Er individualisiert und universalisiert zugleich. Denn der durch medizinische Institutionen vermittelte Individuationsprozess macht entsprechend der Dialektik moderner Individualisierungsprozesse alle gleich, indem alle verschieden gemacht werden. Individualisierung der Kinder ist zugleich deren allgemeine Unterwerfung unter staatliche Institutionen, allen voran die Medizin und die Pädagogik. In dieser doppelten Existenzweise als individualisierte und zugleich universalisierte Einzelne werden Kinder administrativ verwaltet. Sofern Individualisierung als planvolle Lebensführung und Existenzbewältigung realisiert werden soll, werden eugenische Selektion am Lebensbeginn und soziale Organisation von Kindheit im zwanzigsten Jahrhundert durch die Medizin neben Erziehung und Bildung zu grundlegenden Strukturmerkmalen der Kindheit.

Kindheit bleibt dabei aber auch im letzten Jahrhundert mit der Idee der Familie verbunden und von der Entwicklung der Geschlechterbeziehung abhängig. Die Ausarbeitung einer Geschichte der Kindheit (vgl. Ariès 1978) ist ohne ihre Anbindung an eine Geschichte der Mutterschaft und Vaterschaft zum Scheitern verurteilt. Sie ist auf eine Archäologie der Elternschaft wie auf eine Genese der Geschlechterbeziehung verwiesen. So ist auch die Privatisierung der Kindheit im vergangenen Jahrhundert nur auf Basis der geschlechtshierarchischen Arbeitsteilung möglich, welche die Hausfrauisierung nahezu aller Frauen, selbst jener, die berufstätig sind, durchsetzt und mit ihr die „Verhäuslichung" und „Naturalisierung" mütterlicher Praxis. „Verhäuslichung" von Kindheit und Mutterschaft ist eine komplexe Sozialtechnologie, die „gesellschaftliches Handeln langfristig zielgerichtet, plan- und präzise wiederholbar, somit über Zeiten und beteiligte Personen hinweg berechenbar zu gestalten erlaubt" (Zinnecker 1990: 143). Auch im eugenischen Diskurs gehören Kinder zur Familie, von der tatsächlichen Zuständigkeit her zur mütterlichen Praxis. Doch so sehr Kindheit durch den ökonomischen Wandel auch „verhäuslicht" und „privatisiert" wird, so sehr wird sie durch Psychologisierung, Pädagogisierung, Juridifizierung und eben auch durch Medikalisierung und Eugenisierung gleichzeitig zur „öffentlichen Angelegenheit", zu einer „entprivatisierten Privatform" gemacht.

Eugenik wie Medizin folgen in ihren Konzeptionen von Kindheit, Elternschaft und Familie pädagogischen Konzeptionen, die für die Moderne bestimmend sind und stellen diese auf eine naturwissenschaftliche Basis. In historischen Kindheitskonzepten lassen sich zwei dominierende, anthropologische Grundpositionen finden: eine, die das Kind grundsätzlich positiv sieht, und eine, die von einer „verdorbenen Kindernatur" ausgeht. Für die erste Form steht paradigmatisch Rousseaus (1712–1778) Konzeption einer natürlichen Erziehung, die er in seine Buch „Emil oder über die Erziehung" (1762) ausarbeitet und die das „von Natur aus ‚gute Kind'" zur Entfaltung seiner Anlagen bewegen soll. Für die zweite ist die Erziehungslehre des christlichen Kirchenlehrers und Philosophen Aurelius Augustinus (354–430) richtungsweisend, bei dem das Kind schon von Geburt an Symbol für die Kraft des Bösen ist, weil es von der Last der Ursünde niedergedrückt wird. Kindheit ist bei Augustinus Ausdruck für die menschliche Verderbtheit, die nur zur Erlösung gelangt durch die Bekämpfung der Kindheit. Konsequenzen einer solchen Theorie sind repressive Erziehungsvorschläge, um die „verdorbene Natur des Kindes" in mühsamen Erziehungsprozessen unter Schmerzen zu bessern. Ziel seiner Erziehungskonzeption ist es, den Eigenwillen des Kindes zu brechen (vgl. Augustinus 1995: 806). Dieses Denken prägt lange Zeit die Geschichte der Pädagogik, zumindest aber bis Ende des 17. Jahrhunderts. Die Pädagogen, fast alle studierte Theologen, empfehlen den Eltern, ihren Kindern gegenüber kühle Reserviertheit zu zeigen und keinesfalls die „natürliche Bosheit" der Kinder zu unterstützen. Diese christliche Konzeption von Kindheit wird in der kartesianischen Philosophie im 17. Jahrhundert transformiert. Kindheit wird nicht mehr als Ort des Bösen und der Sünde, sondern des Irrtums und der Unvernunft konzipiert. Sie ist vor allem durch die Schwäche des Geistes bestimmt, Erkenntnisfähigkeit und Verstand des Kindes werden in völlige Abhängigkeit vom Körper des Kindes gebracht. Erziehung bedeutet demnach, die Kinder davon zu befreien, auf die Illusion, das spontane Vertrauen und den sinnlichen Anschein zurückzufallen. Der Aufstieg zum Wesen des Menschen als rationales, soll durch die Erziehung gegen eine Regression zu den Sinnen abgesichert werden. Der Pädagoge sollte diesem „Fortschritt" beistehen und die Rückschläge überwachen (vgl. Irigaray 1980: 373ff.).

Die Idee der kontrollierten Einwirkung auf Kinder durch Erziehung wird im 18. Jahrhundert – dem Zeitalter der „Aufklärung" – ausgearbeitet und das Verhalten des erwachsenen Menschen als Konsequenz seiner Entwicklungsmöglichkeiten in der Kindheit konzipiert.

Der englische Philosoph John Locke (1632–1704) legt in seinem Werk „Gedanken über die Erziehung" (1692) die Idee der Vorbeugung als bestem Mittel zur Bewahrung der Gesundheit der Kinder an die Schwelle dieses „pädagogischen Jahrhunderts". Er hält fest, dass es wohl keines Beweises bedürfe, „wie notwendig die Gesundheit für unsren Beruf und unser Glück ist, wie unerläßlich eine kräftige Körperbeschaffenheit und die Fähigkeit, Mühen und Entbehrungen zu ertragen, für jemand sind, der in der Welt eine Rolle spielen will" (Locke 1980: 8ff.). Der deutsche Philosoph Immanuel Kant (1724–1804) fordert am Ende dieses „pädagogischen Jahrhunderts" in seinen Ausführungen „Über Pädagogik" (1803) von jenen „Män-nern, die Pläne über Erziehung machen", die Einführung eines antizipatorischen Prinzips in die Erziehungskunst. „Kinder sollen nicht dem gegenwärtigen, sondern dem zukünftigen, möglich Besseren des Menschlichen Geschlechts, das ist: der Idee der Menschheit und deren ganzer Bestimmung angemessen erzogen werden" (Kant 1960: 12). Aus dieser Perspektive kritisiert Kant die elterliche Erziehung, welche darauf ziele, die Kinder lediglich in die gegenwärtige Welt, wie immer diese auch sei, einzupassen. „Sie sollten sie aber besser erziehen, damit ein zukünftiger besserer Zustand dadurch hervorgebracht werde" (ebd.). Diese zukunftsgerichtete Erziehung soll vom „Weltbesten" und der „Vollkommenheit" her geleitet werden. Das „Weltbeste" könne dem „Privatbesten" kaum schädlich sein. Kant konzipiert die „private Erziehung" also als eine, die durch „öffentliche" geleitet werden soll. Zweck der „öffentlichen Erziehung" ist demnach die „Beförderung einer guten Privaterziehung" (ebd: 15).

Diese Idee der *„öffentlich geleiteten privaten Erziehung" im Dienste zukünftiger „Vollkommenheit"* bestimmt auch die Eugenisierung und Medikalisierung der generativen Reproduktion im ersten Drittel des 20. Jahrhunderts. Zuvor aber entwerfen sich die Ärzte im Rahmen der Kinderheilkunde des 19. Jahrhunderts auch als Vertreter einer

Autonomie der Kindheit, eine Idee, die im Wesentlichen auf Rousseau (1712–1778) zurückgeht. Dieser hat die christliche Erbsündenlehre überwunden und an ihre Stelle die „schlechte Gesellschaft" gesetzt, was in seinem Postulat, dass alles gut sei, was aus den Händen des Schöpfers hervorgehe, aber unter den Händen des Menschen missrate, sinnfällig wird (vgl. Rousseau 1989: 9). Dementsprechend gilt nicht mehr die „Natur" des Kindes als Ursache allen Übels, sondern die Gesellschaft. Daraus resultiert die Notwendigkeit, das Kind vor den schlechten Einflüssen der Gesellschaft zu bewahren. Eugenisch orientierte Medizin bricht mit diesem – auch in der Kinderheilkunde des 19. Jahrhunderts vorherrschenden – Idealbild von der „guten Natur" des Kindes und betont die biologischen Ursachen von Krankheiten in Form von „Erbkrankheiten", „Minderwertigkeit", „Kriminalität", „Anormalität" etc., die sie als Ergebnis der Weitergabe „minderwertigen" Keimplasmas diskursiviert. Hier wird an die Stelle der christlichen Erbsündenlehre die Biologie des Kindes gesetzt.

Das Bild vom Kind, das eine eugenisch orientierte Medizin zu zeichnen beginnt, entspricht beiden historisch tradierten, ambivalenten Bildern von Kindheit, doch egal auf welches zurückgegriffen wird, stets zielen die Eingriffe in die generative Reproduktion auf deren „Vervollkommnung". Für die einen gilt es, Kinder vor schädigenden Auswüchsen der Gesellschaft, für die anderen, die Gesellschaft vor der „bösartigen Natur" der Kinder zu schützen. Die Eugenik säkularisiert die christliche Lehre von der „Sündenverderbtheit" durch biologische Erklärungen, sie spaltete die moderne Idee von der „guten Natur" des Kindes in ihrer Konzeption der „guten und schlechten Anlagen" und sie adaptiert die Idee einer „öffentlich geleiteten, privaten Erziehung" im Dienste einer zukünftigen „Vollkommenheit" von Menschen und Gesellschaft. Eugenische Eingriffe in die reproduktive Kultur sollen die „gute Natur" des Kindes für die Gesellschaft produktiv machen und zugleich die Gesellschaft vor seiner „schlechten Natur" schützen. Die Eugenik ist darin u.a. also auch eine naturwissenschaftliche Antwort auf den seit der Aufklärung hervorgebrachten Epochaltypus der „Erziehungskindheit". Dafür will sie die Grundlagen – ein in seinen Anlagen erziehungsfähiges Kind – schaffen, nachdem zu Beginn des 20. Jahrhunderts das Modell der Erziehungskindheit selbst brüchig geworden ist. Darauf verweist die Diskursivierung von den „Grenzen der Erziehung", so der Titel eines Buches des Pädagogen und Psychoanalytikers Siegfried Bernfeld (1892–1953) aus dem Jahr 1926. Die Eugenik will durch „künstliche Auslese" Bedingungen für die „aussichtsreiche Erziehungskindheit" schaffen. „Gute Anlagen" enthalten das Versprechen erfolgreicher Erziehungsergebnisse. Eugenische Eingriffe in die reproduktive Kultur stellen im Hinblick auf die soziale Organisation von Kindheit u.a. auch den Versuch einer naturwissenschaftlichen Vervollkommnung der modernen Idee der „Erziehungskindheit" dar.

Kindheit und die kommende Generation werden unter dem eugenischen Zugriff überhöht und einem medizinischen Paternalismus unterworfen. Aus Menschen mit einer Vergangenheit sollen über eine eugenische Organisation und Kontrolle der generativen Reproduktion, Menschen mit einer Zukunft gemacht werden. Kindheit wird damit im zwanzigsten Jahrhundert zunehmend auch durch medizinische Eingriffe in die generative Reproduktion sozial organisiert, indem verschiedene Dispositive der Gesundheitsvorsorge vor der Zeugung, während der Schwangerschaft, bei der Geburt und in den frühen Jahren die Lebenslage der Kinder regulieren und die medizinische Definitionsmacht wie deren Zugriff auf den kindlichen Körper staatlich absichern.

In ihrer Vision von der „Erreichbarkeit des Besseren" setzen Eugenik und „Pädagogiken der Erziehungskindheit" auf ein unmittelbares Verhältnis dem Kind gegenüber und identifizieren „Störfaktoren", welche diesen Weg zum Besseren angeblich behindern, z. B. die familiären Verhältnisse, die mütterliche Erziehungspraxis, die väterliche Beziehung zum Kind, die Anlagen der Eltern, das physische, psychische und soziale Erbe, das Milieu, die regionale Umgebung (Großstadt). Beide „erhöhen" damit das Kind, „erniedrigen" die Eltern und unterhalten ihrerseits ein Konkurrenzverhältnis zu diesen. Das Bild vom Kind, das Ellen Key zu Beginn des 20. Jahrhunderts, in ihrem berühmt gewordenen reformpädagogischen Werk „Das Jahrhundert des Kindes" (1900) zeichnete, zielte auf die Hervorbringung eines „neuen Menschen" ab. Für den Erfolg dieses Projektes galt es, die Eltern zu unterwerfen: „Bevor nicht Vater und Mutter ihre Stirn vor der Hoheit des Kindes in den Staub beugen; bevor sie nicht einsehen, dass das Wort Kind nur ein anderer Ausdruck für den Begriff Majestät ist; bevor sie nicht fühlen, dass es die Zukunft ist, die in Gestalt des Kindes in ihren Armen schlummert, die Geschichte, die zu ihren Füßen spielt – werden sie auch nicht begreifen, dass sie ebensowenig die Macht oder das Recht haben, diesem neuen Wesen Gesetze vorzuschreiben, wie sie die Macht oder das Recht besitzen, sie den Bahnen der Sterne aufzuerlegen" (Key 1992 [OF 1900]: 120).

Diese Umkehrung der Generationenverhältnisse, welche die Pädagogin Ellen Key der Herstellung des „neuen Menschen" zugrunde legte, kennzeichnete auch die eugenischen Eingriffe in die reproduktive Kultur. Den Kindern wird in eugenischen Argumenten ein Anrecht auf Gesundheit zugesprochen, das die Gesellschaft gegen die Eltern durchsetzen solle.

Mit diesem Aufstieg der eugenischen Vernunft etabliert sich zunehmend die Vorstellung vom „menschlichen Leben als sexuell übertragener Krankheit". Zeugung, Schwangerschaft, Geburt und frühe Kindheit werden als Ausgangspunkte pathogener Entwicklungen im Lebenslauf diskursiviert. Diese sexuell übertragene Krankheit, welche menschliches Leben nunmehr darstellt, will durch eugenische Selektion der Eltern wie durch medizinische Eingriffe in generative Prozesse überwunden werden, um eine autonome menschliche Existenz sicherzustellen, die als Grundlage von Individuation, Entwicklung, Erfolg und Fortschritt gilt. Das „Geschenk des Lebens", das wir nach traditionellen Vorstellungen von der Mutter empfangen haben und das die familialen Generationenbeziehungen begründet wird zu einer gefährdeten und gefährlichen Gabe. Die „Lebensgabe" wird zur „Todesgabe" gemacht.

Nachdem in den ersten Jahrzehnten des zwanzigsten Jahrhunderts alle Appelle des Staates für eine Geburtensteigerung wirkungslos bleiben, soll mit Hilfe medizinischer Eingriffe in die generative Reproduktion die Säuglingssterblichkeit gesenkt werden. Zunehmend wird dieses Ziel damit verbunden, das Überleben des „gesund geborenen Nachwuchses" zu sichern, d.h. auch die Säuglingsmorbidität zu senken.[4] Der Geburtenrückgang soll auf der Grundlage des Fortschrittes der medizinischen Wissenschaften „qualitativ" ausgeglichen werden. Diese reproduktionspolitische und -medizinische Wendung von der „Quantität zur Qualität" besiegelt zugleich die Verbindung von Eugenik & Medizin. Beide legitimieren ihre Eingriffe in reproduktive Prozesse wechselseitig und erzeugen dabei das Bild von einer durch die Vorfahren gefährdeten Kindheit, zu deren Schutz die Medizin aus bevölkerungs- und wohlfahrtspolitischen Interessen eingesetzt wird. Medikalisierung und Eugenisierung der generativen Reproduktion schaffen ihrerseits eine Art ziviler Religion, die zunehmend alle Maßnahmen, welche im Namen der „Qualität der Nachkommen" getätigt werden, rechtfertigen. Die Nachkommenden sollen zusammengefasst vor dem negativen Einfluss der Vorfahren in vielfältiger Weise geschützt werden. An die Stelle rein humanitärer Wohlfahrtspolitik soll rationales Vorgehen treten, das im wesentlich mit der Qualitätsverbesserung beim Kind anfangen muss.

Das Volk wird als große Familie konzipiert und der Arzt an die kriegs- und/oder arbeitsbedingt vakante Stelle des Vaters gesetzt. Ärzte sollen durch Leitung, Koordination und Überwachung der „Fürsorgefamilie" als neuer Familienform, einen Schutzwall gegen den Verfall ganzer Bevölkerungsgruppen aufbauen. Die Chance, durch Verbes-

---

4 Diese Bezugnahme auf die Säuglingsmortalität und -morbidität als Legitimation medizinischer Eingriffe bleibt während des ganzen zwanzigsten Jahrhunderts erhalten. Ab den 80er Jahren avancieren die Statistiken der Säuglingssterblichkeit sogar zu einer der bedeutendsten Ikonen wissenschaftlich-medizinischen Fortschrittes. Sie scheinen heute nicht nur über den wissenschaftlichen Fortschritt der Medizin, das Ansehen und den Status eines Landes, sondern auch über die Qualität der Bevölkerung im internationalen Vergleich Auskunft erteilen zu können. Die Konkurrenz um Erfolge bei der Senkung der Säuglingsmorbidität beginnt erst in der zweiten Hälfte des letzten Jahrhunderts und wird über Statistiken ausgetragen, die für das „Fehlbildungsregister" eines jeweiligen Landes erarbeitet werden. Heute hat diese Konkurrenz um die Qualität des „fetal-outcome" die Konkurrenz um die Quantität ersetzt.

serung der Lebensverhältnisse und durch soziale Reformen, „Entartung" und „Degeneration" zu stoppen wird von der Eugenik in der ersten Hälfte des letzten Jahrhunderts aber als äußerst gering erachtet. Grund dafür ist, dass der naturwissenschaftliche Nachweis des Erbganges beim Menschen noch immer nicht erbracht ist. Demnach gelten nur jene Eigenschaften als vererbbar, welche als „Anlagen" im Keimplasma der elterlichen Geschlechtszellen enthalten sind. Damit bleibt die „natürliche Selektion" einziger Mechanismus der Evolution. Das Keimplasma wird als einzige Konstante im Laufe der Generationen konzipiert und zum eigentlichen Lebewesen stilisiert. Menschen werden Mittel zum Zweck, dem Keimplasma ein ewiges Leben zu ermöglichen. Da der wissenschaftliche Nachweises des Erbganges beim Menschen aber nicht gegeben ist, wird eine durch Manipulation der Konstitution betriebene generative Reproduktion erst für eine kommende Generation in Aussicht gestellt. Für die gegenwärtige Generation – also die in der ersten Hälfte des letzten Jahrhunderts geborenen – soll sie durch „negative Zuchtwahl", also durch „Ausmerzung", realisiert werden. Die eugenische motivierte „Ausmerzung" wird dabei als Schutz entworfen: die Nachkommen und die Allgemeinheit sollen nicht für die generativen Verfehlungen der Vorfahren zu büßen haben.

Alte wie neue Eugenik wollen im „Erbgut" oder der „genetischen Ausstattung" der Vorfahren die Ursachen für Mortalität und Morbidität der Nachkommen erkennen. Geburtsmedizin und Kinderheilkunde kritisieren ihrerseits die Schädigung der Nachkommen aufgrund schlechter Umwelt- wie Milieueinflüsse, welche Schwangerschaft, Geburt und Wochenbett gefährden und zu „minderwertigem" Nachwuchs führen. Ebenso machen sie eine den Hebammen unterstellte unprofessionelle Arbeit oder die schlechte Kondition und Konstitution der Mütter dafür verantwortlich. Eine medizinische Leitung und Kontrolle der generativen Prozesse verspricht, diese potentiellen Schädigungen abzuwenden. Eugenik wie Geburtsmedizin und Kinderheilkunde problematisieren und diskursivieren generative Prozesse als Ausgangspunkt pathogener Entwicklungen im Lebenslauf, was den sozialstaatlich organisierten medizinischen Zugriff auf Mütter legitimiert. Aber nicht nur für Gynäkologen, Pädiater und eugenische orientierte Ärzte, sondern z.B. auch für psychoanalytisch orientierte Ärzte liegt das Schicksal von Mensch und Gesellschaft in der vorgeburtlichen Entwicklung und der Frühen Kindheit begründet. Diese Diskurswellen um die „Frühe Kindheit", die seit der Zeit um 1900 wiederkehren, können als ein Reflex auf die Auswirkungen von Industrialisierung und Urbanisierung erklärt werden, die als „soziale Frage" auch Wissenschaft und Politik beschäftigen. Denn in diesem – auf das Erbe und die frühe Kindheit konzentrierten – Diskurs findet vor allem auch die gesellschaftliche Hoffnung auf eine Lösung und Gestaltung der Widersprüche der Moderne ihren Ausdruck, die alle Zukunftshoffnungen auf das Kind als Wiederholung der christlichen Heilsgeschichte, und auf die kommende

Generation verdichten und projizieren. Damit verstärkt die naturwissenschaftlich durchrationalisierte generative Reproduktion im Hinblick auf die soziale Organisation von Kindheit die Vision von Kindheit als Erlösung. Denn Kindheit steht in der Moderne generell für die Hoffnung auf eine bessere Zukunft. Kindheit sei, so die Kindheitsforscherin Christa Berg, bis heute utopisches Potential gegen das beschädigende und beschädigte Leben geblieben (vgl. Berg 2004). Der „Mythos Kind" verspreche die Zukunftshoffnungen des christlichen Abendlandes einzulösen, die sich im Christuskind personifizieren. Auch unter eugenischen Vorzeichen soll dazu die „fleischliche Herkunft" des Kindes durch eine „geistige Befruchtung" ersetzt werden. Der „Heilige Geist", der das göttliche Kind erzeugt, wird abgelöst durch den „wissenschaftlichen Geist", der nun die Welt befruchtet. Sinnbild dieser „befruchtenden Wissenschaft" ist das „vollkommene Kind", zu dessen „geistigem Vater" die Zeugungs- und Selektionsmedizin avanciert.

Heute wird diese Zukunftshoffnung aber nicht nur auf die kommende Generation projiziert. Der Erziehungswissenschaftler Dieter Lenzen hat in seinem Buch „Mythologie der Kindheit" (1985) argumentiert, dass Ende des zwanzigsten Jahrhunderts Kindheit in den Erwachsenen fortlebe und so zur Infantilisierung der Gesellschaft führe. Je mehr also Kindheit als ein alle Lebensalter überdauernder Idealzustand kultiviert wird, um so mehr soll sich die christliche Heilsgeschichte im eignen Lebenslauf realisieren.

Eugenik als naturwissenschaftliche Fortsetzung des in der Aufklärung hervorgebrachten Epochaltypus der „Erziehungskindheit" will die moderne Idee der Erziehungskindheit vervollkommnen und verstärkt die Überforderung von Kindern, Erwachsene von den Leiden einer schlecht organisierten Gesellschaft zu erlösen. Zum Zweck dieser Erlösung sind Anfang der 80er Jahre des letzten Jahrhunderts z.B. bereits über 3000 der monogenen Erbleiden – von denen die meisten noch nicht diagnostiziert werden können – bekannt, vor denen die Nachkommen in Zukunft durch ihre Vernichtung, bzw. durch Verhinderung ihrer Zeugung, geschützt werden sollen. Diese rasante wissenschaftliche Wissensproduktion über „erbliche Krankheiten" lehrt uns, menschliches Leben als sexuell übertragene, tödliche Krankheit zu fürchten, die nur durch eine medizinische Herstellung des Menschen überwunden werden kann. Die eugenische Vernunft hat aus der generativen „Gabe des Lebens" eine generative „Gabe des Todes", zugleich aber den Tod produktiv gemacht. Denn die vernichteten überzähligen Embryonen und Föten werden heute als Lieferanten fötaler Zellen beforscht und bewirtschaftet. Ihnen wird zukünftig eine nahezu magische Kraft zugeschrieben: Mit ihnen als nahezu universellem Ersatzteil will die Biomedizin nicht nur Leben gesund erhalten, sondern auch Leben spenden.

Im Feld der sozialwissenschaftlichen Kindheitsforschung ist seit den 70er Jahren ein Paradigmenwechsel zu verzeichnen. Kindheit wird darin als „agency" konzipiert, Kinder werden als eigenständige „soziale Akteure" betrachtet. Es wird erwartet, dass dieser Transformationsprozess– mit entsprechendem Zeitabstand – mit einer allmählichen Veränderung der Erziehungspraxis einhergehen kann und wird. Die „Pädagogisierung von Kindheit" im klassischen, d.h. Kinder bevormundenden Sinn scheint damit überwunden (vgl. Rathmayr 2002). Ob und wie die Eugenisierung von Kindheit, die mit der vorliegenden Studie nachgezeichnet wurde und die ihrerseits ja bei der klassischen Pädagogisierung ansetzt, durch dieses neue Paradigma verändert wird, ist damit noch nicht ausgemacht. Geprüft werden müsste einerseits, inwiefern das in den sozialwissenschaftlichen Humanwissenschaften (Soziologie, Erziehungswissenschaft, Psychologie) ausgearbeitete Konzept des „selbständigen Kindes" das gegenwärtige ökonomische Leitbild vom flexiblen Menschen nunmehr auch auf Kinder ausweitet. Andererseits stellt sich aber auch die Frage, ob das durch die biotechnischen Eingriffe in generative Reproduktion hergestellte, ungebundene Kind (vgl. Kap. III.4.3), die Zugriffsmöglichkeiten von Wissenschaft, Staat und Eltern nicht erweitert und dabei die Bevormundung von Kindern durch Selektion im Sinne von „Leben lassen oder Sterben machen" auf die Spitze treibt. Durch die biotechnischen Eingriffe in die reproduktive Natur wird die Abgrenzung der Lebensphase Kindheit auf eine neue Weise problematisch, zumal die Frage, wann ein lebendiges Wesen ein „Kind" ist, neu zu beantworten ist. Die neue Kindheitsforschung, die „Kindheit" als Lebensabschnitt fasst, in dem ein Mensch als Kind betrachtet wird, geht davon aus, dass bislang die Bewegung des Kindes im Körper der Mutter ein lebendiges Wesen „zum Kind gemacht" hat. Der Beginn der Kindheit ist in dieser Betrachtungsweise also von der Entscheidung der Mutter abhängig, „die Bewegung in ihrem Körper als Zeichen für die intentionale Aktivität ihres Kindes zu deuten und sich damit als Mutter zu begreifen, die eine entsprechende Verantwortung übernehmen will" (Honig 1999: 194). Der Kindheitsbegriff ist damit auf ein Konzept der Eltern-, v.a. aber Mutterschaft und ihrer sozialpolitischen wie wissenschaftlichen Regulierung verwiesen. Der Maßstab für die Abgrenzung der Lebensphase Kindheit ist die „Kindsregung", welche in unserer Kulturgeschichte traditionell von Müttern als Anfang erlebt wurde (vgl. Duden 1990). Dieses Erleben aber verliert durch informations- und biotechnischen Methoden, die für die Feststellung einer Schwangerschaft und im Rahmen der Schwangerenvorsorge zum Einsatz kommen, in der zweiten Hälfte des zwanzigsten Jahrhunderts zunehmend an Bedeutung. Kulturgeschichtlich gehörte das ungeborene Kind in die Kategorie des „Verborgenen" (Duden 1991: 22). Die Zuschreibung, ob ein „Kind erwartet wird", konnte nur die schwangere Frau selbst vornehmen. In den Jahrzehnten nach der Veröffentlichung der ersten Fötusbilder im Life-Magazin im April 1965 hat sich aber das Bild des isolierten und aus der Gebärmutter heraus gelösten Fötus, der scheinbar ohne Verbindung mit der Mutter existiert, in der Alltagsästhetik durchgesetzt (vgl. Krieger 1995). Die haptische Wahrnehmung ist durch die optische ersetzt. Die werdende Mutter blickt auf ein Bild und sieht ein Gegenüber. Die Bilder stellen ein „Ich" her, noch bevor das Ab-Gegbildete sich dazu entwickeln kann. Die Visualisierungstechniken machen den Fötus zum Subjekt und Schwangerschaft zu einem biologisch objektiven Faktum. Auf dieser Herstellung einer „entitativen Schwangerschaft", die eine historisch vollkommen neu Wahrnehmung von Schwangerschaft evoziert, setzt die Reproduktionsgenetik auf und verstärkt die Idee eines fötalen Wachstums als „autonomem" und von der „uterinen Umgebung" völlig unabhängigen Prozess der Entwicklung einer genetischen Anlage. Die Frage „was geschieht, wenn die Keimzellen der Geschlechter ihrer Verfügung entzogen sind, wenn das Leben aus der Frau herauszunehmen ist", welche die Studien der Kultursoziologin Gerburg Treusch-Dieter zur Entwicklung, zu den gesellschaftlichen Auswirkungen und den Folgen der Gen- und Reproduktionstechnologien für die Geschlechterverhältnisse (1990) leitete, stellt sich ebenso im Hinblick auf die Folgen für die Generationenverhältnisse und damit auch für die neue Kindheitsforschung. Und zwar in dem Sinne, dass zu prüfen ist, inwiefern ihr neues Konzept vom „selbständigen Kind" auch aus der wissenschaftlichen Konkurrenz mit den naturwissenschaftlichen Humanwissenschaften hervorgegangen ist, die in den letzten Jahrzehnten „das Kind als öffentliches Gut" und den „Frauenleib als öffentlichen Ort" herstellen, die private Verantwortung für Kinder durch medizinische Expertise begrenzen und lizenzieren und damit den wissenschaftlichen Zugriff – nicht nur auf Kinder sondern auch auf Mütter – sichern. So tabuisiert die in den medizinischen Eingriffen in die reproduktive Natur und Kultur vorherrschende, biowissenschaftliche und -technische Fixierung auf die Qualität des Embryo oder Feten nachhaltig den für diesen Fortschritt immer noch notwendigen Zugriff auf den weiblichen Körper und die an ihn gebundenen generativen Potenzen. Die Konzentration auf den „fetal outcome", wie das „kommende Kind" in der Geburtsmedizin neuerdings heißt, verstellt den Blick auf die Mutter, deren körperlicher Einsatz noch immer auf dem Spiel steht.

Die Reproduktion des Frauenkörpers als Material und Ressource und die eugenische Organisation von Mutterschaft

Im Kern der eugenischen Eingriffe in die reproduktive Kultur wie in die gesellschaftliche Organisation der Reproduktion steht die Problematik des gesellschaftlichen Verhältnisses zur menschlichen Natur und damit zur Tatsache der Geschlechtlichkeit. Natalität kann noch immer als einer der Kumulationsmomente beurteilt werden, an dem sich zum einen menschliche Natur am radikalsten zeigt und an dem zum anderen eine jegliche Gesellschaftsbildung auf die produktive Differenz und Potenz der Geschlechter verwiesen bleibt. Da bis in die Gegenwart die Frau als Mutter noch immer die Bedingung der Möglichkeit ist, dass das an die leibliche Form gebundene menschliche Leben entstehen und sich entwickeln kann, stand und steht die Frau als Mutter im Zentrum des gesellschaftlichen Umgangs mit der existentiellen und gesellschaftlichen Aufgabe, für Nachkommende zu sorgen. Unsere Existenz und damit die Existenz von Gesellschaften ist noch immer in der Geburt des Menschen durch Frauen begründet. Weil „Mutter-Werden" bis in die achtziger Jahre des zwanzigsten Jahrhunderts eine – wie auch immer geartete – heterosexuelle Geschlechterbeziehung voraussetzte und dies weltweit und größtenteils immer noch tut, weil Schwangerschaft immer noch unumgänglich für die Geburt von Kindern und damit der Hervorbringung einer Generationenfolge ist, sind die historisch hervorgebrachten, sozialen Verhältnissen zwischen Männern und Frauen, wie von Erwachsenen und Kindern, gesellschaftliche Antworten auf die existentielle Herausforderung von Leben und Tod, die den Menschen u. a. als endliches und kontingentes Wesen auszeichnen. Geschlechter- und Generationenordnungen sind damit Antworten, mit welchen diese existentielle Aufgabe menschlicher Gemeinschaften und Gesellschaften, den Tod auszugleichen und für Nachkommende zu sorgen, organisiert werden. Der Zusammenhang von Geschlechter- und Generationenverhältnissen ist damit nicht nur sozial konstruiert, sondern auch existentiell bedingt. Mutterschaft stellt gesellschaftlich die noch immer unauflösbare Verbindung von Geschlechter- und Generationenverhältnissen dar und die Mutter als lebendiges Subjekt, bleibt bezüglich Subjektentwicklung bis heute Kreuzungspunkt zwischen Körper und Sprache.

Theoretisch ist also von einer unlösbaren Verbindung von Kultur und Natur im Subjekt auszugehen und damit auch von biomedizinischen Eingriffen in Natur *und* Kultur der generativen Reproduktion. Denn die Praxis der Neuen Biotechniken der Zeugung und Selektion bewirken eine Veränderung des sozialen Sinns *und* der Körper selbst. Die Biotechniken gestalten nicht nur die Welt der symbolischen, sondern auch die der nichtsymbolischen Objekte um. Diese Tatsache gemahnt, so die Wissenschaftsforscherin Evelyn Fox-Keller, noch wirksamer als der Feminismus daran, „dass wir in einer Welt leben, die uns nicht bloß durch den Diskurs gegeben ist. Wo der Feminismus nur auf Körper hindeutet, werden sie mit den Mitteln der Naturwissenschaft und Medizin verändert" (Fox-Keller 1996: 46).

Die fortwährende Abhängigkeit der biowissenschaftlichen Zeugungs- und Selektionstechniken von der generativen Potenz und der Leiblichkeit von Frauen wird aber durch den ausschließlichen Blick auf das „kommende Kind" in den letzten beiden Jahrzehnten verdrängt. Die Konzentration auf den „fetal outcome" verstellt den Blick auf die Mutter, deren körperlicher Einsatz noch immer auf dem Spiel steht. So sind z. B. die

Eizellen für die im Reagenzglas erzeugten Embryonen nur aus dem Körper einer Frau zu bekommen, womit die In Vitro Fertilisation (IVF) zugleich die Basistechnologie für alle weiteren Innovationen im Bereich von Fortpflanzungsmedizin und Präimplantationsdiagnostik am Embryo bleibt. Für die Erforschung und den wissenschaftlichen Fortschritt dieser Zeugungs- und Selektionstechniken werden z.B. Körper und medizinische Vorgeschichten der Frauen von WissenschaftlerInnen als „living laboratories" zu Forschungszwecken gebraucht (vgl. Rowland 1992). Bei einer anderen künstlichen Zeugungstechnik – der Introzytoplasmatischen Spermainjektion (ICSI), werden männliche Fruchtbarkeitsstörungen über die Körper von Frauen behandelt, da sie meist dann angewendet wird, wenn der Mann eine schlechte Spermienqualität aufweist und/oder IVF-Versuche erfolglos bleiben. Bei der Pränataldiagnostik (PD) wird der schwangere Frauenkörper im Dienst der Selektion angeblich gesunder Nachkommen invasiven Behandlungsmethoden ausgesetzt, ebenso bei der Eizell-Spende auf Basis der Präimplantationsdiagnostik (PID) und bei der Erzeugung von Embryonen zur Embryonenforschung.

Die Neuen Biotechniken der Zeugung und Selektion eliminieren zwar die heterosexuelle Beziehung, indem sie den väterlichen Beitrag auf einen Akt der Ejakulation, den mütterlichen Beitrag auf die operative Entfernung eines oder mehrerer reifer Eier aus dem Bauch einer Frau, die Zeugung auf einen Laborvorgang, und die Herstellung der Schwangerschaft auf einen medizinischen Eingriff in den Körper einer Frau, reduzieren. Aber noch immer ist die Zweigeschlechtlichkeit vorausgesetzt. Bisher ist kein Mensch aus un- oder eingeschlechtlichen Zeugungsprozessen hervorgegangen. Und bisher wurde kein Mensch geboren, der nicht vorher monatelang im Körper einer Frau sich entwickeln konnte.

Erst reproduktives Klonen, das auf die Geburt eines geklonten Lebewesens abzielt, soll die ein- oder ungeschlechtliche Fortpflanzung ermöglichen, bei der nicht mehr weibliche Ei- und männliche Samenzelle zueinander finden oder gebracht werden müssen. Dazu wird die Erbinformation (DNA) einer Körperzelle in ein Ei eingebracht, dessen Erbinformation (DNA) entfernt wird. Die leiblich-sexuelle Zeugung, die zwei Geschlechter zur Voraussetzung hat und bei der ein Dritter entsteht, der neu und unberechenbar ist, wird überflüssig gemacht, ohne dass die Frau als Mutter „aus dem Schneider" ist: Ihr Körper ist weiter hormonell zu manipulieren und chirurgisch zu „beschneiden", um die Eizellen „ernten" zu können. Ihre Leiblichkeit ist weiterhin Voraussetzung dafür, dass sich durch eine Schwangerschaft ein lebensfähiges Kind entwickeln kann. Reproduktives Klonen könnte erstmals die Jungfernzeugung (eingeschlechtlichen Fortpflanzung) beim Menschen ermöglichen, bei der aus einer unbefruchteten Eizelle Nachkommen hervorgebracht werden. Es könnte auch die ungeschlechtliche Fortpflanzung ermöglichen, bei der die daraus hervorgehenden Tochterzellen den gleichen Chromosomensatz und dasselbe „Erbgut" haben wie die Mutterzelle einer anderen Frau oder Vaterzelle – je, nach dem, wessen Körperzelle in das Ei eingebracht wird – dessen DNA ja entfernt wurde.

Der Andere oder Dritte soll mit Hilfe von reproduktivem Klonen also gentechnisch tatsächlich überflüssig und der mütterliche Körper nun endgültig zum Gefäß gemacht werden, das keinen Zeugungsbeitrag mehr leistet, sondern nur mehr als Nährboden, Materie, Material für die zum Samen gemachte Körperzelle des Vaters oder einer anderen Frau – die in das entkernte Ei eingebracht wurde – verwendet wird. Die Zweigeschlechtlichkeit wird für die Herstellung einer Generationenfolge zwar überflüssig gemacht, aber der mütterliche Körper bleibt weiterhin Voraussetzung dafür, dass sich in ihm ein lebensfähiger Mensch bis zur Geburt entwickeln kann. Die Neuen Biotechniken der Zeugung und Selektion greifen zwar – durch künstliche Zeugung (Insemination, IVF, ICSI etc.) wie Verhinderung der Zeugung (hormonelle und operative Sterilisation), durch Selektion der Eltern[5] wie der Embryonen[6] – in den Prozess der generativen Reproduktion ein, sind aber keine Reproduktionstechniken. Denn sie vermögen die „Reproduktion der Gattung", die Herstellung einer Generationenfolge, noch immer nicht aus ihrer Gebundenheit an natürliche Prozesse und damit an die Natur, die der Mensch auch ist – v.a. an den Körper der Mutter – zu lösen. Menschliche Gesellschaften bleiben in ihrer Existenz weiterhin abhängig davon, dass Frauen aus ihrem Körper neue Menschen hervorbringen.

Dabei werden Mutterschaft und Kindheit zunehmend auch durch medizinische Eingriffe in die generative Reproduktion sozial organisiert, indem verschiedene Dispositive der Gesundheitsvorsorge, vor der Zeugung, während der Schwangerschaft, bei der Geburt und der frühen Jahre, ihre Lebenslagen regulieren und die medizinische Definitionsmacht, wie deren Zugriff auf den mütterlichen und kindlichen Körper, staatlich absichern. Mutterschaft wird am Kreuzungspunkt von Frauenheilkunde und Kinderheilkunde medikalisiert und eugenisiert zugleich. Gynäkologische Ambulanzen, geburtshilfliche Abteilungen, Säuglings-, Kinderschutz- und Mütterberatungsstellen fungieren dazu als intermediäre Instanz zwischen Staat und Müttern. Zusammengefasst sind alle diese medizinischen und eugenischen Maßnahmen, die mit der bevölkerungs- und sozialpolitischen Strategie von „Qualität statt Quantität" korrelieren und im ersten Drittel

---

5 Dzt. Bestimmung von Chorea Huntington, Hämophilie, Mukoviszidose, Muskeldystrophie Typ „Duchenne", Phenylketonurie auf der Ebene der DNS von Kinderwunschpartnern die eine „Erbkrankheit" bei ihren Kindern ausschließen wollen.
6 Pränataldiagnostik und Schwangerschaftsabbruch bei eugenischer Indikation; in Österreich bis zum Geburtstermin gesetzlich erlaubt.

des zwanzigsten Jahrhunderts die generative Reproduktion neu zu ordnen beginnen, Ausgangspunkt der Ideologie einer „wissenschaftlichen Mutterschaft". Innerhalb dieser Ideologie, wird eine nach dem neuesten Stand wissenschaftlicher Forschung handelnde Mutter, zur Grundlage eines erfolgreichen „fetal outcome". Dazu werden Frauen über ein Jahrhundert u.a. eben auch zur „eugenischen Vernunft" gebracht und darüber belehrt, dass sie professionelle Hilfe brauchen, dass sie ohne ärztlich geleitete Einführung und Einübung in mütterliche Praxis ihre Kinder weder gesund zur Welt bringen, noch gesund erhalten und erziehen können. Mit dieser Rationalisierung mütterlicher Praxis wollen Krisen im Generationen- und Geschlechterverhältnis gelöst werden. Die Medikalisierung und Eugenisierung der sozialen Frage befördert im 20. Jahrhundert u.a. also auch die wissenschaftliche Neuordnung der Mutter-Kind-Beziehung und mit ihr der Generationen- und Geschlechterverhältnisse.

Im Dienst der Anwendung des biomedizinischen Fortschrittes wird Frauen heute im Umgang mit ihren generativen Potenzen ein Selbstbestimmungsrecht zuerkannt. So betonen Reproduktionsmedizin und Humangenetik unisono, dass der Schwangerschaftsabbruch nur auf Wunsch der Mutter, bzw. der Eltern durchgeführt werden kann und dass auch die Entscheidung, ob ein Leben „lebenswert" ist oder nicht, die Mutter/ bzw. Eltern zu verantworten haben. Die neuen Biotechniken der Zeugung und Selektion inszenieren sich als uneigennützige Instanzen, welche bestrebt sind, kindliche Fehlentwicklung lediglich deswegen so früh aufzudecken, damit die Mutter/ bzw. Eltern eine der Gesetzeslage entsprechende Entscheidung zum Schwangerschaftsabbruch realisieren kann/ bzw. können. Dieses Konzept der „informierten Zustimmung" als Selbstbestimmungsrecht der Betroffenen, legitimiert heute die eugenische Selektion am Lebensbeginn als „Eugenik von Unten" und entlastet die Medizin. Diese Entwicklung von „entschiedenen Ärzten" zu „entscheidenden Patienten" (Samerski 2002: 76) ist eine der Grundvoraussetzungen, mit der sich die Humangenetik in der zweiten Hälfte von der sozialen Ächtung der alten Eugenik befreien konnte.

Doch solange Menschen Entscheidungen treffen, können diese nicht jenseits gesellschaftlicher Normen getätigt werden. D. h. es werden nur dann Selbstbestimmungsmöglichkeiten unterstützt, wenn sie den gesellschaftlich dominanten Vorstellungen entsprechen. Selbstbestimmung auf Grundlage der Medikalisierung zeichnet sich darin als eine dominante Ideologie der zweiten Hälfte des 20. Jahrhunderts aus. Denn eine autonome Entscheidung wird auf Basis dessen zuerkannt, dass in einem doppelten Sinne bereits entschieden ist. Zum einen sanktioniert die alte wie die neue eugenische Medizin auch ein gesellschaftliches Urteil, nach dem der Wert des Menschen an seiner Fähigkeit zur selbständigen Existenzsicherung, d. h. Arbeits- und Leistungsfähigkeit, gemessen wird. Da Entscheidungen nicht im gesellschaftsfreien Raum stattfinden schafft die Möglichkeit zum „gesunden Kind" auch den „sozialen Druck" zum gesunden Kind. Zugleich produzieren und definieren reproduktionsmedizinische und humangenetische Forschung Bedürfnisse, von denen gleichzeitig behauptet wird, dass nur die eigene Profession sie befriedigen kann (vlg. Samerski 2002: 63ff).

So bedeutet der Fortschritt in Gestalt einer durchgesetzten eugenischen Vernunft auf Seiten schwangerer Frauen heute nicht mehr und nicht weniger, als die Bereitschaft, auf Grundlage von Ultraschallscreening, pränataldiagnostischen Tests und Fruchtwasseruntersuchungen über Leben und Tod ihres erwarteten Kindes potentiell bis zum Geburtstermin Entscheidungen zu treffen. Die werdende Mutter hat selbstbestimmt zu verantworten, ob der wissenschaftliche Fortschritt unter moralischer Entlastung des Arztes in ihrem Körper zur Anwendung kommt.

Die Beweggründe der Einzelnen, sich der biotechnologischen Überwachung zu unterwerfen sind v. a. im Kontext des gesellschaftlichen Wandels zu erklären. So kann die biotechnische Verbesserung der eigenen Kinder auch als „Aufrüstung" im kulturellen Klassenkampf interpretiert werden. Denn, folgt man Bourdieu, so haben sich zum einen die Klassenkämpfe von ökonomischen hin zu kulturellen verlagert, wobei berücksichtig werden muss, dass Kultur nur eine relative Autonomie besitzt, denn sie gewinnt lediglich in dem Maße materielle und symbolische Wirksamkeit, wie sie in die Auseinandersetzung und Kämpfe der Sozialwelt verstrickt ist. Zum zweiten sind im kulturellen Klassenkampf heute die Vorteile und Gewinnmöglichkeiten vor allem an inkorporiertes kulturelles Kapital gebunden, das eben körper- und personengebunden ist und einen Bestandteil des Habitus darstellt. „Inkorporiertes Kapital ist ein Besitztum, das zu einem festen Bestandteil der 'Person' zum Habitus geworden ist; aus 'Haben' ist 'Sein' geworden" (Bourdieu 1992/a: 56). Im Rahmen der „Kämpfe um Anerkennung", welche die Eltern für und mit ihren Kindern führen, wird die leibliche Ausstattung als Basisinvestition in spätere Verhaltensformen instrumentalisiert, ein neues „Sein" als Grundlage von „Haben" hergestellt. Den Kindern durch eugenische Selektion „optimale Startchancen" zu ermöglichen ist Teil der Arbeit am Statuserhalt und Teil des Kampfes gegen soziale Ungleichheit und Ungerechtigkeit, den vor allem Mütter heute eben nicht mehr nur auf der Ebene der geschlechtlicher Arbeitsteilung, sondern auch auf der Ebene ihres eigenen Körpers leisten (vgl. Wolf 1999).

Wie aber konnte diese politische und wissenschaftliche Machtergreifung in bezug auf den Menschen als Lebewesen, die sich im 20. Jahrhundert durchsetzte, nachhaltig durch das Ideal der „selbstbestimmten Entscheidung" über „Leben lassen und Sterben machen" (Foucault 1993) an die Frau, wie konnten Mütter zur eugenischen Vernunft gebracht werden?

Wissenschaftsgesellschaft, Verwissenschaftlichung sozialer Sinngebung und Eugenisierung als Erziehungsprojekt und Pädagogisierungsprozess

Für die Durchsetzung einer eugenischen Vernunft im Bereich der reproduktiven Kultur ist – wie mit dieser Studie gezeigt werden kann – der in der medizinischen Praxis geleistete Transfer von eugenischem Wissen aus dem Feld der Wissenschaft in das Feld des Alltags bestimmend. Als entscheidendes Mittel der sozialen Sinngebung wird neben den medizinisch-technischen Eingriffen die symbolische Macht von Konvention und Sprache evident – das heißt, dass die eugenischen Eingriffe in die reproduktive Kultur v.a. auch durch die Freisetzung wissenschaftlicher Begrifflichkeiten und Metaphern in alltägliche Lebenswelten, durch die Eugenisierung des sozialen Sinns der Reproduktion und der reproduktiven Beziehungen, wirkmächtig werden.

Die Eugenisierung der reproduktiven Kultur ist im Kern ein Verwissenschaftlichungsprozess, der die Wahrnehmung des Menschen und den Blick auf den Menschen prägt. Er stellt eine Matrix des Denkens, Fühlens und Handelns und eine Raster des Zuordnens und Einschätzens von Menschen zur Verfügung. Das Wissen, das in diese symbolischen Akte eingeht, ist einerseits Ergebnis jener Interessen, die sich in der wissenschaftlichen Wissensproduktion durchsetzen und andererseits Teil umfassender Verwissenschaftlichungsprozesse, welche im Dienste der Rationalisierung der reproduktiven Verhältnisse und Verhaltensweisen in die Gesellschaft freigesetzt werden. Ein Wissen, das die Denk- und Handlungsschemata mitformt und den eugenischen Blick auf den Menschen zur Selbstverständlichkeit werden lässt. Die dabei sich als legitim behauptende Wahrnehmungsweise des Menschen ist wissenschaftlichen Praktiken hierarchischer Überwachung und normalisierender Beurteilung geschuldet, einem wissenschaftlichen *und* sozialisierenden Disziplinarregime der Reproduktion.

Wissenschaftliches Wissen wird im 20. Jahrhundert also nicht nur produziert, sondern auch eingearbeitet in soziale Sinngebungsprozesse. Lebenswelt, Institutionen und Gesellschaft werden zunehmend durch Rationalisierungs- und Verwissenschaftlichungsprozesse strukturiert. Dabei dominieren heute wissenschaftliche Denkstile und Standards in einem Ausmaß, dass die gegenwärtige Gesellschaft mehr als *Wissenschaftsgesellschaft* denn als Wissensgesellschaft zu kennzeichnen ist (vgl. Weingart 2003: 8). So wird das letzte Jahrhundert in der westlichen Welt auch als *das* wissenschaftliche Jahrhundert bezeichnet. Schließlich werden in diesem Zeitraum bis zu neunzig Prozent der gesamten, heute vorherrschenden, wissenschaftlichen und technischen Informationen erzeugt. Die *Naturwissenschaften* haben dabei ganz wesentlich zum gesellschaftlichen Wandel beigetragen. Sie werden heute von wissenschaftssoziologischer Seite sogar als *die wirkungsmächtigsten Sozialwissenschaften der Moderne* überhaupt beurteilt (vgl. Hazelrigg 1995[7]; Weingart 1995), die im Rückblick soziale Sinngebungsprozesse nachhaltiger transformiert haben als alle anderen Wissenschaften. „In der angezielten Veränderung von Werten und Handlungsmustern liegt, soziologisch betrachtet, das Wesentliche des Einflusses der Wissenschaft auf die Gesellschaft, der weder auf ein Fach, noch auf eine Epoche begrenzt ist" (Peter Weingart (1993: 167).

Die Eugenisierung der reproduktiven Kultur stellt einen Verwissenschaftlichungsprozess dar, der aus der institutionellen, beruflichen und alltäglichen Verwendung von Wissenschaft resultiert, welche ihrerseits wechselseitig den Verwissenschaftlichungsprozess fördern und stärken. Sie resultiert aus der Produktion humanwissenschaftlichen Wissens und dem kontinuierlichen Einsatz und der Präsenz humanwissenschaftlicher Experten, ihrer Argumente und Forschungsergebnisse in öffentlicher Dienstleistung und Verwaltung, in Bildungseinrichtungen und Medien, in Betrieben, Parteien und Parlamenten, aus der Infiltrierung alltäglicher Sinnwelten sozialer Gruppen, Klassen und Milieus mit wissenschaftlichen Erkenntnissen (vgl. Bonß 1989). Hinsichtlich der „Verwissenschaftlichung des Sozialen" werden von Seiten der Wissenschaftsforschung für das 20. Jahrhundert vier Phasen bzw. Entwicklungstendenzen nachgezeichnet, welche den unterschiedlichen Anwendungsfeldern und Interventionsformen der Humanwissenschaften gemeinsam sind: Die Anfänge der „Verwissenschaftlichung des Sozialen" liegen demnach in der ersten Hälfte des 19. Jahrhunderts. Auf die durch die Industrialisierung provozierten sozialen Krisen wird mit Bemühungen reagiert, durch Erhebung von Sozialdaten und Erstellung amtlicher Statistiken eine „Staatswissenschaft" zu entwickeln", welche die Widersprüche der Empirie einarbeitet und den Datenbestand über wirtschaftliche, demographische und sozialmoralische Grundlagen staatlichen Handelns vergrößert (vgl. Raphael 1996: 181). Im Bereich der medizinischen Forschung wird die experimentelle Methode durchgesetzt, mit der neue Verfahren zur Diagnose und Therapie sozialer Probleme entwickelt und erprobt werden. „Prävention" und „Prophylaxe sozialer Pathologien" etablieren sich dabei als Leitidee medizinisch-biologischer Denkmuster. Für beide stellen sozial-konservative, moralisch begründete „Sozialreformen" die gesellschaftliche Zielperspektive dar (vgl. ebd: 172). Medizin und Naturwissenschaften beginnen sich gegen sozialphilosophische Deutungsentwürfe und herrschaftskritische Sozialutopien mit empirieorientierten Modellen durchzusetzen und etablieren den sog. „Tatsachenblick" und die sog. „Faktenorientierung" als leitende Kriterien für die Behandlung der „sozialen Frage" (vgl. Bonß 1982 und Raphael 1997). Der Kampf um die „Benennungsmacht über die soziale Welt" ist also nicht nur ein wissenschaftlicher

---

7 "Modernity's natural science has been modernity's most effective social science" (Lawrence Hazelrigg 1995: 251).

Streit um die Wahrheit, sondern zugleich ein Streit zwischen wissenschaftlichen Disziplinen (die sich z. T. erst neu formieren) um die Grundsätze staatlicher Gesundheits-, Bevölkerungs- und Sozialpolitik und damit auch ein ideologischer Streit in der Arena der Politik (vgl. Raphael 1996: 168). Religiöse und moralische Argumentationen werden durch den Aufstieg humanwissenschaftlicher Deutungsmacht zunehmend geschwächt, (halb-)wissenschaftliche zur Legitimation des politischen Willens und der sozialen Interessen herangezogen. Die politische Ideologienbildung im 20. Jahrhundert greift immer mehr auf wissenschaftliche Erkenntnisse zurück, um ihre Ziele zu begründen. Und gerade sozialbiologische und sozialdarwinistische Programme gehören zu den für die Politik „erfolgreichsten" und folgenschwersten wissenschaftlichen Denkprodukten. Die humanwissenschaftlichen Kategorien und Denkformen werden dabei im Kern über fundamentale Prozesse technisch-industrieller Veränderung der materiellen Lebensbedingungen in die Gesellschaft eingebracht. Die humanwissenschaftlich gebildeten Sozialtechniker bahnen als Fachbeamte, Gerichtsgutachter, Regierungsberater, als Wortführer sozialpolitischer Gesetzesinitiativen und Reformdebatten oder als professionelle Helfer und Therapeuten in individuellen Notlagen ihrem disziplinspezifischen Wissen Wege in die unterschiedlichen Lebenswelten. Diese Anfangsphase entspricht zugleich der Entstehungsgeschichte des modernen Wohlfahrtsstaates, der das Versicherungsprinzip einführt, welches seinerseits wiederum auf präzisen, quantifizierbaren Kenntnissen über Entwicklungstendenzen von Gesellschaft und Wirtschaft beruht (sozialstatistische Buchführung auf wissenschaftlicher Grundlage, versicherungsmathematische Kalkulation von Unfall- und Gesund-heitsrisiken).

Die zweite Phase in der Verwissenschaftlichung des Sozialen resultiert aus der Etablierung der Wissenschaften in den Arbeits- und Handlungsfeldern der Wohlfahrtsstaaten bis in die 60er Jahre des 20. Jahrhunderts (vgl. Raphael 1996: 175). Immer mehr Wissenschaftler (vor allem Mediziner und Psychiater) werden als dauerhafte Vertreter in der Verwaltung sozialer Probleme und bei der Beratung und Ausbildung der neuen Sozialexperten eingesetzt. Dabei dominieren naturwissenschaftlich orientierte Disziplinen das Feld von anwendungsbezogenen Humanwissenschaften. Diese etablieren sich vorrangig durch Erforschung und Bewältigung sozialer Abweichung und professionalisieren einen disziplinenspezifischen Tatsachenblick auf stigmatisierte Randgruppen, um in der Konkurrenz im wissenschaftlichen Feld zu bestehen. Ordnung, Leistungsfähigkeit, Integrationswilligkeit, aber auch Zeugungs- und Lebenswürdigkeit wie Auslese werden Leitwerte, die sich bis 1945 in einem obrigkeitsstaatlichen Verständnis von Wohlfahrtsstaat etablieren. Die Tötung „wissenschaftlich Ausgesonderter" wird aber erst unter den spezifischen Handlungsbedingungen totaler Institutionen und dem politischen Kontext des diktatorischen NS-Regimes realisiert.

In den ersten drei Jahrzehnten nach dem Zweiten Weltkrieg etabliert sich „social research" als Instrument staatlicher Sozialplanung und gesellschaftlicher Informationsbeschaffung und wird als dritte Phase der Verwissenschaftlichung des Sozialen bestimmt. Das mathematische Instrumentarium der Statistik wird in einem Maße weiterentwickelt, das es ermöglicht, sozialwissenschaftliche Informationsbeschaffung kostengünstiger, flexibler und vielfältiger zu gestalten. Damit verzeichnet kapitalistisch-demokratisch orientierte Sozialforschung ab den 50er, vor allem aber in den 60er und 70er Jahren, große Breitenwirkung. Als Kennzeichen dieser drei Jahrzehnte gilt der Anstieg des Massenkonsums, der Ausbau des Wohlfahrtsstaates und die neue parlamentarische Demokratie. Nicht mehr nur sozial abweichende, sondern auch sozial integrierte Gruppen (Konsumenten, Rentner etc.) werden mit den Mitteln empirischer Sozialforschung untersucht. Empirische Sozialforschung wird zu einem allgemein anerkannten Medium der Selbstbeobachtung und -thematisierung von Gesellschaft und Staat. Die erste Phase von Verwissenschaftlichung, das Eindringen humanwissenschaftlichen Wissens in andere Sozialwelten, wird abgelöst von sozialwissenschaftlicher Erforschung verwissenschaftlichter Sinngebungsprozesse. Gegenstand von Analyse und Kritik werden nunmehr die Folgen früherer humanwissenschaftlicher Interventionen (vgl. Raphael 1996: 178).

Der Streit sozialwissenschaftlicher Experten über Erfolg, Misserfolg wie Folgen humanwissenschaftlicher Eingriffe in das Soziale leitet die vierte Phase der Verwissenschaftlichung des Sozialen ein. Diese währt bis heute und zeigt sich im Phänomen der „Entzauberten Wissenschaft", d.h. in der Erkenntnis, dass sozialwissenschaftliche Forschung und wissenschaftlich ausgebildete Sozialexperten die Gestaltungskraft ihres wissenschaftlichen Wissens überschätzt bzw. falsch eingeschätzt haben. Dies führt einerseits zu wissenschaftlichen Analysen und Kritik an den Wissenschaften und ihren Sozialtechnologien. Mit wissenschaftlichen Mitteln werden dazu die Interessen und Bedürfnisse der Wissenschaften und ihnen zugehöriger Professionals selbst untersucht. Dabei zeigt sich, dass das Verhältnis zwischen Professionals und den Wissen produzierenden Wissenschaftlern komplex ist und wissenschaftliche Erkenntnisse selbst beeinflusst. „Professions" bzw. „akademische Berufe" oder „Expertenberufe" sind „nichtmanuelle Vollzeitberufe" und bedürfen meist einer langjährigen, spezialisierten und tendenziell wissenschaftlichen Ausbildung, „in der vor allem berufsspezifisches, generalisierbares, theoriehaltiges und durch Examensbeschlüsse (Diplome, Patente, Titel) nachweisbares Fachwissen vermittelt wird (Conze/Kocka 1985: 18). Dabei beeinflussen aber nicht nur Wissenschaftler auf der Ebene von Ausbildung, Fortbildung, Fachtagungen, Fachzeitschriften etc. die Professionals, sondern die Erwartungen von Professionals beeinflussen auch die Produktion von Wissenschaft. Dieses Zusammentreffen der Perspektiven von professionellen Anwendern und den Sichtweisen, Absichten und Erkenntnisinteressen von Wissenschaftlern hat unterschiedliche Auswirkungen (vgl. Raphael 1996: 180 ff): Zum Ersten wird der Wissenschaftsbezug wichtiger Einsatz im Kampf zur Durchsetzung von Bildungstiteln und Lohnforderungen, d.h., die Angehörigen professioneller Berufe beanspruchen ein Monopol beim Angebot von durch sie erbrachten Leistungen, unter Berufung auf wissenschaftliche Kompetenz, deren Durchsetzung staatlicher Eingriffe bedurfte (Bildungspolitik). Zum Zweiten provozieren die an stabilen Verwertungsbedingungen für die Berufsqualifikation interessierten Berufspraktiker ein Spannungsverhältnis für die Wissenschaft. Zum Dritten schützen sie sich vor externer Konkurrenz, indem sie Abschließungsprozesse der Professionen entwickeln, welche aber in einem großen Spannungsverhältnis zur Wissenschaftsdynamik stehen. Zum Vierten entwickelt sich gegen diese Abschließung das „bürgerlich-egalitäre Laienmodell als Gegenbewegung zu Professionalisierungsbestrebungen, das seine Kraft aus einer Wissenschaftskritik und aus der größer werdenden Verbreitung wissenschaftlichen Wissens gleichermaßen zieht und die korporativen Tendenzen der Fachberufe vor allem in der Phase der „Entzauberung von Wissenschaft" unter Druck setzt. Zum Fünften spielten und spielen Professionen, die im Namen der Humanwissenschaften neue Berufsfelder entwickeln bzw. alte umwandeln, in der Ausgestaltung des Wohlfahrtsstaates eine wesentliche Rolle, da die Arbeitsmarktstrategien dieser neuen „Experten" ab den 60er Jahren „für beständigen Druck zur Ausweitung sozialer Dienstleistungen, therapeutischer Angebote oder sozialpolitischer Kontrollen" (ebd. 181) sorgen. Der Staat fördert und reguliert die Etablierung von Professionen, weil er daran interessiert ist, dass sie die Mediator-Position einnehmen – in Bildungsinstitutionen, Rechtsinstitutionen, Gesundheitsinstitutionen etc. –, um seine Autorität zu etablieren.

Die Forschungsergebnisse im Hinblick auf das komplexe Verhältnis von Wissenschaften und „ihren" Professionen zeigen, dass und wie die Herstellung von Dienstleistungskonsumenten – entgegen der propagierten Uneigennützigkeit wissenschaftlicher Forschung – auch und vor allem der Befriedigung der Interessen von Wissenschaften und Professionals dienen. Diese kritische Wendung der Wissenschaft gegen die Wissenschaft setzt bereits in den 70er Jahren ein. So kritisiert der Philosoph Ivan Illich (1926–2002) die entmündigende Expertenherrschaft als eine Herrschaftsform, über welche früher nur Priester verfügten: „Heute können Erzieher, Ärzte und Sozialarbeiter [...] aus eigener Rechtsvollkommenheit ein Bedürfnis erzeugen, das zu befriedigen sie allein berechtigt sind. So verwandeln sie den Staat in ein wirtschaftliches Kartell, das sie bei der Ausübung ihrer selbst lizensierten Kompetenz monopolistisch begünstigt" (Illich 1979: 14). Doch trotz dieser zunehmenden kritischen Analysen wird die Verwissenschaftlichung des Sozialen durch verschiedenste Professionals weitergetrieben. Heute gibt es kaum eine Lebenslage ohne entsprechende Beratungsangebote – nur werden diese nicht mehr als Anleitungen durch besserwissende Experten verkauft. Seit den 90er Jahren dominiert ein neues Paradigma diese Angebote: Es soll nun eine „eigenverantwortliche Entscheidung" auf Seiten der Betroffenen hergestellt werden (vgl. Kettner 1998). Selbststeuerung auf der Grundlage von durch Experten vermittelten Informationen und aufklärende Informationsvermittlung (vgl. Samerski 2002) sind also die Antworten auf die Kritik an der entmündigenden Expertenherrschaft. Eine eugenisierte reproduktive Kultur ist vor diesem Hintergrund Teil jener typisch modernen „Entscheidungsideologie", nach der alles als Entscheidung interpretiert wird. Dieses Phänomen nimmt seinen Ausgangspunkt im Vergesellschaftungsprinzip formaler Organisationen, die ihr Verhalten als Entscheiden deuten. Dabei aber wächst die Kluft zwischen individueller Entscheidungszurechnung der Einzelnen und den faktischen Gestaltungsmöglichkeiten. Denn auch wenn Handeln zunehmend als auf individuellen Entscheidungen beruhend interpretiert wird, bleiben die Zwänge, die von dominanten gesellschaftlichen Verhältnissen ausgehen, unverändert wirksam.

In der gesellschaftlichen Gestaltung dieses Widerspruches kommt u. a. auch einer Allianz von Eugenik und Pädagogik in Forschung und Praxis eine besondere Bedeutung zu. Diese besteht zusammengefasst darin, dass sich die Eugenisierung der reproduktiven Kultur auch als Erziehungsprojekt und Pädagogisierungsprozess realisiert und etabliert hat. *Der rhetorische Einsatz setzt auf eine Erziehung und Bildung zur eugenischen Vernunft, und damit auf die Eugenisierung sozialer Sinngebungsprozesse.* Für den erfolgreichen Aufstieg der eugenischen Vernunft aber ist nicht zuletzt die „Erziehungslektion", welche die – von der Medizin während des Nationalsozialismus angewandten – Biotechniken der Vernichtung, allen Menschen nachhaltig erteilt, nicht weniger bedeutsam. Denn die Eugenik liefert die diagnostischen Grundlagen für das „Euthanasie"-Projekt des „Dritten Reiches". Diese Lektion stellt bis heute allen das Wissen darüber zur Verfügung, dass die moderne Gesellschaft unter besonderen Umständen bereit ist, sich jener Menschen zu entledigen, die den „rationalen" Ablauf stören, und dass die Medizin bereit ist, PatientInnen auszuliefern, die ihren „wissenschaftlichen Fortschritt" behindern.

Zur Realisierung ihrer Ziele setzt die Eugenik auf eine umfassende Verhaltensänderung und konzipiert dazu Eingriffe in die Natur und Kultur der generativen Reproduktion u.a. auch als Erziehungs*projekt*. Wenn hier von „Erziehung" die Rede ist, dann ist diesem Begriff ein soziologisch struktur-theoretisches Verständnis von Erziehung zugrundegelegt.[8] Erziehung wird dabei verstanden als Vergesellschaftungsprozess, als ge-

---

8 Vgl. Pierre Bourdieu 1998a [1979], 1997 [1980], 1981, 1971; Emile Durkheim 1972 [1922], 1999; Theodor Geiger 1991 [1929, 1930], 1974; Karl Mannheim 1973.

sellschaftliche Aufgabe, den historisch vorherrschenden „sozialen Sinn" (Bourdieu) und das gesellschaftlich notwendige „soziale Sein" (Durkheim) im Einzelnen zu erzeugen. Diese Eingliederung des Individuums in die Gesellschaft findet unter der Bedingung statt, dass nicht nur die Menschen sich im Laufe ihres Lebens und der Generationenfolgen verändern, sondern dass sich auch die Gesellschaft selbst in einem konstanten Wandel befindet. Menschen werden also nicht nur in eine gesellschaftliche und kulturelle Ordnung hineingeboren, sondern gestalten ihren Lebenslauf in sich ändernden sozialen und kulturellen Verhältnissen, die an bestimmte Orte und Zeiten gebunden sind. Von daher ist *Erziehung als Vergesellschaftungsprozess* auf den sozialen Wandel verwiesen *und* – gerade aufgrund des sozialen Wandels – *ein lebenslanger Prozess*. So müssen auch die durch naturwissenschaftliche Erkenntnisse und Biotechniken veränderten Verhältnisse zur menschlichen Natur und damit der generativen Reproduktion in Erziehungsprozessen immer wieder aufs Neue vermittelt werden.

Menschen müssen sich auf diese veränderten Bedingungen und Verhältnisse beziehen, die sich in Lebensformen und -inhalten, Verhaltensweisen, Techniken, Sprache, Kollektivbewusstsein und sozialem Sinn objektivieren. Erziehung als Eingliederung in die Gesellschaft zielt damit sowohl auf Anpassung wie auf Innovation.

Die Vermittlung und Aneignung der Lebenswelt, in der sich Erziehung manifestiert, verläuft aber, entsprechend der Herausforderung von Vergesellschaftung, im Kontext sozialen Wandels nicht nur zwischen der jüngeren und der älteren Generation. Denn die sozialen und kulturellen Voraussetzungen menschlicher Existenz werden im 20. Jahrhundert durch die Naturwissenschaften grundlegend und mit zunehmender Geschwindigkeit verändert. Daher muss der Vermittlungsprozess nicht nur zwischen der Erwachsenen- und Kindergeneration stattfinden. Die Zeitdifferenz, die für Erziehungsprozesse relevant ist, ist also nicht nur auf ein physisches Alter zu beziehen, sondern auf die Nähe des Einzelnen zu den jeweiligen gesellschaftlich-historischen Bedingungen und Transformationen. Auch beziehen sich die – in diesem doppelten Sinne verstandenen – Generationen (als genealogische und gesellschaftliche) nicht nur unmittelbar aufeinander. Erziehung ist somit weit mehr als ein rein personales Geschehen. Ihr Bezug verläuft über gegenständliche Momente (Wissen, Kenntnisse, Fertigkeiten, Werte, Motive etc.) und tritt in Aneignung und Vermittlung nicht nur als eigene Tätigkeit in Erscheinung (vgl. Winkler 1998: 65). Erziehung ist aus pädagogisch-soziologischer Perspektive als eines der Mittel zu verstehen, über das eine Gesellschaft ihre Existenzgrundlagen immer wieder erneuern muss. „Der Mensch, den die Erziehung in uns verwirklichen muss, ist nicht der Mensch, den die Natur gemacht hat, sondern der Mensch, wie ihn die Gesellschaft haben will; und sie will ihn so haben, wie ihn ihre innere Ökonomie braucht" (Durkheim 1999, 3. Aufl.: 44). Die

Tatsache der Erziehung ist also weit mehr als ein Prozess der bloßen Prägung nachkommender Generationen.

Von daher erforderte auch der Modernisierungsprozess, den die Naturwissenschaften im 20. Jahrhundert provozieren, dass Vermittlungsprozesse zwischen dem sozialen Wandel, der tatsächlichen Existenz von Menschen und der Gesellschaft hergestellt werden müssen. Und diese Vermittlungsprozesse werden im Kern von gesellschaftlichen Institutionen geleistet, u.a. eben auch von der Medizin. Die dabei projektierte Erziehung zur „eugenischen Vernunft" zielt auf eine Einstellungs- und Verhaltensänderung der Einzelnen im Bereich von Heterosexualität, Zeugung, Schwangerschaft, Geburt und Mutter-Kind-Beziehung und wird durch die Verwissenschaftlichung sozialer Sinngebungsprozesse im Bereich der reproduktiven Kultur in die Wege geleitet.

Die alte Eugenik versucht mit Hilfe von Ehe-, Sexual- und Mütterberatung, Sexualaufklärung der Jugend in den Schulen und die Aufklärung der Bevölkerung durch „volkstümliche" Vorträge, Ausstellungen, Filme und Faltblätter eine umfassende „eugenische Vernunft" durchzusetzen. Für deren Verbreitung werden Ärzte als Multiplikatoren adressiert, um das neue Wissen in der ärztlichen Praxis an die Menschen weiterzugeben. Zur Verhinderung der Zeugung „minderwertigen" Nachwuchses wird auf die Asylierung von durch die Medizin als „minderwertig" beurteilten Männern wie Frauen in Irrenanstalten und Gefängnissen, auf Seiten der Männer aber auch auf den Fronteinsatz gesetzt – zumindest während des Ersten Weltkrieges. Der Einsatz von Biotechniken ist im Rahmen der alten Eugenik nur in den Jahren der nationalsozialistischen Herrschaft ein Mittel der Wahl des NS-Staates, der auf Grundlage des „Gesetzes zur Verhütung erbkranken Nachwuchses" die biotechnische Selektion als Zwangsmassnahme realisiert. Dazu gehört der Schwangerschaftsabbruch auf Grundlage der eugenischen Indikation so wie die Zwangssterilisation von als „erbkrank" und/oder „minderwertig" beurteilten Frauen wie Männern. Da der „Erbgang" beim Menschen bis Mitte der 50er Jahre naturwissenschaftlich nicht erwiesen werden konnte, beruht die eugenische Indikation überwiegend auf persönlicher Einschätzung der ärztlichen Gutachter, denen Stammbaumanalysen und v.a. soziale Kriterien zugrundegelegt werden. Letztlich ist auch die Tötung von PatientInnen, die von der Medizin im NS als „erbkrank" und/oder „sozial problematisch" beurteilten werden, Folge einer eugenischen Indikation, zumal die im „Gesetz zur Verhütung erbkranken Nachwuchses" genannten Indikationen zur Zwangssterilisation die erste Grundlage für die Selektion bei der Kinder- und Erwachsenen-„Euthanasie" bieten. Das Codewort für Tötung heißt „Behandlung". Die alte Eugenik hat also mit Hilfe ärztlicher Aufklärung und Beratung, wie auf Basis staatlicher Sanktionen und Zwangsmaßnahmen, Verhaltensänderungen im Sexualleben und den Geschlechter- wie Generationenverhältnissen und -beziehungen durchgesetzt.

Humangenetik als „neue Eugenik" oder „angewandte Eugenik" grenzt sich von den Zwangs- und Vernichtungstechniken der alten Eugenik ab und erweitert ab den 60er Jahren die von der alten Eugenik eingesetzten Mittel durch Beteiligung an der medizinischen Schwangerenvorsorge, die zur prominentesten Zuweiserin an die humgangenetische Beratung avanciert. Sie erweitert die, von einer eugenischen Rationalität gebotenen, Einschränkungen in den sexuellen Beziehungen mit Hilfe humangenetischer Techniken um Wahlmöglichkeiten. Heute kann man potentiell den Ehepartner nach emotionalen Kriterien wählen und zugleich die genetische Qualität der Nachkommen bewahren und wählen. Der harte Arm eugenischer Vernunft, der in der Durchführung des „Gesetzes zur Verhütung erbkranken Nachwuchses" während des NS-Regimes seinen Höhepunkt erreicht, kann so durch die ausgestreckte Hand des Humangenetikers und Reproduktionsmediziners, die Kontrolle der Geschlechterbeziehung durch medizinische Eingriffe in den Körper der Frau ersetzt werden. So herrscht gegenwärtig hinsichtlich der Gestaltung der Reproduktion menschlichen Lebens das Bild einer nach eugenischer und reproduktionsmedizinischer Vernunft handelnden Mutter als Norm vor. Der Wille zum Fortschritt in Gestalt eugenischer Rationalität gilt also als entscheidendes Kriterium für mütterliche „Normalität".

Die eugenischen Eingriffe in die reproduktive Kultur werden dabei auch als Pädagogisierungsprozess realisiert. Denn zur Vermittlung der vielfältigen Rationalisierungsprozesse bedienen sich alle gesellschaftlichen Institutionen pädagogischer Mittel, so auch Eugenik und Medizin.

Der Begriff „Pädagogisierung" verweist zuerst auf die Expansion pädagogischer Semantik(en) in andere soziale Felder, wie Ökonomie, Politik, Medizin (vgl. Höhne 2003). Im Falle von Eugenisierungsprozessen bedeutet dies, dass ein bevölkerungspolitisches, sozialpolitisches und medizinisches Thema als pädagogisches codiert wird.

Pädagogisierungsprozesse werden zweitens durch ein umfassendes und komplexes Netz aus Diskursen, Wissen, Institutionen und Praktiken ermöglicht, mit dem eine bestimmte Form sozialer Macht im Rahmen einer Steigerung von Rationalität verbunden ist. Rationalität stellt dabei die Form eines Reflexionstypus dar, aufgrund dessen ein neues soziales Feld des Wissens erschlossen werden kann, das auf der Ebene der Praxis einen „strategischen Imperativ", wie etwa Effektivitäts- oder Leistungssteigerung, beinhaltet. „Rationalität als eine spezifische Wissensform" und „Rationalisierung als ihre prozesshafte Durchsetzung" bedürfen also funktionierender gesellschaftlicher Institutionen. Eugenische Vernunft wird als eine ebensolche spezifische Wissensform im letzten Jahrhundert hervorgebracht. Sie ist Teil eines umfassenden und komplexen Netzes aus Diskursen, Wissen, Institutionen und Praktiken, mit dem eine bestimmte Form sozialer Macht, nämlich der „Leben zu lassen und sterben zu machen" (Foucault) im Rahmen einer Steigerung von Rationalität verbunden ist. Eugenische Vernunft beinhaltet auf der Ebene der Praktiken einen „strategischen Imperativ", nämlich den der Qualitätssicherung in der Generationenfolge, der Leidvermeidung durch Präventionsverbesserung und damit der Gesundheitssicherung, die heute einer erfolgreichen Lebenslaufgestaltung vorausgesetzt wird, und sie setzt sich mit Hilfe unterschiedlicher gesellschaftlicher Institutionen durch – allen voran der naturwissenschaftlichen Forschung und Praxis in Medizin und Humangenetik, dem Sozialversicherungs- und dem Bildungssystem, welches das neue Wissen um die „Vererbung" im Rahmen der Sexualaufklärung in Schulen flächendeckend vermittelt.

Vielfältige Rationalisierungsprozesse führen zu vielfältigen Herausforderungen für die Identitätsarbeit im Lebenslauf, und zu entsprechend veränderten Formen von Subjektivität. Diese aufgrund gesellschaftlicher Rationalisierungsprozesse erforderliche Subjektveränderung kann gesamtgesellschaftlich, systematisch und staatlich nur über Erziehungs- und Bildungsprozesse sichergestellt werden (vgl. Höhne 2003: 232). Moderne pädagogische Macht versucht dabei Veränderungen nicht gegen den Willen der Subjekte zu erreichen, sondern berücksichtigt Eigendynamiken und Kontingenzen von Wirkungen.

Die pädagogische Macht stellt damit eine spezifische soziale Beziehung dar, durch die soziale und kommunikative Beziehungen gestaltet und neues Wissen etabliert wird, das die Subjekte in einer spezifischen Weise formt. Rationalisierung der Mutterschaft durch Eugenik bedeutet damit, dass mittels Rationalisierung, die steuernde und kalkulierende Elemente enthält, eugenisches und biomedizinisches Wissen prozesshaft in einzelnen gesellschaftlichen Institutionen umgesetzt und entfaltet wird und allmählich eine formierende soziale Wirkung in der Zeit gewinnt. Auf Basis von Pädagogisierungsprozessen verbinden und verbünden sich dabei verschiedene Formen von Rationalität – ökonomische, biomedizinische, eugenische, technologische etc. – scheinbar immer problemloser und versorgen mit Hilfe eines komplexen Netzes von Experten oder Professionals (Stichwort „Die beratene Gesellschaft"; vgl. Schützeichel 2004) alle Individuen beharrlich mit einem allgemeinen „Wissen-um-die-eigenen-Möglichkeiten". Alle diese Experten der „Selbst-Technologien", so auch die humangenetischen Familienberater, Zeugungs- und Selektionstechniker, rekurrieren dazu auf ein differenziertes pädagogisches Wissen, in dem jedes Individuum als „Experte von Subjektivität" auftreten darf.

Die verschiedenen Pädagogiken haben in der Geschichte immer schon und auf vielfältige Art und Weise die Beziehung von Autonomie (eigener Wille etc.) und Heteronomie (Führung, Erziehung etc.) untersucht, theoretisiert und in Praktiken übersetzt. Die Modi der Eingriffe als Vermittlung zwischen Selbstbestimmung und Fremdbestimmung werden dabei systematisch in Form pädagogischen Wissens thematisiert und theoretisiert. So trägt pädagogisches Wissen über die Eingriffsmöglichkeiten im Sinne einer „produktiven Disziplinarmacht" zum gesellschaftlichen Ideal einer permanenten Verbesserungsfähigkeit der Individuen bei.

Pädagogisierungsprozesse sind darin Prozesse der Verallgemeinerung eines spezifischen Wissens und einer Rationalität – z. B. eugenischem Wissen und eugenischer Vernunft – und zeichnen sich durch die Definition dessen aus, was Subjekte vermögen und durch Entwicklung zu erreichen imstande sind (vgl. Höhne 2003:238).

Zusammengefasst realisieren sich Pädagogisierungsprozesse erstens also über die Ausweitung pädagogischer Semantiken auf andere Felder, zweitens über die Durchsetzung einer „pädagogischen Form", mittels der in allen Lebensbereichen die individuellen und sozialen Entwicklungs- und Steigerungsmöglichkeiten betont werden und schließlich in der daraus hervorgehenden pädagogischen Subjektvorstellung mir ihrer Koppelung von heteronomer Steuerung und autonomer Entfaltung. Die Eugenisierung der reproduktiven Kultur stellt damit im Kern einen Rationalisierungsprozess dar, der auch mittels Pädagogisierung gesellschaftlich verallgemeinert und durchgesetzt wird.

Ausblick

Entgegen dieser im 20. Jahrhundert, auf Grundlage verschiedenster Allianzen mit zentralen Faktoren sozialen Wandels, gesellschaftsfähig gemachten eugenischen Vernunft gilt es weiterhin ein Wissen darüber zu qualifizieren, das menschliche Existenz nicht nur in Form von Individuation, Entwicklung und Loslösung ausarbeitet, sondern Abhängigkeit, Bindung und Begrenztheit als Grundkonstellation des Individuums anerkennt und akzeptiert. Es gilt weiterhin ein gesellschaftliches Verhältnis zur menschlichen Natur zu qualifizieren, das Bindekräfte, Kulturen des Sorgens, Beziehungskulturen, Subjektivitäts- und Solidaritätsformen im Umgang mit der Tatsache kultiviert, dass der Mensch auch ein kontingentes, verletzliches und endliches Wesen ist, eben weil wir über unsere Natur nicht zu Ende verfügen können. Dagegen gilt es, Menschen demütigende gesellschaftliche Verhältnisse und Vernunftformen zu kritisieren, die eine Distanznahme zu seiner Verletzlichkeit kultivieren. Diese Kritik bedarf der Zuwendung zum Alltäglichen, zum Nicht-Sensationellen der Reproduktion menschlichen Lebens. Sie erfordert, alternative Vernunftform zu erhalten, andere Vernünftigkeiten wach zu halten und ihnen Stimmen zu verleihen, damit sie im kollektiven Gedächtnis erhalten bleiben. Und sie muss berücksichtigen, dass die gesellschaftlichen Probleme der Gegenwart noch immer die Befähigung der Individuen zu einer praktischen Urteilsbildung verlangen. Für diese Befähigung zum praktischen Urteil gilt es zu bedenken, dass die Kosten für die Stützung der Illusion, dass der Mensch mit wissenschaftlich-technischen Mitteln zur Gänze über sein Leben verfügen kann, eben aufgrund der Natur, die den Geschlechtern *auch* gegeben ist, von Männern und Frauen nicht gleich zu tragen sind.

Literaturverzeichnis

Gedruckte Quellen der Jahrgänge 1900–2000[1]

1900–1938

Abels H.: Warum ist im Wachstumsalter die Zufuhr von Vitaminen besonders notwendig und förderlich? In: WKW 1930/24. 765f.

Adler Alfred: Die Frau als Erzieherin. In: AFE 1916, Bd. II. 341–349.

Aichelberg/Hamburger: Die Betätigung der Säuglingsfürsorge bei der Ernährung der kleinen Kinder in Graz. In: WKW 1919/14. 369f.

Arzt L.: Die budgetären Vorsorgen Oesterreichs für Unterricht, Kunst und Kultur im Jahre 1937. In: WKW 1936/52. 1597–1600.

Aschner Berta: Probleme der menschlichen Vererbungsbiologie. In: WKW 1928/34. 1213–1216.

Aschner Bernhard.: Konstitutionstherapie beim Weibe. In: WKW 1929/41. 1313–1318.

Bársony Johann: Eugenetik nach dem Kriege. In: AFE 1916, Bd. II. 267–275

Battista Ludwig: Familienerziehung und Anstaltserziehung. In: Bericht über die 10. Fürsorgetagung am 19. Mai 1928. Zusammengestellt vom Schriftführer Hofrat Dr. Wilhelm Hecke. Wien: Verlag von Julius Springer 1929. 12–19.

Bayerthal Julius: Erblichkeit und Erziehung in ihrer individuellen Bedeutung. Wiesbaden: Bergmann 1911. Rezensiert in der WKW 1911/47 (Ohne Angabe des Rezensenten). 1645.

Bauer Julius: Aufgaben und Methoden der Konstitutionsforschung (Vortrag, gehalten zur Erlangung der Venia legendi). In: WKW 1919/10. 273–276.

Bauer Julius: Welche sind die Grundfragen der menschlichen Vererbungslehre? In: WKW 1930/10. 320.

Bauer Julius: Erbpathologie und ihre praktischen Konsequenzen. In: WKW 1934/48. 1460–1462.

Bauer E./Fischer Eugen/Lenz Fritz: Grundriß der menschlichen Vererbungslehre und Rassenhygiene. Band 1. Menschliche Erblichkeitslehre. München: Lehmann 1921. Rezensiert von A. Fischl in der WKW 1922/1. 66.

Belfield W. T.: Sterilisation von Verbrechern und anderen Minderwertigen durch Vasektomie. In: WKW 1909/23. 827.

Berze Josef: Zur Frage des Schutzes der Gesellschaft vor gemeingefährlichen Kranken. In: WKW 1937, 9/10. 280–285.

Bloch Iwan: Aufgabe und Ziele der Sexualwissenschaft. In: Zeitschrift für Sexualwissenschaft. Offizielles Organ der „Ärztlichen Gesellschaft für Sexualwissenschaft und Eugenik". Bonn: Marcus& Webers 1914. 2–11.

Böhm August: Schulfürsorge und körperliche Erziehung. In: Bericht über die 8. Fürsorgetagung am 15. Mai 1926. Zusammengestellt vom Schriftführer Hofrat Dr. Wilhelm Hecke. Wien: Verlag von Julius Springer 1927. 17–28.

Braun Ludwig: Euthanasie. In: Wiener Medizinische Wochenschrift. 1929/6. 171–173.

---

1 Hier entsprechend der Gliederung der Studie in drei Zeitabschnitte gereiht: 1900–1938; 1938–1945; 1945–2000.

Braun Ludwig: Euthanasie. In: Wiener Medizinische Wocheschrift. 1929/7. 208–214

Brugsch Th./Lewy F. H. (Hg.): Zur Biologie der Person. Ein Handbuch der allgemeinen speziellen Konstitutionslehre. Bd. IV. Wien und Berlin: Urban u. Schwarzenberg 1926. Rezensiert von Julius Bauer in der WKW 1930: 855.

Bunge G. v.: Die zunehmende Unfähigkeit der Frauen, ihre Kinder zu stillen. München: Reinhardt 1901. Rezensiert in der WKW 1901/32.769f.

Burkhard Otto: Aufgaben und Ziele sozialer Medizin. In: WKW 1908/34. 1217–1221.

Burkhard Otto: Aufgaben und Ziele sozialer Medizin II. In: WKW 1908/35. 1246–1251.

B. P.: Der erste eugenische Film. Bericht unter „Verschiedenes" der Zeitschrift für Volksaufartung und Erbkunde. 2. Jhg., Nr.7. 1927. 104 f.

Dehne R.: Ueber den Betrieb der Schutzstelle des Vereins „Säuglingsschutz" im Jahre 1905. In: WKW 1906/23. 718.

Dehne R.: Säuglingsschutz in Österreich. Diskussionsbeitrag bei der Sitzung der „Gesellschaft für innere Medizin und Kinderheilkunde in Wien. In: WKW 1909/15. 551.

Dreikurs Rudolf: Ueber den gegenwärtigen Stand und die Probleme der Geisteskrankenfürsorge in Wien. In: WKW 1926/30. 869–872.

Engerth G.: „Genealogische Strukturanalyse" und Eugenik. In: WKW 1935/1. 13–16.

Escherich Th.: Zur Kenntnis der Unterschiede zwischen der natürlichen und künstlichen Ernährung des Säuglings. In: WKW 1900/51. 1183–1185.

Escherich Th.: Antrag auf Einsetzung eines Komitees behufs Ausarbeitung von Vorschlägen zur Förderung der Brusternährung. In: WKW 1905/22. 572–575

Escherich Th.: Der Verein „Säuglingsschutz" auf der hygienischen Ausstellung in der Rotunde 1906. In: WKW 1906/28. 871–875.

Eulenburg Albert/Bloch Iwan: Vorbemerkung der Herausgeber. In: Zeitschrift für Sexualwissenschaft. Offizielles Organ der „Ärztlichen Gesellschaft für Sexualwissenschaft und Eugenik". Bonn: Marcus&Webers 1914. 1.

Eymer Heinrich: Die Bewertung des Lebens des Ungeborenen in der Geburtshilfe. Antrittsvorlesung bei Übernahme der geburtshilflich-gynäkologischen Lehrkanzel der Universität Innsbruck. In: WKW 1924/39. 946–949.

Feling H.: Der Geburtenrückgang und seine Beziehung zum künstlichen Abort und zur Sterilisierung. Rezensiert von *R. B.:* in: WKW 1913/42. 1726

Finger E: Diskussion zum Vortrag Prof. Tandlers „Krieg und Bevölkerung". In: WKW 1916/15. 471f.

Fischer Viktor: Über die soziale Indikation des Abortus. In: WKW 1923/48. 853.

Bitterlich Max: Die Entartung des Menschen. Das Negativ seiner Veredelung. Ein Naturgesetz. Wien: Gerold & Co 1932. Rezensiert von A. Fraenkel in der WKW 1932/24.759f.

Fränkel S.: Diskussion zum Vortrag des Hr. J. Tandler „Krieg und Bevölkerung". In: WKW, 1916/17. 533f.

Fraenkel Alexander: Zur Jahrhundertwende. In: WKW 1900/ 1. 1–2.

Friedjung Josef K.: Einige Vorschläge zur Einschränkung der Säuglingssterblichkeit. In: WKW 1903/23.675–676.

Friedjung Josef K.: Zur Diskussion über natürliche Säuglingsernährung. In: WKW 1905/22. 575577.

Friedjung Josef K.: Ueber den Einfluß der Säuglingsernährung auf die körperliche Rüstigkeit der Erwachsenen nebst Bemerkungen über Stilldauer. In: WKW 1907/20. 600–602.

Friedjung Josef K.: Der zweite österreichische Kinderschutzkongreß in Salzburg. In: WKW 1913/44. 1809f.

Friedjung Josef K.: Das Selbststillen und die Aerzte. Ein Nachwort zur Diskussion über „Krieg und Bevölkerung". In: WKW 1916/29. 917f.

Friedjung Josef K.: Erkrankungen des Kindesalters infolge eines schädlichen Milieus (Miliosen). In: WKW 1921/7. 70f.

Friedjung Josef K.: Ueber schlecht essende Kinder. Bemerkungen zu dem gleichnamigen Aufsatz von Dr. Karl Peyrer in WKW 1926/4. In: WKW 1926/6. 164.

Friedjung Josef K.: Verhütung und Behandlung der Kinderneurosen. In: WKW 1927a/26. 855f.
Friedjung Josef K.: Grundlagen der psychischen Erziehung und Neurosenprophylaxe im Kindesalter. In: WKW 1927b/28. 926.
Friedjung Josef K.: Die hohe Kindersterblichkeit in kinderreichen Familien. In: WKW 1927/50. 1578f.
Friedjung Josef K.: Psychoanalyse im Kindesalter. In: WKW 1929a/9. 267f.
Friedjung Josef K.: Erziehung und Kinderheilkunde. In: WKW 1929b/12. 36f.
Friedländer Ernst und Clara: Zur Frage der hauswirtschaftlichen Ausbildung. in: Archiv für Soziale Hygiene und Demographie. Neue Folge der Zeitschrift für Soziale Medizin. Band 15.Leipzig: Verlag von F.C. Vogel 1924. 339–362.
Fürth Henriette: Die Frauen und die Bevölkerungs- und Schutzmittelfrage. In: Archiv für Soziale Hygiene und Demographie. 11. Band. Leipzig: Vogel 1916. 10–33.
Galton Francis: Entwürfe zu einer Fortpflanzungs-Hygiene (Eugenik). In: ARGB 1905. Heft 2. 812–829.
Goldscheid Rudolf: Höherentwicklung und Menschenökonomie. Grundlegung der Sozialbiologie. Leipzig: Werner Klinkhardt 1911.
Goldscheid Rudolf: Frauenfrage und Menschenökonomie. Wien, Leipzig: Anzengruber-Verlag Brüder Suschitzky 1913.
Glesinger Rudolf: Qualitative Bevölkerungspolitik. In: Bericht über die 8. Fürsorgetagung am 15. Mai 1926. Zusammengestellt vom Schriftführer Hofrat Dr. Wilhelm Hecke. Wien: Verlag von Julius Springer 1927. 12–15.
Glesinger Rudolf: Welches Kind ist fürsorgebedürftig? (Vom pädagogischen Standpunkt). In: Bericht über die 9. Fürsorgetagung am 26. Juni 1927. Zusammengestellt vom Schriftführer Hofrat Dr. Wilhelm Hecke. Wien: Verlag von Julius Springer 1928. 15–22.
Graßberger R.: Bemerkungen zu vorstehendem Aufsatz des Herrn Teleky. In: WKW 1920/24. 520f.
Graßberger R.: Aufgaben der Hygiene in Forschung, Unterricht und im öffentlichen Leben. In: WKW 1924/37. 1251–1256.
Greil Alfred: Über die Erziehung zum ärztlichen Denken. In: WKW 1925/40. 1086–1089
Greil Alfred: Die Krise der Erbpathologie und Eugenik. Erbpflegerische Richtlinien. In: WKW 1937/28. 1054–1059.
Greil Alfred: Die Krise der Konstitutionspathologie. In: WKW 1937a/44. 1511–1515.
Grotjahn Alfred: Soziale Pathologie. Versuch einer Lehre von den sozialen Beziehungen der menschlichen Krankheiten als Grundlage der sozialen Medizin. Berlin: Hirschwald 1912. Rezensiert in der Wiener Klinischen Wochenschrift 1912/30 (Ohne Angabe des Rezensenten). 1171.
Grotjahn/Kriegel: Jahresbericht über die Fortschritte und Leistungen auf dem Gebiete der sozialen Hygiene und Demographie. III. Band. Bericht über das Jahr 1903. Jena: Gustav Fischer 1904. Rezensiert in: WKW 1905/3.66.
Grotjahn Alfred: Die Eugenik als Hygiene der Fortpflanzung. In: AFE 1914a, Bd. I. 15–18.
Grotjahn Alfred: Geburtenrückgang und Geburten-Regelung im Lichte der individuellen und sozialen Hygiene. Berlin: Louis Marcus 1914. Rezensiert in WKW 1916/1. 9f.
Grotjahn Alfred: „Der Wehrbeitrag der deutschen Frau. Zeitgemäße Betrachtungen über Krieg und Geburtenrückgang. Bonn: Marcus u. Webers 1915. Rezensiert von Rosenfeld Siegfried in: WKW 1916/7. 201.
Grotjahn Alfred: Soziale Hygiene, Geburtenrückgang und das Problem der körperlichen Entartung. Weyl's Handbuch der Hygiene. Ergänzungsband: Soziale Hygiene. Leipzig: A. Barth. 1918. 389–448. Rezensiert im Archiv für Soziale Hygiene und Demographie. Leipzig: Vogel 1924. 159–161.
Haberland L.: Über hormonale Sterilisierung des weiblichen Tierkörpers. In: Münchner Medizinische Wochenschrift. 1921/68.
Hainisch Marianne: Die Mutter. Aus der eigenen Werkstatt/Vortragszyklus im Wiener Volksbildungsverein. Leipzig und Wien: Hugo Heller & Co 1913. 35 S.

Hamburger Franz: Assimilation und Vererbung (Eine energetische Vererbungstheorie). In: WKW 1905/1. 1–3.
Hamburger Franz: Wie können wir das Stillen der Mütter fördern? In: WKW 1905/22. 570–572.
Hamburger Franz: Die wissenschaftlichen Grundlagen der Gesundheitsfürsorge. In: WKW 1922/38–39. 768–771.
Hamburger Franz: Welches Kind ist fürsorgebedürftig? (Vom pädagogischen Standpunkt). In: Bericht über die 9. Fürsorgetagung am 26. Juni 1927. Zusammengestellt vom Schriftführer Hofrat Dr. Wilhelm Hecke. Wien: Verlag von Julius Springer 1928. 34f.
Hamburger Franz: Familienerziehung und Anstaltserziehung. In: Bericht über die 10. Fürsorgetagung am 19. Mai 1928. Zusammengestellt vom Schriftführer Hofrat Dr. Wilhelm Hecke. Wien: Verlag von Julius Springer 1929. 19–29.
Hamburger Franz: Erziehung und Kinderheilkunde. In: WKW 1931/23. 725–728.
Hamburger Franz: Prof. Erwin Lazar (Nachruf zum Tode von Erwin Lazar). In: WKW 1932/17. 537f.
Hamburger Franz: Ueber die natürliche Technik der Kinderernährung. In: WKW 1937/20. 718–721.
Hartmann Heinz: Über Zwillingsforschung in der Psychiatrie. In: Wiener Medizinische Wochenschrift 1933/29. 809–811
Hecke Wilhelm: Qualitative Bevölkerungspolitik. In: Bericht über die 8. Fürsorgetagung am 15. Mai 1926. Zusammengestellt vom Schriftführer Hofrat Dr. Wilhelm Hecke. Wien: Verlag von Julius Springer 1927. 7–8.
Hecke Wilhelm: 14. Fürsorgetagung der Österreichischen Gesellschaft für Bevölkerungspolitik und Fürsorgewesen in Wien am 10. April 1932. In: WKW 1932/28. 891.
Heeger Johann: Welches Kind ist fürsorgebedürftig? (Vom pädagogischen Standpunkt). In: Bericht über die 9. Fürsorgetagung am 26. Juni 1927. Zusammengestellt vom Schriftführer Hofrat Dr. Wilhelm Hecke. Wien: Verlag von Julius Springer 1928. 22–25.
Heller Richard: Die Tätigkeit des schulhygienischen Instituts in Salzburg. In: Mitteilungen des Volksgesundheitsamtes im Bundesministerium für Soziale Verwaltung. Jahrgang 1921. 535–538.
Hieß Viktor: Die fötale Indikation zur Geburtsbeendigung. In: WKW 1923/27. 477–481.
Hieß Viktor: Ueber die Prophylaxe in der Geburtshilfe. In: WKW 1935/9. 266–270.
Hirsch Max: Über Ziele und Wege frauenkundlicher Forschung. In: AFE 1914. 1–13.
Hochsinger Karl: Die gesundheitlichen Lebensschicksale erbsyphilitischer Kinder. In: WKW 1910/25. 932–940.
Hoffmann Geza von: Über die Begriffe Rassenhygiene und Fortpflanzungshygiene (Eugenik). In: Archiv für Soziale Hygiene und Demographie. Neue Folge der Zeitschrift für Soziale Medizin. Leipzig: Vogel 1917. 49–55.
Hofmokl E.: Diskussion zum Vortrag des Hr. J. Tandler „Krieg und Bevölkerung". In: WKW 1916/17. 534.
Jaschke R. Th.: Zur Physiologie und Technik der natürlichen Ernährung des Neugeborenen. In: WKW 1909/20. 730–732.
Just Günther (Hrsg.): Vererbung und Erziehung. Berlin: Springer 1930. Rezensiert in der WKW 1932/23. 727.
Kautsky Karl jun.: Der Kampf gegen den Geburtenrückgang. Kapitalistische oder Sozialistische Geburtenpolitik. Wien: Verlag der Wiener Volksbuchhandlung 1924. 32 S.
Keller Heinrich: Stillwille und Stillmöglichkeit in den unteren Volksschichten. In: WKW 1909/18. 635–640.
Keller Artur/Klumker Chr. J. (Hrsg.): Säuglingsfürsorge und Kinderschutz in den europäischen Staaten. Ein Handbuch für Aerzte, Richter, Vormünder, Verwaltungsbeamte und Sozialpolitiker, für Behörden, Verwaltungen und Vereine. Berlin: Springer 1912.
Kermauner F.: Konstitution in der Geburtshilfe. In: WKW 1930/1. 14–18.
Kisch Heinrich: Über künstliche Befruchtung beim Menschen. In: Zeitschrift für Sexualwissenschaft. Internationales Zentralblatt für die Biologie, Psychologie, Pathologie und Soziologie des Sexuallebens. Offizielles Organ der „Ärztlichen Gesellschaft für Sexualwissenschaft und Eugenik" in Berlin. Bonn: Marcus & Webers 1914. I. Band, 1. Heft. 67–72.

Knaus Hermann: Geburtenregelung auf natürliche Weise. In: WKW 1934/1. 26f.
Kogerer Heinrich: Üeber offene Irrenfürsorge. In: WKW 1929/45. 1451-1453.
Kogerer H.: Psychiatrie und eugenische Gesetzgebung. In: WKW 1935/41. 1262-1265.
Kogerer H.: Psychiatrie und eugenische Gesetzgebung. Erwiderungen auf die Bemerkungen des Herrn Dr. Albert Niedermeyer. In: WKW 1935a/51. 1584.
Kogerer H.: Ueber die Entmannung von Sittlichkeitsverbrechern. In: WKW 1936/28. 869-871.
Kollath W.: Kinderheilkunde und Vitaminlehre. In: WKW 1937/28. 1317-1321.
Kornfeld W.: Ueber Ernährungsschwierigkeiten beim Kleinkinde. In: WKW 1929/28. 938f.
Kornfeld W.: Die Beurteilung von Körperbau, Entwicklungsablauf und Entwicklungsstörungen im Kindesalter. In: WKW 1931/19. 618 f.
Kornfeld W./Nobel E.: Ueber den Einfluß der Wirtschaftskrise auf Ernährungszustand und körperliche Entwicklung der Wiener Kinder. In: WKW 1935/5. 142-144.
Kornfeld W./Nobel E.: Ueber die Beurteilung des Ernährungszustandes bei Kindern. In: WKW 1937/25. 959-962.
Kraul Ludwig: Diätetik der Schwangerschaft und der Stillperiode. In: WKW 1934/25. 785-787.
Kuntzsch: Die eugenische Indikation in Geburtshilfe und Gynäkologie. In: AFE 1914, Bd. I. 186-190.
Lederer Richard: Bolschewismus bei Säuglingen? In: WKW 1925/26. 733f.
Lazar Erwin: Ausblicke der Heilpädagogik. Blätter des Wohlfahrtswesens der Stadt Wien (BWS). Bd. 22. 1923: 77f.
Leiner: Rechenschaftsbericht des Ausschusses der großen Kommission des Kaiser-Jubiläumsfonds für Kinderschutz und Jugendfürsorge für das Jahr 1912. In: WKW 1913/41. 1668.
Lenz Fritz: Ueber die biologischen Grundlagen der Erziehung. München: Lehmann 1927. Rezensiert in der WKW 1927/33. 1067.
Lukacs Paul: Konstitution und Krieg. In: WKW 1917. 320-322.
Lundborg H.: Medizinisch-biologische Familienforschung innerhalb eines 2232 köpfigen Bauerngeschlechts in Schweden. Jena: Fischer 1913. Rezensiert von Julius Tandler in: WKW 1914/1. 16.
Martius Martha: Wissenschaft und Ethik als Grenzhüter der Eugenik. In: AFE, Bd. IV 1918. 29-36.
Martius Friedrich: Ueber die Bedeutung der Vererbung und der Disposition in der Pathologie mit besonderer Berücksichtigung der Tuberkulose. In: WKW 1905/18. 473.
Mayerhofer Ernst: Poliklinische Betrachtung aus der Stillpropaganda. In: WKW 1912/7. 272-275.
Moll Leopold: Vier Jahre ärztliche Fürsorgearbeit in der Kriegspatenschaft nebst kurzen Bemerkungen zu meinem Vorschlag der Mutterräte. In: WKW 1919/1. 9-13.
Moll Leopold: Ueber die Notwendigkeit der Ausbildung der Studierenden und Fortbildung der Aerzte in der Säuglingsheilkunde, Säuglings- und Kinderfürsorge. In: WKW 1919/26. 690-694.
Moll Leopold: Welches Kind ist fürsorgebedürftig? (Vom pädagogischen Standpunkt). In: Bericht über die 9. Fürsorgetagung am 26. Juni 1927. Zusammengestellt vom Schriftführer Hofrat Dr. Wilhelm Hecke. Wien: Verlag von Julius Springer 1928. 27-30.
Moll Leopold: Säuglingsnahrungen für die künstliche Ernährung des Säuglings, ihre Zubereitung und ihre Anwendung. In: WKW 1930/9. 273-275.
Müller-Lyer: „Phasen der Liebe". München: Verlag Albert Langen 1913. Rezensiert von *Hirsch Max* unter „Ehe und Eugenetik" in der Wissenschaftlichen Rundschau des AFE, Bd. II, 1916. 115-118.
Narbeshuber Karl: Stillverhältnisse auf dem Lande. In: WKW 1924/36. 877-882.
Nassauer Max: Der Schrei nach dem Kinde. In: AFE 1917, Bd. III. 102-111.
Neuburger Max: Aus der Vergangenheit der Wiener Pädiatrie. In: WKW 1932/39, 40. 1149-1152.
Neurath Rudolf: Konstitutionelle Typen der Idiotie im Kindesalter. In: WKW 1930/7. 208f.
Niedermeyer Albert: Ist Sterilisierung das wirksamste Mittel zur Verhütung erbkranken Nachwuchses? In: WKW 1935/51. 1578-1583.

Nigris Guido: Ueber das Stillen und die Ursachen des Nichtstillens. In: WKW 1905/18. 459–463.
Nobel/Pirquet (Hg.): Kinderküche. Wien: Springer 1927
Nobel E., Pirquet C., Wagner R.: Die Ernährung gesunder und kranker Kinder für Aerzte und Studierende der Medizin. Zweite, völlig umgearbeitete Auflage. Wien: J.Springer 1928.
Olegnik Felix: Geburten und Geborene in Wien in den letzten Jahren. In: WKW 1937/2. 64–68.
Orel Herbert: Bevölkerungspolitik und Arzt beim Neuaufbau Österreichs. 1935/1. 18–21.
Peters: Zur Abwehraktion gegen den kriminellen Abortus. In: WKW 1917/31. 984–986.
Peters: Zur Frage der sogenannten „sozialen Indikation" zum künstlichen Abortus. In: WKW 1917a/32. 1014–1016.
Peters Hubert: Das Problem des Geburtenrückganges, seine Ursachen und Folgen. In: Wiener Medizinische Wochenschrift 1929/2. 47–51.
Peteres W.: Ueber Vererbung psychischer Fähigkeiten. Leipzig-Berlin: Teubner 1916. Rezensiert von E. Raimann In: WKW 1918/6. 163.
Peyrer Karl: Ueber schlecht essende Kinder. In: WKW 1926. 106f.
Pirquet Clemens: Vorwort. In: Offizieller Katalog zur Ausstellung „Frau und Kind" im Messepalast Wien. 1928.
Pötzl Otto: Ueber die Vererbung von Geisteskrankheiten vom Standpunkt eugenischer Bestrebungen. In: WKW 1929/26. 882 f.
Prausnitz W.: Die internationale Hygiene-Ausstellung in Dresden. In: WKW 1911/35. 1249–1252.
Prinzing: Die Kindersterblichkeit in Österreich. In: WKW 1902/37. 948.
Reche Otto: Die Bedeutung der Rassenpflege. 1925.
Reche Otto: Deutsche Gesellschaft für Blutgruppenforschung. In: Zeitschrift für Volksaufartung und Erbkunde. 15. April 1927. 47.
Redtenbacher Hans: Eine neue schulärztliche Aufgabe. In: Bericht über die 8. Fürsorgetagung am 15. Mai 1926. Zusammengestellt vom Schriftführer Hofrat Dr. Wilhelm Hecke. Wien: Verlag von Julius Springer 1927. 28f.
Reichel Heinrich: Die Männerstadt. Ein Beitrag zum Großstadt- und Familienproblem. In: WKW 1918/15. 421–423.
Reichel Heinrich: Die Hauptaufgaben der Rassenhygiene in der Gegenwart. Wien 1922. Verlegt vom Volksgesundheitsamte im Bundesministerium für soziale Verwaltung. 17 S.
Reichel Heinrich: Die Alkoholfrage in der Schule. In: WKW 1923/4. 72–75.
Reichel Heinrich: Qualitative Bevölkerungspolitik. In: Bericht über die 8. Fürsorgetagung am 15. Mai 1926. Zusammengestellt vom Schriftführer Hofrat Dr. Wilhelm Hecke. Wien: Verlag von Julius Springer 1927. 5–7.
Reichel Heinrich: Alfred Ploetz und die rassenhygienische Bewegung der Gegenwart (Vortrag, gehalten in der Wiener Gesellschaft für Rassenpflege [Rassenhygiene] am 9. Dezember 1930). In: WKW 1931/9. 284–287.
Reichel Heinrich: Welches sind heute die dringlichsten Forderungen der Rassenhygiene? In: WKW 1934/23. 705–708.
Reichel Heinrich: Welches sind heute die dringlichsten Forderungen der Rassenhygiene? (Schluß) In: WKW 1934/24. 740–743.
Reichel Heinrich: Die Stellung der Rassenhygiene zur Hygiene und Medizin. In: WKW 1935/1. 2–5.
Reichel Heinrich: Die Methoden der Fruchtbarkeitsbeschränkung vom ärztlichen, ethischen und bevölkerungspolitischen Standpunkt. In: WKW 1935a/35. 1081–1088.
Reichel Heinrich: Gesunder Nachwuchs. In: WKW 1935b/27. 887–900.
Reichel Heinrich: Meine lieben jungen Freunde! Ein Vortrag für Mittelschulabgänger über Rassenhygiene (Eugenik). In: WKW 1936/18. 554–556.
Reichel Heinrich: Das biologische Weltbild der Gegenwart. In: WKW 1937/20. 780–785.
Rein/Selter (Hg.): Das Kind – seine körperliche und geistige Pflege von der Geburt bis zur Reife. Rezension in der WKW 1911/38. 1340.

Reuss A.: Die Beschaffung von Frauenmilch als Aufgabe der Säuglingsfürsorge. In: WKW 1922/38-39.771f.
Reuss A.: Ernährungsfragen im Säuglings- und Kleinkindesalter. In: WKW 1931/1. 14-18.
Reuss A.: Kinderheilkunde und Fürsorge. In WKW 1931/12. 373-377.
Reuss A.: Meine Kinderjahre. Die geistige und körperliche Entwicklung des Kindes. Im Auftrage der Österreichischen Gesellschaft für Volksgesundheit. Berlin-Köln-Leipzig-Wien: Deutsches Leben. 1930. Rezensiert von Reuss in der WKW 1931a/27. 894 f.
Reuss A.: Die nächsten Aufgaben der Säuglingsfürsorge. In: WKW 1932/39 u. 40. 1222-1224.
Reuss A.: Einige aktuelle Fragen der Säuglingsernährung. In: WKW 1937/18. 602-606.
Reuter Fritz: Wann liegt bei der künstlichen Einleitung eines Abortus Notstand im Sinne des österreichischen Strafgesetzes vor? In: WKW 1936/47. 1435 f.
Reuter Fritz: Welche strafrechtlichen Folgen hat der Mißbrauch der operativen Sterilisierung? In: WKW 1936a/48. 1467 f.
Rietschel: Die Sommersterblichkeit der Säuglinge. In: WKW 1911/43. 1518.
Sachs Otto: Syphilis und Ehe. Moderne Hygiene. Volkstümliche Vorträge führender Ärzte. Wien und Leipzig: Moritz Perles 1925.
Schacht Franz: Die Hochzüchtung des Menschengeschlechts. In: AFE 1914, Bd. I. 131-139.
Schallmayer Wilhelm: Eugenik, ihre Grundlagen und ihre Beziehungen zur kulturellen Hebung der Frau. In: AFE 1914, Bd. I. 271-291.
Schinzel Alfred: Die bevölkerungspolitische Lage Oesterreichs. In: WKW 1935/9. 262-266.
Schloß Ernst: Ueber Säuglingsernährung. Mit 59 Kurven und drei Tafeln. Berlin: Karger 1912. Rezensiert in der WKW 1913/25. 1030.
Scholz Alois: Rassenpflege und Erziehung (Vortrag, gehalten am 29. Jänner 1926). Wien: Selbstverlag der Gesellschaft für Rassenpflege 1926.
Scholz Alois: Grundlegendes über Rassenpflege und Erziehung. In: Volk und Rasse. Illustrierte Vierteljahreszeitschrift für deutsches Volkstum. 3. Jahrgang. Heft 4. München: Lehmann 1928. 235-247.
Sofer: Die Bekämpfung der Säuglingssterblichkeit. In. WKW 1906/20. 598-600.
Sperk Bernhard: Ueber Einrichtung und Funktion der Schutzstelle des Vereins „Säuglingsschutz" in Wien. In: WKW 1905/45. 1179-1184.
Stiglbauer Rudolf: Frauenarzt und Bevölkerungspolitik. In: WKW 1927/32. 1032-1034.
Stiglbauer Rudolf: Statistik in Österreich, ihre sozialhygienische Bedeutung und bevölkerungspolitische Auswirkung. In: WKW 1934/11. 323- 326.
Stoeckel W.: Ueber die sozial-prophylaktische Arbeit des Frauenklinikers. In: WKW 1937. 1147-1150.
Stransky Erwin: Diskussion zum Vortrag des Hr. J. Tandler „Krieg und Bevölkerung" In: WKW 1916/17. 531 f.
Stransky Erwin: Krieg und Bevölkerung. Erweiterte Diskussionsbemerkungen zum gleichnamigen Vortrage des Herrn Prof. Dr. J. Tandler. WKW 1916a/18. 555-558.
Stransky Eugen: Neue Wege der Säuglingsfürsorge. In: WKW 1928/15. 525-530.
Stransky Eugen: Sozialhygiene im Säuglings- und Kleinkindesalter. Leipzig und Wien: Franz Deuticke 1929.
Szana Alexander: Die Pflege kranker Säuglinge in Anstalten. In: WKW 1904/2. 46-52.
Szana Alexander: Krieg und Bevölkerung. Bemerkungen zum Vortrag des Prof. Tandler. In: WKW 1916/16. 485-489.
Tandler Julius: Krieg und Bevölkerung. In: WKW 1916/15. 445-452.
Tandler Julius: Ehe und Bevölkerungspolitik (Vortrag, gehalten im Februar 1923). Separatabdruck aus der „Wiener Medizinischen Wochenschrift" 1924, Nr. 4, 5 und 6. Wien und Leipzig: Moritz Perles 1924. 22 S.
Tandler Julius: „Mutterschaftszwang und Bevölkerungspolitik". In: Der lebendige Marxismus. Festgabe zum 70. Geburtstag von Karl Kautsky. Hrsg. v. Otto Jensen. Jena 1924a. 367-382.
Tandler Julius: Qualitative Bevölkerungspolitik. In: Bericht über die 8. Fürsorgetagung am 15. Mai 1926. Zusammengestellt vom Schriftführer Hofrat Dr. Wilhelm Hecke. Wien: Verlag von Julius Springer 1927. 1-5.

Tandler Julius: Was ist Konstitution? Beitrag im Rahmen der Seminarabende des Wiener medizinischen Doktorenkollegiums. In: WKW 1930/10. 318–319.

Teleky Ludwig: Die Aufgaben und Ziele der sozialen Medizin. In: WKW 1909/37. 1257–1263.

Teleky Ludwig: Fortsetzung der Diskussion zum Vortrag J. Tandler „Krieg und Bevölkerung". In: WKW 1916/16. 501–504.

Teleky Ludwig: Kriegsprobleme sozialer Fürsorge. In: WKW 1917/11. 342–344.

Teleky Ludwig: Sozialisierung des Gesundheitswesens. In.: WKW 1919/23. 617–619.

Teleky Ludwig: Ueber soziale Hygiene. Eine Erwiderung auf R. Graßbergers Ausführungen in Nr.8 dieser Wochenschrift. In: WKW 1920/24. 519f.

Tezner Otto: Einfluß der Vitamine auf Infektionskrankheiten / Bedeutung der Vitamine für Mutter und Frucht während der Gravidität. In: WKW 1936/33. 1035f.

Tezner Otto: Ueber die Korrelation der Vitamine namentlich beim Kinde. In: WKW 1937/4. 134f.

Tietze Felix: Säuglingsfürsorge und Rassenhygiene. In: Zeitschrift für Volksaufartung und Erbkunde. Berlin 1927.4–6. und in der Wiener Medizinischen Wochenschrift 1926/34. 1014–1016.

Vaerting Mathilde: Die eugenische Bedeutung des Orgasmus. In: Zeitschrift für Sexualwissenschaft Offizielles Organ der „Ärztlichen Gesellschaft für Sexualwissenschaft und Eugenik" in Berlin. Bonn: Marcus & Webers Heft 6. 1915. 185–194.

Vaerting M.: Über den Einfluß des Krieges auf die erblich-organische Höherentwicklung in Europa. In: Archiv für Soziale Hygiene und Demographie 1916. 401–415.

Wagner v. Jauregg: Ueber erbliche Belastung (Antrittvorlesung gehalten bei Uebernahme der II. Psychiatrischen Klinik in Wien). In: WKW 1902/44. 1153–1159.

Wagner-Jauregg: Ueber Erblichkeit in der Pathologie. In: WKW 1928/16. 545–549.

Wagner-Jauregg: Die erbliche Anlage zu Geistesstörungen. In: WKW 1929/28. 925–927.

Wagner-Jauregg: Die erbliche Anlage zu Geistesstörungen (Schluß). In: WKW 1929/29. 961–964.

Wagner-Jauregg: Ueber Eugenik (Vortrag, gehalten in der Sitzung des österreichischen Bundes für Volksaufartung und Eugenik am 10. Dezember 1930). In: WKW 1931/1. 1–6.

Wagner-Jauregg: Menschliche Auslese und Rassenhygiene (Eugenik). Von Dr. Fritz Lenz, Professor der Rassenhygiene an der Universität München. 3., vermehrte u. verbess. Aufl. 593 S. München: Lehmann 1931. Rezensiert von Wagner-Jauregg In: WKW 1932. 567 f.

Wagner-Jauregg: Zeitgemäße Eugenik. In: WKW 1935/1. 1f.

Weichselbaum: Fortsetzung der Diskussion zum Vortrag J. Tandler „Krieg und Bevölkerung". In: WKW 1916/16. 500f.

Weiß Siegfried: Milchkassenorganisation zur Förderung der Selbststillung. In: WKW 1905/27. 727–729.

Weiß Siegfried: Die Aufgaben der öffentlichen Säuglingsfürsorge in Oesterreich. In. WKW 1909/50. 1758f.

Weiß Siegfried: Die gesetzliche und freiwillige Kindermilchkontrolle. In: WKW 1910/12. 435–440.

Weiß Siegfried: Säuglingsfürsorge und Kinderspital. In: WKW 1913/2. 62–67.

Weiß Siegfried: Zur Neuordnung der Säuglingsfürsorge in Oesterreich. In: WKW 1918/41. 1111–1113.

Weiß Siegfried: Die Vereinheitlichung der Säuglingsfürsorge in Wien und Niederösterreich. In: WKW 1919/13. 341–345.

Weiß Siegfried: Neue Aufgaben für die praktische Hygiene in der Kinderaufzucht. In: WKW 1922/46. 903f.

Weiß Siegfried: Qualitative Bevölkerungspolitik. In: Bericht über die 8. Fürsorgetagung am 15. Mai 1926. Zusammengestellt vom Schriftführer Hofrat Dr. Wilhelm Hecke. Wien: Verlag von Julius Springer 1927. 9–12.

Wengraf Fritz: Beitrag zur Ernährung und Fürsorge des Kleinkindes. In: WKW 1919/43. 1042–1045.

Weninger Josef: Menschliche Erblehre und Anthropologie (Zur Methode der Erbforschung). In: WKW 1936/26. 801–806.

Weninger Josef: Der naturwissenschaftliche Vaterschaftsbeweis. In: WKW 1938/1. 10–13.

Winkler Wilhelm: Der Rückgang der körperlichen Tüchtigkeit in Österreich in den Jahren 1870–1912. In: Archiv für Soziale Hygiene und Demographie. XIV. 1924. 193–242 und 289–349.

Ziegler H. E.: Ueber den derzeitigen Stand der Vererbungslehre in der Biologie. In: WKW 1905/18. 473.

1938–1945

Amreich A. I.: Sterilität der Frau. In: WKW 1940/41. 819–827.

Amreich A. I.: Therapie der Sterilität. In: WKW 1942/6. 101–105.

Amreich A. I.: Geregelte Schwangerschafts- und Wochenbettpflege. In: WKW 1942a/23. 441–447.

Antoine Lore: Schönheitspflege. In: WKW 1942/19. 366–368.

Arnold Gottfried: Die Zusammenarbeit der Universitätslektoren für Sprechtechnik mit dem Spracharzt. In: WKW 1941/34. 706–708.

Asperger Hans: Der „Heilpädagogische Hort". In: WKW 1944/31 und 32. 392–393.

Auersperg Alfred: Aerztliche Beurteilung des Charakters. In: WKW 1938/48. 1292–1296.

Auersperg Prinz A.: Die Psyche der Frau. In: WKW 1942/17. 325–327.

Bericht über die Dritte Tagung der Deutschen allgemeinen ärztlichen Gesellschaft für Psychotherapie. In: WKW 1941. 677.

Biesenberger Hermann: Schwere erbliche körperliche Mißbildung und deutsche Erbpflege. In: WKW 1939/15. 356–361.

Bornefeld Adele: Entstehung und Einsatz des Gesundheitswagens. In: WKW 1940/35. 704–705.

Euler-Rolle Fritz: Zum Geleite. Aus den Schulungsabenden der Aerzteschaft des SS-Oberabschnittes „Donau". In: WKW 1938/40. 1107.

Fehringer A.: Rede anläßlich der Eröffnung der Zentralstelle „Kinderlose Ehen" im Gau Niederdonau am 17. Juni 1942. In: WKW 1942/43. 841–843.

Fehringer A.: Zum fremdvölkischen Einsatz. In: WKW 1943/43 u. 44. 643–645.

Fom G 314: Formularvordruck zur erbpflegerischen Überprüfung. Wilhelm Dieckmann Verlag in Altenkirchen (Westerwald).

Gasser E.: Einrichtung und Aufgaben der Neugeborenenstation. In: WKW 141/40. 824–826.

Goll Heribert: Erfahrungen mit dem ersten Gesundheitswagen im Kreise Zwettl, Niederdonau. In: WKW 1940/35. 705–709.

Graßberger R.: Heinrich Reichel (Nachruf). In: WKW 1943/19 u. 20. 335–336.

Greiner Erna: Die Bedeutung der Schulzahnpflege für die Verhütung späterer Allgemeinerkrankungen. In: WKW 1943/25 u. 26. 407–411.

Gundel M.: Mutter und Kind in der Gesundheitsfürsorge. In: WKW 1942/17. 321–324.

Gundel M: Welche Erfahrungen wurden auf dem Gebiete der Erbpathologie und des Sterilisierungsgesetzes gemacht? In: WKW 1942a/9. 168–170.

Gundel M.: Die Organisation der Gesundheitsfürsorge in der Stadt und auf dem Lande. In: WKW 1943/14 u. 16. 267–270.

Gundel M.: Ergebnisse neuzeitlicher Schutzimpfungsverfahren. In: WKW 1943a/21 u. 22. 362–363.

Hamburger Franz: Nationalsozialismus und Medizin. In: WKW 1939/6. 133–138.

Hamburger Franz: Kindergesundheitsführung. In: WKW 1939a/2. 33–35.

Hamburger Franz: Der Gesundheitswagen (Motorisierte Mütterberatung). In: WKW 1940/35. 703–704.

Hamburger Franz: Die Ernährung unserer Kinder im Kriege. In: WKW 1940a/28. 559–562.

Hamburger Franz: Willkommen zur ersten Kinderkundlichen Woche in Wien! In: WKW 1940b/35. 697.

Hamburger Franz: Kinderaufzucht. In: WKW 1940c/51. 1061–1062.

Hamburger Franz: Psychisches Klima. In: WKW 1942/6. 105–108.

Hamburger Franz: Aufzucht und Erziehung unserer Kinder. In: WKW 1942a/27. 521–526.

Hamburger Franz: Entstehung und Behandlung der Neurosen im Kindesalter. In: WKW 1942b/7. 139–140.
Hamburger Franz: Die Mütterlichkeit. In: WKW 1942c/46. 901–905.
Hamburger Franz: Die Väterlichkeit. In: WKW 1943/17 u. 18. 293–295.
Handloser: Wehrmedizin. In: WKW 1939/1. 1–7.
Handloser: Musterung und Volksgesundheit. In: WKW 1939a/25. 606–607.
Hofmeister Kurt: Reform der Wochenstube. In: WKW 1944/35 u. 36. 443–447.
Jekelius Erwin: Grenzen und Ziele der Heilpädagogik. In: WKW 1942/20. 385–386.
Jelusich Mirko: Das männliche Prinzip in der Geschichte. In: WKW 1942/49. 961–965.
Kazda F.: Aerztliche Ethik. In: WKW 1939/8. 190–195.
Keller Karl: Was ist Konstitution? In: WKW 1939/20. 477–478.
Keller K.: Gegenauslese. In: WKW 1940/35. 701–703.
Kernau Th.: Ueber das Schicksal und den sogenannten Aufzuchtswert unreifgeborener Kinder. In: WKW 1939/36. 834–835.
Kraul Ludwig: Ueber die Unfruchtbarkeit der Frau. In: WKW 1939/7. 158–163.
Kraul L./Sternad T.: Ergebnisse und Probleme der Sterilitätsbehandlung. In: WKW 1943/41 u. 42. 607–613.
Lampert: Frauenarbeit und Muttertum. In: WKW 1942/28. 541–545.
Lauda Edith: Die Körperpflege der Frau. In: WKW 1942/20. 389–391.
Lejeune F.: Die Frau im Laufe der Zeiten als Heilerin und Helferin des Arztes. In: WKW 1942/18. 341–344.
Lejeune F.: Das männliche Prinzip in der Geschichte der Medizin. In: WKW 1943/27 u. 28. 423–429.
Lenz Hermann: Der biologische Gedanke im Leben der Völker. In: WKW 1940/25. 504–507.
Lenz H.: Ueber Konstitution und degenerative Stigmata. Referat b. d. Sitzung d. „Wiener Medizinischen Gesellschaft. Fachgruppe für menschliche Erbbiologie" am 29. 1. 1941. In: WKW 1942/24. 478–480.
Linden: Erb- und Rassenpflege bei den Gesundheitsämtern 1935. In: Der öffentliche Gesundheitsdienst. 1. Jg. Heft 1. Leipzig 1935. zit. in: Poier 2001: 3.
Loos H. O.: Die bevölkerungspolitische Lage des Deutschen Reiches seit der nationalsozialistischen Machtergreifung. In: WKW 1942/27. 529–532.
Lorenz Albert: Sport und Wehrmacht. In: WKW 1941/18. 381–388.
Matheis H.: Durch Unterlassung körperlich Beschädigter darf Arbeitskraft nicht verloren gehen. In: WKW 1943/35 u. 36. 532–538.
Meixner Karl: Die Abtreibung. In: WKW 1942/20. 381–385.
Meller Josef/Risak Erwin: Ueber Reihenuntersuchungen und ihre Ergebnisse. In: WKW 1939/1. 13–19.
Meller Josef/Risak Erwin: Ueber Reihenuntersuchungen und ihre Ergebnisse. In: WKW 1940/41. 838–842.
Meller Josef/Risak Erwin: Ueber Reihenuntersuchungen und ihre Ergebnisse. In: WKW 1941/21. 454–458.
Möschl Hermann: Inzucht. In: WKW 1938/43. 1172–1175.
Möschl Hermann: Vererbung und Persönlichkeit. In: WKW 1938a/40. 1107–1110.
Müller-Lyer: „Phasen der Liebe". München: Verlag Albert Langen 1913. Rezensiert von *Hirsch Max* unter „Ehe und Eugenetik" in der Wissenschaftlichen Rundschau des AFE. Bd. II. 1916. 115–118.
Neuber Ed.: Ueber Gesundheitsschutz der Jugend. In: WKW 1939/42. 950–953.
Neuber Karl: Die Frau im Arbeitseinsatz. In: WKW 1942/19. 361–366.
Neureiter Ferdinand von: Verbrechen und Vererbung. In: WKW 1940/48. 977–982.
Neußer E.: Arbeitsunfähigkeit im Sinne der Reichsversicherungsordnung (Krankenversicherung). In: WKW 1943/51 und 52. 747–748.
Ossoinig Karl: Beobachtungen über Rachitis in der Mutterberatungsstelle. In: WKW 1939/36. 836–840.
Pernkopf Eduard: Nationalsozialismus und Wissenschaft. In: WKW 1938/20. 545–548.
Pernkopf Eduard: Zum Problem Mißbildung und Vererbung beim Menschen. In: WKW 1938a/37. 967–972.
Pernkopf Eduard: Begrüßungsworte (Gründungssitzung der „Wiener Medizinischen Gesellschaft"). In: WKW 1939/6. 132.

Pernkopf Eduard: Zur Wahl des ärztlichen Berufes. In: WKW 1942/38. 741–744.
Pernkopf Eduard: Eröffnungsansprache zur Gründung der Wiener Biologischen Gesellschaft am 1. Dezember 1941. In: WKW 1942a/1. 1–3.
Pichler Ernst: Die Sterilisierung im Lichte der Weltanschauung. In: WKW 1938. 1267–1270.
Pirker Herbert: Sportberatung. In: WKW 1941/15. 314–315.
Pirker Herbert: Der Mann im Sport. In: WKW 1943/21 und 22. 358–360.
Planner-Plann O.: Gründungssitzung der Wiener Medizinischen Gesellschaft (Eröffnungsansprache). In: WKW 1939/6. 129–131.
Plattner F.: Die biologischen Grundlagen spezifisch männlicher Eigenschaften. In: WKW 1943/21 u. 22. 345–348.
Pokorny F.: Ueber periodische Gesundenuntersuchung. In: WKW 1940/9. 169–171.
Pötzl Otto: Psychiatrisch-neuropathologische Probleme zur Verhütung erbkranken Nachwuchses. In: WKW 1938/45. 1205–1209.
Pötzl Otto: Psychopathien des Mannes. In: WKW 1943/33 u. 34. 501–507.
Radl Hans: Die Wiener Krüppelschule. In: WKW 1942/51. 1007–1009.
Reuss A.: Die Behandlung der Ernährungsstörung des Säuglings. In: WKW 1941/13. 282–284.
Reuss A.: Das Stillproblem. In: WKW 1942/36. 719–720.
Reuss A.: Zur Ernährung des Kleinkindes. In: WKW 1942a/42. 825–827.
Reuss A.: Die Aufzucht des Frühgeborenen. In: WKW 1942b/46. 917–918.
Rheindt Rudolf: Zweckmäßige Schwangerenberatung. In: WKW 1942/37. 738–739.
Rheindt Rudolf: Der Tod in Schwangerschaft, Geburt und Wochenbett. Kann durch zweckmäßige Schwangerenberatung geholfen werden? In: WKW 1941/30. 633–635.
Rolleder A.: Rassenbiologisches Denken als Leitlinie unserer Weltanschauung. In: WKW 1938/49. 1318–1319.
Rolleder A.: Erbkrankheiten. In: WKW 1942/48. 959.
Romich Siegfried: Der progressive und der konservative Mensch. In: WKW 1942/51. 1010–1014.
Ruckensteiner E.: Schädigung der Nachkommenschaft durch Einwirkung von Röntgenstrahlen. In: Klebelsberg L.: Bericht zur Sitzung der „Wissenschaftlichen Aerztegesellschaft in Innsbruck" vom 19. Juni 1942. WKW 1944/5 und 6. 77–78.
Schipper Hans: Zivilisationsschäden. In: WKW 1943/31 u. 32. 482–486.
Schmidt-Lange W.: Aufgaben der Hygiene. In: WKW 1944/35 und 36. 457–458.
Schneider Phillip: Nachweis der Zeugungsfähigkeit des Mannes. In: WKW 1943/35 u. 36. 527–529.
Schneider Ph: Rezension zu Lemke. R.: Ueber Ursache und strafrechtliche Beurteilung der Homosexualität. Jena: Fischer 1940. In: WKW 1944/1 u. 2. 19.
Schürer F. v. : Zum Problem der Fruchtbarkeit des Mannes. In: WKW 1939/17. 403–407.
Schwab N.: Ueber das Gesetz zur Verhütung erbkranken Nachwuchses: Seine Durchführung und Erfahrungen. In: WKW 1939/14. 342–344.
Siegl Josef: Ueber die Ernährung der Kinder in der jetzigen Zeit. In: WKW 1940/12. 227–231.
Siegmund H.: Zum Problem der Fruchtbarkeit. In: WKW 1938/51. 1366–1369.
Siegmund H.: Richtlinien zum Erhalten und Wiederherstellen der Fruchtbarkeit der Frau. In: WKW 1939/5. 117–121.
Siegmund H.: Warum die Fruchtbarkeit bei der alternden Frau abnimmt. In: WKW 1940/38. 770–772.
Siegmund H.: Fruchtbarkeit und Fruchtbarkeitsbereitschaft. In: WKW 1942/16. 301–304.
Siegmund H.: Zur Organisation der Vorsorge und Fürsorge für werdende Mütter. In: WKW 1943/19 u. 20. 323–326.
Siegmund H.: Schwangerschaft, Arbeitseinsatz und Mutterschutz. In: WKW 1944/29 u. 30. 374–376.
Stähle: Die Hebamme von heute. In: WKW 1942/29. 561–566.
Stourzh-Anderle Helene v.: Konstitution und Sexualität. In: WKW 1943/37 u. 38. 556–564.

Stracker Oskar: Der Körperzustand einiger Altersklassen der Wiener Bevölkerung im Spiegel einer militärischen Musterung. In: WKW 1939/39. 889–892.
Synek Berta: Zum Kampf um die Muttermilch. In: WKW 1944/7 und 8. 85–86.
Thums K.: Die Erbkrankheiten mit ausschließlicher oder vorwiegender Manifestation beim Manne. In: WKW 1943/17 u. 18. 300–309.
Tuppa Karl: Intelligenz und Alkohol. In: WKW 1938/44. 1183–1187.
Tuppa Karl: zur Theorie und Praxis des Abstammungsnachweises. In: WKW 1939/21. 515–518.
Tuppa Karl: Frau und Rasse. In: WKW 1942/34. 661–664.
Umlauf Hubert: Zur Durchführung des Gesetzes zur Verhütung erbkranken Nachwuchses. In: WKW 1939/32. 754–758.
Vellguth: Erbbestandsaufnahme. In: WKW 1941/24. 584.
Vellguth: Erbpflegerische Eheberatung. In: WKW 1941a/7. 148–149.
Vellguth: Aktuelle Fragen zur Rassenpolitik. In WKW 1942/19. 377.
Voss Friedrich: Praktische Geschlechtskrankenfürsorge. In: WKW 1943/23 und 24. 380–384.
Wiedmann Albert: Die Prostitution. In: WKW 1942/18. 344–348.
Wolter Hans: Wehrpsychiatrie. In: WKW 1939/1. 4–7.
Zederbauer Gottfried: Anorexie im Kindesalter. In: WKW 1938/40. 1101–1104.
Zimmer: Wehrmedizin. In: WKW 1941/13. 281–282.

Gedruckte Quellen 1946–2000

Altmann G. et al: Die klinische Wirksamkeit der kupferhältigen Intrauterinpessare Nova T und Kuper-T-200 Ag im randomisierten Vergleich. In: WKW 1981/17. 556–558.
Antoine Tassilo: Grenzen zwischen Haus- und Klinikentbindung. In: WKW 1946/14. 223–225.
Antoine T.: Die periodische Fruchtbarkeit und Unfruchtbarkeit der Frau. In: WKW 1987/44. 725–728.
Antoine T.: Sterilität der Frau. In: WKW 1968/25. 485–486.
Arnold O. H./ Hofmann G.: Ergebnisse einer biochemischen Untersuchungsmethode der Schizophrenie und ihres Erbhintergrundes. In: WKW 1963/33 u. 34. 593–601.
Artner J. et al: Ueber Lokalwirkungen von Oestriol. In: WKW 1959/29. 523.
Arzt L.: Zum Wiedererscheinen der Wiener klinischen Wochenschrift im neuen Oesterreich. In: WKW 1946/1. 1.
Asperger H.: Gesundheit. In: WKW 1961/43 und 44. 725–728.
Asperger H.: Kinderpsychiatrie – Pädagogik – Heilpädagogik. In: WKW 1967/49. 906–912.
Asperger H.: Pädiatrie – Kinderpsychiatrie – Heilpädagogik. In: WKW 1975/18. 581–582.
Auff E.: Zum Stellenwert der oralen Kontrazeptive als Risikofaktor zerebraler Gefäßerkrankungen. In: WKW 1986/10. 304–310.
Bandhauer K.: Immunbiologische Fertilitätsstörung des Mannes. In: WKW 1968/35. 652–691.
Bauer Julius: Konstitutionelle Krankheitsdisposition einst und jetzt. In: WKW 1959/7. 109–112.
Bauer G: Klinisch-wissenschaftliche Untersuchungen aus ethischer und rechtlicher Sicht. In: WKW 1987/13. 449–453.
Bayer H.: Medizinische, moralisch-ethische und juristische Probleme in der modernen Geburtshilfe. In: WKW 1990/12. 354–358.
Beck A. et al: Klinische Erfahrungen mit Intrauterinpessaren. In: WKW 1974/17. 499ff.
Beck A./Stöger H.: Die Müttersterblichkeit in Österreich aus klinischer Sicht. In: WKW 1976/10. 309–314.
Berger Ernst/Michel Barbara: Zwangssterilisation bei geistiger Behinderung. In: WKW 1997/23. 925–931.
Bichler A. et al: Aussagekraft verschiedener Fruchtwasseruntersuchungen zur Diagnostik der fetalen Reife. In WKW 1975/16. 507–509.

Borchardt L.: Konstitution, Rasse und Krankheitsbereitschaft. In: WKW 1948/44. 721–723.
Boruth M./Müller D.: Die Cervix uteri als Ursache der ehelichen Sterilität. In: WKW 1962: 677.
Brabec W.: Priming der Portio mit Prostaglandinen im ersten und zweiten Trimenon. In: WKW 1982/20. 554–558.
Brücke F.: Ueber einige Folgerungen aus den Embryonalschädigungen durch Thalidomid. In: WKW 1962. 864–865.
Büchner Franz: Von der Entstehung menschlicher Mißbildungen und Mißbildungskrankheiten. In: WKW 1959/9. 145–148.
Burghardt E.: Große Frauenärzte an der Grazer Medizinischen Fakultät. In: WKW 1988/5. 138–141.
Burmucic R.: Die Sterilisation der Frau unter besonderer Berücksichtigung der laparoskopischen Tubensterilisation. In: WKW 1987/21. 751–754.
Czermak Hans: Ursachen der Säuglingssterblichkeit in Oesterreich. In: WKW 1956. 892–895.
Dapunt O.: Die Geburtshilfe und Gynäkologie an der Innsbrucker Medizinischen Fakultät. In: WKW 1988/5. 142–145.
Denk W.: Diskussion zum Vortrag von H. Husslein „Zur Frage der Geburtenkontrolle". Offizielles Protokoll der Gesellschaft der Ärzte in Wien. 12. Januar 1968. In: WKW 1968/80. 96.
Döring G. K.: Probleme der Geburtenregelung. In: WKW 1968/80. 440–442.
Dorn U./Hattwich M.: Erste Erfahrungen mit der routinemäßig durchgeführten Hüftsonographie bei Neugeborenen. In: WKW 1987/3. 92–95.
Dorn U.: Hüftscreening bei Neugeborenen. Klinische und sonographische Ergebnisse. In: WKW 1990. Supplementum 181. 22 S.
Dudenhausen J. W. et al: Hausgeburt oder Klinikentbindung – eine ideologiefreie Stellungnahme. In: WKW 1983/20. 705–708.
Driak F.: Zahnärztliche Prophylaxe und Therapie im Kindesalter. In: WKW 1959/49. 947–950.
Druml Wilfred: Die Wiener klinische Wochenschrift von 1938–1945. Zum 50. Jahrestag des Wiedererscheinens 1946. In: WKW 1996/13. 381–384.
Druml Wilfred: „Fortschritt kann nur entstehen aus einer umfassenden Präsenz des Vergangenen". In: WKW 1999/18. 739–740.
Elsner-Mackay P.: Exogene Mißbildungen. In WKW 1964/11. 181–189.
Endl J./Schaller A.: Zur Ermittlung der Mißbildungshäufigkeit. In: WKW 1973/24. 436–439.
Endl J./Schaller A.: Mißbildungshäufigkeit unter Neugeborenen von Gastarbeiterinnen. In: WKW 1973a/42 und 43. 718–720.
Endl J. et al: Ergebnisse einer Schwangeren- und Wöchnerinnenbefragung. In: WKW 1981/6. 197–202.
Ernst E.: Ist Vorbeugen wirklich besser als Heilen? Ein Diskussionsbeitrag zur Prävention der Wirbelsäulenleiden. In: WKW 1993a/4. 108–110.
Ernst E.: Schlußwort zur Stellungnahme. In: WKW 1993/18. 531.
Fang-Kircher Susanne: Östereichisches Stoffwechselregister. In: WKW 1997/3. 89–92.
Feuser Georg: Die Würde des Menschen ... ist verletzbar! In: WKW 1997/23. 907–909.
Fink K./Zech H.: Einfluß der Inkubationszeit bei der Tiefgefrierkonservierung von Humansperma. In: WKW 1991/23. 707–709.
Flegenheimer F. A.: Zur Frage der Häufigkeitszunahme der Mißbildungen in den Nachkriegsjahren. In: WKW 1956/22. 468–470.
Friedrich et al: Hormonprofil und Hormontherapie in der Frühschwangerschaft. In: WKW 1978/15. 534–544.
Friedrich F. et al: Betamethasontest zur Diagnose der Plazentainsuffizienz. In: WKW 1983/3. 78–81.
Frisch H.: Die Entwicklung der Neonatologie in Tirol von 1968–1978 und deren Einfluß auf die Morbidität und Mortalität von Früh- und Neugeborenen. In: WKW 1980. Supplementum 116. 58 S.

Froewis J. et al: Uebt die Laktationshemmung mit Oestrogenen Folgen auf den Zyklus aus? In:WKW 1959/29. 523.
Froewis J. et al: Die mütterliche Sterblichkeit unter der Geburt in den letzten 20 Jahren. In: WKW 1960/52. 925–929.
Fröhlich H.: Die Entwicklung der Geburtshilfe an der II. Universitäts-Frauenklinik in Wien in den letzten 20 Jahren. In: WKW 1978/15. 545–50.
Gitsch E.: Die Entwicklung der Gynäkologie in der Gegenwart. In: WKW 1968/32. 971–974.
Gitsch E. et al: Die Bedeutung der hormonalen Überwachung der Schwangerschaft mittels Plazentolaktogen (HPL). In: WKW 1973/36. 585–588.
Gitsch E. et al: Die hypophysäre Reaktionslage unter oralen Kontrazeptiva. In: WKW 1981/19. 599–601.
Gitsch E./Husslein P.: Zur Frage der kontinuierlichen Geburtsüberwachung: Eine faktenbezogene ideologiefreie Stellungnahme. In: WKW 1986/10. 298–301.
Glanzmann E.: Gegenwartsaufgaben des Kinderarztes. In: WKW 1948/7. 105–109.
Golob u. Kunze-Mühl: Chromosomenbefunde bei Frauen mit wiederholten Fehlgeburten und mißgebildeten Früchten. In: WKW 1971. 668–670.
Gredler Brigitte/Gerstner G.J.: Fakten zum Thema „sanfte Geburt": Eine repräsentative Umfrage bei österreichischen Gynäkologen. In: WKW 1986/10. 315–319.
Gröger Helmut: Die bis heute nicht erkannte Tragweite des Nationalsozialismus für die Wiener Medizin. In: WKW 1998/4. 140–144.
Groh Ch.: Beratung von Eltern anfallskranker Kinder. In: WKW 1978/11. 365–371.
Gross Herbert: Der Einfluß der Frühgeborenensterblichkeit auf die Statistik der Säuglingsmortalität. In: WKW 1958/26. 483–485.
Gruber W.: Prostaglandine zur Beendigung pathologischer Schwangerschaften im II. Trimenon. In: WKW 19882/20. 558–560.
Grünberger et al: Behandlung der sterilen Ehe. Eine interdisziplinäre Aufgabe. In: WKW 1980. 342–345.
Grünberger et al: Erfolgreiche Schwangerschaft nach Laseroperation von verschlossenen Tuben. In: WKW 1981/23. 716–717.
Haberlandt W. W.: Neuere Ergebnisse der medizinischen Genetik, speziell auf dem neuropsychiatrischen Sektor. In: WKW 1964/10. 165–170.
Haberlandt W. F.: Die Zytogenetik als Beitrag zur Klinik – Leitsymptom Schwachsinn. In: WKW 1966/22. 397–401.
Harasek G.: Mumpsmeningitis und Mumpsimpfung. In: WKW 1978/1. 7–9.
Häusler M. C. H. et al: Schwangerschaftsabbruch nach Pränataler Diagnostik – Daten des Steirischen Fehlbildungsregisters (1985–1992). In: WKW 96/6. 169–174.
Hayde M. et al: Toxoplasmosescreening: tu felix Austria – Eine Entgegnung. In: WKW 1998/2. 63–65.
Heidler Hans: Berufsausübung der Frau während der Schwangerschaft. In: WKW 1947/49. 805–808.
Henneberg Georg: Probleme der Schutzimpfung. In: WKW 1958/27. 497–500.
Heyrowsky K.: Ueber die medikamentöse Beeinflussung des Geburtsverlaufs. In: WKW 1948/12. 191–195.
Hoff H. und Spiel W.: Zur Psychosomatik im Kindesalter. In: WKW 1955/38. 756–759.
Hoff H.: Internationale Probleme der Psychischen Hygiene. In: WKW 1961/13. 331–224.
Hohenauer L.: Veränderung der Frühgeborenensterblichkeit nach Einführung der Neugeborenenintensivpflege. In. WKW 1978/1. 10–12.
Hohlweg W./ Reiffenstuhl G.: Langzeitbehandlung mit Hormonen in der Gynäkologie. In: WKW 1965/44 u. 45. 878–881.
Holschneider A. M.: Soziologische, juristische und moraltheologische Aspekte der Selektion. In: WKW 1977/13. 436–439.

Holubar Karl: Die medizinische Fakultät der Universität Wien und die Nationalsozialisten. Eine Perspektive aus der Distanz von 60 Jahren. In: WKW 1998/4. 123–127.

Huber K.: Ueber eine der Ursachen geistiger Minderwertigkeit bei Kindern. In: WKW 1951/22. 411.

Hußlein Hugo: Die Unfruchtbarkeit der Frau. In. WKW 1954/41. 789–791.

Hußlein H.: Die Ernährung der schwangeren Frau. In: WKW 1955/7. 129–1331

Husslein H.: Die Notwendigkeit einer Reform der Schwangerenbetreuung. In. WKW 1958/38 und 39. 723–726.

Husslein H.: Gedanken und Kritik zur heutigen Geburtshilfe. In: WKW 1964/26. 4656–469.

Husslein H.: Zur Frage der Geburtenkontrolle. Offizielles Protokoll der Gesellschaft der Ärzte in Wien. 12. Januar 1968. In: WKW 1968/80. 95–96.

Husslein H.: Familienplanung. Ergebnisse und Aussichten. In: WKW 1970/31 und 32. 553–554.

Husslein H.: Familienplanung und derzeitige Rechtssituation in Österreich. In: WKW 1971/9. 141–144.

Husslein H.: Psychosomatik in Gynäkologie und Geburtshilfe – Probleme und Schwierigkeiten. In: WKW Supplementum 77. 1977. 10–13.

Husslein Peter/Schnedl/Wagenbichler.: Zur pränatalen Diagnostik. Ein Erfahrungsbericht über 180 Fruchtwasserpunktionen. In: WKW 1979/23. 803–805.

Husslein Peter: Über die Ursachen des Wehenbeginns beim Menschen: Neue Überlegungen zu einem alten geburtshilflichen Rätsel. In:WKW 1982/20. 541f.

Husslein P.: Die physiologische Bedeutung der Prostaglandine für den Geburtsmechanismus des Menschen. In: WKW 1982a/20. 542–546.

Husslein P.: Die Bedeutung von Oxytocin und Prostaglandinen für den Geburtsmechanismus beim Menschen. In: WKW Supplementum 155. 1984/22. 1–32.

Ipsiroglu Osman S. et al: Sicheres Schlafen – Die SIDS-Präventionskampagne der Wiener Kinderspitäler. In: WKW 2000/5. 185–186.

Ipsiroglu Osman S. et al: 4. Österreichische SIDS-Konsensus-Gespräch anlässlich der Wiener SIDS-Präventionskampagne „Sicheres Schlafen". In: WKW 200/5. 187–192.

Janisch H.: Familienplanung – Pille oder natürliche Methoden. In: WKW 1980/16. 555–558.

Janisch H.: In-vitro-Fertilisation – ein therapeutischer Weg? In: WKW 1982/19. 523–526.

Janisch H/Müller-Tyl E.: Zum Problem der Säuglingssterblichkeit. Die perinatale Sterblichkeit bei Frühgeborenen. In: WKW 1984/12:480–481.

Kaiser M.: Gedanken eines Amtsarztes über den Hygieneunterricht im neuen Oesterreich. In: WKW 1946/1. 4–8.

Kautsky A./ Orel Herbert.: Die Säuglingssterblichkeit in Wien. In: WKW 1959/18. 320–322.

Kerbl R. et al: Der plötzliche Säuglingstod (SIDS) in Österreich. Wie verläßlich ist die Diagnose. In: WKW 1995/8. 237–241.

Kerjaschki Dontscho: Biomedizinische Forschung in Österreich – Eine letzte Chance? In: WKW 1998/1. 1–6.

Köck Christian: Ultraschallscreening in der Schwangerschaft – eine kritische Literaturanalyse. In: WKW 1989/10. 341–345.

Köck Ch.: Brief an die Herausgeber. Betrifft: Stellungnahme zur Arbeit: Rosenkranz, A. et al: Kontinuierlich überwachte Geburt versus nicht überwachte Geburt: Versuch einer sachlichen Diskussion. In: WKW 1987/13. 468–470.

Köck Ch./Kytir J.: Sudden-infant-death Syndrom (SIDS) in Österreich. Teil 1. Häufigkeit und regionale Verteilung. In: WKW 1989/16. 533–538.

Köck Ch./Kytir J.: Sudden-infant-death Syndrom (SIDS) in Österreich. Teil 2: Prävalenzmuster und soziodemographische Charakteristika. In: WKW 1989a/16. 539–544.

Köck Christian M.: Gesundenuntersuchung, ja oder nein? Es kommt ganz drauf an. In: WKW 1997/4. 141–144.

Kofler E. et al: Häufigkeit und Therapie der Überstimulation nach lokaler Prostaglandingabe zur Geburtsleitung. In: WKW 199723. 696–699.
Kölbl H.: Probleme der Mutterschafts- und Säuglingsfürsorge im Lande Niederösterreich. In: WKW 1958/29. 533–538.
Kölbl H.: Neuzeitliche Schwangeren-, Mutterberatung und Säuglingsfürsorge. In: WKW Supplementum 1973. 1–17.
Kölbl H.: Hämorheologisches Screening bei Chorea Huntington. Offizielles Protokoll der Gesellschaft der Ärzte in Wien. In: WKW 1987/10. 357–358.
Kopera H.: Orale Kontrazeptiva. In: WKW 1976/22. 717–729.
Kopera H.: Oestrogens and Psyche. In: WWK 1984/12. 456–461.
Knaus Hermann: Soll die Vermehrung der Menschen willkürlich oder unwillkürlich erfolgen? In: Medizinische Kurzberichte. WKW 1959/44. 846f.
Knaus H.: Diskussion zum Vortrag von H. Husslein „Zur Frage der Geburtenkontrolle". Offizielles Protokoll der Gesellschaft der Ärzte in Wien. 12. Januar 1968. In: WKW 1968/80. 96.
Kratochwil A. et al: Gewichtsschätzung des Föten mit Ultraschall. In: WKW 1981/6. 183–186.
Kucera et al: Einfluß sozialer Faktoren auf die Ergebnisse eines gezielten Frühgeburtenpräventionsprogramms. In: WKW 1977/9. 307–310.
Kundratitz K.: Buchbesprechung zu „Elternfehler – Kinderschicksal. Formen der Fehlerziehung. Wien: Braumüller 1948. In: WKW 1949. 460.
Kundratitz K.: Fortschritte und Gefahren der Schutzimpfung. In: WKW 1953/36 u. 37. 754–759.
Kurz R.: Unsere Verantwortung für die Kinder. In: WKW 1986/18. 603–608.
Läpple M.: Pilotstudie zur Ermittlung medizinsicher, psychischer und psychosozialer Faktoren bei Fehlgeburt bzw. Spontanaborten und rezidivierenden Spontanaborten. In: WKW 1989/19. 666–672.
Lechner W. et al: Ein Jahr nach Tschernobyl – radioaktives Cäsium in der Muttermilch. In: WKW 1987/21. 767–768.
Lechner W. et al: Untersuchungen zum Bleigehalt in der Muttermilch in verkehrsreichen und verkehrsarmen Gegenden Tirols. In: WKW 1988/15. 519–522.
Lechner W. et al: Chlorierte Kohlenwasserstoffe in der Muttermilch. In: WKW 1988/18. 622–624.
Löscher W. et al: Luftverschmutzung und plötzlicher Säuglingstod in Graz im Zeitraum von 1982 bis 1987. In: WKW 1990/4. 115–117.
Ludvik W. et al: Probleme der Diagnostik und Therapie der Infertilität des Mannes. In: WKW 1971/26. 498f.
Lunglmayer G. et al: Androgenbehandlung der Impotentia coeundi alternder Männer. Psychologische und Endokrinologische Studien. In: WKW 1980/7. 243–247.
Maier U.: Systemische Therapie männlicher Subvertilität. In: WKW 1989/19. 673ff
Mainx Felix: Bedeutung und Aufgabe des Biologie–Unterrichts für den Mediziner. In: WKW 1949/4. 68–69.
Mainx F.: Buchbesprechung zu Siemens H.W.: Grundzüge der Vererbungslehre, Rassenhygiene und Bevölkerungspolitik. München: Lehmann 1952. In: WKW 1953/1. 18–19.
Mainx F.: Buchbesprechung zu Nachtsheim H.: Für und wider die Sterilisierung aus eugenischer Indikaition. Stuttgart: Thieme. 1952. In. WKW 1953a. 222.
Mainx F.: Neuere Ergebnisse über chromosomal bedingte Mißbildungen beim Menschen. In: WKW 1961/21. 361–363.
Mainx F.: Buchbesprechung zu „Medizinische Genetik" von Lenz W. Thieme Verlag 1961. In: WKW 1962/37. 623.
Mainx F.: Buchbesprechung zu „Lehrbuch der allgemeinen Humangenetik" von Vogel F. Springer-Verlag 1961. In. WKW 1962/46. 850–951.
Mainx F.: Buchbesprechung zu „Vererbung bei Mensch und Tier" von Fritz-Niggli. Thieme Verlag 1961. In: WKW 1963. 361.

Mainx F.: Buchbesprechung zu „De Genetica Medica" von L. Gedda. Istitutio Gregorio Mendel 1961. In: WKW 1963/23. 528–529.
Mainx F.: Buchbesprechung zu „Genetische Familienberatung" von Fuhrmann, W. und Vogel, F. Springer-Verlag 1968. In: WKW 1969. 52.
Malina Peter: Eduard Pernkopfs Anatomie oder: Die Fiktion einer „reinen" Wissenschaft. In: WKW 1997/24. 935–943.
Malina Peter: „Führen" statt Heilen. Zu einigen Fundstücken aus dem Gesundheitsamt der Stadt Wien 1938–1945. In: WKW 1998/4–5. 145–151.
Malina Peter/Spann Gustav: Das Senatsprojekt der Universität Wien. „Untersuchungen zur Anatomischen Wissenschaft in Wien 1938–1945". In: WKW 1999/18. 743–753.
Marcovich Marina/Pollauf F./Rosenkranz A.: 5 Jahre Intensiv-Neonatologie-Zentrum an der Kinderklinik der Stadt Wien-Glanzing. In: WKW 1981/19. 609–613.
Mauder J. et al: Pathologische Eizellen im Rahmen der In-vitro-Fertilisation. In: WKW 1989/24. 851–857.
Mischak A.: Stellungnahme zur Arbeit Ernst, E.: Ist Vorbeugen wirklich besser als Heilen? In: WKW 1993/18: 530–531.
Mittelstraß J.: Akzeptanzkrise der Wissenschaft? Über die Zukunft der Forschung. In: WKW 1990//6. 157–160.
Müller-Tyl et al: Über die fetale Herzfrequenz in der Mitte der Schwangerschaft. In: WKW 1974/12. 335f.
Motter W. J. et al: Der Zeitpunkt der Amniotomie: sein Einfluß auf Mutter und Kind. In: WKW 1984/12. 446–450.
Motter W. J. et al: Geburtsleitung am Termin: Amniotomie versus intravaginale Applikation von Prostaglandin-E2-Tabletten. In: WKW 1987/8. 265–268.
Naske Ruth et al: Zusammenhänge zwischen operativer Geburtsbeendigung und Zerebralschädigung des Kindes. In: WKW 1976/10. 319ff
Neugebauer Wolfgang: Rassenhygiene in Wien 1938. In: WKW 1998/4. 128–134.
Orel Herbert: Ursachen der Säuglingssterblichkeit in Österreich. In: WKW 1956/35. 677–681.
Orel Herbert: Ursachen der Säuglingssterblichkeit in Österreich. Erwiderung auf die Bemerkungen von H. Czermak. In: WKW 1956a/45. 894–895.
Palmrich A.H./Reinold E.: Überwachung des Fötus während der Geburt und Indikation zur Geburtsbeendigung. In: WKW 1968/20. 381–384.
Paky Franz/Kytir Josef: Der plötzliche Kindstod im 20. Jahrhundert – Hypothesen, Dogmen, Holzwege. In: WKW 2000/5. 193–197.
Papp Z. et al: Wann ist die pränatale zytogenetische Untersuchung indiziert? In: WKW 1973/7. 107–110.
Pavelka R. et al: Die Angst der Schwangeren – verhaltenstherapeutische Ansätze zu ihrer Bewältigung. In: WKW 1980/10. 346–350.
Picha E./Röckl H. P.: Geburtshilfliche Probleme im ländlichen Raum. In: WKW 1975/8. 264–266.
Piechowiak H.: Extrakorporale Befruchtung und Embryotransfer: ein medizinisch-ethisches Thema? In: WKW 1984/8. 271–276.
Pollauf F./Rosenkranz A.: Intensivtherapie beim Neugeborenen. In: WKW 1975/9. 289–293.
Popow C./Pollak A./Schilling R./ Grümayer R.: Glukoseverwertung bei "Very Low Birth Weight Infants". In: WKW 1982/11. 285–287.
Popow C.: Ethische Fragen in der Neonatologie. In: WKW 1996/3. 53–58.
Prassé R.: Uebersicht über die Geburtsvorbereitung an der Frauenklinik Gersthof. In: WKW 1962/9. 152–155.
Professor Husslein – 70 Jahre. In: WKW 1978/15. 517f.
Prunner Christa/Beck A.: zur Anwendung von Empfängnisverhütungsmitteln durch Jugendliche. In: WKW 1976/8. 267–271.

Radivojevic K. et al: Entbindung von Vierlingen nach In-Vitro-Vertilisierung. Perinatologische und ethische Aspekte. In: WKW 1991/23. 714–716.

Rath W. et al: Zervixreifung und Wehenindunktion beim Schwangerschaftsabbruch im mittleren und späten II. Trimenon mittels intrazervikaler und extraamnialer Prostaglandingel-Applikation. In: WKW 1985/11. 486–493.

Reinold E.: Die Überwachung der gefährdeten Schwangerschaft. In. WKW 1974/21. 633–639.

Reinold E. et al: Ultraschallmessungen in der Frühschwangerschaft. In: WKW 1975/2. 62–65.

Reinold E.: Hexoprenalin als wehenhemmende Substanz. In: WKW 1979/23. 805–810.

Reinold E. et al: Über den Wandel der geburtshilflichen Aspekte im letzten Dezennium. In: WKW 1980/16. 564–569.

Reinthaller A.: Intrauterine Schwangerschaft nach intratubarem Gametentransfer – ein Fallbericht. In: WKW 1986/23. 809–810.

Rett Andreas: Exogene Ursachen angeborener Mißbildungen. In: WKW 1958/3. 178–180.

Rett A.: Über die Bedeutung der Humangenetik in der Behindertenbetreuung. In:WKW 1982/12. 315–317.

Ritschl Franz: Auswirkungen des zweiten Weltkrieges auf die Volksgesundheit in Oesterreich. In: WKW 1948/11. 178–181.

Rockenschaub Alfred: Moderne Resultate und alte Methoden in der Geburtshilfe. In: WKW 1975/20. 696–699.

Rockenschaub A.: Stellungnahme zum Editoral [Zur Frage der kontinuierlichen Geburtsüberwachung: Eine faktenbezogene ideologiefreie Stellungnahme]. In: WKW 1986/10. 302–304.

Rosanelli K. et al: Art und Häufigkeit von Mißbildungen unter 23.939 Neugeborenen eines Zeitraumes von 5 Jahren. In: WKW 1986/18. 609–613.

Rosenkranz A. et al: Gegenüberstellung der kontinuierlich überwachten Geburt zur nicht überwachten Geburt im Hinblick auf Mortalität und Morbidität des Kindes. In: WKW 1987/3. 69–74.

Rosenkranz A.: Planung und Organisation von Intensiv-Neonatologie-Zentren. In: WKW 1973/39. 635–639.

Rosenkranz A./Pollauf F.: Praktische Probleme an einer Intensiv-Neonatologie-Station. In: WKW 1974/11. 293–297.

Salzer H. et al: Intrauterine Kontrazeption mit dem Kupfer-T-200-Pessar – eine retrospektive Analyse an Hand von 334 Einlagen. In: WKW 1981/11. 354–358.

Sauser G.: Buchbesprechung zu Mainx F.: Einführung in die Vererbungslehre. In: WKW 1949. 508.

Schaller A./Wyklicky H.: 100 Jahre Gesellschaft für Gynäkologie und Geburtshilfe in Österreich. 1887–1987. Aus der Geschichte der Österreichischen Gesellschaft für Gynäkologie und Geburtshilfe. In: WKW 1988/5. 121–133.

Schettler G.: Hat die Vorsorgemedizin heute noch Chancen? Editorial. In: WKW 1985/7. 305–311.

Scheibenreiter Susanne et al.: Langzeitergebnisse von Kindern mit klassischer Galaktosämie. In: WKW 1992/16. 514–517.

Schillinger Martin et al: Geburtsgewicht, Totgeburtenrate und Säuglingssterblichkeit von ehelichen und unehelichen Geborenen in Österreich von 1987 bis 1996: eine ökologische Studie. In: WKW 2000/20. 882–886.

Schmid W.: Schulschwierigkeiten und Genetik. In: WKW 1982/12. 317–321.

Schnedl W./Wagenbichler P.: „Genetische Beratung: ein wesentlicher Bestandteil der Präventivmedizin" und „Pänatale Diagnostik genetischer Erkrankungen". Mitteilungen. Offizielles Protikoll der Gesellschaft der Ärzte in Wien vom 7. November 1975. In: WKW 1976. 75.

Schneider W. H. F. et al: Zentrale und periphere Auswirkungen eines Östrogen-dosisreduzierten oralen Kontrazeptivums. In: WKW 1977/9. 311–313.

Schneider W. H. F. et al: Zur Diagnostik des Ovulationszeitpunktes in clomipheninduzierten Zyklen. In: WKW 1980/6. 559–561.

Schneider W. H. F. et al: Zur Frage der Fehlbildungsraten nach Gestagenmedikation in der Frühschwangerschaft. In: WKW 1981/23. 715–717.

Schönbauer L.: Beziehungen des Karzinoms zur Nachkommenschaft. In: WKW 1952/12 und 13. 206–210.
Schröck A.: Wertigkeit und Aussagekraft geburtshilflicher Überwachungsmethoden. In: WKW 1988/5. 145–153.
Seidl A. et al: Vergleich von Prostaglandin und Oxytocin zur Geburtsleitung am Termin. In: WKW 1976/10. 315–319.
Seidl A.: Computeranalyse des Kardiotokogramms zur Unterstützung der Geburtsüberwachung. In: WKW Supplementum 80. 1978. 1–45.
Seitz H. M.: Toxoplasmose-Screening: tu felix Austria? In: WKW 1997/16. 621–622.
Spielmann W./Maier Lieselotte: Die Bedeutung organisatorischer Probleme für die Müttersterblichkeit. In: WKW 1961/35. 600–604.
Spielmann W. et al: Der Einfluß sozialer Faktoren auf die perinatale Mortalität. In: WKW 1961a/21. 364–368.
Sperl W.: Klinischer Verdacht auf angeborene Stoffwechselstörungen. In: WKW 1992/16. 497–502.
Sperling K.: Pränatale Diagnose von Erbleiden durch Koppelungsanalysen. In: WKW 1982/8. 199–204.
Spona J.: Diagnose der Risikoschwangerschaft mit einem neuen immunologischen Test, Pregnosticon „All-In". In: WKW 1972/33 u. 34. 526–530.
Stöckler S.: Schwangeren- und Neugeborenenscreening in Österreich. In: WKW 1989/16. 527–529.
Stöckler S.: Diagnose von angeborenen Stoffwechselerkrankungen: Notwendigkeit oder Luxus? In: WKW 1992/16. 493–496.
Stöger H.: Fötometrie in der zweiten Schwangerschaftshälfte. In: WKW 1974/17. 494–498.
Stransky Erwin: Ueber psychische Hygiene. In: WKW 1949/21. 321–326.
Stransky Erwin. Ueber psychische Hygiene. In: WKW 1951/9. 174.
Stransky Erwin: Grundsätzliches und Aktuelles zur psychischen Hygiene. In: WKW 1951a/21. 373–377.
Stransky Erwin: Geschichtliches zur psychischen Hygiene in aktueller Sicht. In: WKW 1961/13. 217–224.
Stumpfl F: Ueber soziale Prognosen bei psychopathischen Kindern. In: WKW 1958/29. 551–552.
Thalhammer Otto: Pränatale Pathologie. In. WKW 1953/50. 1001–1005.
Thalhammer O.: Mongolismus. In: WKW 1954/10. 165–167.
Thalhammer O.: Die Ursachen kindlicher Entwicklungsstörungen unter besonderer Berücksichtigung vorgeburtlicher Schädigungen. In: WKW 1957/10. 166–171.
Thalhammer O.: Ueber den genetischen Hintergrund exogen verursachter Bildungsfehler. In: WKW 1958/19. 350–354.
Thalhammer O.: Grundlagen embryonaler Pathologie. In: WKW 1964/1. 1–4.
Thalhammer O., Scheibenreiter Susanne, Biedl Elisabeth: Über das österreichische Programm zur Früherfassung angeborener Stoffwechselanomalien. In: WKW 1970/1. 1–6.
Thalhammer O., Scheibenreiter Susanne, Schön R, Knoll Elisabeth, Schmierer Giselheid: 5 Jahre Österreichisches Programm zur Früherfassung angeborener Stoffwechselanomalien. Ein Tätigkeitsbericht. In WKW 1974. Supplementum 2 (Beilage zu Heft 41). 1–12.
Thalhammer O.: 21 Jahre „Österreichisches Programm zur Früherfassung angeborener Stoffwechselanomalien". In: WKW 1988/19. 641–645.
Tews G.: Schädliche Einflüsse in der Frühschwangerschaft – Ergebnisse eines teratologischen Beratungszentrums. In: WKW 1990/16. 466–471.
Thums K.: Neuere Fragen und Ergebnisse der Humangenetik. Vortrag bei der Sitzung der „Aerztegesellschaft Innsbruck" vom 23. Juni 1960 In: WKW 1961/10. 179.
Tscherne E.: Ovulationsauslösung. In: WKW 1968/25. 486f.
Tulzer H.: Die männliche Sterilität. In: WKW 1954/43. 832–835.
Waldhoer Thomas: The effect of maternal age and birth weight on the temporal trend in stillbirth rate in Austria during 1984–1993. In: WKW 1996/20. 643–648.
Waldhör Thomas et al: Development of birth weight in Austria from 1970–1995. in: WKW 1997/20. 804–807.

Widhalm K.: 25 Jahre Österreichisches Screening-Programm für angeborene Stoffwechselanomalien an der Universitätsklinik Wien. In: WKW 1992/16. 510–513.
Wiedmann A.: Die Wiedererrichtung der Gesellschaft der Aerzte zu Wien. In: WKW 1946/1. 13f.
Wiedmann A.: Die Berufsethik des jungen Mediziners. In: WKW 1961/36. 610–612.
Wiedmann A.: Einige Gedanken zum ärztlichen Ethos. In: WKW 1967/49. 925–928.
Wiedermann G.: Moderne Trends im Impfwesen: Erfassung von Nutzen, Risiko und Kosten von Impfungen. In: WKW 1979/5. 143–150.
Winter R.: Präpartale Diagnose fetaler Mißbildungen aus der Sicht des Geburtshelfers. In: WKW 1995/3. 67–77.
Wurst Franz: Neue Wege der Gesundheitsfürsorge für das behinderte Kleinkind auf dem Lande. In: WKW 1964/37. 617–623.
Zacherl H.: Exogene Mißbildungsursachen. In: WKW 1949/3. 33–36.
Zacherl H.: Schwangerschaftsunterbrechung vom Standpunkte des Gynäkologen. In: WKW 1955/6. 103–105.
Zeibekis N./Kemeter P./Friedrich F.: Bericht über 6 Jahre Sterilitätsambulanz. In: WKW 1976/22. 729–732.
Zierler et al: 5 Jahre pränatale Diagnose in Graz. In: WKW 1981/3. 75–80.

Sekundärliteratur

Gedruckte Monographien, Sammelwerke und Aufsätze in Zeitschriften und Sammelwerken, ungedruckte Dissertationen und Diplomarbeiten

Acham Karl (Hrsg.): Geschichte der österreichischen Humanwissenschaften. Band 1: Historischer Kontext, wissenschaftssoziologische Befunde und methodologische Voraussetzungen. Wien: Passagen 1999.
Acham Karl (Hrsg.): Geschichte der österreichischen Humanwissenschaften. Band 2: Lebensraum und Organismus des Menschen. Wien: Passagen 2001.
Acham Karl (Hrsg.): Geschichte der österreichischen Humanwissenschaften. Band 3: Menschliches Verhalten und Gesellschaftliche Institutionen. Wien: Passagen 2001a.
Acker, J.: Hierarchies, Jobs and Bodies: A Theory of Gendered Organisations. in: Gender and Sociology. 4/1989. Nr. 2. 139–158.
Ackerknecht Erwin H.: Geschichte der Medizin. [3. überarbeitete Auflage von „Kurze Geschichte der Medizin"]. Stuttgart: Enke 1977.
Adams Alice E.: Reproducing the Womb. Images of Childbirth in Science, Feminist Theory and Literature. Ithaca & London: Cornell University Press 1994.
Adkins Lisa und Celia Lury: Das „Soziale" in feministischen Theorien: Eine nützliche Analysekategorie? In: Armbruster Christof L. et al (Hrsg.): Neue Horizonte? Sozialwissenschaftliche Forschung über Geschlechter und Geschlechterverhältnisse. Opladen: Leske+Budrich 1995. 41–60.
Adorno Theodor W.: Stichworte. Frankfurt/M: Suhrkamp 1969.
Aischylos: Die Eumeniden. In: Sämtliche Tragödien. München: dtv 1977. Vers 658–663.
Aischylos: Die Orestie. Ditzingen: Reclam 1987.
Aly Götz: Rasse und Klasse. Nachforschungen zum deutschen Wesen. Frankfurt/M: Fischer 2003.
Aly Götz: Nationaler Sozialismus. Der Dritte Weg oder Hitlers Traum vom Volksreich. In: ders.: a. a. O. 2003. 70–82.
Aly Götz: Hitlers Volksstaat. Notizen zum Klassencharakter des Nationalsozialismus. In: ders.: a. a. O. 2003. 230–245.
Aly Götz et al (Hrsg.): Feinderklärung und Prävention. Kriminalbiologie, Zigeunerforschung und Asozialenpolitik. Beiträge zur nationalsozialistischen Gesundheits- und Sozialpolitik 6. Berlin: Rotbuch 1988.

Aly Götz: Medizin gegen Unbrauchbare. In: ders. (Hrsg.): Aussonderung und Tod. Die klinische Hinrichtung der Unbrauchbaren. Beiträge zur nationalsozialistischen Gesundheits- und Sozialpolitik 1. Berlin: Rotbuch 1985. 9–74.
Akhter Farida: Resisting Norplant: Women's Struggle Against Coercion and Violence. Bangladesh: Narigrantha Prabartan 1995.
Alge Alexander: Diskussionsbeitrag im Rahmen der Podiumsdiskussion „Wertes unwertes Leben – Eugenische Indikation versus Lebensrecht von Menschen mit Behinderung" am 7. 6. 2001 an der Univ. Ibk .In: http://www2.uibk.ac.at/ipoint/news/uni_und_gesellschaft/20010618.html
Amesberger Helga u. a. (Hrsg.): Sexualisierte Gewalt. Weibliche Erfahrungen in NS-Konzentrationslagern. Wien: Mandelbaum 2004.
Amort Marion et al.: Humanwissenschaften als Säulen der „Vernichtung unwerten Lebens". Biopolitik und Faschismus am Beispiel des Rassehygieneinstituts der Universität Innsbruck (1939–1945). In: erziehung heute. Heft 1. Innsbruck: Österr. Studienverlag 1999. 32–40.
Andresen Sabine: Vaterbild und Männlichkeit. In: Benner/Oelkers (Hrsg.): a. a. O. 2004. 1091–1108.
Ankersmit Frank R.: Die Postmoderne 'Privatisierung' der Vergangenheit. In: Nagl-Docekal Herta (Hrsg.): a. a. O. 1996. 201–235.
Appelt Erna: Familialismus. Eine verdeckte Struktur im Gesellschaftsvertrag. In: Eva Kreisky, Birgit Sauer (Hrsg.): a. a. O. 1997. 114–136.
Apple Rima D.: Constructing Mothers. Scientific Motherhood in 19th and 20th century. In: Social History of Medicine. Vol. 8. 1995. 161–178.
Apple Rima D.: Mothers & Medicine. A Social History of Infant Feeding 1890–1950. Wisconsin: The University of Wisconsin Press 1987.
Arendt Hannah: Die Krise der Erziehung. in: dies.: Zwischen Vergangenheit und Zukunft. Übungen im politischen Denken I. München Zürich: Piper 2000/2.Auflg. [EA 1958].
Ariès Phillip: Geschichte der Kindheit. München: München: dtv 1978 [Paris 1960].
Aristoteles: Zeugung der Geschöpfe. Paderborn: Schöningh 1959.
Ash Mitchel G.: Medizin im Nationalsozialismus – Wissenschaftliche Arbeit als Weg der Aufarbeitung. In: Horn Sonja und Malina Peter (Hrsg.): a. a. O. 2001. 87–99.
Augeneder Sigrid: Arbeiterinnen im Ersten Weltkrieg. Lebens- und Arbeitsbedingungen proletarischer Frauen in Österreich. [Materialien zur Arbeiterbewegung Nr. 46]. Wien: Europaverlag 1987.
Augustinus Aurelius: Vom Gottesstaat. Band 2. Vollst. Ausg., eingel. u. übertr. v. Wilhelm Thimme Zürich 1955 [Die Bibliothek der Alten Welt: Reihe Antike und Christentum, Bd. 4 der Werke des Augustinus].
Avishai Margalit: Politik der Würde. Über Achtung und Verachtung. Frankfurt/M: Fischer 1999.
Baader Gerhard/Schultz Ulrich (Hrsg.): Medizin und Nationalsozialismus. Tabuisierte Vergangenheit – ungebrochene Tradition? Dokumentation des Gesundheitstages Berlin Bd. 1. Berlin 1980.
Baader Gerhard: Das Humanexperiment in den Konzentrationslagern. Konzeption und Durchführung. In: Osnowski Rainer (Hrsg.): a. a. O. 1988. 48–70.
Baader Gerhard: Ethik in der Begegnung mit der Vergangenheit – ein Weg der Auseinandersetzung. In: Horn Sonja und Malina Peter (Hrsg.): a. a. O. 2001: 235–245.
Baader Gerhard: Versuch – Tierversuch – Menschenversuch. In: Osnowski Rainer (Hrsg.): a. a. O. 1988a. 14–47.
Baermann Astrid: Schwangerschaft im Fadenkreuz am Beispiel von Pränataldiagnostik und „Erlanger Fall". Pfaffenweiler: Centaurus 1997.
Balibar Etienne/Wallerstein Immanuel (Hrsg.): Rasse, Klasse, Nation. Ambivalente Identitäten. Hamburg: Argument 1990.
Balibar Etienne: Die Nation-Form: Geschichte und Ideologie. In: Balibar, Etienne/Wallerstein, Immanuel (Hrsg.): a. a. O. 1990. 107–130.

Barret Michèle: Das unterstellte Geschlecht. Umrisse eines materialistischen Feminismus. Hamburg: Argument 1983.
Basaglia F. O.: Gesundheit, Krankheit. Das Elend der Medizin. Frankfurt/M: Fischer 1985.
Bauch Jobst: Medizinsoziologie: Die Medizinsoziologie und die Ubiquität der sanitären Perspektive. in: Soziologie 2000. Kritische Bestandsaufnahme zu einer Soziologie für das 21. Jahrhundert. In: SR. Sonderheft 5. Hrsg. von Münch Richard et al. München: Oldenbourg 2000. 130–140.
Baumann Zygmunt: Verworfenes Leben. Die Ausgegrenzten der Moderne. Hamburg: Hamburger Editionen 2005.
Baumann Zygmunt: Moderne und Ambivalenz. Das Ende der Eindeutigkeit. Frankfurt/M: Fischer 1995. [OA „Modernity and Ambivalence". Polity Press 1991. Deutsche EA 1992 beim Hamburger Institut für Sozialforschung].
Baumann Zygmunt: Tod, Unsterblichkeit und andere Lebensstrategien. Frankfurt/M: Fischer 1994. [OA „Mortality, Immortality and other life strategies", Oxford: Blackwell 1992].
Baureithel Ulrike: Masken der Virilität. Kulturtheoretische Strategien zur Überwindung des männlichen Identitätsverlustes im ersten Drittel des 20. Jahrhunderts. In: Die Philosophin. Forum für feministische Theorie und Philosophie. 4. Jhg., Heft 8. Tübingen: ed. diskord 1993. 24–36.
Beck Johannes, Samerski Silja, Illich Ivan: Der verhältnismäßige Mensch. Vortrag bei der „European Conference „Lifelong Learning – Inside and Outside Schools" vom 25.–27. Februar 1999.
Beck Ulrich: Risikogesellschaft. Auf dem Weg in eine andere Moderne. Frankfurt/M: Suhrkamp 1986.
Beck Ulrich/Bonß Wolfgang: Verwendungsforschung – Umsetzung wissenschaftlichen Wissens. In: Flick Uwe et al (Hrsg.): Handbuch qualitative Sozialforschung. Grundlagen, Konzepte, Methoden und Anwendungen. Weinheim: Beltz 1995/2. Auflg. 416–419.
Beck Ulrich/Bonß Wolfgang: Verwissenschaftlichung ohne Aufklärung? Zum Strukturwandel von Sozialwissenschaft und Praxis. In: Bonß W./Beck U. (Hrsg.): a. a. O. 1989. 7–45.
Beck Ulrich/Beck-Gernsheim Elisabeth: Riskante Freiheiten. Individualisierung in modernen Gesellschaften. Frankfurt/M: Suhrkamp 1994.
Beck-Gernsheim Elisabeth: Was kommt nach der Familie? Einblicke in neue Lebensformen. München: Beck 1998.
Beck-Gernsheim Elisabeth: Die Kinderfrage. Frauen zwischen Kinderwunsch und Unabhängigkeit. 3. erweiterte Auflage. Beck: München 1997.
Beck-Gernsheim Elisabeth (Hrsg.): Welche Gesundheit wollen wir? Dilemmata des medizintechnischen Fortschritts. Frankfurt/M: Suhrkamp 1995.
Beck-Gernsheim Elisabeth: Technik, Markt und Moral. Über Reproduktionsmedizin und Gentechnologie. Frankfurt/M: Fischer 1991.
Beck-Gernsheim Elisabeth: Mutterwerden – der Sprung in ein anderes Leben. Fischer: Frankfurt 1989.
Becker Schmidt Regina/Knapp Gudrun-Axeli: Feministische Theorien zur Einführung. Hamburg: Junius 2001/2. Auflg.
Becker-Schmidt Regine/Axeli-Knapp Gudrun (Hrsg.): Das Geschlechterverhältnis als Gegenstand der Sozialwissenschaften. Frankfurt/M [u. a.]: Campus 1995.
Becker-Schmidt Regina: Identitätslogik und Gewalt. Zum Verhältnis von Kritischer Theorie und Feminismus. In: Müller-Warden Joachim und Welzer Harald (Hrsg.): Fragmente kritischer Theorie. Tübingen: Ed. diskord 1991. 59–79.
Beer Ursula: „Herrschaft über Natur und Menschen" als Gegenstand feministischer Gesellschaftsanalyse und Wissenschaftskritik. In: dies. (Hrsg.): Klasse Geschlecht. Feministische Gesellschaftsanalyse und Wissenschaftskritik. Bielefeld. AJZ-Verlag/FF1 1989/2.Auflg. 1–28.
Beiträge zur feministischen Theorie und Praxis: „Unser Staat?" 8. Jhg. Heft 13. Köln: Eigenverlag des Vereins Sozialwissenschaftliche Forschung und Praxis für Frauen. 1985.

Beiträge zur feministischen Theorie und Praxis: Sterben und Tod. 22. Jhg. Heft 59. Köln: Eigenverlag des Vereins Sozialwissenschaftliche Forschung und Praxis für Frauen 2001.
Beiträge zur feministischen Theorie und Praxis: Stammzellen, Stammhalter, Stammaktie. 23. Jhg. Heft 60. Köln: Eigenverlag des Vereins Sozialwissenschaftliche Forschung und Praxis für Frauen 2002.
Bell Diane/Klein Renate: Radically Speaking: Feminism Reclaimed. London: ZEDbooks 1996.
Benhabib Seyla: Von der Politik der Identität zum sozialen Feminismus. Ein Plädoyer für die neunziger Jahre. In: Kreisky Eva/Sauer Birgit (Hrsg.): a. a. O. 1998. 50–60.
Benhabib Seyla: Selbst im Kontext. Frankfurt/M: Suhrkamp 1995.
Benhabib Seyla: Der verallgemeinerte und der konkrete Andere. Ansätze zur feministischen Moraltheorie. In: List Elisabeth, Studer Herlinde (Hrsg.): a. a. O. 1989. 454–488.
Bennholdt-Thomsen Veronika: Geschlechtliche Arbeitsteilung im Kapitalismus. in: Werlhof, Claudia von et al (Hrsg.): a. a. O. 1983. 194–213.
Benz Ute: Frühe Kindheit im Nationalsozialismus. Der Mythos Mutter im Hitlerreich und seine Folgen. In: Psychosozial. Nr. 42. Schwerpunktthema: Psychoanalyse als politische Psychologie. Hrsg. Hans-Jürgen Wirth. 14. Jhg. Heft 3. Weinheim: Psychologie Verlags Union 1991. 30–42.
Berg Ch.: Familie, Kindheit, Jugend. In: Ch. Berg (Hrsg.): Handbuch der deutschen Bildungsgeschichte. Bd. 4, 1870–1918. München: C. H. Beck 1991. 91–145.
Berg Ann-Jorun/Lie Merete: Feminism and Constructivism: Do Artifacts have Gender? In: Science. Technology & Human Values 20. 1995. 332–351.
Berger Karin: „Hut ab vor Frau Sedlmayer!". Zur Militarisierung und Ausbeutung der Arbeit von Frauen im nationalsozialistischen Österreich. In: Tálos et al (Hrsg.): a. a. O. 1988a. 141–161.
Berger Karin: Zwischen Eintopf und Fließband. Frauenarbeit und Frauenbild im Faschismus. Österreich 1938–1945. Wien: Verlag für Gesellschaftskritik 1984.
Bergmann Anna: Der entseelte Patient. Die moderne Medizin und der Tod. Berlin: Aufbau 2004.
Bergmann Anna: Klimakatastrophen, Pest und Massensterben in Europa: Staatliche Todesabwehr und todesabhängige Medizin zwischen Rationalität und Opferkult in der Moderne. Manuskript Habilitationsschrift. Fachbereich Neuere Geschichte und Kulturgeschichte. Europa Universität Viadrina Frankfurt (Oder): April 2003.
Bergmann Anna: Die verhütete Sexualität: Frauen zwischen Gebärzwang und Gebärverbot im 20. Jahrhundert. In: Groth Sylvia, Rásky Éva (Hrsg.): Sexualitäten. Interdisziplinäre Beiträge Frauen und Sexualität. Innsbruck: Studien Verlag 2001. 27–61.
Bergmann Anna: Menschenopfer und Heilsversprechen in der Geschichte der modernen Medizin. In: Wolf Maria et al (Hrsg.): a. a. O. 1998. 175–199.
Bergmann Anna: Die verhütete Sexualität. Die Anfänge der modernen Geburtenkontrolle. Hamburg: Rasch & Röhring 1992.
Bergmann Anna und Recktor Bettina: Ein Gespräch über die sexuelle Revolution und die Pille-essende Frau mit Nebenwirkung. In: Ernst Ursula Marianne et al (Hrsg.): Rationalität, Gefühl und Liebe im Geschlechterverhältnis. Pfaffenweiler: Centaurus 1995. 53–72.
Bernfeld Siegfried: Sysyphos oder die Grenzen der Erziehung. Frankfurt/M: Suhrkamp 1973 [EA 1926]
Bernfeld Siegfried: Psychologie des Säuglings. Wien: Springer 1925.
Bericht zur Lage der deutschsprachigen Psychologie 1994 – Fakten und Perspektiven. in: Psychologische Rundschau. Göttingen: Hogrefe. 1995: 3–17.
Bernat E .R./Schimek M. G.: Künstliche heterologe Insemination in Österreich. Ergebnisse einer statistischen Umfrage unter Gynäkologen. In: Fertilität. 4 Jhg. Berlin [u. a.]: Springer 1988. 112–120.
Biester Elke et al (Hrsg.): Demokratie oder Androkratie? Theorie und Praxis demokratischer Herrschaft in der feministischen Diskussion. Frankfurt/M [u. a.]: Campus 1994.
BMfG (Bundesministerium für Gesundheit und öffentlicher Dienst): Beilagen zu den stenographischen Protokollen des Nationalrates (II-1754) bzgl. der schriftlichen parlamentarischen Anfrage vom 10. Juli 1987

(Nr. 827/J) betreffend Biotechnologien (d.h. Gen-, Repro- und Biotechnologie) – Stand in Österreich. XVII Gesetzgebungsperiode. 1987. 13 Seiten.

BMSSG: Embryophatische Idikation – Straflosigkeit des Schwangerschaftsabbruches. Wissenschaftlicher Bericht. Ergebnisse der vier Arbeitskreise zum Thema. Wien: Bundesministerium für Soziale Sicherheit und Generationen 2002.

Bock Gisela: Frauen in der Europäischen Geschichte. Vom Mittelalter bis zur Gegenwart. München: Beck 2000.

Bock Gisela: Gleichheit und Differenz in der nationalsozialistischen Rassepolitik. In: GG. 19. Jhg. Heft 3. (Rassenpolitik und Geschlechterpolitik im Nationalsozialismus). Göttingen: Vandenhoeck & Ruprecht 1993: 277–310.

Bock Gisela: Zwangssterilisation im Nationalsozialismus. Studien zur Rassenpolitik und Frauenpolitik. Opladen: Westdeutscher Verlag 1986.

Bock Gisela: Frauen und ihre Arbeit im Nationalsozialismus. In: Kuhn Anette/Schneider Gerhard (Hrsg.): Frauen in der Geschichte. Frauenrechte und die gesellschaftliche Arbeit der Frauen im Wandel. Fachwissenschaftliche und fachdidaktische Studien zur Geschichte der Frauen. Düsseldorf: Schwann 1979. 113–149.

Bock Gisela/Duden Barbara: Arbeit aus Liebe – Liebe als Arbeit: Zur Entstehung der Hausarbeit im Kapitalismus. In: Gruppe Berliner Dozentinnen (Hrsg.): Frauen und Wissenschaft. Beiträge zur Berliner Sommeruniversität 1976. Westberlin: Courage 1977. 118–199.

Bonß, Wolfgang : Die Einübung des Tatsachenblicks : zur Struktur und Veränderung empirischer Sozialforschung. Frankfurt/M : Suhrkamp 1982.

Benner Dietrich/Oelkers Jürgen (Hrsg.): Historisches Wörterbuch der Pädagogik. Weinheim und Basel: Beltz 2004. 497–518.

Berg Christa: Kind/Kindheit. In: Benner Dietrich/Oelkers Jürgen (Hrsg.): a. a. O. 2004. 497–518.

Bettina Bock von Wülfingen: Verhüten – überflüssig. Medizin und Fortpflanzungskontrolle am Beispiel Norplant. Mössingen-Talheim: Talheimer Verlag 2001.

Bogner Alexander: Bioethik und Rassismus. Neugeborene und Koma-Patienten in der deutschen Euthanasie-Debatte. Hamburg: Argument [Argument Sonderband Neue Folge 277] 2000.

Böhme Hartmut/Böhme Gernot: Das Andere der Vernunft. Zur Entwicklung von Rationalitätsstrukturen am Beispiel Kants. Frankfurt/M: Suhrkamp 1985.

Bolognese-Leuchtenmüller/Horn Sonja (Hrsg.): Töchter des Hippokrates. 100 Jahre Ärztinnen in Österreich. Wien: Pressestelle und Verlag der österreichischen Ärztekammer. 2001.

Bolognese-Leuchtenmüller Birgit: Wissenschaft und Vorurteil. Am Beispiel der Bevölkerungsstatistik und Bevölkerungswissenschaft von der zweiten Hälfte des 19. Jahrhunderts bis zum Nationalsozialismus. In: Ehalt Hubert Ch. (Hrsg.): Zwischen Natur und Kultur. Zur Kritik biologischer Ansätze. Wien [u. a.]: Böhlau 1985. 349–383.

Bonß Wolfgang, Hohlfeld Rainer, Kollek Regine (Hrsg.): Wissenschaft als Kontext – Kontexte der Wissenschaft. Hamburg: Junius 1993.

Bonß Wolfgang, Hohlfeld Rainer, Kollek Regine: Einleitung. In: dies. (Hrsg.): a. a. O. 1993a. 7–27.

Bonß Wolfgang, Hohlfeld Rainer, Kollek Regine: Kontextualität – ein neues Paradigma der Wissenschaftsanalyse? In: dies. (Hrsg.): a. a. O. 1993b. 171–191.

Bonß Wolfgang (Hrsg.): Weder Sozialtechnologie noch Aufklärung? Analysen zur Verwendung sozialwissenschaftlichen Wissens. Frankfurt 1989.

Bonß Wolfgang, Hartmann H. (Hrsg.): Entzauberte Wissenschaft. Zur Relativität und Geltung soziologischer Forschung. Göttingen: Schwarz 1985.

Bonß Wolfgang: Die Einübung des Tatsachenblicks: Zur Struktur und Veränderung empirische Sozialforschung. Frankfurt/M: Suhrkamp 1982.

Borkowsky Maya: Krankheit Schwangerschaft? Schwangerschaft, Geburt und Wochenbett aus ärztlicher Sicht seit 1800. Zürich: Chronos 1988.
Bormann Claus von: Kritik. In: Krings Hermann (Hrsg): Handbuch philosophischer Grundbegriffe. Band 3. München: Kösel 1973. 807–823.
Bornhäuser Annette: Schwangerschaftsabbruch. Wird der Eingriff zum Zugriff? In: Kolip Petra (Hrsg.): a. a. O. 2000. 88–116.
Bourdieu Pierre: Die männliche Herrschaft. Frankfurt/M: Suhrkamp 2005.
Bourdieu Pierre: Die feinen Unterschiede. Kritik der gesellschaftlichen Urteilskraft. Frankfurt/M: Suhrkamp 1998a/10. Auflg. [Erste deutsche Auflage 1982; französische Originalausgabe 1979].
Bourdieu Pierre: Vom Gebrauch der Wissenschaften. Für eine klinische Soziologie des wissenschaftlichen Feldes. Konstanz: UVK 1998b.
Bourdieu Pierre: Sozialer Sinn. Kritik der theoretischen Vernunft. Frankfurt/M: Suhrkamp 1997/2. Auflg. [Erste Auflage 1993; französische Originalausgabe 1980].
Bourdieu Pierre: Die männliche Herrschaft. In: Dölling I./ Krais B. (Hrsg.): Ein alltägliches Spiel. Geschlechterkonstruktion in der sozialen Praxis. Frankfurt/M: Suhrkamp 1997a. 153–218.
Bourdieu Pierre: Männliche Herrschaft revisited. in: FS. 15. Jhg. Heft 2. Weinheim: Dt. Studienverlag. 1997b. 88–99.
Bourdieu Pierre: Über die Beziehung zwischen Geschichte und Soziologie in Frankreich und Deutschland. Pierre Bourdieu im Gespräch mit Lutz Raphael. In: GG. 22. Jhg. Heft 1 (Verleger und Wissenschaftler). Göttingen: Vandenhoeck & Ruprecht 1996. 62–89.
Bourdieu Pierre: Narzißtische Reflexivität und wissenschaftliche Reflexivität. In: Eberhard Berg und Fuchs Martin (Hrsg.): Kultur, soziale Praxis, Text: Die Krise der ethnographischen Repräsentation. Frankfurt/M.: Suhrkamp 1993. 365–375.
Bourdieu Pierre: Über die „scholastische Ansicht". In: Gebauer Gunter und Christoph Wulf: Praxis und Ästhetik. Neue Perspektiven im Denken Pierre Bourdieus. Frankfurt/M: Suhrkamp. 1993. 341–356.
Bourdieu Pierre: Homo academicus. Frankfurt/M: Suhrkamp 1992. [französische Originalausgabe 1984].
Bourdieu Pierre: Die verborgenen Mechanismen der Macht. Hamburg: VSA 1992/a.
Bourdieu Pierre et al: Soziologie als Beruf. Wissenschaftstheoretische Voraussetzungen soziologischer Erkenntnis. Berlin/New York: de Gruyter 1991. [frz. Originalausgabe 1968].
Bourdieu Pierre et al: Titel und Stelle. Über die Reproduktion sozialer Macht. Frankfurt/M: Europäische Verlagsanstalt 1981. [Aufsätze in frz. Fachzeitschriften 1971, 1973, 1974, 1975].
Bourdieu Pierre/Boltanski Luc/de Saint Martin Monique: Kapital und Bildungskapital. Reproduktionsstrategien im sozialen Wandel. In: Bourdieu et al: a. a. O. 1981. 23–89.
Bourdieu Pierre/ Boltanski Luc: Titel und Stelle. Zum Verhältnis von Bildung und Beschäftigung. In: Bourdieu et al: a. a. O. 1981. 89–117.
Bourdieu Pierre/ Passeron Jean-Claude: Die Illusion der Chancengleichheit. Untersuchungen zur Soziologie des Bildungswesens am Beispiel Frankreichs. Stuttgart: Klett Cotta 1971. [frz. Originalausgabe: Teil I 1964 Edition de Minuit; Teil II 1971 Aufsätze von Pierre Bourdieu und Jean-Claude Passeron aus französischen Fachzeitschriften].
Bradish Paula et al (Hrsg.): Frauen gegen Gen- und Reproduktionstechnologien. Beiträge vom 2. Bundesweiten Kongreß in Frankfurt vom 28.–30. 10. 1988. München: Frauenoffensive 1989.
Brähler Christa: Familie, Kinderwunsch, Unfruchtbarkeit: Motivation und Behandlungsverläufe bei künstlicher Befruchtung. Opladen: Westdeutscher Verlag 1990.
Brähler Elmar/Stöbel-Richter Yvonne/Hauffe Ulrike/Stöbel-Richter Yve (Hrsg.): Vom Stammbaum zur Stammzelle: Reproduktionsmedizin, Pränataldiagnostik und menschlicher Rohstoff. Gießen: Psychosozial Verlag 2002.
Brähler Elmar et al (Hrsg.): Schwangerschaft, Geburt und Übergang zur Elternschaft: empirische Studien. Opladen: Westdeutscher Verlag 1996.

Braun Christina von: Das Gen als Corpus Christi Mysticum. In: Metis. 9. Jhg. Heft 18 (Säkularisierung – Sakralisierung). Berlin: Ebersbach 2000. 27–46.

Braun Christina von: Nicht Ich. Logik, Lüge, Libido. Frankfurt/M: Neue Kritik 1988/2. Auflg. [EA 1985].

Braun Kathrin, Diekmann Anne: Individuelle und generative Reproduktion in den politischen Philosophien von Hobbes, Locke und Kant. In: Biester Elke et al (Hrsg.): Demokratie oder Androkratie? Theorie und Praxis demokratischer Herrschaft in der feministischen Diskussion. Frankfurt/M [u. a.]: Campus 1994. 157–188.

Breuer Stefan: Sozialdisziplinierung. Probleme und Problemverlagerungen eines Konzepts bei Max Weber, Gerhard Oestreich und Michel Foucault. In: Sachße et al (Hrsg.): a. a. O. 1986. 45–73.

Brezinka Christoph: Schwangerschaft in Österreich: Medizin, Kostenrechnung und Sozialgesetzgebung in der Schwangerenvorsorge, Geburt und Karenzzeit. Konstanz: Hartung Gorre 1997.

Brill Werner: Pädagogik im Spannungsfeld von Eugenik und Euthanasie. Die „Euthanasie"-Diskussion in der Weimarer Republik und zu Beginn der neunziger Jahre. Ein Beitrag zur Faschismusforschung und zur Historiographie der Beindertenpädagogik. St. Ingbert: Röhrig Universitätsverlag 1994.

Brix Emil (Hrsg.): Ludwig Gumplowicz oder Die Gesellschaft als Natur. Wien [u. a.]: Böhlau 1986.

Brown Carol: Mothers, fathers and children: from private to public patriarchy. In Lydia Sargent (Ed.), Women and revolution: the unhappy marriage of marxism and feminism. London: Pluto Press 1981. 239–267.

Brown Wendy: Finding the Man in the State. In: Feminist Studies 18. No. 1. University of Maryland. 1992. 7–34.

Bruckmüller Ernst: Sozialstruktur und Sozialpolitik. In: Weinzierl Erika/ Skalnik Kurt (Hrsg.): Österreich 1918–1938. Geschichte der Ersten Republik. Graz [u. a.]: Styria 1983. 381–433.

Bruckner Pascal: Ich leide also bin ich. Die Krankheit der Moderne. Eine Streitschrift. Berlin: Aufbau 1999/2. Auflg. [EA Weinheim: Quadriga 1996].

Bude Heinz: Die soziologische Erzählung. In: Jung Thomas/ Müller-Dohm Stefan (Hrsg.). „Wirklichkeit" im Deutungsprozeß. Verstehen und Methoden in den Kultur- und Sozialwissenschaften. Frankfurt: Suhrkamp 1995/2. Auflg. [EA 1993] 409–430.

Burg Thomas N.: „Sieches Volk macht siechen Staat". Arzt, Stand und Staat im 19. Jahrhundert. Wien: Praesens 1994.

Burrage Michael/Torstendahl Rolf: Professions in Theory and History. Rethinking the study of the professions. (=The Swedish Collegium for Advanced Study in the Social Science) London: Sage 1990.

Butterwegge Christoph: Austromarxismus und Staat. Politiktheorie und Praxis der österreichischen Sozialdemokratie zwischen den beiden Weltkriegen. [Schriftenreihe der Studiengesellschaft für Sozialgeschichte und Arbeiterbewegung. Herausgegeben von Frank Deppe und Georg Fülberth. Band 82]. Marburg: Verlag Arbeit & Gesellschaft GmbH 1991.

Byer Doris: Rassenhygiene und Wohlfahrtspflege: Zur Entstehung eines sozialdemokratischen Machtdispositivs in Österreich bis 1934. Frankfurt/M [u. a.]: Campus 1988.

Callensee Wolfgang: Mutter-Ersatzmittel und Attrappen in der Säuglingspflege. In: Gottschalk-Batschkus Christine E. und Schuler Judith (Hrsg.): Ethnomedizinische Perspektiven zur frühen Kindheit. Zeitschrift für Ethnomedizin. Sonderband 9. Herausgegeben von der Arbeitsgemeinschaft für Ethnomedizin e.V. Berlin: Verlag für Wissenschaft und Bildung 1996. 417–431.

Carrigan Tim, Connell Robert W., Lee John: Ansätze zu einer neuen Soziologie der Männlichkeit. In: BauSteineMänner (Hrsg.). Kritische Männerforschung. Neue Ansätze in der Geschlechtertheorie. Hamburg: Argument 1996. 38–76.

Caskey C. Thomas: Medizin auf der Grundlage der DNA–Prävention und Therapie. In: Kevles et al (Hrsg.): a. a. O. 1993. 123–156.

Chamberlain Sigrid: Adolf Hitler, die deutsche Mutter und ihr erstes Kind. Über zwei NS-Erziehungsbücher. Giessen: Psychosozial 1997/2. Auflg.

Chargaff Erwin: Ernste Fragen. Stuttgart: Klett-Cotta 2000 [engl. OA Boston: Birkäuser 1986].

Chargaff Erwin: Wider den Genrausch. Eine Jahrhundertbegegnung. Doris Weber im Gespräch mit Erwin Chargaff. Oberusel: publik forum 1999.
Christel Neusüß: Die Kopfgeburten der Arbeiterbewegung oder die Genossin Luxemburg bringt alles durcheinander. Hamburg: Rasch und Röhring 1985.
Connell Robert W.: Der gemachte Mann. Konstruktion und Krise von Männlichkeit. Opladen: Leske+Budrich 2000/2. Auflg. [EA 1999].
Conrad-Martius: Utopien der Menschenzüchtung. Der Sozialdarwinismus und seine Folgen. München 1955.
Conze Werner/ Kocka Jürgen: Einleitung. In: dies. (Hrsg.): Bildungsbürgertum im 19. Jahrhundert. Bildungssystem und Professionalisierung in internationalen Vergleichen. (= Industrielle Welt. Schriftenreihe des Arbeitskreises für moderne Sozialgeschichte, Bd. 38: Bildungsbürgertum im 19. Jahrhundert) 1985. 9–29.
Cooper David: Der Tod der Familie. Reinbek: rororo 1972.
Corea Gena: MutterMaschine. Reproduktionstechnologien – von der künstlichen Befruchtung zur künstlichen Gebärmutter. Frankfurt/M: Fischer 1988.
Cyba Eva: Modernisierung im Patriarchat? Zur Situation der Frauen in Arbeit, Bildung und privater Sphäre 1945 bis 1995. In: Sieder Reinhard et al (Hrsg.): Österreich 1945–1995. Gesellschaft, Politik, Kultur. Wien: Verlag für Gesellschaftskritik 1995. 435–458.
Cyrus Hannelore: Historische Akkuratesse und soziologische Phantasie. Eine Methodologie feministischer Forschung. Königstein/Taunus: Ulrike Helmer 1997.
Czarnowski Gabriele: Das kontrollierte Paar. Ehe- und Sexualpolitik im Nationalsozialismus. Ergebnisse der Frauenforschung. Band 24. Weinheim: Deutscher Studienverlag 1991.
Czarnowski Gabriele: Nationalsozialistische Frauenpolitik und Medizin. Der Zusammenhang von Zwangssterilisation und Sterilitätsforschung am Beispiel des Königsberger Universitätsgynäkologen Felix von Mikulicz-Radecki. In: Siegele-Wenschkewitz Leonore et al (Hrsg.): Frauen und Faschismus in Europa: Der faschistische Körper. Pfaffenweiler: Centaurus 1993. 90–114.
Czarnowski Gabriele: Frauen als Mütter der „Rasse". Abtreibungsverfolgung und Zwangseingriff im Nationalsozialismus. In: Staupe et al (Hrsg.): a. a. O. 1996a. 58–72.
Czech Herwig: Erfassung, Selektion und „Ausmerze". Das Wiener Gesundheitsamt und die Umsetzung der nationalsozialistischen „Erbgesundheitspolitik" 1938–1945. Forschungen und Beiträge zur Wiener Stadtgeschichte. Wien: Deuticke 2003.
Czech Herwig: Der lange Schatten der NS-Medizin: Heinrich Gross und die wissenschaftliche Verwertung der Spiegelgrund-Opfer. Wien 2002. In: http://www.univie.ac.at/dieuniversitaet/2002/wissen/10000897.htm
Czech Herwig: Forschen ohne Skrupel. Die wissenschaftliche Verwertung von Opfern der NS-Psychiatriemorde in Wien. In: eForum zeitGeschichte 1/2001. http://www.eforum-zeitgeschichte.at/index.html
Dachs Herbert: Schule und Jugenderziehung in der „Ostmark". In: Tálos Emmerich et al (Hrsg.): 1988a. 217–243.
Dahl Matthias: Die Tötung behinderter Kinder in der Anstalt am Spiegelgrund 1940 bis 1945. In: Gabriel/ Neugebauer (Hrsg.): a. a. O. 2000. 75–93.
Dahrendorf Ralph: Der moderne soziale Konflikt. Essay zur Politik der Freiheit. Stuttgart: Dt. V.-A. 1992.
Dan Diner: Das Jahrhundert verstehen. Eine unversalhistorische Deutung. München: Luchterhand 1999.
Daniels Cynthia R.: Between Fathers and Fetuses: The Social construction of Male Reproduction and the Politics of Fetal Harm. In: Signs: Journal of Women in Culture and Society. 1997, vol. 22, no. 3: 579–616.
Darwin Charles: Die Abstammung des Menschen. Durchges. u. eingel. von Gerhard Heberer. Nach d. rev. 2. Auflg. (1874). Stuttgart: Kröner (Kröners Taschenausgabe 28) 1966.
Darwin, Charles: Die Abstammung des Menschen und die geschlechtliche Zuchtwahl. 2 Bde.: aus dem Englischen übersetzt von J. Victor Carus. Stuttgart 1871/2. Abdruck. (Original: the Descent of Man and the Selection in Relation to Sex, London 1871, 2. Iss.)

Darwin, Charles: Die Entstehung der Arten durch natürliche Zuchtwahl oder die Erhaltung der bevorzugten Rassen im Kampfe ums Dasein. Aus dem Englischen übersetzt von David Heak, Leipzig, o.J. (Original: On the Origin of Species by Means of Natural Selection or the Preservation of Favoured Races in the Struggle for Life, London 1859).

Davis-Floyd Robbie: The role of obstetrical rituals in the resolution of cultural anomaly. In: Social Science Medicine. Vol. 31, No. 2, 1990, 175–189.

De Mello e Souza Cecilla: Feministische Bioethik, Insemination durch Spendersamen und alternative Familien. In: Body Project (Hg.): KorpoRealitäten. Königstein/Taunus: Ulrike Helmer Verlag 2002. 369–385.

Degele Nina: Feministische Techniksoziologie. In: dies.: Einführung in die Techniksoziologie. München: Fink (UTB für Wissenschaft; 2288) 2002. 103–111.

Deleuze Gilles: Der Aufstieg des Sozialen. In: Donzelot Jacques: a. a. O. 1980. 244–252.

Dermutz Susanne: Mutterschaft im Vaterland. In: ÖZP. Heft 2. Baden-Baden: Nomos. 1991. 143–153.

Diezinger Angelika et al (Hrsg.): Erfahrung mit Methode. Wege sozialwissenschaftlicher Frauenforschung. Forum Frauenforschung Band 8. Schriftenreihe der Sektion Frauenforschung in der Deutschen Gesellschaft für Erziehungswissenschaft. Tübingen: Kore 1994.

Dinges Martin: The Reception of Michel Foucault`s Ideas on Social Discipline, Mental Asylums, Hospitals and the Medical Professions in German Historiography. in: Colin Jones, Roy Porter (ed.): Reassessing Foucault. Power, Medicine and the Body. (=Studies in the Social History of Medicine) London, New York: Routledge 1994. 181–212.

DiQuinzio Patrice: The Impossibility of Motherhood. Feminism, Individualism, and the Problem of Mothering. London, New York: Routledge 1999.

Dölling Irene/ Krais Beate (Hrsg.): Ein alltägliches Spiel. Geschlechterkonstruktion in der sozialen Praxis. Frankfurt/M: Suhrkamp 1997.

Donzelot Jacques: Die Ordnung der Familie. Frankfurt/M: Suhrkamp 1980. [Originalausgabe „La police de familles" . Paris: Les Editions de Minuit 1977].

Dornhof Dorothea: Inszenierte Perversionen. Geschlechterverhältnisse zwischen Pathologie und Normalität um die Jahrhundertwende. In: Hornscheidt Antje, Jähnert Gabriele, Schlichter Annette (Hrsg.): Kritische Differenzen – Geteilte Perspektiven. Zum Verhältnis von Feminismus und Postmoderne. Opladen: Westdeutscher Verlag 1998. 253–278.

Dörner Klaus: „Ich darf nicht denken". Das medizinische Selbstverständnis der Angeklagten. In: Ebbinghaus/ Dörner (Hrsg.): a. a. O. 2002. 331–358.

Dörner Klaus: Wie befreien wir die Gentechniker von ihren „ideologischen Scheuklappen" In: Brähler et al (Hrsg.): a. a. O. 2002. 159–175.

Dörner Klaus: Tödliches Mitleid. Gütersloh: Verlag Jakob von Hoddis 1993.

Dorner Klaus: Ein Heer der Vergessenen. Die sozial Verfolgten des Dritten Reiches. In: Die Zeit, 23. 8. 1985 16.

Dressel Gert: „Volksgesundheits"verständnis des Politischen Katholizismus in der österreichischen Ersten Republik. Die Konstruktion und Medizinisierung sozialer Krisen. Diplomarbeit. Universität Wien 1991.

Dreßen Wolfgang: Die pädagogische Maschine. Zur Geschichte des industrialisierten Bewußtseins in Preußen/ Deutschland. Frankfurt/M: Ullstein 1982.

Duchêne Iris: Technisierungsprozesse der Hausarbeit. Ihre Bedeutung für die Belastungsstruktur der Frau. Pfaffenweiler: Centaurus 1993.

Duden Barbara: Die Gene im Kopf – der Fötus im Bauch. Historisches zum Frauenkörper. Hannover: Offizin 2002.

Duden Barbara/Noeres Dorothee (Hrsg.): Auf den Spuren des Körpers in einer technogenen Welt. Opladen: Leske+Budrich 2002a.

Duden Barbara, Jürgen Schlumbohm, Patrice Veit (Hrsg.): Geschichte des Ungeborenen. Zur Erfahrung- und

Wissenschaftsgeschichte der Schwangerschaft. 17.–20. Jahrhundert. Göttingen: Vandenhoeck & Ruprecht 2002b

Duden Barbara: Zwischen „wahrem Wissen" und Prophetie: Konzeptionen des Ungeborenen. In: dies. et al (Hrsg.): a. a. O. 2002b. 11–49.

Duden Barbara: Frauen ohne gute Hoffnung. Ein Interview mit der Körperhistorikerin Barbara Duden von Eva Schindele und Volker Stollorz. In: Brähler Elmar et al (Hrsg.): a. a. O. 2002c. 307–321.

Duden Barbara: Von „der" Pille und unserem „Zustand". In: Staupe et al (Hrsg.): a. a. O. 1996. 67–83.

Duden Barbara: Der Frauenleib als öffentlicher Ort. Vom Mißbrauch des Begriffs Leben. Hamburg, Zürich: Luchterhand 1991.

Duden Barbara: Die Kindsregung: Zum Bedeutungsschwund eines Erlebnisses. Phänomenologische Ansätze zu einer frauenorientierten Medizin und Gesundheitsbildung. Typoskript 1990.

Duden Barbara: Geschichte unter der Haut. Ein Eisenacher Arzt und seine Patientinnen um 1730. Stuttgart: Klett Cotta 1987.

Duden Barbara: Vom Untergang der Geburt im späten 20. Jahrhundert. In: Jürgen Schlumbohm et al: a. a. O. 1998. 149–168.

Dülmen Richard v. (Hrsg.): Erfindung des Menschen. Schöpfungsträume und Körperbilder 1500–2000. Wien [u. a.]: Böhlau 1998.

Durkheim Emil: Über soziale Arbeitsteilung. Studie über die Organisation höherer Gesellschaften. Frankfurt/M: Suhrkamp 1999/3. Auflg. [EA 1991].

Durkheim Emil: Erziehung und Soziologie [1922]. Düsseldorf: Schwann 1972.

Durst Anneliese/Ostner Ilona: Der private Haushalt – eine Ressource alternativer Sozialpolitik? In: Opielka Michael (Hrsg.): Die ökosoziale Frage. Frankfurt/M: Fischer 1985.

Dworschak Andreas: Kontrollierte Freiheit. Zum Zusammenhang von Technik und sozialer Kontrolle. Diplomarbeit. Universität Innsbruck: Institut für Politikwissenschaft 2000. 159 S.

Eben K. Antonia, Frewer Andreas: Philosophie, Medizin und Religion: Ärztliche Ethik in Leben und Werk von Albert Niedermeyer. In: Frewer Andreas (Hrsg.): Medizingeschichte und Medizinethik: Kontroversen und Begründungsansätze 1900–1950. Frankfurt/M [u. a.]: Campus 2001. 247–276.

Ebbinghaus Angelika, Dörner Klaus (Hrsg.): Vernichten und Heilen. Der Nürnberger Ärzteprozeß und seine Folgen. Berlin: Aufbau 2002.

Ecarius Jutta: Intergenerative Familienerziehung im historischen Wandel über drei Generationen. Opladen: Leske+Budrich 2001.

Ecarius Jutta: Qualitative Methoden in der historischen Sozialisationsforschung. In: Friebertshäuser Barbara/Prengel Annedore (Hrsg.): Handbuch Qualitative Forschungsmethoden in der Erziehungswissenschaft. Weinheim/München: Juventa 1997. 309–323.

Eckart Wolfgang et al (Hrsg.): Die Medizin und der erste Weltkrieg. Pfaffenweiler: Centaurus 1996.

Eckart Wolfgang et al (Hrsg.): Geschichte der Medizin. 4. überarb. u. erg. Auflage. Berlin: Springer 2001 [EA 1990].

Eckart Wolfgang: Die Vision vom „gesunden Volkskörper". Seuchenprophylaxe, Sozial- und Rassenhygiene in Deutschland zwischen Kaiserreich und Nationalsozialismus. In. Hauptsache gesund! Gesundheitsaufklärung zwischen Disziplinierung und Emanzipation. Marburg: Jonas 1998. 34–48.

Eckart Wolfgang: „Der größte Versuch, den die Einbildungskraft ersinnen kann" – Der Krieg als hygienisch-bakteriologisches Laboratorium und Erfahrungsfeld. In: ders. et al (Hrsg.): a. a. O. 1996. 299–321.

Eder Klaus: Institution. In: Eckart Liebau et al (Hrsg.): Anthropologie pädagogischer Institutionen. Weinheim: Deutscher Studienverlag 2001. 19–35.

Ehmer Josef: Die Stellung der Frau in der Familie. Vom feudal-ständischen zum bürgerlichen Patriarchalismus. In: Weinzierl Erika/Stadler Karl R. (Hrsg.): Justiz und Zeitgeschichte. Geschichte der Familienrechtsgesetzgebung in Österreich. Wien: BM für Justiz 1977.

Ehmer Josef: Sozialgeschichte des Alters. Frankfurt/M: Suhrkamp 1990.
Ehmer Josef: Zur sozialen Schichtung der Wiener Bevölkerung 1857 bis 1910. In: Melinz Gerhard/Zimmermann Susan (Hrsg.): a. a. O. 1996. 73–84.
Ehrenreich Barbara: Angst vor dem Absturz. Das Dilemma der Mittelklasse. München: Kunstmann 1992 [OA „The fear of falling" , Harper Collins, New York 1989].
Eichler Margit: Sieben Weisen, den Sexismus zu erkennen. Eine theoretische Überlegung mit einem praktischen Fragebogen. In: Das Argument 207. Hamburg: Argument 1994. 941–955.
Eifler Christine/Seifert Ruth: Soziale Konstruktionen, Militär und Geschlechterverhältnisse. Münster: Westfälisches Dampfboot 1989.
Eissler K. R.: Freud und Wagner-Jauregg vor der Kommission zur Erhebung militärischer Pflichtverletzungen. Wien: Löcker 1979.
Elias Ruth: Die Hoffnung erhielt mich am Leben. Mein Weg von Theresienstadt und Auschwitz nach Israel. München: Piper 1995/7. Auflg. [EA1988].
Emmrich Michael (Hrsg.): Im Zeitalter der Bio-Macht. 25 Jahre Gentechnik – eine kritische Bilanz. Marburg: Mabuse 1999.
Enigl Marianne/Perhold Sabine (Hrsg.): Der weibliche Körper als Schlachtfeld. Neue Beiträge zur Abtreibungsdiskussion. Wien: Promedia 1993.
Ettorre Elilzabeth: Reproductive Genetics, Gender and the Body: "Please Doctor, may I have a Normal Baby?" in: Sociology. 2000 Vol. 34. No. 3, pp 403–420.
Everingham Christine: Motherhood and Modernity: an Investigation into the Rational Dimension of Mothering. Open University Press 1994.
Evers Adalbert/Nowotny Helga: Über den Umgang mit Unsicherheit. Anmerkungen zur Verwendung sozialwissenschaftlichen Wissens. In: Beck Ulrich/Bonß Wolfgang (Hrsg.): Weder Sozialtechnologie noch Aufklärung? Analysen zur Verwendung sozialwissenschaftlichen Wissens. Frankfurt/M: Suhrkamp1989. 355-384.
Exner Gudrun: Die „Österreichische Gesellschaft für Bevölkerungspolitik (und Fürsorgewesen)" (1917–1938) – eine Vereinigung mit sozialpolitischen Zielsetzungen im Wien der 20er und 30er Jahre. In: *Demographische Informationen. Herausgegeben vom Institut für Demographie der Österreichischen Akademie der Wissenschaften. Eigenverlag [http://www.verlag.oeaw.ac.at]* 2001. 93-107.
Faber Brigitte: Selbstbestimmt in die Selbstoptimierung. Jung, schön und leistungsfähig ... bis ins hohe Alter. In: Beiträge a. a. O. Heft 60, 2002. 87–95.
Faber Brigitte/Puschke Martina: Selbstbestimmung oder Selbstoptimierung? In: Reprokult a. a. O. 2002. 67–69.
Faber Erwin/Geiss Imanuel: Arbeitsbuch zum Geschichtsstudium. Heidelberg: Quelle & Meyer 1983.
Fassmann Heinz, Aufhauser Elisabeth, Münz Rainer: Kindergärten in Österreich. Zur Situation der vorschulischen Kinderbetreuung. Angebot – Nachfrage – Defizite. Wien. Bundesministerium für Umwelt, Jugend und Familie 1988.
Fassmann Heinz: Demografie und Sozialökologie. In: Acham Karl (Hrsg.): a. a. O. 2001. 189–217.
Feldbauer Peter: Kinderelend in Wien. Von der Armenpflege zur Jugendfürsorge. 17.–19. Jahrhundert. (Österreichische Texte zur Gesellschaftskritik 1). Wien: Verlag für Gesellschaftskritik 1980.
Felt Ulrike: Die „unsichtbaren" Sozialwissenschaften: Zur Problematik der Positionierung sozialwissenschaftliche Wissens im öffentlichen Raum. In: ÖZS. Sonderband 5 (Hrsg. Christian Fleck). Wiesbaden: Westdt. Verlag. 2000. 177–212.
Felt Ulrike: „Öffentliche" Wissenschaft: Zur Beziehung von Naturwissenschaft und Gesellschaft in Wien von der Jahrhundertwende bis zum Ende der Ersten Republik. In: ÖZG. 7. Jhg. Heft 3. Wien: Verlag für Gesellschaftskritik. 1996: 45–66.
Felt Ulrike: Sozialwissenschaften und Öffentlichkeit – Gedanken zur Veränderung einer Beziehung. FSF-Newsletter 14. Wien: Forum Sozialforschung 1997. 3– 10.

Felt Ulrike und Masseran Anne: Frauen im Spannungsfeld zwischen wissenschaftlichem Wissen und Volkswissen. In: Virus – Beiträge zur Sozialgeschichte der Medizin. Heft 1. 1999. 21–27.
Felt Ulrike, Nowotny Helga, Taschwer Klaus: Wissenschaftsforschung. Eine Einführung Frankfurt/M [u. a.]: Campus 1995.
Feyerabend P.K.: Wissenschaft als Kunst. Frankfurt/M.: Suhrkamp 1985.
Fischer Gottfried/Speiser Paul: Die Entwicklung der Vaterschaftsdiagnostik von 1900 bis 2000. Von der Blutgruppensereologie (ABO) zur automatisierten Molekulargenetik (PCR). In: Der österreichische Amtsvormund. Mitteilungsblatt des Vereins der Amtsvormünder Österreichs. Berufsvereinigung für Jugendwohlfahrt. 32. Jahrgang, Folge 155. Wien: Verein der Amtsvormünder Österreichs 2000. 104–109.
Fischer-Homberger Esther: Krankheit Frau. Zur Geschichte der Einbildungen. Hamburg: Luchterhand 1988/2. Auflg. [EA 1984].
Fleck Ludwig: Entstehung und Entwicklung einer wissenschaftlichen Tatsache. Einführung in die Lehre vom Denkstil und Denkkollektiv [1935]. Frankfurt/M: Suhrkamp 1993/2.Auflg. [erste Auflage 1980].
Fleck Christian: „In seinem Felde alles Erreichbare zu leisten ...". Zusammensetzung und Karrieren der Dozentenschaft der Karl-Franzens Reichsuniversität Graz. In: Steirische Gesellschaft für Kulturpolitik (Hrsg.): a. a. O. 1985. 20–47.
Fleck Christian: Autochthone Provinzialisierung. Universität und Wissenschaftspolitik nach dem Ende der nationalsozialistischen Herrschaft in Österreich. In: ÖZG. Jhg.7. 1996. Heft 1. 67–92.
Fleischer Eva: Die Frau ohne Schatten. Gynäkologische Inszenierungen zur Unfruchtbarkeit. Pfaffenweiler: Centaurus 1993.
Fleischer Eva: Die Erfindung der Unfruchtbarkeit der Frau – Historische Voraussetzungen der heutigen „Sterilitätstherapien" In: Fleischer Eva/Winkler Ute (Hrsg.): Die kontrollierte Fruchtbarkeit: Neue Beiträge gegen die Reproduktionsmedizin. Wien: Verlag für Gesellschaftskritik 1993a. 23–49.
Floud Jean: Die Schule als eine selektive Institution. In: Heintz Peter (Hrsg.): Soziologie der Schule. Opladen [u. a.]: Westdeutscher Verlag 1971/9.Aufl. [EA 1959] Sonderheft der KZfSS 4. 40–51.
Flügge Sibylla: Die Geschichte vom Vaterrecht und mütterlicher Sorge. In: Simon Kirsten et al (Hrsg.): Zum Wohl des Kindes? Die Regelung der elterlichen Sorge auf dem Prüfstand. Dresden: Dt. Hygienemuseum 1996. 39–55.
Fortpflanzungsmedizingesetz – FMedG sowie Änderungen des allgemeinen bürgerlichen Gesetzbuches, des Ehegesetzes und der Juridiktionsnorm. Kundmachungsorgan BGBl.Nr. 275/1992 ST0105. http://www.ris.bka.gv.at/bgbl/
Foucault Michel: Die Politik der Gesundheit im 18. Jahrhundert. In: Kulturen der Krankheit. ÖZG. 7. Jhg. Heft 3. 1996. 311–326.
Foucault Michel: Leben machen und Sterben lassen. Die Geburt des Rassismus. In: Diss-Texte. Nr. . Duisburg: Duisburger Institut für Sprach- und Sozialforschung 1993/2. Auflg. 27–50.
Foucault Michel: Die Ordnung des Diskurses. Frankfurt/M: Fischer 1990. [deutsche EA 1974; franz. OA 1966].
Foucault, Michel: Der Wille zum Wissen. Sexualität und Wahrheit 1. Frankfurt/M: Suhrkamp 1988 [deutsche EA 1983; franz. OA 1976].
Foucault Michel: Die Geburt der Klinik. Eine Archäologie des ärztlichen Blicks. Frankfurt/M: Fischer 1988. [frz. OA 1963; dt. EA 1973].
Foucault Michel: Überwachen und Strafen. Die Geburt des Gefängnisses. Frankfurt/M: Suhrkamp 1977.
Fox Bonnie, Worts Diana: Revisiting the critique of medicalized childbirth. A contribution to the Sociology of Birth. in: Gender & Society. Vol. 13 No. 3. June 1999. 326–346.
Fox-Keller Evelyn: Das Jahrhundert des Gens. Frankfurt/M [u. a.]: Campus 2001 [OA 2000].
Fox-Keller Evelyn: Das Leben neu denken. Metaphern der Biologie im 20. Jahrhundert. München: Kunstmann 1998 [OA 1995].

Fox-Keller Evelyn: Feminismus, Wissenschaft und Postmoderne. In: Scheich Elvira (Hrsg.): Vermittelte Weiblichkeit. Feministische Wissenschafts- und Gesellschaftstheorie. Hamburg: Hamburger Edition 1996. 39–57.

Fox-Keller Evelyn: Erbanlage, Umwelt und das Genomprojekt. In: Kevles Daniel J. et al (Hrsg.): a. a. O. 1993. 284–302.

Fox-Keller Evelyn: Feminismus und Wissenschaft. In: List Elisabeth/Studer Herlinde (Hrsg.): a. a. O. 1989. 281–300.

Fox-Keller Evelyn: Holding the center of feminist theory. in: WSIF. Vol. 12. No. 3. 1989a. 313–318.

Fox-Keller Evelyn: Die innere Welt der Subjekte und Objekte. In: dies.: Liebe, Macht und Erkenntnis. Männliche oder weibliche Wissenschaft? München, Wien: Hanser. 1986. 73–135.

Franklin Sarah: „Du musst es versuchen" und „Du musst dich entscheiden". Was die IVF den Frauen sagt. In: Duden Barbara u. a. (Hrsg.): Auf den Spuren des Körpers in einer technogenen Welt. Opladen: Leske+Budrich 2002. 365–392.

Franklin Sarah: Embodied Progress. A Cultural Account of Assisted Conception. London: Routledge 1997.

Fränznick Monika/Wieners Karin: Ungewollte Kinderlosigkeit? Psychosoziale Folgen, Bewältigungsversuche und die Dominanz der Medizin. München: Juventa 1999.

Fränznick Monika: Verheißungen der Reproduktionsmedizin – Hoffnungen der Frauen. In: Pichlhofer Gabriele (Hrsg.): a. a. O. 1999. 117–131.

Nancy Fraser: Die halbierte Gerechtigkeit. Frankfurt/M: Suhrkamp 2001.

Nancy Fraser: Widerspenstige Praktiken. Macht, Diskurs, Geschlecht. Frankfurt/M: Suhrkamp 1994.

Fraser Nancy: Die Frauen, die Wohlfahrt und die Politik der Bedürfnisinterpretation. In: dies.: a. a. O. 1994. 222–249.

Frevert Ute/Haupt Heinz-Gerhard (Hrsg.): Der Mensch des 20. Jahrhunderts. Frankfurt/M [u. a.]: Campus 1999.

Frevert Ute: Herren und Helden. Vom Aufstieg und Niedergang des Heroismus im 19. und 20. Jahrhundert. In: Richard von Dülmen (Hrsg.): a. a. O. 1998. 323–344.

Frevert Ute: „Fürsorgliche Belagerung": Hygienebewegung und Arbeiterfrauen im 19. und frühen 20. Jahrhundert. In: GG 1985/11. Jhg. 447–475.

Freud Anna: Einführung in die Techniken der Kinderanalyse. München: Reinhard 1970.

Freud Sigmund: Vorlesungen zur Einführung in die Psychoanalyse. Die Angst [1917]. Studienausgabe Bd. 1. Frankfurt/M: Fischer 1989.

Friedlander Henry: Der Weg zum NS-Genozid. Von der Euthanasie zur Endlösung. München: Heyne 2001 (EA Berlinverlag 1997).

Friedlander Henry: Motive, Formen und Konsequenzen der NS-Euthanasie. In: Gabriel Eberhard/ Neugebauer Wolfgang (Hrsg.): a. a. O. 2000. 47–61.

Fuchs Brigitte: „Rasse", „Volk", Geschlecht: Anthropologische Diskurse in Österreich 1850–1960. Frankfurt/M [u. a.]: Campus 2003.

Fuchs Ursel: Die Genomfalle. Die Versprechungen der Gentechnik, ihre Nebenwirkungen und Folgen. Düsseldorf: Patmos 2000.

Gabriel Eberhard/Neugebauer Wolfgang (Hrsg.): NS-Euthanasie in Wien. Wien: Böhlau 2000.

Garfield E.: A citation analysis of Austrian medical research and Wiener klinische Wochenschrift. In: WKW 1991/11. 318–325.

Gasman David: The Scientific Origins of National Socialism. London 1971.

Geiger Theodor: Soziologie und Erziehungswissenschaft. Programm einer Soziologie der Erziehung (1929). In: Rodax: a. a. O. 1991. 317–330.

Geiger Theodor: Erziehung als Gegenstand der Soziologie (1930). In: Rodax Klaus: a. a. O. 1991. 331–352.

Geiger Theodor: Erziehung als Gegenstand der Soziologie. In: Hurrelmann Klaus (Hrsg.): Soziologie der Erziehung. Weinheim [u. a.]: Beltz 1974. 85–105.

Geisenhainer Katja: „Rasse ist Schicksal". Otto Reche (1879–1966) – ein Leben als Anthropologe und Völkerkundler. Leipzig 2002.

GEN–AU: Entwurf zu einem Strategiepapier zum Österreichischen Genomforschungsprogramm. Wien, 31. Januar 2001. Online: http://www.bmbwk.gv.at/start.asp?bereich=5&OID=3440

Gerhard Ute u. a. (Hrsg.): Infografiken, Medien, Normalisierung: Zur Kartografie politisch-sozialer Landschaften. Heidelberg: Synchron, Wiss.-Verl. der Autoren 2001 (Diskursivitäten, Bd.1).

Gerhardt Uta: Gesellschaft und Gesundheit. Begründung der Medizinsoziologie. Frankfurt/M: Suhrkamp 1991.

Giddens Anthony: Interpretative Soziologie. Eine kritische Einführung. Frankfurt/M [u. a.]: Campus 1984.

Glenn Evelyn Nakano/Chang Grace Forcey Linda Rennie (eds.): Mothering: Ideology, Experience and Agency. London: Routledge 1994.

Gleve Katherine: Rethinking Feminist Attitudes Towards Motherhood. In: FR. March 1987. No. 25. 38–45.

Göckenjan Gerd: Kurieren und Staat machen. Gesundheit und Medizin in der bürgerlichen Welt. Frankfurt/M: Suhrkamp 1985.

Göckenjan Gerd: Medizin und Ärzte als Faktor der Disziplinierung der Unterschichten: Der Kassenarzt. In: Sachße Christoph et al (Hrsg.): a. a. O. 1986. 286–304.

Gold Helmut: Der ausgestellte Mensch. Ausstellung als Medium der Gesundheitsaufklärung. In: Roeßiger et al (Hrsg.): a. a. O. 1998. 142–145.

Goller Peter/Oberkofler Gerhard: Universität Innsbruck. Entnazifizierung und Rehabilitierung von Nazikadern (1945–1950). Innsbruck 2003.

Gould, Stephen. J.: Der falsch vermessene Mensch. Basel [u. a.]: Birkhäuser 1983.

Gräning Gisela: Das Normierungsdenken der Sexual- und Fortpflanzungspolitik am Beispiel der Sexualhormonforschung in den 20er Jahren. In: Bradish Paula et al (Hrsg.): a. a. O. 1989. 181–190.

Graumann Sigrid, Schneider Ingrid (Hrsg.): Verkörperte Technik – Entkörperte Frau. Biopolitik und Geschlecht. Frankfurt/M, New York: Campus 2003.

Graumann Sigrid: PID: Gen-Check vor der Schwangerschaft. In: GID Nr. 139 (Reproduktionsmedizin: Wunsch und Wirklichkeit). Berlin: Gen-ethisches Netzwerk 2000. 13–16.

Gröger Helmut: Die Folgen des Nationalsozialismus für das Wiener Gesundheitswesen. In: Horn Ina et al (Hrsg.): a. a. O. 2001. 160–169.

Gronemeyer Marianne: Lernen mit beschränkter Haftung. Über das Scheitern der Schule. Berlin: rowolth 1996.

Gronemeyer Marianne: Das Leben als letzte Gelegenheit. Sicherheitsbedürfnisse und Zeitknappheit. Darmstadt: Wissenschaftliche Buchgesellschaft 1996/2. Auflg. [OA 1993].

Gstettner Ulrike/Wagner Pilipp: „Verhütung in den Dreißiger Jahren." In: Virus – Beiträge zur Sozialgeschicht der Medizin I. 1999. 75–76.

Gugerli David, Orland Barbara (Hrsg.): Ganz normale Bilder. Historische Beiträge zur visuellen Herstellung von Selbstverständlichkeit. Zürich: Chronos 2002.

Günter Andrea: Die weibliche Hoffnung der Welt. Die Bedeutung des Geborenseins und der Sinn der Geschlechterdifferenz. Gütersloh: Gütersloher Verlagshaus 2000.

Günter Andrea: heilende zeiträume. mutter sprache sinn. Rüsselsheim: Christel Göttert 2002.

Guymer Laurel: Anti-Pregnancy 'vaccines': A stab in the dark. in: Birth issues. Vol. 7. No. 3. 1998. 87–91.

Habermas Jürgen: Zur Logik der Sozialwissenschaften. Frankfurt/M: Suhrkamp 1982/5. Auflg.

Hagemann-White Carol: Zum Verhältnis von Geschlechtsunterschieden und Politik. In: Kulke Christine (Hrsg.): Rationalität und sinnliche Vernunft. Berlin: Publica 1985. 146–154.

Hähner-Rombach Sylvelyn: Von der Aufklärung zur Ausgrenzung. Folgen der bakteriologischen Krankheitserklärung am Beispiel der Tuberkulose. In: Roeßiger et al (Hrsg.): a. a. O. 1998. 59–77.

Haidlmayr Theresa: Zwangssterilisation – Menschenrechtsverletzung oder medizinische Notwendigkeit? Einleitungsreferat. 1998: Onlinehttp://www2.uibk.ac.at/bidok/library/recht/haidlmayr-einleitung_zwangs-sterilisation.html

Haldane J. B. S.: Biologische Möglichkeiten für die menschliche Rasse. In: Jungk R. et al (Hrsg.): a. a. O. 1988/2. Auflg. 367–391.

Hanisch Ernst: Der lange Schatten des Staates. Österreichische Gesellschaftsgeschichte im 20. Jahrhundert. Wien: Ueberreuter 1994.

Hanisch Ernst: Der politische Katholizismus als ideologischer Träger des „Austrofaschismus". In: Tálos et al (Hrsg.): a. a. O. 1988. 53–57.

Haraway Donna: Situiertes Wissen. Die Wissenschaftsfrage im Feminismus und das Privileg einer partialen Perspektive. In: dies.: Die Neuerfindung der Natur. Primaten, Cyborgs und Frauen. Frankfurt/M [u. a.]: Campus 1995. 73–98.

Hardach-Pinke Irene: Schwangerschaft und Identität. In: Kamper D./Wulf Ch. (Hrsg.): Die Wiederkehr des Körpers. Frankfurt/M: Suhrkamp 1982. 193–208.

Harding, Sandra G. [Hrsg.]: The feminist standpoint theory reader: intellectual and political controversies. New York [u.a.]: Routledge 2004.

Harding Sandra: Das Geschlecht des Wissens. Frankfurt/M [u. a.]: Campus 1994.

Harding Sandra: Der Feminismus konfrontiert die Wissenschaft. In: a. a. O. 1994. 33–65.

Harding Sandra: Strenge Objektivität und sozial verortete Erkenntnis. In: dies.: a. a. O. 1994. 155–181.

Harding Sandra: Feministische Wissenschaftstheorie. Zum Verhältnis von Wissenschaft und sozialem Geschlecht. Hamburg: Argument 1990.

Harding Sandra: Geschlechtsidentität und Rationalitätskonzeptionen. Eine Problemübersicht. In: List Elisabeth/Studer Herlinde (Hrsg.): a. a. O. 1989. 425–454.

Harten H.-Ch.: Menschenrechte – Kindesrechte. Beispiel pädagogischer Utopien seit der französischen Revolution. In: Bundesministerium für Jugend, Familie, Frauen und Gesundheit. (Hrsg.): 40 Jahre Bundesrepublik Deutschland. zur Zukunft von Familie und Kindheit. Bonn 1989. 141–147.

Hassauer Friederike: Homo.Academica. Geschlechterkontrakte, Institution und die Verteilung des Wissens. Wien: Passagen 1994.

Hausen Karin: Die Polarisierung der „Geschlechtscharaktere" – Eine Spiegelung der Dissoziation von Erwerbs- und Familienleben. In Conze Werner (Hrsg.): Sozialgeschichte der Familie in der Neuzeit Europas. Stuttgart (Industrielle Welt, Band 21) 1976. 363–393.

Hazelrigg Lawrence: Cultures of Nature. An Essay on the Production of Nature. Gainesville: University Press of Florida 1995.

Heidenreich Gisela: Das endlose Jahr. Die langsame Entdeckung der eigenen Biographie. Ein Lebensbornschicksal. Scherz 2002.

Heim Susanne: Human Betterment, Zwangssterilisation und Retortenbabies. In: Kaupen-Haas Heidrun (Hrsg.): Der Griff nach der Bevölkerung. Aktualität und Kontinuität nazistischer Bevölkerungspolitik. Nördlingen: Greno 1986. 146–166.

Heinsohn Gunnar: Die Vernichtung der weisen Frauen: Beiträge zur Theorie und Geschichte von Bevölkerung und Kindheit. 3. erw. Ausg. München: Heyne 1989. [EA 1989].

Heinsohn Gunnar et al: Menschenproduktion. Allgemeine Bevölkerungslehre der Neuzeit. Frankfurt/M: Suhrkamp 1979.

Hepp, H.: Pränatalmedizin. Anspruch auf ein gesundes Kind? Januskopf medizinischen Fortschritts. In: Hawighorst-Knapstein S. et al (Hrsg.). Psychosomatische Gynäkologie und Geburtshilfe: Beiträge der Jahrestagung 1998. Gießen: Psychosozial Verlag 1999. 23–44.

Herschkorn-Barnu Paule: Wie der Fötus einen klinischen Status erhielt: Bedingungen und Verfahren der Produktion eines medizinischen Fachwissens. Paris 1832–1848. In: Duden et al (Hrsg.): a. a. O. 2002b. 167–205.

Hicks Karen M.: Surviving the Dalkon Shield IUD: Women and the Pharmaceutical Industry. Teachers College Press, Columbia University, New York 1994.
Hinteregger Monika: Familienrecht. Umfassende Darstellung des Ehe- und Kindschaftsrechts. Wien: Verl. Österreich GmbH 2000.
Hinterhuber Hartmann: Ermordet und vergessen. Nationalsozialistische Verbrechen an psychisch Kranken und Behinderten in Nord- und Südtirol. Innsbruck, Wien: Verlag Integrative Psychiatrie 1995.
Hirsch Marianne/Fox Keller-Evelyn (eds.): Conflicts in Feminism. New York: Routledge 1990.
Hobsbawm Eric: Das Zeitalter der Extreme. Weltgeschichte des 20. Jahrhunderts. München: dtv 1998/4. Auflg.
Hoeppel Rotraud: Mütter und Kinder zwischen Allmacht und Ohmacht. In: ZfP. 29. Beiheft. Erziehungswissenschaft zwischen Modernisierung und Modernitätskrise. Beiträge zum 13. Kongreß der Deutschen Gesellschaft für Erziehungswissenschaft vom 16.–18. März 1992 in der Freien Universität Berlin. Weinheim und Basel: Beltz 1992. 247–251.
Höflechner Walter: Österreich: Eine verspätete Wissenschaftsnation? In: Acham Karl (Hrsg.): a. a. O. 1999. 93–115.
Höflechner Walter: Die Auswirkungen politischer und kultureller Veränderungen auf Forschungsorientierung und Wissenschaftsorganisation. In: Acham Karl (Hrsg.): a. a. O. 1999. 149–215.
Holland-Cunz, Barbara: Feministische Demokratietheorie. *Thesen zu einem Projekt.* Opladen: Leske+Budrich 1998.
Honegger Claudia: Die Ordnung der Geschlechter. Die Wissenschaften vom Menschen und das Weib. Frankfurt/M [u. a.]: Campus 1991.
Honig Michael-Sebastian: Entwurf einer Theorie der Kindheit. Frankfurt/M: Suhrkamp 1999.
Hopkins B.: Kindheit und Erziehung. Das Auf und Ab einer vernachlässigten Beziehung. In: Petzold: a. a. O. 1994. 27–44.
Hopwood Nick: Embryonen „auf dem Altar der Wissenschaft zu opfern": Entwicklungsreihen im späten neunzehnten Jahrhundert. In: Duden et al (Hrsg.): a. a. O. 2002. 237–273.
Horkheimer Max/Adorno Theodor W.: Dialektik der Aufklärung. Philosophische Fragmente. Frankfurt/M: Fischer 1994/32.–36. Tsd. [dt. EA 1969; OF 1944 by Social Studies Association]
Horkheimer Max: Mittel und Zwecke. In: Zur Kritik der instrumentellen Vernunft. Frankfurt/M: Fischer 1997/12.–13. Tsd. 15–63.
Horn Ina P.: Die Faszination des Nationalsozialismus für österreichische Frauen. Motivationsuntersuchung zur Erklärung von Bedingungen und Formen der Beteiligung österreichischer Frauen im Nationalsozialismus. Schriftenreihe Heft 8. Interuniversitäres Forschungsinstitut für Fernstudien (IFF) der österreichischen Universitäten 1992.
Horn Sonja und Malina Peter (Hrsg.): Medizin im Nationalsozialismus – Wege der Aufarbeitung. Wiener Gespräche zur Sozialgeschichte der Medizin. Wien: Pressestelle und Verl. der Österr. Ärztekammer 2001.
Horn Sonja, Dorffner Gabriele: „... männliches Geschlecht ist für die Zulassung zur Habilitation nicht vorgesehen". Die ersten an der medizinischen Fakultät der Universität Wien habilitierten Frauen. In: Bolognese-Leuchtenmüller/Horn Sonja (Hrsg.): a. a. O. 2001. 117–139.
Hubbard, Ruth/Wald, Elijah: Exploding the Gene Myth: How Genetic Information Is Produced and Manipulated by Scientists, Physicians, Employers, Insurance Companies, Educators and Law Enforcers. Beacon Press 1999
Hubbard Ruth: Hat die Evolution die Frauen übersehen? In: List Elisabeth und Studer Herlinde (Hrsg.): a. a. O. 1989. 301–334.
Hubbard Ruth: Prenatal Diagnosis and eugenic ideology. in: WSIF. Vol 8. No.6. 1985. 567–576.
Hubbard Ruth: Prenatal Diagnosis and eugenic ideology. in: WSIF. Vol 8. No.6. 1985. 567–576.
Hubenstorf Michael: Tote und/oder lebendige Wissenschaft. Die intellektuellen Netzwerke der NS–Patientenmordaktion in Österreich. In: Gabriel Eberhard/Neugebauer Wolfgang (Hrsg.): Von der Zwangsste-

rilisation zur Ermordung. Zur Geschichte der NS-Euthanasie in Wien. Teil II. Wien [u. a.]: Böhlau 2002. 237–420

Hubenstorf Michael: „Der Wahrheit ins Auge sehen". Die Wiener Medizin und der Nationalsozialismus – 50 Jahre danach. Teil 1. In: Wiener Arzt 5. 1995. 14–27.

Hubenstorf Michael: „Medizin ohne Menschlichkeit". Die Wiener Medizin und der Nationalsozialismus – 50 Jahre danach. Teil 2. In: Wiener Arzt 6. 1995. 16–30.

Hubenstorf Michael: Medizinische Fakultät 1938–1945. In: Heiß Gernot et al (Hrsg.): Willfährige Wissenschaft. Die Universität Wien 1938–1945. Wien: Verlag für Gesellschaftskritik 1989. 233–283.

Hubenstorf Michael: Sozialmedizin, Menschenökonomie, Volksgesundheit. In: Kadrnoska Franz (Hrsg.): Aufbruch und Untergang. Österreichische Kultur zwischen 1918 und 1938. Wien, München, Zürich: Europaverlag 1981. 247–265.

Huber Johannes: Die Zukunft gehört der Gynäkologie. In: zeit_schritt . Magazin für modern politics/Nr.7/März 2001. Wien: Politische Akademie der ÖVP. 42–44.

Huerkamp Claudia: Ärzte und Professionalisierung in Deutschland. In: GG. 6. Jhg. Heft 3. 1980. 349–538.

Huerkamp Claudia: Der Aufstieg der Ärzte im 19. Jahrhundert. Göttingen: Vandenhoeck & Ruprecht 1985.

Huter Franz (Hrsg.): Hundert Jahre Medizinische Fakultät Innsbruck 1869–1969. II. Teil: Geschichte der Lehrkanzeln, Institute und Kliniken. Innsbruck: Veröffentlichung der Universität Innsbruck 1969.

Illich Ivan: „Und führe uns nicht in die Diagnose, sondern erlöse uns von dem Streben nach Gesundheit". Eröffnungsvortrag auf dem Symposium „Gesundheit Krankheit – Metaphern des Lebens und der Gesellschaf". Bologna, 24. Oktober 1998.

Illich Ivan: Die Nemesis der Medizin. Die Kritik der Medikalisierung des Lebens. München: Beck 1995/4. überarb. Auflg. [EA 1975].

Illich Ivan: Entschulung der Gesellschaft. München: Beck'sche Reihe. 1995/3. überarbeitete Auflage.

Illich Ivan: Entmündigende Expertenherrschaft. In: ders. et al (Hrsg.): Entmündigung durch Experten. Zur Kritik der Dienstleistungsberufe. Reinbek: Rowolth 1979. 7–37.

Illich Ivan: Schulen helfen nicht. Reinbek: Rowolth 1972.

Imhof Arthur E.: Die Übersterblichkeit verheirateter Frauen im fruchtbaren Alter. Eine Illustration der „condition feminine" im 19. Jahrhundert. In: Zs. f. Bevölkerungswissenschaft. Heft 5. 1979. 487–510.

Ingenkamp Karlheinz: Pädagogische Diagnostik in Deutschland 1885–1932. Weinheim: Dt. Studienverlag 1990.

Irigaray Luce: Die Vision des Vaters: eine Erzeugung ohne Geschichte(n). In: dies.: Speculum. Spiegel des anderen Geschlechts. Frankfurt/M: Suhrkamp 1980. 373–395.

Irigaray Luce: Frauenmarkt. In: dies.: Das Geschlecht das nicht eins ist. Berlin: Merve 1977. 177–199.

Jacobus Mary/Fox-Keller Evelyn/Shuttleworth Sally: Body/Politics: Women and the Discourse of Science. New York: Routledge 1990.

Jaeggi Urs: Macht. In: Handbuch Soziologie. Zur Theorie und Praxis sozialer Beziehungen. Reinbek: Rowolth 1991/9–11 Tsd. 343–347.

Jäger Siegfried: Kritische Diskursanalyse. Eine Einführung. Duisburg: DISS-Studien 1993.

Jaggar Alison M./McBride William L.: Reproduktion als männliche Ideologie. In: List E./Studer H. (Hrsg.): a. a. O. 1989. 133–164.

Jahrbuch der Gesundheitsstatistik. Hrsg. von Statistik Austria. Wien: Verlag Österreich GmbH 2001.

Jahrbuch der Gesundheitsstatistik 2001. Wien: Statistik Austria 2003.

Jansen Birgit: Kinderkriegen. In: Vogt Irmgard/Bormann Monika (Hrsg.): Frauen-Körper. Lust und Last. Forum 19/Tübingen 1994. 193–220.

Janssen-Jureit Marielouise: Nationalbiologie, Sexualreform und Geburtenbeschränkung. In: Gabriele Dietze (Hrsg.): Die Überwindung der Sprachlosigkeit. Texte aus der neuen Frauenbewegung [1979]. Darmstadt: Luchterhand 1989. 3. Auflg. 139–176.

Jauss H. R.: Der Gebrauch der Fiktion in Formen der Anschauung und Darstellung der Geschichte. In: Koselleck R. et al (Hrsg.): Formen der Geschichtsschreibung. München 1982. 415–451.
Jeffreys Sheila: The spinster and her enemies: Feminism and Sexuality 1880–1930. London: Pandora 1985.
Jerouschek Günther: Lebensschutz und Lebensbeginn. Kulturgeschichte des Abtreibungsverbots. Stuttgart: Ferdinand Enke 1989.
Jobst Paul: Medizinsoziologie: Die Medizinsoziologie und die Ubiquität der sanitären Perspektive. In: Soziologie 2000: Kritische Bestandsaufnahme zu einer Soziologie für das 21. Jahrhundert. Soziologische Revue. Sonderheft 5. Hrsg. von Münch Richard et al. München: Oldenbourg 2000. 130–140.
Jochmann Werner (Hrsg.): Adolf Hitler. Monologe im Führerhauptquartier 1941–1944. Die Aufzeichnungen Heinrich Heims. Hamburg 1980.
Jungk R./Mundt H. J. (Hrsg.): Das umstrittene Experiment: Der Mensch. 27 Wissenschaftler diskutieren d. Elemente e. biologischen Revolution. Dokumentation d. Ciba Symposiums 1962 „Man and his Future". Frankfurt/M, München: Schweitzer 1988/2. Auflg.
Jungk R./Mundt H. J. (Hrsg.): Diskussion. In: a. a. O. 1988. 302–324.
Jütte Robert: Lust ohne Last. Geschichte der Empfängnisverhütung. München: Beck 2003.
Jütte Robert: Geschichte der Abtreibung. Von der Antike bis zur Gegenwart. München: Beck 1993.
Kadrnoska Franz (Hrsg.): Aufbruch und Untergang. Österreichische Kultur zwischen 1918 und 1938. Wien [u. a.]: Europaverlag 1981.
Kahlert Heike: Das Verschwinden des Patriarchats. Modernisierungstheoretische Ansichten eines umstrittenen Theorems. In: ÖZP. Heft 1. 29 Jhg. Baden-Baden: Nomos 2000. 45–57.
Kaiser Jochen-Christoph: NS-Volkswohlfahrt und freie Wohlfahrtspflege im „Dritten Reich". In: Otto Hans-Uwe und Sünker Heinz: a. a. O. 1991. 78–106.
Kannonier-Finster Waltraud/Ziegler Meinrad (Hrsg.): Exemplarische Erkenntnis. Zehn Beiträge zur interpretativen Erforschung sozialer Wirklichkeit. Innsbruck: Studienverlag 1998.
Kannonier-Finster Waltraud: Hitler-Jugend auf dem Dorf. Biographie und Geschichte in einer soziologischen Fallstudie. Dissertation an der Sozial- und Wirtschaftswissenschaftlichen Fakultät der Universität Innsbruck. Dezember 1994.
Kant Immanuel: Mutmaßlicher Anfang der Menschengeschichte. Werke in 10 Bänden. Herausgegeben von W. Weischedel. Darmstadt 1968. Bd. 9.
Kant Immanuel: Über Pädagogik. Hrsg. von Prof. Dr. Theo Dietrich. Bad Heilbrunn: J. Klinkhardt 1960 [OA 1803].
Kant Immanuel: Werke Bd. XIII. Leipzig 1868.
Kamper Dietmar: Die Usurpation der Fruchtbarkeit. Anmerkungen zu einer männlichen Universalstrategie. In. Barbara Schaeffer-Hegel/Brigitte Wartmann (Hrsg.): a. a. O. 1984. 100–103.
Kamper Dietmar: Der Mensch als Schicksal, Zufall und Gefahr. Historische Anthropologie. In: Lutz Petra et al (Hrsg.): a. a. O. 2003. 468–476.
Kappeler Manfred: Der schreckliche Traum vom vollkommenen Menschen. Rassenhygiene und Eugenik in der Sozialen Arbeit. Marburg: Schüren 2000.
Karsten Maria-Eleonora: Zur Institutionalisierung von Kindheit in Öffentlichkeit und Privatheit. In: Zeitschrift für Pädagogik. 29. Beiheft. Erziehungswissenschaft zwischen Modernisierung und Modernitätskrise. Beiträge zum 13. Kongreß der Deutschen Gesellschaft für Erziehungswissenschaft vom 16.–18. März 1992 an der Freien Universität Berlin. Weinheim und Basel: Beltz 1992. 250–251.
Katalaog zur Ausstellung „Wir hatten noch gar nicht angefangen zu leben. Eine Ausstellung zu den Jugend-Konzentrationslagern Moringen und Uckermark 1940–1945. Neus: Meinke 2001/4.Auflg.
Kater Michael: Die soziale Lage der Ärzte im NS-Staat. In: Ebbinghaus/Dörner (Hrsg.): a. a. O. 2002. 51–68.
Kaufmann Doris (Hg.): Geschichte der Kaiser-Wilhelm-Gesellschaft im Nationalsozialismus. Bestandsaufnahmen und Perspektiven der Forschung. 2 Bände. Göttingen: Wallenstein 2000.

Kaupen-Haas Heidrun et al (Hrsg.): Wissenschaftlicher Rassismus. Analysen einer Kontinuität in den Human- und Naturwissenschaften. Frankfurt/M [u. a.]: Campus 1999.

Kaupen-Haas Heidrun et al (Hrsg.): Moral, Biomedizin und Bevölkerungskontrolle. Sozialhygiene und Public Health – Band 5. Frankfurt/M: Mabuse 1997.

Kaupen-Haas Heidrun et al (Hrsg.): Doppelcharakter der Prävention. Sozialhygiene und Public Health – Band 3. Frankfurt/M: Mabuse 1995.

Kaupen-Haas Heidrun et al (Hrsg.): Naturwissenschaften und Eugenik. Sozialhygiene und Public Health – Band 1. Frankfurt/M: Mabuse 1994.

Kay Lily E.: Who wrote the book of life? A history of the genetic code. Stanford University Press 2000.

Kernbauer Hans/Weber Fritz: Von der Inflation zur Depression. Österreichs Wirtschaft 1928–1943. In: Tálos et al (Hrsg.): a. a. O. 1988. 1–31.

Kernbauer Hans, März Eduard, Weber Fritz: Die wirtschaftliche Entwicklung. In: Weinzierl Erika/ Skalnik Kurt (Hrsg.): Österreich 1918–1938. Geschichte der Ersten Republik. Graz [u. a.]: Styria 1983.

Kerr Anne and Cunningham-Burley Sarah: On Ambivalence and Risk: Reflexive Modernity and the New Human Genetics. in. Sociology. 2000, Vol. 34, No. 2, pp. 283–404.

Kettner Matthias: Beratung als Zwang. Schwangerschaftsabbruch, genetische Aufklärung und die Grenzen kommunikativer Vernunft. Frankfurt/M [u. a.]: Campus 1998.

Keupp Heiner et al: Verwissenschaftlichung und Professionalisierung. Zum Verhältnis von technokratischer und reflexiver Verwendung am Beispiel psychosozialer Praxis. In: Beck Ulrich/Bonß Wolfgang (Hrsg.): Weder Sozialtechnologie noch Aufklärung? Analyse zur Verwendung sozialwissenschaftlichen Wissens. Frankfurt/M: Suhrkamp 1989. 149–195.

Kevles Daniel J. et al (Hrsg.): Der Supercode. Die genetische Karte des Menschen. München: Artemis & Winkler 1993.

Kevles Daniel J.: Die Geschichte der Genetik und Eugenik. In: ders. et al (Hrsg.): a. a. O. 1993. 13–48.

Kickbusch I./Riedmüller B.: Die armen Frauen. Frauen und Sozialpolitik. Frankfurt/M: Suhrkamp 1984.

Kittler Gertraude: Hausarbeit. Zur Geschichte einer „Natur-Ressource". München: Frauenoffensive 1980.

Kittsteiner Heinz Dieter: Geschichtsphilosophie nach der Geschichtsphilosophie. Plädoyer für eine geschichtsphilosophisch angeleitete Kulturgeschichte. In: Deutsche Zeitschrift für Philosophie. Zweimonatszeitschrift der internationalen philosophischen Forschung. 48. Jhg. Heft 1. Berlin: Akademieverlag 2000. 67–79.

Klee Ernst: „Euthanasie im NS-Staat". Die „Vernichtung lebensunwerten Lebens". Frankfurt/M: Fischer 1983.

Klee Ernst: Deutsche Medizin im Dritten Reich. Karrieren vor und nach 1945. Frankfurt/M: Fischer 2001/2. Auflg.

Klee Ernst: Das Personenlexikon zum Dritten Reich. Wer war was vor und nach 1945. Frankfurt/M: Fischer 2003.

Klein Melanie: Das Seelenleben des Kleinkindes und andere Beiträge zur Psychoanalyse. Stuttgart: Klett 1962.

Klein Renate/Raymond Janice: Die Abtreibungspille RU 486. Wundermittel oder Gefahr? Hamburg: Konkret 1992.

Klein Renate: Gobalized Bodies in the Twenty-first Century: The final patriarchal takeover? in: Bennholdt-Thomsen Veronika et al (ed.): There is an Alternative. Subsistence and Worldwide Resistance to corporate Globalization. London/New York: Zed Books and Victoria: Spinifex Press 2001. 91–106.

Klein Renate: Retortenhelden und feministischer Widerstand. In: Hawthorne Susan/Klein Renate (Hrsg): Australien der Frauen. München: Frauenoffensive 1994. 78–85.

Klein Renate: Das Geschäft mit der Hoffnung. Erfahrungen mit der Fortpflanzungsmedizin. Frauen berichten. Berlin: Orlanda 1989.

Klein Renate/Rowland Robyn: „Women as Test-Sites for Fertility Drugs: Clomiphene Citrate and Hormonal Cocktails". In: Reproducitve and Genetic Engineering: Journal of International Feminist Analysis. Vol. 1. No. 3. 1988. 251–273.

Klinger Cornelia: „Für den Staat ist das Weib die Nacht". Die Ordnung der Geschlechter und ihr Verhältnis zur Politik. In: ZfFF. Jg. 17, Sonderh.2: Philosophie, Politik und Geschlecht. Probleme feministischer Theoriebildung. Bielefeld: Kleine 1999. 13-43.
Klinksiek Dorothee: Die Frau im NS-Staat. Stuttgart: DVA 1982.
Knapp Gudrun-Axeli/Wetterer Angelika: Einleitung. In: dies. (Hrsg.): Soziale Verortung der Geschlechter. Gesellschaftstheorie und feministische Kritik. Münster: Westfälisches Dampfboot 2001. 7-15.
Knapp Gudrun-Axeli (Hrsg.): Kurskorrekturen. Feminismus zwischen Kritischer Theorie und Postmoderne. Frankfurt/M [u. a.]: Campus1998.
Knapp Gudrun-Axeli: Traditionen – Brüche: Kritische Theorie in der feministischen Rezeption. In: Elvira Scheich (Hrsg.): Vermittelte Weiblichkeit. Feministische Wissenschafts- und Gesellschaftstheorie. Hamburg: Hamburger Edition 1996. 113-151.
Koch Friedrich: Der Kaspar-Hauser-Effekt. Über den Umgang mit Kindern. Opladen: Leske+Budrich 1995.
Köck Christian et al: Risiko „Säuglingstod". Plädoyer für eine gesundheitspolitische Reform. Wien: Deuticke 1988.
Kocka Jürgen: Sozialgeschichte. Begriff – Entwicklung – Probleme. Göttingen: Vandenhoeck & Ruprecht 1977.
Kolata Gina: Influenza – die Jagd nach dem Virus. Frankfurt/M: Fischer 2001.
Kolip Petra (Hrsg.): Weiblichkeit ist keine Krankheit. Die Medikalisierung körperlicher Umbruchphasen im Leben von Frauen. Weinheim und München: Juventa 2000.
Kolip Petra: Frauenleben in Ärztehand. Die Medikalisierung weiblicher Umbruchphasen. In: dies. (Hrsg.): a. a. O. 2000. 9-31.
Kollek Regine: Präimplantationsdiagnostik. Embryonenselektion, weibliche Autonomie und Recht. Tübingen und Basel: A. Francke Verlag 2000.
Köpl Regina: Feministische Wissenschaftskritik. Erkenntnisproduktion und Politikwissenschaft. In: Kreisky Edith/Sauer Birgit (Hrsg.): Geschlecht und Eigensinn. Feministische Recherchen in der Politikwissenschaft. Wien: Böhlau 1998. 24-37.
Köstering Susanne: „Etwas Besseres als das Kondom". Ludwig Haberlandt und die Idee der Pille. In: Staupe et al (Hrsg): a. a. O. 1996. 113-131.
Krais Beate: Die feministische Debatte und die Soziologie Pierre Bourdieus: Eine Wahlverwandtschaft. In: Knapp et al (Hrsg.): Soziale Verortung der Geschlechter. Gesellschaftstheorie und feministische Kritik. Münster: Westfälisches Dampfboot 2001. 317-338.
Krais Beate: Wissenschaftskultur und Geschlechterordnung. Über die verborgenen Mechanismen männlicher Dominanz in der akademischen Welt. Frankfurt/M [u. a.]: Campus 2000.
Krais Beate: Geschlechterverhältnis und symbolische Gewalt. In: Gebauer Gunther et al (Hrsg.): Praxis und Ästhetik. Neue Perspektiven im Denken Pierre Bourdieus. Franfurt/M.: Suhrkamp 1993. 208-250.
Krankheitsursachen im Deutungswandel. Jahrbuch für Kritische Medizin 34. Hamburg: Argument 2001.
Kreibich Rolf: Wissenschaftsgesellschaft. Von Galilei zur High-Tech-Revolution. Frankfurt/M: Suhrkamp 1986.
Kreisky Eva/Sauer Birgit (Hrsg.): Geschlechterverhältnisse im Kontext politischer Transformation. Opladen: Westdt. Verlag 1998.
Kreisky Eva, Sauer Birgit (Hrsg.): Das geheime Glossar der Politikwissenschaft. Geschlechterkritische Inspektion der Kategorien einer Disziplin. Frankfurt a. M. [u. a.]: Campus 1997.
Kreisky Eva: „Der Stoff aus dem die Staaten sind. Zur männerbündischen Fundierung politischer Ordnung". In: Becker-Schmidt Regina, Knapp Gudrun-Axeli (Hrsg.): a. a. O. 1995. 85-125.
Kreisky Eva und Sauer Birgit: Wohlfahrtsstaat und Patriarchalismus. In. Transit: Europäische Revue. Heft 12: Die Zukunft des Wohlfahrtsstaats. Hrsg. am Institut für die Wissenschaften vom Menschen (IWM) in Wien. Frankfurt/M: Verlag Neue Kritik 1996. 127-142.

Krieger Verena: Der Kosmos-Fötus. Neue Schwangerschafsästhetik und die Elimination der Frau. In: Feministische Studien. 1995/2: Einsprüche. 8–24.

Kröner Hans-Peter: Von der Eugenik zum genetischen Screening: Zur Geschichte der Humangenetik in Deutschland. In: Peterman F. et al (Hrsg.): Perspektiven der Humangenetik. Paderborn: Schöningh 1997. 23–47.

Krücken,G./Hasse,R./Weingart,P.: Laborkonstruktivismus. Eine wissenschaftssoziologische Reflexion. In: G. Rusch & S. J. Schmidt (Hrsg.): Konstruktivismus und Sozialtheorie. Frankfurt/M: Suhrkamp 1993. 220–262.

Kühne Thomas: Der Soldat. In: Frevert Ute u. a. (Hrsg.): a. a. O. 1999. 344–373.

Kühl Stefan: Die Internationale der Rassisten. Aufstieg und Niedergang der internationalen Bewegung für Eugenik und Rassenhygiene im 20. Jahrhundert. Frankfurt/M [u. a.]: Campus 1997.

Kunz Gabriele: Medizinische Experimente mit der Antibabypille. Ein Rückblick auf die ersten Versuche an puertoricanischen Frauen. In: Z. Sexualforschung. Jhg. 2. Heft 2. 1989. 119–131.

Kurmann Margarethe: Auf den Leib gerückt oder: Autonomie sichern – Leid vermeiden. Die Auseinandersetzung um Pränataldiagnostik und PID. In: Beiträge zur feministischen Theorie und Praxis: a. a. O. 2002. Heft 60. 11–20.

Lacqueur Thomas: "The Facts of Fatherhood". in: Hirsch/ Fox Keller a. a. O. 1990. 205–221.

Labisch Alfons: Die „hygienische Revolution" im medizinischen Denken. Medizinisches Wissen und ärztliches Handeln. In: Ebbinghaus/Dörner (Hrsg.): a. a. O. 2002. 51–68.

Labisch Alfons: Gesundheit: Die Überwindung von Krankheit, Alter und Tod in der Neuzeit. In: Dülmen R. v. (Hrsg.): a. a. O. 1998. 507–537.

Labisch Alfons: Homo Hygienicus. Gesundheit und Medizin in der Neuzeit. Frankfurt/M [u. a.]: Campus 1992.

Labisch Alfons: „Hygiene ist Moral – Moral ist Hygiene". Soziale Disziplinierung durch Ärzte und Medizin. In: Sachße Christoph et al: a. a. O. 1986. 265–286.

Laborie Francoise: "New reproductive Technologies. News from France and elsewhere". in: JoIFA 1988, Vol.1, Issue 1, pp 77–68.

Ladd-Taylor Molly/Umansky Lauri (eds): 'Bad' Mothers. The Politics of Blame in Twentieth-Century America. New York, London: New York University Press 1998.

Lademann Julia: Hormone oder keine? In: Kolip et al (Hg.): a. a. O. 2000. 143–173.

Ladstätter Martin: Richtungsentscheidung des OGH: Behindertes Kind ein Schaden? Eine 31-jährige Salzburgerin, die ein Kind mit Down-Syndrom zur Welt gebracht hat, fordert vom Arzt nun Unterhaltszahlungen. In: Bizeps Info online vom 24. Juli 2006 12:02 Uhr (download 20. Juli 2007 14:31).

Latherby Gayle: Mother or not, mother or what? Problems of Definition and Identity. in: WSIF 1994, Vol. 17, No.5, pp 525–532.

Laux Hermann: Pädagogische Diagnostik im Nationalsozialismus 1933–1945. Weinheim: Dt. Studienverlag 1990.

Le Goff Jacques: „Wie schreibt man eine Biographie?" In: Fernand Braudel et al: Der Historiker als Menschenfresser. Über den Beruf des Geschichtsschreibers. Berlin: Wagenbach 1990. 103–112.

Lederberg Joshua: Die biologische Zukunft des Menschen. In: Jungk R./Mundt H.J. (Hrsg.): a. a. O. 1988. 292–301.

Lehner Karin: Verpönte Eingriffe. Sozialdemokratische Reformbestrebungen zu den Abtreibungsbestimmungen in der Zwischenkriegszeit. Wien: Picus 1989.

Lehner Oskar: Familie – Recht – Politik. Die Entwicklung des österreichischen Familienrechts im 19. und 20. Jahrhundert. Linzer Universitätsschriften. Monographien. Band 13. Wien [u. a.]: Springer 1987.

Lenk Elisabeth: Das Prinzip Clique. Nachrichten aus dem inneren der Universität. In: Modelmog Ilse (Hrsg.): a. a. O. 1996. 49–61.

Lenz Ilse: Geschlecht, Herrschaft und internationale Ungleichheit. In: Becker-Schmidt/Knapp (Hrsg.): a. a. O. 1995. 19–47.
Lenzen Dieter: Vater. In: Wulf Christoph (Hrsg.): a. a. O. 1997. 334–341.
Lenzen Dieter: Krankheit als Erfindung. Medizinische Eingriffe in die Kultur. Frankfurt/M.: Fischer 1993a/ 5–6 Tsd.
Lenzen Dieter: Zum Stand der Historiographiediskussion in Geschichtswissenschaft und Pädagogik. In: ders. (Hrsg.): Pädagogik und Geschichte. Pädagogische Historiographie zwischen Wirklichkeit, Fiktion und Konstruktion. Weinheim: Deutscher Studienverlag 1993. 7–25.
Lenzen Dieter: Noch einmal Medizinkritik? Zur Geschichte einer Literaturgattung. In: ders.: a. a. O. 1993a. 14–32.
Lenzen Dieter: In-vitro-Fertilisation. In: ders.: a. a. O. 1993a. 107–120.
Lenzen Dieter: Vaterschaft. Vom Patriarchat zur Alimentation. Reinbek: Rowolth 1991.
Lenzen Dieter: Mythologie der Kindheit. Die Verewigung des Kindes in der Erwachsenenkultur. Versteckte Bilder und vergessene Geschichten. Reinbek: Rowolth 1985.
Lesky Erna (Hrsg.): Sozialmedizin. Entwicklung und Selbstverständnis. Darmstadt 1977.
Lévi-Strauss Claude: Die elementaren Strukturen der Verwandtschaft [1949]. Frankfurt/M: Suhrkamp 1981.
Lichtenberger-Fenz Brigitte: Österreichische Hochschulen und Universitäten und das NS-Regime. In: Tálos Emmerich et al (Hrsg.): a. a. O. 1988 a. 269–283.
Liebau Ekart et al (Hrsg.): Anthropologie pädagogischer Institutionen. Weinheim: Deutscher Studienverlag 2001.
Liebau Eckart (Hrsg.): Das Generationenverhältnis. Über das Zusammenleben in Familie und Gesellschaft. Beiträge zur pädagogischen Grundlagenforschung. Weinheim [u.a.]: Juventa 1997.
Liebsch Burkhard: Trauer als Gewissen der Geschichte. In: Liebsch Burkhard/Rüsen Jörn (Hrsg.): Trauer und Geschichte. Beiträge zur Geschichtskultur. Band 22. Hrsg. von Jörn Rüsen. Köln [u. a.]: Böhlau 2001. 15–63.
Lifton Robert Jay: Ärzte im Dritten Reich. Stuttgart: Klett Cotta 1996/2. Auflg. [engl. OA 1986; dt. EA 1988].
Lilienthal Georg: Der „Lebensvorn e.V.". Ein Instrument nationalsozialistischer Rassenpolitik. Frankfurt/M: Fischer 1993.
Lindbohm Marja-Lusa et al: "Effects of Paternal Occupational Exposure on Spontaneous Abortions". in: American Journal of Public Health. 1991/81. 1029–1033.
Linkert Christine: Die Initiation der Medizinstudenten. In: Sippel-Süsse Jutta (Red.). Körper, Krankheit und Kultur. Ethnopsychoanalyse 3. Frankfurt/M: Brandes&Apsel 1993. 135–143.
Linse Ulrich: Alfred Blaschko: Der Menschenfreund als Überwacher. Von der Rationalisierung der Syhpilis-Prophylaxe zur sozialen Kontrolle. In: ZfS. 2 Jhg. Heft 4. 1989. 301–316.
List Elisabeth: Grenzen der Verfügbarkeit. Die Technik, das Subjekt und das Lebendige. Wien: Passagen 2001.
List Elisabeth: Die Wiederentdeckung des Lebendigen. In: Wolf Maria (Hrsg.): a. a. O. 2000. 1–13.
List Elisabeth: Das lebendige Selbst. Leiblichkeit, Subjektivität und Geschlecht. In: Stoller Silvia/Vetter Helmuth (Hrsg.): Phänomenologie der Geschlechterdifferenz. Wien: WUV 1997. 292–319.
List Elisabeth: Die Präsenz des Anderen. Theorie und Geschlechterpolitik. Frankfurt/M: Suhrkamp 1993.
List Elisabeth: Naturverhältnisse – Geschlechterverhältnisse. In: dies. : a. a. O. 1993. 90–111.
List Elisabeth: Theorie und Lebensform. Selbstverständnisse in der Wissenschaftskultur. In: dies. a. a. O. 1993. 46–67.
List Elisabeth/Studer Herlinde (Hrsg.): Denkverhältnisse. Feminismus und Kritik. Frankfurt/M: Suhrkamp 1989.
List Elisabeth: Denkverhältnisse. Feminismus als Kritik. In: List/Studer (Hrsg.): a. a. O. 1989. 7–37.
List Elisabeth: Patriarchen und Pioniere: Helden im Wissenschaftspiel. Gedanken über das Unbehagen in der Wissenschaftskultur. In: Barbara Schaeffer-Hegel/Brigitte Wartmann (Hrsg): a. a. O. 1984. 14–35.

Lohmann Georg: Kritische Gesellschaftstheorie ohne Geschichtsphilosophie? Zu Jürgen Habermas' verabschiedeter und uneingestandener Geschichtsphilosophie. In: Welz Frank/Weisenbacher Uwe (Hrsg.): Soziologische Theorie und Geschichte. Wiesbaden: Westdt. Verlag 1998. 197–217.
Loitz Wilma: Schwangerschaft und Geburt in der Vorstellung kinderloser Frauen. Eine qualitative Analyse. Diplomarbeit, Institut für Erziehungswissenschaften, Universität Innsbruck. Oktober 1998.
Lorber, Judith: Gender Inequality: Feminist Theories and Politics. Oxford University Press 2007/3. Auflg.
Lorber, Judith / Moore, Lisa Jean: Gender and the Social Construction of Illness. AltaMira Press 2002/2. Auflg.
Lorber, Judith: Paradoxes of gender <dt.> Gender-Paradoxien. Red. und Einl. zur dt. Ausg.: Ulrike Teubner - Opladen : Leske + Budrich 1999.
Löscher Monika: Zur Rezeption eugenischen/rassenhygienischen Gedankengutes in Österreich bis 1934 unter besonderer Berücksichtigung Wiens. Diplomarbeit. Geisteswissenschaftliche Fakultät der Universität Wien 1999.
Lottes Günther: Die Zähmung des Menschen durch Drill und Dressur: In: Dülmen R. v. (Hrsg.): a. a. O. 1998. 221–241.
Lundgren Peter: Wissen und Bürgertum. Skizze eines historischen Vergleichs zwischen Deutschland, Frankreich, England und den USA, 18.–20. Jahrhundert. In: Siegrist (Hrsg.): a. a. O. 1988. 102–124.
Lüscher Kurt: Familienrhetorik, Familienwirklichkeit und Familienforschung. In: Vaskovics L. A. (Hrsg.): Familienbilder und Familienrealitäten. Opladen: Leske+Budrich 1997. 50–65.
Lutz Petra et al (Hrsg.): Der [im-]perfekte Mensch. Metamorphosen von Normalität und Abweichung. Köln: Böhlau 2003.
Lyotard Jean-Francois: Ein Einsatz in den Kämpfen der Frauen. In: Barck Karl-Heinz et al (Hrsg.). Aisthesis. Wahrnehmung heute oder Perspektiven einer anderen Ästhetik. Leipzig: Reclam 1993/5. Auflg. 142–157.
Macho Thomas: Leichen im Keller. Zum Rückzug des Monströsen. In: Gerburg Treusch-Dieter/ Christoph Klotter (Hrsg.): a. a. O. 1994. 45–50 und In: Riegler Johanna et al (Hrsg.): a. a. O. 1999. 140–148.
MacKeown Th: Die Bedeutung der Medizin. Frankfurt/M: Suhrkamp1982.
Mahler M.S./Pine, F./Bergmann, A.: Die psychische Geburt des Menschen. Frankfurt: Fischer 1978.
Maier Helmut (Hg.): Rüstungsforschung im Nationalsozialismus. Organisation, Mobilisierung und Entgrenzung der Technikwissenschaften. Göttingen: Wallenstein 2002.
Mannheim Karl/Stewart W. A. C: Einführung in die Soziologie der Erziehung. Düsseldorf: Schwann 1973.
Marten H.-G.: Sozialbiologismus. Biologische Grundpositionen der politischen Ideengeschichte. Frankfurt/M [u. a.]: Campus 1983.
Martin Emily: Die Frau im Körper. Weibliches Bewußtsein, Gynäkologie und die Reproduktion des Lebens. München [u. a.]: Campus 1989.
Martin Emily: „Flexible Körper". Wissenschaft und Industrie im Zeitalter des Flexiblen Kapitalismus. In: Duden Barbara et al (Hrsg.): a. a. O. 2002a. 29–55.
Maasen Sabine: Wissenssoziologie. Bielefeld: Transcript 1999.
Mathews Henry (Hrsg.): Schering. Die Pille macht Macht. Berichte über die Geschäfte des Schering-Konzerns. Stuttgart: Schmetterling 1992.
Mattl Siegfried/Stuhlpfarrer Karl: Abwehr und Inszenierung im Labyrinth der zweiten Republik. In. Tálos Emmerich et al (Hrsg.): a. a. O. 1988a. 601–625.
Mayer-Renschhausen Elisabeth: Gemeine Landflucht mit ordinären Folgen. In: Ästhetik und Kommunikation. Jhg. 21. Heft 78: Völker unterwegs. März 1992. 110–117.
Mayring Phillipp: Qualitative Inhaltsanalyse. Grundlagen und Techniken. Weinheim: Dt. Studienverlag. 2000/7. Auflg. [EA 1983].
Meillasoux Claude: Die wilden Früchte der Frau. Über häusliche Produktion und kapitalistische Wirtschaft. Frankfurt/M: Suhrkamp 1983.

Meinel Christoph/Renneberg Monika (Hrsg.): Geschlechterverhältnisse in Medizin, Naturwissenschaft und Technik. Bassum, Stuttgart: GNT-Verlag 1996.
Melinz Gerhard/Zimmermann Susan: Über die Grenzen der Armenhilfe. Kommunale und staatliche Sozialpolitik in Wien und Budapest in der Doppelmonarchie. Wien, Zürich: Europaverlag 1991.
Melinz Gerhard/Zimmermann Susan (Hrsg.): Wien, Prag, Budapest. Blütezeit der Habsburgermetropolen. Urbanisierung, Kommunalpolitik, gesellschaftliche Konflikte. 1867–1918. Wien: Promedia 1996.
Melinz Gerhard/Zimmermann Susan: Die aktive Stadt. Kommunale Politik zur Gestaltung städtischer Lebensbedingungen in Budapest, Prag und Wien (1867–1914). In: Melinz Ger-hard/Zimmermann Susan (Hrsg.): a. a. O. 1996. 140–177.
Memorandum über Lebenslanges Lernen. Kommission der Europäischen Gemeinschaften. Brüssel, den 30.10.2000. In: http://www.lebenslangeslernen.at
Merton Robert K.: Entwicklung und Wandel von Forschungsinteressen. Aufsätze zur Wissenssoziologie. Frankfurt/M: Suhrkamp 1985.
Mesner Maria: Frauensache? Zur Auseinandersetzung um den Schwangerschaftsabbruch in Österreich nach 1945. Veröffentlichungen des Ludwig-Boltzmann-Institutes für Geschichte der Gesellschaftswissenschaften Band 23. J&V Edition Wien: Dachs 1994.
Metz-Becker Marita: Der verwaltete Körper. Die Medikalisierung schwangerer Frauen in den Gebärhäusern des frühen 19. Jahrhunderts. Frankfurt/M [u. a.]: Campus 1997.
Mies Maria: Patriarchat und Kapital. Frauen in der internationalen Arbeitsteilung. Zürich: Rotpunktverlag 1988.
Mies Maria: Wider die Industrialisierung des Lebens. Pfaffenweiler: Centaurus 1992.
Minden Shelly: Patriarchal Designs: The genetic engineering of human embryos. In: WSIF. Vo. 8. No. 6. 1985. 561–565.
Mitterauer Michael: Familie und Arbeitsteilung. Historisch-vergleichende Studie. Wien [u. a.]: Böhlau 1992.
Mitterauer Michael (Hrsg.): Familien im 20. Jahrhundert: Traditionen, Probleme, Perspektiven. Wien: Südwind 1997.
Mitterauer Michael: Vom Patriarchat zur Partnerschaft. Zum Strukturwandel der Familie. München: Beck 1991/4. Auflg. [EA 1977].
Mitterauer Michael/Sieder Reinhard: Historische Familienforschung. Frankfurt/M: Suhrkamp 1982.
Mitscherlich Alexander (Hrsg.): Medizin ohne Menschlichkeit. Dokumente des Nürnberger Ärzteprozesses. Mit einem neuen Vorwort von Alexander Mitscherlich. – Neuausgabe 116–117 Tsd. Frankfurt/M: Fischer 1993. [die erste Ausgabe von 1948 war nur für die westdeutsche Ärztekammer bestimmt; die Erstauflage erschien in Frankfurt/M bei Fischer 1960].
Mitscherlich Margarete: Der vernünftige europäische Erwachsene. In: Der Traum der Vernunft. Vom Elend der Aufklärung. Darmstadt und Neuwied: Luchterhand 1985 (ohne Herausgeber). 179–187.
Mitscherlich-Nielsen Margarete: Antisemitismus – eine Männerkrankheit? In: Psyche. Zeitschrift für Psychoanalyse und ihre Anwendungen. Jhg. 37. Heft 1. Stuttgart: Klett Cotta 1983. 41–54.
Modelmog Ilse (Hrsg.): Kultur in Bewegung. Beharrliche Ermächtigung. Freiburg: Kore 1996.
Mok Albert L.: 'Alte und neue Professionen'. In: KZfSS. Jhg. 21. (ohne Heftangabe) Wiesbaden: Westd. Verlag 1969. 770–781.
Morawska, E./Spohn W.: Cultural Pluralism in Historical Sociology. Recent Theoretical Directions. in: Crane, D. (Ed.): The Sociology of Culture. Emerging Theoretical Perspectives. Oxford: Blackwell 1994. 45–90.
Morris David B.: Krankheit und Kultur. Plädoyer für ein neues Körperverständnis. München: Kunstmann 2000.
Muigg Elisabeth: Die Anfänge der Wiener Kinderheilkunde am Ende des 18. Jahrhunderts und ihre Entwicklung bis zur Wende des 19. Jahrhunderts. Diplomarbeit. Geisteswissenschaftliche Fakultät der Universität Wien 1999.

Mülder-Bach Inka (Hrsg.):: Modernität und Trauma. Beiträge zum Zeitenbruch des Ersten Weltkrieges. Wien: WUV 2000.

Mülder-Bach Inka: Einleitung. In: dies. *(Hrsg.):* a. a. O. 2000.7–19.

Mühlberger Kurt: Vertriebene Intelligenz 1938. Der Verlust geistiger und menschlicher Potenz an der Universität Wien von 1938–1945. Wien 1993/2.Auflg.

Muller Hermann J.: Genetischer Forschritt durch planmäßige Samenwahl. In: Jungk R. et al (Hrsg.): a. a. O. 1988/2. Auflg. 277–292.

Müller Ursula: Warum gibt es keine emanzipatorische Utopie des Mutterseins? In: Bärbel Schön (Hrsg.): Emanzipation und Mutterschaft. Erfahrungen und Untersuchungen über Lebensentwürfe und mütterliche Praxis. Weinheim und München: Juventa 1989. 55–79.

Müller-Hill Benno: Tödliche Wissenschaft. Die Aussonderung von Juden, Zigeunern und Geisteskranken 1933–1945. Reinbek: Rowolth 1988.

Muraro Luisa: Die symbolische Ordnung der Mutter. Frankfurt/M [u. a.]: Campus 1993.

Murphy Joan: DES – Eine hormonelle Zeitbombe. In: Bradish Paula et al (Hrsg.): a. a. O. 1989. 190–195.

Nadig Maya: Die gespaltene Frau – Mutterschaft und öffentliche Kultur. In: Brede Karola (Hrsg.): Was will das Weib in mir? Freiburg (Breisgau): Kore 1989. 141–177.

Nagl-Docekal Herta (Hrsg.): Der Sinn des Historischen. Geschichtsphilosophische Debatten. Frankfurt/M: Suhrkamp 1996.

Neckel Sighard: Status und Scham. Zur symbolischen Reproduktion sozialer Ungleichheit. Frankfurt/M [u. a.]: Campus 1991.

Negt Oskar: Das permanente Macht-Dilemma der Geistes- und Sozialwissenschaften. In: Reinalter Helmut/Benedikter Roland (Hrsg.): Die Geisteswissenschaften im Spannungsfeld zwischen Moderne und Postmoderne. Wien: Passagen 1998. 45–65.

Nelkin Dorothy/Lindee, M. Susan: The DNA Mystique: The Gene as a cultural Icon. New York: W.H. Freeman & Company 1996.

Nelkin Dorothy: Die gesellschaftliche Sprengkraft genetischer Information. In: Kevles et al (Hrsg.): a. a. O. 1993. 195–209.

Nemitz Rolf: Selektion. In: Taschenbuch der Pädagogik. Band 4. Herausgegeben von Helmwart Hierdeis und Theo Hug. Baltmannsweiler: Schneider-Vlg. Hohengehren 1996. Band 4 (vollständig überarbeitete und erweiterte Auflage). 1319–1335.

Neugebauer Wolfgang: Die Wiener Gesellschaft für Rassenpflege und die Universität Wien. Gabriel Eberhard/Neugebauer Wolfgang (Hrsg.): Vorreiter der Vernichtung? Eugenik, Rassenhygiene und Euthanasie in der österreichischen Diskussion vor 1938. Zur Geschichte der NS-Euthanasie in Wien. Teil III. Wien: Böhlau 2005.

Neugebauer Wolfgang: Zum Umgang mit der NS-Euthanasie in Wien nach 1945. In: Gabriel Eberhard /Neugebauer Wolfgang (Hrsg.): a. a. O. 2000. 107–127.

Neugebauer Wolfgang: Die Nachkriegskarriere des Euthanasiearztes Dr. Heinrich Gross. 1999. In: http://gfpa.uibk.ac.at/akt/inf/art/6002.htm

Neugebauer Wolfgang: NS-„Euthanasie" in Wien (Vortrag gehalten am 11.1.1996 im Jugendstiltheater anlässlich einer Veranstaltung des „Clubs Handicap"). Online: http://www.jugendstiltheater.co.at/neugebauer%2011.1.96.htm

Neugebauer Wolfgang: Zur Psychiatrie in Österreich 1938–1945: „Euthanasie" und Sterilisierung. In: Weinzierl E./Stadler K. (Hrsg.): Justiz und Zeitgeschichte. Veröffentlichungen des Ludwig-Boltzmann-Institutes für Geschichte der Gesellschaftswissenschaften. Wien 1983. 197–285.

Neyer Gerda: Familialisierungsstrategien. Mutterschaft als Gegenstand staatlicher Politik. In: Appelt Erna et al (Hrsg.): Stille Reserve? Erwerbslose Frauen in Österreich. Wien: Verlag für Gesellschaftskritik 1987. 89–107.

Neyer Gerda: Sozialpolitik von, für und gegen Frauen. Am Beispiel der historischen Entwicklung der Mutterschutzgesetzgebung. In: ÖZP. Baden-Baden: Nomos. 4. Jhg. 1984. 427–433.
Niedecken Dietmut: Namenlos. Geistig Behinderte verstehen. Ein Buch für Psychologen und Eltern. München: Piper 1989.
Niegl Agnes: Das Kindergartenwesen in Österreich. In: Eberhard Zwink (Hrsg.): Vorrang für unsere Kinder. Kindergartenenquete der Salzburger Landesregierung am 28. Juni 1980 (Schriftenreihe des Landespressebüros). Salzburg 1980. 13–18.
Nikolow Sybilla: Der statistische Blick auf Krankheit und Gesundheit. „Kurvenlandschaften" in Gesundheitsausstellungen am Beginn des 20. Jahrhunderts in Deutschland. In: Gerhard Ute u. a. (Hrsg.): a. a. O. 2001. 223–241.
Nippert Irmgard: Entwicklung der pränatalen Diagnostik. In: Gabriele Pichlhofer (Hrsg.): a. a. O. 1999. 63–81.
Nippert Irmgard: Psychosoziale Folgen der Pränataldiagnostik am Beispiel der Amniozentese und Chorionzottenbiopsie. In: Petermann F. et al (Hrsg.): Perspektiven der Humangenetik. Paderborn: Schönigh 1997. 107–127.
Nippert Irmgard: Angeborene Fehlbildungen und genetische Erkrankungen in Gesellschaft und Familie heute. Stuttgart [u. a.]: Kohlhammer 1990.
Nippert Irmgard: Die Geburt eines behinderten Kindes: Belastung und Bewältigung aus der Sicht betroffener Mütter und ihrer Familien. Stuttgart: Enke 1988.
Nusser Tanja: Der Mythos der jungfräulichen Geburt in den Reproduktionstechnologien oder: Wie kommt die Mutter zu ihrem Kind? In: Body Project (Hg.): KorpoRealitäten. Königstein/Ts: Ulrike Helmer Verlag 2002. 387–401.
O'Brian Mary: Die Dialektik der Reproduktion. In: Dölling Irene/Krais Beate (Hrsg.): Ein alltägliches Spiel. Geschlechterkonstruktion in der sozialen Praxis. Frankfurt/M: Suhrkamp 1997. 75–104.
O'Brian Mary: The Politics of Reproduction. Boston, London and Henley: Routledge & Kegan Paul 1981.
Oakley Ann: Essays on Women, Medicine and Health. Edinburgh University Press 1993.
Oakley Ann: Social Support and Motherhood: The Natural History of a Research Project. Oxford: Blackwell 1992.
Oakley Ann: The Captured Womb: A History of the Medical Care of Pregnant Women. Oxford: Blackwell 1986.
Oberkofler Gerhard, Goller Peter (Hrsg.): Die Medizinische Fakultät Innsbruck. Faschistische Realität (1938) und Kontinuität unter postfaschistischen Bedingungen (1945). Eine Dokumentation. Innsbruck 1999.
Ofer Dalia: Women in the Holocaust. Yale University Press 1999.
Olsen Karen: Vater: Deutscher. Das Schicksal der norwegischen Lebensbornkinder und ihrer Mütter von 1940 bis heute. München [u. a.]: Campus 2002.
Olshan Andrew F./Faustmann Elaine: "Male-Mediated Developmental Toxicity". In: Reproductive Toxicology 1993, vol. 7: 191–202.
Ortmann Hedwig/Berlitz-Schreiber Jutta: Muttersein – Chance oder Notlage? Lebensspuren von Frauen. Pfaffenweiler: Centaurus 1994.
Ortmann Hedwig: Geben ist seliger als Nehmen. Über die Schwierigkeiten, in einer patriarchalen Gesellschaft das Leben mit Kindern zu behaupten. In: FS. 2. Jhg. Nr. 1. Weinheim und Basel: Beltz 1983. 39–53.
Ortmann Hedwig: Plädoyer für eine „Feministische Lebenswissenschaft" – Entwurf eines Programms. In: ZfP. 19. Beiheft. Weinheim und Basel: Beltz 1985. 380–385.
Osnowski Rainer (Hrsg.): Menschenversuche. Wahnsinn und Wirklichkeit. Köln: Kölner Volksblatt Verlag 1988.
Österreichisches Genomforschungsprogramm GEN-AU in: GENome Research in AUstria 2001: http://www.bmbwk.gv.at/start.asp?bereich=5&OID=3440. Letzter Aufruf 15. November 2001).
Otto Hans-Uwe/Sünker Heinz (Hrsg.): Politische Formierung und soziale Erziehung im Nationalsozialismus. Frankfurt/M: Suhrkamp 1991.

Oudshoorn Nelly: The Male pill. A Biography of a Technology in the Making. Duke University Press 2003.
Oudshoorn Nelly: Jenseits des natürlichen Körpers. Die Macht bestehender Strukturen bei der Herstellung der „hormonalen" Frau. In: Duden Barbara et al (Hrsg.): a. a. O. 2002a. 259–278.
Pateman Carole: The Sexual Contract. Stanford University Press 1988.
Paul-Sajowitz Daniela: Die christliche Welt der Frau in der Zwischenkriegszeit. Die christlichsozialen und katholischen Frauenzeitschriften in den Jahren 1918 bis 1934. Dissertation. Universität Wien 1987.
Pauritsch Gertrude et al (Hrsg.): Kinder Machen. Strategien der Kontrolle weiblicher Fruchtbarkeit. Grazer Projekt „Interdisziplinäre Frauenstudien" Band 2. Wien: Wiener Frauenverlag (Reihe Frauenforschung Band 6) 1988.
Pawlowsky Verena: Mutter ledig – Vater Staat. Das Gebär- und Findelhaus in Wien 1784–1910. Innsbruck: Studien Verlag 2001.
Peiper: Chronik der Kinderheilkunde. Leipzig 1951.
Pelinka Anton: Zur Rekonstruktion des Bösen. Die Interpretation des Nationalsozialismus. In: Treusch-Dieter Gerburg (Hrsg.): Das Böse ist immer und überall. Berlin: Elefanten Press 1993. 42–46.
Pelinka Anton (Hrsg.): Das große Tabu. Österreichs Umgang mit seiner Vergangenheit. Wien: Verlag Österreich 1997/2. Auflg.
Pelinka Anton: Schoah – Christentum – Österreich. In: Harmonie und Gewalt. Münster 1997. 87–96.
Peter Jürgen: Unmittelbare Reaktionen auf den Prozeß. In: Ebbinghaus/Dörner (Hrsg.): a. a. O. 2002. 452–476.
Petzold Hilarion: Die Mythen der Psychotherapie. Ideologien, Machtstrukturen und Wege kritischer Praxis. Paderborn: Junfermann 1999.
Petzold Hilarion: Die Kraft liebevoller Blicke. Psychotherapie und Babyforschung. Bd. 2. Paderborn: Junfermann 1994.
Peukert Detlev: Volksgenossen und Gemeinschaftsfremde. Anpassung, Ausmerze und Aufbegehren unter dem Nationalsozialismus. Köln: Bund Verlag 1982.
Peukert Rüdiger: Familienformen im sozialen Wandel. Opladen: Leske+Budrich 1996/2. völlig überarb. u. erw. Auflg. [EA 1991].
Pichlhofer Gabriele (Hrsg.): Grenzverschiebungen – Politische und ethische Aspekte der Fortpflanzungsmedizin. Frankfurt/M: Gen-ethisches Netzwerk 1999.
Pick Daniel: Faces of Degeneration: A European Disorder 1848–1918. Cambridge University press 1993 [1989].
Ple Bernhard: Wissenschaften und säkulare Mission. Stuttgart: Klett Cotta 1990.
Pois Robert A.: National Socialism and the Religion of Nature. London: Palgrave Macmillan 1986.
Poier Birgit: Die Aufgaben der steirischen Amtsärzte im Rahmen der antiindividualistisch-rassenhygienisch orientierten Gesundheitspolitik im Nationalsozialismus. eForum zeitGeschichte 1/2 2003. http://www.eforum-zeitgeschichte.at/index.html
Pollak Michael: Rassenwahn und Wissenschaft. Anthropologie, Biologie, Justiz und die nationalsozialistische Bevölkerungspolitik. Frankfurt/M: Hain 1990.
Pollock Linda A.: Forgotten Children. Parent-child relations from 1500 to 1900. Cambridge University Press 2000. [First published 1983].
Pomata Gianna: Vollkommen oder verdorben? Der männliche Samen im frühneuzeitlichen Europa. In: L'H. 6. Jhg. Heft 2. Wien: Böhlau 1995. 59–85.
Pott Elisabeth: Von der Krankheitsbehandlung zur Gesundheitsförderung. In: Keller F.B. (Hrsg.): Krank warum? Katalog zur Ausstellung Hygiene-Museum Dresden vom 9. 3.–16. 7. 1995. Stuttgart: Canz 1996. 30–35.
Preglau-Hämmerle Susanne: Die politische und soziale Funktion der österreichischen Universität. Von den Anfängen bis zur Gegenwart. [Vergleichende Gesellschaftsgeschichte und politische Ideengeschichte der Neuzeit. Hrsg. von Anton Pelinka und Helmut Reinalter]. Innsbruck: Inn-Verlag 1986.

Proctor Robert: Racial Hygiene: Medicine under Nazis. Harvard University Press 1989.
Propping Peter und Schott Heinz (Hrsg.): Wissenschaft auf Irrwegen. Biologismus – Rassenhygiene – Eugenik. Bonn, Berlin: Bouvier 1992.
Propping Peter: Was müssen Wissenschaft und Gesellschaft aus der Vergangenheit lernen? Die Zukunft der Humangenetik. In: Propping Peter et al (Hrsg.): a. a. O. 1992. 114–136.
Püschel Erich: Mißbildungen der Gliedmaßen. Kasuistik und Entstehungstheorien. Eine medizingeschichtliche Betrachtung. Stuttgart [u.a.]: 1970.
Qvortrup Jens: Die soziale Definition von Kindheit. In: Markefka/Nauck (Hrsg.): Handbuch der Kindheitsforschung. Neuwied [u. a.]: Luchterhand 1993. 109–124.
Rank Otto: Das Trauma der Geburt. Leipzig: Int. Psychoanalyseverlag 1924.
Raphael Lutz: Recht und Ordnung. Herrschaft durch Verwaltung im 19. Jahrhundert. Frankfurt/M: Fischer 2000.
Raphael Lutz: Die Verwissenschaftlichung des Sozialen als methodische und konzeptionelle Herausforderung für eine Sozialgeschichte des 20. Jahrhunderts. In: GG. 22. Jhg. Heft 2. Göttingen: Vandenhoeck & Rupprecht. 1996. 165–193.
Raphael Lutz: Die Erben von Bloch und Febvre. Stuttgart: Klett Cotta 1994.
Rathmayr, Bernhard (Hg.): Kindheit - Neue Perspektiven. Theorie, Lebenswelt, Erziehung, Politik. Innsbruck: Studia Universitätsverlag 2002
Raymond Janice: Die Fortpflanzungsmafia. München: Frauenoffensive 1995.
Rehmann-Sutter Christoph: Leben beschreiben. Über Handlungszusammenhänge in der Biologie. Würzburg: Königshausen & Neumann 1996.
Reinharz Sulamit: Feminist Content Analysis. In: dies.: Feminist Methods in Social Research. New York, Oxford: Oxford University Press. 1992. 154–164.
Reiter Andrea: Die Wiederaneignung der Geburt. Diplomarbeit am Institut für Soziologie, Universität Wien 1994
Reprokult Frauen Forum Fortpflanzungsmedizin (Hrsg.): Reproduktionsmedizin und Gentechnik. Frauen zwischen Selbstbestimmung und gesellschaftlicher Normierung. Dokumentation der Fachtagung vom 15. bis 17. November 2001 in Berlin. Köln: Bundeszentrale für gesundheitliche Aufklärung 2002.
Rest Franco: Das kontrollierte Töten. Lebensethik gegen Euthanasie und Eugenik. Gütersloh: Gütersloher VH 1992.
Reyer Jürgen: Eugenik und Pädagogik. Erziehungswissenschaft in einer eugenisierten Gesellschaft. Weinheim und München: Juventa 2003.
Reyer Jürgen: Designer-Pädagogik im Zeitalter der „liberalen Eugenik" – Blicke in eine halb offene Zukunft. In: Neue Sammlung 2003. 43 Jhg., Heft 1. 1–27.
Reyer Jürgen: Ellen Key und die eugenische „Verbesserung" des Kindes im 20. Jahrhundert – Von der autoritären zur liberalen Eugenik? In: W. Bergsdorf u. a. (Hrsg.): Herausforderungen der Bildungsgesellschaft. Weimar: Rhino Verlag 2000. 59–88.
Reyer Jürgen: Die genetische Verbesserung des Menschen im „Jahrhundert des Kindes". In: Jahrbuch f. Pädagogik. Hrsg. v. K.-C. Lingelbach/H. Zimmer. Frankfurt/M: Lang. 2000. 115–132.
Reyer Jürgen: Alte Eugenik und Wohlfahrtspflege. Entwertung und Funktionalisierung der Fürsorge vom Ende des 19. Jahrhunderts bis zur Gegenwart. Freiburg: Lambertus 1991.
Rich Adrienne: Von Frauen geboren. Mutterschaft als Erfahrung und Institution. München: Frauenoffensive 1978.
Richter Horst-Eberhard: Medizinische Ethik heute? 50 Jahre nach dem Nürnberger Ärzteprozeß. In: Moderne Schwangerschaften zwischen Machbarkeit, Zwang und Auslese. Psychosozial. 21. Jhg. Nr.71. Heft 1. 1998. 7–15.
Riegler Johanna et al (Hrsg.): puppe = monster = tod. Kulturelle Transformationsprozesse der Bio- und Informationstechnologien. Wien : Turia + Kant 1999.

Riewenherm Sabine: Die Wunschgeneration. Basiswissen Fortpflanzungsmedizin. Berlin: Orlanda 2001.

Riewenherm Sabine: „Das Medizinische ist inzwischen Routine". Interview mit Professor Kentenich. In: GID Nr. 139 (Reproduktionsmedizin: Wunsch und Wirklichkeit). Berlin: Gen-ethisches Netzwerk 2000. 17–21.

Riewenherm Sabine: Wunsch und Wirklichkeit. In: GID Nr. 139 (Reproduktionsmedizin: Wunsch und Wirklichkeit). Berlin: Gen-ethisches Netzwerk 2000. 3–7.

Rigler Edith: Frauenleitbild und Frauenarbeit in Österreich vom ausgehenden 19. Jahrhundert bis zum Zweiten Weltkrieg. Wien: Verlag für Geschichte und Politik 1976.

Ritsert Jürgen: Inhaltsanalyse und Ideologiekritik. Ein Versuch über kritische Sozialforschung. Frankfurt/M: Athenäum 1975. 9–12 Tsd.

Rivolta Femminile: Weibliche Sexualität und Abtreibung. 1971. In: Michaela Wunderle (Hrsg.): Politik der Subjektivität. Texte der italienischen Frauenbewegung. Frankfurt/M: Suhrkamp 1977. 103–109.

Roberts Dorothy E.: Killing the Black Body. Race, Reproduction, and the Meaning of Liberty. New York 1997.

Roberts Dorothy E.: Rasse, Genetik und Reproduktionstechnologien. In: Steiner Theo (Hrsg.): genpool. biopolitik und körperutopien. Wien: Passagen 2002. 212–223.

Rodax Klaus: Theodor Geiger – Soziologie der Erziehung. Braunschweiger Schriften 1929–1933. Berlin 1991.

Roeßiger Susanne/Merk Heidrun (Hrsg.): Hauptsache gesund! Gesundheitsaufklärung zwischen Disziplinierung und Emanzipation. Marburg: Jonas 1998.

Roest J.: Severe OHSS: An 'epidemic' caused by doctors. In: Human Reproduction. 1999/14. 2183.

Röhring Regina: Die Formierung eines Frauenideals für die Wechseljahre. In: Jahrbuch für Kritische Medizin 23. Hamburg: Argument 1994. 36–53.

Rommelspacher Birgit: Behindernde und Behinderte – Politische, kulturelle und psychologische Aspekte der Behindertenfeindlichkeit. In: dies. (Hrsg.): Behindertenfeindlichkeit. Ausgrenzungen und Vereinnahmungen. Göttingen: Lamuv 1999. 7–37.

Rosenbaum Heidi: Formen der Familie. Frankfurt/M: Suhrkamp1982.

Rosenberger Sieglinde: Welfare, Workfare, Bridefare. Zur Wohlfahrtspolitik und ihrer feministischen Kritik in den USA. in: Österreichische Zeitschrift für Politikwissenschaft. Schwerpunktthema Sozialpolitik. Wien 1993/3. 313–326.

Rosenmayr Ludwig: Familienplanung, Empfängnisregelung und Einstellung zur Sexualität. Familienplanungstagung Graz. Oktober 1970.

Roth Karl Heinz: Schöner neuer Mensch. Der Paradigmenwechsel der klassischen Genetik und seine Auswirkungen auf die Bevölkerungsbiologie des „Dritten Reiches". In: Kaupen-Haas Heidrun (Hrsg.): Der Griff nach der Bevölkerung. Aktualität und Kontinuität nazistischer Bevölkerungspolitik. Nördlingen: Greno 1986. 11–64.

Rothman Barbara Katz: Schwangerschaft auf Abruf. Vorgeburtliche Diagnose und die Zukunft der Mutterschaft. Marburg: Metropolis 1989.

Rottensteiner Elisabeth: Geburtsgeschichte – eine Entmutigungsgeschichte? Eine feministische Analyse der Disziplinierung weiblicher Gebärfähigkeit. Diplomarbeit, Geisteswissenschaftliche Fakultät, Universität Innsbruck 2001.

Rousseau Jean-Jacques: Emil oder über die Erziehung. [1762] Buch. In neuer deutscher Übersetzung besorgt von Ludwig Schmids. 9. Auflg. Paderborn: Schöningh 1989.

Rousseau Jean Jacques: Emile oder über die Erziehung. V. Buch [1762]. In neuer deutscher Fassung besorgt von Josef Esterhues. Paderborn: Schöningh 1961.

Rowland Robyn: Living Laboratories: Women and reproductive technologies. Pan Macmillan Publishers Australia: Sydney 1992.

Rowland Robyn: A child at any price? An overview of issues in the use of the new reproductive technologies, and the threat on women. in: WSIF. Vol. 8. No.6. 1985. 539–546.

Ruddick Sarah: Mütterliches Denken. In: Bärbel Schön (Hrsg.): Emanzipation und Mutterschaft. Erfahrungen

und Untersuchungen über Lebensentwürfe und mütterliche Praxis. Weinheim und München: Juventa 1989. 33–55.
Ruesch Hans: Die Pharma Story. Der große Schwindel. München: Hirthammer 1985.
Ruhnau et al (Hrsg.): Ethik und Heuchelei. Köln: DuMont 2000.
Rürup Reinhard (Hrsg.): Historische Sozialwissenschaft. Beiträge zur Einführung in die Forschungspraxis. Göttingen: Vandenhoeck & Ruprecht 1977.
Rüschemeyer Dietrich: Professionalisierung. In: GG. 6. Jhg. Heft 3. Göttingen: Vandenhoeck & Ruprecht 1980. 311–325.
Sachße C./Tennstedt F. (Hrsg.): Soziale Sicherheit und soziale Disziplinierung. Beiträge zu einer historischen Theorie der Sozialpolitik. Frankfurt/M: Suhrkamp 1986.
Sahar Sulamith: Kindheit im Mittelalter. Düsseldorf: Patmos 2002 [hebräische OA 1990].
Samerski Silja: Die Freisetzung genetischer Begrifflichkeiten (Überarbeitete Version des gleichnamigen Vortrages, gehalten auf dem Symposium „Genpool – Menschenpark – Freizeitkörper"). Graz 11–15. Okt. 2001 http://www.pudel.uni-bremen.de/subjects/decision_making/GRAZtextEND.PDF
Samerski Silja: Die verrechnete Hoffnung. Von der selbstbestimmten Entscheidung durch genetische Beratung. Münster: Westfälisches Dampfboot 2002.
Saurer Edith: Institutsneugründungen 1938–1945. In: Heiß Gernot et al (Hrsg.): Willfährige Wissenschaft. Die Universität Wien 1938–1945. Wien: Verlag für Gesellschaftskritik 1989. 303–328.
Savitz D./Sonnenfeld Nancy/Olshan Andrew: Review of Epidemiologic Studies of Paternal Occupational Exposure and Spontaneous Abortion. in: American Journal of Industrial Medicine 1994/25: 261–283.
Schaeffer-Hegel Barbara/Wartmann Brigitte (Hrsg.): Mythos Frau. Projektionen und Inszenierungen. Berlin: Publica 1984.
Schagen Udo und Schleiermacher Sabine (Hrsg.): Sozialmedizin, Sozialhygiene, Public Health. Konzepte und Visionen zum Verhältnis von Medizin und Gesellschaft. Berichte und Dokumente zur Zeitgeschichte der Medizin. Band 5. Berlin: Forschungsstelle Zeitgeschichte im Institut für Geschichte der Medizin. Zentrum für Human- und Gesundheitswissenschaften der Berliner Hochschulmedizin. 2002.
Schindele Eva: Schwangerschaft – zwischen guter Hoffnung und medizinischem Risiko. Hamburg: Rasch und Röhring 1995.
Schindele Eva: Pfusch an der Frau. Krankmachende Normen, überflüssige Operationen, lukrative Geschäfte. Ratgeber für einen anderen Umgang mit dem Frauenarzt. Hamburg: Rasch u. Röhring. 1993.
Schindele Eva: Gläserne Gebär-Mutter. Vorgeburtliche Diagnostik – Fluch oder Segen. Frankfurt/M: Fischer 1992.
Schleiermacher Sabine: Die Frau als Hausärztin und Mutter. Das Frauenbild der Gesundheitsaufklärung. In: Roeßiger et al (Hrsg.): a. a. O. 1998. 48–59.
Schleiermacher Sabine: Die SS-Stiftung „Ahnenerbe". Menschen als Material für „exakte" Wissenschaft. In: Osnowski Rainer (Hrsg.): a. a. O. 1988. 70–88.
Schlumbohm Jürgen et al (Hg.): Rituale der Geburt. Eine Kulturgeschichte. München: Beck 1998 (Beck'sche Reihe 1280).
Schmidt Gunnar: Nahblicke – Feinblicke. Francis Galtons Suche nach Spuren und Gesichtern. In: Kaupen-Haas et al (Hrsg.): a. a. O. 1994. 57–83.
Schmidt Roswitha: Entsinnlichung und Erziehung. Zur Geschichte der Selbst- und Fremddisziplinierung. Frankfurt/M: Extrabuch 1984.
Schmidgen Henning: „Der genetische Code ist kein Code. Interview mit der Wissenschaftshistorikerin Lily E. Kay. in: Gen-ethischer Informationsdienst 2000. Spezial Nr. 1. 9–19.
Schmidtke Jörg: Nur der Irrtum ist das Leben, und das Wissen ist der Tod. Das Dilemma der prädiktiven Genetik. In: Beck-Gernsheim Elisabeth (Hrsg.): a. a. O. 1995. 25–32.
Schmitz-Köster Dorothea: „Deutsche Mutter, bist Du bereit ..." Alltag im Lebensborn. Berlin: Aufbau 1997.

Schmuhl Hans-Walter: Die Patientenmorde. In: Ebbinghaus/Dörner (Hrsg.): a. a. O. 2002. 295–331.
Schmuhl Hans-Walter: Rassenhygiene, Nationalsozialismus, Euthanasie. Von der Verhütung zur Vernichtung „lebensunwerten Lebens" 1890–1945. Göttingen: Vandenhoeck & Ruprecht 1987.
Schneider Ingrid: Föten. Der neue medizinische Rohstoff. Frankfurt/M [u. a.]: Campus 1995.
Schneider Ingrid: Neue Leibeigenschaften. Wie der Frauenkörper zur Plantage und die Leibesfrucht zum „nachwachsenden Rohstoff" wird. In: BfTP. 17. Jhg. Heft 37. 1994 (Gewalt-tätig). 127–143.
Schöffmann Irene: Frauenpolitik im Austrofaschismus. In: Tálos Emmerich et al (Hrsg.): a. a. O. 1988/4. Auflage. [EA 1984]. 317–345.
Schön Bärbel: Mutter. In: Wulf Christoph (Hrsg.): a. a. O. 1997. 324–334.
Schön Bärbel (Hrsg.): Emanzipation und Mutterschaft. Erfahrungen und Untersuchungen über Lebensentwürfe und mütterliche Praxis. Weinheim und München: Juventa 1989.
Schön Bärbel: Anforderungen an eine angemessene Theorie mütterlicher Praxis. in. dies. (Hrsg.): a. a. O. 1989. 13–33.
Schott Heinz: Die Stigmen des Bösen: Kulturgeschichtliche Wurzeln der Ausmerze-Ideologie. In: Propping et al (Hrsg.): a. a. O. 1992. 9–23.
Schücking Beate A.: Schwangerschaft – (k)eine Krankheit? In: Jahrbuch f. Kritische Medizin 23. Gesundheitskult und Krankheitswirklichkeit. Hamburg: Argument 1994. 22–35.
Schülein Wolfgang: Die Geburt der Eltern. Gießen: Psychosozial Verlag 2002 [EA 1990].
Schulze Winfried: Soziologie und Geschichtswissenschaften. München: Fink 1974.
Schuster Peter: Molekulare Evolutionsbiologie. In: Acham (Hrsg.): a. a. O. 2001. 295–329.
Schützeichel Rainer/Brüsemeister Thomas: Die beratene Gesellschaft. Zur gesellschaftlichen Bedeutung von Beratung. Wiesbaden: VS Verlag 2004.
Schwarz Peter: Mord durch Hunger. „Wilde Euthanasie" und „Aktion Brandt" am Steinhof in der NS-Zeit. In: eForum zeitGeschichte 1/2001. http://www.eforum-zeitgeschichte.at/index.html
Schwartz Cowan Ruth: Gentechnik und die Entscheidungsfreiheit bei der Fortpflanzung. Eine Ethik der Selbstbestimmung. In: Kevles Daniel J. et al (Hrsg.): a. a. O. 1993. 264–303.
Seaman Barbara: The Doctors' Case Against the Pill. Alameda, California: Hunter House 1995.
Segal Lilli: Die Hohenpriester der Vernichtung. Anthropologen, Mediziner und Psychiater als Wegbereiter von Selektion und Mord im Dritten Reich. Berlin: Dietz 1991.
Segal Lynne: A feminist Looks at the family. in: Muncie John et al (ed.): Understanding the family. Thousand Oaks, London, New Delhi: Sage Publications 1995.
Seidelman William E.: Erinnerung, Medizin und Moral. Die Bedeutung der Ausbeutung des menschlichen Körpers im Dritten Reich. In. Gabriel/Neugebauer (Hrsg.): a. a. O. 2000. 27–47.
Seidler Eduard: Das Kind im Wandel wissenschaftlicher Betrachtung. In: Heidelberger Jahrbücher. 10. Jhg. Berlin: Springer 1966.
Seidler Horst/Rett Andreas: Rassenhygiene. Ein Weg in den Nationalsozialismus. Wien [u. a.]: Jugend & Volk 1988.
Seidler Horst/Rett Andreas: Das Reichssippenamt entscheidet: Rassenbiologie und Nationalsozialismus. Wien [u. a.]: Jugend & Volk 1988.
Seifert Ruth: Militär, Kultur, Identität. Bremen: Ed. Temmen 1995.
Seitz Rita: „Prisoner of Gender" or „prisoner of Discourse"? Diskurstheoretische Analyse sozialwissenschaftlicher Daten. In: Diezinger Angelika et al (Hrsg.): a. a. O. 1994. 183–201.
Shorter Edward: Das Arzt-Patient-Verhältnis in der Geschichte und Heute. Wien: Picus 1991.
Shorter Edward: Die Geburt der modernen Familie. Reinbek: Rowolth 1977 [engl. OA 1977].
Sichtermann Barbara: Der § 218 und das Recht auf körperliche Unversehrtheit. In: dies.: Weiblichkeit. Zur Politik des Privaten. Berlin: Wagenbach 1993/5–7 Tsd. 90–102.
Sieferle Rolf Peter: Die Krise der menschlichen Natur. Zur Geschichte eines Konzepts. Frankfurt/M: Suhrkamp 1989.

Siegrist Hannes: Bürgerliche Berufe. Zur Sozialgeschichte der freien und akademischen Berufe im internationalen Vergleich (=Kritische Studien zur Geschichtswissenschaft 80) Göttingen: Vandenhoeck & Ruprecht 1988.
Siegrist Hannes: Bürgerliche Berufe. Professions und das Bürgertum. In: ders. (Hrsg.): a. a. O. 1988. 11-51.
Sierck, Udo/Radtke, Nati: Die Wohltätermafia. Vom Erbgesundheitsgericht zur Humangenetischen Beratung. Frankfurt: Mabuse 1989.
Singer Mona: Wir sind immer mittendrin: Technik und Gesellschaft als Koproduktion. In: Graumann Sigrid/ Schneider Ingrid (Hrsg): a. a. O. 2003. 110-125.
Singer Mona: Konstruktion, Wissenschaft und Geschlecht. In: Verein Sozialwissenschaftliche Forschung und Bildung für Frauen (Hrsg.): Materialität – Körper – Geschlecht. Facetten feministischer Theoriebildung. Materialienband 15. Eine Edition der Frankfurter Frauenschule. Frankfurt: Selbstverlag 1996. 69-105.
Skocpol Theda: Vision and Method in Historical Sociology. Cambridge University Press 1984 (2. Aufl. 1996).
Sloterdijk Peter: Im selben Boot. Versuche über die Hyperpolitik. Frankfurt/M: Suhrkamp 1993.
Small Meredith: "Sperm Wars". Discover. July 1991. 48-53.
Soeffner H. G.: Interpretative Verfahren in den Sozial- und Textwissenschaften. Stuttgart: Metzler 1979.
Sperling Urte: Schwangerschaft und Medizin. Zur Genese und Geschichte der Medikalisierung des weiblichen Gebärvermögens. In: Jahrbuch für Kritische Medizin 23. Gesundheitskult und Krankheitswirklichkeit. Hamburg: Argument 1994. 7-21.
Spitz René: Vom Säugling zum Kleinkind. Stuttgart: Klett 1967.
Spohn Wilfried: Historische Soziologie zwischen Sozialtheorie und Sozialgeschichte. In: Welz Frank/Weisenbacher Uwe (Hrsg.): Soziologische Theorie und Geschichte. Wiesbaden: Westdt. Verlag 1998. 258-289.
Spohn Wilfried: Historische Soziologie. In: Soziologie 2000: Kritische Bestandsaufnahme zu einer Soziologie für das 21. Jahrhundert. In: SR. Sonderheft 5. Hrsg. von Richard Münch et al. München: Oldenbourg 2000. 101-116.
Stadler Friedrich (Hrsg.): Vertriebene Vernunft I. Emigration und Exil österreichischer Wissenschaft. 1930-1940. Wien [u. a.]: Jugend und Volk 1987.
Stadler Friedrich (Hrsg.): Vertriebene Vernunft II. Emigration und Exil österreichischer Wissenschaft. Internationales Symposion 19. bis 23. Oktober 1987 in Wien. Wien [u. a.]: Jugend und Volk 1988.
Staupe Gisela/Vieth Lisa (Hrsg.): Unter andern Umständen. Zur Geschichte der Abtreibung. Eine Publikation des deutschen Hygiene-Museums (Katalog anläßlich der Ausstellung „Unter anderen Umständen. Zur Geschichte der Abtreibung" vom 1. Juli-31. Dezember 1993). Neuauflage. Dortmund: Edition Ebersbach 1996a.
Staupe Gisela/Vieth Lisa (Hrsg.): Die Pille. Von der Lust und von der Liebe. Publikation zur Ausstellung „Die Pille. Von der Lust und von der Liebe" (veranstaltet vom Deutschen Hygiene-Museum, Dresden vom 1. Juni-31. Dezember 1996). Berlin: Rowolth 1996.
Steinberg Deborah Lynn: A most selective Practice. The Eugenic Logics of IVF. In: WSIF. Vol. 20. No. 1. 1997. 33-48.
Steinberg Deborah: Bodies in glass. Genetics, Eugenics, embryo ethics. Manchester University Press 1997.
Steirische Gesellschaft für Kulturpolitik (Hrsg.): Grenzfeste Deutscher Wissenschaft. Über Faschismus und Vergangenheitsbewältigung an der Universität Graz. Wien: Verlag für Gesellschaftskritik 1985.
Stichweh Rudolf: Professionen in einer funktional differenzierten Gesellschaft. In: Combe, Arno/Helsper Werner (Hrsg.): Pädagogische Professionalität. Frankfurt/M: Suhrkamp 1996. 49-69.
Stichweh Rudolf: Wissenschaft, Universität, Professionen. Soziologische Analysen. Frankfurt/M: Suhrkamp1994.
Stichweh Rudolf: Differenzierung des Wissenschaftssystems. In: Mayntz Renate et al (Hrsg.): Differenzierung und Verselbständigung. Zur Entwicklung gesellschaftlicher Systeme. Frankfurt/M: Suhrkamp 1988. 45-115.

Stolcke Verena: Das Geschlecht der Biotechnologie. In: Das Argument. Zeitschrift für Philosophie und Sozialwissenschaften. 43. Jhg. Heft 4/5. 2001. 645–657.

Stone, Deborah A.: Das Erkrankungsrisiko als modernes Kriterium zur administrativen Ausgrenzung sozialer Problemträger. In: Kaupen-Haas, Heidrun/Rothmacher, Christiane (Hrsg.): a.a.O. 1995. 21–43.

Störmer Ralf: Menschenversuche und Massensterilisation. In: Schering-Aktions-Netzwerk und Henry Mathews (Hrsg.): Schering. Die Pille macht Macht. Berichte über die Geschäfte von Schering. Stuttgart: Schmetterling 1992. 33–45.

Strasser P.: Verbrechermenschen. Zur kriminalwissenschaftlichen Erzeugung des Bösen. Frankfurt 1984.

Stroß Annette M.: Der Arzt als „Erzieher". Pädagogische Metaphern und Machbarkeitsvorstellungen vom Menschen um 1900. in: Walter Bauer et al (Hrsg.): Der Mensch des Menschen. Zur biotechnischen Formierung des Humanen. Jahrbuch für Bildungs- und Erziehungsphilosophie 5. Hohengehren: Schneider 2003. 83–97

Swaan Abraham de: Der sorgende Staat. Wohlfahrt, Gesundheit und Bildung in Europa und den USA der Neuzeit. Frankfurt/M [u. a.]: Campus 1993.

Swaan Abraham de: „Von Schwierigkeiten zu Problemen". In: Cramer M. et al: Gemeindepsychologische Perspektiven 4: Orientierungshilfen zu einem beruflichen Selbstverständnis. Tübingen: DGVT 1983. 171–185.

Tálos Emmerich: Staatliche Sozialpolitik in Österreich. Rekonstruktion und Analyse. [Hrsg. vom Verein Krit. Sozialwiss. u. Polit. Bildung]. Wien: Verlag für Gesellschaftskritik 1981.

Tálos Emmerich et al (Hrsg.): „Austrofaschismus". Beiträge über Politik, Ökonomie und Kultur 1934–1938. Wien: Verlag für Gesellschaftskritik. 1988/4. Auflage. [EA 1984]. 317–345.

Tálos Emmerich et al (Hrsg.): NS-Herrschaft in Österreich 1938–1945. Wien: Verlag für Gesellschaftskritik. 1988a.

Tálos Emmerich, Manoschek Walter: Zum Konstituierungsprozeß des Austrofaschismus. In: Tálos et al (Hrsg.): a. a. O. 1988/4 Auflg. 31–53.

Tálos Emmerich: Das Herrschaftssystem 1934–1938: Erklärungen und begriffliche Bestimmung. In: ders. et al (Hrsg.): a. a. O. 1988/4. Auflg. 345–371.

Tálos Emmerich: Sozialpolitik 1938–1945. Versprechungen – Erwartungen – Realisationen. In: Tálos et al (Hrsg.): a. a. O. 1988a. 115–140.

Tálos Emmerich: Sozialpolitik im Austrofaschismus. In: Tálos et al (Hrsg.): a. a. O. 1988. 262–179.

Tankhard Reist Melinda: Giving sorrow words. Women's stories of grief after abortion. Sydney: Duffy & Snellgrove 2000.

Tazi-Preve Irene: Mutterschaft im Patriarchat: Mutter(feind)schaft in politischer Ordnung und feministischer Theorie – Kritik und Ausweg. Frankfurt/M [u.a.]: Lang 2004.

Tazi-Preve Irene M./Kytir Josef: Schwangerschaftsabbruch – Gesellschaftspolitische Aspekte empirischer Befunde. In: SWS-Rundschau (Sozialwissenschaftliche Studiengesellschaft). 41. Jhg. Heft 4. Wien: SWS 2001. 435–459.

Tazi-Preve Irene M./Juliane Roloff: Schwangerschaftsabbruch in Europa. Einflussfaktoren und Verhaltensweisen von Frauen bei einer ungewollten Schwangerschaft. In: Demographische Informationen. ÖAW 2001.

Tazi-Preve et al: Bevölkerung in Österreich. Demographische Trends, politische Rahmenbedingungen, entwicklungspolitische Aspekte. Schriftenreihe des Instituts für Demographie der Österreichischen Akademie der Wissenschaften. Band 12. Wien 1999.

Tennstedt Florian: Sozialgeschichte der Sozialpolitik in Deutschland. Vom 18. Jahrhundert bist zum Ersten Weltkrieg. Göttingen. Vandenhoeck & Ruprecht 1981.

Terhart Ewald: Die Veränderung pädagogischer Institutionen. In: Liebau et al (Hrsg.): a. a. O. 2001. 49–72.

Tews Marjorie: Safer childbirth? A critical history of maternity care. London 1990.

Theweleit Klaus: Männerphantasien 1: Frauen, Fluten, Körper, Geschichte. Reinbek b. Hamburg: Rowolth 1987 [EA 1977].

Theweleit Klaus: Männerphantasien 2: Männerkörper – Zur Psychoanalyse des Weißen Terrors. Reinbek b. Hamburg 1987 [EA 1977].
Thürmer-Rohr Christina: Zweifel als Methode – eine fremde Praxis. In: dies.: Verlorene Narrenfreiheit. Essays. Berlin (Orlanda) 1994. 155–171.
Thurner Erika: Nationalsozialismus und Zigeuner in Österreich. Veröffentlichungen zur Zeitgeschichte. Wien-Salzburg: Geyer 1983.
Tiedemann Kirsten: Hebammen im Dritten Reich. Über die Standesorganisation für Hebammen und ihre Berufspolitik. Mabuse 2001.
Titze Hartmut: Professionalisierung. In: Lenzen Dieter: Pädagogische Grundbegriffe. Band 2. Reinbek: Rowolth 1998/5. Auflg. 1271–1272.
Torstendahl Rolf/Burrage Michael (Hrsg.): The Formation of Profession. Knowledge, State and Strategy. (=The Swedish Collegium for Advanced Study in the Social Science) London 1990.
Traina Cristina L. H.: Maternal Experience and the Boundaries of Christian Sexual Ethics. Signs, Wntr 2000, v25, i2, p369 (Onlineversion ASAP).
Trallori Lisbeth N.: Politik des Lebendigen. In: ÖZP. Heft 1. 1992. 5–17.
Trallori Lisbeth N.: Vom Lieben und vom Töten. Zur Geschichte patriarchaler Fortpflanzungskontrolle. Wien: Verlag für Gesellschaftskritik 1990. [EA 1983].
Trallori Lisbeth N.: Österreich über alles, wann es nur will. In: Pauritsch Gertrude et al (Hrsg.): a. a. O. 1988. 247–258.
Trallori Lisbeth N.: Die Zerstörung des Weiblichen. Anmerkungen zu einer patriarchalen Universalstrategie. In: Weikert Aurelia et al (Hrsg.): a. a. O. 1987. 9–25.
Treichler, Paula A.: "Feminism, Medicine and the Meaning of Childbirth". In: Jacobus et al: a. a. O. 1990. 113–138.
Treusch-Dieter, Gerburg: Wird es einen Übermenschen in hochtechnischen Ländern geben und einen Untermenschen in armen Ländern? Frage gestellt von Mohammed Essaadi am 26.11.2002 beim „1000Fragen-Projekt zum Thema Bioethik". In: http://www.1000fragen.de/index.php?sid=lQx6dNacrxg@0klQp1yfo2p Ya@&mo=36&pt=5&pi=8&flash=2. Download 14.08. 2004.
Treusch-Dieter, Gerburg: „Ihr werdet sein wie Gott". Transplanzungen im Menschenpark. In: Steiner Theo (Hrsg.): Genpool. Biopolitik und Körperutopien. steirisc[:her:]bst. Wien: Passagen 2002. 107–121.
Treusch-Dieter Gerburg: Fortpflanzung und Genetik. in: Wulf, Christoph (Hrsg.): Vom Menschen. Handbuch Historische Anthropologie. Weinheim und Basel: Beltz 1997. 259–279.
Treusch-Dieter Gerburg: Die Geschlechterdifferenz und ihre Geschichte in: Hg. Helmwart Hierdeis / Theo Hug. Taschenbuch der Pädagogik, Band 3, Baltmannsweiler: Schneider 1996.746–766.
Treusch-Dieter, Gerburg: Genomwürde des Menschen - Menschenwürde des Genoms. in: Im Dschungel der politisierten Gesellschaft. Ulrich Beck in der Diskussion, Ästhetik & Kommunikation, Heft 85 /86, Berlin 1994. 111–119.
Treusch-Dieter, Gerburg/Klotter Christoph (Hrsg.): Körper – Antikörper. Ästhetik & Kommunikation 23/87. Berlin: Elefanten-Press 1994.
Treusch-Dieter, Gerburg: Die Sexualdebatte in der ersten Frauenbewegung. in: Hg. Rüdiger Lautmann, Homosexualität. Handbuch der Theorie- und Forschungsgeschichte, Frankfurt / New York: Campus 1993. 19–28.
Treusch-Dieter, Gerburg: Strukturanalyse des Erfahrungsspektrums von österreichischen Frauen im Nationalsozialismus. In: Horn Ina P. (Hrsg.): a. a. O. 1992. 6–49.
Treusch-Dieter, Gerburg: Das 'Erbe' der Geschlechter. Zur Verkoppelung von Mensch und Mikrobe durch Entkoppelung von Fortpflanzung und Sexualität. In: Ästhetik und Kommunikation. Heft 25. Berlin 1990, S. 104–110.
Treusch-Dieter, Gerburg: Von der sexuellen Rebellion zur Gen- und Reproduktionstechnologie. Tübingen: konkursbuch 1990.

Treusch-Dieter, Gerburg: Bios, Sexus, Psyche. Strukturprobleme der Geschlechterdifferenz. In: dies.: a. a. O. 1990. 9–54.
Treusch-Dieter, Gerburg: Torte und Retorte: Die technische Ersetzung der Frau als Mutter. In: dies. a. a. O. 1990. 200–217.
Treusch-Dieter, Gerburg: Wenn die Gene sprechen, hat die Frau zu schweigen. Finis Matrae. In: dies. a. a. O. 1990. 245–256.
Treusch-Dieter, Gerburg: Zeitlose Maternitas. Machtform und Mythisierung der Frau im Nationalsozialismus und Faschismus. In: dies. a. a. O. 1990. 102–125.
Treusch-Dieter, Gerburg: Die Spindel der Notwendigkeit. Zur Geschichte eines Paradigmas weiblicher Produktivität. Berlin: Ästhetik & Kommunikation 1985.
Trojan Alf: Zukunftsmodelle der Prävention: „Prädiktive Medizin" versus „Gesundheitsförderung". In: Kaupen-Haas Heidrun, Rothmaler Christiane (Hrsg.): Doppelcharakter der Prävention. Sozialhygiene und Public Health – Band 3. Frankfurt/M: Mabuse 1995. 115–135.
Trompisch Heinz: Rechtliche Situation der (Zwangs-)Sterilisation. 1998. Online: http://www2.uibk.ac.at/bidok/library/recht/trompisch-sterilisation.html
Trotha T. von: Zum Wandel der Familie. In: KZfSS. 42 Jhg. Heft 3. Wiesbaden: Westd. Verlag 1990. 452–473.
Türcke Christoph: Eugenik. Revision eines diskreten Begriffs. In: Steiner Theo (Hrsg.): Genpool. Biopolitik und Körperutopien. Steirisc[:her:]bst. Wien: Passagen 2002. 121–131.
Uexküll/Wesiack: Theorie der Humanmedizin. Grundlagen ärztlichen Denkens und Handelns. München [u. a.]: Urban & Schwarzenberg 1988. 575 ff.
Ulrich Bernd: Die Kriegspsychologie der zwanziger Jahre und ihre geschichtspolitische Instrumentalisierung. In: Mülder-Bach Inka a. a. O. 2000. 63–79.
Universität Innsbruck (Hrsg.): Die Medizinische Fakultät der Leopold-Franzens-Universität Innsbruck. Universität Innsbruck 1992.
Überegger Oswald: „Pathologisierung des Ungehorsams. Die Bedeutung der Militärpsychiatrie für die Tiroler Militärgerichtsbarkeit im ersten Weltkrieg. In: eForum zeitGeschichte 1/2001. http://www.eforum-zeitgeschichte.at/index.html
Vaneigen Raoul: An die Lebenden! Eine Streitschrift gegen die Welt der Ökonomie. Hamburg: Nautilius 1998.
Voland E. (Hrsg.): Fortpflanzung: Natur und Kultur im Wechselspiel. Versuch eines Dialogs zwischen Biologen und Sozialwissenschaftlern. Frankfurt/M: Suhrkamp 1992.
Waddington Ivan: Power and Control in the Doctor-Patient Relationship: A Developement Analysis. University of Leicester 1978.
Wagner P: Sozialwissenschaften und Staat. Frankreich, Italien und Deutschland 1870–1980. Frankfurt/M [u. a.]: Campus 1990.
Wahl Gisela: Zur Geschichte der ätiologischen Vorstellungen über die Entstehung von Mißgeburten. Dissertation Universität Düsseldorf 1974.
Wajcman Judy: Technik und Geschlecht. Die feministische Technikdebatte. Frankfurt/M [u. a.]: Campus. 1994.
Walby, Sylvia: Gender transformations. London [u.a.] : Routledge 1997.
Walby, Sylvia: Theorizing Patriarchy. Oxford: Blackwell 1992.
Walby Sylvia: From private to public patriarchy. The Periodisation of British History. In: WSIF. Vol. 13, No. 1/2 1990. 91–104.
Waldschmidt Anne: Leid verhindern, Autonomie sichern – Die Verheißungen der Reproduktionsmedizin kritisch betrachtet. In: BfTP. 25. Jhg. Heft 60 (Stammzellen, Stammhalter, Stammaktie). Köln: Eigenverlag 2002. 105–117.
Waldschmidt Anne: Risiken, Zahlen, Landschaften. Pränataldiagnostik in der flexiblen Normalisierungsgesellschaft. In: Lutz et al (Hrsg.): a. a. O. 2003. 94–118.

Wallerstein Immanuel: Bourgeois(ie). Begriff und Realität. In: Wallerstein Immanuel/Etienne Balibar: Rasse, Klasse, Nation. Berlin, Hamburg: Argument 1990. 167–189.
Wallisch-Prinz Bärbel: Matriarchat und Patriarchat. Zwei Paradigmen der modernen Sozialwissenschaften. In: Marlies Krüger (Hrsg.): Was heißt hier eigentlich feministisch? Zur theoretischen Diskussion in den Geistes- und Sozialwissenschaften. Bremen: Donat 1993.
Walter Willi: Gebärneid. Ein Konzept zur Analyse patriarchaler Männlichkeiten und Institutionen. In: BauSteineMänner (Hrsg.): Kritische Männerforschung. Neue Ansätze in der Geschlechtertheorie. Hamburg: Argument 1996. 172–217.
Ward, R. H. et al: Method of sampling chorionic villi in first trimester of pregnancy under guidance of real time ultrasound. British medical journal 286/1983. 1542–1544.
Weber Max: Gesammelte Aufsätze zur Wissenschaftslehre. 5. erneut durchgesehene Auflage. Tübingen: Mohr 1982.
Weidenholzer Josef: Der sorgende Staat: Zur Entwicklung der Sozialpolitik von Joseph II bis Ferdinand Hanusch. Wien [u. a.]: Europaverlag 1985.
Weikert Aurelia et al (Hrsg.): Schöne neue Männerwelt. Beiträge zu Gen- und Fortpflanzungstechnologien. Wien: Verlag für Gesellschaftskritik. Aufrisse-Buch 7. 1987.
Weingart Peter: Wissenschaftssoziologie. Bielefeld: Transcript 2003.
Weingart Peter: Die Zügellosigkeit der Erkenntnisproduktion – Zur Rolle ethischer und politischer Kontrollen der Wissenschaft in Humangenetik und Reproduktionsbiologie. In: E. Ruhnau et al (Hrsg.): a. a. O. 2000. 106–117.
Weingart Peter: The Thin Line Between Eugenics and Medicine. in: N. Finzch & D. Schirmer (eds.): Identity and Tolerance. Washington, D. C.: Cambridge University Press. 1998. 397–412.
Weingart Peter: Züchtungsutopien. Zur Geschichte der Verbesserung des Menschen. In: Kursbuch. Heft 128. 1997. 111–126.
Weingart Peter/Kroll Jürgen/Bayertz Kurt: Rasse, Blut und Gene. Geschichte der Eugenik und Rassenhygiene in Deutschland. Frankfurt/M: Suhrkamp 1996/2.Auflg. [1988].
Weingart Peter: Struggle for Existence – Selection and Retention of a Metaphor. in: P. Weingart, S. Maasen, & E. Mendelsohn (eds.): Biology as Society – Society as Biology: Metaphors. Yearbook Sociology of the Sciences, Vol.XIX. Dordrecht: Kluwer 1995. 127–151.
Weingart Peter: Eugenics – Medical or Social Science? in: Science in Context 1995, Vo. 8, No. 1, pp 197–207.
Weingart Peter: Biology as Social Theory. in: D. Ross (ed.): Modernist Impulses in the Human Sciences. Baltimore: Johns Hopkins University Press 1994. 255–271.
Weingart Peter: Eugenische Utopien. Entwürfe für die Rationalisierung der menschlichen Entwicklung. In: H. Welzer (Hrsg.): Nationalsozialismus und Moderne. Tübingen: Ed. diskord 1993. 166–183.
Weingart Peter: Science Abused? – Challenging a Legend. in: Science in Context, 2. 1993. 555–567.
Weingart Peter: Politik und Vererbung: Von der Eugenik zur modernen Humangenetik. In: E. Voland (Hrsg.): a. a. O. 1992. 28–50.
Weingart Peter: Wissensproduktion und soziale Struktur. Frankfurt/M: Suhrkamp 1976.
Weinzierl Erika: Emanzipation. Österreichische Frauen im 20. Jahrhundert. Wien, München: Jugend und Volk 1975.
Weismann, August: Ueber die Ewigkeit des Lebens. Freiburg 1881.
Werlhof Claudia von: Patriarchat als 'alchemistisches' System. Die Z(E)rsetzung des Lebendigen. In: Wolf Maria (Hrsg.): a. a. O. 2000. 13–32.
Werlhof Claudia von: „Ökonomie, die praktische Seite der Religion" – Wirtschaft als Gottesbeweis und die Methode der Alchemie. In: Ernst Marianne Ursula et al (Hrsg.): Ökonomie M(m)acht Angst. Zum Verhältnis von Ökonomie und Religion. Frankfurt/M [u. a.]: Peter Lang [Frauen, Forschung und Wirtschaft; Band 7] 1997. 95–123.

Werlhof Claudia von: Mutterlos. Frauen im Patriarchat zwischen Angleichung und Dissidenz. München: Frauenoffesnive 1996.

Werlhof Claudia von: Männliche Natur und künstliches Geschlecht. Texte zur Erkenntniskrise der Moderne. Wien: Wiener Frauenverlag [Reihe Frauenforschung; Band 15] 1991.

Werlhof Claudia v./Mies Maria/Bennholdt-Thomsen Veronika: Frauen die letzte Kolonie. Die Zukunft der Arbeit 4. Reinbek: Rowolth 1983 (wiederaufgelegt im Rotpunktverlag Zürich 1992).

Werlhof Claudia von: Der Proletarier ist tot. Es lebe die Hausfrau? In: dies. et al (Hrsg.): Frauen, die letzte Kolonie. Reinbek bei Hamburg: rororo aktuell 1983. 113–137.

Werlhof Claudia von: Zum Natur- und Gesellschaftsbegriff im Kapitalismus. In: dies. et al (Hrsg.): Frauen, die letzte Kolonie. Reinbek bei Hamburg: rororo aktuell 1983. 140–164.

Weß Ludger (Hg.): Schöpfung nach Maß: perfekt oder pervers? Wissenschaft an der Grenze von Leben und Tod. Medizin zwischen Manipulation und Therapie. Gentechnik zwischen Markt und Moral. Oberusel: Publik-Forum 1995.

Weß Ludger: Die Träume der Genetik. Gentechnische Utopien von sozialem Fortschritt. Schriften der Hamburger Stiftung für Sozialgeschichte des 20. Jahrhunderts. Nördlingen: Greno 1989.

Wette Wolfram (Hrsg.): Der Krieg des Kleinen Mannes. Eine Militärgeschichte von unten. München: Piper 1992.

Wette Wolfram: Militärgeschichte von unten. Die Perspektive des „kleinen Mannes". In: ders. (Hrsg.): a. a. O. 1992. 9–51.

White Hayden: Auch Klio dichtet oder Die Fiktion des Faktischen. Stuttgart: Klett Cotta 1986.

White, Michael: Rivals: Conflict as the Fuel of Science. London: Vintage 2002.

Wieland W.: Strukturwandel der Medizin und ärztliche Ethik. Heidelberg 1986

Wiesbauer Elisabeth: Das Kind als Objekt der Wissenschaft. Medizinische und psychologische Kinderforschung an der Universität Wien 1800–1914. Veröffentlichung des Ludwig-Boltzmann-Institutes für Geschichte der Gesellschaftswissenschaften 7. Wien, Salzburg: Löcker 1982.

Wiesemann Claudia: Missbrauch der Forschung am Menschen im 19. und 20. Jahrhundert aus sozialhistorischer Perspektive. In: Horn/Malina (Hrsg.): a. a. O. 2001. 244–253.

Wimmer-Puchinger Beate/Hörndler Margit/Tazi-Preve Irene: Austrian Women's Health Profile. Wien 1995.

Wimmer-Puchinger Beate: Zustandsanalyse der geburtshilflichen Betreuung aus der Sicht der betroffenen Frau. Untersuchungszeitpunkt: 4 Wochen vor, 4 Wochen und 6 Monate nach der Geburt. Wien 1993.

Winkler Michael: Erziehung. In: Krüger/Helsper (Hrsg.): Einführung in die Grundbegriffe und Grundfragen der Erziehungswissenschaft. Opladen: Leske+Budrich 1998/3. Auflg. 53–69.

Wolf Maria: Geschlecht – Gen – Generation. Zur gesellschaftlichen Organisation menschlicher Herkunft. Hamburg: Merus 2007

Wolf Maria: Die Illusion der Entscheidungsfreiheit. Von „entscheidenden Experten" zu „entschiedenen Patientinnen". In: Peskoller, Helga/Ralser, Michaela/Wolf Maria (Hrsg.): Texturen von Freiheit. Innsbruck: IUP 2007. 39–53.

Wolf Maria: The Medicalization of Reproduction. In: Mesner, Maria/ Wolfgruber Gudrun (Eds.): The Policies of Reproduction at the Turn of the 21st Century. The Cases of Finland, Portugal, Romania, Russia, Austria and the US. Bruno Kreisky International Studies, Vol. 6. Innsbruck, Wien, Bozen: StudienVerlag 2006. 219–238

Wolf Maria: Reproduktion und Männlichkeit. Männerkonkurrenz im eugenischen Diskurs der Medizin am Beispiel Österreich 1900–1938. AIM GENDER 2006. http://www.ruendal.de/aim/tagung06/pdfs/wolf.pdf

Wolf Maria: Körper ohne Frauen. Biotechnische Reproduktion der Mutter als Material und Ressource. In: Bidwell-Steiner M. et al (Hrsg.): Gender and Generation. 2. Band. Reihe „Gendered Subjects". Innsbruck: Studienverlag 2005. 206–224.

Wolf Maria: Wissen und Leben. Zu einem gesellschaftstheoretischen Begriff des menschlich Lebendigen für eine feministische Kritik der „Menschenverbesserungstechniken". in: Geschlecht und Wissen. Beiträge zur 10. Schweizerischen Historikerinnentagung in Fribourg 2000. Zürich: Chronos 2004. S. 347–359

Wolf Maria (Hrsg.): Optimierung und Zerstörung. Intertheoretische Analysen zum menschlich Lebendigen. Sozial- und Kulturwissenschaftliche Studientexte Band 3. Innsbruck: Studia 2000.

Wolf Maria: Mutterschaft und Moderne. Die Vergesellschaftung der Bindekräfte des Lebendigen. In: Klettenhammer Sieglinde et al (Hrsg.): Das Geschlecht, das sich (un-)eins ist. Frauenforschung und Geschlechtergeschichte in den Kulturwissenschaften. Innsbruck: Studienverlag 1999. 109–131.

Wolf Maria et al (Hrsg.): Körper–Schmerz. Intertheoretische Zugänge. Sozial- und Kulturwissenschaftliche Studientexte. Band 1. Innsbruck: Studia 1998

Wolf Maria: Der Geburtsschmerz. Von der Schmerzbefreiung zur Befreiung vom Frauenkörper. In: dies. et a. (Hrsg.): a. a. O. 1998. 105–135.

Wolf Maria: Liebe als Erlösung. Wiederaufbau der Geschlechtergrenzen und Restaurierung des bürgerlich-modernen Frauenbildes in den Geschlechterbeziehungen der 50er Jahre. In: aufmüpfig – angepaßt. Frauenleben in Österreich. St. Pölten: NÖ Pressehaus 1998a. 117–134.

Wolf Maria: „... quasi irrsinnig". Nachmoderne Geschlechter-Beziehung. Pfaffenweiler: Centaurus 1995.

Wolf Maria: Asoziales Soma. Verfemung, Verwerfung, Verbrechen. In: Ästhetik & Kommunikation. Körper – Antikörper. Heft 87. 1994. 28–33.

Wolff Eberhard: Der „Medizinische Kulturkampf" – die Medikalisierung des Patienten durch die Pockenschutzimpfung im 19. Jahrhundert. In: Kollegium zum 100 Geburtstag von Henry Ernest Sigerist 1891–1957. Ergebnisse und Perspektiven Sozialhistorischer Forschung in der Medizingeschichte: Leipzig 1991.

Wolfsgruber Gudrun: Zwischen Hilfestellung und sozialer Kontrolle: Jugendfürsorge im Roten Wien, dargestellt am Beispiel der Kindesabnahme. Wien: Ed. Praesens 1997.

World health Organization (WHO): Female sterilization. A guide to provision of services. Genf: World health Organizatio 1992.

Wulf Christoph (Hrsg.): Vom Menschen. Handbuch Historische Anthropologie. Weinheim und Basel: Beltz 1997.

Wülfingen Bettina Bock von: Verhüten – überflüssig. Medizin und Fortpflanzungs-Kontrolle am Beispiel Norplant. NUT (Frauen in Naturwissenschaft und Technik e.v.) Schriftenereihe Band 7. Mössingen-Talheim: Talheimer Verlag 2001.

Wunderle Michaela (Hrsg.): Politik der Subjektivität. Texte der italienischen Frauenbewegung. Frankfurt/M: Suhrkamp 1977.

Yalom Marilyn: A History of the breast. New York: Alfred A. Knopf 1997.

Young Iris Marion: Fünf Formen der Unterdrückung. In: Nagl-Docekal Herta/Pauer-Studer Herlinde (Hrsg.): Politische Theorie. Differenz und Lebensqualität. Frankfurt/M: Suhrkamp 1996. 99–138.

Zanon zur Nedden Elisabeth: Stellungsuntersuchung ist Gesundheitsvorsorge. 20 Jahre Stellungskommission Innsbruck. Innsbruck: Verlag Militärkommando Tirol 2001.

Zierfas Jörg/Wulf Christoph: Generation. In: Benner/Oelkers (Hrsg.): a. a. O. 2004. 409–422.

Zimmermann Beate: Wie Schwangere zu Patientinnen werden. In: Eva Fleischer/Ute Winkler (Hrsg): Die kontrollierte Fruchtbarkeit. Neue Beiträge gegen die Reproduktionsmedizin. Wien: Verlag für Gesellschaftskritik 1993. 95–106.

Zimmermann Susan: Frauenarbeit, soziale Politiken und die Umgestaltung von Geschlechterverhältnissen im Wien der Habsburgermonarchie. In: Fischer Lisa et al (Hrsg.): Die Frauen der Wiener Moderne. Wien: Vlg. f. Geschichte u. Politik. München: Oldenbourg 1997. 34–53.

Zinnecker Jürgen: Vom Straßenkind zum verhäuslichten Kind. Kindheitsgeschichte im Prozess der Zivilisation. In: Behnken I. (Hrsg.): Stadtgesellschaft im Prozeß der Zivilisation. Opladen: Leske+Budrich 1990. 142–162.

Zola Irving Kenneth: Gesundheitsmanie und entmündigende Medikalisierung. In: Illich Ivan (Hrsg.): Entmündigung durch Experten. Zur Kritik der Dienstleistungsberufe. Reinbek: Rowolth 1979. 57–81.
Zymek Bernd: Evolutionalistische und strukturalistische Ansätze einer Geschichte der Erziehung. In: Enzyklopädie Erziehungswissenschaft. Band 1. (Hrsg. Lenzen Dieter). Stuttgart: Klett Cotta 1983. 55–78.

Periodika

Zeitschriftliches Quellenmaterial

WKW – *Wiener klinische Wochenschrift*. Wien: Verlag von Alfred Hölder. 1900–2000.
AFE – *Archiv für Frauenkunde und Eugenetik*. Würzburg: Curt Kabitzsch 1914–1930. (Ständige Mitarbeiter dieses Archivs waren u.a. bekannte österreichische Universitätsprofessoren oder Dozenten der Medizin wie z. B. Prof. Tandler (Wien), PD Dr. Bucura (Wien), Dr. O. Frankl (Wien), Prof. Dr. Gross (Graz), Prof. Dr. Kermauner (Wien), Prof. Dr. Knauer (Graz), Prof. Dr. Schauta (Wien), und der österreichische Soziologe Rudolf Goldscheid
ARGB – Archiv für Rassen- und Gesellschaftsbiologie. Berliner Archivgesellschaft 1904–1943

Weitere Periodika

BfTP	–	Beiträge zur feministischen Theorie und Praxis
FI	–	Feminist Issues
FR	–	Feminist Review
FS	–	Feministische Studien
GG	–	Geschichte und Gesellschaft. Zeitschrift für Historische Sozialwissenschaft
GID	–	Gen-ethischer Informationsdienst
GS	–	Gender&Society. Official Publication of Sociologists for Women in Society
JoIFA	–	Journals of International Feminist Analysis.
KZfSS	–	Kölner Zeitschrift für Soziologie und Sozialpsychologie
L'H	–	L'Homme. Zeitschrift für feministische Geschichtswissenschaft
Metis	–	Metis. Zeitschrift für historische Frauen- und Geschlechterforschung
ÖZG	–	Österreichische Zeitschrift für Geschichtswissenschaften
ÖZP	–	Österreichische Zeitschrift für Politikwissenschaft
ÖZS	–	Österreichische Zeitschrift für Soziologie
PS	–	Psychosozial
SHI	–	Sociology of Health & Illness. A Journal of Medical Sociology
SI	–	Signs. Journal of Women in Culture an Society
SO	–	Sociology. A Journal of the British Sociological Association
SR	–	Soziologische Revue
SWS	–	Sozialwissenschaftliche Rundschau
WSIF	–	Women's Studies International Forum
ZfFF	–	Zeitschrift für Frauenforschung
ZfP	–	Zeitschrift für Pädagogik
ZfS	–	Zeitschrift für Sexualforschung
ZSES	–	Zeitschrift für Soziologie der Erziehung und Sozialisation

Nachschlagewerke

Lexika

Benner Dietrich/Oelkers Jürgen: Historisches Wörterbuch der Pädagogik. Weinheim: Beltz 2004.

Bernhard Armin/Lutz Rothermel (Hrsg.): Handbuch kritische Pädagogik. Eine Einführung in die Erziehungs- und Bildungswissenschaft. Weinheim: Deutscher Studienverlag 1997.

Claessens Dieter/Claessens Karin: Gesellschaft. Lexikon der Grundbegriffe. Reinbek bei Hamburg: Rowolth 1992.

Duden. Das Fremdwörterbuch. Mannheim [u.a.]: Dudenverlag 1997/6. Auflg.

Fischer Isidor (Hrsg.): Biographisches Lexikon der hervorragenden Ärzte der letzten fünfzig Jahre. Band 1. Berlin, Wien: Urban & Schwarzenberg 1932 und Band 2. Berlin, Wien: Urban & Schwarzenberg 1933.

Fuchs-Heinritz Werner et al (Hrsg.): Lexikon zur Soziologie. Opladen: Westdt. Verlag 1995 [3., völlig neu bearb. und erw. Aufl.].

Hierdeis Helmwart und Hug Theo (Hg.): Taschenbuch der Pädagogik. 4 Bände. Baltmannsweiler: Schneider-Vlg. Hohengehren 1996 (vollständig überarbeitete und erweiterte Auflage).

Jahrbuch der Gesundheitsstatistik. Hrsg. von Statistik Austria. Wien: Verlag Österreich GmbH 2001.

Kammer Hilde/Bartsch Elisabeth: Lexikon Nationalsozialismus. Begriffe, Organisationen und Institutionen. Reinbek bei Hamburg: Rowolth 1999.

Kerber Harald/Schmieder Arnold (Hrsg.): Handbuch Soziologie. Zur Theorie und Praxis sozialer Beziehungen. Reinbek bei Hamburg: Rowolth 1991 [Originalausgabe 1984].

Killy Walther u. Vierhaus Rudolf (Hrsg.): Deutsche biographische Enzyklopädie. München: Saur 1995.

Klee Ernst: Das Personenlexikon zum Dritten Reich. Wer war was vor und nach 1945. Frankfurt/M.: Fischer 2003.

KLUGE. Etymologisches Wörterbuch der deutschen Sprache. Bearbeitet von Elmar Seebold. Berlin, New York: Walter de Gruyter 1995. 23., erw. Auflg. [1. und 2. Auflg. 1883].

Lenzen Dieter (Hrsg.): Pädagogische Grundbegriffe. Band 1 und 2. Reinbek bei Hamburg: Rowolth 1998 [Originalausgabe 1989].

Pschyrembel. Klinisches Wörterbuch. Mit klinischen Syndromen und Nomina Anatomica. / Bearbeitet von d. Wörterbuchred. d. Verlages unter d. Leitung v. Christoph Zink [gegr. von Otto Dornblüth]. Berlin, New York: De Gruyter 1986. 255. völlig überarb. u. stark erw. Aufl. [EA 1894].

Sandkühler Hans Jörg (Hrsg.): Europäische Enzyklopädie zu Philosophie und Wissenschaften. Hamburg: Felix Meiner 1990.

Wulf Christoph (Hrsg.): Vom Menschen. Handbuch Historische Anthropologie. Weinheim und Basel: Beltz 1997.

Onlinedatenbanken

AEIOU. Das Österreich Lexikon. Onlineversion des Kulturinformationssystems des bm:bwk nach dem 1995 herausgegebenen zweibändigen Österreich-Lexikon (Begründet von Prof. Dr. Richard und Maria Bamberger sowie Dr. Franz Maier-Bruck; Fortgeführt und erweitert von den Herausgebern Prof. Dr. Richard und Maria Bamberger, Univ.-Prof. Dr. Ernst Bruckmüller, Univ.-Prof. Dr. Karl Gutkas; Erschienen bei Christian Brandstätter Verlagsgesellschaft, Wien Ed. Hölzel, Wien J&V-Edition Wien-Dachs-Verlag, Wien Österreichischer Bundesverlag): http://www.aeiou.at/aeiou.encyclop

BIDOK. Digitale Volltextbibliothek Behindertenpädagogik/Integrative Pädagogik. Institut für Erziehungswissenschaften. Universität Innsbruck. http://www2.uibk.ac.at/bidok/

eForum zeitGeschichte. http://www.eforum-zeitgeschichte.at/index.html

Frauen in Bewegung. Diskurse und Dokumente der österreichischen historischen Frauenbewegung 1848–1918. In: *Ariadne.* Serviceeinrichtung der Österreichischen Nationalbibliothek. Sammelt und bereitet Literatur zur Frauen-, feministischen und Geschlechterforschung auf. http://www.onb.ac.at/ariadne/
Online Kompaktlexikon der Biologie: http://www.wissenschaft-online.de/artikel/587356 (Kompaktlexikon der Biologie Buchausgabe. Heidelberg: Spektrum Akademischer Verlag 2001).
Österreichische Akademie der Wissenschaften (Hrsg.): Österreichisches biographisches Lexikon 1815–1950. Wien: Österreichische Akademie der Wissenschaften. http://www.oeaw.ac.at/oebl/
Roche Lexikon Medizin, 4.Auflage [1984/1987/1993]. München: Urban & Fischer 1999. Online: http://www.gesundheit.de/roche/
Wikipedia. Die freie Enzyklopädie. http://de.wikipedia.org

Dokumentarfilme und Filme

„Geheimsache Lebensborn". Ein Film von Beate Thalberg (ORF Dokumentation 2002).
„Ruhelos. Kinder aus dem Lebensborn". Ein Film von Christiane Ehrhardt (ARD Video).
Daedalus. Ein Spielfilm über die Geschichte der Genetik und der Schöpfungsphantasien von Männern. *Danquart Pepe:* Medienwerkstatt Freiburg, BRD 1990.
Mein liebes Kind. Ein Dokumentarfilm zur Entscheidungsproblematik der werdenden Mutter nach einer Pränatalen Diagnostik von Katja Baumgarten. (3 SAT 2003).